清代辽阳史纲

马振文 著

辽宁人民出版社

ⓒ马振文　2020

图书在版编目（CIP）数据

清代辽阳史纲／马振文著. —沈阳：辽宁人民出
版社，2020. 12
ISBN 978-7-205-09932-9

Ⅰ. ①清… Ⅱ. ①马… Ⅲ. ①辽阳—地方史—清代
Ⅳ. ①K293. 13

中国版本图书馆 CIP 数据核字（2020）第 148698 号

出版发行：辽宁人民出版社
　　　　　地址：沈阳市和平区十一纬路 25 号　邮编：110003
　　　　　http：//www. lnpph. com. cn
印　　刷：辽宁新华印务有限公司
幅面尺寸：170mm×240mm
印　　张：39. 75
字　　数：720 千字
出版时间：2020 年 12 月第 1 版
印刷时间：2020 年 12 月第 1 次印刷
责任编辑：马　辉　王　琳
特约策划：马茉莉
封面设计：留白文化
版式设计：朱子辉
责任校对：吴艳杰
书　　号：ISBN 978-7-205-09932-9

定　　价：152. 00 元

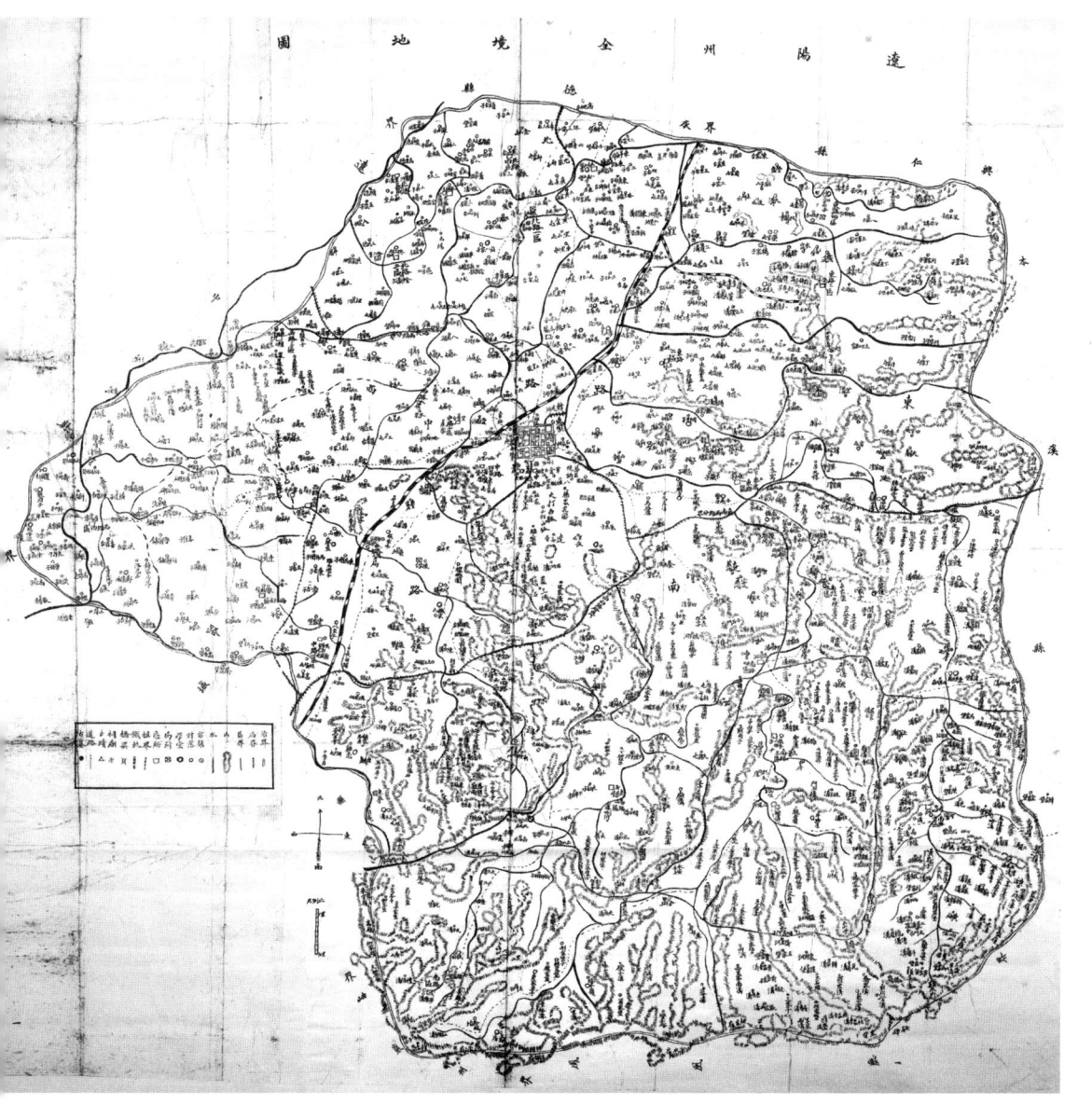

辽阳州全境地图

太祖率兵克辽阳

东京城天祐门（二十世纪三十年代摄）

清嘉庆元年《王尔烈七十寿屏》

公安堡东阿氏墓园（公安堡皇姑坟遗迹）

东京城大金天命七年德盛门石额

东京城大金天命七年老满文抚近门石额

东京城南墙西段砖石结构

东京城内出土骑牛铜人

东京城内出土铜人

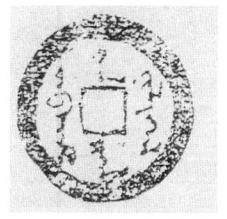
老满文"天命汗钱"

"天命通宝"

东京城北墙遗址（二十世纪七十年代由西向东摄）

东京陵舒尔哈齐陵园（摄于二十世纪三十年代）

舒尔哈齐墓

舒尔哈齐碑亭

东京陵穆尔哈齐大尔差墓园

端庄固伦公主碑

彭春诰命碑

何芍图诰封碑

彭春墓碑

固山额贞三等精奇尼哈番谥
温顺何和礼碑

建园迁墓志（局部）

徐公祠碑

辽阳州圣庙碑（碑阳）

李公殉道堂碑

哲尔本及夫人墓碑

大金喇嘛法师宝记碑

重建玉皇庙碑（天聪）

弥陀寺碑

作者与著名史学家
荣孟源（左）先生合影

作者与明清史专家
李洵（后排左三）、
薛虹（后排右三）
老师合影

作者与辽阳籍清史专家
孙文良（左）教授合影

前 言

习近平总书记在党的十九大报告中说："文化是一个国家、一个民族的灵魂。文化兴国运兴,文化强民族强。"历史是文化的重要组成部分,又是文化的载体,"前事不忘,后事之师",我们不应忘记历史,尤其不应忘记家乡的历史。本书就是辽阳人民的家乡史,虽然只是一个朝代的历史,但足可以看到我们的先辈为清朝的建立与发展,尤其是在政治、军事、经济和文化上的独特贡献,让我们感到骄傲。本书是在没有任何参考、借鉴的情况下草成的,筚路蓝缕,可谓拓荒之作,非大言也。因此,有必要向读者说明几个问题,作为前言。

一、本书宗旨

我生在辽阳,长在辽阳,工作在辽阳,一生之中只离开过辽阳六年,又都是必须的:一是1951年至1954年在东北师范大学历史系读书,本应读四年,因社会急需中学教师,提前一年毕业;二是毕业后分配到黑龙江双城兆麟中学教书,我是回族,确因生活不便,1957年转回辽阳工作至今,再没离开过辽阳。我热爱辽阳,热爱自己的家乡,愿意为她服务,贡献自己的绵薄之力。我于1994年退休,从教整整四十年,主要是教历史,也教过政治(宪法、哲学)、语文充数。在教学中应该说是认真的、尽力的,没有误人子弟,问心无愧,曾被评为省特级教师就是证明。此外,业余时间结合自己的专业,从事过太平天国史的研究,占去了大半生的时间,成效甚微,十分汗颜。退休后,失去了研究方向,曾受辽宁人民出版社之邀,参加了老年系列丛书的编写工作,主编出版了《老有所养一二三》《强身健体度百春》《夕阳文选》等,但失去了专业感,甚觉乏味。由于写《辽阳历史人物》《历史上的王尔烈》时与乡土研究会和《乡土》结缘,同时也与辽阳市地方志办公室编辑的《今古辽阳》建立了联系。从此,我全身心地投入辽阳历史的学习与研究,由于接触到的资料以清史为多,因此决定以研究清代辽阳历史为主。2011年5月,想到这一年是辛亥革命一百周年,应该写一点儿纪念文字,于是着手搜集材料,查阅档案,翻检旧报,详读省、市文史资料等,发现辽阳的辛亥革命史事十分丰富,写起来非常顺手,越写越多,最后达到五万多字,定名为《辛亥革命在辽阳》。最初本想在报纸上连载,未果,只好压缩成六千字,以《照耀青史,彪炳千秋——纪念辛亥辽阳起义一百周年》为题,于2011年10月11日刊登在《辽阳日报》上。之后,全文在《今古辽阳》总第56期上发表。由此,我得到了启示,如果再写努尔哈赤在辽阳的四年统治、甲午战争在辽阳、义和团运动在辽阳、日俄战争在辽阳等,连接起来，不是就可以写一部清代辽阳史吗？因此更坚定了信心，于是就手头现有的材料先后写出了《清代辽阳教育概述》《清代辽阳宗教概述》《清代辽阳诗人》《清代辽阳的社甲制》等，或者说，我在《辽阳文史资料》《今古辽阳》《乡土》上发表的文章，都是为写清代辽阳历史所作的铺垫。今天说起来，没有它们，我也不可能写出《清代辽阳史纲》。

我之所以要写《清代辽阳史纲》，不只是因手头清史资料多，这只是一个有利条件。我的目的有三，分别叙述如下：

第一，是为爱家乡、爱祖国教育提供一本系统的教材。苏联教育家加里宁说过："关于爱国主义教育，是从深入认识自己的家乡开始的。"家乡是我们生长的地方，是一个人在祖国所处的特定的环境。家乡是祖国的一个细胞，又是祖国的一个窗口。我们从懂事那天起，就是通过家乡这个窗口来了解祖国的今天和昨天，了解中国共产党的历史，了解社会主义革命与建设……不断地了解、不断地认识，逐步就会产生热爱家乡的感情，这是一般人都具有的心理特征。只有热爱家乡的人，才会热爱自己的祖国，热爱家乡是热爱祖国的基础。当然，我们的青少年也可以通过课堂教学了解一些历史，但有多少家乡的历史呢？

第二，是为辽阳市创建全国历史文化名城提供一本确实的文化材料。"创建全国历史文化名城"不只是一句口号，必须发动全市人民积极行动起来，争取在较短的时期内实现这一目标，不应该遥遥无期。既然是创建全国历史文化名城，就应该在文化上下功夫，应该让现有的硬件、软件都发挥作用，提高知名度。如以重金修复的广祐寺、东京城、望京楼等如何发挥作用，尤其宣传方面也要跟上，让更多的人知道，使之成为辽阳的名片。还有哪些硬件需要修复，必须统筹规划。在软件方面，更不能忽视，发挥各种文化资源的作用，文字资料尤不能少，要让更多的人了解辽阳在东北历史上首屈一指的地位。我们必须有计划地写出辽阳历朝历代的历史，突出辽阳的特点、作用、贡献，东北的任何一个城市都无法与其相比。我写《清代辽阳史纲》，就是一个尝试。

第三，是为编写辽阳通史尽一份力，提供一点可用的素材。据说辽阳市地方志办公室已有编写"辽阳通史"的计划，希望它能早日启动。司马迁的《史记》是我国的第一部通史，他提出了"究天人之际，通古今之变"的思想，也就是研究历史必须了解古今的变化，了解古，才能更好地了解今，即"观今宜鉴古，无古不成今"。当然，编写辽阳通史并非易事，非一人所能为，必须发动专业的史学工作者与爱好者参与，经过共同努力，是能够完成的。我已经是心有余而力不足，仅以《清代辽阳史纲》奉献给参与者参考，如果能在其中选择一些有用的材料，加以利用，我会感到十分高兴。如果要查核书中资料的来源与进行深入的研究，可按标明的出处去查找，至少可以省去一些时间，也算尽了一点儿力量。如此而已,岂有他哉?

最后我想说,《清代辽阳史纲》不是一般的史话,也非戏说,有一定的学术性,在一些问题上,也表达了自己的看法,是一部基本正确的历史,所述皆有根据,尽量标明出处,不敢妄言妄说,这并非自我溢美之词,乃史学道德之原则也。希望广大读者严格加以核实,方知吾言之不谬也。

二、辽阳在历史上的地位

1987 年上半年,根据辽宁省教育委员会的要求,我曾为辽阳市初中学生编写了一本乡土教材,初版定名为《辽阳历史》(再版时与《辽阳地理》合在一起,定名为《可爱的辽阳》),共十个课题。第一课为"东北第一城",开头是这样写的:"辽阳古称襄平。她是祖国东北地区最早出现的、规模最大的城邑。城的名字虽然屡经变易,但城的位置却始终没有多大变动。清代以前,辽阳一直是东北地区政治、经济、文化、军事的中心,对东北地区的发展起过重要的历史作用"。这段话表明了辽阳在历史上的地位,今天看来,基本上是正确的,不过中心地位的失去,应该在努尔哈赤迁都沈阳之后,而且失去的主要是政治与军事地位,经济与文化地位不是一下子就可以失去的。

辽阳之所以是东北地区最早出现的城市,是与战国七雄中的燕国分不开的。燕国当时位于今天的河北北部和辽宁西部,建都于蓟(今北京城西南隅),燕昭王时期开始强大起来。但北有东胡(即后来的乌桓与鲜卑),东有朝鲜,时常侵扰,阻碍其统一东北。燕昭王十二年(前 300),派大将秦开率军北上,强势直击,东胡望风"却千余里",退至今西拉木伦河流域。燕军打开了进入东北南部的通道,直抵辽河流域,而与朝鲜侯势力相遇,秦开乃乘战胜东胡之威,长驱东进,直抵满潘汗(鸭绿江),"取地二千余里"。朝鲜侯的力量大为衰落。秦开旋师之际燕乃"筑长城,自造阳至襄平,置上谷、渔阳、右北平、辽西、辽东郡,以拒胡"(《史记·匈奴列传》)。襄平就是这时修建的,而且是辽东郡的治所,已经有两千三百多年的历史了。我之所以认为襄平是东北第一城,因为她有明确记载,当时也可能有其他城市,但不见记载,而且郡治的城市更不见记载。辽西郡也属于东北地区,郡治在何处不见记载,秦汉时期的辽西郡治所在阳乐(今辽宁义县西),这时与襄平修建时间比,至少晚了半个多世纪。秦汉时期,襄平都是郡治。东汉末期,公孙氏乘中原军阀混战之机,雄踞辽东,特别是公孙度、公孙康父子时,辽东得到很大的发展。魏晋时期,辽东的经济、文化是很繁荣的,辽阳国家重点文物保护单位的汉魏壁画墓群就是证明。唐时设有安东都护府,管理朝鲜事务,先在平壤,后迁至襄平。辽代,襄平始改称辽阳(原址在今辽中县茨榆坨镇偏堡子),初曾为东丹国的都城,后改置陪都东京辽阳府。金代仍为东京辽阳府,1161 年,完颜雍即金世宗,在辽阳发动政变称帝,是金代最强盛发展的时期,完颜雍有小尧舜之称。元代是辽阳行中枢省的治所,管辖东北全境。明代是辽东都指挥使司的驻地,下辖二十五卫二州,与奴尔干都司共同管辖东北,担负着"镇抚诸夷、护卫京师"的作用。明末,后金崛起,占领辽沈地区,努尔哈赤建都辽阳,为清朝统一全国奠定了基础。

不难看出,努尔哈赤迁都沈阳之前,在每个历史发展时期,辽阳在东北都处于中心地位。诚如中共中央党校原副校长杨春贵教授所言:"一座辽阳城,半部东北史。"①言简意赅,一语道出了辽阳在历史上的地位。尤其必须指出的是,在各个历史时期辽阳或说整个东北都与中原有着密不可分的联系,在政治、经济、文化等方面都受到中原的深远影响,说明中华民族是一个整体,是不可分割的。

三、清代辽阳史的分期

清代辽阳的历史,本应分前、中、后三期,但由于史料的限制,只可分为前、后两期。20 世纪 90 年代出版的几部东北史著作都是如此,如薛虹、李澍田主编的《中国东北通史》,佟冬主编的《中国东北史》,杨余练等编著的《清代东北史》,包括孔经纬主编的《清代东北地区经济史》(第一卷)也毫无例外。既然分前、后两期,那么应该以什么为分期的界标呢?东北史学界的共同认识是以咸丰十年(1860)签订的中英《北京条约》为准。咸丰六年(1856),由于"亚罗号事件",英、法两国挑起第二次鸦片战争,前后历经四年,失败的自然是清政府,先在咸丰八年(1858)签订了《中英天津条约》《中法天津条约》,规定:开放牛庄为通商口岸,并决定第二年在北京换约生效。可到时英法舰队不按指定路线进京,还突然进攻大沽炮台,爱国官兵奋起反抗,激战一昼夜,敌舰除一艘逃走外,四艘被击沉,八艘被击破,英军伤亡四百多人,法军伤亡十四人,英舰队司令也受重伤,英法联军溜回上海,等候训令。英法自然不能善罢甘休,于咸丰十年(1860)二月,重派舰队进攻天津、北京,六月英军集中于大连湾,法军集中于芝罘(青岛),八月初抵达天津口外,八月二十一日攻破大沽炮台,拿下天津。九月二十一日,通州八里桥一战,清军大败,咸丰逃往热河。十月六日,英法联军占领北京西郊圆明园,疯狂进行抢掠,洗劫一空,然后纵火烧掉,可谓罪恶滔天。十月十三日,英法侵略军进入北京。清政府彻底屈服,于十月二十四日、二十五日分别签订了中英、中法《北京条约》,其中第一条规定:承认《天津条约》完全有效,开放牛庄为通商口岸自然就在有效之中。既然以牛庄(不久即改为营口)开港为界标,分为前、后期,那就以努尔哈赤统一女真各部建立后金起,到营口开港之前为前期;从营口开港之后起,到辛亥革命推翻清王朝建立民国止为后期。与全国比较起来,东北的近代史晚了二十年。那

---

① 张成良:《河东的崛起》,辽宁人民出版社 2012 年版,第 24 页。

么，为什么以营口开港为界标呢？简要说来，从此东北的封建社会发生了质的变化，完整的封建社会逐步向半封建半殖民地社会转化，表现在经济、政治、文化思想方面皆有变化。从经济方面来说，外国资本主义渗透进来，通过强建铁路、掠夺矿产、投资设厂等，一步一步地掌握了东北的主要经济命脉，严重阻碍了东北民族资本主义的正常发展。从政治方面来说，日、俄等帝国主义国家通过战争等手段不断侵略中国，践踏主权、干涉内政，为所欲为，毫无顾忌。清朝统治者逐步屈服于帝国主义势力，虽也保持名义上的独立，可是到了后期已经是"洋人的朝廷"了。从文化方面来说，封建文化仍占主导地位，还是儒家思想支配一切，似乎没有明显的变化。但是，随着时间的推移，帝国主义的殖民思想、强权思想等，也像商品一样输入，一些人慢慢地滋长起崇洋媚外、民族虚无主义、奴化思想、买办思想等。不过，由于民族资本主义的缓慢发展，资产阶级思想也必然出现，新的文化也就应运而生。许多革命书刊的广泛流传，民族主义、爱国主义、民主共和思想开始深入人心。从实业救国、教育救国，转化为革命救国，促成辛亥革命的发生。

不难看出，上述两个时期有着不同的社会性质，所以有如此的变化，都始于营口开港。整个东北都被迫卷入世界资本主义体系。辛亥革命不是孤立的，"是属于旧的世界资产阶级民主主义革命的范畴之内的，是属于旧的世界资产阶级民主主义革命的一部分"[①]。当然，这样的革命不可能彻底解决中国革命的问题，还需要不断前行，在此基础上继续革命，已非本书范围，就不赘述了。

四、特殊性与普遍性的关系

我国疆域十分辽阔，由于经济发展不平衡，区域之间的差异非常明显，特别是边疆地区与中原地区的差异更大，边疆与边疆之间也各不相同，或者说各有各的特殊性。没有特殊性，也就没有普遍性，普遍性寓于特殊性之中。本书作为一本区域史，或曰地方史，就在于着重揭示本地区的特殊性，在普遍性的基础上着重介绍辽阳历史上不同于其他地区的史实，有助于更好地了解我国历史的普遍性。在清代，辽阳有许多不同于内地，甚至不同于盛京地区的事例，都应该着重加以介绍。不妨仅举几例作些说明。

清入关前，关外有三座都城，即兴京（新宾）、东京（辽阳）和盛京（沈阳），努尔哈赤在辽阳整整统治了四年（1621—1625）。就努尔哈赤个人来说，是他一生的最后阶段，也是更成熟、更辉煌的阶段，他的许多事业都是在辽阳完成的。他决定迁都辽阳，新建东京城，实行了"计丁授田"，加强了议政王大臣会议，完善了官制与礼仪，改进法制，确立了绥服蒙古、争取朝鲜等决策，积极发

---

① 《毛泽东选集》（合订本），人民出版社 1991 年版，第 628 页。

展经济。尤其值得提出的是,努尔哈赤千方百计地发展手工业,搜罗各种工匠,安排工作,一再强调免除贡赋,包括不征兵,甚至给妻子和阿哈(奴仆)。有高建中者能"织蟒缎、缎子、制金丝,妻、阿哈、衣食等物都给了"。又有"名叫尼达色的尼堪(满语称汉人为尼堪)精炼硫黄送来了",升为千总。还有"烧八旗公用的煤炭的阎蛮子、谢蛮子,炼制放炮用的火药送来了,赏给二人千总职",还有其他"恩赐"。说明:后金这时已经能够纺织绸缎、精炼硫黄、制造火药,同时还开采金银矿和煤矿,甚至可以打造佟克申式战船。实力已经强大起来,后来迁都沈阳,不久努尔哈赤逝去,皇太极继承汗位,开始了一个新时期。这些重要史实都应该大书特书,努尔哈赤在辽阳的四年,是后金发展的一个重要阶段,舍此何谈后来的发展,正是在这个基础上皇太极建立大清王朝才有可能。一般都说清朝统治中国 268 年,在辽阳整整统治了 290 年,这就是特殊性。

清军入关时,辽阳的许多文臣武将先后开往战火纷飞的战场"建功立业",脱颖而出,许多人成为清朝第一代总督、巡抚。如,官至总督者有马国柱、马鸣珮、罗绣锦、张存仁、刘清泰、张长庚、杨茂勋、杨宗仁、耿焞、徐相国、石琳、石文晟、宜兆熊等 20 多人,还有河道总督 3 人(杨茂勋、靳辅、高斌);官至巡抚者有雷兴、许世昌、李日芃、佟凤彩、苏宏祖、罗绘锦、刘光弼、宜永贵、柯永升、马雄镇、石文倬、佟毓秀等近 40 人。这些人都是顺治、康熙、雍正、乾隆时期的总督、巡抚,此后更多都没有列入,主要想说明辽阳人于清朝统治在全国确立过程中的的重要作用。至于将军、都统、提督、总兵等更是数不胜数。在几种力量进行殊死搏斗中,在一个城市里出现如此众多的具有文韬武略的敢于担当之士,在清初社会里全国没有,他们都成为清朝的"开国元勋"。仿效杨春贵教授的话,说成"一群辽阳人,半部清朝史",绝不为过。

清军入关后,辽东地区一片荒土,出现了"沃野千里,有土无人"的苍凉局面。这是多尔衮的"德政",清军入关前,为了断绝士兵思乡之念,采取破釜沉舟的办法,烧毁城池和房屋,许多人失去了生存条件,也只好随军入关。清朝统治在全国逐渐确立起来之后,为了改变上述局面,顺治十年颁布了《辽东招民开垦则例》,给予优惠政策,包括"授官令",遂有陈达德率领关内百余户农民来辽阳垦荒,得到奖励,陈达德被授予辽阳第一任知县。他死后其子陈瞻远继承了辽阳知县多年,取得一定成绩。应该指出,辽东经济,特别是农业的恢复是从辽阳开始的,但所谓"授官令"也仅有辽阳一例,很快就取消了。不过,从此辽东地区地主经济逐渐发展起来,也是一种进步。清代东北史著作提到陈达德父子在辽阳的垦荒业绩,都大加点赞。

清朝政权在全国建立起来之后,如何统治这个庞大的国家,与历代有相同之处,也有不同之处。在内地与历代基本相同,采取府、州、县制;在边疆地区则与历代不同,原则是"因地制宜,随俗而治"。由于边疆地区民族不同,统治制度也必须随之而改变。如,在内外蒙古及青海实行盟旗制;在新疆实行伯克制;在西南实行土司制;在西藏则实行政教合一制。而东北被视为清朝龙兴之地,是满族的故乡,为了提升旗人在政治、经济等方面的地位,以示有所区别,采取了旗、民双重管理体制,或曰双轨制。各府、州、县设立旗官旗署,管理旗人事务;另设民官民署,管理民人事务,基本上各不相干。同时,也是为了防止旗人被汉化。然而不但没有防止汉化,相反是加深了旗、民之间的隔阂。这种双轨制,一直延续到清末。这是说关外与关内不同之处,这种不同应该很多,如社会基层组织,关内是里甲制,也就是分里、保、甲三级制,关外则是社甲制,分社、甲两级制,是由人多人少决定的。土地税,关内后来实行"摊丁入亩","公私称便"。关外则因"户籍难定,仍旧分征",也就是土地税与人头税还是分别征收。关内外这种不同很多,限于篇幅就不必再征引了。

我认为,作为区域史或地方史,强调特殊性,着重揭示本区域或本地方的特点是完全应该的、必须的,也是评价区域史或地方史的重要标准,否则就失去了编写区域史或地方史的意义。强调特殊性无可厚非,但不可走向另一极端,忽略或脱离了普遍性,成为无源之水、无本之木。区域史或地方史,应该是全国史的一部分,是整体与部分的关系,没有整体,哪有部分,两者密不可分,是源与流的关系,荀子《君道》说:"源清则流清,源浊则流浊。"说不清源,怎么能说清流呢? 前面提到的《辽东招民开垦则例》颁布以后,虽然优惠政策很多,除了陈达德外相当长时期来者很少,有学者认为"顺治朝的招民开垦失败了"。为什么呢? 传统看法,内地人只要有一线生机,谁也不愿背井离乡到荒无人烟、冰天雪地的关外来,优惠政策再多,也没有吸引力。这就是"顺治朝招民开垦失败"的根本原因。可是到了康熙后期,尤其是乾隆时期已经颁布了"封禁令",反而出现了"闯关东"的热潮,禁而不止。为什么呢? 这时内地土地兼并十分激烈,许多农民纷纷破产,失去了一线生机,只好离开乡土,另谋出路,"闯关东"便成为最好的选择,山东、河南、河北、山西的流民通过陆路与水路涌入辽东。人多了,荒地自然少了,他们便成为开发东北的主力军。如果把整体与部分或曰源与流隔开,不会说清任何事情。

五、关于史料问题

编写好区域史或地方史,关键在于更多地占有本区域或本地方的相关史料,否则就是"巧妇难为无米之炊"。编写清代辽阳地方史,我们的史料如何呢? 可谓一多一少。比较直接的史料有康熙二十年(1681)杨镳、施鸿纂修的《辽阳州志》,堪称清代辽阳"一方之全史",对我们了解康熙二十年以前的辽阳自然条件和历史状况很有帮助,甚或可以订正、补充正史之不足。毋庸讳言,由于《辽阳州志》属于急就章,不可避免地存在一些错误,使用时应该认真核对,防止以讹传讹。还有光绪三十四年(1908)白永贞编辑的《辽阳乡土志》,篇幅不多,包括乡土历史、乡土地理两部分,列目29项,应有尽有,言简意赅,值得参考,尤其经济部分很有价值。还有民国十七年(1928)白永贞总纂修的《辽阳县志》,共六编四十卷,清朝与民国史事参半,有一定的参考价值。在我看来,《辽阳县志》就是《辽阳乡土志》的扩充版,观点依旧,称辛亥革命时期辽阳的高丽门、刘二堡、边墙子三次起义为"幺麽小丑",并为镇压起义军而死者在太子河畔立碑,"刻铭斯石,万代不磨"。还有金毓黻主编的《辽海丛书》,其中收入康熙二十年(1681)辽东、辽西各府州县编纂的志书,可以与《辽阳州志》互相参照补充。顾云撰写的《辽阳闻见录》,记有甲午战争中辽阳保卫战的史事,可参考。但对许多人物多有偏见,唯替长顺争功。辽阳人金德纯的《旗军志》,叙八旗制度的由来,"与其阀阅之等,爵秩之序及春秋讲武之政,赏罚之法"等,文亦简要,是研究八旗制度不可或缺之作。在文学方面收入辽阳人的著作较多,如佟世思的《鲊话》《耳书》,刘廷玑的《在园杂志》,王尔烈的《瑶峰集》,张玉纶的《毛诗古乐音》等,为研究这些人及其著作提供了不可多得的原始材料。我们还应该提到《奉天通志》,二百六十卷,七百万字,是辽宁省志之集大成者,是辽宁地方史的重要著作。东北最早修成的省志是光绪十九年(1893)的《吉林通志》,《奉天通志》纂修起步很晚,民国十六年(1927)始设立奉天通志馆,辽阳人白永贞、袁金铠任正、副馆长,聘请知名学者王树楠、吴廷燮、金毓黻、世荣、吴闿生和金梁六人为总纂,下有纂修十八人,分纂十一人,其中金毓黻、杨钟羲、陈思、胡景文、韦焕章、许英麟都是辽阳人,可见对《奉天通志》的编纂,辽阳人做出相当大的贡献。费时七年始修成,又过三年始得刊行,时为民国二十六年(1937),东北早已处于日本铁蹄之下了。出版时,经过日本官员的审查,其中的交涉志被强行删削。《奉天通志》虽成书较晚,但其价值与作用却不可小视。首先,它是奉天(或曰辽宁)地方史资料的总集。上起夏商,下至民国,有关奉天地方的政治、经济、文化等各方面的资料"尽量采入"并"以详实为主"。它汇集的资料全面而详尽,实属空前,超过所有旧志,明修《辽东志》《全辽志》都不能与它相比,并有所创新,不拘泥于旧志,如增添"大事志""实业志""金石志"等,搜索资料的范围更加广泛。其次,它是一部简明的编年体奉天通史。仅从"大事志"来看,就有五十卷,占整个通志的近五分之一。上起始皇三年(前223),下至宣统三年(1911),前后两千一百多年的史事尽收其中,虽属简略,但都标明出处,欲详者可"按图索骥",也就是按所指细读典籍,便可一目了然。再次,它重点突出,并非平分秋色,以明清两朝为主,可谓略古详今。从"大事志"来看,明朝有十六卷,清朝有二十四卷,加起来共四十卷,占去"大事志"的五分之四,从秦至元仅有十卷,重点何在不是很明确吗?其他诸志虽也追本溯源,但目的在于说明重点问题的源流关系。如"实业志"中的"矿业",起首云:本省汉、魏、辽、金、元就有开采金、银、铅、铁矿的记载,寥寥数语,转而就提到"乾隆三十九年三月,开采奉天辽阳鹞子峪、复州五虎嘴煤窑"等煤矿,接着以大量的篇幅谈及铁矿、金矿、铜矿、银矿、铅矿、锌矿、笔铅矿、硫化铁矿、滑石矿、苦土矿、黏土矿等,应有尽有,毫无遗漏。"实业志"十分详实,为本书编写提供了诸多的经济资料。最后还有乾隆时期几经修纂的《盛京通志》,也是不可多得的重要资料,可名虽称《盛京通志》,但实为东北通志,其中相当大的比重包括吉林、黑龙江,因此盛京的史事自然不能详尽,而且"乾隆以后之事"不备,不可与《奉天通志》相提并论。此外,《满文老档》《清史稿》及历朝《清实录》等都是重要的资料,并容易看到,不必到处奔波。上述提到的这些资料,可谓一多。

那么,一少是指何而言呢?档案资料太少。原因是鲜俊英第二次在辽阳任知州时,光绪三十二年(1906)五月初三州署内宅失火,烧毁房屋四十余间,所有档案化为灰烬,此前档案基本无存。鲜俊英受到处罚,"省令鲜俊英赔修州署"。所以许多有关清史著作很少提到清代前期辽阳之事,譬如清初辽阳的酿酒业十分兴盛,根据现存的碑刻可知有几十家,还不包括农村,并且都有名号,如乾隆时期的棒槌台烧锅,嘉庆时期的吉兴烧锅,道光时期的义信烧锅等。而孔经纬主编的《清代东北地区经济史》(第一卷),只提到沈阳城有"酒肆几及千家",酒肆是酒馆,酒厂有几家,没有说。接着说齐齐哈尔"烧酒来自伯都讷,岁不下数十万斤"。接着又说长春厅界内西大岭,"嘉庆年间有烧锅一家"。似乎辽阳还不如伯都讷、长春西大岭,岂非咄咄怪事?为什么呢?乃档案阙如之故。辽阳市档案馆现有之档案多为日俄战争之后的卷宗,"文革"后由省档案馆返还一部分有关材料,但无详细目录很难查找。

除此之外,如蒋良骐、王先谦纂修的两种《东华录》以及朱寿朋辑录的《光绪朝东华录》,都是摘自《清实录》按年月编辑的,要比查《清实录》简便一些,有一定的参考价值。辽阳市图书馆只有《光绪朝东华录》,前两者如有需要只能去省图书馆抄录了。还有清代的典章制度,须查《清通典》《清会典》《清通志》《清文献通考》《清续文献通考》等书,辽阳市一本没有,都是七年前抄自省图书馆,可谓付出相当的辛劳。

六、本书的特点

最后,特别应该提到近几十年来,尤其是近十几年来,辽阳市乡土文化研究出现了高潮,成果显著,虽有斗量车载之词也难以表述其全貌。《辽阳文史资料》《辽阳史志》《今古辽阳》《襄平学刊》《乡土》都先后登载许多有分量的文章,有些已经结集刊出,甚至出版大量的专著,意义深远,使古城辽阳大放文化异彩!我之所以要提到这些,在于说明它们为我写成《清代辽阳史纲》有莫大的参考价值,也是鼓舞我写好本书的动力。

本书所谓特点,就是强调几个必须注重的方面,是否恰当,还须读者评说。

　　首先,注重源流的关系。注重源与流的关系,就是注重中原与边疆的关系,也就是内地与辽东的关系或说与东北的关系,即中央与地方的关系。没有源,哪有流?源与流是不可分的。这是编写地方史必须注重的关键之点,否则就会削弱思想性,失之偏颇。再说什么事情都有来龙去脉,不说源,如何能说清流呢?许多地方史著作就是如此。清入关后,如何统一全国,清朝的统治如何最后确立,似乎与东北无关了,只字不提。事实并非如此,前面已经提到许多辽东人,特别是辽阳人,在其中起了相当大的作用,怎么可以全部抹去呢?清朝统治在全国的确立与辽东乃至东北无关吗?"闯关东"的出现,应该与辽东乃至东北有关啊,有的地方史著作也是只字不提,更不要说与内地的关系了。

　　其次,注重历史过程。历史是人类的历史,历史是社会的发展过程,没有过程如何称史。如日俄战争对东北人民,特别是辽宁人民是一场空前的浩劫,应该大书特书,是进行爱国主义教育的重要材料。遗憾的是,有的东北史著作,不提日俄战争的过程,只是写了起讫时间,然后说"在陆上,经历了鸭绿江、辽阳、沙河、旅顺、奉天五次战役。在海上,有旅顺口、黄海、对马海峡三次大战"。如此而已,其余都是议论给人民带来的灾难等,没有过程灾难从何而来?没有过程还是历史吗?

　　最后,注重内在联系。辩证唯物主义认为,事物是普遍联系的,因为有联系才有运动、变化和发展。历史也是如此,看不到历史的内在联系,就说不清历史的运动、变化和发展。这里想以1991年辽宁教育出版社出版的《清代东北史》为例,谈谈我的看法。该书分为五章,或曰五大块,彼此互不统属。第一章汉满(女真)势力的消长(写满族的崛起);第二章安定的政治局面的奠定(写各种统治机构与政治制度);第三章资本帝国主义入侵与政局迭荡(写历次侵略战争及其影响,还写了晚清"新政");第四章社会经济的发展变化(写社会经济);第五章思想文化的变迁(写思想文化)。从这些标题来看,显然看不到任何联系。从大的方面说,经济基础如何决定上层建筑,第二、三章写的是政治,第四章写经济,这种集中的写法能看出决定关系吗?再说晚清的"新政"只与外国侵略有关吗?与内政无关吗?与社会经济发展无关吗?所谓"新政",应该说与外国侵略有关,与内政有关,更与社会经济发展有关。由于民族资本主义经济的发展,民族资产阶级逐渐壮大起来,资产阶级思想也普遍开来,有了改革的要求,清朝统治者为了欺骗民族资产阶级与广大人民群众,提出"预备立宪",推行所谓"新政",骗局最后失败了,加速了民主革命的到来。由此可见,一个历史事件的出现,不是孤立的,是有着多方面的内在联系的。历史研究者就在于揭示这些联系,使人们认清历史事件的本质。在我看来,《清代东北史》不像史而像志,分门别类去写,不见历史的联系性、系统性和历史的规律性。我的看法不一定对,也许是一种创新,作为保守主义者我只能慢慢去体会了。

除此之外，还有几点在此一并说明：一是本书坚持历史唯物主义与辩证唯物主义观点，按照时间顺序加以编写；一是本书注解较多，言必有据，决无妄言，力求成为信史；一是便于读者阅读，每章、每节都加内容提要，一目了然；一是本书在时间上根据清代年号，以农历为主，注明公历年月日；一是清代文化部分不便分期，集中于最后一章，有利于说清来龙去脉，便于掌握。

七、我的希望

本书之所以定名为《清代辽阳史纲》，是说它只是一个提纲，甚至不可以称稿，仅是提纲挈领之作，只是一个骨架，限于资料许多方面远未完全。首先，最为突出的是清代前后期的经济，很不具体，缺乏典型事例，有的甚或是空白。如营口开港之后，特别是甲午战争、日俄战争之后，外国资本主义势力侵入逐渐加深，在辽阳都有哪些表现呢？除了俄国、日本有些零星的材料之外，英国、美国等都在辽阳有哪些侵略活动，都有哪些企业？不见任何记载，只能付诸阙如。因此，造成全书结构失衡，多少不均，很不完整。其次，有许多问题值得深入研究，应该弄清究竟。如满族的"祭堂子"是祭天还是祭神，说不清楚。昭连在《啸亭杂录》中说："国家起自辽沈，有设杆祭天之礼。又总祀社稷诸神祇于静室，名曰堂子，实与古明堂会祀群神之制相符，尤沿古礼也。"这里既说"设杆祭天"，又说"祀社稷诸神祇"，到底是"祭天"还是"祀神"？说"实与古明堂会祀群神之制相符"有些牵强，古明堂会祀群神是公开的，而祭堂子不许汉人进去，只能在外边叩拜，引起许多猜测，里边究竟供奉什么，无人知道。又有邓将军庙或邓大人庙，不知道为什么努尔哈赤非常崇奉。民国《辽阳县志》说："一统志云：在辽阳州城南，明弘治间为定辽前卫指挥使邓佐建，今故址无存。"不知努尔哈赤与邓佐有什么关系，还是一个谜。努尔哈赤时期设有书房，皇太极时期改称文馆，究竟何时改称文馆，没有明确记载，说法不一。或者说始终并未改称文馆，一直都叫书房，也能找到证据，值得深入研究。再次，在许多问题的评价上没有把握。在清史研究中存在许多问题，说法不一，莫衷一是。仅就与辽阳有关者举出几点，谈谈我的看法。努尔哈赤时期在辽阳实行的"计丁授田"的性质，有人说是奴隶制，有人说是农奴制，一直争论不休。我的看法是后者，是农奴制。其意义应该从两方面看，对满族来说是一种进步，脱离了奴隶制，实行农奴制，有了一定的人身自由。对汉族来说是一种倒退，由自由民变成农奴，失去了人身自由。不知对否，没有把握。顺治时期的"招民垦荒"是成功了还是失败了？多数学者认为成功了，都以陈达德来辽阳为例，加以说明。有的引用嘉庆时期的《义乌县志》说：陈达德带领民众"披榛莽，召流移，勤垦辟，招商贾，兴文学，不逾年，政化大行"，甚至说"殆如中土"。《义乌县志》的这个说法过于夸张，不可置信。我认为是失败了，理由是人口没有明显地增加，内地人只要有一线生机就不愿意到荒无人烟、冰天雪地的东北来，这是一种传统的思想。"有土无人"局面的改变是乾隆实行"封禁令"以后。不知对否，没有把握。还有如何评价乾隆实行的"封禁令"，有所谓专家说："但深一层思考，其封禁不无积极意义。如同当代，封山禁猎，甚至强令某些污染严重的工厂停产，这是为保护生态环境，以利人类生存，不得不行此禁令。"①这样的类比靠谱吗？乾隆懂得保护环境吗？若是，我们是否可以这样说：中国乃至世界提出保护生态环境的第一人是乾隆。还有一些，就不必一一列举了。能否正确评价某些史事，是由一个人的理论水平高低决定的。本人理论水平不高，今后必须认真学习，尽快提高理论素质，争取正确评价史事，尽量减少失误。

我已经处于耄耋之年，可谓风雨飘摇中的灯烛，心有余而力不足，不可能写出理想的清代辽阳史，只能如此而已。但我寄希望于有志者，特别是年轻一代，在做好自己的本职工作之余，关注家乡的两个文明建设，更要关注家乡的精神文明建设，也就是为家乡的文化添砖加瓦，贡献自己的力量。在《清代辽阳史纲》的基础上，写出完美的清代辽阳史、明代辽阳史和历代辽阳史，最后写出辽阳通史，彰显"东北第一城"的历史本色！

---

① 《东北史地》，2010 年第 3 期，第 40 页。

目　录

第一章　满族的兴起与后金政权的建立

满族是我国东北一支古老的民族,辽时称女真,明时建州女真已迁入辽东。努尔哈赤时期,基本上统一了混战中的女真各部,实行许多改革,使女真族进入了一个新时期。随着后金的强大,明朝统治者感到威胁,遂采取一些限制、打压政策,结果矛盾日深。努尔哈赤强大之后,建立了大金汗国,不再向明廷称臣,并积极准备夺取辽东,直到天命三年(1618),终于向明朝公开宣战。

第一节　满族的兴起

满族作为少数民族有许多名称,辽时曾建立金割据政权,推翻了北宋,与南宋长期对峙,终为元所灭。明初对女真采取安抚、羁縻的方针,后转为"分而治之"的政策,支持忠顺者,打击叛逆者,以便从中控制。大量女真人迁入辽东,也为后来努尔哈赤夺取辽东提供了有利的条件。

一、满族的先世

满族是居住在我国东北的一个少数民族,它的族源可以追溯到先秦的肃慎、两汉的挹娄、南北朝的勿吉、隋唐的靺鞨。无论是肃慎、挹娄,还是勿吉、靺鞨,都与中原的中央政权保持着密切的臣属关系。唐代的靺鞨分为七部,其中粟末、黑水两部最强。粟末靺鞨分布于松花江、辉发河一带,首领乞乞仲象曾被武则天封为震国公,他死后由其子大祚荣统领部众,兼并周围各部,势力逐渐强大。唐武周圣历元年(698),大祚荣自建震国,《新唐书》称振国,自称震国王。唐开元元年(713),唐在粟末辖区设立忽汗州(是笼络藩属的羁縻州,也因境内有忽汗河而得名),授大祚荣为忽汗州都督,并封渤海郡王,于是大祚荣"去靺鞨号,专称渤海"。这是满族先世在我国历史上第一次建立的地方政权。而分布于黑龙江中下游两岸,东至海滨,北至鄂霍次克海的黑水靺鞨也得到了唐中央政府的封赏。开元十年(722),唐于该地设立勃利州,治所在勃利(今为俄罗斯的哈巴罗夫斯克,即伯力),任命其首领倪属利稽为勃利州刺史。开元十三年(725),在黑水靺鞨地区设置黑水军,第二年又设置黑水都督府,任命倪属利稽为黑水都督府都督,并授"云麾将军"衔,兼领黑水经略,并赐李姓,名献诚[①]。各部落首领被任命为都督、刺史等职。同时,中央还派官

---

① 《新唐书》,卷二一九。

员为"长史",直接参与地方行政管理事务。不难看出,有唐一代满族先世靺鞨与中原王朝的关系进入了一个新的历史时期,足以说明靺鞨,尤其是黑水靺鞨管辖的广大地区都是我国领土不可分割的一部分。

唐末,居住于辽河上游的契丹族实现了统一,耶律阿保机于916年在龙化城(昭乌达盟八仙筒一带)以东的金铃冈筑坛即位,即辽太祖,国号"契丹"。太宗(耶律德光)时改为辽,与五代、北宋并立,统治着我国的北方。辽称靺鞨为女真①。辽天赞五年(926),辽灭了渤海,把一部分女真人南迁到辽阳一带,从此辽阳有了女真人。他们把开原以南的女真人称为"熟女真",把开原以北的女真人称为"生女真"。辽在女真地区设置军政机构,管理女真事务。由于辽的残酷的民族压迫,女真族不断起来反抗,辽阳就有大延琳起义,不久失败。后来,女真各部逐渐联合起来,在"生女真"完颜部首领阿骨打的领导下,连续打败辽兵,取得了巨大的胜利。辽天庆五年(1115),阿骨打称帝,国号大金,年号收国,定都上京(黑龙江省阿城县),这是满族先世继渤海之后建立的第二个地方政权。经过十年的战争,金天会三年(1125)灭掉了辽朝,又二年灭掉了北宋。金皇统元年(1141),即南宋高宗绍兴十一年,迫使南宋订立"绍兴和议",宋金间东以淮河、西以大散关(今陕西宝鸡西南)为界,南北对峙近一个世纪。金贞元元年(1153),海陵王完颜亮迁都燕京(北京),大量女真人南迁,同汉族人杂居,目的在于监督和控制汉族人,但他们必须学习汉语,穿戴汉服,改称汉姓,如此久而久之便不自觉地与汉族人融合了。金朝初年,为了管理黑龙江流域的女真等各族人,设立了蒲与、恤品、胡里改三路。这三路告诉我们,金之北部边界至贝加尔湖、外兴安岭;东北至鄂霍次克海及日本海,各路都置节度使、副节度使实施管理②,表明金在这些地区拥有管辖权。

12世纪,我国北方的蒙古族崛起。1206年春,铁木真在斡难河源(在今蒙古国境内)被推举为大汗,上尊号为"成吉思汗"③。铁木真称汗后,不断向四周扩展。1213年,蒙古分兵三路进攻金朝,从此战争连年。1227年灭西夏,1233年灭东夏④,1234年灭金,1279年灭南宋,结束了五代以来长期分裂对峙的局面,建立了大一统的元王朝。为了加强对东北地区的统治,元世祖于至元二十四年(1287)十月,设立了辽阳行中书省,其管辖范围很广,囊括了现在整个东北,北部、东北部与金相同,西部与岭北行省相接,省府就在辽阳。省下分辽阳、广宁、大宁、东宁、沈阳、开原、合兰府水达达七路,其中开原、合兰府水达

---

① 《辽史》中都称女直,据说是避辽兴宗耶律宗真讳,直至明末相沿未改。

② 《金史·地理志》(二)。

③ 据拉施都丁在《史集》一书中的解释,认为成吉思是蒙古语,坚强、有力之意。也有人说是伟大、大海之意。

④ 金咸平(今辽宁开原)招讨使蒲鲜万奴,据辽东自立,先称大真,后改东夏。

达路就专管女真人的事务。元朝为了开发女真地区,发展经济,采取了一些主要措施。第一,建立万户府,随俗而治。"合兰府水达达等路,土地旷阔,人民散居。元初设军民万户府五,抚镇北边"。即桃温、胡里改、斡朵怜、脱斡怜、孛苦江。"各有司存,分领混同江(松花江)南北之地①。其居民皆水达达、女直之人,各仍旧俗,无市井城郭,逐水草为居,以射猎为业。故设官牧民,随俗而治,有合兰府水达达等路,以相统摄焉"②。第二,建立征东元帅府,管理特林地区和库页岛。治所在黑龙江下游的奴尔干(今在俄罗斯境内黑龙江口附近)。第三,派兵驻守,实行屯田。甚至还把除女真之外的囚徒流放到奴尔干,戴罪强制劳动。根据规定:"流则南人迁于辽阳迤北之地,北人迁于南方湖广之乡。"还规定:"诸流远囚徒,惟女直、高丽二族流湖广,余并流奴尔干及取海青(雕的一种,善捕水禽小兽,产于黑龙江下游及附近海岛)之地。"③第四,鼓励女真人开荒屯田,政府发放"牛畜、田器",同时也要应征从军,如不从军,则要纳税。当时缴纳"钱粮户数二万九百六",由于屯田者越来越多,于是出现了"天下无不可屯之兵,无不可耕之地矣"④。屯田者多了,赋税自然也多了,一般都是征收貂皮、海东青等土特产品。第五,设立驿站,密切与内地的联系。根据记载:"辽阳等处行中书省所辖,总计一百二十处。"其中"陆站一百五处,马六千五百一十五匹,车二千六百二十一辆,牛五千二百五十九只。狗站一十五处,元设站户三百,狗三千只"⑤。由于驿站的设立,交通得到了发展,"使臣的往来,文书的传递,军队的调动,物资的转运,都要经过驿道"⑥。所以,从辽阳到奴尔干几千里长的交通线上,人员往来不绝,一片繁荣景象,有力地促进了女真地区政治、经济、文化的发展。

二、明朝对女真的管理

明初,女真人都居住在黑龙江、松花江、绥芬河流域。后因居住地可分为建州、海西和野人(也称东海)女真三部分。建州、海西女真由于受野人女真及蒙古脱脱不花的压迫,不断向南迁移。建州女真分布在牡丹江、绥芬河及长白山一带;海西女真分布在松花江流域;野人女真仍然分布在黑龙江和库页岛等地。后来,建州女真自牡丹江、绥芬河流域先迁到图们江流域,由于得到明朝政府的允许,再迁到与辽东汉族地区相邻的浑河、苏子河流域一带,终于停止了迁徙的脚步,并与汉族加强了经济、文化的交往。永乐元年(1403),明成

---

① 说法不一,今取蔡美彪说,见《中国通史》,第九卷,第449页。

② 《元史·地理志》(二)。

③ 《元史·刑法志》(二)。

④ 《元史·兵三》。

⑤ 《元史·兵志》(四)。

⑥ 韩儒林:《元朝史》(上册),人民出版社1986年版,第424页。

祖在凤州(今吉林市南)建立建州卫,以胡里改部阿哈出为指挥使。由于阿哈出的举荐,永乐四年(1406)斡朵怜(里)部猛哥帖木儿(努尔哈赤的六世祖)被授予建州卫都指挥使,赐给印信(胡里改与斡朵怜是元在合兰府水达达路设立的两个万户府,两者是邻居)。永乐十年(1412),明廷根据猛哥帖木儿的奏请,增设建州左卫,猛哥帖木儿任都指挥使,左卫实即斡朵怜(里)部。宣德八年(1433),猛哥帖木儿被"野人"杀死,明廷以猛哥帖木儿之弟凡察为都督佥事,执掌建州左卫事务。正统二年(1437),猛哥帖木儿之子董山(童仓)袭父职,仍为建州左卫指挥使。正统七年(1442),由于董山与叔父凡察争夺建州左卫印信,明廷为削弱建州左卫的力量,乘机将建州左卫分为左、右二卫,董山掌左卫,凡察掌右卫。建州虽分为三卫,但建州左卫与右卫,都属于斡朵怜(里)部,又是叔侄关系;左、右二卫与胡里改部的建州卫又都有姻亲关系,所以三者通过血缘关系紧密地联系在一起,成为后来形成满族的核心。

明政府对女真人主要是采取安抚、羁縻与"以夷制夷""分而治之"的政策。"永乐元年,遣行人(官名,掌传旨、册封等事)邢枢偕知县张斌往谕奴尔干,至吉烈迷诸部落招抚之。于是,海西女直、建州女直、野人女直诸酋长悉境来附,授督罕河卫令马吉你为指挥。……其愿居中国者于开原置安乐州,于辽阳置自在州以处之,量授以官,任其耕猎"。明成祖说:"朕非欲并其土地,盖以此辈自昔扰边,至宋岁赂金币,卒为大患。今既来朝,从所欲,授一官,量给赐赍,捐小费以弥重患,亦不得不然。"①这就是明政府对女真采取安抚政策的实质,也是历代统治者对少数民族所采取的共同手段。但也不是单方面的"赐赍",必须"朝贡"和听从"征调",否则就会被视为"叛逆"。朝贡从政治上说是一种臣属关系,也是历代封建皇帝所追求的"万国来朝",以显示"天子"的"德威"。有人认为,朝贡"也是一种官方的交易,即中央政府与地方民族上层间的经济来往。各民族以方物作为贡品朝贡于中央政府与皇帝,然后皇帝再以珍贵物品回赐。明初规定,每卫每年朝贡一次,每卫只限百人,若都督来朝随员规定为十五人"②。有时"回赐"超过了贡品的价值,可谓"赏赐甚厚",体现了安抚、羁縻的一面。据《明神宗实录》记载,努尔哈赤就曾八次亲自赴京朝贡③,表明臣服和忠顺,同时也得到了"回赐"和加官晋爵④。所谓"征调",体现了"以夷制夷""分而治之"的一面,即对那些不忠顺、经常"犯边",或以大欺小,以强凌弱的女真部落进行武力讨伐,所以要出兵配合明军的行

---

① 严从简:《殊域周咨录》,卷二十四,余思黎注解,中华书局1993年版。
② 张博泉:《东北地方史稿》,吉林大学出版社1985年版,第376页。
③ 阎崇年:《燕步集》,北京燕山出版社1989年版,第31页。
④ 刘丹:《论努尔哈赤与明朝的关系》,载《辽宁大学学报》1978年第5期。

动,必须听从征调。换言之,即利用忠顺者,打击叛逆者,以便控制女真各部。努尔哈赤的祖、父都被授以明职,祖父觉昌安(叫场)为建州左卫都指挥,父亲塔克世(塔失)为建州左卫指挥。万历十一年(1583),建州苏克苏浒部图伦城主尼堪外兰引导明军进攻建州右卫王杲、阿台父子,觉昌安、塔克世都被征调而随军同往,结果都殁于军中,实际为明辽东总兵李成梁的军队所误杀。正因如此,明廷为补偿其祖、父的冤死而授予努尔哈赤为建州左卫都指挥使。他只好暂时咽下仇恨,返回建州,以图将来之发展。当时女真各部,明政府只要"有所征调,闻命即从,不敢违期"①。明朝前期,由于实行安抚、羁縻以及分而治之的政策,女真各部尚能"闻命即从",但是到了中后期情况就逐渐发生了变化。

三、辽阳的女真人

辽阳自有女真人最迟应该始于辽代,这可以从许多历史事件和相关记载中得到说明。

辽天显元年(926),辽太祖耶律阿保机攻渤海,拔忽汗城(今黑龙江宁安县西南的东京城),俘其王大諲撰,"改渤海国为东丹(东契丹之意)、忽汗城为天福,册封皇太子倍(即耶律倍)为人皇王以主之"。太宗耶律德光继位以后,以辽阳为东丹的都城,修建宫城。"宫城在东北隅,高三丈,具敌楼,南为三门,壮以楼观,四隅有角楼,相去各二里"②。金毓黻先生以为现在的观音寺便是东丹的宫城,"居人称其地为金银库,此恐为辽代故名之遗传至今者,辽志云'高三丈,具敌楼'亦其徵也"③,此说应该是可信的。从此,女真人大量移居辽阳,记载很多。如"阿保机虑女真为患,乃诱其强宗大姓数千户,移置辽阳之南,以分其势,使不得相通,迁入辽阳著籍者名曰合苏款(亦名曷苏馆),所谓熟女真者是也"④。又天显二年(927),耶律羽之上表太宗(这时阿保机已死,但继续用天显年号未改),主张迁东丹民于梁水。他说:"梁水之地乃其故乡,地衍土沃,有木铁盐鱼之利。乘其微弱,徙还其民,万世长策也。彼得故乡,又获木铁盐鱼之饶,必安居乐业。然后选徒以翼吾左,突厥、党项、室韦夹辅吾右,可以坐制南邦,混一天下,成圣祖未集之功,贻后世无疆之福。"太宗"嘉纳之。是岁,诏徙东丹国民于梁水,时称其善"⑤。梁水就是太子河,一名大梁水,又称东梁河。辽阳当时的范围是很大的,据记载:"天显十三年,改南京为东京,府曰辽阳。户四万六百四。辖州、府、军、城八十七。统县九:辽阳

---

① 严从简:《殊域周咨录》,卷二十四,余思黎注解,中华书局1993年版。
② 《辽史·太祖下》。
③ 金毓黻:《东北通史》,五十年代出版社1949年版,第327页。
④ 徐梦莘:《三朝北盟会编》(卷三)。
⑤ 徐梦莘:《三朝北盟会编》(卷三)。

县、仙乡县、鹤野县、析木县、紫蒙县、兴辽县、肃慎县、归仁县、顺化县"①。尤其肃慎县,特别标明"以渤海户置"。实际上,早在太祖灭渤海之前辽阳就已经有了女真人。"神册四年(919),葺辽阳故城,以渤海、汉人户建东平郡(即辽阳故城),为防御州。天显三年,迁东丹国民居之"②。此后"迁东丹民以实东平"③的记载,在《辽史》中随处可以查到。

总之,当时辽阳城内、辽阳周围、辽阳以南的广大地区居住着大量的女真人。金毓黻先生说:"东丹国之南迁,实即渤海遗民之大转徙也,而渤海之州县,同时亦随以俱徙"④,也就是说不仅人迁来,州县之名称也随着迁来。如东平府是唐代渤海所置,领有伊、蒙、沱、黑、比五州,故城在今黑龙江宁安、依兰之间。这次随着渤海人之大量迁来,东平府的名字也随着迁来,这就是辽阳一度称为东平的由来。

金代统治时期,据《松漠纪闻》撰者洪皓估计,辽东有渤海人"五千余户",实际可能不止此数,因为阿保机时期一次就迁来"强宗大姓数千户",何况后来还在不断地迁徙,所以远远超过此数。阿骨打在与辽交战过程中,非常注意招抚渤海人。他说:"女直、渤海本同一家,我兴师伐罪,不滥及无辜也。"天辅三年(1119),他下诏咸州路都统司曰:"兵兴以前,曷苏馆、回怕里与系辽籍、不系辽籍女直户民,有犯罪流窜边境或亡入于辽者,本皆吾民,远在异境,朕甚悯之。今既议和,当行理索。可明谕诸路千户、谋克,遍与询访其官称、名氏、地里,具录以上"⑤。很明显,目的在于笼络,所以在金建国过程中各地渤海人起了很大的作用。建国后,渤海人,特别是渤海大族以今辽阳为中心,分布在今北起开原,南到熊岳一带。他们积极从事政治活动,是一股很大的潜在力量。金时辽阳渤海大族就有大(大白大、大怀贞、大晦)、高(高桢、高衎、高德基)、张(张浩、张汝霖、张玄素)、李(李石、李献可)诸姓。这些大族世代为官,有的辽时为官,金时仍为官,有的甚至与金皇室有着姻亲关系。1161 年 10 月,完颜雍所以能在东京拥兵称帝,开启金世宗的一代帝业,如果没有辽阳渤海大族的支持,特别是没有其舅父李石的推动和策划也许是不太可能的。可见,辽阳渤海大族的政治势力是不可低估的。

元朝时期,蒙古贵族从女真人手中夺取了对东北的统治权,自然要引起女真人,包括渤海人的反抗;但都无济于事,先后还是臣服了蒙古贵族的统治。这时的女真人、渤海人可能是最分散的时期,因为金政权统治过大半个中国,

---

① 《辽史·地理志二·东京道》。
② 《辽史·地理志二·东京道》。
③ 《辽史·太宗上》。
④ 李治亭:《东北通史》,中国古籍出版社 2003 年版,第 317 页。
⑤ 《金史·太祖》。

必然要派女真人、渤海人到各地去实施统治,因官寓家,包括军队的流动,分散是难免的。元时女真人、渤海人与北方汉人、契丹人、高丽人一样,统称汉人,属于第三等人,是被压迫者。顺帝时期,民族矛盾和阶级矛盾十分尖锐,全国各地不断爆发反元起义。在北方,有女真人、渤海人的起义,特别是辽阳行省水达达路的吾者野人起义声势浩大,沉重地打击了蒙元贵族的统治。在《元史·顺帝纪》中,有关吾者野人起义的记载很多。这些起义在辽阳也得到了响应,但规模不大,最后都以失败而告终。至正八年(1348)三月,"辽东锁火奴反,诈称大金子孙"。同月,"辽阳兀颜拨鲁欢妄称大金子孙,受玉帝符文,作乱"。同年四月,"辽阳董哈剌作乱"①。这些女真人以"大金子孙"相号召,得不到汉人的支持,因为汉人对金的统治就非常不满,所以必然陷于孤立,很快被分别"讨擒之"。尽管如此,说明辽阳依然是女真人、渤海人在辽东进行政治活动的中心。

　　明代是女真人、渤海人大量移居辽东,特别是移居辽阳的时期。洪武定都南京,当时有不少女真人要求迁居京师,由于天气炎热女真人不习惯,所以便在辽东安置。成祖迁都北京,要求迁居京师的女真人骤增,直至人满为患,于是便在辽东辽阳、开原安置。辽阳设有"都司",是明统治辽东的中心。早在洪武十九年(1386),为了安置"高丽、女真来归军民",朱元璋特命于辽阳设置东宁卫,专门收容他们。东宁卫位于辽阳老城之北,即所谓北城,现已不存②,是女真人迁入居住较多的一个卫,下辖左、右、前、后及中、中左六个千户所。除东宁卫外,还有自在州也收容女真人。成祖永乐六年(1408)四月,设立自在州、安乐州,均在开原县内(即今开原县北老城镇)。自在州在正统八年(1443)由开原迁至辽阳,衙门设在辽阳城内。同时,定辽各卫也先后安插不少女真人。正统、景泰年间,女真人要求内附的人越来越多,有记载说:"野人女真,各种夷虏之人,俱附辽东地方,近来相率投降者众,朝廷许其自新,推以旷荡之恩,宥其反侧之罪,授以官职,嘉以赏劳,辽东总兵等官,就于自在州并东宁卫等处城堡安插者,动以千数"③。还有记载说:明廷"待东宁卫人特厚,有军役人月给银五钱,粮二十斗,家有十人而一人从军,则余皆无役"④。除此之外,还"在辽阳自在州建学宫"发展民族文化。许多女真人首领被委以官职,"每年安乐、自在二州寄住挞官俸粮,岁月浩大"⑤。说明:为了安置女真人,明廷不惜工本,目的在于笼络,以便求得安宁。由于女真人的大量迁入,改

---

① 均见《元史·顺帝纪》。
② 《辽东志》,卷一,见"辽东都司治卫山川地理图"。
③ 严从简:《殊域周咨录》,卷二十四,余思黎注解,中华书局1993年版。
④ 《明神宗实录》,卷四四一。
⑤ 《明神宗实录》,卷四四一。

变了辽东地区的人口构成。到了明朝中叶,辽东地区汉族与女真等族的比例,可能是"华人十七,高丽土著、归服女真、野人十三"①。从总体上看,这个估计应该是可信的,但辽阳也许会超过这个比例。

从辽到明,渤海人、女真人陆续地、大量地迁入辽东地区,出现了长期民族杂居的局面,渤海人、女真人接受了汉族的先进文化,加速了民族融合与封建化的过程。同时,渤海人、女真人迁入辽东地区也为后来努尔哈赤能够顺利夺取辽东地区提供了有利的条件。

第二节 努尔哈赤统一女真各部

在女真各部互争雄长的混战时期,努尔哈赤施展了自己的才能,基本上统一了女真各部,并实行许多改革措施,如建立八旗制、修筑都城、搜罗人才、创造文字等,使女真族进入了一个新时期。随着努尔哈赤的强大,明统治者感到威胁,改变了安抚、羁縻的方针,实行限制、打压的政策,结果矛盾只能日趋加深。

一、女真各部的统一

努尔哈赤(1559—1625)生活在一个混乱、动荡的时代。当时,女真"各部蜂起,皆称王争长,互相战杀,甚且骨肉相残",形成了"强凌弱,众暴寡"②,各奴隶主之间不断混战的局面。

努尔哈赤,以爱新(金)觉罗(族)为姓,出身于奴隶主家庭。猛哥帖木儿(有译孟特穆)的六世孙,祖、父都被明代授以官职,管理女真事务。他十岁丧母,继母对他"抚育寡恩"。十九岁时,"俾分居,予产独薄"。为了生活,他上山打猎,挖人参,采松子,经常去抚顺马市出售,往来于建州、抚顺之间。因此,他不仅了解汉人的情形,还受到了汉文化的熏陶。他广交汉人、懂汉语、识汉字,好看《三国演义》《水浒传》等汉文书籍,阅历之广为女真各部首领所不及。后来,他在明将李成梁部下当兵,"每战必先登,屡立战功,成梁厚待之"。也有人说:"他曾在明辽东总兵李成梁帐下做过仆从,对明朝的封建统治比较清楚。"③辽阳也有许多这样的传说,很具体、很生动。据传说:努尔哈赤曾在辽东总兵李成梁家里当过仆役,承担一些打扫庭院、斟茶倒水等杂活,每天睡觉前,还要给李成梁洗脚。有一天洗脚时,意外地发现总兵脚上有三颗黑痦子,觉得很好奇,就问了一声,李成梁哈哈大笑,得意地说:"这是福禄寿三星,正

---

① 《辽东志·地理志》,卷一。
② 《清太祖武皇帝实录》,卷一。
③ 阎崇年:《燕步集》,北京燕山出版社1989年版,第3页。

因为有这三星我才能成为带领千军万马的总兵官"。努尔哈赤一听,便说:"你有三颗黑痦子当上了总兵,那么我左脚心有七颗红痦子,将来能当什么官?"李成梁"啊"了一声,表示不信,急忙让他脱鞋看脚。一看,果然如此,有"北斗七星"的红痦子。李成梁马上想到前几天,皇帝下有谕旨,根据钦天监观察发现,辽东出现了"真龙",要与大明争夺天下,命各地官员查访捕拿,送往京师处斩。李成梁心想"踏破铁鞋无觅处,得来全不费工夫",升官发财的机会来了,准备明天将其拿下送京。一时兴起,回到小妾梨花屋里喝起酒来。酒后吐真言,让梨花知道了,她感到努尔哈赤如果被杀太冤枉,想救他,事先偷了出城证,把情况告诉了努尔哈赤,两人在黑夜里骑马一起出城向北逃跑。李成梁酒醒后,发现人跑了,派兵向城北追赶。很快就要追上,这时努尔哈赤跑到一片大荒甸子,藏了起来。突然飞来了成千上万的乌鸦落在周围,追赶者看到这些乌鸦认为不可能藏人,继续向北追去。努尔哈赤终于脱险,遂向新宾走去。这个藏身的荒甸子,后被称为"落老鸹滩",叫常了变成"野老鸹滩",现简化为"野老滩"。为了感谢乌鸦的救命之恩,后来满族人家院子里,官政、皇宫院子里都立有索罗杆子,杆顶四方斗里盛肉、盛粮喂乌鸦,成为满族人的习俗①。总之,艰苦的劳动生活和紧张的戎马生涯,把努尔哈赤锻炼成为"骑射轶伦""武艺超众,英勇盖世""多智习兵"②的卓越人才。及至祖、父皆亡于明朝兵火之后,努尔哈赤继起,"动以报复祖父仇为辞"③,不断挑起战端。万历十一年(1583)即以祖、父遗甲十三副起兵攻击与明朝勾结的尼堪外兰,实际是武力统一女真各部的开始。努尔哈赤把祖、父之死归罪于尼堪外兰,实际是掩护武力统一的一种借口,防止明廷的警觉。尼堪外兰自知无力抵抗努尔哈赤,遂放弃了图伦城,逃往鄂勒珲(一说在齐齐哈尔,似不确;应该在今抚顺市东)筑城居之。由于诸部中隔,追兵不能越境捉人,于是努尔哈赤乃次第攻取邻近诸部,以为进兵之计。万历十二年(1584),降服了佟家江流域的董鄂部;万历十三年(1585),征服了浑河流域的浑河部;万历十四年(1586),攻克了鄂勒珲城,杀死了尼堪外兰,报了祖、父之仇,控制了苏子河北岸的苏克苏浒部;万历十五年(1587),收服了浑河上游的哲陈部;万历十六年(1588),攻下哈达河上游的完颜部。至此,建州五部完全统一起来,这就为后来征服海西、野人女真奠定了坚实的基础。

这时,努尔哈赤对明朝政府表面上仍极为恭顺,暗地里却积极发展自己的实力。当然,明朝政府也非一无所知,一方面扶植海西叶赫部以抵制他的统一

①　参看辽阳"非遗"传承人杨中先生的《罕王在辽阳的传说》一书。
②　《明神宗实录》,卷四四四。
③　黄道周:《博物典汇》,卷二十。

活动;另一方面又极力笼络他,加官晋爵,封他为都指挥使、都督佥事、都督同知、都督、左都督、大都督,直至龙虎将军,希望他能"忠顺学好,看边效力"①。努尔哈赤就是利用这种微妙关系,积极扩大地盘。

从万历十一年(1583)到万历四十七年(1619),努尔哈赤经过三十多年的时间,统一了建州、海西女真的全部和野人女真的主要部分,扩大了实力,为其割据东北与明朝争夺统治权打下了基础。

二、努尔哈赤发展、巩固统一的改革措施

努尔哈赤之所以能统一女真各部,在于他能适应形势的发展,相继采取了一些改革措施,保证了武力统一的顺利进行。

第一,创立八旗制度。武力统一,首要的就是要有一支组织严密的能作战的军队。努尔哈赤从起兵之后就着手改建军队,到万历四十三年(1615)才最后确定了八旗制度。八旗制度是以女真狩猎时的组织牛录为基础,结合金时的猛安谋克制创立的。即每牛录为三百人,设牛录厄真(即后来之佐领)一人,管理牛录的一切事务;五牛录为一甲喇,设甲喇厄真(即后来之参领)一人;五甲喇为一固山,设固山厄真(即后来之都统)一人,副职二人,称美勒厄真(即后来之副都统)。固山厄真即旗主,都由努尔哈赤的子侄担任,每旗领有步骑兵七千五百人。初时只有四旗,以黄、白、红、蓝四色旗为标志。后来,由于"归附日众,乃析为八"②,也就是在原四旗之外再增设四旗,旗子皆镶边,即镶四旗,黄、白、蓝旗镶红边,红旗则镶白边以示区别,合之为八旗,共六万人。努尔哈赤是八旗的最高统帅,他以严格的纪律管理约束这支队伍,即"以赏示信,以罚为威"③。平时训练,"从令者馈酒,违令者斩头"④。出兵时,"各军勿得离本牛录,违者执之,详问其由",严加处置。进攻时,不得贪功轻进,违者"虽见伤不行赏,即没身不为功"。在"克城破敌之后,功罪皆当其实。有罪者即至亲不贳,必以法治;有功者即仇敌不遗,必加升赏"⑤。对各级将领都是量才任职,若有疏失,严惩不贷。这是一支组织严密、纪律严明、战斗力很强的军队。努尔哈赤作为最高统帅,下设摆牙喇(巴牙喇)五千余人,是其直属的精锐部队,各旗旗主也有人数不等的摆牙喇。八旗实际上是以旗统人、以旗统兵的兵民合一的社会组织。八旗成员"出则为兵,入则为民",即"无事耕猎,有事征调"⑥,它把所有的女真人都纳入了统一的组织。不难看出,八旗制

---

① 茗上愚公:《东夷考略》。
② 昭梿:《啸亭杂录》。
③ 《清太祖武皇帝实录》,卷四。
④ 《朝鲜实录·宣祖》己丑七月丁巳条。
⑤ 《清太祖武皇帝实录》,卷二。
⑥ 魏源:《圣武记·开国龙兴记二》。

度是政治、军事、生产三者合一的社会组织。八旗制度的创立,既提高了军队的战斗力,也促进了女真社会的发展。八旗有上三旗与下五旗之分,上三旗为镶黄旗、正黄旗、正蓝旗,由努尔哈赤掌握,是其亲兵,君为臣上,故称上三旗;多尔衮时期以自己统领的正白旗取代了正蓝旗,成为上三旗。其余则为下五旗,由诸王即统领、副统领掌握,其后成为定制。

第二,选人才、设议政、慎刑狱。由于疆域不断扩大,人口日益增多,事务纷繁,急需各方人才。努尔哈赤说:"今国事繁琐,须多得贤人,各任之以事。"要求众臣广为"搜罗"举荐,有一技之长即可录用,不必求全。他说:"全才者有几,夫一人之身,才技有长短,处事亦有工拙,有阵中之勇者,于理国事则无用,有宜国中者,于从军则无用矣。自是任用,皆随其材。"①也就是"看人的特点,委任了适当的工作"②。确立八旗制度后,还设立了议政五大臣,与八旗旗主共同议政,五日一朝,决定军国大事。这种联席议政制体现了一定的民主精神,是政治、军事的中枢决策机构。与此同时,还设扎尔固齐(蒙古语理事官)十人,分任庶务,负责审理诉讼。有诉讼先由扎尔固齐十人审问,然后报告五大臣,再由五大臣复查,再报告诸贝勒议定。倘若有一方不服,可达努尔哈赤,最后由其裁决。如是,"臣下不敢欺隐,民情皆得上达矣。太祖明敏才智,法度得宜,敬老尊贤,黜谗远佞,恩及无告,为国事日夜焦思,上体天意,下合人心,于是满洲大治,欺诈不生,拾物不匿,必归其主,若不得其门,悬于衙门,令认识之。五谷收获毕,纵牲畜于山野,莫有敢窃害者"③。

第三,修筑赫图阿拉城。万历十五年(1587),努尔哈赤于呼兰哈达岗的台地上修筑佛阿拉城,史称"旧老城",是努尔哈赤统一女真各部过程中的第一个根据地。呼兰哈达是满语,呼兰为烟囱,哈达为山峰,可译为灶突山或烟囱山。它位于浑河主要支流苏子河上游,依山傍水,地势险要,女真人早在此构筑营寨,明人称之为"虎城"或"建州老营",今址在新宾县永陵镇。该城十分狭小简陋,就建筑水平而论尚处于较为原始的低级阶段。然而,努尔哈赤在这里居住了十六年,领导着武力统一女真各部的活动。随着女真各部的统一,旧老城显然已经不能适应形势发展的需要,必须另筑新城。万历三十一年(1603),于旧老城西五里修筑了赫图阿拉城,史称"老城"。赫图阿拉是满语,即"横岗"的意思。它位于苏子河与嘉哈河交汇处的东岸,在今新宾县永陵镇南面一条东西走向的山冈上。有内外两城,均为长方形,内城周围四里,外城周围十里。内城居住着努尔哈赤及其贵族,"外城居其精悍卒伍,内外见居人

---

① 《清太祖武皇帝实录》,卷二。

② 《满文老档·太祖》,卷四。

③ 《清太祖武皇帝实录》,卷二。

家二万余户。北门外则铁匠居之,专制铠甲,南门外则弓人、箭人居之,专造弧矢,东门外则有仓廒一区,共计一十八照,每照各七八间,乃是贮谷之所①。"老城"与"旧老城"比较,不仅规模大了,而且成为后金建立后的第一个都城,即"兴京",也就是兴起、肇兴之城。

第四,创制满文。"创制满洲文字,自太祖始"②。原来金代创制的女真文字早已不得通行,努尔哈赤时女真只有语言,没有文字。由于往来增多,"凡属书翰,用蒙古文字以代言者,十之六七;用汉字代言者,十之三四"③,这种情况很难适应新形势发展的需要。万历二十七年(1599),努尔哈赤命额尔德尼和噶盖两人,用蒙古文字母与女真语音拼成满文,字形与蒙古文很相似,称为老满文,又称"无圈点满文"。后来,皇太极时期又有达海对老满文加以整理、修改,并"酌极其圈点",始形完备,即新满文,或称"有圈点满文"。老满文尽管有许多不足,但毕竟作为本民族的文字开始应用推广,标志着女真社会又向前迈进了一步。

三、明朝对建州女真发展的限制与打压政策

努尔哈赤的势力逐渐强大起来之后,明朝统治者感到对其在辽东的统治是一个严重的威胁,不得不采取一些措施来限制其发展,甚至实行打压政策。主要是利用离间手段,分而治之,或称"以夷制夷"。所谓"分其部落以弱之,别其种类以间之,使之人自为雄,而不使之势统于一者"④。甚至说:"各有雄长,不使归一者,盖以犬羊异类,欲其犬羊相制也"⑤。也就是令其互相制约,互争雄长,防止其统一,以达到分而治之,巩固其统治的目的。应该说,这样的政策从永乐年间就开始了,表现在大量设置卫所上。明初,卫所不多,到明朝中叶,卫所就大量增加。成化年间(1465—1487)曾经三次巡按辽东的马文升说:"以开原东北至松花江海西一带,今之野人女真,分为二百七十余卫所,皆赐印置官。"⑥嘉靖四十五年(1566)修纂的《全辽志》罗列的卫所名称达"三百三十二卫,二十二所"⑦。到万历年间(1573—1620)增加的更多,据《明会典》载:"东北诸夷有数种,洪武、永乐间相率归服,朝廷官其酋长为都督、都指挥、指挥、千百户、镇抚等官,赐以敕书、印记,所设都司卫所等处,今具录于后:都司一,卫三百八十四,所二十四。"⑧卫所的大量增加,反映了明朝对女真统治

---

① 程开祜:《筹辽硕画》,卷一。

② 《清太祖武皇帝实录》,卷二。

③ 福格:《听雨丛谈》,卷十一,汪北平点校,中华书局 2007 年版。

④ 《明经世文编》,卷四八○。

⑤ 《明神宗实录》,卷四四四。

⑥ 马文升:《抚安东夷记》。

⑦ 李辅:《全辽志》,卷六。

⑧ 《万历明会典》,卷一二五。

的加强,"坚持以小的分治来维护大的统一"①。不仅如此,还经常支一方,压一方,在各部之间进行挑拨,制造分裂,引起事端。万历二十九年(1601),努尔哈赤已经统一了哈达部,并想把自己的孙女莽姑姬公主嫁给哈达新首领吴儿户代为妻。可是"万历皇帝不喜,遂责之曰:'汝何故破哈达,掳其人民,今可令吴儿户代复国'。太祖迫于不得已,仍令吴儿户代带其人民而还"②。还有支持乌拉的布占泰多次侵犯建州,给努尔哈赤带来不少麻烦。尤其是利用叶赫阻挠努尔哈赤对女真各部的统一,甚至出兵保护叶赫,与之相对抗。万历四十一年(1613),努尔哈赤率领四万大军进攻叶赫,以追捕布占泰为名,沿途攻掠十九城寨。事后,叶赫的金台石与布扬古向明朝报告说:"淑勒昆都仑汗征讨哈达国夺取了,征讨辉发国夺取了,征讨乌拉国夺取了,今又征讨叶赫,也将要全部夺取。征讨我们诸申国后,就征讨你们尼堪国。征讨尼堪国,夺取辽东城,淑勒昆都仑汗亲自居住,夺取沈阳、开原地方放牧马群。"万历感到形势严重,立即派人警告努尔哈赤:"我劝告不要征伐叶赫,如果接受我的劝告,停止征讨叶赫,那将认为是存我体统的行为。如果不听劝告,继续进攻叶赫,那时我们就要对你们实行讨伐"③。一方面警告,一方面派游击马时楠、周大歧等带领枪、炮手千人,援助叶赫。这时,努尔哈赤还不想公开叛明,急忙写了一封信亲自送到抚顺所游击李永芳手里。努尔哈赤在信中说:"吾国兴兵,原为夜黑(叶赫)、哈达、兀喇、辉发、蒙古、实伯、刮儿恰九国,于癸巳年会兵侵我,上天罪彼,故令我胜。于时,杀夜黑布戒,生擒兀喇布占泰。至丁酉年,复盟,宰马歃血,互结婚姻,以通前好。后夜黑负盟,将原许之女悔亲不与,布占泰乃吾所恩养者,因与我为仇,伐之,杀其兵,得其国,彼身投夜黑,又留而不发,故欲征之。吾与大国,有何故乃侵犯乎?"④

在经济上,虽也令女真朝贡,开放马市,允许贸易,但多有限制,尤其在与女真交往中表现了严重的民族歧视。贪婪、残暴、迫害的事件层出不穷,严重伤害了民族感情。在朝贡中,明朝"边臣"时有挑剔、刁难,甚至乘机勒索。这种情况由来已久,成化年间就相当严重了。"建州、毛怜、海西诸部落,野人女直来朝贡,边臣以……貂皮纯黑、马肥大者,始令入贡,否者拒之"⑤。为了顺利入关只好采取贿赂手段,求得即时放行。海西人散赤哈就曾经"上番书",状告"开原某指挥"在验关时,勒索他的"珠玉、豹皮"⑥,揭发地方官员的贪婪

---

① 刘丹:《论努尔哈赤与明朝的关系》,载《辽宁大学学报》1978 年第 5 期。

② 《清太祖武皇帝实录》,卷二。

③ 《满文老档·太祖》,卷三。

④ 于是,努尔哈赤不得不退兵,停止征讨叶赫,推迟了其统一女真各部的进程。

⑤ 《明宪宗实录》,卷三十五。

⑥ 海滨野史:《建州私志》,上卷。

丑行。有时还停止朝贡,关闭马市,中断贸易,给女真带来诸多损失。如万历三十六年(1608),停止朝贡,第二年又关闭马市贸易,致使建州女真的人参腐烂了十余万斤。对此,《清太祖武皇帝实录》有所记载:"曩时卖参与大国,以水浸润,大明人嫌湿推延,国人恐水参难以耐久,急售之,价又甚廉,太祖欲煮熟晒干,诸王臣不从,太祖不徇众言,遂煮晒,徐徐发卖,果得价倍常"①。这也是一种被逼出来的办法,收到了反限制的效果。还有更甚者,边将杀人冒功,求得封赏。成化十五年(1479)十月,巡抚陈钺与太监汪直为了邀功,互相勾结,扬言女真入侵,竟然抓来建州进贡头目六十余人,当作俘虏,监禁起来,最后全部杀掉。陈钺因此而得晋升为右副都御史,但倒霉的却是辽阳的老百姓。十二月,"建人以复仇为词,深入辽阳,杀男女皆支解之,或碓舂火蒸,以雪怨,边将不敢与战,辽地骚然"②。

随着努尔哈赤统一女真各部,人口激增,土地不足,粮食紧张,乃不断越界开垦土地,从开原往南逐渐延伸,已逼近铁岭之三岔、范河、柴河、抚安等堡。万历四十三年(1615),辽东总兵官张承荫奉命巡边后,遣通事董国荫至努尔哈赤处,通知他将南关(开原县南部)地区的居民后撤,在三岔、范河、柴河三路所种禾稼不准再收。并在上述等地方立碑,大书"夷文",写明自万历四十三年起,不许来种的字样。这些做法,使努尔哈赤极为不满,认为是断绝了他的生路。他说:明朝"发兵逼令我部远退三十里,立碑占地,将房屋烧毁,口禾丢弃,使我部无衣无食,人人待毙"③。朝鲜的李民寏也说:"近日背叛之由,皆以为辽东夺耕禁标外胡田,此其怨者一也"④,即认为这是努尔哈赤反明的第一条原因。不论这种说法正确与否,但总是加深了民族矛盾是可以肯定的。

第三节 后金政权的建立

努尔哈赤强大起来之后,不甘再向明廷称臣,于是建立了大金汗国,史称后金。政权性质说法不一,应该介于奴隶制向封建制转化的过渡性质。建国后,尚不能与明廷立即抗衡,着意发展经济和军事力量。直到万历四十六年,即天命三年(1618),努尔哈赤感到兴兵征明的条件已经成熟,遂以"七大恨"告天,向明朝公开宣战。

---

① 《清太祖武皇帝实录》,卷二。
② 海滨野史:《建州私志》,上卷。
③ 孟森:《清太祖告天七大恨之真本研究》,载《明清史论著集刊》,上册。
④ [朝鲜]李民寏:《建州闻见录》,辽宁大学历史系本,第45页。

一、努尔哈赤建国称汗

努尔哈赤统一女真各部之后，力量日益强大，野心也随之膨胀起来，感到"帝业已成"，具备了建立割据政权的条件，欲与大明争夺辽东，乃至争夺东北。

关于努尔哈赤建国称汗的问题，我们先看《满文老档》的记载："丙辰年（1616）淑勒昆仑汗五十八岁正月朔，壬申日，国中的诸贝勒、诸大臣会议：'因为我们的国没有汗，生活非常困苦，所以天为使国人安居乐业而生（汗）。应给抚育全国贫苦人民，恩养贤良才智之士，应天命而生的汗上尊号。'八旗的诸贝勒、诸大臣，率众人在四面四隅等八处站立，随后八旗的八大臣从众人中走出，捧文书跪在前面，八旗的诸贝勒、诸大臣率众跪在后边。立在汗右侧的阿敦虾和立在左侧的额尔德尼巴克什，从两侧去迎，接受八大臣跪呈的文书，捧到汗前，放在桌上。额尔德尼巴克什在汗的左前方站立，上尊号为'天任命的抚育诸国的英明汗'。跪着的诸贝勒、诸大臣都站起，随后汗从坐着的御座上立起，走出衙门，对天叩头三次。叩头后，回到御座坐下。八旗的诸贝勒、诸大臣依次祝贺新年，各向汗叩头三次"①。这个记载很简单，只是具体描述了上尊号的情形，其他都没有说。我们再看看《清太祖高皇帝实录》的记载："天命元年，丙辰，春正月，壬申朔，四大贝勒代善、阿敏、莽古尔泰、皇太极及八旗贝勒大臣率群臣跪，集殿前，分八旗序立。上升殿，登御座。众贝勒大臣率群臣跪，八大臣出班，跪进表章，近侍侍卫阿敦、巴克什额尔德尼接表。额尔德尼跪上前，宣读表文，尊上为覆育列国英明皇帝。于是，上乃降御座，焚香告天，率贝勒诸臣，行三跪九叩首礼。上复升御座，众贝勒大臣，各率本旗，行庆贺礼。建元天命，以是年为天命元年"②。很明显，这个记载与前者有很大的不同，至少有如下几点：首先，说明"上尊号"是四大贝勒代善、阿敏、莽古尔泰、皇太极发起的，突出了他们的政治地位；其次，把"抚育诸国的英明汗"改为"覆育列国英明皇帝"，不言而喻"汗"与"皇帝"有着本质的差别；再次，提出"建元天命"，明确了"天命"是纪元，是年号。后者是经过多次修改的，既然有皇帝自然应该有年号。越来越靠近汉族的政治模式。另外，两者也有共同的地方，都没有提出"国号"。这是为什么？可能是在没有与明朝彻底决裂之前，努尔哈赤不愿大肆张扬，避免不必要的麻烦。可是，萨尔浒战役之后终于揭出国号为后金。王在晋著文载："朝鲜咨报，奴酋僭号后金国汗，建元天命，指中国为南朝，黄衣称朕，词甚侮谩。"③同样的记载还有很多，可知国号为后

---

① 《满文老档·太祖朝》，卷五。
② 《清太祖高皇帝实录》，卷五。
③ 王在晋：《三朝辽事实录》，卷一。

金,并以赫图阿拉为都城。当时,努尔哈赤对群臣说:"朕闻上古至治之世,君明臣良,同心共济。惟秉志公诚,而去其私,则天心必加眷佑,地灵亦为协应。盖天无私,四时顺序,地无私,万物发生,人君无私以修身,则君德清明,无私以齐家,则九族亲睦,无私以治国,则百姓乂安,由是协和万邦,亦不外此。为治之道,惟在一心耳"。又说:"贤臣翊赞朝廷,必本忠诚之心,视国家如一体,质诸天地而无惭焉。"还说:"人君智虑未周,必勤于咨询,嘉谋谠论,听而受之,然后称为睿哲之主。人臣有闻,即以入告,且尽言规谏,乃可谓忠诚。夫事方兴而即谏,上也,事已定而后谏,下也,然尤愈于不谏。求忠诚于直言,有不裨益治道者乎?"最后说道:"用人之道,宜因人用之,有善于征战者,惟用于征战,不可私自驱使。若机密之地,必择谨慎端方者处之,辞命之任,必择言语通达者委之,俱随才器使可耳。"①应该说,这是一篇既全面而又有分量的就职演说,可见努尔哈赤对治国之道与驭人之术早已了然在胸,无论从哪方面说后金政权的建立都是水到渠成的事。这样,一个与明朝中央政府相对抗的强大的地方割据政权就出现了,在这个政权中"汗"是最高统治者。

关于金国的建立问题,近些年来史学界有些新的说法,最有代表性的是蔡美彪,他于 1987 年第 3 期《历史研究》上发表了《大清国建号前的国号、族名与纪年》一文(以下简称"蔡文"),提出许多新的看法,引起了史学界的重视,现将其主要论点介绍如下,以广见闻。

第一,努尔哈赤为什么称汗而不称皇帝?实际上,努尔哈赤在建立国家机构时,在许多方面是采取蒙古的制度。如,文官称巴克什(源于蒙古语,即文臣)、武将号称巴图鲁(满语勇士的意思,即源于蒙古语的把阿秃儿,也有译为霸都、霸都鲁、拔都鲁等,赐给有战功的官员,名为"勇号"),以及达尔汉(古代蒙古社会里的一种称号,指平民或奴隶因军功或其他勋劳而被主人解放的人,实际已上升为统治阶级)、台吉(历史上蒙古贵族的称号,清朝以其为封爵,在王、贝勒、贝子、公之下,也用来封赠蒙古及西北某些民族的贵族首领)等称号都源于蒙古。努尔哈赤之所以称汗,主要是受到蒙古文明多方面的影响。"努尔哈赤在建州起兵,西有蒙古,南有明朝和朝鲜,朝鲜又依附于明,他只有向蒙古去吸取先进的文明"。早在建国前二十年,蒙古科尔沁部和喀尔喀五部即有"遣使通好"的记载。努尔哈赤为了拆散蒙古与明朝的关系,采取各种手段笼络科尔沁等各部的封建王公,以便结成联盟,利用蒙古的军事力量,为其统一女真各部,征服中原,夺取全国政权的政治目的服务。最明显的就是通过"互为嫁娶""世缔国姻"的政治联姻,使联盟更加巩固。努尔哈赤于万历三十八年(1610)纳科尔沁部女为妃,其子代善、莽古尔泰、德格类等也都娶蒙

---

① 参见萧一山:《清代通史》,华东师范大学出版社 2006 年版,第 47—48 页。

古扎鲁特部女。以后,还陆续收降了一些蒙古的文士和武将。蒙古文明经由多种渠道传给满族。努尔哈赤在赫图阿拉建国时,不像历史上辽太祖、金太祖建国时那样,有汉人文士为之谋划仪制,只有通晓蒙古文明的额尔德尼、噶盖等在他的周围。他废弃明朝的封授,建国称汗,表示彻底摆脱明朝的控制,因而不会沿袭明朝的制度和模式。在这种情况下,蒙古式的汗国便成为他借鉴的楷模。

第二,为什么建国号为"金国"呢?传统的说法认为女真本是前朝金的后裔,故称金国。蔡文认为"努尔哈赤之称金国与 12 世纪时建立的金朝,并无名号因袭关系"。金实际上是一个新的族名,也就是以族名为国名。因为努尔哈赤以爱新(金)觉罗(族)为姓,后来爱新或金已经成为被征服各部(包括建州、海西女真各部)共同的族称。该文解释说:"作为族称的爱新或金,当然不会是沿用前朝的国号。此名当源于努尔哈赤所从出的族姓爱新觉罗。努尔哈赤的建国,并非基于部落的联盟,而是基于对周邻诸部的征讨。按照收养氏族成员的惯例,被征服或归降的各部,均被视为收养,而努尔哈赤则被尊为汗父。那么,作为被收养的原属各部的成员,以汗父的族姓为共同的族称,就是理所当然的了。"所谓"后金"之说,"既不是努尔哈赤自建的国号,也非出于后世史家的追称",纯属误称。

第三,建元"天命"之说,蔡文认为也是需要重新探讨的问题。该文说:"所谓建元即建立年号,这是汉人传统的建国观念和模式,而努尔哈赤建立汗号时,并不具有这样的观念和模式。……值得注意的是,以天命纪年不见于满文档案,只见于汉字文献。"1973 年,台湾出版了《明清档案存真选辑》二集,其中收有清太祖、清太宗旧档上的老满文印一方,印文是"天命金国汗之印"。所谓"天命金国汗"的"天命",显然不是年号。他认为,这里的"天命"与努尔哈赤被尊为"天授覆育列国英明汗""承奉天命养育列国英明汗""天授养育诸国英明汗"中的"天授""承奉天命"是一致的,是说"英明汗"为天授的、天命的。所以"在 1636 年建元崇德以前,金国文献只是以汗号纪年,实际并无年号"。

以上这些意见只是一些学者的个别意见,虽非定论,但确实提出了一些值得思考的问题,有待进一步研究,不可囿于成说。

二、后金政权的性质

努尔哈赤建立的后金政权是什么性质,史学界有不同的意见,争论多年尚未解决。主要有奴隶制政权和封建制政权两种截然相反的说法,主张奴隶制的可能占多数,主张封建制的可能是少数,现分别介绍如下。

主张奴隶制者认为,"拖克索"是后金土地所有制的主要形式。拖克索是满语,意为奴隶制庄园。努尔哈赤、贝勒、八旗将领等都有大量的拖克索,有的八旗将领一个人就有"多至五十余所",在拖克索里从事生产劳动的是阿哈。阿哈是满语,意为奴隶。土地、农具等生产资料归主人所有,主人完全占有阿哈的人身自由,占有他们生产的全部成果。"阿哈毫无政治地位,他们的居住、生活、婚姻、嫁娶全无个人自由,必须听从主人安排。而主人对阿哈有生杀予夺之权,任意买卖、毒打、屠杀,阿哈遭受非人待遇,与牲畜同列,无疑成为会说话的工具。这些阿哈的子女世代为奴,不能离开主人,逃跑要治罪。"所以,在满文中有"一辈奴""二辈奴""三辈奴""四辈奴"等词。他们还认为,八旗制度是"维护奴隶制经济基础"的上层建筑之一,它"反映和保留了部族联合的组织形式,而为奴隶社会的剥削制度服务,是奴隶主有力的阶级压迫工具"。也有人认为,"从定居到浑河上游以至后金建立时期"的"满族社会已从家内奴隶制发展到比较完整的奴隶制,奴隶和自由民的生产斗争和阶级斗争,在推动着后金社会的不断前进"①。

主张封建制者,有已故明清史专家郑天挺先生。他说:"我们从民族经济文化交流关系上看,满洲族在努尔哈赤时期进入封建制,是可能的。""满洲族介乎汉族和朝鲜族两个高度封建化的民族之间,它们间的经济文化联系是密切的。因此,满洲族进入封建社会,应该比较容易。当然,我们也注意到各地区各民族的发展是不平衡的,相反的例证是存在的,这只是可能,而不是必然的。"他在列举一些具体事例之后指出:"建州女真迁到赫图阿拉之后,和明朝的交往从来没有受到阻碍。……建州的按时朝贡,努尔哈赤父祖和李成梁的关系及他本人的三次(应该是八次)至北京,更可知满洲族和汉族的文化、经济交流是一直不断的。那么,双方生产方式和上层建筑的所有不同,应该也是知道的。"他还认为,八旗制度是"较过去鲜明的阶梯统治制度",大汗统固山,固山统甲喇,甲喇统牛录,全国人口都属于牛录。"同时又设理政听讼大臣五人,都堂(扎尔固齐)十人,'凡事都堂先审理,次达五臣,五臣鞠问再达诸王(贝勒),如此循序问达。令讼者跪于太祖(努尔哈赤)前,先闻听讼者之家言,犹恐有冤抑者,更详审之,将是非解析明白'。这也是较过去鲜明的阶梯统治制度。这是封建制度的特点之一"。最后,他说:"根据上面关于上层建筑所反映的情况,我感到努尔哈赤在1616年建立的政权一开始就是封建政权,就是封建王朝"②。

从目前来看,两种说法还都存在一些有待商榷的地方。诚如郑天挺先生所说,两种说法都可以找到自己所需要的例证,如何解读这些例证,尤其是如

---

① 魏千志:《"拖克索"浅论》,载《明清史国际学术讨论会论文集》,天津人民出版社1982年版,第593—617页。

② 郑天挺:《清入关前满洲族的社会性质》,载《历史研究》1962年第6期。

何解读相反的例证还是需要下一番功夫的。如拖克索是否具有普遍性，是否有更多的史料加以佐证，不能以仅有的几条史料反复进行推论，应该去发现新东西。如阿哈究竟有多少人，也都缺乏量的考察，有的认为有四五十万人，有的认为有一两万人，莫衷一是。如八旗制度是全民性质的社会组织，它既是军事组织，又是生产组织，所有成员"出则为兵，入则为民，耕战二事，未尝偏废"[1]。也就是说都参加作战，又都参加耕种，看来似乎都是"平等"的，那么谁是奴隶呢？能说全部的将领都是奴隶主，全部的八旗兵都是奴隶吗？这也是很难说清的问题。后金政权不完全是奴隶制政权，也不完全是封建制政权，而是处于由奴隶制向封建制逐渐过渡的政权，或说奴隶制封建制参半的政权。总之，还有很大的研究空间，需要史学界共同努力。不过，我们可以求同存异，只能说后金政权是一个少数民族建立起来的与明朝对立的地方割据政权，至于何时过渡完成只是一个时间界限问题。皇太极时期，改女真为满洲、改后金为大清，登上皇帝的宝座，就是过渡完成的标志。

三、积极准备夺取辽东

努尔哈赤建国后，加速准备与明朝争夺辽东。早在建国前，就有人提议"今可侵大明"，而"太祖不允"。他说："若侵大明合乎天，天自佑之，天既佑，则可得矣。但我国素无积贮，虽得人畜，何以为生，无论不足以养所得人畜，即本国之民且待毙矣。及是时先治其国，固疆圉，修边关，务农事，裕积贮"[2]。努尔哈赤深知"务农事，裕积贮"的重要，否则不要说进行战争，就是"何以为生"都成为问题。

建州、海西女真进入辽东以后，他们的生产迅速发展起来。首先，表现在铁的冶炼和铁制工具的使用上。从万历二十七年（1599）三月起，"始炒铁，开金银矿"[3]，他们已经能够制造各种农业生产工具，为农业进一步发展创造了条件。其次，耕地面积不断扩大，建州境内"无野不垦，至于山上亦多开垦"，农作物品种增多，"旱田诸种无不有之"。而且产量较高，"粟一斗落种，可获八九石"[4]。这种说法可能估计过高，但说产量有所提高是可能的。再次，手工业已成为独立的生产部门，根据《筹辽硕画》的记载可知，在赫图阿拉已有专制铠甲、专造弧矢的匠人。所谓"银、铁、革、木，皆有其工"。除了冶铁业之外，纺织业也有了发展。此前"闻胡中衣服极贵，部落男女殆无以掩体。近日则连有抢掠，是以服著颇得鲜好云。战场僵尸，无不赤脱，其贵衣服可知"[5]。

---

① 《清太宗实录》，卷七。
② 《清太祖武皇帝实录》，卷二。
③ 《清太祖武皇帝实录》，卷二。
④ ［朝鲜］申中一：《建州纪程图记》，辽宁大学历史系本，第25页。
⑤ ［朝鲜］李民寏：《建州闻见录》，辽宁大学历史系本，第43页。

这里是说通过抢掠,把被打死的人衣服扒光,自己用,说明纺织业的落后。建国后纺织业虽有发展,但"女工所织,只有麻布",说明棉花很少。后来努尔哈赤"布告国中,开始养蚕以织绸缎,种棉以织布帛"①,改变了原来不能生产绸缎布匹的状况。商业也有了一定的发展,主要是以人参、貂皮、马匹与明朝、朝鲜进行贸易,特别是努尔哈赤创造了人参"煮熟晒干"法,不急于廉价出卖,等待时机,可获高利。尽管女真的经济有了相当的发展,但要与明朝争夺辽东没有大量的粮食是不行的。于是,努尔哈赤开始推行屯田制度,"于各部落,例置屯田,使其部酋长掌治耕获"②。尤其在进入辽沈地区前夕,又开始推行牛录屯田制。过去"向国人征粮作贡赋,国人受苦"。今"令一牛录各出男丁十人,牛四头,开始在空地种田。此后则不征粮作贡赋,国人不再困苦"③,并"造仓积粮,于是设仓官十六员,吏八员,执掌出入"④。牛录屯田制收到了较好的效果,粮食逐渐多了起来,粮库也得到充实。

努尔哈赤虽然还不能立即攻明,但两者摩擦不断,为了防止相互越界,订立各守边界之约:规定敢有窃踰者,无论汉人、女真,见之杀无赦,若见而不杀,殃及不杀之人;且刑白马,祭天为誓,勒誓辞于碑,建碑于沿边各地,主要在抚顺、清原、桓仁之间。即有此约,自然大开杀戒以立威,两者积怨日益加深。说努尔哈赤统一女真各部主要是指建州女真与部分海西女真,黑龙江等地的女真,直到皇太极时期才完成统一。不仅如此,距离最近的叶赫部(居住于今吉林的四平地区)就亲明,受到明廷的保护,努尔哈赤十分不满。这时,由于后金的强大,叶赫感到威胁,乃向明廷告急。明立即遣炮兵守卫北关镇,派驻重兵于开原,以备不测。为此,努尔哈赤投书抚顺所游击李永芳,诉叶赫渝盟之罪,要求其严守中立,没有得到任何答复。癸丑(1613)以后,努尔哈赤不再朝贡,地方匿而不报,万历四十二年(1614)四月,"明巡抚都御史郭光复新莅任,潜使辽阳材官肖伯芝,伪称都督,盛具仪仗,至建州境,扬言天使俨临,而不郊迎,将以无礼致诘。努尔哈赤属迎道左,供具甚丰腆。伯芝大喜,相与尽欢,徐问不贡之由。努尔哈赤从容对曰:'本部之蜜犹中原五谷也。五谷有不登之年,将谁是诘耶?本部五年来,花疏蜂少,是以不供。俟春枝花满,酿熟蜂衙,当复贡市如初。此琐事耳,何烦厪念?'厚赠伯芝,并饯而出。将别,努尔哈赤从马上拍伯芝肩,笑曰:'汝是辽阳无赖肖子玉也。安得伪称都督,来我郊境?我非不能杀汝,顾不忍贻大国之羞耳!为我致意巡抚,后毋再作诈骗事!'伯

①《满文老档·太祖朝》,卷五。
②[朝鲜]申中一:《建州纪程图记》,辽宁大学历史系本,第25页。
③《满文老档·太祖朝》,卷三。
④《清太祖武皇帝实录》,卷二。

芝狼狈西奔,巡抚闻之,闭门累日"①。郭光复万万没有想到,此举竟被努尔哈赤轻易识破,贻笑于人,不仅丢掉了自己的脸面,也使堂堂大国受到轻侮。

　　随着经济和军事力量的增强,努尔哈赤认为兴兵征明的条件已经成熟,遂于万历四十六年、天命三年(1618)四月十三②以"七大恨"告天,向明朝公开宣战。

---

① 萧一山:《清代通史》,华东师范大学出版社 2006 年版,第 72 页。
② 关于本书的时间表述:汉字即为农历日期,阿拉伯数字即为公历日期。

第二章　后金与明朝的战争

努尔哈赤兴兵伐明,很快占领了抚顺、清河,明廷大震,决定兴兵问罪,始有萨尔浒之战,结果大败,开原、铁岭相继失守,后金兵锋直指辽沈。熊廷弼临危受命,采取以防御为主,坚守渐逼之策,颇有成效。但熊廷弼遭到多方攻击去职,袁应泰接任,弃守为攻。朝廷党争不停,魏忠贤专权之后尤烈。接着,光宗暴死,熹宗初立,努尔哈赤认为时机已到,决定出兵,直下沈阳、辽阳,辽南大小七十余城传檄而定。辽沈之战,对双方都有深远影响,一胜一败的局面将继续下去,两个政权对峙的局面完全形成。

第一节　兴兵伐明

努尔哈赤向明公开宣战后,轻易占领了抚顺、清河等地,"举朝震骇"。万历决定大兴问罪之师,令杨镐为辽东经略,统大军进剿,分四路围攻赫图阿拉。西路杜松在萨尔浒大败,全军覆没;北路马林、东路刘綎被全歼;只有南路李如柏奉命逃回,得以保全。接着,后金相继占领了开原、铁岭,又灭掉了叶赫,兵锋直指辽沈,明形势岌岌可危。

一、以"七大恨"出兵

早在万历四十一年(1613),叶赫部金台石、布羊姑就曾报告说:努尔哈赤"欲削平诸部,然后侵汝大明,取辽阳为都城,开原、铁岭为牧地"[1]。但当时努尔哈赤毕竟是心有余而力不足,可时隔五年已是今非昔比,此时兴兵伐明已经提到日程上来了。

万历四十六年、天命三年(1618)正月十六日,"天刚亮,出现了黄色明亮的光线,贯穿在西沉的月亮中间,那光线像布幅一样宽,从月亮向上有二竿,向下一竿多长"。这种自然现象,可能被视为吉兆。所以过了新年之后,努尔哈赤说:"诸贝勒、诸大臣,你们不要再逍遥自在了!我已经下定决心,今年一定要出征"[2],要求各旗必须做好充分准备。出师伐明,总该有些理由,于是努尔哈赤提出所谓"七大恨"。其内容是:万历年间"将我二祖(祖父、父亲)无罪加诛,恨一也";出兵援救叶赫,与我对抗,"同是外番,事一处异,何以怀服,恨二

---

① 《清太祖武皇帝实录》,卷二。
② 《满文老档·太祖朝》,卷六。

也";杀死越界之人,背约"挟取十夷偿命,恨三也";建州与北关,同是属夷,缘何卫彼拒我,觭轻觭重,良可伤心,恨四也;明助叶赫,"使我已聘之女,改适蒙古,恨五也";驱逐在柴河、三岔、抚安三堡垦耕的女真人,"使我部无居无食,恨六也";我不曾稍有不轨,都御史郭光复"忽遣备御肖伯芝,蟒衣玉带,大作威福,百般欺辱,恨七也"①。这"七大恨",实际是两方面的内容:一是指责明廷对女真的种种民族压迫;二是不满明廷支持叶赫反对建州,认为是逆天行事。"七大恨"的檄文有各种版本,内容大同小异,全是经过修改的,原稿已经找不到了,不过都是起兵伐明的一种借口而已。

四月十三日,努尔哈赤率领八旗兵二万开始出征伐明。临行,举行誓师大会,鸣鼓奏乐,拜谒堂子,宣读早已准备好的"七大恨"表文,读后焚之,以告天地。誓师后,他对诸贝勒、诸大臣说:"我是不希望发动这次战争的。主要的恨是这七大恨,小恨说不清了。因有那样多的恨,才发动这次战争"。接着,他宣布了军事纪律:"不许剥在战争中获得的俘虏的衣服,不抢女人(有的记载为勿淫妇女),不许离散夫妻(指把俘虏到的夫妻分开)。抗拒的杀,不抵抗的人勿杀"。然后,大军开出赫图阿拉城,向西行进三十里,入夜后就地宿营。次日,努尔哈赤分兵两路,令左翼四旗分取东州(抚顺县东南)、马根单(即抚顺县马郡)二处。努尔哈赤亲率右翼四旗往攻抚顺,他将该城包围起来之后,"赍书"抚顺游击李永芳,劝其归顺。在大军压境的情况下,李永芳只好竖起白旗,成为明边将投降后金的第一人。努尔哈赤十分高兴,将七子阿巴泰长女赐其为妻,称为"抚顺额驸"(也称抚西额驸),授三等副将,管辖汉族大小官员。受到重用的李永芳自然感激涕零,决心为新主子效力。同时,左翼四旗也攻占了东州、马根单等地。明辽东巡抚李国翰闻讯,急遣广宁总兵张承荫、辽阳副将颇廷相、海州参将蒲世芳、游击梁汝贵等率兵万人前去镇压,结果明军全部战殁。这一仗努尔哈赤连得抚顺、东州、马根单三城,并"小堡、台、庄全部五百余处"②,俘获人畜三十余万,降民编为一千户。最后,拆毁了抚顺城,大队人马返回赫图阿拉。抚顺之战揭开了后金与明朝战争的序幕,后金取得了重大的胜利,使努尔哈赤看清了明军的虚弱,不堪一击,此后他更加放心大胆地发动进攻,誓与明朝争夺辽东乃至东北的统治权。

努尔哈赤占领抚顺之后,从五月至七月连续出击,先夺取了抚顺以北,铁岭以南的"范河、花豹街、三岔儿等大小十一城",后又攻下了清河,"破一堵墙和碱场城"③。努尔哈赤在军事上的节节胜利,不仅使"全辽震动",也使"举

---

① 参考萧一山:《清代通史》,华东师范大学出版社2006年版,第75页。
② 参见《满文老档·太祖朝》,卷六。
③ 《满文老档·太祖朝》,卷七。

朝震骇",就连多年不朝、万事不理的明神宗也感到"辽左覆军陨将,虏势益张,边事十分危急"①。万历四十七年、天命四年(1619)正月,努尔哈赤又大举进攻叶赫,叶赫告急于明,使"大小臣工,无不骇愕,而民间尤甚"②。这无疑是火上浇油,辽东边事再不容坐视,明朝决心发动一场大规模的问罪之师,"以雪败亡之耻"③。于是,在抚顺、清河"败亡"之后,始有萨尔浒之战。

二、萨尔浒之战

努尔哈赤占领抚顺、清河之后,神宗即颁布上谕,特命兵部侍郎杨镐为辽东经略,调集福建、浙江、四川、陕西、甘肃各省及辽东之兵,在万历四十七年、天命四年(1619)二月始集中于辽阳,号称四十七万,以张声势。实际,包括朝鲜、叶赫兵在内也不超过十万人。十一日,在辽阳演武场召开誓师大会,杨镐宣布军令14条,官兵违令者斩,并请出尚方宝剑,将抚顺临阵脱逃的指挥白云龙当场枭首示众。特别值得提出的是,由于杨镐的奏请,擒获或斩首努尔哈赤者,万金悬赏,加级示酬。兵部刊发榜文,晓谕天下,并传示给出军参战的叶赫及朝鲜兵看:"能擒斩努尔哈赤,赏银一万两,升都指挥世袭"④。誓师会后,经过议定,兵出四路,分进合击,围攻后金都城赫图阿拉,志在必得。开原总兵马林约一万五千人(其中有叶赫兵),出开原靖安堡攻其北;山海关总兵杜松约三万人(此路为主力),出抚顺关攻其西;辽东总兵李如柏约两万五千人,出清河鸦鹘关攻其南;总兵刘綖约两万人(其中有朝鲜兵一万,统兵者为姜功烈),出宽甸攻其东南。又以辽阳为根本重地,以总兵官祁秉忠、都指挥张承基驻守。杨镐为四路总指挥,坐镇沈阳,定于二月二十五日出兵。努尔哈赤早已得到探报,他并不惊慌,已有了破敌之策,即"凭他几路来,我只一路去",也就是诱敌深入,集中优势兵力,各个击破。

二月二十九日,杜松率所部渡过浑河北岸,占领萨尔浒山岗,留兵两万防守大营。三月一日,杜松亲率一万兵,进攻界藩,欲图首功。努尔哈赤命代善、皇太极带二旗兵力支援界藩;他率六旗兵力强攻萨尔浒,遭到突然袭击的明军大乱,四散奔逃,结果在得力阿哈被全歼。而杜松在吉林崖(铁背山以南)陷入重围,杜松战死,全军覆没。努尔哈赤连夜乘胜挥戈北上,三月二日先击溃了翰辉鄂模的明军,又攻打尚间崖,明军大败,马林仅以身免,逃回开原。杜松、马林两路兵败,李如柏、刘綖毫不知情。东路军出兵最早,但山路陡峭,大雪封山,进军迟缓,三月三日才抵达阿布达里岗。努尔哈赤早已在此布好伏击圈,并派人持杜松令箭,着汉装,混入明营,诱使刘綖进入重围,四面夹攻。刘

① 《明神宗实录》,卷五六八。

② 《明神宗实录》,卷五八〇。

③ 程开祜:《筹辽硕画》,卷十四。

④ 《明神宗实录》,卷五七九。

绽左冲右突,终至战死,全军覆没,姜功烈率领的朝鲜兵投降。杨镐闻三路丧师,急檄李如柏撤军,方得以保全。

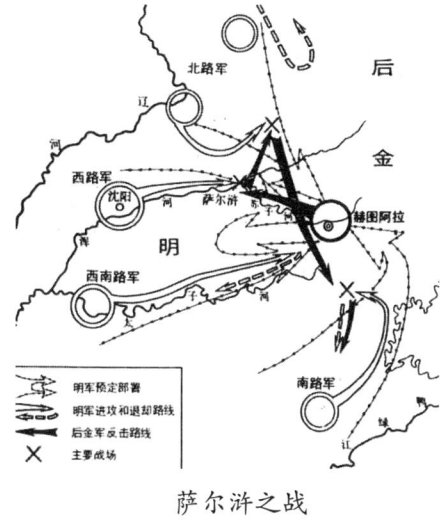

萨尔浒之战

前后历时五天的萨尔浒之战,以后金的完全胜利和明军的彻底失败而告终。明军之所以失败,首先是盲目轻敌,仓猝出战,毫无胜算的把握;其次是战略错误,分兵四路,兵力分散,陷于被动;再次是杨镐绝非帅才,不孚众望,听不进正确意见。他坐镇沈阳,近者二三百里,远者六七百里,首尾不能相顾,如何指挥,岂能不败。后金之所以胜利,首先是努尔哈赤知己知彼,根据具体情况决定整个战役的进程,战略、战术灵活;其次是能够集中优势兵力,改变力量对比,做到以多胜少;再次是利用时间差,速战速决,连续作战,各个歼灭,胜利是必然的。

萨尔浒之战,是明与后金的一次关键性战役,它的胜负对双方都产生了深远的影响。对明朝来说,努尔哈赤已不是恭顺的建州卫都指挥使、都督签事和龙虎将军,已从君臣关系转化为誓不两立的"死敌",后金政权已经成为明朝统治者的掘墓人。从此,明朝在辽东的统治开始动摇,陷于被动挨打的局面,整个东北的防线逐步走向崩溃,暴露了明朝的腐败与虚弱,加深了社会危机。对后金来说,首先是保全了自己,决定了后金的存在,为其今后的发展奠定了可靠的基础。乾隆认为,萨尔浒一战,使"明之国势益削,我之武烈益扬,遂乃克辽东,取沈阳,王基开,帝业定"[1]。有学者指出:"明清兴亡,实以此役为最大关键。"[2]在激烈的战争中,努尔哈赤看清了明朝色厉内荏的本来面目,决心与其进行更大的较量。从此,辽东战局发生了根本性的转变,后金从战略防御转为战略进攻,战争的性质也由反民族压迫迅速转变为杀戮、掠夺、野蛮征服的非正义战争。

三、开原、铁岭之战

萨尔浒战役之后,经过短暂的休整,努尔哈赤决定进攻开原。马林自尚间崖侥幸逃回开原,仍为开原总兵,只好加强防守,企图以功补过。天命四年(1619)六月初十,努尔哈赤率四万大军从赫图阿拉出发,行军三天,突降大

---

①　《清高宗实录》,卷九九六。

②　邓之诚:《中华二千年史》(卷五上),中华书局1983年版,第277页。

雨,浑河水上涨,很难渡过去。汗召集贝勒大臣商议:后退呢,还是前进呢? 前进时期不利,河水泛滥,土地泥泞。因为泥泞难走,不能渡过渡口,怎么去呢?于是说:"希望水退,先休息两天。可是逃人去报告我们的兵出发了,尼堪发觉就难办了。在此期间,派兵从抚西路去沈阳方向掠夺,将以为去袭击沈阳地方呢!"遂派出一百人,去沈阳地方奔驰掠夺,杀三十余人,活捉三十多人带来。前往开原去看河水能不能渡过的人回来报告:北面开原方向不下雨了,河水不涨了,地也不泥泞难走了。于是起兵,十六一早到达开原,立即从城南向东面展开包围。这时,马林偕副将于化龙、开原道推官郑之范、参将高贞、游击于守志、守备何懋官等,婴城为守。城上列兵少,余者陈兵四门外迎敌。后金兵到城下,骑兵都下马,"整好楯车,放在城边,破坏城墙"。努尔哈赤指挥部分士兵攻击东门外的明军,稍一接战,明军大乱,争相入城,后金兵乘势杀入城内,许多后金兵"没在城墙搭梯子,就立刻越墙进入城里了"。城上的明军全部战殁,城外三面明军见城已破,四散奔逃,多数被截杀。郑之范尚未临战先逃,马林、于化龙、高贞、于守志、何懋官等皆力战而死。铁岭守将闻讯,派三千人来援,知城已失,旋退。

占领开原后,安营休息,努尔哈赤令"将俘虏、财宝、金、银、牛、马、骡、驴,集中城内",并"送的少的牛录,不给俘虏",实际是鼓励要尽情地抢掠。"住了三宿,俘虏、财宝还没有送交完毕,用全部兵马也驮不完。在那城里缴获的马、驴、骡都驮,牛车运载,还有剩余",可见开原被洗劫一空。努尔哈赤攻占开原后,没有返回赫图阿拉,而是驻扎在界藩山城(在今抚顺李家乡境内)。原因是"炎蒸之时",避免人马往返劳顿,更主要是为了此后进攻铁岭方便。在界藩举行庆功宴,赏赐没有获得金银的群臣(是说八旗贝勒等都已在抢掠中获得金银,无须再赏),十分热闹。赏赐分为八等,"第一等的(管辖)众人的额真诸大臣各银二百两,金二两。第二等的固山额真诸大臣各银百两,金二两。第三等的诸大臣各银三十两。第四等的诸大臣各银十五两。第五等的诸大臣各银十两。第六等的诸大臣各银五两。第七等的牛录额真各银三两。第八等的选的摆牙喇兵的小旗额真和牛录章京等银各二两"[1]。在战争过程中,大肆抢掠(包括人、财、物),然后按八旗,也就是八家进行分配,是后金的传统做法。

努尔哈赤在每一次战役结束时都要进行一次休整,时间有长有短,士饱马腾之后,即开始下一次战役。占领了开原,休整将近一个月,七月二十五,他统率八旗兵进攻铁岭。此前,明军除守城兵外,城外各堡都有部分驻军,闻知后金军来攻,感到分兵不利,乃下令都要集中守城。行动快者都进了城,行动慢

---

[1]　参见《满文老档·太祖朝》,卷十。

者来不及被分隔在城外,无力抵抗就都逃散了。努尔哈赤采取近城四面围攻的办法,以北城为重点,竖立云梯,前仆后继,十分猛烈。明军游击喻成名、史凤鸣、李克泰督军死守,枪炮石矢俱下,颇有杀伤。有记载说:"搭梯子推楯车攻城北墙时,城内的兵发放枪炮,投石、射箭应战,并不出来。"坚城固守,"不出来"是很对的,可能了解对手不善于攻城而善于野战,所以发挥自己的所长,"不出来"。但是,铁岭并非坚城,兵力不多,又无外援,后金兵连续不断地进攻,终于登梯毁陴(女墙),摧锋突入,城上兵惊溃散,喻成名、史凤鸣、李克泰全部战死,铁岭陷落了。战后立即打扫战场,"搜查城内外的敌人,都杀完了,俘虏收集完毕,汗亲自入城,在道员住的大衙门下马了(是说住在这里了)。那一夜,兵披甲在城上值班,半数睡觉,半数警戒,敲铜锣巡逻"①。可见布置得十分周密,城内外没有敌人了汗才能进城,睡觉时有兵披甲在值班警戒,保卫汗的安全可谓万无一失。

　　努尔哈赤占领铁岭之后,八月十九日发兵进攻叶赫,是他的"七大恨"之一。这时的叶赫已失去明朝的支持,可谓势孤援绝,叶赫城(今吉林梨树县叶赫满族乡)很快被包围起来,贝勒金台石拒绝投降,最后在高台上的自己家里点火自焚②,叶赫部终于被征服了。至此,"从尼堪国东,至东海;从朝鲜国以北,从蒙古国以南的诸申语言的国,在那年都征服了"③。

　　萨尔浒战役之后,努尔哈赤率领大军乘胜西进,连续占领了开原、铁岭,又灭了叶赫,兵锋直指辽沈,形势已是岌岌可危了。

第二节　熊廷弼经略辽东

　　熊廷弼临危受命,到任后整顿军务、召集流亡、布置战守,采取以防御为主,坚守渐逼之策,颇有成效,努尔哈赤一年内没有敢发动大的进攻,等待时机。但熊廷弼却遭到多方攻击,赌气自求罢斥,正中攻击者的下怀,只好回籍听勘,袁应泰接任经略,放弃了持久防御的方针。在辽东危急之际,党争不停,魏忠贤专权之后尤烈,辽东更危。

一、临危受命

　　萨尔浒战役失败之后,群臣纷纷交章弹劾杨镐。御史杨鹤认为:"辽事之失,不料彼己,丧师辱国,误在经略;不谙机宜,马上催战,误在辅臣;调度不闻,束手无策,误在枢部。至尊优柔不断,又至尊自误。"也就是说,上自皇帝,下

---

①　参见《满文老档·太祖朝》,卷十一。
②　《满文老档·太祖朝》,卷十二。
③　《满文老档·太祖朝》,卷十三。

至杨镐,都应负战败的责任。杨鹤的直言,遭到"当事"的不满,"假他事逐之,乃引疾去"①。但是,杨镐必须承担责任,"逮下诏狱,论死。崇祯二年伏法"②。为了应付辽东败局,明朝政府决定起用熊廷弼为经略,赴辽东督师,责令他进攻后金,收复失地。

熊廷弼,字飞百,号芝冈,江夏人(今湖北武昌)。万历二十五年(1597)举乡试第一,第二年戊戌科进士,连捷高中,授保定推官(掌刑狱),寻擢御史、大理寺左丞兼河南道监察御史。他为官刚正无私,不趋炎附势,不结党,廉洁自律。万历三十六年(1608),奉命巡按辽东,驻地辽阳。这是他第一次巡按辽东,就有许多可圈可点的事迹。万历初年,为防女真内侵,在宽甸建有孤山等六堡,周围八百里,土地肥沃,山林富饶,经过三十多年的开发,"自是生聚日繁,至六万四千余户"。万历三十四年(1606),辽东总兵官李成梁"以地孤悬难守,与督、抚塞达、赵楫建议弃之,尽徙居民于内地。居民恋家室,则以大军驱迫之,死者狼藉。成梁等反以招复逃人功,增秩受赏"③。当时,兵科给事中宋一韩连上数章论弃地之弊,不利于防止女真内侵,朝廷要求熊廷弼在辽东也要堪核此事。他支持宋一韩的意见,如实弹劾李成梁、赵楫等的罪状。但是,李成梁得到万历的庇护,并没有被治罪。熊廷弼在辽东巡按期间,根据辽东土地广阔,提出屯田的建议,主张在八万驻军中,抽出十分之三用于屯种,每年即可得到粮食一百三十万石。"帝优诏褒美,命推行于诸边",在边疆地区加以推广。熊廷弼还鉴于后金不时侵扰辽东,于万历三十八年(1610)提出戍守开原的建议。他说:"宜于开原增兵一千五百人,以居中策应。庆云堡增兵一千五百人,改备御为游击,以弹压西虏(指蒙古)。或靖安堡,或柴河堡增兵一千人,添一备御,以防奴众(指女真人)内袭,此救开原第一议也。"④他又说:"防边以守为上","以守为战,修边筑堡",积极防御,坚守而后才能有进攻。在他的倡议和支持下,辽东多地修缮城垣,建筑堡垒,加强了防御。熊廷弼"在辽数年,杜馈遗,核军实,按劾将吏,不事姑息,风纪大振"。正是由于这些,"廷议以廷弼熟边事",遂擢廷弼为兵部右侍郎,"代镐经略"辽东。熊廷弼临危受命,深知任务艰难,"未出京,开原失","甫出关,铁岭复失",形势日趋严重。他上疏说:"辽左,京师肩背,河东,辽镇腹心,开原又河东根本。欲保辽东则开原必不可弃。敌未破开原时,北关(指叶赫)、朝鲜犹足为腹背患,今已破开原,北关不敢不服,遣一介使,朝鲜不敢不从。既无腹背忧,必合东西之势以交攻,然则辽沈何可守也?"欲保辽沈,他"乞速遣将士,备刍粮,修器械,毋窘臣

① 《明史·杨鹤传》。
② 《明史·杨镐传》。
③ 《明史·李成梁传》。
④ 《明神宗实录》,卷四五九。

用,毋缓臣期,毋中格以沮臣气,毋旁挠以掣臣肘,毋独遗臣以艰危,以致误臣,误辽,兼误国也"。不难看出,他虽有安边救国之策,但最为担心的是言官之"中格""旁挠""掣肘",以致误辽、误国。"疏入",万历全部照允,"且赐尚方剑重其权"①。

万历四十七年(1619)七月,熊廷弼离京出关。由于开原、铁岭之失,"沈阳及诸城堡军民一时尽窜,辽阳汹汹"。他日夜兼程,八月三日到达辽阳,设立指挥部,立即大刀阔斧进行整顿。

首先,严肃军纪,赏罚严明。对有功将领加以褒奖与提升,如贺世贤等。对临阵脱逃的将领刘遇节、王捷、王文鼎,大开杀戒,一律处死,以祭死节之将士。对"克月饷自肥,军士饥疲不能战"的贪将陈伦,绝不手软,"斩之以徇"。他还奏罢总兵李如桢,有"十不堪",应该论斩,以李怀信代之。李如桢为李成梁第三子,终免死。

其次,招抚流移,返回故里。由于明军之败,人心惶惶,大量逃亡,寻求安全之地势所必然。他所到之处,劝说逃亡者回归原地,各安生业。经过劝说,也看到了军队的布防,民众增强了信心,出现了"去者归,散者聚"的局面。"商贾逃难回籍者,今且捆载麋至塞巷填衢,不减五都之市"②,恢复了昔日的繁荣。

再次,加强防务,坚持固守。"督军士造战车,治火器,濬濠缮城,为守御计"。努尔哈赤也说:"加固守沈阳城,炮、楯、车、壕、井、木架子加固共十层。听说还加固防守辽东城,挖深四庹(庹为量词,两手平伸的距离,约合五尺。四庹约合两丈深),宽从平地不能接近城,那样宽的三四层壕,放进水去,加以整固"③,也就是层层设防,积极备战。"固守"并非不出战,他令总兵官李怀信率部驻守辽阳门户首山要塞,不时派小股部队更番迭出,袭击后金军队,使之不得安宁。

明史本传说:"廷弼身长七尺,有胆知兵,善左右射。"他尝只身去前敌视察,"自虎皮驿抵沈阳,复乘雪夜赴抚顺。总兵贺世贤以近敌沮之,廷弼曰:'冰雪满地,敌不料我来。'鼓吹入。时兵燹后,数百里无人迹,廷弼祭诸死事者而哭之。遂耀兵奉集(沈阳东南四十里之奉集堡),相度形势而还"。由于熊廷弼"令严法行,数月守备大固",人心始定。一时抑制了后金的进攻,"使敌骑不敢深入"④。

---

① 参见《明史·熊廷弼传》。
② 《熊襄愍公集》,卷四。
③ 《满文老档·太祖朝》,卷二十。
④ 《明史纪事本末补遗》,卷二。

二、上坚守渐逼之策

经过初步整顿之后，熊廷弼感到辽东新败，元气大伤，要想收复失地并非易事，只能采取"坚守渐逼"之策，实行持久的防御方针，积蓄力量，徐图反攻。首先是军队，士气低落，"一闻警报，无不心惊胆丧"，"各营逃者，日以千百计"，"人人要逃，营营要逃"，存在的问题很多。他在《辽左大势久去疏》中说："辽东现在兵有四种：一曰残兵。从主将赵甲逃阵，甲死而归钱乙，又从钱乙逃阵，乙死而归丙孙。或七八十人，或二三百人，身无片甲，手无寸械，随营糜饷，装死扮活，不肯出战。此残兵之情形也。一曰额兵。开原一道，全额已亡……，至于阃镇额兵，或死于征战，或图厚饷，逃为新兵者，又皆亡去大半。此额兵之情形也。一曰募兵。佣徒厮役，游食无赖之徒，岂能惯熟弓马？岂能膂力过人？朝投此营，领出安家月粮，暮即投之彼营，暮投河东，领出安家月粮，朝即投之河西。点册有名，及派工役，而忽去其半，领饷有名，及闻警告，而又去其半。此募兵之情形也。一曰援兵。各镇挑选，谁肯以强人壮马来？谁肯以坚甲利刃来？每一过堂弱军羸马，朽甲钝戈，不堪入目。而事急需人，又不暇发回，以另换精壮。此援兵之情形也。皇上以为有兵如此，能战乎？能守乎？"[1]不难看出，这样的军队必须假以时日，下功夫进行整顿、操练，否则如何作战。因此，不能急功近利，轻举妄动，必须以守为主，量力而行，相机进取。

根据辽东的整个形势与敌我双方力量的对比，熊廷弼乃上坚守渐逼之策。他说："今日制敌，曰恢复，曰进剿，曰固守。而此时语恢复，语进剿，未敢草草。不如分布险要，守正所以为战也。然守亦未易，顷者臣至各边相度，敌之出路有四，东南为叆阳，南清河，西抚顺，北柴河（今铁岭东）、三岔儿（今铁岭境内）间，俱当设重兵。而镇江（今丹东九连城）南障四卫，东顾朝鲜，亦不可少，此险要之大料也。四路首尾相应，每路设兵三万，裨将十五六员，主帅一，分前后左右各营，对垒则前锋迎之，中军继之，左右横击之，后军殿之，分奇正以当一面。镇江设兵二万，裨将七八员，副总兵一，分屯义州、镇江，夹鸭绿江而守。如敌犯朝鲜，四路分捣以牵之。敌与四路相持，则镇江、朝鲜合兵而捣之。此联络之大略也。清河、抚顺、三岔儿山多漫坡，可骑步并进，当用西北兵。宽（甸）、叆林箐险阻，可专用川土兵。镇江水陆之冲，当兼用南北兵。此兵将之大略也。善行师者，行必结阵，止必立营，贮放刍粮，兼作退步，且兵随各帅往塞上，辽城空虚，宜再设兵二万驻辽阳，以壮中坚。海州、三岔河设万人联络东西，以备后劲。金、复设万人防护海运，以杜南侵。各边划疆而守，小警自为堵截，大寇互相应援，选其精悍者选出以挠之。此征行居守之大略也。敌

---

① 熊廷弼：《熊襄愍公集》，卷一。

兵计十万,今议官兵十八万,此毫不可裁者。"①

　　熊廷弼坚守渐逼之策,在敌攻我守的被动情况下,是可行的,尤其是"更挑精悍者为游徼,乘间掠零骑,扰耕牧,更番迭出,使敌疲于奔命"的战法,颇有游击战的色彩,也就是积小胜为大胜,"相机进剿",从而达到收复失地的目的。这个坚守渐逼之策得到了神宗的认同,也取得了相当的成效。曾经亲自到辽东"往勘"的给事中朱童蒙说:"经略熊廷弼……任事才十余月耳,而辽阳之颓城如新,丧胆之人复定,至奉集、沈阳二空城,今且俨然重镇矣。迄于今,而民安于居,贾安于市,商旅纷纷于途,而后之人因之以为进战退守之地。"②这个评论,应该说是实事求是的,是公正的。后来熊廷弼在反驳攻击者的奏疏中说得更具体,"去秋辽阳以北,弃城而逃;今自沈、奉以南,不但本城逃者复归,而开、铁、蒲河以南,不知日集几许,各处商客增来几许? 此交代之人民也。清、抚、开、铁、蒲(河)、伊、范等城,咸为敌陷,虽未遽复,而沈阳、奉集、宽奠、咸阳(场)、长永、宽奠皆弃城也,今皆复守,而辽阳无论已。此交代之城堡也。去秋辽城止弱马兵四五千人,川兵万人,沈阳戍兵万余人。今援兵、募兵十三万,各堡渐有屯集,各城渐有设防。此交代之兵马也。自去年八月起,今年九月终,止通用银二百三十一万余两,米、豆用一百余万石,不知'一年虚糜八百万'之语,是从何而来? 此交代之钱粮也。各色军器,除疏请内库、咨取各边不计外,打造过灭鲁大炮,重二百斤以上者以数百计,百斤、七八十斤者以数百计,百子炮以千计,三眼铳、鸟铳以七千余计,其余盔甲、胸包、臂手、甲梁、战车、枪刀、弓箭,以及钢轮、火人、火马、火罐、钉橛、牌橹等项,皆以数千计。此交代之器械也。"实际上,他是从人民、城堡、兵马、钱粮、器械五个方面说明一年来所取得的成效,困难重重,是很不容易的。诚如他所说,"何一件非职大声疾呼、争口斗气所得来? 何一事非职废寝忘餐、吐血呕肝所干办? 何一处非职身亲脚到、口筹、手画所亲授? 一切地方极繁极难事体,有边才数年经营不定者,一年而当之,而为臣者亦难矣!"③应该说,熊廷弼的"坚守渐逼之策",有力地抑制了后金的大举进攻。努尔哈赤称熊廷弼为"熊蛮子",他"独怕的"就是"那个熊蛮子"④。后来乾隆在《广宁咏熊廷弼王化贞事》一诗中也云:"明季知兵数廷弼。"⑤所以,在熊廷弼经略辽东期间后金没有大的进攻,只有小的游击,可见其不可替代的震慑作用。

---

① 《明史纪事本末补遗》,卷二。
② 王在晋:《三朝辽事实录》,卷三。
③ 计六奇:《明季北略》,卷一。
④ 张博泉:《东北地方史稿》,吉林大学出版社1985年版,第405页。
⑤ 《奉天通志》,卷二四八。

三、回籍听勘

熊廷弼正在一心推行坚守渐逼之策,并取得了相当成效的时候,他最担心的事情终于发生了,遭到言官之纷纷弹劾,甚至是群起而攻之,非去之不可。

首先起来攻击熊廷弼的是给事中姚宗文。"宗文者,故户科给事中,丁忧归。还朝,欲补官,而史部题请诸疏率数年不下,宗文患之……致书廷弼,令代请。廷弼不从。宗文由是怨。后夤缘复吏科,阅视辽东士马,与廷弼议多不合"。由辽东归来,"疏陈辽土日蹙,诋廷弼废群策而雄独智,且曰:'军马不训练,将领不部署,人心不亲附,刑威有时穷,工作无时止。'复鼓其同类攻击,欲必去之"。这些说法与朱童蒙所见完全不同,显然出于挟嫌报复。接着,"御史顾慥首劾廷弼出关踰年,漫无定画;蒲河失守,匿不上闻;荷戈之士徒供挑濬,尚方之剑逞志作威"。甚至以"虚糜军饷八百万"为由大加夸张地说:"今年八百万,来岁八百万,除天助云云乃可,不然,水、涝、旱、蝗,所在见告,此八百万者安能岁岁而输之?臣恐民穷财尽,盗贼蜂起,忧不在三韩,而在萧墙之内矣。"所谓民穷财尽,盗贼蜂起,的确是明末社会的现实,但总不能把这个责任算在熊廷弼的头上,如非攻击,何能出此恶言,可见顾慥与其名相反,既不忠厚,也不诚恳,乃姚宗文一党也。

万历四十八年(1620)七月,神宗病死。八月,其子光宗即位,改元泰昌,在位仅一月死去。再立其长子朱由校即位,是为熹宗,第二年(1621)改元天启。不久,宦官魏忠贤专权,党争尤烈,对熊廷弼的攻击更是变本加厉。御史冯三元提出"廷弼无谋者八,欺君者三。谓不罢,辽必不保。诏下廷议。廷弼愤,抗疏极辨,且求罢"。更有甚者,"御史张修德复劾其破坏辽阳"。这使"廷弼益愤,再疏自明,云'辽已转危为安,臣且之生致死'(也就是致死保卫辽阳,使之转危为安)。遂缴还尚方剑,力求罢斥(这个做法是很不明智的,正中攻击者的下怀),给事中魏应嘉复劾之。朝议允廷弼去,以袁应泰代"。在这种情况下,熊廷弼"上疏求勘"(要求朝廷派人调查),不得不为自己辩护。他说:"辽师三路覆没,再陷开原,职始驱赢卒数百人,踉跄出关,至杏山而铁岭报失。当是时,河东士民谓辽必亡,纷纷夺门而逃也;文武官谓辽必亡,各私备马匹为走计也;各道谓辽必亡,遣开原道韩善、分守道阎鸣泰往沈,皆不行,而鸣泰且途哭而返;河西谓辽必亡,议增海州、三岔河戍,为广宁固门户也;关内谓辽必亡,且留自备而不肯转饷也;通国谓辽必亡,不欲发军器火药,而恐再为寇资也;大小各衙门谓辽必亡,恐敌遂至京师,而昼夜搬家眷以移也;中外诸臣谓辽必亡,不议守山海都门,则议戍海州,为辽阳退步,戍金伏(复)为山东塘埠也;即敌亦谓辽必亡,而日日报辽阳坐殿以建都也。其间惶惶之状,不能以旦夕待。而今何以转亡为存,地方安堵,举朝帖席而卧也?此必非不操练、不部署、不抚辑、专事工作而尚威刑者所能致也。至谓职'拥兵十余万,不能大入大创,小入小创,斩贼擒王,而殃民蹙地,为虏所笑',诚有如所叹者。第言斩贼擒王之事,于此日之兵之将,且勿易言也。令箭催而张帅殒命(指抚顺失陷后总兵张承胤率兵往救,结果全军覆没),马上催而三路丧师(指萨尔浒之战),职于今日何敢轻率!"这些陈述,有力地批驳了姚宗文、顾慥等所谓不训练、不部署、不亲附、尚威刑的攻击,也回答了没有"斩贼擒王"的原因,指出轻率进攻的后果。实际在于说明"坚守渐逼之策"的正确,否则必然"复蹈前轨"。但这个辩驳,似乎太晚了。十月,熊廷弼回籍听勘,离京前他再次上疏说:"臣蒙恩回籍听勘,行矣。但台省责以破坏之辽遗人,臣不得不一一陈之于上。今朝堂议论,全不知兵。冬春之际,敌以冰雪稍缓(敌因冰雪暂缓进攻),哄然言师老财匮,马上促战。及军败,始愀然不敢复言。比臣收拾甫定,而愀然者又复哄然责战矣。自有辽难以来,用武将,用文吏,何非台省所建白,何尝有一效。疆场事,当听疆场吏自为之,何用拾帖括语,徒乱人意,一不从,则怫然怒哉!"这里指出了问题的关键在于"台省""言官""全不知兵",又不以"国事"为念,专以党派利益为重,胡说八道,没有为"辽难"提出一条有效的意见,稍有不从,即群起攻击,徒乱人意。所以他认为,"疆场事,当听疆场吏自为之"。他解释说:"彼既处凶地、着重担,自能区处停妥,干办紧急",无须别人乱加指点。"若此后议论不省,则经略必无所措手足矣!"①

　　熊廷弼的去职,也有不同的声音。首先是熹宗听了朱童蒙的话,感到"廷弼力保危城,仍议起用"。尤其辽沈失陷之后,他说:"熊廷弼守辽一载,未有大失,袁应泰一战而败,将祖宗百战封疆袖手与人,若不严核,何以警后!"于是"帝乃治前劾廷弼者,贬三元、修德、应嘉、(郭)巩三秩,除宗文名"。再次起用熊廷弼,说明已有悔不当初之意。再有,许多正直的官员纷纷上疏为其鸣不平。御史周宗建说:"辽事之坏,不坏于无兵、无饷,经略将帅之无人,而坏于大臣之无识。方抚顺失事,杨镐十万之师征集塞下,此时修筑抚顺,守隅观变,此定算也。而辅臣一言督战,全锐俱亡,则宰相之无识也。既败之后,唯有亟修开原,联络北关,为死守计,此定算也。而辅臣谩无经划,推毂(车轮中心插轴处,泛指车)一纨绔之李如桢,开、铁既陷,北关沦亡,则又宰相之无识也。既而起熊廷弼于田间,凿濠峻堞,城沈阳,屯奉集,相形势,布声援,使敌骑不敢深入,人方有固志,而阅视姚宗文一遭,用夷之言不效(用缓和的语言没有效果),同舟之剑遽兴(同党之人突然举剑发难,攻击熊廷弼)。今日新臣受事,壁垒初更,唯有守廷弼已效之规,绝敌人中土之市,使其退有饥疲,进无大获,一破婴城自守之讯,洗明廷弼孤愤不平之气,此又今日不易之定算也。而当国者随人高下,一无短长。时而敌退,遽言进取,时而敌来,便思退避,不几为赵

────────────

① 　参见计六奇:《明季北略》,卷一。

宋之覆辙矣!"①周宗建所言,诚为公平之论,很有见地,完全肯定了熊廷弼坚守渐逼之策,抨击了"大臣""辅臣""宰相"之"无识",尤其指出:"当国者随人高下,一无短长。时而敌退,遽言进取,时而敌来,便思退避,不几为赵宋之覆辙矣!"不幸而言中,不久辽、沈失陷,辽东沦亡,继而辽西,继而京畿,崇祯吊死煤山,失败得比赵宋还惨,赵宋好在还有南朝。不过两者之败,也有共同点,都败于女真贵族。

袁应泰,字大来,凤翔人,万历二十三年(1595)进士。"辽事方棘,应泰练兵缮甲,修亭障,饬楼橹,关外所需刍荄、火药之属呼吸立应,经略熊廷弼深赖焉"。袁应泰受命后,"即刑白马祀神,誓以身委辽。疏言:'臣愿与辽相终始,更愿文武诸臣无怀二心,与臣相终始。有托故谢事者,罪无赦。'熹宗优诏褒答,赐尚方剑"。明泰昌元年(1620)十月,袁应泰到达辽阳,立即着手整顿,"乃戮贪将何光先,汰大将李光荣以下十余人,遂谋进取抚顺。议用兵十八万,大将十人,上奏陈方略"。但是,"应泰历官精敏强毅,用兵非所长,规划颇疏。廷弼在边,持法严,部伍整肃。应泰以宽矫之,多所更易。而时蒙古诸部大饥,多入塞乞食。应泰言:'我不急救,则彼必归敌,是益之兵也。'乃下令招降。于是归者日众,处之辽、沈二城,优其月廪,与民杂居,潜行淫掠,居民苦之"。许多人力谏,认为"收降过多,或阴为敌用,或敌杂间谍其中为内应,祸且叵测"。袁应泰不听,自诩为得计,以为可以用来抵抗后金兵。巡按张铨力争,也遭到拒绝,他不得不说:"祸始此矣。"不久,有"三岔儿之战,降人为前锋,阵死二十余人,应泰遂用以释群议"②。虽可以"释群议",但却不能防止其中的间谍为后金的"内应",终遭大害。

第三节 辽沈之战

熊廷弼去职,光宗暴死,熹宗初立,党争激烈,努尔哈赤认为时机已到,决定进攻沈阳。总兵贺世贤不能固守城池,被诱出战身亡,沈阳失守。努尔哈赤乘胜进攻辽阳,经过三天激战,后金军从西门冲入城中,辽阳陷落,辽南大小七十余城传檄而定,辽东尽失,辽西已危。辽沈之战,对双方都有深远影响,一胜一败的局面将继续下去,两个政权对峙的局面完全形成。

一、沈阳之战

努尔哈赤在熊廷弼任辽东经略时期,前后一年多没有敢向辽东发动较大的进攻,处于蛰伏状态,等待时机。由于光宗暴死,熹宗初立,党争更加激烈,

---

① 《明史纪事本末补遗》,卷二。
② 《明史·袁应泰传》。

尤其是熊廷弼的去职,努尔哈赤认为进攻辽沈的时机终于到来了。天启元年、天命六年(1621)三月十日,后金开始了夺取沈阳的进军。在这之前的二月十一日,后金就掳掠了明朝统治下的奉集堡,守城总兵李秉诚出城迎战,互有斩获,第二天后金退走。实际这是一次武力侦察,试探沈阳、辽阳明军的虚实。"奉集居辽沈之中,奉集危辽沈中断,此奴之所眈眈而视也"。所以,进攻奉集堡就是夺取辽沈之战的开始。有些被掠去的汉民逃回来,"皆言奴酋制造钩梯营车,备糗粮,将犯沈奉"。得到的探报也说"闻奴酋欲于闰二月来克沈阳"①,沈阳之战已是迫在眉睫了。为了保住沈阳,明军在城周挖了十道沟堑,堑底插有木桩。近城的两道是大壕,宽五丈,深二丈,"皆刺木(削尖了的木桩)树其内"。又"筑拦马墙一道,间留炮眼,排列战车枪炮,众兵绕城卫守甚严"。据说,有许多葡萄牙的"精锐巨炮"排列其间。有事城内兵也都登陴坚守,上下呼应,紧密配合。但是,城内降人过多,十分令人担忧。"先是,按臣张铨巡视沈阳,见城中降夷充塞,惧有奸人内应,属诸将谓敌若临城,当尽徙之城外"②。然而没能引起足够重视,留下了后患。

努尔哈赤亲率大军向沈阳进发,"将板木云梯、战车顺浑河而下,水陆并进"。十一日夜间,渡过浑河,"是夜,大明沿台举火,哨探至二更飞报总兵贺世贤、尤世功,二人大惊,遂分兵布于城上"。十二日后金兵逼近沈阳,"至城东七里,栅板为营"。努尔哈赤深知沈阳防御严密,没有贸然攻城,而是以轻兵引诱明军出城作战。努尔哈赤先派"数十骑来侦",尤世功派跟踪,杀四人。总兵贺世贤以勇猛著称而谋不足,"世贤勇而轻,嗜酒。且日饮酒,率亲丁千,出城逆击,期尽敌而反"。先是,后金兵"佯败,世贤乘锐进"。接着,后金兵忽然"精骑四合",贺世贤陷入重围,"世贤且战且却,抵西门,身被十四矢"。这时,城外吊桥已被降人砍断,无法进城。有人"劝世贤走辽阳",他说:"吾为大将,不能存城,何面目见袁经略乎!"说完,"挥铁鞭驰突围中,击杀数人,中矢坠马而死"③。十三日辰时,后金兵开始攻城,"建州兵从东北隅以新土填堑"。城上连发火炮,由于发炮过多,炮统发热,装药即喷(爆炸)。后金兵趁机过壕,急攻东门,尤世功亦战死城下。这时,蒙古等降人放下吊桥,后金兵破门而入,沈阳陷落了。后金兵进入城中,据载:"所有的七万(敌)兵全杀了。杀了领兵的贺总兵官、尤总兵官、道员(吏)、副将、参将、游击、诸大官约三十人。千总、百总等小官不计其数"④。

---

① 《明熹宗实录》,卷二。
② 《明史纪事本末补遗》,卷二。
③ 《明史·贺世贤传》。
④ 《满文老档·太祖朝》,卷十九。

沈阳危急时,袁应泰派援辽总兵官童仲揆、陈策等率四川、浙江兵由辽阳北上,援助沈阳。大军行至浑河,本欲"与城中兵夹击",方闻沈阳已失。童、陈想要还师,游击周敦吉等坚持请战,他们说:"我辈不能救沈,在此三年何为!"于是,明军一分为二,周敦吉、都司秦邦屏等先渡河,营河北;童仲揆、陈策及副将戚金、参将张名世等统浙江兵三千,营河南。当周敦吉、秦邦屏"结阵未就"之时,后金兵赶来,双方进行鏖战,明军杀后金兵数千人,努尔哈赤不断投入兵力,屡却屡复,明军饥疲不能支,"诸军遂败"。周敦吉、秦邦屏及参将吴文杰、守备雷安民等皆战死。余众逃过浑河,走入浙江兵营,后金兵紧追不舍,将其重重包围起来。明守奉集堡总兵李秉诚、武清营总兵朱万良、姜弼领兵来救,至白塔铺观望不前,"及围急始前,一战即败走"。后金集中火力围攻浙江营,"营中用火器,多杀伤。火药尽,短兵接,遂大溃"。陈策战死,童仲揆欲退不成,"乃还兵斗,力尽矢竭,挥刀杀十七人",后金兵"万矢齐发,仲揆与(戚)金、(张)名世及都司袁见龙、邓起龙等并死焉"。实际战死者,总兵、副将至少达一百二十余人。这次战役虽然失败了,但虽败犹荣,打出了明军的气势,与望风而逃者怎可同日而语。魏源说:"是役,明以万余人当我数万众,虽力屈而覆,为辽左用兵以来第一血战。"①后金攻陷了沈阳,无疑等于打开了进攻辽阳的大门。

二、辽阳之战

占领沈阳的第五天,努尔哈赤于三月十八日召集"诸王臣"会议,他说:"沈阳已拔,敌兵大败,可率大兵乘势长驱,以取辽阳。"众人同意后,立即派兵向辽阳进发。当晚,渡过浑河进至虎皮驿(十里河),明"军民俱弃城逃走",遂于此安营。沈阳失陷后,袁应泰尽撤奉集堡、威宁营诸军,并力守辽阳,引太子河水注满城壕,沿壕列火器,环城四面分兵把守。十九日中午,努尔哈赤率大军临近辽阳。袁应泰"军容剑佩",督总兵官侯世禄、李秉诚、梁仲善、姜弼、朱万良出东门外五里迎战。努尔哈赤"令兵击其营左尾",四贝勒皇太极也领兵杀入,努尔哈赤又令二黄旗兵助战。皇太极奋力冲杀,击其营之左,明军放炮接战,皇太极冲破其营,左四旗兵亦杀入,两相夹攻,明军大败而走,皇太极乘胜追杀六十里,至鞍山返回。还有一部明军从西门出来,与二红旗兵相遇,两军激战,明军不抵,遂退回城内。是晚,后金军在城南七里安营。明军也在城外扎营,"应泰宿营中,不入城",以示与守城官兵共同抗敌的决心。二十日黎明,明军出东门列队,向后金兵放炮攻击,后金兵则分两翼攻城,右翼攻打东门;左翼攻打西门。努尔哈赤下令说:"观绕城之水,西有闸门,可令左四旗兵掘之。东有水口,以右旗兵塞之。"他亲率右四旗兵布战车于城边,"令众军囊

---

① 魏源:《圣武记》,卷一。

土运石,壅其水口"。这时,左四旗兵来报告,说要挖开西面闸门有困难,不如夺桥而入。努尔哈赤命令说:"桥可夺,试夺之,若得之,急来告我,吾当进攻此门。"后来,堵住了进水口,壕水开始干涸,右四旗的绵甲兵推着楯车向东门的明军发起攻击,明军连放枪炮,绵甲兵走出楯车,渡壕水,呐喊前进,双方激战,互不后退。在后待命的明朝骑兵首先动摇,开始逃散,步兵坚持作战。此时,后金骑兵冲入敌阵,明军力不能支,退向城内,人马挤在东门,后有追兵,不少人落入壕中而死。同时,左四旗亦夺下西门桥,分杀守壕之兵,明军"隐于屋垣,举炮发矢,连绵不绝",城上也"发炮、射毒箭、投火药,难以进攻"。于是,后金军竖起云梯,登上西城,"据其一隅",驱杀明军,双方展开了争夺战,战斗十分酷烈。袁应泰入城后,与巡按使张铨分阵固守。是夜,明军在城内挑灯夜战,与登上西城的后金军进行你死我活的拼杀,直至天明。监军高出、牛维曜、胡嘉栋及督饷郎中傅国等皆逾城而逃,"人心益摇","城中大乱"。二十一日天一亮,后金军发起更猛烈的进攻,袁应泰率领明军"列楯大战,又败"。不久,后金右四旗亦登上东城,"八固山合为一处,沿城追杀"。明军誓死抵抗,互相争夺,后金军终于夺取了西门外的昇平桥而从西门涌入城内。此时,在城东北镇远楼上监战的袁应泰,知事已不可为,曾对张铨说:"泰不才,徼尚方宠灵,固誓以身死,巡按无阃外专责,尚可收拾余烬,为退守河西计。"张铨说:"铨血性男子,固不肯后人死也。"①于是,袁应泰"遂佩剑印自缢死。妇弟姚居秀从之。仆唐世明凭尸大恸,纵火焚楼死"②。分守道何廷魁"怀印率其妾高氏、金氏投井死,婢仆从死者六人"③。监军崔儒秀自缢而死,总兵朱万良,副将梁仲善,参将王豸、房承勋,游击李尚义、张绳武,都司徐国全、王宗盛,备御李廷干等十余人皆战死于乱军之中,可谓十分壮烈。张铨被俘,"许以高爵厚禄养之"。张铨说:"吾受朝廷宠渥,若降汝,是遗臭于后世,汝虽欲生我,我唯知一死而已。养人固汝国之善事,死则吾之芳名留照汗青矣。"拒不跪拜,至死不屈。努尔哈赤"知其不服,遂缢而瘗之"④。城破后,后金军大肆杀戮,明军没有逃出者皆被杀,有记载说:"屠杀阵中军兵七八千。"⑤至于杀了多少民众,说法不一。有的说:"辽人昔已杀尽,十无一二","辽人遂空","辽民靡有遗者";有的说:"贼得辽之后不杀一人,尽剃头发,如前农作云云"⑥。这两种说法都属于极端,但是,杀了很多人是肯定的,也非一次杀完,以后陆续仍有杀

① 《明史纪事本末补遗》,卷二。
② 《明史·袁应泰传》。
③ 《明史·何廷魁传》。
④ 《清太祖武皇帝实录》,卷三。
⑤ 李肯翊:《燃藜室记述》,二十三。
⑥ 李肯翊:《燃藜室记述》,二十三。

戮。当天中午,努尔哈赤以胜利者的姿态,隆重进入辽阳城。有记载说:当时,"在街上都横拉着绳悬挂红色的蜈蚣纛。有一轿蒙着虎皮,一轿蒙着绸布单,前来迎接汗。汗在午刻入城,进入袁军门的衙门坐下了"①。这里应该指出,所谓隆重迎接努尔哈赤入城也非虚语,不要忘记辽阳有许多女真人,是他们所为,汉人等绝不会有此心情是可以想象得到的。

后金占领辽阳后,乘势向南进军,不数日便攻占了海州、盖州、复州、金州等卫,没有遇到更大的抵抗,"悉传檄而陷"。总之,整个辽东基本已为后金所有②。

---

① 《满文老档·太祖朝》,卷十九。

② 最后笔者想指出,阎崇年先生所著《明亡清兴六十年》一书中,有关辽阳之战,存在不准确或错误之处,需要加以订正,以防讹传。阎先生说:"明天启元年即天命六年(1621)三月十八日到二十一日,后金军与明辽军展开辽阳攻防战。"又说,"第一天(十八日)——兵临城下。"说十八日兵临城下是不准确的,前已提到,"在十八(日)出兵向辽东城方向,在十里河住宿,十九(日)的午刻到达辽东城"。《清太祖武皇帝实录》(卷三)、《明史·袁应泰传》都有相同的记载。阎先生说:"后金在辽阳之战中取胜,也是里应外合的结果。"说是李永芳的儿女亲家马承林先将后金"奸细带进辽阳城,藏匿于家窖中,二十日献城。因而,实际上仅作战三天,辽东首府辽阳城陷落。可又说,"第四天(二十一日)——辽阳陷落。努尔哈赤率领八旗军,悉尽精锐,发起总攻。袁应泰列楯大战,奋死守城"。既有第三天"二十日献城",怎么又"发起总攻","第四天(二十一日)——辽阳陷落"呢?前后矛盾,可见"献城"之说并不存在。事实是,辽阳之战就三天,即三月十九日至二十一日。记载非常明确,无须多说。

阎先生说:"大清兵从小西门入,城中大乱,民家多启扉张炬以待……不少百姓对后金军是开门迎候,妇女甚至要打扮一番,可见此时辽东民心起了变化。"辽阳有南、北二城,前已述及。南城西面只有一门,名曰肃清门,俗称西门,或曰大西门,因为西门外有处死犯人行刑之所,习称出大西门。北城也有一西门,名曰武靖,但从无小西门的叫法。即使叫小西门,后金军也不是从小西门入城的,而是从西门入城的。《满文老档·太祖朝》(卷十九)说:"左翼四旗莽古尔泰贝勒、阿敏贝勒、达尔汉虾的兵夺西门的桥而入。"《清太祖武皇帝实录》(卷三)也说:"时左四固山亦夺西门桥……竖梯登城,驱杀其兵,遂夺西城一面。"阎先生的说法亦有据,即《明史·袁应泰传》。《明史》是根据谈迁的《国榷》(卷八十四),但并不可信,属于道听途说。当时就在辽阳城内的傅国在其所著《辽广实录》(卷下)中说:"又明日(二十日),虏始阶云梯先登外城西门。"亲身经历应该是可信的吧?再说前有后金兵夺昇平桥而入的话,即指西门,北城西门并没有桥,所以从小西门入城之说是错误的。至于"百姓对后金军是开门迎候,妇女甚至要打扮一番"前已提及,只能是女真族。说"辽东民心起了变化",也只能是女真族而不是广大的汉族等民众。

关于张铨之死,阎先生根据《明史·张铨传》认为是"自经",也就是说张铨是自缢而死。《明史》本来就是清朝编撰的,之所以这样说,自然是美化了努尔哈赤、皇太极,是推脱杀人的责任,篡改了史实,是不可信的。对努尔哈赤来说,杀人是一种权力的象征,不剃发、不投降只能杀头,不会留给生路,这正是明朝官员纷纷投降变节的原因所在。对张铨也不会格外仁慈,劝降是要他为其所用,若不能为其所用,必然杀之。《满文老档·太祖朝》(卷十九)说得非常清楚:是在努尔哈赤、皇太极劝降不从之后,"于是用绳绞杀张铨,埋葬了尸体"。《清太祖武皇帝实录》(卷三)也说:"帝知其不服,遂缢而瘗之。"尤其《满文老档》基本上没有篡改,是可信的,为何弃而不用?

后金攻占并迁都辽阳有什么意义呢?阎先生说:"后金迁都辽阳,意义重大。"表现在哪里呢?阎先生罗列四点:第一,辽东统治易主;第二,后金迁都平原;第三,旗民分城居住;第四,推行六大弊政。所谓"辽东统治易主""后金迁都平原"都是现象,不是意义。"旗民分城居住"有何意义?只是突出了旗人的统治地位,防止汉人反抗与汉化,加深了民族隔阂,如此而已。至于意义阎先生也非一点未说,而是在"历史教训"中说:"后金占领辽阳及辽东地区,产生重大而深远的历史影响,这是明清兴亡史上的一个转折点。"除此之外,还有什么意义呢?我们将在下面提到,这里就省了。

三、辽沈之战失败的原因与影响

努尔哈赤从誓师伐明,到占领辽沈,乃至整个辽东,仅用了四年的时间,就连努尔哈赤都可能感到意外,以为是"天命",这当然不是真正的原因。关于辽沈失陷的原因,当时人就有许多议论,或说"降夷"起了主要作用,或说是不用熊廷弼的结果,等等。除了这些具体原因之外,可以从两方面去考察。一方面,应该说明朝的腐朽统治是主要的。万历中叶以后,政治日趋腐败,神宗不问朝政,宦官专权。尤其是魏忠贤执掌内外大权后,组织宦官武装,培植私党,打击异己,利用锦衣卫、东厂等特务机构,在全国广布爪牙监视官民。派出大量的税监、矿监,对人民进行疯狂的掠夺。为了对后金作战,不断按亩加派辽饷,成为辽东人民的沉重负担。辽东,过去是耕地屯垦、粮饷充足,而今是屯田尽废、饷源枯竭,辽东将领请饷的奏疏多如雪片,急如星火。但是,民穷财尽,无饷可筹,即加派征收,犹不足贪官克扣。这种反动腐朽的统治,迫使军民"心心念念只想一走"[1]。萨尔浒战败之后,士气更加低落,从将领到士兵普遍厌战、怯战,对保卫辽沈毫无信心。官兵叛投者日益增多,临战时跑的跑,逃的逃,就连袁应泰都认为"人心不固,不可以守",他立下了"死辽葬辽之誓"[2],决心虽然可嘉,但提不出可靠的退敌之策。另一方面,袁应泰与前任熊廷弼比较起来相去甚远,不能审时度势,放弃了持久防御的方针,准备进攻后金,夺取抚顺。但是,在明军尚未出动之前,后金却抢先下手,各用三天时间就攻陷了沈阳、辽阳。袁应泰最后虽能死节,但丢掉了整个辽东,已是无法挽回。这不仅是袁应泰的责任,更主要的是朝廷用人不当,责任在上边。然而,袁应泰委任有勇无谋、"日旦饮酒"的贺世贤防御沈阳,不能据城坚守,反而弃长用短,"出城逆击",终于上当致死。这是袁应泰不能知人善任,应该负有不可推卸的责任。这也正好说明,他"用兵非所长",不宜担当主帅。除此之外,袁应泰也很刚愎自用,听不进不同意见,几乎所有的将领,包括张铨都认为"收降过多",不应置于城内,后果叵测,卒不听,"降人果内应",致使沈阳失陷,付出了巨大的代价(在辽阳看不到什么"内应"的作用)。

从后金方面说,主要是勠力同心,"一国之政如一家","人心号令皆出于一"[3],即"皆出于"努尔哈赤,在利益一致的条件下联合作战,奋勇直前。统帅努尔哈赤善于选择战机,不失时机地发动进攻。在熊廷弼经略辽东时期,他按兵不动,熊廷弼被撤,他马上展开进攻。尤其明神宗、光宗先后"驾崩",整个统治集团既忙于办丧事,又忙于拥立新君,无暇顾及"辽事",更拿不出正确的

---

① 熊廷弼:《熊襄愍公集》,卷一。
② 《明熹宗实录》,卷三。
③ 傅国:《辽广实录》(卷上)。

救辽方案,袁应泰又非将才,形势日危。就是在这种情况下,努尔哈赤发起进攻,可以说是抓住了最有利的时机,事实也完全证明了这一点。努尔哈赤不仅善于用兵,尤其善于用间,并屡屡奏效。有人说:"建人最工间谍,所在内应,故坚城立下。"①从抚顺、清河、开原、铁岭都利用了谍工行间,里应外合,取得成功。进攻辽沈之前,大量的谍工随着蒙古饥民涌入沈阳、辽阳,他们或散布流言,制造舆论;或占据要害,协助攻城;或放火焚烧城西南谯楼、军营、草场,扰乱人心;或放下吊桥,引导金兵入城;或在"民家"策反,"多启扉张炬以待,妇女亦盛饰迎门",准备迎接新主。总之,谍工在攻陷沈阳、辽阳的过程中起了相当大的作用。

沈阳、辽阳的相继失陷,对明朝与后金都有巨大的影响。后金夺下沈阳、辽阳两个重镇,占领了整个辽东地区,使后金得到了进一步的发展。后金与明朝两个政权对峙的局面已经形成,努尔哈赤于第二年便挥军西指,准备夺取广宁、宁远,揭开了辽西大战的序幕。沈阳、辽阳失陷的消息传到北京之后,举朝皆惊,京师立即戒严。明熹宗召集大臣会议,统治集团内部矛盾更加激烈,互相叫骂,党争不息,一片混乱。有人说:"时朝贵皆碌碌,徒以台省之焰凌人,不复念国事。"②大敌当前,不顾国家利益,仍在内斗。后来,虽派熊廷弼为经略,王化贞为巡抚,但"经抚不和",前者主守,后者主战。王化贞掌握大权,依靠宦党压制熊廷弼,不久广宁失守,大局越发不可收拾。有人认为:"东事一坏于清抚,再坏于开铁,三坏于辽沈,四坏于广宁。初坏为危局,再坏为败局,三坏为残局,至于四坏,则弃全辽而无局。退缩山海,再无可退。"③不论这个说法正确与否,却反映了"辽事"问题的日益严重,如再不加振作,残败之局可能变为无局可守,只是时间迟早而已。

---

① 海滨野史:《建州私志》,中卷。
② 《明史纪事本末补遗》,卷二。
③ 《明熹宗实录》,卷二。

第三章　努尔哈赤在辽阳的统治

努尔哈赤迁都辽阳主要出于军事考虑,也有改善旗人民生之意,以便发展经济。虽也提出一些稳定社会秩序的措施,但许多是高压政策,自然引起辽阳人民的强烈反抗。新建东京城,有利于防守,旗人集中居住,既可防止汉人反抗,又可防止汉化。"计丁授田"是一项重要的土地政策,评价不一。努尔哈赤在辽阳统治四年,完善了许多维护统治的措施,为其进一步扩张提供了条件。在迁都沈阳之前,他又作出几项重大决策,基本上都达到了预期的目的,为其后来的发展奠定了基础。

第一节　后金定都辽阳

努尔哈赤迁都辽阳有利于开拓进取,既可控制辽沈,又可窥视辽西,还可争取朝鲜与蒙古,当然也有改善旗人民生之意,特别注重发展手工业。为了稳定社会秩序,提出"各守旧业",利用汉官"复职收养",但许多是高压的政策,自然引起辽阳人民的强烈反抗和大量叛逃,打击了后金的统治。

一、努尔哈赤迁都辽阳

天命六年(1621)三月二十一日,后金军攻陷了辽阳。当天午间,努尔哈赤威武地进入了辽东城。城里的街上都横拉着绳子,上面都悬挂着红色的小旗,一片喜庆的气氛。"有一轿蒙着虎皮,一轿蒙着绸布单,前来迎接汗"。有记载说:"官民皆削发降,阖城结彩焚香,以黄纸书万岁牌,肩舆迎帝。午时,大张鼓吹入城,官民俯伏,载道山呼,乃驻于经略衙门。"①之所以有如此隆重的场面,除了降官降将以献媚换取宠信而外,不要忘记辽阳城内,尤其北城(东宁卫、自在州)有大量的女真人是衷心欢迎的。辽阳是东北著名的古城,是辽东的首府,城东南有群山环绕,中有太子河绕城而过,依山带水,是天然的要塞,为历代兵家必争之地。自秦汉以来都于此设治,成为东北的政治、经济和文化的中心。因此,占领辽阳之后,努尔哈赤就想迁都辽阳,于是召集会议,征求诸王大臣的意见。他说:"天既眷我,授以辽阳。今将迁居此城耶,抑仍还我国耶?"得到的回答是:"贝勒诸臣俱以还国对。"这些"贝勒诸臣"既不了解努尔哈赤的远大抱负,也没有雄心壮志,以为打下辽东大肆抢掠之后,就可

---

① 《清太祖武皇帝实录》,卷三。

回到赫图阿拉安享"太平"。在这种情况下,努尔哈赤发表了自己的意见。他说:"国之所重在土地、人民。今还师,则辽阳一城,敌且复至,据而固守。周遭百姓,必将逃匿山谷,不复为我有矣。舍已得之疆土而还,后必烦征讨,非计之得也。且此地,乃明及朝鲜、蒙古接壤要害之区,天既与我,即宜居之。"他说服了大家,"贝勒诸臣皆曰善"。于是,"遂定议迁都"①,并派人去萨尔浒城"迎后妃皇子"。四月初五日,"后妃、诸王及臣等眷属"乘车马"悉至"。据记载:以大妃(大福晋)乌拉纳喇氏为首,率领众侧妃、肃妃等来到辽阳。"那天,总兵官等级的诸大臣列城外教场迎接,下马步行,引导诸福晋(福晋,满语妻子的意思,清代制度,亲王、郡王及亲王世子的正室均称为福晋,侧室则称侧福晋)马入城。随后众兵在街上列队迎接,到城内的家,踏着芦席上面铺的红毛毡,进入汗的屋里"②,可谓气派十足,盛况空前。

努尔哈赤为什么要迁都辽阳呢? 主要是由于军事上的不断胜利和疆域的逐渐扩展,赫图阿拉已经失去了作为都城的价值。赫图阿拉是一座山城,群山环绕,东偏一隅,十分封闭,利于固守,不宜开拓进取。辽阳与之相比,无论在政治、军事、经济上都占有明显的优势。《盛京通志》在分析辽阳的地理形势与战略地位时说:"东京之地,以辽阳为屏蔽,以浑河为襟带。北接开原、铁岭,南连海城、盖平,山林蕃薪木之利,沮泽沃水族之饶。我太祖高皇帝创业之初,筑城于此,一以经画宁锦,一以控制沈辽。"③也就是说,以辽阳为都城,守可以控制沈阳、辽阳,即辽河以东;攻可以越过辽河,西取广宁、锦州,夺取整个辽西。努尔哈赤还认为,辽阳是与"朝鲜、蒙古接壤要害之区",对争取朝鲜、蒙古都较为有利。从经济上来看,辽阳是一个大都会,人员辐辏,农业发达,手工业、商业繁荣,百货云集,可以满足人们的各种生活需要。赫图阿拉由于离海较远,交通不便,再加上明朝的封锁,日用品十分短缺,尤其是没有盐吃,没有棉衣穿,造成许多包衣阿哈(泛指满族奴隶)逃跑。努尔哈赤曾经指出:"我们国的包衣阿哈们逃走,都是因为没有盐吃。今已有盐吃。"还说:"今能吃到盐,也能穿棉。"可见,解决盐与棉等民生问题,也是建都辽阳不可忽视的一个重要方面。

二、建立统治秩序

进入辽阳后,为了稳定社会秩序,巩固统治,努尔哈赤先后颁行了一系列的政策,其中大部分是反动的,强制汉人接受,如有违抗,立即加以屠杀。现分别介绍如下:

---

① 《清太祖高皇帝实录》,卷七。
② 《满文老档·太祖朝》,卷二十一,以下《满文老档》引文不再全加注。
③ 《盛京通志》,卷十八。

第一,"薙(剃)发收养"。努尔哈赤说:"攻取辽东城时,我兵死的也很多。经过那样死战获得的辽东城的人,都不杀而加以收养,照旧生活。"但有个前提,就是必须剃发,接受满族习俗,表示投降。应该说不剃发而被杀的人很多(将在下文提到)。所谓"收养",就是不杀,留下来供他们役使。这时的努尔哈赤似乎已经懂得,滥杀无辜不仅得不到什么,而且势必引起更大的反抗。他说:"你们不要害怕,如果杀,就是一天,吃就是一刻的时间。即使杀了你们,夺取的财物能有多少呢?那只是暂时的,有限的。如果收养,你们的手可以(生产)出任何东西。用出的东西做生意,生产的好果实、好东西,那是永久的利益。如果那样,我就爱护你们。""收养"也好,"爱护"也好,目的在于笼络,在于利用被征服者的双手生产出他们所需要的东西,比全部杀掉更为有利。但不杀是有条件的,不是绝对的。

第二,"降官俱复原职"。努尔哈赤应该懂得,要想守住辽东,攻取辽西,乃至整个东北,仅靠满族自己的力量是绝对不可能的,必须得到汉族地主阶级的支持与合作,才能达到自己的目的。道理很简单,"满汉人民,习俗不一,语言各异,服饰有别,满洲官将怎能下到民间,了解到汉民详情? 怎能知道谁是'顺民',谁是'叛者'? 怎能发现抗清密谋,怎能镇压各地蓬勃开展的反清起义?"[1]因此,采取各种方法,包括封官授职、联姻婚娶,赐以财帛、庄园等,竭力拉拢利用汉官,充分发挥他们的作用。最早利用的汉官是佟养性(实际是汉化了的满族)和李永芳,他们都被赐以宗室女为妻,前者称"西屋里额驸",后者称"抚顺额驸",他们确实发挥了重要作用,是满族官员无法替代的。努尔哈赤说:"占领辽东后,本欲任命诸申官员们管辖,因为不懂你们新民的语言,恐怕劳苦,所以让尼堪的官员管辖。"所以,在占领辽阳的当天,努尔哈赤就下令"原来的诸官员都复职收养",接着又下令:"释辽阳狱中官民,查削职闲住者复其原职。设游击八员,都司二员,委之以事"[2]。可见,需要大量的汉人官员,否则是无法统治和管理偌大的城市的。过了几天,努尔哈赤又给"尼堪的众游击官"下达文书说:"你们游击官要以公正为生,各种法令辛勤工作,成为汗的眼睛看着众人,成为汗的耳朵听着众人。无论任何事都要详查处理。"不难看出,努尔哈赤要求汉人游击官要成为他的眼睛和耳朵,"看着众人","听着众人",使所有的汉人都成为他的"顺民",镇压那些"叛者",其目的不是很清楚吗?

第三,满、汉南北两城分居。前文提到辽阳有南北两城,以南城为主,北城为土城,仅及南城的三分之一。努尔哈赤在"释辽阳狱中官民"的同时,下令:

---

① 杨学琛、周远廉:《清代八旗王公贵族兴衰史》,辽宁人民出版社1986年版,第77页。
② 《清太祖武皇帝实录》,卷三。

"移辽阳官民与北城,其南城则帝与诸王臣军民居之"①。也就是说,把南城的汉人几乎全部赶走,并限制"在三天内搬迁完毕",大量离开自己家室的汉人被迫迁到北城。南城留给努尔哈赤及"诸王臣军民居之",即清一色由全体满洲人居住。可以想象,那么多的汉人北城能都安排下吗?必然会出现流离失所的悲惨景象。死活无人管,有的饥寒交迫,成为"路倒";有的扶老携幼逃往农村;有的举家逃离辽阳,或投亲靠友,或藏匿山中,或辗转进入明军占领区。总之,是一场灾难,一场浩劫。努尔哈赤为什么要这样做呢?其实很简单,主要是出于安全的考虑,防止汉人反抗。努尔哈赤说:怎么能与"那样有怨气的人住在同一城呢?都从城里出去,到各自耕田的地方。……没有田庄的人,可以去有荒田处播种"。可见,他也知道北城容纳不下,所以让你去农村种地,去荒山僻野开垦。这谈何容易,城里人在农村有几个有土地?开垦荒地也需要条件,也不是所有人都能做到的。因此,这也是一种倒行逆施的做法,不能不引起反抗。

第四,满、汉"房要合住,粮要共食"。由于大量的女真人进入辽东城,很明显南城是不可能容纳得了的,因此必须去农村,更由于无房无粮,所以提出与汉人"房要合住,粮要共食"。为此,努尔哈赤不止一次地发布汗谕说:"各村的尼堪们全是同一个汗的民。希望粮共吃,房屋合住"。又说:"诸申、尼堪要同住一村,粮一起吃,牲口的草料一起喂。"努尔哈赤还假惺惺地宽慰说:"我们诸申远离本地搬家来,辛苦了。收容诸申合住的尼堪,将住的房、种的粮、耕的田给诸申,也辛苦了。"也就是说,汉人要拿出房子、土地与粮食供给满洲人吃、住和耕作,还要提供牲口的草料。这种强制的做法,广大的汉人也是无可奈何,有的把粮食卖掉。针对这种现象,努尔哈赤下令:"诸申、尼堪不要浪费粮食,不要买卖。发现买卖时,治罪",甚至大量杀掉那些没有粮食的汉人。满洲人把汉人视为奴仆,任意打骂,索取或抢掠财物,甚至对汉人的妻女肆意凌辱。努尔哈赤虽然屡下禁令,但却屡禁不止,以致采取严厉的手段。如天命六年(1621)九月初五,"颜珠瑚牛录的三人抢夺尼堪的猪,杀了吃。将二人判刑,杀了一人"。又如天命七年(1622)正月二十六日,"违背汗定的法规,伊兰奇牛录的茂海法克什(匠人)夺去编户的尼堪女人强奸了,八旗分尸八份,把他的那肉挂在八门了"。尽管如此,仍然收效甚微。这种强行"合住""共食"的做法,不能不引起汉人的强烈反抗,造成大规模的"叛逃"。

第五,"照旧生活"与"各守旧业"。这两个词语都见于《满文老档·太祖朝》第二十卷。由于翻译的不同(有的用文言,有的用白话),文字互有歧异,但基本意思是相同的。后金军占领海州、复州、金州之后,努尔哈赤对归降的

---

① 《清太祖武皇帝实录》,卷三。

汉人官民发出了劝谕，其中就使用了上述词语。最早的译本译为："攻取辽东城时，吾之兵士，死者亦多。如斯死战获辽东城之人，尚皆不杀之，各守旧业。"辽宁大学历史系《重译满文老档》则译为："攻取辽东城时，我兵死的也很多。经过那样死战获得的辽东城的人，都不杀而加以收养，照旧生活。"如果认真分析，"各守旧业"与"照旧生活"是有区别的，前者强调"旧业"，后者强调"生活"。前者是说原从事什么行业，现在还从事什么行业；后者是说原来怎么生活，现在还应该怎么生活。后者范围可能更大一些，从事什么行业也可以包括在全部"生活"之中。努尔哈赤在这里主要还是指"各守旧业"，也就是各行各业还要照常，不一定想到什么生活的全部意义。那么，"各守旧业"都应该包括哪些内容呢？

首先就是农业。最早的译本在"各守旧业"的后面还有"如前农作"一句。很明显，"如前农作"就是指原来种地，现在依然种地。农业是百业之首，没有粮食就无法生存。由于后金人口的大量增加，他们最担心的就是粮食。所以千方百计地动员汉人耕地，甚至去边远地区垦荒。努尔哈赤在占领辽阳不久后就下令：除了工匠等人而外，"其他的人全去耕各自田的地方令耕田。没有田庄的人，可以去有荒田处播种"。努尔哈赤还要求八旗官员都要立誓，都要保证"养好牲畜，种好田地"。值得提出的是天命六年（1621）七月，实行了"计丁授田"，将在后面专节介绍。除此之外，努尔哈赤还很重视农田管理及农业技术的改进。他要求："每牛录的一章京率领放马，一章京督造武器，一章京督耕田地。"在耕田方法上他提出："种田不要学尼堪，两次锄草，照我们旧例用手拔草，反复趟地。如果学尼堪两次锄草，田沟将起硝，庄稼根的草恐怕不能锄尽，管田的章京赶快催促工作。"他还提出：秋收时"要留低茬子收割"，"收割的庄稼都同时快打，打的粮食没有谷皮干干净净，在夜凉时埋起来。不要像过去那样忽略督促"。努尔哈赤还经常去各地巡视、检查，甚至带着福晋到"沿北方蒙古边境"新开垦的田地上察看。他如此重视农业，当然是为了恢复经济，巩固自己的统治。

其次就是手工业。后金对手工业，尤其是对工匠十分重视，可以得到与其他人完全不同的待遇。努尔哈赤一再指出："以为东珠、金、银是宝，那是什么宝呢？在寒冷时能穿吗？在饥饿时能吃吗？""在没有织造的地方，如果织成蟒缎、缎子、补子，那人就是宝贝。"又说："如果有制造金丝、硫黄的人，就选派来，那人也是宝贝。"后金军进入辽阳城后，有四等人不杀，"一等皮工，能为快鞋，不杀；二等木工，能做器用，不杀；三等针工，能缝裘帽，不杀；四等优人，能歌汉曲，不杀"[1]。又如，所有的汉人都要从南城搬到北城，唯有商人与工匠可

① 计六奇：《明季北略》，"辽阳陷"条。

以留下。天命六年(1621)七月二十三日,努尔哈赤发布上谕:"还有格根的哨探的布莱牛录的卖黄酒、馒头、纸等零碎东西的一店里的人、工匠等,吹喇叭、唢呐有用的人可以在城里"。他们非常需要各种工匠,给予种种优待。天命六年(1621)七月初七日,八旗兵抓到86名乘船叛逃的汉人,努尔哈赤下令:"收养有用的工匠,其他人都杀了。"他还下令:"如果有知道做金银焊药方法的人,要派出来,上报。"努尔哈赤看到织成的"蟒缎""缎子",认为织匠是"宝贝",竟然下令:"没有妻的人,要给妻、阿哈、衣食,免除贡赋、兵役等事,安排在近处为生"。还说:"如果有制造金丝、硫黄的人,就选派来。那人也是宝贝,将和织蟒缎、缎子的第一等人同级。"有高建中者能"织蟒缎、缎子、制金丝,妻、阿哈、衣食等物都给了。另外,还给耕田以供给粮米,供烧的草和柴的人,第一等人各男丁五人;第二等人各男丁四人;第三等人各男丁三人,为余丁。今后无论谁有织蟒缎、缎子、制金丝、造纸,织精细的闪缎,做碗、碟子的各种有用的人,都要出来。出来后,考核属实,将像高建中等那样任用恩养"。又有"名叫济达色的尼堪精炼硫黄送来了。升为千总职,赏给缎子三匹,毛青布、翠蓝布五匹,银十两、蟒缎衣服、暖帽、靴"。天命八年(1623)六月"初五,烧八旗公用的煤炭的阎蛮子、谢蛮子,炼制放炮用的黄色火药送来了,赏给二人千总职,赏给衣服、靴、暖帽各一,银十两"。由上可见后金对工匠的重视程度。他们为什么这样重视工匠呢?主要是军事上的原因。努尔哈赤"委派叶古德管理工匠",他把工匠分配给牛录,主要是修理铠甲和折断的弓,并付给一定的报酬。如果"做牛录额真备御的甲,给银二钱。如果做代子备御、千总的甲,平均计算各给银一钱。做应差的人甲十付,诸贝勒给银一两。做一张弓,给一钱,修理折断的弓,给五分"。他们还组织朝鲜工匠为"八旗的诸贝勒"制作"凉帽"和"(铠)甲","每旗各任命一人为额真,多做凉帽"。不仅如此,他们甚至利用工匠制造火器。八旗兵虽然善于骑射,但没有火器,只凭弓矢刀剑,与配备枪炮的明军作战,伤亡很大,尤其是夺取城池伤亡更大。因此,努尔哈赤令"西屋里额驸"佟养性率领工匠研制大炮。直到天聪五年(1631),铸成"红衣大炮"四十门。佟养性被皇太极命名为"天祐助威大将军"。前面提到的"精炼硫黄"与"黄色火药"是在哪儿生产的呢?就是在辽阳。后来,皇太极在原来的基础上于辽阳城内设立两个药局生产火药。辽阳人、参将祝世昌在《请及时大举奏》中指出:"夫大炮所用既多,火药亦当多备,见今两药局、一箭局加紧制造矣。第辽阳旧城,淋硝硝丁有数,一年所淋硝斤亦有数,势不能多得,我国用这许多大炮,则火药当设法多多予办。"①皇太极接受了这个建议,从八旗各抽工匠来辽阳加强了火药生产。

---

① 《天聪朝臣工奏议》,第67页。

　　除了军事原因之外,也是为了满足满洲贵族日益增长的需要,为了得到"蟒缎""缎子",必须组织纺织生产,因此天命八年(1623)二月"派七十三人织蟒缎、缎子、补子"。为了制造金丝,就必须开采金银矿。辽东东南部多金银矿,辽阳就是其中之一,主要在南山一带,从明万历年间私采之风甚烈。后金占领辽阳之后,就曾下令:"产金银地方的人,在耕时期不要挖掘,恐怕耽误耕田。耕田闲暇时,想淘金、想挖银的人,要上书请示,允许后或淘金,或挖银。不上书、不请示,随便地淘、挖时,将治罪。"汉人淘金、挖银的同时,后金从八旗抽出六百多人,由辽阳人、游击石国柱带领进行大规模的开采,很有成效,仅两个月就"送来了用公差挖的银九百三十两,金六两七钱"。努尔哈赤很高兴,立即"给督办的石国柱六十两,给八家的监督八人各五两"。后来,由于"银子充足,不必使钱",命令停止铸钱。为了炼制金银,必须组织煤炭的开采。天命八年(1623),在利用汉人采煤的基础上,又从各旗抽出人夫,扩大了煤炭的开采。可以说,努尔哈赤利用辽东汉人工匠及朝鲜工匠的生产技术与经验,广泛开展各种手工业生产,在一定程度上满足了军事与生活的需要。在此基础上,皇太极进一步完善和发展了手工业,甚至有了造纸、造船业。实际,在努尔哈赤时期已能造水上运输船只。朝鲜人李民寏在过婆猪江(即浑江)时,目睹其"船可容七八人,极轻捷,而健马善浮深水"①,感到可虑。天命七年(1622)三月,为了"迅速勤勉地"运回广宁的粮食,"造了几艘新的刀船"。到皇太极时期,能够打造战船,称为"佟克申式",佟克申则为女真族造船专家,其船"飞船轻利,旋转便捷",后来在进攻朝鲜江华岛时起了很大的作用。此后,佟克申在浑河造船十六艘,在辽阳造船六艘,在牛庄造船六艘,还在锦州、旅顺等地造船②。

　　再次就是商业。除了农业、手工业之外,社会上不能没有交换,否则整个社会就会陷于停顿。因此,必须恢复商业,以满足各方面的需要。天命六年(1621)"六月初三,在辽东城西关厢(即西门外)任命了额真,管理交易。各种各样买卖的价钱和税按尼堪的旧例办"。不仅如此,还想招徕外地商人到辽阳做买卖。天命六年(1621)九月十五日,努尔哈赤指示佟养性说:"查出抚西、清河的原来有信用的商人,住在旧城的家,可以开店,卖黄酒、馒头、肉等食物。也可以在新建的城(指东京城),盖房开店做生意。"有了商业不仅可以满足后金统治者的需要,还可以大量征税,自然是一举两得。努尔哈赤在给满、汉官员下达的文书中,多次提到发展商业,同时不忘征税。他在天命六年(1621)十二月十八日就说:"按旧例汗合法征收的各种贡赋,仍然不增不减地

---

① [朝鲜]李民寏:《建州闻见录》,辽宁大学历史系本,第50页。
② 《清初内国史院满文档案译编》(上册),第37页。

征收。"所以,"各守旧业"也包括可以照旧收税。

恢复、发展商业,必然促进大量的商品交易,这就需要充当一般等价物的特殊商品,即货币。根据"天命汗钱"的发现,可知努尔哈赤在赫图阿拉时期就已经铸造货币,天命汗钱就是最早的后金货币。天命汗钱与历代铜钱相似,也是圆形方孔。它的正面文字,为后金时期的无圈点老满文,字迹清楚,四个字按左右上下序读,背面无文字。"此钱体型硕大,铜赤而润。径 27—28 毫米,重 5.4—6.4 克"。定都辽阳之后,除了继续铸造天命汗钱之外,为了方便,汉人使用更多的是铸造汉文的"天命通宝"。正面"天命通宝"四字为楷书,字迹浑朴,上下左右序读,边廓宽厚,背面没有文字。钱体较天命汗钱稍小,"径 23—26 毫米,重 3.6—6 克"①。1978 年在东京城内有出土,但量不多,还有待于发现,特别期待能够找到铸币的遗址。

"各守旧业"应该包括各行各业,限于资料,不能一一说到,但上述三方面是主要的。"各守旧业"是一个临时性的过渡政策,目的在于恢复新占领区的统治秩序,稳定社会局面,安抚与控制所有的汉民(包括其他少数民族)。不牵涉生产关系的改变,一切都按照明朝"各种法规律例"来办。所以,各种政策的制定还有待于来日。

三、辽阳人民的反抗斗争

努尔哈赤不是和平进入辽阳的,其中伴随着大量的屠杀,充满了血腥的气氛,是毋庸讳言的。有记载说,后金攻陷辽阳时"杀西兵二万,复杀商贾五六万"②。说"杀西兵二万"似乎说少了。努尔哈赤承认"杀死兵二十万人",难免有些夸张,但至少应该超过二万。说"杀商贾五六万"似乎说多了。据嘉靖四十四年(1565)修纂的《全辽志》的记载,当时辽东都司所辖二十五卫二州的人口才有三十八万一千四百九十六人,辽阳六卫一州可能是人口最多的,也只有八万余人。过了五十年,人口可能有增加,但不会超过十几万人。说"杀商贾五六万",显然是夸大了,不会有一多半人从事商业,须知当时还是以农业为主的自然经济。如果说杀商、民五六万是可能的。

第一,杀有功名的人,杀秀才,杀举人、进士,也就是杀知识分子。据记载:"乙丑年十月,太祖察出明绅衿尽行处死,谓种种可恶,皆在此辈"③。从进城到天命十年究竟杀了多少人无法统计,但形成了一片恐怖,有功名者人人自危。为了避祸,或出走,或隐姓埋名,甚至抹去石碑上的名字。1979 年,在辽阳新城内发现一通《辽东都司进士举人题名记》残碑,只有上半部,刻于万历

---

① 高汉铭:《简明古钱辞典》,中州古籍出版社 2008 年版,第 347 页。
② 《明熹宗实录》,卷九。
③ 王先谦:《东华录》,天聪四。

三年(1575),阳面文字尚可辨认,阴面所记原为进士、举人的名字,但都已被磨平。不难看出,这通残碑所以要抹去进士、举人的名字,当是努尔哈赤进入辽阳后大杀"绅衿"时所为,自然是为了避祸。不这样,便会被按图索骥,又不知要有多少进士、举人遭到冤杀。这种暴行的后果是不言而喻的,到皇太极时期才有明显的转变。"在那次杀了有地位的人、秀才们以后,到淑勒昆都仑汗(应为天聪汗)即位时,惋惜之至,调查剩下的秀才们的优劣,重新按尼堪制度考试选拔三百余名秀才",最后才录取二百名,深感人才之不足,这是天聪三年(1629)九月后金首次科考时的情形。

第二,杀反抗的人,主要是对不剃发者。剃发是满族的习俗,"男子将顶发四周边缘剃去寸余,而中间保留长发,分三绺编成长辫一条垂在脑后,名为辫子,或称发辫。这是满洲人的特别表征,与汉人全部束发不同,与蒙古人分作左右两辫也不同。四周去的头发,除了父母之丧同国丧以外全不准养长,应时时剃除,名为剃发,或称剃头。这是与清朝相终始从未改变的一种满洲习俗"①。后金占领抚顺、开原时,男性投降者不论老少都必须剃发。李永芳投降后不仅他要剃发,同时"抚顺被虏军丁八百余人,又尽髡为夷"②,可以说薙发是既定的方针。进驻辽阳以后,关于剃发的记载是很多的,如"城内的尼堪们自愿剃头""军民皆削发降""官民俱削发降""今辽东官民已削发归降"③等等,说是"自愿剃头""自愿削发",不是事实。相反不剃头、不削发就要付出血的代价,所谓"一人不剃全家斩,一家不剃全村斩"④,也就是"留头不留发,留发不留头"之意。很明显,这是满族统治者把自己的习俗强加在广大被征服者的头上,所以剃发就意味着接受征服。因此,剃发和不剃发已不是单纯的习俗问题,而是投降或不投降的一个政治标志。剃发严重伤害了广大汉族人民(不只是汉族)的民族尊严,立即激起广大人民群众的坚决抵制和激烈反抗。

第三,先杀穷人,后杀富人。计六奇在《明季北略》中说:"初,清之破辽东也,恐民贫思乱,先拘贫民杀尽,号曰'杀穷鬼'。又二年,恐民富聚众致乱,复尽杀之,号曰'杀富户'。既屠二次,辽人遂空。"还说:"辽人昔已杀尽,十无一二。"再次,杀逃跑者。前边提到,天命六年(1621)七月"初七,带来了捕获乘刀船去尼堪的八十六人,收养有用的工匠,其他人都杀了"。这就是说,逃跑后被抓回来的人,基本上都要杀掉。

第四,杀死没有粮食的人。努尔哈赤曾下令调查各地没有粮食的人,然后

---

① 郑天挺:《探微集》,中华书局1980年版,第81页。

② 陈继儒:《剿奴议撮》。

③ 《清太祖武皇帝实录》,卷三。

④ 《清史资料》(第二辑),《金沙细唾》。

集中起来杀掉。"汗说,要把没有粮食的人视为仇敌"。天命九年(1624)正月二十七,"杀了从各处查出送来的没有粮食的尼堪"。除此之外,甚至有杀人代牲的情况。有记载说:"建人初起事,鸷悍好杀,所屠辽人十之七八。"又说:"满洲始事好杀戮,享神则杀辽人代牲,或至数百。"①总之,努尔哈赤是以胜利者的姿态进入辽阳城的,实行了一系列的反动政策,尤其是薙发关系到每个人,自然要引起辽阳人民的抵制和反抗。努尔哈赤可能也深知这一点,所以采取了收缴武器的办法,更不能制造武器。他通过都堂下达文书:"尼堪的兵丁、白身、所有的人,都要把弓箭、腰刀、枪、炮等兵器,在二十日前送到各自管辖的官员那里。二十日后如果被告发隐藏不送,将治以重罪。尼堪的工匠们,要停止卖箭、腰刀、枪等兵器。在十日后还卖,卖的人治罪。如买,买的人也治罪。官员们要在各自属下送交兵器后,在二十日内上书报告。"这种做法不但得不到任何收效,反而更加激起强烈的反抗。

辽阳人民的反剃发斗争,虽无后来长江以南反剃发斗争的浩大声势,但也不失壮烈,感人至深。当时,辽沈失陷之后许多不愿剃发者逃往朝鲜。据记载:"时贼既得沈阳、辽东八站军民之不乐从胡者,多至越边,⋯⋯其后贼大至,义民之不肯剃头者,皆投鸭水以死。"②"时唐人奔波,各持马蔽江争渡,投我兰子岛、威化岛,自言:(李)永芳差人招胁剃头,要杀不顺军民,我等死生不足顾,一番剃头便作鞑子,他日官军不辨真假而剿灭,死当为冤鬼。以此不得不来投顷刻之命。"③朝鲜是明朝的属国,一直友好相处,后金攻陷辽沈之后接纳了大量的辽东逃民。有记载说,"其逃入朝鲜者,亦不下二万"④,但更多的是逃往辽南及海中。由于毛文龙在鸭绿江口先后设军镇于椵岛(也称皮岛,又称东江)、身弥岛,坚持斗争,并占有辽东半岛南端旅顺口及许多海中岛屿,所以大量的民众前往投奔。有记载说:"辽民来者日众,前后数十万口,分置铁山蛇梁等处。"⑤这里所说的"辽民"应该是指辽东之民,也包括辽阳人,当然不会全是辽阳人。有的逃往关内,有的渡海逃往山东。有的不能远逃,便逃匿在东南部山区,长期不敢回来。这可从努尔哈赤在天命七年(1622)四月发布的文书中得到说明。"你们辽东地方的人,不要踌躇犹疑,心怀恶意。如果那样,即将身死。你们离开这里去尼堪内地,谁将安排给你们住房、耕田、粮食呢? 逃散在山中藏身的人,都要来辽东。英明汗将安排给住房、耕田、粮食"。有些没有逃跑也没有被杀的人,"在家放火,破坏锅、甑、窗纸"。这种做法的

---

① 谈迁:《北游录》,中华书局 1960 年版,第 348、377 页。
② 《李朝实录》,光海君十年五月癸丑。
③ 李肯翊:《燃藜室记述》,二十三。
④ 《明史·熊廷弼传》。
⑤ 李肯翊:《燃藜室记述》,二十六。

目的是不给进城的后金官兵提供住宿的场所。也有的在食物、盐、水及井中放毒，使后金官兵防不胜防。为此，努尔哈赤下达许多文书。其中说："听说把毒药放在水和盐中，猪吃毒药后卖掉。我们的兵杀吃的猪，不要在买的当天杀，要经过两三天毒性消失再杀了吃。要注意水和盐。我们为什么中他们精心策划的奸计呢？一次发觉才好，我们要好好保护我们的身体。对于葱、瓜、茄子、鸭、鹅、鸡等各种东西也要注意。"还说："从尼堪那买肉，将下毒药，要买活的（猪）吃肉"。同时还"发现尼堪向汗城的各井投毒药，逮捕二十二人，送都堂衙审理"。努尔哈赤指示说："要认真地调查审理，向井中投毒药的尼堪，释放没投的人，应杀事实俱在的人。我们不要去杀，如果我们去杀时，就会宣传我们杀死全部收养的人。要派八游击去杀。"很明显，努尔哈赤在玩弄"以汉制汉"的手法，他们在幕后操盘，杀人由汉官去执行，以掩人耳目。除此之外，八旗官兵连走路、收税都会受到袭击，努尔哈赤为此也发过多次"汗谕"，要求他的官兵必须万分注意。如"现今到什么地方去，也不要少数人去。十个人结成一伙去。如果十个人结成一伙去，那可恶的光棍汉和盗贼，就不想杀人了"。甚至规定："没有十人一伙，九人行走，知道的人逮捕罚银九钱，八人行走，逮捕时罚银八钱，七人行走，逮捕时罚银七钱，一人行走，逮捕时罚银五钱。"这样的规定，不是很能说明问题的严重吗？又说："不要依仗腰刀，腰刀敌不过棍棒。弓、撒袋不要离身，行走要提高警惕，注意不要陷入那罗网中。要使八旗的人都知道。"还说："按旧例征收的粮、银、炭、铁、盐的贡赋，为何不快催促送来呢？派给佟备御兵一百人，催促按旧例征收的贡赋，不带兵恐被人殴打。"说明老百姓联合起来拒不纳税，或拖延不交，如不以武力相威胁连税也收不上来，上述记载都见于《满文老档·太祖朝》。

除了上述各种反抗之外，也有许多暴力反抗的实例。如辽阳失陷前，有张神武者，率两百余骑援辽，将至而辽阳陷，遂东至首山，遇敌"冒阵入重围中，杀伤百余人，一军尽没"。应该指出，他们是在"心知孤军深入无生理"的状况下杀入重围的，与那些望风而逃或剃发归顺的明朝官兵比较起来，真是相差天涯。后金军除杀不剃头者外，"复杀辽人状貌可疑者，以一帅坐西门，点而杀之。有诸生父子六人，知必死，持刀突而出，毙其帅，诸子持梃共击杀二十余人。仓促出不意，百姓乘乱走出，五六百人结队南行，建州不之追"[1]，也就是不敢追赶。有些地方还与明军"定约"，杀死满洲人逃跑。如镇江、复州、耀州等地都有此类事件发生。"另外鞍山、海州、金州、首山及其周围堡的人，都引进奸细，定约带来兵，以便叛逃"。还有毛文龙曾多次派兵进攻镇江、耀州、海州等地，牵制了大量的后金兵力。天命十年（1625），毛文龙派参将易承惠等

---

[1]　参见《明史纪事本末补遗》，卷二。

带领兵马两千余人,渡过鸭绿江,越过摩天岭,"远击鞍山、甘泉铺等处",使努尔哈赤大为震惊。清方记载说:"大明毛文龙遣兵袭鞍山驿,城守巴布泰败之,杀兵千余,生擒游击李良美。帝闻鞍山有警,即夜入沈阳,诸王俱向鞍山进发,至途中,闻敌兵已败,乃回。"①毛文龙经常出兵袭扰,虽没有成功,"然为金酋后顾之忧,故亦颇足掣其肘"②。关于辽阳反抗斗争的材料,正面记载较少,还有待于治史者进一步去发掘。

第二节　修建东京城

努尔哈赤之所以要新建东京城,主要是军事战略上的考虑,辽阳老城确有城大难防之虞;再加东有朝鲜,北有蒙古,征明有后顾之忧;同时,他们可以集中居住,既可防止汉人反抗,又可防止汉化。东京城很有特点,宫与殿分开,与赫图阿拉不可同日而语。所以又修建东京陵,不是一时之举,可能有长期的打算。

一、决定修建新城

努尔哈赤进入辽阳后,居住在辽东都司衙门(位于城中偏西)里,每天日理万机,思前想后,很不轻松。不久,他就发现一个问题,即辽阳城虽系辽东重镇,城池广阔,经济发达,却是难以固守。因此,他想搬出辽阳老城,另建一个新城。为此,他于八月十四日召集诸贝勒大臣举行会议。"汗说:这辽东城已经年久,颓废不堪了,城又太大。我们出征后,防守的人要很好地警戒。在东方有朝鲜国,在北方有蒙古国,这两国对我国并不驯服,如果放下这个去讨伐西方大尼堪国,对后方的家就不放心。建筑坚固的稍小的城,集中留下的兵,不为后方的家担忧,放心大胆地出征南方。众诸贝勒、诸大臣进谏说:抛弃掉获得的城和居住的房,不能不在新的地方筑城盖房,国人将要受苦。汗说:我们对大国用兵能无所作为过吗?你们只想着那样小苦,我想着大处。如果小苦中就叫苦,那么前途的大业怎么能成功呢?像尼堪筑城那样,主人可修各自的房,会有多少劳苦呢!"③虽然有些争论,最后还是同意了努尔哈赤的意见,并选好了城址,在距老城八里的太子河北岸的山冈上,遂即"开始造城"。

关于修建新城的问题,《清太祖武皇帝实录》(卷四)、《清太祖高皇帝实录》(卷八)也都有记载,除了经过修饰的文字有所不同外,与《满文老档》的基本意思是完全相同的。应该说,阐述的理由是真实的,也是很充足的。归纳起

---

① 《清太祖武皇帝实录》,卷三。
② 萧一山:《清代通史》,华东师范大学出版社 2006 年版,第 119 页。
③ 《满文老档·太祖朝》,卷二十六。

来可以有四点：

第一，辽阳城大，年久失修，不易防守。辽阳是东北建立时间最久、规模最大的城邑，明洪武五年（1372）在金、元两代的基础上重新进行修建，用了三四年的时间基本竣工。根据明修《辽东志》的记载：明时辽阳有南、北二城。北城包括东宁卫和自在州，主要安置少数民族，前已提及，不再赘述。南城为主城，城墙砌砖，中实土石，城高三丈三尺，周长二十二里二百九十五步（可能不实），环城有濠，深一丈五尺，引太子河水注濠，可谓城大池深。本来有利于固守，为什么说不易防守呢？主要是八旗兵人数太少，尚不足十万，汉军八旗、蒙古八旗还没有建立，如果都去守城，即抽不出兵力争战，如何完成伐明"大业"呢？因此，有必要"建筑坚固的稍小的城"，用少量的兵，比如十分之一就可以防守，就可以"不为后方的家担忧，放心大胆地出征南方"。

第二，东有朝鲜，北有蒙古，征明有后顾之忧。朝鲜是明朝的属国，两者一直友好相处。后金与明朝的战争，朝鲜显然站在明朝一边。后金很想拆散朝鲜与明朝的密切关系，切断他们之间的往来，但一直未能实现，朝鲜仍与明朝合作。朝鲜被征服是在皇太极时期，是经过两次对朝鲜用兵之后。明末，蒙古分为漠南、漠北和漠西蒙古三部分，处于分裂割据状态，互相争战。漠南蒙古占有广大地区，东到吉林，西至贺兰山，南邻长城，北接沙漠，都是元朝后裔分居之地。其中察哈尔部最强，拥有八大营二十四部，首领林丹汗，"士马强盛，横行漠南"，自称蒙古大汗。林丹汗是元太祖成吉思汗的二十二代嫡孙，推行武力统一蒙古的政策，遭到察哈尔各部的反抗。在萨尔浒战役失败之后，明朝开始采取"用夷攻夷"的策略，拉拢林丹汗，每年答应赏给财物价值白银四万两，后增至十万两，最多达到十八万两[①]。于是，林丹汗投靠明朝，双方相约共同抵御后金。后金想要分化、争取漠南蒙古，还须假以时日，非短期所能为，基本征服漠南蒙古是皇太极时期完成的。有鉴于此，努尔哈赤认为，不考虑朝鲜、蒙古这两个"不驯服"的国家，就去"征讨"明朝，"对后方的家"怎么能"放心"。所以，必须"建筑坚固的稍小的城"，便于防守，以解后顾之忧。

第三，满人集中居住，防止汉人反抗。后金占据辽阳后，遭到汉人的强烈反抗，大量人口逃亡，放火、投毒、袭击、武装反抗等事件层出不穷，甚至单人不敢行走，前已提到。这次，努尔哈赤虽然没有说到汉人反抗的事，但他早在各种场合都已再三说到，没有必要每次都得说到。因此，防止汉人反抗也是另建新城的应有之义。

第四，旗民分别居住，防止满人汉化。努尔哈赤、皇太极都非常推崇金世宗，认为他"奋图法祖，勤求治理，唯恐子孙仍效汉俗，预为禁约，屡以无忘祖

---

① 谷应泰：《明史纪事本末》补遗，卷三。

宗为训。衣服言语,悉遵旧制,时时练习骑射,以备成功"。因此,建国初期努尔哈赤、皇太极都特别强调满族必须以"国语骑射"为根本,尤其提倡习武,认为"武乃治天下之极要",绝不能偏废。八旗子弟不入儒学,入宗学、旗学,不与汉族学生混同。所以,这次修建新城,分别居住,自然也包括防止汉化的意义在内。

上述四点,军事原因是主要的。当时,后金虽然占有了辽东之地,但辽河西岸以及山海关以内广大地区仍为明朝所有,双方的军事力量并没有发生根本的改变,明朝仍然具有相当的实力,如果能够停止内斗,重振军威,收复辽东完全是可能的。所以,努尔哈赤不能不防备明军的反攻,做好两手准备,甚至想到如不能胜可以举城迁回赫图阿拉。这正是努尔哈赤的英明之处,根据形势的发展变化,随时调整自己的策略,绝不墨守成规。诚如他所说:"战争之道,除深思熟虑以外,还有什么呢?"①努尔哈赤真正做到了"深思熟虑",并有长远的眼光,把反明战争一步一步引向胜利。

二、东京城的特点

新城的修筑,始于天命六年(1621)八月,至第二年三月基本竣工,名曰东京城。建筑时间,前后不足八个月,速度之快是惊人的。所以如此,是征调大量民夫日夜赶工兴建的结果。"在筑汗住的城时,每十男出一男服役。一百长出十男,三牛车。二百长合并,一百长带来,另一百长留下照管全部。海州属下的人在初十到达辽东,盖州属下的人在初十到达。复州属下的人在十八到达。金州属下的这边(指金州以北)的人,二十二到达。那边(指金州以南)的人在二十五到达。"这是努尔哈赤于天命七年正月初四发出的文书,并指示说:"按定额出的应差人若缺一个,或迟一天没到时,地方的主守堡、百人主的百长,你们将有重罪"②。不难看出,为了修建东京城不仅在辽阳征调民工,还在辽南各州县征调了大量的民工,"应差人"必须一个不少地准时到达,否则地方官要受到严厉的处罚,而且民工的负担也很重,十个人就要出三辆牛车,没有任何补偿。大量的汉人及各种工匠,"拆房平地",运送土石木料,夜以继日,苦不堪言。东京城建成后,才把他们"放回去",并免征一年的赋役了事,所谓"今年壬戌蠲免修城的赋役"③。据记载,天命七年(1622)三月"初四,汗带领福晋、逃来的蒙古诸贝勒和诸福晋去新移居的地方,设宴。把修建汗和诸贝勒房屋的人,饲养公差牛的人,放回去耕田"④。东京城的规模确实较小。据民国《辽阳县志·古迹名胜志》载:"城周六里零十步,高三丈五尺,东西广

---

① 《满文老档·太祖朝》,卷七。
② 《满文老档·太祖》,卷三十二。
③ 《满文老档·太祖朝》,卷四十。
④ 《满文老档·太祖》,卷三十八。

二百八十丈,南北长二百六十二丈五尺。门八:东左曰迎阳,右曰韶阳;南左曰龙源,右曰大顺;西左曰大辽,右曰显德;北左曰怀远,右曰安远。"上述东京各门的名称,是根据《盛京通志》,显然是错误的。康熙二十年(1681)修纂的《辽阳州志》云:"城门八:东门二,一曰抚近,一曰内治。西门二,一曰怀远,一曰外攘。南门二,一曰德盛,一曰天祐。北门二,一曰福盛,一曰地载,号曰东京。"关于八门的名称,两种志书的记载迥然不同,孰是孰非呢?《辽阳县志》判断说:"州志成于康熙二十年,时距开国较近,自必确有可征,通志所载殆系日后改定耳。"这里肯定了《辽阳州志》关于八门的名称,否定了《盛京通志》的说法。事实也是如此,努尔哈赤绝对不会用"大辽"时期的名称作为门名,已有多人指出这一点。尤其是"文革"前,辽阳文物管理所在新城内先后发现了三块城的门额,其中汉文的两块,一曰德盛,一曰天祐;老满文的一块,意译为抚近。从城门名称必须对称的要求来看,抚近必对怀远,天祐必对地载,德盛必对福盛。如此说来,余下的二门必然是内治对外攘了。这一发现,有力地证明了《辽阳州志》关于东京城八门的名称是正确的。沈阳故宫博物院曾于1973年和1979年两次派人对东京城进行实地考察,"经实测,城南面长975米,西面长945米,北面长970米,东面长924米,城周长3814米,与《辽阳县志》所称城周六里零十步基本相同,只是比县志所载稍大些。"至于八门的名称,他们也认定《辽阳州志》的说法是正确的。我们还要特别指出,东京城八门的名称表明努尔哈赤与明朝争夺东北和全国政权的决心,"他要承天祐,感地载,内修文治,外攘兵患,安抚已得之民,怀柔外藩,以福德之盛而最终战胜明王朝"[1]。

东京城是沿地势修建的,西面傍依太子河,东面多山,南面原是一条通往沈阳的土路,背依丘陵,也可以说是平川中一块隆起的台地。这块台地东西狭长,南北较短,自南而北逐渐升高,是一座大斜坡型的半山城。构筑方法,与赫图阿拉等处有很大的不同。底座用石头砌成,然后在其上填土夯实,夯土中央夹有碎石、废旧石磨、石碾、碑碣等,城表砌有青砖,实际是一座土石砖城。城底部宽8—10米,城门宽4.6米,进深17.6米,每面有二门,名称南北、东西相称。在筑城的同时,分别修建了殿与宫,也就是把办公与居住的地方分开,这与赫图阿拉相比是一个很大的进步。所谓"殿"就是努尔哈赤办公的"大衙门",位于城内的东北部,为八角形,称"八角殿"。据说:"内外有排柱十六根,柱径约45厘米,殿顶系用黄绿两色琉璃瓦铺成,殿内和丹墀(台阶)上满铺六角形绿釉砖。八角殿居高临下,面对新城的天祐门。当年走进东京城一眼便

① 铁玉钦:《论清入关前都城城郭与宫殿的演变》,载《明清史国际学术讨论会论文集》,天津人民出版社1982年版,第647页。

可看到一座装饰华丽、黄琉璃瓦镶绿釉瓦边的八角大殿,金光粼粼,十足的皇家气派。"所谓"宫"就是努尔哈赤与福晋们居住的地方,位于城内的西北部。据说:"东京城的皇宫,设在距八角殿西一百余米处的全城制高点上。经对宫区的实地考察,发现东京城皇宫是建在人工修建的土台之上。从土台的断面看,台高七米,台呈正方形,面积为 16 米×16 米,计 256 米,用土夯筑,外贴砖砌,与今沈阳故宫后妃区高台筑法完全相同。"①

此外,还应该有诸贝勒、诸大臣的府第,也是深宅大院,鳞次栉比。城东南还建有弥陀寺,尚存崇德六年(1641)《东京新建弥陀寺碑记》一座。弥陀寺是一座佛教寺院,为降将孔有德等所修,规模宏大。碑记云:中起大雄宝殿,"前有天王殿,后有华严堂……其中菩萨……各有殿宇,又设禅室僧舍,以集云堂,听经偈之琅琅,闻钟鼓之锵锵"。孔有德等之所以要修弥陀寺,是为新城增添一景,换取新主子的欢心,并表示忠诚,愿助后金"大业早就,千万斯年",只有这样才能"永享茅土,永守藩职"。

东京城是清初关外"三京"的第二个都城,与赫图阿拉比较已有很大的发展,规模扩大了,有了瓮城券洞,城上有固定的楼门,且引太子河水作为护城河。特别是殿与宫分开,脱掉了赫图阿拉时期那种不正规的住室、殿宇浑然一体的局面。而且将殿与宫截然分开,也就是把处理政务的机关与皇庭的住室区别开来。在建筑材料的使用上,也由原来旗下自烧的青砖瓦件改成了皇家独用的黄绿琉璃瓦件,纹饰也较规矩,同时采用了龙凤图案。这是努尔哈赤占领辽东地区之后,在海州(今海城)建立的黄瓦窑,开始为烧造瓷器及琉璃瓦件,专供宫廷使用。掌管黄瓦窑的是归降后金的琉璃匠候振举。鞍山发现了《候氏宗谱》,谱序中提到其曾祖候振举时说:"大清高皇帝兴师吊伐以得辽阳,即建都东京。于天命七年(1622)修造八角金殿,需用琉璃龙砖彩瓦,即命余曾祖振举公董督其事,特授夫千总之职",为盛京工部五品官。由此可知,东京城的殿与宫所用的"龙砖彩瓦"都是海州黄瓦窑提供的,才使得它辉煌壮丽,耳目一新。但是,由于受到各方面条件的限制,城区仍然狭小,宫殿也并不宏大。"后金还是第一次把统治势力扩大到人数众多的汉族地区,在建造宫殿上,还缺乏应有的设计人才,对汉民族文化的吸收还处在初级阶段。也没有明及前代宫殿建筑的群体作为楷模。因之,东京城的宫殿仍处于幼稚阶段。可喜的是已经有了一个开端,这个开端直到天命十年迁都沈阳后,后金的民族成分起了变化,在经济形态上也由奴隶制转而入封建制,皇宫的建筑才粗具大内形式"②。

---

① 铁玉钦:《盛京皇宫》,紫禁城出版社 1987 年版,引言第 21、22 页。

② 铁玉钦:《论清入关前都城城郭与宫殿的演变》,载《明清史国际学术讨论会论文集》,天津人民出版社 1982 年版,第 655 页。

不可否认,东京城的修建确为后来沈阳故宫的修建提供了多方面的借鉴。

三、东京陵

在修建东京城之后,努尔哈赤决定在东京城东二里的阳鲁山上修建皇家陵园,称为东京陵,准备把祖茔从赫图阿拉迁来辽阳。大约修了有一年多的时间,才算竣工。天命九年(1624)四月,努尔哈赤"命宗弟多毕、王善、背胡吉,往祖居虎拦哈达黑土阿喇处,移先陵。三人承命,至皇祖考妣及皇后诸陵前,用太牢祭毕,乃移诸灵衬,肩舆以行。幪(就是布,分黄、红色,覆盖灵衬,以别等级)分黄红,各有其等。皇祖考用红幪,中宫皇后用黄,其大父李敦把土鲁、皇弟打喇汉把土鲁、青把土鲁、宗弟胡里哈奇、皇叔塔义用红。逐日宰牛祭奠,沿途不缺。将至,帝率诸王臣,令众军披挂,出东京二十里,迎至接官亭,命束草为汉人形,放炮呐喊,斩草人以夺其地。帝暨诸王军士,俱俯伏道旁,候皇祖考及皇后灵过乃起。至东京城东北四里冈上,建立灵堂安置之。乃盛陈祭仪,宰牛羊,多焚金银纸张,以祭诸灵。躬诣祖考陵前跪奠,祝曰:'吾征大明以复祖父之仇,遂得广宁、辽阳,今迎先灵葬于所获之地,乞祖父上达天地神祇,冥中默祐可也。'祝毕,再拜而起。其继娶滚代皇后及皇子阿儿哈兔土门灵衬,亦同移于此"[1]。根据上述记载,可见"移陵"是很隆重的,一路上也十分风光,努尔哈赤踌躇满志,告慰先人取得了对明朝的胜利,也是对汉人的胜利,所谓"束草为汉人形,放炮呐喊,斩草人以夺其地"就说明了这一点。

随着都城的变迁,皇家陵园也必然随之变迁。由于后来迁都沈阳,再加上努尔哈赤于天命十一年(1626)死去,葬于沈阳东陵(福陵),于是在天聪三年(1629)孝慈高皇后墓首先迁往沈阳东陵,与努尔哈赤合葬。顺治十年(1653),又将努尔哈赤祖父觉昌安、父亲塔克世及伯父礼敦等祖辈墓迁回祖居赫图阿拉,即永陵。所以,现在的东京陵仅存穆尔哈齐、舒尔哈齐、雅尔哈齐、巴雅喇及大尔差、褚英之墓。这些人都是努尔哈赤的弟弟及子侄,曾经与努尔哈赤一起驰骋沙场,立有赫赫的战功,最终有的病死,有的却被处死。这又是为什么?分别介绍如下:

穆尔哈齐是显祖第二子,努尔哈赤庶弟,为显祖庶妃李佳氏所生。他协助努尔哈赤统一女真各部,"屡从征伐",骁勇善战,登城陷阵,常为诸将先,赐号青巴图鲁,意为"诚毅"。天命五年(1620)九月卒,年六十岁。顺治十年(1653),追封诚毅勇壮贝勒。

舒尔哈齐(1564—1611)是显祖第三子,努尔哈赤同母弟,为显祖嫡妃喜塔腊氏所生。在努尔哈赤统一女真各部期间,他随同兄长南征北战,驰骋疆场,战功赫赫,威望大增,成为仅次于努尔哈赤的第二把手。但他不满足于其

---

① 《清太祖武皇帝实录》,卷四。

兄给予他的"优厚待遇,成年累月地怨恨哥哥"。为此,努尔哈赤曾经批评过他,"自是上不遣舒尔哈齐将兵"。他不思悔改,"语其第一子阿尔通阿、第三子扎萨克图曰'吾岂以衣食受羁于人哉?'移居黑扯木",走上了分裂的道路。努尔哈赤十分震怒,"诛其二子。舒尔哈齐乃复还"。从此"居恒郁郁"①,终于在万历三十九年(1611)八月十九日死去,时年四十八岁。舒尔哈齐有九个儿子,第六子济尔哈朗战功赫赫,特别是忠于皇太极、福临,崇德元年(1636)四月被封为和硕郑亲王。由于这个原因,比照和硕郑亲王的封爵,顺治十年(1653)追封舒尔哈齐为和硕庄亲王。

雅尔哈齐是显祖第四子,努尔哈赤同母弟,"其生平不著"②,缺乏详细记载。顺治十年(1653)五月,追封为通达郡王,配享太庙。

巴雅喇是显祖第五子,努尔哈赤庶弟,为显祖继妃纳喇氏所生。"初授台吉",偕褚英伐海西、东海女真各部,颇有战功,赐号卓礼克图,意为"笃义"。天命九年(1624)卒,追封为笃义刚果贝勒。

东京陵舒尔哈齐墓碑亭

大尔差,又译达尔察,穆尔哈齐之子,卒于天命九年(1924)。顺治十年(1653),追封辅国公,谥刚毅。

褚英(1580—1613),努尔哈赤的长子,为佟佳氏所生,曾封为广略贝勒。他是在努尔哈赤统一女真各部的战争中长大的,骁勇善战,有许多战功,二十二岁时掌管正白旗,参加议事。由于他是长子,又屡立战功,受到努尔哈赤的器重,万历四十一年(1613)被立为嗣子(即太子),受命执掌国政。但是,褚英资历尚浅,年轻气盛,"心胸狭隘",缺乏谋略,遭到"四大贝勒"与"五大臣"的攻

---

① 《清史稿·舒尔哈齐传》。
② 《清史稿·舒尔哈齐传》。

计。出于报复,他胁迫诸弟效忠于他,并表示要杀掉不忠于自己的弟弟和大臣。这引起"四大贝勒"与"五大臣"的恐惧,于是他们联合起来控告褚英。努尔哈赤经过核实,认为虐待弟弟、不尊重大臣的人不能当国君,随之取消了其嗣子之位,也不再令其出征。褚英对父亲的处理非常不满,在努尔哈赤出征乌拉时,他竟私下里将父亲、弟弟、五大臣的名字写在纸上,配以咒语,对天地焚烧,还说:"我们的兵出征乌拉失败才好!如果那样就不让父、诸弟入城。"事情败露后,他"不承认自己的过错"。努尔哈赤不得不将其"监禁在高墙之中"。"经过三年的深思熟虑,顾虑长子的存在,会败坏国家",终于在万历四十三年(1615)"八月二十二日,下了最大的决心将长子处死"①,时年褚英三十六岁。舒尔哈齐、褚英之死,虽因本身的过错,但罪不当死,说明统治阶级内部斗争的残酷,政治关系重于兄弟、父子亲情,历来如此。

应该指出,东京陵是关外三陵中规模最小的,既不能与赫图阿拉的永陵相比,更不能与沈阳的福陵、昭陵相比,是受当时诸多条件的限制,也因迁都沈阳而东京地位降低所致。东京陵只有缭(围)墙、山门和碑亭等建筑。舒尔哈齐墓前建有碑亭,四券单檐,内有彩绘藻井(碑亭的天花板上有一块一块的方格形装饰,并有彩色图案,称为藻井),亭中立有大理石的《庄达尔汗把兔鲁亲王碑》,是用满、汉两种文字书写的,碑首、碑座都有精美的雕刻。穆尔哈齐的墓前有康熙年间的石碑两座。清朝定鼎北京以后,东京陵的地位进一步降低,康熙、乾隆、嘉庆、道光东巡时,都是到永陵、福陵、昭陵亲自祭奠,东京陵都是"遣官致奠"。鸦片战争以后,由于帝国主义列强的入侵,内忧外患,危机重重,清朝统治者已无心顾及这些皇家陵寝,管理松懈,尤其是对东京陵的管理似有若无,杂草丛生,日渐荒芜,直至清朝灭亡,仅剩下几座荒丘。新中国成立后,虽有管理,但无建设,维持现状而已。改革开放后,有所维修,1988年与东京城同时被确定为省级文物保护单位。

第三节　实行"计丁授田"

"计丁授田"是一项十分重要的土地政策,史学界有不同的看法,长期争论不休,都有些极端,融合起来还是可以得出正确结论的。首先是土地都成为后金国家所有,分配对象不只是旗人,也包括汉族人等,其性质是一种封建农奴制。对广大汉族来说,是一场灾难,是一种倒退,失去了人身自由。对旗民来说,是一种进步,但只是开始,封建社会的完全形成是在皇太极时期。

①《满文老档·太祖朝》,卷三。

一、"计丁授田"的背景

后金定都辽阳以后,由于政治中心从浑河上游、苏子河流域的山区迁徙至辽沈平原,使后金统治者面临一系列新的重大问题,如何统治这些新的广大地区,仅有一些常态的统治方法已经不能适应了,必须确立长远的施政方针。正如马克思、恩格斯在《德意志意识形态》一书中所说:"定居下来的征服者所采纳的社会制度形式,应当适应于他们面临的生产力发展水平,如果起初没有这种适应,那末社会制度形式就应当按照生产力而发生变化。"①这里是说,落后的征服者面临着先进的民族,如果想长期统治下去,迟早必须改变自己的那种落后的"社会制度形式",否则就阻碍了生产力的发展,阻碍了社会的进步。当然,努尔哈赤不可能认识这些,但是大量的人口涌入辽东地区,依靠与汉族人所谓"同住、同食、同耕",实质就是一种掠夺、压迫和蹂躏,必然引起汉族等广大人民的反抗,并非长久之计。因此,努尔哈赤于天命六年(1621)七月十四日下达了"计丁授田"谕。其内容是:"十四(日),要去分田,先通告各村如下:收取海州地方十万日,辽东地二十万日,总共收取田三十万日,给在这里居住的我们兵的人马。我们众白身人(指八旗官兵和政府官员中尚未身授世职者。所谓世职是根据功劳大小赐官,而且可以世袭。简言之白身人就是没有官职的人)的田,在我们地方耕种。你们辽东地方的诸贝勒、诸大臣、富人的田抛荒的很多。收入那田,在我们要收取的三十万日内,如在这周围能足数就行了;如果不足,从松山堡到这里,一直到铁岭、懿路、蒲河、范河、和托和、沈阳、抚西、东州、马根单、清河、孤山都要耕种。那里如果还不足,就出境耕种。过去,你们的尼堪国,富人多占土地,雇人耕种,吃不完的粮就卖。穷人因为没有土地,也没有粮,就买粮吃,买粮的钱财用尽后,乞食而生。富人积粮腐烂,聚集财物收藏无用,不如养那样乞食身无一物的穷人为好。被人听到时名声好,修来世的福。今年种的庄稼,各自收获。我今计田,一男种粮的田五垧,种棉的田一垧,公平地分给你们。不要隐匿男丁。如果隐匿男丁,就得不到田。从此,先前讨饭的人,不再讨饭了。讨饭人、和尚都给田,要勤勉地耕种各自的田。每三男种一垧贡赋的田,二十男中一人当兵,同时二十男中一人应公差。"②同年十月初一又下达了补充的汗谕:"明年征收兵吃的粮食,马吃的草料,耕种的田。辽东五卫的人,应交出要耕种的无主田地二十万日,海州、盖州、复州、金州四卫的人,同样应交出要耕种的无主的田地十万日。"③这可以看成是对七月十四日谕的重申,所以这两道汗谕合起来就是"计丁授田"谕的

---

① 《马克思恩格斯全集》第三卷,人民出版社1956年版,第83页。
② 《满文老档·太祖朝》,卷二十四。
③ 《满文老档·太祖朝》,卷二十七。

全部内容。

那么,努尔哈赤为什么要颁布"计丁授田"的政策呢?是自愿的吗?当然不是,是被迫的,是阶级斗争的产物。辽阳,以及辽东地区是汉族人口众多、农业生产比较发达的地方,封建生产关系占主导地位。整个辽东地区"力穑者众,岁有羡余,数千里阡陌相连,屯堡相望"①,一派繁荣富庶的景象。后金进入辽东地区之后,对广大的汉族等民众采取了"抗拒者被戮,俘取者为奴"②的残酷政策,就是说汉族人等不是被杀戮,就是做奴隶,失去了人身自由,必然引起反抗。前文已有述及,不再重复。反抗有多种方式,但更多的是逃亡,逃亡者不仅是汉人,许多包衣、阿哈(都是奴隶)也大批逃亡,对此《满文老档》有许多记载。如说:"在那时是粮荒、逃叛的人多,秩序很乱。"③"粮荒"逃亡的人多,没有"粮荒"照样逃亡,实际"粮荒"就是逃亡造成的,无人耕地怎么能不"粮荒"呢?所以逃亡就是不堪忍受残酷的奴隶制剥削,有一则材料最能反映逃亡者之所以选择逃亡的心态:"原于辽阳失陷之时被奴(指八旗兵)虏去,在四王子(指皇太极)帐下,发作庄农(实际就是奴隶)。今年奴将屯种粮米尽行粜卖买马(说明主人准备出征,置办马匹器械,是其掠夺财物的大好时机),因无食用,又连年苦累不堪。是以自辽阳沿边要逃奔南朝(指明朝),即死也甘心。"④奴隶主出征可以大发横财,而奴隶连饭吃都没有了,再加"连年苦累不堪",只有逃亡,明知有风险,"即死也甘心"。不断的逃亡,农业生产遭到极大的破坏,"粮荒"日趋严重,粮价不断上涨,"粮价贵的是一升值银一两"⑤,到了皇太极即位时"斗米价银八两"⑥。不难看出,大量的逃亡,使吃饭都成为问题,如果不能及时解决,社会就不能稳定,统治也不可能继续下去。面对着如此激烈的阶级斗争,努尔哈赤不得不实行"计丁授田"政策。

二、"计丁授田"的实行

如何解读"计丁授田"谕?可谓众说纷纭,史学界存在着明显的歧义,首先集中在授田对象上。有人认为只是分给八旗"军士"。"原居于辽沈地区的汉族农户,除因战乱死亡和大量逃徙的以外,他们仍在原来的地方居住、耕作,开始既没有失去土地,也没有分得土地。……按每丁分地六日,则三十万日土地只够分给五万男丁,而此时后金的士兵已不止五万人,因此,三十万日土地全部分给后金的士兵,尚且不足,不会再有多余的土地分给汉族民户。'计丁

---

① 民国《辽阳县志》,卷一。

② 《清太宗实录》,卷四十。

③ 《满文老档·太祖朝》,卷六十五。

④ 何溥滢:《满族入关前社会性质初探》,载《社会科学辑刊》1979 年第 3 期。

⑤ 《满文老档·太祖朝》,卷四十七。

⑥ 《清太宗实录》,卷三。

授田'是把土地分给'军士',并不是在辽沈地区的全体满汉居民中进行土地分配"①。有人认为,"授田对象既不是八旗人丁,也不是后金辖区内的一切满汉人民,而仅仅是辽东新占领区(包括辽东五卫和海州、盖州、复州、金州四卫)的汉族人民"。他们指出了金梁所译《满洲秘档》的"错谬",重新翻译了《满文老档》,从满文文意的角度确认授田对象是辽东新占领区的汉族人民,并把"计丁授田"谕的内容概括为四点:"1.向辽东五卫及海州、盖州、复州、金州四卫汉民征田三十万日,以安置从由浑河上游、苏子河流域迁至辽东的八旗贵族、勋臣、兵丁及其家属。2.针对明朝辽东地区土地高度集中、贫富悬殊等社会弊病,对土地制度加以改革。天命六年暂时维持现状。从天命七年起,将土地收归后金国家所有,扣除三十万日土地交八旗以后,其他土地按每一男丁分田五日种粮,一日种棉的标准,在辽东汉民中平均分配。3.分得田地的汉族男丁,每三男丁耕种公田一日,二十丁抽一人当兵,一人服役。4.从天命七年开始,将明朝的土地、赋役制度废除,严禁官吏勒索"②。这两种看法虽不无商榷之处,但都提出了一些问题,很有启发性,值得参考。不过,较多的学者还是认为授田对象应该包括满汉人丁,否则就存在许多难以解释的问题。如果说授田对象就是后金"军士",似乎没有必要颁布"计丁授田"谕,他们可以任意圈占土地。因为八旗"军士"没有军饷,完全靠掠夺,其中也包括土地。林起龙在顺治十一年(1654)的奏疏中明确地说:"臣闻兵在盛京,无饷而富。"③无饷胜有饷,他们掠夺大量的财物,也占有大量的土地。据统计:顺治元年至十八年(1644—1661)奉天有旗地461 382 垧;康熙三十二年(1693)有1 167 544 垧;雍正五年(1727)有2 367 806 垧;乾隆三十年(1765)有2 893 500 垧;嘉庆十七年(1812)有2 922 933 垧④。这些旗地、官庄,显然不是通过正常分配而来。如果说授田对象就是辽东新占领区的汉族人民,不包括满族人丁,但又说"向辽东五卫及海州、盖州、复州、金州四卫汉民征田三十万日,以安置从由浑河上游、苏子河流域迁至辽东的八旗贵族、勋臣、兵丁及其家属",前后岂不矛盾,实际还是参与了分田。如果仅仅是分给八旗"军士"和新占领区的汉族人民,那么努尔哈赤说的许多话,像乞丐、和尚都要分田;给在这里居住的我们兵的人马等就不好解释。据此,我认为"计丁授田"谕的内容应该包括四点:

第一,"计丁授田"之田,并非都是"无主之田",也包括那些未被屠杀的自

① 戴逸:《简明清史》(第一册),人民出版社1980年版,第70页。

② 郭成康、刘建新:《努尔哈赤"计丁授田"谕考实》,载中国人民大学清史研究所编《清史研究集》第二辑。

③ 《皇清奏议》,卷八,《更定八旗兵制疏》。

④ 《满族简史》,中华书局1979年版,第71页。

耕农、富农、地主的田地，不只是从辽东五卫及海州、盖州、复州、金州四卫收取的三十万日田地。这些田地原来本为私人所有，现在有了新的主人，统统归后金国家所有，无疑是一次最大的掠夺。那种"原居于辽沈地区的汉族农户，除因战乱死亡和大量逃徙的以外，他们仍在原来的地方居住、耕作，开始既没有失去土地，也没有分得土地"的说法是没有根据的。有人担心土地可能不足分配，实际恰恰相反，是地多人少，这正是"计丁授田"得以实行的基础。

第二，授田对象是很广泛的，既有八旗人丁，也有汉族人丁，不仅包括"辽东五卫及海州、盖州、复州、金州四卫的汉民"，也包括辽西广宁等占领区的汉民。明明说"收取海州地方十万日，辽东地二十万日，总共收取田三十万日，给在这里居住的我们兵的人马"，怎么能说不包括满族人丁呢？同时，还有大量的满族人迁入辽东，如果不分给他们田地，他们何以为生？努尔哈赤曾经下达文书说："各牛录住在辽东的男丁合并计算，其中三分之一驻防，三分之二耕田。"①如不分田，如何耕田？天命七年（1622）正月二十七日，努尔哈赤下达给尼堪的指示说："河西的广宁地方的人，如果有亲戚，愿意去找，就去找亲戚。要把你们去的人口数目全写下来，送给都堂。在你们去的地方都计口给田、房、粮。"②说明：只给"辽东五卫及海州、盖州、复州、金州四卫汉民"分田的说法也不是事实。不仅如此，连"讨饭人、和尚都给田"，这些乞丐、和尚应该都是汉人。

第三，"计丁授田"要有一个过程，首先要"计丁""计田"，这是"计丁授田"的前提，需要很多人参与，否则是完不成的。努尔哈赤下达的文书说："抚西额驸、西屋里额驸、爱塔，你们三人把各自分的卫的人，带到指定的地方去。率领辽东的旧官员、广宁的新官员合在一起，去勘查田地，料理分配住房、粮食。从诸申的每旗各出二游击，一牛录各出一千总，去勘查田地。与其共同迅速地处理田、住房、粮食。你们自己如受苦，苦也应该，不要怠慢，要勤勉处理。"③"计丁""计田"是一个很复杂的事，要有满汉官员参加，需要时日。所以，"今年种的庄稼，各自收获"，也就是承认现实，维持现状。确实是从天命七年（1622）起，开始"计丁授田"。授田的标准就是"一男种粮的田五垧，种棉的田一垧，公平地分给"。

第四，"计丁授田"的另一目的在于征收赋役，"兵吃的粮食，马吃的草料"都来源于"赋役"。按照规定，"每三男种一垧贡赋的田，二十男中一人当兵，同时二十男中一人应公差"，并"废除"各种"杂课"，"实行公正的法"。所谓

① 《满文老档·太祖朝》，卷三十五。
② 《满文老档·太祖朝》，卷三十四。
③ 《满文老档·太祖朝》，卷三十五。

"公正的法"就是以丁为单位平均分田和征收赋役。努尔哈赤说:"我来辽东后,看到各种各样的贡赋,都不以男丁数目计算,而按门户数目负担。按门户数目计算,有的门户中有四五十男丁,有的门户有一百男丁,有的门户中有一二男丁,如果那样按门户计算,那么富人给财物免役,穷人没有财物,就得经常应差。我不执行你们的那个制度。用我原来的制度,不准诸贝勒、诸大臣向低下的人去索取财物,贫富都公平地以男丁数目计算。男丁二十人征兵一人,如果遇有急事,每十人出一人应差。如果没有急事,百人中出一人应差。根据需要,从百人以下,十人以上派差。"①事实是,赋役负担越来越重,甚至没有分得土地的也要"应差"。

"计丁授田"是从天命七年(1622)开始的,究竟何时完成没有明确记载,可能时间很长,天聪七年(1633)还有分田的记载。那么,是不是完全按照规定进行的呢?是不是真正"公平地分给"呢?看来,与历代所谓分田相同,可谓大打折扣。天聪六年(1632)有杨方兴者在给皇太极的奏疏中说:"上等肥饶之地,或被本管官占种,或被富豪家占种;余剩薄地,分与贫民。名为五日,其实不过二三日。又兼连年缘地薄民疲,粮从何来?前年新添壮丁,一垄未得,今随众应差。此穷者益穷,富者益富。乞皇上亲谕户部,来岁分田,务要足五日之数;不论地之厚薄,务要贫富均分。不许管屯官与屯民一处分地,所以防侵占也。官与官在一处,则势力相敌;民与民在一处,则彼此无惧;若官民同种一处,犹羊伴虎也。"②不难看出,"计丁授田"的真正受益者是那些满族新贵、官僚、"本管官""富豪家"等,他们得到的是"上等肥饶之地",而"余剩薄地,分与贫民"。不仅如此,贫民得到的土地多不足数,"名为五日,其实不过二三日"。但是,赋役负担并无稍微减少,有"一垄未得,今随众应差"者,造成"穷者益穷,富者益富"的局面。这不是很能说明"计丁授田"的性质吗!

三、"计丁授田"的意义

怎样评价"计丁授田"的意义呢?史学界也是说法不一,莫衷一是。有人说:"后金占领辽沈地区后,拖克索(指奴隶主田庄)的设置有了更进一步的发展。……但在这一时期里,更集中、更大规模地设置拖克索,前后有两次。一次是通过'计丁授田'设置的。"另一次是在"天命十年十月努尔哈赤对辽东地区的反金活动残酷镇压之后"。认为,"辽东幸存下来的全部汉民,都被纳入后金汗、诸贝勒和各级官员的拖克索之中了;原来的所有民地,都被变成了庄田。这是后金拖克索制的一次大发展。它使拖克索最终成为后金农业生产组

---

① 《满文老档·太祖朝》,卷二十八。
② 《天聪朝臣工奏议》,第38页。

织中的统治形式"①。这种说法离开了事实,"计丁授田"谕明确要求分得田地的男丁"要勤勉地耕种各自的田",也就是每个男丁可以独立地耕种自己的田地,并承担相应的赋役,与所谓拖克索没有任何关系,所以"辽东幸存下来的全部汉民,都被纳入后金汗、诸贝勒和各级官员的拖克索之中"的说法是没有根据的,说"原来的所有民地,都被变成了庄田"也不是事实。也有人说:"在计丁授田下的男丁身份,是半自由的封建农奴。这种极其深刻的变化,是一个革命性的重大质变,它意味着旧的奴隶制崩溃,新的封建制诞生。"②由奴隶变为农奴,确实是一个质的变化,标志着新的生产关系的建立,但同时确实还存在着"拖克索"。诚如魏千志先生所说,天命十年(1625)镇江(今九连城)人民曾掀起过抗金活动,努尔哈赤立即派兵进行残酷镇压,之后没有被杀者全部编入奴隶制的农庄,即拖克索之中。事实上努尔哈赤就有许多田庄,奴隶主是不会轻易退出历史舞台的,新旧两种势力还在较量,封建制战胜奴隶制还需要时日。总之,这两种截然相反的看法都有些绝对化,需要商榷之处甚多。

在我看来,"计丁授田"的意义应该从两个方面说。一方面,对广大汉族人民来说,没有任何意义可言,可以说是一场灾难,是封建生产关系的破坏和倒退。首先,所有人的土地被剥夺,改变了所有制,全部土地归后金国家所有,只有使用权。其次,所有的男丁都被固着在土地上,成为后金的依附农奴,失去了原有的自由,甚至种什么都必须按照规定,不利于多种经营,不利于农业生产。再次,赋役沉重,难以承担。实际上规定的标准早已被突破,正如努尔哈赤所说,一切都要"根据需要","如果遇有急事,每十人出一人应差",这无形中"应差"就增加了一倍。"没有急事"的时候可能很少。金梁在《汉译满洲老档拾零》里就说,"或一二丁即抽其一"者,甚至"一垄未得,今随众应差"。

另一方面,对旗民来说无疑是一大进步,原来拖克索中的奴隶没有任何生产资料,没有任何人身自由,一切生杀予夺唯主人之命是听,劳动所得全部归奴隶主所有。经过"计丁授田",现在有了属于自己的份地,除了承担一定的赋役之外,劳动所得归自己所有,所谓"一家衣食,凡百差徭,皆从此出"③。人身自由也有了一定的保障,如果不触犯律例不可随意杀戮。但是,不可估计过高,奴隶制并没有完全崩溃,封建制真正占据主导地位是皇太极时期完成的。我认为,满族社会的转变是在激烈的阶级斗争中实现的,它经历了一个极其曲折而又十分复杂的历史过程。应该说,奴隶制向封建制的过渡刚刚开始,旧的残余远没有消退,新的因素占据主导地位还有很长一段路程要走,只是迈出了

---

①　魏千志:《拖克索浅论》,载《明清史国际学术讨论会论文集》,第 596 页。

②　李鸿彬:《清入关前满族的社会性质》,载《社会科学辑刊》1979 年第 2 期。

③　《天聪朝臣工奏议》,第 6 页。

第一步。生产关系的转变虽然是社会转变的首要条件,但不是唯一的条件,还要伴以政治、思想、文化,甚至生活习俗的转变,不可能在一天早上全部实现。所以,这个转变只是刚刚开始,尽管如此,从社会发展的角度来看是有重大意义的。尤其是它证明了一条真理,那就是"在长时期的征服中,比较野蛮的征服者,在绝大多数情况下,都不得不适应由于征服而面临的比较高的'经济情况';他们为被征服者所同化,而且多半甚至不得不采用被征服者的语言"①。总之,满族社会的封建化迈出了艰难的第一步,这一步是从辽阳迈出的。

第四节　改革统治制度

后金的许多政治制度都是在辽阳完善起来的,努尔哈赤坚持八旗制度,主张八旗联合共治,体现了一定的原始军事民主精神。原无官制,只有军制,文武不分,现改军政合制,分别等级,待遇自然不同,实权都掌握在旗人手里。在改进法制方面强调三审制,防止误判等,虽也说要公正、公平等,实际只能是一种口号而已。

一、议政王大臣会议

议政王大臣会议,是努尔哈赤时期决定军政大事的最高决策机构。凡属国计民生等重大问题、各种制度的确定,甚至贝勒诸王的奖惩以及汗位继嗣的选定,都要通过议政王大臣会议。天命元年(1616),有"议政大臣五人",此前还有"理事听讼大臣",职掌完全相同,可能是同一名称的两种叫法。到辽阳时期,"议政王大臣会议"基本完善起来,已经增至八人,最终确立了以八旗制度为其国体,也就是以八旗制度来行使国家职能。努尔哈赤虽为八旗的最高统帅,但汗之下,八旗并立,各自为政,互不统属,实际在后金国内形成八个独立王国。八旗由八和硕贝勒(或称八固山王)分领,有事八和硕贝勒商议,所以后金的政体是八旗联合共治。凡有大事由八旗诸王大臣会议共同决定,当时称为"国议",即"议政王大臣会议"。谈迁在《北游录》(纪闻下)中说:"诸王大臣签议既定,虽至尊无如之何。"这体现了一定的原始军事民主精神,是与当时的经济状况相适应的。通过战争获得的财物,包括人和土地,都要由八家平均分配,所谓"有人必八家分养之,地土必八家分据之"②。

抢掠还是主要的经济来源,所谓"无饷而富"。努尔哈赤为什么主张八王共议呢？甚至包括选拔继承人。天命七年(1622)三月初三,努尔哈赤与其八子有一段对话很能说明问题。"八子兵会合,向父汗说:'天赐的大业怎么才

---

① 《马克思恩格斯选集》第三卷,人民出版社 2012 年版,第 563 页。
② 《天聪朝臣工奏议》,第 30 页。

能安定呢？天赐的大福怎样才能永享呢？'汗说：'继承父为国主时，不要立强有力的人为主。如果强有力的人为国主时，仗恃他的力为生，恐怕天以为非。一人有些见识能及众人的共议吗？你们八子为八王。如果八王共同商议，就没有失败。推举不拒绝你们八王的话的人，继承你们的父为国主。如不听你们的话，不行正道，你们八王就更换你们立的汗，拥立不拒绝你们的话的好人。更换之时，如不愉快地共议更代，变了脸色抗拒，那么就听任坏人的放肆吗？如果那样就被坏人代替了。你们八王管辖国各种的政治时，如一人说心有所得，其他七人就要赞成。没有见识，又不能赞成他人的高见，只能默默无言，要更换那人，使下面的弟养的子为王。……如果去干什么事时，要告诉众人商议后去。不经商议就不要去。如果集合在你们八王任命的国主那里，不要一二（人）集合，要众人全都集合商议处理国事，如祭神祇，祀神杆，无论什么事都要告众人再去。八王共议，设立诸申大臣八人、尼堪大臣八人、蒙古大臣八人。那八大臣之下，设立诸申断事官八人、尼堪断事官八人、蒙古断事官八人。众断事官理事，要向诸大臣报告。诸大臣审定后，向八王上报。八王可以断定那定了的罪。八王要使奸邪的人退，要使正直的人进。在八王那里任命诸申的巴克什八人、尼堪的巴克什八人、蒙古的巴克什八人。国主在初五一次，二十（日）一次，一月二次坐在御座上。'"①这一段话，具体而完整地论述了八旗联合共治的深刻意义。一是发挥众人的智慧，防止发生失误。一人的"见识"不及多人的"共议"，所以必须实行八旗联合共治。二是不能听任一个人说了算，任何事情都要经过商议，大家都赞同才能去做，每个人都要表态，不能"默默无言"，只有这样才能避免独裁。三是不听"八王的话的人"，又"不行正道"，"就要更换你们立的汗"，否则就是"听任坏人的放肆"，"如果那样就被坏人代替了"，政权就会丧失。为了维护八旗联合共治，规定了八王之下，设立八大臣；八大臣之下再设立八个断事官。凡事都要由断事官审理，然后报告给八大臣，八大臣审定后再呈报给八王，八王能定则定，不能定则最后由努尔哈赤裁决。这样层层把关，确实可以减少许多错误。但是，八旗共治等于八国并立，不可能持久，事实正是如此。

二、完善官制与礼义

天命七年（1622）正月十五日，努尔哈赤去都司衙门，集合诸贝勒、诸大臣说："自古至今，帝王之道，没有衣食耗尽而亡的例子，是享受过分而亡的。皇帝的忧患并非从外而来，实出自本身。因此汗以正心修身为生。天任为汗，继承汗的是贝勒，贝勒以下是都堂、总兵官，再次副将、参将、游击、备御、千总、守

①　《满文老档·太祖朝》，卷三十八。

备,直到那以下持釜、小锅的人,那些都是天定的各各(与己)相称的事"①。努尔哈赤时期的官制就是兵制,可谓"以兵为政之制",因"以战争而得国,则所赖者惟将士;文武不分,军政合制,国家初建之时,往往然也"②。不难看出,都堂以下的官阶都是军中的官职,但国家的职能就是通过这些军中官职实现的。"无官职的小人,如果见到任何官员来,要从坐着的地方站起,如果乘马,要下来,并让开道。如果备御遇见参将、游击,避开伞、小旗,仅你本身去谒见。如果参将、游击遇见副将,避开伞、小旗,同样仅本身谒见。副将遇见都堂、总兵官,避开伞、小旗,仅本身谒见。无论外出时,坐着时,不要违背礼节"③。天命七年(1622)正月十三日规定:"都堂、总兵官以下,备御以上,按等级准用小旗、伞、鼓、喇叭、锁呐、箫。汤古岱阿哥、达尔汉虾、东郭额驸、巴笃礼、扬古里、穆哈连、索海、彻尔格、达尔汉额驸、岱穆布、武讷格、喀尔笃礼、布尔杭古额驸、阿布图巴图鲁、阿布泰讷克出、武尔古岱额驸,给这十六人小旗各六对、伞各一把、喇叭、锁呐、箫、鼓。多弼额齐克、卓礼克图额齐克、和硕图、图尔格纲古里、阿泰、舒穆鲁、雅希禅、阿山、哈哈纳、莽阿图、苏巴海固夫、楞额礼、古瓦勒察额齐克、托博辉额齐克、叶赫的苏巴海、顾三台额驸、方吉纳、胡什布,给这十九人(实际是十八人)小旗各五对、伞各一把、喇叭各一对。给下级的参将、游击小旗各四对、伞各一把。给众备御小旗各三对、伞各一把。"十四日又规定:"第一等的和硕诸贝勒都要准备小旗各八对、伞各一把、鼓、喇叭、锁呐、箫。第二等的诸贝勒要准备小旗各七对、伞各一把、鼓、喇叭、锁呐、箫。诸申和尼堪第一等的诸大臣要准备小旗各六对、伞各一把、鼓、喇叭、锁呐、箫。第二等的诸大臣要准备小旗各五对、伞各一把、鼓、喇叭、锁呐、箫。第三等的参将、游击要准备小旗各四对、伞各一把、鼓、喇叭、锁呐、箫。众备御要准备小旗各三对、伞各一把。第二等的游击官以上要准备轿各一乘。诸申和尼堪的所有官员要按汗规定的这个礼制做,在出城时,乘轿按等级打鼓、吹喇叭、锁呐;整饰行列行走。在汗城内(指东京城)走时,只打小旗走。小旗五对的官员遇见小旗六对的官员时,要离开小旗,空身从后跑出相见。小旗四对的官员与小旗五对的官员相遇时,同样要离开小旗,空身从后跑出相见。小人见打小旗的人来时,乘马的人要下马恭立。徒步的人,要躲在路旁,恭候通过。诸申和尼堪的大小官员们要服从汗规定的礼制,从上到下依次很好地遵礼而行。汗给了职的诸大臣要打伞、小旗表示身份。小人不给诸大臣行礼时,发现后就责打。诸贝勒、诸大臣停止时,或在过门时,乘马的人,要下马恭候通过。如有急事,脱镫快步

① 《满文老档·太祖朝》,卷三十三。
② 萧一山:《清代通史》,华东师范大学出版社 2006 年版,第 57 页。
③ 《满文老档·太祖朝》,卷二十八。

通过。"①天命六年(1621)七月初八日规定:"诸贝勒穿四爪的蟒的补子(所谓补子是表示官职品级的标志,也就是在穿着的袍、褂上于前腹后背有用青色贡缎绣的花纹,亲王、郡王为圆形,其余为方形。文官绣鸟,武官绣兽,分成九品。文官一品仙鹤,二品锦鸡,三品孔雀,四品云雀,五品白鹏,六品鹭鸶,七品鸂鶒,八品鹌鹑,九品练鸟。武官一品麒麟,二品狮子,三品豹,四品虎,五品熊,六品彪,七品犀,八品牛,九品海马);都堂、总兵官、副将穿麒麟的补子;参将、游击(穿)狮子的补子;备御、千总穿彪的补子。"②天命八年(1623)六月十三日,汗下达的文书:"汗赏给官职的诸大臣,要穿戴汗赏赐的带有金顶子的大凉帽和好衣服。诸贝勒的虾(满语,汉译为侍卫)们要穿戴有菊花顶的凉帽和好衣服。没有官职的摆牙喇的家丁们、无职的良人,在夏季要戴有菊花顶的新佩带的暖帽、穿布、翠兰布、葛布的朝衣。在春秋穿毛青布的朝衣。打猎、去兵时,要戴有小雨缨的草编的凉帽。在村的街上戴有帽缨的凉帽,要永久的废除。另外,不要穿罗纱。妇女们穿罗纱"③。天命八年(1623),"汗在(四月)初九下达的文书:在汗门和城门树纛时,有官职的人一齐到汗门。或是宴会,或是(汗)要讲话,或是有情报。树红纛并连着吹法螺时,是有敌兵的消息。要披甲胄,有马的人骑马,没马的徒步,到各村头等候。备御以上,去旗的贝勒的门接受命令。在树白纛并放炮时,是有逃人逃跑的消息。要披绵甲,带撒袋,骑拴着的马来"④。所谓"完善官制与礼义",是说努尔哈赤时期能够想到或做到的,在原来的基础上加以改进。但是,从发展来看还是很粗糙、很简陋的,尤其是"从上层统治集团到下边任职掌实权的军官,几乎都是满族人,从而排斥了大多数汉官参与政权。这在汉人占绝对优势的辽沈地区是不可能行之持久的"⑤。

三、改进法制

努尔哈赤说:"为国之道,存心贵乎公,谋事贵乎诚。立法布令,则贵乎严。若心不能公、弃良谋、慢法令之人,乃国之蠹也,治道其何赖焉!"这里提出"立法布令"要严格、严厉,认为"慢法令之人"是国家的蠹虫,不能依赖他们治理国家。实行法治,必须有执行法治的机构。早在后金建国的前一年,努尔哈赤就设置理政听讼大臣五人,扎尔固齐(理事官,在这里也可以看成一审法官)十人,并对审判程序作出明确的规定,他说:"凡有听断之事,先经扎尔固齐十人审问;然后言于五臣,五臣再加审问;然后言于诸贝勒,众议既定,奏明

---

① 《满文老档·太祖朝》,卷三十三。
② 《满文老档·太祖朝》,卷二十四。
③ 《满文老档·太祖朝》,卷五十四。
④ 《满文老档·太祖朝》,卷四十八。
⑤ 孙文良、李治亭:《天聪汗崇德帝》,吉林文史出版社1993年版,第170页。

三覆审之事;犹恐尚有冤抑,令讼者跪上(指努尔哈赤)前,更详问之,明核是非"①。审判过程一般都要经过扎尔固齐、五臣和诸贝勒三级审问,一般的案件就可以定谳了,这就是所谓三审制。有些案件"犹恐尚有冤抑",还要经过努尔哈赤"更详问之,明核是非",说明努尔哈赤有最终裁决权。

占领辽沈之后,则进一步完善三审制,防止贪污索贿,实行所谓公正、公平的原则。他说:"微小的罪,各地的额真官员们召集你们手下的小官在一衙门,众议审断。如果是大罪,禁止随便审断。带到汗城内断罪的大衙门,众人审断,不许在各自地方随便断罪。随便断罪时,不公正的人会偏袒,贪图财物的人索取财物,以非为是,以是为非,违法判断。有仇的人以仇杀老实人,我亲生的八子,他们以下的大臣,再下面的众大臣,每五日在汗城内断罪的大衙里,聚集一次,对天烧香叩头,持我教导的公正为怀的书去读,随后分三阶段审理各种罪。不许从有罪者索银,喝烧酒,吃佳肴进行审断,要公正地审断。对有各种罪的人,要来汗城内断罪的大衙门告状。来告状的人,不要不带对方独自来。如果没有对方,怎么能相信你一人的话审断呢?告状者如告的真实,给犯罪的本人定罪。如没有事实是诬告,反给诬告的人定罪。"②这里除了重申公正、公平、廉洁之外,又规定了几点,值得注意。第一,"微小的罪",可由"各地的额真官员"召集属下"众议审断",不必来"汗城"。第二,"如果是大罪,禁止随便审断",必须"带到汗城内断罪的大衙门,众人审断",防止"不公正""偏袒","索取财物,以非为是,以是为非,违法判断"。第三,坚持三审制,确定每五天审理一次案件,要遵循努尔哈赤的"教导","公正为怀"地去审理各种案件。第四,到汗城"来告状的人"必须有原告和被告,否则无法"审断"。第五,强调证据,强调事实,如果是"诬告",要"给诬告的人定罪"。从前后金有许多非人的肉刑,据载:"奴酋不用刑杖,有罪者,只以鸣镝箭脱其衣而射其背,随其罪之轻重而多少之;亦有打腮之罚云"③。还有穿鼻子、刺耳朵,把手脚钉起来以及火刑等。但是,进入辽沈地区之后,由于受到明朝刑法的影响,有些肉刑逐渐加以取消。如天命七年(1622)六月十七日,诸贝勒决定:"五十板子相当于百鞭。由此推定,打一板相当于二鞭,废除刺鼻耳刑"④。

天命六年(1621)"十一月朔日,都堂达尔汉虾在辽东从诸贝勒那里索取财物,又偷盗缎子、财物。他的弟达尔泰告发,因此,把从沈阳以来按职赏给的全部东西和偷盗的财物,一律取回。一份给告发者,二份赏给都堂、总兵官、副将、参

① 《清太祖高皇帝实录》,卷四。
② 《满文老档·太祖朝》,卷二十一。
③ 《建州纪程图记》,辽宁大学历史系本,第 26 页。
④ 《满文老档·太祖朝》,卷四十二。

将、游击以上的官。革达尔汉虾都堂职,而为三等总兵官。停止参议政事。对给财物的济尔哈朗、宰桑古阿哥、岳托阿哥、硕托阿哥、四贝勒说:'你们或是以在上的兄等的妻(原档残缺)为堵住口而给了,或是不使在你们以上的叔父、兄等坐汗位,使我们坐汗位,大概是那样地考虑而给了财物。如果是(原文:不是)那样,你们心就和女人一样'定罪。命披上女短袍,并把裙联上,划地监禁三天三夜。汗亲自去那三名贝勒坐的地方,叱责诸子向脸上吐唾沫后,送回家了"①。

所谓"改进法制",就是强调三审制,尽量减少误判,参照明律,减去一些野蛮的肉刑,不可能完全废除肉刑,虽也标榜"公正、公平、廉洁",实际只能是一种口号而已。

第五节　几项决策

努尔哈赤在辽阳统治了四年,实行了许多维护统治的措施,辽东地区逐渐安定下来,为其进一步扩张提供了条件。在这种情况下,他又作出几项重大决策,包括进军辽西、争取朝鲜、绥抚蒙古、迁都沈阳,除争取朝鲜未遂而外,其他都基本上达到了预期的目的,为其后来的发展奠定了基础。

一、攻占广宁

沈阳、辽阳失陷,辽东不守,明廷朝野震惊,京师戒严,九门昼闭。这时,"廷臣复思廷弼"。阁臣刘一燝说:"使廷弼在辽,当不至此。"熹宗则愤然说:"熊廷弼守辽一载,未有大失,袁应泰一战而败,将祖宗百战封疆袖手与人,若不严核,何以警后。"②于是,"帝乃治前劾廷弼者,贬(冯)三元、(张)修德、魏应嘉、(郭)巩三秩,除宗文名……乃复诏起廷弼于家,而擢王化贞为巡抚"。希其支撑辽西危局,逐渐收复辽东。据《明史·熊廷弼传》载,天启元年(1621)六月,熊廷弼来到北京,"乃建三方布置策:广宁用马步列垒河上,以形势格之,缀敌全力;天津、登、莱各置舟师,乘虚入南卫,动摇其人心,敌必内顾,而辽阳可复。于是登、莱议设巡抚如天津,以陶朗先为之;而山海特设经略,节制三方,一事权"。也就是以广宁为中心,集中主要兵力,坚城固守,沿辽河西岸修筑堡垒,以步兵、骑兵防守,牵制后金主力;海上布置舟师于天津、登州、莱州,由三地巡抚统领,乘虚袭击金、复、海、盖南部诸卫,扰乱其后方,动摇其人心,达到收复辽阳的目的;经略驻山海关,后驻右屯卫(今辽宁锦州后卫),节制三方,统一事权,往来防御,可以"进足战,退亦足以守","保辽以保神京"③。于

① 《满文老档·太祖朝》,卷二十八。
② 《明史纪事本末补遗》,卷二。
③ 熊廷弼:《经略疏稿》,卷一。

是,"进廷弼兵部尚书,兼副都御史,驻山海关,经略辽东军务"。王化贞为广宁巡抚,驻广宁,明确受经略节制。但是,王化贞对熊廷弼积极防御的作战计划不以为然,他大言轻敌,认为有六万兵就可以一举荡平后金主力。幻想"降敌者李永芳为内应";蒙古林丹汗能出兵四十万"助攻奴酋","遂欲以不战取全胜"。王化贞根本不听经略节制,"广宁有兵十四万,而廷弼关上无一卒,徒拥经略虚号而已"。王化贞素不习兵,狂妄自负,耻居熊下,所以敢于不听节制,因为有兵部尚书张鹤鸣的袒护,后来由于张鹤鸣投靠阉党,更有魏忠贤的支持,有恃无恐,越发不把熊廷弼放在眼里。经抚不和,意见相左,一个主守,一个主战,形同水火,封疆大坏,必然给后金提供了难得的机会。

努尔哈赤在占领辽东之后,休兵息战十个月,一方面稳定社会秩序,颁行各种统治政策,以适应广大汉族民众的生产、生活要求;另一方面也在观察明朝的举措,等待时机,以定进取。尤其在了解了熊、王经抚不和之后,认为时机已经到来,决定进军辽西,攻取广宁(北镇)。天命七年(1622)正月十八日,"帝率诸王臣征取广宁,留宗弟多毕、背胡吉、沙进及素把海姑父等统兵守辽阳。即日起行,次日宿东昌堡。二十日寅时起营,辰时至辽河。河防兵见势不可挡,遂走,前哨健卒追杀二十里外,至西平堡(今盘山县古城子)乃止。申时,大兵至,遂围之。二十一日,招城守副将罗一贵不降,辰时布战车云梯攻之,四百兵皆溃,午时乃下,一贵及兵一万俱杀之。尚未收兵,哨卒来报曰:'广宁城东有兵'。我兵迎之,尚未成列,大明总兵刘渠、祁秉忠、李秉诚,副将刘征、鲍承先,参将黑云鹤、麻承宗、祖大寿,游击罗万言、李茂春等,领兵三万,乘机急来战,我兵亦不暇布阵,即分头杀入。大明兵势不能支,遂溃走,我兵乘胜追杀五十里,至平洋桥。总兵官刘渠、祁秉忠及副参等官,全军覆没,惟李秉诚,鲍承先、祖大寿、罗万言走脱。时天已晚,帝收兵,回西平堡宿"①。西平堡的陷落,广宁失去东面的重要屏障,直接处于后金的兵锋之下。王化贞有两万军队守城,城中富家大户早已逃光,许多官员暗通后金,士兵漫无纪律,人心惶惶。二十二日,他得知西平兵败的消息后,急召心腹孙德功至署,委以守城重任。孙德功早已为后金收买,他一出衙门"即发炮,堵城门,封银库,封火药"②。等待后金军入城、接收。这时,王化贞被参将江朝栋救出,仅以身免,城陷。二十三日,他在大凌河与率领五千援兵的熊廷弼相遇,惭悔得痛哭流涕。熊廷弼讥笑说:"六万众一举荡平,竟如何?"王化贞有意与熊廷弼共守宁远、前屯,熊廷弼答之曰:"已晚,惟护溃民入关可耳。"于是,尽焚庐舍、积聚,护卫几十万难民渡过大、小凌河,退入关内。一路上"携妻抱子,露宿霜眠,朝

---

① 《清太祖武皇帝实录》,卷四。
② 《熊襄愍公集》,卷七。

乏炊烟,暮无野火,前虞溃兵之劫掠,后忧塞房之抢夺,啼哭之声,震动天地"①。

后金不战而下广宁,孙得功起了重要作用。他是辽阳人,"在明为广宁巡抚王化贞中军游击,化贞倚得功为心膂。太祖围西平堡刘渠等赴援,令得功力从。渠等战死,得功潜纳款于太祖,还言师已薄城,城人惊溃。化贞走入关,得功与进、绍贞、国志等,率士民出城东三里望昌冈,具乘舆,设鼓乐,执旗张盖,迎太祖入驻巡抚署"②。除了孙得功之外,还有辽阳石氏三兄弟打开城门,迎接八旗军入城。徐乾学在《憺园全集》(卷三十一)中说:"天柱首先出迎,国柱、廷柱以城献",实际石氏三兄弟本是女真人。《辽阳县志·勋旧志》载:"先世居苏完,姓瓜尔佳氏。父石翰,始家辽东,遂以石为氏。有三子,长国柱,次天柱、廷柱。廷柱明敏有智略,善用兵。天命七年归,太祖喜曰:'我国人仍归我国。'锡金印、鞍马,授轻车都尉,隶汉军正白旗。"官至汉军镶红旗都统,后授将军驻防京口,晋一等伯。后来,康熙亲定一百一十五位开国功臣,其中就有石廷柱。孙得功控制了广宁之后,即派千总石天柱、秀才郭肇基恭请努尔哈赤进城。二十四日,努尔哈赤率军向广宁进发,尚有些狐疑,在城东三里高冈处观望之后,先派"八旗的诸大臣入城",查实后,于申刻入城。这时,"广宁城的众官员们、秀才、白人全都举伞、纛,抬轿,打鼓,吹喇叭、唢呐、箫,在一里外迎接汗,跪下谒见了"③。努尔哈赤进城后,驻于巡抚衙门。广宁既下,平洋桥、西兴堡、锦州、铁场、大凌河、闾阳驿、盘山等,"共四十余城之官,各领所属民降"④。由于王化贞弃城出逃,大量的辎重、军器、火药、马匹、布帛等都留给了后金。努尔哈赤将其全部运回辽阳,其中"在右屯卫的米数,老米四十二万一千一百三十斛五斗二升;粟一万五千二十斛七斗一升;黑豆五万四千三百二十斛一斗一升;高粱一万三千二百十斛五斗三升,共计五十万三千六百八十一斛七斗七升"⑤。其中牲畜,大贝勒代善一次就"从右屯卫赶回马匹七百零七头;牛一千一十头;驴一千三百八十六头"⑥。为了抢运粮食,曾经一度"停止建筑辽东城,停止耕种贡赋的田",都去"运广宁地方的粮食,放入库中"。这些"战利品"有力地资助了后金,大大缓解了粮食短缺、物品贫乏的社会矛盾。另外,还把大量的人口迁徙到辽河东岸,分配到各个城市,锦州二卫的人分到辽阳。最后,放火烧了广宁城,烧了两天,"尽成灰烬"。这种放火烧城、强迫移民的做法,使大量的民众背井离乡,无可投靠,安定的生活被扰乱,正常的秩

---

①　王在晋:《三朝辽事实录》,卷七。

②　《清史稿·孙得功传》。

③　《满文老档·太祖朝》,卷三十三。

④　《清太祖武皇帝实录》,卷四。

⑤　《满文老档·太祖朝》,卷三十四。

⑥　《满文老档·太祖朝》,卷三十五。

序被破坏,加深了社会矛盾。

广宁败报传来,朝廷上下惶恐不安。熹宗追查"失陷封疆"的罪责,"逮化贞,罢廷弼听勘"。后来,"刑部尚书王纪、左都御史邹元标、大理寺卿周应秋等奏上狱词,廷弼、化贞并论死"。天启五年(1625)八月,熊廷弼慷慨赴市,含冤而死,并"传首陈尸",即抛尸荒野,传首九边。所谓"九边"是元朝被推翻后,残余的北元势力经常骚扰边境,威胁明朝的统治,于是设立辽东、宣府、蓟州、大同、太原、延绥、宁夏、固原、甘肃九个重镇,称为九边。就这样,一代英杰死于党争、死于明朝的腐败政治,自毁长城,致使"辽事"已经无法挽回。《明史·熊廷弼传》赞曰:"惜乎廷弼以盖世之材,褊性取忌。功名显于辽,亦隳于辽。"又说:"广宁之失,罪由化贞,乃以门户曲杀廷弼,化贞稽诛者且数年。"也就是说,八年后,即崇祯"五年(1632)化贞始伏诛",可见正义何在,天理何在!

二、争取朝鲜

萨尔浒战役之后,努尔哈赤即认识到:"东南有朝鲜,北有蒙古,二国俱未弭帖;若舍此征明,恐贻内顾忧"[1]。因此,他决定采取不同的办法来对付朝鲜和蒙古。朝鲜一直是明朝的属国,在对待明与后金的态度上,朝鲜自然是站在明朝一边,萨尔浒之战朝鲜派兵参战,结果一败涂地,全部投降被俘。所以,他把朝鲜定为敌国,许多人包括莽古尔泰、皇太极等都主张立即进行征讨。但是,努尔哈赤考虑到一时还很难在两条战线上同时作战,只好诉诸政治解决。为了拆散朝鲜与明朝的关系,努尔哈赤不止一次地投书给朝鲜国王,要求他脱离明朝,与后金修好,愿"子子孙孙永结盟约"[2]。在辽阳时期,努尔哈赤就发出许多这样的文书,兹举几例加以说明。

天命六年(1621)七月初八:"我听到,我获得的辽东人,确实有许多去你们那里,如果不把我的尼堪还我,那么两国交恶,怎能友好相处呢?尼堪和我们两国的战争,不是由于疏忽发生的战争,是尼堪干涉境外他国的事,天以为非而进行的战争。你们朝鲜为什么承担天以为非的尼堪的罪行呢?援助天以为非的尼堪,逆天行事,你就是凌驾在天之上。我们两国最初有何怨仇敌对呢?我常派人送去书信,一封信也没有回,一个人也不派,不接待我派去的使者。在战争中俘虏官员等时常释放送回,也没有说一句感谢的好话,你这将是轻视我。"[3]

天命七年(1622)正月初三:"这些年常派人送去友好信件,要求你们的朝鲜国脱离尼堪和我友好相处,却没有答应。如果常以尼堪为父母国而不脱离,

---

① 《清太祖高皇帝实录》,卷八。
② 李肯翊:《燃黎室记述》,卷二十一。
③ 《满文老档·太祖朝》,卷二十四。

那么你们朝鲜国管辖的八道诸臣知悉,将开始做坏事(指从事反对后金的活动)。如果那样开始做坏事,果如所想象的那样成功,那么你们的八大臣将肯定是真的管辖国人,执政的大臣(如果成功八大臣将成为功臣)。可是失败时,将损害你王自己的政权(如果失败了就是你国王的责任),成为错误。"①

这些投书都遭到对方的坚决拒绝,尤其逃入朝鲜的大量汉人也没有"尽数驱回"②。后来,努尔哈赤曾想利用毛文龙联合进攻朝鲜,也没有成功。不难看出,努尔哈赤虽经种种努力,但终未达到目的。由于力量不足,也没能进行征讨,不过双方猜忌日深,矛盾也在逐步激化,战争迟早必将发生。努尔哈赤死后,皇太极完成了其父的未竟之业。

三、绥抚蒙古

蒙古与朝鲜不同。元朝灭亡以后,蒙古贵族退往塞外,雄踞大漠南北,不时犯边掳掠,辽阳就是受害较重的地区之一。明朝末年,蒙古以大漠为中心逐渐形成漠南(蒙古草原东部,大漠以南,主要在松花江、嫩江、辽河流域)、漠北(贝加尔湖以南,河套以北的喀尔喀蒙古)、漠西(蒙古草原西部直至新疆准噶尔盆地一带的厄鲁特蒙古)蒙古三部分。后金与蒙古都反对明朝,有相同的利益,"此外,满、蒙除了语言各异,服饰穿戴及生活习惯方面还有许多相同之处。这种天然上的共同点促使两个民族产生一种亲近感"③。

漠南蒙古与后金接壤,所以两者最先发生政治联系。漠南蒙古内部长期分裂,互相割据,内讧不止,人民渴望统一。努尔哈赤顺应蒙古人民要求统一的愿望,利用漠南蒙古各部分裂、内讧的条件,对各部封建王公采取不同的方法,有的分化瓦解,有的武力征讨,有的征抚并用,终于使漠南蒙古归附了满洲贵族。最先建立友好关系的是从科尔沁部开始的,但也不是没有斗争的。

科尔沁部驻牧于嫩江流域,东邻叶赫,西南接扎鲁特部,南界喀尔喀部,北至嫩江上游,位于嫩江右岸广大地区。由于科尔沁部经常受到察哈尔部的压迫,就与力量较强的叶赫、乌拉结盟,以为奥援。万历二十一年(1593),叶赫、乌拉等九部联军进攻努尔哈赤,科尔沁部明安贝勒率领万余骑兵参与,结果遭到惨败,狼狈逃回。第二年,"北科尔沁部蒙古贝勒明安、喀尔喀五部贝勒老萨,始遣使通好"④,也就是与建洲"通好"。从此,"蒙古各部长遣使往来不绝",甚至请盟、联姻,永结合好。努尔哈赤从长远利益出发,不念旧恶,自然愿意同科尔沁部联姻、结盟,只有这样才能"为我所用"。

万历四十年(1612),努尔哈赤听说科尔沁贝勒的女儿博尔济锦氏"颇有

①　《满文老档·太祖朝》,卷三十二。

②　李肯翊:《燃黎室记述》,卷二十一。

③　孙文良、李治亭:《清太宗全传》,吉林人民出版社1983年版,第164页。

④　《清太祖高皇帝实录》,卷二。

丰姿,遣使欲娶之。明安贝勒遂绝先许之婚,送其女来"。五十四岁的努尔哈赤喜出望外,亲自出城迎接,大宴成婚,后称侧妃。明安贝勒是蒙古封建王公中第一个与建州联姻者,对后世影响极为深远。万历四十三年(1615)正月,努尔哈赤又娶科尔沁孔果尔贝勒女儿博尔济锦氏为妻。自然又是大办婚宴,热闹一番。后来,他规定:"诸贝勒之子娶妻的婚礼筵席,可以杀牲畜九头。诸大臣之子娶妻的婚礼筵席,可以杀牲畜六头。其次诸大臣的子娶妻婚礼筵席,可以杀牲畜三头。父养女儿辛苦,不要杀牲畜还礼,出嫁女儿时可以白吃饭。男子的父得儿媳,可以杀牲畜。"不仅努尔哈赤娶科尔沁两贝勒的女儿为妻,此后他的儿子也多娶蒙古王公的女儿做妻子。同时,努尔哈赤也把公主、郡主、格格等嫁给蒙古王公贵族,也就是说联姻是双向的。有人统计,"从努尔哈赤25岁(1583)起兵到68岁(1626)病逝止,43年中联姻达39次,其中娶入17次,嫁出22次"[①]。这个统计似乎也不完全。把在辽阳时期的联姻情况介绍如下:

天命六年(1621)八月,喀尔喀部宰赛贝勒"送其二子一女为质。帝杀白马祭天,令宰赛誓之。赐貂裘、猞狸狲裘各一领,靴帽、玲珑带并弓矢、雕鞍马一匹,甲百副。十五日,诸王送宰赛至十里外,设宴饯别。将所质之女与大王为妃",即把女儿嫁给努尔哈赤次子、大贝勒代善为妻。

天命六年(1621)十一月,"蒙古喀尔喀部内古里布什台吉、蟒古儿台吉,率六百四十五户并牲畜叛来。帝升殿,二台吉拜见毕,设大宴,各赐貂裘三领,猞狸狲裘二领,虎裘二领,貉裘二领,狐裘一领,厢边貂裘五领,厢边獭裘二领,厢边青鼠裘三领,蟒衣九件,蟒缎六匹,绸缎三十匹,布五百匹,金十两,银五百两,雕鞍一副,沙鱼皮鞍七副,金沙袋一副,又撒袋八副,弓矢俱全,盔甲十副,奴仆牛马房田,凡应用之物皆备。以聪古兔公主妻古里布什,赐名青着里革兔,拨满洲一牛录三百人,并蒙古一牛录,共二牛录,升为总兵。其蟒古儿,以宗弟吉白里杜吉胡女妻之,亦升为总兵"。

天命八年(1623)九月十六日,"扎鲁特部劳萨贝勒的女儿给大贝勒的子瓦克达阿哥为妻,送来,到了十方寺。接到报告,瓦克达阿哥率一旗的各二摆牙喇,在十六(日)去十方寺方向迎接。……十九(日),在嘉木湖隘口休息的日子,瓦克达阿哥的妻到了,叩头谒见汗和福晋"。

天命八年(1623)十月,"喀尔喀部巴玉特卫答儿汉巴土鲁贝勒之子恩格得儿台吉,先诸部来叩见求婚,帝嘉之,将御弟打喇汉巴土鲁贝勒女巽代郡主妻之往送其地。至是,甲子,天命九年正月,与郡主同来,欲率部众请命求住东京,帝嘉其意,欲厚养之,与之誓曰:'皇天垂祐,使恩格得里舍其己父而以我

---

① 王革生:《清入关前的联姻研究》,载《辽宁社会科学院学术论文选》(历史分册),第298页。

为父,舍其己之弟兄,以妻之弟兄为弟兄,弃其故土而以我国为依归,若不厚养之,则穹苍不祐'。……恩格得里亦誓曰:'蒙恩父汗厚养,若忘其恩父,思回本国,不以汗之喜怒为喜怒,犹念故国兄弟,而怀二心者,穹苍不祐,殃及其身;若同心共意,则皇天眷顾,俾子孙世食汗禄,永享荣昌。'……恩格得里弟兄各赐以雕鞍、骏马、貂裘。恩格得里子曩琴、满赌、答哈,并莽古儿代子满柱石里,各赐猞猁狲裘,……复赐恩格得里等,人、牛、金银、蟒缎、布帛、貂鼠、猞猁狲皮及房田应用之物,仍以平房堡人们赐之"。

天命九年(1624)五月,"科尔沁部桑刚儿赛台吉送女来,帝设宴,与皇子多儿哄台吉为妃",也就是与努尔哈赤十四子多尔衮为妃。

天命十年(1625)正月"十六,把汗的女儿松郭图格格,嫁给从蒙古叛逃来的古尔布什台吉"。

"天命十年(1625)二月,科尔沁寨桑贝勒子兀革苦台吉,送其妹来与四王为妃。四王迎至沈阳北冈,宴之。将至,帝与诸王及后妃等出迎十里,大宴,入城复设宴,以礼成配。因其送婚,遂优待之,赐以人口、金银、蟒缎、布帛、盔甲、银器等物,令之还"①。这里的"四王"应该是努尔哈赤的第四子汤古岱。寨桑女博尔济锦氏,与四贝勒皇太极成婚,年仅十三岁。崇德元年(1636)皇太极称帝,封其为永福宫庄妃。三年后生福临,母以子贵,晋封为皇后,追封其父寨桑为和硕忠亲王。顺治元年(1644),福临即位,尊她为皇太后。康熙元年(1622),其孙玄烨即位,尊她为太皇太后,终年七十五岁,谥号为"孝庄文皇后"。她历经了三朝(崇德、顺治、康熙),辅育两帝(福临、玄烨)精心佐政,在协调满洲贵族关系、稳定清初政权、促进国家统一等方面都发挥了重要作用。

到了皇太极时期,联姻的次数更多,主要是由他急于"入主中原"的政治要求决定的。诚如恩格斯在《家庭、私有制和国家的起源》中所说:"结婚是一种政治的行为,是一种借新的联姻来扩大自己势力的机会;起决定作用的是家世的利益,而决不是个人的意愿。"②康熙年间,漠北蒙古也并入清朝。乾隆前期,清朝统治者通过使用武力,消除了准噶尔蒙古贵族的地方割据势力,漠西蒙古问题也得到了解决。乾隆三十六年(1771)移居伏尔加河流域的土尔扈特蒙古族返回祖国。清朝政府统一了蒙古各部,设立理藩院,管理蒙古事务。

四、迁都沈阳

努尔哈赤在辽阳整整统治了四年,可以说是他最辉煌的时期,"境宇日拓",占有了全部辽东之地,为后金的未来发展奠定了坚实的基础。但是,要想继续扩张,进入辽西,乃至"入主中原",必须实行新的举措,其中最紧要的

---

① 有关联姻均见《满文老档·太祖朝》《清太祖武皇帝实录》各卷。
② 《马克思恩格斯选集》第四卷,人民出版社2012年版,第89页。

就是应该迁都沈阳。沈阳,当时不足辽阳一半大。所以,熊廷弼曾说:"况辽城之大,两倍于沈有奇。"然而最先看出沈阳远比辽阳更有发展前途的是努尔哈赤。于是,他提出迁都沈阳,同时也因此引起一次争论。天命十年(1625)"三月,帝聚诸王臣议,欲迁都沈阳。诸王臣谏曰:'东京城新筑,宫廨方成,民之居室未备,今欲迁移,恐食用不足,力役繁兴,民不堪苦矣。'帝不允曰:'沈阳四通八达之处,西征大明从都儿鼻(今阜新彰武县)渡辽河,路直且近;北征蒙古二三日可至;南征朝鲜,自清河路可进。沈阳浑河通苏苏河,于苏苏河源头处伐木顺流而下,材木不可胜用。出游打猎,山近兽多,且河中之利亦可兼收矣。吾筹虑已定,故欲迁都,汝等何故不从?'"努尔哈赤力排众议,终于说服了"诸王臣",决定迁都沈阳。"三月初三,汗向沈阳迁移,在辰刻从东京出发。给他的父祖坟墓,供杭细绸,在二衙门杀牛五头,烧了纸。随后向沈阳去,在虎皮驿住宿",初四"未刻入城"①。

努尔哈赤在沈阳时间很短,仅有十八个月,主要做了两件事,但都没有完成。兹简要介绍如下:

第一件事是改建沈阳城,修建汗(皇)宫。首先是改建沈阳城,工程浩大,历时七年之久,直到皇太极时期才完成,更名为盛京。其次是修建汗宫,也就是"太祖居住之宫"。汗宫位于沈阳城北的镇边门里,不在盛京皇宫之内,《盛京城阙图》上有详细的形象记载。再次是修建"大衙门"与"八旗亭",即今天沈阳故宫的大政殿与十王亭。"大衙门"是努尔哈赤办事的衙署;"八旗亭"是"八旗共治"的议事之所。"大衙门"与"八旗亭"是沈阳故宫的主体,是统治政体的反映,是权力的象征。乾隆四十三年(1778),弘历东巡盛京时,曾写下五言律诗一首,赞颂大政殿与十王亭建筑之宏伟:

> 一殿正居中,十亭分左右。
>
> 同心筹上下,合志立功勋。
>
> 辛苦缅相共,规模迥不群。
>
> 世臣胥效落,宗子更摅勤。

第二件事是进攻宁远(兴城),夺取辽西。天命十一年(1626)正月十四日,努尔哈赤率领六万大军进攻宁远,连下右屯、大凌河、小凌河、松山、杏山、塔山、连山七座城堡,直逼宁远城下。守城明军不足两万人,主将为袁崇焕。袁崇焕,字元素,广西藤县人,《清史稿》本传说他是广东东莞人,有误。他是万历四十七年(1619)进士,"授邵武知县。为人慷慨负胆略,好谈兵"。天启三年(1623)九月,命守宁远。他接受了以前各地失败的教训,不出战,婴城固守,加强防御,列炮城上,尤其是发动群众,为军队运送饮食、弹药,查拿后金谍

---

① 《满文老档·太祖朝》,卷六十四。

工,"纵街民搜奸细,片时而尽"①。因此,"宁远独无夺门之叛民,内应之奸细"。他激励士气,严明军纪,上下一心,拼命死守,他还将"库银一万一千一百有奇,置之城上,有能中贼与不避艰险者,即时赏银一锭",士气高涨,誓与城池共存亡。努尔哈赤"放捉获汉人,入宁远往告:'吾以二十万兵攻此城,破之必矣!尔众官若降,即封以高爵。'"遭到袁崇焕严词拒绝,"义当死守,岂有降理"。劝降不成,努尔哈赤决定攻城。二十四日、二十五日,八旗兵倾全力攻城,明军不断施放"西洋巨炮",打死"北骑兵无算"。据载,"二日攻城,共折游击二员,备御二员,兵五百"②。实际可能远远超过此数。二十六日,继续围城,同时派军履冰渡海,进攻明军存粮之所觉华岛得手,军民伤亡惨重,粮秣、船只全部被焚。二十七日,努尔哈赤下令班师。宁远之战,对明朝来说是自后金"辽左发难"以来所取得的第一次胜利,熹宗说:"此七八年来所绝无,深足为封疆吐气"③。对后金来说是自开战以来第一次遭到的挫折,也是努尔哈赤"自二十五岁征伐以来,战无不胜,攻无不克,唯宁远一城不下,遂大怀愤恨而回"④,也有许多记载说努尔哈赤遭到炮击,受了重伤。从此,他含愤致疾,痈疽突发,遂去清河汤泉沐养,不见效果,病势转危,即乘船沿太子河顺流而下返回沈阳,行入浑河,与前来迎接的大妃(阿济格、多尔衮、多铎的生母)相见。八月十一日,舟次瑷鸡堡,距沈阳城东四十里处,努尔哈赤死去。九月初一日,皇太极继承汗位,诏告天下。努尔哈赤的梓宫暂厝于城内,以便选择"吉壤"。最终在天聪三年(1629)二月十三日清明节,将努尔哈赤安葬于沈阳城东二十里,浑河北岸的石嘴头山,后改称天柱山。下葬时还将皇太极的生母孝慈高皇后叶赫纳喇氏由辽阳迁来合葬;后妃有三人殉葬(即大妃乌拉纳喇氏、庶妃阿济根、德因泽),同时莽古尔泰的生母继妃富察氏也从辽阳迁来下葬于此。努尔哈赤的陵墓称为福陵,即现在沈阳的东陵。努尔哈赤死后被尊为清太祖,后来屡上谥号,至乾隆时为"奉天广运圣德神功肇纪立极仁孝睿武端毅钦弘文定业高皇帝"⑤。

努尔哈赤戎马一生,大体上可分三个时期,从万历十一年(1583)起兵统一女真各部到万历四十四年(1616)建金称汗是他戎马生涯中上升发展的时期;从天命元年建立地方割据政权到天命六年(1621)攻占辽沈地区是他戎马生涯中鼎盛至极的时期;从天命六年建都辽阳到天命十一年(1626)宁远兵败含恨致死是他最后更加成熟与走向保守的时期。在这一时期里,努尔哈赤实

① 《明熹宗实录》,卷七十二。

② 《清太祖武皇帝实录》,卷四。

③ 《明熹宗实录》,卷六十八。

④ 《清高宗实录》,卷十四。

⑤ 《清高宗实录》,卷十四。

行了一系列民族压迫政策,广大汉族等民众纷纷起来反抗;军事上虽然攻占了广宁,但一直无大动作,双方处于对峙状态;经济上坚持农奴制,满汉人民生活痛苦,陷于崩溃的边缘。综观其一生,应该说他是一位杰出的军事家,统一女真各部,为满族的形成奠定了基础。不断对明用兵,基本统一了东北地区,为皇太极最后统一东北创造了条件。他为满族后来的发展作出了巨大的贡献,说他是满族的民族英雄可谓当之无愧。在政治上他犯了许多错误,基本上还是维护奴隶制、农奴制,杀戮太多,不能因时因地及时调整政策,既然颁布了"计丁授田",就不应再实行"按丁编庄",反复无常、举棋不定,与其子皇太极比较起来相差甚远。不过,从中华民族历史上来看,他仍不失为杰出的人物,一代雄主。

第四章　清朝的建立与明朝的覆亡

努尔哈赤死后,皇太极继承了汗位,改元天聪。在面临诸多矛盾的情况下,他调整了一些落后、反动的政策,实行全面的改革,包括国家机构,进一步封建化。对明朝采取"讲和"的方针,集中力量征服了漠南蒙古与朝鲜,为入关铺平了道路。在汗权稳固的条件下称帝,改元崇德,建立了清朝,改族名满洲。皇太极死后,福临继位改元顺治,多尔衮摄政。时值李自成农民起义军攻入北京,推翻了明朝的统治。多尔衮在吴三桂的勾引下清军进入北京,打着吊民伐罪,为崇祯复仇的幌子,窃取了政权。经过半个多世纪的角逐,清朝在全国的统治终于得到确立。

第一节　皇太极的治国新政

皇太极继承汗位后,在巩固汗权的基础上,重用汉官汉将,设立文馆,招揽儒士,"参汉酌金",改革国家机构、开科取士、实行"分屯别居",发展经济。对明虽采取"讲和"的方针,但经常派兵从各口入关进行骚扰,掳掠大批人口、财物,然后返回,不断扩充自己的实力。

一、皇太极继承汗位

努尔哈赤死后,究竟应该由谁来继承汗位,"早有明训",那就是由八王即八和硕贝勒(即八个旗主)共同推举有"贤能之人",推举"不拒绝你们八王的话的人,继承你们的父为国主"。当时有条件继承汗位者,有四个人,即大贝勒代善、二大贝勒阿敏、三大贝勒莽古尔泰、四大贝勒皇太极。阿敏是努尔哈赤之侄,不是直系,不可能继承汗位。莽古尔泰是努尔哈赤第五子,是继妃富察氏所生,他的母亲获罪被贬,他竟然杀掉了自己的母亲,造成了极坏的影响,声誉大降。因此,能够继承汗位的只有代善与皇太极了。代善有许多优越条件:论长序,代善是努尔哈赤的次子,褚英死后,努尔哈赤有意安排他为继承人,甚至都要把大妃及其三子委托他收养。努尔哈赤说:"我本人死后,想把我的小儿子们和大福晋给大阿哥优厚收养。"代善为人宽厚,孚众望,更有战功,在创建后金的过程中发挥了重要作用。他协助努尔哈赤处理国务也十分小心认真,应该说有可能继承汗位。但是,由于他与大妃关系暧昧被人告发而名誉扫地。事情发生在天命五年(1620)三月,努尔哈赤的庶妃代因扎(有译德因泽)报告说:"大福晋两次备饭送给大贝勒,大贝勒接受吃了。给四贝勒送饭一次,四贝勒收下没有吃。另外大福晋一天就二三次派人去大贝勒家,大概有什么共同商议的事吧?大福晋本人有二三次黑夜出院去"。努尔哈赤听了这些话,立即派了四个大臣去调查,结果是情况属实。代因扎还说:"诸贝勒、诸大臣汇集在汗家宴会,聚集议事时,大福晋用金饰、东珠打扮己身,眼望大贝勒行走。诸贝勒、诸大臣都觉得不对头。要向汗报告,因为惧怕大贝勒、大福晋,没敢报告。"事情已经很明显了,努尔哈赤不想家丑外扬,也不愿加罪自己的儿子,竟说"大福晋偷盗许多缎子、蟒缎、金、银、财物隐藏了",要"拟罪",并说:"我将不和这福晋在一起生活,离婚"①。事情虽然平息了,但对代善影响很大,也失去了众望。由此说来,继承汗位者只有第八子皇太极了。皇太极是努尔哈赤最宠爱的叶赫纳喇氏所生,子以母贵,从小就得到父亲心肝般的宠爱,再加上他聪明伶俐,只要接触到的人和事,"耳目所经,一听不忘,一见即识"。十二岁时,母亲病故,奉父命主持家务,他悉心料理,凡事都井井有条,深得努尔哈赤的欢喜,自己也得到了很好的锻炼。除此之外,"皇太极从小不但经历了实际的政治锻炼,而且受到了严格的军事训练。他向父亲努尔哈赤学习本民族传统的习俗渔猎,学习骑马作战,大力发扬本民族的尚武精神"②。二十岁时,他投身行伍,南征北战,屡立战功,在兄弟之中无有出其右者。他智勇双全,每战必担重任,率军勇猛冲杀,无往而不胜。但更善于谋略,多设计智取,是努尔哈赤的得力助手。如与明第一战攻取抚顺,他就建议先派五十人,冒充商人混入城内,然后内外夹击,抚顺唾手可得。努尔哈赤采纳了他的建议,果然顺利地夺取了抚顺城,迫使李永芳投降。抚顺之战,大大刺激了努尔哈赤的贪欲,感到明朝这个庞然大物也是不堪一击,决心夺取辽东,一争高下。应该说,在统一女真各部与萨尔浒之战、辽沈之战中,皇太极都起了重大作用。"努尔哈赤去世时,太宗(指皇太极)已经三十五岁,年富力强,精力充沛,有着长期的军事斗争的经验,平时又受到父亲的钟爱。所以,在推举继承人时,诸兄弟子侄就在代善与太宗之间,很轻易地选择了后者"③。

首先是代善的长子岳托与三子萨哈廉向其父提议:"国不可一日无君,宜早定大计,四贝勒才德冠世,深契先帝圣心,众皆悦服,应速继大位。"代善是个很宽厚的人,没有更大的野心,尤其深知自己在各方面与皇太极相差远甚,无意与其争位。所以他立即同意两个儿子的意见,并说:"此吾素志也,天人允协,其谁不从!"父子商定后,代善便去与二大贝勒阿敏、三大贝勒莽古尔泰商议,得到了他们的赞同,然后,通告诸兄弟子侄,没有异议。后来在代善的主

---

① 参见《满文老档·太祖朝》,卷十四。
② 孙文良、李治亭:《清太宗全传》,吉林人民出版社1983年版,第58页。
③ 孙文良、李治亭:《清太宗全传》,吉林人民出版社1983年版,第144页。

持下,他们共同起草了一份劝进书,请其早登大位。皇太极推辞说:"皇考无立我为君之命,若舍兄而嗣立,既惧弗克善承先志,又惧不能上契天心,且统率群臣,抚绥万姓,其事綦难。"①他之所以说这些话,主要是考虑他们是否真心拥戴,不能贸然接受。但是代善等从卯时(5至7时)一直到申时(下午3时至5时),也就是从早晨五点到下午五点,再三地敦请,最后皇太极终于接受了大家的请求,同意继承汗位。

天命十一年(1626)九月初一日,皇太极举行了庄严隆重的继位大典。天刚放亮,三大贝勒以下,诸贝勒大臣以及文武百官齐聚大政殿等候。皇太极身着盛装,先率群臣祭堂子,焚香,向天跪拜,请求皇天保佑。然后返回大政殿,接受群臣三跪九叩首,礼毕,皇太极入座,算是继承了汗位。他发出第一道诏令,即以明年(1627)为天聪元年;大赦国中自死罪以下的罪犯,颁恩于全国。接着,他又率领兄弟子侄对天地盟誓。他首先祷告说:"皇天后土既然保佑我的皇考创立大业,今皇考已逝,我的诸兄弟子侄以国家为重,推我为君,我唯有继承并发扬皇考之业绩,遵守他的遗愿为唯一天职。我如不敬兄长,不爱弟侄,不行正道,明知非义之事而故意去做,或因弟侄微有过错就削夺皇考赐与的户口,天地无情,必加谴责。如敬兄弟爱子侄,行正道,天地就给予保佑、爱护,国祚昌盛。"祷告完毕,将誓词焚烧,表示让天地知道。之后,大贝勒代善、二贝勒阿敏、三贝勒莽古尔泰率领兄弟子侄向皇太极宣誓:"我等兄弟子侄,合谋一致,奉皇太极嗣登大位,为宗社与臣民所倚赖。如有心怀嫉妒,将损害汗位者,一定不得好死。我代善、阿敏、莽古尔泰三人如不教养子弟或加诬害,必自罹灾难。如我三人好好待子弟,而子弟不听父兄之训,有违善道的,天地谴责。如能守盟誓,尽忠良,天地爱护。"继三大贝勒之后,又有弟侄辈阿巴泰、德格类、阿济格、多尔衮、多铎、济尔哈朗、杜度、岳托、硕托、萨哈廉、豪格等表示忠心:"我等如背父兄之训而不尽忠于上,扰乱国是,或获邪恶,或挑拨是非,天地谴责,夺削寿命。若一心为国,不怀偏邪,克尽忠诚,天地爱护保佑。"②盟誓后,皇太极率领诸贝勒向三大贝勒代善、阿敏、莽古尔泰行三拜礼,表示不以臣礼相待,因为他们都是皇太极的哥哥。但更主要的是没有他们三人的拥戴就不会顺利继承汗位,怀有感激之情;另一方面他们都是旗主,具有举足轻重的地位,又深惧他们强大的实力。当时的情形是"有人必八家分养之,地土必八家分据之,即一人尺土,贝勒不容于皇上,皇上亦不容贝勒,事事掣肘,虽有一汗之虚名,实无异整黄旗一贝勒也"③。这里是说皇太极虽有汗

———————

① 王先谦:《东华录》,卷一。
② 《清太宗实录》,卷一。
③ 《天聪朝臣工奏议》,第30页。

名,但也只是一旗的旗主,还不可能完全掌握整个八旗。因此,如何把整个八旗掌握在自己手里是皇太极必须解决的问题,否则就很难把反明事业推向前进。

二、调整政策,实行改革

皇太极继承汗位后,面临诸多矛盾,如阶级矛盾、民族矛盾、统治集团内部矛盾,经济已处于崩溃的边缘。主要是粮食奇缺,物价飞涨,有钱买不到东西。"时国中大饥,斗米价银八两,人有相食者。国中银两虽多,无处贸易,是以银贱,而诸物腾贵,良马一银三百两、牛一银百两、蟒缎一银百五十两、布匹一九两。盗贼繁兴,偷窃牛马或行劫杀。于是诸臣入奏曰:盗贼若不按律严惩,恐不能止息"。皇太极考虑实际情况,"恻然谕曰:今岁国中因年饥乏食,致民不得已而为盗耳,缉获者鞭而释之可也"①。汉人大量逃亡,社会秩序混乱,偷盗盛行。王先谦也说:"民将饿死,是以为盗耳。"②这些难题如何解决?对皇太极来说是一个严峻的考验。

首先是巩固和加强汗权。皇太极继位后,遵循努尔哈赤的遗训,与三大贝勒"面南并坐,共理国政"。实际上,后金的决策机构仍然控制在八旗旗主的手里,尤其三大贝勒手里,限制了汗权的发挥。为此,皇太极采取了措施逐渐削弱八旗旗主的权力,以便把实权掌握在自己的手里。努尔哈赤死后不久,皇太极在每旗设总管旗务大臣一名,直接掌管旗务,"凡议国政,与诸贝勒偕坐共议之"。不久,让所有贝勒都参加议政会议,接着又令"每旗复设议政大臣三员"③,也都参加议政会议。这样就分散了旗主的权力,使决策机构变成了咨询机关,八旗旗主的控制权被打破了。但三大贝勒的势力仍然很强,始终是一种威胁。天聪四年(1630)三月,皇太极"遣二贝勒阿敏、贝勒硕讬率兵五千往守永平(还有迁安、滦州、遵化)四城",由于明军的进攻,阿敏竟"尽屠城中士民,收其金币,乘夜出冷口",弃城逃归。六月,"御殿宣阿敏十六罪,众议当诛。上不忍致法,幽之",不久阿敏忧愤而死。努尔哈赤死前,令四大贝勒"佐理国中政事,按月分掌",也就是按月轮流执掌国政。天聪三年(1629)正月,皇太极以"向因值月之故,一切机务,则烦诸兄经理,嗣后可令弟侄辈代之。倘有疏失,咎坐见值者。三大贝勒皆曰善,遂以诸贝勒代理值月之事"取消了三大贝勒"值月之事",实际是剥夺了三大贝勒"共理国政"的权力。皇太极继位后,"凡朝会行礼,代善、莽古尔泰并随上南面坐,受诸贝勒率大臣朝见,不论旗分,惟以年齿为序"。天聪五年(1631)十二月,礼部参政李伯龙上疏曰:

---

① 《清太宗实录》,卷三。
② 王先谦:《东华录》,卷一。
③ 《清太宗实录》,卷三十五。

"朝贺时,满有逾越班次,不辨官职大小,随意排列者,请酌定仪制"。皇太极"命代善与众共议。代善曰：'我等奉上居大位,又与上并坐,甚非此心所安。自今以后,上南面居中坐,我与莽古尔泰侍坐于侧。外国蒙古诸贝勒,坐与我等之下,方为允协。'众皆曰善"。奏入,"上是之"。不久,皇太极与莽古尔泰发生了口角,后者甚至以刀相向,结果以"御前露刃罪"被削除大贝勒爵位,次年病死。天聪六年(1632)正月,"受朝贺,行新定朝仪"①。《满洲老档秘录》(下编)也说："上自即位以来,历五年,凡国人朝见,上与三大贝勒俱南面同坐受。自是年更定,上始南面独坐。"由此可见,八旗旗主的权力已被削弱,三大贝勒的权力也被剥夺净尽,而且阿敏、莽古尔泰已死,代善比较宽厚,似乎没什么野心,威胁不大,汗权得到了巩固。这时的皇太极不仅"南面独坐",而且已是"唯我独尊"了,为其施展政治抱负、推行改革创造了有利条件。

其次是重用汉官文士,改革国家机构。皇太极即位后,为了强化汗权,极力学习汉族文化,对国家机构进行了重大调整,多仿照明制。努尔哈赤时期设立有书房,满语称"笔帖赫包",其中都是满人,主要任务是翻译典籍、记注政事。到了皇太极时设立文馆,把大批汉族儒臣生员引进其中,帮助皇太极运筹谋划,提出许多切实可行的重要方略,成为他的机要秘书班子,也是后来清朝内阁的滥觞。设立文馆的时间,其说不一,在《太宗实录》中文馆之名出现在天聪五年(1631)正月十一日,即"乙亥,上幸文馆",说明天聪五年前已改称文馆。在文馆中辽阳人很多,他们做了大量的工作,在推进满族国家政权封建化方面发挥了重大作用,其功甚伟,实不可没。现在可以知道,在文馆中有十七名汉族儒臣生员,其中辽阳人就有六名,超过三分之一。他们是宁完我、马鸣珮、马国柱、罗绣锦、雷兴和石廷柱。这些人除宁完我不明出身外,有四人是明诸生,石廷柱为明守备(次于总兵)。同年九月,皇太极又实行开科取士,参加者三百余人,"分别优劣,得二百人"②,有的也被选入文馆。当时,在文馆诸臣中(包括满族人在内)以所谓"三汉官"为主,即辽阳人宁完我、山西应州人鲍承先、沈阳人范文程。所谓以"三汉官"为主,说明了他们在文馆中的地位和作用。他们提出的建议最多,都关系到后金的大政方针,推进了后金国家机构的改革,完成了封建化,成为皇太极重要的谋臣和心腹。在"三汉官"中,宁完我最为活跃,直言无忌,"明知失旨",仍不"钳口",自谓敢于"狂吠"。在一本仅有九十七篇的《天聪朝臣工奏议》中,他独占十六篇(还与鲍承先共奏一篇),设立六部就是他首先提出的。天聪五年(1631)七月,皇太极接受了宁完我的建议,设立吏、户、礼、兵、刑、工六部,使国家机构初步确立起来。每部以

---

① 王先谦：《东华录》,卷一。
② 王先谦：《东华录》,卷一。

一名贝勒总其事,下设满承政二员,蒙古承政一员、汉承政一员,参政八员,启心郎(职位次于侍郎,负责满、汉语言之沟通)一员,具体工作人员(笔帖士)可根据"事务繁简"确定。六部设立后,依据什么开展工作呢?皇太极谕令"凡事都照大明会典行"。宁完我不以为然,遂上《请变通大明会典设六部通事奏》。他说:"我国六部之名,原是照蛮子家(指明朝)立的,其部中当举事宜,金官原来不知。汉官承政当看会典上事体,某一宗我国行得,某一宗我国且行不得,某一宗可增,某一宗可减,参汉酌金,用心筹思,就今日规模立个金典出来,每日教率金官到汗面前,担当讲说,各使去因循之习,渐就中国之制。"这里是说既不拒绝"汉化",也不能"全盘汉化",必须从实际出发,注意满、汉的差别,"参汉酌金",《大明会典》也可根据情况加以"变通",完全照搬是"行不得"的。满、汉官员由于语言不通,应该配备"通事"(翻译)。宁完我提出"参汉酌金",不仅解决了当时的关键问题,也为后金的发展做好了准备。他说:"必如此,庶日后得了蛮子地方,不至手忙脚乱。"①六部设立之初,每部都由一名贝勒掌管,不久皇太极下令停止"贝勒领部院事"②,六部直接对汗负责,把贝勒排出国家机构之外,加强了中央集权。除了设立六部之外,宁完我还提出"立谏臣、更馆名、置通政(掌内外章奏)、辨服制等事",后来都得到了落实。天聪十年(1636)三月,改文馆为内三院,即内国史院,负责撰拟诏令、编纂史书、纂修实录等;内秘书院,负责撰写对外文书、记录各衙门的奏疏、代汗起草给官员的敕谕等;内弘文院,负责给汗(皇帝)讲经注史、颁布制度等。内国史院设大学士一人,学士二人;内秘书院设大学士二人,学士一人;内弘文院设大学士一人,学士二人。这些大学士、学士分别由满、汉、蒙古人担任。清承明制,不设宰相,代之以大学士。大学士的权力很大,可以参加国家机密,议定军政大计,甚至还评议旗务,成为皇太极的左右手。内三院的设立,实际取代了八旗和硕贝勒"共议国政"的体制。此后,又设立了都察院(即立谏臣)与理藩院。都察院权力很大,与三院六部不相统属,独立行使监察各部的职权。上自皇帝、诸王贝勒,下至各部大臣都可以劝谏、弹劾、纠察。理藩院管理内外蒙古事务,以后成为管理与统治少数民族的机构。官制既定,必须有与之配套的冠服(即辨服制)礼仪等制度,"以辨等威"。从天聪六年开始陆续规定了"按班次排列入朝""入朝冠服之制""国家服式之制",以及对"顶子""朝带""乘舆""府邸"等都作了烦琐详尽的规定,以维护封建等级制度。不难看出,经过多年的改革、调整、充实,终于形成了三院、六部与都察院、理藩院,统称三院八衙门。三院八衙门的确立,完全取代了八旗贝勒行使的国家权力,标志着后金政

---

① 《天聪朝臣工奏议》,第71页。
② 阮葵生:《茶余客话》,卷一。

权在政治上完成了封建化。

在文馆中，马鸣珮、马国柱、罗绣锦、雷兴也都提出一些重要的建议，也多为皇太极所采纳。尤其是到天聪后期，罗绣锦在文馆中的地位也在逐步提升，经常与"三汉官"联名上疏，仅列"三汉官"之后，因此在文馆中排列第四位。

皇太极不仅重用汉官文士，更对投降或归顺的明朝将领也都加以重用，尤其是对孔有德、耿仲明、尚可喜等更是破格重用，许多汉官都感到意外，宁完我更上《请酌量善御奏》，表达自己的不满。孔、耿、尚都是毛文龙的部将，天聪七年（1633）五月，孔有德、耿仲明率众自山东登州航海来归，皇太极亲到浑河迎接，行抱见礼，十分隆重。所谓抱见礼是满族早期礼俗，至亲久别相逢，必行此礼，男女亦然。若长幼辈相见，幼者以两手抱长者腰，长者以手抚其背。清初，为表示对归降者之优隆，亦行此礼。即叩见之后，向前抱帝膝为礼。

后封孔有德为都元帅，耿仲明为总兵官，可以自统一军，皇太极称为"天佑军"，令其驻东京城，因为孔有德是辽阳人，耿仲明则是盖平人。第二年，广鹿岛副将、辽阳人尚可喜也率众来归，得到同样的礼遇，皇太极称其为"天助军"。他们之所以先后来归，是由于毛文龙在明崇祯二年（1629）被袁崇焕以"十二罪"将其杀死，许多部属叛明为乱，明廷发兵镇压，孔、耿走投无路，只好投归后金。在他们的影响下，尚可喜也接踵而至。皇太极之所以隆礼厚待他们，认为这些人是将来入关攻明的"引路人"，也启发他要编制汉军八旗的想法。就在孔、耿来归这一年，皇太极下令分隶满洲各旗所属汉人壮丁，每十名抽一丁披甲入伍，共一千五百八十人，组成一旗汉军，满语为"乌真超哈"，令额驸佟养性统其军。皇太极谕曰："汉人军民诸政，付尔总理，各官受节制。尔其殚厥忠，简善黜恶，恤兵抚民，毋徇亲故，毋蔑疏远。"又谕诸汉官曰："汉人军民诸政，命额驸佟养性总理，各官受节制。其有势豪嫉妒不从命者，非特藐养性，是轻国体、亵法令也，必遣毋赦！"佟养性辽阳人，先世女真人，居佟佳，以地为氏。"天命建元，太祖日益盛强。养性潜输款，为明边吏所察，置之狱，脱出，归清祖。太祖妻以宗女，号'施吾理额驸'，授三等副将。从克辽东，进二等总兵官。"天聪五年（1631），"初铸炮，使养性为监。炮成，名其上曰'天祐助威大将军'，凡四十具。师行则车载以行，养性掌焉"。也可以说，后金有了炮兵，成为攻城的利器，"上嘉养性能治军"，战功卓著。《清史稿·佟养性传》有详细记载，可以参考。崇德二年（1637）又将一旗分为二旗，再将二旗分为四旗，直至皇太极病逝前一年，汉军八旗才最后建成。在这期间也陆续建立了蒙古八旗，入关前已建成满、蒙、汉各八旗，共二十四旗，约十二万多人。

再次是实行满汉"分屯别居"，发展农业。皇太极即位后，一改其父"按丁编庄"的做法，解放部分奴隶。有记载说："上洞悉民隐，务俾安辑。乃按品级，每备御止给壮丁八（原为十三）、牛二（原为七），以备使令。其余汉人，分屯别居,编为民户。择汉官之清正者辖之。"①这就使百分之四十的汉人离开庄园,编为民户,摆脱了农奴地位。尤其是"分屯别居",不再与满人"同住、同吃、同耕",可以独立生活,使汉人少遭满人的欺凌,缓和了民族矛盾,有利于发展农业。

为了恢复和发展农业,还实行许多保护措施和奖惩办法。皇太极说:"出师征伐,以有土有人为立国之本,非徒为财利也。至于厚生之道,全在勤治农桑。"又说:"劝农讲武,国之大经"②,是"本务""急务"。他特别注意"及时耕种",禁止滥役民夫,妨碍农事者要治罪。他说:"如失时不耕,粮从何出耶?"不许贝勒"额外修造,劳苦百姓"。不许"士兵私入庄屯,擅取堆积柴薪,行猎时山木亦不得砍伐,违者执究"。不许践踏禾苗,包括人畜,违者罚银。对无力耕种者,或助耕,或代耕,防止农田撂荒。对管屯官实行"考课"制度,以"田野开辟""货财攸聚""户丁增减"的情况,作为各级管屯官员升降奖罚的依据。由于实行这些政策,农业有所恢复和发展,汉人逃亡者减少,缓和了社会危机。

皇太极的改革是多方面的,除了上述之外,他还开科取士、改革老满文,创立新满文;革除满族陋习,如"嫁娶则不择族类,父死而子妻其母",这是氏族社会残留的风俗。皇太极说:"明与朝鲜皆礼仪之邦,故同族(指家族)从不婚娶,彼亦谓即为人类,若同族嫁娶,与禽兽何异?是以禁止耳!"不难看出,皇太极的改革是在儒家经典指导下进行的,包括伦理道德。他不仅自己勤于攻读儒家经典,还下令诸贝勒、大臣也必须学习,同时还要求八至十五岁的贵族子弟都要入学学习。使他们"习于学问,讲明义礼,忠君亲上",要为朝廷尽忠。他提倡尊孔,曾"遣大学士范文程祭先师孔子",更"命仿旧制,以复圣颜子、宗圣曾子、述圣子思、亚圣孟子配享"。皇太极的改革,不仅进一步推进了满族社会的封建化,也为入主中原做好了准备。

三、与明朝的和与战

皇太极虽然进行了大力改革,但要取得成效,使国家更富足、兵力更强大,还需要时日,非短时期能够达到。在这种情况下,面对明朝、蒙古、朝鲜三股势力,尤其是对明朝应该采取何种政策?皇太极令诸贝勒、汉官等讨论,提出意见。有一佚名的汉官上疏说:对南朝(即明朝)的根本方针唯有"讲和与自固二策而已"。所谓"讲和"就是议和,目的在于麻痹南朝,使其疏忽、懈怠,陷入不可挽回的颓势之中,然后乘机进攻,天下可以传檄而定。所谓"自固",就是努力修明政治,开垦田地,息兵养民,举贤任能,不慕虚名,只求实才。"自固"

---

① 《清太宗实录》,卷一。
② 《清太宗实录》,卷十三。

是为了强大之后进攻明朝①。高士俊分析说：“我国利于和，彼国不利于和，我国和，而皇上不肯一日不观兵，彼国和，则易为因循、易为怠惰。臣所谓借小心以图大事，假退步以求前进。”②宁完我、范文程、马国柱也都持类似意见，他们三人曾两次联名上疏，认为“果欲入内（即进关），当以讲和为大主意”，还说“当写书与近边官员，烦他替我们讲和，限住日期，立候结局。谅南朝皇帝人多嘴多，近边官儿不敢担当，不免诡计搪哄，那时再寻他个过失，任我兵施行未晚也”③。他们与佚名不同之处，不是完全停止进攻，要伺机寻找借口，所谓“寻他个过失”发动进攻，不断地“施行”对明朝的“骚扰”。

当时，有许多“汉官及诸生陈奏，皆谓此时宜速兴师征明”。皇太极认为这种说法“乃小人之浅见，朕度其意不过欲劳师旅克城池，冀得财货以偿一己之勤劳，而军国之艰难竟置之膜外也”。他还说：“朕反复思维，将来我国既定之后，大兵一举，彼明主若弃燕京而走，其追之乎，抑不追而竟攻京城；或攻之不克，即围而守之乎；彼明主若欲请和，其许之乎，抑拒之乎，若我不许而彼逼迫求和更当何以处之？倘蒙天佑克取燕京，其民人应作何安辑？我国贝勒等皆以贪得为心，应作何禁止？此朕之时为廑念者也。”④应该指出，皇太极考虑的问题更为深远，有些也非武力所能解决，他也看到了内忧，“贝勒等皆以贪得为心”，如何解决都需要时日。因此，“讲和与自固”更合乎皇太极的主张。

实际上，所谓“讲和”是皇太极的既定方针，从努尔哈赤死后就开始了。努尔哈赤死时，“明宁远巡抚袁崇焕遣李喇嘛及都司傅有爵、田成等三十四人来吊太祖丧并贺上即位”。袁崇焕在击败努尔哈赤之后，深得朝廷重用，他一心想要恢复辽东失地，急需知道后金虚实，正好利用这个机会派人前往。皇太极深知袁崇焕的目的在于“潜窥我国情形”，也就将计就计，以礼相待。傅有爵等在沈阳停留将近一个月才返回，皇太极“令方吉纳、温塔石并七人偕往，因遣书”给袁崇焕。其中说：“尔停息干戈，遣李喇嘛等来吊丧并贺新君即位，尔循聘问之常，我亦岂有他意。既以礼来，当以礼往。故遣官致谢。至两国和好之事，前皇考往宁远时，曾致玺书与尔，令汝转达，至今尚未回答。汝主如答前书，欲两国和好，我当览书词以复之。两国通好，诚信为先，尔须实吐衷情，勿事支饰也。”⑤此后，双方互有信使往还，但由于都无诚意，自然不会有什么结果。事实上，在议和的幌子掩盖下，皇太极并没有停止进攻。

天聪元年（1627）五月，皇太极在取得出兵朝鲜战争胜利之后，“闻明人于

① 孙文良、李治亭：《清太宗全传》，吉林人民出版社1983年版，第177页。

② 《天聪朝臣工奏议》，第21页。

③ 《天聪朝臣工奏议》，第15—16页。

④ 《清太宗实录》，卷二十二。

⑤ 《清太宗实录》，卷一。

锦州、大凌河、小凌河筑城屯田,因留贝勒杜度、阿巴泰居守,上亲率诸贝勒将士征明"①。袁崇焕在打败努尔哈赤之后,实施积极防御的方针,他以山海关为根本,在关外重重设防,以宁远、锦州为重点,另筑大凌河、小凌河、右屯各城,环卫锦州。这些据点又都是宁远的前卫,目的在于控制辽沈通往山海关的大道。同时,还"大兴屯田,渐复第所弃旧土",即所谓"用辽人守辽土,且守且战,且筑且屯。屯种所入,可渐减海运。大要坚壁清野以为体,乘间击瑕以为用"。他深知"兵不利野战,只有凭坚城用大炮一策",也就是以守为主,但也不放弃必要的进攻,所谓"乘间击瑕"②。皇太极深知袁崇焕的这些据点建成,给他进攻锦州、宁远,尤其是入关平添了许多障碍,因此想在其没有建成之前摧毁这些据点,所以急忙发起进攻,揭开了辽西长期拉锯战的序幕。五月六日出兵,十一日到达锦州城下,四面围攻,先拔除了尚未建成的大小凌河、右屯等城堡,锦州成为孤城。守城总兵赵率教,副将左辅、朱梅等登城指挥,炮火、弓矢、滚木雷石齐下如雨。皇太极指挥步、骑兵从西、北两角轮番进攻,伤亡惨重,连攻 14 天终未攻下。由于锦州屡攻不下,皇太极又分兵攻打宁远。宁远是袁崇焕在这里驻守,他向朝廷请来多路援兵,甚至出动水师加以配合。他又派部将尤世禄、祖大寿率领精兵四千增援锦州。刚出城,后金大军突然而至,只好在离城二里的地方布阵,准备迎敌。由于明军始终不离附近城阵地,不利于骑兵驰骋冲击,皇太极不顾代善的劝阻,督促贝勒阿济格等率军攻城。尤世禄、祖大寿等将领在城外拼死抵拒;袁崇焕在城上指挥,连续放炮轰击,后金兵一片一片倒下,明军也伤亡惨重,一直激战到第二天,游击觉罗拜山、备御巴希"殁于阵","贝勒济尔哈朗、萨哈廉及瓦克达俱被创"③。在这种情况下,皇太极只好放弃宁远,回师再攻锦州。每天以骑兵绕城巡行,断绝出入,夜晚举火鼓噪,扰乱人心。六月四日,攻"城南隅,因城壕深阔,难以骤拔,时值溽暑","不能克,士卒多损伤,六月五日亦引还,因毁大、小凌河二城"。明军这次胜利,时称"宁锦大捷",袁崇焕因此被"命以兵部尚书兼右副都御史,督师蓟辽,兼督登、莱、天津军务",他表示"计五年,全辽可复"④。

天聪三年(1629)十月,皇太极率领十万大军入关掠明,也想借刀杀人除掉袁崇焕。他们绕过宁锦地区,不进山海关,取道蒙古,并以蒙古兵为"向导",分兵两路:一路出大安口(遵化县西北);一路出龙井关(遵化县东北),"至遵化城合军"。他们很快攻陷了遵化城,兵锋直抵北京城下。明廷大惊,急忙调兵拱卫京师。袁崇焕闻讯,率领祖大寿等千里驰援,屯兵广渠门外,与

---

① 《清太宗实录》,卷三。
② 《明史·袁崇焕传》。
③ 《清太宗实录》,卷三。
④ 《明史·袁崇焕传》。

后金兵激战半日,"互有杀伤"。后移营城东南隅列阵,与后金兵对峙,皇太极在军前看后说:"此不过败残之余耳,何足以劳我军?"并不发起进攻。事实是,他已想好对付袁崇焕的办法。《清太宗实录》有详细的记载,不妨抄录如下:"先是获明太监二人,令副将高鸿中、参将鲍承先、宁完我、巴克什达海监守之。至是还兵,高鸿中、鲍承先遵上所授密计,坐近二太监,故作耳语云:'今日撤兵乃上计也,顷见上单骑向敌,敌有二人来见上,语良久乃去,意袁巡抚有密约,此事可立就矣。'时杨太监者佯卧窃听,悉记其言。庚戌,纵杨太监归。后闻杨太监将高鸿中、鲍承先之言详奏明主。"①于是,独断多疑的崇祯以"议饷"为名把袁崇焕诓入城内,"遂缚下诏狱"。袁崇焕下狱后,祖大寿"惧并诛",遂率军逃出山海关,听主帅被捕,袁军大部散去。在这种情况下,崇祯以大同总兵满桂为武经略,"尽统入卫诸军,赐尚方剑,趣出师"。满桂督黑云龙、麻登云、孙祖寿诸大将移营永定门外二里许,列阵以待。翌日天还未亮,后金"以精骑四面蹙之,诸将不能支,大败,桂及祖寿战死,云龙、登云被执"②。这时,后金许多将领争请乘胜攻城,认为可一鼓而下。皇太极则说:"城中痴儿,取之若反掌耳!但其疆域尚强,非旦夕可溃者,得之易,守之难,不若简兵练旅,以待天命可也。"③天聪四年(1630)三月,皇太极从北京撤兵,挥师东进,又占领了永平(河北卢龙县)、滦州(河北滦县)、迁安等府县,并留二贝勒阿敏等驻守遵化、永平、滦州、迁安四城,为将来进兵的准备。布置停当之后,皇太极率军出冷口(河北迁安县东北),返回沈阳。不久,永平四城被明军收复,阿敏率军逃回,成为他被囚禁致死的原因。

崇祯三年(即天聪四年,1630)八月,袁崇焕被判处磔刑,死得极惨,所谓"西市寸寸脔割"、"止剩一首,传视九边"。人们误认为他通敌,骂他是汉奸。"兄弟妻子流三千里,籍其家"。袁崇焕的被冤杀是自毁长城,是替皇太极扫清了一个障碍。《明史·袁崇焕传》最后说:"自崇焕死,边事益无人,明亡征决矣。"

此后,皇太极多次派兵从各口入关进行骚扰,掳掠大批人口、财物,然后返回,不敢在关内久留。原因在于不能不遭到关内人民的反抗,但更主要的是明朝在锦州、宁远、山海关还有一道坚固的防线。皇太极深知不破除这道防线,他就无法夺取北京,也不可能夺取全国统治权。因此,清兵入关前这里是明清激烈争夺的主要战场。

---

① 《清太宗实录》,卷五。
② 《明史·满桂传》。
③ 昭槤:《啸亭杂录》,卷一。

第二节 皇太极称帝与清朝的建立

皇太极认识到为了征明,必先解决蒙古与朝鲜。由于林丹汗被击败,漠南蒙古很快统一。皇太极的威望因此而提高,尤其得到元代的传国玉玺,许多人纷纷劝进,认为是天与人归。皇太极称帝,改元崇德,国号大清,改族名女真为满洲。皇太极称帝后立即出兵朝鲜,终于使之臣服。于是开始征明,取得松锦大捷,打开了入关之路。不幸的是皇太极突然暴卒,福临即位,多尔衮摄政。

一、入侵朝鲜与统一漠南蒙古

为了征明,必须解决"内顾忧",即东南的朝鲜与北方的蒙古,这是努尔哈赤时期就已提出的问题。在绥服蒙古方面取得了一定成效,但在争取朝鲜方面却毫无所得。皇太极继承汗位后,首先从朝鲜开刀。

天聪元年(1627)正月,新年刚过,皇太极就派二大贝勒阿敏、贝勒济尔哈朗、杜度、岳托等统率三万大军侵入朝鲜。大军沿朝鲜西海岸向前进发,连陷定州、安州,兵临平壤,城内守军闻风而逃,兵不血刃,唾手而得全城。当天又渡过大同江,直逼朝鲜王京开城。国王李倧逃往江华岛(朝鲜汉城西北海中),遣使请和。阿敏提出的议和条件就是一条,归纳起来就是要朝鲜断绝同明朝的关系,与后金结为"兄弟之国"。李倧既无力抵抗,又无外援,只好采取所谓"缓敌之策",接受了条件,双方在平壤盟誓,承认"金国为兄,朝鲜为弟"。于是,阿敏一方面答应退兵,另一方面竟然纵兵大掠三日,给朝鲜人民造成了巨大的灾难。退兵后,还要驻军义州,以监视朝鲜的举动。通过这次用兵,暂时缓和了来自朝鲜的威胁,可以集中力量打击林丹汗。

天聪二年(1628)九月,由于林丹汗率兵侵略喀喇沁部,占领其地,夺去户口牧产,备受欺凌的喀喇沁部只好归附后金,共同抵御林丹汗。于是,皇太极亲率大军第一次西征察哈尔,喀喇沁部大小封建主都踊跃随征,并与喀尔喀诸贝勒会盟于辽阳。满蒙联军初战告捷,西拉木伦河流域的锡尔哈、锡伯图、英汤图等地全被后金占领。接着乘胜追击,直至兴安岭,斩获无算,察哈尔的势力退出西拉木伦河之外。十月中旬,皇太极返回沈阳。

天聪六年(1632)四月,皇太极再次亲征察哈尔,目的在于摧毁林丹汗的老巢,统一漠南蒙古。他令喀喇沁等部出兵随征,会师昭乌达。"林丹汗闻之大惧,遍谕部众弃本土西奔,遣人赴归化(今呼和浩特)城,驱富民及牲畜尽渡黄河。察哈尔国人仓卒逃遁,一切辎重皆委之而去。"皇太极下令追击,一路上荒无人烟,"时军中粮匮",竟捕猎黄羊充饥。后分兵前进:左翼兵由阿济格率领,包括蒙古诸部兵,进攻大同、宣府边外察哈尔属地;右翼兵由济尔哈朗、多尔衮等率领,进攻黄河一线;皇太极、代善、莽古尔泰统中军兵直奔归化城。

林丹汗无力抵抗,放弃归化,越过黄河,向西逃窜。五月二十七日,皇太极进驻归化,俘获甚众,"归降者,编为户口"①。至此,皇太极决定班师,七月二十四日顺利回到沈阳。后来,向西逃窜的林丹汗众叛亲离,原有十万部众,四处溃散,所剩无几,大部投归后金。走投无路的林丹汗又患了痘症(天花),于天聪八年(1634)闰八月病死于甘肃打草滩的祁连城。许多有关著述说死于青海打草滩,实误。林丹汗病死之地距青海还有十日的路程②,尚未进入青海。林丹汗死时,他的正妃及其子却不知下落。

天聪九年(1635)二月,皇太极令多尔衮、岳托、萨哈廉、豪格等统精骑一万再次西征,目的在于寻找林丹汗的正妃苏泰福晋及其子额哲,收拾其残部,最后统一漠南蒙古。三月,行至西喇珠尔格地方,从归降者口中得知额哲的下落。他们渡过黄河,进入鄂尔多斯的托里图,终于找到了额哲。额哲年仅13岁,还是一个孩子,部众星散,与其母已陷入绝境。所以,大兵压境,没有任何抵抗,竟率一千户归降,并献上元代传国玉玺。玉玺上刻有汉篆"制诰之宝"四个字,两边各有一条飞龙,光辉灿然。多尔衮把这一喜讯,急忙派人驰奏,皇太极十分高兴,以为是天赐至宝,也是他改元称帝的诱因。在此应该提到,皇太极高兴之余,同年十月改女真族名为满洲,原因见后。

皇太极统一漠南蒙古,对漠北喀尔喀蒙古、漠西厄鲁特蒙古都产生了深远的影响。首先是漠北喀尔喀蒙古的车臣汗、土谢图汗、扎萨克图汗三部遣使通款,表示:"愿往来通问不绝,共守盟约,以安太平"③,终致投表称臣,三部每年各献九白之贡(即指白色骆驼一匹,白色马八匹)。后来,漠西厄鲁特蒙古以及西藏达赖五世、班禅四世等都派人前来,奉献贡物,以示通好。皇太极也都"以礼迎之",大加赏赐,广为怀柔笼络。由于漠南蒙古的统一,明朝的北方屏藩尽失,在军事上对后金将来的伐明是十分有利的。从此,皇太极的声望日隆,国威远播,实力倍增,为夺取全国政权奠定了基础,也为他改元称帝铺平了道路。

二、皇太极称帝

自从统一漠南蒙古并得到元代传国玉玺之后,许多人纷纷劝进,认为是天与人归。"天聪十年三月,外藩蒙古十六部四十九贝勒,都元帅孔有德等,并以请称尊号来朝。四月八日己卯,大贝勒代善及内外诸贝勒文武群臣共上表:以满、汉、蒙文书之。凡三通:贝勒多尔衮捧满字表文,土谢图济农巴达里捧蒙字表文,都元帅孔有德捧汉字表文,率各官跪进之,文曰:诸贝勒大臣文武各

---

① 《清太宗实录》,卷十一。

② 《清太宗实录》,卷二十。

③ 《清太宗实录》,卷二十六。

官,及外藩诸贝勒,恭维皇上承天眷佑,应运而兴,当天下混乱之时,修德礼天,逆者威风之以兵,顺者抚之以德,宽温之誉,施及万方。征服朝鲜,混一蒙古,更获玉玺,内外化成,上合天意,下协舆情。以是臣等仰体天心,敬上尊号,一切仪物,俱已完备,伏愿俯赐俞允,勿虚众望!读毕,皇太极曰:尔等合辞劝进,至再至三,朕恐上无以当天下,下无以孚民志,故未俞允。今重违尔等意,坚辞不获,勉从众议,既受尊号,当益加惕厉,惟天佑助之。诸贝勒大臣皆欢忻而退。"

　　皇太极此前之所以谢绝劝进,主要是担心他的兄弟子侄是否真心拥戴,不能不有所顾忌。但经过多次的劝进,终于接受了早已"心向往之"的"恭请"。他说:"数年来尔诸贝勒大臣劝朕受尊号已经屡奏,但朕若受尊号,恐上不协天心,下未孚民志,故未允从。今内外诸贝勒大臣复以劝进尊号再三固请,朕重违尔等之意,弗获坚辞,勉从众议",并决定于四月十一日举行登基大典。这个大典十分隆重,完全仿效汉制,首先是祭告天地,然后接受诸贝勒文武百官的三拜九叩首礼,之后"左班和硕墨尔根戴青贝勒多尔衮、科尔沁贝勒土谢图济农巴达礼捧宝一;和硕额尔克楚虎尔贝勒多铎、和硕贝勒豪格捧宝一;右班和硕贝勒岳托、察哈尔汗之子额驸额尔克孔果尔额哲捧宝一;贝勒杜度、都元帅孔有德捧宝一,各以次跪献于上"。表示将皇帝御用之宝交给他,完全承认他至高无上的统治地位。接着是"满洲、蒙古、汉官捧三体表文",赞颂功德,"上尊号曰:'宽温仁圣皇帝,建国号曰大清,改元为崇德元年'。宣谕毕,复行三跪九叩首礼"。其中有一个不愉快的插曲,"行礼时,朝鲜使臣罗德宪、李廓不拜"[①],皇太极十分不满,立即加以训斥。当天,在大政殿举行盛大宴会,欢庆皇帝即位礼。这样,皇太极就成为清朝第一代皇帝,庙号为太宗。第二天,太宗又率领群臣祭太庙,尊奉始祖(泽王)、高祖(庆王)、曾祖(昌王)、祖父(福王)为王,而奉努尔哈赤为皇帝,上尊号为:承天广运圣德神功肇纪立极仁孝武皇帝,庙号太祖,陵曰福陵(沈阳东陵)。十天后,太宗又根据"诸兄弟子侄军功册,封大贝勒代善为和硕礼亲王、贝勒济尔哈朗为和硕郑亲王、墨尔根戴青贝勒多尔衮为和硕睿亲王、额尔克楚虎尔贝勒多铎为和硕豫亲王、贝勒豪格为和硕肃亲王、岳托为和硕成亲王;阿济格为多罗武英郡王;杜度为多罗安平贝勒、阿巴泰为多罗饶余贝勒,各赐银两有差"。这里根据所谓"军功"大小分为三等,即亲王、郡王和贝勒,实际是贝勒的地位被降低了。接着,又对蒙古的诸贝勒进行分封,也是分为亲王、郡王和贝勒三等。林丹汗之子额哲被封为亲王,"位冠四十五旗贝勒之上。编其众为旗,安置义州(指锦州北之义县)"。同日还根据"都元帅孔有德、总兵官耿仲明、尚可喜军功,封孔有德为

---

① 《清太宗实录》,卷二十八。

恭顺王、耿仲明为怀顺王、尚可喜为智顺王,赐宴崇政殿并赐银两有差。其部下官员亦论功升赏有差"①。不难看出,皇太极依次对满、蒙、汉三方面所谓有"军功"者进行封赏,表明清朝政权是以满洲贵族为核心,联合蒙、汉等族封建势力建立的封建专制政权。但是,这个政权还是一个地方割据政权,形成了与明朝中央政权并存的局面。

这里想附带说明皇太极为什么改族名为满洲和建国号为大清,都有什么含意。历来史家有种种说法,"未有定论"。稍加介绍,供读者参考。

先说族名。有学者说"满洲"二字是满语,汉语音译为"满珠""满住""曼珠""满洲"等。那么"满洲"一词意译应该是什么呢?其含意很多,如长者、长老、头领、酋长等,还有勇猛、英明之意。据此,多数学者认为是头领、酋长之意。明朝初年,曾对建州女真首领阿哈出赐姓李,名善城,其子释家奴赐名李显忠。到了释家奴之子时,明政府没有赐名,自称李满住。他担任建州卫酋长四十多年,一直与明朝抗衡,后为明与朝鲜联合击败被杀。李满住的李是继承阿哈出、释家奴的李,满住是酋长,意思是李酋长。时间长了,满住就代替了族称,也就是满洲。范文澜则认为:"满字取满住第一字,洲字取建州第二字,州边加水,成洲字。满、洲、清都有水意,谓明朝姓朱,朱明二字有火意,用水灭火,符合五行相克的学理。"②汪荣宝更认为:"满洲之名称,义出佛教,本印度语。以清文考之,二字本皆平读,音近曼珠。清朝创业之初,西藏每岁献丹书,皆称'曼珠师利大皇帝',曼珠师利者,即曼珠室利,为释迦摩尼师毗卢遮那之本师。翻译名义曰'曼珠,华言妙吉祥也'。当时建号之义,实取诸此。"③。

再说国名。有的赞同范文澜的说法,"清用水字作偏旁,而明字含火义,以清代明,犹如以水灭火,正符合五行相克的传统说法"④。孟森则赞同金梁的说法:"近乃得一确证,满人金息侯梁,撰有光宣小纪,亦称清即金之谐音,并举沈阳抚近门额,汉文称大金天聪年,其满文即终清世之大清字样。是可知金之为清,改汉不改满,有确证矣"⑤。"据乾隆帝所言,有大东之意。盖以五色配五方,而东为青色,音转为清。或曰:清者,廓清天下之义也"⑥。综上所述,族名与国号究竟何者为是,还是仁者见仁、智者见智,读者可以自行判断。

三、臣服朝鲜与松锦大战

崇德元年(1636)十二月,太宗以朝鲜"违天败盟""以兵助明""伺隙逞

① 福格:《听雨丛谈》,卷二。
② 范文澜:《中国通史简编》,商务印书馆1952年版,第875页。
③ 转引自萧一山:《清代通史》,中华书局1986年版,第52页。
④ 《清史简编》,辽宁人民出版社1980年版,第41页。
⑤ 孟森:《明清史讲义》(下册),中华书局1981年版,第387页。
⑥ 转引自萧一山:《清代通史》,中华书局1986年版,第186页。

谋"为借口,亲率满、蒙、汉十万大军第二次用兵朝鲜,令亲王代善、多尔衮、多铎、岳托、豪格以及贝勒杜度等随征。许多辽阳人也参加了这场战争,"是日命多罗安平贝勒杜度、恭顺王孔有德、怀顺王耿仲明、智顺王尚可喜、昂邦章京石廷柱、马光远等率每旗梅勒章京一员,每牛录甲士三人及石廷柱旗下汉军在后护送红衣炮、将军炮、法烦鸟枪、车牌辎重等物"①。清军很快渡过鸭绿江,进入朝鲜境内,当天即占领了义州。清军迅速向前推进,势如破竹,连续攻陷了郭山城、定州、平壤,逼近王京。国王李倧逃往南汉城,清军随即包围了该城,朝鲜援兵几次赶来会战,都被清军击溃。这时,太宗令多尔衮造船跨海夺取江华岛,以红衣大炮击溃朝鲜水师登岸,俘获王妃、王子、阁臣、侍郎及宗室七十六人,群臣家属一百六十六人。对这些人,多尔衮妥为保护,"毫无所犯"。在这种情况下,李倧被迫接受投降条件,主要内容有:(一)去明国之年号,奉大清之正朔,断绝与明朝的一切交往,交出明朝赐给的诰命册印;(二)以长子并再令一子为质,常驻沈阳,尔有不讳,则立尔质子嗣位,诸大臣亦以子弟为质;(三)一切礼仪,毋违明国旧例;(四)新旧城垣,毋许擅筑;(五)惩办"斥和"的主战大臣;(六)每年向清朝进贡一次,其品种及数目有:黄金一百两,白银一千两,水牛角弓面百副,豹皮一百张,鹿皮一百张,茶一千包,水獭皮四百张,青鼠皮三百张,胡椒十斗,好腰刀二十六把,顺腰刀二十把,苏木二百斤,好大纸一千卷,好小纸一千五百卷,五爪龙席四领,各样花席四十领,白苧布二百匹,各种棉绸二千匹,各色绸麻布四百匹,各色细布一万匹,布一千四百匹,米一万包②。二月初一,太宗下令班师,李倧率领群臣出王京十里跪送,其长子李汪、次子李淏为质随行。二十一日,太宗回到盛京。这次用兵迫使朝鲜订立了"君臣之盟",彻底拆散了朝鲜与明朝的关系,从根本上解除了后顾之忧,此后清军可以一心一意地西征伐明;同时,也从朝鲜获得了大量的人力、物力和各种资源,大大增强了其国力。李汪、李淏被安排在沈阳德盛门(大南门)内高丽馆,长达八年之久。他们在沈阳期间,写有日记,名曰《沈馆录》(七卷),已被收入《辽海丛书》,其中也多次提到辽阳,可供参考。此后,太宗又陆续收复了黑龙江中上游地区,满族的故乡也归于一统。

皇太极虽然屡次派兵入关侵扰,夺取大批人畜财物,但不能在关内立足,原因在于山海关的"阻隔","而欲取关,非先取关外四城不可",所谓关外四城即指锦州、松山、杏山、塔山。锦州是辽西重镇,是入关的必经之地,宁远又是它的后盾,两者是山海关与京师的主要屏障。而松山(位于锦州正南18里)、杏山(位于锦州西南40里)、塔山(位于锦州西南60里)是锦州的卫城,可以

---

① 《清太宗实录》,卷三十二。
② 《清太宗实录》,卷三十三。

互为掎角。所以进攻锦州,必须扫除外围。崇德五年(1640)三月,皇太极以义洲为夺取锦州的前哨基地,派济尔哈朗、多铎率军前往,他们"修城筑室",实行屯田,还在锦州四面挖掘长壕,采取长期围困的办法。总兵祖大寿率领明军及部分蒙古军坚守城池,多次击败清军的进攻。但时间一长,粮草短缺,驻守外城的蒙古军首先发生动摇。崇德六年(1641)四月,蒙古将领诺木齐、吴巴什与济尔哈朗等取得联系,密谋投降清军。结果事泄,祖大寿准备逮捕诺木齐、吴巴什,蒙古军起而反击,双方激战,清军派兵支援,两者趁机占领了外城,明军退入内城。祖大寿告急,明廷立即派蓟辽总督洪承畴出关解围。洪承畴,字彦演,号亨九。福建南安人,万历四十四年(1616)进士,崇祯七年(1634)任兵部尚书,总督山西、陕西、河南、湖广、四川军务,镇压农民起义军。他俘杀高迎祥于盩厔(今陕西周至),败李自成于潼关,深受朝廷重用。崇祯十二年(1639)调任蓟辽总督,抗击清军。锦州外城被占后,这年七月崇祯令他及辽东巡抚邱民仰前往解围。为此征调八总兵,即宣府总兵杨国柱、大同总兵王朴、密云总兵唐通、蓟州总兵白广恩、玉田总兵曹变蛟、山海关总兵马科、前屯卫总兵王廷臣、宁远总兵吴三桂,共十三万兵马,在宁远集结待命。洪承畴采取"步步为营,以守为战"的策略,不敢冒进。但是,"兵部尚书陈新甲以师久饷匮,遣职方司郎中张若麒赴军。若麒素狂躁,日夜报捷,并请密敕趣战(请皇帝密旨促战)。承畴遂不敢坚持前议,留粮刍于宁远、杏山及塔山外之笔架冈,而以兵六万先进,诸军继之。骑兵环松山三面,而步兵据城北之乳峰山,两山间列七营,卫以长壕"。八月,皇太极闻讯,亲统大军疾驰六日到达松锦前线。他陈兵于松山、杏山之间,并从北自南到海边挖掘三道深壕,把松山团团包围起来,切断了松山与杏山之间的联系,也断绝了明军的粮道。接着,皇太极又派阿济格进攻塔山,击败明军护饷之兵,"遂获笔架冈积粟"。由于失去粮草,引起明军将士一片恐慌,人人思逃。二十一日,明军出击,被清军击退。皇太极料到,是夜明军必然突围出逃,于是在塔山、杏山、小凌河诸要隘布下伏兵,张网以待。当日晚,洪承畴召集诸将会议,决定突围,他说守亦死、战亦死,战或可死中求生,"望诸君悉力"。不料会议刚完,胆小如鼠的大同总兵王朴率兵先逃,打乱了部署,于是"诸军无复行列,争奔杏山"。后有追兵,前有伏兵,明军漫山遍野,争相逃命,六镇残兵"溃入杏山"。玉田总兵曹变蛟突围不成,退入松山,与洪承畴、邱民仰及前屯卫总兵王廷臣等万余人困守松山城,"突围五次,皆不成"。皇太极移营松山,在其四面掘壕围困之。松山一战,清军"先后歼敌兵五万三千七百八十余,获驼马、甲胄、炮械以数万计。自杏山南至塔山,死伤狼藉,海中浮尸如雁鹜"。明廷"由天津海运粮饷至松山济师,始延数月"①。崇德七年(1642)二月,松山副将夏成德降清,遣人密约于其守御之处,乘夜竖梯登城,他为内应,且以自己的儿子为人质。十八日夜,清军入城,曹变蛟、邱民仰、王廷臣战死,洪承畴被俘。松山一失,锦州军心瓦解,"城内粮尽,人相食"。祖大寿"战守计穷",于三月八日举城投降。接着,清军又先后拿下了塔山、杏山,至此所谓关外四城尽失,辽西的防御体系完全崩溃。战后,洪承畴被解送到沈阳,他虽也以死自誓,甚至"绝粒累日",但终究敌不过皇太极的多方劝诱,还是投降了清朝,成为有名的贰臣。松锦大捷是围城打援的典型战例,是继萨尔浒、辽沈战役之后的关键一战,明朝在关外除了宁远一座孤城之外,全部落入清军之手,为清军入关夺取全国政权奠定了基础。松锦大捷后,皇太极十分高兴,对诸将大加赏赐。他说:"今明国精兵已尽,我兵四围纵略,彼国势日衰,我兵力日强,从此燕京可得矣。"因此,在胜利的鼓舞下,许多将领如固山额真墨尔根侍卫李国翰、佟图赖、祖泽润、梅勒章京祖可法、张存仁(辽阳人)等奏称:"今天意归于皇上,大统攸属,锦州、松山、杏山、塔山,一时俱为我有,明国人心动摇,燕京震骇。惟当因天时,顺人事,大兵前行,炮火继后,直抵燕京而攻破之,是皇上万世鸿基,自此而定。四方贡篚,自此而输,上下无不同享其利矣。倘迁延时日,窃虑天时不可长恃,机会不可坐失。况山东之行,燕京一带空虚,我兵所到,无不收服。若再缓行,其地已为'流贼'劫掠殆尽,地方残毁,所关岂浅鲜哉!臣等以为不如率大军直取燕京,控扼山海(关),大业克成,而我兵之饶裕,不待言矣。"皇太极看后,不以为然。他说:"尔等建议直取燕京,朕意以为不可。取燕京如伐大树,须先从两旁斫削,则大树自仆。"②他认为,明朝还没有到大厦将倾的时候,还有相当的实力,要像砍树一样,不能急于求成,应该徐图渐进,不断地削弱它,使其彻底衰竭,那时就可直取燕京了。正因如此,在松锦大捷半年之后他即派多罗饶余贝勒、阿巴泰率领十万清军第五次进关征明,实际就是抢掠,从当年的十月到崇德八年(1643)五月,前后八个月给了明朝以沉重的打击。据奏报称:"大军直抵明境,至兖州府莫能拒守,将明国鲁王(朱以派自杀)及乐陵(朱宏治)、阳信(朱宏福)、东原(朱衣远)、安邱、滋阳诸王及管理府事宗室等官数千人尽皆诛戮。计克三府、十八州、六十七县,共八十八城,归顺者六城,击败敌兵三十九处,所获黄金万有二千二百五十两、白金二百二十万五千二百七十两有奇。珍珠四千四百四十两。各色缎共五万二千二百三十匹。缎衣、裘衣万有三千八百四十领。貂狐豹虎等皮五百有奇。整角及角面千有一百六十副,俘获人民三十六万九千名口。驼马骡牛驴羊共三十二万一千有奇。外有发窖所得银两,剖

---

① 参见魏源:《圣武记》,卷一。
② 《清太宗实录》,卷六十二。

为三分,以一分给赏将士,其众兵私获财物莫可算数。"①皇太极非常高兴,阿巴泰班师将至沈阳时他令和硕郑亲王济尔哈朗、和硕睿亲王多尔衮等出迎三十里,他自己也出城迎接,以后又大加赏赐,阿巴泰就得银一万两。八月九日,皇太极在崇政殿"以征明所获缎匹财物之佳者赐科尔沁国福妃、贤妃及固伦公主诸福金等有差",并表示"未经阅视者候再查阅",然后还要赏赐,可见他一直沉浸在欢乐之中。不料想,"是夜亥刻,上无疾,端坐而终"。这就是说,皇太极在当天夜里的九到十一点之间,在清宁宫里的寝宫端坐(还没有就睡)就无疾而终,溘然长逝,享年五十有二。真是无疾而终吗?当然不是。许多医学专家判断可能属于中风或脑溢血等病症,应该是可信的。皇太极死后葬于昭陵(即沈阳北陵),"上尊谥曰应天兴国弘德彰武宽温仁圣睿孝文皇帝,庙号太宗"②。

皇太极在位十七年,使满族社会完成了从奴隶制向封建制的过渡,八旗共治的政体已经不能适应形势发展的要求,他顺应历史发展的趋势,实行君主专制,有利于集中统治阶级的意志,便于解决当时的各种矛盾,推动各种事业的发展,大大增强了国力。在此基础上,他陆续统一了东北,绥服了蒙古,臣服了朝鲜,解除了后顾之忧,从此可以集中力量对付唯一的敌人——明朝。遗憾的是这个任务他无法完成了,只能让给自己的儿子福临了。

福临当年只有六岁,他之所以能够继承皇位是各方面妥协的结果。当时具有实力争夺皇位的只有两个人:一是豪格;一是多尔衮。豪格是皇太极的长子,当时三十五岁,屡立军功,有两黄旗支持。多尔衮是努尔哈赤第十四子,当时三十二岁,战功卓著,有两白旗支持。代善等主张应该由皇长子豪格继承,会议时豪格不好立即答应,表示谦让,以为会有人劝进,然后再答应。不料多尔衮抢先发言,表示同意由皇子继承,豪格既然不做,那就由福临继承皇位。多尔衮主要考虑自己不是皇子,如果强行登极必然遭到多数人的反对,如果豪格继位将来有可能遭到报复,所以只好采取折中办法。但他提出由于福临年纪还小,应该由郑亲王济尔哈朗和他两人摄政,并发誓说:"有不秉公辅理,妄自尊大者,漠视兄弟,不从众议,每事行私,以恩仇为轻重,天地谴之。"③在这种情况下,大家就同意了他的意见。崇德八年(1643)八月二十六日,在"诸伯叔兄"的扶持下,由福临继承皇位,"以明年为顺治元年",清朝的历史进入了一个新的时期。应该说,在这场皇位争夺中,最大的输家是豪格,轻易失去了机会;最大的赢家是多尔衮,虽然没有坐上皇帝的宝座,但摄政王实际是没有

---

① 《清太宗实录》,卷六十四。

② 《清太宗实录》,卷六十五。

③ 《清史稿·多尔衮传》。

皇帝名号的皇帝,后来他踢开了济尔哈朗,大权独揽,结党营私,觊觎大位,如果不是纵欲过度早亡,有可能成为名副其实的皇帝。

第三节　农民战争与明朝的覆亡

明末的农民起义军主要有两大支,即李自成起义军和张献忠起义军。后者主要活动于四川,而且很快失败,余众大部与南明小朝廷联合进行反抗斗争。李自成起义军攻入北京,明朝覆亡,但胜利果实很快被清朝统治者所窃取,又经过半个多世纪的奋战,清朝的统治终于在全国确立起来,其中辽阳人发挥了重大作用。

一、农民军攻占北京与清军入关

明末政治腐败、经济凋敝,民不聊生,农民起义此起彼伏。崇祯二年(1629)底,李自成在甘肃榆中起义。不久,他率部加入了其舅父闯王高迎祥的起义军,转战于陕西、山西、河南等地,队伍不断扩大。崇祯派兵部尚书洪承畴"监督河南山陕川湖军务",调集大军,妄图一举消灭起义军。为了粉碎明军的围剿,农民军十三家七十二营将领于崇祯八年正月,齐聚河南荥阳商讨对策,"议拒敌,未决"。这时,李自成提出"分兵定向"的主张,"皆曰:善"。于是,西、南、北三面御敌,牵制明军,高迎祥、张献忠、李自成等则率兵"略东方"。这就是历史上著名的"荥阳大会",使分散的各自为战联合起来,互相配合,为实现共同的目标一致奋斗。这是中国农民战争史上的伟大创举,标志着农民战争进入了一个新阶段。会后,高迎祥等在十天之内,行军千里,一举攻占了安徽凤阳,捣毁了明朝皇帝的祖坟,引起巨大的震动。高迎祥、李自成经河南进入陕西,转战于陕甘一带。崇祯九年(1636)七月,高迎祥、李自成进攻西安,在周至(原盩厔,简化为周至)遇袭,高迎祥被俘牺牲。在这种情况下,余部"乃共推自成为闯王",继续奋战于河南等地。崇祯十一年(1638)春,李自成在潼关遭到明军合击,"自成尽亡其卒,独与刘宗敏、田见秀等十八骑溃围,窜伏商、洛山中"。他们坚持斗争,总结经验教训,扩大队伍,积极练兵,等待时机,迎接革命高潮的到来。崇祯十三年(1640)冬,李自成率军进入河南,提出了"均田免粮"的革命纲领,得到广大人民的拥护,到处流传着"迎闯王,不纳粮"的歌谣。第二年正月,起义军攻克洛阳,活捉了福王朱常洵,当众判处死刑,将其霸占的土地和掠夺的财物分给农民与城市贫民。洛阳的占领,标志着起义军由战略防御转变为战略进攻。接着,先后取得了项城、叶县、南阳、襄城、朱仙镇、郏县、汝宁等战役的胜利,从根本上动摇了腐朽的明朝统治。崇祯十五年(1642)冬,起义军又占领了湖北襄阳和樊城。次年三月,李自成被拥戴为"新顺王",改襄阳为襄京。初步建立起农民革命政权。崇祯十六年

（1643）五月,李自成召开军政会议,研究推翻明朝的作战方略。经过讨论决定:先取关中,以陕西为基地,集聚力量,再取山西、河北,最后进攻北京。

这时,崇祯为了挽救败局,以陕西总督孙传庭为兵部尚书,授予总督七省军务大权,令其迅速进攻河南。当年九月,汝州一战,孙传庭大败,逃往潼关,起义军乘胜追击,破潼关,击毙孙传庭,并占领了西安。很快,陕、甘、青等省皆为农民军所有。崇祯十七年（1644）春节,李自成正式宣布建国,改西安为西京,"国号曰大顺,改元永昌,改名自晟",农民政权进一步完善。二月,李自成亲率农民军从禹门渡过黄河,进入山西,破汾州、河曲、静乐,拿下太原。在此,兵分两路:李自成亲率北路军出宁武,陷大同,直逼居庸关,守将开关迎降。刘宗敏率领南路军出"固关,掠大名、真定而北",三月中旬两军会师北京城下。三月十七日,李自成指挥大军开始攻城,城外明军悉数投降。十八日,日落时分,"太监曹化淳启彰义门",农民军"尽入"。十九日,"天未明,皇城不守,鸣钟集百官,无至者",崇祯乃"登煤山,书衣襟为遗诏,以帛自缢于山亭,帝遂崩"。上午,大顺军占领了北京全城。中午,"自成毡笠缥衣,乘乌驳马",进入北京城①。统治二百七十六年的明王朝,终于被大顺军推翻了。

大顺军定都北京之后,实行了一系列革命措施,受到广大群众的欢迎。首先是完善官制,继续发展革命势力,分兵略地,扩大占领区。其次是安定社会秩序,保护百姓,没收官僚大地主土地分给农民,支持农民夺回地主霸占的土地,实行"均田"。再次是成立"比饷镇抚司",由刘宗敏等主持,把贵族、宦官、大官僚、特权商人等抓起来,视其财富、官阶、罪恶等情,决定退赃数目,稍有违抗,便加"拷掠"。共追缴赃银七千多万两,不仅解决了军饷,也不必征税,减轻了人民负担,更大灭了地主阶级的反动气焰。最后是铸造新币,以"永昌通宝",代替明朝货币,实行公平交易,商民"安心开张店市",繁荣了经济。

崇祯十七年（1644）三月,明驻守宁远的总兵吴三桂奉调率军赴京勤王。吴三桂,字长伯,祖籍江苏高邮,后迁居辽阳。"父襄,明崇祯初官锦州总兵。三桂以武举承父荫,初授都督指挥。襄坐失机下狱,擢三桂总兵,守宁远"。由于李自成自西安东进,连陷太原、宁武、大同,京师震动。这时,崇祯封吴三桂为平西伯,驻防山海关。多尔衮得知吴三桂西去勤王,立即下令:"修整军器,储粮秣马,俟四月初大举进讨。"②吴三桂到达永平时,北京已经陷落。这时,"自成胁襄以书招之,令通以银四万犒师,遣别将率二万人代三桂守关。三桂引兵西,至滦州"。接到家中密信,得知其父吴襄被追赃拷打,爱妾陈圆圆为刘宗敏掠去,盛怒之下"还,击破自成所遣守关将",夺回山海关。于是,

---

① 《明史·李自成传》。
② 《清世祖实录》,卷三。

决定"上书睿亲王乞师"。四月九日,多尔衮、多铎与阿济格"统领满洲、蒙古兵三之二及汉军恭顺等三王",约十四五万人"往定中原"。他们准备绕关入边,毁长城突入,然后"从蓟州、密云近京处,疾行而前"①。四月十五日,师次翁后(宁远附近)的多尔衮接到吴三桂的长篇乞师书,其中说:"先帝不幸,九庙灰烬。今贼首僭称尊号,掳掠妇女财帛,罪恶已极,诚赤眉、绿林、黄巢、禄山之流,天人共愤,众志已离,其败可立而待也。我国积德累仁,讴思未泯,各省宗室,如晋文公、汉光武之中兴者容或有之。远近已起义兵,羽檄交驰,山左、江北密如星布。三桂受国厚恩,悯斯民之罹难,拒守边门,欲兴师问罪以慰人心,奈京东地小,兵力未集,特泣血求助。我国与北朝通好二百余年,今无故而遭国难,北朝应恻然念之,而乱臣贼子亦非北朝所宜容也。夫除暴剪恶大顺也、拯危扶颠大义也、出民水火大仁也、兴灭继绝大名也、取威定霸大功也。况流寇所聚金帛子女不可胜数,义兵一至皆为王有,此又大利也。王以盖世英雄,值此摧枯拉朽之会,诚难再得之时也。乞念亡国孤臣忠义之言,速选精兵直入中协、西协。三桂自率所部合兵以抵都门,灭流寇于宫廷,示大义于中国,则我朝之报北朝者岂惟财帛,将裂地以酬,不敢食言。本宜上疏于北朝皇帝,但未悉北朝之礼,不敢轻渎圣聪,乞王转奏"②。这里只说"乞师",实无投降之意,并说事后"将裂地以酬",意为可以给些土地酬谢,说这时吴三桂已经投降是不准确的。多尔衮接书后,立即回复曰:"予闻流寇攻陷京师,明主惨亡,不胜发指,用是率仁义之师,沉舟破釜,誓不返旆。期必灭贼,出民水火。及伯遣使致书深为喜悦,遂统兵前进。夫伯思报主恩与流贼不共戴天,诚忠臣之义也。伯虽向守辽东与我为敌,今亦勿因前故尚复怀疑。……今伯若率众来归,必封以故土,晋为藩王。一则国仇得报,一则身家可保,世世子孙长享富贵,如山河之永也。"这里要求吴三桂"率众来归",并答应"必封以故土,晋为藩王"为条件,使其"世世子孙长享富贵"。吴三桂究竟作何打算,不得而知,也许来不及考虑也是可能的。四月二十一日,多尔衮到达山海关,正值李自成率军二十万并挟带明太子、诸王及吴襄抵山海关城下,"招三桂降,三桂不从",遂围山海关。次日,吴三桂一出战,立即被大顺军包围起来,正在紧急时刻,清军突然从侧翼袭来,由于大顺军毫无思想准备,仓促应战,损失惨重。面对如此被动局面,李自成下令退往永平,二十六日,回到北京。随着敌我力量对比的变化,李自成决定返回关中,重新集聚力量,以为可以从头再来。二十九日晨,李自成在武英殿就皇帝位,"自成被冠冕,列仗受朝"。三十日,李自成退出北京,率军西走。五月二日,清军进入北京,明朝的"文武官员出迎五里外"。多

---

① 《清世祖实录》,卷四。
② 《清世祖实录》,卷四。

尔衮进朝阳门,自比"周公","乘辇入武英殿升座,故明众官俱拜伏呼万岁"。他说:"今本朝定鼎燕京,天下罹难军民皆吾赤子,出之水火而安全之。"同时宣布:军民一律剃发,表示归顺,地方官剃发者各升一级;各衙门官员俱照旧录用;各地文武官员为首者,立即将钱粮册籍、兵马数目亲自来京朝见;朱姓各王归顺者亦不夺其王爵,仍加恩养;令官民人等为崇祯帝服丧三日。多尔衮的这些做法得到了一些汉族官僚地主的赞许,也是满、汉地主阶级互相勾结的政治基础,都以农民起义军为共同的敌人。

北京占领之后,多尔衮决定迁都,乃遣辅国公吞齐喀、固山额真和讬、管旗大臣何洛会等前往沈阳迎接福临。福临派人祭告天地,祭太祖、太宗于太庙,并布置盛京等地的防务。八月初二日,"命何洛会等统兵镇守盛京等处,以正黄旗内大臣何洛会为盛京总管,左翼以镶黄旗梅勒章京阿哈尼堪统之,右翼以正红旗梅勒章京硕詹统之。八旗每旗满洲协领一员,章京四员,蒙古、汉军章京各一员驻防盛京……东京、盖州、耀州、海州、鞍山、广城,各设满洲章京一员,汉军章京一员,率兵驻防"①。八月二十日,一切安排停当之后,福临车驾自盛京启行,大队人马浩浩荡荡,走走停停,经过广宁、锦州、宁远、山海关、永平、丰润、蓟州等地。九月十八日至通州,多尔衮"率诸王、贝勒、贝子、公、文武群臣迎驾",先向皇太后行三跪九叩首礼,再向顺治行三跪九叩首礼,礼毕退班。众汉官亦各行礼而退。十九日未刻上自正阳门入宫②。十月初一日,"上以定鼎燕京,亲诣南郊告祭天地,即皇帝位",并宣告:"仍用大清国号,顺治纪元,率由初制。"③从此,清朝对全国的统治开始了。

二、清朝在全国统治的确立

清入关后,遇到的是风起云涌的反抗,主要有三个方面:一是李自成、张献忠等的农民起义军;一是南明的几个小朝廷,包括郑成功等;一是反抗剃发易服的各地民间力量。对此,清廷采取两手策略,一是武力镇压,这是主要的;一是安抚招降,发挥降官降将的作用。同时,还任用文馆的儒臣为封疆大吏去管理、统治已经占领的地区,虽也使用武力,但更主要的是安抚民众,恢复秩序,实现社会的稳定,确立清朝对全国的统治。应该指出,清朝统治在全国的确立大约用了半个多世纪的时间,直至康熙二十年(1681)平定三藩之乱、康熙二十二年(1683)收复台湾,才基本得到确立。此后,康熙二十八年(1689)与沙俄签订了《尼布楚条约》,确定了中俄西部边境,制止了沙俄的入侵,康熙三十六年(1697)平定了蒙古准格尔部噶尔丹的叛乱,康熙五十九年(1720)平

---

① 《清世祖实录》,卷七。
② 《清世祖实录》,卷八。
③ 《清世祖实录》,卷九。

定了策妄阿拉布坦在西藏发动的叛乱,使统一的多民族国家得到完全的确立与巩固。在这一过程中,许多辽阳人发挥了相当巨大的作用。

首先是文馆中的辽阳人都"从龙入关",分发各地,遍及大江南北,"皆至督抚"①,许多人成为清朝第一代总督、巡抚,他们的业绩都得到清朝统治者的肯定。

马国柱,顺治元年(1644)从入关,七月以右副都御史巡抚山西,驻太原。李自成部将李过、高一功走保绥德,马国柱疏请分兵东西夹击,使其首尾不相应,李、高被击退。顺治二年(1645),遣游击杨捷讨平阳曲的反抗者阎汝龙、岚县的高九英、交城的梁自雨等。"国柱抚山西年余,捕诛自成余孽伏民间者,安集抚循,民渐复业"。

顺治四年(1647)七月,"加兵部尚书,移督江南、江西、河南三行省"。不久,有冯洪图者为乱安庆,陷巢县,掠无为州。马国柱令按察使土国宝从侍郎鄂屯率师讨之,俘获冯洪图及其部将蒋懋修、钟武等。江西总兵金声桓叛。金声桓字虎臣,一字虎符,辽阳人,初为明副将,后隶左良玉部,升总兵官。顺治二年在大同降清,授江西总兵,驻南昌,顺治五年复叛。其将潘永禧犯徽州,马国柱遣满洲驻防官兵击破之,收复祁(门)、黟二县。上命征南大将军谭泰师师讨金声桓,克九江、南康、饶州等府。明尚书余应桂据都昌,出没鄱阳湖,马国柱令副将杨捷等从谭泰攻克都昌,活捉余应桂,复击败其将邓应龙等于武宁。十月,广东叛将李成栋自南雄侵赣州,马国柱遣将与江西巡抚刘武元合兵击杀之。顺治六年(1649),有王定安者,为乱湖广,陷罗田,结英山陈元等掠霍山,马国柱遣中军副将朱运亨等击之,战于三尖山,陈元等被击退;又令总兵卜从善剿白云、梅家、英窠诸寨。明石城王统锜率五千余人自金紫寨赴援,倚山列阵,卜从善与战,"俘馘(战争中割取敌人左耳以计功曰馘)甚众",俘其总兵孔文灿、副将方学达等。马国柱复率师会江宁(今南京)昂邦章京巴山、提督张大猷讨六安,围将军寨,斩其头领张福寰,降所置总兵王俊、副将霍维伦等。"安徽境诸弄兵者,往往倚山结寨相望,至是始尽"。明鲁王以海在舟山,其将吴凯据大兰山为声援,"上命国柱策剿抚。国柱知宁波诸生方圣时与以海臣严我公友使为游说,我公遂降,国柱护送京师。上遣赍敕招凯,国柱复寓书焉,凯与其将顾奇勋、姜君献、陈德芝等降"。

顺治九年(1652)七月,有张自盛者,为乱于福建攻入江西境,保大觉巖,马国柱檄提督刘光弼击杀所置总兵李全等,张自盛被俘。顺治十一年(1654)正月,明将张名振攻崇明、刘河、吴淞,马国柱募水师,遣总兵王璟、副将张恩达分将之,败之于靖江,复败之于泰兴,毁其舟,张名振遁去。二月,有赖龙者,为

① 《清史稿·马国柱传》。

乱于湖广,号"红头贼",自桂东侵江西境,马国柱与湖广总督祖泽远合兵攻桂东,擒赖龙,乱乃定。"国柱初至江南,驻防兵与民不相习,国柱善为抚戢,令行禁止,兵民相安"。在平定山西、安徽、江西等省,作为总督,马国柱发挥了重要作用。顺治九年九月致仕,康熙三年二月卒①。

罗绣锦,顺治元年(1644)从入关,以右副都御史巡抚河南。"时李自成西走,其党掠卫辉、怀庆(今浑南沁阳)间,而原武(今河南原阳)、新乡诸县盗竞起"。罗绣锦至,与总兵官祖可法等谋划防御,并上疏摄政王多尔衮:李自成所部二万余众,猛攻怀庆,"明兵在南,流寇在西",十分危急,"请发兵靖乱"。多尔衮遂令预亲王多铎率军南征,很快击败农民军,夺回豫西与豫南。罗绣锦遣卫辉参将赵士忠等配合,亦攻破娄儿寺等寨,擒其首领杀之,形势有所缓和。十一月,罗绣锦疏言:"河北(指河南黄河北岸)府县荒地九万四千五百顷,因兵燹之余无人佃种。乞令协镇官兵开垦",得旨允准。十二月,罗绣锦又建言:"河南土寇叛乱已久,狡猾性成,前招降李际遇将近两月未见归,以此类推降诚难信",故应"先行扑灭,去其肘腋之患,则河北可保无虞矣"。得旨,"下所司速议",在此期间,他派兵将原武、娄儿寺、西平、汝宁(今河南汝阳)等处抗清队伍尽行扑灭,"贼首刘洪起等伏诛,汝宁等处悉平"。

顺治二年(1645)十一月,罗绣锦擢升为湖广、四川总督。当时,湖南诸州县尚为明守,李自成从子李锦拥众降于明,侵湖北。罗绣锦至荆州,李锦率众来攻。顺承郡王勒克德浑自江宁来援,李锦败走。勒克德浑师还,李锦又至。罗绣锦率师御之,李锦复败走。顺治三年(1646)四月,有胡公绪者,据天门(在今河南修武县西北40里)、八百州(今属湖北),四出焚掠,戕署盐道周世庆,罗绣锦遣中军副将唐国臣、署总兵杨文富等分道讨之,俘获胡公绪,毁其巢。八月,"遣总兵官徐勇击破麻城山寨,获其渠梅增、周文江;岳州署总兵官高蛟龙等击斩满大壮,获龙见明等"。九月,明总督何腾蛟进攻岳州,"绣锦遣将御之,多所斩获"。十月,又"遣总兵郑四维等定彝陵、枝江、宜都三州县"。

顺治四年(1647),恭顺王孔有德等收复长沙、衡州(今湖南衡阳)、宝庆(今湖南邵阳)、辰州(今湖南沅陵)诸府。然而许多降将复叛,"王光泰以郧阳叛,上命侍郎喀喀木帅师讨之,绣锦与合兵克郧阳",王光泰败走四川。顺治五年,"金声桓以江西叛,湖南骚动,常德、武冈、辰、沅诸府州复入明。绣锦疏留喀拉木驻荆州,而分遣总兵徐勇、马蛟麟等分守要隘,屡败明将马进忠等。上复命郑亲王济尔哈郎共率师徇湖南,渐收诸郡县"。为了防止可能降而复叛,"绣锦疏请移降卒于腹地,毋使师还后复为余孽扇诱,上嘉纳其言"。罗绣锦忠于清廷,配合豫亲王多铎、郑亲王济尔哈郎、恭顺王孔有德等在平定河南、

---

① 参见《清史稿·马国柱传》。

两湖与四川的过程中发挥了很大的作用,稳定了社会秩序,确立起清朝的统治。顺治九年(1652)七月卒,赠兵部尚书①。罗绣锦弟绘锦,官至贵州巡抚。

马鸣佩,顺治元年(1644)从入关,授山西冀南道。顺治二年(1645),收复湖广,移鸣佩下湖南道。"顺治三年(1646),自下湖南道参政授户部侍郎衔,总督江南粮储兼理钱法。"他"首禁私铸,犯必诛,并请设钱法道专其责"。又"江南军饷不足,请留关税佐之,皆议行"。顺治八年(1651)入户部侍郎,寻改总督仓场侍郎。顺治十一年(1654)二月,以兵部左侍郎兼右副都御史,总督宣(化)、大(同)、山西。他招民垦荒,开出宣化、大同荒地三千余顷。不久,"盗发平阳,鸣佩令副将许占魁等捕治,分兵扼隘,诛其渠张五等二百八十余人,降其党九十余"。十月,"加兵部尚书,移督江南、江西"。时郑成功进攻东南沿海,明将陈其纶、汪龙等"据郡县,遥应成功"。马鸣佩檄总兵胡有升等攻其老巢瑞金,占领大柏山寨。陈其纶退往宁都天心寨,"寨民获以献",并获汪龙于九江,击破郑成功部胡宁等。未几,明将张名振以舟师侵崇明岛,马鸣佩亦以舟师御之,张名振败走,俘其副将林正礼等。事后,马鸣佩"疏陈水陆攻守之策","请令江宁提督分兵守刘河、福山,苏松提督驻吴淞,不烦更增兵,但令与江宁提督互策守御为掎角。得旨,如所议"。十二月,张"名振复侵崇明,以舟师断海港,官军莫能渡,鸣佩密令民束草削栉,佐军焚敌舟,俘馘无算,名振夜引去",其部下总兵顾忠,副将黄忠、董礼等百余人投降。顾忠故巨盗,号"纲仓顾三",善水战,至是降,敌益沮。马鸣佩复率参将吴守祖等出海,至浙江独山破敌。分兵讨平吉安、赣州、徽州等地。马鸣佩入关前期主要是管理粮饷、仓储、钱法等,有力支撑了清军向江南的进军。后期主要在安徽、江西与江浙沿海打击郑成功的响应者,切断了其间的联系。顺治十三年(1656)闰五月,以目疾乞休,"康熙五年正月,卒"②。

雷兴,顺治元年(1644)从入关,十月命以副都御史巡抚天津。时有李联芳、张成轩者占据沧州、南皮一带,"兴与总兵官娄光先帅师讨之。张成轩等不敌,想逃遁出海,师已扼海口,乃惊溃,投水死者强半。兴复遣兵捕治,斩渠宥胁,盗尽散"。雷兴上疏:"大沽海口为神京门户,请置战船为备,下所司议行。"顺治二年(1645)四月,雷兴迁陕西巡抚。时"陕西方被兵,民多流亡"。雷兴"则招流亡,辟芜田,与民相休养,关中乃稍实,世祖嘉之",赏冠服、裘马。顺治三年(1646),"有孙守法者,为乱于兴安,贺珍又以汉中叛"。雷兴为了等待援军,移潼关兵防守商州,密令汉羌道的胡全才准备迎敌。肃亲王豪格率师至陕西,雷兴则分兵配合,孙守法、贺珍难以抵挡,四散奔逃,很快被平定。雷

---

① 参见《清史稿·罗绣锦传》。
② 参见《清史稿·马鸣佩传》。

兴"疏请陇州置兵,临洮、巩昌留屯军防边,皆报可"。顺治四年"四月,以疾乞罢"。顺治十年(1653)八月,复起"河南巡抚右副都御史雷兴赴任,至赵州道卒","顺治十一年五月,予故河南巡抚雷兴祭一次,赠兵部侍郎"①。雷兴在稳定京津、平定陕西时发挥了一定的作用,惜过早辞世。

除文馆中辽阳诸生"从龙入关"外,辽阳的许多文臣武将也都纷纷入关,至督抚者也不在少数,将军、都统、副都统、提都也不少,总兵以下更多。下面按照时间顺序介绍总督、巡抚,其他不录。

石廷柱,顺治元年(1644)四月率汉军"从师入关,破李自成"。五月,与固山额真巴彦等平定河北昌平的人民反抗。六月,与固山额真巴哈纳率师抚定山东诸郡县。七月,移师与固山额真叶臣共克太原,山西、河南悉平。顺治六年(1649),从讨叛将姜瓖(陕西榆林人,明宣化镇总兵。李自成至居庸关,瓖迎降,多尔衮至山西,瓖又奉表投诚,为大同镇总兵),收复山西浑源、太谷、朔州(今朔县)、汾州(今汾阳)等城。顺治十二年(1655)五月,授镇海将军,驻防京口(今江苏镇江)。顺治十四年(1657)二月,以老乞休,"上念其宣力年久,勤劳素著,命加少保兼太子太保致仕,进三等伯,世袭"。顺治十八年(1661)二月卒,赠少傅兼太子太傅,谥忠勇,立碑纪绩②。

张存仁,顺治元年(1644)从入关,与固山额真、一等总兵官叶臣率师往定山西,"下府六、州二十四、县一百三十一,遂克太原"。又"从豫亲王多铎略河南,下江南,督所部以炮战,屡有克捷"。顺治二年(1645)六月,"从贝勒博洛定浙江,以存仁领浙江总督。兵后民流亡,存仁集士绅使抚谕,民复其所"。七月,存仁疏言:"近有借口剃发反顺为逆者,若使反形既露,必处处劳大兵剿捕。窃思不劳兵之法,莫如速遣提学开科取士,则读书者有出仕之望,而从逆之念自息。行蠲免、薄税敛,力农者少钱粮之苦,而随逆之心自消"。疏上,得旨谓:"开科以取士,薄敛以劝农,诚安民急务。归顺各省准照恩诏事例一体遵行"③。于是各省举行乡试,顺治三年举行会试。取进士一、二、三甲共三七三名。接着,顺治四年又举行会试,共取进士二九八名。从顺治六年开始走向正常,基本上是三年一次,恩科除外,对安定社会秩序确有相当作用。顺治二年十一月,张存仁授兵部右侍郎,兼都察院右副都御史,总督浙江、福建。这时,"明鲁王以海保绍兴,号'监国',其将方国安镇严州"。明福王由崧(李自成进北京时福王常洵被杀,其子由崧袭爵)逃至淮安,被凤阳总督、大学士马士英迎入南京,亦称监国。不久,清军进攻南京,由崧被执,马士英"走依国

---

① 参见《清史稿·雷兴传》。
② 参见《清史稿·石廷柱》。
③ 《清世祖实录》,卷十九。

安"。方国安自富阳渡钱塘江,进攻杭州。张存仁遣副将张杰、王定国等率师御之,斩四千余级,方国安退保富阳。张存仁令王定国出屯余杭,与方国安相遇,追击二十余里,斩方国安子方士衍。十二月,马士英、方国安屯赭山(在今安徽芜湖县西北),掠朱桥、范村诸处。张存仁与梅勒额真朱玛喇及总兵官田雄、副将张杰等分兵与战,方国安水师数万人被歼,余众被俘殆尽。顺治三年(1646)二月,有姚志卓者,为乱于昌化(今浙江临安),与方国安相呼应,张存仁遣张杰等击之,收复昌化。六月,"遣副将张国勋等破敌太湖,获(马)士英等,戮之"。十一月,"存仁请设水师五千,备钱塘江御海寇"。顺治四年(1647)五月,"遣副将满进忠等收福州镇东卫,破海寇周鹤芝。遣副将李绣援浦城,逐鹤芝党岑本高"。十二月"遣副将马成龙等破敌处州(今浙江丽水),克景宁、云和、龙泉三县"。顺治五年(1648)正月,"明宜春王议衍率众自江西入福建,保汀州(今福建长汀)山寨,总兵官于永绶击破之"。二月,"分兵克连城、顺昌、将乐三县,获明侍郎赵士冕、总兵黄钟霝等"。后王议衍复以兵至,去杭州十里为垒,张存仁与总兵官田雄追击之,寻复以兵至,存仁与李什哈及雄等率师击之,敌溺江死者无算。

顺治六年(1649)八月,张存仁"授兵部尚书,兼右副都御史,总督直隶、山东、河南三行省,巡抚保定诸府,提督紫荆诸关,兼领海防"。不久,榆园起义军(初为反明朝统治,起于山东曹州,明亡后成为抗清的重要力量,活动于山东、河北、河南三省,达数十万人)占领河北大名诸县城,声势浩大。"存仁闻归德县(今河南商丘)侯方域才,贻书咨治盗策,方域具以对,存仁用其计,盗悉平"。顺治九年(1652),卒,赠太子太保,谥忠勤(《清史稿》有传)。张存仁在平定浙江、福建的南明小朝廷方面发挥了一定的作用,尤其是提出开科取士,消除了知识分子的反抗心态,作用不可低估。在北方利用侯方域计,平定了榆园起义军,说明他能够借外力为己所用,很有智慧。

张存仁弟弟的儿子名张瑞午,康熙间为福建邵武府知府。耿精忠叛,各郡县皆顺从,惟张瑞午不从,被杀。张瑞午的儿子玘、瑛、珍、珫、玳、瑜,儿媳妇王氏、李氏皆从死。事定,赠张瑞午太仆寺卿。张存仁孙张璘,康熙间以佐领从军,郑成功部将刘国轩攻澄海,张璘壮烈战死,赠拖沙喇哈番(云骑尉,五品)。由此可见,张存仁一家满门忠烈。

刘清泰,辽阳人,隶正红旗汉军,原名朝卿,清泰为皇太极赐名。崇德六年(1641),以诸生考试一等,"入内院办事"。顺治二年(1645),擢弘文院学士,历任纂修太宗实录副总裁、教习庶吉士等。顺治九年(1652),充会试副考官,旋授浙江、福建总督。时郑成功据厦门,连陷漳浦、海澄、南靖各县。"上命其父芝龙作书,敕清泰谕降",也就是让早已投降的郑成功之父修书劝降,命刘清泰前去招降。顺治十年(1653)三月,"清泰得成功报芝龙书,略言就抚后,愿得浙东、岭南地驻兵"。刘清泰认为"成功语浮夸,议抚当详慎,上嘉其远虑"。五月,上封郑成功为海澄公,畀以(给予)泉(州)、漳(州)、惠(安)、潮(今广东潮州)四郡地,遂罢兵。"清泰请驻军浦城备不虞,从之"。顺治十一年(1654),刘清泰疏言:"成功虽降,不剃发,其党逞掠如故,降无实意。宜发禁旅赴福建,驻要地,资策应"。不久,"清泰旋以病乞假,还驻杭州"。这时郑成功"复寇掠漳、泉二州",诚如清泰所言,郑成功并非真降。但左都御史龚鼎孳劾刘清泰"借病息肩,致海疆被陷,部议革任",实冤案也。顺治十八年(1661),康熙即位,"起秘书院学士,授河南总督"。康熙三年(1664),修筑开封城,报垦荒地一万二千余顷,加兵部尚书。康熙四年(1665),"以疾致仕"。八月卒,赐祭葬①。

耿焞,字青藜,辽阳人。初为明诸生,后流寓湖广,顺治二年(1645),英亲王阿济格追击流贼,收湖广诸郡县,耿焞投诚。令随总兵金声桓收江西,委署布政使,寻署巡抚。顺治三年(1646),授顺天巡抚。昌平韩颠克起事陷南皮,即派兵平之。疏请增昌平台兵饷。顺治五年(1648),擢宣大总督,疏请豁免云中民田、屯田粮额。未几因姜瓖叛,降调。顺治七年(1650),授山东布政使。顺治十年(1653)大计(考核)卓异,擢通政使,旋命巡抚山东,考满加兵部侍郎衔②。

杨茂勋,辽阳人,隶镶红旗汉军,父麒祥,任都统,屡从征有功。杨茂勋于顺治七年(1650)授太仆寺理事官,历湖广巡抚,擢贵州总督。遣兵剿平金筑(今贵州平坝)土司王应兆等及定番(今贵州贵定)、都匀各苗寨。康熙五年(1666),授河道总督,堵塞黄河烟墩决口,议叙,加太子太保。又堵塞桃园黄家嘴决口,改郧阳巡抚,剿叛镇谭安阳、来嘉等,调四川总督,仍驻郧阳。时吴三桂伪总督王公良等据夔州,杨茂勋由楚江峡破巫山,直抵夔城,群贼宵遁。旋命管四川提督事,随军进攻云南,贼平还京,卒③。

张长庚,字寿菴,隶汉军镶黄旗,顺治八年(1651),由编修历迁学士,累擢湖广巡抚。奖励垦荒,水灾时设赈,自捐钱米,加少保尚书衔,寻督湖广。康熙二年(1663),擒斩郝摇旗、刘汝魁等。其党李来亨"窜茅麓山自焚,楚平",两湖平定。康熙六年(1667)疏言:"湖广战马炮船分别留裁","从之"。康熙十九年(1680),率大军进剿云贵,以张长庚在军有能声,命署副都统(可统领满洲八旗兵)。这时,四川东部有降将谭宏复叛,命兼程赴彝陵击之。又以夔州为运粮要地,令同统领佟佳速取夔州。不久谭宏死,"余党就戮,川东平"。大

---

① 《辽阳县志》。
② 参见《奉天通志》。
③ 参见《奉天通志》。

军撤回,张长庚"未几卒"①。

祝世昌,顺治四年(1647)七月,授右副都御史,巡抚山西。其时孟(县)、五台、永宁、静乐诸县,抗清义军逢起,祝世昌遣兵捕治。顺治五年(1648)十二月,英亲王阿济格驻戌大同"备边"。大同总兵姜瓖"疑见诛"(怀疑被诛杀),遂举兵叛乱。祝世昌集中诸县兵守省城,姜瓖分兵陷朔州、岢岚,急攻代州(今山西代县一带)。祝世昌率师赴援,"疏请发禁旅出居庸取大同,分兵出紫荆关,至代州济师"。上命阿济格等率兵讨伐姜瓖,另遣敬谨亲王尼堪等镇守太原。顺治六年(1649)正月,姜瓖部将姚举等掠平原驿、杀冀宁道(太原周围四府地)王昌龄,占领忻州。固山额真库鲁克、达尔汉、阿赖等在石岭关大败姚举,姚举遁走,复陷宁武,还有万链踞偏关,刘迁破繁峙、静乐等城。祝世昌急疏救援,尼堪师至,进攻宁武,久攻不下,移师大同。这时,姜瓖等攻陷了保德、交城、石楼、永和诸县。"世昌复请发禁旅守太原、曲沃"。不久,姜瓖部将杨振威在大同将其杀死率众投降。顺治七年(1650),祝世昌卒于任,谥僖靖②。

李日芃,辽阳人,隶汉军正蓝旗,以诸生入内院理事。顺治元年(1644),授永平知府,迁霸州兵备道。顺治四年(1647),加右副都御史,授操江巡抚。金声桓以江西叛,李日芃亲督兵迎击之,战于彭泽,寇中炮及溺死者无算。顺治六年(1649),授安徽巡抚。寇掠桐城、潜山、太湖诸县。李日芃分兵四路合击破之,又破桃园寨,余大、小和山等十八寨皆降。明将张名振屡自海入江犯镇江、瓜州,劫漕艘。李日芃令植桩编筏,环以铁索,阻来舟,两岸置炮,南自镇江至图山,北自瓜州至三江口,建堤设桥,督水师防御。五里置一汛,讥察详密。诸寇匿江为数,俘斩略尽。十二年,加太子太保,旋卒,谥忠敏③。

苏弘祖,辽阳人,隶汉军正红旗。崇德三年(1638)以举人授户部启心郎。崇德八年(1643),授世职牛录章京。顺治初,授河南河北道,累迁陕西布政使、福建兴泉道,捍寇修城,设仓济民,颇著功绩,累迁陕西布政使,世职累进三等轻车都尉。顺治十年(1653),"坐计典失实",左授福建福宁道,后迁左佥都御史。顺治十五年(1658),授南赣巡抚。他实行与民休息之策,以振兴文教为己任。不久,雩都(今江西于都)爆发起义,"弘祖斥资造火器",派兵进行围攻,俘获其首领李廷。同时,还有谢上逵、罗一鉴、徐黄毛等据广东平远,界连闽、赣。苏弘祖遣兵镇压,谢上逵诈降,然后逃往畲族地区隐藏起来。"弘祖遣将李宗韬以计擒斩一鉴、黄毛七人",继续进兵捉拿谢上逵,并宣布"贼党

---

① 参见《奉天通志》。
② 参见《清史稿》。
③ 参见《清史稿》。

缚渠自首者免罪",未几"贼缚上递献,斩之",赣南平定。顺治十八年(1661),遣游击王把什剿广昌贼,斩千余级,擒其渠肖来信等。叙功加一级,康熙元年(1662)致仕,康熙三年(1664)卒①。

孔有德,顺治元年(1644),从多尔衮入关,追击李自成至庆都(今河北望都)。十月,从豫亲王多铎西讨李自成,顺治二年(1645)陕西已平定。遂移师江南,克扬州、南京、江阴,"有德皆以劳"。顺治三年(1646)八月,授孔有德平南大将军,率耿仲明、尚可喜及续顺公沈志祥、右翼固山额真金砺、左翼梅勒额真屯泰等南征,准备"自湖广下江西、赣南,入广东,谕诸将悉受有德节制"。这时,明桂王朱由榔在何腾蛟等拥戴下,于肇庆称帝,改元永历,已占有两湖。湖广总督何腾蛟驻湘阴,诸将李赤心、黄朝宣、刘承胤、袁宗第、王进才、马进忠等分屯湖南北,号"十三镇",大多数为李自成、左良玉旧部。

顺治四年(1647)春,孔有德率师至,王进才弃长沙走湖北,何腾蛟亦弃湘阴奔衡州(今湖南衡阳)。孔有德遣梅勒额真卓罗、蓝拜等追踪王进才,并击败其水师。孔有德进入湘潭,黄朝宣以十三万人屯燕子窝以拒之。孔有德率蓝拜等统水师;尚可喜及卓罗统陆师,分道并进,黄朝宣不敌,退走衡州,孔有德率军追击不放,取衡州,俘黄朝宣。孔有德令金砺留驻衡州,他与耿仲明等率师克祁阳、宝庆(今湖南邵阳),杀明鲁王世子乾生及总兵黄晋、李茂功、吴兴等。时明桂王居武冈,依靠刘承胤为其守。孔有德夜发宝庆,前队黑成功破敌进城,桂王遁靖州,转徙桂林,刘承胤投降。这时,郝摇旗围桂阳,孔有德分兵赴援。令巴牙喇纛章京(汉译为护军统领,正二品,护军全是满洲、蒙古兵)线国安率部击破之,郝摇旗遁走,线国安攻下靖州。令蓝拜略黔阳,进攻沅州(今湖南芷江),破明将张宣弼,克其城。"自出师至此,凡获明宗室桂王子尔珠等二十七人,降明将自承胤以下四十七人,偏裨二千余人,马步兵六万八千有奇"。"上闻捷,赏赉有差。顺治五年(1648)春,复克辰州(今湖南沅陵),湖南诸郡县悉定。又旁取贵州黎平、广西全州,招降铜仁、全州、兴安、灌阳苗峒(洞)二百九十有奇,复获明宗室荣王子松等四十余人,及所置总兵以下诸将吏甚众"。于是,"上命有德班师,至京师,宴劳,赐黑狐、紫貂、冠服、彩帛、鞍马、黄金二百、白金二千",可谓无上荣宠。

顺治六年(1649)五月,改封孔有德定南王,授金册金印,令统新旧兵两万,征广西,马蛟麟、线国安、曹得先等随征。自孔有德班师回京,湖南诸郡县复为明有。十月,孔有德师至衡州,遣将连克永州、武冈、靖州、兴宁,招明将向文明以五万人降。孔有德进入广西,先克全州。十二月,占领桂林,明桂王走南宁,"留守大学士瞿式耜死之,斩靖江王以下四百七十三人,降将吏一百四

---

① 参见《清史稿》《辽阳县志》。

十七人。桂林、平乐诸属县皆下"。顺治八年（1651）正月，孔有德移驻桂林，遣马蛟麟、线国安取梧州、柳州，略旁近诸州县。孔有德进驻宾阳，复遣线国安等分三道进取，先后占领思恩、庆永、浔州、南宁，明桂王走广南（今属云南）。

顺治九年（1652）四月，孔有德上疏："臣生长北方，与南荒烟瘴不习。解衣自视，刀剑瘢痕，宛如刻划。风雨之夕，骨痛痰涌，一昏几绝。臣年迈子幼，乞恩敕能臣受代，俾臣得早觐天颜，优游终老"。得旨："览王奏，悉知功苦。但南疆未尽宁谧，还须少留，以俟大康。"孔有德无奈只能继续征战。五月，他率轻兵出河池，进入贵州，留师守柳州，以为后援。张献忠部将孙可望已降明，伺机进攻湖、广，"有德请敕剿抚"。命续顺公沈永忠（沈志祥已故，永忠为其兄子，袭爵）驻沅州，扼门户，线国安守南宁、马雄守庆远、全节守梧州。这时，张献忠部将李定国、冯双礼自黎平出靖州，马进忠自镇远出沅州，会于武冈。沈永忠告急，孔有德派兵赴援至全州，沈永忠竟放弃宝庆，退保湘潭，孔有德急速返还桂林。七月，李定国"自西延、大埠间道疾驱击破全州军，簿桂林，驱象攻城"。马闻象鸣皆颠厥，孔有德军东逃西窜，涌入城中，桂林被围三圈。城中兵很少，"定国昼夜环攻，有德躬守睥，矢中额，仍指挥击敌"。李定国架云梯攻城，孔有德走投无路，"聚其宝玩于一室，手刃爱姜姬，遂闭门自焚"，结束了一生。由于桂林的失败，两广震动，福建、浙江沿海一带抗清斗争高涨。败讯传来，清朝统治者甚至准备放弃川、滇、黔、粤、桂、赣、湘七省。顺治十一年（1654）六月，孔有德女四贞以丧还京，顺治命亲王以下，男爵以上，汉官三品以上，郊迎。"官为营葬，立碑纪绩"，谥有德武壮。"寻复命建祠，祀春秋，以白氏、李氏配"。可见清朝统治者对孔有德的重视，可谓荣宠至极，当然也是给汉官看的①。

石琳，汉军正白旗人，石廷柱第四子，初授佐领，先后任山东按察使、江南按察使、浙江盐运使、湖广下荆南道。康熙十三年（1674），襄阳总兵杨来喜、副将洪福以南漳响应吴三桂的叛乱，占据房县、保康、竹山。石琳与总兵刘成龙率师讨之，很快被镇压下去，抚定各峒寨。康熙二十年（1681），迁浙江布政使，时耿精忠初平，"衢州被兵尤甚，户口逃亡"，所有丁赋都由未逃者承担，石琳"请免之"，深受百姓感戴，擢湖北巡抚。康熙二十五年（1686），调云南，主要是清理吴三桂在云南的乱政，其表现就是重税，"官民交困"。他提出，"详核赋役全书，应更改者八事"。《赋役全书》是清朝的税制，石琳建议有八项赋税应该按照标准征收，不能超过。还提出，"新平之银场、易门之铜厂，矿断山空，宜尽豁课税。"云南的赋税恢复正常，有利于边疆地区社会的稳定。康熙二十八年（1689），擢两广总督。琼州总兵奏请于琼州（海南岛）"设州县，筑城

---

① 参见《清史稿》。

垣,增兵防守"。朝廷征求石琳意见,他以为不可。康熙四十一年(1702),广东连州瑶作乱,遣都统嵩祝等会剿,"瑶人乞降,先后投出瑶人一万九千余名",降瑶如何安插,"交总督料理"。石琳"规画善后,定官吏管辖,拨兵移防,悉协机宜"。未几,卒于官①。

石文晟,是石琳长兄绰尔们的长子,初授蓟州同知,后为云南开化、山西平阳知府。康熙三十三年(1694),"上嘉其居官有声,超擢贵州布政使,是岁即迁云南巡抚"。云南税重,石琳在时,就曾减税,但有奏减而未议行者,"文晟复疏请,特允减旧额十之六",可谓完成了石琳未竟之业。尤其值得提出的是,"安南国王黎维正疏告国内牛羊、蝴蝶、普园三地为邻界土司侵占,乞敕谕归还"。这里是说,安南(今越南)国王状告某土司侵占了他们的土地,要求归还。这时正好石文晟在京汇报工作,康熙询问石文晟,他回答说:"此地明时即内属,非安南地。妄言擅奏,不宜允",康熙下诏痛责安南国王。此事说明,文晟非常了解情况,驳斥了黎维正的诬告,保卫了边疆领土的完整,功不可没。康熙四十三年(1704),调广东,寻擢湖广总督,不久"以疾乞退",康熙五十九年(1720),卒②。

三、如何评价辽阳人在清朝全国统治确立中的作用

在清朝全国统治的确立中,辽阳的文官武将很多,他们都作出了很大的贡献,在东北可能没有任何一个城市可以与其相比,以上提到的这些辽阳人只是其中的代表,按照官阶来说都是总督、巡抚,而没有列出的不知要比列出的多出多少倍。仅总督至少有二十人,所谓总督管辖一省或二三省的行政和军事,责任重大,非文武全才很难胜任。清初尚未正式划分省份,还是按照明朝时期的划分,仅有十五省,可见辽阳人担任总督者占比较多。后来,康熙时期内地划分为十八省,辽阳人任总督者仍占一半以上。

这些辽阳人,对清朝来说无疑都是开国元勋,都是名副其实的功臣,奖赏有加。有的封有爵位,如孔有德最初封为恭顺王(似乎有些不放心,希望其恭顺),顺治时期改封为定南王,承认他在江南发挥的重要作用。尤其是战死后,在北京举行的葬礼隆重至极,并谥武壮,"立碑纪绩",不久"复命建祠,祀春秋"。可见清朝统治者对孔有德的重视,荣宠至极,当然也是给汉官们看的。除了孔有德之外,许多人都有爵位,如石廷柱为伯爵、张存仁为子爵、张大猷为男爵。死后都有谥号,如张存仁为忠勤、李日芃为忠敏、祝文昌为僖靖。有些人死后建立专祠祭祀,更多的是进入贤良祠、名宦祠。所以如此,是清朝统治者对这些辽阳人功绩的肯定,是一种表彰的方式,希望能够传承下去,以

---

① 参见《清史稿》。

② 参见《清史稿》。

便万古流芳。

那么,这些辽阳人为了确立清朝在全国统治的过程中,在各地大肆镇压、屠杀、迫害反抗者,又该如何看待呢? 我认为,上述种种行为,不论如何说都是不可饶恕的罪行,必须加以批判。尤其是那些从明朝投降过来的将领,反过来屠杀自己的同胞不论如何说都是没有人性的表现,必须大加挞伐。所以到了乾隆时期,卸磨杀驴,把许多明朝投降的将领如洪承畴,包括辽阳的张存仁等列入"贰臣传",不是没有道理的。这些人对明朝来说,自然是贰臣,为什么没有像史可法那样去殉国呢? 道理很简单,不是贪生怕死就是利禄引诱,如此而已。应该指出,乾隆的目的是要求自己的臣子忠于自己,永远忠于清朝,不做贰臣。我们与乾隆不同,我们之所以崇敬史可法不是崇敬他忠于明朝,而是崇敬他忠于自己的国家,崇敬他的爱国精神,能为保卫国家献出自己的生命。

当然,我们并非一点论者,应该全面看问题,不是要对上述辽阳人全盘否定,而是要一分为二。我认为,这些辽阳人有过,亦有功,功过相比,功大于过。一切事物都是发展变化的,不能静止的、孤立地看问题。反抗可以变成割据,甚或叛乱,如李自成、张献忠起义军的余众与南明小朝廷的结合就是如此。南明的几个小朝廷,能真正抗清吗? 他们的目的是什么,能与农民起义军一样吗? 利用而已,性质已经发生了变化。有些起义军的余众在走投无路的情况下参加了三藩之乱,能说是正确的道路吗? 相反,清朝统治者接受了教训,改变了政策,提出了"满汉一体",大量利用汉族官员,实际建立起以满洲贵族为核心的满汉地主阶级政权。在全国政权基本确立的情况下,战争的性质必然发生了变化,实现统一成为主体方向,是广大人民的要求,违反统一是不可取的。只有统一才能推动社会的发展,是一种历史的进步,是一种不可阻挡的必然规律。从统一全国的角度看,上述这些辽阳人,所谓"过"毕竟属于次要方面,说他们功大于过还是公允的。

清朝在全国统治的最后确立,花去了半个多世纪的时间。在这一过程中,是三种力量(或称三种意志)在角逐,即清朝政权、南明小朝廷和农民起义军。结果是清朝政权统一了全国,取得最后的胜利。南明小朝廷和农民起义军前赴后继的反抗斗争,遭到了彻底的失败,销声匿迹,退出了历史舞台。如果说,清朝的统一全国是一种进步,是一种前进,那么后者的反抗斗争岂不是起了阻碍进步、阻碍前进的作用吗? 今天我们应该如何评价这三种力量在统一过程中的作用呢? 恩格斯在《致约·布洛赫》的信中说:"从这一事实中决不应作出结论说,这些意志等于零。相反,每个意志都对合力有所贡献,因而是包括在这个合力里面的。"[①]恩格斯是说互相角逐的三种力量应该是一个合力,对

---

① 《马克思恩格斯选集》第四卷,人民出版社 2012 年版,第 605-606 页。

于统一都有贡献,康熙最后之所以能够统一全国是合力的作用。说清朝政权起了作用,或说起了主要作用是可以理解的,说后两者也起了作用就不好理解了。不过,经过认真的思考也就不难理解了。在统一过程中,起初清军到处烧杀抢掠,甚至屠城,必然遭到广大汉族及各民族的激烈反抗,迫使农民起义军与南明小朝廷联合作战,实际也是通过武装斗争教训着清朝统治者。这就迫使清朝统治者,尤其是康熙认识到依靠屠杀和镇压不可能实现统一,必须调整民族政策,在保证满洲贵族利益的条件下,大量利用汉族官员,强调"满汉一体",极力推行招抚政策,得到广大汉族地主阶级的配合和支持,缓和了民族矛盾,迅速统一了全国。如此说来,后两者没有作用吗? 这就是历史的辩证法。统一后建立了"以满洲贵族为核心的满汉地主阶级政权",改变了许多满洲的落后方面,实行了许多有利于满汉地主阶级包括知识分子在内的新政策,进一步巩固了全国的统一。清朝的统一,使中国封建社会在曲折中又迈入了正途,标志着中华民族的发展跨入了一个新时期。

第五章　清朝前期辽阳的政治和经济

清入关后,辽阳的社会发生了巨大的变化。在政治上,辽阳为州,直至清亡。在统治机构方面实行旗、民双轨制,旗人、民人分而治之。在社会管理方面实行社甲制。在经济上,面对着有土无人的局面,虽颁发了《辽东招民开垦则例》,但作用不大。随着人口的增加,经济有所恢复。官庄的大量建立,带动了农业的恢复与发展。乾隆、嘉庆时期,内地大量的农民冲破了封禁令进入辽东,也带来了内地先进的生产技术,为盛京或说东北地区的开发作出了不可磨灭的贡献。

第一节　旗民双轨制

东北被视作清朝龙兴之地,是满族的故乡,为了提升旗人在政治、经济等方面的地位,以示有所区别,采取了旗民双重管理体制。也就是管理旗人与民人各有各的一套行政机构。这里必须指出,所谓旗人包括满、蒙、汉八旗,当然主要是满族人。所谓民人包括汉族、朝鲜族、回族等民族,或说除了旗人而外的各族人。

一、旗官旗署

管理旗人事务的机构与官员有盛京五部、将军、副都统、城守尉等。天命十年(1625)三月,努尔哈赤迁都沈阳,东京城设有城守章京(章京汉译将军,后改城守尉,正三品)进行管理。天聪八年(1634)四月,皇太极将"沈阳城称曰天眷盛京,赫图阿拉城曰天眷兴京"①,从此有关外三京之称,即兴京、东京、盛京。天聪五年(1631)七月,皇太极在沈阳设立吏、户、礼、兵、刑、工六部,使国家机构初步确立起来,到崇德时期逐步加以完善。顺治元年(1644)迁都北京,原六部官员自然随往,盛京成为留都,六部被废除。于是,"设内大臣、副都统及八旗驻防。三年改内大臣为昂邦章京,给镇守总管印。康熙元年(1662),改昂邦章京为镇守辽东等处地方将军。四年改镇守奉天等处地方将军"②。顺治十五年(1658),在盛京恢复礼部,翌年复置户部与工部。康熙元年(1662)又置刑部。康熙三十年(1691)更置兵部。每部设侍郎一人,"盖仿

---

① 《清太宗实录》,卷十八。
② 《清圣祖实录》,卷十五。

明留都之制也"。各部官员都由中央选派,所以不设吏部。盛京五部是清政府在盛京设立的留守机构,主要是处理皇室在盛京地方的事务,同时也兼管部分民人的事务。各部都有应负的职务,分工可谓具体明确。户部主要职权是征收官庄旗地租税;支办将军衙门及衙门之经费;裁判户婚田土之事件(皆旗人事)。礼部主要职权是掌管三陵(永陵、福陵、昭陵)祭祀;监理祭田;保管銮架库(皇帝祭祀所需物品);供给修葺寺庙用品;接待贡使(主要是朝鲜贡使路过盛京,负责接待,提供食宿)。兵部主要职权是检阅军器;监射(满族官员每年有两次会射,届时派员监查);管理驿站递传;铨试(仓官、驿官,守边官缺员时,可选任候补者,经中央吏部批准即可接任)。刑部主要职权是裁判旗人犯罪案件;裁判旗人对民人的犯罪案件;裁判边外蒙古人的犯罪案件;裁判有关人参的犯罪案件(私采、私贩人参者,包括民人,所以府尹也要会同审判)。工部主要职权是营造修缮坛庙、陵寝、宫殿等;监理采木山场;监督火药库及制造埴(黏土)瓦(琉璃瓦);修缮官船及供给围场车马。雍正八年曾设满族尚书一人总理五部,不久又撤去,由奉天将军代管,乾隆十二年(1747),奉天将军称盛京将军。

盛京将军,掌握盛京地区军政大权,地位最高,与内地各省总督相似,但高于总督,从一品(总督为正二品)。在行政方面,旗人、民人的事务皆管,但主要还是管理旗人事务,民人事务主要由府尹负责。盛京将军不仅管理本地区的事务,还兼管吉林、黑龙江两地区之事务。对于东北三将军事务,中央政府每五年巡查一次,奉天则由中央政府派"京卿"前来检查,对吉林、黑龙江则由盛京五部派侍郎前往检查,可见三者之不同,奉天将军可谓东北三将军之首。

将军之下还有副都统。起初,八旗组织中最高长官一人,称"固山额真",其下有左右二人,称"梅勒额真"或"梅勒章京"。顺治十七年(1660),"固山额真"汉译为都统,"梅勒额真"汉译为副都统。副都统职掌一旗的户口、生产、教养和军事训练等。清入关后,在各省建置驻防八旗,设将军或都统为长官。但将军与都统不并置,凡设将军处就不设都统,而设副都统。副都统在其驻城置署,谓之旗署。除了率八旗兵驻防外,还要综理满、蒙、汉八旗的旗人事务,自成管理体系。专城驻防副都统与内地各省总督一样,正二品。

在将军、副都统之下,还派八旗兵驻防各城,根据城市的情况不同,设置亦不同,主要以置官大小为区别。辽阳为盛京地区要害之地,其主官为城守尉,是城守的最高官阶(正三品)。其下还有防守尉、防御(五品武官)、佐领(正四品)、骁骑校(正六品)等。有的城市主官只设佐领,如金州、宁远等城。但不是固定的,后来为了加强海防,金州在乾隆二十三年(1758)则改设副都统,地位又高于辽阳。根据《盛京通志》记载:清初辽阳设城守尉一员、防御八员、巴勒瑚(现译巴尔虎)佐领一员、满洲骁骑校八员、汉军骁骑校一员、笔帖式一员、仓官一员、外郎二员、委官(即委员,临时委任处理某些事务)二员。这些官员组成城守公署,即旗署,驻城内。城守公署位于城内东二道街,有正厅、门房各三楹,后院正房七间,前后院东西厢十二间,两进院落,互相对称,颇具规模。另外,每旗在城内皆有办公之地,共有九旗官厅。

镶黄旗官厅在城内刚家胡同(即东二道街)路北;

正黄旗官厅在城内大泡子(即雍家泡子,在金银库南,修金银库时掘土而成,南北约长二百米,东西约长三百米,水深二米,周边植树,柳绿成荫)西沿北面;

镶白旗在东门里路北;

正白旗在东二道街胡同西头路北;

镶红旗在大泡子东沿;

正红旗在东街三义庙东;

镶蓝旗官厅在城内大泡子西沿的南面;

正蓝旗官厅在城内大泡子西沿;

巴勒瑚(即巴尔虎)旗官厅在城内大泡子东沿。

城守公署的主要职责是守城与管理旗人事务,都跟民人无涉。所谓守城就是安内,主要目的在于防止民人反抗、稳定社会秩序。所以,城守尉掌握全城的八旗兵与巴勒瑚旗兵。清初辽阳驻防的兵力较一般城市为多,原设满洲八旗兵五百三十二名、蒙古八旗兵六十九名、巴勒瑚蒙古兵五十五名,共六百五十六名(所谓巴勒瑚,现译巴尔虎,原居于内蒙古呼伦贝尔和嫩江、松花江一带,系蒙古族,努尔哈赤时期被征服。从十七世纪末起,陆续被清政府编入八旗,披甲为兵,派驻东北三省及新疆等地驻防,有大的战事方征调他们。今主要居住于内蒙古陈巴尔虎旗、新巴尔虎左旗、新巴尔虎右旗)。不过,辽阳的兵额经常有变动,如乾隆二十年(1755),移驻塔尔巴哈台六十六名;乾隆二十八年(1763),裁去二百名,分驻九路;乾隆三十年(1765),又增设五十九名。总之,在乾隆四十七年(1782),辽阳实有兵四百四十九名,另有铁匠九名。这些驻防之兵,每天至少有两件事,一是城门之启闭;每天城门都要定时启闭,派兵防守,过了时间,既出不了城,也进不了城。锁钥掌握在城守尉手里,如有特殊情况须有盛京将军的指令才能开启,否则必须按时启闭,可谓雷打不动,天天如此,直至清末。二是军事操练:士兵要定时按照既定科目进行操练,如步兵练习刺杀、枪炮射击等;骑兵练习马术,包括拼杀、跨越等,教场设在东门外太子河西岸石家坟以北,称九旗教军场。除平时操练而外,根据旗制规定五年有一次"军政阅旗兵操"。但是,在长期的和平环境里这些官兵都是养尊处优,不仅毫无战斗力,扰民事件时有发生,由于旗人的特权,很少得到处理,多是不了了之。

作为管理旗人事务的旗署,情形就比较繁杂,根据所要管理的诸多事务,下设三司,如同后来的科室,有兵司兼礼司,掌军政、军饷、丁壮、沿道之防备及八旗考试、传递公文等;户司掌八旗户口、田产、婚嫁、抚恤及征收地租等;工司兼刑司,掌查禁贼盗、诉讼、城垣、廨舍、桥梁修缮及僧道等事,实际也是五司,只是为了减少人员,采取兼管的形式。防御八员与满洲骁骑校八员,分掌八旗各辖界,主管催收旗租、缉捕等事。笔帖式(为满语,文士之意)本来是掌理翻译满、汉章奏、文书,但受城守尉委任主管征收兼管牛马税事务。仓官又称仓监,掌仓储出纳之事,即旗仓,在城内东大街南,今税课司胡同南旗仓胡同。《清史稿·食货二》载:“东三省设旗仓,或以便民,或以给军,初皆贮米二千万石。”辽阳旗仓始建于康熙三十二年(1693),有仓库十间。雍正六年(1728),城守尉观音保又捐建二十间,次年完成。外郎专管豆仓,因为仓有粮仓、豆仓、盐仓、棉仓等。还有委官,即委员,临时委任处理某些事务,事毕交职,以待新的委任。

辽阳城守,“疆域东至一堵墙三百五十里兴京界;西至纲户屯一百二十里广宁城守界;南至生铁岭一百三十里岫岩城守界;北至十里河奉天将军所辖界;东南至分水岭一百九十里凤凰城守界;西南至新台子九十里牛庄城守界;东北至张起寨一百二十里抚顺城守界;西北至四方台九十里广宁城守界。形胜被山带河,沃野之地”[①]。防守的疆界大于州的疆界,两者是有区别的,辽阳驻防的八旗兵就分布在上述区域里。

除了上述机构之外,还应该提到盛京内务府,它是北京总管内务府的分支,是在陪都特设的专管皇室事务的机构。凡宫内之典礼、仓储、财物、工程、畜牧、警卫、刑狱各事,皆归内务府负责,不与行政系统相混,其长官称内务府总管大臣,多由满族王公或满族大臣兼充,下设广储(掌银、锻、衣、茶、皮、瓷六库)、会计(掌庄田收支等事)、掌仪(掌管祭祀、筵宴、礼仪、乐舞之事)、都虞(掌上三旗禁旅训练及武职升补、调遣、供应等事)、慎刑(掌上三旗刑法审判定罪之事)、营造(掌盛京宫殿的日常清理与维修之事)、庆丰(掌管蕃息牛羊群牧供用考成之事)七司及上驷(掌管御厩事务)、奉宸(掌管苑囿事务)、武备(掌管陈设御用武备修造器械及赏赐支放之事)三院,其各官职也都由满族人担任。

盛京内务府成立于什么时间,说法不一,有人认为成立于乾隆十七年(1752)[②];还有人认为成立于顺治初年[③]。两者都有根据,不过不会成立太晚,

① 《盛京通志》,卷二十四。

② 佟永功、关嘉禄:《乾隆朝盛京总管内务府的设立》,载《故宫博物院院刊》1994 年第 2 期,第19—23 页。

③ 祁美琴:《清代内务府》,辽宁民族出版社 2009 年版,第 101—103 页。

因为盛京地区早有许多皇庄需要管理,所以盛京内务府成立于顺治初年是可能的。最后,还要提到清初辽阳有多少旗人,但不见确切记载,于是联想到土地有丈量数字,根据土地分配每丁六日,即可计算出丁口的数量,虽然不一定准确,却可得到一个约数,总比空白为好。每次土地丈量,《盛京通志》都有记载,见卷三十八。如,康熙三十二年(1693)丈量奉天所属旗地,共地一百一十六万七千五百四十四日零五亩;雍正五年(1727)丈量奉天所属旗地一百三十六万七千八百零四亩。按照每丁六日计算,康熙年间奉天地区旗人应该有十九万四千九百多丁;雍正年间应该有旗人接近三万八千多丁(雍正年间旗丁之所以大量减少,是八旗兵丁分赴全国各地所致)。其中辽阳旗人是多少呢?根据雍正五年的丈量,"辽阳界原额新增实在应征地三十四万一千九百三十二日五亩五分五厘"。据此可知辽阳旗人应该有六千五百多丁,这只是一个约数,实际可能多,也可能少,但有六千丁上下是可能的。

二、民官民署

在建立旗人管理体制的同时,也陆续建立了管理民人的体制,与内地相同,那就是实行府、州、县制。这种体制的建立,就整个东北地区而言,是从辽阳开始的。顺治十年(1653)十一月初四日,"设辽阳府附郭辽阳县,改海州为海城县"①,这就是东北设府、县的开始。据此,有学者认为辽阳府管辖辽阳、海城二县,这是一种误解。就字面而言,这里只是说"附郭辽阳县",也就是说辽阳府附设在辽阳县,并没有说管辖范围,更与海城无关。所以产生误解,说明实录本身没有表述清楚,非常模糊(本意是管辖辽阳、海城二县)。后来的《盛京通志》作了补充,其中说:"本朝顺治十年设辽阳府,辖辽阳、海城二县。"同样在提到海城时也说:"本朝顺治十年改海城县,隶辽阳府。"②

辽阳府建立后,任命时为山东登州知府的张尚贤为辽阳知府,顺治十一年初到职。张尚贤,铁岭人,顺治五年(1648)任山东登州知府,颇有治绩。《登州府志》说:"时多盗,莅任未几,单骑携一幼子直入其巢,慰谕之,并欲留子为质。贼党咸泣就抚,一郡悉安。惩蠹胥,爱士类,绩著循良。"张尚贤在辽阳任职四年,确实做了许多工作,而且具有开拓性。当时辽阳人口很少,一片荒凉(见下节),他初步改变了这种局面。《奉天通志》有所记载:"十一年知辽阳府事,时新设有司,地方辽阔,多招徕流徙之民。尚贤拊循有道,一二年中遂致殷富。后升奉天府府尹,凡新设州县,皆遵尚贤教令,户口日增,人民乐业。去后,辽人立祠祀之。"(卷一四一)这里虽多溢美之词,但也可概见张尚贤是一位循吏,很有作为,在清初盛京地区的经济恢复中起了一定的作用。尽管如

---

① 《清世祖实录》,卷七十九。
② 《盛京通志》,卷二十。

此,形势依然严峻,与彻底改变盛京地区的面貌还相差甚远。

顺治十四年(1657)四月"戊戌(二十六日)置盛京奉天府",辽阳如何呢?《盛京通志》说:"十四年省辽阳府,以沈阳为奉天府,置府尹。康熙四年升辽阳县为辽阳府,属奉天府。"这里有两层意思。前者是对的,设置奉天府,自然要"省"去辽阳府,辽阳改为县,但没有指出。后者有两点错误,一是升辽阳县为州,将州误写为府;一是辽阳升为州应该是康熙三年而不是康熙四年。《清圣祖实录》(卷十二)有明确的记载:康熙三年六月甲午(初三)"改辽阳县为州,并海城、盖平属奉天府"。不难看出,《盛京通志》有许多错误,如说王尔烈是铁岭人等等,使用时应该详加核对。

辽阳州建立后,州署规定的员额是知州一员、吏目(从九品)一员,康熙二十二年(1683)又设学正一员。知州掌一州之政事,即管理一州之行政,辽阳由于地大而事繁,故改为州,又不是直隶州,实际同县无大差别,但辽阳知州为从五品,一般知县为正七品。吏目掌缉捕、守狱及文书等,与明代掌出纳文书不同,为从九品。学正掌州学,管理所属生员,包括考试等,为正八品。三者各有办公地点,初期都十分简陋,应该是陆续增建,逐步完善起来的。知州的办公地点称知州公署,俗称州衙门。坐落在城内西部,今天大什街西路北,靠近西门。《辽阳州志》载:"顺治十八年,知县陈达德建大堂三间、内宅五间、书吏房东西六间、仪门一座、大门一间。"《辽阳县志》也据此说,只是把顺治十八年(1661)改为顺治十一年(1654),其他相同。看来《辽阳州志》的说法可能有误,理由是陈达德应招来辽阳是冬季(见下节),而且仅两个月,不可能建这么多房子,更不可能建什么仪门、大门,也没有这样的条件。当时的州署很可能是张尚贤时期修建的知府公署,因为张尚贤在辽阳任知府近四年,总该有办公地点,而且规模也应该大于州县,所以可能性较大,只不过不见记载而已。

吏目公署在知州公署的东南部,有大堂三楹、大门班房三间、东厢三间、内宅二间。雍正七年(1729)吏目钱志学增修西书房三间、重修内宅五间、耳房一间。光绪年庚子之变被焚,事后吏目王懋官重加修茸,民国时改为监狱,即人们所说的老监狱。

学正的办公地点称为儒学公署,位于城内东南,即文庙西壁,初无儒学公署,乾隆二十六年(1761)知州明德、学正牛硕景在文庙西壁购田姓地建明伦堂(即孔庙的大殿)三楹,门房三间,东西厢科房、书房各三间,后院住宅五间,后又增筑厨舍各三间。光绪二十八年(1902)有学正赵东升者,又加修缮,并补题联云:

有古人名,无古人实,殊非君子真修,须坚立足跟践履纲常,以求符语孟六经中道理;

先天下忧,后天下乐,自是秀才本分,须劲撑肩骨担当宇宙,毋徒做唐虞三代后书生。

这副对联实际道出了当时教育的宗旨,"须坚立足跟践履纲常",也就是必须实行三纲五常,不能有所违反,今天看来自然是错的,应该批判,但"须劲撑肩骨担当宇宙",也就是要顶天立地,为国家乃至世界作出贡献,很有气派,今天看来是对的,应该在学生中大大发扬这种精神。

除上述三种公署外,还有察院行台,位于州署的东部,两者之间的南部为吏目公署。察院行台有正厅五间、东西文场十间。应该是顺治十年(1653)建府以后所修,康熙十八年后杨镰任知州时,又增建东西考房六间。雍正元年(1723)知州王瀚立义学五间,"科岁州试童生在此"。所谓察院行台是京畿道监察御史临时办公存住之所,清代的道管辖府、州。辽阳府治期间辽阳设有府学,改州时又设立州学,所以在每次考试期间京畿道监察御史便前来履行监察之责,便入驻行台。

州署作为地方政权,应该有两方面的职能:一是管理;一是镇压。为此,还需要一些有关的设施,是不可或缺的。

库,也称内库,是存放公款的地方。据《盛京通志》记载,在州署大堂的西边原有两间,康熙五十八年(1719),知州王瀚在州署大堂的东面"改建库楼一间"。管理与镇压都需要经费,清代使用制钱,币值又小,量特别大,必须有一定的空间存放。此外,各种税收等也必须有地方存放。

仓,是存储粮食的地方,有旗仓、民仓之分。民仓位于州署前后,在州署前原有十五间,州署后原有三十七间。雍正二年(1724),经知州王瀚增建十间;第二年知州焦绥祚又增建十间,均在察院行台西。雍正八年(1730),知州刘炎绪又建二十间。主要是通过地税等项征收来的粮食,储存在这些仓内以备急需。如水旱荒年可以用来赈灾或放大锅粥之类。另外,给官员兵丁发放薪俸,都需要有粮食。清代官员的薪俸包括两部分:一是银两;一是粮食。如官府佣工,都可以给粮食代替银两。

封,是祭天的地方,在州署南,隔路相对。

牢,就是监狱,在州署路南的东南角。

辽阳州的疆域,当时有具体的规定,并明令不准有所违反。根据《盛京通志》(卷二十四)的记载:"自州治北至盛京一百二十里;东至官马山七十五里凤凰城守界;西至狼烟寨五十里牛庄城守界;南至黑峪八十里海城县守界;北至杨家湾六十里奉天将军所辖界;东南至浪子山六十里凤凰城守界;西南至鞍山驿六十里牛庄城守界;东北至十里河六十里承德县守界;西北至船城六十里奉天将军所辖界。"

辽阳城池:"州城即辽东都司城也。洪武五年都指挥马云、叶旺因元遗址修筑,周围十六里有奇,门六。十六年都指挥潘敬展筑东城迤北,又筑土城。

辽阳州图

永乐十四年,都指挥王真复改筑北城,南北一里,东西四里,门二。合之共周围二十四里二百八十五步。高三丈三尺,池深一丈五尺。门九:南二、西一、东二、北一、外东、西、北各一。乾隆四十三年奉旨估勘旧址重修。""乾隆四十二年重修南城,北城遂废。今北门外土冈其遗址也。城垣南面七百六十丈,北面七百五十二丈,东西两面均长六百丈,周围二千七百一十二丈。门六:大南在西曰丰乐,小南在东曰文昌;北曰拱极;西曰顺安;大东在南曰绥远,小东在北曰普安,又称高丽门,因外城旧名高丽进贡必由此也。"①这次重修城池的时间,还很难确定。《盛京通志》只是说了"奉旨估勘旧址"的时间,何时重修没有说。《辽阳县志》予以肯定是乾隆四十二年(1777),不知何所据? 辽阳学者李大伟根据韩国出版的汉籍《燕行录全集》认为应该在1783年,即乾隆四十八年。哪一种说法为是,还待研究。

三、社会基层组织——社甲制

辽阳建州之后,社会的基层组织也随之建立起来,即实行"社甲"制。清初,在内地推行保甲法,在盛京地区实施社甲制,两者之间有相同之处,也有不同之处,但本质上没有区别。康熙四十七年(1708)颁行保甲法,根据《清朝文献通考》可知:"一州一县城关各若干户,四邻村落各若干户,户给印信纸牌一张,书写姓名丁男口数于上,出则注明所往,入则稽其所来。十户立一牌头,十牌立一甲头,十甲立一保长。村庄人少,户不及数,即就其少数编之。无事递相稽查,有事互相救应。保长、牌头,不得藉端鱼肉众户,客店立簿稽查,寺庙亦给纸牌,月底令保长出具无事甘结,报官备查,违者罪之"(卷十九)。由上可知,保甲法是三级制,即牌、甲、保,也就是一千户为一保。这与内地人口密集有关,所以实行三级制。清初盛京地区人口稀少,实行两级制。《辽阳州志·户口》载"社分共二十七里",这里语意不清,表述十分含混,似乎社下为里,实际应该是"辽阳州有二十七社",社下为甲。根据《锦县志》等记载,我们可以知道,社设总里一人(有的也叫社长),社下有十甲,甲设什季一人,任期为一

---

① 《辽阳县志》,卷三。

年,任务是"催粮办公"。辽阳应该与上述各州县相同,社下也必定是甲,也应该是十甲为社。社有总里(为了简明以下称社长),甲称什季(以下称甲长)。那么,社长、甲长是怎样产生的呢?《辽阳州志》没有记载,但上引《清朝文献通考》有明确规定:"士民公举诚实、识字及有身家者,报官点充","限年更代,以均劳逸"。所谓"有身家"而"识字"者,显然不是一般农民,只能是富有者,也可以说就是地主或乡绅,尤其社长都是地主或乡绅。因为"公举"后还要"报官点充",由州县给札、照等委任状或戳记,然后才能受职。如果是一般农民,再不识字,州县怎么能"点充"呢?从总体上看,社、甲都控制在地主、乡绅手里,成为清朝专制统治的深厚基础。

辽阳州设有二十七社,其名称为:丰乐社、白塔社、韩家社、兴盛社、首山社、河南社、蛾眉社、河工社、乘山社、永盛社、向化社、德隣社、里仁社、昌平社、南庄社、锦文社、安乐社、河北社、永平社、纸房社、黄屯社、丰盛社、开张社、兴宁社、太平社、亲睦社、清平社。从上述社的名称来看,说明社是遍布辽阳城乡,有些我们还可以知道大体的方位。如白塔社、首山社、蛾眉社、河工社、里仁社、纸房社等。河南社、河北社可能是以沙河为界的南北刘二堡地区。黄屯社可能是烟台的黄堡地区。因为今天这些名称还被保留,记忆着过去的历史。随着人口的增加,开发区域的扩大,社也应该越来越多。

社是在州县的管辖之下,那么它的性质是什么?学术界有不同的说法。有人认为是州县下面的基层政权,理由是它具有某些专政职能,甚至有武装,体现了国家权力[①]。但多数人认为,它是自治组织,不是政权机构。有人指出,县下面的"里社制与保甲制,是统治人民的基层组织,但并非正式的行政系统,里正、保正由地方上的富户、地主充当,不是朝廷的正式官吏"[②]。

州(指非直隶州)、县是最低一级的国家政权机构,州牧、县令是基层地方行政长官,因而直接主宰人民的命运,故有"父母官"之称。清初,州、县官员的编制是很少的。辽阳设州以后,只有知州一员,吏目一员,直到康熙二十二年(1683)又设立学正一员,主要官员仅此三人而已。美国学者费正清在《剑桥中国晚清史》中提出一个很值得思考的问题,即"中华帝国有一个不可思议的地方,就是它能用一个很小的官员编制,来统治如此众多的人口"。据他统计,鸦片战争以前,中国人口已经突破四亿,但"全国的官僚有两万名文官和七千名武官"[③]。如此每一名官员平均要管理近一万五千人。那么,他们是怎样进行管理的呢?有学者指出:"生产力的低下,使有限的封建税收负担不了

---

① 《辽宁社会科学院学术论文选》,1982年版,第256页。
② 戴逸:《简明清史》(第一册),人民出版社1980年版,第279页。
③ 费正清:《剑桥中国晚清史》(上卷),中国社会科学出版社1985年版,第16、24页。

官员编制的无限扩大。在这种情况下,国家要实现对整个社会的统治,除了将其统治触角尽可能向下延伸以外,不得不利用和依靠社会上的群体组织。这样就形成了两级社会结构——上层社会的政权结构和基层社会的群体结构。"所谓基层社会的群体结构有两个方面,"一是官方出面组织的,如里社、保甲等,这种群体带有准行政机构的色彩;一是民间自然形成的,如家族组织、宗族组织及各种多族组织等,这种群体带有独立性和自治性的色彩"①。这就是说基层社会主要是通过两种群体组织进行管理的,或者说州、县官员就是通过这些群体进行统治的。在南方,许多家族或宗族组织承担了保甲的职能;在北方,尤其在东北,主要是通过保甲或社甲进行管理或统治的。由此可以看出,社甲或保甲虽然"带有准行政机构的色彩",但不是基层政权。我也认为,社甲不是基层政权,只能是基层社会组织。至少可以有如下几点理由:

第一,在封建社会的中国,历代都是实行九品中正制,即官分九等,每等还分正、从两级。清代也是如此,知县是正七品,县丞是正八品,吏目是从九品,也就是九品里最低一级。那么,社长、甲长或保长、甲长都是几品呢?看不到这方面的任何记载,显然是未入流,也就是不在编制之内,属于编外,并非地方政府的正式官员。

第二,社长、甲长都是"义务"职,没有俸禄。历史上从来没有"义务"职的官员,不拿政府的俸禄,当然不是政府官员。《朝阳县始建太平社碑记》(收藏于朝阳关帝庙内)告诉我们:太平社"使资浩繁",经济来源是"商民捐资",不仅社长、甲长没有俸禄,而且所办的各项"事业"也要"商民捐资",政府一毛不拔。这就充分说明,社、甲不是基层政权,社长、甲长也不是政府官员。应该说社甲制带有一定的自治性质,所以官府可以不花一文钱,何乐而不为呢!另外,社长、甲长的任职时间只是一年(实际可能不是一年,但规定的是一年),《锦州县志》《广宁县志》《宁远县志》等,都有"年终另换"的记载。《皇朝文献通考》也说"限年更代,以均劳逸",意思是说不能让一个人总任社长、甲长,必须轮换,"以均劳逸"。显然,说明社长、甲长是义务职,否则就不会"均"什么"劳逸",这是一种"白使用人"的客套话。知州、知县为什么不一年一换呢,不需要"均劳逸"吗?因为他们是政府官员,有俸禄,无须客气,他们都是皇帝的奴才。

第三,社长、甲长的产生都是经过"士民公举"、"报官点充"的,不是官府任命的。所谓"士民公举",就是经过多数人认可的人选,报官府同意后生效。所谓"报官点充"就是取得官府的同意,如不同意,可能还要提出另外人选。官府是否同意,可能考虑两方面的问题:一是能否维护官府的利益,这是阶级

---

① 张研:《清代族田与基层社会结构》,中国人民大学出版社1991年版,第199页。

性决定的;一是考虑是否有办事能力,至少应该"识字",否则虽"有身家者"也是不行的。"点充"不同于任命,两者是有明显差别的,说两者并无不同是不对的。如果说,社长、甲长是由"士民公举"(也可视为选举)产生的政府官员,那岂不是一大创举,能是这样吗?

第四,有人认为社甲"具有某些专政职能,甚至有武装,体现了国家权力"。这要作具体分析,不能从现象看问题。有武装就"体现了国家权力"吗?在封建社会里,甚至辽阳解放前,地主阶级拥有武装的太多了,这些私人武装怎么能代表国家呢?有的甚至对国家是一种威胁。再说"具有某些专政职能",也不一定就"体现了国家权力"。如南方某些宗族规矩森严,对违规者加以种种刑罚,如对寡妇改嫁者甚至可以系石沉入河底,这能算体现国家权力吗?还有道教,清规戒律很多,对违规者也有种种刑罚,如跪香、杖责、逐出山门等项,最重者如违犯国法、奸盗邪淫、坏教败宗等,要火化示众,应该说十分严厉。但这是教规,不是国家权力。当然,社甲确有缉盗、追捕逃犯等职责,但都属于"协同"配合的性质,将在下文论述。

关于东北社甲制的性质,曾任东三省总督的徐世昌有过很好的说明。他提到延吉地区的社,"有代收租课及管辖韩民之责,以为行政机关之辅助"①。所谓"行政机关之辅助",就是说它本身并非行政机关,是"辅助"行政机关的,当然就不是基层政权了。这话虽然是就延吉地区说的,但也概括了东三省所有社的性质。

社是州、县下面的社会基层组织,其职能与内地的保甲没什么两样。至少可有如下几方面:

第一,"弭盗安民",维护封建统治。所谓"弭盗安民",就是防止人民反抗的同义语。《大清会典》规定:"自城市达于乡村,使相董率,遵约法,察奸宄,劝徽行。善则相共,罪则相及,以保安息之政。"(卷二十三)为此,建立了户口制度,每户门上悬挂一牌,上书户主姓名、丁数,同时登入官府册籍,以便稽查。社长、甲长的基本任务就是对社、甲人户实行出入稽查和"犯罪"告发。稽查有两种方法:一是甲长每日巡查本里户口变化,发现外来可疑之人,立即报官拿究,致使"盗匪"无处藏身。一是率众巡夜值更,各地形式有所不同,一般都是每夜定时几次,人员可以轮换,遇事报警,也可集众捕拿,有功州、县可以给奖。但更重要的是推行"连坐",所有民户都要出具"互保甘结",即向官府保证不发生"容留匪人及违禁诸事"。如有违犯,立即举首,否则一家事发,全甲连坐。即"善则相共,罪则相及"。甚至旅店、商铺、寺庙都要呈报人员的往来,不能"窝藏匪类",否则严加治罪。这样就形成了一个遍布各地、庞大而完

① 徐世昌:《东三省政略》,卷二,《边务·延吉篇》。

备的基层统治网,直接起着维护地方封建秩序的作用。

第二,"催粮办公",保证赋税征收。社、甲的另一个职责就是"掌理催征关于税捐及地方公费等事,掌办供应官差及徭役等事"①。赋税征收本属官府之事,一般都会照章交纳。但总有不按期交纳或"恃强拖欠"者,所以有协助征收或追索滞纳者的义务。"催征"的前提是必须掌握户籍,因此社、甲还有"掌理调查户口地亩及报告等"②责任,必须把纳税人的姓名、田产坐落、银米额数、具体住所等造册,上报给州县。经过核实,便成为稽查纳税的依据。除了造册之外,还要直接出面催促纳税人按时完纳。此外,"地方公费"的征收与"官差徭役"的摊派也都由社、甲主持。不过,从康熙五十一年实行"摊丁入亩"之后,赋税制度发生了改变,无须再进行户口调查了,职责有了很大的减轻。但东三省没有实行"摊丁入亩",还须照常催办。

第三,"查明呈报",参与基层司法。《大清律例》规定:"民间词讼细事,如田亩之界址沟洫,亲属之远近亲疏,许令乡保查明呈报。""凡窃盗等事,责令该地保、营汛兵丁,分报各衙门文武员弁,协力追拿。"还规定:"人命重情,取问地邻保甲。"③根据这些条文,可以明确三种职责,即"呈报""追拿""取问"。所谓"呈报",就是管内发生的各种案件,不论大小,不得隐瞒,都要"查明呈报",这已成为州县审理案件的必经程序。所谓"追拿",就是协助官府追拿逃犯,并有严格要求,"缉盗者,先派定强壮人夫,快利器械,安置在各社长、村(会)首处所,临时听用",不许"以老幼人夫,劣蹶马匹塞责败事"(《朝阳县始建太平社碑记》碑文)。有的还可以直接"拘捕、押送"④到官。所谓"取问",就是通过社、甲了解案情经过,社长、甲长甚至可以出堂作证,往往成为断案的重要依据。还有"民间词讼细事",社长、甲长首先要进行调解,尽量争取"私了",如果调解无效,"词讼细事"只有通过正式的诉讼去判决了。实际上,社的职能绝不止上述三点,应该说是非常广泛的。比如,有清一代各地经常发生各种灾害,为了稳定受灾地区的社会秩序,不得不进行赈济,这就需要社、甲的密切配合。首先是呈报受灾的程度,是否应该救济。其次是提供应该救济者的名单,列出受灾级别,作为放赈的依据。再次是放赈时要到现场"在旁识认"⑤,以防冒名顶替。总之,凡是地方官员认为需要的,就是他们应该承担的职责。诚如毛泽东所说:在清朝君主专制的封建国家里,"皇帝有至高无上的权力,在各地方分设官职以掌兵、刑、钱、谷等事,并依靠地主绅士作为全部封

①　徐世昌:《东三省政略》,卷六,《边务·长临附件》。
②　徐世昌:《东三省政略》,卷六,《边务·长临附件》。
③　《大清律例》,卷二十三。
④　徐世昌:《东三省政略》,卷六,《边务·长临附件》。
⑤　《清高宗实录》,卷六十二。

建统治的基础"①。试问如果没有这样一个基础,清朝怎能统治如此庞大的国家呢!

根据上述,我们可以得出如下几点结论:第一,清初实行的是社甲制,并非如《辽阳州志》所说的里社制。社下为甲,每甲十户,十甲为社,每社一百户,但并非绝对,以人口而定。乾隆后期由于人口增加可能大大超过此数。第二,整个有清一代辽阳社甲制没有变化,义和团运动后是否实行了保甲制,还缺乏明确记载,或者只在个别地区实行。第三,清朝的最基层政权是州(非直隶州)、县,社甲制是准官方的社会群体组织,不是地方基层政权,其职能都属于"行政机关之辅助",其本身不是行政机关。但是,它的触角延伸到城市和乡村的各个角落,形成一个庞大的无孔不入的统治网,监视人民的思想和行动,严密防止人民的反抗。

第二节 辽阳社会经济的恢复

清军入关时,盛京地区遭到严重的破坏,辽阳尤甚,千里无人烟,社会经济凋敝至极。顺治年间虽颁"招民开垦授官令",但收效甚微,"有土无人"的局面没有太大的改变。历经康熙、雍正、乾隆三朝长达一百五十年的时间才得到根本的改变,社会经济方逐渐恢复和发展起来。

一、清入关后的辽阳

清军占领北京之后,多尔衮主张迁都北京,采取所谓"居北制南"之策。即以北京为都城向南发展,平定江南人民的反抗,统一全国。但这一主张遭到部分守旧势力的反对。努尔哈赤十二子英亲王阿济格就公开提出:"今宜乘此兵威,大肆屠戮,留置诸王以镇燕都,而大兵则或还守沈阳,或退保山海,可无后患。"②

此说一出,无胫而走,流言蜂起。有"八月屠民之说",有"东兵俱来,放抢三日,尽杀老壮,止存孩赤等语"③,北京城内人心惶惶,影响极坏。为了消除影响,多尔衮不断地"颁示晓谕,民心乃宁"。由于他力排众议,坚持迁都,终于得到了多数人的支持,一场风波始告结束。迁都北京,标志着清朝对全国统治的开始。在迁都过程中,多尔衮发现许多八旗将士眷恋故土,怀念"沈中禾稼颇丰,故多有怨望者"④。在这种情况下,多尔衮感到即使入关也不利于战

---

① 《毛泽东选集》第二卷,人民出版社1991年版,第624页。
② 吴晗:《朝鲜李朝实录中的中国史料》(第九册),中华书局1980年版,第3735页。
③ 《清世祖实录》,卷八。
④ 《朝鲜李朝实录中的中国史料》(第九册),第3735页。

事,必须破除他们安土重迁的思想。于是,他决定采取破釜沉舟的办法,下令焚毁房屋、村庄,甚至城池,断绝他们一切返乡之念,只能勇往直前,"为统一天下"而战。康熙二十一年(1682),平定"三藩"之后,玄烨第二次东巡,时任工部右侍郎的比利时人南怀仁扈驾随从,后来他把一路所见所闻写成文章,名曰《鞑靼旅行记》,其中对辽东地区的破坏情形有所记载。他说:"这个地区,尤其是辽东以东是山连山,岭连岭。我时常站在山巅上,环眺地平线,除虎、熊,其他猛兽出没的山岳豁谷外,什么也没有映入眼帘,很少看见人家,仅有一处,在小河畔的低地上有几间矮小的草苫着的土房。在辽东,村镇全已荒废。残垣断壁、瓦砾狼藉,连续不断。废墟上所建的房屋,毫无次序,有的是泥土夯筑,有的是石块堆砌,大多是草苫的,瓦顶的、木板圈房椽的极罕见到。战争前的许多村镇,其遗迹早已消失。所以如此,是因为鞑靼王(多尔衮)以微小的兵力起事,迅速地大规模地从一切城镇中强募军队,为了使士兵失去回到家乡的一切希望,把这些村镇完全破坏了事。"[1]多尔衮的如此做法,不仅暴露了他(非个人行为,实质代表了整个满洲统治集团)冷酷至极的残暴,也表明了他们夺取全国统治权的决心。

南怀仁的记载很有价值,他告诉我们辽东的破坏属于"自残",但破坏的具体情形如何却是语焉不详。为了进一步说明辽东以及辽阳的残破情景,我们准备引用张尚贤的《根本形势疏》加以说明。张尚贤于顺治十八年(1661)五月(顺治于正月初七日已死)给朝廷上《根本形势疏》,他认为:"天下大势,京都者犹人之心腹,盛京者犹木之根本也。今腹心已壮实,根本尚然空虚",应该"及时料理",如"再迁延岁月",非"国家久远之计"。清初,由于满洲贵族把主要精力都放在内地,无暇顾及"根本",致使清军入关十八年后,情况依旧,没有多大改变,盛京地区的经济仍然处于停滞状态。因此,从维护统治阶级利益出发张尚贤乃上《根本形势疏》。《清圣祖实录》(卷二)、《奉天通志》(卷二十八)、《辽阳县志》(卷三十一)都有转录,内容大同小异。

那么,当时所谓"根本尚然空虚"的具体情况究竟如何呢?张尚贤首先根据盛京地区的地理形势,他认为存在着"内忧外患"。为了配合说明这种形势,他还在四月间就进呈一幅盛京地图,可谓用心良苦。他说:"自兴京至于山海关东西千余里,开原至金州南北亦千余里,又有河东、河西之分",即指辽河以东和辽河以西的广大地区。接着,他先说所谓"外患":"合河东、河西之边海以观之,黄沙满目,一望荒凉,倘有奸贼暴发,海寇突至,猝难捍御,此外患之可虑者也。"然后,再说所谓"内忧":"河东城堡虽多,皆成荒土,独奉天、辽阳、海城三处稍成府县之规,而辽海两县仍无城池。如盖州、凤凰城、金州不过

---

[1]　杜文凯:《清代西人见闻录》,中国人民大学出版社1985年版,第72页。

数百人;铁岭、抚顺惟有流徙诸人,不能耕种,又无生聚,只身者逃去大半,略有家口者仅老死此地,实无益于地方。此河东腹里之大略也。河西城堡更多,人民稀少,独宁远、锦州、广宁人民辏集,仅有佐领一员,不知于地方如何料理,此河西腹里之大略也。合河东、河西之腹里以观之,荒城废堡,败瓦颓垣,沃野千里,有土无人,全无可恃,此内忧之甚者也。"面对上述局面,张尚贤建议:"臣朝夕思忖,欲弭外患,必先筹划堤防,欲消内忧,必先充实根本,务宜设卡添兵,屯田广储,万年长策,不可不早为之图"(《辽阳县志》缺"设卡添兵,屯田广储"字样)。所谓"设卡添兵"就是在辽东、辽西边海地区加强防御,以"弭外患";所谓"屯田广储"就是恢复发展农业,储备粮食,以"消内忧"。他还满怀期待地说:"若及时料理,民虽稀少尚可招聚;地虽荒敝尚可垦辟;各处城池虽已倾毁尚可经营。如迁延岁月,民不抚绥则愈少;地不料理则愈荒;城池不照管则愈毁,非所以壮根本而图久远也。"不能说清廷对张尚贤的奏疏不重视,也曾"下部议",让大家讨论,什么结果呢,则无下文。也就是说,清朝统治者并没有按照张尚贤所期待的那样去做,可能有无奈之处。张尚贤一定感到很失望,但同年十一月,他奉召去安徽就任凤阳巡抚,再无机会过问奉天府事了。

在张尚贤看来,所谓"根本空虚"主要在于"沃野千里,有土无人"。无人如何恢复生产?无人如何发展经济?人是第一生产力,解决人的问题是第一位的。人都哪儿去了?事实上,辽东本来人口就不多,据嘉靖四十四年(1565)修成的《全辽志》记载,当年辽东人口仅有三十八万多人,但由于徭役负担太重,人口大量逃亡,有所谓"辽东年饥役重,军民窜伏",不仅民户逃亡,军户也纷纷逃亡。如"开原等五城并二十边堡军马:原额军舍余丁共该一万五千五百一十六员名,见在一万一千九百七十二员名,逃故三千五百四十四员名"。逃亡者的比例已超过20%以上,最高者达到40%,民户逃亡者更多。努尔哈赤占领辽阳之后,大肆杀戮,百姓大量逃亡。有的南逃海上,以一些孤岛为生;有的则渡海逃往山东;更多的是流入关内,人口减少是可以想象得到的。接着,天命十年(1625)迁都沈阳,人口又有减少。但人口减少最多的一次,莫过于迁都北京,大量的旗人所谓"从龙入关";大量的民人在失去生存条件的情况下也被迫随着进关。如何扭转"有土无人"的局面呢?这是恢复和发展社会经济的根本问题。

二、辽东招民开垦授官令的颁布

事实上,清朝统治者也不是不想解决"根本空虚"问题,但一直没有收到预期的效果。早在顺治八年(1651)就提出:"是岁山海关外荒地甚多,民人愿出关垦地者,令山海关道造册报部,分地居住。"民间普遍传说"顺治八年拨民",可能就是指此而言。顺治十年(1653),更颁布了《辽东招民开垦则例》,其中规定:"辽东招民开垦,有召至百名者,文授知县,武授守备。六十名以上者,文授州同、州判,武授千总。五十名以上者,文授县丞、主簿,武授百总。召民数多者,每百名加一级。所招民月给口粮一斗,每地一晌给种六升,每百名给牛二十只"①。这可以从两方面看:一是对招民者(所谓"招头")给予官职;一是对被招者给以口粮、种子、耕牛。刘献廷在《广阳杂记》(卷三)中说:"辽东地方广阔,田地最多,招去官民,任意耕种。俱照开荒之例,一百户每户给播种牛一只,并犁具等,给银五两,雇觅人工银二两者,不论旗、民,文授知县,武授守备。"这段话是对前者的补充,值得注意的有两点:一是"辽东地方广阔,田地最多,招去官民,任意耕种",没有亩数的限制;一是不仅给牛、犁具、种子,还给银五两。这些奖励可谓不薄,可能是中国历代招民开垦付出的最高价码,应该很有吸引力。因此才有陈达德招民一百四十户来辽阳,也有人说陈达德"得百人应募"来辽阳。我认为这两者并不矛盾,以户计算是一百四十户;以丁计算是"百人",所谓"百人"是个约数。总之,符合《辽东招民开垦则例》的规定,成为清代辽阳第一任知县。

陈达德,字大孚,浙江义乌人,明贡生。曾任山西芮城知县,擅诗文,曾"与吴赐如诸人结八咏楼社"。崇祯十六年(1643)十二月,李自成起义军攻陷平阳府(今山西临汾),晋南瓦解,他弃官避居曲沃。顺治八年(1651),陈达德离晋赴京,与时任兵部、刑部侍郎的故友卫周胤、卫周祚兄弟时相过从,了解时事,以待时机。顺治十年(1653)《辽东招民开垦则例》颁布,陈达德立即在京行动起来,按令招募,在很短的时间内应募者就达百人之多,经过呈报被授予辽阳知县,立即携带印信率队出关,于第二年二、三月初到达辽阳。在辽阳有何作为,没有直接的史料可供参考,遗憾的是短短两个月时间便因病故去。嘉庆时期修撰的《义乌县志》(卷十五)倒是有所记载。其中说:陈达德带领民众"披榛莽,召流移,勤垦辟,招商贾,兴文学,不逾年,政化大行"。我认为,《义乌县志》的这个说法很值得商榷。陈达德在辽阳仅两个月,而且是农历二、三月间,死于四月初八日后不久。死去的时间,函可有两首诗(《浴佛日寿陈令君》《唁》)可以证明。应该说冰雪尚未完全融化,如何"勤垦辟"?函可有关陈达德的诗中多次提到雪,如"官冷兼冰冷""升堂除积雪""冰雪尚酬文佛债""灯前雪底亦空言"等,说明还是冬末春初的季节。应该说,三百五十年前的东北冬季气温,可能比现在低很多。当然两个月也可以做一些工作,主要是准备工作。正像函可在《赠辽阳陈公十韵》一诗中所说,如"编户补疏星"(编检户口)、"尽销兵器为农具"(制造农具)、"采木探幽谷,弓田步远堈"(考察山谷林木,丈量土地)等,也包括"招商贾,兴文学",不过要有一个过程,短时间不会有太大的收效。至于"不逾年,政化大行",说"不逾年"是对的,说"政

---

① 《盛京通志》,卷三十五。

化大行"未免有些溢美。但是,陈达德的事迹完全应该大加彰显,是清初辽阳乃至东北历史上很有意义的一件事。其意义在于他的开拓精神,是辽阳垦荒的开始(或者说是辽东乃至东北),在清初辽东社会经济恢复中有积极的带动作用。在辽东招民垦荒被授予知县,陈达德是第一例,也可能是唯一的一例。不过,时间太短治效不可估计过高。陈达德殁后,由于民众的拥戴,其子陈瞻远被任命为知县,子承父业,继续开发辽阳。对此,官方有简要的记载:顺治十一年(1654)五月"丁酉(初八日)先是辽阳知县陈达德故,其部民赵廉静等求以达德子瞻远继父官,盛京昂邦章京叶克书为请于部。至是部议,辽阳初设,陈达德为首招众出关,因俾为县令。今殁而百姓愿戴其子,必其子同有招徕之劳,故乐与共事,应如所请,从之"①。陈瞻远在辽阳七年,应该大有作为,遗憾的是同样没有直接的史料可供参考。还是《义乌县志》有所记载,其中说:"衰绖(服丧期间)受职,伐木架屋,芟菑(割草开荒)力,籽(培土)禀达德之迹而加修之。……恤迩怀远,轻刑息讼……庐舍填厢,桑蔴遍野,殆如中土,县人为立生祠以示感慕"。这一大段话,前段应该符合实际情况,后段如"庐舍填厢,桑蔴遍野,殆如中土,县人为立生祠以示感慕",同样有些夸张。经过七年的继续开垦,肯定要比陈达德时期大有好转,但说"殆如中土"未免拔得过高了。张尚贤在没有离开辽阳时就曾说过:"去岁(顺治十三年)自春徂秋,招头绝迹。请敕部设招徕,或此法难行,更有彼法可通。"②这就是说,像陈达德那样的"招头"已经"绝迹"了,应该改变方法,即"此法难行,更有彼法可通",不能在一棵树上吊死。所以有人说:"垦荒令行之二十余年,而未见成效","官虽劝耕,而民终裹足不前"。由此看来,说顺治朝的招民开垦失败了,并不为过。其时,清朝还是把主要精力放在内地,忙于镇压各地的反抗,连年作战,"国家财赋大半尽用于兵",无力顾及"龙兴之地"的恢复与建设,颇为无奈和尴尬。如果不是这样,张尚贤的《根本形势疏》就很难理解了。我认为,这种情况拖延很久,一直到康熙前期也还没有太大的进展,步履艰难,仍是衰草寒烟,一片冷落荒凉的迹象。

那么,康熙前期盛京地区的情形怎样呢?我们仅以辽阳为例加以说明。辽阳知州杨镰在《辽阳州志》叙中说:"康熙十八年(1679)仲秋,奉命来辽,目击心怆,平原旷野,可井而赋,可沟而涂,今一望苍莽,风烈气肃,树木少植,三春罕间关之和,炎夏无荫庇之影,百里村落茅茨石垒,瓮牖绳枢,男妇百结。予口商心计,所以为治者索前人之政迹不可得,仅得一二于故老遗民,多鼎革流离之事,少知前人招徕拊循之术,甚以为憾。"他不仅指出了当时辽阳城乡之

---

① 《清世祖实录》,卷八十三。

② 贺长龄、魏源:《清经世文编》,卷三十五。

残破,也道出了为官之艰难。他在《志后跋》中又说:"甫任伊始,有应为而尚未能为者,如城池倾颓,学宫茂草,官舍倒坏,辽民稀少,田土荒芜,新募之殊情,风化之难一,此其大者。一切当行之事务,又难指数,是何能分念于志乎?"这里说明辽阳百废待兴,"有应为而尚未能为者",无暇顾及修志,虽属牢骚之言,但却提供了重要的信息,使我们可以知道当时辽阳存在的问题还是相当严重的。归纳起来应该有三方面:

一是"城池倾颓"。张尚贤在十八年前提出的"辽海两县仍无城池",此时尚未修复。不仅如此,直到康熙三十二年(1693)还是"败阓荒台,颓垣废井,一望怆然"①。所以没有修复,自然是由于财政紧缺的缘故,无法提上日程,即"有应为而尚未能为者"。从当时辽阳州的财政来看,只有丁银、田赋两项。康熙二十年,丁银征收数是:"实在人丁三千三百九十三丁,每丁征银一钱五分,共征银五百零八两九钱五分。"田赋征收数是:"实在共地二万九千九百三十五亩九分八厘八毫三丝三忽,每亩征银三分,共征银八百九十八两零七分九厘六毫四丝九忽九微。"②账目计算到两以下6位,可谓再清楚不过了,但这个数字令人十分可悲,一年仅收一千四百余两,除去上缴,可能所剩无几。偌大一个州,如何能够开销?那个年代,没有城池或村落就没有依托,似乎也没有安全感,不利于经济的恢复和发展。

二是"学宫茂草,官舍倒坏"。不仅城池、村落遭到破坏,城内许多建筑也同样遭到破坏。看来经过四十年还没有得到修复,说明破坏容易,恢复很难。致使杨镳感到"一切当行之事务"尚忙不过来,又"何能分念于志乎?"真是叫苦不迭。"官舍倒坏"自然影响办公,但官员不多,总有办法解决。学宫毁坏则事关重大。学宫是官府设立的士子学习场所,准备参加科举考试是其主要任务。试问学宫一片茂草,士子们去哪里学习?不学习如何参加考试,岂不耽误求取功名者的前程。特别是清初急需用人,甚至破格以求,大量录取。据查,顺治一朝有过8次会试,共录取3031名进士,辽阳只有5人③,可见许多士子失去了进入仕途的绝好机会。放过了这样的机会,以后则是难上加难。

三是"辽民稀少,田土荒芜"。"有土无人"是盛京地区的普遍现象,辽阳尤甚。根据康熙二十年(1681)的统计,辽阳州也只有"实在人丁三千三百九十三丁",可能是辽东地区人数最多的。同时,盖平县实在人丁是"一千零一十八丁"(《盖平县志》,卷下);铁岭县实在人丁是"二千一百二十二丁"(《铁岭县志》,卷下);开原县实在人丁是"二千一百六十二丁"(《开原县志》,卷

---

① 陈梦雷:《游千山记》,见刘伟华:《千华山志》,辽宁民族出版社1999年版,第369页。
② 《辽阳州志》,卷十六。
③ 朱保烱、谢沛霖:《明清进士题名碑录索引》(下册),《历科进士题名录》。

下）。不仅如此,一直到康熙后期局面也没有太大的改变。许多地区还是"弥望千里,绝无人烟"①。康熙五十七年(1718),"盛京将军琳宁奏请将兴京、开原、辽阳等城闲地拨给守陵官兵外,所余地亩尚多"②。这就是顺治、康熙两朝辽阳的现实,也是整个盛京地区的现实。这里应该指出,所谓丁是指十六岁到六十岁的男子,不包括十六岁以下和六十岁以上的男子,也不包括妇女,不是全部人数,这是应该说明的。即使如此,人口也不能说多。

社会经济凋敝残破,不仅给人民生活造成苦难,同时也使清政府的财政陷入困境,严重危及它的统治。"税银不充",谈何恢复,这正是问题的根本所在。四十多年没有恢复和发展,原因就在于此。杨镳在《辽阳州志》叙中认为:"大创之后,非有善政良法不能有济。稽自古循良之吏,必招集流散,劝之树艺,蠲其租税,而后桑麻郁然,野无旷土。"他建议:"今之辽阳,必得循良之材,抚字教训,则户口滋多,赋税自广,裕国裕民,予有志焉而未逮也。"杨镳的看法无疑是正确的,并表示愿意为改变辽阳现状尽力,其志可嘉,但关键是受整个社会环境的制约,非个人之力所能为。不难看出,"有土无人"是"田土荒芜"的根本原因。没有人则没有经济,因为人是第一生产力。所以,有的学者认为张尚贤的《根本形势疏》可以"作为顺治朝招民开垦失败的根据"③。这是很有见地的说法,不如此何必上《根本形势疏》。

盛京地区"有土无人"局面的根本改变,是经历了康熙、雍正、乾隆三朝一百五十多年的时间,非如有的学者想象的那样快。《辽阳县志》说:"顺治初,值革鼎之后,本境民户消条,田多未辟,前州志序所载可略见一斑也。迄后屡经招徕,休养生息,数百余年,闾阎栉比,渐成殷庶之景象。"(卷二十四)所谓"数百余年"似乎有些不确,但从顺治算起,经过康熙、雍正三朝,已近百年,再"渐成殷庶之景象",也需要百年的时间,所以说"数百余年"也不为过。实际《辽阳县志》的说法与《盛京通志》的说法是基本相符的,其中说:"国家作京伊始,垦辟田畴百数十年以来,省耕薄敛,优赉频加,亦既无旷土,无游民矣"④。

据《盛京通志》的记载:"康熙七年始行编审"户口制度,但主要是为征收丁银,只查丁数,仍然不是全部人口。当年整个奉天府六个州县(承德、辽阳、海城、盖平、开原、铁岭)仅有七千九百五十三丁;康熙二十四年(1685)为一万三千一百七十一丁;康熙五十年(1711)才达到一万八千六百二十三丁。从康熙五十一年(1712)到雍正十二年(1734),二十二年时间仅增加了五千多丁,

---

① 《清经世文编》,卷三十四。
② 《八旗通志》,卷六十六。
③ 张杰、张丹卉:《清代东北边疆的满族》,辽宁民族出版社 2005 年版,第 136 页。
④ 《盛京通志》,卷三十七。

达到二万三千七百九十六丁①。到了乾隆时期规定十年一编审,似乎成为定制,并且编审全部民人户口。仅从辽阳来看,增加的速度明显加快了。

"乾隆六年新编民户六千五百七十五户,男妇三万九千五百九十五口。

乾隆十六年编审民户六千七百八十九户,男妇四万一千六百一十一口。

乾隆二十六年编审民户八千一百三十九户,男妇四万六千七百五十八口。

乾隆三十六年编审民户八千三百八十九户,男妇四万八千七百五十六十二口。

乾隆四十六年编审民户九千三百五十二户,男妇五万五千二百九十九口。"

从乾隆四十六年(1781)整个奉天府来看,人口总数应该是二十八万七千九百一十七口。从奉天府六个州县来看,承德最多,为十一万四千五百五十九口;海城为三万七千四百三十六口;盖平为二万八千一百八十四口;开原为四万二千二百四十二口;铁岭为三万零一百九十七口②。可见辽阳人口仅次于承德,这还只是"民户",不包括旗人在内。人多了就说明劳动力增多了,垦田面积自然就会增多,荒地就会减少,社会经济自然就会逐渐恢复、发展。

三、社会经济的初步恢复

社会不可能总是"停滞不动的"③。发展是必然的,但要具备一定的条件。尽管清初三朝"有土无人"的局面没有得到根本的改变,但并非全属政策问题,有多方面的原因,与整个社会的大环境有关。一项政策的实施,能否取得成效,在于是否适应社会的变化和需要,或者说是否适应人民群众生活状况的变化和需要。适应者事半功倍,否则事倍功半。顺治时期招民垦荒的优惠政策可谓不薄,为什么成效甚微,那就是农民的生活状况和传统的心理状态使然。中原的农民只要有一点点生活出路,谁也不想背井离乡去那被称为冰天雪地、吐沫成钉的地方去,正所谓故土难离。东北一直被视为塞外"大荒"之地,甚至被认为是历代充军发配的场所,无人愿来,与中原相比一直是人烟稀少的地方。可是到了康熙晚年,由于中原土地兼并逐渐激化,有些失去土地的破产农民只好另谋出路了,故土思迁,逼上梁山,也是一种无奈!尤其是山东、河南、河北、山西、陕西等地,土地兼并日趋激烈,农民破产者较多,再加水旱之灾频发,更迫使大量的灾民四处逃生。康熙在晚年曾说:"今太平已久,生齿甚繁,而田土未增,且士商僧道等不耕而食者甚多。或有言开垦者,不知内地

---

① 《盛京通志》,卷三十五。
② 《盛京通志》,卷三十六。
③ 《马克思恩格斯全集》第四卷,人民出版社1956年版,第144页。

实无闲处,今在口外种地度日者甚多。"①这里所说"口外"是指杀虎口(又称西口),位于山西右玉县北,与张家口(又称东口)都是长城上的重要关口。由于地缘上的原因,山西、陕西、甘肃等省的灾民流入今天的内蒙古地区,称为"走西口"。山东、河南等省的灾民多投奔辽东,位于山海关之东,故称"关东"。辽东之所以成为山东、河南等省灾民的首选目标,是地缘上的原因,简而言之就是距离近;可以"任意垦荒";优惠多;有较大的生存空间。大量的逃亡者流入关东,主要有两种途径:一是旱路,出山海关,即可进入辽东,有记载说:"途间见有民人等出关甚多,此内固有逃荒而去者,亦有乘坐大车,携带箱笼,竟似移家前往者";二是水路,从山东渡海进入辽东南部。又说:"盛京金州、复州、海城、盖平等县,与山东登、莱、青等府隔海对岸,若民人携眷乘船径渡,甚属便捷。"②应该指出,移居辽阳者多半是在康熙二十年(1681)以后,尤其是乾、嘉时期才大量涌入。这时封禁政策已经实行,许多关口都派有重兵把守,已不能正常出关,所以要闯关或者偷偷摸摸绕道而行,总之皆称"闯关东"。辽阳就是"闯关东"的重点选择地区,有记载说:"本邑(指辽阳)在明代设定辽五卫,置兵屯戍,未尝以人民实边,地阔人稀,有土满为患。顺治十年始设府辖附郭辽阳县,招直、鲁、豫、晋人民来此垦田。康熙二十年间,尚复人烟廖落,嗣因官给牛种,先至者有如归之乐,闻风者乃源源而来。"③辽阳的许多谱牒也可以证实这一点,顺治时期落户辽阳者很少,大部是乾隆及其以后时期。如西四道街著名的河南院王氏,便是乾隆时期迁来的。还有玉皇庙回族马氏也是乾隆时期移居辽阳的,其族谱说:"清朝乾隆年间,先祖炳字辈由山东苦水堡携子移居辽阳,先落脚城东钓水楼,又移至城内东街,最后大部至城南玉皇庙定居,并立有祖茔,可称回族玉皇庙马氏,至今已历二百五六十年矣"。不过,有些谱牒都说是顺治八年(1651)迁来的,是不准确的,可能有意提前了。

随着人口的增加,民人开垦的土地也越来越多。根据《辽阳州志》的记载:康熙二十年辽阳原额地二万八千八百二十八亩有奇,至二十二年新增地一千一百零七亩有奇,共地二万九千九百三十五亩有奇。"自康熙二十三年至雍正四年,增地一万九千零七十亩。五年通行清丈后增地十七万六千四百五十三亩有奇。是年至雍正十二年增地三百七十亩有奇,共地二十二万五千八百二十八亩九分。……自雍正十年至乾隆四十五年零丈(选择一些地区进行丈量)十三次、海丈(普遍丈量)一次,续报起科并出旗民人[注:为了解决旗民

---

① 《清圣祖实录》,卷二六八。
② 《历史档案》,2001年第二期,第59、66页。
③ 《辽阳县志》,卷二十四。

生计问题,雍正时期允许部分奴仆、养子、开户(有些奴仆因功可以自立门户者)人等,'赎身为民',或'拨出为民',到了乾隆时期八旗汉军也分批出旗,称为出旗民人]随带地共增地二万一千四百八十四亩二分三厘,内开除水冲沙压并重科地一千七百一十五亩,实在原额新增共地二十四万五千五百九十八亩一分三厘"。辽阳开垦的土地,从康熙二十年(1680)接近三万亩,至乾隆四十五年(1780)接近二十五万亩,前后七十五年增加八倍多,不谓不多。但从当时的辽阳州不仅是今天的辽阳,还包括今天的鞍山、辽中、本溪三地看来,只开垦出二十五万亩土地就显得少而又少了。

随着人口的增加,开垦的土地越来越多,征收的赋税自然也越来越多。清初民人的赋税主要有两项:一是丁银;一是田赋。其他都无定制。

先说丁银:丁银就是人头税,根据规定,奉天府每丁征银一钱五分,一般都轻于内地。根据记载,康熙二十年(1680):辽阳州实在人丁三千三百九十三丁,每丁征银一钱五分,共征银五百零八两九钱五分。此后逐年有所增长,根据《盛京通志》(卷三十五)记载可知:

雍正十二年,原额新增实在行差人丁四千五百三十九丁,征银六百八十两零八钱五分。

乾隆六年,原额新增实在行差人丁四千五百七十五丁,征银六百八十六两二钱五分。

乾隆十六年,原额新增实在行差人丁四千七百四十四丁,征银七百一十一两六钱。

乾隆二十六年,原额新增实在行差人丁五千八百九十三丁,征银八百八十三两九钱五分。

乾隆三十六年,原额新增实在行差人丁,五千八百九十七丁,征银八百八十四两五钱五分。

乾隆四十六年,原额新增实在行差人丁五千九百二十丁,征银八百八十八两。增长虽然缓慢,但毕竟在增长。

再说田赋:盛京各属民田顺治十五年(1658)始定征赋之制,每亩岁征银三分,凡新垦地亩三年起科(即开始征收田赋)。康熙十一年(1672)改为十年起科,十五年(1676)复改为三年起科,十八年(1679)定为六年起科,不分等、则,每亩岁征银三分,不加闰(闰年也不多征)。康熙二十二年(1683),综计奉天、锦州二府,新旧起科地共三十一万二千八百五十九亩有奇,岁征银九千三百八十五两有奇。于是各州县田赋之额乃著于册。就是说,从康熙二十二年(1682)起每户有多少土地、应征田赋数额都记入档案,称为红册,其地则称红册地。田赋以征银为主,有时征米,有时又银米并征。康熙三十二年(1693),就改征粟米,每亩岁征粟米三升有奇。四十三年(1704),锦县、宁远州应征粟米仍改征银,解交承德、辽阳、海城、盖平、开原、铁岭、广宁七州县买粮贮仓。四十七年(1708),颁制斗(前此征米皆以关东市斗,至是以制斗为准,每斗抵市斗五升),每亩岁征粟米七升五合。五十三年(1714),征银如旧制。五十六年(1717),复征粟米。雍正六年(1728),银米各半征收。八年(1730),把土地分成为上中下三则(即分三等)起科,上则地亩每岁征粟米六升三合八勺三抄;中则地亩每岁征粟米四升二合五勺五抄五撮;下则地亩每岁征粟米二升一合二勺七抄六撮。上则岁征银三分,中则岁征银二分,下则岁征银一分,总之是加重了。各州县征收标准,基本相同。

乾隆三十三年(1768),清丈奉天、锦州二府地,凡民人私垦者准为余地(即称民人余地),分上中下三则征收,上则每亩岁征银七分,中则每亩岁征银六分,下则每亩岁征银五分。三十五年(1770),民典旗人余地(即旗人私垦土地称旗人余地,这里是指典给民人的旗人余地)及永远征租、暂行征租地亩(永远征租地、暂行征租地:民典旗地经过回赎,但旗人业主绝户或业主不清者,转交州、县管理,作为民地加增租赋者谓之永远征租地或暂行征租地)俱归州县征收。四十六年(1781),盛京、吉林民人私垦地亩续经查出者每亩岁征银八分,仍在旗仓纳米二升六合五勺五抄,以惩匿报之弊,著为令①。

根据辽东招民开垦令的规定,来到辽东的民人开垦的土地是什么性质呢?第一,民人经过辛勤劳动开辟出来的土地,归民人所有,成为"恒产,听其买卖"②,政府不加干涉,只是按章纳税,领取执照而已。说明:民人有土地所有权,与旗地不同。第二,民地与内地一样,是一种封建的生产关系,既可以自己耕种成为自耕农;也可雇人耕种成为剥削者;还可以出租,成为地主阶级,不劳而获。第三,耕种土地的民人与国家的关系是经济关系,与旗人不同,有充分的人身自由,只要正常地交纳丁银、田赋,承担相应的徭役,就可以得到法律的保护。

随着人口的增多,土地开发也越来越多,再加上社会比较安定,农业逐渐得以恢复。在此基础上,手工业、商业也逐渐恢复起来。

第三节　旗地与官庄

旗地是八旗制度的经济基础,是一般旗人的生计之源,也是他们被束缚在土地上接受奴役的枷锁。旗地是一个非常复杂的课题,我们只能就一般旗地与官庄加以叙述。一般旗地就是旗丁分到的土地,官庄则有皇庄、王庄与户、礼、工三部管理的官庄。

---

① 均见《盛京通志》,卷三十七。
② 《光绪大清会典》,卷一。

一、一般旗地

一般旗地就是分给八旗兵丁和下层旗人的份地,归旗署管理,是国家为保证旗人生计而提供的永久性产业,属于国家所有,旗人只有使用权。入关前,一直实行"计丁授田",每丁(十六至六十岁男性为丁,统称壮丁,披甲为兵者又称兵丁)六日(每日六亩,也称一垧)。其中五日种粮,一日种棉。按照规定:"增丁不添给,减不退。"由于绝大部分丁壮都披甲为兵,还要自备马匹、武器等装备,名义上都由土地所出,所以没有任何赋税。事实并非如此,八旗兵在战争中专靠抢掠来弥补,这是尽人皆知的事。吏科给事中林起龙在顺治十一年(1654)的奏疏中就说:"臣闻兵在盛京,无饷而富。"(《皇清奏议》卷八,《更定八旗兵制疏》)无饷胜有饷,不仅大量夺取财物,同时也占有大量的土地。顺治四年(1647)三月,"庚午,谕户部:满洲从前在盛京时,原有田地耕种,凡赡养家口,以及行军之需,皆从此出。"①这种说法只是反映了实施"计丁授田"时的初衷,实际一半依靠掠夺。旗地与民地不同,有着许多规定加以限制。首先,要划定旗界,在各自的旗界内分给,不能随意挑选。"太祖、太宗时,原将八旗分左右翼,庄田、房屋,俱从头挨次分给"。康熙时期依然坚持上述做法,十八年(1678)十二月划定的盛京旗界是"东自抚顺起,西至宁远州老君屯。南自盖平县阚石起,北至开原县,除马厂、羊草等甸地外,实丈出五百四十八万四千一百五十五垧。分定旗地四百六十万五千三百八十垧,民地八十七万八千七百七十五垧。新满洲迁来若拨种豆地,每垧给豆种一金斗,拨种谷米、粘米、高粱地,每垧给各种六升"。实际就是把清丈出的可耕土地的百分之八十多留给旗人,当时主要是为解决"新满洲"的生计问题。所以,把"熟地拨给新满洲,恐生民困苦"②。所谓新满洲是指皇太极时期新吸收编入八旗的满洲人,大部居住在黑龙江中下游地区,如库雅喇、虎尔哈、赫哲等部,满语称伊彻满洲,伊彻为新之意。康熙是要求他们去盛京地区开垦。旗界划定后,还要分左右翼拨给,"分定地界居住,不许移居"。所谓左右翼,是八旗内部的一种组织形式,分成左右两翼。左翼为镶黄、正白、镶白、正蓝四旗;右翼为正黄、正红、镶红、镶蓝四旗。八旗行围打猎、行军布阵、驻防安营,包括旗地坐落,均按翼而行。分得土地和房屋之后就不能随意"移居",违者要受到惩罚。其次,八旗兵丁并不直接隶属于国家,而是隶属于旗主。旗下兵丁与本旗旗主之间存在着严格的隶属关系,兵丁不能随意转移牛录,也就是不能随意离开本旗。违者被视为"逃旗",按规定:"凡旗人初次逃走者,左面刺字,枷号一月,鞭一百。三次逃走者,右面刺发地名,咨送兵部,发宁古塔、乌拉等处,给披甲

---

① 《清世祖实录》,卷三十一。
② 《清圣祖实录》,卷八十七。

人为奴"①。不难看出,八旗兵丁及其家属被牢牢地束缚在土地上,没有半点人身自由。再次,土地不准买卖与转让,尤其不准落入民人之手。由于兵丁披甲在外,家里一切农事都由余丁及"妇子老幼"承担,还要出各种徭役,再遇水旱之灾,很难维持一家六七口人的生计,甚至陷入绝境。即使"无力耕种,坐使土地荒芜",也不能把旗地卖掉,必须"世守",更"不准典卖于民"②,所谓"旗民不交产",即不能与民人交换买卖土地和房屋。

为了解决八旗官兵的生计,清政府把荒闲余地分给他们耕种,不得典卖,称为随缺地。由于八旗官兵防地经常变动,原份地已经失去,所以每到一地还要按原来数补给,故称随缺地。乾隆十三年(1748)规定:每名八旗兵各给地十坰;城守尉、协领每人五十坰;防守尉、佐领每人四十坰;防御每人三十五坰;骁骑校每人三十坰。这些随缺地,实际就是按照官兵等级分配的职分田。同时还规定:这些土地不在当差之处,距离较远者可以招佃租种,收取地租;但"应征仓粮,均归各该城封纳",缴入旗仓。那么,八旗兵丁是如何经营这些土地呢?部分上层兵丁,包括一些官员可以利用奴仆进行生产。一般兵丁没有奴仆,只能同家眷耕种土地,维持生活。由于连年出征,加之旱涝无常,严重影响生产,土地荒芜,口粮不足,困苦异常。

一般旗地,也应包括八旗官员的份地。八旗官员的份地是按照等级分配的,一是看官员的品级和爵位,一是看官员占有壮丁的多寡。根据这两点分给官员园地和壮丁地。一般兵丁只给壮丁地,也没有什么园地。究竟分给多少,不是一次决定的,而是陆续提出的,又时有变化。如顺治三年(1646)规定:"副都统以上官员,各拨给园地三十坰,并壮丁地二名。"都统、副都统是满语固山额真、梅勒额真的汉译,都统是满洲、蒙古、汉军八旗的最高长官,从一品,副都统为正二品。给园地三十坰就是180亩;给壮丁地二名就是每名五坰,共60亩。第二年又补充规定:"参领以下官员,各给二名壮丁地。"参领为八旗甲喇额真,汉译参领,正三品,副参领正四品。参领之下为佐领,即牛录额真,汉译佐领,正四品,是八旗中最低一级官员。就是说参领、佐领各给两名壮丁地,即六十亩。还规定:"各官员升迁不加,已故降革不退。"顺治六年(1649)又定:"给官员园地,公、侯、伯、精奇尼哈番(子)各三十坰;阿思哈尼哈番(男)各二十坰;阿达哈哈番(轻车都尉)各十五坰;拜他喇布勒哈番(骑都尉)给十坰……"③

---

① 《光绪大清会典事例》,卷八五七。
② 《光绪大清会典事例》,卷一五九。
③ 《光绪大清会典事例》,卷一五九。

　　清初盛京旗地有多少,记载不一。上述划界之后,康熙十九年(1680)八月,又对荒地进行补查,盛京户部侍郎塞赫奏报:"察过未垦荒地荒甸一百五十四万七千六百余垧。内除皇庄喂马打草地三万二千四百余垧,仍有一百五十二万五千二百余垧。"康熙再次令户部派员前往盛京"会同奉天将军、副都统、侍郎及府尹将各处田地清丈明白,务令旗、民咸利",并提出"设立边界,永安生业"。这里的所谓"设立边界"就是旗地与民地分开,不能混杂,避免或减少旗、民纠纷,同时也有防止满族被汉化的目的在内。事实上是不可能的。随着人口的增加,满汉人民之间的相互交往是无法阻止的。乾隆四十年(1775)奉天府尹富察善、明通奏称:"奉天各州县及旗庄地方,旗、民杂处,并无旗界、民界之分。"人为的旗、民分界逐渐被自然的趋势所冲破,直至完全消失。

　　此后,盛京地区的各种旗地便迅速发展起来。从辽阳来看,旗地也在逐渐增多。据记载,康熙三十二年(1693)有旗地十四万六千八百零一日;雍正五年(1727)增加到三十五万三千二百二十八日;乾隆四十五年(1780)为三十四万一千九百三十二日,尚有旗余地一万五千七百九十七日[①]。旗地种类繁多,名称不一,将在下面行文遇到时再加说明。

　　清初盛京旗人不纳丁银,旗地也不纳田赋。因为他们多数披甲为兵,为国家效力,也算是一种格外的优遇。到了康熙三十二年(1693),规定旗地也要征租,即交纳旗租,但非常轻微。规定每地六亩(即一垧或一日),岁征豆一升、草一束[②]。雍正后,每垧仍征收草一束、豆一升二合七勺,也可以米代豆,米为二升六合五勺七抄。当时这些草、豆或米折银也就六厘多,平均每亩折银也就一厘多。而民人一亩则纳银三分,可见旗租(十厘为一分)只是民赋的三十分之一。乾隆三十一年(1766),丈出旗人余地(指旗人私垦的土地,不在红册之内的土地)一百八十七万四千四百余亩。为了逃避纳税,这些地都没有上报,私自耕种。查出来的这些余地,乾隆决定一律没收归官,出租给旗人,租银分三等九则(即分上中下三等,每等再分三级):上等每亩租银八、七、六分;中等七、六、五分;下等六、五、四分。所以如此加租,是带有惩罚的性质,但毕竟是少数人。旗租的征收范围,包括八旗官兵的一般旗地,也包括皇庄、王庄与户、礼、工三部的官庄,一律征收,毫无例外。

　　清初田赋之征收,乾隆时期有详细的规定,"征收之方法乾隆会典载催科之法,大纲凡四:以分限纾民力;以输催免追呼;以印票征民信;以亲谕防中中饱"。所谓分限就是州县按照赋额,"分为夏秋两限,及期榜谕,俾纳户周知其数。二月开征,四月输半,五月停征,八月续征,十一月完征"。所谓输催就是

---

① 《盛京通志》,卷三十七。
② 《八旗通志初集》,卷十八。

以"滚单记粮户之姓名、田亩、赋税银米之定额,分发各地方之团保,使催促之",滚单就是通知书。所谓印票"用三联之法,名曰联票。书纳户所完赋额,编号钤印,而三分之:一附簿,一留县,一给纳户。附簿即存根,账房收之;留县者,比限查截,备检对之用;给纳户者,即收款之执照也"①。这里顺便提到从雍正元年(1723)七月开始,正式颁布诏令:全国推行"摊丁入亩"的赋役政策,各省都先后实行,唯独盛京地区由于"户籍无定"而没有实行,因此我们也就无须赘述了。

根据乾隆四十五年统计辽阳界旗地"原额新增实在应征地三十四万一千九百三十二日五亩五分五厘,应征米九千零七十八石三斗一升九合二勺"。除了盛京、广宁外,辽阳旗地占第三位。盛京所属十五个城市共有"实在应征地二百二十八万五千七百一十六日三亩五分五厘一毫"。除此之外,辽阳尚有"旗余地一万五千七百九十七日一亩六分六厘,应征租银五千六百七十七两七钱二分五厘六毫"②。

二、皇庄与王庄

这里的所谓"庄",就是以庄园的方式进行经营管理的土地,皆称官庄,在盛京地区皇室设立的田庄称为皇庄,皇帝赏赐给王公贵族的田庄称为王庄,还有由户部、礼部和工部管理的田庄称为官庄。清初辽阳的官庄是比较多的,各种各样的官庄随处可见。

皇庄是皇帝的私产,辽沈时期就有,虽无皇庄之名,却有皇庄之实,如努尔哈赤在鞍山就有"拖克索",那不就是皇庄吗?入关以后,盛京的皇庄一时大量减少,顺治年间仅剩七十五所,到康熙三十年增加到八十四所。可是到了雍正、乾隆年间,盛京的皇庄却超过了三百所以上。根据蒋良骐《东华录》雍正元年六月的记载:"自山海关以至广宁,皇庄头三百有奇。"每庄只设一个庄头,庄头数就代表了庄园的数目;而且只是说了山海关至广宁(北镇)的皇庄,辽东还没有包括在内。如再加上盛京地区的皇庄,大大超过了三百所以上。那么,这期间辽阳有多少皇庄呢?由于时间不同,常有变化,所以记载不一。根据《黑图档》的记载,至少有粮庄八所、御果园六所、棉花庄五所。其地址分别如下:

粮庄,有八卦头粮庄:位于沙岭西王河南岸附近,盛京内务府设一等粮庄于此,由会计司所属皇粮庄头庄姓承领庄地,驱使旗丁耕种纳粮。年征一等庄仓粮382石。另征有谷草银、羊草银以及鸭、鹅、猪等杂项。

---

① 参见萧一山:《清代通史》,华东师范大学出版社2006年版,第368—369页。
② 《盛京通志》,卷三十八。

下王家粮庄:位于望水台附近,盛京内务府设一等粮庄于此,由会计司所属王姓庄头承领庄地,驱使旗丁耕种纳差。年征仓粮382石。另附加征谷草银、羊草银以及鸭、鹅、猪等杂项。

西八里庄粮庄:位于南林子附近,盛京内务府分设一等粮庄于此,由会计司所属张姓庄头承领庄地,驱使旗丁耕种纳粮。年征仓粮382石。另附加征谷草银、羊草银以及鸭、鹅、猪等杂项。

西马蜂台粮庄:位于灯塔野老滩北,盛京内务府分设粮庄于此,由会计司所属三等庄头黄姓承领庄地,驱使旗丁耕种纳差。年征三等庄仓粮307石。另附加征谷草银、羊草银以及鸭、鹅、猪等杂项。

后石桥子粮庄:位于辽阳县后石桥子,盛京内务府分设一等粮庄于此,由会计司所属皇粮庄头陈姓承领庄地,驱使旗丁耕种纳差。年征仓粮382石。另附加征谷草银、羊草银以及鸭、鹅、猪等杂项。

高丽堡粮庄:今属辽阳县,位于张家林子附近,盛京内务府分设粮庄于此,由会计司所属三等庄头苏姓承领庄地,驱使旗丁耕种纳差。年征仓粮307石。另附加征谷草银、羊草银以及鸭、鹅、猪等杂项。

峨眉庄粮庄:盛京内务府分设粮庄于此,由会计司所属四等庄头应姓承领庄地,驱使旗丁耕种纳差。年征四等庄仓粮192石。另附加征谷草银、羊草银以及鸭、鹅、猪等杂项。

景尔屯粮庄:今属辽阳市太子河区,位于哈大道南,盛京内务府分设一等粮庄于此,由会计司所属李姓庄头承领庄地,驱使旗丁耕种纳差。年征仓粮382石。另附加征谷草银、羊草银以及鸭、鹅、猪等杂项。粮庄分为四等,以年征仓粮数为准。

御果园,有七岭子果园:今属鞍山市,位于该岭东南部,盛京内务府设御果园于此,由掌仪司所属镶黄旗园头全姓承领庄地,驱使旗丁耕种应差。缴纳果差榛子、山楂、花红、梨、雉等物。额定园头年征额征榛子2.652石、山楂3.23石、雉85只等。另附加征担驮银、车脚抬夫银、包裹席片银等杂项。

西三里庄果园:位于南林子附近,盛京内务府分设御果园于此,由掌仪司所属正白旗园头耿姓承领庄地,驱使旗丁耕种供纳果差。缴交榛子、山楂、花红、梨、雉等物。额定园头年征榛子2.652石、山楂3.23石、雉85只等。另附加征车脚抬夫银、包裹席片银、担驮银等杂项。

后三块石果园:位于辽阳县兰家乡喻家沟附近,盛京内务府分设御果园于此,由掌仪司所属镶黄旗园头邹姓承领庄地,驱使旗丁承种应差。缴纳果差榛子、山楂、花红、梨、雉等物。额定园头年征榛子2.652石、山楂3.23石、雉85只等。另附加征担驮银、车脚抬夫银、包裹席片钱等杂项。

南林子果园:位于辽阳市白塔区方家屯附近,盛京内务府分设御果园于此,由掌仪司所属正黄旗园头陈姓承领庄地,驱使旗丁承种应差。额定园头年征榛子 2.652 石、山楂 3.23 石、雉 85 只等。另附加征担驮银、车脚抬夫银、包裹席片钱等杂项。

南八里庄果园:位于太子河区曙光乡孙家堡子附近,盛京内务府分设御果园于此,由掌仪司所属镶正黄旗园头乔姓承领庄地,驱使旗丁承种应差。额定园头年征榛子 2.652 石、山楂 3.23 石、雉 85 只等。另附加征担驮银、车脚抬夫银、包裹席片钱等杂差。

硝堡果园:今属辽阳市白塔区,位于前韩夹河附近,盛京内务府分设御果园于此,由掌仪司所属镶正黄旗园头赵姓承领庄地,驱使旗丁承种应差。额定园头年征榛子 2.652 石、山楂 3.23 石、雉 85 只等。另附加征担驮银、车脚抬夫银、包裹席片钱等杂项。

棉花庄,有大安平棉庄:位于今弓长岭区安平乡瓜票沟附近,盛京内务府分设棉花庄于此,由广储司所属谷姓庄头承领庄地,驱使旗丁耕种纳差。每庄年征棉花 700 斤,另附加征车脚银、牛皮银、房租钱等杂项。

山咀子棉庄:位于辽阳县小豆沟附近,盛京内务府分设棉花庄于此,由广储司所属岳姓庄头承领庄地,驱使旗丁耕种纳差。年征额棉花 700 斤,另附加征车脚银、牛皮银、房租钱等杂项。

向阳寺棉庄:位于辽阳县新立屯附近,盛京内务府分设棉花庄于此,由广储司所属正白旗庄头张姓、李姓、叶姓分别承领庄地,驱使旗丁耕种纳差。每庄年征棉花 700 斤,另附加征车脚银、牛皮银、房租钱等杂项。

肖夹河棉庄:位于辽阳市太子河区望水台乡附近,盛京内务府分设棉花庄于此,由广储司所属肖姓庄头承领庄地,驱使旗丁耕种纳差。每庄年征服棉花 700 斤,另附加征车脚银、牛皮银、房租钱等杂项。

单家堡子棉庄:今属辽阳县兰家乡,位于单家堡子一带,盛京内务府分设棉花庄于此,由广储司所属正白旗单姓庄头承领庄地,驱使旗丁耕种纳差。年征棉花 700 斤,另附加征车脚银、牛皮银、房租钱等杂项。

皇庄生产的产品都是为了满足皇室生活的需要,不仅有粮庄、棉庄、果园,还有盐庄、靛庄、纳银庄、蜜户、苇户等,除此之外还有山场、围场、牧场、鱼泡等,应有尽有。这些皇庄的一切都由盛京内务府统摄,所以又称内务府官庄。盛京内务府又要向北京总管内务府呈报、请批,有些事甚至要经过皇帝亲自定夺。具体来说,每所皇庄都设一名庄头实行管理,庄头由内务府选定,管理好者可以终身,甚至世袭。管理差者受罚、鞭笞,另换,仍为壮丁。以粮庄为例,"每庄给田一百三十垧,并庄头本身,共壮丁(在官庄里劳动的称壮丁,不称庄丁)十名,牛八头",最初每年每所粮庄"纳粮一百二十石",后来则分为四等纳粮。除纳粮之外,还征收谷草、羊草、线麻,以及鸡、鸭、鹅、猪等杂徭。就是说,每庄十人,壮丁,包括庄头在内都要参加劳动,后来庄头逐渐脱离了劳动,主要负责催促壮丁劳作,支应公差,按额例上缴钱粮及实物等。身份虽远远高于一般壮丁,但仍然是奴仆。不过,随着土地兼并的激烈,庄头实际掌握了壮丁的命运,狐假虎威成了二地主。

在皇庄里劳动的壮丁主要是上三旗(镶黄、正黄、正白三旗)的包衣,此外还有俘虏、发遣之人丁等。清初,盛京地区是发遣流放犯人的场所,其中包括盛京、尚阳堡、威远堡、铁岭、抚顺、辽阳等地,发遣尚阳堡的犯人最多,大部编入各种官庄中为奴。特别是平定"三藩"之后,"逆藩家口充发关外者,络绎而来,数年始尽,皆发各庄头及站道当差"①,就是说"三藩"余众大部成为各种官庄中的壮丁。顺治时期《大清会典事例》(内务府杂例)还规定:"有罪之家,所籍入官之奴仆,均拨官庄,以充壮丁。"康熙八年(1669)五月,鳌拜被列罪革职籍没(没收财产入官),死于禁所。于是,"盛京地方现有籍没家产所得壮丁四十一、妇三十六、蒙古丁一、大小男孩二十三、女孩十四,……田一百五十五垧、瓦房三间、草房十八间"以及牛马、驴,等等。据此,总管内务府咨盛京管理内务府事务掌关防佐领辛达里称:"此人(指鳌拜)之田、房屋既皆在盛京地方,请咨行佐领辛达里等,由伊等查看,挑选其中才人良田编成三个大粮庄。"②随着各种官庄的增多,甚至通过购买的方式补充壮丁之缺额,在有关档案中也是屡见不鲜。皇庄里的壮丁没有任何人身自由,终年劳作,如同牛马,随意打骂,甚至可以转赠买卖,犹如奴隶。壮丁的"妻女耳上皆穿六孔,以防潜逃"③。很多不堪忍受者,采取自尽的方式表示反抗。康熙八年(1669)曾谕刑部:"近闻官民家人(指奴仆),以自缢、投水身死报部者甚多。此皆因本主不加爱养或逼债过甚难以存活,故至身死。非有迫切之情,岂肯自尽。以后官民务须各将家人抚恤训养,勿得仍行逼债致死。人命至重,尔部即行晓谕申饬。"④很显然,这道上谕无关痛痒,"人命至重",只是"晓谕申饬"而已。所谓"训养"更是荒唐,实际是说"训养"没有到位才促其致死。正因如此,不仅不能制止"本主"的残酷剥削,反而是有加不已。乾隆十四年(1749)盛京皇庄壮丁王廷贵等联名呈诉说:"每一名耕地六十亩,男女当差,交粮交钱,较之佃户纳粮更重。虽是幼男幼女,亦全服役,及女长成,一任庄头肥己,稍不遂意,即行毒打。日受凌辱,含冤莫诉,已经百有余年。"⑤这些地位悲惨的壮丁一切都要遵命行

---

①　王一元:《辽左见闻录》。

②　《清史资料》(第5辑),第47—48页。

③　李燕光、关捷:《满族通史》,辽宁民族出版社2006年版,第340页。

④　《清圣祖实录》,卷三十。

⑤　《黑图档》,乾隆十一年京来档。

事,包括男女婚嫁,甚至"凡家中所有,悉是官物"①。于是大量的壮丁不再以自杀进行消极反抗,而是采取逃亡的方式进行反抗。顺治三年(1646)五月谕兵部:"隐匿满洲家人向来定拟重罪,朕心不忍,减为鞭笞,岂料愚民不体轸恤之心,反多隐匿之弊,在在容留,不行举首。只此数月之间逃人已几数万,斯皆该管地方官员不加严察之咎也。"顺治十一年(1654)六月上谕:"一年之内,逃人至于数万,所获未及数千",甚至说,都是民人"欲使满洲家人尽数逃散,奸诡之谋显然"②。因此,要"严加追获",并定隐匿逃人之"窝主"(多为民人)为"大罪"。

从上述生产关系来看,皇庄的性质就是一种封建农奴制,要比民人的封建租佃制落后很多。入关以后,这种农奴制有所扩大,是依靠国家机器强力推行的结果,但落后的生产关系迟早必然要被先进的生产方式所代替。

王庄是世袭的,也属于私产。辽阳的王庄很多,不同时期数目时有变化,记载不一。王庄也是采取庄园的形式进行经营,与皇庄一样,也是一种封建农奴制。在王庄中的壮丁同样只有应差的义务,从事奴役性的劳动,终年不得温饱。王公贵胄甚至可以私立公堂,滥施淫威。根据奉天公署档的记载:壮丁"偶有拖欠不及者,立将壮丁索拿至王府,任意虐待,当其冰天雪地之寒,以冰水灌顶之惨,夜间铁索加头,缧绁床沿,便溺不与,辗转尤难"③。这一记载可能属于个案,但不难看出王庄的残暴更胜于皇庄。所不同的是在汉族封建经济的汪洋大海中,到了乾嘉时期许多王庄不得不改变经营方式,多半把土地出租出去,收取实物或租银,实际就是实行了租佃制,或者说已经转变为地主经济了,已经完全封建化了。关于王庄,我们见到的材料不多,仅举几例加以说明:如皇太极长子豪格,崇德元年(1636)因功晋封为和硕肃亲王,入关前就有庄园,入关后庄园更多,分布各地,世代相传。据清末肃亲王府《奉天各庄佃地亩纸》可知,在奉天的兴城、绥中、锦县、盖平、海城、承德(沈阳县)、法库、铁岭等地都有大量的土地,并有专人代其管理。在辽阳共有十处,可知土地为二千三四百亩,有一处不知具体数目。分布情况是:

鱼窖子地	二百零六亩四分	程德库经管
崔公泡地	七十亩六分	程德库经管
马家窝棚地	一十九亩八分	程德库经管
新台子地	一十二顷十八亩五分	杨生明、张春经管
蚂蚁坨子地	一百一十九亩八分	杨生明经管

① 吴振臣:《宁古塔纪略》。
② 《清世祖实录》,卷八十四。
③ 转引自吴非:《辽阳官庄》,载《辽阳史志》1991年第1期。

摩云山地一处		袁万方经管
大西涨地	三十六亩	
接官堡地	一十顷十四亩五分	王德峰、杨生明经管
稗家堡地	四顷四十九亩九分	张春经管
王架子地	九十三亩一分	杨生明经管

郑亲王济尔哈郎,在奉天、兴京、辽阳、海城、盖州共有土地四千一百零四亩(乾隆十八年《郑亲王府东省地亩底册》)。

豫亲王(多铎后裔)大贝勒府在海城、牛庄、辽阳共有土地七千二百七十四亩七分(咸丰年间《豫亲王大贝勒府宗室化育庄头地亩照抄分产册》)。

惠郡王在铁岭、广宁、沈阳、辽阳有土地共三千三百一十五亩①。

除此之外,还有大学士、一等子范文程在"沈阳、辽阳、南城、牛庄、海城、西城、椴木丛共有红册地三千六百九十七日半,共收租钱一千二百四十一两八钱整"②。

实际,辽阳的王庄可能还多。如,《黑图档》就记有康熙第七子淳度亲王允祐在辽阳大闾屯分设粮庄,由庄头曹姓承领庄地,驱使旗丁耕种纳粮;道光第九子孚敬郡王奕譓在辽阳县梨起堡分设粮庄,由庄头翟姓承领庄地三千六百三十五亩,驱使旗丁耕种纳粮。由于有些省藏档案很难见到,只好从略了。读过《红楼梦》三十五回,感到曹家在辽阳似乎应该有庄园。请看下面一段描述:"只见小厮拿着一个禀帖,并一篇账目,回说:'黑山村乌庄头来了。'贾珍道:'这个老砍头的,今儿才来!'贾蓉接过禀帖和账目,忙展开捧着,贾珍倒背着两手,向贾蓉手内看去,那红禀上写着:乌进孝'门下庄头乌进孝叩请爷爷奶奶万福金安,并公子小姐金安。新春大喜大福,荣贵平安,加官进禄,万事如意'。贾珍笑道:'庄稼人有些意思。'贾蓉也忙笑道:'别看文法,只取个吉利儿罢。'一面忙展开单子看时,只见上面写着'大鹿三十只,獐子五十只,狍子五十只……各项折银二千五百两。'贾珍命人带乌进孝进来。贾珍道:'你走了几日?'乌庄头道:'回爷的话,今年雪大,外头都是四五尺深的雪,前日忽然一暖一化,路上竟难走得很,耽搁了几日,虽走了一个月零两日,日子有限,怕爷心焦,可不赶着来了。'贾珍道:'我说呢,怎么今儿才来'。"这段对话,至少说明两点:一是天气,"外头都是四五尺深的雪",可能是在北方或说东北;一是距离,"走了一个月零两日",说明路途遥远,一天走五十里路,也需要三十天。所以,从天气与距离来看很可能是辽阳。这个不着边际的想法,只好请红学家们去推敲了。

---

① 转引自李燕光、关捷:《满族通史》,第381—383页。

② 转引自杨学琛、周远廉:《清代八旗王公贵族兴衰史》,辽宁人民出版社1986年版,第460页。

三、户、礼、工三部官庄

户部在辽阳的官庄最多,主要是粮庄。根据《盛京通志》的记载可知者如下:

辽阳州大堡居住官庄二处,离城五十里,俱在镶黄旗界。

大东山堡居住官庄四处,离城五十里。

广山屯居住官庄二处,离城五十里。

小东山堡居住官庄一处,离城五十里。

大于仲堡居住官庄一处,离城六十里。

杨家湾居住官庄一处,离城六十里。

十里河居住官庄一处,离城六十里。

四方台居住官庄一处,离城八十里。

古城子居住官庄二处,离城八十里。

二台子居住官庄一处,离城九十里。

张家庄子居住官庄一处,离城九十里。俱在正黄旗界。

迎水寺居住官庄二处,离城十里。

施官屯居住官庄一处,离城四十里。俱在正白旗界。

徐工堡居住官庄二处,离城四十里。

夹河居住官庄二处,离城十里。俱在镶白旗界。

营盘居住官庄二处,离城十五里。

小营盘居住官庄一处,离城十五里。

野老鹳滩居住官庄二处,离城十五里。

岳家堡居住官庄一处,离城十五里。

平州居住官庄一处,离城四十里。俱在镶红旗界。

小屯子居住官庄三处,离城三十里。俱在正蓝旗界。

小糯米庄居住官庄一处,离城十里。

梨花峪居住官庄一处,离城三十里。俱在镶蓝旗界。

小纸房居住官庄一处,离城十五里。

大纸房居住官庄一处,离城十五里。

高雁墙居住官庄三处,离城十五里。

河工堡居住官庄二处,离城三十里。

康家堡居住官庄一处,离城三十五里。

夏家堡居住官庄一处,离城四十里。俱在正红旗界。

"以上盛京所属官庄共一百一十六处,辽阳州则有四十五处接近总数的百分之四十"。这些官庄俱隶盛京户部管理,主要是生产粮食。户部官庄生产粮食是为国家储存粮食,目的在于平抑粮价、赈济灾荒,有些副业如鸡、鹅、鱼、鸭之类也为了皇室之用,有些是为了祭祀及过往差役的需用。对这些官庄的管理原额设领催六名,乾隆十二年又添设拜唐阿(清代各衙门无品级的当差者之泛称)领催(满语拨什库,汉译领催,催促之意。在佐领之下设领催,粮庄里的领催,主要是负责监督壮丁劳作,催促庄头按时交粮等)一名,专管拜唐阿监丁。各庄设有庄头具体管理,每年必须上缴额定的粮食,完不成则要受罚,甚至责打。庄头分为四等,每年上缴的额定粮食不同:头等报粮庄头十二名,每名报粮三百八十二石;二等报粮庄头二十名,每名报粮三百五十二石;三等报粮庄头三十七名,每名报粮三百零七石;四等报粮庄头四十九名,每名报粮一百九十二石。报粮庄头共一百一十八名,每年共上报粮食三万二千三百九十一石。内除现折交解运通州豆四千八百八十五石二斗(解运通州豆又称牛运豆。乾隆五十五年,牛庄、盖平、熊岳、辽阳四城的部分红册旗地改为征豆,每垧二升六合五勺五抄,汇集于牛庄,其中两千五百余石每年由牛庄海运交给京郊通州,即所谓解运通州豆。剩余二百多石储于牛庄旗仓,以备来年充用。这四城的纳豆地被称为牛运豆地),又除人夫柴薪、蓆片、木炭、箕帚、木锹等项共折粮一万零一百三十七石八斗,通计折价银二千二百三十两零二钱一分六厘,按年交庄,仍留粮五十石,以备折供应太庙、三陵,岁时祭祀及过往差役需用。鸡、鹅、鸭、蛋、紫花、苘蔴、棉蔴、羊草、青草、苏麦、油柴、烧酒、豆、石头各项匠役口粮等用,每年实应交仓粮一万二千零六十八石。《盛京通志》关于户部粮庄的记载也不完全,《黑图档》就记辽阳有丁庄子粮庄(位于太子河区曙光乡小峨眉庄附近),由陈姓承领庄地,额征一等庄仓粮三百八十二石;三道壕粮庄(位于太子河区太子河乡韩夹河村)由三等庄头张姓承领庄地,额征二等仓粮三百零七石;还有二台子粮庄(位于灯塔市连山台南),由恩姓庄头承领庄地,额征仓粮三百零七石。

礼部:礼部在辽阳设有果园、山场、官泡等,主要供皇室之用,分布在城乡各地。

果园有:辽阳州城内果园一处,额采李子、樱桃等果。

辽阳州城外果园一处,额采李、杏、香水梨等果。

辽阳界繁盛堡果园一处,离城五十五里,额采花红等果。

邢镇抚屯果园一处,离城六十里,额采桃、杏、樱桃、香水梨等果。

安平果园一处,离城六十里,额采栗子等果。

石桥子果园一处,离城三十里,额采花红等果。

梨树沟果园一处,位于城南摩云山附近,离城九十五里,额采鲜榛子、榛子、黑葡萄、梨干、山里红等果。

千山果园一处,离城六十里,额采花红、雪梨等果。

火连寨果园一处,离城一百里,内有采山果山场,额采香梨、山里红、榛子、葡萄等果。此外还有果园两处。

以上共十处,"俱隶盛京礼部管理,分设六七品官司其事,随时采取,以备贡献。"

山场有:辽阳黄泥洼有采取樱核林子一处,岁采蜂蜜、松子、樱核等项,皆有定额。盛京、辽阳、开原、铁岭、广宁、义州、牛庄七界共有果园一百零五处,辽阳界樱核林子五十五处。辽阳、岫岩、牛庄三界山场七十一处,每岁应交樱核、梨皮、榛子、花红、山里红、香小梨、雪梨、红肖梨等项俱有定额。这些山场要给皇室提供山梨、榛子、山里红、李子、山葡萄、枸杞子、蘑菇、木耳、蕨菜、野鸡等。尤其山里红、李子必须是"蜜渍"(用蜜浸泡,即蜜饯)的;山梨必须是切片晒干了的梨干。

官泡有:辽阳噶喇河官泡一处,离城六十里。

荣蔴泡官泡一处,离城六十里。

唐牛儿背河官泡一处,离城七十里。

湾泉系河官泡一处,离城七十里。

带通泡官泡一处,离城八十里。

莲花泡官泡一处,离城九十里。

新北河官泡一处,离城一百二十里。

牛心泡官泡一处,离城一百三十里。

转尚湖官泡一处,离城一百三十里。

以上官泡十五处,亦隶盛京礼部管理,额设六七品官员掌之,打取鲜鲫鱼、鲤鱼等项交官[1]。

工部:工部官庄与礼部、户部官庄又有不同,工部主要是以手工业生产以及手工业原料生产为主而建立起来的官庄。包括黄瓦厂、煤窑、石灰窑、铅矿、采木山场、编席厂等等。共有壮丁1172名。此外,锦州、牛庄、凤凰城等地有苇塘九万多亩,匠役711名。辽阳有多少工部官庄不见记载,但在东南山区铅矿有工部官庄是确定无疑的。

---

① 参见《盛京通志》,卷三十八。

第六章　辽阳经济的发展变化与反清起义

在经济恢复的基础上,由于人口大量增加,旗地,尤其民地的开辟速度加快,越来越多,农业经过恢复,得到很大的发展。农业的发展必然带动了手工业(包括工矿业)以及商业(包括金融业)的快速发展,在许多部门出现了资本主义的因素,在经济管理上也趋向近代化,到了乾隆、嘉庆时期可谓百废俱兴,逐步走向繁荣。

第一节　农　业

我国自古以来有着"重农抑商"的传统,清代亦是如此。辽阳有百分之七八十的人口终生致力于田亩,追求衣食之温饱。到了乾隆、嘉庆时期,旗地虽有发展,但出现了"盗典盗卖"现象,愈演愈烈,民地则快速发展,民人更是力耕不息。辽阳地处盛京地区的中东部,土地最为肥沃,又少受水旱之灾,十年九收,人云:"每年皆庆丰收"。

一、旗地的发展与变化

康熙、乾隆时期,盛京地区的旗地不断增加,乾隆四十五年(1780),盛京地区有旗地与旗余地(旗人私垦地)150 556 顷 44 亩,到嘉庆年间已达 185 238 顷 52 亩,已占盛京地区耕地面积的大半。特别是旗地的性质正在发生变化,由国家所有制逐渐转向私人所有制。旗人除了原有份地之外,还私自开垦土地。据康熙年间户部调查的结果是:"东至抚顺,西至山海关,南至盖州,北至开原,皆经查勘,计田万顷有奇。"①乾隆年间的调查是旗余地达到 233 557 垧 3 亩,实际可能更多。这些旗余地都在红册之外,已非国有,属于私人所有,《东三省政略》就说:旗余地"实系私产,并非官地",但必须"照章纳税"。关于份地早在顺治时期就规定:旗人的份地是世袭的,绝对不能卖与汉人,所谓"旗民不交产",也不能越旗交易,只能在本旗之间交易。如果违反规定,"以隐匿官田论","概行查撤入官"②。但是,旗人虽占有大量土地,自己耕种者很少,大多数不农、不工、不贾,除了弓马骑射而外就是养尊处优,好逸恶劳,坐食山空,生活无以为继,只好出典土地。由于不许土地卖于民人,名义上都是典

---

① 《八旗通志》初集,卷十八。
② 辽宁省档案馆:《盛京内务府档》,卷宗号 10113。

地,可是到期还不上钱,也就只好卖掉了事。这种情况从康熙中后期就开始了,虽然采取许多办法,如政府出资将地赎回归还原主,然后仍然照样典出,不仅制止不住,而且愈演愈烈,甚至形成潮流。首先是不准越旗买卖被打破,如坐落正白旗孟家寨石图佐领下兵丁彭牙尔夸,"有身名下红册地三十日内拨地五日,按价银三十二两卖给正黄旗旗丁傅君弼;又拨出地二日,按价银十一两卖给正黄旗兵丁黄祥"。他还剩地二十三日,"仍在身上纳粮"①。可见不准越旗买卖已被打破,清政府无可奈何,只好承认。他们说:"旗人田地,遇有缓急,情愿出卖者,准其不计旗分,通融买卖"②。所谓"通融买卖",就是"不计旗分",再不受"旗分"的限制了。其次是不准越旗买卖被打破,那么旗、民之间是否可以买卖呢?实际也很快被打破。咸丰二年(1852),根据户部奏言:"向来旗民交产例禁甚严,无如日久弊生,或指地借钱,或支使长租,显避交易之名,阴行典卖之实。此项地亩,从前免纳官租,原系体恤旗人生计。今既私相授受,适启胥役人等讹诈勿串等弊……若仍照旧例禁止,殊属有名无实"。这里是说旗人早就"或指地借钱,或支使长租",把土地出租出卖给民人,"显避交易之名,阴行典卖"之实。因此,咸丰帝下令:"著照该部所请,除奉天一省旗地盗典盗卖仍照旧例严行查禁外,嗣后坐落顺天直隶等处旗地无论老圈自置,亦无论京旗屯居及何项民人,俱准互相买卖,照例税契升科"③。既然顺天直隶等处旗地可以旗民交产,仅有一关之隔的辽东地区能不受影响吗?此后"盗典盗卖"愈来愈多,很难制止,不过上上下下只能是掩耳盗铃而已。再次是旗地大量出租,收取地租,出现了货币地租。有的旗户比较聪明,不典不卖,而是出租土地,收取地租,维持生计,一般是实物地租。乾隆五十七年(1792)正月,兴京旗人赵金成将自己旗地出租给民人翟海耕种,讲明"秋后分粮"。旗人赵进玉将地租于民人王忠禹佃种,"讲明收成后交粮"。如何"分粮",一般是秋后算账。也有事先讲明者,如产下粮食可以四六开、五五开不等,出租者都是大土地所有者。更有明码实价者,如乾隆五十九年(1794),民人石从德租旗人兴德堡"地四十日,每年给粮十一石"④。随着商品经济的发展,康熙中后期货币地租已经出现,逐渐普遍化。乾隆二十五年(1760),辽阳人李璠无地耕种,合伙租种尚家佐领尚维慎的红册地二百九十三亩四分,每亩"地租七钱五分"⑤。后来官府收税,亦要求以货币支付。上述旗地的变化说明,辽东乃至东北的满族已经高度封建化了,地主经济成为主流。

① 辽宁省档案馆:《盛京内务府地亩稿档》,乾隆二十九年五月二十二日档。
② 《光绪大清会典事例》,卷一一八。
③ 《户部井田科奏咨辑要》,上卷。
④ 《刑科题本》,乾隆五十七年五月。
⑤ 《户部地亩档册》,第三册。

二、民地的迅速增加

由于内地土地兼并愈来愈激烈,农民破产者愈来愈多,为了寻求生路,当时只有两个去处:一是走西口;二是闯关东。从辽阳来看,乾隆四十六年(1781)辽阳人口达到"编审民户九千三百五十二户,男妇五万五千二百九十九口"①。此后,人口越来越多,开垦的土地也越来越多,到了咸丰、同治时期,辽阳民人有八种土地,名称是银地(纳税以银为主)、米地(纳税以粮为主)、余地(私垦土地)、加赋余地(较好余地多纳税)、减赋余地(较差土地,如沙碱地等少纳税)、学田(给学校拨出的土地,充作教育经费,不纳税)、新增地(新私垦的土地)、民典旗余地(典自旗人的余地)。据统计,额征银地十万零五千七百二十五亩一分三厘;额征米地十万零五千七百二十五亩一分三厘;额征民余地一万五千零八十二亩八分九厘;额征加赋余地三千零三十四亩;额征减赋余地五千五百二十九亩;额征学田一千亩;额征新增地五千三百一十九亩五分八厘;额征民典旗余地一千零二十亩零一分。后来除去拨给析出的辽中、本溪县与学田,共有"土地二十二万七千六百八十九亩六分三厘"②。根据旗地与民地的发展过程,可以看出盛京奉天府民地发展越来越快,有人作过比较,为了说明问题,不妨照录如下,单位为亩:

年代	顺治十八年	康熙三十二年	雍正十三年	乾隆四十五年	嘉庆十七年
旗地	2652582	7005269	14206840	15005644	17537600
民地	60933	311750	2624657	3570212	3763090③

可见,从雍正朝开始,奉天府的民地快速增长。由于封禁政策逐渐被突破,关内的流民大量涌入,土地开发自然越来越多。嘉庆十七年(1812),盛京地区有民人 942,003 口;道光二十年(1840),民人增加到 2,213,000 口。而且这些所谓流民"安居乐土,不但不肯回籍,抑且呼朋引类,日积月多,驱逐不易"④。民地与旗地不同,民地都是自己开发的,原来都是无人居住的地方,是荒地,是一镐头一镐头刨出来的,是用血汗开发出来的,逐渐变成沃土。这些土地按照规定,必然属于私有,即"民间恒产,听其买卖"⑤。因是私人所有制,所以可以自由买卖,与旗地不同,不受任何限制。但是,必须照章纳税。一般是三年起科,每亩三分,以后又改征粟米,又改征粟米、银两各半,总之,地税是越来越增加。民地归民署管理,赋税由州县征收。民人与国家的关系和旗人不同,不是依附关系,只有经济关系,也就是照章纳税,以后要承担一些义务,

---

① 《盛京通志》,卷三十六。

② 《奉天通志》,卷一〇七。

③ 转引自《清代东北史》,第 374 页。

④ 《清宣宗实录》,卷二五〇。

⑤ 《光绪大清会典》,卷一。

越来越重,后面将要提到。但应该特别指出,辽东或说东三省的土地开发成果是山东、河北、山西、河南的所谓"流民"付出了极大的代价取得的,我们永远不能忘记这一点。

三、农业的发展

辽阳的地理位置较好,适于农业生产。有人说:"海城、辽阳至沈阳之间为南满洲最肥美之地。其土属松浮黏壤,地势微有起伏。据该地居民云:此地每年皆庆丰收,少受水旱之患。辽阳附近所种各物以高粱、豆、粟三项为大宗。"①诚如所言:辽阳农作物种类纷繁,确以高粱、大豆、粟(谷子,去皮称小米)三项为大宗,产量还有大幅度提高,自食有余,早在康熙年间就"有运盛米于山海关内者,又泛海粜于山东者多有之"②。乾隆六年(1741),从锦州、义州两储仓运出大豆一千零九十七石,从辽阳储仓运出大豆一千七百七十八石,接济京师。应该看到,辽阳一地运出之大豆比锦州、义州两地运出之大豆多出六百八十一石,说明辽阳大豆产量之高。之所以如此,是由于"奉天所属,雨水调匀,各种禾苗,皆获丰稔,米豆价甚贱,米一石银四五钱,高粱一石银三钱余"。米豆价贱,一是说明年产量很高,《辽阳乡土志》就说:"逢一有年,敷土人二年之用有余",又不能过多仓储,只有贱价出卖;二是奉天地方人口相对不多,所需有限,地多人少,与内地人多地少不同,所以米豆价贱是自然的。乾隆二十八年(1763)四月,盛京将军舍图肯、奉天府尹耀海等奏:"承德(沈阳)、辽阳、海城、盖平、铁岭、锦县、宁远、广宁、义州九州县,粟米(小米)价自八钱至一两四钱不等。高粱价自五钱五分至八钱四分不等",虽与乾隆初年略有上涨,但与同时的京畿地区米的"时价二两内外不等"相差很多。尤其是直隶、山东等地荒歉之年,盛京地区各州县的粮食大量运往灾区。乾隆五十九年(1794)十月,"宜兴等奏:奉天地方,本年秋成较好,米粮充足。现在直隶、山东各商,至奉天省买运米粮,络绎不绝,遵旨实力稽查,毋使抬价居奇等语。直隶、山东被水地方,收成较为歉薄,市集粮石,自不能充裕。今商贩人等,前往奉天买运,粮石流通,实于小民口食有裨。著传谕该府尹等,督饬各属详加晓谕,凡有至奉天贩运粮石者,务须平价出粜,毋得遏籴居奇,以资接济。将此谕令该将军知之"③。据上述可知,高粱、大豆、谷子大量外运,说明粮食已经商品化了,不论是自觉或不自觉,客观上是满足市场的需要,已出现了资本主义因素。

除了高粱、大豆、谷子而外,还有小麦、大麦、荞麦、芝麻、苏子等,但耕种面

---

① 《东三省政略》,第6291页。
② 《清圣祖实录》,卷一二八。
③ 《清高宗实录》,卷一四六二。

积不大。特别应该提到的是苞米与地瓜的种植，是今天的人们很难想到的。苞米与地瓜是舶来品，原产地为美洲。十五世纪末，欧洲人发现了新大陆，才把这两个品种带到欧亚各国，传到我国是明朝嘉靖、万历年间，普遍种植是清朝的中晚期，由于是舶来品，各地名称不一。先说苞米。东北多叫苞米、棒子，是从形状上来命名的。因为有皮包着里边的米粒，所以叫苞米。从外形来看，像棒槌，又叫棒子、棒子米、棒子面。也有的叫玉米及玉蜀黍的，所谓玉米是因为"粒豆，色黄润如玉"，故称玉米。有人认为玉米是从四川传过来的粮食品种，所以叫玉蜀黍。再说地瓜。地瓜的名称比较简单，东北多叫地瓜。南方初称番薯，番指外国，是指由外国传来的如同马铃薯一样的农作物，故称番薯。后来又称朱薯、红薯、白薯。从皮的颜色看，呈朱、红色，故称朱薯、红薯，是一个意思。由于品种不同，也有"紫皮白肉，亦有黄肉者，更有内外皆白色者"①，故称白薯。辽阳何时种植苞米与地瓜，没有记载，可能较晚。我认为，应该在乾隆、嘉庆时期，经过山东传来。乾隆十七年（1752），山东布政使李渭就大力提倡种植红薯，很有成效，于是普遍推广开来。此后进入辽阳的"闯关东"者多是山东人，这些舶来品经他们传入的可能性很大。

畜牧业：《奉天通志》记载说：汉朝时期，"辽东襄平有牧师官，他郡有牧师者颇鲜，而襄平独置牧师，则牧畜蕃息可知"。明朝时期在辽东设有马场，蓄马四十万匹，与陕西等处并称蕃庶。清朝时期尤重养马，"六畜惟马最盛，将胡之家，千百成群，卒胡家亦不下十数匹"②。

根据八旗制度的规定：每一个骑兵，都得自备马匹。入关后，凡是八旗驻防之处，就有牧场。这时东北虽无战事，但不能没有少量的驻防八旗，所以仍然有二三十处牧场，辽东的兴京、复州、熊岳城、金州、开原、岫岩都有牧场，而辽阳最多，有沙沟子、船城、单家庄、小纲户屯四处，实际现在的东宁卫也可能是官马场。根据《辽阳乡土志》的记载：辽阳有伍田地"一万六千三百日，日六亩，每亩征银四分，每年征银三千九百一十二两"。伍田地原来就是马场，后改为耕地，名曰伍田地。可见，马场改为伍田地，也给当地政府带来一定的收益。除了官马场之外，畜牧业作为农业之副业，各族农民普遍重视，以马、牛、猪为主。有记载说："本省农耕可谓之有畜农业，凡耕者无不倚马牛驴骡之力，即农产物之搬运，亦无不以牲畜为役，加以农家副业山羊、绵羊、豚、鸡、鹅、鸭等，罔不饲育，其数不可胜计。"不过"饲养管理之法，不能脱原始之习，而以牧畜为专业者，尚不多见"③。最后还应该提到，由于民族不同，饲养之种类也

---

① 《深河北咸丰泽县志》，卷五。
② ［朝鲜］李民寏：《建州闻见录》，辽宁大学历史系本，第43页。
③ 《奉天通志》，卷一百二十。

有明显的区别,汉族以养猪为主,回族以养牛、羊为主,除了自食而外,就是供应市场需求。至于饲养方法,直到中华人民共和国成立,基本上没有多大的改变。

林业:远古时期,辽阳地区气候温热,草木繁茂,野兽成群。从辽阳全区的地下煤层和大批动物群骨化石来看,都可以证明辽阳曾经是古代辽东的重要森林资源宝库和林木开发基地。据记载可知,清代盛京地区有"采木山场二十有二,兴京界其场九;开原界其场三;凤城界其场六;岫岩界其场二;辽阳界其场二"。辽阳的两处山场:"一在乱石沟,东至大河五十里,西至黑山十里,南至大岭十里,北至青皮岭十里,周围四十八里。一在白石山、腊子山,东至秦椒沟二十五里,西至响水峪七里,南至黑山十里,北至庙儿岭五里,周围四十七里"。但辽阳林业属于早期开发型,多以伐为主,很少人工营造,森林的更替全靠天然繁育,新生林发展缓慢,树种日渐繁杂。努尔哈赤时期,为了修建东京城和祖宗陵寝,需要大量木材,近山不足所需,乃开辽阳大黑山、青皮岭、响水峪、庙尔岭等处为林场,方圆百里,无序砍伐,乃是一种破坏。到了嘉庆时期,山东、河南、河北、山西等地移民大量流入,出现了毁林造田局面,山林面积渐渐缩小,繁茂的森林逐步失去了原始形态。原有的针叶乔木纯林慢慢演变成针、阔叶混交和阔叶杂木林。除此之外,"私伐木植之案"不断发生,"嘉庆、道光以后尤夥"①。

渔业:辽阳处于太子河、浑河中下游,辖区内有大小河流几十条,还有泡、沼、坑、塘,水域面积较广,水产资源丰富。河鱼有鲂、鲤、鲫、鲇、鲢、银鱼等。无论从种类、数量虽都不能与沿海城市相比,但亦有些特产自古为人所称道者。如鲂,形状与鳊鱼相似而较宽,银灰色,胸部略平,腹部中央隆起,生活在淡水中,今人呼之曰鳊花。《辽阳县志·物产志》说:"太子河出鳊花鱼,缩项穿脊,扁身细鳞,诚鱼中上品也。"故有谚语云:"居就粮,梁水鲂。"居就是汉代辽东郡的一个县,即今辽阳亮甲山汉城,梁水即太子河。这个谚语是说居就产粮有名(即指桃花米);太子河产鲂鱼有名。在两千年前的《尔雅·释鱼》中就提到了鲂,可见此鱼早已有之。又如鲤,鲤称鱼王,有赤白黄三种。辽阳人都知道:"沙河之鱼,鳞作黄色,鳍尾俱赤,俗名赤鲤。生于泥泽中者,鳞作黑色,俗名黑鲤。苏氏本草云:鲤肋鳞从头至尾无大小皆三十六鳞,每鳞上各有小黑点三十六者,六六之数,六六阴数也。鱼口有双须,扁大体重,有至十数斤者,太子河产,极佳。"还有银鱼,李时珍说:此鱼出自江浙,大者长四五寸,身圆如筋,白如银,无鳞。太子河所出银鱼"形小色白,冬月得之味甚鲜"②。

特别应该提到,盛京内务府管辖的上三旗官河泡设有鱼千总、鱼丁,每年

---

① 《奉天通志》,卷一一八。
② 《辽阳县志》,卷二十九。

要给北京内务府提供鲜鳊（鲂）、白、鲤、鳖等鱼以祀奉先殿；冰杂鱼二万四千斤以满足皇室之用①。官泡的范围包括辽河、浑河、太子河、三岔河等及辽阳、海城、牛庄各界官河口一百零二处，作为上三旗捕鱼的官泡，辽阳就有盛京礼部管理的官泡十五处，每年都须按时、按量提供贡品。可见，辽阳的官私渔业还是很兴盛的。

第二节 矿业与手工业

辽阳地区地下资源十分丰富，有煤、铁、铅、金等矿，分布在西南部（当时包括鞍山）、东南部（包括本溪）以及东北部。但清初以"龙兴之地，封禁綦严"，不经准许不能随便开采。由于生产、生活的需要，有些逐步放开，首先是煤矿，次及其他矿。乾隆、嘉庆之后，手工业也普遍发展起来，应有尽有，也出现了资本主义因素。

一、采煤业

辽阳煤矿应该很多，清初全被封禁，还有金、银、铜、铁、铅等矿亦被封禁。如雍正五年二月壬申，根据奉天将军葛尔弼之请，"禁止辽阳州、开原县二处金、银、铜、铅等矿厂，永远不许开采"②。不过由于生活、生产的需要，有些也不能绝对禁止。老百姓的生活每天起来七件事，柴米油盐酱醋茶。头一件事就是柴，当时柴有两种：一是木材；一是煤。没有这两种东西怎么吃饭，特别是城里人。因此，首先开放的就是煤矿。当时，开放最早的是乾隆四年（1739）辽阳州界内本溪湖半岭等山开设煤窑 23 座，运贩附近各处。乾隆四十年（1775）本溪湖下窑处有煤窑一座，煤商为李化良；同年，本溪湖新洞沟处有煤窑一座，煤商为程有仁。从历史来看，辽阳有烟台煤矿，自唐宋时期就已经开采了。有学者指出："南满洲的煤矿中，历史最古的，首推唐时已开掘的烟台矿。"③有记载说："唐时有国人李氏者，首先开掘，知用煤之方法。"④可见，烟台煤矿是我省开发最早的煤矿之一。烟台煤矿位于辽阳城东北 60 里处，当地多山，有丰富的煤铁矿藏，被称为"矿产之府"。唐宋以来历代都有开采，只是规模不同而已。到了清代，统治者唯恐百姓开矿挖断"龙脉"，所以一律禁止。雍正三年（1725），奉天将军噶尔弼上疏曰："奉天金银铜铅等矿窃掘者甚多，恐其中潜藏匪类，致生事端。除杯犀湖（即今本溪湖）等处所产铁为居民犁具

---

① 《奉天公署档》，第 4902 号。
② 《清世宗实录》，卷五十三。
③ 彭泽益：《中国近代手工业史资料》（第二卷），中华书局 1962 年版，第 147 页。
④ 《东北的矿业·煤矿篇》。

所必需,无须禁止外,请将辽阳属之黄波罗峪、开原属之打金场,均照锦州大悲岭例,永禁开采,以靖地方。如所请行"①。可见雍正年间清廷仍坚持"严禁开矿"的律令,同时也说明严禁开矿不仅是怕挖断"龙脉",更主要是"恐其中潜藏匪类,致生事端",威胁其统治。这种防止汉人反抗的思想,严重阻碍了清初社会经济的发展。到了乾隆、嘉庆时期,由于民生需要,炼铁没有煤炭如何打造"犁具",于是有了一定的松动,首先是抚顺,继则是辽阳。乾隆四年(1739)七月,奉天府尹吴应枚在给清廷的奏折中称:"通省止有辽阳州界内西北湖(即本溪湖)、半岭等山开设煤窑二十三处,离省城一百二十里,运贩附近各地"②。这说明,乾隆初年辽阳州的本溪湖已经可以开采煤矿了,规模也比较大,雇用的挖煤工已超过千人。虽然烟台煤矿也在开采,只是煤窑没有那么多,规模也没有那么大。应该说乾隆还是以禁为主,实行有条件的开放,必须提出申请,经过层层审批,最后发给凭证方可开采。乾隆五年(1740)九月丁酉,据奉天府尹吴应枚奏称:辽阳州等处煤窑"现在刨煤一千余人,俱系另编保甲,从无滋事。请取具管业旗人保结,准其暂采,将来若去一名,募本地旗人一名补数,渐次澄汰等语。但恐外省民人聚集煤窑,仍为流匪假托之地,应统限五年,设法散遣回籍"③。这里是说开采煤矿只能是旗人,不准外地汉人开采,以防"流匪假托"滋事。否定了吴应枚去一名补一名的办法,限五年内"散遣回籍"。乾隆三十九年(1774)三月丁巳,盛京将军兼内务府大臣宗室弘晌奏称:"奉天辽阳境内惟恃白西虎山煤窑分给,但开挖年久,未能似前丰裕,而开原、广宁、牛庄等运用络绎,价长(应为涨)数倍。复州等城距窑数百里,运致维艰。查白西虎山迤南之鹞子峪,复州所属之五虎嘴均属产煤地方,并无关碍陵寝风水,应请求招募旗人自行出资开采,由臣会同府尹各给印照一纸,造具夫役名姓册报地方官查核,照例征收税银,作为正项"。弘晌提到的原因与条件,尤其"招募旗人"开采,最符合乾隆的要求,所以很快"得旨",认为"可行"④。

实际辽阳州私采的煤矿很多,在乾隆后期纷纷被关闭。根据《清高宗实录》可知:乾隆四十六年(1781)三月,封闭奉天辽阳州黄旗沟等四处煤窑。乾隆五十三年(1788)七月,封闭奉天府辽阳州黄旗沟煤窑。乾隆五十七年(1792)十月,封闭奉天辽阳州窑子峪煤窑二座。乾隆五十九年(1794)九月,封闭辽阳州属新洞沟煤窑。乾隆五十九年(1794)十月,封闭奉天辽阳州属东柳塘煤窑。这些煤窑应该清初就在开采,一直到乾隆后期才被发现而被封闭。

---

① 《奉天通志》,卷四一一。
② 《清高宗录实》,卷九十六。
③ 《清高宗实录》,卷一二七。
④ 《清高宗实录》,卷九五四。

应该说,烟台煤矿的有证开采始于嘉庆年间,《辽阳县志》(卷三十)有详细的记载。当时规定,有煤矿地方,承办人可以提出申请,经过批准,发给凭证即可开采。其中说:"嘉庆十七年时,八家窑商山矿(以)龙票为根据",进行采掘。所谓"龙票"是头等凭证,是朝廷发给的,完全可以进行合法的开采。持有龙票的八家窑商是:

(一)李申于嘉庆年间领得大窑龙票一张,东西宽 374 号,南北长 356 号,后人李润继续经营。

(二)希拉布领得花家洼龙票一张,东西宽 378 号,南北长 369 号,后人赫松林继续经营,显然是满族。

(三)赵卓峰领得崔家沟龙票一张,东西宽 374 号,南北长 418 号,后人赵冀氏继续经营。

(四)祝天福领得矾盛堡龙票一张,东西宽 410 号,南北长 484 号,后人祝恩隆继续经营。

(五)王芬领得铧子岭龙票一张,东西宽 374 号,南北长 456 号,后人王心继续经营。

(六)韩穆领得磨脐山龙票一张,东西宽 367 号,南北长 564 号,后人韩潮继续经营。

(七)王志广领得茨儿山龙票一张,东西宽 304 号,南北长 426 号,后人王会继续经营。

(八)刘恩明领得茨儿山龙票一张,东西宽 306 号,南北长 600 号,后人刘禄秀继续经营。

以上八家的矿区规模都不算大,当时以五尺见方为一号,二百四十号为一亩。这些矿出产的煤主要是为了解决民需,都是用传统的方法开采,产量可能不是很高。应该指出,所谓烟台煤矿是个总称,实际是指整个烟台地区,包括的煤窑或矿坑很多。《辽阳县志》说:"现除牛心台之煤坑,赛马集之铁矿划归本溪外,若卢家屯、尾明山、茨山、大窑、铧子沟等处皆饶煤矿。其脉由磨脐山经过尖山子、茨山,南至尾明山,延长六七里以达二十里山脉,东西两侧掘采皆可得煤。磨脐山之矿脉先见(即先发现),又隔此山脉至大榆沟东,相距一小河(沙河支流)曰大窑,亦堪开采。由磨脐山东经老君庙、尖山子、柜子山之间及铧子沟、老虎沟、马家沟等山之西馒头山(今黑英台)附近皆是。"可见,烟台煤矿的范围是很广的,"面积约二十三方里",其中的煤窑是在不同时期陆续开发起来的。据地质勘查,烟台煤矿"地层最下部者为前寒武纪石英岩及寒武纪石灰岩,夹煤层覆于其上,分上下二部。下部以页岩为主,间有砂岩煤层在页岩中,共计十三层,惟有三层可采,各厚五尺。上部由页岩、砂岩相间而成,有煤三层,可采者仅二层,厚亦不过五尺,走向南北,储藏量约四千万吨,煤质属半无烟性,脆弱少大块"①。不难看出,烟台煤矿从煤质或储藏量来说,均与抚顺煤矿相差甚远。但是从本身来看,煤矿规模越来越大,矿工人数越来越多,已经有了新的变化。首先,开矿者多是商人,不是一般商人,而是大商人,经过多年的积累转投矿业,目的十分明显,就是追求更大的利润,发家致富,没有止境。其次,矿工都是破产的农民,没有任何生产资料,或说一无所有,就是出卖劳动力,每天工时很长,凭借体力背煤,十分辛苦,自由雇佣劳动力是资本主义生产关系的核心。再次,上百上千的人,集中在一个矿场里,在矿主的支配下,进行分工合作,应该是一种简单的协作。这种简单的协作"是资本主义生产方式的基本形式"②。最后,矿工的报酬基本上采取了工资的形式,这是资本主义经营方式的明显标志。从经理、办事人员、监工司事、工人、夫役都分别等级按月,或按半月,或按日领取工资,并且都是现金,已是近代化的管理模式了。

二、金属矿

辽阳的金属矿很多,分布较广,主要在今天的东南部与西南部,铁矿分布更广。据记载秦汉时期铁矿已有开采,甚至已有冶炼,说明与生活、生产密不可分。1974年,鞍山地质勘探队在辽阳县亮甲山发掘三个矿洞,洞口向南,是呈西北走向的斜曲洞,有的还两洞归一,洞深10米,高4至5米,宽2至3米,洞内堆满矿石,并埋有一堆用于助燃的牛骨,洞外有一堆重约5吨矿石。同时,在下达河太平沟(上柳林子),勘探汉代一矿坑,坑深10米,上宽20米,下宽2米,坑内存有大量采矿用的铁器及炼铁用的烧石、木炭。说明:不仅采矿,同时也进行冶炼③。辽太祖神册年间,曾于安(鞍)山北部地方设置铁榷(经营管理采铁冶炼的机构)。《辽史·地理志》特别提到,"东平县,本汉襄平县地。产铁,拨户三百采炼,随征赋输。"此后,历代相沿,俱用土法冶铁鼓铸。明永乐时,曾"酌定煎盐炒铁之役",煎盐为士兵生活之需,炒铁为军队战事之需,不能不采取措施,保障供给。因此在辽东都司十几万军队中有煎盐军一千一百七十四名;炒铁军一千五百四十八名④。不仅如此,在辽东地方征收的赋税中除粮、草、盐等外,还包括一定量的铁。辽东都司二十五卫共收额铁四十二万一百五十斤,其中定辽中卫额铁三万一千四百一十二斤;定辽左卫额铁二万五千二百九十九斤;定辽右卫额铁二万四千九百一十五斤;定辽前卫额铁二万一千一十二斤;定辽后卫额铁二万二千九十一斤;东宁卫额铁一万七千六百一

---

① 《奉天通志》,卷一一六。
② 《资本论》,第一卷,第362页。
③ 参见《辽阳县志》,新华出版社1994年版,第267页。
④ 《辽东志》,卷三。

十九斤①。在辽东都司二十五个卫中,辽阳六个卫承担三分之一强的额铁,说明辽阳地区产铁量之高。许多卫都有铁场,就地取材进行冶炼。辽阳就有四处铁场,确知者有距城东六十里的威宁营,距城东九十里的甜水站。总之,明代辽阳地区采铁是很普遍的。可是到了清代,采取封禁政策,严禁私人开采,造成冶铁业的衰落。乾嘉以来才逐渐开禁,出现了大批个体采矿者,冶铁业也随之发展起来。据记载:庙儿沟铁矿可能在康乾时期就已经开采,主要是解决民需问题,没有铁如何打造农具?所以只好相继开放。庙儿沟位于本溪境内,西距今南芬车站八公里,"面积为二十方里,四百八十六亩"。此矿"二百年前即已开采,相沿以土法采炼,直至甲午战役乃始停"②。除庙儿沟之外,还有赛马集,现辽阳境内的威宁营、甜水站、亮甲山、下达河等地也应有开采。还有鞍山境内的对面山、樱桃园、大孤山、王家堡子等地,也应该在大量开采。

正因如此,清朝前期辽阳的冶铁业十分兴盛,在城厢出现了许多铁炉,说明铁的产量已经很高,可以满足生产、生活的各方面需要。乾隆三十年(1765)有西烨炉。乾隆三十九年(1774)有复兴铧炉、福增铧炉。嘉庆十九年(1814)有恒顺炉、德顺炉、直成炉、万裕艮炉。道光六年(1826)有通增炉、三兴炉。道光十一年(1831)有永发炉、直成炉、恒兴炉、万和炉。道光十九年(1839)有天德炉、万兴炉、兴隆炉、长兴炉、福成炉、宝合炉、魁源炉、福增炉、直成炉、福兴炉、宏兴炉、天发炉、义兴炉。咸丰元年(1851)有源合炉。咸丰三年(1853)有福增铧炉、宝和炉(出处,见手工业部分)等。这些铁炉都是见于记载者,不见记载者尤其是广大农村应该更多。这些铁炉有的标明铧炉,是制造农具的;有的虽然没有标明,但可以知道都是服务于生产、生活两方面需要的。各种工具,如榔头、斧头、锛、凿、锯等。各种生活用具,如刀、勺、锅铲、铁钩、锁链等。城乡更多的铁炉是制造马掌的,给过往的马、骡等挂掌,冬天可以防滑,还可以增强附着力,加快速度。有些铁炉开设时间较长,当时就是百年老店,如福增炉、直成炉等,尤其福增炉直到同治七年(1868)还有记载。咸丰三年(1853)还有永增铁局,不叫炉而叫局,应该是专门卖铁的,也就是为铁炉提供原材料的。

辽阳的铅矿分布也比较广,埋藏量也很丰富,据现在所知主要分布在河拦及下麻屯断裂带西侧,集中在东南山区。早在康熙年间辽阳就有法定的采铅点,可能在下麻屯黄冈子、塔子岭六道河等处,所以如此推测是因为这些铅矿早有开采的痕迹。后来由于盛京工部白尔克的奏议,迁往锦州大碑岭。过了十多年,盛京工部侍郎席尔图又主张迁回辽阳,得到清廷工部的批准。康熙知

---

① 《全辽志》,卷二。
② 《奉天通志》,卷一一七。

道后十分不满,要求工部进行复议。结论是:"盛京工部侍郎席尔图疏言:锦州采铅,辽阳州采取,应如所请。得旨:采铅事情,前因白尔克条奏,自辽阳州改往锦州大碑岭等处,今又因席尔图所奏,仍在辽阳州采取。前所奏是,则今所奏非;今所奏是,则前所奏非。一切事务该部当据理剖断,分别是非定议乃止。据见在条奏草率议准,殊为不合。凡部院及督抚官员更换一人,皆如此频更旧例,贻误必多,著严饬行。此事著再行确议具奏。寻议,自改大碑岭等处采铅以来将近十余年,铅觔足用,今席尔图被思事之有无裨益,题请更改,甚属不合,应请吏部议处,从之"①。席尔图不仅事情没有办成,结果还遭到处分,甚至工部也因"草率议准"而被斥责。但到了雍正初年大碑岭铅矿被封闭,仍然使用辽阳所产的铅②。辽阳的金属矿很多,还有金、银、铜矿,但何时开发不见记载,只好留待清代后期了。

三、手工业

清代前期,辽阳的手工业,包括商业都是很兴盛的,遗憾的是记载很少,多是只言片语,语焉不详,无法反映当时的实际情况。如辽阳有哪些手工作坊、有哪些商铺,既少记载,又无档案可查。之所以如此,是因光绪三十二年(1906)五月初二夜里,辽阳州署突发大火,档案文书全部烧毁所致,实在可惜。辽阳在经济方面的成就得不到彰显,在许多经济史著作中成为空白,似乎不如海城、岫岩,令人汗颜。值得庆幸的是尚存的有些碑石(或曰碑志),为我们保留了很多难得的资料,且真实可信。有乾隆二十七年(1762)《增修关帝庙碑记》、乾隆三十年(1765)《重修城隍庙碑记》、乾隆三十九年(1774)《重修关帝庙碑记》、嘉庆十九年(1814)《重修关帝庙碑记》、道光六年(1826)《重修城隍庙碑记》、道光十一年(1831)《重修关帝庙碑记》、道光十九年(1839)《重修城隍庙碑记》、咸丰元年(1851)《重修玉皇庙碑记》、咸丰三年(1853)《重修观音寺碑记》、咸丰十年(1860)《重修清风寺碑记》、同治二年(1863)《重修观音寺碑记》、同治七年(1868)《重修观音寺碑记》、光绪十五年(1889)《重修观音寺碑记》(这些碑石均收在市博物馆碑林中)等。由于维修这些庙宇,得到了许多信众、作坊、店铺的赞助。为了感谢他们的善举,寺庙立碑纪念,留下了他们的名号。这些"碑记"堪称刻在石头上的档案,给我们提供了清代辽阳工商业发展的一般情况。不过,在使用这些资料时,应该指出值得注意的几点:第一,碑记上的时间是赞助的时间,作坊、商铺开办的时间要早于或大大早于这个时间。第二,碑记上的作坊、商铺并非当时此类作坊、商铺的全部。赞助是一种善举,是自愿的,一般是少数,应该有不赞助的,或大大多于赞助者。第

---

① 《清圣祖实录》,卷二四一。
② 佟冬:《中国东北史》(第四卷),吉林文史出版社1898年版,第1659页。

三,仅从名号上看,有的可以断定是什么行业,如某某粮房、油房,有的则很难判断属于哪类行业,需要有辅助材料,否则容易出错。如某某"栈",以为是粮栈、客栈之类,实际有的钱铺也称栈。第四,仅从名号反映不出作坊、商铺的具体情况,不能满足于此,还应该广泛搜集其他材料加以补充。"第五",我们在引用这些碑记时,免于烦琐,不再一一注出碑记的全称,只标明年代就可以知道属于哪块碑了。

粮油业:粮油业古已有之,粮与油是人们生活中须臾不离的必需品。国以农为本,民以食为天。每天开门七件事,柴米油盐酱醋茶,米油更是七件事中最重要的东西,如果没有粮油业是不可想象的。除了农民,士、工、商都需要粮油,必须通过市场交换得到粮油,满足自己的需要,可见粮油业的重要。清代的官员,按照等级每年可以得到所需的粮食,是薪饷的一部分,无须买粮。不是官员的士、工、商人,不买粮食何以为生?那么,清代前期辽阳有哪些从事粮油业的商号呢?见不到记载,原因前已述及,只好求助于碑记了。

乾隆三十九年(1774)有一家面铺,商号名称为恒裕面铺,可能专卖面粉,不售其他杂粮。当然不会仅此一家,不要忘记这只是重修关帝庙的赞助商,没有赞助者应该大有人在。嘉庆十九年(1814)有兴盛粮房、协成粮房、九昶粮房、成记粮房、德发粮房,有新界面铺、常发面铺、永远面铺、张面铺、吴面铺、增大面铺、隆顺面铺,有万顺油房、焦油房、兴盛油房、人发油房。道光六年(1826)有成记粮房、增盛粮房、和盛粮房,有源通面铺、福聚面铺、隆盛面铺,有焦油房。道光十一年(1831)有齐粮房。道光十九年(1839)有万发油房。咸丰元年(1851)有广泉粮房。咸丰三年(1853)有齐粮房、成兴粮局、邢家粮房、同发粮房,有永盛面铺,有福海油房等。实际粮房、油房任何时候都有,不会中断。这里提到的都是城厢近处的商号,而广大农村的粮房、油房可能到处都有,不知要比城厢多出多少倍。

酿酒业:酒非清代才有,早在元明时期东北便有高粱酒的酿造,是我国独有的一种蒸馏酒,俗称烧酒。努尔哈赤时辽阳东京城就有卖酒的,称为某某酒局(乾隆三十九年有复盛酒局,道光十九年有信玉酒局等)。康熙十年(1671)九月,"皇上驾临盛京",总管内务府要求盛京各皇庄准备各种所需食品,其中就有"烧酒一瓶"[①]。没有卖酒的,如何准备"烧酒一瓶"?既有卖酒的,自然就有造酒的厂家,俗称烧锅。在雍正四年(1726)三月的御旨中就提到:内地人"出口开烧锅者甚多"[②]。当时盛京地区,包括辽阳,烧锅遍地都有,可谓数不胜数。那么,辽阳有哪些烧锅呢?也是很少文字记载,我们同样利用碑记可

---

① 《黑图档》,见《清史资料》第5辑,第70页。
② 《清世宗实录》,卷四十二。

以得到不少确凿的材料。

在乾隆二十七年(1762)的碑记中,有棒槌台烧锅(即今望水台乡棒台子),这可能是辽阳见诸文字最早的烧锅。就在同一碑记中,还有涌泉号、万泉号、涌聚号三家,也可能是烧锅,但我们不轻易加以肯定。我们为了慎重起见,仅将带有烧锅字样的列出,不会产生任何疑义(以下都是如此,不再说明)。

嘉庆十九年(1814)有吉兴烧锅、增兴烧锅、永兴烧锅。道光六年(1826)有义信烧锅、涌新泉记。道光十一年(1831)有吉祥涌烧锅。道光十九年(1839)有重涌盛烧锅、复泰烧锅、广隆烧锅、利发烧锅、东兴烧锅、聚发烧锅、万泰烧锅、增兴烧锅、永增烧锅、同德烧锅、义和烧锅、源盛烧锅、永兴烧锅、吉兴烧锅、万隆烧锅、九德烧锅、三合烧锅、义信酒局。咸丰元年(1851)有永兴烧锅、永隆泉、九德源。咸丰三年(1853)有永兴烧锅、万泰烧锅、同德烧锅、东来烧锅、义和烧锅、同德烧锅、福隆烧锅、万隆烧锅、永泉烧锅、永增烧锅、源盛烧锅。这些烧锅的具体情况如何,不得而知,仅知其名而已。事实上,这些烧锅都在城厢内外,至于广大农村烧锅可能就更多了。这里应该指出,永兴烧锅出现于嘉庆十九年(1814)(并非始创之年),历经道光、咸丰、同治四朝,止于同治二年(1863),虽不见于碑石,并非停业之年。据此算来,距今已达两个世纪之久,可谓真正的老字号。有人说:东北烧锅"诞生在乾隆朝者5家,嘉庆朝3家,道光朝6家,咸丰朝8家……到甲午中日战争前,酒厂增加51家,三十多年间增加的厂家,是前一百二十多年的三倍"①。无须多言,显然是不准确的,到甲午战争时期东北的酒厂应该以"千"为单位来计算,毫不夸大。

东北的酿酒业,可能超过内地。为什么呢?首先,烧酒的主要原料就是高粱,东北地区,尤其辽阳盛产高粱,供过于求,有的不得不外销。清代后期辽阳就是粮食集散中心,酿酒方便,可以就地取材。其次,粮价低廉,成本不高。乾隆二十八年(1763),东北地区高粱每石(300斤)银五钱至八钱②;同治十一年(1871)十二月,盛京地区粮价,高粱一石制钱价6000文,每斤合20文(《盛京将军衙门档案》,卷3690),成本不高,利润自然不菲。再次,市场广阔,销路通畅。这与东北的气候有关,尤其是冬季,天寒地冻,滴水成冰,饮烧酒"以暖脾胃,益人豪兴",缓和"冬令寒苦"之烦恼,何乐而不饮。民俗学家认为:东北农村"男女嗜好以烟叶、烧酒为大宗",满族尤甚。不仅本地销售,还可以外销,如辽阳每年生产高粱酒四十五万提(相当于斤),其中近半通过牛庄(即营口)

① 东北三省中国经济史学会:《东北地区资本主义发展史研究》,黑龙江人民出版社1987年版,第27页。
② 《清高宗实录》,卷六八五。

输往各地。

1937 年，已经是抗战时期，辽阳县商会会长陈德荣编有《商工汇编》一书，记载一些行业具体情况可供参考：如烧锅永泉泰，开业于道光三十年（1850），位于北门外路西，是由郭恒昌、郭廉昌、郭灏昌、郭照昌兄弟四人创办的。资金三万元，经理为王殿光，雇用员工有 63 人，规模应该是较大的。"光绪二十一年五月，署直隶总督王文韶奏：现拟招商试办酿酒公司以收利权，并请准其专利及暂免税厘"①。王文韶看到了酿酒业获利颇丰，想收回利权，招商试办酿酒公司，给以各种优惠，然后收归政府所有。实际是与民争利，不可能取得什么成效。但应该指出，所谓"公司"是近代企业管理模式，已有资本主义性质是无可置疑的。辽阳有没有酿酒公司不见记载，但郭氏兄弟开办的永泉泰，聘请经理，已经是近代企业的管理模式了。

纺织业：盛京地区种棉较晚，纺织业还不发达，布价高于内地。乾隆曾说："兴纺织，以济民用。奉天各处地多宜棉，而布价反倍于内地。旗、民不知纺织之利，率皆售于商贾。即不获种棉之用，而又岁有买布之费。"②说"旗、民不知纺织之利"是不准确的，之所以棉花"皆售于商贾"，是因为本地没有或很少纺纱织布之厂，自用多余者只好外卖。但是，内务府在盛京地区设立许多棉庄，都在纺纱织布，贡于京师，满足皇室的需用。据载："辽阳、盖平、海城亦多种棉，内务府设有棉庄贡棉纺线、机匠、织家、机布染青、蓝、大红诸色入贡。按海、盖宜棉，收时尚行远省，使旗民尽事机枢，不必待江南、山东之布，自然足衣矣。"③不仅能织各种布，还能染各种颜色，不仅能够按量入贡，还能使棉丁不依赖外地之布就可"足衣矣"！据《黑图档》记载："盛京一年织成毛青布三千、蓝细布二千四百、白细布一千五百、黄细布六百、红细布三百、蓝粗布三千、白粗布四千二百。今请停织六百黄细布，加织一百红细布，共织红细布四百；白细布加织五百，共为二千。"④这就是说，盛京棉庄，包括辽阳在内，每年入贡的各种粗细布达一万五千匹。如果加上棉丁所用，每年的产量应该大大超过一万五千匹。除棉庄织布外，实际民间纺线织布是很普遍的。自古以来，我国就有男耕女织的传统，吃饭穿衣都是自给自足，无须外买。农民几乎家家都有纺车和织机，自种棉花，纺线织布是妇女的专业，织出的土布多为蓝灰色，较厚也不华丽，但非常耐用，俗称"家织布"。历代如此，清朝也不例外。

印染业：不仅棉庄可以印染，实际辽阳早已有了印染业，而且染房很多。乾隆三十九年（1774）就有魁元染房、长太染房。嘉庆十九年（1814）有永发染

① 《清德宗实录》，卷三六八。
② 《清高宗实录》，卷二四三。
③ 《盛京通志》，卷二十七。
④ 《清史资料》，第 5 辑，第 55 页。

房、同发染房、玉发染房、天盛染房、新合染房、万发染房、祥发染房、惠生染房、广发染房、公盛染房。道光六年(1826)有常发染房、新合染房、公盛染房、四德染房。咸丰元年(1851)有盛记染房。咸丰三年(1853)有万福染房、万发染房、兴和染房等。这些染房,主要是洗染各种布匹和衣服,有的也出卖染料,方便广大农民与市民的需要。

造纸业:我国自从东汉蔡伦造纸以来,自然就出现了造纸业,造纸技术历代都有改进,特别值得一提的是唐宋时期安徽宣城、泾县等地所产的纸,质地软坚韧,可以写毛笔字和绘国画,吸墨均匀,不容易破裂和被虫蛀,适于长期存放。因产于宣城,故名宣纸。后来,江西等地所产类似的纸,也称宣纸。到了清代已经可以生产各类精美的纸张。但由于地区的差异,尤其边疆与内地相距甚远,先进的技术很难传过来,不可能生产出什么精美的纸张,辽阳就是如此。诚如有人所说:"工艺泥守旧规,一切制造全无进步,大抵用力多而成功少。"①技术缺乏改进,原料依然是麻头、破布、旧渔网、谷草之类,只能生产毛头纸,可以包东西和糊窗户。嘉庆十九年(1814)有永兴纸房、德聚纸房、同德纸房、泰发纸房、源顺纸房。道光六年(1826)有永昇纸房。咸丰三年(1853)未见有纸房,仅有三家纸局,即泰发纸局、源顺纸局、泰兴纸局。纸房与纸局不同,前者为生产单位,后者为销售单位,即卖纸的。应该提到,辽阳城北有大纸房村、小纸房村(今属灯塔市西马峰乡),辽阳城内东街有赵纸房胡同,可能是生产纸张比较集中之处,这些名称给我们留下了历史的记忆。

制蜡业:我国古代照明,一是油灯,即是用豆油之类的油,以碟、碗盛之,中间置棉花捻,燃之即亮;一是蜡烛,即以动物油如牛油之类提炼而成。一般用油灯为多,用蜡烛者较少,前者贱,后者贵。一般结婚时,必用蜡烛,所谓"洞房花烛"。北周庾信有《和咏舞》诗云:"洞房花烛明,舞余双燕轻。"说明蜡烛古已有之,清代亦普遍使用,但辽阳有哪些制蜡作坊不见记载。只好求诸碑记,果然在嘉庆十九年(1814)《重修关帝庙碑记》中发现三家烛铺,即源兴烛铺、常盛烛铺、同合烛铺,虽然不知具体情况,却证明制蜡业是不可或缺的。

木业:木业包括范围较广,与人们的生活、生产以及社会经济密切相关,历朝历代都很兴盛,清朝也是如此。所谓范围广,一是木材来源于林业,木业之发展受制于林业,辽阳的林业如何前已述及;一是木材加工门类繁多,限于材料很难叙述完全。

首先是木局,就是卖木材之处,多称局。其木材来源于本地林场(很少),或来源于外地(多来源于本溪、兴京)。进入之木材都是原木,有需要者即可转手售出,最为方便,比较起来获利无多。有的则需要进行一定的加工,按照

① 《辽阳乡土志·制造产》。

顾客的要求锯成长、方、片(板)等形,获利自然较多。清朝前期,辽阳的木局较多,见诸文字者,乾隆三十九年(1774)有万德木局、仁义木局、东仁义木局、西仁义木局,嘉庆十九年(1814)有天泰木局、茂林木局,咸丰三年(1853)有钱林木局、复顺木局、永增木局、德成木局。这些木局多在辽阳东部,有的在东门外鹅房或太子河左(西)岸一带。

其次是车铺,就是制作车辆的作坊,多称铺。清代都有什么车辆呢?实际种类也很多,熟知的有两轮的大车、四轮有棚(载人)的小车子、独轮的手推车等。嘉庆十九年(1814)有永恒车铺、复元车铺、乔车铺。道光六年(1826)有永和车铺、长兴车铺、乔车铺、复源车铺。道光十一年(1831)有乔车铺。咸丰三年(1853)有永合车铺、永隆车铺。其中乔车铺、长兴车铺经营时间都比较长,止于何时不见记载,不可妄断,但当时都堪称百年老店。

最后是木铺。所谓木铺范围应该十分广泛,可以制作生活用品,如各种家具,桌椅板凳、箱柜橱、书架之类,还可以给盖房者打造门窗,有的工匠可以装饰、雕刻各种木器。有的甚至可以造船,将在下面再述。自号木铺,很难断定其专业,所以只能放在一起笼统言之。

嘉庆十九年(1814)有万盛木铺、隆昶木铺。道光六年(1826)有万恒木铺、刘木铺、赵木铺。咸丰三年(1853)有义泰木铺、隆昌木铺等。清代前期,辽阳的木铺应该很多,总不能比木局还少,只能表明慈善之举在阶级社会里仅是少数人,包括商人。尤其广大农村木铺应该很多,打造各种家具、车辆以及寿材等。

皮革业:主要是经营皮革加工,与屠宰业密切相关,后者为前者提供皮革,然后才能加工。所谓加工主要是用硝、白灰去掉毛等杂质,形成皮板,即熟皮子。最后用皮板制作各种生活、生产用品,十分广泛。如做衣服、鞋帽、皮带、皮包、皮囊、皮伐(船)等,甚至娱乐器具也离不开皮子。如各种鼓、琴等,特别是皮影戏也需要皮子,有的地区称皮影戏为驴皮影。

清代前期辽阳有哪些皮铺呢?据碑记所载,嘉庆十九年(1814)有薛皮铺、复兴皮铺,道光六年(1826)有天合皮铺、恒昌皮铺、公来皮铺、新隆皮铺、长发皮铺、太和皮铺、天盛皮铺、长成皮铺、发山皮房等,可见皮革业还是很兴盛的。

鞋帽业:鞋与帽子也是人们生活的必需品,尤其是鞋更重于帽子,没有鞋如何走路。赤足也可以走路,但有条件,冬天如何赤足?特别是北方。那么,清代辽阳有哪些鞋铺呢?不仅见不到书籍上的文字记载,在十三方碑石中也没有留下名号。辽阳真的没有鞋铺吗?绝非如此。应该提到由于朝代不同、民族不同,鞋的形式自然也有所不同。满族男女所穿的鞋与汉族截然不同。满族男子多穿长筒靴,用牛、猪等皮制成,便于狩猎,冬季更可耐寒、耐磨。还有靰鞡,又写作"乌拉",用牛、猪等皮缝制而成。形状前扁平,方口,前脸上聚皮纳褶,四周安有皮环,穿时用皮条或麻绳穿过皮环绑在小腿上,其特点是轻便、结实,适合各种地貌环境和气候条件。冬季还要在靰鞡里填絮靰鞡草,也叫乌拉草。靰鞡草主要产于东北,是多年生的草本植物,叶子细长,花单性,花穗绿褐色。茎和叶晒干后,垫在鞋和靴子里,可以保暖,尤其深雪中足可御寒。劳动者于冬季里在外边干活多穿靰鞡,必须有乌拉草。所以称之为宝,说明其作用在冬季里对劳动者不可或缺。女子喜穿马蹄底鞋,亦称旗鞋。满族妇女与汉族不同,并不裹脚,皆为天足,多穿木质高底鞋。鞋底中部以木为之,前平后圆,上细下宽,其外形及落地印痕呈马蹄形,故名马蹄底鞋,一般底高三四寸,有的高达七八寸。还有花盆底鞋等。这些鞋多出自满族家中自做,或有满族鞋铺,不见记载。无论满、汉都应该有鞋铺,或说没有记载不等于没有鞋铺。从汉族来说,一般家庭所穿的鞋,也都是自做,用钱买者似乎不多,所以鞋铺少也是可以理解的。

帽子虽然也是生活必需品,但除了冬天也可以不戴,尤其男子留辫子,戴起来可能不方便。一般人与官员不同,四季都要戴帽子,否则不能区别官阶。除了官员的帽子,种类很多,有冬夏之分,有布帽、纱帽、毡帽、皮帽等。帽铺当时虽也无书籍上的文字记载,但在"碑记"中却可查到。乾隆三十九年(1774)有万盛帽铺、万祥帽铺。嘉庆十九年(1814)有万顺帽铺。咸丰元年(1851)有大昌帽铺等。帽铺应该很多,绝不止这些。帽铺的具体情况如何,我们可举一例仅供参考。

道光五年(1825),有宋景山、宋子伯者,在城内东街路南开设"宝隆盛"帽铺。投资七百元,经理为边德一,雇用店员十四人,最多时达到三十多人。生产冬夏所戴帽子,种类繁多,有呢面、缎面、布面的各种帽头,有时尚的四喜、火车头、土耳其等样式的帽子,还有高档次的水獭皮、狐皮、貉绒皮的帽子。财东肯花重金雇用技术精湛的老工匠,认真制作,形式美观大方,长戴不变形,经久耐用。在帽铺众多、竞争激烈的情况下,"宝隆盛"久负盛名而不衰,自有其独到之处①。

衣铺:衣铺应该是加工各种衣着的作坊,同时也出售这些衣着,可谓工、商结合的店铺。据"碑记"可知,嘉庆十九年(1814)有广发衣铺、永远衣铺、万丰衣铺。可能还有,有的没有"衣铺"字样,只好省去了。

绣坊:绣坊就是刺绣的作坊。刺绣是一种特殊的工艺,古已有之,汉代已达到很高的水平,是我国女红的传统技艺。即用彩色丝、绒、棉线在绸、缎、布上面绣出花纹、图像或文字等。使用非常广泛,首先是宫廷,龙袍需要刺绣,其

---

① 王建业:《宝隆盛帽店》,载《辽阳文史资料》第四辑。

次是官员的朝服需要刺绣,贵族富有者的衣服需要刺绣等。刺绣的工艺逐渐由宫廷传到民间,寺庙佛衣、舞台戏装都要刺绣,于是出现了刺绣作坊。明清时期非常盛行,江南有湘绣、苏绣等名绣,北方则较差。清代辽阳也应该有许多绣坊,但不见记载,"碑记"中可以确定的也仅有一例,即乾隆三十年(1765)的"锦绣斋",具体情况不详。虽然"碑记"中带有"斋"字者很多,但都很难确定为绣坊。

矾厂:矾厂即生产矾的作坊。矾的用途比较广,可供造纸、制皮,也可以制作颜料、染料等。矾厂可能不多,仅见道光十九年(1839)的碑记中有天兴矾厂、福增矾厂两家,规模、经营等具体情况不详。

粉房:粉房是做粉皮、粉条、粉丝等的作坊。原料为米类,如高粱米、小米等;豆类,如小豆、绿豆等;还有土豆、地瓜等也可以制粉。粉房主要是制作各种相关食品,与人们生活密不可分,一般人视为上佳食品。所以粉房应该很多,特别是农村。清代前期,辽阳有哪些粉房呢?很少记载,"碑记"中也不多。嘉庆十九年(1814)有朱粉房、韩粉房、刘粉房。咸丰三年(1853)有永盛粉房、宝和粉房。这些粉房,不仅卖粉制品,也可以卖淀粉,用途更广,可用于手工业,如纺织业等。

袋铺:袋铺是制造各种大小口袋的作坊,主要为粮米业、运输业生产布袋、麻袋等,原料就是布和麻。粗粮如高粱、大豆之类使用麻袋,细粮如面粉之类使用布袋。特别是运输业需要大量的麻袋、麻布,打包出口,所以袋铺应该很多,但记载很少。到了清代后期,利用进口的日本洋线生产洋线袋,每年产量多达六万条,销售于全省,是赢利的大宗。清代前期的袋铺,见于"碑记"者,仅有嘉庆十九年(1814)的恒集袋铺、通聚袋铺两家,当然绝非上述两家是可以想象得到的。

炮铺:炮铺是生产鞭炮的作坊,更是古已有之。鞭炮古称爆竹,《辞源》说:"古时以火燃竹,毕剥有声,称为爆竹,用以驱鬼"。后世用纸卷火药,点燃发声,也称爆竹。慢慢"驱鬼"之意消失,演变为喜庆之用,如年节、结婚、店铺开张等都燃放鞭炮。王安石有《除日》一诗,其中有"爆竹声中一岁除,春风送暖入屠苏"(屠苏为古代一种酒的名称)之句,表达新春喜悦之情。鞭声小,可以连放;炮声大,只能单放。炮铺应该很多,但见诸记载者很少。在"碑记"中可以查到的有嘉庆十九年(1814)的德兴炮铺,道光六年(1826)的隆盛炮铺等。

此外,还有箩铺、篓铺。箩是用竹子或柳条等编成的器具,或圆或方,或方底圆口,用来盛粮食或蔬菜之类。根据"碑记"所载,道光六年(1826)有王箩铺,仅此一家。到咸丰三年(1853),王箩铺还在继续营业。篓铺是用竹子、荆条、苇篾儿等编织的盛鱼类的器具,也可以做酒篓的框架,外边须以猪皮包之。

根据"碑记"所载,道光六年(1826)仅有宋篓铺。同治七年(1868)仅有永兴篓铺。光绪十五年(1889)有天益篓铺、镇兴篓铺等。箩铺、篓铺都是小本经营,能行善举者可能较少,其他文字更不见记载,所以没有分前后期,在此一并加以叙述。

窑业:窑业也是古已有之,与建筑和人们的生活密切相关。生产砖瓦,可以修房造屋,建立宫殿,没有砖瓦如何修建。生产碗、碟、盆等陶瓷器皿,没有这些一日三餐如何果腹。实际窑业的作用不止这些,随着社会的进步,应该是越来越大,如有些可以成为精美的装饰品。清朝前期辽阳有哪些窑业作坊呢?根据"碑记"可知,嘉庆十九年(1814)有郭家窑、隋家窑、宝成窑。道光十一年(1831)有郭家窑、宝成窑。道光十九年(1838)有利发窑、顺成窑、广盛窑、吉盛窑、永和窑、横盛窑、忠兴窑、德盛窑、福顺窑、广顺窑。咸丰三年(1853)有协力窑、隋家窑、永顺窑等。这些窑多数可能生产砖瓦,少数可能生产盆、碗之类,但缺乏辅助资料很难断定。

造船业:为了军事上的需要,努尔哈赤时期就已经能够造船,皇太极时期已经有了造船专家佟克申,他所造之船称为"佟克申式",在辽阳就造有六艘,前已述及。清入关后,为了加强北部的边防,在吉林乌拉修建船厂。"船厂设于顺治十八年,昂邦章京沙尔虎达造船于此,所以征俄罗斯也"①。除了军事目的之外,也为了采珠、捕鱼,更为了各种物资的运输。乾隆元年(1736)承德县(沈阳)有渡船30只,辽阳有渡船2只,海城有渡船2只,开原有渡船2只、艚船(载货的木船)6只,铁岭有渡船2只、艚船4只,锦州有渡船3只。其时船都由官造,不许私人造船。但私人造船也颇盛行,屡禁不止。据《黑图档》记载:道光四年(1824)奉天总理八界协领相继逮捕私造船只人犯冯尚富、郭丰年等46人,查获船只86艘。这些人有的将船推入河内,偷载货物运往辽阳界小北河、牛庄界没沟营(营口)等处,逃税贩卖。此外,辽阳、牛庄、广宁所属浑河、太子河、巨流河等处河口通海切近,所有沿河居住之旗民难免不无私造,肆行无忌②。根据《辽阳州志》的记载,辽阳城西六十里有船城,应该在小北河一带,可能是清代官府造船之遗址。

第三节　商业与金融业

辽阳的商业起步于乾嘉时期,由行商而坐商,日趋繁荣。随着商业的发展,金融业兴起,有了钱铺与当铺,尤其清初"生息银两"制的出现,有了官办

---

① 杨宾:《柳边纪略》,卷一。
② 转引自孔经纬:《清代东北地区经济史》(第一卷),黑龙江人民出版社1990年版,第174页。

商业,推动了民办商业的发展,甚至与朝鲜有些私下交易。随着商业的发展,商税也必然增加,从雍正三年(1725)起,各城实行定额征收,辽阳的税额,仅低于义州、金州。

一、行商与坐商

据《黑龙江将军衙门档》记载:道光初年,"山东人有刘忠者,在辽阳地区挑担卖杂货"。实际,外省人逃荒在辽阳挑担卖杂货者,绝非刘忠一人,应该很多。如辽阳著名信义商人杨廷相,从山西逃荒到辽阳,六七岁时就贩卖蔬菜,走街串巷,虽然所收无几,但总可补助家庭生活。据《黑图档》记载:"道光十七年,铁岭有刘玉等二人,赶车拉运粮食,赴辽阳摆摊售卖。"[1]上述情形,本地人有没有呢? 当然有,而且应当是多数,但无记载,只能阙如了。走街串巷、摆摊售卖是经商的起步,也就是所谓行商。经过资金的积累,逐渐出现了商铺,有了临街的门面,有大有小,并起有名号,也就是所谓坐商。由行商到坐商,可能是商业发展的一条规律。商铺的种类繁多,但概括起来不外两大类:一是满足人们生活的需要;二是满足人们生产的需要。商业就是一种交换,商业的发展与繁荣取决于农业与手工业,后者是前者的基础。清朝前期,辽阳有哪些商铺呢? 遗憾的是记载很少,或语焉不详,只好求助于"碑记"了。

杂货店:所谓杂货店就是以销售日常生活用品为主的商铺,种类繁多,所以称杂货店,相当于后来的百货商店。

咸丰四年(1854),辽阳有刘景山、刘景勰、刘景泉兄弟三人,在城内东街路北,开设玉升德杂货铺,投入资金七千元。掌柜为杨焕五,即现在所谓经理(以下皆称经理),雇用店员16人,货物较全,主要是生活用品。玉升德经营时间很长,在同治二年(1863)、光绪十五年(1889)的"碑记"中还能见到它的名号。这是辽阳刘家"玉"字号企业的起点,后来,刘氏兄弟三人于光绪二十七年(1901),在城内东街路南,与玉升德隔路相对,又开设了玉升合杂货铺,投入资金五千元,经理钱占五,雇用店员20人,规模更大,说明赢利可观。不难看出,玉字号越做越大、越做越强,与后来的"顺"字号齐名,更胜于顺字号,直至新中国成立后。

丝房:所谓丝房,就是专门经营绸缎布匹的商号,由于绸缎以丝织成,比较贵重,因而都以丝房名其号。清代前期,丝房可能很多。根据"碑记"可知,咸丰元年(1851)有祥发丝房。咸丰三年(1853)有永顺丝房、兴隆丝房等。可以想到,绝非上述几家,但没有标出"丝房"字样者很难断定,只好省去了。丝房的投资较大,丝房少也是很自然的。丝房的出售对象主要是富贵之家,一般人家很少出入。这些丝房的具体情况如何,不得而知,只能列出商号的名称。不

---

[1]　转引自孔经纬:《清代东北地区经济史》(第一卷),黑龙江人民出版社1990年版,第205页。

过,通过以经营绸缎布匹为主的永庆天,也可窥见一斑。永庆天开设于嘉庆二年(1797),坐落于城内怀王寺路北,为单凤喈、单润溥、单春熙、单少卿四人共同开办的,投入资金一万四千二百四十元,雇用伙计 79 名,经理为王信之,主要经营绸缎布匹,非常兴盛,获利可观,一直是辽阳最大的丝房,所以经营的时间很长,在道光十一年(1831)、咸丰三年(1853)的"碑记"中还可以看到它的名号,堪称百年老号。

粮栈:随着农业的发展,尤其是大豆、高粱等产量的大幅度增加,在自用有余的条件下,便于运往城市与外地销售的需要,辽阳出现了许多粮栈。所谓粮栈,就是从农产品生产者手里买来大豆、高粱等产品集中起来,转手卖给油房、烧锅,或输往其他地区贩卖,从中渔利。辽阳规模较大的有永盛泉粮栈,开办于道光五年(1825),并设有 25 处分号,生意十分兴隆[1]。永盛泉是一家特大粮栈,经营有方,获利颇丰,开设的时间很长,在咸丰元年(1851)、咸丰三年(1853)、光绪十五年(1889)的"碑记"中还能查到它的名号,当时就应该属于百年老号。根据"碑记"可知,还有嘉庆十九年(1814)的元丰栈,道光六年(1826)的天元栈、万源栈、富丰栈、振丰栈等。这些粮栈都备有车辆,可以长途贩运,远可至山海关。尤其直隶、山东,每遇荒年,车船往返运回粮食,因为盛京地区粮价比其他地区低。

煤栈:煤栈或称煤场,就是一种购销结合的栈铺,从煤矿购进成批量的生产、生活用煤,然后零售给需用者,从中渔利。这种煤栈应该很多,当时百姓做饭取暖不是用木材,就是用煤,所以煤栈不能少。但不见记载,仅知乾隆二十五年(1760),有鸿兴煤场,在石牌楼路北,为王献臣一人所开,既是老板,也是经理,投入资本 450 元,有店员 7 人,规模不是很大。较晚者还有广泉煤栈,在税课司北胡同,光绪二十八年(1902)为齐秉恒一人所开,同样既是老板,也是经理,投入资本 1000 元,也有店员 7 人,规模与鸿兴煤场差不多,而资本多了一倍,可能与通货膨胀有关。

二、金融业

清初的统治者,对金融业缺乏认识,许多钱铺、当铺纷纷倒闭,理由是严格禁止高利贷,"违制重论",钱铺、当铺都是高利贷者,必须关门。顺治元年(1644)十月(甲子)谕旨:"向来势家土豪,重利放债,折准房地,以致小民倾家荡产,深可痛恨。"后来又说:"势豪举放私债,重利剥民,实属违禁,以后止许照律每两三分行利,即至十年,不过照本算利,有例外多索者,依律治罪。"[2]这

---

[1] 东北三省中国经济史学会:《东北地区资本主义发展史研究》,黑龙江人民出版社 1987 年版,第 42 页。

[2] 《清世祖实录》,卷四十一。

里对利息作出了明确的规定,即"每两三分行利",只能"照本算利",尤其不能利滚利,违者严惩。不仅对势家豪族如此,包括旗人之间的所谓"放印子钱"也要"严禁",尤其在八旗兵丁中施"放营债",更要"从重治罪,其从前已经借给者,著清还本银,不许收取利息"。在"营伍兵丁"中,"彼此借贷者,除朋情缓急通融外,若有放债图利,剥削同辈者,著该管官,稽查严禁,倘违禁不遵,一经发觉,将该管官一并议处"①。如此,兵丁之间若有急需应该怎么办呢?于是,有了"生息银两"制。雍正元年(1723)四月戊寅:"命发内库银九十万两,交与诸王大臣,分派八旗及包衣三旗,令属下官员,营运生息,以备各旗护军校、骁骑校、前锋、护军、领催、马甲、步兵等有喜丧之事,俾得永远沾恩。其应给数目,自二十两至四两止。令参领以下至各族长,查明具保,该旗都统咨行内务府领取,无得虚冒。有不敷者,酌量加增。于二年正月为始。"②这里是说由内务府拿出银两,分给各旗"营运生息"。各级官兵如有"喜丧"急需,从其所"生息"中赏给官兵,按等级分给,最低可得四两。后来汉军八旗亦"一体加恩"。那么,如何"生息"呢?一般都是把银两借给当铺、钱铺,其利息不得超过一分五厘,不久感到"利息太少,恐不敷赏兵之用",故有"二分至三分八厘不等",乾隆表示"通融量加,不必定拘一分五厘旧例"③,说明利息也被放开,在不断地提高。盛京地方情况如何呢?乾隆元年(1736)九月乙卯:"原署奉天将军觉罗柏修奏,请赏给奉天在家兵丁,吉凶事务滋生银两。应如所请,于盛京户部钱粮内,赏银二十万两,交该将军,于一年后所获滋生利银,照宁古塔、黑龙江例,分别开赏。"④所谓"照宁古塔、黑龙江例",即最低喜事四两,丧事六两。乾隆九年(1744)九月癸巳谕:"奉天地方,原赏生息银二十万两,嗣因所得利息不敷赏赍之用,复加赏银二十万两。奉天为商贾幅凑之区,果能以本银四十万两,妥为调剂,足为使用,何至仍有不敷?皆由从前办理不善所致。著传谕将军达勒当阿,另行详细筹酌,妥协办理奏闻。"从此,不仅把银两借给当铺、钱铺,而且自办各种官铺,并带动了地方商业的发展。据《盛京内务府档案》记载,自乾隆十一年(1746)以本银三十五万两"仿照民间买卖情形营运",在盛京内务府三旗、水师营,以及盛京、锦州、开原、辽阳、牛庄、兴京、凤凰城、熊岳、复州、岫岩、金州、盖州、义州十三城设立官铺,经营钱铺、当铺、布铺、估衣铺、杂货铺、粮石贩运等。其中,盛京城本银为十六万二千两,其余各城本银均为十八万八千两。生利所得,除赏给兵丁喜丧之用外,实际都以赢利

---

① 《清世宗实录》,卷八十五。
② 《清世宗实录》,卷六。
③ 《清高宗实录》,卷二二一。
④ 《清高宗实录》,卷二十七。

为目的①。

由于实行"生息银两"制,盛京地方获利颇丰。根据盛京将军清保奏称,自乾隆十一年(1746)九月起至二十三年(1758)二月止,共本利及平余银一百五十万三千三百两有奇。除陆续交盛京户部及赏兵、立铺等项外,尚有赊借未归银三万余两,现余银四十三万六千三百两有奇。将四十万两存铺生息,其余三万六千三百两请留官铺交易。乾隆二十八年(1763),各官铺余利银共三万两千七百八十五两八钱六厘,各城官铺盈利相差无多"②。说明各城市的官铺都有获利,相差无几,可见"生息银两"制是有效的。

"生息银两"制于乾隆三十二年(1767)末,停止。所谓停止,是指内务府不再拨给银两,原因是各城本银、利息足够赏给兵丁红白喜事之用了。

钱铺业:有清一代辽阳,或说东北没有银行,只有钱庄、钱铺一类,亦起着银行的作用,但在管理上是封建的方法。钱铺是一种货币信用行业,主要是兑换银钱、存款、借款、汇兑等,有的甚至可以开钱贴代替银钱。钱铺多是商人投资,必须有充足的资本,所以合股经营者占多数。辽阳的钱铺出现较早,应该在康乾时期就有,至少乾隆三年(1738)已有官铺。私人钱铺记载较少,见诸碑记的有道光六年(1826)的福记钱局、兴记钱局;咸丰元年(1851)的万增钱铺、聚兴钱铺。从万增、聚兴的名号可以推断,这两家钱铺一定是合股经营。可以肯定清朝前期辽阳的钱铺绝非上述几家,应该很多,其中能够开钱贴的也不在少数。可举一例为证:

根据《黑图档》的记载,道光六年(1826),辽阳有高文献者,经营钱铺,号名元丰栈。由此可知,钱铺的名号也可称"栈"。如此说来,我们可以知道有些"栈"便是钱铺,并非粮栈、货栈、煤栈。我们在道光六年的《重修永安堂碑记》中发现有元丰栈的名号,与其并列的有天元栈、合兴栈、万源栈、永增栈、永隆栈。这些"栈"可能都是钱铺。元丰栈由于信誉好,所开写钱帖可以在行业中交换。如元丰栈以本栈钱帖与经营银铺之王玉秀处购买元宝银,"第一次以1两兑8660文的比价买进元宝银951两2钱,合市钱8237吊390文;第二次以8620文的比价买进1146两5钱5分,合市钱9883吊260文。交易总额为银2097两7钱5分,钱18120吊650文"③。这就是说,以自家的钱帖购进他人的元宝银,作为一种储藏手段。由于银钱的比价时有变动,银贱时购进,银贵时抛出,可以渔利。

典当业:顺治时期,典当业被认为是高利贷盘剥,严格加以限制,利息不许

① 转引自孔经纬:《清代东北地区经济史》(第一卷),黑龙江人民出版社1990年版,第185页。
② 孔经纬:《清代东北地区经济史》(第一卷),黑龙江人民出版社1990年版,第187页。
③ 孔经纬:《清代东北地区经济史》(第一卷),黑龙江人民出版社1990年版,第188页。

超过三分,否则重罚。可曾几何时,乾隆、嘉庆时期当铺如雨后春笋,不可胜计。

从辽阳来看,乾隆二十七年(1762)就有永泰当、源顺当、晋升当、源发当、万发当、德生当、源盛当、吉祥当、源泰当、源吉当、晋源当、广利当、五云当等。乾隆三十年(1765)有维新当、长顺当、常盛当、合隆当等。乾隆三十九年(1774)有万五当、万发当、万德当、升胜当等。嘉庆十九年(1814)有永和当、广泰当、丰泰当、万永当、万德当、常盛当、德和当、恒发当、增发当等。道光六年(1826)有协和当、德和当、兴和当、天德当、同德当、永和当、同兴当、晋升当、万泰当、台当等。道光十一年(1831)有同兴当、聚兴当、永和当、德增当、万德当、永兴当、和盛当、协和当、万有当、三成当、万祥当、恒发当、万泰当、晋升当、源深当、广裕当、万德当、兴和当、同德当等。道光十九年(1839)有公顺当、广顺当、永兴当、广源当、天元当、万源当、万兴当、长和当、广泰当、广成当、广顺当、兴和当、裕成当、三成当、汇源当等。咸丰三年(1853)有同兴当、万源当、德兴当、福发当、万德当、永兴当、广聚当、万和当、东兴当、聚兴当、兴和当、广恒当、永泉当、东升当、东来当、合兴当、永增当、福聚当、聚兴当、阜源当、永隆当等。

当铺如此之多,说明什么呢?至少可以反映平民百姓困难很多,无力解决,只好求助当铺,以救燃眉之急。经过康熙、雍正时期的恢复,经济发展缓慢,人民群众的生活水平亟待提高。

三、与朝鲜的贸易

皇太极时期就与朝鲜有贸易关系,但有严格的限制。如贸易地点一在朝鲜的义州,凤凰城等处的官兵、商人可去交换买卖;一在朝鲜的会宁,宁古塔等处的官兵、商人可往互市。每年有固定的次数,一般是春秋两次。从贸易的品种看,主要是以粮食换取朝鲜之食盐以及"牛马、纸笔、扇、铁、稻米等项。稻米至宁古,每升须银二三钱,惟宴客用之"[1]。实际就是当时关外所缺之物,如"高丽纸、细麻布、铜、铁、锅、斧、牛马之类"[2]。清入关后,朝鲜主要以纳贡的方式进献物资,严禁民间边境贸易。但仍有许多人冲破禁令,暗中私下进行。主要表现在朝鲜至北京的贡道上,朝鲜贡使总要顺路买些商品带回去,有时需要用车辆运送。"康熙二十九年(1690),凤凰城、辽阳等处从事转运业的(俗名车户拦头),即有与朝鲜人私相贸易者"[3]。

随着商业的发展,商税的征收也必然随着增加。根据《辽阳州志》的记载:"辽阳诸税无定额,随征计数,按季以解。夫亦以招民新集,恒恐逐末多而

---

① 《宁古塔纪略》。
② 《宁古塔山水记·杂记》。
③ 孔经纬:《清代东北地区经济史》(第一卷),黑龙江人民出版社1990年版,第212页。

务本少也。"认为应以"招民"为本,税收为末,过于追逐税收,不利于"养民",但税收还是越来越重。"顺治元年,凡贸易牛羊马骡驴猪等税,税课司每两银三分,原无定额。顺治十五年,奉户部文,牲畜、牙行等税,以十七年为始,照例每两三分征收,原无定额。康熙四年(1665)奉户部牙帖税银责成通判将收过税银造册报簿。牙帖多寡亦无定数,每年每张征银一两二钱。康熙十九年(1680)奉户部文,各城杂税归于驻防城守征收,除承、辽、铁三处无驻防城守者仍归奉天府通判督征。康熙十九年奉户部文,征收烟税,每斤征银2厘,康熙二十二年(1683)停征"。还有"历年当税俱系盛京户部征收"①。雍正三年(1725),奉天府各州县定额征收税,也就是根据各州县经济发展情况确定一年的税额,按照规定:兴京城 39 两 5 钱 2 分 3 厘。辽阳城 270 两 2 钱 3 分。盖平城 187 两 1 钱 4 分。牛庄城 244 两 6 钱 1 分 9 厘。开原城 148 两 7 钱 5 分 6 厘。熊岳城 54 两 7 钱 2 分。复州城 47 两 8 钱 7 分 3 厘。金州城 275 两 5 钱零 7 厘。岫岩城 15 两 9 钱 1 分。凤凰城 25 两 2 钱 8 分。广宁城 312 两 8 钱 9 分。义州城 1247 两 8 钱 7 分 7 厘。铁岭县无定额,每年征收 50-60 两②。我们所以不厌其烦地引用上述各城税收情形,觉得它可以说明许多问题。第一,可以看到清初辽阳的商业种类是很多的,能够补充记载之不足。牲畜交易很兴盛,两次提到。征收烟税,表明清初辽阳就有烟草的种植,就有贩卖烟草者。牙(行)帖税的征收,说明已经出现了经济人,如果商业不繁荣何需经济人,而且税很重。清初辽阳已经有了当铺,否则向谁征税?第二,许多税种"原无定额",而且多头征收,有的由税课司征收,有的由通判征收,有的归驻防城守征收,有的归奉天府通判督征。无定额可能比有定额征收只能重不能轻,尤其还收杂税。杂者多也、乱也,漫无限制,巧立名目,只能趋于更重。第三,从雍正三年(1725)各城定额税率来看,除了辽西的广宁、义州(因与关内通商较多)外,都较辽阳为低,有的低很多。金州虽多,仅差 5 两,两者属于同一水平,可见辽阳的商业与金融业还是非常繁荣的。

第四节 辽沈地区的反清起义

乾隆后期,清朝的统治已开始由盛转衰,从上到下,养尊处优,贪污成风,国库空虚,再加上两次鸦片战争的赔款,自然都转嫁到老百姓头上,无以为生的人民群众必然起来反抗,太平军起义推动了全国革命的高潮,辽沈地区的反清起义,沉重打击了清朝在东北的统治。

---

① 《辽阳州志》,卷十六。
② 孔经纬:《清代东北地区经济史》(第一卷),黑龙江人民出版社 1990 年版,第 208 页。

一、反清斗争的兴起

太平天国革命运动极大地鼓舞了全国各地,包括东北各族人民的反清斗争,使清朝的统治面临着土崩瓦解的严重局面。清政府为了挽救其垂危的统治,加强了对全国各族人民的奴役和搜刮。在东北主要采取了哪些反动措施呢? 一是频繁征调东北骑兵入关。主要是从吉林、黑龙江抽调马队,前后达到一万三千余名。吉林将军铭安奏报说:自咸丰二年(1852)以来"征调频仍,官弁兵丁效命疆场者,十居七八,生还故里者,十仅二三,其户口之凋零,室家之穷苦,有不忍形诸奏牍者"。后来调兵入关越来越多,造成东北的空虚,尤其是盛京、吉林,客观上有利于反清斗争。二是加强剥削和搜刮。连年战争的结果,清政府的财政日益困窘,特别是军食匮乏,无以为继。因此咸丰多次谕令盛京将军迅速抢购粮食,或劝说动员绅商"输捐"米粮,运往内地,接济军队。地方官员在劝说"输捐"的名义下,不仅抢掠绅商,也抢掠农民仅有的一点粮食,使广大农民无法生活下去。除此之外,盛京将军又下令实行"厘捐铺税",在厘金的基础上又有发展。所谓"厘捐铺税"就是所有的商铺出卖商品,按照卖价值百抽一,实行起来很有"成效",接着吉林也如法炮制,实际是对商民的一种变相掠夺。三是整饬捕务而靖地方。由于贫困,无法生活,有些人走上了偷盗抢劫之路,被认为是"贼匪",实际是被迫的,应该说是反清斗争的表现。地方官员对此也是睁一只眼,闭一只眼,采取放任态度。因此有人不断上奏,弹劾地方官员,从道光末年就开始了。举例如下:道光三十年(1850)二月辛卯:"谕军机大臣等:有人奏捕务废弛,请饬查办一折。据称奉天府复州城东百余里,有地名栗子寺,四山险峻,向有回匪等潜居其中,窃掠乡民牛马,勒赎变卖,远近居民无不受害,地方官置之不问。自上年十二月至本年二月,抢劫重案层见叠出等语。盛京为根本重地,若如所奏,缉捕废弛,以致盗劫肆行,尚复成何事体。著奕兴、书元、文俊按照原参各案,严饬地方文武官员认真捕拏正贼务获,按律惩办。仍著将各案情形,现在曾否破获,逐案据实覆奏,不准隐饬取咎。"①

咸丰四年(1854)二月甲午谕:"朕闻盛京锦县一带,时有匪徒劫夺情事,如牛庄税银被劫、线儿山回民戴秉权、张丙等盗犯及金宝昌租银被抢,原任知州沈逢恩之子银两被劫各案均未缉获要犯,以致往来之人,莫不持械自卫。捕务废弛,深堪痛恨。盛京为根本重地,理宜一律肃清,岂容奸徒混迹,使行旅俱有戒心。现在被劫之案层见叠出,盗匪肆行无忌,若不亟加整饬,何以弭奸暴而安善良。承志现署盛京将军,著即会同恒裕、文蔚严饬各属,将各案盗犯悉数缉获,按律惩办。仍谆饬旗民各界一体严密侦缉。总期有犯必惩,毋得推诿

---

① 《清宣宗实录》,卷四。

贻误。如该管文武官员仍前怠玩,不知振作,即从严参处,毋稍姑容。"①这样的谕令不断地下达,但毫无作用,而且愈演愈烈。仅举几例加以说明:

咸丰元年(1851)五月,有人奏:"奉天新民厅、辽阳、锦州、承德、海城、岫岩等处,沿途白昼抢劫。盗皆骑马,手执大刀、鸟枪,或数人或数十人,拦抢客商。赴案呈报地方官,反将事主扣留,捕役需索费用。因之,被抢者则隐忍不报。间有报者,或讳匿不行,或改强为窃,或逼具悔状,或赔赃完结。道光二十九年及三十年间,岫岩恒裕店劫去银八百两。辽阳沙河南抢劫小车六辆。吉林贡差至新民屯劫银二百两。职员夏景虞行至海城县被劫赃至六百两。又锦县永和公铁器铺被劫银四千七百余两。其盗窝则在辽阳沙河之刘尔(二)堡、接官堡、笔管堡三处,窝盗二百余名,盗首刘大老虎、刘二老虎,每日率领行劫"②。

咸丰八年(1858)十月,玉明奏:"盛京地方,每有骑马持械,结伙游行之人,缉捕各员,往往因访查未确,不敢骤行拿获,以至盗风日炽,著玉明严格饬各该旗民地方官,随处查访,如遇有骑马持械三五成群,形迹可疑者,无论有无抢劫情事,即行盘获,解省究讯,如讯无劫窃确据,即著随时开释,俾免拴累。倘查有赃证,明确实系盗匪,即照例送交盛京刑部,严行惩办,以安地方而安良善"③。

同治四年(1865)七月,"据万青藜、卞宝第、文谦合奏:马贼聚众入口,纠党至二百余人扰及遵化、玉田、蓟州、宝坻一带,经官兵前往剿捕,该逆胆敢执持枪械接仗拒敌,猖厥异常。览奏曷胜诧异,马贼闯入内地,竟至数百名之多,为患何可胜言。且蓟州一带密迩隆福寺,本年奉安山陵为期已迫,似此寇盗充斥,尚复成何事体。玉明身任盛京将军,平时于地方盗贼公行,一味粉饰,实堪痛恨。昨因单懋谦驰奏,查悉北京马贼滋扰情形,已降旨将玉明、宝珣、德椿交部议处,本日复降旨,将玉明开缺,以恩合署理盛京将军,其吉林将军仍令皂保暂行署理,并谕神机营派拨劲兵,迅即前赴蓟州一带,会同直隶顺天府所派弁兵,协力剿捕,以期净尽"④。

从上述可以看出,所谓"整饬捕务而靖地方"只是一句空话,捕务没有整好,地方也没有安靖,"盗匪""马贼"起事更没有"净尽",而是日趋激烈,甚至进入京畿一带活动,各地的反清斗争逐渐转化为大规模的反清起义。

---

① 《清文宗实录》,卷一二二。
② 《清文宗实录》,卷三三。
③ 《清文宗实录》,卷二二六。
④ 《清穆宗实录》,卷一四九。

二、风起云涌的反清起义

在第二次鸦片战争中,英法联军占领了天津、北京,咸丰率领皇妃和一批文武大员逃往承德避暑山庄"巡幸",还要调集各路军队(主要是盛京的部队)"护驾",还要供应美味佳肴,无形中加重了剥削,也造成了盛京地区军事的空虚,君"逼民反",不同规模的反清起义接连发生咸丰七年(1857)在丰宁、咸丰八年(1858)在建昌、咸丰九年(1859)在朝阳等地都发生了上千人的起义。到了咸丰末年,起义烽火燃遍了奉天、开原、朝阳、吉林、黑龙江等东北广大地区。

大规模的起义,是从义州开始的。咸丰十年(1860)十一月,由于清军疯狂抢掠粮食,因而激起了以王达为首的起义,义州附近的各族人民五六百人"聚众抗粮"。王达早年曾多次领导朝阳农民起义,就在本年五六月间曾联合朝阳人刘珠进攻清河门,又与蒙古人白凌阿领导的起义军相遇,三者表示愿意彼此支持,共同反清。这次起义就是三者联合起来,包围了城池,很快攻陷了义州,打开监狱,释放囚徒,受到群众的欢迎。占领数日后,退出义州城,转战于附近各县。不久王达被俘牺牲。刘珠、白凌阿投奔朝阳起义军。

咸丰十一年(1861)三月十二日,李凤奎等领导的反清起义在朝阳城南要尔营爆发,参加者主要有金矿工人和贫苦农民。李凤奎,朝阳人,是挖矿工人,曾多次领导矿工进行斗争。领导人还有才宝善,直隶昌黎县人,书生,屡试不第,十分不满,多次率众起义反抗清军,投入李凤奎的队伍。不久,刘珠、白凌阿也参加进来,起义军多达数千人。三月十四日,起义军迅速攻陷朝阳县城,进入县署衙门,打开监狱,放出犯人五百余名,并烧毁税衙,还占领了城东南要地凤凰山,附近农民纷纷前来参加,声势大震。李凤奎被拥为皇帝,才宝善被封为军师、刘珠为领兵大元帅,各有封赏。三月二十六日,李凤奎派兵千余人攻克赤峰县城,"焚烧衙署,劫放狱囚",保护"铺户",纪律良好。清朝统治者万分惶恐,急调在承德的"护驾兵"及盛京将军玉明率部到朝阳"会剿"。在攻占朝阳之后,李凤奎进攻建昌(凌源),四月九日与清军大战于水泉,重创敌军,接着围攻义州及广宁(今北镇市)等地。这时,清军乘隙夺取了朝阳。四月二十三日,在朝阳东北的桃花图一战中,刘珠牺牲。在撤往凤凰山途中,李凤奎于石灰窑子沟地方被俘,慷慨就义。才宝善、白凌阿等率部进入昌图厅一带继续进行抗清斗争。

才宝善在昌图厅八面城活动时,得到当地农民起义首领王五与"瘰疬李"的支持。王五曾参加过李凤奎的起义;"瘰疬李"本名李维藩,在奉天围场(今辽源、西丰、东丰一带)三道花园地方,设立山寨,有队伍一千余人,不断"抗拒官兵"。才宝善与王五、李维藩会合后,起义军的人数又达到三四千人。他们攻占了榆树台,打死清军四百余人,又占领了梨树城等地,形势高涨,于是分军两路,北上到靠山屯一带活动;南下进入奉天围场活动,不幸王五牺牲。在这支起义军的鼓舞下,东土默特旗(今阜新蒙古族自治县)蒙古族人民掀起了反抗斗争,迫使清朝统治者让步,减轻了官差,取消了一些蒙古王公贵族的不合理的勒索,并革去了原旗长的职务。

在盛京地区反清起义的影响下,松花江以南的吉林地区反清起义也如火如荼地开展起来。主要有绰号"马傻子"起义,本名马振隆,早年曾活动于奉天围场一带。王五牺牲后,李维藩率余部近千人,继续在奉天围场一带活动。这时,马振隆便与李维藩会合起来,队伍扩大到数千人,参加者越来越多,在斗争中发展近万人。这支起义军战术灵活,敌来我走,敌走我来;敌人集中,我便分散,敌人分散,我便集中,与清军周旋,不断大败清军。同治三年(1864)先后攻克了梨树、伊通,围攻长春不克,即南下连克开原、铁岭,直逼兴京,进占凤凰城。清军无法抵挡,吉林将军景淳、盛京将军玉明均被革职,而分别以皂保、恩合代之。由于兵力不足,要求各府州县派兵支援,辽阳就是其中之一。据记载:辽阳知州张鼎铺就带有勇丁六百余人,至法库边门与恩合所部丰恩"会合进击,惟此起股匪,党羽众多,盘踞未散,其由西追窜之逸匪尚有二百余名,亦向北奔逸。该匪等往返滋扰,总未大受惩创,若再不亟图扑灭,势将益形滋蔓,办理更属棘手"。因此,谕令"恩合务当严檄在事文武,实力追捕,总以殄尽为期,不得有名无实"①。直至同治四年(1865)九月,是否让张鼎铺"回辽阳本任",尚在两可之间,说明马振隆起义令他们十分"棘手"。十二月中旬,起义军由辽阳碱厂直奔省城之南,大败清军,并以"诈降的方式"进入奉天,劫狱放囚,受到欢迎。知道无法久守,遂退往新民厅。在新民活动不久,出清河门,分三路攻占朝阳、赤峰、昌图、法库,"劫狱杀官",继续北上。连克农安、伯都讷(扶余),直逼双城堡(今双城市),被商民迎入城中。马振隆又派军攻占了阿勒楚喀(今阿城市)、拉林(拉林县)、五常堡(今五常市)。这时,李维藩部也从奉天围场出发,逼近吉林,盛京地区已无大规模的起义军了。集中于吉林的起义军,已"势成燎原",清军完全处于被动局面。为了挽救危局,同治四年(1865)十二月,清廷委派户部尚书文祥、福兴等统带京兵神机营一千二百名,以及火器营五百名赶赴吉林助剿,其中还有为了镇压捻军经英、美训练的洋枪队,配有一定的近代化武器装备。同治五年(1866)三月,文祥、福兴与吉林清军会师于长春南部,起义军也会师于朝阳坡,决定与清军一决雌雄。起义军虽杀伤很多清军,但自己损失也很惨重,形势已经发生了明显的变化,清军已达六七千人,敌众我寡,武器装备相差悬殊,有些领导人已经动摇,准备叛变,军心涣散。战后,马振隆仍率部转战于开原、铁岭、清河门一带,坚持斗争。五月十六日,马振隆被害牺牲,吉林地区的反清起义,整个东北的反清起义失败了,

---

① 《清穆宗实录》,卷一五三。

革命走向低潮。

三、反清起义的失败

东北地区反清起义所以失败，有着历代农民起义的弱点，具体来说，是流动性过强，分散作战，不能形成合力；缺乏战略眼光，导致战术错误，不能知己知彼，进行所谓会战；胜者勇气百倍，败者有的动摇，不能坚持，甚或投敌；太平天国的失败，全国革命已进入低潮。但是，东北人民的反清斗争并没有完全止步，仍然是此起彼伏，远的不说，辽阳就没有消停。

根据《辽阳县志·兵事志》载：同治"六年夏，突有邪匪神枪赵锡百，习丁甲之术，剪纸为兵马，谣传谓：真人将出。由邑北蟠杆堡纠党五六百人，攻城至北门。术败，知州张（鼎镛），一面派兵民登陴守；一面出城击之，立擒匪首十数名正法，余逃散"。事情并非如此简单，请看《清实录》的记载："都兴阿奏：辽阳匪徒滋事，请暂留洋枪队"助剿，得到批准，所谓洋枪队是指文祥带领的部队。都兴阿说："辽阳蟠杆堡匪首潘秉得与海城丁家峪匪首赵希哲等演习邪教，希图煽党滋事。"这里要指出，"辽阳蟠杆堡匪首潘秉得"，实误，应是赵锡百。赵锡百是辽阳人，潘秉得是海城人。清廷接报后，谕令"都兴阿当速饬春霖会同该地文武严密掩捕，务尽根株，毋任滋蔓。该匪党究系演习何教，必须详细查办，毋得扰累平民。仍著迅速查明具奏"。又奏："据该州城守尉万福等续禀：闻拿逃遁，旋窜于家店，经团练击散，不知去向。"对这个"续禀"，同治十分不满，"殊属含胡"，并要求对"其拿获潘秉得之母张氏并贾汶举等四名，即著严行审讯，按律惩办，在逃匪犯潘秉得，都兴阿当督弁兵悉数擒捕，务绝根株"[1]。

同治六年（1867）七月，"复有人奏：直隶丰润县开平镇一带，向有棍徒创立天罡会名目。本年五月间，买马五百匹，闻欲于八月间，开赴奉天辽阳州迎接教主等语。本日据都兴阿奏：奉天辽阳教匪，潜谋起事，业经官兵击散。首犯赵锡百，在逃未获。该匪踪迹诡秘，声息相通，丰润既有匪徒，难保有与赵锡百等暗中勾结。赵锡百等所习邪教，是否即系天罡会名目，抑另有他股教匪潜伏辽阳。著都兴阿确实查明，严拿惩办，毋任与直隶匪徒勾结"[2]。结果如何呢？丰润的天罡会与辽阳的赵锡百、潘秉得是否结合起来，不得而知；赵锡百、潘秉得是否被捕获，没有下文，不便推测。除此之外，盛京地区的"马贼"可以说遍地开花，清军顾此失彼，疲于奔命，《穆宗实录》中记载很多，可谓俯拾即是。实际上，盛京地区的反清斗争战火是不可能扑灭的，到了光绪年间又高涨起来！

---

① 《清穆宗实录》，卷二〇五。
② 《清穆宗实录》，卷二〇七。

第七章　甲午战争与辽阳保卫战

第二次鸦片战争之后,东北地区已进入近代。光绪二十年(1894),日本军国主义又发动了侵略中国和朝鲜的战争,清政府被迫应战。掌握实权的后党与李鸿章采取避战求和的方针,造成全军溃败。辽东人民奋起反抗,辽阳保卫战的胜利也不能挽回整个败局,终于签订了卖国的《马关条约》。战后反对《马关条约》的浪潮此起彼伏,救亡图存运动不断高涨起来。

第一节　日本蓄意发动侵略中国的战争

明治维新后,日本极力推行大陆政策,矛头直指中国,寻找各种借口制造事端,先从台湾下手,吞并了琉球。又通过各种理由势力逐渐深入朝鲜,东学党起义成为导火线,日本借机发动了侵略战争。清政府不积极准备,幻想列强调停,结果落空,战争爆发后,清军全面溃败。

一、日本的大陆政策

日本原来同中国一样,是一个落后的封建国家,同样遭到西方国家的侵略,沦为半殖民地。但经过 1868 年的"明治维新"之后,大力发展资本主义,建立近代化的国家。由于改革不彻底,国内市场狭小,原料奇缺,阶级矛盾尖锐,严重阻碍资本主义的发展,日本统治集团力图从对外侵略扩张中寻找出路。

明治元年(1868)4 月 6 日,明治天皇发布一道"宣布国威的御笔信",叫嚣要"开拓万里波涛,布国威于四方"。所谓"开拓万里波涛",首先就是剑指中国和朝鲜。在日本看来,中国离它最近,资源丰富,是一个最大的掠夺对象。朝鲜盛产大米、大豆、黄金和各种矿产,又与中国毗连,是"渡满桥梁",有着重要的战略地位。因此,他们叫嚷夺取朝鲜"实为皇国保全之基础,未来经营万国、谋求进取之基地"。这种地理上的便利条件和当时清政府的腐朽,助长了日本侵略者的野心。早在明治维新以前,日本封建军阀就多次叫嚷要"培养国力,兼弱攻昧,割取朝鲜、满洲,并吞中国"。明治天皇则继承了这一侵略衣钵,制定了分期"蚕食"中国的大陆政策。所谓大陆政策的内容,直到 1927 年日本首相田中义一在上给裕仁天皇的所谓《田中奏折》中才透露出来。其具体计划是:第一期征服台湾;第二期征服朝鲜;第三期征服满蒙(中国东北和蒙古);第四期征服中国全境;第五期征服亚洲和全世界,即"布国威于四方"。

征服台湾可以向东南亚扩张,所以叫"南进"政策。吞并朝鲜,可以侵略我国东北,所以叫"北进"政策,这就确定了日本对外侵略的两个主要方向。

首先,日本确定了对朝鲜的侵略,并以此作为侵略中国东北的跳板与基地。但由于国内农民起义不断、士族武士暴乱频发,社会动荡不安。在这种情况下,不得不暂时搁置对朝鲜的侵略,然而却把侵略矛头转向台湾。同治十三年(1874)四月,日本以过去曾有琉球船民在台湾避风遭到杀害为由,悍然派出陆海军三千人,由陆军中将西乡从道率领,乘坐美国"纽约"号轮船于台湾琅峤登陆。琉球从明朝初年就是中国的藩属,称臣朝贡,明朝也有回赐,清朝依旧。至于有琉球人在台湾被杀事件,已经解决,本与日本无关,可见纯属借口。日军登陆后烧杀抢掠,成立什么"都督府",还准备实施殖民"屯田",以为能够永久赖在台湾。但是,他们立即遭到高山族人民的强悍抵抗,被打死打伤六百多名(包括病死),损失惨重,被迫逃往龟山。这时,清政府也调集兵力万余人到达台湾,日本陷入两难的境地,欲罢不能。于是,日本派出内务卿大久保利通来华交涉,目的在于不讲条件,只求体面地结束战争。可是抵达北京后,他故作姿态,耍尽了种种手段,"索洋银五百万,至少亦须银二百万两"[1]。清朝政府不肯答应,后经美、英等偏袒日本的调停,腐败无能的清政府竟然接受了他们的条件,遂于九月二十二日签订了《中日北京专条》,亦称《台事专条》,内容有三条。该"专条"开头则说:"照得各国人民有应保护不致受害之处,应由各国自行设法保全,如在何国有事,应由何国自行查办,兹以台湾生番曾将日本国属民等妄为加害,日本国本意为该番是问,遂遣兵往彼,向该生番等诘责。"这里将琉球人说成是日本人,使今后日本吞并琉球合法化。所以,在第一条里认定:"日本国此次所办原为保民义举,中国不指以为不是",把侵略说成"保民义举"。既然是"保民义举",所以在第二条里规定:"前次所有遇害之家,中国定给抚恤银两",日本出兵费用也必须得到补偿。清政府同意付出白银五十万两,十万两为抚恤金,四十万两为军费补偿。同时,还要求对台湾的所谓"生番,中国自宜设法妥为约束,以期永保航客不能再受凶害",这是第三条。这里把台湾人说成是"生番",那么台湾就是"生番地",既然是"生番地",就不是中国领土。日本还胡说:"世界舆论认为新发现的土地可以用实力占有,并进行统治。"[2]这里又为后来日本进一步侵略台湾埋下了伏笔。日本本来是失败者,大久保利通却在谈判桌上反败为胜,说明清政府的软弱和腐朽,也为大久保利通在日本统治集团中赢得了意外的声誉[3]。后来,日本抓住

---

①　《同治朝筹办夷务始末》,卷九十八。

②　万峰:《日本近代史》,中国社会科学出版社1978年版,第99页。

③　吕万和:《简明日本近代史》,天津人民出版社1984年版,第70页。

《北京专条》中有台湾居民"曾将日本国属民等妄为加害"的字样,作为清政府承认琉球是日本属国的依据,因而强迫琉球与中国断交,禁止向中国朝贡。

日本"南进"政策的初步得逞,使日本的侵略欲望更加不能满足。在英美的支持下,日本政府为了实现"北进"政策,就千方百计夺取"渡满洲的桥梁"——朝鲜。光绪元年(1875)八月,日本海军少佐井上良馨乘军舰"云扬"号,到了朝鲜江华岛附近测量海口,当然是出于军事目的,朝鲜方面发炮警告,日舰进行还击,轰毁炮台,并登陆烧杀,朝鲜军民死伤颇众。事后日本大肆渲染,反说遭到朝鲜炮火袭击,致"水夫二人受伤",叫嚷出兵朝鲜。朝鲜与中国本是亲密邻邦,又有宗属关系,不仅不出手相助,反而让朝鲜直接与日本谈判。李鸿章甚至建议"似宜用以毒攻毒,以敌制敌之策,乘机次第与泰西各国立约,借以牵制日本"[1]。在炮舰政策的威胁下,朝鲜被迫在次年二月二十二日与日本签订了《朝日江华条约》,日本表面上承认朝鲜为"自主之邦",朝鲜对日本开放通商。接着,美、英、德、俄、法等国也强迫朝鲜政府签订了一系列不平等条约,日本和西方资本主义国家逐渐控制了朝鲜。特别是日本的经济、政治、军事势力逐步伸入了朝鲜。不久,汉城发生了兵变,反日是其中主要目标之一。日本乘机出兵朝鲜,借口在这次事件中受到损失,强迫朝鲜政府订立《仁川条约》,取得了在汉城驻兵保护使馆等特权。

由于清政府在中法战争中的失败和暴露的腐朽无能,大大助长了日本侵略中国的野心。不过,当时日本还没有力量发动侵略中国的战争,然而决心扩军备战,不惜用十年工夫,充实实力,寻机再来侵略中国。

二、"避战求和"幻想的破灭

日本为了准备发动侵略战争,大肆兴办军火工业,积极建立近代化的陆海军。日本统治者认为,"国之兴废,在于兵力",所以他们以百分之六十的财政用来扩充军备。可是钱从哪里来?唯一的办法就是增加税收。他们也知道"加重税收之方法,近乎取怨于人民"。尽管如此,他们仍认为"纵发一时之怨声,亦不足以深虑"[2]。

为了制造发动侵略战争的理由,日本内阁首相山县有朋在《第一次帝国议会上的施政方针演说》中抛出了侵略扩张的理论。他强调:"国家独立自卫之道,其途有二:第一守卫主权线;第二保护利益线。主权线,指国之疆域;利益线,指与主权线的安危密切相关的地区。"他还说:"要维持一国之独立,仅仅守卫主权线是不够的,必须进而保卫利益线"[3],所谓"保卫利益线"就是要

---

① 《清季外交史料》,第十六卷。
② 〔日〕藤村道生:《日清战争》,米庆余译,上海译文出版社1981年版,第13页。
③ 参见藤村道生:《日清战争》,第21、22页。

用武力侵略邻近国家的领土主权。这就是说,日本可以任意指出某一国家和地区与它的"利益"有关,就可以在"保护利益线"的名义下进行侵略和占领。这纯属强盗逻辑! 日本正是利用这套强盗逻辑把朝鲜和中国的东北、台湾都说成日本的利益线,似乎侵略和占领这些地方就是合法的了。

朝鲜自从外国资本主义势力侵入之后,已经逐渐地走向半殖民地化了,土地兼并日益严重,广大农民纷纷破产,沦为佃户。地主官僚互相勾结,横征暴敛,人民大众啼饥号寒,生活极端贫困,挣扎在死亡线上。当时有人在诗中写道:"金樽美酒千人血,玉盘佳肴万姓膏,烛泪落时民泪落,歌声高处怨声高。"这首诗生动形象地揭露了朝鲜残酷的阶级压迫和剥削的血迹斑斑的社会现实。正因如此,朝鲜不断爆发农民起义,此起彼伏,最后终于在 1894 年春,爆发了东学党领导的农民起义。他们提出了"逐灭洋(指美国等西方势力)倭(指日本),尽灭权贵"等反抗帝国主义侵略和本国封建统治的口号。起义开始后,各地农民纷纷响应,队伍很快发展到几十万人,起义军迅速控制了全罗、忠清、庆尚三道,王京汉城受到了严重威胁。在声势浩大的农民起义面前,朝鲜封建统治阶级手忙脚乱,无能为力,连忙向清政府请求"遣兵代剿",帮助镇压。日本感到发动侵略战争的时机到来了,所以积极怂恿清政府出兵。日本驻朝公使馆书记生郑永邦为了探听清政府的动向,曾于四月二十八日拜访过袁世凯(时为驻韩商务总理),询问:"匪(指东学党)久扰,大损商务,诸多可虑。韩人(指朝鲜政府)必不能了,愈久愈难办,贵政府何不速代韩戡?"并虚伪地表示:"我政府必无他意。"①袁世凯把这次谈话的情况向李鸿章作了报告,李鸿章接到报告后,表示如果朝鲜有求援要求则立即出兵。日本知道清政府的态度后,积极筹组大本营,秘密下达动员令,准备乘机挑起侵略朝鲜和中国的战争。反动而愚蠢的清政府轻信了日本"必无他意"的"保证",于五月初派直隶提督叶志超和太原总兵聂士成率领淮军二千五百人在朝鲜牙山登陆,去镇压东学党起义。清政府出兵后,立即依照条约,行文通知日本政府,并表示"一俟事竣,仍即撤回,不再留防"②。日本接到清政府出兵的照会后,知道阴谋得逞,立即借口"保护"使馆和侨民,派出海军陆战队四百多人,作为先遣队从朝鲜仁川登陆,进驻汉城。随后,派出一万多名陆军和几乎全部海军开进朝鲜,分驻仁川、汉城一带。日本外相陆奥宗光训令驻朝公使:"今有施断然处置之必要,不妨使用何等口实开始实际运动。"③也就是说可以不择手段地制造开战的"口实",朝鲜形势变得异常紧张。日本曾有人认为"日清战争为

---

①　中国史学会:《中国近代史资料丛刊·中日战争》(第 2 册),新知识出版社 1956 年版,第 546 页。
②　中国史学会:《中国近代史资料丛刊·中日战争》(第 2 册),新知识出版社 1956 年版,第 549 页。
③　中国史学会:《中国近代史资料丛刊·中日战争》(第 7 册),新知识出版社 1956 年版,第 159 页。

无名之师",这就是"先决定开战,然后再寻找开战的借口",这"才是事情的真相"①。

东学党起义失败后,清政府建议中日两国同时撤离朝鲜。但是,日本不仅拒不撤兵,反而提出共同监督朝鲜改革内政的无理要求。清政府认为改革内政应由朝鲜政府自主,尤其不应以武力干涉朝鲜内政,不同意日本的要求,仍然坚持两国同时撤兵。日本毫不理睬,并表示在朝鲜实现"改革"以前,日军决不撤离朝鲜,如果清政府不接受日本的要求,日本政府将要独立行动。同时,日本继续向朝鲜大量增兵,战争已迫在眉睫了。

日本蓄意挑起战争的阴谋已经愈来愈明显了,中国国内舆论和驻朝清军将领要求清政府增派援军,以阻止日本侵略。这时,西太后正在挪用海军军费大修颐和园,准备大庆六旬"万寿",希望对日本"和平了事"。有些主战的官员向西太后提出停修颐和园,全力对付日本的建议。对此,她非常恼火,竟向朝臣们散布说:"今日令吾不欢者,吾亦将令彼终身不欢。"善于仰赖西太后脸色行事的李鸿章为了保存淮系集团的实力,也极力避免对日作战,幻想西方国家出面干涉,以实现他多年追求的所谓"以夷制夷"的外交政策。李鸿章先后请求英、俄两国公使劝告日本撤退军队,以为英、俄夹攻,"或可就范"。英国表面进行"调停",骗取清政府的信赖,暗中却讨好日本,表示日本只要不侵犯英国在长江流域的利益,英国绝不会干涉。沙俄政府对中国东北和朝鲜早就抱有野心,日本的侵略直接威胁了它在远东的利益,因此沙俄政府极愿"帮助"中国,并声称日本如不撤兵就要"用压服之法"②。李鸿章得到沙俄的口头援助,感到有所依靠,更不做战争准备。驻朝清军将领看到日军陆续增援,"决无和意",请求添拨重兵,占领重要地区,"早立脚步,免为他族先得"。但李鸿章仍令他们"镇静勿动""切勿多事",说"俄在倭议正紧,略忍耐必有区处"③。他在给叶志超的复电中还说:"我不先与开仗,彼谅不动手,此万国公例,谁先开战,即谁理屈,切记勿忘,汝勿性急。"④驻朝清军在李鸿章的指挥下,一直屯扎在汉城以南二百余里的牙山,毫无战争准备,坐待日军的进攻。

沙俄政府虽然企图用武力"压服"日本,但由于看到日本有英美等国的支持,也不敢贸然出兵,决定暂时观望一下,等待有利时机的到来。六月七日,俄国驻华公使喀希尼通知李鸿章说:"俄只能以友谊力劝倭撤兵,再与华会商善后,但未便用兵强勒倭人"⑤。这对大做"以夷制夷"美梦的李鸿章无疑是当头

① [日]藤村道生:《日清战争》,米庆余译,上海译文出版社1981年版,第1页。
② 中国史学会:《中国近代史资料丛刊·中日战争》(第2册),新知识出版社1956年版,第566页。
③ 中国史学会:《中国近代史资料丛刊·中日战争》(第2册),新知识出版社1956年版,第571页。
④ 中国史学会:《中国近代史资料丛刊·中日战争》(第4册),新知识出版社1956年版,第264页。
⑤ 中国史学会:《中国近代史资料丛刊·中日战争》(第2册),新知识出版社1956年版,第594页。

一棒,清政府"避战求和"的幻想彻底破灭了。

清政府越是妥协退让,日本侵略者越是得寸进尺,步步进逼,肆意挑起战争。六月二十一日,日本驻朝公使突然率军闯入王宫,发动政变,逮捕了朝鲜国王李熙,杀死许多反日的官吏,组织大院君李昰(同"是")应为首的傀儡政府。六月二十三日,大院君李昰应被迫宣布废除中朝历年所订条约,"请求"日军把中国军队从朝鲜驱逐出去。就在这同一天,日本侵略者不宣而战,在牙山口外丰岛海面袭击中国的军舰和运兵船,战争随即爆发。

三、清军的全面溃败

李鸿章"以夷制夷"的幻想破灭以后,战争已呈一触即发之势,在全国舆论的压力下,他不得不急忙向朝鲜增兵,作一点抵抗的姿态。

清政府为了增援朝鲜,分别由陆路和海路奔赴朝鲜前线。李鸿章用高价租赁了英国三艘商船,即"爱仁"号、"飞鲸"号和"高升"号,载运二千五百名士兵,分三批开赴牙山。"爱仁"号于六月十九日,首先载兵由大沽启航。为了保护登陆部队的安全,李鸿章令北洋水师派出"济远""广乙""威远"三舰自威海启航,先行到达牙山。二十日,"飞鲸"号亦载兵由大沽启航。二十一日,"高升"号最后载运一千一百名清军和载运饷械的小炮舰"操江"号一同开赴牙山。这些运兵船启航前,日本间谍在大沽"往来不绝。凡我船开行,彼即细为查探。非但常在码头逡巡,竟有下船在旁手持铅笔、洋簿,将所载物件逐一记数,竟无委员、巡丁驱逐"①。这些间谍自然要把得到的情报电告日军大本营,以便采取应对措施。据此,不难想出清朝这些运兵船的命运将是什么。六月二十三日,先期到达牙山口外的"济远""广乙"完成护航任务准备返航,驶抵牙山口外的丰岛海面时,与等待这里的日舰"吉野""浪速""秋津洲"号遭遇。日本海军根据他们政府的命令,在双方没有宣战的情况下,竟然采取了不宣而战的卑鄙手段,对中国舰队进行海盗式的突然袭击,中日战争从此揭开序幕。

"济远"是一艘吨位大,速度快,火力强的铁甲主力舰。但是管带(舰长)方伯谦却是一个懦夫,在紧要关头贪生怕死,临阵脱逃。日舰一开炮,他就躲在仓内铁甲最厚的地方,丢下"广乙"不管,下令逃跑。可是日舰"吉野"紧跟不放,方伯谦无耻地挂起白旗,接着又竖起日本旗,表示投降,"吉野"仍穷追不舍。"济远"号水手王国成、李仕茂等出于爱国义愤,违抗命令,自动发尾炮轰击。连发四炮,命中三炮,尤其最后一炮击中要害。"吉野"船头立刻低斜,黑烟突起,受了重伤,不敢再追。"济远"此时如果乘机转航,用船头大炮轰击敌舰,一定会取得更大的战果。可是,方伯谦只顾逃命,跑回旅顺。"广乙"与"济远"不同,虽身

---

① 《盛宣怀档》,转引自《历史研究》1980年第4期。

中数弹仍同日舰死战,终因中弹过多,驶至朝鲜西海岸搁浅。

正在日舰追赶"济远"与"广乙"时,"高升"与"操江"却迎面驶来。"操江"接到"济远"令其"速回"的信号,当即转舵往回逃跑,但"操江以速力迟缓,武装亦极薄弱,逃既不可,卒为敌舰秋津洲号掳之以去"①。"浪速"则截住"高升"号迫其投降,但是全舰官兵"宁愿死,决不服从日本人的命令……他们愿意快快地打,而不愿投降"②。他们发扬了宁死不屈的爱国主义精神,坚决进行抵抗。日舰开炮轰击,他们"以小枪向敌舰射击行最后之抵抗"③,接着日舰施放鱼雷,"高升"号被击中,日军竟向落水清军射击,除少数被救外,船上七百多名官兵全部壮烈殉国。

方伯谦逃到旅顺,自称打死日本海军总统(总司令),捏造战功。海军提督丁汝昌不察,以大战获胜,赏银二千两,"告谕全军,以为鼓励"。由此可见,清朝一些将领的卑鄙无耻已经到了什么程度!所以,这件事一时被"中西人传为笑谈"④。

日本在进行海上偷袭的同一天,陆军也开始发动进攻。当日军逼近牙山的时候,叶志超以牙山绝地难守,令聂士成率五营扼守牙山东北五十里的成欢驿,而他自己则退驻在牙山东南的公州。六月二十七日,日军分兵进攻成欢驿,聂士成率部力战不胜退走公州。可是,驻军公州的叶志超早就弃城逃跑。聂士成追上叶志超,只好随其退往平壤。他们害怕走近路碰上日军,就绕道汉城之东,沿着朝鲜东部山地边缘抄小路撤退。从公州到平壤只有六百里路,足足跑了一个月。当时正值酷暑,在途中因饥饿和病疫而死的官兵很多。由于清朝的援军陆续到了平壤,叶志超才停止逃跑。

由于日本侵略者的猖狂进攻,在广大人民群众的催战之下,清朝统治者为了维护自身的利益,于七月一日被迫向日本宣战,同一天日本也向中国宣战。这一年是我国夏历甲午年,所以历史上称这次战争为中日甲午战争。

战争爆发前,清政府在朝鲜的军队集中在两个地区,南部的牙山和北部的平壤一带。宣战以后,清政府不得不调集大军向朝鲜增援。七月初,李鸿章派卫汝贵、马玉昆、左宝贵、丰绅阿率军二十九营一万四千人,增援朝鲜。一路由大东沟(在鸭绿江口西面,丹东县境)进入朝鲜;一路渡鸭绿江进入朝鲜。七月底,由牙山败退的清军和前来增援的各路清军,先后到达平壤。

平壤是朝鲜的旧京,形势险要,便于攻守。但是,集中平壤的各路清军"悉驻平壤城中",既不进攻,也不加强防御,将领们每天"置酒高会",吃喝玩

① 中国史学会:《中国近代史资料丛刊·中日战争》(第6册),新知识出版社1956年版,第80页。
② 中国史学会:《中国近代史资料丛刊·中日战争》(第6册),新知识出版社1956年版,第23页。
③ 中国史学会:《中国近代史资料丛刊·中日战争》(第6册),新知识出版社1956年版,第80页。
④ 转引自范文:《中国近代史》,人民出版社1955年版,第252页。

乐。叶志超被任为各军总统,他懦弱无能,由于谎报军情,战败受奖,诸将不服调度,而他又忠诚地执行李鸿章的妥协投降路线,"漫无布置",坐待日军的进攻。日军在成欢战役之后,经过了一个多月的休整部署,于八月十三日分四路进攻平壤,十六日发动总攻。清军分头迎战,回族将领、广东高州镇总兵左宝贵所守的玄武门(北门)战斗最为激烈。

十四日夜里,叶志超见日军将要大举进攻,就想弃城逃跑。左宝贵坚决主张抵抗,他一面带领部队坚守玄武门,一面派亲兵把叶志超监视起来,防止其逃跑。当日军绕道进攻北门要塞时,左宝贵亲临城上指挥,严督士兵,奋勇血战,给日军严重杀伤。在炮手阵亡时,左宝贵亲放大炮,轰击敌人,身上虽多处受伤,"犹裹创力战"。日军集中火力,用排炮轰击,左宝贵前胸中弹牺牲,玄武门失守。当时在平壤的其他中国军队曾击退东西两路日军,还继续与日军作战,局势尚可挽回。叶志超却在城中遍插白旗,急令卫汝贵、马玉昆撤出战斗。夜里,叶志超率各路将领及军队放弃平壤,向北逃走。在逃跑的路上,又遭到日军截击,士兵死了两千多人,被俘六百多人。清军在平壤积存的"大小炮四十尊、快炮并毛瑟枪万数十杆,将弁私财,军士粮饷,军资、器具、公文、密电尽委之而去"①。叶志超路上不敢停脚,所有险要地区都弃而不守,一口气竟跑了五百多里,八月二十二日,叶志超渡过鸭绿江,退回中国境内。从此,朝鲜境内没有了中国军队,朝鲜全部被日本侵略者占领,战争开始转入中国境内。

平壤的陷落,日本学者认为是"总指挥官(指叶志超)的失败主义招致了全军的大溃退,使日军在第二天早晨几乎是在没有流血的情况下就占领了平壤"。这种看法无疑是正确的,但叶志超之所以敢弃城而逃,是执行李鸿章的命令,先是令其"静守毋动",再令其"切毋多事如议战"②,最后则"可守则守,不可则退",只有守与退,没有一个"战"字。所以,说来说去还是李鸿章的投降主义造成的。应该看到,日军在人数、士气上都远胜于清军,但朝鲜多山地,运输困难,作战时,每个士兵"只有两天的'道明寺糒'(把米饭晒干成团备用)和少量弹药,如果连续激战两天以上,那么弹药和粮食将同时失去补给,只有放弃围攻,实行退却"。所以日本学者认为:"从战略和战术上来说,日军都取得了很大胜利,但从战争的经过来看,日本在作战中也存在着兵力的集中和补给能力等多方面的问题,所以,这与其说是靠实力取得的胜利,不如说是由于

---

① 中国史学会:《中国近代史资料丛刊·中日战争》(第1册),新知识出版社1956年版,第23页。

② 《李鸿章全集·电稿》,卷十六。

清军的欠缺而取得的胜利,才更接近事实。"①

在平壤陷落的第二天,即八月十八日,日本舰队便在鸭绿江口外的大东沟海面对北洋舰队发动了大规模的袭击,他们竟然无耻地违反国际公法,其舰队在远处悬挂美国国旗,到近处才改挂日本国旗,突然一齐开炮,扑向北洋舰队,"清国的舰队也进行了勇敢的战斗"②。从中午到傍晚,经过五个小时的激战,"靖远"号代替旗舰(因"定远"桅楼坍折,无法号令指挥)"升旗集队",返回旅顺口。日舰伤亡惨重,无力追击,也返回了基地。黄海海战结束了,应该说北洋舰队虽然损失较大,实际上日方损失也不小。但是,李鸿章为了保存实力,竟然下令舰队只能避战港内,不准出海。从此,日本轻易地取得了黄海制海权。

日军占领平壤之后,它的侵略凶焰更加猖狂,经过暂短的休整,日军于九月下旬分两路同时进犯中国。一路是陆军大将山县有朋率领的第一军,由朝鲜义州渡过鸭绿江,进攻九连城、安东。这时,清军有七十多营,共约四万人,由前四川提督、时任前敌统帅宋庆和黑龙江将军依克唐阿指挥,聚集在九连城和安东一带防守。二十六日,敌人前锋二三十人探水试渡,只放了一排枪,依克唐阿的军队就先行溃散,其他各军也纷纷败退。第二天,依克唐阿逃往宽甸;宋庆退往凤凰城(今凤城);防守安东的清军也弃城退往岫岩。前后不到三天,清军的鸭绿江防线就全线崩溃了。

另一路是陆军大将大山岩率领的第二军,由仁川渡海,在辽东半岛的花园口登陆。十月九日,日军占领金州;第二天日军又攻占了大连湾。这一天,西太后在宫中(原拟在颐和园)举行六旬"万寿"庆典,接受百官朝贺,一片歌舞升平。十月二十四日,日军攻陷旅顺,大山岩竟灭绝人性地纵兵大杀四天,妇女幼童,不能幸免,制造了震惊世界的旅顺大屠杀,残酷至极。日军的暴行,遭到全世界舆论的谴责。英国著名国际公法学者胡兰德博士在其所著《中日战争之国际公法》一书中写道:"此时得免杀戮之华人,全市内仅三十有六耳,然此三十有六之华人,为供埋葬其同胞之死尸而被救残留者,其帽子上粘有'此人不可杀戮'之标记而保护之矣。"③就连支持日本侵略的美国报纸也不得不说日本是:"蒙文明皮肤,具野蛮筋骨之怪兽","今脱文明之假面露野蛮之本体矣"④。日本占领上述城市之后,继续向南推进,与山县有朋的第一军相互配合,取南北夹击之势。

① [日]藤村道生:《日清战争》,米庆余译,上海译文出版社1981年版,第105、106页。
② [日]藤村道生:《日清战争》,米庆余译,上海译文出版社1981年版,第106页。
③ 中国史学会:《中国近代史资料丛刊·中日战争》(第7册),新知识出版社1956年版,第161页。
④ 转引自范文澜:《中国近代史》,人民出版社1955年版,256页。

第二节　辽阳保卫战

在甲午战争中,日军铁蹄践踏之处,可谓"攻无不克",但在辽阳却遭到了惨痛的失败。辽阳保卫战进行得有声有色,摩天岭阻击战,收复失地连山关等地;吉洞峪阻击战,日军不能越雷池一步;辽阳"镇东营"参加五次收复海城之战,牵制了日军北上,保卫了辽阳、沈阳,意义重大。

一、摩天岭阻击战

山县有朋率领的日本第一军渡过鸭绿江之后,很快占领了东边道几乎所有的重要城镇,尤其在攻陷了凤凰城、岫岩之后,辽阳州受到了直接的威胁。这时,日军为了夺取省城可以有两条进军路线:一是从凤凰城越过摩天岭,经辽阳东境而至奉天(今沈阳);一是从安东(今丹东)、岫岩进犯析木城、海城,经辽阳西境而达奉天。山县有朋选择了前者,也就是从东路继续向前推进。当时,日军侵略气焰十分嚣张,不仅"欲进逼辽阳、奉天",并扬言在"辽沈度岁歇兵"①,也就是要拿下辽阳、沈阳之后休兵,过 1895 年的新年。十月十三日,山县有朋命令野津道贯率领的第五师团进犯摩天岭。

摩天岭亦称大高岭,位于辽阳东南部,海拔 968.8 米,南北走向,山道崎岖,坡度较陡,森林茂密,易守难攻,为辽阳、沈阳东部的门户,所以有人说:"若摩岭不守,则辽沈难守"②。宋庆由九连城退到凤凰城之后,认为该城无险可守,主张扼住摩天岭,确保辽阳州。随即,责令聂士成部守摩天岭、石佛寺;吕本元、孙显寅等部盛军(属于淮军,最初由周盛波、周盛传兄弟所建,故名称盛军)守连山关、甜水站等处。这时,黑龙江将军依克唐阿率镇边军从宽甸退驻凤凰城东北的暖阳边门、赛马集、草河城一线,恰好与聂士成形成了掎角之势,"合力防堵"日军第五师团。

十月十四日,日军第五师团第十旅团由立见尚文少将率领,猛攻摩天岭下的连山关。吕本元、孙显寅虽经苦战,终因寡不敌众,退出关隘。聂士成"闻警,驰救无及,不得已扼守山巅,竭力抵御"。于是,日军开始进窥摩天岭。由于大山岩率领的日军第二军从花园口登陆,占领金州,进犯大连、旅顺,清政府急电宋庆率主力南援。所以摩天岭守军单薄,形势危急。在这种情况下,聂士成利用有利地形,虚张声势,"乃于丛林张旗帜鸣角鼓为疑兵,并乘间出奇兵

---

① 中国史学会:《中国近代史资料丛刊·中日战争》(第3册),新知识出版社1956年版,第299页。
② 中国史学会:《中国近代史资料丛刊·中日战争》(第3册),新知识出版社1956年版,第262页。

截杀、雕剿,时出时没,步步设防,重重埋伏"①,迷惑敌人,伺机破敌。还有"挠之、拄之、披之、掎之,以日与攻者周旋"的说法。这些话出自《孙子兵法》,总之就是进行游击战。所谓"挠之",即"怒而挠之",就是激怒敌人,使之判断失误;"拄之",就是敌人进攻时坚决顶住,不后退;"披之",就是将敌人分割开来,各个歼灭;"掎之",就是拖住敌人,牵制敌人,使之无法逃脱。这些足以说明聂士成不是一介武夫,而是足智多谋的爱国将领。日军占领连山关后,不断袭击各岭口,"出没无定,四散来诱",但多被守军击退。十月十八日,日军大股同时进犯东、南、北各岭。"是日三更后,贼扑大高岭山头,营官郭学海率队迎击,卫本先带队接应。贼分数路进犯,吕本元、孙显寅调队分御,来往冲击,贼不稍退。战至十九日未刻(下午 1 至 3 时),郭学海奋勇持刀率队冲入贼队,卫本先在山头放炮,杀伤贼兵无数,我军亦有伤亡,贼不能支,始行溃退,郭学海、卫本先等追过数山,恐有埋伏"乃止。进犯下马塘、小高岭的日军也被聂士成击退,"我军伤亡二十余人,倭贼死伤十分七八。贼所抢山头,经我军由六道、七道、八道等沟抄其下马塘后路,贼即全退,因夜深恐中奸计,未敢追剿。现聂士成等仍分守大小摩天岭前东南北一带。此次接仗各军士卒,均尚踊跃。惟山顶极冷,各弁勇昼夜严防,备尝辛苦"②。值得称道的是聂士成每仗都能身先士卒,与全体将士一样,"卧雪餐风,苦守十余昼夜",极大地鼓舞了部队的士气。日军由于"屡攻摩天岭不下",又无计可施,只好退回连山关,摩天岭阻击战取得了初步的胜利。

摩天岭阻击战取得胜利之后,聂士成认为不能消极坐待,应该联合友军,采取出奇制胜之策,以打击敌人。十月二十八日,聂士成率部与依克唐阿、寿山等部配合作战,夹击草河口一带日军。这一仗由于寿山及其弟永山(寿山、永山兄弟为袁崇焕六世孙,也有说七世孙者,不知孰是)等统率所部,"绕山越涧,披荆力战"③,击毙敌步兵 22 联队(相当于团)第 5 中队长(相当于营)大尉斋藤正起,击伤敌炮兵第 5 联队第 2 中队长大尉池田纲平、小队长(相当于连)中尉关谷豁等,日军死伤 40 余人④,清军取得了重大胜利,缴获许多战利品,并"拣得汉字名片二纸,一曰第一等军曹稻井藤太郎,一曰第五师将军第十二队坂井四郎"。据此可知,这里的日军属于第五师团第十旅团。第二天,大雪纷飞,夜里北风袭人,侵占连山关的日军早已进入梦乡。这时,聂士成率领数百名骑兵犹如从天而降,突然杀进关来,"时敌在梦中惊觉,不知我兵多

---

① 中国史学会:《中国近代史资料丛刊·中日战争》(第 6 册),新知识出版社 1956 年版,第 14 页。
② 中国史学会:《中国近代史资料丛刊·中日战争》(第 3 册),新知识出版社 1956 年版,第 222 页。
③ 中国史学会:《中国近代史资料丛刊·中日战争》(第 3 册),新知识出版社 1956 年版,第 271 页。
④ 日本参谋本部:《明治二十七年日清战史》,第 15 章。

寡,逃窜分水岭,我军开枪射击,毙敌无算,并阵毙倭酋富冈三造"[1]。富冈三造是22联队的队长,军衔是大佐,也就团长。清军仅以少数兵力,采取偷袭的方法,竟然一举夺回连山关,是清军自开战以来第一次收复失地,因此,聂士成立即受到清廷的特别嘉奖:"奉上谕,特授直隶提督"[2]。夺回连山关是东线战场的转折点,从此日军转入守势(日军大量调往海城),清军转入攻势。聂士成为了扩大战果,下一个目标就是力图规复凤凰城。十一月九日,聂士成挑选精兵千余名,分作三队,"进伏分水岭旁,突出奋击。敌军不支,弃岭而逃,追杀至草河口"[3]。十一月十三日,日军大队来犯,聂士成率领夏青云等,联合依克唐阿所部骑兵与日军在金家河大战,"殄敌无算",依克唐阿部攻占了草河口。至此,聂、依两军对凤凰城形成了东西夹击之势。这时,聂士成与依克唐阿在通远堡集合二十个营的兵力,分两路进逼凤凰城。一路由依克唐阿和夏青云率领,由通远堡南进,直攻凤凰城北门;另一路由寿山及其弟永山率领,向东北迂回,从叆阳边门出发,绕道进攻凤凰城东北。两路大军分进合击,约定于十一月十六日抵达凤凰城。寿山一路很快到达"草河北岸,距凤凰城仅八里"。次日"乘胜渡河,至法家岭底"。十一月十八日,镇边军步队营官恒玉率其所部攻入东门,已经得手,不料"城内伏兵突起,城外援贼大至,将我军四十余名截断城中,悉殁于阵,统领三等侍卫永山身先士卒,率队策应,连受枪伤,洞胸阵亡(年仅37岁),兵力不支,伤亡几半。幸经寿山等各营分投往援,贼始稍却,我军亦即收队。时值复州、海城相继失守,辽阳南路吃紧,于是撤回分水岭、下马塘一带扼扎,联络大高岭各军兼顾辽东门户"[4]。不久,清廷下令依克唐阿率军西援。因此,收复凤凰城的计划未能实现。

依克唐阿西援海城之后,聂士成深知仅凭自己一支孤军恢复凤凰城是很困难的。因此,他在十二月七日,致电李鸿章、宋庆提出:"军兴以来,只闻敌来,未闻我往,此敌之所以前进无忌也。拟将岭防布置严固,率精骑千人直出敌后,往来游击,或截饷道,或焚积聚,多方扰之,令彼首尾难顾,防不胜防,然后以大军触之,庶可得手也"。这个主张无疑是正确的,如能按此去做,定能给敌人以相当大的打击,同时也是支援与配合海城前线作战的最有力措施。可惜,李鸿章、宋庆等"均复电来阻"[5],拒不采纳。但是,聂士成并不听其摆布,仍然主动出击,给日军以重创。十二月十六日,聂士成"亲率马步千余人过通远堡、大甸子、金家河,进逼薛礼站堡垒",引诱日军出战。吕本元、孙显

---

① 中国史学会:《中国近代史资料丛刊·中日战争》(第6册),新知识出版社1956年版,第15页。

② 中国史学会:《中国近代史资料丛刊·中日战争》(第6册),新知识出版社1956年版,第14页。

③ 中国史学会:《中国近代史资料丛刊·中日战争》(第6册),新知识出版社1956年版,第15页。

④ 中国史学会:《中国近代史资料丛刊·中日战争》(第3册),新知识出版社1956年版,第271、272页。

⑤ 中国史学会:《中国近代史资料丛刊·中日战争》(第6册),新知识出版社1956年版,第16页。

寅以及奉军金得凤、耿岐山、江自康等部,也"各出队声援,敌不敢出"。十二月二十一日,探知日军由凤凰城派大队前来夺关,聂士成于"三更率队越山而东",埋伏于孔家屯,同时与寿山所部取得联系,以便夹击来犯之敌。"敌队至,果惧我军掩杀,止不敢前"。十二月二十八日,聂士成"料扎孔家屯西敌股必来攻,因预将队伍散伏陡岭子、长岭子一带,各带洋号数支,令曰:'闻山巅号声,悉吹之,既燃枪迭击,蛇行鼠伏,聚散无常,使敌莫测我军虚实,此奇兵也。'当令数卒持洋号绕道潜伏山巅瞭望敌军。天明,敌至,山巅号响,各处号声、枪声同时并发。敌骇窜,自相蹂躏,死者甚众,我兵未伤一卒。以兵单不敢追,仍扎孔家屯"。十二月三十日,是我国传统旧历除夕,聂士成"料敌必乘间来扑"。命令部队加强戒备,并派夏青云部埋伏于土门岭,严阵以待。第二天,即乙未年(1895)春节,天色微明,日军马步五百余人,果然前来偷袭,"夏青云突起奋击,枪毙敌酋一名,即麾白旗收队向薛礼站而去,令勿追。惧有伏也"。自此以后,日军龟缩在凤凰城内,再也不敢出来活动。不久,由于"畿津海防万分吃紧",清廷撤调聂士成率部"星驰入关,以卫畿辅",承担防护京师的重任[1]。正月十八日,聂士成率部西上,道经辽阳入关,江苏臬司陈湜率所部湘军二十营,接替摩天岭防务。由于日军兵力大部西赴海城,东边道一带兵力"为数无多",仅立见尚文第十旅团一部作为牵制兵力,留守九连城、凤凰城一带。因此,陈湜接替摩天岭防务后,凤凰城以北基本上没有大的战事,直至战争结束。

摩天岭阻击战是辽阳保卫战的重要组成部分,尤其聂士成在摩天岭下主动出击,与依克唐阿部密切配合,复地夺关,进逼凤凰城,有力地支援了辽南战场。

二、吉洞峪阻击战

由于摩天岭屡攻不下,迫使日军不得不改变计划。他们将主要兵力集中于西路,一方面企图与已占金州、大连的第二军配合,取南北夹击之势;一方面想要避开摩天岭防线,潜由辽阳之西以断其后路,于是第一军准备进攻海城,如得手更有利于进攻辽沈。十一月十二日,第三师团在桂太郎的率领下,由安东移驻岫岩,分路西犯。十一月十六日,大迫尚敏率第五旅团占领了析木城。第二天,在海城东南的荞麦山和城南的晾甲山先后击溃了丰升阿、聂桂林所部奉军,攻陷了海城。海城地处东西南北要冲,海城失守,营口、牛庄、鞍山、辽阳立即受到严重威胁;从山海关出锦州以赴沈阳之路,也有随时被切断的危险。海城失守的消息传来,从京津到辽沈都为之震动。宋庆闻警,率所部自盖平北援,以护营口、牛庄;依克唐阿和吉林将军长顺率所部西援以护辽阳。

日军占领海城,辽阳州东、南、西三面受敌,形势益危。由于日军从东路进

① 参见中国史学会:《中国近代史资料丛刊·中日战争》(第6册),新知识出版社1956年版,第17页。

攻辽沈已经彻底失败,从西路进攻又遇到宋庆、依克唐阿和长顺等部地阻扼,在东、西两面难于得手的情况下,他们企图从南面吉洞峪到南分水岭一线,间道进攻辽阳。这时,辽阳守军甚少,仅有捕盗兵六十名,根本无法御敌。因此,知州徐庆璋电请盛京将军裕禄,经过批准,就地募兵三营,号称镇东营,后陆续添至马步军十三营,作为游击之师,与清军相互配合,担任千山以东的防卫。这在《辽阳县志》中有详细的记载。其中说:"光绪二十年甲午,日人犯海城,侵辽阳境。知州徐庆璋募马步十三营,与黑龙江将军依克唐阿、吉林将军长顺及桦树沟韩登举合御之,前线由千山西至鞍山迄太子河、小河口,东西六十里;第二防御线由判甲炉西至沙河以至城昂堡、刘二堡一带;后路在城附近各处,所有军事设备,均未完善。日军大岛义昌据鞍山南海界等地,相持数月,彼此侦探,互有所获,势甚岌岌。"①

徐庆璋,字峄斋,直隶清苑(今属河北)人,《清史稿》有传。初佐盛京将军都兴阿营幕,累保知县。历任宽甸、盖平知县,义州、岫岩知州,晋兴京同知。光绪十九年(1893)秋,由凤凰厅同知调署辽阳知州。《清史稿》本传说:"庆璋才而负气",不唯阿,对上不卑不亢,敢于谏言,清正廉洁;对下办事公允,无论在知县或知州任上,都是"政绩"斐然,深得民心,颇受百姓拥戴。《清史稿》本传说他:"其平日为政宽猛兼施,众畏之如秋霜,爱之如冬日,有徐青天之称。"甲午战争爆发后,他把主要精力都投入到募饷练兵上来,发动群众抗拒日本侵略者的进攻。

辽阳是奉天的门户,向有"铁打的辽阳,纸糊的沈阳"之说,也就是说辽阳是沈阳的屏障,辽阳若失,沈阳难保,形势十分危急。在这种情况下,裕禄始允建镇东营。镇东营统领是"清宗室居本城内"的锡寿,主要营官有李春溪、谢承恩(武进士)、沈宗汉、朱登甲、李樾、胡魁福(举人)等。除锡寿之外,这些营官多是青年学子,为了保家卫土,响应徐庆璋的号召,中断学业,同仇敌忾,共赴危难。他们使用的武器都是原始的大台杆、火铳、火炮之类,且又相当残破。诚如徐庆璋所说:镇东营中虽"不乏敢战之士,奈器械不精,又无炮位,赖璋各处借凑,得以勉拒猖狂"②。由于战线过长,为了防止疏忽徐庆璋经常"督率士卒,日夜罔懈,赏罚严明,人乐为用"③。尽管如此,终究兵力单薄,战守不足分布。不久,"倭贼逼近下岭子,踞辽城四十余里,蔓延一片,不计其数,危在旦夕"④。这时,徐庆璋向各方发电求援,但都迟迟不至,他不得不再次发电哀求:"璋屡求各帅救援,至今无至者。璋死不足惜,其如根本何! 哀求诸帅、诸

---

①　《辽阳县志·兵事志》。

②　中国史学会:《中国近代史资料丛刊·中日战争》(第3册),新知识出版社1956年版,第556页。

③　《辽阳乡土志·政绩录》。

④　中国史学会:《中国近代史资料丛刊·中日战争》(第3册),新知识出版社1956年版,第486页。

总统,当念根本重地,迅速救援,明日不到,无望矣!"①在电报上他竟用了 8 个"万"字加急,但各帅仍然未来,三四天后吉林将军长顺、黑龙江将军依克唐阿才率军进驻州城,漫无布置,也不研究战守。面对这种情况,徐庆璋出于"守土之责",只好"不避越位之诮",电禀恭亲王奕䜣,揭露清军全线溃败情形,弹劾某些将帅怯懦无能,并提出自己对战守的建议。他说:"窃意宋庆自衔命以来,初败于九连城,再败于大高岭,南援金、旅而旅陷,北顾海、盖而海、盖失,迨避居于田庄台而牛庄、营口相继沦陷。相离数十里,不能堵御,以致田庄台亦被贼蹂躏不堪。宋庆即率师退让至石山站(位于锦州、沟帮子之间),自古无如此用兵者。因而贼势披猖,非由于贼之能战,亦非宋庆之不能战,实由于退让太速,若璋亦效各帅之退让,辽阳安有今日?"他还说:"窃闻胜败兵家之常,一败即退让数百里,实古今所未有。……尤不解者,大军退后,决不敢先行攻取,必待贼从容布置,养精蓄锐,大股来寇,各军始勉强迎敌,或见影而逃,或闻风而退。似此军情,中外闻之,殊堪耻笑。"他指出,"现辽城仅依、长两帅之军并璋部各营,分段扼守。无如由海(城)至辽路径分歧,道途平坦,处处可以绕越,实属防不胜防。"他分析说:"今辽阳危在旦夕,一或不守,沈垣亦必不安。"他认为,敌人"窥辽"是为了"图沈",所以"顾辽即保沈城"。因此他建议,"欲维危局,惟有钦派知兵重臣来奉,总制各将帅,庶事权归一,不致观望不进,坐失机宜。一面仍请电旨,饬宋庆等无待倭夷来寇,先攻金、岫;并饬聂士成等攻取凤城,以分贼势。璋当激励民团,并力助剿。果能照此布置,根本重地或可保全。"最后他说:"璋非不知越位而谋,贤者不取。然当此时势危迫之秋,正臣子效命之日,何敢意存顾忌,忍默不言。倘根本有失,虽一死不足以塞责。伏乞王爷速奏,不胜迫切待命之至。"②看来,徐庆璋所上方策不谬,说明他深谙军事,可能与他最初在都兴阿营帐多年历练有关。但是,他的建议不可能得到采纳,然而他直言敢谏的精神是很值得赞佩的。

在辽阳的防守中,徐庆璋深感一些清军"既不能战,又不能守,虚糜军饷,到处骚扰",更不听调度。当时就有"依瞎打,长坐坡,宋庆一退二百多"的民谣。有些军队根本就不能打仗,《庄河县志》给我们提供了一个非常典型的例子。其中说:"(光绪二十年)七八月间,曾调山西大同镇兵若干,其官及兵无一无烟癖,军容之劣,鲜有出其右者。军装之外,腰间皆插烟枪一支,见者莫不发笑。迨由朝鲜败退,纷窜本境,不免掠民财物以去。"③这种情况并非绝无仅有,只是有轻有重而已。更有甚者,在辽阳南部山区驻防的清军,有些军官竟

---

① 中国史学会:《中国近代史资料丛刊·中日战争》(第 3 册),新知识出版社 1956 年版,第 486 页。

② 徐庆璋:《辽阳防守日记》,载《近代史资料》1962 年第 2 期,第 7、8 页。

③ 《庄河县志·兵事志》。

然"强娶民女"为妾,还大操大办,鼓乐喧天,搅得鸡犬不宁。有管戴马振芳者,在赵家堡子纳妾,正在举行婚礼时,日军来攻,猝不及防,被打得落花流水,丢掉了防地。徐庆璋也说:"因娶妾一事,以致失机"[1],民众受害至深。在这种情况下,徐庆璋萌发了"用兵不如用团"的思想,也就是就地武装群众,充分发挥民团(也称乡团、团练、团勇)的作用。他分析说:"与其守株待贼,何如并力以战。战必需兵饷,饷固难筹,兵更募不及矣。惟有散财用团,或可转危为安。盖兵自外来,逃一人性命易,团为土著,逃一家性命难。兵不知地道,闻风先逃,故用兵不如用团之得力。"[2]于是,他委任徐珍为吉洞峪民团练总,"勒以兵法"(即让徐珍学习兵法)。徐珍,字聘卿,辽阳人。《清史稿》有传,说他"刚正多勇略,日军犯辽,珍独率民团守吉洞峪,扼险坚持,敌不得逞"。吉洞峪地处辽阳南隅,南与岫岩,西与鞍山、海城相毗连,时三面受敌,仅北面与州城一线相通。该地重峦叠嶂,岭险山高,道路崎岖,实为"辽沈要口",日军妄想由此进犯辽阳。徐珍接受委任后,日夜进行操练,乡团轮流上岗,协助官军防守。他还与周边各县相互联络,以至凤凰城、岫岩、庄河、宽甸、海城等地都办起了民团,有七八万人之多,"皆唯璋令是听"[3],一时出现了民众抗敌的热潮,有人出人,有力出力,对保境安民发挥了重要作用。辽阳有周文振者为镇东营"报效军粮三百石"[4]。在各地民团中,辽阳民团最为活跃,多次击退敌人

的进攻,使辽阳百姓免遭涂炭。十二月三日,日军由潘家岭、八盘岭进犯吉洞峪,徐珍"率勇迎击,毙贼数十名,贼即退"。第二天,日军再次进犯吉洞峪,结果又被徐珍率勇击退。吉洞峪督队委员、候选县丞俞凤翔在给知州的禀报中说:"团总徐珍,连日在吉洞峪接仗获胜,贼颇畏却。"徐庆璋接到捷讯后,"赏给徐珍六品功牌,赏团勇钱一千吊,并发给抬枪子药。"后来,多次与日军接仗,都取得了胜利。这在徐庆璋给盛京将军裕禄的禀报中多有提及,他说:"上年腊月十五日贼窜棘楼堡子,经团练沈宗汉会同哨总王

徐　珍(1849—1922)

东槎、黄富春、郑耀南等率勇迎击,毙贼七名,生擒之木弥太郎一名,团勇受伤七名。又于二十二日贼由潜家大岭进犯韩家岭,经团长徐珍同营官高登科、彭玉春等各率兵勇抵御,鏖战三时,毙贼数十名,贼势不支,纷纷逃窜,遂将潜家

①　《近代史资料》,1962 年第 2 期,第 49 页。
②　《近代史资料》,1962 年第 2 期,第 9 页。
③　《近代史资料》,1962 年第 2 期,第 8 页。
④　民国《辽阳县志·义举志》。

大岭夺回。又于二十四日贼复窜韩家岭,经团练举人胡魁福同高登科等奋力迎击,毙贼数十名,阵斩倭督队官川神社御守织田郎一名,搜获印信图书,夺获器械衣帽等件,贼始退去。又于本年(光绪二十一年)正月初三日,贼五百余扑犯梨宝沟岭口,经胡魁福同哨官乔全志、什长王福臣、团勇方永胜等与贼接仗,毙贼数名,伤贼甚多,贼队乱,急夺尸败退,追击十余里,日暮回营。”裕禄在给光绪的奏疏中也说:“各属举办团练,辽阳本极齐整。该团长等于冰雪严寒之际,复能连次接仗,迭挫贼锋,并能阵斩贼目,甚为奋勇可嘉。当经裕禄给款分别奖赏,以示鼓励。”①应该说,吉洞峪民团善于利用多山多岭的险要地势,发挥乡勇人亲地熟的特点,作战又能机智灵活,所以才能多次击退敌人的进攻。对此《辽阳县志》也有生动的描述:“方日人陷海城时,官军退守鞍山,而千山以东防线,乡团任之。日人自大孤山登陆,陷岫岩,欲间道辽阳。吉洞峪练总徐珍集乡勇,各持抬枪、鸟铳在峪南韩家岭、宋家岭等处扼守。日兵数千来窥,甫上岭,辄击之,毙数人,遂不敢进。各乡勇昼张旗帜,夜燃火把,出没往来,虚实兼用。一日钲鼓大作,日人数百骑驰至;令乡勇俱伏,俟至近,发铳齐击,却退。徐练总曰:‘寇大至,宜避之。’炊时,果以巨炮来向前设伏处击之,许久,林烟石火,而众无恙。至是,日军不复至。相持月余,日乃分军赴海城。”②吉洞峪阻击战是辽阳保卫战的重要组成部分,牵制了日军的兵力,不仅保住了辽阳,也彻底粉碎了其“必取奉天度岁”的狂妄计划。对此,时人的看法是很清楚的,“皆徐庆璋办团练打日本的汗马功劳”③。正因如此,恩溥在《奏辽阳乡团颇著声望请传旨嘉奖片》中给徐庆璋及辽阳民团以极高的评价。他说:“闻现署奉天辽阳知州徐庆璋,自倭寇窜入奉境,即以大义劝民,所办团练颇著声望,倭寇据海城而不敢遽攻辽阳者,职是之故。虽将来胜败难知,而此效死勿去之诚,能令居民闻警不迁,争效干城之义,其平日居官能得人心可知。”④由于徐庆璋举办民团成绩卓著,屡得清政府传令嘉奖。

由于从东路进攻辽、沈难于实现,迫使日军不得不改变计划。他们把主要兵力集中于西线,一方面企图与已占领大连、金州的大山岩率领的第二军配合,取南北夹击之势;另一方面也想避开东路民团的牵制,由西路进攻辽沈,于是“第一军始有占领海城之计划”。第一军司令官山县有朋说:“奉天锁钥在辽阳,辽阳锁钥在海城,也是北京之要冲,占领了海城,辽南的一盘棋就活

① 中国史学会:《中国近代史资料丛刊·中日战争》(第3册),新知识出版社1956年版,第396、397页。
② 民国《辽阳县志·兵事志》。
③ 郑维良:《辽阳州官徐庆璋二三事》,载《辽阳文史资料》第13辑。
④ 中国史学会:《中国近代史资料丛刊·中日战争》(第3册),新知识出版社1956年版,第334页。

了。"①但由于"必取奉天度岁"的计划落空，又"独断下令进攻海城。这就违背了大本营冬季宿营的命令"，他竟被天皇以"身染疾病"②为名，奉诏回国，由野津道贯接任第一军司令官。他对此非常不满，行前他给属下两位师团长写了一首诗，表达了其愤懑不平之心情："马革裹尸原所期，出师未半岂空归？如何天子召还急，临别阵头泪满衣！"③山县归国后，被任命为监军，已属于闲职了。野津道贯继任后，仍然坚持山县的意图，建议大本营改变"冬季宿营"的命令，应该立即进攻海城。他认为"海城的守备在析木城"，因此决定由岫岩先取析木城，然后再取海城。析木城位于海城东南50里处，是一座有名的古城镇，是岫岩通往海城的必经之地，四周群山耸立，地势险要，也是历来兵家必争之地。时值隆冬，沿途多险山峻岭，河流纵横交错，行军极为困难。十一月十三日始抵析木城之南。当时，驻守析木城和海城的清军有四支：总兵聂桂林统带的奉军马步炮队12营；侍卫丰升阿统带的盛字练军4营；总兵马金叙统带的仁字军步队2营；总兵蒋希夷统带的希字军马步队8营，共计26营。清军兵力不可谓少，如果能够勠力同心一拼，虽无胜利把握，总可支撑一阵，以待援军。然而，这四支清军互不统属，没有统一指挥，不可能协同作战。其中聂桂林、丰升阿二军，不仅毫无战斗力，相反纪律极为败坏，"丰、聂闻风即溃，骚扰不堪，前蒋（希夷）、马（金叙）谓此军有不如无"④。十五日凌晨，日军对析木城以南清军阵地发起进攻，聂桂林、丰升阿二军首当其冲，虽也进行一些抵抗，但到下午便全部撤出阵地，逃奔海城。只有蒋希夷军在析木城以西与日军对峙，坚持到翌日拂晓，发现南部二军已撤，自己成为孤军，陷于十分不利的局面，只好后撤。防守析木城的马金叙部，见前敌部队皆退，很有被包围的危险，也立即退往海城西部。十六日中午，日军兵不血刃地占领了析木城。之后，马不停蹄地向海城进军，十七日上午到达海城以南的清军前沿阵地。驻守海城的清军是刚刚逃来的聂桂林、丰升阿二军，主要布置在城南、城西和城内三处，在日军进攻下，又故技重演，稍事抵抗即放弃海城，向辽阳退去。中午，日军从东、南两门入城，完全占领了海城。日军占领海城后，一方面在城外修建工事，作婴城固守之计；另一方面，准备北上，进犯辽阳，形势危急。海城北接辽阳，南临盖平，西南接牛庄、营口，东连凤凰城、岫岩，是辽南之锁钥，"辽沈之门户，海疆之咽喉"⑤。在日军攻占析木城、海城的时候，辽阳实为一座空城。"鞍山站、腾鳌堡等要隘，并无劲旅扼守"，所以"贼欲长驱直入，一日即抵

① ［日］桥本海关：《清日战争实记》（第10卷），山东画报出版社2017年版，第318页。
② ［日］藤村道生：《日清战争》，米庆余译，上海译文出版社1981年版，第116、117页。
③ 黑龙会：《东亚先觉志士记传》下卷，第450页。
④ 中国史学会：《中国近代史资料丛刊·中日战争》（第3册），新知识出版社1956年版，第245页。
⑤ 中国史学会：《中国近代史资料丛刊·中日战争》（第3册），新知识出版社1956年版，第569页。

城下"。大敌当前,徐庆璋一方面借助"团练千名协兵分守各门",加强辽阳城防;一方面派齐玉春率镇东前营赴甘泉堡一带,配合奉军高登科、彭玉春两营加强堵截。同时,电禀裕禄,请宋庆派兵"分攻海城,以牵贼势,而免北窜"。徐庆璋认为,"海城一日不复,辽即一日不安","辽不守,沈阳危矣"。因此,他积极主张"以战为守",早日反攻海城。他还向李鸿章递交了请战文书,其中说:"若给璋六十营兵,假以事权,饷足械精,即无各军,限我半年,定当肃清奉境"。并保证说:"如有虚妄,甘当军令。"①这对一贯主张"避战自保""战败求和"的李鸿章来说,无异"与狐谋皮",自然得不到允准。但是,海城失守朝野为之震动,清廷急令依克唐阿、长顺率部增援辽阳,尽快收复海城。于是,徐庆璋便与他们"商议防剿事宜",决定加强对"离辽海各六十里"的鞍山站的防守,依克唐阿、长顺"分左右两路步步前往,相机规海,兼可顾辽"②。一方面咨会宋庆从盖平率队由南夹攻;一方面通令东路各营及各处乡团"一律张旗鸣鼓,相机前进,遥作声援,以分贼势"③。十二月二十二日,依克唐阿、长顺与徐庆璋会合,共三万余人南下,开始了"规海顾辽"之战。他们在甘泉堡、双庙子、普赖屯(今称被来屯)一线,发起了进攻,遭到日军顽抗,清军伤亡很大,左路先退,右路继之。在这次进军中,为了牵制敌军,徐庆璋还派委员俞凤翔督率胡魁福等三个营进攻析木城,经过三道敌卡,打死打伤日军60余名,"跟踪追剿",很快到达城东桥头。这时,日军两千余人从城内冲出,"左右枪炮齐放,我军奋勇攻击,贼人伤亡甚多,退守深壕,鏖战多时,贼人枪炮如雨,抵死不散"。清军伤三四十名,阵亡十余名,胡魁福的坐骑也中枪毙命。"适天大雪,火器不能用,该委员令各队按伍退扎。"④所谓收复海城之战,第一次就这样失败了。此后,从十二月二十七日至光绪二十一年(1895)二月四日,清军又连续4次进攻海城,徐庆璋都积极派队配合,但全未得手,所谓"规海顾辽"的计划终成泡影。

三、收复三家子、吉洞峪

海城没有收复,日寇却从盖平、海城、岫岩分路出犯。岫岩日军四千人,北出黄花甸子,于二月一日攻占了三家子、高家堡子等地,守军金得凤、胡魁福等退往南分水岭。二月四日,日军又从韩家岭等口攻入了兴隆沟、吉洞峪,然后进逼隆昌州。守军高登科、程克昌、马振芳等营,不加任何抵抗,向北溃退。日军轻易地占领了吉洞峪等地,这完全是高登科等排挤徐珍等民团造成的结果。据徐万善《吉洞峪乡团纪略》记载:"驻扎兵丁,在吉洞峪、赵家堡一带奸淫妄

① 《近代史资料》,1962 年第 2 期,第 15 页。
② 中国史学会:《中国近代史资料丛刊·中日战争》(第 3 册),新知识出版社 1956 年版,第 302 页。
③ 中国史学会:《中国近代史资料丛刊·中日战争》(第 3 册),新知识出版社 1956 年版,第 313 页。
④ 《近代史资料》,1962 年第 2 期,第 24 页。

为,人民迁避。"如营官马振芳、哨官孙文元等强纳民女为妾,大肆操办,放松防务,常与民团发生摩擦。徐珍等民团连获胜仗,高登科、程克昌等人也感到是一种威胁,出于"我们败,他们别胜"的嫉妒心理,千方百计要除掉民团。后来程克昌、马振芳以春耕将至,不违农时为借口,"呈明辽阳州,该处防务岭口,由两营自任",不用民团。徐庆璋一时失于察考,也认为若不及时垦种,"既废其业,又失其时,日后千百万生灵,何其能活"①。因此于一月二十八日(2·22)将乡勇遣散归家,准备春耕,中了程克昌等人的奸计。此令一下,民气大减,徐珍急火中烧,转而生病,会务松懈。二月二日,日军乘隙攻入,徐珍孤立难支,调队已来不及,只好率少数乡勇退往宋家岭的东沟,观察动静。日军进入吉洞峪等地后,烧杀抢掠残酷至极,"因我兵固守久战,故贼恨之深,多遭惨害。今民房十存二三,民食已空,民团即有急公报上之心,纠集甚非易事"②。而徐珍家,房屋器具,全部化为灰烬。由此可见,吉洞峪等地之失守其责任不在徐珍等民团,而是清军排挤民团和临战溃逃的必然结果。这在《军机处电寄裕禄谕旨》中说得十分清楚:"徐庆璋所部勇丁分扎吉洞峪,该营哨官等强娶民女,因与民团不和,倭奴乘间袭取"③。不久,马振芳、孙文元等皆被革职,并令徐庆璋"务将该二弁严密看管,毋令逃逸",以便"听候提省讯办"④。

在日军进犯吉洞峪等地的同时,野津道贯令海城桂太郎的第三师团与由九连城、凤凰城西进的奥保巩第五师团会合起来,于二月六日攻占了鞍山。其中第五师团继续向北推进,到达了千山、下岭子、八盘岭、八会寨(今称下八会)一线,距辽阳最近处只有四十余里,形势严峻,"辽城危如朝露"。清廷深恐辽阳有失,不得不放弃收复海城的计划,决定采取先顾辽阳、沈阳,保护陵寝重地的方针。《军机处电寄长顺等谕旨》指出:"刻下海城一时难克,以先顾辽沈之防为最要。长顺所部现在海城四十里外,著先其所急就近移扎要隘,助守辽阳,以保沈阳门户。"⑤刘坤一在电报中也说:"倭寇自得海、盖,设守甚严,致诱我军尽锐围攻,顿于坚城之下,相持不决,彼得乘间以犯沈辽。坤屡嘱前敌诸军,先顾沈辽根本,进兵海、盖,务须谨慎,以免中其奸谋。……现闻倭寇大股北趋,事机益紧,惟有谨遵此次电旨:长、依专顾沈、辽;宋、吴(大澂)分防海、盖,各任责成,并须彼此消息常通,联络声势。"⑥长顺、依克唐阿立即回援

① 《近代史资料》,1962年第2期,第42页。
② 《近代史资料》,1962年第2期,第43页。
③ 中国史学会:《中国近代史资料丛刊·中日战争》(第3册),新知识出版社1956年版,第574页。
④ 《近代史资料》,1962年第2期,第49页。
⑤ 中国史学会:《中国近代史资料丛刊·中日战争》(第3册),新知识出版社1956年版,第484页。
⑥ 中国史学会:《中国近代史资料丛刊·中日战争》(第3册),新知识出版社1956年版,第497页。

辽阳,与徐庆璋共同布置防务。长顺所部顾西北路,驻首山堡、沙河、刘二堡、小北河一带;依克唐阿之军顾东南路,驻长甸铺、四方台、腾鳌堡一带;寿山(吉林步队统领)与镇东4个营分驻七岭子、调军台、判甲炉、魏家屯、樱桃园等处。由于战线过长,东堵西御,防不胜防,只能"贼来则击,贼去则守。一时不敢远进者,实以兵力太单,正恐顾前失后,不得不专事防守"①。二月五日,日军占领鞍山后不久,曾集中万人进攻八盘岭,徐庆璋乃"调镇东中营王良臣,速往八盘岭援防,乃队未到齐,仓卒会同马振芳与贼接仗。哨官刘长胜、李长馨阵亡,伤兵多名,贼亦伤亡无数。王良臣、马振芳、吴东新、齐玉春四营均由七岭子进攻,分队埋伏大小牛儿岭,酣战一昼两夜,毙贼甚众,并毙贼酋一名","续获倭贼五名"。日军"败退十余里,窜回海城"②。这一仗之所以能够以少胜多,主要是由于"将士用命",拼死抵拒,并有"小钢炮八尊","得此钢炮之力实多"。这些"小钢炮"都是"向嵩武军刘总戎世俊所借"。由此可见,镇东营如果有这样的武器装备,可能会取得更大的杀敌效果。遗憾的是,八盘岭战后,刘世俊立即派人"索取"。徐庆璋很是为难,不还"亦觉歉然";若还,"距贼不过三五十里,正在防堵吃紧,一经撤还,各营空虚",如何御敌。于是,致电刘坤一(字岘庄,为淮军将领,曾任两江总督。这时钦命为钦差大臣、关内外防剿各军均归节制,李鸿章已被撤),请求他"俯念苦衷,另筹炮位,如数拨还,庶两全其美"③。同一天,日军还从八会寨大举进犯老君堂、柳林子等地,妄图经由下达河,越过老爷岭,直抵城下,从南部夺取辽阳。摩天岭守军陈湜率领马步4个营,由亮甲山、河栏沟"星夜趋赴柳林子、老君堂策应",夜间即与日寇发生激战,"仅杀数人,夺有马匹"。日军抵敌不住开始后撤。天亮后,清军追至八会寨,"仅杀尾贼十余人,生擒六名,当即杀之,惟内有高鼻绿眼一名,似是法人,亦可疑也"④。

由于二月初,日军发动了辽河下游战役,第三、第五师团主力均已西调,所以对辽阳的进攻仅限于西南,而且都是属于牵制性的偏师作战。在这种情况下,依克唐阿认为,必须收复吉洞峪,才能使日军无法从西南发动进攻。他说:"若不先将吉洞峪一股剿灭,诚恐东西环攻,辽城更危。现闻长帅力顾西北,以为守计。阿酌留数营协防,即率炮部攻剿吉洞峪,如能克复,辽阳门户自固。"⑤徐庆璋则认为,要想做到这一点,必须有民团的大力配合才行。但是,

---

① 《近代史资料》,1962年第2期,第42页。

② 《近代史资料》,1962年第2期,第29页。

③ 《近代史资料》,1962年第2期,第43、44页。

④ 中国史学会:《中国近代史资料丛刊·中日战争》(第6册),新知识出版社1956年版,第105、106页。

⑤ 中国史学会:《中国近代史资料丛刊·中日战争》(第6册),新知识出版社1956年版,第105页。

自从三家子、吉洞峪失守之后,各地民团已经星散。因此,徐庆璋乃"派俞委员、庞练长等前往各处劝谕,仍复团集"①。不久,许多民团又都恢复起来,重新拿起武器,不断袭击敌人。二月六日,在俞凤翔的联络下,"约会辽、凤、岫三界之练长钟进学、周郁文、韩文祥、袁德山、黄正绅等,各率团练奋勇直前,击退敌人,夺回三家子,生擒贼十二名,伤毙五名,夺获马匹衣帽多件。其七通碑黄练长正绅,又擒倭贼一名,一并解送到州,即赏各练长银千两,以示鼓励"。徐庆璋还请求陈湜速派就近驻扎的"奉军金、胡、张、吴四个营移往三家子,会同该处团练扼守"②,以防日军反扑。夺回三家子为收复吉洞峪创造了有利条件,但"三家子系吉洞峪贼之后路",是"由吉洞峪窜回岫、凤之要路,地太险要,不易扼扎"③。于是,徐庆璋积极联络各军,约定时间,准备会攻。二月十七日,根据约定陈湜派队由老君堂抄越敌后,徐庆璋派镇东营及寿山统领的靖边军数营由七岭子等处迎敌于前,南北夹击,日军不支,"遁回海城、牛庄一带,即鞍山站亦无贼踪"④。清军一举夺回吉洞峪,西南山区的日军很快就都被肃清了。

由于日军在三家子、吉洞峪等地被赶了出去,他们的军事进攻不得不于西南山区转向西部。二月二十三日(3·19),日寇二三千人由石桥子进犯辽阳,"北窜七岭子,西窜沙河"⑤,并扬言攻取辽阳城。徐庆璋接报立即派六个营在前迎击,依克唐阿派队在后接应,日寇抵挡不住,遂"退赴析木城"。此后,镇东营移守"潘家(判甲)炉、樱桃园、黑牛庄等处一带,以顾南路"⑥。此后,日寇有过多次进犯,但都被击退。三月七日,日军万余人分三路再次大举进犯八盘岭,马队在前,步兵在后,来势凶猛。徐庆璋派镇东三个营和寿山所部由七岭子进攻八盘岭南部的西库子一带,陈湜按约督率四个营由大牛岭出击,前后夹攻,颇有斩获,但日军仍不稍退。"倭贼此番分三路来攻,其意专注于辽、沈。老君堂一股,恐大高岭各军救援,作此声东击西之举。幸依帅于鞍山站一路,连夜带病督师,竭力迎击,得两胜仗,贼已退回鞍山站"⑦。从此,敌我两军已无大的战事。《辽阳乡土志·兵事录》载:"盛京将军依(依克唐阿已由黑龙江将军改任盛京将军)、吉林将军长顺及桦树沟韩登举(吉林义军,号韩边外)、知州徐庆璋各营相持于鞍山北,日军大岛义昌据鞍山以南,彼此侦探,互有所获,未及战于境内,越明年而和议成。"

①　《近代史资料》,1962年第2期,第31页。
②　《近代史资料》,1962年第2期,第31页。
③　中国史学会:《中国近代史资料丛刊·中日战争》(第6册),新知识出版社1956年版,第106页。
④　中国史学会:《中国近代史资料丛刊·中日战争》(第6册),新知识出版社1956年版,第110页。
⑤　《近代史资料》,1962年第2期,第38页。
⑥　中国史学会:《中国近代史资料丛刊·中日战争》(第6册),新知识出版社1956年版,第131页。
⑦　《近代史资料》,1962年第2期,第46页。

辽阳保卫战的胜利,是甲午战争中唯一的胜利,在辽东全失的情况下,辽阳人民拒敌于州门之外,是辽阳人民的光荣,也是辽东人民的光荣,其意义非同一般。至少应该有四个方面:第一,它的胜利使辽阳城安然无恙,避免了日本侵略者的铁蹄践踏,起到了保境安民的作用。第二,辽阳是沈阳的门户,守住了辽阳,也就守住了省城沈阳,彻底粉碎了日军在"辽沈度岁歇兵"的美梦。第三,有力地支援了辽南海城之战。日本进步学者藤村道生在其所著《日清战争》一书中说:"在凤凰城方面,也有清军(主要指聂士成防守摩天岭时期)在进行积极的活动,一次又一次地反击,牵制了进行守备的第五师团。"正因如此,徐庆璋在辽阳可以抽出部分镇东军南下,参加五次收复海城之战,至少牵制了日军,使其无法北上。第四,辽阳保卫战的胜利及收复连山关、下马塘、草河口等地,大大鼓舞了东边道人民的抗日斗争,宽甸民众组成了十大民团,经过艰苦的奋战,终于收复了宽甸、长甸等地,也阻止了日军北越桓仁、新宾进攻沈阳的企图,使日军只能龟缩在凤凰城里,直到战争结束。令人遗憾的是,在所有的近代史著作中、东北史的著作中没有一本提到辽阳保卫战的胜利,包括中国学者所写的日本近代史著作,有的只是提到摩天岭之战,岂非咄咄怪事。问题在于,自己不宣传,他人自然无以问津。

第三节 《马关条约》与战后辽阳的恢复

战前清政府"避战求和",战争爆发后,又推行投降主义路线,失败是必然的。《马关条约》的签订,引起全国的反对浪潮,民族危机空前加深。战后,辽阳被日军蹂躏的地区逐步得到恢复,灾民得到赈济,生活开始转入正常。

一、《马关条约》的签订及其危害

在甲午战争中,中国失败的根本原因并非日本的强大,而是清政府的腐朽和卖国。在整个战争过程中,后党与帝党及主和派与主战派之间一直存在着激烈的斗争。掌握清政府实权的后党和负责指挥作战的李鸿章根本不想对日作战,始终幻想外国的"调停"和"干涉",屡失战机,使陆海军陷于被动挨打的局面,以致完全溃败。范文澜先生指出:"李鸿章是甲午战争中的主角,不论西太后、光绪帝对他支持或反对,都只能起着次要的作用。这个主角的中心工作,不是布置如何作战而是布置如何诱致外国干涉。"[1]叶志超之所以敢于一退再退,甚至一口气逃过鸭绿江,除了个人原因之外,还有李鸿章"可守则守,不能守则退"的口谕,以此为保护伞,他才毫无顾忌地狂奔五百里。实际,清军将领"临阵脱逃"者大有人在,不止叶志超一人。战后,有近百人受到惩处,理由都是"临敌

---

① 范文澜:《中国近代史》,人民出版社1953年版,第266页。

退缩""临敌溃退""相率败溃"等,卫汝贵更是"纵勇抢掠,闻风先逃",不一而足。《清史稿》列传二百四十九论曰:"甲午之役,海陆军尽覆,辱莫大焉。(丁)汝昌虽有罪,而能以一死报国,尚知畏法。汝贵、志超丧师失地,遗臭邻邦,然求活,终不免于国典,何其不知耻哉?"①

　　此外,清军体制腐败、武器装备虽非完全落后,但缺乏训练、骄纵成习,不服调遣、纪律败坏等也是失败的具体原因。我想,清军将领都如聂士成,府州县官员都如徐庆璋,清军都如辽阳民团,甲午战争能失败吗?特别是民团,清政府如果能认真武装他们,使其配合清军作战,定能发挥更大的作用。徐庆璋已经认识到了这一点,他说:"凤、岫、辽民团七八万皆为璋令是听,大为可用"。可是他们得不到应有的重视,主要表现在武器装备很差,多是原始的火枪火炮,雨雪天则不能用,有的仅有大刀长矛,不仅影响了作战效率,也影响了民众的抗敌热情。所以徐庆璋多次提到:"璋新募之兵,苦器械未齐,不能往援前敌。"又说:"无如兵虽练而枪炮不齐,碍难允助。"镇东各营尚且如此,何况民团。被逼无奈,徐庆璋只好到处去借,可又时常碰壁。如"前接军宪(指盛京将军裕禄)复电,已向钦帅(指练兵大臣定安)借得到毛瑟枪二百杆,子丸二万粒。遣人往领,云仅剩毛瑟枪六七十杆,当留自用"。徐庆璋气愤地说:"辽阳有失,沈阳不能独存。沈阳若危,钦帅虽然有枪亦无用处。"②又如"分水岭、连山关倭贼出没无常,该处团练拟奋勇剿贼,苦无火药。电军宪饬发数万斤,以资前进"③,结果也无下文。尤其是民团助剿有功,却不能一视同仁,得不到奖赏,令人"未免向隅"。如聂士成收复连山关"半借团练之力",盛京将军裕禄"犒赏各军,独无团练"④,很不公平。所有这些,必然限制了人民群众中蕴藏着的巨大抗敌力量的发挥,说明清政府不可能真诚地领导广大人民群众进行反侵略战争并取得胜利,这是阶级性使然,这就是历史的结论。

　　在甲午战争中,清政府失败的原因很多,但根本原因在于清政府推行一条投降主义路线。战前,西太后就忙于准备十月十日的六十"万寿",甚至用海军经费大修颐和园,又搞所谓点景,即在北京城内大路及西郊到颐和园,沿途扎彩亭、彩棚、种花、奏乐、演戏,每五步一座,穷奢极欲,尽情挥霍享乐。至于朝鲜交涉,只求从速和平了结。李鸿章自然要秉承她的旨意办事(当然李鸿章也有保存自己实力的目的),所以他东奔西走乞求各国干涉,最后终于落空。陆奥宗光在《蹇蹇录》中说:"清政府自始即采取求欧洲列强干涉,速行终止中日战争之政策,……中国政府不顾侮辱自国之体面,一味向强国乞哀求

---

① 《清史稿》,第 12731 页。
② 《近代史资料》,1962 年第 2 期,第 3 页。
③ 《近代史资料》,1962 年第 2 期,第 4 页。
④ 《近代史资料》,1962 年第 2 期,第 6 页。

怜,自开门户,以迎豺狼。"又说:"李鸿章心中已决定。不论以如何代价,皆不能不媾和平。"战争爆发后,李鸿章仍然如此。朝鲜平壤失守后,日军渡过鸭绿江,进入中国境内,光绪十分气愤,立即通过军机处发出上谕:"北洋大臣李鸿章总统师干,通筹全局,是其专责,乃未能迅赴戎机,以致日久无功,殊负委任,著拔去三眼花翎,褫去黄马褂,以示薄惩。该大臣务当力图振作,督促各路将领,实力进剿,以赎前愆。"①但李鸿章非常不满,仍然推行"避战求和"的方针,认为日本的侵略影响到各国利益时,列强必然出面干涉。西太后为了不影响她的"万寿"庆典,干脆公开主和,起用恭亲王奕䜣主持总理衙门。奕䜣是主和派中的实力人物,自然心领神会,先后采取各种卑鄙的手段以求和,如乞求海关总税务司英国人赫德出面调停;乞求各国公使向本国政府发电,"祈求他们出面干涉,以获取对日和平",结果完全落空。派天津税务司德国人德璀琳直接赴日乞和;又派张荫桓、邵友濂为议和大臣赴日谈判,都遭到日本拒绝。伊藤博文明确表示:"恭亲王或李中堂当此任务,最为适宜。"清政府在走投无路的情况下,只好于一月十九日按照日本的要求,令李鸿章前往日本议和。上谕说:"李鸿章勋绩久著,熟悉中外交涉,为外洋各国所共倾服。今日本来文隐有所指,朝廷深维至计,此时全权之任,亦更无出该大臣之右者。李鸿章著赏还翎顶,开复革留处分,并赏还黄马褂,作为头等全权大臣,与日本商定和约。"②二月十八日,李鸿章从天津出发,东渡日本乞和。随行人员有参议李鸿章之子李经芳、二品顶戴马建忠、伍廷芳及美国顾问科士达等多人。科士达在《外交回忆录》中记载说:"总督虽然以战败者的地位去日本,但并没有忘掉他国家的伟大以及东方人喜爱的排场。全体随行人员一百三十五人的航行需用租赁两只商船装载。其中有曾任外国的公使两人,能说英、法或日语的秘书四人,翻译及书记约二十人,中国及法国大夫各一人,护卫和队长一人,一辆最高级的官轿和轿夫、厨司及仆从多人。轮船开驶前,当地官吏上船给总督送别。"③二月二十三日抵达和谈地点马关(今称下关),双方决定在第二天下午于春帆楼上举行第一次会谈。从二月二十四日至三月二十三日历时二十九天,前后经过七次会谈,李鸿章屈服于日本的压力,最后与伊藤博文签订了丧权辱国的《马关条约》。在谈判过程中,日本利用种种手段迫使李鸿章就范,只是在赔款上经过李鸿章苦苦哀求,由三亿两减为两亿两,其他照旧,并威胁说:"只有允、不允两句话而已",不然"中国全权大臣离开此地,能否再安然出入北京城门,亦不能保证"。在这种情况下,李鸿章得到清廷的应允,只好签

① 中国史学会:《中国近代史资料丛刊·中日战争》(第3册),新知识出版社1956年版,第101页。
② 《李鸿章全集·奏稿》,卷七十九。
③ 中国史学会:《中国近代史资料丛刊·中日战争》(第7册),新知识出版社1956年版,第474页。

字了事。《马关条约》共十一款,主要有:

第一,清政府承认朝鲜完全"独立自主"。

第二,割让辽东半岛、台湾全岛及所有附属岛屿、澎湖列岛。

第三,赔偿日本军费白银两亿两,分作八次还清。

第四,开放沙市、重庆、苏州、杭州为商埠。

第五,日本可在各通商口岸设立工厂。

《马关条约》是一个空前的卖国条约。由于日本从中国抢去了大片领土,直接助长了西方资本主义国家侵略中国的野心,实际上它已成了瓜分中国的信号。由于日本从中国掠去了巨额赔款,不仅加重了中国人民的负担,也使清政府财政枯竭,不得不举借外债维持统治。日本在中国开设工厂,说明资本输出代替了商品输出,标志着帝国主义侵略中国的新时期已经开始。根据"最惠国待遇",各帝国主义国家纷纷在中国投资设厂,沉重打击了中国民族工业,严重阻碍了中国资本主义的发展。《马关条约》的签订,使中国的民族危机空前严重,中国人民日益陷入半殖民地的深渊。由于日本在中国获得巨大的利益,它的军事和经济力量大大膨胀起来,迅速过渡到帝国主义阶段。此后,日本帝国主义积极推行所谓"大陆政策",成为中国和亚洲最危险的敌人。

二、反对《马关条约》的浪潮

《马关条约》签订的消息传出后,举国上下、朝野内外,掀起一片反对的声浪。廷臣、疆吏,交章弹劾,仅翰林院就有"六十八人连衔折劾李鸿章"[1]。他们指出:"倭人所订和约如此邀挟,实出情理之外。李鸿章不能当场力争,示弱四邻,已辱国体。"他们还揭露李鸿章"有私款数百万,寄存日本营运,而其党羽达官显宦,亦各有资本附其股份,此事人人传说,殆非无因。故李鸿章始则有心退避以就和局,倭人亦即窥透此意以肆邀挟,而以资本搭股者亦相与附和之,且为倭贼铺张声势,用以恐吓朝廷"。请求皇上"圣明独断,立毁和约"[2],并惩办李鸿章。宋庆在给军机处的电报中也说:"倭人逞其狡,无理要挟,既索巨款,复思侵地,为天下所切齿,内而廷臣言路,外而疆吏,纷纷力争,莫不出于忠愤;况身在行间,敌忾之誓,不与共戴。……今日之急,尤在料简军实,去腐留精,尝胆卧薪,实事求是。庆一介武夫,愿与天下精兵舍身报国,成败利钝,非下愚所敢计。"[3]盛京将军裕禄、吉林将军长顺、黑龙江将军依克唐阿等九人也联名电奏,指出:"奉天与直隶唇齿相依,又为吉林、黑龙江门户,

---

① 中国史学会:《中国近代史资料丛刊·中日战争》(第4册),新知识出版社1956年版,第566页。

② 中国史学会:《中国近代史资料丛刊·中日战争》(第4册),新知识出版社1956年版,第14、15页。

③ 中国史学会:《中国近代史资料丛刊·中日战争》(第4册),新知识出版社1956年版,第15、16页。

东南水陆各地方虽被倭据,而大军现已毕集,各属均办有团,兵民之情,尚属奋厉,莫不敌忾同仇,日图恢复。且南路之城,又为奉天门户,过此以北,均属平坦,无险可扼。倭之藉和约以图久占者,其意盖谓有此地方,东三省即可在掌握中矣。万一再开衅端,则彼踞险可以制我,我转无险可以制彼,长驱直入,何堪设想?"又说:"目前之和难以持久,而将来之患所忧方大。李鸿章与倭所议之款,传闻如皆确实,万一彼族坚执不回,则以奉省兵团而论,尚可与之力战。裕禄等知识愚昧,无补万一;第审查时势,众见皆合,不敢不披沥上陈。"①

当徐庆璋得知《马关条约》即将签订的时候,愤慨异常,认为是奇耻大辱。他在日记中写道:"和议已成,有捐辽南,弃台澎之信。果尔,不但东三省无片刻之安,即津沽、榆关、烟台各处,亦防不胜防,而京都从此无宁日矣。盖倭奴不动,我中国不敢先启衅端。一旦有变,彼由陆路则朝发夕至,直达辽沈;由海路则隔一昼夜即达津、沽等口岸。卧榻之前,狼夷杂处,其能相忍为国乎!吾知和议告成之日,即为我朝西迁之期,凡有血气,谁不痛心!一俟奉明文,璋将挂冠为民,一面约集邻勇、义民亿万,大张挞伐,以决雌雄。有福则归之朝廷,有祸则璋自任,似无碍于国家,若不恢复疆土,誓不空生世上,非璋之大言不惭也!"他还说:"倭奴迭犯辽境,被璋兵团击败屡矣。倭之伎俩,岂必胜人。从前所失各城,非失于贼之殊能,实失于我之不守。且前敌各军,尔忌我诈,我前尔却,胜固不让,败亦不救;甚至败则退,胜亦退,步步退让,贼焉得不步步前进。古之善战者曰:战必胜,攻必克。又曰:如入无人之境。今贼直入无人之境,不待战而胜,不待攻而克矣。"最后,他说:"璋志已决,电告各统帅,其能许我否邪!"②这铿锵有力的话语,表达了他坚定的反帝爱国思想。他的要求当然不会被允许,军机处给刘坤一的回电中说:"辽阳州徐庆璋等请兵进剿一节,现在和约已定,即日息兵,即由贵大臣分电辽沈前敌各营,按兵勿动,候旨办理,不得轻启衅端为要。"③尤其是战后接替李鸿章为直隶总督兼北洋大臣的王文韶来电劝慰说:"忠愤勃发,天日鉴之。然事关大局,不可就一人一地论。古来忠臣义士,卧薪尝胆,具有深心,不肯以一时奋激,轻于一掷,惟忍乃能有济也。千万思之。"④这些话可能使他有所感悟,"不可就一人一地论",应该看到"大局",不能出于"一时奋激"而"轻于一掷"。后来,刘坤一也来电说:"知辽南已失各地,尚不与倭。并有劝璋谨慎从事,勿涉孟浪等语。"于是,

---

① 中国史学会:《中国近代史资料丛刊·中日战争》(第 4 册),新知识出版社 1956 年版,第 86、87 页。

② 《近代史资料》,1962 年第 2 期,第 51 页。

③ 中国史学会:《中国近代史资料丛刊·中日战争》(第 4 册),新知识出版社 1956 年版,第 96 页。

④ 《近代史资料》,1962 年第 2 期,第 52 页。

徐庆璋也只能无奈地接受现实。他在后来的日记中写道："凤、岫乡团,纷纷请战,民气忠勇,大为可用。不惜和局将成,一时未便擅动,饬该团静候调遣。"[1]看来,徐庆璋已在"谨慎从事"了。

　　除了各级官员之外,广大的知识分子以及人民群众都通过各种渠道表达自己的愤慨和诉求,影响最大的就是在北京参加乙未会试举人康有为等的"公车上书"。在"公车上书"之后,江南、河南、浙江、湖北、山东、四川、顺天、山西、直隶、陕西、奉天等省的举人也纷纷上书"请绝和约"。有的知识分子甚至赋诗表达自己的爱国情怀,有邹增佑者的《闻议和定约感赋》,很有代表性:

　　　　圣主真神武,其如国贼何?
　　　　元戎甘割地,上将竟投戈。
　　　　漏瓮焦难沃,谹台债愈多。
　　　　向来无一策,富贵只求和![2]

　　诗人十分严肃地痛斥了那些投降派、卖国贼,他们都是一些"漏瓮",不顾国家利益,可以"割地"、"投戈",不惜朝廷"债愈多",只要自己"富贵",什么都能出卖"求和"。

　　尤其值得提出的是,辽东半岛上的民众知道日本侵略者将要霸占自己的家园,不甘心做日本的亡国奴,海城、盖平、辽阳、岫岩等地绅民推举房毓琛(辽阳人,前已有介绍,时在依克唐阿幕,参赞戎务)代写呈文,联名上书朝廷,要求拒和再战。房毓琛通过依克唐阿与盛京将军裕禄,将呈文电传给都察院。其中说:"现倭人在海城等处扬言有电到我国,割地讲和,划疆分守。众民一听此言,无不痛哭流涕,愤不欲生。金以奉天为京师根本,金、复、凤、岫为一省之屏藩,旅顺、营口关一省之生计,弃之则敌人长驱直入,水陆并进,奉天有警,京师一动,其害不可胜言。若大兵和衷共济,百姓结寨固守,坚壁清野,无难剪除。倭人扬言如此,众民食毛践土,二百余年,不忍置身化外,吁恳据情转奏上达天听,命诸将和衷集力,以伸天讨。"[3]

　　尽管"拒和再战"的章奏有如雪片飞来,也阻挡不了最高统治者妥协退让的决心,只要能够保住她的统治地位,什么条件都可不计。李鸿章之所以敢放手卖国,就是因为有谁也撼动不了的西太后为其后盾。在纷纷交章弹劾的情况下,李鸿章依然派遣伍廷芳、联芳携带"大清钦差换约大臣关防"前往烟台,

---

①　《近代史资料》,1962年第2期,第53页。
②　阿英编:《中日甲午战争文学集》,中华书局1958年版,第100页。
③　中国史学会:《中国近代史资料丛刊·中日战争》(第4册),新知识出版社1956年版,第88页。

于四月十四日晚间十时"与日使互换条约"①。至此,《马关条约》签订程序全部完成,中国只有履行条约的义务,没有修改条约的权利。

《马关条约》的签订,直接触犯了沙俄在远东的利益,尤其是辽东半岛的割让,使沙俄打算利用旅顺为军港,作为东方通路的计划成为泡影。这时,法、德两国也正积极向东方扩张势力,不满于日本侵略势力在中国的膨胀,所以三国联合起来,在《马关条约》签订后的第六天就"劝告"日本放弃辽东半岛。日本虽然不愿吐出辽东,但沙俄态度强硬,甚至表示不惜一战。三国军舰在日本海面游弋,俄军六万多人在海参崴集结,对日本施加压力。甲午战后,日本已是精疲力竭,不敢轻与三国为敌,遂被迫接受三国"友谊上之忠告",但是清政府必须加付三千万两"赎金",赎回辽东半岛。腐败无能的清政府,竟乖乖地接受了日本帝国主义的要求。九月二十二日,双方签订了所谓《中日辽南条约》,其中规定:日本将辽东半岛"永远交还中国"(实际是交还俄国),俄国成了"战胜者的战胜者"②。从此,日俄之间的矛盾逐渐激化,十年后终于通过战争手段才得以缓解。

三、战后辽阳的恢复

《马关条约》生效后,徐庆璋虽然放下了战守之事,但又有许多问题提到日程上来。主要有两个方面:一是与战争有关的交换战俘问题;一是急待解决的诸多民生问题。

在战争过程中,辽阳民团抓获许多日本俘虏,除被杀者外,其余收养起来。徐庆璋在《辽阳防守日记》中说:"近日屡有擒获倭兵,视其手足尽皆伤冻,举步维艰。诘其犯顺之由,据实为该国长官所逼,均非出自情愿,言未终而泪如雨,哀恳求生,情殊可悯。本统领目击惨状,甚为恻然,因思无端犯顺,罪本在于该国君臣。随阵倭兵,无非由于势逼,若概行诛杀,未免有伤上天好生之德。是以本统领将所获倭兵,概行开释,给与衣粮,择地收养不加戕害。一俟事平,有愿归国者,即行设法遣送。倘愿留中国,必均编籍为民,以仰副我皇上一视同仁之意。"③有人认为"此举甚属无谓",他批评这种看法是鼠目寸光,"智计之不远耶"。实际是对敌人采取分化策略,进行心理战,可见用心良苦,确实高人一筹。他曾经给大岛义昌写信,又发布"传谕倭兵檄"并"送还贼兵"一名,目的在于"扬我国之仁,散敌国之心,而破贼之毒计,买命以与我拼命也"。何况"宋、吴各军,文武官员被虏者约六百余人,贼均留而不杀"④,似为将来留

---

① 中国史学会:《中国近代史资料丛刊·中日战争》(第4册),新知识出版社1956年版,第99页。

② [苏联]罗曼诺夫:《帝俄侵略满洲史》,民联译,上海商务印书馆1937年版,第6页。

③ 《近代史资料》,1962年第2期,第40页。

④ 《近代史资料》,1962年第2期,第44页。

有交换之余地。裕禄在了解了徐庆璋的目的之后,很是赞赏,他说:"前获倭夷,拟赦之不杀。俟日后送回,以换我国被虏之人,此见甚好"①。光绪二十一年(1895)七月十三日,双方在海城甘泉堡交换战俘,辽阳送还日本战俘十一名;日本送还中国战俘六百余名。因为"奉天所存日兵,向有辽阳之十一名,此外各军,均未有日本兵卒"②。假使没有辽阳"乡田爱民吉等十一名"日本战俘,必然引起日本的疑虑,如何能顺利换回中国的全部战俘?"人无远虑,必有近忧",可见徐庆璋之功实不可没。本来交换战俘之事,应该由军部或省派遣军事将领来主持,但以无适当人选为由,并说辽阳距海城最近,所以委任徐庆璋主持此事,可谓"能者多劳"。

战后,辽阳应该尽快恢复被日军蹂躏地区老百姓的正常生活。第一,必须恢复农业生产。早在二月末,徐庆璋就已经考虑到种地问题。他说:"当此春耕之际,若不招回垦种,既废其业,又失其时,日后千百万生灵,其何能活?急宜出示,招民回籍,照常耕种,无种子,官为设法接济。仍使农不失时,民无乏食。"但由于日军的窜扰,敢于归乡者不多。二月二十七日,再"出示招民,照常耕种,毋失农时,以示镇静。无籽种者,璋设法借之。似此办理,各民不致逃散,目下市廛安堵如故"③,尽管如此,归乡者毕竟有限。停战后,情况有了转变,出走者陆续还乡,见到的是一片凄凉。经过战争洗劫的地方,特别是吉洞峪、兴隆沟、隆昌州等南部山区,"被贼蹂躏更甚","小民迁徙流离,室无居人,土地荒芜不治","吉洞峪一带,粒米无存","农时已失,民生已绝","饥民盼赈甚切"④。在既无粮食,又无籽种的情况下,农民如何吃饭、种地。徐庆璋也是两手空空,只好向省里求助。经过研究,省里答应可以就近拨给。五月初六日,盛京将军裕禄来电:"所需籽种,省中尚可匀拨高粱三二百石。第恐为时已晚,展转运往,播种不及,为可虑耳。闻吉洞峪一带,粒米无存。练长徐珍,随同团防,究为出力之人。辽阳旗仓,应拨兵食四千余石,计尚存米千余石,应即拨给五百石,乞就近转传徐珍领回,以资接济。"⑤

五月十六日,"辽(阳)界西南双台子等处练长毛训导颖等禀称:'各该处兵燹之余,民多乏食,恳请赈济。'查该处流离失所,冻馁余生,禀请宪台赏拨仓米三百石,以资接济,而救民生"⑥。

"五月二十六日,辽西(辽阳西部)新立各屯,地滨辽河,去年被水冲开土

① 《近代史资料》,1962 年第 2 期,第 53 页。
② 《近代史资料》,1962 年第 2 期,第 63 页。
③ 《近代史资料》,1962 年第 2 期,第 43 页。
④ 《近代史资料》,1962 年第 2 期,第 62 页。
⑤ 《近代史资料》,1962 年第 2 期,第 54 页。
⑥ 《近代史资料》,1962 年第 2 期,第 56 页。

坝,田苗淹没,今地虽布种,土坝无力修筑,恐水涨又复被淹。保正、会首等禀求设法。又隆昌州会首,因该处被贼蹂躏,民不聊生,还求赈济,而官赈局亦无粮可赈。查去冬各宪台有赏剩吉洞峪红粮七十五石,拟给新立屯三十石,作为修坝工食,以保卫民地;其余四十五石,均给隆昌州为贫民赈济……禀请宪示遵行"①。附带指出,最早得到赈济的是南分水岭,是由裕禄批准的。三月二十日,"裕军宪来电:南分水岭团民乏食,自应接济口粮。查辽阳旗仓,上年拨借各军兵米四千余石,尚存储未解,应于此项米内拨给二百余石。除电耆尉(指守尉耆征)遵照外,即由尊处领出,交该练长庞海仓领回散放"②。

经过徐庆璋的多方筹措,缺粮问题有所缓解,籽种问题已经解决,"民渐归家,东作尚可及时",经过芒种前后的抢种,大地露出绿芽,农民今后生活有了希望。到此,可谓"各安生业"③。

不仅如此,邻近州县,有求必应,徐庆璋都尽力帮助解决。他说:"目下牛、海并辽属百姓,均来要请籽种"④,他都代为请求裕禄给予拨给。"又海城有七屯被灾,日本往赈。民曰:'海城虽无中国官,辽阳尚有官在,义不食尔大之赈!'璋闻之,急遣员携米五百石前往散放,民心之固如此,谁曰外侮不可御哉?"⑤还有"七通碑乡约会首来请领米接济等情。查该处系属凤界,应否由辽阳旗仓拨给米石,拟请宪示遵行"⑥,结果还是由辽阳拨给。正因"恳请赈济"之处过多,以致"辽阳旗仓,现尚存米五百五十余石",今后不知"应作何拨发?"⑦

第二,赈济贫民。战后,遭到兵燹之地,百姓生活贫困,急需赈济,但款项迟迟不到,是由于大凌河涨水所致。闰五月十六日,锦州周太守冕来电:"承示辽境盼赈各情,现蒙津海关道宪允为筹垫三万金,交严佑之即解等因。特先奉慰"⑧。六月初二日,"电锦州周少翁:'迭奉来电,诸承关会,感甚!辽地待赈孔急,今因水阻,款难速到,徒深焦灼。一俟水退,尚迄速进为祷!'又周冕复电:'严佑翁嘱先解尊处赈银二万两,因大凌河涨发,阻隔已数日,俟水退即进。知念特闻。'"⑨

六月十六日,"前周太守冕解到赈款库平银二万一千两,今又电告续拨九

---

① 《近代史资料》,1962 年第 2 期,第 58 页。
② 《近代史资料》,1962 年第 2 期,第 50 页。
③ 《近代史资料》,1962 年第 2 期,第 53、55 页。
④ 《近代史资料》,1962 年第 2 期,第 54 页。
⑤ 阿英:《甲午中日战争文学集》,中华书局 1958 年版,第 432 页。
⑥ 《近代史资料》,1962 年第 2 期,第 55 页。
⑦ 《近代史资料》,1962 年第 2 期,第 57 页。
⑧ 《近代史资料》,1962 年第 2 期,第 60 页。
⑨ 《近代史资料》,1962 年第 2 期,第 61 页。

千,共成三万两。饥民盼赈甚切,亟应派员散放。但地方辽阔,非多员分路散放,不能迅速。查赵主簿新家(原为省里主簿,八品官,由于办事认真,徐庆璋请其来辽阳替他料理整个赈灾事务),办事妥慎,电请裕帅,速饬星夜来辽办理。惟事系义赈,委员车马之费,未便开销。该巡检薪水车价,应恳宪台拨发,以资津贴。其余各员,璋与叶令溶光(战前为知县,故称大令,时任东征转运委员负责转运各地军事急需)筹给。未识宪意以为如何?"① 由于多方支援,很快分发下去,受赈者感激不已。

第三,防治瘟疫。闰五月"十五日,分统何令厚吾禀称:隆昌州、八盘岭各防营,连日瘟疫盛行,士卒病者不少,且有死亡。查该处自冬至春屡向倭人接仗,毙贼最多,实由戾气所致。但该处为辽南要隘,未便因瘟疫而移营,致疏防守。当赶配藿香正气丸百余料,分发各营,惟治时疫以行军散、辟瘟丹为最,辽城药料不真,未能修配。电请军宪,能配数十料,转发各营俾资调治,而安军心"。又裕帅来电:"军士感受瘟疫,深为焦急。近日省城患时疫者亦多,行军散、辟瘟丹诸药虽好,药肆无真品,难以配合。非由浙省带来,不能得效。现用古方立生丹,治本军瘟疫极灵,药味不多,取效甚速。当饬陈丞(即陈新家)钞寄。现省城已配分发各营。辽阳可配,即由辽制好分发;若无药料,当由省制就解往。俟方到酌办可也"②。结果,不仅有"辽制",也有"省制"运来。不仅分发各营,也分给百姓,防止了瘟疫的扩散。

第四,消除匪患。战后物价"昂贵","土匪乘势劫掠,致商运裹足",尤其辽河沿岸。徐庆璋认为,"急宜派兵船沿河搜缉弹压。"五月初六日,裕帅来电:"土匪为害商民,亟宜剿捕,趁此兵力余闲,望切分派队伍,实力巡缉。惟本省前造长龙舢板等船,均在营口,闻已被匪拆毁。长滩仅存巡船一只,已饬修理下河,应俟完工派往"③。五月初九日裕帅再电:"辽海交界处,贼既退去,乡民纷纷请队弹压土匪。惟各乡当兵燹之余,必须极力抚循。派往各营务须谆饬将弁,申明纪律,格外加严,不得稍有骚扰生事。"据此,徐庆璋颁发告示,其中说:"照得现在和约已成,海城、安山站等处倭人,均已退出。虑有本地土匪乘隙劫掠,惊扰乡民,自应分派各营,按段驻扎弹压,以安闾阎……如有土匪游勇抢掠滋事,准即报明所在各营,立即拿获送案,定行从重究办。本统领为绥靖地方起见,言出法随,各宜凛遵毋违。特示"④。

六月初四日:据牛庄禀生张鹏飞禀称:该处自倭人退后,土匪啸聚,为害闾阎。得报后,徐庆璋当即"饬该绅商等迅办团练,以卫地方。应需枪械子药,

---

① 《近代史资料》,1962年第2期,第62页。

② 《近代史资料》,1962年第2期,第60页。

③ 《近代史资料》,1962年第2期,第54页。

④ 《近代史资料》,1962年第2期,第55页。

由璋筹济。该绅士等遵办去后，兹探闻该处土匪，渐聚千余人，声言欲夺官兵器械，希图起事。查该处虽在海城营口交界之区，若待倭人退尽，再行派队往拿，恐星星不灭，势将燎原。璋职任统领，不敢稍存畛域。一面照会海城倭官，告知我军系专办土匪，以免彼族疑惧。一面饬派卑部镇东后营何令厚吾督率镇东前营，前往牛庄、耿庄子驻扎，相机剿办。何令现驻西庄子一带，拟派谢永恩二营填扎，以免疏虞。是否有当？电各帅复示遵行"①。初五日，裕禄来电阻止，"如未办则暂停止"，担心惹事，但兵已派出，并未引起日军怀疑。由于徐庆璋多方筹措，派兵弹压，土匪有所收敛。

甲午战争结束后，徐庆璋因功升任甘肃庆阳知府，又迁甘凉道。他深知，日军之所以没有攻入辽阳，非自己之力，主要是团练的作用，功劳应该归于他们。他出于感激之情，在千山龙泉寺旁的巨石上挥笔题写了"屏藩独峙"四个苍劲雄浑的大字，下面还刻有小字说明，内容是："甲午冬，大军未集。予号召民勇，独扼凶锋。幸叨天子威灵，得保危城。今议和已成，江山如故。游览至此，见斯石挺然，特立障蔽千山，因题四字，以志感云"。时间是"光绪二十一年十月既望，古越徐庆璋题"。今日大字、小字犹存，也是极有意义的一景。是说"危城得保"是团练"独扼凶锋"，一次又一次地打退敌人的进攻，保卫了辽阳。

徐庆璋 千山题字

---

① 《近代史资料》，1962 年第 2 期，第 61 页。

在徐庆璋离开辽阳那天,商民感念其恩德,设立十里长亭相送,置酒席,献万民伞,鼓乐齐鸣,人山人海,热闹非常。徐庆璋在许多宴席前只是看了一看,表示谢意,唯独来到乞丐摆设的宴席前,喝了三盅酒,满怀深情地说:"我走后,不应再要饭了,可以做些小本经营去谋生!"①这些话使所有在场的人深为感动,有的落了泪,一时不忍离去。由于州事、战事的过度操劳,徐庆璋已是积劳成疾,再加上匆匆赴任,竟病逝于途中,可谓壮志未酬,惜哉、痛哉!徐庆璋著有《辽阳防守日记》存世,编者在按语中说:这份日记"以防守辽阳为主,兼及中日战争全局,具体反映出当时东北爱国人民和官吏保卫祖国、奋勇抵抗侵略者的实况,也反映出清朝当权者的昏聩、对敌妥协,以及爱国官民对于李鸿章等卖国行为的愤慨。过去出版的资料,记述如此详细者尚少,这份日记正可作为补充"。它对我们研究辽阳保卫战以及整个辽东战事,具有极为可贵的价值。

---

① 郑维良:《辽阳州官徐庆璋二三事》,载《辽阳文史资料》第13辑。

第八章 义和团运动与辽阳

甲午战争之后民族危机日趋严重,如何解决?有着两条不同的道路:以康有为、梁启超为代表的立宪派发起了戊戌变法,结果失败了。以农民为主体的广大劳动人民,则掀起了轰轰烈烈的反洋教斗争,虽然在清政府与帝国主义的镇压下失败了,但沉重打击了内外反动势力,经过义和团反帝爱国运动的洗礼,提高了民族觉悟与政治意识,推动了民主革命运动的兴起。

第一节 义和团运动的兴起与发展

戊戌变法失败后,以农民为主体的劳动人民掀起了反洋教斗争,逐渐演变成"扶清灭洋"的义和团运动,首先发起于山东,很快蔓延全国各地,势不可当,并先后进入京津地区。西太后玩弄两面手法,利用义和团,甚至向外国宣战,引起"八国联军战争"。义和团从营口进入辽南,与当地团民结合,斗争矛头直指俄国侵略者。

一、外国传教士的东来

帝国主义的掠夺和清政府的搜刮,已经造成民不聊生,但是中国人民,尤其是北方各省人民感到最直接的痛苦,却是来自一些传教士和教民的凶横压迫。

鸦片战争之后,各国的传教士纷纷来华,传播洋教。所谓洋教是指天主教、基督教、东正教等西方宗教。有些传教士是帝国主义侵略中国的先遣队。早在鸦片战争前,外国传教士就进入了中国,他们披着宗教的外衣,在中国从事文化侵略和间谍特务活动。鸦片战争后,这些传教士便以"中国通"的资格,为英国侵略者积极提供有关情报,甚至参加起草、签订不平等条约。清政府被迫取消了对天主教的禁令,允许外国传教士在五个通商口岸建立教堂。第二次鸦片战争后,根据天津条约和北京条约的规定,更允许外国传教士在中国内地自由传教,而且还取得了"在各省租买田地,建造自便"的侵略特权。从此,各国的殖民强盗披着所谓传教士的外衣,以条约为护符,以炮舰为后盾,深入内地,四处建立侵略据点——教堂。据统计,到十九世纪末年"外国各教派在中国建立了四十五个教区,六十多个教会,教士有三万三千多人,信徒有八十五万之多"①。从东北地区来看,"以天主教来说,一九〇〇年,在盛京省有大小教堂四十二处,外国传教士二十三人,教民一万七千多人。吉林、黑龙江省境内大小教堂二十七处,外国传教士十人,教民九千人。一八九六年,东北地区基督教徒五千七百余人,一八九八年达到一万九千六百多人。自一八九八年起,俄国东正教在哈尔滨、沈阳和旅顺、大连等地和中东路沿线先后修建一百三十多个教堂,仅哈尔滨一处就有教堂十九所"②。美国传教士裨治文就说:"我等在中国传教之人,与其说是由于宗教之原因,毋宁说是由于政治的原因。"一个英国传教士更露骨地说:"欧洲本国各会,尤须知资遣教士,实无异于发强军深入人地,徒从其后而遥制之,固不可不慎措注也。"③山东主教安治泰是德国人,他就是为德帝国主义服务的特务头子;德皇威廉二世曾说:"在华的天主教会,无时不受到我的支持。天主教士安治泰主教回到柏林,时常做我的宾客,他以各项重要的事情报告我。"④光绪二十三年(1897)十一月一日,山东巨野(也称曹州)有两名德国教士被杀。巨野教案发生后,安治泰亲自向威廉二世说:"如果德意志帝国真的想在东亚取得一个属地,并重新巩固我们几已扫地的威信,这将是最后一个机会。不管代价如何,我们不应放弃胶州——在经济与工业方面,胶州有一个比目前的上海更大的更重要的前途——胶州的占领,不会使东方任何人惊异,因为一切人士早已料到这件事。"⑤传教士除了充当间谍、特务为本国侵略政策服务外,他们还犯下了许多十恶不赦的罪行,如霸占田产、包揽词讼、逞凶杀人、乘机敲诈等等,可谓罄竹难书。后来的八国联军司令瓦德西在其《拳乱笔记》中写道:"关于英美教会事业,余实不能详细批评。但余却深信许多牧师,为人不知自爱,此固吾人不必加以否认疑惑者。……美国方面,常有一种巨大错误,即所委任之牧师,往往其人德性方面既不相称,职务方面亦未经训练。此辈常以服务教会为纯粹面包问题,凡认为可以赚钱之业务,无不兼营并进。……余更熟知许多牧师,兼作他项营业(如买卖土地、投机事业),实与所任职务全不相称。"⑥当然,传教士也不可一概而论,有的开医院、办学校,有的翻译西书等,促进了中西文化的交流,也产生了一定的积极意义。

有些教会还用金钱网罗了大量"素凶横,乡里不齿"⑦的土豪恶霸、地主乡

① 雷远高:《中国近代反侵略战争史》,解放军出版社1988年版,第319页。
② 王魁喜:《近代东北人民革命斗争史》,吉林人民出版社1984年版,第27—28页。
③ 金家瑞:《义和团运动》,上海人民出版社1957年版,第24页。
④ 金家瑞:《义和团运动》,上海人民出版社1957年版,第23页。
⑤ 刘培华:《近代中外关系史》(下册),北京大学出版社1986年版,第109页。
⑥ 中国史学会:《义和团》(第三册),上海人民出版社1957年版,第70—71页。
⑦ 中国史学会:《义和团》(第一册),上海人民出版社1957年版,第353页。

绅、地痞流氓之类入教。北京就曾流传一种童谣说:"我为什么要奉教,只为六块北洋造。"这些人平日为非作歹,"一旦入教,即可以无所不为耳。犯法者,入教可以逃刑。报怨者,入教者可以雪恨。入教以后,不但可以抗官府,免徭役;凡鱼肉乡里之事,可以恣其所为"①。尤其是这些"叛民"在传教士的羽翼下,更加胆大妄为,"作奸犯科,无所不至,或乡愚被其讹诈,或孤弱受其欺凌,或强占人妻,或横侵人产,或租项应交业主延不清偿,或钱粮应交公廷抗不完纳,或因公事而藉端推诿,或因小忿而殴毙平民,种种妄为,几难尽述"②。当然不是所有的教民都如此,善良者是多数。凡有"教民犯法,州县官不敢过问",即使诉诸官府"则平民跪而教民立,平民曲而教民直,甚至有平民到堂而教民不到堂者"③,使民冤得不到伸张。甚至连各省督抚都无可奈何,山东巡抚毓贤在给朝廷的奏报中就说:"迩来,彼教日见鸱张,一经投教,即倚为护符,横行乡里,鱼肉良民,甚至挟制官长,动则欺人,官民皆无可如何,断无虐待教民之事。每因教民肆虐太甚,乡民积怨不平,因而酿成巨案。该国主教只听教民一面之词,并不问开衅之由,小则勒索赔款,大则多端要挟,必使我委屈迁就而后已"④。费正清在《晚清史》中说:"引起民众不满的一个共同根源是1860年以后许多中国教徒所表现的傲慢的甚至是肆无忌惮的行为。据报道,有些中国教徒穿着西装,坐轿子招摇过市,因教堂事务而闯入衙门,或者利用他们和外国人的关系进行敲诈勒索和拒不纳税。特别令人愤愤的是,中国教徒普遍乐于依仗教会的支持和庇护,同非基督教徒的对手打官司。某些传教士(主要是天主教传教士)纵容,甚至鼓励这种行为。因为他们能够对衙门施加相当大的影响,使得有时作出偏袒基督徒而压制非基督徒的是非颠倒的裁决。事情一发不可收拾到这种地步,即莠民自然纷纷攀附教会,这便进一步加剧了中国教徒和普通中国人之间的摩擦。传教士有力地插手于中国教徒的诉讼案件,除助长社会的不和以外,也是造成败诉一方经济困难的直接原因。"⑤不难看出,教会、教士、教民三位一体的种种恶行,不能不引起中国人民的普遍不满。有人说:"百姓始而抱怨,继而成恨,终且为仇。"⑥

一个在北京的俄国幸存者回忆说:"我不止一次面临死亡,不止一次又活下来。我再三考虑在排外运动爆发以前所发生的种种事情的意义。我的结论一直是一样的:欧洲基督教文明带给中国的伪善和欺诈(中国人民是有自己

---

① 故宫博物院明清档案部:《义和团档案史料》(上册),中华书局1978年版,第48—49页。
② 李东沅:《传教论》。
③ 中国史学会:《义和团》(第四册),上海人民出版社1957年版,第358页。
④ 故宫博物院明清档案部:《义和团档案史料》(上册),第24页。
⑤ 费正清:《剑桥中国晚清史》(上册),中国社会科学出版社1985年版,第610页。
⑥ 金家瑞:《义和团运动》,上海人民出版社1957年版,第27页。

的文化的,虽则他们是异教徒),因此,欧洲人所能得到的结果,只能是一切热爱自己祖国的人们的仇恨和不信任。把这种普遍的仇恨表示出来,只是一个时间和形式问题。我在北京住过五年,凡是能看到的都看过了。我想指出一点:我有生以来从未遇到在北京遇到过的这样丧尽天良和麻木不仁的西方人。即使是最爱和平的人,如果他经常遭受压迫和备受虐待,他也会怒不可遏;一个民族,如果被逼到绝境,他们也将奋起反抗压迫,这种情况,难道能令人惊讶吗?"①

二、义和团运动在山东的兴起

义和团运动首先在山东兴起。中日甲午战争时期,山东人民遭到了空前的战火洗劫。战后,德国于光绪二十三年(1897)出兵强占了胶州湾,英国强占了威海卫,接着山东成为德国的势力范围。德国为了修筑胶济铁路,强占民田、掠夺矿产,甚至残杀当地居民。他们在高密、兰山、日照等地制造了许多命案,不能不引起山东人民的强烈反抗。在山东,有些教会的势力十分猖獗,据《山东巡抚衙门档案全宗》有关记载:"有各种教堂会所一千一百余处,遍及全省七十二个州县,有传教士三百多人。其中济南府属教堂有六十余所,禹城县境内仅美国耶稣教堂就有十七所,长清县境内也有美国教堂十七所。"当时,教堂和教士"圈占公私田亩,逼买民房田产等手段,霸占了大量土地和房产"②。他们甚至采取封建的剥削方式,"用苛刻的条件出租给附近农民,几乎和中国封建主一模一样"③。更有甚者,有的教堂还拥有武器或武装。根据山东武城县禀报:十二里庄教堂"置备枪炮,以备不虞。该教堂有十三响洋枪三十余杆,又单响洋枪九十余杆,有事则分与教民,无事则存教堂。又有架炮十余尊,支架在教堂屋顶上"④。山东全省有教徒八万多人,虽不无善良者,但有些是地痞流氓、土豪劣绅之辈。时任山东巡抚的李秉衡在奏折中说:"自西教传入中国,习其教者率皆无业莠民,借洋教为护符,包揽词讼,凌砾乡里,又或犯案惧罪,藉为逋逃之薮,而教士则倚为心腹,恃作爪牙。凡遇民教控案到官,教士必为间说,甚已多方恫吓;地方官恐以开衅取戾,每多迁就了结,曲直未能胥得其平,平民饮恨吞声,教民愈志得意满。久之,民气遏抑太甚,积不能忍,以官府不足恃,惟私斗尚可泄其忿。于是有聚众寻衅,焚拆教堂之事,虽至身罹法网,罪应骈诛,而不暇恤。是愚民敢于为乱,不啻教民有以驱之也。"⑤这些可谓淋漓尽致地揭露了教士、教民狼狈为奸的种种恶行,不能不激起广大

① [美]乔治·亚历山大·伦森:《俄中战争》,陈芳芝译,商务印书馆1982年版,第1、2页。
② 中国人民大学清史研究所:《清史研究集》第二辑,中国人民大学出版社1982年版,第318页。
③ 福森科:《瓜分中国的斗争与美国门户开放政策》,三联书店1958年版,第88页。
④ 近代史资料专刊:《筹笔偶存》卷三,中国社会科学出版社1983年版。
⑤ 故宫博物院明清档案部:《义和团档案史料》(上册),第6页。

人民群众的无比愤怒和仇恨。所以,中国人民反抗帝国主义的压迫,必然首先反抗这些披着宗教外衣的豺狼。

光绪二十四年(1898)十月,山东冠县(位于山东西北部临近河北大名)义和团首举义旗。早在光绪十二年(1886)有德国传教士来到冠县梨园屯传教,他们想拆毁村北玉皇庙"改建教堂,村人大哗,群起抗拒"。村民阎书勤、高元祥等挺身而出,率领群众"拟诉之武力,拆毁教堂"①,坚持斗争已逾九年。光绪二十一年(1895),他们遭到官府的弹压,群众义愤填膺,反抗的情绪更加高昂。阎书勤、高元祥等请求河北威县的梅花拳首领赵三多前来支援。第二年四月,赵三多来梨园屯练拳设厂,广招拳众,积蓄力量。光绪二十四年(1898)十月,率众起义,在直鲁交界一带开展反洋教斗争,改称"义民会"即义和团,揭开了义和团运动的序幕。他们的口号是"毁教灭夷",并"四出传单,于直、预、苏各省,欲与洋教为难"②。从此,起义军分成两部分:赵三多率领一支队伍活动在直隶中部和南部;阎书勤率领一支队伍继续在冠县一带打击教会势力。

义和团原名义和拳,是早已存在于山东、直隶一带的农民反清秘密组织。它带有浓厚的宗教色彩,参加者的主要活动是练习拳术,准备武装起义,故称义和拳。他们没有统一的信仰,只有"神灵附体""刀枪不入"的迷信思想是相同的。所谓"神灵附体"的神灵多是历史人物或小说中的人物,只要"神灵附体"就可以"刀枪不入"。义和拳的主要成员是农民、手工业工人、运输工人等劳动群众,早期的斗争口号是"反清复明"。义和拳的基层组织是"坛"(或厂),每二十五人以上可设立一坛,各坛自成一个独立单位,都有自己的首领,自立名号。多以八卦名目命名。如乾字团、坎字团、坤字团等,其中以乾字团、坎字团为多。义和拳成员一律平等,男子互称师兄,女子互称姊妹,如大师姐、二师姐之类。不论首领还是普通群众,都要严格遵守纪律,服从命令。义和拳虽然没有统一的领导机构,但他们在进行战斗时,"传单一出,千人立聚,兵刀森列,俨同敌国"③;"同会中如有期约,虽在数百里外,亦须征徒往应"④。各坛之间能够相互支援,共同对敌。

义和团运动的主要目标就是"灭洋",所谓"洋"是指洋教、洋(务)物(铁路、火车之类)和洋人。特别是洋人又分为三类,统称毛子。凡洋人都称大毛子;中国教徒都称二毛子;与洋人有直接或间接关系的华人都称三毛子。之所

① 《山东近代史资料选集》,第100页。
② 故宫博物院明清档案部:《义和团档案史料》(上册),第14页。
③ 中国史学会:《义和团》(第四册),第456页。
④ 故宫博物院明清档案部:《义和团档案史料》(上册),第94页。

以称毛子,有人解释说:"毛乃禽兽之毛,……故以毛子二字骂之"①,要尽灭洋人,共伸大义。义和团也痛恨那些"羽翼洋人,趋炎附势,肆虐同群"的清朝大小官员。义和团还声言要杀"一龙、二虎、三百羊"。一龙指光绪皇帝;二虎指庆亲王奕劻(时任总理衙门大臣)和李鸿章,认为他们都是媚外的大汉奸卖国贼;三百羊泛指各衙门的卖国官吏。随着形势的发展,义和团的口号改为"扶清灭洋"或"助清灭洋""保清灭洋"。义和团口号的改变,史学界有的强调其消极作用,认为:"这个口号反映了义和团既对清王朝的本质认识不清,又不加分析地笼统排外。因此,也起了一定的消极作用,它使义和团的一些组织在反对帝国主义的大搏斗中,放松了对清朝统治阶级的警觉,不能识破国内反动派的阴谋诡计,以致受骗上当。"②有的学者则认为"扶清灭洋"的口号既有消极的一面,也有积极的一面。他们说:"所谓'扶清''助清'之类的提法,其本身恰恰说明义和团与清政府是联盟的关系,不是主从关系或上下级关系,因为扶清的前提是'灭洋',有利于'灭洋'则扶,否则义和团就自行其是。……其'扶清'只是迫于斗争形势而采取的权宜之计。正如他们在揭帖中所说:'先拆电线杆,后拆火车道;杀尽外国人,再与大清闹'!明确地表示了灭了洋人再反大清,而'扶清'只是暂时的现象。"其积极意义主要表现在"广泛争取了清朝爱国官绅、士大夫和清军将士的同情和支持,从而扩大了义和团反帝爱国运动的群众基础,促进了这场运动的迅速高涨"③。笔者认为,后者的看法比较接近事实,义和团并非完全统一,口号也不完全一致,各地都有不同的口号,"灭洋"虽是一致的,但反封建各地有所不同,有人说义和团不反封建是错误的,后面还要说到。值得探讨的是与"灭洋"有关的其他口号,如前面提到的"先拆电线杆,后拆火车道""挑铁道,把线砍,旋再毁坏大轮船"等,甚至凡带有"洋"字的东西都要毁掉。对此,应该如何评价?一些近代史的著作,多采取回避的态度,实则是不必要的。在笔者看来,这是偏见,是农民阶级封闭性、落后性的表现,是千百年来小农意识的反映;是一种不加区分的笼统排外,不利于有更多的人参加到反帝爱国斗争中来。

在冠县起义的推动下,鲁西北的茌平、高唐、禹城、长清等州县的义和拳,也在冠县梨园屯起义,在朱红灯、本明和尚的领导下不断开展反洋教斗争。光绪二十五年(1899)十月,在平原县森罗殿大败山东巡抚毓贤派来镇压的清军,声势大震,甚至出现了"济南至德州三百余里皆其党羽"的局面。后来,毓贤诱杀了朱红灯与本明和尚,但义和拳有增无减,反而日益活跃。镇压不成,

---

① 中国史学会:《义和团》第二册,神州国光社 1951 年版,第 215 页。
② 李侃:《中国近代史》,中华书局 1979 年版,第 311 页。
③ 陈振江:《简明中国近代史》,天津人民出版社 1983 年版,第 274 页。

毓贤又想利用义和拳,"将拳民列诸乡团之内,……不准怀挟私忿稍滋事端",加以控制,"以杜流弊而消乱萌",似可"收为干城之用"①。于是,他改义和拳为义和团,以争取民心。从此,山东义和团有了"合法"地位,更加迅速地发展起来。这引起帝国主义的不满,要求撤换毓贤,并讽示(暗示)让袁世凯继任。在压力之下,清政府不得不于12月6日起用在天津小站练兵的袁世凯接替毓贤,出任山东巡抚。袁世凯为了取悦帝国主义,到任后便与德国侵略军及教堂武装勾结起来,联合镇压义和团。几个月的时间,义和团许多首领被捕杀,大刀长矛自然抵不过新建陆军的新式枪炮,死者无算。"以东光县为例,方圆十里地面,没有一株树上不挂人头,没有一个人头上不包红布",山东陷入一片血海之中。袁世凯的野蛮屠杀,激起了山东人民的无比愤怒,他们喊出了"杀了袁鼋蛋,我们好吃饭"。义和团民还在巡抚衙门的壁墙上画了一个头戴红顶花翎的大乌龟,奴气十足地趴在洋人屁股后面,形象地揭露了袁世凯的卖国嘴脸,表达了广大人民的切骨之恨。

光绪二十六年(1900)春,义和团冲破了袁世凯的高压和屠杀政策,除留一部分人在山东坚持斗争外,主要力量由山东向直隶进军,直指帝国主义和清政府的统治中心北京和天津。山东义和团进入直隶后,就与当地义和团会合起来,形成一股巨大的革命洪流。他们分成两路进军:一路沿着运河北上,直指天津;一路顺着芦保铁路奔向北京。义和团所过之处,遍贴告示,宣传革命道理,提出"保护中原,驱逐洋寇"的口号,号召"男练义和团,女练红灯照。砍倒电线杆,扒了火车道。烧了毛子楼,灭了耶稣教"。人民群众纷纷参加义和团,革命队伍迅速壮大。5月,直隶总督裕禄派副将杨福同前往涞水镇压。义和团在中途截击,杀得清军人仰马翻,杨福同突围未成,也被当场击毙。涞水大捷之后,义和团为了切断清军南北增援部队,在当地群众协助之下,一夜之间扒了高碑店(今新城)至琉璃河的全部铁路,并把高碑店、涿州、琉璃河、长辛店、卢沟桥和丰台的车站烧毁,西太后的"龙车"也被付之一炬,义和团已经兵临北京、天津城下了。

义和团在打败裕禄的堵截、围攻之后,就以排山倒海之势向北京、天津挺进。6月上旬,义和团三五十人一队,每日数十起从京郊各县进入北京城内,清军不敢拦阻,几天之间就发展到十多万人。当时,北京城内设坛八百余所,到处炉火熊熊,为义和团赶制武器。义和团进城后,纪律严明,生活俭朴,"每日三餐,老米咸菜饭",他们"夜间席地而卧","途中相遇,秋毫无犯",得到广大人民的拥护。在义和团进入北京不久,另一路义和团也于6月中旬进入天津。义和团在京津地区的胜利,极大地鼓舞了全国人民。在短短的几个月内,

① 故宫博物院明清档案部:《义和团档案史料》上册,中华书局1959年版,第15、45页。

北起黑龙江,南到珠江平原,东至江浙沿海,西至陕甘高原,凡是帝国主义势力所到之处,都燃起了反帝斗争的怒火。

三、义和团传入辽南

义和团从山东发展到直隶,特别是进入天津、北京之后,在全国范围内引起强烈的反响,东北人民的反帝怒涛,也沸腾在白山黑水之间。辽宁的义和团首先在接近山东、直隶的营口、锦州、朝阳等地兴起。早在光绪二十六年(1900)春季,义和团的揭帖就自营口、山海关水陆两路传入辽南。营口全城贴满了揭帖,主要内容有:"下降百万神兵,扫除外国洋人。佛门弟子义和团,上能保国,下能安民。"[①]不仅如此,一个俄国外交官当时在辽宁各地看到所有"寺观和旅店周围出现了煽动群众起来驱逐洋人的揭帖"[②]。不久,营口附近居民群起练拳,青少年占多数。"询以练此何意,则众口一词,皆以预备杀逐洋人为言"。接着,锦州一带由儿童"练拳练刀",发展到"强年壮丁,亦相率从之",既而到处都出现了"神坛"。4 月,朝阳民众"均学习义和团法"。这时,有个张老道在辽东各地教人练拳,把男女老少组织起来,男称"义和拳";未婚女子称"红灯照",中老年妇女称"青灯照",寡妇称"沙灯照"。很快,盛京也兴起了义和团,省城的大街小巷,广设拳厂和神坛,都有义和团烧香练拳,"其中十五六岁童子居多","时聚时散,神出鬼没"。柴萼在《庚辛纪事》中说:"庚子春间,北直保定、遵化州、锦州一带,……强年壮丁,举信从之,乡野村庄,无不有坛,始大张义和团旗号。嗣后从者益众,北三省几于遍地皆是。"[③]

盛京户部侍郎清锐在密折中说:"自五月间,省城内外居民,有演习义和拳者,不知传自何人,三五成群,聚散无定,人习见之。"增祺也说:"义和团自五月二十日以后奉天方有练习之人,然传练甚速。"[④]从此"义和团蔓延至奉天全省",出现了"乡野村庄,十有九信","一唱百合,妇孺皆起"的局面。《俄国在远东》一书的作者写道:"我们在营口时,还听到了中国人袭击俄国职员的事情";在熊岳城,中国"铁路工人中也出现风潮"[⑤]。辽河两岸的破产农民、手工业工人、船夫、车夫、脚夫等,特别是其中的青壮年,都踊跃地投入了反帝爱国运动,同帝国主义侵略者展开了生死的大搏斗。义和团运动在东北有一个显著的特点,就是斗争的矛头直指沙俄帝国主义。

甲午战争以后,沙俄以"三国干涉还辽"有功,于光绪二十二年(1896)四

① 《帝国主义与中国海关》,第九编,第 104 页。

② 佟冬:《沙俄与东北》,吉林文史出版社 1985 年版,第 381 页。

③ 中国史学会:《义和团》第一册,第 305 页。

④ 故宫博物院明清档案部:《义和团档案史料》(上册),第 220、201 页。

⑤ 佟冬:《沙俄与东北》,吉林文史出版社 1985 年版,第 381 页。

月二十二日强迫清政府签订了《中俄密约》(又称《中俄御敌互相援助条约》)。这个条约共有六条,所谓"两国协力防御日本",只是一句空话,核心是第四条,其他都是陪衬。实质就是"借地筑路",以便把它的侵略触角延伸到整个东北。其中规定:为便于俄国将来转运军队并接济军火、粮食起见,中国应允于黑龙江、吉林两省地方修造铁路以达海参崴。该路之修筑与经营,由中国交与华俄道胜银行承办。这就是所谓"中东路",也称"东清路",其间要经过满洲里、海拉尔、哈尔滨、阿城、牡丹江、绥芬河等地,成为俄国西伯利亚大铁路的组成部分,使俄国的势力深入到东三省的北部。接着,于光绪二十四年(1898)三月初六,又签订了《旅大租地条约》,也就是"租借"旅顺和大连湾及其附近的岛屿和海面,"租期"暂定为二十五年;同时,又取得了从哈尔滨到旅大长达一千一百多公里的铁路修筑权,即中东路南部支线。这样,俄国的势力又深入到东三省的南部,也就是说整个东北已经成为沙皇俄国的势力范围了。英国《泰晤士报》曾在社论中指出:由于修筑中东路,"满洲将实际上成为俄国的一个省,中国的首都将受俄国的控制"①。不难看出,中东路是沙俄强占中国领土和掠夺中国经济资源的侵略工具。

光绪二十三年(1897)8月16日,俄国开始修筑"纵横东北三省的'丁'字形中东铁路"。无论是东西,还是南北,都采取相向施工的快速方法。他们在修路过程中,凡是铁路经过之地,广大农民就失去了土地,背井离乡,成为无业游民。他们还招募二十万中国工人为其修路,在俄军刺刀监视下从事奴隶式的劳动,工资低微,每天每人只能得到十个戈比(即一角钱,一百戈比为一卢布),还要受工头的克扣。他们不避酷暑严寒,虽终日"劳瘁",却不得温饱。再加上疫病流行,成千上万的中国工人被夺去了生命。这就不能不激起东北人民的强烈反抗,首先是中东路的铁路工人不断采取怠工和罢工的形势反抗沙俄的剥削和压迫。但更多的是铁路沿线的农民,他们遭到的损害最重,不能不起来反抗。恩格斯曾经指出:"在中国的铁路意味着中国小农业和家庭工业的整个基础的破坏,由于那里甚至没有中国大工业来予以平衡,亿万居民将陷于无法生存的境地。"②所以帝国主义在中国修筑铁路并非为中国发展经济,也不是传播文明,只能是一种"压迫的工具"③,因此,引起反抗是必然的。这种反抗可以说与整个中东路修筑过程相始终,从北到南,从南到北,此起彼伏,使其经常处于停工状态。中东路开工不久,哈尔滨东面乌吉密一带的人民群众,将筑路队埋设的界标全部拔掉,将其砍伐的木材全部烧掉,还袭击了筑

---

① 东北师大历史系:《沙俄侵华史简编》,吉林人民出版社1976年版,第236页。
② 《马克思恩格斯全集》第三十八卷,人民出版社1972年版,第467页。
③ 《列宁选集》第二卷,人民出版社1949年版,第733页。

路队,其头目齐文斯基伤重坠马,险些丧命。当时奉化县(今吉林梨树)的人民群众,不顾俄军的枪弹英勇斗争,坚决反对他们强买土地筑路。光绪二十四年(1898)末,昌图附近居民二百多人,攻击测量地形的俄国人,还不时袭击筑路人员,迫使其多次停工。在辽阳,西、北两关的人民群众在李成等人的发起下,五百余人联名要求取消中东路的占地,他们在呈文中说:"西北关共计千余百家,所持以生活者惟此茅屋数间,田地数亩,另外别无生产。不意上月已被铁路占据十分之一,挖壕为限。迄今地银未给分文,乃于十七日忽又将身等屯房、园田、坟墓展占无遗,并令于八、九月间一律迁移",群众无奈,"哭不成声,甚有因忧成疾,恶生欲死者"。在群众的强大压力下,辽阳州也不得不向省方反映要求照会沙俄改线,将铁路"转移道西"①并绘有示意图请求核准。几经交涉,沙俄不得不将铁路移往"道西"。民间还有许多传说,如沙俄强行侵占了首山李丫旦家的田地,李家不允,李丫旦父母竟被洋鬼子活活打死。还有沙俄首山站站长塔白拉夫斯基强奸了少女王小珍,引起当地群众的强烈反抗。所以,义和团运动兴起后帮助他们报了仇,尤其是韩乐山(辽阳义和团首领,据说与沈阳义和团首领刘喜禄关系密切)刀劈了塔白拉夫斯基,大快人心,至今广为流传②。同年,盖州南乡人民因沙俄"强占田地,发价太少",起而反抗,他们不怕俄国官员的威胁和恫吓,顽强斗争,终于迫使俄国答应"按公估价"及"遇有庐墓绕道改划轨线"③等条件。光绪二十五年(1899)2月4日,驻扎在貔子窝的沙俄军队,到附近的刘家店征粮,遭到拒绝,他们凭借武力抓走村民二十多人。第二天,沙俄派骑兵二百多人再次开到刘家店,绑去绅士王天阶,限七日完粮。这时,愤怒的群众在马成魁的领导下,迅速组织起来,数百名农民手持大刀、长矛、土枪等武器,准备与俄军搏斗。俄军"见人众,即开枪两排,击毙三十余人"。马成魁一马当先冲向俄军,展开激战。马成魁虽身负重伤,仍坚持战斗。其子马文升与农民周云祥等奋不顾身,英勇杀敌,壮烈牺牲。在这次事件中,根据盛京将军依克唐阿给总署的电报中知道,共有一百多人惨遭杀害,伤者无算④。但是,刘家店的人民群众并没有屈服,酝酿着更大的反抗,使侵略者付出更大的代价。盛京将军增祺在奏折中也不得不说:"惟自兴工以来,强占民地,虐待土工,无不疾首痛心。此次拳勇出于义举,该俄尚不知早自趋避,竟敢迁怒烧杀乡民,击毙官兵,致激公愤,亦其自取。"⑤除此之外,貔子窝、烟台煤矿、卜三家子、白龙驹、绥屯站、铁岭和辽阳等地,都先后发

① 参见文件《辽阳州详为西北两关民房地亩现被铁路划占,可否照会转移道西绘图请核由》。
② 辽阳乡土研究会:《乡土》,2004年第3期。
③ 《盖平县志》,卷三。
④ 《清季外交史料》,卷一二九。
⑤ 故宫博物院明清档案部:《义和团档案史料》上册,中华书局1959年版,第307页。

生了反抗俄国人筑路的斗争①。总之,整个东北地区,南起辽东半岛,北至吉林、黑龙江,都燃起了反抗沙俄侵略者的怒火。正如当时一个帝国主义分子所惊呼的那样:"整个满洲,都在火焰之中。"②

实际上,俄国侵略者对中国人民所以反抗他们,完全是心知肚明的。陆军大臣库鲁巴特金说:"被逐块瓜分的四亿中国人显然是要咬人的,而我们将首先被狠狠咬住。"③这就是他们推行所谓"远东政策"的结果,即把东北变为他们的"黄色俄罗斯"。

第二节　辽阳人民的抗俄怒潮

辽阳人民的抗俄斗争,早于奉天各地,在义和团运动爆发之前就有收复茨儿山煤矿的斗争;义和团运动爆发之后,同样有反教会与传教士的斗争,十分活跃。但驱逐护路队的斗争是其特点,以米先科为首的俄国护路队东奔西突,狼狈不堪,有的逃往朝鲜,大部逃往大石桥,驱逐护路队的斗争取得了重大胜利。

一、收复茨儿山煤矿的斗争

在营口、锦州等地刚刚兴起义和拳尚未形成高潮的时候,辽阳人民反抗沙俄侵略的斗争就已经开始了。沙俄在修筑中东路的同时,就强占了抚顺、烟台、瓦房店、复州湾、铁岭、昌图等地的煤矿,疯狂掠夺东北的矿产资源。在辽阳他们先后强占了磨脐山、花家洼、矾盛堡、茨儿山、大窑堡的五处煤矿,开凿了两个斜井、两个竖井,有矿工数百人,每日生产煤炭大约五十吨④,此后产量逐步提高。这些生产出来的煤炭除供铁路使用之外,还大量运回本国或由大连港转口外销。为了运煤方便,他们还修建了从烟台(灯塔)到炭坑(铧子)的铁路,全长15.5公里(俄里为16里,公里与俄里相差无几)。正在他们积极筹划准备扩大开采的时候,却遭到了辽阳当地群众的强烈反抗。"俄国军官、工程师和工人,以及中国工人不断受到袭击……人们坚决反对俄国购买筑路权和为了安装设备和修建车站而购买土地的权利"。这其中就包括"沈阳以北(应为南字之误)的烟台煤矿租借权"。在这种情况下,他们的侵略行动毫无收敛,反而变本加厉,"中东铁路公司用它权力所及的一切手段抗击这种敌对行动"。他们为了加快满洲铁路南部支线的修建,"增援的警卫队、金钱、工

---

① 佟冬:《沙俄与东北》,吉林文史出版社1985年版,第370页。
② 中国史学会:《义和团》第二册,神州国光社1951年版,第309页。
③ 苏俄国家中央档案馆:《日俄战争》,商务印书馆1976年版,第29页。
④ 新《辽阳市志》(第三卷),中国社会科学出版社2002年版,第166页。

人和设备,源源不断地调往满洲"①。这种漠视群众要求的傲慢态度,不能不引起辽阳人民的更大反抗。

光绪二十六年(1900)4月,烟台煤矿附近的村民掀起了声势浩大的收回煤矿的武装斗争。上海《中外日报》有连续报道。事情的起因在于该矿沙俄总办欲在烟台东二三十里的茨儿山村设立机修厂和医院。他们采取强硬的手段,不通过当地村民同意,非法"插标占用,计有四百余亩之多"。村民要求"公平发价",不能无偿占有,俄官支吾推脱,"久之无耗"。村民们遂推举代表与其理论,沙俄总办竟令"仆人鞭逐之"。村民大怒,群起阻挠沙俄施工。4月3日,沙俄总办派步兵和骑兵五十名,携带枪炮前往茨儿山村进行镇压。村民们见"俄人凶焰已极,而华官复置不问",在这种情况下,村民们决计奋起自卫。夜间"鸣钟集众,各备刀械",一百余人在村庙中歃血为盟,推举一位塾师为首领,率众与俄军展开斗争。当俄军进至该庙不远时,在首领的指挥下,村民们一半埋伏于庙旁的土堤下,一半埋伏于庙中墙下为策应。待俄军进至距庙不足一里时,村民们突然举枪射击,俄军不防,许多人应声倒下,接着互相对射,激战三四小时,"乡人颇有死伤,俄人尤甚,乃奔北而溃",村民们取得初步的胜利。经此一战,俄人胆战心惊,"时恐乡人夜袭"。村民们表示"必尽戮俄人而后快"②。因此,村民们也"防范益力,不敢稍形疏忽",随时准备迎击来犯的俄军。沙俄总办十分无奈,只好请求盛京将军增祺从中调解,俄方慑于村民的武力威胁,"情愿照(村民)所死人数,每人给抚恤银五百元,受伤者百元,所占之地公平给价",以此换取强占的土地。"然村人忿气未平,坚称不欲赔款,惟欲将俄人逐出而后已。不惟地方不卖于伊,即煤矿亦不令开采"③。沙俄总办软硬两手都已用尽,实在无计可施,最后请求俄国旅顺口支线护路队司令米先科上校派兵前来,以便向村民反扑。他们在焦急地等待着,岂不知等来的却是灭顶之灾。

对茨儿山煤矿的斗争,俄国方面也有具体的记载,当然是为自己辩护。他们说:"同中国方面订立的条约规定,路方有权在该地开采煤矿,但无权在这里设防。就这一点而言,奉派此地采煤的英国人员得不到任何保护。"4月3日,第二步兵连连长马莫诺夫哥萨克中尉收到分段长萨夫克维奇工程师一份电报,说烟台煤矿的鼠疫隔离病房(此前曾发生鼠疫,俄居民点、煤矿、护路队站点都设有鼠疫隔离病房)被烧毁,英国人员被武装的当地居民所包围,万分

---

① [美]安德鲁·马洛泽莫夫:《俄国的远东政策1881—1904年》,本馆翻译组译,商务印书馆1977年版,第130—131页。

② 上海《中外日报》,1900年4月18日。

③ 上海《中外日报》,1900年4月23日。

危急,请求救援。

马莫诺夫闻讯后,"将本连十五名士兵和第三骑兵连十五名哥萨克从附近几个哨所集中于烟台车站,随后与本段段长希德洛夫斯基工程师、分段长萨夫克维奇工程师以及防鼠疫小组医生赫马拉·鲍尔谢夫斯基乘专用列车从辽阳车站赶到烟台车站",并立即带领上述士兵奔往矿区。"马莫诺夫来到蚂蚱山主矿后,查明矿区附近各村的居民一般均无故仇视欧洲人,他们强迫主矿东南两俄里处茨儿山矿的中国人停止矿上的工作,强迫茨儿山矿的英国人员转移到了蚂蚱山矿。马莫诺夫后来还查明,中国人不许继续修建鼠疫隔离病房,此外,他们还赶走了在房身堡村茨儿山煤矿场为员工们修建住房的工人。"为什么会这样呢?"通过中国工人才了解到,这几次误会的肇事者是三个有钱的中国人,其中一个姓白的是房身村人,另两个,一个姓张,一个姓李,是房身堡村人。他们仇视欧洲人,并利用自己在居民中的威望唆使居民对矿山搞武装袭击,以达到其赶走欧洲人的目的。……所有这一切似乎都是因为俄国人没付给鼠疫隔离病房及房身堡村建筑房屋所征用的土地钱"。这里虽然把村民的反抗说成是"三个有钱"人的"唆使",但也道出了反抗的真实原因,是"俄国人没付给"被"征用的土地钱"的结果。当马莫诺夫准备返回房身堡村的时候,有一个哥萨克纵马跑来报告说,村头的大庙院内聚集了一百五十余武装的中国人。马莫诺夫估计中国人可能在庙里设有埋伏,便率几名哥萨克奔向大庙。一到庙前,通过译员质问庙里的中国人,他们为什么荷枪聚众在此?"庙门紧闭,而且加了闩,墙上掏了枪眼,一些中国人持枪守在那里。他们没有回答,而是从庙墙上放了几枪,这枪声好似用枪口顶着打来一样"。马莫诺夫立即命令向大庙射击,双方对射许久,互有伤亡。这时,天色已晚,马莫诺夫恐离开了无人保卫的蚂蚱山矿很易遭到袭击,便命令全部撤退。在"这次对射中,马莫诺夫小队的一个列兵头部受伤;此外,还有许多士兵的衣服被打穿,如军士切列边尼科夫的短大衣肩部、列兵日乌里尼科夫的毛皮高帽被打穿、列兵托卡列夫的军服被烧坏、列兵马凯耶夫的军大衣有几处被打穿。中国人方面伤亡情况其说不一。中国当局说,打死三人,打伤二人;而有一个村子的居民却说,打死五人和打伤多人"。

不久,"盛京省划归铁路用地有关事务的中国官方代表秋铭统领也被派到这里,来调查4月3日烟台矿居民聚众闹事的原因"。经过调查,秋铭对希德洛夫斯基工程师说,俄军来到这里无故向"当地居民射击",造成伤亡,"并对俄国人在那里设守备队的权力提出异议,要求立即将其撤走"。后来,增祺打电报给中东铁路总工程师尤戈维奇也说:"煤矿工程师未经矿主允许便擅自开工,后经中国官员劝阻,方暂停开采。继之,由于俄国人房屋发生火警,五十余名哥萨克包围了村庄,并开枪击毙居民三人,其中有妇女一人"。因此,

"坚决要求护矿人员撤离矿区"。在这种情况下,他们所谓得到了地方官的"担保说烟台矿闹事事件不会重演"之后,不得不于 4 月 19 日撤走了"守备队"①。但是,事情并没有完结,更大的斗争还在后头。

二、反教会与传教士的斗争

辽阳义和团运动的高潮应该出现于 1900 年 6 月下旬到 7 月初,在东北是较早的,给俄国侵略者的打击也最为惨重。据载:"六月间,辽境一般下流人亦群起效尤,其始术亦颇验,故附和者日多,衣红黄色衣,持刀大呼,自称某神某佛,……男曰义和拳,女曰红灯照,有八九岁孩童亦如狂如痴而随之,由城墙跳下仍能直立而不仆。烧毁教民房间,用尘尾一挥,火焰随之,东西即不延烧邻舍。靳翼长昌(即晋昌)复从而纵之,由是妖焰益炽。"②又载:"在同光之间,教士祖庇教徒,遇教徒讼事,往往代为请托,致教外人间有不得直者,遂引起人民仇教之思想,义和拳匪之祸亦半由此种因。"当时尚属辽阳的辽中界内也于"光绪二十六年庚子夏六月,忽有无赖之徒倡言'扶清灭洋',自谓神拳,掐诀念咒,意谓如此可邀神护,借神力能趋洋人,其说不可究诘。而人皆红巾蒙面,手持短刀,跳踯若狂,不畏枪炮。初则三五结伙,继而千百成群,焚教堂、杀教民,蜂拥蚁聚,蔓延遍地"③。7 月初,由于沈阳义和团的进入,辽阳义和团运动更加高涨起来。特别是清政府对外"宣战"以后,尽管是一种阴谋,然而却给东北部分爱国官兵联合义和团共同反抗外国侵略者提供了有利条件。盛京副都统晋昌,就是联合义和团坚决反抗外国侵略者的突出代表。

晋昌,满洲镶黄旗人,光绪二十五年(1899)始任盛京副都统兼育字军总统。八国联军攻陷大沽口后,清廷下令对外宣战,并通令全国各地联络义和团,组织抵抗。在《军机处寄各省将军督抚上谕》中说:"现在中外开衅,业经谕令各省督抚招集义和民团,藉御外侮。各省现有快枪快炮,仅能供防营之用。著各督抚将军分饬各营旗,将旧存枪炮刀矛各种军械赶紧修理,并添造子药配带等件,以备民团领用,毋稍迟误。"④晋昌与"洋鬼子的朋友"盛京将军增祺不同,认真按照"上谕"去办,积极武装义和团,公开表示支持义和团的反帝斗争,于是"晋昌的衙门不久就成了对将军(指增祺)政策不满的人和所有义和团信徒的聚会中心。在晋昌的支持下,拳民公开鼓吹要杀洋人,在广场和城墙边招募信徒,巡捕在场他们也毫无顾忌"⑤。晋昌认为,"俄欲得志于东三

① 参见[俄]B.B.·戈利岑:《中东铁路护路队参加一九〇〇年满洲事件纪略》(以下简称《护路队》),商务印书馆 1984 年版,第 76—81 页。
② 《辽阳县志》,卷四十。
③ 《辽中县志》,卷十九。
④ 故宫博物院明清档案部:《义和团档案史料》上册,中华书局 1959 年版,第 176 页。
⑤ 佟冬:《沙俄与东北》,吉林文史出版社 1985 年版,第 387 页。

省,已非一日。此来创修铁路,是入据我之心腹,而制其手足,一旦修通,不伤一卒,不损一矢,而三省一时为敌国矣。"①为此,他力主"联合拳会,并会商吉林、黑龙江将军长顺、寿山等,勠力同心,互为援应,联三省为一气,置利害于不知,以期力保根本,仰赞宸谟于万一"②。6月30日,沈阳义和团首领山东拳师刘喜禄、张海等率众发动了大规模的反帝爱国斗争。他们在当天下午连续烧毁了东门外的英国教堂、小河沿的施医院及洋房二百余间、大南门外的外国讲书堂,同时还将"新民厅教堂一律焚毁"③。7月1日中午,义和团又将俄国铁路公司等"拆毁殆尽",沙俄筑路监工维尔霍夫斯基,率领公司职员急如丧家之犬逃奔辽阳。这时,只剩下德胜门外的法国天主教堂(即天主教盛京总堂)还没有拿下。该教堂内有传教士和教徒上百人,拥有武装,他们在法国主教纪隆的指挥下,"排列枪炮,拒杀拳民",持械顽抗。7月2日,义和团继续发动进攻,得到了晋昌育字军的支援。他们用大炮进行轰击,十分激烈,经过一个昼夜的猛攻,终于将纪隆等大部击毙,取得了胜利。7月3日,沈阳义和团为了防止俄军北上,断绝火车燃料供应,在部分育字军的参与下,向辽阳车站及烟台煤矿发起了猛烈进攻。烟台煤矿附近的村民已经坚持斗争两个多月,看见沈阳义和团的到来,斗志更加旺盛,踊跃参战,放火烧毁了煤矿,黑烟滚滚,烈焰腾空,"矿工全行潜逃,俄人惊惧",沙俄总办和驻矿俄军狼奔豕突,有的被打死,余者逃往辽阳。同日,辽阳义和团与育字军进攻辽阳车站,并烧毁了辽阳、鞍山之间的两座桥梁。《辽阳乡土志·兵事录》有简要的记载:"光绪庚子六月拳匪滋事,焚教堂及白塔寺南之俄桥,俄人获我平民四十余名以为拳匪。知州陈衍庶单车诣俄官,以性命保之,乃获释归。顷拳匪势炽,杂以官兵,知州力不能禁,遂致攻车站、毁洋房,蔓延不已。靳(晋)翼长昌驻扎城南,犹收用拳勇,冀获一效。"另有记载说:"庚子夏六月拳匪起,下等社会幼壮男女,讬鬼神名,自称扶清灭洋。红黄巾衣遍地若狂,持刀跳掷不畏枪炮。久之,焚教堂、杀教民、毁铁路之桥,燎原之势不可扑灭……靳(晋)翼长昌且宠用之。"④事实上,在这些活动中,都得到了晋昌育字军的支持。吉林将军长顺在密奏中说:"查奉天烧毁辽阳铁路,据坐探委员密电,谓系副都统晋昌密派育字军假充义和拳匪前往行事。"⑤

辽阳义和团"攻车站""毁铁路"的斗争,俄方也有详细记载:"7月3日,辽阳以南六俄里处一座大桥以及鞍山站以北一座五沙绳(一沙绳即一俄丈,

---

① 故宫博物院明清档案部:《义和团档案史料》上册,中华书局1959年版,第640页。
② 故宫博物院明清档案部:《义和团档案史料》上册,中华书局1959年版,第359页。
③ 故宫博物院明清档案部:《义和团档案史料》上册,中华书局1959年版,第306页。
④ 《辽阳县志》,卷二十一。
⑤ 故宫博物院明清档案部:《义和团档案史料》上册,中华书局1959年版,第580页。

合 2.134 米)的大桥被烧毁。同一天,烟台矿场被中国人捣毁,房屋被烧,机器尽被破坏,矿场职员逃到了烟台车站……武装的中国人群起进犯沙河大桥(辽阳南十四俄里),中国当局完全漠不关心"。又说:"7 月 4 日,辽阳北十俄里处一座大桥被焚。护路队第八骑兵连连长捷尼索夫哥萨克上尉奉米先科上校派遣,率领五十名哥萨克去剿灭暴徒并扑灭桥上的大火,却遭到了土坎屯中国士兵枪炮火力的袭击。中国士兵约三百人,有山炮两门……同一天,辽阳以南的一座大桥也被烧毁。"①还说:"在这同一时期,中国士兵和城镇居民还开始迫害那些为俄国人效力的中国人,抢走他们的钱财,殴打他们,逼他们离开俄国人,放弃铁路的工作,甚至还有人被打伤。中国士兵往往穿着普通中国人的服装,很难将他们与居民分开。据受害者控诉,发现有中国士兵参与上述事件……不久,中国士兵所施的压制愈益加强,他们逼迫为俄国工作的所有中国人立即离职,违者以处死威吓。结果许多中国工人、包工、仆役和厨师纷纷弃职逃走,致使铁路南部支线的工程大大缩减,而辽阳以北已完全停工。"②从此,"辽阳以南和以北的铁路交通被切断,辽阳与盛京站间电报联系也遭破坏"③。他们惊呼"辽阳城南、北很不安宁",各站护路队伍纷纷狼狈逃离,"此时,暴乱已席卷铁路沿线。"④增祺在奏报中说得更明白:"现在由省北至开原,南至海城,计五百里,所有俄铁路、桥房均经百姓拆毁,仅辽南安(鞍)山站尚有洋兵数十名,忽往忽来,已经拳勇同官军前往驱逐,尚未据报。"⑤实际上,鞍山站也于 7 月 12 日被攻占,护路队逃往海城、大石桥。

由于"攻车站""毁铁路"的事件层出不穷,使俄国统治者十分不安,俄国财政大臣维特给中东铁路总工程师尤戈维奇发来电报,指示他们:"在规划铁路用的地带内,中国人若有唆使他人暴乱或不服从法律者,应将其拘押,并立即移交中国地方当局,以便依中国之法律处理。"又假惺惺地说:"不得擅自处置被拘押者,并命令只能在自卫反击武装者时方可使用武器;如遇有中国官吏对肇事者惩处有弊,则命令立即将有关事宜,电告他以及上一级中国当局。"⑥因此,中东路南部支线护路队司令米先科上校将辽阳义和团烧毁辽阳、鞍山之间的两座桥梁一事,电告给盛京将军。增祺接到电报后,十分慌恐,立即复电,表示要严惩肇事者。米先科在辽阳先后收到了三封增祺的电报。全文抄录如下:

---

① 《护路队》,第 329—331 页。
② 《护路队》,第 105—106 页。
③ 《护路队》,第 331 页。
④ 《护路队》,第 331 页。
⑤ 故宫博物院明清档案部:《义和团档案史料》(上册),第 307 页。
⑥ 《护路队》,第 321 页。

之一：

辽阳附近两座铁路大桥被焚；为防范类似事件的发生并保护铁路，已派出中国军队；肇事者将依法制裁。

传闻，有许多俄军派赴辽阳。百姓不解其故，而深感不安。请电告，为何派兵。

敬请钧安。　　　将军增（签字）

之二：

阁下公正之电文已收悉。问候尊贵的俄皇陛下圣安。敝国与所有国家敦睦交谊，从未拒绝贵国之要求。请勿听信传闻。辽阳大桥昨日被焚事，余知悉后，已分路派兵前去护卫，并已令各地方官追缉逃犯。愿此类事件不再发生。

此致。　　　将军增（签字）

之三：

电告阁下，余派赴辽阳调查事态之军官保申刚到彼处，如前电告，突为俄哥萨克所阻，不准其去辽阳以南。对此，余深感遗憾，并请贵长官撤去俄军。余已委派军官与地方官护路。彼等将追缉逃犯，

依法予以严惩。

盼复。　　　将军增（签字）

我们之所以抄录这些电报的原文，想说明几个问题：第一，辽阳义和团焚毁辽阳以南两座铁路大桥，引起俄国统治者的震惊，致使维特不得不发出指令，电授机宜。上述电报说明米先科遵循维特的指令，就焚桥事件"电告"了"上一级中国当局"。第二，增祺给米先科的电报，充分暴露了他卑躬屈膝的丑态，他一再地表示派兵保护铁路，严惩肇事者，"愿此类事件不再发生"，说明增祺是彻头彻尾的投降派。第三，增祺哀求米先科从辽阳"撤去俄军"，遭到拒绝，米先科谎称："俄军无一兵一卒去辽阳。只因中国士兵制造了连辽阳地方官都承认的暴行，我方才在受到骚乱威胁的地方增派了护路队。如果那些只是扩大骚乱的中国士兵撤离铁路线后，我方也将欣然调离护路队，令其各回原地"，说明对侵略者摇尾乞怜只能反受其辱，只有坚决反抗才是正途。米先科在复电中还说："中国当局如不采取严厉措施，就休想尽快平息骚乱。况骚乱不只限于辽阳一带，盛京与铁岭之间更有甚于此者，盖州与熊岳两站之间区段也累有破坏火车未遂事件发生。"[①]米先科在给护路队总司令的报告说："据营口俄国领事称，此次运动的宗旨是灭清驱洋，特别是俄国人。如中国人所说，满洲的俄国人虽多，但他们居住分散，每股人少，容易消灭……甚难判断当前局势，但必须做好准备，以防万一"；同时他说："原驻海城的一名二十八

---

① 以上均见《护路队》，第 323—324 页。

岁的传教士听从其中国友人的劝告已返回欧洲。"①。事实上,俄国人已经是人心惶惶,许多人准备或开始逃跑了。

辽阳城乡的所有教堂"同付一炬",有些教士被杀,有些助纣为虐、为俄国人提供情报的教民也被杀死。辽阳基督教在东三道街建有教堂,在东六道街建有医院(今中医院处);天主教在大沙岭、马神庙(今啤酒厂处)建有教堂。这些教堂和医院都被烧毁。有多少教士被杀呢? 没有记载,只说"教士皆避去"②。但大沙岭有一些法国天主教士被杀是确定无疑的,因为事后大沙岭教堂重建,在院内立有"殉道碑"③可以为证。增祺在奏折中也提到这件事,他说:"辽阳城西最大之洋城被拳民焚毁,将洋兵击毙多名,余皆退往南路。"④但辽阳义和团的更大斗争在于驱逐俄国护路队,沉重打击了俄国侵略者。

三、驱逐俄国护路队的斗争

驱逐俄国护路队的斗争,是辽阳义和团及爱国军民反抗俄国侵略者的突出特点。所谓护路队即中东铁路护路队,实际就是正规军,也可以称为护路军,成立于1897年5月21日。它是沙皇俄国以"保护铁路员司和保障铁路施工和未来的经营"为借口,以中东铁路公司理事会的名义擅自单方面组建的。根据《中俄合办东省铁路公司合同章程》,俄国在中东铁路及南满支线的沿线并没有驻军权和护路权。这个护路队就是以违约侵权的方式,开始逐步蚕食我国东北的领土与主权。从它的成立到1899年底两年的时间里,曾先后六次扩编(平均每四个月一次),到1900年初,它已辖有八个步兵连、十九个骑兵连,有两千多步兵和两千五百多哥萨克骑兵了。义和团运动爆发后,俄国陆军大臣库罗巴特金叫嚷:"这将给我们一个占据满洲的借口……我们将把满洲变成第二个布哈拉。"⑤布哈拉是中亚的一个汗国,从1865年起为俄国所控制。为了把东北"变成第二个布哈拉",他们"紧急扩充"护路队,到1900年7月护路队骤增至一万一千多人。同时,将所谓护路队改编为俄国边防独立兵团特别外阿穆尔军区,成为正规军,也是俄国在东北镇压义和团的先头部队(参看《护路队》一书的"出版说明")。护路队的总司令是格尔恩格罗斯少将,驻哈尔滨。护路队分布在三条铁路沿线:西部额尔古纳河支线,从满洲里到哈尔滨,由祖勃科夫斯基上校指挥,驻富拉尔基站;东部松花江支线,从哈尔滨到绥芬河,由捷尼索夫上校指挥,驻一面坡站;南部旅顺口支线,从哈尔滨到旅顺口,由米先科上校指挥,驻铁岭站。实际护路队的最高领导人是财政大臣

---

① 《护路队》,第326页。
② 《辽阳县志》,卷二十六。
③ 参见邹宝库:《辽阳碑志选编》,第228页。
④ 故宫博物院明清档案部:《义和团档案史料》上册,中华书局1959年版,第307页。
⑤ 见[俄]维特伯爵《维特伯爵回忆录》,肖洋、柳思思译,商务印书馆1976年版,第83页。

维特,以示与正规军有所区别。这些护路队可以说无恶不作,经常与地方居民发生"严重"的冲突,特别是南部支线。为什么呢?俄方有些为自己辩护的记载:"因为此处人烟稠密、耕地连绵之故。当然,铁路每一工程由于征用土地,某些误会(岂止是误会)以及当地居民的抗议事件就会随之而来……每一个中国人同自己的房子和土地息息相关,而且就在这些土地上还有尤需隆重祭祀的祖坟。现在,突然要他们将自己习惯了的住处让给不速之客'洋鬼子',而自己却须另寻新地方。他们心中燃烧起来的对俄国人的仇恨是可以理解的。再者,还应该说句公道话,不论是在支付青苗赔款,还是在支付地价方面,路方并不总是那样认真对待的。有的中国人由于地里青苗毁了,家庭经济遭受了损失,有的中国人由于征用大部分土地,而南方又是地少人多,他就变得所剩无几,只好背井离乡另寻土地与住处。他们即使得到一点钱,在大多数情况下只能过上一年或一年多点日子就光了……中国人是天生热爱和平和严守秩序的。"但是,"处于这种情况下,居民们无路可走,只好拿起武器,并且在某些行动中表现得相当勇猛"①。虽然通篇都是轻描淡写,但也道出一些实情,说明哪里有压迫,哪里就有反抗。辽阳、烟台就因上述原因多次发生反抗"俄人建筑南满铁路"的斗争,但都被镇压下去了。义和团兴起后,反抗护路队的斗争又掀起了新的高潮。

首先是截击逃窜辽阳的盛京站护路队。盛京站的护路队队长是步兵中尉瓦列夫斯基,该护路队由第二步兵连十五名士兵和第八骑兵连二十四名哥萨克组成。另外还有铁路职员十九人,其中俄国妇女二人,共五十八人。7月5日,瓦列夫斯基接到情报:配备有大炮近五千人的中国军队已经出动,准备进攻车站。他立即命令在车站附近的鼠疫隔离病房设置防线,护路队官兵和铁路职员都往该处集中。与此同时,他还发现电报线路已被破坏,便派人给最近的岗哨送去书面命令,要他们冲破包围,向他靠拢。"7月6日晨,中国人放火烧毁了俄国人留下来的所有房屋,并向鼠疫隔离病房开火,护路队进行反击。将近中午,原在盛京站北方二十俄里的蔡窝堡站的第二步兵连八名士兵、第八骑兵连的八名哥萨克和五名铁路职员来到鼠疫隔离病房,与瓦列夫斯基部队会合了。天黑时,中国基督教徒来通知说,义和团今天向满洲所有俄国居民点同时发动进攻"。在这种情况下瓦列夫斯基决定,"会同沿途各哨所往南向辽阳站突围"。他们于7月6日午夜从盛京车站出发,来到苏家屯站的时候,发现该站已遭到毁灭性的袭击,"车站被烧,铁路和电报线路被砸"。这里原有十二名士兵和五名铁路职员,其中十二名被击毙,有五人突围,逃往营口,一人负伤,一人死在医院。瓦列夫斯基不敢停留,继续向辽阳站进发,途中与从沈

---

① 《护路队》,第64—65页。

阳逃来的维尔霍夫斯基相遇,两队人马一起加速奔往辽阳,他们在十里河、烟台等地不断遭到袭击。7 月 9 日晚,他们抵达太子河畔。瓦列夫斯基派出四名士兵与维尔霍夫斯基潜入俄国人居住的白塔寺(即广祐寺)村,发现这里已被烧光,又溜到鼠疫隔离病房,在这里他们见到的是成堆的死马和死尸,他们预感到米先科上校的部队可能全军覆没了(下面将要提到)。后来,他们得知米先科在这里"自卫"了三天,于 7 月 8 日夜撤往沙河,"中国军队正在追击中"。他们又从中国基督教徒那里得到关于在满洲各处要斩尽杀绝俄国人,烧光他们的住宅,扒毁他们的铁路。瓦列夫斯基听到这些消息,便把部队集中起来,宣布他要东去朝鲜的决定。他认为,离开中东铁路线越远越好,中国驻军肯定较少,小队也容易通过。维尔霍夫斯基不同意去朝鲜,认为太远,应该去营口,并分散行动。瓦列夫斯基没有接受这些意见,7 月 10 日晨,小队沿着太子河谷向东绕行。他们不断遭到对岸中国军队的袭击,在一个山头瓦列夫斯基被一颗鹰炮炮弹击中他的左胸,临死前他做了两件事:一是"他把钱(约二百卢布)和他要向他母亲说的话付托鲍罗狄奇上士";一是他命令所有人:必须"沿太子河,直往南走,任何地方也不要拐弯……队伍绝对不能分散"。他死后,原副小队长皮里边科中士"执行死者的遗言,他将在天明带领小队奔赴朝鲜边境"。后来,维尔霍夫斯基工程师带领一部分士兵和大部分职员共二十人离开队伍,奔向营口。"剩下的人坚持一致行动。他们在各处进行战斗,时而退却,时而前进,遭受了一些牺牲,但维持了士气。"就这样,他们于 7 月 21 日到达了朝鲜边境,受到了"亲切的接待"。俄国领事亚历山大·巴甫洛夫"把他们先护送到汉城,再将他们从海上送到旅顺口"[①]。原来,他们应该有58 人,这时只剩下 56 人,有两名被击毙,其中还有 4 名伤员。

维尔霍夫斯基的命运如何呢?他们一路上到处遭到袭击,有三人被俘虏,有七人被打死,维尔霍夫斯基就是其中之一。他的"遭遇最惨",有人看见"他的头颅被放到一个笼子里挂在辽阳城墙上示众。那确实是他的头,整个头颅,有皮、有牙齿,还有大家熟悉的胡须"[②]。

其次是进攻沙河、鞍山站。7 月 6 日拂晓,义和团与部分清军进攻沙河大桥。沙河哨所有铁路职员五人,护路队是由第二步兵连的十三名士兵组成,队长是上士帕达尔克。由于他们拼命抵抗,"于是,中国人抱来柴草,堆在营房周围,然后点火烧营房。火很快把营房的门板和房盖烧着"。在这种情况下,俄军冒火冲出营房,又窜入附近的另一处营房。团民们采取同样的方法,又将其点着,"营房整个房盖都在燃烧,火焰已烧到顶棚,有一个角落的部分顶棚

---

① 《护路队》,第 177 页。

② [美]乔治·亚历山大·伦森:《俄中战争》,陈芳芝译,商务印书馆 1982 年版,第 38 页。

已完全烧穿并正在坍塌,顶棚随时都会整个垮下",被围困的俄军,完全有可能全部葬身于火海之中。正在此时,鞍山站的护路队及时赶到救了他们的命。鞍山站护路队由第二步兵连的九名士兵组成,由中士卡宾科夫指挥。为了救援沙河哨所,他请求站长派出一辆挂一节车厢的机车前去。站长害怕鞍山站也会受到攻击,要求留下一些士兵。由于人数太少,不容再分散,卡宾科夫决定全部带走。"因此,站长、副站长、技师、铁路线路领工员和工长等铁路职员们也决定随小队同行,火车司机名叫丘赫雷"。他们快速开往沙河,在离哨所不远的地方,俄军便在车上向聚集的团民猛烈开火,遭到突然袭击的团民立即四下散开。机车在离营房很近的地方停下,卡宾科夫带领队员冲向营房。被困的俄军听到枪声,知道援军已到,也从燃烧着的营房跑出来,两个小队会合后,迅速登车,然后机车倒开向鞍山站疾驶。时间很短,团民们惊醒过来之后,一边追赶,一边射击,"两颗子弹打在司机丘赫雷的头上,使他失去了知觉",还有列兵特卡切夫手臂骨被击碎,领工员普里霍夫斯基被击毙。"机车助手惊慌失措,于是开动机车全速前进"。到了鞍山站,他们发现义和团与部分清军要进攻车站了。他们担心"退路将被切断,况且他们兵力单薄,仅有二十一名士兵、十名职员和两名伤员,于是便收拾起全部器材,装上火车离开鞍山站",继续向南逃窜。途中又把汤河站的器材装上火车,狼狈地逃往海城站①。

再次是进攻烟台站哨所。7月5日上午9时许,义和团与清军进攻烟台站北边的俄国营房并放火将其烧着,浓烟滚滚。该哨所是由第二步兵连的二十二名士兵和第八骑兵连七名哥萨克驻守。哨长是中士伊凡·卡尔宾科。他以为中国士兵把大桥点着了,遂带领哨所里的半数人员乘坐机车和平板车出发,去扑灭大桥的火。平板车的四周沿边用石块砌成掩体。行约六俄里,卡尔宾科才弄清楚:大桥完整无损,着火地点是前面的一栋营房。机车带着平板车开到营房跟前,立即遭到附近村庄步枪火力的迎击,它只好倒车往回开,在返回必经的那座大桥已陷入大火之中。机车在追击与堵截的情况下,全速倒开,从大桥上急驶而过,抵达烟台车站。"不久,路基上出现了一群群的人和数面红旗。无疑,中国军队来进攻车站了。哨所还未来得及准备防御,从车站以东六百步远的村庄便传来密集的步枪声。卡尔宾科派哨所的士兵占领站房,开始反击,士兵每人总共只有一百二十发子弹。没过十分钟,中国人从四面也猛烈开火,还有大批部队从北面逼近过来。卡尔宾科发现敌方拥有如此优势兵力,便决定撤退。卡尔宾科派了四名骑兵哥萨克顺路基去辽阳站进行侦察,他自己带领所有的人乘坐平板车冒着密集的火力开往辽阳站"。由于机车锅炉里水少,无法加水,只得慢行。派出的四名哥萨克遭到四面八方的射

---

① 《护路队》,第179—182页。

击,未能冲将出去,而纵马驰回。他们甩掉坐骑,跳上平板车,列车继续前进,子弹从四面八方飞来,射向平板车。机车"安全"地通过第一座桥,但又行约三俄里,就被迫停车,因为前面的大桥已被放火烧着。"火车从烟台站开出总共行程八俄里,到达辽阳还须十二俄里。没有任何办法可想,只好离开平板车和机车,徒步前进"。他们沿着铁路继续向北逃窜,在快到土砍屯的时候听到前面有密集的枪声和"乌拉"声,卡尔宾科知道有俄军正在与中国军队交火。于是,为了避免遭到袭击,他们在青纱帐里穿行;同时,还"派出哥萨克齐宾到前面去侦察并通知我方部队,小队正在向它靠拢。中国人用火力追击小队,卡尔宾科就在这时左胸中弹受伤"。卡科林中士接任指挥,留下两名士兵在高粱地里守护卡尔宾科,其余的人加快脚步,不久"便和米先科上校的部队会师"了,接着受伤的卡尔宾科也被抬回部队。他忘记了伤痛,向米先科报告了被赶出烟台哨所的狼狈经过①。

　　最后是米先科被赶出辽阳,逃往大石桥。由于烟台煤矿被烧毁,米先科从营口急忙来到辽阳。他预感到中东路南部支线会遭到全线袭击。于是,他把护路队人数较少的哨所合并为几个大型哨所,"其中营口一百人;海城三十人;辽阳一百五十人;盛京五十人;铁岭七十五人;宽城子七十人"。后来,辽阳站增加到二百二十四人,盛京站三十九人,铁岭站一百五十人。辽阳站一直是人数最多的,其次是铁岭,表明这两个城市不仅是重要站点,也是反抗护路队最激烈的地区。

　　7月5日,米先科派护路队一百人去烟台,想要重新夺回矿区。但当日上午11时,"奉派乘机车去烟台的萨夫科维奇工程师从九俄里处返回,他向米先科上校报告,土砍屯附近的大桥被焚,盘踞在屯子里的暴徒向机车开了枪"。米先科立即派哥萨克上尉捷尼索夫率领第八骑兵连五十名哥萨克前往"扑灭桥上大火,惩办罪犯"。同时,又派第六步兵连五十名士兵在上尉库沙可夫指挥下,乘坐火车赶向土坎屯,米先科也随车前往。当火车通过太子河大桥时,桥旁哨兵向米先科报告说,他们听见土砍屯方向有密集的枪声和数声炮响。又走了几俄里,米先科上校发现四名哥萨克,其中两名伤员,另外两名是护送伤员的。他们报告说,第八骑兵连在离土砍屯三百步远的地方,遭遇中国士兵的排枪和火炮袭击,两名哥萨克被击毙,两名受伤;又说,骑兵连已下马后撤,与三百中国士兵交了火。于是,米先科命令火车停下,要第六步兵连人员下车。"当他听到捷尼索夫哥萨克上尉报告说村子里有许多中国士兵之后,便派人传达命令给白塔寺哨所,增派第二步兵连二十五人支援,援军在步兵中尉谢金的指挥下迅速来到。部队到达之后,米先科便从铁路路堤的两面发起

---

① 《护路队》,第183—185页。

了进攻。中国人猛烈开火,两门山炮连发了五发炮弹。部队出现伤亡,必须加紧发动进攻"。在这种情况下,米先科命令部队在离村子九百步远的地方停下,然后绕到村子侧面,以纵向火力向村子射击。在互射中,俄军有二人被击毙,七人受伤。最后,他们冲进了村子,滥施枪炮,以示报复,实际村中早已空无一人。也就是在这时他们与烟台站护路队会合,米先科深知已不可能夺回烟台煤矿了。他不得不下令部队收拾好尸体,并抬回伤员,晚9时半乘火车返回辽阳白塔寺村。

米先科认为白塔寺村距辽阳城近在咫尺,很可能受到城内义和团的袭击,"部队在此不可久待",遂命令护路队官兵和铁路职员立即转移到离白塔寺南约一俄里的鼠疫隔离病房,准备在这里坚守待援。同时,命令撤离太子河大桥哨所,该护路队也一起进入鼠疫隔离病房。他们在该病房挖掘壕沟,圈起围墙,并砌筑踏垛,加强防御工事。7月6日晨,一方面从白塔寺往鼠疫隔离病房转移物资,一方面准备列车往旅顺运送伤员。"上午11时左右,载运伤员的火车出发南下,但因中途一座桥梁被烧毁,且有中国人袭击火车,而被迫从九俄里处返回"。米先科感到问题越来越严重,决定向南撤退。但是,"以兵力很少的部队作掩护,护送携带妇女和孩子的一百零四名职员从辽阳城撤走,是极端危险的事"。于是他"用电报与鞍山站的基尔什曼工程师联系,要他立即通知步兵大尉斯特拉霍夫带领护路队一百名士兵从营口出发;通知古列维奇步兵中尉带领从辽东集合的七十名士兵,前来增援辽阳……他还请基尔什曼工程师从旅顺派出配备大炮的小部队来增援辽阳"。同时,他还派三名哥萨克去盛京站给瓦列夫斯基步兵中尉送信,"要求他尽可能利用铁路向辽阳撤退"。这时的瓦列夫斯基已率队经辽阳逃奔朝鲜,途中在辽阳境内于太子河东岸被击毙,结果送信的三名哥萨克也丢掉了性命。

7月7日上午9时,清军与义和团开始从三面向鼠疫隔离病房发起攻击,逐渐加强火力,主要是炮击,共打出上百发炮弹,都打在病房周围和院子里,有九人被击毙,受伤者更多,院子里有九十匹战马,"差不多有一半(四十四)被炸死"。经过三天的激战,俄军已疲劳不堪,尤其是士兵的子弹已经不多,每人只剩下五六十发。"这种情况,若仍持续下去,固守鼠疫隔离病房则将是相当危险的事"。所以,米先科"召集全体军官、工程师和医生会议,向他们提出一个问题:部队是留在鼠疫隔离病房一天等待援军,还是于夜间撤退?并且指出完成这项撤退决定的严重危险性,因为我们不能期望中国人会让我部队从病房安然撤走。人们表示赞同立即撤离病房,于是,米先科上校命令大家抓紧时间吃晚饭,剩余子弹相互平均分配,掩埋好死者,于晚9时,全体职员随从队伍,准备出发。这时,中国人从三面向病房开枪,加速齐射"。米先科当即命令第二步兵连留在三个方面,坚持战斗,其余人等撤下,到院子里集合。他们在院子的西墙(即后墙)扒开一个豁口,排成纵队陆续逃了出去。纵队前头是第六步兵连,后面是编成小队的职员(其中包括妇女和孩子),最后是第三和第八骑兵连哥萨克。这时,米先科命令第二步兵连从墙上撤下来,只留下十八人,由谢金步兵中尉指挥,加速火力射击,以掩护撤退。他们往西走了不远,又急转向南,以便绕过几个村子,在沙河附近走上铁路线。在沙河附近休息一个多小时,他们发现"养路工人宿舍的墙上满是弹痕,宿舍也已被烧毁,显然在队伍到达前不久,这里原哨所的护路队员十三人,曾同中国人发生过冲突",可见哨所的人已经撤走了。他们不敢停留,继续向前,于7月8日上午10时到达鞍山站。中午有人报告,"部队从鼠疫隔离病房撤走后,有百余名俄国人跑来增援支队,进入病房"。请求怎么办? 米先科决定,部队重返辽阳站。又有人报告,有一支骑兵袭来,部队准备自卫。很快发现,从辽阳向车站来的,原来是由斯特拉霍夫步兵上尉指挥的第三骑兵连七十名哥萨克和第二步兵连四十名士兵。

斯特拉霍夫接到米先科的命令后,从营口出发于7月6日深夜到达海城车站。第二天早晨乘火车出发北上,但仅走出十俄里由于一座桥梁遭到破坏而被迫停车,改为步行继续前进。斯特拉霍夫在赶赴鞍山途中见到几座桥梁着火,他们不得不扑灭了火再前进。沿途他们不断遭到袭击,当天下午4时到达鞍山站。在这里他们得知米先科于辽阳被大批中国军队包围。因此,决定不惜任何代价要赶在拂晓前到达辽阳城。他们在夜间渡过沙河,来到首山脚下,稍事休息,天已开始亮了,他们发现许多中国人从白塔寺哨所向鼠疫隔离病房发动攻击。斯特拉霍夫认为米先科当时在鼠疫隔离病房里,这时,跑回来的侦察队向斯特拉霍夫报告说,鼠疫隔离病房里没有俄国人。毫无疑问,米先科已于夜间离开了辽阳,中国人估计错误,他们进攻的只是几个空无一人的病房。

斯特拉霍夫只好发出南撤的命令,但在首山遭到了清军与义和团的阻击,俄军损失惨重。第二步兵连列兵沙里耶夫被击毙;列兵别廖佐夫斯基被俘;列兵奇日科夫、科斯丘琴科、西里凡奇科夫等六人失踪;骑兵连哥萨克乌山被击毙;四十匹战马受伤;此外,骑兵连辎重车队的全部骡子被击毙,无法运行,只好丢掉全部辎重,狼狈逃窜。他们在付出巨大代价后,于7月8日下午4时许来到鞍山站,与米先科上校部队会合。米先科上校见没有中国人追击,而斯特拉霍夫的到达,使支队得到加强,并已在鞍山站找到了阵地,他便决定留在该车站,一面等待南面部队到来,一面期待留在盛京站以及该站以北的护路队和职员们能够来到这里。

米先科在鞍山站驻扎到7月12日,发现有大股的清军向这里集聚,并得到海城站的报告,"和俄国人相处,曾保护车站和铁路的海城地方官已被撤换,另一地方官来接替他的职位,此人已接奉烧毁车站和破坏铁路的命令,好像是从盛京带来约两千名士兵"。所有这一切,都迫使米先科决定立即离开这里,撤往海城站。7月13日拂晓,他们来到海城站,结果又遭到清军与义和团更加猛烈的袭击,有三人被击毙,有多人受伤。在这种情况下,米先科请求大石桥方面派兵前来接应,援助他们撤出海城①。当他们上了火车,义和团"马上赶来放火焚烧火车站所有建筑物、水泵房和铁路桥"。清军的骑兵还尾追不放,不断向火车开枪,结果有"四名俄国铁路守卫队受伤,其中一名濒于死亡"②。沿路不断遭到阻击,直至7月14日晚8时才到达大石桥站。

至此,盛京站以南护路队和中东铁路职员等往大石桥站的撤退,所谓"顺利"地"告终"。米先科在给护路队总司令格尔恩格罗斯的报告中说:"除五名职员和五十名护路人员外,他们全部撤离了各哨所,都顺利来到大石桥。五十人中,有十八人阵亡和重病致死,二十二人受伤,四人受挫伤,六人失踪。"但是,第六步兵连连长库沙可夫的统计与米先科不同,他说:"在战斗中被打死六十二人,被俘后得到解救又因羸弱而死者二人,失踪十二人。士兵受伤者五十三人,其余部队经过严酷行军之后,因疲惫失去工作能力者达全军四分之一。"③究竟谁的统计准确,已无可查考,但有一点可以肯定,他们的伤亡只能多,不能少。

不难看出,在驱逐俄国护路队的斗争中,辽阳义和团及广大爱国军民发挥了至关重要的作用。

第三节 义和团运动的结局

沙皇俄国在参加八国联军的同时,大举出兵我国东北;从北至南,从南至北,制造了许多惨案,镇压了义和团,占领东北全境,是实现"黄俄罗斯"的第一步。义和团运动的失败,除自身弱点外,内外反动派的联合镇压是主要的。其意义对内是中国革命胜利的奠基石之一,对外推动了亚洲民族解放运动的兴起。

一、沙俄出兵东北

义和团运动兴起后,沙皇俄国极力主张镇压,堪称列强的"领袖","调兵独多"④。其一方面伙同英、美、法、德、日、意、奥七国出兵天津、北京,镇压义

---

① 《护路队》,第186—202页。
② [美]乔治·亚历山大·伦森:《俄中战争》,陈芳芝译,商务印书馆1982年版,第24页。
③ [美]乔治·亚历山大·伦森:《俄中战争》,陈芳芝译,商务印书馆1982年版,第25页。
④ 《李文忠公全集》,电稿,卷二十二。

和团,乘机谋取与其他列强一样的"共同利益";另一方面又以保护中东铁路为名,出兵占领我国东北,以便获取"单独利益",梦想实现"黄俄罗斯"的狂妄计划。

为了全面夺取东北,沙皇政府动员了十二个军区的部队,共十七万多人,以"保护"中东铁路为名,分成几路由北向南发动进攻,同时命令苏鲍齐奇中将率领从欧洲增援来的部队和护路队由旅顺出发,由南向北发动进攻,南北夹击,最后会师于沈阳:(甲)西路俄军,由奥尔洛夫少将指挥,从外贝加尔地区出发,沿中东路西线,进攻海拉尔、齐齐哈尔;(乙)北路俄军,由伦南坎普夫少将指挥,经瑗珲、墨尔根、齐齐哈尔,与西路、东北路俄军会合,然后南下进攻长春、吉林,并向奉天进军;(丙)东北路俄军,由沙哈罗夫少将指挥,由哈巴罗夫斯克(伯力)出发,沿松花江而下,经珲春、宁古塔(今宁安)、三姓(今依兰),进攻哈尔滨、呼兰;(丁)东南路俄军,由齐恰科夫少将指挥,从乌苏里斯克(双城子)出发,向牡丹江、哈尔滨进攻,其侧翼支队还要经过珲春进攻吉林,然后与北路军会合,共同南下,进攻奉天;(戊)南路俄军,又称"南满支队",由苏鲍蒂奇中将指挥,从旅顺北上,进攻熊岳、营口、辽阳、奉天,直至铁岭,与南下俄军会师。

沙皇尼古拉二世为了实现独占我国东北的野心,竟于7月9日悍然发布了进军命令。俄军所到之处,烧杀掳掠,制造了一连串惨绝人寰的暴行,其中海兰泡大惨案和江东路六十四屯大惨案最为骇人听闻。这是俄国侵略者对中国人民犯下的滔天罪行。素有抗俄传统的东北各地人民群众和部分爱国官兵联合起来,英勇地打击侵略者,谱写了气壮山河的英雄史诗。

在俄军其他四路大举进犯黑龙江、吉林之后不久,阿列克谢耶夫命令佛莱舍尔少将率驻守旅大的米先科上校所属的"护路军",从南向北推进,以便尽快拿下沈阳,与北路军会师。7月15日,他们攻占了海城南十里的唐王山,在其上架炮,向城内轰击,造成军民的伤亡。义和团和清军爱国官兵奋起顽抗,知县凤鸣日夜督战,育字军分统承顺又率部赶来支援,终于击退了俄军的进攻,并乘势收复了唐王山,俄军逃往大石桥。7月25日,俄军占领了熊岳城;7月27日,又占领了金州城,把副都统福升、协统继德、同知马宗武带往旅顺拘押。接着,他们又进攻盖平,遭到清军与义和团的拼死抵抗,不断击退俄军,"迭次获胜"。8月1日,俄军大量增援,"弹丸如雨,洒落满城",激战一昼夜,前仆后继,"死者层积"①。次日清晨,俄军踏着牺牲者的血迹进入盖平城。8月4日,米先科率领护路队进攻营口。营口海防同知刘朝钧闻讯,收拾好金银细软潜逃,激起义和团战士的极大愤慨。义和团派人追赶,途中与俄军发生

---

① 《盖平县乡土志》,上卷。

遭遇战,附近清军也前来参战,俄军不断增兵,激战数小时,清军营房失守。同时,俄国还派军舰"格雷米亚什奇"号轰击辽河口上的清军炮台;"奥特瓦日尼"号则专事轰城,造成军民的大量伤亡。在这种情况下,义和团与清军突围城外,俄军遂占领营口,他们竟然取下海关屋顶上的龙旗,换上了俄国的海军旗。第二天,阿列克谢耶夫乘巡洋舰"沙比雅卡"号,由旅顺来到营口。在他的策划下,公然成立了临时政权机构,沙俄领事吉姆宸科·奥斯特罗维霍夫出任民政长官,直接处理民事,实行殖民统治。以后凡被占领的城市,都如法炮制,表明他们推行"黄俄罗斯"计划的野心。

在熊岳、金州、盖平、营口相继失守之后,俄军的"兵锋"指向海城,形势日危。盛京副都统晋昌乃于 8 月 9 日赶赴海城"躬亲策应",认为"敌氛渐逼,不战将不能守",只有拼死抵御。次日,俄军进攻虎獐屯,炮火异常猛烈,清军不支,且战且退,至邓家台,后至"唐王、亮甲等山,与守山之军会合捍御"。但是,"维时敌炮已及唐王山,我军当亦开炮相向,对击两时之久,敌愈密,将我大炮一尊、快炮二尊同时击坏,俄兵乘势抢上山前,我军无炮,愈难抵御,退至城东北隅双山,置炮其上,防其扑犯城北"。8 月 12 日,"天未明时,俄兵复用炮直击双山,……子弹落炸双山,纷纷不止,势极危迫","及至双山退出,海城遂以不守"①。这时,"义和拳勇见官军节节溃逃,甚至弃炮而不顾,他们便大张旗帜,吹起喇叭唱着歌,结队上山,欲与洋兵白刃格斗,决一死战。第二步兵连半个连赶忙射击,然而并未吓退这些勇士,前面的人倒下了后面的人仍继续往上爬;十二岁左右的少年、年轻的姑娘、年迈的老人毫无畏惧地迎着敌人冲锋陷阵"②,表现了中国人民誓死反抗侵略者的顽强斗争精神。俄军进入海城后,奸淫烧杀,大肆抢掠,残暴至极。见到这种情形,一些尚未丧尽人性的俄国军官都感到愤慨。有一段记载:"库沙可夫到城外营地视察各个单位的情况之后,回到城里,来到一家相识的中国人的住宅串门。门外的哨兵已撤离,在屋里地上,两个老头子躺在血泊中,被刺刀刺死了;还有一个大约八岁的男孩,肚子被剖开,在痛苦地扭动。库沙可夫非常恼火,询问一名军士长,其他的中国人在哪里。军士长回答说,他们已被解送出城,'远离他们的罪恶'。同一日,库沙可夫团里的一位医生被请去抢救一个老太太和一个美貌的少女。他们被驱逐出城,遇到了俄国兵,老太太的丈夫被杀死,少女被强奸了。他们万分悲痛,投河自尽。老太太被救活,少女死了。胜利再一次牺牲了旁观者的生命。"③

---

① 故宫博物院明清档案部:《义和团档案史料》(上册),中华书局 1959 年版,第 487 页。

② 《护路队》,第 229 页。

③ [美]乔治·亚历山大·伦森:《俄中战争》,陈芳芝译,商务印书馆 1982 年版,第 139 页。

二、辽阳、盛京的陷落

海城的陷落,辽沈的门户洞开,形势日益危急。晋昌"当即驰回辽南,赶紧布置,一面调拨炮队赴援;一面严饬退守各军,收束散兵,分扎鞍山站、吉洞峪一带要隘,以防北犯。其西南河路,先已拨营巡防,聊固辽围"①。增祺在奏报中也说:"晋昌由海城退至双山子,并连夜驰回辽阳,将溃散各队堵截收集,始各稍稍归伍。现已整饬,于鞍山站南北一带分扎。统计各役,均与敌杀伤相当,大抵皆为敌人炮队所败。"又称:"经臣等商同晋昌,在辽阳以南极力布置,敌人未敢前逼。"②南路俄军占领海城后,实际休兵四十多天,所谓"未敢前逼"。

主要原因是感到进攻辽沈兵力不足,仅靠护路队是无法取胜的;欧洲增援部队尚未到达,尤其是指挥官苏鲍蒂奇中将也没有到达。直到 9 月 21 日,苏鲍蒂奇才来到海城,归他指挥的兵力,包括米先科的护路队在内大约有九千人、大炮二十八门;而清军"估计在辽阳与盛京之间有武装良好的中国军队五万人,最新式的克虏伯、马克沁和诺登菲尔德大炮六十门"。而苏鲍蒂奇,"对于中国军队在人数上的优势以及他们的现代化欧洲式武器和大量军火弹药,他并不在意。他知道中国军队缺乏领导和纪律,得不到人民的尊重和支持"③。他还知道,"中国军队总是先挑衅和挑战,待至俄军进攻时,他们就逃跑;俄军一停步,中国人又重新集合起来进攻;当俄军向前推进,他们又逃散"。据此,他提出:"为了有效地打败他们,必须毫不放松地进行追击,使他们没有机会重新集合";必须"自始至终地实行紧追猛击,不给中国人以任何喘息思考的机会"④。他认为,这就是在战术上"对付敌人"的最好办法。他就是运用这种办法打败了清军,攻陷了辽阳和沈阳。

9 月 23 日,"苏鲍蒂奇计划分三路进军。由中路军对鞍山阵地采取正面进攻。左路军向牛庄的西面敌军进逼并将其击败,然后开始包围鞍山东面敌军的右翼。右路军,一支轻便机动的军队,则包围敌人左翼,这一路军将乘火车通过山岭至东面"。左路军由佛莱舍尔少将指挥,立即率部奔赴牛庄。在这里防御的是副都统寿长,他"不死守城市本身",而是将其士兵都隐藏在城外大片高粱地里,等待俄军的到来。俄军在高粱地里穿行,看不见东西南北,不时受到清军的袭击,而不知"射击来自什么地方","也只能凭直觉"还击。"当天,中国人打死打伤了俄国军官二名,军医一名,士兵二十四名,全是采用

---

① 故宫博物院明清档案部:《义和团档案史料》(上册),中华书局 1959 年版,第 488 页。
② 故宫博物院明清档案部:《义和团档案史料》(上册),中华书局 1959 年版,第 511 页。
③ [美]乔治·亚历山大·伦森:《俄中战争》,陈芳芝译,商务印书馆 1982 年版,第 141 页。
④ [美]乔治·亚历山大·伦森:《俄中战争》,陈芳芝译,商务印书馆 1982 年版,第 142 页。

埋伏打的,在埋伏中,即使是无故放枪,有时也会生效。"①但是,时间一长,"高粱地也遮住了他们(清军)的眼睛",尤其是俄军采取密集的方式,以猛烈的火力向前推进,清军终于难以抵挡,不得不朝鞍山方向撤退。9月24日清晨,俄军进入牛庄,除留小股部队驻防外,佛莱舍尔立即率军向鞍山站快速前进,竟然追上了寿长,并将其击溃。寿长只好逃往沙河,但也把俄军引入沙河,使佛莱舍尔完成了对清军右翼的包围。

9月26日,俄军主力从海城出动,分两路,即中路与右路向鞍山进发。中路由阿尔塔莫诺夫上校指挥,从南向北进攻清军的正面。右路由米先科上校指挥,主要是护路队,突击清军的左翼(东面)。他们对辽南各地情况非常熟悉,尤其是铁路站点更是了如指掌,因为两个多月前他们才在这里被赶走。他们的进攻没有遇到什么抵抗,"轻易地夺取了大屯、鞍山站、鞍山山口和北山坡的台地"。由于进军太快,"以至于他走在主力的前头超过了四英里半以上,他决定停下来等一等"。正在这时,"突然东面山头枪炮雷鸣,满山黑压压尽是清兵,而瞬息之前山头看起来还是无人占领。旌旗在高处迎风招展,骑兵队伍在山坡上驰骋往来,他们的号角吹出一种悠长而怪诞的音调,在原野上飘送过来,好像来自遥远的地方"。米先科急命斯特拉霍夫上尉和邓尼索夫上尉率队反击清军,在十分不利的情况下,俄军伤亡很大,"两个中队可能全被歼灭"②,处境十分危急。但是,不知何故清军竟然丢下山头,朝北撤去。原来是左路军追击寿长率领的牛庄败军经过这里,从后面向山头施放枪炮,清军生怕后路被截断,只好退往沙河。应该说是佛莱舍尔少将救了他们的命,不过这次损失还是十分惨重的。有记载说:"在鞍山站一战中,护路队有七名士兵伤亡,步兵上尉斯特拉霍夫臂部、腹部中弹,负了致命伤",后来死在海城③。

由于在鞍山未能挡住俄军的进攻,清军都陆续退往八卦沟、沙河,欲在此地与俄军进行决战。这时,寿长被任命为翼长,他唯增祺之命是听,消极应付,"等到战役行将揭幕才抵达阵地",许多将领不听他的指挥,战线又拉得过长。"俄军拥有三十门大炮,还有四挺机关枪,于是苏鲍蒂奇决计使战斗采取炮轰的性质。他不断地调动炮车,时而在左翼,时而在正面,一段一段地把中国阵地摧毁,同时集中步兵从正面突破。"9月27日凌晨,米先科率领护路队奔向沙河堡,在东部的山地遭到清军的阻击,损失惨重。美国学者伦森有一段精彩的描述:"从沙河堡的边缘,大约四千二百英尺远,中国大炮不时地向俄国大

---

① [美]乔治·亚历山大·伦森:《俄中战争》,陈芳芝译,商务印书馆1982年版,第143页。
② [美]乔治·亚历山大·伦森:《俄中战争》,陈芳芝译,商务印书馆1982年版,第144—145页。
③ 《护路队》,第236页。实际伤亡可能要大大超过此数。

炮打来定时炮弹。外贝加尔哥萨克兵灵巧地把炮弹拾起来扔掉。但有的爆炸了。这边一名哥萨克倒下去,呻吟待毙;那边一位战友用手捏住伤口;第三名哥萨克一条腿在移动,另一条腿被打断,挂在裤角上。中国人集中了炮火,并且瞄准到百发百中的程度。俄军弹药告尽,看来米先科的末日到了。"①苏鲍蒂奇立即命令"前卫部队加速前进,命令炮兵连越过纵队,火速增援米先科上校"。于是,接近中午时炮兵连赶到米先科部队阵地,"随之炮弹上堂,十二门大炮一起开火急射",还有机关枪连也陆续赶来增援。"此次进攻极为迅速果敢。步兵团各连将敌人从村内赶跑,占领村庄周围地带,枪炮齐发,追击退却的敌人。米先科上校所率各连将守敌从山上击退下去,追过峡谷,又赶出第二道高地,一直追击至沙河彼岸。……尽管敌军占有优势兵力、装备良好,而且当天战斗也比较顽强,但到下午四时许,他们还是放弃了全部阵地"②。

沙河战败之后,清军右翼退往刘二堡;左翼退往首山,其中一路退往马伊屯;而寿长、云海、凤鸣却抛开部队,"均逃往盛京城"③。俄军占领沙河后,立即分三路进攻辽阳。苏鲍蒂奇命令左路绕过马伊屯,从西面进攻辽阳城。佛莱舍尔于 28 日凌晨率左路军出发,很快与清军发生遭遇战,"中国马队见我先头部队人数少,曾两次试图发起冲锋,但遭到哥萨克大尉达拉耶夫斯基的哥萨克用军刀反冲锋还击,将其驱散"④。这时,阿尔达莫诺夫率中路军迅速赶到马伊屯高地,开始炮击,以掩护左路军乘隙悄悄开赴辽阳。一路上,佛莱舍尔基本上没有遇到什么抵抗,大约午后二时许到达辽阳城下,从西和北两面攻城,"辽阳炮台守军只发了几炮,打中了七名俄国兵,便向东面山区逃遁"⑤。米先科的右路军轻装前进,准备绕过山区从东面进攻左翼的清军。但是,他们在马伊屯北面的一个高地遇到了顽强的阻击。这里,聚集有沙河和马伊屯退下来的清军,大约五六千人,由夏副都统指挥。据说"他是义和团的头目之一,是个宗教狂,仇视所有洋人"。为了防止被包围,清军的阵线拉得过长,力量很不集中,火力过于分散。米先科以四门大炮分段轰击,又用两个步兵连集中进攻一点,更有猛烈炮火配合,清军终于抵挡不住,遂退往东部山区。"护路队有八名士兵于本日阵亡:军士司达夫采夫、哥萨克军士别雷、哥萨克谢苗诺夫和列兵沙雷、丘丘尼克、巴拉诺夫、莫纳科夫、舍列斯特"⑥。米先科还想追击,但接到停止进攻的命令,也赶到辽阳,宿营白塔寺。米先科的护路队再

① [美]乔治·亚历山大·伦森:《俄中战争》,陈芳芝译,商务印书馆 1982 年版,第 147 页。
② 《护路队》,第 238 页。
③ 《护路队》,第 239 页。
④ 《护路队》,第 240 页。
⑤ [美]乔治·亚历山大·伦森:《俄中战争》,陈芳芝译,商务印书馆 1982 年版,第 150 页。
⑥ 《护路队》,241 页。

次来到辽阳,似乎有很多的感慨,"他们怀着惊讶的心情回忆在 7 月 5 日至 7 日那段时间里,他们仅有二百二十四人的一小支队伍怎样抗击了七千中国人的围攻。他们再度巡视以前的战地、他们守卫过的兵营和战友们的坟墓。使他们感到愤慨的是,所有这些坟墓全被掘开,尸骨被扔在野外。他们仔细地把遗骸收集起来,连同最近阵亡伙伴们的遗体和他们发现的展示在炮台墙上的六个俄国人头颅,其中包括有不幸的工程师维尔霍夫斯基的头颅,当天晚上以隆重的军礼举行安葬"①。侵略者的所谓"愤慨"是不值得同情的,这是他们应得的下场。与他们在中国犯下的滔天罪行比较起来,中国人不论怎样报复他们都不为过。

关于辽阳失守,《辽阳乡土志·兵事录》有十分简要的记载:"俄兵数千自旅顺北来,战于海城虎庄屯(应为虎獐屯)、晾甲山以及州城南立山屯,兵匪俱散无应敌者,是年闰八月初五日(即 9 月 28 日)俄兵遂入城"。

俄军占领辽阳后,休息一整天。9 月 30 日上午 7 时,苏鲍蒂奇命令继续攻取烟台、白塔铺和盛京。由米先科的护路队充任先锋,即时出发,快速奔往盛京,并把侦察情报及时传递给司令部。"俄军沿着清朝驿道进发,未遇抵抗。中国人经过多次打败之后,军心涣散,不战而逃。沿途村民述说中国军队被将领所抛弃,纷纷溃退"。入夜,米先科来到白塔铺南的三家子宿营,并派出侦察兵"捉住中国军官爱德及其仆从一人",了解到盛京城内的防守情况。10 月 1 日早晨,米先科派哥萨克上尉捷尼索夫率流动侦察队去白塔铺进行侦察。驻守这里的清军,发现俄军侦察队之后,即退往浑河对岸。这时,捷尼索夫不仅要完成侦察和抢占浑河渡口的规定任务,还很想使他的连队成为进入盛京城的"第一支队伍"。他认为,乘着城内清军异常混乱之机,突然袭击也许是夺取盛京城的最佳时机;同时,他也想到如果进攻遇到麻烦,米先科定会派兵支援,"这些便促俄国人立即实行出击"。于是,捷尼索夫率领他的骑兵连渡过浑河向盛京城急驰。他们在当天下午逼近南门,"城里官兵没有料到他们来得这么早,城门还都开着"。俄国骑兵砍倒了哨兵就从这里闯入城内,很快占领了城楼和部分城墙,并向城下街道守军帐篷猛烈开火,跑出来的清军胡乱开枪,有的扔掉武器向城北逃去。接着,捷尼索夫奔向内城(沈阳故宫),"占领了皇宫所有大门,并向逃跑的慌乱人群开枪"②。这时,米先科等后续部队也先后进城,他们控制了全城,盛京陷落了。米先科攻占盛京时,主力部队还驻扎在白塔铺村没有出发,当得知盛京已被占领,感到很惊奇,苏鲍蒂奇还

---

① [美]乔治·亚历山大·伦森:《俄中战争》,陈芳芝译,商务印书馆 1982 年版,第 150—151 页。

② 《护路队》,第 243 页。

发电致贺。他们在总结这次战役时说："南满部队自海城出发之日起,即八天内,损失如下:阵亡或伤亡军官一人,士兵四十一人;负外伤或震伤军官二人、军医一人、士兵七十八人,总计一百二十三人。"①这些数字显然是大大缩小了,根据增祺的奏报,仅牛庄一战就"击毙俄兵七八百名",又"在沙河南八卦沟,我军会集,复决死战",两者"杀伤相当"②。所以,虚报战果也是俄军的常事。

辽阳、沈阳的陷落,主要是增祺执行清廷投降主义路线的结果。辽阳陷落的当天晚上,他就以保护"盛京大内尊藏圣容、太庙册宝"③为名,带领大小官员逃往新民。在他的影响下,许多将领均已跑光,广大士兵无人指挥,各自为战,互无联络,无所归依,失去了战略目标。再加上武器、装备都无法与俄军相比,特别是缺乏火炮,正如有人所说:清军"大抵皆为敌人炮队所败"④。在这种情况下,尽管广大爱国官兵拼死冲杀,终无胜利的可能。俄南路军占领辽沈之后,继续向北推进,10月6日,到达铁岭与北路军会合,10月31日占领锦州,12月15日占领安东。至此,东北各主要城市与主要交通线均被沙俄侵略军占据,东北义和团运动基本上失败了。但是,各地义和团的余众并未放弃斗争,继续打击侵略者,规模较大的在吉林有刘永和(绰号刘单子,辽阳人)领导的忠义军,在奉天有王和达、董老道领导的六合拳,他们的口号是"御俄寇,复国土",至于小股的抗俄斗争"几乎无时不有,无地不然",矛头都指向沙俄,"三省同出一辙"。瓦德西也说:"俄人之暴虐残忍达于极点,以致该地居民深受激刺,极为不安,常有武装完备之骑兵数百成群,袭击俄军,使其坐卧不宁。"⑤辽阳义和团的斗争坚持时间较长,特别是俄军占领辽阳之后,纷纷转向农村。据载:"城陷后,有洪匪某率拳匪余孽及土匪百数十人,窜入荒沟(时属辽阳,今属本溪),本溪杨二虎扰邻境下马塘";"时有匪首志朗轩入大骆驼背(今属于唐马寨镇现名大背)";"印兰亭、费锡武等攻刘二堡";还有"十一老疙瘩者,皆强悍凶狠,窜入刘二堡、西小地"等,数不胜数,也有的转移去了外地。但在本境者先后都被地方团练镇压下去,即"历经游击、保甲合剿,匪乃远窜,不知所终,计前后匪患盖七八年矣"⑥。

东北义和团运动的失败,除了沙俄侵略军的镇压之外,主要是增祺与长顺之辈坚持卖国投降路线的结果,压制晋昌、寿山等爱国将领的反帝斗争,暗中

①　《护路队》,第244页。
②　《奉天通志》,卷四十八。
③　《清史稿·增祺传》。
④　故宫博物院明清档案部:《义和团档案史料》上册,中华书局1959年版,第511页。
⑤　中国史学会:《义和团》(第三册),上海人民出版社1957年版,第146页。
⑥　《辽阳县志》,卷二十一。

与沙俄勾结,捕杀、镇压义和团,甚至派人向阿列克谢耶夫表示好感,希望迅速实现停战议和,不过由于对方要价太高才没敢答应。后来,又把一切责任都推到晋昌的头上,使其成为他们的替罪羊,晋昌被发配。东北义和团运动虽然失败了,但它的意义不可低估。首先,东北人民的抗俄斗争作为全国义和团反帝爱国运动的一个组成部分,遥相呼应,彼此声援,有力地打击了各国侵略者。他们与全国各地义和团的英雄们一样,表现了高度的爱国热忱和顽强的反抗精神,它在中国人民的心中树立起一座不朽的丰碑,成为永远鼓舞我们前进的力量。其次,它沉重地打击了沙俄侵略者,几乎摧毁了沙俄设在东北的一切殖民机构,打得中东铁路护路队和沙皇派赴中国的侵略军以及盘踞在东北的一切沙俄殖民者狼奔豕突,死伤惨重。中东铁路全线停工,铁路、桥梁、车站遭到严重破坏,损失已达天文数字。1901 年 4 月(光绪二十七年三月)陆军大臣库罗巴特金说:"现在我们在远东的行动,已经费去八万万卢布,而且离这无止境的耗费的尽头还很远。"到 9 月时,财政大臣维特也说:"截至今天为止,我们在中国的事件,已花去了十万万卢布。"①不仅如此,还有"流血的投资",伦森在他的著作结束语中说:"在满洲和北直隶战役全部过程中,俄国伤亡共计:死军官二十二人。兵士二百二十人;伤军官六十人,兵士一千二百二十三人。以上数字不包括 1900 年 10 月 14 日以后平定占领地区所遭受的伤亡。"②这可能是沙俄的官方数字,实际可能要大大超过这个数字。再次,它使沙俄在东北推行的"黄俄罗斯"计划彻底破产。在修筑中东路的同时,为了永久占据东北,他们就推行殖民政策,首先是军事殖民,准备建立"士兵村"和"哥萨克士兵村",充当"黄俄罗斯的先锋队"。既然要殖民就需要大量的土地,自然遭到各地人民的强烈抵制和破坏,所谓"士兵村"根本不可能建立。义和团运动兴起后,即使建立起来,包括其兵营也全部被烧毁,他们的如意算盘终于灰飞烟灭。义和团及广大爱国官兵,在保卫祖国东北的斗争中立下了不朽的历史功勋!

三、义和团运动失败的原因与意义

西太后对外国"宣战"之后,八国联军立即发起进攻,于 7 月 14 日占领了天津,然后兵分两路进犯北京。8 月 13 日,联军攻占通州,当晚日、俄两军就已兵临城下。14 日,英军攻破广渠门,进入城内,日、俄等侵略军也相继入城,北京陷落了。15 日晨,联军进攻皇城东华门。这时西太后带领光绪皇帝、皇后、大阿哥、李莲英等从西华门仓皇出逃,临行并命太监将珍妃推入井内淹死。他们一路经宣化、大同、太原,直奔西安。西太后逃出北京不久,就授权李鸿章

① 复旦大学历史系:《沙俄侵华史》,上海人民出版社 1975 年版,第 379 页。
② [美]乔治·亚历山大·伦森:《俄中战争》,陈芳芝译,商务印书馆 1982 年版,第 171 页。

放手卖国,向联军投降,同时发布"上谕"要痛剿义和团。联军进入北京时,部分爱国官兵和义和团与侵略军展开了激烈的巷战,互有杀伤,一虎难抵群狼,终于退出北京。八国联军进入北京后,烧杀抢掠、奸淫妇女,无恶不作,犯下了滔天罪行,充分暴露了强盗的本色。尤其皇宫和颐和园所藏大量珍贵文物被抢劫一空,"八国联军从各级军官、教士到普通士兵,无一例外地都参加了抢劫活动"①。瓦德西也不得不承认:"所有中国此次所受毁损及抢劫之损失,其详数将永远不能查出,但为数必极重大无疑。"还说:"因抢劫时所发生之强奸妇女,残忍行为,随意杀人,无故放火等事,为数极属不少。"②

这时,逃往西安的西太后,唯一担心的是帝国主义会不会惩办她,如果不推翻清朝统治,不动摇她的地位,不论什么卖国条件她都愿意接受。因此,她一再电令李鸿章、奕劻,谈判"可成不可败",要不惜一切代价求和,早日完成卖国投降任务,争取帝国主义对她的宽大处理,千万不能拖延时间,以免危及清朝的统治。但是,帝国主义之间为了攫取最大利益,互相争吵不休,美国重谈"门户开放"的老调,虚伪地主张保持中国领土和行政完整,承认西太后为"合例政府",作为帝国主义共同统治中国的工具。直到 12 月 24 日,除了八国之外,又加比利时、西班牙、荷兰,另外还有葡萄牙、瑞典挪威(后者是一个国家,1905 年后才分为瑞典、挪威两国),实际是十三国(没有出兵的五个国家以都遭到了不同程度的"公私损失"为由而参加进来,后来也都得了赔款),共同抛出了所谓《议和大纲》十二款,声称这些条件都是"无可更改"的。西太后接到《议和大纲》之后,看见惩凶名单上没有她的名字时,真是大喜过望,立即"诏报奕劻、鸿章尽如约"③,全部"照允"。西太后等人还厚颜无耻地说:"量中华之物力,结与国之欢心",就是以最大限度的卖国,争做帝国主义"欢心"的走狗。后来,在赔款分配上各国争吵不休,终于在光绪二十七年(1901)七月二十五日达成一致,签订了所谓和约,因当年为辛丑年,所以称为《辛丑条约》。这个条约是清政府在政治、军事、经济等各方面主权的一次大拍卖,帝国主义(通过公使义团)成为清政府的太上皇,中国完全沦为半殖民地,中华民族的灾难愈益深重,中国人民更加陷入水深火热的痛苦之中。

《辛丑条约》确保了西太后的统治地位,她非常满意地于八月二十四日从西安启程,经潼关、洛阳、开封、保定,至十一月二十八日到达马家堡,进入永定门,由正阳门(前门)还宫。从此,她对外彻底投降帝国主义;对内更加疯狂地镇压人民反抗,继续其腐朽的统治。

---

① 陈振江:《简明中国近代史》,天津人民出版社 1991 年版,第 282 页。
② 中国史学会:《义和团》第三册,上海人民出版社 1957 年版,第 246 页。
③ 中国史学会:《义和团》第一册,上海人民出版社 1957 年版,第 34 页。

义和团运动在清政府的欺骗、出卖和帝国主义强盗的联合绞杀下失败了。

义和团是以农民为主体的自发的反帝爱国运动,由于时代和阶级的局限,他们对帝国主义还处于感性的认识阶段,看不清帝国主义与清政府相互勾结的实质,提不出科学的完整的反帝反清的纲领和策略。他们以"消极作用很大的'扶清灭洋'口号相号召,以神灵附体和刀枪不入的迷信思想作鼓动,结果使他们正义的反帝斗争始终局限在狭隘的'笼统排外'的圈子里,而在'扶清'思想的束缚下对清政府丧失了警惕,一度被封建顽固势力所利用,直至被出卖"①。在"灭洋"问题上,确实陷入笼统和盲目,没有科学的分析,从其大量揭帖中可以看出这一点:"先拆电线,次毁铁路,最后杀尽洋鬼子";"先将教堂烧去,次将电杆毁尽,邮政、报房、学堂,自当一律扫净";甚或"凡关涉洋字之物,皆所深忌也"②。特别是在革命形势迅速高涨的情况下,一些官僚地主乘机钻进了义和团的内部,甚至窃取了一部分领导权,影响了革命路线的贯彻,义和团逐步被引上了歧途。如北京义和团进攻外国使领馆,是一起罕见的违反外交准则和国际惯例的流血事件,有证据表明它是以西太后为后台通过载漪等顽固派一手策划的。目的在于激起帝国主义"公愤",出兵镇压义和团,可谓一箭双雕。既迎合了义和团的"灭洋"要求,又可以借刀杀人,真是阴险毒辣至极③。义和团在组织上也比较分散,始终没有形成统一集中的领导,分散的各自为战,削弱了战斗力,容易被强大的敌人各个击破。他们只凭一腔热血和以原始刀矛(甚至是赤手空拳)与持有各种近代武器的帝国主义展开搏斗,前仆后继,不怕牺牲的精神,虽可"寒列强之胆",但终究不能战胜八个帝国主义国家的联合进攻,何况还有清军的"按户搜杀,以绝乱源"④的全面围剿,失败是必然的。

诚如有人所说:"义和团运动是中国人民郁积了半个多世纪的反帝义愤的总爆发,其正义性是无可置疑的。"

首先,义和团运动沉重地打击了帝国主义侵略者,彻底粉碎了帝国主义妄图瓜分中国的迷梦,迫使它们不得不承认"瓜分一事,实为下策"。义和团在祖国面临危亡的严重时刻,高举反帝斗争的旗帜,同帝国主义强盗展开了殊死的搏斗,前仆后继,表现了顽强的敢战精神,"未尝不轰全球人之耳,电全球人之目也"⑤。瓦德西也说:"中国所有好战(应该是反侵略)精神,尚未完全丧

---

① 陈振江:《简明中国近代史》,天津人民出版社1991年版,第294页。
② 中国史学会:《义和团》(第二册),天津人民出版社1991年版,第10页。
③ 参见陈振江、程啸:《义和团文献辑注与研究》,天津人民出版社1985年版,第259页。
④ 中国史学会:《义和团》(第一册),上海人民出版社1957年版,第15页。
⑤ 《辛亥革命前十年间时论选集》,第一卷(上册),第62页。

失,可与此次'拳民运动'中见之。"①在此之前,帝国主义列强几乎天天叫嚷瓜分中国。麦孟华在《清议报》上著文说:"外人瓜分之议,且十年于兹矣,鹰瞵虎视,眈逐其旁"②。在此之后,梁启超则著文说:"环球政治家之论,反为之一变,保全支那之声,日日腾播于报纸中。"③为什么会有如此的根本变化呢?我们可以引用赫德的话来加以说明。赫德在中国担任总税司已近四十年,是最著名的中国通,他的看法很有代表性,对各国的决策也很有影响。他说:"这个种族已经酣睡了很久,但是最后终于醒了过来,他的每一个成员都在激起中国人的感情——中国是中国人的,把外国人赶出去!"他批评说,过去"许多人曾经大谈特谈、大写特写,把瓜分当作最得策的解决办法"。他指出,"不论中国哪一部分领土被割去,都必须用武力来统治。像这样被割去的领土越大,治理起来所需要的兵力就越多,而骚动和叛乱的发生就越是确定无疑。中国被瓜分,全国就将协同一致来反对参与瓜分的那几个外国统治者。"他的结论是,"从利害得失的简单道理来考虑,这样一种解决办法应予以谴责。"④实际上许多资产阶级政治家都如此看,认为瓜分之说就是白日做梦。法国一位议员说:"谁敢谓亚洲堂堂之大国,无华盛顿其人者起。吾故谓瓜分之说,不啻梦呓也"⑤。义和团运动有力地教训了侵略者,迫使他们不得不重新认识中华民族,重新评估中国人民的反抗力量。英国外交部副大臣勃乐叠立克,在议会宣布对华政策时指出:必须面对现实,不能瓜分中国。他说:"中国此后,仍须以华人治华地。凡有意开通中国之人,应须小心谨慎,团匪之事,即可取以为鉴。我英亦不能以待印度者,待中国也。"⑥美国传教士勃罗温说:"照今天的情况看来,真正瓜分中华帝国是不大可能的。列强害怕担负治理中国人的任务,因为这些人不仅为数众多,而且性格如此倔强,以致为了防范他们不断发生叛乱,可能需要庞大的军事开支。"⑦这就是说,瓜分必然引起反抗,不可能进行稳定的统治,也无法负担巨额的军费,可谓得不偿失。诚如瓦德西所说:"无论欧美、日本各国,皆无此脑力与兵力可以统治天下生灵四分之一"⑧。所以,义和团运动阻止了帝国主义瓜分中国的妄想是无可置疑的。正是从这个意义上,周恩来曾说:"一百多年以来,中国人民受尽了帝国主义国家的侵略、

① 中国史学会:《义和团》(第三册),上海人民出版社1957年版,第86页。
② 《清议报全编》,卷三,第101页。
③ 《清议报全编》,卷七,第15页。
④ 吕浦等译:《"黄祸论"历史资料选辑》,中国社会科学出版社1979年版,第144—161页。
⑤ 中国史学会:《义和团》(第四册),上海人民出版社1957年版,第246页。
⑥ 中国史学会:《义和团》(第四册),上海人民出版社1957年版,249页。
⑦ 吕浦等译:《"黄祸论"历史资料选辑》,中国社会科学出版社1979年版,第206页。
⑧ 中国史学会:《义和团》(第三册),上海人民出版社1957年版,第244页。

压迫、掠夺和屠杀。中国人民在这个时期里,不断地为争取自己祖国的自由和独立,英勇地进行了反对帝国主义侵略和封建主义压迫的斗争。一九〇〇年的义和团运动正是中国人民顽强地反抗帝国主义侵略的表现。他们的英勇斗争是五十年后中国人民伟大胜利的奠基石之一。"①

其次,义和团运动也沉重打击了清王朝的腐朽统治,进一步揭露了它对外投降卖国、对内镇压人民的丑恶行径。过去,史学界有一种流行的说法,认为义和团"只反帝不反清",所谓"扶清"就不可能"反清"。事实并非如此。在"扶清灭洋"口号之外,各地还有许多口号。如"灭洋人、杀赃官""最恨和约,误国殃民,上行下效,民冤不伸",难道这些不是反清吗? 还有"匀粮济贫"的口号,几乎遍及山东全省和直隶南部,很有号召力。"饥民闻匀粮食,无不乐从",结果造成"纪纲法度,荡然无存"②,沉重打击了清王朝的反动统治。再有"杀一龙、二虎、三百羊"怎么能说不反清呢? 义和团使中国人民从血的教训中认识到:要想反对帝国主义,就必须首先推翻清王朝的统治,否则是不可能的。从此,中国人民抛弃了旧式的起义方式,自觉地走上了民主革命的道路。

再次,义和团运动促进了资产阶级民主革命运动的兴起。正如孙中山先生在《建国方略》中所说:"当初次(指1895)之失败也,举国舆论莫不目予辈为乱臣贼子,大逆不道,咒诅漫骂之声不绝于耳。……惟庚子失败之后,则鲜闻一般人之恶声相加。而有识之士,且为吾人扼腕叹惜,恨其事之不成矣。前后相较,差若天渊。"③章炳麟在为冯自由《中华民国开国前革命史》所写的序言中也说:"自亡清义和团之变,而革命党始兴。"从此,孙中山领导的资产阶级民主革命蓬勃开展起来,十年后终于推翻了清王朝,开启了新的时代。

---

① 《人民日报》,1955年12月12日。
② 《郯城县禀沂州夹单》,转引自《义和团运动史论文选》,中华书局1984年版,第130页。
③ 《孙中山选集》(上卷),人民出版社1956年版,第174页。

第九章 日俄战争与辽阳大会战

《辛丑条约》签订后,俄国拒不从东北撤军,并不断地继续扩张,东北已成为俄国的势力范围。日本被迫"还辽"之后,余恨未消,又见俄国势力的扩张,岂肯容忍,遂制订了十年扩军备战计划,企图夺取朝鲜和我国东北,以报一箭之仇。随着日俄矛盾的日益激化,终于爆发了一场帝国主义战争,辽宁成为他们的主战场。在长达十九个月的战争中,日本战胜了俄国,在美国的调停下,双方签订了《朴茨茅斯和约》,重新划定了势力范围,有了所谓南北满之分。在这场战争中清政府被迫"中立",不仅中国的主权与领土遭到凌辱与践踏,也给东北人民,特别是辽宁人民造成了无尽的痛苦与灾难。

第一节 日俄对我国东北的争夺

日本看到东北已被俄国占有,不能容忍,决心与其一战,制订了十年扩军备战计划,决心打败俄国,推行大陆政策。随着日俄矛盾的日益激化,前后经过半年之久的谈判未能达成协议,终于在英、美等国的支持下,日本以偷袭的方式挑起了战争,辽宁是他们的主战场。

一、俄国侵略势力在东北的扩张

在甲午战争中,中国遭到惨败,被迫签订了《马关条约》,既赔款又割地,但"三国干涉还辽",使日本已经到手的辽东半岛被迫退了回来。此后俄国以"还辽"有"功"为由,不断地提出各种侵略要求,胁迫清政府给予满足,使整个东北沦为俄国的势力范围。

《马关条约》尚在谈判之际,俄国就有人想到清政府必然无力偿付巨额赔款,因此建议当局通过借款以取得"对华的财政与行政方面的保护权"[①]。当俄国闻讯清政府拟向英国借款时,其外交部长罗拔诺夫即向中国驻俄公使许景澄表示:"闻欲向不肯合劝(还辽)之英国商借,颇觉诧异。特请代达国家,应先商俄国,方见交谊"[②],清政府无奈只能答应。俄国在列强中本是一个穷国,但它联合法国参与,共借四亿法郎,俄国出五分之一,法国出五分之四,但它掌握主导权。或者可以说,它从法国借钱,再转手借给中国,从中渔利。光

---

① [英]菲利浦·约瑟夫:《列强对华外交》,胡三宾译,商务印书馆中译本1959年版,第70页。
② 王彦威、王亮:《清季外交史料》第一百一十一卷,书目文献出版社1987年版,第11页。

绪二十一年(1895)闰五月十四日,中俄在彼得堡签订四厘(即年息四厘)借款合同,分三十六年还清,以海关税担保。同时,为了巩固和扩展其在华的经济势力又与法国联合建立道胜银行,资本金六百万卢布,俄国占八分之三,法国占八分之五。银行董事俄国五人,法国三人,董事长为俄国的乌赫托姆斯基。俄国的资本金虽少,但掌握支配权,总行设在彼得堡。按照俄国政府颁布的银行条例规定,其在中国的业务主要是:代收中国各种税收;经营地方与国库有关业务;铸造中国政府允许的货币;敷设中国境内铁路和电线等。后来,俄国又诱使清政府参加股本五百万两,约合七百五十六万二千卢布,并改称华俄道胜银行。从此,以中俄合办为名,获取了控制中国金融、税务、铁路建设、矿山开采等特权。

欲壑难填。沙俄在取得上述特权之后,又以共同防日侵略为名,诱使清政府派李鸿章于光绪二十二年(1896)四月二十二日在莫斯科签订了《中俄御敌互相援助条约》,即《中俄密约》,又攫取到了在中国修筑铁路的特权。该约内容六条,主要有:日本如侵占中国、朝鲜与俄国远东领土时,中俄两国海陆军应互相援助,并互相接济军火粮食;在日本采取军事行动期间,俄国军舰在必要时,可以进出中国的一切港湾,当地官员应以物品供应;中国允许俄国修建西伯利亚铁路可以穿越黑龙江、吉林两省到达海参崴,由华俄道胜银行承办。事后,李鸿章竟无耻地对黄遵宪说:《中俄密约》"二十年无事,总可得也"①,纯属自欺欺人之谈。列宁则说:它是"彻头彻尾的强盗条约",其实是"允许俄国资本家掠夺中国"②。正因如此,它遭到各阶层的普遍反对。许多官员纷纷上疏,其中最有代表性的是山东巡抚李秉衡(海城人,有说是辽阳人,实误),他说:该约"中国受制太甚,……阳为制日,而阴实制我"。又说:"彼享其利,我罹其害,假我吉林、黑龙江之道,接铁路以运陆兵,而东三省非我有也!"③这就是所谓"中东路",也称"东清路",其间要经过满洲里、海拉尔、哈尔滨、阿城、牡丹江、绥芬河等地,成为俄国西伯利亚大铁路的组成部分,使俄国的势力深入到东三省的北部。

光绪二十三年(1897)十月七日,德国有两名传教士在山东巨野被杀,德国即以此为借口派出军舰强行占领了胶州湾。第二年二月十四日,清政府被迫与德国签订了《胶澳租界条约》,其中规定:德国租借胶州湾为军港,租期九十九年;德国在山东修筑两条由胶州到济南的铁路,沿线两侧三十华里以内的矿产,德国有开采权;清政府在山东境内开办任何工程,都应先向德国商办。

① 黄遵宪:《人境庐诗草》(诗草笺注本),上海古籍出版社1981年版,第380页。
② 《列宁全集》第二十四卷,第204页。
③ 王彦威、王亮:《清季外交史料》第一百二十四卷,书目文献出版社1987年版,第14—19页。

这样,山东就成为德帝国主义的"势力范围"了。在德国强占胶州湾不久,俄国即派遣舰队于十一月二十二日占领了旅顺口和大连湾。光绪二十四年(1898)三月六日,清政府又被迫与俄国签订了《旅大租地条约》。其中规定:将旅顺、大连租给俄国,租期二十五年;租地内之地方行政权由俄国管理,中国军队不得入内;允许俄国建筑中东铁路一条支线,即由哈尔滨通到大连。这样,俄国势力就由东北北部伸入南部,很快整个东北都成为俄国的"势力范围"了。

德国和俄国的侵略行动,掀起了帝国主义瓜分中国的狂潮。法国也借口干涉"还辽"有功,强割云南的猛乌和乌得两地,并取得云南、广西、广东三省的筑路、开矿权。还强迫清政府声明海南岛和对岸陆地不割让别国。不久,又强租广州湾为军港。光绪二十五年(1899)十月十四日,清政府与法国签订《广州湾租界条约》,租期九十九年。这样,法国在云南和两广一带建立了"势力范围"。英国为了巩固自己在中国的优势地位,也强迫清政府于光绪二十四年(1898)一月二十一日声明长江沿岸诸省不得割让他国,不久又强租威海卫和九龙半岛,前者租期二十五年,后者租期九十九年。英国利用这两个基地,北面对抗俄国势力南下,南面对抗法国势力北上,保证它在长江流域的"势力范围"。日本也不甘落后,它于同年闰三月二日强迫清政府声明不割让福建给别国,于是福建省及沿海岛屿就成为日本的"势力范围"了。当各国在中国争夺"势力范围"的时候,美国正在和西班牙进行争夺菲律宾与西印度群岛的战争,无暇兼顾。但是美国绝不会放弃对中国的侵略,恰恰相反,它夺取菲律宾正是为了侵略中国。所以,在它夺取了关岛和菲律宾,铺平了跨过太平洋而到达中国的"跳板"之后,立即采取一种更巧妙、更毒辣的方法,即不必在中国划分什么"势力范围",就可得到它所要得到的一切,甚至实现独霸中国的目的,这就是美国的所谓"门户开放"政策。光绪二十五年(1899)八月二日,美国务卿海约翰训令美驻英、德、俄三国公使分别致送所在国通牒,请求赞助"门户开放"政策,以后又对清政府及法国、意大利发出同样的通牒。它的内容是:各国相互承认在中国的"势力范围""租界地"和通商口岸的既得利益,彼此不得干涉;任何"势力范围"的各港口,无论对于何国入港商品,都照现行税率拿税,税款由中国政府征收;在任何"势力范围"里,各国船只的入港费和货物的铁路运费,都不得高于占有这个"势力范围"的国家的入港费和运费。应该说,这个政策不但没有损害各国划定的"势力范围"和既得利益,又可以暂时防止互相竞争,缓和帝国主义之间的矛盾。但是各国的"势力范围"都要对美国开放,必须"机会均等,利益均沾",使美国扩大了在中国的侵略势力。由于任何一个国家都无力独霸中国,所以各国先后表示接受美国的"门户开放"政策。

不难看出,甲午战争以后,不到三四年的时间,帝国主义在中国划分"势力范围"已经基本完毕,祖国的大好河山面临被全部瓜分的形势,民族危机已达到了空前严重的程度。如何挽救中国的危亡? 不同的阶级选择了完全不同的道路。以康有为、梁启超为代表的资产阶级改良派主张学习西方,实行君主立宪制,推行改良变法,由于没有群众基础,只经过"百日维新"而遭到彻底失败,证明改良主义在中国是行不通的。在这种情况下,广大劳动人民,以农民为主体选择了自己的方式,掀起了轰轰烈烈的义和团革命运动。最后虽然失败了,但它沉重打击了清朝的封建统治和外国侵略势力。这里要特别提到的是,沙皇俄国一方面参加八国联军在京津镇压义和团;一方面乘机出兵东北,完全占领了奉、吉、黑三省。《辛丑条约》签订后,各国都应该按照规定撤兵,但沙俄制造种种借口,企图霸占我国东北,不肯撤退盘踞在这里的军队。这就引起它与日、美、英等帝国主义国家的不满,特别是日本。当时,日本正在积极推行"大陆政策",沙俄的做法势必妨碍日本的侵略利益。本来日本早就对东北垂涎三尺,更何况"三国干涉还辽"尚余恨未消,今见沙俄想要独占东北,自然分外眼红。因此,日本与沙俄之间的矛盾急剧尖锐起来。

二、日本的十年备战计划

"三国干涉还辽"之后,在日本统治阶级内部引起极大的不满。有人认为是"千古未有的大辱";有的说是"战果丢掉了一半";山县有朋则强调:"过去之军备专以维持主权线为本,然欲使此次战争之结果不致化为乌有,并进而成为东洋之盟主,则非谋求利益线之扩张不可。"①从这可以看出日本的侵略野心,想"成为东洋之盟主"。据此日本以沙俄为敌国,制订了一个十年(1896—1905)扩军备战计划。

明治二十八年(1895)十一月,召开了第九届议会,通过一项提案,即从明治二十九年(1896)起,"陆军新设立六个师及骑兵两个旅、炮兵两个旅,使用现役兵力甲午战争时的二倍以上;海军方面作为第一期扩军计划,通过了建造大小舰艇三十六艘的提案。陆军的计划到一九〇二年全部实现部队的装备进一步得到了改善。至于海军,紧接着第一期计划之后,在第十届议会上决定了第二期扩军计划。按照这一计划,在一八九六年至一九〇五年的十年期间建造装甲舰四艘,一等巡洋舰六艘,加上其他舰艇共计九十四艘,还有辅助船舶五百八十四艘。预算总额为二亿一千三百一十万元"②。扩军备战的结果,陆军现役军人由七万人增至十五万人;海军舰艇的总吨位由六万二千吨增至二十六万四千吨。由此可见,日本经过十年的"甲午战后经营",力量大增,决

---

① 转引自吕万和:《简明日本近代史》,天津人民出版社 1984 年版,第 155 页。
② [日]井上清:《日本帝国主义的形成》,宿久高等译,人民出版社 1984 年版,第 78 页。

心打败沙俄,"成为东洋之盟主"。

与扩军备战的同时,日本还大肆进行军国主义教育,煽动战争狂热,愚弄群众。明治二十三年(1890)以天皇的名义颁布了所谓《教育敕语》,目的在于将学校、家庭、社会三个方面的思想道德规范纳入维护天皇制度的军国主义轨道。向人民群众灌输"武备第一""武勇武运""武运长久",提倡"武士道"精神,渲染为天皇卖命"光荣"的思想。在小学教科书第一册里就讲了这样一个"故事":甲午战争时期一个司号员,在中弹将亡的情况下,仍然坚持吹号,最后喊着"天皇万岁"而死去。在所有的教科书中,这样的"故事"比比皆是。十九世纪八十年代以来,日本社会上出现了一些非官方的军国主义组织,扮演着军国主义别动队的角色。先后出现的有"玄洋社""黑龙会""浪人会"等。"玄洋社"的头目叫头山满,号称"右翼运动的大祖师",福冈人,明治十四年(1881)与平冈浩太郎创立"玄洋社",标榜所谓"大亚细亚主义",与军部、财阀、官僚勾结,对内迫害进步力量,对外配合军部侵略政策,极力煽动政府侵略中国和朝鲜。"黑龙会""浪人会"等都属于"玄洋社"的派生组织,奉行"大亚细亚主义",对内破坏工人运动,对外支持政府侵占中国大陆,故以"黑龙"为名。主要成员是活动于中国的日本浪人,他们从事间谍特务工作。这些军国主义组织是日本早期的右翼集团,第二次世界大战后虽被解散,但潜势力仍然大有人在。

日本深知欲想战胜沙俄绝非易事,必须得到帝国主义各国在外交和财政上的支持,否则是不可能的。当时的舆论都认为:"日本若不利用帝国主义之间的矛盾,联合其中一方,侵略东亚将一事无成。"首相桂太郎也说:"因独自控制远东局势困难颇多,应见机与欧洲某国缔结某种协定。"山县有朋也说:"与欧洲某个强国结成联盟,对付俄国的经营满、鲜,维护东方和平。"①究竟与欧洲哪个强国结盟,当时尚无定论。由于日俄矛盾的加剧,各个帝国主义国家为了自身的侵略利益,态度各不相同,有的支持日本,有的支持俄国,但支持日本者为多,然而共同的一点都想从中渔利。首先是英国,它的势力欲向东北伸张,主要障碍就是沙俄,因此支持日本与其一战,以便火中取栗。特别是在镇压义和团的过程中,日本出兵最多,约占联军的一半,认为日本在亚洲有很大的强势,可以与沙俄抗衡,所以极愿与日本结盟。明治三十五年(1902)1月30日,双方在伦敦签订了《日英同盟协定》,共六条,主要是:两缔约国相互承认各自在中国及朝鲜之特殊权益;若英国或日本国之一方,为保护上述之利益,而致与他国开战时,则他方应守严正中立,并努力防止其他国家参加战事攻击其同盟;若另一国或数国参加对于该同盟国战争时,则他一缔约国应予以

---

① [日]井上清:《日本帝国主义的形成》,宿久高等译,人民出版社1984年版,第157页。

援助,共同作战,媾和时亦须相互同意,然后实行;本协定自签字日起,以五年为有效期。列宁认为:"英国同日本结成联盟,准备了日本对俄国的战争。"①

美国认定沙俄是它推行"门户开放"政策的主要障碍。《日英同盟协定》公布之后,美国曾给英、日发出照会,其内容有的媒体评论说:"美国政府将不会参加签订这个盟约的国家行列,因为这不符合美国的传统,但是美国政府显然完全同情伦敦和东京的政策。"后来,对日本表示如果爆发战争,"美国的政策将是有利于日本的"。所以有人评论说:"美国实际上参与了英日同盟"②。应该说,美国是没有入盟的同盟国,实际是英、日、美三国同盟。

德国从自身的利益出发,希望日俄之间早日发生战争,目的是把沙俄的军事力量引向远东。沙俄在欧洲的军队东移,可以减轻俄法军事同盟对自己的压力,有利于其在欧洲的发展。同时认为,日俄之间爆发战争,无论谁胜谁负,对德国都是有利而无害。因此,决定采取两面政策。一方面在财政上支持沙俄;另一方面又向日本提供军火和军事技术,并表示日俄之间一旦发生战争,它将保持中立。

支持沙俄的只有法国,因为它对沙俄有大量的贷款。所以英、日结盟之后,法、俄两国发表声明,反对英、日同盟,并宣布法、俄同盟的有效范围也包括远东。但法国担心俄国军事力量东移有利于德国而不利于自己,所以对俄国的支持并不十分积极。

综上所述,可以看出当时的国际环境,在外交上对于日本非常有利,坚定了日本对俄国开战的决心。俄国当然也不甘示弱,定要打败日本,并已制订了完整的作战计划,"先将日军逐出满洲、朝鲜,在日本登陆,击溃其本土部队,敉平人民的反抗,占领都城,生擒日皇"③。对此,有人说:"这纯粹是士官生式的空想了。"

三、日俄战争的爆发

《辛丑条约》签订后,各国都应该按照规定撤军。但沙俄制造种种借口,企图永久霸占我国东北,不肯撤军。这不能不引起中国人民的激烈反对,许多帝国主义国家,特别是日、英、美三国也纷纷进行指责。为了缓和上述压力,俄国表面上答应从东北撤军,于光绪二十八年(1902)三月一日与清政府签订了《交收东三省条约》,共有四条。第一条:允在东三省各地归复中国权势,并将该地方一如俄军未经占据以前,仍归中国版图及中国官治理。第二条:由签字

① 《列宁全集》第二十三卷,第126页。
② [苏联]鲍·亚·罗曼诺夫:《日俄战争外交史纲》(上册),上海人民出版社编译室俄文组译,上海人民出版社1976年版,第241页。
③ [苏联]鲍·亚·罗曼诺夫:《日俄战争外交史纲》(下册),上海人民出版社编译室俄文组译,上海人民出版社1976年版,第464页。

画押后,限六个月撤退盛京省西南段至辽河所驻俄国各官军,并将各铁路交还中国。再六个月,撤退盛京其余各段之官军暨吉林省内官军。再六个月,撤退其余之黑龙江省所驻俄国各官军。第三条:在俄国各军全行撤退后,仍由中国酌核东三省所驻兵数,应添应减,随时知照俄国国家。第四条:被俄兵所占据并保护之山海关、营口、新民厅各铁路,交还本主。是年九月,第一次撤兵到期,俄国如约撤退了盛京西南段的俄兵,并将关外铁路交还。第二年三月,第二次撤兵到期,应该撤出金州、牛庄、辽阳、奉天、铁岭、开原、长春、吉林、宁古塔、珲春、阿拉楚喀、哈尔滨等处俄兵。但是,俄国不仅不撤兵,反而提出七项要求,作为撤兵的条件,内容是:中国不得将东三省让与他国;自营口至北京的电线,中国应允许俄国另架一线;无论欲办何事,不得聘用他国人;营口海关税应由道胜利银行收储,税务司必用俄人;除营口外,不得再开其他通商口岸;蒙古现行的行政制度悉当仍旧;北京事变(指义和团运动)前,俄国所得利益,不得更改。

　　不难看出,这七项要求实际就是要独霸东北,不准其他帝国主义国家染指,是"黄俄罗斯计划"的新版本。他们要求清政府必须答应这些条件,否则就不再撤兵,并重新占领东北。这一消息传出后,激起广大人民的极大愤慨,立即在一些主要城市掀起一个广泛的"拒俄"爱国运动。光绪二十九年(1903)四月一日,上海各界爱国人士一千余人在张园召开"拒俄大会",致电北京外务部并向全世界宣布:如果接受沙俄的无理要求"我全国人民,万难承认","即使政府承允,我全国国民万不承认"[①]。学生界尤为激烈,北京京师大学堂的学生举行集会,通过决议,抗议沙俄的侵略;还给湖北各学堂发出呼吁书,要求一致行动。在日本的中国留学生于四月三日在东京锦辉馆召开有五百多人参加的抗议大会,决议组织"拒俄义勇队",回国发动武装抗俄斗争,当场报名者就有二百余人。随后,广东、湖北、安徽、浙江、福建等省的留日学生也分别集会,抗议沙俄的侵略。当时国内媒体十分活跃,如《苏报》《江苏》《时报》《浙江潮》《新湖南》《湖北学生界》《国民日日报》等,都发表了大量的评论、报道,强烈谴责沙俄霸占我国领土的野蛮罪行。上海还出版了《俄事警闻》的报纸,报道沙俄侵略动态,宣传抗俄救亡。上述这些活动使更多的人认清了清政府的腐朽统治,从而推动了资产阶级革命的兴起和发展。有一本《满洲问题》的小册子说:"清政府不与俄宣战,吾国民当以四万万人之同意与俄宣战;清政府禁制吾四万万人之与俄宣战,吾国民当以四万万人之同意与清政府宣战。"诚如章太炎在《驳康有为论革命书》中所说:"今者满洲故土,既攘夺于俄人,失地当诛",应该推翻清政府,只有实行革命,中国人民才能免为

①　《江苏》,一九〇三年第二期。

"欧美的奴隶"。"拒俄"爱国运动在各地蔓延,很快在全国出现了声势浩大的抗俄救亡高潮。辽阳如何呢?请看《辽阳知州廖彭给增祺禀》,其中说:"风闻辽界吉洞峪团练有助日剿俄之语"。增祺得报后,立即令廖彭:无论"事之有无,不可不防,该县即遵照设法警察预防,并先派密探将吉洞峪之谣速行密查严禁"。又令"当于奉扎后,即飞函专人密查,并详细传知该练长徐珍,务令严密镇静,毋使所管各屯稍有流言,致令外人借口,有碍大局"①。由于增祺的密令与层层设防,"助日剿俄"的设想自然是胎死腹中了。

与此同时,沙俄的违约行为激化了它与日、英、美等国的矛盾,纷纷对其进行谴责和抗议。日本要清政府对沙俄的要求"一丝一毫切勿有所让给"。英国也通告清政府不能"应允"沙俄"违背满洲条约之款",并表示"我英必定出面相拒"。美国则认为,这是对它在东北利益的"特殊的打击",甚至"打在美国的面颊上"②。因此,参议院外交委员会主席建议美国应该与英、日联合,阻止沙俄的行动。

清政府迫于国内的压力和日、英、美等国的干预,正式拒绝沙俄的讹诈条件,并严正要求沙皇政府履行《交收东三省条约》的规定,按时撤兵。光绪二十九年(1903)九月,是沙俄最后撤兵的期限,然而不仅不撤,反而继续增兵。九月九日清晨,沙俄马、步军一千余人从辽阳出发,突然闯入奉天省城,占据了电报局和户部、礼部等衙门,赶走了守城的清军,在城墙上挂起了沙俄的三色旗,软禁了盛京将军增祺,重新占领了奉天。同时,在旅顺、辽阳、珲春等要地,日夜不停地修筑工事、炮垒,加速战争准备。

沙俄的一系列举动,不仅引起全国人民的一致声讨,也进一步激化了它与日、英、美等国的矛盾。特别是日本感到俄国已经抛弃了撤兵之约,企图永久占据东北,"其结果必损帝国之安宁与利益"。另外,"俄扼守韩国之边境,则韩国被其控,即难独立。……夫韩国为我国防护线之紧要前哨,其独立于帝国之康宁安全为绝对必要。且帝国在韩国政治上及商工业上之利益实优于他国,所有利益自任保护之责,决不让于他国,或稍减其程度"。因此,日本在英、美的支持下,决定与俄国进行直接谈判,沙皇政府也表示同意,于是从光绪二十九年(1903)六月五日开始在彼得堡、东京两地进行谈判。首先是日本提出一个六条方案,主要的是前两条:一是互相尊重中韩两国之独立及领土完整,并保持各国在该二国工商业计划均等;二是俄国承认日本在韩国有优越利益,日本承认俄国于满洲铁路有特殊利益,至日本于韩国,俄国于满洲,各自所

① 辽宁省档案馆:《日俄战争档案史料》,辽宁古籍出版社1995年版,第93、121页。
② 《日本外交文书》,转引自复旦大学:《沙俄侵华史》,上海人民出版社1975年版,第401—402页。

得的利益互相承认。接着俄国也提出一个方案,共八条,主要是互相尊重韩国之独立及领土完整;日本承认满洲及其沿海一带,均在日本利益范围之外。这个方案的实质就是把日本排除在"满洲"之外,有条件地承认日本在朝鲜之利益。此后的谈判主要围绕上述要求争吵不休,互不让步。长达半年之久的所谓谈判,直至光绪二十九年(1903年)十二月二十日宣告结束。第二天,日本发出最后通牒,认为日本"所提正当无私之提案,既未蒙俄国予以应得之考虑,则日俄之外交关系今已无有价值。是以日本帝国政府业经决定断绝外交关系"①。当天上午,根据天皇开始军事行动的敕令,日本海军联合舰队,离开佐世保基地,在司令官东乡平八郎的率领下向黄海北部进发,准备分别攻击停泊在旅顺和济物浦(今韩国仁川)的俄舰,夺取制海权。十二月二十三日下午五时,一艘英国汽船驶进旅顺,接走了日本领事馆的全体人员和全体侨民。对此俄国多数人都是麻木不仁,甚至俄国太平洋舰队参谋长威特赫夫特还说"战争打不起来",毫无防范。当天黄昏时分,东乡的联合舰队到达距旅顺只有四十海里的园岛隐蔽起来,等待时机。然后,舰队一分为二,一部分去大连湾进行搜索,以为牵制;大部分去旅顺口,准备袭击那里的俄舰。

当天夜里十一时左右,日舰已经到达旅顺口外,发现有俄国七艘铁甲舰、六艘巡洋舰和几艘驱逐舰都停泊在旅顺港外锚地,舰上灯火通明,挂满了节日的舷灯。十二月二十三日,东乡平八郎海军中将率领日本联合舰队进入黄海,兵分两路:瓜生外吉海军少将指挥的第四战队去仁川,在那里进攻俄舰并掩护陆军在该地登陆;东乡率领第一、二、三战队及驱逐舰队直奔旅顺。当天夜里十一时三十分东乡袭击了停泊在旅顺口外的俄国舰只,发射了十六枚鱼雷,有三枚击中目标,重创铁甲舰"列特维赞"号、"柴沙列维奇"号和一级巡洋舰"帕拉达"号。此后,还炸沉了俄国太平洋舰队旗舰"彼得罗巴甫洛夫斯克"号,太平洋舰队司令马卡罗夫中将及六百多名官兵全部葬身海底。不久,旅顺口被完全封锁起来,俄舰再不能出海作战。日本掌握了制海权,不仅可以掩护日军从辽东半岛登陆,也保障了海上补给线的畅通。

瓜生率领的第四战队,于当天下午到达仁川港附近。俄国有三艘舰只停在港湾里,一艘"瓦良格"号巡洋舰、一艘炮舰"高丽人"号和一艘商船"松花江"号。"瓦良格"号舰长鲁德涅夫上校意识到遭受日舰攻击已不可避免,决定让"高丽人"号携带邮件开回旅顺,但出港不远就遭到拦截,只好返回。随后,日本四艘驱逐舰也开进港内,并距俄舰不远的地方抛锚。整个夜里日舰没有攻击俄舰,却乘机护卫由两千二百人组成的"临时韩国派遣队"在仁川登

---

① 王芸生:《六十年来中国与日本》(第四卷),生活·读书·新知三联书店2005年版,第172页。

陆,很快开进汉城,并控制了朝鲜王宫。第二天凌晨,瓜生要求俄舰在中午以前离开仁川港,否则将在港内对其实行攻击。俄舰被迫出港准备突围,被六艘巡洋舰、八艘驱逐舰拦住了去路,要求他们投降。被拒绝后,日舰开始射击,在暂短的激战中,"瓦良格"号指挥塔被摧毁,操舵室被炸毁,所有的大炮被击毁,已失去战斗能力,决定返回港内,由于英国的要求,"瓦良格"号打开海水阀逐渐沉入海底。同时"高丽人"号也被炸成两段消失在波涛之中。"松花江"号则点火烧毁,最后被海水吞没。逃到岸上的水兵纷纷登上意、法、美、英各舰,请求保护,多数还是成为日军的俘虏。日军在仁川还占据了俄国的租界,包围了领事馆,囚禁了领事普林诺斯克,"其余各俄人"也都被"看守"起来①。

很明显,这些做法都是违反国际准则和国际惯例的。就这样,日本以偷袭的手段打响了第一枪,挑起了日俄战争。日本著名学者井上清指出:"践踏国际法的一切准则、宣战前搞突然袭击,十年前的甲午战争就是这样干的,三十七年后的太平洋战争也是这样干的。若不这样在战争一开始就旗开得胜,就不能把国民长期拖入战争,就不能满怀信心地打好以后的仗。这是天皇的陆海军的整个生涯的特征。"②

十二月二十四日,俄国对日宣战,第二天日本也对俄国宣战。所谓"宣战"只是一个形式,实际战争已经开始了。

最后附带指出,过去许多有关著作谈到日俄战争爆发时间的说法不一,举例如下:《中国近代史事记》(上海人民出版社 1959 年版)说是 1904 年 2 月 6 日;《中国近代史常识》(中国青年出版社 1979 年版)说是 1904 年 2 月 7 日;《世界简史》(广东人民出版社 1974 年版)说是 1904 年 2 月 8 日清晨;《世界通史》(人民出版社 1979 年版)说是 1904 年 2 月 9 日。还有许多,无须再引。笔者认为,日俄战争的爆发时间,是我国时间 1904 年 2 月 8 日晚间 11 时 30 分③。

第二节　辽阳大会战

日本的战略目标首先是辽阳。战前辽阳俄军最多,战时则不足。因此大量调兵遣将,积极防御,修筑四道防线,"固若金汤"。由于库罗巴特金缺乏决心,指挥错误,一直处于被动局面,终遭失败。日军在辽阳会战中的胜利,决定

① 《东方杂志》,1904 年第一期,第 15、16 页。
② [日]井上清:《日本帝国主义的形成》,宿久高等译,人民出版社 1984 年版,第 193 页。
③ 马振文:《日俄战军爆发时间考辨》,载《社会科学辑刊》1986 年第 3 期。

了整个战局的胜利。

一、战前的辽阳

沙俄在辽阳有长期的作战准备。义和团运动时期,沙俄不仅参加了八国联军,并且单独出兵东北,残酷地屠杀中国人民,早在光绪二十六年(1900)闰八月初五日,关东地区司令官苏鲍蒂奇中将指挥的南路俄军(南满支队)占领了辽阳城。这是俄军占领辽阳的开始。在修筑中东路及其支线的过程中,沙俄还以"护路"为名,不断向东北派驻"守卫队",其驻屯最多之地为"哈尔滨、横道河子、公主岭、辽阳、大石桥等处"。辽阳是辽南的一个重要哨所,他们在城北建有军营(即北大营)。1903 年 8 月 12 日,沙皇正式批准设置远东辖区,由海军上将阿列克谢耶夫担任总督,负责处理这一地区的一切军事、经济、外交事务。从此,战争步伐加快了。俄军在辽阳的布防是十分严密的,远城和近城共有四道防线。在这里我们要提到,国内外有许多著作认为俄军在辽阳有三道防线①,是不符合实际的。事实上,远城设置了三道防线:右起鞍山,中经弓长岭,左至红砂岭为第一道防线;右起沙河镇,中经四方台,左至石嘴子为第二道防线;右起首山堡,中经虎头岩,左至岩州城为第三道防线。近城修筑了从西北到东北逶迤 15 公里的呈椭圆状的环城阵地,最近处距城只有 1.5 公里。其中有多种堡垒,如"眼睛堡,或曲线炮台,或四角、五角堡垒"等,错综相连。每座堡垒设炮数门,周围挖有宽 6 米、深 4 米的壕沟。壕内或置木桩,或埋地雷;壕外或张铁网,或设陷阱。俄军还在太子河右岸东京城的山丘上,排列重炮,遥护各垒②。除此之外,俄军在城内也修筑了许多防御设施。当时有报道说:"辽阳城内有山名金银库者耸立千丈(按:千为十之误,实高 30 余米,位于城内东北角土山上,原为明代御库,俗称金银库,今为佛教观音寺),能眺见三十里之外,附近又有煤山两座(按:实为炉灰垃圾堆,高有七八米,位于城中西北部,早已无存),高可出城,俄军已建炮台。近因营口、海城相继失陷,辽阳戒严,三山添设望海楼,多置大炮,以防日军迫城。"③

战前,沙俄在辽阳的驻军是相当可观的。"俄兵之聚集于东三省者,向确以辽阳、哈尔滨为最多,其次为旅顺、大连湾、宁古塔等处"④。据当时人调查,沙俄在东北的军队有 45 000 人,分布于 16 个据点。其中辽阳有 1900 人,"凡步兵为东西伯利亚阻击步兵第十五联队之一中队(按:属东西伯利亚第三军第四师),凡七百五十人;又第二十八联队四中队(按:属东西伯利亚第二军第

① 吴春秋:《俄国军事史略》,知识出版社 1983 年版,第 285 页;[苏联]契尔缅斯基:《日俄战争(一九○四—一九○五)》,时代出版社 1955 年版,第 31 页。
② 《辽阳乡土志·兵事录》。
③ 《东方杂志》,1904 年第 8 期,第 333 页。
④ 《东方杂志》,1904 年第 1 期,第 11 页。

七师),凡一千人。炮兵为后贝加尔骑炮兵半中队,炮四门,凡一百五十人"①。平时驻有如此多的军队,也可见其对辽阳之重视。战争开始后,随着整个战争进程的发展,辽阳驻军逐渐增多。先有"第三军驻辽阳",最后到会战前夕已有6个军。据记载:"初俄人约以步兵六军团,骑兵一百四十七队,炮五百十三尊,分为左右中三军。右翼踞鞍山一带;中军踞浪子山一带;左翼踞红砂岭、安平各垒。"②这个记载基本上是正确的。沙俄在东北的集团军分为东满集群和南满集群。东满集群由比尔德林格指挥,包括西伯利亚第三军和第十军,负责辽阳东部防务。南满集群由扎鲁巴耶夫指挥,包括西伯利亚第一军、二军、四军,负责西部和南部防务,总预备队为十七军,部署于辽阳市区。第五军为集团军的预备队驻守奉天(沈阳),总兵力225000人。沙俄第一次把绝对优势的兵力集中在辽阳战场上,摆出了与日军进行决战的架势。沙俄陆军大臣、满洲军总司令库罗巴特金亲临辽阳指挥。

应该指出,自从俄军占领辽阳以来,军纪十分恶劣,尤其是备战期间,俄军的暴行更是罄竹难书。根据档案记载,仅举几例以见一斑。俄军为了修筑工事于城内外拆除了许多民房,破坏了大量农田,甚至扒毁城墙,以便炮车出入。当时,英国随军记者汉兹氏报道说:"城内街道犬牙交错,出入很不方便。东西南北方各有一个城门,俄国人在认为方便的地方,任意挖毁城墙而修成通道"③。俄军在首山、东南山一带,修有大量战壕、炮垒,附近几里远的庄稼全被放倒,以防日军潜藏。战争期间,成百上千的村庄被夷为平地。一个外国传教士在辽阳沙河见到的情形是:"一个又一个村庄的居民被一扫而空,他们什么也拿不出去。……除了破壁颓垣、孤立的墙架、悄然耸立的烟囱外,什么也没有留下来。"④至于农田被毁的数字更是惊人。当时辽阳知州给奉天督抚的报告中说:"今春播种青苗,被俄军修炮台、掘坑叠垒、挖修道路等任意毁坏。禾稼将要成熟时,又被俄军蹂躏,所剩不过十之一二。农民终年苦做,颗粒不收。经清册合计州属一百二十村屯,共呈报蹂躏禾稼和挖毁耕地二十万零六千七百八十五亩。"⑤实际当远不止此数。除此之外,俄军强占民房、抢掠财物、杀人放火、奸淫妇女,无恶不作。

光绪三十年(1904)正月二十四日,辽阳知州鲜俊英照会俄方官员廓米萨尔帮办:"俄兵千余人进占峨嵋村,强占民房七十一间,居民逐出者半。柴草、

① 《东方杂志》,1904年第一期,第26页。

② 《辽阳县志·兵事志》。

③ 战记名著刊行会:《日俄战争时期国内外新闻摘要》,第159页。

④ [英]杜格尔德·克里斯蒂:《奉天三十年》(下册),湖北人民出版社2007年版,第252页。

⑤ 辽宁省档案馆藏:《辽阳县公署档》,第14042号。

粮食尽数号去,不准拉出糊口"①。百姓何以为生,提出抗议。

四月二十日,辽阳州南路暖阳屯界金宝湾谷永富、万珍等具禀:"四月初六日,突来俄兵二百多人,修战道,硬将民房占用。本屯三十多户被强占房屋五十四间,男女老少均被驱逐外居,所有物件被拿毁一空"②。

四月二十四日,辽阳州南路亮甲山保甲分局总局长胡百珠等十七屯联名禀报:"俄兵云集,集中群居者尚知畏法,惟四外村屯偏受其苦。昼则遍山踏青苗,强牵耕牛;夜则越墙掳掠财物,奸淫妇女,种种祸害,不堪枚举"③。

四月二十五日,知州鲜俊英函禀盛京将军:"三月二十七日,牛蹄崖屯民苏国安与子苏立元耕地,忽来俄兵四人抢牵耕牛,父子上前阻拦,被俄兵开枪双双打死,在场被打伤多人。当地报知占据亮甲山俄员,仅将受伤者送外调治,毫不严惩凶手,周围数十里耕牛、粮食、柴草被抢殆尽"④。

六月十一日,东路九口峪保长王殿举呈报:"界内佟德官、王小田因俄兵抢走耕牛八头追讨价钱,反被绑入俄营,诬以贼论。又俄兵从二货郎沟抢走耕牛十二头,羊七十只,不但分文不给,反将村民张太胜打伤"⑤。

七月初六日午后,"俄兵百余人闯入黄泥洼街,开枪打伤王玉林四人,继纵火烧毁东升泉、源兴和、福源长、仁兴源、东升茂、东升德、东旭升、东聚源八家商号和三家民房,共一百六十二间。烧毁各种粮豆一千四百六十四石,烧死骡马十八匹,抢走大牛八头。烧毁各种杂货价值三万吊"⑥。

由于俄军的种种暴行,引起广大人民群众的极度恶感,都在诅咒他们在这场会战中遭到失败,早一点儿滚出辽阳。

战争爆发后,日本始终以东北为主要作战地区。因此,陆军主力都集中在东北战场,并选中了两个作战目标:一是辽阳;一是哈尔滨。根据大本营作战指导大纲的规定:主要是"一、以大连湾作为在满洲地区作战的各部队之根据地。二、第一和第二军以及独立第十师向辽阳前进。此时,第一军从右翼实施迂回包围。三、预期在辽阳附近的会战达成目的后,下一个作战目标选在哈尔滨。四、第三军负责攻占旅顺,占领要塞后转用于野战"⑦。在上述方针的指导下,日军作战进展非常顺利。黑木为桢大将率领的第一军,于 4 月 29 日强渡鸭绿江,经过两天激战,于 5 月 1 日攻克九连城,取得陆战的第一次胜利。

---

① 《辽阳县公署档》,第 14896 号。
② 《辽阳县公署档》,第 14891 号。
③ 《辽阳县公署档》,第 7652 号。
④ 《辽阳县公署档》,第 7652 号。
⑤ 《辽阳县公署档》,第 7606 号。
⑥ 《辽阳县公署档》,第 4338 号。
⑦ [日]森松俊夫:《日军大本营》,黄念鹏译,军事科学出版社 1985 年版,第 81 页。

接着,乘胜向西北推进,连下凤凰城、宽甸,进入辽阳境内。在辽阳境内又先后攻占了摩天岭、榆树林子、样子岭等地,到达弓长岭一线。黑木的进军路线,与甲午战争时期日军的进军路线完全相同,可谓轻车熟路。奥保巩大将率领的第二军,于5月5日在辽东半岛的盐大澳登陆,经过南山激战,占领了金州和不设防的大连。接着,主力迅速北上,连下熊岳、盖平、大石桥、营口、海城,逼近鞍山。独立第十师于5月19日在辽东半岛的大孤山登陆,没有遇到阻击,占领了岫岩。后来与第二军的第五师编成第四军,由野津道贯大将率领,自岫岩继续北上,攻占析木城,居中策应第一军和第二军。6月20日,为了加强前线的统一指挥,经天皇批准成立"满洲军总司令部",改变那种由大本营遥控而出现的"虽调遣多协机宜,而赴机终不甚捷"的不利局面,决定由总参谋长大山岩元帅(下简称"大山")任总司令官,副总参谋长儿玉源太郎大将(下简称"儿玉")任总参谋长。7月6日,他们从东京出发,31日到达盖平,组成了总司令部,军官只有25人。他们的使命是"歼灭满洲地区之敌,深入清剿敌军"①,而第一个具体任务就是组织和指挥辽阳会战。

大山、儿玉认为,辽阳会战是一场关系全军命运的大决战。因此,他们将第一、第二、第四军135 000人,全部投入战场,不惜孤注一掷,务求必胜。但是,当时日军无论在人力和物力上都严重不足,尤其是"炮弹的消耗量已超过预计的两倍,依靠国内现生产已来不及,虽然可以向国内订购,但年底前不能到货"。大本营总参谋长山县有朋在给满洲军司令部强烈要求补给炮弹的回电中说:"炮弹一事,百般设法,增加制造能力,或向国外订购等,确在全力以赴,唯今日不能充分供给。乃千载恨事。目前在总理邸主张对于军需品的筹办不应吝惜金钱,虽阁僚中无反对者,但也无可奈何。当年消极计划之结果,今日急欲扩张而不可能,动则有贻误战机之虑,不胜遗憾。"②在这种情况下,大山和儿玉决定,"以巧妙的战术与官兵必胜的信念弥补兵力的不足",要求"各军按照独立作战的原则,各自冲出一条向辽阳进军的道路",同时严厉命令全军"要用随身携带的弹药进行这场大会战",他们规定的作战方针是"攻取辽阳,迫使敌军从南线退出,进而截断其退路加以歼灭。如果敌军若坚守阵地,日军则以逸待劳进行包围战,日军首先在鞍山站一带作战,其次是夺取首山、早饭屯,最后进逼敌军设堡阵地"③。不难看出,这是一个以少数包围多数的冒险计划,"但由于俄军指挥错误,日军的计划居然获得了成功"④。

---

① [日]森松俊夫:《日军大本营》,黄金鹏译,军事科学出版社1985年版,第84页。
② [日]伊藤正德:《军阀兴亡史》(日文本),文艺春秋新社,第271—272页。
③ [日]伊藤正德:《军阀兴亡史》(日文本),文艺春秋新社,第273页。
④ 吴春秋:《俄国军事史略(1547-1917)》,军事科学出版社1983年版,第285页。

二、辽阳会战的经过

8月5日，满洲军总司令部发出了向辽阳进军的命令。以第一军为右翼，出辽阳之东北；以第二军为左翼，出辽阳之西北；第四军居中，攻辽阳之正南，以左翼为重点。由于连日大雨，总攻时间一直拖延到8月26日才开始举行。这天，一、二、四军都已到达第一准备位置。黑木的第一军进攻俄军的左翼，企图把库罗巴特金的注意力吸引过来，以便为第二、四军主攻俄军的右翼创造有利的态势。但是，面对着山险谷深的马蹄岭、弓长岭、寒坡岭一线的俄军阵地，他们遇到了极大的困难。这里有比尔德林格指挥的东部兵团两个军，即第十军和第三军，他们依托着陡峭的山势、坚固的工事，准备迎接日军的进攻，尤其是斯卢切夫斯基将军率领的第十军伺机从弓长岭反击。日军在缺乏炮弹的情况下，要想正面占领是不可能的，唯一的出路就是夜间偷袭。黑木决定由二师袭击弓长岭，近卫和十二师分别于拂晓进攻马蹄岭和寒坡岭。为了保证夜袭成功，师长西宽二郎制订了完整严密的计划，全师早就开始了夜袭训练，实行"瞎子战术"。要求每个官兵能够熟悉地形，在"失明"状态下随意走出营房和到达敌阵。8月26日凌晨1时许，二师分两路由山麓静悄悄地出发，经过一个小时的潜行，逐渐接近山顶。2时半开始偷袭敌阵，由于地形不同，采取的方式也不同。左翼松永旅不发一枪一弹，在对方始终没有发觉的情况下摸入敌阵，主要靠刺刀拼杀解决战斗。右翼冈崎旅逼近对方前沿后，突然枪声大作，喊声连天，闯入敌阵，肉弹相搏，残酷至极。天亮后，俄军发现日军疲惫不堪和没有炮兵支援的弱点，疯狂反扑，日军伤亡千余人，至死不退，俄军终未得手。午前10时，日军完全占领了弓长岭。由于中央被突破，马蹄岭、寒坡岭的俄军处于十分不利的局面，也不得不撤退了。日本有些著作认为，以整个师团进行夜袭是没有成功先例的。因此，他们吹嘘二师夜袭弓长岭的胜利是世界军事史上创纪录的"范例"①。在这里想说一下辽阳会战开始的时间，中外许多有关著作说法不一，有8月24日、8月28日、8月30日等。笔者认为，应该是8月26日，也就是日军进攻俄军第一道防线就开始了，在这一天里日军拿下了弓长岭，就是辽阳会战开始的标志。

在第一军进攻弓长岭的同时，第二、四军密切配合也向俄军发起攻击，但俄军避免与日军在鞍山一线进行决战，特别是在弓长岭失守后，出于保持战线一致的考虑，竟于27日午后1时放弃了鞍山站，退入第二道防线。当天，第二、四军进入土岭子、鞍山站、腾鳌堡一线。28日，日军开始向俄军第二道防线发动进攻。第二军向沙河、鲁台子一线推进；第四军向樱桃园、早饭屯一线推进。29日午夜，日第二军三师师团长大岛中将命令山口少将指挥第33联

---

① ［日］井上一次、辻善之助：《大日本战史》（日文本第五卷），昭和十三年版，第200页。

队(相当于团)、儿玉少将指挥第三十四联队于 30 日凌晨 4 时向首山一线发起攻击。四师在左、六师在右作为后续部队,认为一天即可攻占。但是,西伯利亚第一军拼命固守阵地,双方展开了殊死战斗,其中最惨烈的一幕是首山东南山高地的争夺战。在猛烈炮火的掩护下,日军连续不断地向东南山俄军阵地发动进攻,死伤惨重,"尸横无算",但日军"屡却屡攻"①,决不后退。8 月 31 日晨,日军终于攻占了东南山。但是,马上遭到俄军的疯狂反扑,双方短兵相接,展开了激烈的白刃战。由于俄军猛烈炮火轰击,东南山又被夺回。三十四联队桔周泰、铃木两个大队(相当两个营)全部覆灭,关谷联队长以下 19 名指挥官被击毙,1170 名士兵送了命②。随后,由 33 联队继续发动对东南山的攻击,俄军仍负垒顽抗。野津的第四军在早饭屯、至孟家屯一线也遭到西伯利亚第三军的拼死抵御而毫无进展。由于连续三天地进攻,精锐的突击部队已伤亡殆尽,看来从辽阳南部实现正面突破已经是不可能了。大山、儿玉面对严峻的形势,决定把赌注押在黑木身上,那就是命令第一军渡过太子河右岸,威胁俄军的左翼,认为尚可扭转战局。如果这一招还不能奏效,那就很难逃脱失败的命运了。黑木无条件地接受了这个任务,并于 30 日上午完成了偷渡的一切准备。当天下午,黑木就发出坚决渡河的命令:十二师于 30 日夜间在镰刀湾处渡河,第二师跟进。两师的工兵部队在渡河后于施官屯附近架设军桥,吸引和牵制敌人。31 日凌晨,十二师平井团的两个营顺利地到达右岸,迅速沿河西进,占领了岩州城及其开阔地,确保全军的集结点。3 时,十二师主力集结完毕,第二师也在五时完成偷渡。上午 9 时,当俄军得知日军渡河时,黑木的两个主力师早已部署就绪,摆出了向要冲黑鹰台进攻的态势(日俄都称馒头山,实误,原名黑鹰台,现名黑英台。有东前黑英台、东后黑英台;还有西前黑英台、西后黑英台。日俄争夺的是东前黑英台,当地人又称前山。后来日本于此立有石碑,现已不存)。库罗巴特金得知这一消息时,气得暴跳如雷,竟然踢翻了椅子。本来他在日军对面投放了第三、十、十七三个军 78 000 人和 284 门山炮的强大兵力,以二倍于敌的优势,还没有交战就让日军轻易得手,实在难堪。但是,库罗巴特金为了歼灭黑木第一军,决定 9 月 1 日拂晓放弃首山正面阵地,退至第三道防线,除了扎鲁巴耶夫指挥的西伯利亚第二、四两个军外,其余都调到东线,企图以迂回动作将日军压迫到太子河歼灭之。

9 月 1 日,库罗巴特金训令扎鲁巴耶夫率领太子河右岸的西伯利亚第一、三、十、十七军,骑兵团及增援的奥尔洛夫师进攻黑木第一军,反击时间定在 9 月 2 日。然而,黑木在 9 月 1 日午夜就命令第二师迅速占领黑鹰台;第十二师

---

① 《辽阳乡土志·兵事录》。
② 《日露战争〈写真画报〉》,博文馆 1904 年版,第 304 页。

迅速占领五顶子山,然后向烟台(解放后改称灯塔,即现灯塔市所在地)挺进。在黑鹰台日军遇到了俄军终日的顽强反抗,就连"骁勇善战"的冈崎旅也败下阵来。入夜,互相进行偷袭,几经反复,直到9月2日午夜,才逐渐占领了黑鹰台。天亮后,库罗巴特金命令俄军不惜以任何代价夺回黑鹰台。他动员了斯卢切夫斯基中将的第十军、杜布尔金斯基中将的第三十五师,共有步兵37 000人,还有马尔茨伊诺夫大校的炮兵旅,有山炮140门,以四倍于敌人的兵力进行反击。日军由于缺乏炮弹,不能组织有效还击,俄军终于夺回黑鹰台。但是,黑木认为放弃黑鹰台,太子河右岸的战线就会全面崩溃。因此,他调来松勇少将指挥的一个留守团,动用十二师一部分,在黄昏时开始了争夺战。由于这些军人的突击能力,在9月2日晚8时夺回了山头。同样,库罗巴特金也不肯放弃这个山头,马上就发起了所谓"波浪式夜袭"。第一个波浪由伊斯托明大校指挥的七个营的敢死队,在猛烈炮火的掩护下,进行正面攻击,经过一个多小时的混战,俄军退却了。第二个波浪是由埃里茨少将指挥的九个营,以战壕为战场,两军展开了厮杀,日军终于死守住了。第三个波浪是由库夫西里叶夫中将指挥的十三个营,用快速射击进行强攻,日军也以急射应战。由于夜间混战,已分不清敌我,出现了自己人互相开枪的情况。这时,日军突然吹起"停止射击"的号声。俄军以为日军要撤退,更加猛烈地进行射击,从三面向山上逼近。于是俄军的位置就清楚地暴露出来。接着,日军又吹起"急速射击"的号声,士兵跳出战壕,给俄军迎头痛击,终于将俄军赶回了原地,黑鹰台最后落入日军之手。这时,已是9月3日凌晨了。这个"计谋"是冈崎出的,日本后来将黑鹰台改名为"冈崎山",直到1945年日本出版的有关地图上还保留这个名称①。日军攻下黑鹰台之后,又占领了施官屯,并向烟台挺进,准备切断通往奉天的铁路。

在西线,随着俄军防线的收缩,日第二、四军乘势发动攻击。8月31日,第二军攻占了达子营、蚂蚁屯(今称马伊屯)、孤家子等地;第四军攻占了向阳寺、孟家房等地。9月1日,第二军攻占了东南山及首山附近阵地,并在辽阳西部地区进行搜索;第四军攻占了早饭屯并与俄军在玉皇庙等地发生激战。扎鲁巴耶夫指挥的西伯利亚第二、四军部署于从西到南的环城设堡阵地上。库罗巴特金命令他们死守市区,直到最后一人。因此,从9月1日至9月3日,日俄双方在环城阵地上进行激战。

黑鹰台、施官屯一线失败后,库罗巴特金幻想以优势兵力卷土重来。但是,本溪湖方面出现了梅泽旅,烟台方面又受到岛村旅的重创,尤其是奥尔洛夫中将报告说敌人后方还隐藏有大部队,这些都给库罗巴特金造成了极大的

①　[日]伊腾正德:《军阀兴亡史》(日文本),文艺春秋新社,第292、293页。

心理压力。他感到,如果日军从东北方面切断与奉天的铁路联系,自己的军队有可能遭到包围,局面就很难收拾了。事实上,俄军仍保持很大的优势,预备队大部还没有用上,随时可以利用他们从侧翼攻击日军。相反,日军投入了全部兵力,损失惨重,已无力再支持,黑木决定9月3日上午6时将第一军撤至太子河左岸。但是,库罗巴特金对此一无所知,竟比黑木"抢先"两小时下达了放弃辽阳,退守奉天的命令。俄军的撤退是很有秩序地分期分批进行的。大山岩不无嘲讽地说:"俄军撤退得太熟练了!"①3日下午,西伯利亚第二、四军最后撤出阵地,并烧毁城内外的辎重。当时有人看到:"午后突见城西门外一带,黑烟坌腾,则俄军焚积聚而遁也。夜半日军入城。"②4日零点以后,日军占领辽阳各门,进入城内。由于日军连日苦战,各军伤亡很大,马匹、器材、弹药极缺,大山、儿玉认为无力进行追击,只好就地整顿,做好北进的准备。为了叙述方便,下面简要介绍沙河会战、奉天(沈阳)会战的情况,然后再谈辽阳会战日胜俄败的原因以及对辽阳会战的评价。

辽阳会战后,日俄两军一直在奉天与辽阳之间的沙河地区彼此对峙着。这时,库罗巴特金遭到沙皇的严厉训斥,令其迅速收复失地。库罗巴特金不得不于10月4日率领八个军,渡过沙河,直奔辽阳。日军经过一个月的休整,得到了很大的补充,士气旺盛,坚决进行反击。相反士气不振的俄军,无心作战,经过四天的交火,俄军伤亡四万多人,只好退回沙河北岸。这就是沙河会战,两者继续隔河对峙。

日本之所以没有立即进攻奉天,是感到兵力不足,等待旅顺战役的结果。进攻旅顺的第三军,在乃木希典的指挥下,经过五个多月的拼杀,以伤亡六万多人的代价,于1905年元旦占领了旅顺。乃木希典立即北上回援(原来是援助进攻辽阳,现在只能参加奉天会战了)。在沙皇的催促下,库罗巴特金又制订了一个"坚决进攻计划",集结了十一个军,三十二万人,组成三个兵团,分成左翼、右翼、正面三个方向,准备二月初发起进攻,库罗巴特金疯狂叫嚷"决不允许退却"。日军集结了五个军,二十五万人,乃木希典的第三军在最左翼,新编第五军为右翼,采取迂回包围的方式向奉天进军,其他三个军部署在正面。大山岩也叫嚷这是"生死攸关"的大决战。乃木希典率领的第三军,先进攻抚顺,造成库罗巴特金的判断错误,急将军队东调,结果乃木希典的第三军转向新民进入奉天市区,并有切断铁路的危险,库罗巴特金不组织反击,慌忙于3月10日竟然下令全军向北撤退。日军乘势占领了奉天,15日又占领

---

① [英]汉密尔顿:《日俄战争时期参谋工作杂记》,转引自[苏联]罗曼诺夫:《日俄战争外交史纲》,上海人民出版社1976年版,第475页。

② 《辽阳乡土志·兵事录》。

了铁岭。俄军退往四平,两者再没有组织互相进攻,直至战争结束。这就是奉天会战,俄军死伤九万人,日军死伤七万人,陆战基本结束了。这时沙皇仍不认输,又派第二太平洋舰队东援,希望挽回败局。1904 年 10 月 15 日由波罗的海里巴亚港启航,经过七个月的曲折航行,1905 年 5 月 28 日在对马海峡的竹岛海面被东乡平八郎率领的日本舰队四面包围起来,第二太平洋舰队面对此情此景,已无信心打下去,10 时 45 分,俄国舰队发出投降的信号。至此,在整个战争过程中,沙俄军事上的惨败已成定局。沙皇不得不谋求和谈,以避免彻底崩溃的命运。

三、辽阳会战的结局

辽阳会战以俄军的失败而宣告结束。在这场会战中,双方伤亡很大,日军为 24 000 人,俄军为 17 000 人。这个统计数字是比较接近事实的,也是双方都承认的①。

辽阳会战所以出现俄败日胜的局面,除受整个战争诸多因素制约外,双方都有具体的原因。

俄军失败的主要原因是什么呢?

第一,缺乏在辽阳作战和打败敌人的决心。辽阳虽有严密的设防,但没有相当的兵力要想打败敌人是不可能的。本来,库罗巴特金不想坚守辽阳,打算撤退到哈尔滨后再向日军发起攻势。他被任命为满洲军总司令在离开圣彼得堡之前,曾对当时大臣会议主席维特伯爵说:"我们对于战事完全没有准备,我们要集合起足够的对付敌人的军队,还需要花费许多个月的时间。"在军队调动完成以前,他想先向哈尔滨方向徐缓而稳定地后退,旅顺口则任其听天由命。撤退到哈尔滨后,借着欧洲方面生力援军的到达作一个转机,他就要对日本人展开攻势而消灭其军队。②说"对于战事完全没有准备"不是事实;说没有"调动完成"还符合当时情况。战争初期,由于西伯利亚铁路和中东铁路都未全部完工,运输能力极为有限,一昼夜仅能对开三次列车,军队集中速度很慢。因此,库罗巴特金一面叫嚷"宁死不从辽阳撤退",一面又制订了撤退的计划。他认为,在大批援军到来之前要想守住辽阳、奉天都是不可能的。所以他提出:"任何地区、任何地点都不值得死守。"③由此可以想见,辽阳会战前俄军之所以接二连三地失败,从南向北退走,可能与库罗巴特金的这种战略指导思想是分不开的。那么,为什么还要进行辽阳会战呢?主要来自沙皇的压力,不能不战而走。当然,如果能在辽阳侥幸地打败日军也是他们所希望的。但

①　参见[苏联]鲍·亚·罗斯图诺夫主编:《俄日战争史》,科学出版社 1977 年版,第 267—268 页;[日]井上一次、辻善之助:《大日本战史》(第五卷),昭和十三年版,第 206—207 页。

②　[俄]维特、[美]亚尔莫林斯基:《维特伯爵回忆录》,傅下译,商务印书馆 1976 年版,第 98 页。

③　[苏联]鲍·亚·罗斯图诺夫:《俄日战争史》,上海译文出版社 1977 年版,第 96 页。

是,库罗巴特金并没有打败敌人,始终坚持消极防御,等待援军的到来,从不主动出击。正如辽阳会战参加者之一的格鲁列夫上校在自己的回忆录中所写的那样:"一切的不幸都是由于:我们在整个战争时期从未想到要实行打击,而永远只是防御,所以遭受打击。在辽阳,命运已注定了黑木的军队要遭受致命的打击,但是,我们的军队竟不会打击,而只迷恋于消极防御。"①这段文字不仅说出了库罗巴特金战略思想的本质,也找到了辽阳会战失败的关键所在。

第二,兵力部署不当,指挥错误。在辽阳会战开始的时候,俄军是有明显优势的。从兵力对比来看,俄军比日军几乎多一倍。从整个防御体系来看,俄军拥有强固的工事,"配备着优越的三线毛瑟枪和速射大炮,有足够的理由在这一战役中获得胜利"。但是,由于库罗巴特金在战术上的错误指挥,"结果沙皇军队又遭受了失败"②。库罗巴特金在作战方面墨守成规,机械地遵照战斗条令中"总预备队应占全部兵力一半"的规定,把许多兵力、武器装备都集中在预备队,而不在战斗部队。最明显的一例是在东线与黑木第一军作战时,"第十军辖 32 个营、110 门火炮、12 个骑兵连,而直接参战部队仅 19 个营、28门火炮、10 个骑兵连。第三十一师的 13 个营和 82 门火炮留作预备队"③。这样,多数变成了少数,优势转化为劣势,自然抵挡不住日军的凶猛进攻。

库罗巴特金在整个辽阳会战中多次下达一些模棱两可的命令,使部队无所适从。8 月 30 日深夜,战场上出现了俄军转入进攻的有利形势,他发出手令说:"继续坚守现有阵地。明日不要仅限于消极防御,可根据各军军长的命令。在可能和有利的地段转入进攻。"④如何进攻,各军怎样配合,预备队是否使用,都没有明确的指示。因此,没有一位军长决定转入进攻,各军也没有变更部署,只是着手抢修被敌人摧毁的战壕,放弃了大好的进攻时机。

当库罗巴特金得知黑木第一军渡过太子河右岸时,轻率地作出了缩短战线,放弃首山阵地,二、四军退入近城防线,其余各军增援左翼的决定。这是一个错误的决定,中了日军的奸计。本来首山一线日军已付出重大代价,士气低落,无力再战,正等待黑木创造"奇迹"来解脱他们失败的厄运。库罗巴特金的决定正中敌人下怀,也使即将到手的胜利从自己的身边溜掉。尤其在施官屯、黑鹰台一线战斗失利后,当库罗巴特金不能冷静地分析敌我双方的态势,生怕被日军包围,切断他和奉天的铁路联系,不考虑既有兵力优势,又有坚固工事可守的优越条件,竟然听信一个未经证实的消息,轻率地下令撤退,放弃了辽阳。

① 〔苏联〕契尔缅斯基:《日俄战争》,商务印书馆 1976 年版,第 33 页。
② 〔苏联〕契尔缅斯基:《日俄战争》,商务印书馆 1976 年版,第 31 页。
③ 〔苏联〕鲍·亚·罗斯图诺夫:《俄日战争史》,科学出版社 1977 年版,第 256 页。
④ 〔苏联〕鲍·亚·罗斯图诺夫:《俄日战争史》,科学出版社 1977 年版,第 263 页。

第三,军官庸碌无能,"斗志衰败",士兵厌战,士气低落。当时德国总参谋长冯·施利芬将军在谈到俄军失败的原因时指出:"大家早已知道,俄国军队缺乏出色的司令官;大家也知道,绝大多数军官都是庸碌无能的,军队的训练只能认为是难以令人满意的。……这支军队丧失了各种朝气蓬勃的精神,不可信了,不听命令了。"①

战争虽然早有准备,但很多都是敷衍了事,并不像他们炫耀的那样。军队集中的速度很慢,作战地图只有辽阳以南的,通信员主要靠骑马来传达指令,武装恶劣,缺乏山炮和机关枪,后勤供应"十分糟糕"。"大多数军官深以战争为苦,殊少斗志,许多人,甚而包括军衔很高的人,都竭力托病远走后方",他们"只求结束战争,因而草草了事",根本没有责任感。这就是"辽阳战役的经验使俄军指挥部得出的结论"②。至于总司令官库罗巴特金,应该说是高级将领中庸碌无能的典型代表,没有什么统帅之才。维特说:"无论就作为一个司令官或作为一个军事方面的组织者来说,库罗巴特金都缺乏创造的才能和独到的见解。"③他的老上级斯科别列夫将军对他的实际能力和性格特点了如指掌,曾经当面训斥过他:"记住,你只能当配角。上帝保佑,你可别有朝一日自己当主官,因为你缺乏决心和坚强意志。不管你制订的计划多么美好,你永远不能把它坚持到底。"④不幸而言中,辽阳会战的结果正是如此。

广大士兵认为这场战争与己无关,振作不起"精神来"。库罗巴特金在1904 年 7 月底的报告中说:"我们士气低落是由于战争目的不明确之故。"许多士兵"变得更为急躁,更好议论是非,因此须对他们采取更果断的措施"⑤。所谓"更果断的措施",就是以训斥、谩骂,甚至"鞭打"和"掌嘴"等肉刑来加强纪律,结果官兵矛盾日益尖锐。特别是,三十万大军集中驻扎在当时不足七十万人口的辽阳城乡,补给困难,粮食奇缺。"俄军现于辽阳左近收购麦磨面以为食品,然辽阳麦及肉类均甚缺乏,颇不易购。……其乏食可以想见"⑥。由于饮食恶劣和卫生条件极差,俄军中流行着各种传染病,许多士兵"像苍蝇一样地死去"。随着国内革命形势的深入发展,广大士兵逐渐觉悟起来,"不再盲目服从长官的命令,而时常用吹口哨声和威吓声来对待那些作威作福的军官"⑦。

---

① [苏联]罗曼诺夫:《日俄战争外交史纲》,上海人民出版社 1976 年版,第 447 页。
② [苏联]罗曼诺夫:《日俄战争外交史纲》,上海人民出版社 1976 年版,第 475 页。
③ [俄]维特、[美]亚尔莫林斯基:《维特伯爵回忆录》,傅正译,商务印书馆 1976 年版,第 89 页。
④ [苏联]卡巴诺夫:《苏联通史(1861—1917)》,莫斯科 1960 年版,第 270 页。
⑤ [苏联]罗曼诺夫:《日俄战争外交史纲》,第 457、475 页。
⑥ 《东方杂志》,1904 年第 3 期,第 165 页。
⑦ 《斯大林全集》第 1 卷,人民出版社 1954 年版,第 65 页。

我们还要指出,在参加辽阳会战的俄军中,有许多被强征入伍的波兰人。"黑龙江及西伯利亚之陆师,以波兰人为多"①。波兰人对沙俄本有三次瓜分灭国之仇,"其怀怨蓄愤于俄人久矣","其不肯出死力以与日军相抗也必矣。不特若此,苟有际会,投身于日军","一旦投身于日军,一鼓飙起,猛如熊虎"②。因此,这些波兰人一直是俄军中的一股消极力量。

那么,日军胜利的主要原因是什么呢?

第一,作战目标明确,志在必得。根据《大本营陆军部》的记载,陆军参谋部在1903年末制订了一对俄作战计划,分为两期:"第一期,鸭绿江以南的作战,以完成对朝鲜的军事占领为限。第二期,鸭绿江以北的满洲作战,首先以辽阳为作战目标。"③之所以确定辽阳为首要作战目标,前文已有论述,也就是必须尽快在辽阳歼灭俄军主力,才能保证这场战争的胜利。陆军参谋部感到"在兵力和军事生产力方面,从长远来看,日本根本不是俄国的对手","从战略上看,时间拖得越长,对日本越不利"④。无论从整个战争或具体战役来说都是这样,所以必须及时组织辽阳会战。他们认为,俄军兵力虽多,但主力在欧洲。战争爆发时,俄军在远东仅有九万八千人,由于运输能力薄弱,在短期内大量增加兵力是不可能的。在这种情况下,日军如能速战速决,有可能达到预期目的。相反,如若贻误战机,等待俄军得到大量增援,胜利的希望就很小了。日军基于上述认识,除由乃木第三军继续进攻旅顺外,而其余三个军全部投入辽阳战场,不惜孤注一掷。事实上,在辽阳会战中俄军在数量上本来是优势,但由于指挥错误,大量留作预备队优势变成了劣势。日军为了实现自己的作战目标,在总兵力对比上虽然是少数,但积极进攻,不留任何预备队,少数变成了多数。尤其在第二、第四军遭到重大伤亡,从西部和南部突破已毫无可能的时候,黑木第一军偷渡到太子河右岸,面对三倍于己的俄军,不顾重大伤亡,终于抵住了敌人的反扑,打乱了俄军的部署,创造了"奇迹","进而挽救了整个会战"⑤。

第二,将士亡命,"效忠天皇"。明治维新以来的日本军队以"武士道"精神为其核心灵魂,提倡"忠诚""勇敢""服从",要以为天皇献出自己的生命为"荣"。这种武士道精神在辽阳会战中表现十足,"每一接战,前卒阵亡,后卒竞进,无一退缩者"⑥,可见毒害至深。

---

① 《东方杂志》,1904年第2期,第138页。
② 《东方杂志》,1904年第2期,第134、138页。
③ 中文摘译本《日本军国主义侵华资料长篇》(上),四川人民出版社1987年版,第62页。
④ [日]井上清:《日本帝国主义的形成》,宿久高等译,人民出版社1984年版,第186、197页。
⑤ [日]伊腾正德:《军阀兴亡史》(日文本),文艺春秋新社,第279页。
⑥ 《日俄战争期间杨枢致外务部密函》,《历史档案》1987年第3期,第53页。

在进攻弓长岭时，"日军伤亡颇多，然日军不顾冒死突进，卒将俄军击退"①。松永旅的三浦大尉，在白刃格斗中杀伤很多敌人，后来一个"惊慌倍至的俄兵，由于没有射击的空隙，就把带刺刀的步枪投射出去，击中了大尉的左肺"，因为力量过猛，刺刀从前胸插进，由后背穿出，步枪折断，"刺刀仍留在左肺上"，但他还在拼命厮杀，直至昏迷倒下。侥幸的是他并没有死，由于对天皇绝对"忠诚"，"后来他一直晋升到少将（这是非陆军大学出身军官的最高军衔）"②。无独有偶。在进攻首山东南山高地时，桔少佐的表现，三浦大尉与之比较起来尚属小巫见大巫。东南山高地的争夺战异常激烈，作为大队长的桔周泰率先冲入敌阵，一度占领了这个高地，但遭到了俄军的疯狂反击，双方展开了白刃战。他虽身中数弹，仍指挥若定，后来腰部又被炮弹炸伤，血肉模糊，已不能站立，继续命令部下拼死抵御，全大队几乎都被歼灭。临死前，他向东方遥拜，并对身旁一个军士说，以身殉国是他的愿望和最高荣誉，未能占领阵地，使他"愧对天皇陛下和国民"③，旋即吐血而亡。为了鼓舞士气，桔周泰被天皇封为陆军军神，晋升中佐，还恬不知耻地将东南山命名为"桔山"，后来又在山顶建立了石碑，以示"纪念"（此碑建于 1916 年 10 月，为花岗岩石碑，碑高 4 米，碑宽 1 米，上书"桔中佐战死之处"，陆军大将奥保巩撰文，"文革"时期被砸，了然无存）。在整个辽阳会战中，像三浦、桔周泰这样的亡命之徒为数是不少的。辽阳会战后，明治天皇曾经颁发了一道"敕语"："辽阳者为敌之兵略要地，夙严防备而集积军资所竭力死守者也。今满洲军冒万死，排百难，奋战激斗，连数昼夜，遂拔之。朕深嘉其功烈之伟大，惟其画策虽慎重而果断，其运动虽整齐而敏活，而非尔将卒贯之以忠诚武勇，焉能得至于此。"④不难看出，这道"敕语"虽然是为了"打气"，但也反映了一些实际情况。再从此次会战日军伤亡的惨重情形来看，也充分证明了这一点。

第三，建立间谍网络，积极开展情报活动。整个战争期间，日本的"情报活动无论在事先策划还是协调行动方面均属登峰造极"⑤，辽阳会战完全证实了这一点。

早在战争爆发前，日本参谋本部就十分注意搜集辽阳地区的情报。1901年，派遣仓辻明俊中佐"经朝鲜进入盛京省本溪县，匿居在连山关镇一杂货铺中，在杂货铺秦掌柜掩护下，以给群众挑选坟茔地为借口，逐步扩大活动范围，

①　《东方杂志》，1904 年第 8 期，第 332 页。
②　［日］伊腾正德：《军阀兴亡史》（日文本），文艺春秋新社，第 264 页。
③　［日］伊腾正德：《军阀兴亡史》（日文本），文艺春秋新社，第 276 页。
④　《东方杂志》，1904 年第 8 期，第 408 页。
⑤　［英］理查德·迪肯：《日本情报机构秘史》，群益译，群众出版社 1985 年版，第 45 页。

秘密绘制了从本溪到辽阳的详细军事地图"①。后来,日本参谋本部决定在辽阳设置隐蔽所。他们认为,辽阳是通往安东及旅顺的道路交叉点,开战初期必将成为俄军的临时集中地,是开展情报活动的最佳场所。1903 年底,当时还是参谋次长的儿玉源太郎即派江木精夫少佐和土井市之进大尉潜入辽南地区,他们的任务是"于开战后,调查俄军的行动及兵力,于适当时机向驻北京公使馆的武官或大本营报告"②。1904 年二月,几经周折,江木驻扎在牛庄,土井在辽阳南门里天欲兴粮店建立了机关。土井还雇用两名中国人,一个是海城人王子修,懂俄语;一个是在营口日本人开设的东肥洋行当过杂役的赵国藩,利用他们的社会关系为日军效命。

战争爆发后,土井利用王子修在海城的社会基础,"寻找略识文字的壮年",进行 3 到 5 天的训练,然后 5 人编成一组,派到北起开原南到大石桥间的各车站,"每日填写调查记录,从日出到日落期间南来和北来列车的内容,每夜把这种记录送到隐藏处"③。土井对这些记录要连夜进行整理,次日早晨必须送给牛庄的江木,再由他转送大本营或北京公使馆。有时土井也亲自出马,以获取重要情报。"四月初旬,接到鞍山站、向阳寺高地开始建筑防御工事的报告,为了能报告它的情况",土井装扮成中国劳工,潜入腾鳌堡进行观察,很快"知道了那里炮台及其他的大体情况,作成简图,送至牛庄江木少佐"④。由于他们频繁活动俄军已有觉察,儿玉出于安全考虑,命令江木和土井立即转移到锦州建立据点,继续执行以前的任务。不久,土井派"蓄有辫子,精通华语"的佐腾长治再次到辽阳城内旧日他们潜伏的处所,继续开展活动。派赵国藩为鞍山站"密探主任",派辽阳人于冲汉为海城站"密探主任",形成了更加严密的间谍网络。此外,驻北京公使馆武官青木宣纯大佐在辽西还组织了"特别任务班",以锦州为基地向辽南战场"派出约三百名本地人间谍,搜集到关于俄军主力动静与辽阳阵地状况"。特别应该提到的是,后来成为北洋军阀首领之一的吴佩孚,当时也曾受日本人派遣潜入辽阳库罗巴特金的官邸,充当杂役,"直接从俄军统帅部内观察情报,被俄军逮捕扣押沈阳监狱,日军占领后释出"⑤。不难看出到辽阳会战打响前,日方对俄军主力及阵地等情况已是"侦察明白"⑥,了如指掌。

辽阳会战期间除江木、土井一伙继续活动外,青木还通过"特别任务班"

---

① 王振坤、张颖:《日特祸华史》(第一卷),群众出版社 1988 年版,第 83 页。
② [日]东亚同文会:《对华回忆录》,胡锡年译,商务印书馆 1959 年版,第 264 页。
③ [日]东亚同文会:《对华回忆录》,胡锡年译,商务印书馆 1959 年版,第 269 页。
④ [日]东亚同文会:《对华回忆录》,胡锡年译,商务印书馆 1959 年版,第 271 页。
⑤ 王振坤、张颖:《日特祸华史》(第一卷),群众出版社 1988 年版,第 146 页。
⑥ [日]东亚同文会:《对华回忆录》,胡锡年译,商务印书馆 1959 年版,第 273 页。

利用、操纵辽西"马贼"就有四五千人,其中主要是巨匪冯麟阁、杜立山、金寿山等部,"他们扒铁路、炸桥梁、割电线、烧仓库、袭俄兵,行动飘忽,防不胜防"[①],给俄军造成直接和间接的巨大损失,迫使库罗巴特金不得不抽出一个骑兵旅掩护右翼,两个步兵师加强对铁路的守护,相对减轻了日军的压力。最后我们还要特别指出,当日军占领辽阳时,潜伏在城内的佐腾长治"当场出迎第五师团四十二联队长乡村房太郎大佐,报告陷落当时的情况"[②]。由此可见,日军对辽阳的进攻,自始至终得到了情报活动的成功配合。

四、对辽阳会战的评价

日俄战争期间,当时许多国家都派出自己的武官到日俄双方随军进行战地考察。旁观者清,他们对整个战争形势发展的评论应该是最有权威性的。驻俄军司令部的德国代表陶特指出:"辽阳战役对于整个战局还是有决定意义的。"他于《在满洲与俄国军队在一起的十八个月》记事中说:"凡是持不偏不倚态度的外国武官都一致认为这次战争俄国已经失败,俄国如若战胜日本,必须开始一场新的战争。"[③]我认为,陶特这个看法是正确的,整个战局的发展也证明了这一点。第一,俄军在辽阳的失败,使旅顺与俄军主力的联系完全断绝,陆海两军协同作战的可能性不复存在,旅顺的陷落已不可避免,只是时间迟早而已。第二,辽阳是奉天的门户和屏障,奉天"四周平坦,并无山险扼守",据此挽回败局岂非易事,俄军在沙河一线的几次反扑终未奏效即证明,预示着奉天会战不会有乐观的战果。第三,战场上接二连三的失败,"在士兵中间引起了波动和不满。士兵逐渐从沉眠中觉醒过来",不愿再为"保卫沙皇和祖国"卖命了。国内的后备军人也在许多城市里举行抗议示威,甚至"监狱和子弹都阻止不住抗议的人们","沙皇专制制度就要失去它的主要靠山,它的'可靠的军队'"[④]。与此同时,民众仇视沙皇专制的义愤与日俱增,加深着国内危机,革命已是一触即发。第四,辽阳会战后,俄国统治集团中的许多人,甚至极力主张战争的人也都认为日俄战争是"政治上的荒谬之举",主张"从速停战",最典型的就是阿列克谢耶夫。他说:"我们应当设法结束战争,因为……愈往后情况会愈糟。"[⑤]

辽阳会战一周后,即9月12日,沙皇尼古拉二世召集会议,决定不派波罗的海舰队去远东,表明他已无意将战争再继续打下去。后来,由于尼古拉二世

---

①　王振坤、张颖:《日特祸华史》(第一卷),群众出版社 1988 年版,第 152 页。

②　[日]东亚同文会:《对华回忆录》,胡锡年译,商务印书馆 1959 年版,第 274 页。

③　转引自[苏联]罗曼诺夫:《日俄战争外交史纲》(下册),上海人民出版社 1976 年版,第 476 页。

④　《斯大林全集》,第一卷,第 65—66 页。

⑤　[苏联]罗曼诺夫:《日俄战争外交史纲》(下册),上海人民出版社 1976 年版,第 478 页。

得到了库罗巴特金说下一次进攻有必胜的保证时，又很快改变了原来的决定，再派波罗的海舰队去远东①，结果在对马海峡遭到更惨重的失败。再有，英国、美国为着他们的各自目的继续大力支持日本，而沙俄的盟国法国"一开始就不赞成俄国和日本开战。法国因为与其头号敌人德国之间的对立日益尖锐，担心俄国把过多的力量投入东方会正中德国下怀，从而削弱俄国对德国的牵制力量。因此，旅顺陷落后，法国渴望俄国尽早地以尽可能的有利条件与日本讲和"②。在财政上给予许多支持的德国，看到俄国在海陆方面的败绩，也不止一次地拖延和取消贷款。同时，东北人民反抗沙俄侵略暴行的武装斗争也在各地广泛开展起来，使俄军防不胜防，难以招架。这些对沙俄都是极其不利的因素。

总之，辽阳会战的失败决定了沙俄在整个战争中的失败，也就是说打赢这场战争的任何希望都破灭了。

当然，日俄战争的结束是在奉天会战和对马海战之后。因此，国内外很多学者都认为奉天会战是具有决定意义的战役。我认为，所谓决定性战役不在于这个战役本身发生的时间先后，或规模大小，而在于是谁真正掌握了战争的主动性，即主动权。毛泽东在《论持久战》中说："这里说的主动性，说的是军队行动的自由权，是用以区别于被迫处于不自由状态的。行动自由是军队的命脉，失去了这种自由，军队就接近于被打败或被消灭。"所以一切战争"都是为了争取主动权，以便逼敌处于被动地位，达到保存自己消灭敌人之目的"。又说："战争就是两军指挥员以军力财力等项物质基础作地盘，互争优势和主动的主观能力的竞赛。"③从日俄双方整体上看，沙俄肯定是占着优势，日本相对处于劣势，但由于日本掌握了战争的主动权，劣势转化为优势，沙俄的优势却变成了劣势。开战以来，无论海战和陆战，可以说主动权一直都操纵在日军手里，辽阳会战后更是如此。诚如列宁在旅顺口陷落前夕所分析的那样："专制制度的俄国已经被立宪的日本击溃，任何的拖延只能加剧失败。俄国舰队的精锐部分已经被歼灭，旅顺口的处境已经绝望，前往救援的舰队不仅毫无成功的希望，甚至连达到目的的希望也没有；库罗巴特金率领的主力部队伤亡了20余万人，它已经疲惫不堪，孤立无援地面对着攻克旅顺口后必然会来消灭它的敌人。军事的崩溃必不可免，随之而来的必然是十倍的不满和激忿。"④战争的发展正是如此，沙河战役俄军伤亡4万余人，旅顺口很快陷落，国内革命跟着爆发，虽然继续增加兵力，但并非欧洲精锐兵团，何况这些"部队意志

---

① [苏联]罗曼诺夫：《日俄战争外交史纲》(下册)，上海人民出版社1976年版，第477页。

② [日]井上清：《日本帝国主义的形成》，宿久高等译，人民出版社1984年版，第209页。

③ 《毛泽东选集》(合订本)，人民出版社1967年版，第455—458页。

④ 《列宁全集》第八卷，人民出版社1959年版，第450页。

消沉,官兵士气低落,对将领完全失去了信任,灰心丧气、悲观失望的情绪与日俱增,部队消极厌战,各级司令部、后勤机关腐败堕落、酗酒成风……官僚主义盛行的俄国早已腐败透顶"①。在这种情况下,试问俄军失败的命运还要等待奉天会战来决定吗?反之,辽阳会战之后日军士气旺盛,"国民"的战争狂热经过"放肆煽动","正在日益扩展起来"②。特别是占领旅顺口之后,日军完全获得了制海权(至少在俄国波罗的海舰队到达之前),可以毫无顾忌地集中兵力从事陆战。于是,乃木希典的第三军及由川村景明大将指挥的鸭绿江军都同时开赴奉天战场。日本在奉天会战中投入了五个军,共二十五万人,虽然俄军在数量上还占有相当的优势,"但是,当时日军已为不断的军事胜利所鼓舞"③,将士亡命,加上正确的指挥,胜利是必然的。毛泽东在《论持久战》中还指出:"战争力量的优劣本身,固然是决定主动或被动的客观基础,但还不是主动或被动的现实事物,必待经过斗争,经过主观能力的竞赛,才才出现事实上的主动或被动。在斗争中,由于主观指导的正确或错误,可以化劣势为优势,化被动为主动;也可以化优势为劣势,化主动为被动。"④由于库罗巴特金一味坚持消极防御的错误方针,所谓俄军的一切优势很快在战场上统统化为乌有,所以奉天会战的必然失败也是意料之中的事!毛泽东在《第二次世界大战的转折点》一文中指出:"拿破仑的政治生命,终结于滑铁卢,而其决定点,则是在莫斯科的失败。希特勒今天正是走的拿破仑道路,斯大林格勒一役,是他的灭亡的决定点。"⑤我认为,毛泽东的这一精辟分析也适用于日俄战争。如果说日俄战争结束于奉天会战和对马海战,那么造成沙俄失败的决定点则是在辽阳的失败。

第三节　日军在辽阳的暴行

辽阳会战不论谁胜谁负,对辽阳地区广大人民来说,都是一场空前的浩劫。俄军扰害于前,日军为祸于后,人民生命财产遭到巨大损失,地方主权被践踏,尤其是战后,包括辽阳在内的所谓"南满"地区,已近似于日本的殖民地。关于俄军的"扰害"前已述及,本节准备集中揭露"为祸于后"的日军暴行。当时许多人都误认为日军的纪律可能好于俄军,甚至"以日为可友"⑥。

①　[苏联]罗斯图诺夫:《俄日战争史》,上海译文出版社1977年版,第276页。
②　[日]信夫清三郎:《日本外交史》,商务印书馆1980年版,第330页。
③　[苏联]契尔缅斯基:《日俄战争》,商务印书馆1976年版,第43页。
④　《毛泽东选集》(合订本),人民出版社1968年版,第459页。
⑤　《毛泽东选集》(合订本),人民出版社1968年版,第844页。
⑥　吕思勉:《日俄战争》,商务印书馆1929年版,第92页。

日军的纪律真的比俄军好吗？日本真是可靠的朋友吗？实际绝非如此，下面我们从六个方面加以证明。

一、嗜血成性,滥杀无辜

在整个战争过程中,从旅顺往北,凡日军所到之处,烧杀淫掠等暴行令人发指,许多城市被血洗。尤其是他们每占领一座城市,就以各种理由杀害当地的无辜军民,惨无人道。

1904年9月4日,日军占领辽阳后,就在城内大肆搜捕所谓"俄谍",只要他们认为谁是"俄谍",就可以枪杀,甚或活埋。他们竟然蛮横地说:处置"俄谍"无需什么证据。因此,他们挨家搜索,随意抓人。据记载:"日军自入辽阳后,即将该州徐刺史拘去。又城中宗室、绅士被拘者十一人,绅士被杀者五人。又海城县王大令亦被拘去,并徐刺史均解于青泥洼监禁,后又押解回辽而囚之。闻此事缘起,因日人疑此数人暗与俄人通信所致云。"①这些宗室、绅士,都是养尊处优者,饱食终日,无所事事,怎么能成为俄国的间谍呢?纯属欲加之罪。至于徐刺史和王大令,他们都按照清廷的命令行事,严守"中立",怎么能是"俄谍"呢。甚至穿俄布衣服、有俄国钱币、会说俄语者,认为都是奸细,一律枪毙。

沙河会战期间,沙河南北两岸破坏严重。有记载说:"一个又一个村庄的居民被一扫而空,他们什么也拿不出去",仅沙河一地就有五百个富饶的村庄被完全摧毁,"除了破壁颓垣、孤立的墙架、悄然耸立的烟囱外,什么也没有留下来"②,其中最严重的部分都在辽阳一侧,即日军占领区③。其间,"增将军于九月二十四日派部下高等兵官一名,往沙河堡侦探两军举动(按:用词不当,应该是了解灾情),旋即被日本之哨兵查出,立即处以军律"④。盛京将军增祺派员去沙河堡了解当地遭受损失情况,以便采取应对措施,实为职司之责,与双方战事无关。但日军不问青红皂白加以杀害,实为违反中立条例,几经交涉,日军认为他是俄国间谍,杀之是罪有应得,所以置之不理,增祺亦无可奈何。

他们甚至杀害传递文书的驿卒,造成大量文件积压,影响清政府的正常公务。为此,辽阳知道州鲜俊英曾给奉天交涉总局详报东路铺递梗塞情形,其中说:"现正日俄交战,道路节节阻塞,递凤公文仍旧梗塞,愈积愈多"。还说:"兹于光绪三十年四月二十七日……迄今将及一月,道路犹未疏通,前后积存

---

① 《东方杂志》,1905年第5期,243页。
② [英]杜格尔德·克里斯蒂:《奉天三十年》(下册),日译本,第252页。
③ 《东方杂志》,1904年第11期,第437页。
④ 《东方杂志》,1904年第12期,第466页。

共公文七十角,告示九十张,若不先行禀明,诚恐日复一日,愈积愈多。"①这里所说东路是指从辽阳到凤城的铺递,上边给凤城的公文都要经过辽阳给予传递,由于所谓道路"梗塞"不能及时送达。问题是东路早已为日军占领,所谓"梗塞"自然是指日军造成的。因为他们到处设卡,检查来往行人,有些辽阳驿卒就是被他们枪杀或"活埋"的。据此,外务部提出交涉,向日使发出照会。指出:"两国相争不斩来使,况局外中立之文报,于战事毫无干涉,何得擅行截杀,相应照会贵大臣查照,饬行该卡将截杀驿卒之兵弁等严办,并将被杀之驿卒日兵优给抚恤,以彰公道。"对这样的所谓照会,日使自然是置之不理。更有甚者,日军占领沈阳后,立即"将驿巡道王颐勋等十九人拘去"②,进行报复,以为杀驿卒事是他们报告的。

光绪三十年(1904)十一月,日本宪兵队无故拘捕了烟台巡长李上林、巡丁姚连昌二人,最后以姚连昌有"俄国枪马"为由,将二人杀害。对此,辽阳举人朱集成向辽阳州提出禀报,详细叙述了日军杀人的经过。这月的初旬,"日本宪兵带队数名,直到会所,向巡长李上林索要巡丁姚连昌,声称伊有俄国枪马。时值姚连昌差出在外,遂将李上林带至前敌于中堡(在今灯塔)处,并言如将姚连昌送去,即将李上林释回。嗣姚连昌归回,询悉并无俄国枪马。姚连昌甘愿出首往质,因将姚连昌送至于中堡日本兵营,将姚连昌收押,并不释放李上林。后经乡老铺户多人出具结保代诉并无俄国枪马实情。日本官言我三二日内即将李姚二人释放,尔等不必再来。乃于次日将李姚二人一并废命,不知因何情由。今将李上林、姚连昌二人被日本宪兵拿问废命情由据实禀明"③。希与日方交涉,洗雪冤情。不问可知,最后也是不了了之。

宗室、绅士、官员都可随意杀害,何况平民。如太子河岸边居住的陈凤山以"劫船只"为由,随意被日军杀害,无人敢于过问。据辽阳镶黄旗界上苏麻堡保长王玉书呈报户口、房间、地亩损失清册称:战争期间,该堡被"毙命人口共大男七十三口、大女五十五口;小男三十七口、小女三十九口。拆毁房六十一间,地共一千一百二十八亩,马六匹、牛十头、驴三头。理应赴界造报,奈因日员派令进省来报,是以备述被难情形"④。"日员"之所以阻挠"赴界造报",说明这些损失与其有直接关系。这时,俄军早已退往沈阳,日军在镶黄旗界的边牛录堡、枣沟、花家岭、河南大柳家峪、小柳家峪、大沟等村屯有大量的驻军,准备进行沙河、奉天会战。这些兽类在驻地烧杀抢掠,毫无顾忌,为所欲为,不

---

①　辽宁省档案馆藏:《鲜俊英为东路铺递梗塞事给奉天交涉总局详》,光绪三十年五月十九日。

②　《东方杂志》,1905 年第 4 期,第 183 页。

③　《辽阳县公署档》,第 10048 号。

④　《辽阳县公署档》,第 1409 号。

一而足。

据音得牛录(今属灯塔大河南乡)五里街保甲局甲长按察司经历文奎(满洲旗人,年五十三岁)禀报:"光绪三十年(1904)九月初一日(10·9),日俄两相在本屯开战,连战四日,俄人败退,日军屯扎本村,炮毙本屯那永安、李春、关小小、关小容、关小姐及受伤恩亮、关吴氏、关王氏、关那氏、安廷璧。伤死牲畜共二十四;毁坏房间共十三间;蹂躏禾稼共八十零半日。职充当甲长,理应查明呈报。"①这是一个很典型的案例,可以看出日军是怎样血洗一个村庄的,与俄军比较起来可谓有过之而无不及。这件血案一直没有上报,战后赈灾时才发现。对此,辽阳州及时给以抚恤。死者"按照水灾伤毙人口例,每名折银四两";"房每间给银三两,草房平房各给银二两";"无力耕种之地每亩给牛具银五角,籽种银二角";"每大口给五个月口粮,各核红粮五斗,小口减半"②。辽阳的这种做法得到廷杰、增韫的赞赏,要求各地如遇此类事件都要按照辽阳的做法去处理,成为一种模式。后来,凤凰厅属通化县就有居民被杀害事件,请示处理办法,得到的答复是"援照辽阳州成案议恤"③。

黑英台战役期间,俄军从"沈旦堡、四方台、韭菜河、李大人屯、富家庄、大东山堡、臊达沟、大荣官屯、砖瓦窑等村屯"纷纷撤退,日军从后紧追,各村屯都遭到日军猛烈的炮火袭击,"共炮伤人命大小五十余名口,房一千余间",践踏良田"二万余亩",损坏树木"二十余万株"④,损失惨重。

至于被日军误杀或死于日军炮火之下者,更是不可胜计。有记载说,日军占领辽阳的前一天,从早晨开始就以猛烈的炮火向城内进行轰击,城内房屋被炸毁,居民死伤甚重。据辽阳城内西街乡约崔德胜呈报:"本年七月二十四日,日俄两国开仗,身管界西北街误被炮子将万盛合柜伙刘凤翔、李春禄;福合店柜伙沈万永、褚兆凤;大顺店人石徐氏、陈小狗、郝广文、陈小秃;屈木铺人董占鳌;顺和柜伙王恺文;居户谭朝池、于林发、张白氏、张小丫、金文长、金小云子、乔四、刘碌、金张氏、房姓幼女共二十名击伤身死,殷长庚、尹成铭、袁大文、金殿阁、张房氏、张小丫、陈德春、边姓、刘得胜子、刘老小子、姚山东、熊忍、陈房氏、宋姓幼女、张李氏共十五名口击伤,轻重不等,并击毙福合店骒马四匹、张福增骒马二匹,吴永草房被轰毁一间"⑤。许多衙署亦被打坏,署内官员王广仁、马振山等受炮伤身亡。所以说这些人是死于日军的炮火之下,因为日军

① 《辽阳县公署档》,第7853号。
② 辽宁省档案馆藏:《德裕等为赈抚难民请拨款事给廷杰、增韫禀》,光绪三十一年三月十六日。
③ 辽宁省档案馆藏:《何厚怃为日俄两军伤毙民人叶春发等领抚恤银事给奉天财政总局呈》,光绪三十二年正月初九日。
④ 辽宁省档案馆藏:《德裕等为赈抚难民请拨款事给廷杰、增韫禀》,光绪三十一年三月十六日。
⑤ 《辽阳县公署档》,第7854号。

是进攻方。实际平民死伤者应该更多,但都失于记载,成为永远的冤魂。

　　由于日军施展鬼蜮伎俩,制造种种假象,使很多中国人被俄军杀害。这笔血债,自然应该记在始作俑者的头上。根据《俄事警闻》的报道:俄军在营口修建工程,雇用大量中国"苦力",日夜为其施工。许多日军间谍潜入其中,冒充"华工",他们乘人不备,炸毁铁路,从事破坏。俄军不察,以为是中国人所为,竟然暗下毒手,大部"华工"为"俄军炸毙"①。不仅营口,类似情形各地几乎都有,只是形式不同而已。在辽阳日军有时穿中国百姓服装,乘机袭击俄军,造成较大伤亡。俄军不辨真假,必然进行报复,许多手无寸铁的百姓(大部分是农民)惨遭杀害。反过来,俄军也如法炮制,同样是中国人遭殃。但恶人先告状,"驻京日使报告云:奉天附近俄兵往往在战场改装华服,窃恐无从分别,致使无辜华人误受祸害,宜设法禁止云云"②,外务部只好向俄驻华公使提出抗议。同时,日军还经常利用"马贼"袭击俄军,因此许多所谓"马贼"死于俄军炮火之下成为冤魂。日军如发现有些"马贼"头领不忠于他,立即想方设法除掉,金寿山就是其中之一。

　　不仅日军自己可以随意杀人,他们还包庇、保护杀人犯为其所用。有王金城者,绰号小鸡毛,是杀人越货、独霸一方的土匪。被害人高武因兄、舅被其所杀,上告辽阳州,迟迟得不到解决,"遂赴省"申冤。高武的哥哥高昇无故被王金城杀害,"身舅王作恒情急理论,亦被放毙,并将张殿明杀死,拖尸一处,用火焚烧飏灰入河。身二胞兄亦被缚去,刀按脖颈,逼索无事甘结,身二胞兄因吓成病身死,但王金城贿通日商堀川,在伊家保护,时刻不离。凡属队兵,均畏交涉,不敢捕拿。并且王金城手眼通灵,以致得意洋洋,在家广出凭贴(可作钱币流通),临近农户不敢不为行使。身因控成仇,挟愤愈深,每欲寻杀,冀除后患。身大冤未雪,又不敢回乡,辽省候案毫无头绪,求亲凑资业已耗空,在外飘篷,归家无日",凄惨已极。省交涉局虽也通过日本总领事要求日商堀川"勿得干预",但王金城始终逍遥法外。此案结果如何,不见下文。问题在于日商堀川为什么如此包庇、保护王金城,原因很简单就是因为他有钱,确实是一座"金城",尤其是"凭贴"一项,是一本万利的买卖,两者之间可能有默契,至少便于他的商业活动。还有日商堀川之所以有恃无恐地公开包庇、保护王金城,因为他的后台有日本军队,有日本军政署。许多日本人在中国之所以敢胡作非为,根本原因也在于此。

　　战后,清廷曾让各地对死伤人口及财产损失进行调查,辽阳地方官比较认真,曾经有过两次调查,但仍有很多遗漏。在第一次呈报中说:"七月二十三、

---

①　佟冬:《沙俄与东北》,吉林文史出版社 1985 年版,第 468 页。
②　《东方杂志》,1904 年第 12 期,第 466 页。

二十四两日,日本攻击城内俄兵,共击死城内及城外关厢商民男女共一百十三人,受伤八十九人,西门烧毁房屋三十二间,城外二十里内共被击死三十九名,受伤十一人,房屋被击烧五百十九间。"①后来,辽阳城守卫德裕、署知州沈金鉴又加以补报说:"日军误毙人命一百七十八口,损失财物约估值银四十九万零三百九十五两四钱五分。"其中还特别提到,"俄日两军激战时,误毙人命二十一口,损失财物约估值银十六万九千零八十二两九钱三分。又,损害中立公家物产约估值银九万三千六百三十九两二钱六分"②。这是战争过程中日军造成的人民生命财产损失,还不包括他们以各种理由杀害的人。

看来这两次呈报是很明确的,双方"激战时"是"误毙人命二十一口",其余死亡330人和受伤100人,都是日军所为。实际上这个调查也是很不完备的,应该说有很多伤亡都没有包括在内,如前面提到的音得牛录村及沈旦堡、四方台、韭菜河等村的死伤人数就没有包括在内。呈报中说得很明白,"因地广灾普,难以克期查尽",再加乡村"皆因道路阻隔,尚未查明",还有被害者早已掩埋,不愿再开棺验尸,"情甘不报",所以漏查者很多。战后之所以进行调查,目的在于得到交战国的赔偿,被害者都满怀希望,然而经过多年的交涉,结果全部落空。

二、明火执仗,疯狂抢掠

日军就是一群明火执仗的匪徒,所到之处大肆抢掠,甚至可以说无所不抢,给东北人民造成无法统计的财产损失。

首先,他们到处设卡,抢掠行人财物。来往行人不分男女,一律搜身检查。凡遇有钱物都以种种借口强制没收,此种拦路抢劫的行为是非常普遍的。这方面的记载,尤其口碑是很多的。当时,有民谣说:"日本鬼子是行家(指抢劫),设卡拦劫把财发。男女老少都搜身,金银珠宝全归他"。

在抢掠百姓财物的同时,也抢掠商店、银号。在辽阳有许多记载却是抢掠烧锅。辽阳城乡有许多烧锅,战争期间许多烧锅都有军队"存驻",先是俄军,后是日军。因为烧锅都有大院,房间多,人吃马喂的东西都有,所以成为首选目标。我们发现一组档案,记载了这些烧锅被日军大肆勒索、强取的情形,损失惨重,有的甚至被迫倒闭。如,辽阳城西关有东升源烧锅,光绪三十年(1904)七月二十五日(9·4),"存驻日兵,伤损烧酒二千余提、豆油二千余斤、小米二石,窗户、门扇一百二十合,杂木椽棒一百余件";城北大纸房东聚发烧锅,光绪三十年五月先驻俄兵,七月退走,"七月底又住日兵,至三十一年二月

---

① 《辽阳候补知县郑鸿勋等为报设立英华同善会救济难民及城关二十里内死伤人数等事给增祺禀》,光绪三十年十月。

② 《赵尔巽为辽阳损失财产事给奉天交涉总局札》,光绪三十一年九月初七。

拔走,约烧新陈秫秸五万余捆、烧杂木劈柴六万余斤,又被粮台车辆分拉红粮拾余石";城西刘二堡玉升金烧锅"七月中旬日军粮台(即日军粮库)占用蒸酒厂子堆集米袋,将酒窖全行压毁,伤损红粮五百二十余石、曲子一万三千余块。每日造饭、烧炕伤损柴薪炉煤檩木板片不堪枚举"。根据城西北小烟台德昌永烧锅的禀报:"光绪三十年八月初八日存住(日军)司令部粮台,维时停工住火。迨后伤损杂木檩棒五十余件、折椽一百余件、跳板三十七块、线麻绳六十余斤、二京锅三口,焚烧草房五间,内装车脚七个、车棚二个、大酒篓一百余支、木板大门两扇、风门二付、甑板(蒸馏器具)一副、油箱一个、大车胎三副,又拆扒前后土筑院墙三十余丈,并装曲房屋窗扇拆毁四十余合。嗣因无力开作,随于十二月赴案,报闭歇业,直至现在仍驻粮台。"也就是说,日军在德昌永已住四个多月,所有的器具设备损毁殆尽,"无力开作",只好"报闭"。此外,尚有北门外永泉泰、城西刘二堡同德元等烧锅都遭受重大的损失,得不到任何赔偿①。

此外,变相勒索百姓的事例很多。光绪三十一年(1905)年一月二十二日(2·25),松浦宽威诬称铁路沿线的坡堡子、王家庄、小赵家台(今属辽阳县首山镇)、麦山子、大红旗(今属鞍山市立山区)等处,发现有破坏铁路活动,遂在这几个村屯拘捕了八个人,硬说他们有嫌疑,必须定罪,后来各罚一百元了事,纯属无中生有,借故勒索。松浦宽威还发布告示,规定粮食、蔬菜等日用品价格,不许提高(实际大大低于市场价)。日军则以规定价格强购,否则打骂,甚至治罪。借故勒索、抢掠百姓的事例,可谓不一而足②。

日军自从渡过鸭绿江以后,就大肆抢掠沿江及各地的木材,以解战事急需,甚至运回国内。有袁大化者在东边道任职,创办有木植公司。日军渡江后,首当其冲,木植基本被拉空。外务部屡次照会日使,得到的答复是"惟鸭绿江非中立之地,地方财产可照行军通例措施,非可概以中立之例相责云"③。言外之意,"非中立之地,地方财产可照行军通例"任意抢掠,不能"责"问。事实上,不仅是日军,还有大仓财阀也参与了掠夺。他们在安东设立了大仓组制材所,一边盗伐,一边加工,做着无本生意。

在辽阳,日军不仅抢夺木商,也抢夺官府库存。辽阳有十九家木商,共存有"木植二十六万八千八百五十九件半,除俄买木植二十四万三千六百五十三件,俄拉去木植二十三万九千八百五十四件,净存木三千七百九十九件;净铺存二万五千二百零六件半,连俄存并铺存均被日军拉去"④。日军应该拉走

---

①　均见《辽阳县公署档》,第 12005 号。
②　《辽阳县公署档》,第 14898 号。
③　《东方杂志》,1904 年第 9 期,第 146—147 页。
④　《辽阳县公署档》,第 3138 号。

两者木植两万九千零五件半,其中俄军所买木植已经付款,木商们感到将来自家的损失得不到赔偿,可能还要为俄军的损失提供赔偿,真是一枪俩眼,难以承受。因此,广兴裕、三合兴、乾益恒、丰泰兴等十九家木商联合起来禀请州署"照会军政署发价,以免赔累";另外,也是立下字据证明俄军的木植是被日军拉去了。

在抢掠木商的同时,还抢走了工部在辽阳的库存。辽阳城守卫德裕、知州陈良杰给盛京将军的呈报中说:"裾木税承办领催德昌禀称,查得光绪二十六、七、八、九四年共抽报部正额木植,除工部派员领取外,净剩厂存木一万零二百七十八件,前被俄兵劈烧六百八十六件,业经承办等禀蒙鲜任会报工部,并照会俄官追价在案,未及拨款,旋即北退。迨日军进城……其俄兵动用下存额抽报部木植九千五百九十二件,近日被日兵陆续拉用。承办等以理拦阻,该兵等不服禁止,当此时势亦属无可奈何,已拉用将尽,事关正额,不敢因循等情,禀夺前来。当经职等会同照会军政署查禁,置若罔闻,刻已拉运无存。"[1]结果都是"置若罔闻",无论公、私都不可能得到赔偿。

不仅抢掠公私木材,还抢掠公家煤矿的煤斤。有记载说:"日人占用尾明山天利公司官煤窑厂内存煤堆一千九百余万斤,约合银五万七千两。查此项煤堆日人仅用四十余万斤,并未给价,其余之煤仍在厂内存放,不准动用。"[2]不但抢掠煤斤,更强占煤矿,可参看下文。

最后,还要提到老百姓遭到的最大掠夺,应该说是俄国和日本都在我国东北大量发行纸币。俄国的纸币名曰"羌贴",日本的纸币名曰"手票",都强制流通,借以掠夺军需物资或骗购财物,弥补军费之不足。这种"赤手生财"的鬼蜮伎俩,给辽宁人民造成了巨大的损失。日本为了推行"手票",到处设卡,对来往行人都要搜身,发现携有大小银元者都要强制换成"手票"。当时有记载说:日军"搜检甚严,有带银元者,辄以手票强易之"[3]。如发现带有俄国"羌贴"者,"轻者毒打,重则处死"[4]。他们甚至在城乡挨家挨户地翻箱倒柜进行搜查,遇有金银就折合成"手票"全部拿走了事。这种拦路或入室抢劫的强盗行径是很普遍的。日军究竟发行了多少"手票"呢?有人做过统计,大约是一亿九千万元[5]。在整个战争中,日本支出的战费,包括停战善后费是十八亿二千六百二十九万日元[6]。仅"手票"一项就承担了其中的九分之一。可见,这

---

① 《德裕、陈良杰为日俄兵将报部正额木植拉用一空给增祺呈》,光绪三十年十二月十四日。
② 《辽阳县公署档》,第 1409 号。
③ 《日俄战纪》,第 10 期。
④ 《辽阳县志》,新华出版社 1994 年版,第 542 页。
⑤ 献可:《近百年来帝国主义在华银行发行纸币概况》,上海人民出版社 1958 年版,第 174 页。
⑥ [日]井上清:《日本帝国主义的形成》,宿久高等译,人民出版社 1984 年版,第 197 页。

种掠夺对日本进行这场战争具有何等重要的作用。然而,这些"手票"战后全部成为废纸,老百姓叫苦连天,无处兑现,后来都变成了糊墙的材料。

三、占据衙署,拘杀官员

日军每占领一座城市,必然要建立司令部或办事机构,因此衙署、公所等成为他们首选的地点,这是很普遍的。

辽阳会战结束后,日军进城,许多衙署被占据,"所有器皿等物毁失罄尽,不堪其苦"。当时辽阳知州是鲜俊英(字华甫,直隶密云人,回族),对日军的暴行不时提出诘问、抗议,有些甚至勒令日方赔偿。对此,日方十分不满,认为不与"配合",必须除而去之。于是,他们要求增祺另派知州,代替鲜俊英。当时有记载说:"辽阳州鲜华甫刺史因与日员不睦,经增将军调之回省,行至海城被该处日员羁留。"①实际是囚禁在海城。经过多次交涉才得以释放,幸免一死。

鲜俊英的继任者是陈良杰(字松泉,其他不详),光绪三十年(1904)十一月初九日(12·15)到任,不及三月,又被诬为"俄谍"而被软禁。一则日文材料说:"从奉天派来代替鲜俊英的新知州陈良杰还是有俄国密探的嫌疑",于是将其"监禁起来,对其罪状进行严密调查,果然发现其显著证据。按照辽东守备军军律处断,并将其属下参与该事者十余名州吏立即拘扑",押解青泥洼(大连),"全部处斩"②。不过,这里所谓押去大连"全部处斩"一说,应该是误载,而是将陈良杰在衙署中"看管"。当时还有记载说:"日军至辽南之始,即将海城王令、辽阳州陈牧监禁而捶楚之。继其任者咸惴惴不敢稍有所犯。"③

陈良杰是一位爱国的地方官,他对日俄两国的侵略都是反对的,尤其是对日本在辽阳建立军政署,直接发号施令更是不满。据记载:如城南五里徐家屯有天坛一座,"忽于本(十一)月初十日(12·16),有日军队兵三人等至天坛上将看坛城瓦房三间皆被日兵拆毁"。坛夫李永盛"立刻前往阻拦,而日兵始不容阻拦,未敢强止",只好禀报州署,制止日军,以免全部"拆毁"。陈良杰提出抗议,照会日本军政署必须赔偿④。由于辽阳公、私大量木材被日军抢走,陈良杰又向日本军政署提出抗议,并要求偿还木价,保证"以后勿再扰民"⑤。陈良杰这些不卑不亢的做法,日本侵略者是难以容忍的,甚至想杀害他。所以,说他"通俄"纯属子虚乌有;说他"反日"倒是事实,这才是他被诬陷的根本所在。

① 《东方杂志》,1905年第1期,第20页。
② 辽阳日本领事馆:《辽阳事情》(日文油印本),第99页。现藏于辽宁省档案馆,综合8850号。
③ 《东方杂志》,1905年第10期,第367页。
④ 《辽阳县公署档》,第915号。
⑤ 《辽阳县公署档》,第3138号。

至于整个事件的经过,陈良杰曾给增祺写有禀报。简要摘录如下:"十二月初三,该军政署以奉前敌谕饬,派宪兵将卑州巡捕队兵陆全胜传赴前敌,迨初八、十二等日,该署陆续开单勒索巡长张永清即张介藩家丁陈恩、夏秉和,并有有名无姓、有姓无名者六七人。卑职以事多奇异,亲赴军政署面见松浦宽威,斟询底细。该日员答以前敌之事,伊不能知,等语。……因念时事多艰,未便坚抗,即令单开名姓相符之巡长张永清等三人同至该署,传送前敌,其余人等未令前往。至二十日风闻张永清等被前敌日员匪刑拷打,逼勒奸细口供,奄奄待毙。又令供认系职在此为俄人坐探,二十一、二等日甚至书役、家人、幕友,无乎不传。突于二十三日派宪兵五六名至署,名曰保护卑职实在从中看管。近日家丁、书役均已逃散,封狱公事,无人经理,门丁张喜即张自忠雨亭亦被拿至军政署严刑吊拷,逼认俄探口供。现计传去之人已不下二十名,无释回。卑职百口辩论,难分皂白。"最后提到,他之所以被诬陷还有一个直接原因。他说:"推原其故,前有日营通事安振邦开设赌局犯案,捏称丢失访事执照,向原拿兵丁讹赖。经卑职会同日员讯明,严任开释,遂致安振邦勾结前敌通事,布散流言。第日本久称礼仪之邦,卑职虽微末功名,似亦不应凭空凌辱。"他要求"电咨外务部照会驻京日使,饬知日军将先后传去无辜之门丁、巡长、兵役人等速即释回,将来如查有为俄人探事实据,准向卑职索回惩治"。并告诫日军"嗣后遇有此等事件,务须查有实据,再行传讯,毋得误听陷害谣言,妄拿拖累"①。

增祺接到陈良杰的禀报之后,于光绪三十一年(1905)正月初六日(2·9)给直隶总督、北洋大臣袁世凯发出"急电",报告陈良杰被软禁之事。正月初九日(2·12)得到袁世凯的回电,其中说:"前据探报,陈牧被日军看管,当即向日人诘查。据复称,该州署交通俄军泄日军情。当又诘以交泄须有切实凭证,请查明见示"②。袁世凯再次致电增祺、廷杰说:"查战地在中立国境内,凡在战地之中立官,其管辖之权,仍在中立政府,无论违犯何项事,应由中立政府查实惩处,不应由战国逼令擅离治所,旷其地方职守。已电请外部照会日使电饬日军官从速释回,并另向日军武官诘论。"由于日军始终没有拿到确凿证据(当然也不可能拿到所谓证据),同时又违反中立条款,在理屈词穷的情况下不得不解除软禁,将陈良杰交给中国政府,至此"陈案"才得到最后解决。

应该说,袁世凯为了"陈案"的解决还是很卖力气的,否则陈良杰必死无疑。再说袁世凯与日本有特殊关系,尽管日方没有"切实凭证",如果换别人去交涉是不会有好结果的。袁世凯说:"向日军武官诘论",这里的"武官"是

---

① 辽宁省档案馆藏:《辽阳州知州陈良杰给增祺禀》,光绪三十年十二月二十六日。

② 《袁世凯致增祺、廷杰电》。

指青木宣纯,实际他是掌握整个东北地区日本特务的头子。后来青木宣纯是袁世凯的顾问,可见两者关系之密切。事实上,日军杀人无需什么"切实凭证",认为谁是"俄谍"就可以拘禁、杀害。这样被拘禁、杀害的地方官是很多的。有记载说:"奉天康平县知县殷鸿寿、巡警总巡穆克图善均被日人拘至法库门,分禁关帝庙东西两厢内,时用毒刑拷讯,至七月初旬即将穆总巡杀毙。"①

四、强住民房,祸害百姓

日本是进攻方,自然没有营房,每占领一地,就强住民房,各地皆然。日军占领辽阳之后,不仅大量衙署被占,许多民宅住满了日军。不仅城内,广大的农村更是如此。特别是为了进攻沈阳,河东以及往北至张台子、灯塔等处都住满了日军。连后来辽阳"首富"的新城村马延禧家也住了日军,是一名大尉军官,名为松村②。谁家住了日军,谁家就遭了祸殃。这里想介绍一下夏国桓先生当年家住日军的一段回忆,非常具体详细。摘录如下:夏国桓先生家住"吉洞峪尽西边,近靠着河(汤河西支),住的是五间正房,周匝围墙,院落很大。院墙外面,连着菜园、农田。父亲、母亲都五十多了……一共十一口人"。"九岁那年,是夏历甲辰,光绪三十年(1904),正是日俄战争开始的时间"。他说:他四五岁时就记事了,这时他记事"更清晰而牢实了"。当年四月末,俄军进入吉洞峪各村,所有"村落、旷地、树林,搭满帐篷,驻其军队"。他家被帐篷"紧紧包围了",菜园、农田被"遭蹋了不少",此外他家有"一百三四十斤重的一口猪,一条大黄狗,一群鸡鸭,都给鬼子(指俄军)捉去吃了,剩下一窝春起抱出的鸡、鸭小雏,侥幸存活"。

七月初二日(8·12),"俄军忽然拔队都向北去了"。第二天,一百余名日军进村了,"他们尽是黄色衣帽,枪支都白闪闪的上着刺刀,向我们堡里飞奔猛扑。这时,我家院里闯进二三十个,端着大枪,各处搜索,小黄狗向他们汪汪地扑咬。一个鬼子拔出洋刀,对狗肚子猛一刺,狗肚刳开,淌出一堆肠子。可怜小黄狗,死于非命。再往西边一看,日本军队黄蜂般漫地而来。少顷,堡子里满了。这回,不比俄军住帐篷,日本兵却是占据着民房。我家东西两屋,四铺炕,三铺给日本兵占了,把我们都赶在东里屋一铺炕上。……俄军驻在时,人们都传说日本兵好,没曾想日本兵来了,比俄国兵更恶、更野蛮。他们住了十几天,天天的要猪要鸡,翻粮翻草,打人骂人。我家的那窝小鸡、小鸭雏,通统给捉去,把猪也捉去了。父亲去找他们头领,只取回一颗猪头来"。此时,家里藏的粮食吃光了,柴火也烧光了,"困难到了极点"。在这种情况下,父亲

---

① 《东方杂志》,1905年第10期,第367页。
② 《辽阳文史资料》,第17辑,第17页。

冒险"去二十里外的红绡梨沟,托亲告友,弄了一斗半小米(约今天60市斤)。为避日军,不能从正路走",只能翻山越岭潜行。有的山高七百多米,"山上无路,只能循着猎者踩踏的茅径,竣陡无比,空身攀援,都累得喘息不定,况父亲已年过五旬,肩着六十斤小米,可想能累得怎样!日落时到家,力尽神疲,汗浃口干,几乎说不出话来!由是,得了神医不能治的劳伤病征。从此以后,再不能参加劳动了。我家的生活,日趋困难"①。更有甚者,许多家庭的妇女遭到日军的强暴,口碑流传不少,但记载几乎没有。原因在于中国的礼教束缚,被强暴者被认为耻辱,所以讳莫如深,自吞苦果。二战时期的日军慰安妇问题,最近才知道中国占七成,但几乎没有人站出来讨回公道。所以日俄战争时期,日军就是一群畜类,野兽不如。

日军为了进行(北)沙河、沈阳会战,在当时镶黄旗界(今属灯塔西北部)各村驻满日军,给当地农民带来了巨大的灾难。根据镶黄旗界瓜沟(今属灯塔大河南乡)保长赵永珍"报灾"可知,他们砍伐树木,包括坟树、占据土地、烧毁房屋,整个村子受到严重破坏。"报灾"清单列出三十六家被灾户,轻重不等,但都十分惊人。如,陈诒伦被毁树二万棵、日本铁道(应该是指工兵)占地二十亩;赵永连被毁坟树五千棵、日本铁道占地五亩;王德林被毁坟树一千二百棵、被毁草房二间;韩士太被毁草房二间、树一百棵、日本铁道占地六亩。总计"此一屯日军共伐毁树四万九千二百五十棵,共烧草房四间,铁道共占地八十零五亩"。本来是绿树环绕郁郁葱葱的美丽村庄,似乎顿时变成了失去羽毛的秃鹫。还有上高丽沟保长杨德堂在"报灾"清单后说:"此屯共被日兵拆毁草房五间,共被日兵伐毁树六千七百五十棵。"②除此之外,有的村屯也有类似情形,疑为日军所为,但在"报灾"清单中没有明确指出,只好略去。

由于日军强占民房以及种种暴行,迫使大量的农民纷纷逃亡,海城、辽阳一带流离失所的人"以数十万计"。各地难民涌入省城沈阳避难者,不下十万人,其中辽阳人将近三万。这些逃难者,携儿带女,一路上缺衣少食,有的沿街乞讨,有的横卧街头,甚至饿殍载道,惨不忍睹。逃亡者如此,没有逃亡者也是嗷嗷待哺。就"辽阳全境而论,田禾已多平毁,安望有秋。转瞬天寒,无数生灵饥寒交迫,固属堪虞……将来灾区之广,灾民之众,实在意料之中,自不能不预为筹备"③。然而,尽管清政府有意赈抚,但"战事未定,两国军卡严密,处处皆有阻隔,户口且不能遍查,银米又何处散给"。在这种情况下,只能"就其力之所能及者,于一处树之风声,则各处望之雨化"。如此望梅止渴之法,怎能

---

① 夏国桓:《回忆日俄战争时之家庭》,载《辽阳文史资料》第17辑,第14—15页。
② 均见《辽阳县公署档》,第1409号。
③ 《增祺等为筹办日俄战事经过地方赈抚情形饬部拨款奏折》,光绪三十年七月十一日。

解决实际问题。不待"雨化",遍野哀鸿早已死去。所以有人指出:"吾中立国之民息于其地者,掷生命数十万,死亡之数,过于(指日、俄)两军。"[1]

不仅日军在城乡强占民房,有些日本人也乘机强占民房,名义上是租,但租金无几,并长期霸占。有选用县丞贾鹰扬者,有市房三间被日本宪兵强占,与之理论,蛮横至极,只好禀告辽阳州,以求解决。禀文中说:"贾鹰扬年二十八岁,住治城里登福楼胡同……职有市房一所三间,坐落怀王寺西马道路西。正月间,被日本宪兵堀田侵占,设立球局(即赌场),复自捏租契,按月给租等语,送职家中,彼时职正在京城,家中老幼不敢与伊理论,伊竟侵占至今。职新由京回,速来禀明,恳请饬差追伊倒出房间,以便自作生理;如令租伊,请为存案备查,恐伊设局多事干涉于职。是以叩恳恩准,或饬伊倒出,或令职租伊牌示遵行,则感大德矣!"[2]意思很明确,一是将房间收回,自作生理;二是"租伊",但州署应出具"牌示遵行"。因为堀田开设赌场"多事",贾鹰扬生怕影响自己,如果州署出具,责任在州署,自己则摆脱了责任。知州的批示是:"候移知交涉局,会核办理。"究竟是如何办理的,不见下文,不可妄断。

还有喻精一者,有市房十六间被日本人强行霸占,难与理论,只好告到州署。呈文说:"喻精一年五十四岁,系内务府镶黄旗人,住城南二十里喻家沟……身族众丁繁,起立公议五福堂五支,有祖遗市房十六间,坐落本城大十字街东路南。每年出租,预为五支封纳内府丁差(即每年所得租金给内务府准备五支纳丁差银)。今年身将该房租给德升东开设粮行生理。讵于十月二十一日陡有日人梶厚宏吉硬将身出租德升东房间由柜坊客屋均行霸占,开娼设馆。其两旁虽有房间,皆是窗破屋寒,不堪存住。伏思此项房间,每年出租,藉充丁差。今被日娼霸占,身再出租无人能用,丁差何封。日人虽给租价,亦属无几。万思无奈,只得具情呈明,叩乞恩施格外照会日官,将房退出,俾予能得出租,封纳丁差,以免后累,实为德便。"[3]后来究竟如何处理,也是没有下文,不得而知。

五、抢夺矿产,攫为己有

辽宁有丰富的煤铁资源,随着日军的逐步推进,许多矿区都被他们武装强占,成为日本手中的"战利品"。

1904年5月,日军很快渡过了鸭绿江,为了军事上的需要,从安东至奉天陆续修建了一条轻便铁路(即后来的安奉线)。这时,日本大仓财阀便派人沿着安奉线进行了煤铁资源调查,在军方支持下强占了本溪湖煤矿,定名为"大

---

①　转引自于沛:《远东大厮杀》,华夏出版社1996年版,第144页。

②　《辽阳县公署档》,第4725号。

③　《辽阳县公署档》,第10337号。

仓组采炭所"，以军事需要为借口立即实施采掘，无视中国的所有权[1]。应该指出，这时的本溪湖还是属于辽阳辖区，虽经交涉，日方借词推脱。有记载说："军事即平，矿仍占据，开采如故。经办者为日商大仓公司，日可出煤百吨。"[2]最后，东三省总督锡良被迫同意与日方合办，并于1910年5月22日正式签订了《中日合办本溪湖煤矿合同》，合办期限为三十年。本溪湖煤矿合办后，很快为日本财阀所吞并。第二年成立了"本溪湖煤铁有限公司"，由煤矿扩大到铁矿，全部为日本人掌管。于是，又开始夺取辽宁各地的铁矿。先后霸占了本溪湖庙儿沟、东鞍山、西鞍山、大孤山、樱桃园、五家堡子、关门山、小岭子、铁石山（以上8个矿区均在当时的辽阳境内），最后夺取了弓长岭铁矿。

日本是一个资源极端贫乏的国家，攫取到本溪湖如此丰富的煤铁资源后（据估计仅煤的埋藏量就有22 520亿吨），进行疯狂的采掘，以满足国内的需要。到1928年，本溪湖田师傅、牛心台两煤矿最高年产量达到二十四万三千吨，1931年九一八事变后，日本立即接管了本溪的所有厂矿。为了满足日本国内和战争的需要，加紧挖掘，掠夺了大量的煤炭，运回国内，甚至储备起来，直至1945年为止。

日军占领辽阳后，立即将他们觊觎已久的烟台煤矿攫为己有，成立了"烟台采炭所"，霸占了整个矿区。1905年3月10日，日军攻下抚顺，随即占领了全部抚顺煤矿。不久，"烟台采炭所"并入抚顺煤矿，属于抚顺煤矿的一个矿区。后来许多记载提到抚顺煤矿，其中就包括烟台矿区在内。他们不仅强占煤矿，任意开采，并且拒绝交税。光绪三十一年（1905）四月底，稽征煤税委员王焕之去抚顺各矿收税，结果遭到日方的完全拒绝。王焕之禀称："本月（五月）初四日，往千金寨晤日员管理煤矿事务陆军三等主计正加滕喜左卫门，告以现在火车运煤例应遵章纳税。据云，伊国兵队由俄兵手夺来，且在战地，不能纳税。"在千山台与日员协商，得到了同样的答复："千山台煤矿已作为战利品，此时所采之煤系作军用，不能纳税。"奉天交涉总局对王焕之的禀报批示说："候饬交涉局向军政署妥筹商办。"[3]总之，所有被日军占领的煤矿都不交税，所谓"妥筹商办"也就是不了了之。

在这些煤矿里，日本都采取封建的把头管理制度，对矿工实行残酷的压迫和剥削。主要表现在劳动时间长，实行两班倒，每班十二小时。矿工每天创造的价值惊人。据1907年统计显示：每吨原煤成本是2.593日元；售价是7.920日元；利润是5.327日元；剩余价值率是521.8%。到九一八事变前夕，剩余价

①　王一清：《本溪湖煤铁公司20年》，载《辽宁文史资料》第2辑。
②　徐世昌：《东三省政略》（矿政篇）。
③　《稽征煤税委员王焕之给廷杰禀》，光绪三十一年五月十三日。

值率已达到 3508.4%。[1] 反之,矿工的工资极低,最大限度地榨取剩余价值。在所有的煤矿里主要使用中国的廉价劳动力,也有少量日本人,他们很少下矿井,主要从事轻微的劳动,但其工资要高于中国工人 3 至 6 倍,并且两者的差别越来越大。请看下表:

抚顺煤矿(包括烟台)中、日工人日工资比较表

年份	中国人的工资(元)	日本人的工资(元)	中、日工资的百分比
1914	0.324	1.120	28.9%
1917	0.372	1.137	32.7%
1920	0.454	2.674	16.9%[2]

根据记载,1914 年的物价是高粱米每斗 0.80 元、小米每斗 1.10 元、粳米每斗 1.80 元。根据 1920 年的统计,物价上涨了两倍以上。高粱米每斗 1.90 元、小米每斗 2.40 元、粳米每斗 4.20 元。从工资的提高与物价上涨的幅度看,日本工人的实际工资增加了 11% 以上。但中国工人的实际工资不是提高,而是下降了 22.2% 至 41.1%。前面提到的中国工人工资都是指固定的在籍工人的工资,而临时工人的工资则更低。从 1920 年的在籍工人来看,在十分微薄的工资中每天还要扣除伙食费 0.12 元、工具费 0.03 元、医药费 0.01 元、鞋费 0.05 元、房租费 0.11 元,合计是 0.32 元。当年每天工资是 0.454 元,扣除 0.32 元,每天实得工资仅有 0.134 元[3]。由于物价上涨等因素,许多工人不得不借支度日。根据 1924 年的记载,本溪湖煤铁公司有 28 名工人欠债 739.91 元。有王长茂者,欠债最多为 132 元[4],需要十个月不吃不喝才能还上公司的债。所以想离开煤矿也是不可能的,直至累死为止。

日本财阀及大小资本家为了追求巨额利润,不顾矿工的死活,安全设备极差,伤亡事故屡屡发生,大批矿工被夺去生命或造成终生残废。在日本人编辑的《抚顺煤矿统计年报》中有所反映。请看下表:

---

① 张福全:《辽宁近代经济史》,中国财政经济出版社 1989 年版,第 340 页。
② 张福全:《辽宁近代经济史》,中国财政经济出版社 1989 年版,第 337 页。
③ 张福全:《辽宁近代经济史》,中国财政经济出版社 1989 年版,第 338 页。
④ 张福全:《辽宁近代经济史》,中国财政经济出版社 1989 年版,第 339 页。

抚顺、烟台两煤矿伤亡人数

年份	伤亡人数	死亡人数	重伤人数
1907	161	14	127
1909	612	28	415
1914	4471	42	3608[①]

由于每年的大量伤亡,矿工极度不足,日本就从各地骗来劳工补充。大量地补充,大量地伤亡。除了事故频发之外,超强度的劳动更致使大量的矿工不断死去。更为残酷的是,死者都被扔在大坑里,狼吃狗嚼,惨不忍睹。一个坑满了,再另挖新坑,这就是所谓"万人坑"。所有日人占据的煤矿、铁矿附近都有"万人坑"。斑斑血迹、累累白骨永远记载着日本侵略者的万恶罪行。

六、日军在辽阳的殖民统治

首先,日军每占领一座城市就要强迫城内居民挂起日本国旗,"以视归顺",稍有迟缓,轻者拳打脚踢,重者甚至杀头。凡是被日军占领的城市,从南到北,如旅顺、营口、辽阳、奉天等地都是如此,好在日本随军记者给我们留下了家家户户被迫悬挂日本国旗的镜头[②]。今天看来,这些照片已经成为当年日本侵略者嚣张气焰的罪证。这种强逼我国百姓悬挂日本国旗的行径,时任直隶总督、北洋大臣的袁世凯感到有伤国体,他令外务部派员与日本交涉,"须将日旗撤去,换悬龙旗",得到日本武官高山的答复是:"悬旗一节,系照行军章程办理,未便擅易"[③]。这种所谓交涉,自然都是无果而终。

其次,日军占领的每一座城市都要设立"军政署"或"民政署",推行所谓军政统一体制,派"中佐"或"少佐"为军政官和民政官,对中国人民直接实施统治,无视清政府的存在。日军占领辽阳之后,就立即设立军政署,代替州署,"收管地方事宜"[④]。有记载说:"日本第一军所占领之地域内已设有军政署二处,一举陆军步兵少佐松浦宽威为之长,一举陆军工兵中佐仓辻俊明为之长。"[⑤]前者就是辽阳的军政官,后者就是本溪的军政官。松浦宽威到任后,就发布了日本统一制定的军政法规七条:一、城内外众绅及各社、各屯会首等须奉行军政官之命;二、奉命后须神速从事;三、须将告示之意布告民人,使上下联络;四、须精查物质以应军需,务必公平贸易;五、如有土匪细作,务须迅速禀报;六、沿道电线及铁路等各社、各屯皆任监督保护之责;七、众绅及会首有功

① 张福全:《辽宁近代经济史》,中国财政经济出版社 1989 年版,第 342 页。
② 秦风:《你没见过的历史照片》,山东画报出版社 2001 年版,第 295、249 页。
③ 《东方杂志》,1904 年第 7 期,第 118 页。
④ 《东方杂志》,1904 年第 10 期,第 409 页。
⑤ 《东方杂志》,1905 年第 8 期,第 295 页。

给赏,有罪严办①。这就是说,所有的人都要"奉行军政官之命",为其进行的战争服务,而且行动要"神速",要为他们提供各种军需品,所谓"公平贸易"(实际就是变相掠夺);要提供情报,所谓发现"土匪细作,务须迅速禀报";要为他们监督保护电线、铁路,是"各社、各屯"的责任。尤其应该提到的是日本满洲军总司令官大山岩对铁路的保护还有更苛刻的规定:一、损毁铁路或意图损毁者,不论首从均行死罪;二、不论何事敢行妨碍火车行走者并意图妨碍者一律死罪;三、各村居民会同公议以定各村地界,严行监守为要;四、各村保界内铁路,如偶有查出损坏处所,必须火速禀报;五、如监守失宜被人损坏,惟该各村民是问,征收该村年税全额以充罚款;六、各村民人如有孥获必有重赏②。日军的上述种种规定,不知有多少中国人为此付出了生命。如辽阳住在太子河边的耿兆文、李佐臣,就以"阻塞铁路交通,有妨军需搬运"的罪名,被日军杀害③。不难看出,日本军政署可以随意对中国百姓发号施令,而且十分苛刻,稍有所"犯"便可"处死"。他们视中国人为奴隶,而自己是可以任意杀害奴隶的主人了。

光绪三十一年(1905)八月十八日(9·16),日本在辽阳还设立了关东都督府,以大岛义昌大将为都督,根据《关东都督府管制法规》的规定:"关东都督府置关东都督,管辖关东州,兼掌保护监督南满洲铁道路线,并监督南满洲铁道株式会社之业务。"可见其权之大,可以说是日本在"南满"进行殖民统治的头子(关东都督府后移旅顺)。战后,日本在辽阳设师团司令部,驻扎一个师团;在铁岭、柳树屯设旅团司令部;在旅顺、柳树屯、辽阳、铁岭四地各配置一个步兵连队。在海城设置野炮联队,在辽阳设置工兵大队,又从辽阳步兵连队中抽调一个大队,分驻奉天。名义上都是为了保护铁路,实质是为他们今后吞并东北做准备。

再次,日军制造种种借口不许中国官员收税,日本军政署竟要"独自收税"。日本驻奉天之军政官函致廷将军略谓,"现奉总司令部之命,拟将自通江子(铁岭境内)至营口沿辽河一带各项商税暂行停收。因大兵之后商民交困,若往来货物更加重税益不能堪,且战线之内设员稽征最易泄露军事,请将税局员弁撤回"。廷杰"以事关重大,且奉省用款浩繁,大半仰给于此,一旦停撤,实与大局关碍非浅,立饬交涉局与日司令部参议福岛、小山君再四磋商,而日人坚执殊甚,惟允俟和局定后将短征之款如数赔偿。廷帅无如之何,遂电禀外务部核夺"。外务部能怎样"核夺"呢? 战后"赔偿"之说怎么可以相信呢?

① 《东方杂志》,1904年第9期,第367页。
② 《东方杂志》,1904第8期,第336页。
③ 董平编:《辽阳史论集萃》,民族出版社2009年版,第107页。

反过来,日军在占领区里却可以随意征缴各种税捐。所以,在外务部的"诘问"中就有"日军即有恤民之意,何以自在战地抽收额外之税而独不许中国收税?"①

日军占领辽阳后,想方设法进行收税,可谓无孔不入。据载:"光绪三十一年冬,日人初设屠兽场在高丽门外,派兽医检验就宰之猪牛羊病毒,以重卫生,并收各项费。嗣经知州鲜俊英、交涉员于冲汉筹款将场赎回,归警察卫生股经理,所收屠捐归收捐处,列入地方税。"②应该指出,高丽门外的屠宰场本是州署所设,还要"筹款"将其"赎回",可谓又一次变相掠夺。区区屠宰税都不放过,何况其他。

他们还到处设卡,对过往车辆征收"车捐",独自收税。由于收税过重,造成"运货无利可获,暂走一次,下次再不敢来"。这种情况到处都有,日方称所以收车捐"系为修补军道军桥之用",实与拦路抢劫无异。说明:日本在占领区内可以恣意妄行,什么外务部的"诘问""阻止"都不在话下。

又次,日本军政署还无所顾忌地干预中国内政,对各府、州、县官员的任用他们经常提出意见,不与日军配合者就可以拘禁乃至杀害。这类事情很多,如前面提到的海城知县王顺存,康平知县殷鸿寿,辽阳知州鲜俊英、陈良杰等。辽阳知州鲜俊英、陈良杰等都被日军以所谓"俄谍"嫌疑加以驱逐、囚禁,要求另派。增祺准备把鲜俊英"调补某县缺,日人谓其有偏袒,留之海城"③,实际就是变相囚禁。于是,不得不按照日军的要求派陈良杰接替鲜俊英。不久,日军又以同样的理由将陈良杰也囚禁起来,甚至准备杀害。后来,经过多方交涉,两人才得以释放。

更有甚者,清政府准备在东北设省,实行督抚制,日本认为应该与他们商量,取得他们同意方可。有记载说:"近闻日使因我政府拟于东三省改设督抚一事未与商榷,致来诘问。"④可见,他们已经以太上皇自居了。清政府迫于压力,只好放缓设立,改派赵尔巽为盛京将军,"以示总督之渐",即等待日俄"真还我东三省时,再实行设立东三省总督"⑤。赵赴任前,日本驻北京的一些官员(实际都是特务头子)找他谈话,诸多威胁之语。内田康哉(驻华公使,后任外相)要求他"不可干预"战地诸事,"现在不能多办事,如有必须办者,须与(日本)武官商妥再办"。青木宣纯(公使馆武官)则更加露骨地说:"贵将军至奉省办事,须知日人之情性,方能相处。"又说:"我平日目的惟愿东亚之事

① 《东方杂志》,1905 年第 8 期,第 293—294 页。
② 《辽阳县志·警甲志》。
③ 《东方杂志》,1905 年第 2 期,第 95 页。
④ 《东方杂志》,1904 年第 7 期,第 118 页。
⑤ 《东方杂志》,1905 年第 8 期,第 66 页。

只有我两国办,不愿旁人搀入,并愿无日清二字之界限是我之志。"很显然,日本之目的不仅是要夺取东北,而且"无日清二字之界限"①。可见,他们要鲸吞中国的野心早已有之。赵尔巽作为封疆大吏可以对百姓作威作福,但对这两个日本官员却是垂手恭听,心领神会。所以,赵尔巽到奉天后就极力巴结日军将领,甚至向他们赠送银两。后来,赵尔巽特派袁世凯之子袁克定等赴辽阳"联络"日军大岛义昌等将领。袁克定觉得赵赠送给日军将领的银钱礼品还少,回奉天后向赵禀报说:"将来军宪如月送三百两,伊必更感恩遇矣。"②由此可见,清政府以及这些封疆大吏已被日军玩弄于股掌之间,实属可怜!

最后,我们还想提到战争即将结束的时候,日本军方竟然要求中国政府认真调查和切实保护日军在各地阵亡者的坟墓,如有损坏要严加惩办。这一条后来公然列入《中日会议东三省事宜正约及附约》中的附约第五款,其中写道:"中国政府为妥行保全东三省各地方阵亡之日本军队将兵坟茔以及立有忠魂碑之地,务须竭力设法办理。"③为此,赵尔巽要求奉天交涉总局立即查办。他说:"查日俄签约之后,日本军队渐次撤退,所有战界线内阵亡日本军人之坟墓,皆系为国捐躯忠魂所寄,无论占用官地、民地均应切实保护,以符约章。"他指令各州县必须查明"本境共有日本军人坟墓几处,是否官地、民地,有无碑记详报,一面通谕军民人等实行保护。如有凌践情事,一经查出,除将匪徒严拿究办外,定惟该地方官是问"④。这些话好像出自日人之口,表彰"忠魂",严办"匪徒",真可谓做到了"竭力办理"。可是,日本人并不买他的账,经常加以指责。如秋原致函赵尔巽说:"前日辽阳附近有发掘日本人之坟墓夺取遗骨、遗物之事,即往查询,认系清国人之所为。想此等行为不但辽阳地方,且闻他处亦有此事。"又说:"为保护满洲日本军战死者之坟墓及忠魂碑所在地之完全起见,总当执必要之处置,系贵处条约上之义务,故特备文照请办理。"⑤意即:保护日军的坟墓是你们的"义务",地方官"办理"还不够"竭力",你总督更缺乏"必要之处置"。赵尔巽连忙在复照中检讨说:"查贵国军队战殁者坟墓及忠魂碑所在之地随时保护,曾经本军督通饬各属遵办。兹复有此种不法行为,本军督甚为歉疚",并表示"业经电饬辽阳地方官严为缉捕,从重惩办,但期早日破获,以抒歉忱"⑥。视日军战死者为"忠魂",视"凌践"日军坟墓的中国人为"匪徒",并要"从重惩办",说明中国地方官已经在为日本人

① 第一历史档案馆:《赵尔巽档》,第133卷。
② 第一历史档案馆:《赵尔巽档》,第135卷。
③ 王芸生:《六十年来中国与日本》(第四卷),生活·读书·新知三联出版社2005年版,第222页。
④ 《赵尔巽给奉天交涉总局札》,光绪三十二年二月二十七日。
⑤ 《日本总领事秋原守一致赵尔巽照会》,明治四十年二月六日。
⑥ 《赵尔巽复秋原守一照会》,光绪三十二年十二月二十五日。

服务了,清政府当然就是"洋人的朝廷"了。

在整个战争过程中,辽宁全省都是重灾区,但辽阳更是重中之重。通过上述日军的种种暴行完全可以证明这一点。战争爆发时,日本外务省曾经许下诸多保证,如对人民生命财产"必当十分尊重保护","对各衙署,亦不若俄国所为,致蒙损害","日本政府于战事结局,毫无占领大清国土地之意","必不敢有损害大清国主权之事"等等,全属骗人的鬼话。

近年,日本的右翼势力十分嚣张,不断挑起事端,妄图篡改侵略历史,美化战争罪犯,甚至妄图推翻远东国际军事法庭的审判结论,挑战世界反法西斯战争的胜利成果。安倍竟然说,侵略还没有定义,占领不是殖民统治,钓鱼岛是他们的。大阪市长桥下彻更加厚颜无耻地说出慰安妇是维系日军纪律的需要,简直就是畜类。他们大肆宣扬"中国威胁论",乘机扩军备战,修改"和平宪法",摆脱战败国的地位,极力要成为军事大国。他们没有从战争中接受任何教训,以史为鉴,真正地反省战争罪行,相反仍想重走军国主义的老路。在美国的支持下,日本军国主义的卷土重来,有可能成为现实,热爱和平的人们应该引起高度的警惕!

我国有学者指出:"1945 年日本的无条件投降,正是日本在甲午战争、日俄战争、九一八事变取得成功的结果,这正是历史的辩证法,百验不爽。已故的日本海军元帅东乡平八郎,他在死前向人说:'热心于战争的人,不懂得战争。凡是经过战争的恐怖而仍爱战争者,简直就不是人类。'东乡是日本的海军元帅,曾在甲午战争和日俄战争中立过'功勋',但是他也看到了历史发展的趋势,今天日本的军国主义,正在把日本人民带上一条阴暗的、冒险的道路,必然陷于再一次的失败。"①我们奉劝日本右翼势力,应该回过头去想想东乡的遗言吧!

---

① 冯英子:《警惕日本军国主义》,载《随笔》1997 年第 1 期。

第十章 东北"新政"与辽阳近代事业的举办

在甲午、日俄战争之后,东北已被日俄瓜分,民族危机日益加深,清政府为了挽救其统治,打出了"预备立宪"的幌子,在东北实行所谓"新政",内容很多,在内政方面有些成效,在外交方面完全失败,但客观上推进了东北逐步走向近代化。辛亥革命前,突然爆发了鼠疫,席卷整个东北,辽阳解除最早,得到省与万国鼠疫研究会的好评。

第一节 徐世昌与东北"新政"

日俄战争之后,东北有了南满与北满之分。日本在军事、政治、经济等方面控制了南满,尤其是"满铁"的建立,成为掠夺我国各种资源的吸血管,无孔不入。徐世昌被任命为东三省总督,从多方面进行改革,辽阳亦奉令实行。由于本身的弊端和日本的极力阻挠,不可能达到预期目的。

一、清代后期的东北社会

东北地区自近代以来,是饱受帝国主义侵略的重灾区。侵略者主要是两个国家:一是俄国;一是日本。日俄战争之后,日本非常担心俄国"复仇",右翼军国主义势力准备再战。田中义一说:"日本国军的作战应把俄国定为假想敌国,由守势转换为攻势。"他还说:"今后的政略应摆脱过去岛国的处境,要作为一个大陆国家去寻求国家前途,战略也不能与此背道而驰。"①应该指出,这时作为一名中佐的田中义一已经把我国东北列入日本的版图,梦想成为大陆国家,并以东北为根据进一步侵略中国,乃至整个亚洲,充分暴露了日本军国主义统治集团的狼子野心。

从俄国方面看,《朴茨茅斯和约》签订之日,正是俄国第一次资产阶级民主革命达到高潮之时。铁路工人罢工,工厂停工;火车、轮船停驶;教师罢教,学生罢课;银行、商店都关了门,沙皇政府已接近于停摆状态。他们已经无力对外,集中力量平息国内革命是第一要务。战后俄国的财政十分困难,为了摆脱困境,在内政方面必须采取休养生息的政策,以恢复国力。在外交方面需要有一个和平的国际环境。在欧洲主要是担心德国,但经过法国的斡旋,重与英国修好,成立了英俄协定,共同防德。在亚洲主要是日本,也想消除旧怨,维持

① [日]森松俊夫:《日军大本营》,黄金鹏译,军事科学出版社1985年版,第89页。

和平关系。从日本方面看,由于"对南满洲实行军管,实际是无视日本政府战前及战时所申明的及《朴茨茅斯和约》里所规定的关于门户开放、工商业上各国机会均等的原则,企图阻止外国利用大连、大东沟等港口进行商业活动及由此到满洲内地的铁路货运,专门扶植日本的利益,只想为日本人取得财产权,甚至根本无视清国的行政权"①。日本独霸"南满"的行径,引起美国的极度不满,多次提出抗议。这也使日本感到有联合俄国的必要,以共同对付美国。因此,两者一拍即合,于1907年7月30日第一次日俄协约成立。这个协约包括公开协约和秘密协约。公开协约是"尊重"中国领土之完整;秘密协约则是瓜分我国东北,并在追加条款中划定了具体界限②。同时,俄国承认日本独占朝鲜,日本则承认俄国在蒙古的地位。由于俄法之间有协约,英俄之间有协约,现在日俄之间也有了协约,因此日本与英、法、俄之间的矛盾有所缓和,于是日本可以集中力量经营"南满"。

前面提到的所谓"军管"是指日本于1905年9月16日在辽阳设立了关东总督府,首任总督由陆军大将大岛义昌担任,直属于天皇。在日军占领区的二十多个城市里仍然存在着军政署,辽阳就有三个(辽阳州、烟台、本溪湖)。这些军政署都由关东总督府直接掌管,所以整个"南满"无疑就是一种军事统治,结果遭到两方面的反对。一是美、英等国,认为违反了门户开放和机会均等的原则,不断提出抗议;一是日本国内一些元老伊藤博文、井上馨(曾任伊藤内阁的外务大臣,1901年成为元老,即天皇重要国务的最高咨询者)等认为继续实行军事管理妨碍门户开放,以美、英为敌,是一种"自杀政策"。而且"日本在满洲的行动已经引起清国政府和人民的强烈不满,如此下去不仅清国北部,甚至导致清国二十一省之民心皆反抗日本"③。在两方面的压力下,不得不于1906年9月1日撤销关东总督府,改称关东都督府,由辽阳迁往旅顺,都督仍由大岛义昌担任,实际是换汤不换药。关东都督府是一个庞大的机构,其下主要设有民政部与陆军部。民政部掌管军事之外的一切行政事务。陆军部设有参谋长一人,掌管全部陆军事务。为了达到他们吞并东北的目的,在军事部署上以"关东州"(包括旅大和金复州)为中心,军事据点遍布"南满"各地。他们在旅顺建立了"关东宪兵队",在大连、辽阳、奉天、安东、铁岭、公主岭设置"关东宪兵分队",在各地的"满铁附属地"内也设置宪兵队,使之维持治安并充当军事警察。在辽阳设师团司令部,驻扎一个师团,在铁岭、柳树屯设旅团司令部,在旅顺、柳树屯、辽阳、铁岭四地各配置一个步兵联队(相

---

① [日]井上清:《日本帝国主义的形成》,宿久高等译,人民出版社1984年版,第254页。
② 参见王芸生:《六十年来中国与日本》(第五卷),生活·读书·新知出版社2005年版,第69页。
③ [日]井上清:《日本帝国主义的形成》,宿外高等译,人民出版社1984年版,第256页。

当一个团),在海城设置野炮联队,在辽阳设置工兵大队,又从辽阳步兵联队中抽调一个大队(相当一个营),分驻奉天。在旅顺设置要塞司令部,驻扎重炮兵大队,积极进行防务建设,使其成为将来扩大侵略中国的桥头堡。后来,又把两个驻扎师减去一个师,新成立独立守备队六个营,分驻铁路沿线各要地,是都督的直属部队。从上述军事部署来看,日军完全可以做到随时进攻"南满"的任何一个地方,实现其侵略意图。

所谓经营"南满",除军事之外就是从经济上掠夺东北的资源。掠夺资源的重要手段,就是利用"满铁"。有学者比喻说:"如果把都督府比作日本统治南满的大脑,那么南满洲铁道株式会社(满铁)就是它的大动脉。"①根据《朴茨茅斯和约》的规定,俄国在旅大地区的一切权利都转让给日本,其中第六条还规定:"俄国政府允将由长春(宽城子)至旅顺口之铁路及一切支路,并在该地方铁道内所附属之一切权利财产,以及在该处铁道内附属之一切煤矿,或为铁道利益起见所经营之一切煤矿,不受补偿,且以清国政府允许者,均移让于日本政府"。为了经营"南满"铁路及一切附属事业,1906 年 6 月日本决定成立南满洲铁路株式会社,并于第二年 4 月开始营业。总社在大连,第一任总裁为后藤新平,他们经营"满铁"的基本方针是:"第一,经营铁路;第二,开发煤矿;第三,移民;第四,畜牧等农工业设施,其中尤以移民为主"。他们认为,如果"十年内能将五十万国民移至满洲,届时俄国虽蛮横亦不敢轻易与我国开战"。这关系到"经营满韩之大局"②。不难看出,日本企图把东北变为第二个朝鲜,使之成为他们任意宰割和奴役的殖民地。

日本对"南满"的所谓"经营",是通过铁路实现的,日本从俄国手中接收过来的铁路主要是南满线(长春至旅顺口)及其支线。支线包括营口支线(大石桥至营口)、沈抚线(沈阳至抚顺)、烟台(灯塔市)线(铧子至烟台)、榆树台线(榆树至九台),还有经过改造的安奉线(丹东至沈阳),共计一千一百多公里。在这些铁路的两侧,日本都有"铁路附属地",并以各种名目任意扩大,在许多车站、城市,如瓦房店、大石桥、营口、鞍山、辽阳、沈阳、铁岭、本溪、安东等地都建立了事务所。在"附属地"内,日本均有行政、司法、征税和设置警察的权力。他们在"附属地"内开设银行、商店、工厂,开发矿产,设立"中日合办鸭绿江木植公司"等,大肆掠夺我国的各种资源。日本在辽阳的"附属地"是最多的,其他地方只有一处,辽阳则有四处:辽阳州城、鞍山、烟台、本溪湖(至1907 年从辽阳析出为止)。最多时,鞍山一处就达到 18 441 137 平方米,超过所有的城市,四处合计达到 29 365 620 平方米,是大连的三倍多,是奉天的二

---

① [日]井上清:《日本帝国主义的形成》,宿久高等译,人民出版社 1984 年版,第 258 页。
② [日]井上清:《日本帝国主义的形成》,宿久高等译,人民出版社 1984 年版,第 258—259 页。

点五倍多①。1907年6月，日本为了偿还战时所借大量债款，与法国在巴黎签订了《日法协定》，法国向日本提供三亿法郎的五厘贷款。交换条件是法国承认福建和满蒙为日本的"势力范围"；日本承认广东、广西和云南三省为法国的"势力范围"，并"约定互相协助，以确保该地域内之和平与安宁"。由此可见，中国已处于被瓜分的状态。

面对东三省的危迫形势，清政府于光绪三十二年（1906）九月，派载振、徐世昌等赴东北考察。回来后，徐世昌上《密陈考察东三省情形折》，其中指出："必改订官制，净汰旧习，旗、民始有来苏之望"②。据此，清廷命徐世昌具体筹划改进之法，于是他再上《密陈通筹东三省全局折》，正式提出建立行省制代替延续二百多年的旗、民双重管理体制，并"联合三省属诸一人，乃可收统一之效"。因此"请特设东三省总督一员，予以全权，举三省全部应办之事悉以委之"③。见折后，清廷"悉从其议"。光绪三十三年（1907）三月八日谕："东三省吏治因循，民生困苦，亟应认真整顿，以除积敝，而专责成。盛京将军著改为东三省总督，兼管三省将军事务，随时分驻三省行台。奉天、吉林、黑龙江各设巡抚一缺，以资治理。徐世昌著补授东三省总督，兼管三省将军事务，并授为钦差大臣。"④继而任命唐绍仪为奉天巡抚、朱家宝为吉林巡抚、段芝贵为黑龙江巡抚。由于段芝贵的种种劣迹被揭发，未到任即被解职，改任程德全为巡抚。四月十一日谕："奉天、吉林、黑龙江巡抚，均著加副都统衔。"⑤这些汉族官员，之所以要"加副都统衔"，目的是便于管理旗人。

徐世昌认为解决东三省的问题，"总其大要不外两言：曰充实内力；抵制外力而已。充实内力之策不一端，而徙民移边为其要义。抵制外力之策亦不一端，而筹划交通为其命脉"⑥。他赴任后除在政治方面进行一系列改革之外，主要致力于"充实内力；抵制外力"。

二、"新政"的主要内容

内政方面：

（一）改革官制，建立行省。首先是除旧布新，撤销一些机构，包括盛京五部、三省将军衙门、副都统衙门。然后建立行省公署，地方设置道、府（厅）、州、县官衙。奉天省辖四道、八府、八厅、六州、三十三县。由此可见，实行二百余年的旗、民两重制彻底废除了。行省公署设长官巡抚一人，下设承宣、谘议

① 日满史会：《满洲开发四十年史》（下册），1988年内部版，第419页。
② 徐世昌：《退耕堂政书》，文海出版社，第243页。
③ 徐世昌《退耕堂政书》，文海出版社，第371页。
④ 《光绪朝东华录》（五），第5647页。
⑤ 《光绪朝东华录》（五），第5669页。
⑥ 徐世昌《退耕堂政书》，文海出版社，第365页。

二厅;交涉、旗务、民政、提学、度支、劝业、蒙务七司。承宣佐督抚掌全省机要、用人行政;谘议厅掌全省法令、章制、统计、报告等事务;交涉司掌全省交涉、治安等事,省设交涉总局,辽阳、铁岭、新民、凤凰厅四地设立分局;旗务司掌全省旗人事务,后改为旗务处;民政司掌全省地方行政、地方自治及疆域区划等事;提学司总理全省学务,包括政法、师范及高等以下学堂;度支司掌全省出纳、会计、税务、垦务等事;劝业司(后改称劝业道)管办理农、工、商、邮电、航路、垦荒、采矿等事;蒙务办理蒙部事务,奉天省辖有科尔沁等六旗。"行省公署各厅司官员编制打破满汉员缺比例限制,不分满汉,唯才是任"①。

(二)司法独立,设审判厅。徐世昌认为,司法应该独立,必须与行政分开,所以应"专设提法使以理刑法",可"专管司法上之行政,监督各级审判"。奕劻等奏称:改革司法"不外两端:一曰分设审判各厅,以为司法独立之基础;一曰增易佐治各员,以为地方自治之基础"。同时提出,"东三省根本重地,经划宜先……除实与内地情形不同者,应听其量为变通,期于推行尽利"②。据此,徐世昌于光绪三十三年(1907)八月,将原按察司改为提法司,为全省司法机关。奉天设审判厅分为高等、地方、初级三类。

(三)地方自治,设谘议局。光绪三十三年(1907)九月,京师设资政院,以为实行议会制的基础。要求各省速建谘议局(先称筹备处),作为实行地方自治的基础。奉天首先成立了全省自治局,调查本省利弊,研究应兴应革之处,为地方自治做准备。奉天省于宣统元年(1909)八月三十日前完成议员选举,额定五十名。再由议员选举议长一人,副议长二人(选出奉天师范学堂监督吴景濂为议长,候补知府孙百斛、候补知县袁金铠为副议长),常驻议员十人,是议员额数的十分之二。议员任期三年,常年会每年召开一次,会期四十天,自九月初一起至十月十一日止,按章闭会。常年会之外,遇有紧急事件经各方同意也可召开会议,议长必须在三十天前通知议员会议内容,做好准备,会期二十天。九月一日,奉天省谘议局举行成立大会,并于十月一日召开第一次常年会,只通过有关垦荒与兴学的一些建议,不可能解决什么实际问题。此后,又召开过两次常年会,最后一次"适值武汉军兴,所有各议案多未议竣"③,清政府已被推翻。

(四)编练新军,设巡防队。义和团运动时期,俄国出兵占领东北全境,东北原有的盛军、奉军、吉林的靖边军、黑龙江的镇边军全都溃散、瓦解。事后,东三省重整军务,分别编练奉军、捕盗队、巡防队,借以维持地方治安。光绪

---

① 薛虹、李澍田:《中国东北通史》,吉林文史出版社 1993 年版,第 518 页。
② 《光绪朝东华录》(五),第 5686 页。
③ 《奉天通志》,卷一四二。

三十三年(1907)四月,徐世昌开始全面整顿东北军务,"设督练处,以扩军政"。首先,为了镇压锦州等地的土匪,奏调关内陆军第三镇及第一、第二两个混成协驻防奉天、吉林两省。其次,按照陆军部新定章程将东三省防练各军一律改为巡防队。再次,筹建奉天、吉林陆军第二十镇与二十三镇。最后,创建东三省讲武堂及各种军事学堂,用西法训练军队,培养新型军事人才。到宣统三年(1911),奉天二十镇、吉林二十三镇都已编成,黑龙江编成一协,计三省陆军两镇一协,官兵达三万八千余人①。

同时,徐世昌还根据奉天全省地势,把巡防队划分为中、前、左、右、后五路,统称奉天五路巡防队,主要是分片负责地方治安,后来成为赵尔巽镇压革命的工具。

(五)设巡警局,维护治安。奉天的警察制度,始于光绪二十八年(1902),经盛京将军增祺奏准,设奉天警察总局,置总办、帮办各一人,总理局务,下设文牍、承审、收支三处。光绪三十一年(1905),改称奉天巡警总局,兼管工程、卫生事宜。裁帮办,设提调、总巡各员。裁文牍、承审、收支三处,设警务、书记、裁判、卫生、工程、调查、侦探、消防、出纳、庶务十科。不久又改十科为总务、行政、司法、卫生、收捐五课;又设稽查处及警卫、消防、侦缉、清道各队。建省后,由民政司统摄全省警务,对全省巡警进行整编,重在提高素质。因此,设立警官补习所、高等巡警学堂、宪兵学堂、巡警教练所等。据宣统元年统计:奉天全省有警区218处,分驻所687个,巡警总数一万九千多人。

(六)废除科举,兴办学堂。光绪三十一年(1905)八月,清政府下令:"自丙午科(1906)为始,所有乡会试一律停止,各省岁科考试亦即停止",并设学部,要求"多建学堂,普及教育"②。至此,在我国实行了一千三百多年的科举制完全废止。如何"多建学堂,普及教育"?徐世昌则从改革行政机构与创办学堂两方面着手。在省免去提督学正,设提学司,主官为提学使,掌管一省学务;各府、厅、州、县均设劝学所。劝学所的职责有五:"曰劝学,曰兴学,曰筹款,曰开风气,曰去阻力。"③劝学所总董一人,劝学若干人,"周历四乡",积极开展劝学活动。

创办学堂,首先,大力发展普通教育,包括小学、中学、蒙养院、半日学堂、女子学堂等。根据光绪三十四年(1908)奉天省的统计,普通教育的学堂数达到2076所,学生数达到82936人。与光绪三十一年(1905)相比,增加了三十倍以上;其次,发展师范教育,满足普通教育师资的需要。光绪三十四年

---

① 《清史稿·兵三》。
② 《光绪朝东华录》(五),第5392页。
③ 《奉天通志·教育三》。

（1908）奉天省的各类师范学堂已有 26 所，学生数为 1102 人；再次，兴办实业教育，以顺应经济发展的需要，光绪三十四年（1908）奉天省的实业学堂已经有 8 所，包括农业学堂、森林学堂、商业学堂等。此外还创办专门学堂，如法政学堂，东三省每省各设一所，外语学堂各省都有，有的不止一所。专门教育已经是高等学堂了，就是今天的大学。

（七）奖励垦荒，发展实业。徐世昌说："国初以来，东三省办法专以保守蓄藏为至计，森林矿产封闭綦严，内地人民移居有禁。近虽稍稍开放，招民垦地，而奉天蒙荒尚多，吉林山荒至广，江省垦者什未二三，一切地利韫藏未发者，正复无限，非大开例禁"①，无以振兴。因此必须彻底取消封禁政策，实行"移民实边"，鼓励山东、河南、河北、山西等省移民东北垦荒，旗、民可以交产，土地自由买卖，设立农业试验场，逐渐改变原始的耕种方法，促进农业的发展。

外交方面：

徐世昌认为，东三省"图存之策不在内政而在外交；不在今日外交之棘手，而在独立无助"②。因此，他主张对外开放，联络英、美，抵制日、俄，以破其垄断东北之局。为了摆脱困境，可以"集各国之财"，以"谋发达三省之实业"，让"各国势力均"，才能使"我之疆土保，主权固"③。徐世昌首先准备筹建东三省实业银行，通过毕业于耶鲁大学的唐绍仪与美国驻奉天总领事司的戴达德达成借款两千万美元的口头协议，但由于日本的反对而落空。没有资金，如何"谋发达三省之实业"？

徐世昌还设想修筑一条铁路。他说："三省路权皆在日俄掌握，交通不便，几同绝地，非另辟一途断不足以资赈应，故修新齐铁路为补救之要著。"全路分三段完成：新民至法库门为第一段；法库门至洮南为第二段；洮南至齐齐哈尔为第三段。对外只说修新法路。由英国保龄公司承建，中英公司可提供五百万英镑贷款。日本得知后，表示强烈反对，认为"影响其南满铁路之利益"，先后四次发出抗议照会，最后甚至以武力相威胁。结果成为中日之间的一种悬案，久拖不决，但修路之举却被搁置起来。日本为什么如此强烈反对修建新齐铁路呢？当时日本《朝日新闻》有一段话可以回答这个问题："铁路所布，即权力所及。凡其他之兵权、商权、矿权、交通权，左之右之，操纵于铁道两轨，莫敢谁何。故夫铁道者，犹人之血管机关也，生死存亡系之。有铁路权，即有一切权。有一切权，则凡其他官吏，皆吾颐使之奴，其地人民，皆我俎上肉"，是"亡人国"而"使之不知其亡"，"分人土"而"分之使不知其分"④。这种

---

① 徐世昌：《退耕堂政书》，文海出版社，第 365 页。
② 徐世昌：《退耕堂政书》，文海出版社，第 888 页。
③ 徐世昌：《退耕堂政书》，文海出版社，第 1761 页。
④ 宓汝成：《中国近代铁路史料》（第一册），中华书局 1963 年版，第 190 页。

露骨的直言不是说得很清楚了吗？怎么能允许你修建与"南满铁路"平行的铁路呢？徐世昌在外交上的努力，与其在政治体制及经济、文化改革相比较，效果甚微，或说基本失败了。尽管如此，"新政"还是有积极意义的。

徐世昌主持的东北"新政"，是从政治、军事、经济、文化等方面进行的全面改革。在政治上清政府把东三省"统诸一人"，趋向于集权，防止政出多门，便于推行改革。废除了旗、民双轨制，不分满、汉，权归于一，司法独立，有利于民。军事上本着"时局日艰，练兵最为先著"的上谕，建立完全仿效西方的新式武装，"因敌为用"①，加强了地方治安。经济上主张内外开放，"日谋发达三省之实业"，目的在于"保疆土，固主权"。文化上主要是大力发展教育，创办各种学堂，成立劝学所，以"变强迫之旨而为劝学之制"，各种学校很快建立起来，尤其小学如雨后春笋。根据光绪三十四年（1908）统计，奉天省的小学已达 2040 所；学生已达 80938 人，实际远不止此数。培养人才是改革的关键，没有各种人才为后继，如何推进"新政"，所有这些举措，确实推动了传统的东北社会迅速向近代化的社会转型。适应了新兴资产阶级的要求，促进了东北资本主义经济的发展。据此，我们可以说"新政"是有积极意义的。在评价徐世昌主持的东北"新政"时，不可与清政府在内地所推行的"新政"完全等同起来，应该有所区别。如说："腐朽的清政府在推行'新政'中，往往是徒具虚名，'以虚文观之，则百废俱兴，就实事考之，则百举俱废'，就连力保清朝的立宪派也愈来愈不满。"②这些看法未免过于绝对化了，难道不应该废除旗、民双轨制吗？不应该取消封禁、实行内外开放吗？能说发展各种教育也"百举俱废"了吗？不应把内地出现的种种弊端都扣在徐世昌的头上。当然不是说东北的"新政"完美无缺，如利用英美制衡日俄的想法是李鸿章"以夷制夷"的翻版，是一种不可能实现的妄想。从本质上说，所谓"新政"是为了挽救摇摇欲坠的清朝统治，用西法编练的所谓新军很难抵挡帝国主义的侵略，但却成为后来镇压革命的凶恶工具。

所谓"新政"，不可能成功，仅是统治方法的改变，从清廷来说只求延续其统治而已。"新政"的经费都由地方自筹，往往成为地方官搜刮百姓的借口，方法只有一途，就是增加捐税，名目繁多，不一而足。有人说："新政愈多，筹款愈繁。"③"新政"实行后，奉天省财政收入可以说猛增。光绪初年，仅有三十万两左右，宣统元年（1909）则为一千六百七十九万余两④，增加了五十六倍多，可谓无事、无物不税，自然引起各地人民的强烈反抗，尤其是光绪三十三年

① 《光绪朝东华录》，第 4512 页。
② 杨余练：《清代东北史》，辽宁教育出版社 1991 年版，第 311 页。
③ 《光绪朝东华录》，第 5805 页。
④ 《奉天通志》，卷一四六。

(1907)辽阳东南山区发生的抗捐斗争,震惊了全国(见后)。

此外,"新政"还遭到了日本的反对、阻挠和破坏,甚至不惜以武力相威胁,仅举两例加以说明。徐世昌准备修建新齐路,以与南满铁路相抗衡,打破日本的垄断。新齐路最后决定由英国承修,得到了美国的支持。日本闻知此事,十分不满。日本代理公使阿部守太郎于光绪三十三年(1907)七月初四日(8·12)照会北京外交部曰:"为照会事,闻贵国有拟将关外铁路由新民屯敷设新线往北延长之说。其办法如何,并由何时着手,尚未得知;又闻东三省总督有借外债之说,其外债是否为造路之用,更不能无疑。查前年日清议约之际,贵国全权曾声明清国政府持保护南满洲铁路利益之目的,于该路未收回以前,不能于该路附近另设并行之干线及侵害该路利益之支线。该声明载于会议录第十一号内,可据以为凭。"①这还只是照会,因为还不知确情,等到知道全情之后,竟先后四次提出抗议,最后威胁说:"日本政府甚望贵国政府按照两国成约及日本政府之屡次声明,勉尽应守之责务。万一贵国政府置成约于不理,有侵害于南满洲铁路利益之举动,则日本政府必当应机随时执行自认适当之手段,以谋拥护该路之利益也。"②结果,所谓"新齐路"只能是纸上谈兵而已。徐世昌还没有死心,又提出要修"锦瑷路"(即由锦州至瑷珲),向四国银行团贷款(英、美、德、法),日本闻讯后极力反对,从中破坏,自然还是无果而终。请看下面一段文字:"东三省总督锡良于宣统二年八月十八日函外务部,谓据吉林西南路道颜世清禀,发现日本政府颁布驻华外交官之对华秘策,阴谋诡计,无所不用其极。其于欧人投资中国及兴办东省实业者均设法破坏之。如是,锦瑷路计划之破坏,四国银行团投资之阻挠,固其锦囊中之秘计也。"③还罗列一些具体手法,主要有:一、凡属北京清国外交界,当多遣侦探,多费金钱,务悉其对日政策。二、凡负外交能力官员,必多方设法阻其行动,在位者使之退,去位者使之不得复任。三、凡官商团体有为我用者,必多方罗致,或以利动之,俾作侦探向导。四、我须暗握清国财政用人之权,其有官吏反抗对待者,当用反间,或于报中播弄,或运动向我官吏暗贿劝之,使其上下相疑,尽力排击,务达我进步方针。确实是"阴谋诡计,无所不用其极",这套衣钵一直为日本历代统治者所继承。

三、"新政"在辽阳的实施

在实行"新政"时期,辽阳确实发生了许多新的变化,可以说是走在全省的前列。首先是取消了旗署,一切都归州署处理,当时的知州是洪汝冲。洪汝

---

① 王芸生:《六十年来中国与日本》(第五卷),生活·读书·新知三联出版社2005年版,第75页。
② 王芸生:《六十年来中国与日本》(第五卷),生活·读书·新知三联出版社2005年版,第87页。
③ 王芸生:《六十年来中国与日本》(第五卷),生活·读书·新知三联出版社2005年版,第324页。

冲(1868—1928),字味丹,湖南宁乡人。光绪十五年(1889)举人,后在吏部以知县注册拣选。光绪二十年(1894)六月,来北京刑部学习,至光绪二十三年(1897)五月期满,奉旨留部。由于受到维新思想的影响,成为戊戌变法的骨干。戊戌政变后,虽然保住了性命,但却遭到"革职、永不叙用"的惩处。光绪三十年(1904),西太后七十大寿,大赦天下,处分始免。光绪三十二年(1906),洪汝冲得到曾任湖南巡抚的盛京将军赵尔巽的赏识,调来奉天,由于办事得力,第二年便被委任为辽阳州知州。时值"新政"推行时期,洪汝冲自然积极乐为。当时有报道说:"新任辽阳州洪味丹直牧汝冲,自到任以后,鞭除积习,举办新政不遗余力"①,事实正是如此。

整顿吏治,剔除积弊。"政治革新之始,(光绪)三十一年稍裁班房人数,其分任事项:吏科掌胥吏之任免及收受呈词等事;户科掌户籍及征收田赋等事,凡诉讼涉民事者归之;礼科掌考试祭典旌表礼仪等事;兵科掌公文传递之事;刑科掌命盗案及监狱等事;工科掌衙署城垣关津桥梁营缮等事,凡诉讼涉商务者归之;捕马三班班役掌差传、报到、取保等事,并供各科之差遣"。宣统二年(1910),"总督赵尔巽整顿吏治,剔除衙门积弊,通饬各属裁并房班,遂改吏礼兵工为民事科;刑房为刑事科;户、仓房为户仓科,并添设统计一科,每科置科长、科员各一,书记无定额。另募司法警三十名。三年复改为行政、执法、会计三科,统计仍旧"②。这里应该是指省署及全省道、府、州、县而言,必须进行机构改革。

省谘议局的成立:光绪三十一年(1905),清政府就打出"预备立宪"的幌子,以抵制日益兴起的革命运动。光绪三十四年(1908),清政府宣布在中央筹设资政院、在各省筹设谘议局,以备将来改为国会、省议会,预备期限为九年,时间之长实际就是一种欺骗。于是,先后颁布了《各省谘议局章程》《谘议局议员选举章程》《资政院院章》等,也公布了城乡镇、厅州县地方自治章程、选举章程,要求各省次第筹办。地方自治会分上下两级,城乡镇为下级,厅州县为上级。下级先选举,先成立自治会。宣统元年(1909)九月初一日(10·14)奉天省第一届谘议局开幕,主要议题是选举,选出议员五十名(辽阳当选者有袁金铠、白永贞、徐珍三人),又选出吴景濂(宁远人,毕业于京师大学堂,旋去日本留学,曾任奉天教育会会长)为议长,袁金铠(辽阳人,沈阳萃升书院肄业、优贡,曾经任辽阳警务局总局董)、孙百斛(沈阳人,进士出身,曾任奉天总商会会长)为副议长并选出常驻议员十人,会期五十天。"先期由臣(指锡良)等提出交议草案,就地方行政利弊所关,凡在谘议局应议范围以内者,并

---

① 《盛京时报》,光绪三十四年正月十二日。

② 《辽阳县志·司法志》。

交该局集议可否,表决意见并遴派行政委员随时前往议场,遇有疑义,详细解释;所有局绅(指议员)自行提议各案,亦按期协议。当以交议(锡良等提出的议案)、提议(议员提出的议案)种目繁多,由局呈准延会十天。届期闭会,嗣将议决各案陆续呈由臣等核定,分别准(许)驳(斥),次第施行"①,也就是说,议案能否实行最后由锡良决定,有的可以实行,有的遭到批驳不能实行,或说有利于清朝统治的就可以实行,相反就不能实行,实质还是一个人说了算,所谓"议会"就是一个摆设。宣统二年(1910)还召开了第二届议会,后来革命兴起,"议会"闹剧也就烟消云散了。

城乡议事会的成立:光绪三十四年(1908),奉省令开始举办自治,成立州议事会和乡议事会,所谓议员都要通过选举产生。为了选举,必须划清城厢(城内及周围非农村)与农村区域,特别是广大农村,否则不便选举,于是农村划为二十一乡。宣统元年(1909)进行辽阳州第一届城乡议事会选举,城指城厢选出王承楷、刘文相两人为正副议长,办公地点在城内二道街。乡指全境二十一个乡,每个乡都要选出正副议长各一人,共四十二人,都设有办公地点。按照规定,一年后要重新改选一半,结果选出城厢议员十六名,各乡议员二百九十名;议长、副议长由议员互选,结果选出州议长赵乃弼、副议长吴恩培,议员四十八名。二十一乡共选出正、副议长四十二名。州议事会于宣统二年(1910)闰六月成立,会址"在四大庙处,系筹款新建筑,计上下两级自治费常年共需奉小洋四万一千六百余元,由税捐附加一成"②。实际投入应该更多,早在光绪三十四年(1908),辽阳就成立了自治研究所,高毓衡为所长,王化春为教员,招收学员一百四十八名,经过培训,八个月毕业,分赴各处,宣传、筹备自治。据报道:"辽阳自治研究所已于昨日开办,洪牧(汝冲)亲临演说,士绅临所者三十余人。闻此次研究以三月为限云。自治前途必能为辽阳人民增进幸福也。"③宣统元年(1909)十月,还成立地方自治事务所,"筹办城乡自治进行事务",公推高毓衡为干事长,王承楷、姜文宏为副干事长,干事十五名,"经费由当年清查亩捐项下支用"。为了实施"自治",投资不谓不多,但却未真正干什么自治的事,装潢门面而已。诚如有人所云:"筹收亩捐及办理乡村事务,受地方官监督,似自治实非自治也。"④这里是指农村而言,城厢何尝不是如此。结果寿命不长,实属劳民伤财之举。

建立审检两庭:洪汝冲非常赞成司法改革,要求尽快建立审判庭,以适应形势的需要。当时有报道说:"署辽阳州洪直牧汝冲以该州地居冲要,中外杂

---

① (清)锡良:《锡良遗稿》(第二册),中华书局1959年版,第1042页。
② 民国《辽阳县志·自治志》。
③ 《盛京时报》,光绪三十四年八月二十九日。
④ 民国《辽阳县志·自治志》。

处,自迭遭兵燹以后,诉讼日繁,交涉亦多,非改良审判不足以挽法权而祛积弊。因此,禀请提法使设立该州审判检查厅。刻闻吴提法已遴派高等审判厅审判委员王司马述曾前往调查民、刑积案以及经费、区域厅设立初级几厅之处,会同州牧逐一查明详复,以便由司规划一切云。"①又说:"省城虽于去年试办各级审判厅,以为司法独立之先声,而省外各府厅州县地方之稍觉开明者尤宜设法推行,拟于今年在辽阳、铁岭等州县地方先行推广试办,如有成效再推广于其余各府厅州县地方云。"②

宣统二年(1910)为奉省"商埠审判庭一律成立年限",不可再拖,遂于省成立之后,辽阳于十月末在"城内设立地方审判庭一,第一初级审判庭一,各附设检察厅。审理该州辖境内一应诉讼……定于本年十一月初一日开庭",并"认拨常年经费银一万四千两"③。审判庭是辽阳地区民事、刑事的司法审判机关,一改过去县令升堂办案的原始之法,成为世人关注的聚焦之点,当时《盛京时报》屡有报道。十月初四日报道:"审判厅推事到辽:审判厅成立在迩,一切办事人员均已陆续到辽,昨有张某字蓝田、王某字玉山者均微服至署,闻系已派委该厅推事云。"十月初七日报道:"审判厅办事各员均已到辽:现在修理房屋,拟于月之十五日举行开厅典礼云。"十月三十日报道:"辽阳地方审判厅推事长梁子章妻子来辽阳落户。"还说:"辽阳有发还国民捐及审判厅事"的报道。这是说审判厅成立之前,民间有捐献赞助之举,如果能够真正发还倒是应该的。这些报道说明审判庭的成立,是经过相当长的筹备时间,同时也说明"新政"推行之缓慢。

建立巡警总局:辽阳之有警察,始于光绪三十一年(1905)日俄战争之后,时土匪四起,民受其害,知州沈金鉴"不暇详求警章,其设置之法城内设总局,四乡设分局,均用邑绅按地亩捐钱,募巡丁,资防守而已。名为警察,实与土团、防团无异,而匪党亦往往匿迹其间。次年春大府檄铁岭县鲜俊英来辽(指省派铁岭知县鲜俊英来辽阳介绍经验),推广巡警归并七分局,仍捐亩募丁,稍分良莠"④。有记载说:"辽阳境内之巡长杨二虎等皆由马贼受抚,各有众数百人,勒捐乡间,欺压良懦,时所不免。"⑤还有报道说:"匪首杨二虎抢掠牛心台土豪王金城等,焚毁房间、枪毙人命,经官军往捕,迄今尚未平靖。"⑥说明:这些所谓警察,并非正式警察,仍然属于乡团、防团之类,由百姓按照地亩纳税

---

① 《盛京时报》,光绪三十四年正月十八日。
② 《盛京时报》,光绪三十四年二月初五日。
③ (清)锡良:《锡良遗稿》(第二册),中华书局1959年版第1255页。
④ 《辽阳乡土志·警务》。
⑤ 徐世昌:《退耕堂政书》,文海出版社,第245页。
⑥ 《盛京时报》,光绪三十二年十二月十四日。

养活他们。光绪三十二年(1906)四月,鲜俊英接任辽阳知州,他借州署后民房设立警务学堂一所,王永江任校长。招取 90 名学生,由亩捐筹拨经费。阅八月毕业,分拨城乡各局、区。作为校舍的这所民房"共计五十二间,前院东西宽十三丈八尺,南北长十六丈二尺。后院宽十四丈,南北长二十六丈九尺。约值二万五千两,系辽阳城北居民张春台之置产。张氏见该警务学堂颇著成效,心甚喜悦,于冬月间将此房捐于该校。如此义举,实足开风气之先,闻说张氏五月曾上国民捐一千元。真可谓急公好义,于辽城当首屈一指矣"①。张春台,名廷顺,春台是其字,八家子人,善举很多,见《辽阳县志·义举志》。光绪三十三年(1907),辽阳州巡警总局创办警察教练所,每班六十人,两月毕业,前后毕业八个班,王永江任所长,并自兼教员。这时的警察也好,教练所也好,都是"县自为政,是草创时期","漫无统系"②。

宣统元年(1909)民政司颁发《警务通则》,划一警制,成为"新政"内容之一。按照新章程进行教练,招生六十人,一年毕业,后又补招两个班。宣统三年(1911),由于经费拮据教练人员精简,多采取兼职的办法,勉强办下去。"是年冬,教练生为革命潮流所趋,暗结党人,相率散去"③,在辽阳首举革命义旗,推动了辛亥辽阳武装起义走向高潮。各地建立巡警总局之后,还应提到司法警察、消防警察。各地相继建立审判庭、检察厅之后,必须有法警"专供缉补管狱之用"或维持厅内秩序,内外保安,与一般警察有所不同。消防警察是"预防及镇压火灾",并"调查水利,瞭望火势,救护水火灾患等事",要"遵照消防章程,额定队长一,消防警察若干,购置排水机器水龙,经费多由警款项支销。后渐裁撤,消防一切事宜归各警察所办理"④。这里是说,消防警察不单独成立,并入警察所,归警察所管理。

宣统二年(1910),辽阳又建立了预备巡警,作为"正警"之补充。原因是"奉省巡警虽已遍及乡镇,而胡匪尚时时窃发,未能断绝。其故由于乡僻村屯,零星散处,往往百里一家,四望空墟,巡警势难分布,伏莽因而生心。邻镇赴援,缓不济急,兵至盗飏,剿捕实难"。解决之法是"就各村壮丁,分别挑充,更番教练。闻警则聚而捕盗,无事则散而归农,既可节省饷需,并可辅助警力;而巡警资格逐渐养成,并可为将来挑选正警之预备,一举而数善具,固目前治盗之良策,亦宪政进行之要端也"⑤。辽阳积极贯彻执行,因为有甲午战争以来民团的基础,可谓轻车熟路。

---

① 《盛京时报》,光绪三十二年十二月初十日。
② 《奉天通志》,卷一四三。
③ 《辽阳县志·警甲志》。
④ 《奉天通志》,卷一四三。
⑤ (清)锡良:《锡良遗稿》(第二册),中华书局 1959 年版第 1175 页。

出国留学之风兴起：随着教育事业的发展，出国留学的人数愈来愈多，可谓风靡一时。"新政"前，东北风气未开，出国者寥若晨星。"新政"后呈风起云涌之势。光绪三十三年（1907），盛京将军赵尔巽选派七十名学生赴日本学习师范和政法，属于官派。次年，赵尔巽又选派师范学校女学生三十七名赴日本，进入日本实业女学校学习，直至毕业。从此，留学生大增，有官费、自费之别，赴欧美较少，由于地缘关系赴日本者为多。据统计，从光绪三十三年（1907）至1930年，留学英国、法国、奥地利、德国、比利时、美国共八十九人，留学日本达到三百多人。①其中辽阳有多少留学生呢？从开始至清末，据档案确知留日学生在宏文书院速成师范读书者有昱藻、傅良弼、赵诚格、张炳南、夏清和、苏晋亨、张书坤、苏咸亨、孙其昌；在东京法政大学读书者有许春澍、卞勇、赵澜超、赵雨田、应超政、梅庆春；在明治大学政治经济科读书的有李衡山（不知年代者省去）；在日本东京警监学校读书者有王抒；在日本东京陆军经理学校高级班读书者有王大忠；在日本东京高等警务学校读书者有王国栋；在日本大学法科读书者有刘恩格；在日本军校读书者有王培元、冯舜生；在日本陆军士官学校读书者有韩麟春、张恕、姚受唐、应振复、石磊，实际漏者很多，绝不止这些人。在欧美留学者也很多，但年代都无法确定，只好从略了。

建立习艺所。所谓习艺所，就是学习生产技术，以解决生计问题。习艺所有两类：一是囚犯习艺所；一是八旗习艺所。在辽阳最早建立的是囚犯习艺所。洪汝冲认为囚犯之所以偷盗行窃，甚至打家劫舍，是贫困所致，是缺乏手艺，也就是没有掌握生产技术，于是他决定建立习艺所。当时有报道说："辽阳州洪仿照省城办法，特于城内兴修习艺所一处，专授囚犯之工艺。已于月前开工，规模宏大，创建颇难，已于日前告竣。闻该所机器、材料等项，均经购就，拟于两三日内即行开办云。"②"习艺所已经开办。近闻该习艺所拟添印刷一处，专为官民人等之需，现由奉天购买机器、铅字等项，闻此项机器需款千元云"③。习艺所原归州署管理，审判厅建立后改为州署与审判厅分管，当时有报道说："习艺所改为分监。辽阳习艺所创自洪味丹太守，设立以来，颇著成效，近因以审厅成立将该所改为分监，归审判厅管理，现在已双方奉到公事矣。"④

八旗习艺所的建立稍晚，应该建于宣统元年（1909）。自乾隆时期开始八旗生计问题就是最大的社会问题，一直没有解决。旗人除了从军而外，不农、不工、不贾（商），坐食山空，一切仰赖朝廷和政府。后来，住于农村者，开始从

①《奉天通志》，卷一五二。

②《盛京时报》，光绪三十四年五月十四日。

③《盛京时报》，光绪三十四年六月初二日。

④《盛京时报》，宣统三年闰六月十二日。

事农业生产(多半出租土地,剥削为生),生计问题得到解决。而住于城市者依旧。如何解决? 省城开始设立八旗习艺所,有男习艺所和女习艺所,可能女习艺所更多。宣统元年(1909)末,锡良奏称:“奉省前为筹办八旗生计起见,既于省城创立八旗工艺厂,复设分厂于锦州以渐推广。惟八旗户口向称繁庶,生计至为艰困,而妇女大抵坐食,皆无职业,尤足为室家之累,自应设法提倡,振兴实业以广生计。爰饬旗务处筹设八旗女工传所一处,定额百名,招集八旗妇女入所学艺术,分设四科:一曰栽绒,一曰编物,一曰缝纫,一曰刺绣;并附讲堂,教授普通学课,以宏教育。业于本年八月借用官房暂行试办,先期招考,报名愿学者至数百人之多,足证生事艰难,妇女皆出谋业。”①初办时,设有纺织、刺绣、缝纫、造花、编物、育蚕六科,学员可各参加其中的一科,进行学习,有教员执教。办的情况如何呢? “自上年八月开办,半载经营,颇著成效。新制栽绒一种(即以绒线制成的各种颜色美观的花朵),系该所工师发明创造之物,形色坚美,观者称传,业已带赴南洋劝业会陈列比赛。本地妇女闻风兴起,争愿入学”②。只是厂房太小,准备扩建。但是,“本省八旗分驻各城,而分厂仅有锦州一处,工徒入学不便,拟先就辽阳、牛庄二城添设分厂,计需开办经费约银两万两,合共应需开办经费约银五万两”③。从此,辽阳也开办了习艺所,厂址在州署后院(即原警务学堂,已停办),有三层院规模较大,设置科目较多,如编织、缝纫、绣纺、鞋革、印刷等,还有砖瓦厂等。在此基础上,民国初年继续开办,范围更为广泛,有贫民习艺所、游民教养(有前科者)工厂、教养工厂及贫民收容所等,说明各种习艺所还是有作用的。在“新政”的推动下,辽阳确实发生了重大变化,促进了社会的近代化,提高了人们的社会意识,甚至引发了革命。这是腐朽的统治者没有想到的,事物正在向自己的对立面转化。

第二节　辽阳近代事业的兴起

在“新政”时期,辽阳亦开始走向近代化,主要表现在电报、电话和许多新事物的出现,举办公共事业如柏油路、图书馆、禁烟所等,人们的思想面貌也发生了很大的改变,长时期传承下来的风俗习惯,逐步被新式文明所取代。

一、近代邮电事业的开办

清朝的统治在全国建立起来之后,由于疆域的扩大,必须健全通讯机构,使令各种信息畅通,以便统治者能够掌控各地的形势。但受时代的限制,也只

①　(清)锡良:《锡良遗稿》(第二册),中华书局1959年版,第1045页。
②　(清)锡良:《锡良遗稿》(第二册),中华书局1959年版,第1132页。
③　(清)锡良:《锡良遗稿》(第二册),中华书局1959年版,第1272页。

能把传统的方式驿、站、铺更加完善起来,所谓"置邮传命",仍然依赖马和人来传递命令。清代的传递制度可分为驿、站、铺三类。驿为各省所设,一般为官府接待过往官员、迎送贡使、宾客以及运送官府物资。站为军部所设,属于军事系统,专门传递重要文书和军事情报。铺为州、县所设,传递公文、信函。一般都称驿站,很少听到铺。驿站之设"视道途远近"决定传递手段,即人、马、车、船。近者用人,远者用马、车,水上用船。驿丁、站丁、铺丁要有凭证,称"勘合""火牌",统称"邮符"。一般官府发出的称"勘合",兵部发出的称"火牌"。盛京是陪都,与各省不同,驿站统归盛京兵部管辖,"邮符"亦由其颁给。康熙三十年(1691)规定:"奉天将军及盛京各衙门公事所需勘合火牌,皆于盛京兵部取用。每年由部给发勘合火牌各二十张收存备用。"①盛京的驿站很多,有东、西、南、北、西北五路。与辽阳有关的是由盛京至朝鲜的站道:由盛京60里至十里河,十里河至东京驿站70里,东京驿站至浪子山站70里,浪子山至甜水站50里,甜水至连山关站40里,连山关至通远堡站50里,通远堡至薛礼站60里,薛礼至凤凰城站40里,再往南则进入朝鲜界。共八站440里,其中辽阳州(本溪析出前)占六站,可见辽阳在这条站道中所处的重要位置。辽阳则有铺递南北两条:往北在城铺(指辽阳城,设铺丁一名)至烂泥铺(设铺丁二名)35里,由烂泥铺至十里河(与承德县各设铺丁一名)25里,再往北进入沈阳界;往南在城铺(设铺丁一名)至沙河铺(设铺丁二名)三十里,由沙河铺至鞍山驿(设铺丁二名)三十里,再往南进入海城界。这些铺递"专司递送文报",为官府服务。同时,由于驿道的修筑也便利了民间的往来,带动了沿路经济的发展,特别是邮政的出现也证明了这一点。

　　光绪二十二年(1896),北京建立"大清邮政局",此后清政府又设立邮传部,邮政事业逐步发展起来。光绪二十五年(1899),辽阳始在城内设立了二等邮局,有局长一人、襄办三人、信差八人、邮差九人。邮务分普通、挂号、汇兑、包裹四种。城内设信箱四架、信筒五处,乡镇设代办所,遍及广大农村,有大烟台(指今灯塔市)、炭坑(指铧子煤矿)、八卦沟(今属鞍山)、沙河、隆昌州、大纸房、小烟台(指铧子镇)、十里河、大东山堡、李大人屯、罗大台、大沟、柳河子、营城子、七岭子、大安平、浪子山、河栏沟、达连河、沈旦堡、黄泥洼、佟二堡,便利群众。刘二堡、立山、大沙岭还设有独立分局(属三等局),由沈阳总局直辖。光绪二十六年(1900)列强侵入,乃出现"客邮",在辽阳先后设立的"客邮"共有11处,日本9处,俄国2处,实际是一种无视我国主权的侵略行为。宣统二年(1910)五月,辽阳邮局又加扩充。在"大纸房、大路烟台、沙河

---

①　《奉天通志》,卷一六七。

等处设邮便分局,并由辽阳至铁岭添开汇兑局,均于五月十一日开办矣"①。还有报道说:"邮局前已于本邑各乡镇添设分局,人民咸感便利。兹闻该局又于城东大安平、城北十里河两处添设分局,以利交通云。"②这里需要说明的是,一提邮局人们可能产生误解,与今天的邮政局等同起来,以为有电话、电报之类,非也。邮政我国古已有之,所谓"置邮传命",即"马传曰置,步(人)传为邮",也就是以马与人为传递手段。当时不仅有官办邮局,还有民办邮局,后来还于省城设有总局,各地设分局,经营业务除传递信函外,也兼营保镖局,即向受保人收取保险费,保护其人其物安全到达指定地点。在官办邮局不发达的情况下,民办邮局之设也是一种很好的补充,民众称便。

随着时代的进步,邮电事业的兴起,驿站、铺递、邮便逐渐被取而代之,通信手段开始了一个新时代。

清末的邮电主要包括电报、电话等。辽阳之有电报是比较早的。光绪十一年(1885)正月,清政府为加强东北的防务,修建开通了辽阳—仁川—釜山的电报线路。光绪二十五年(1899)辽阳历史上第一次设立报房,后来在俄军镇压义和团运动以及日俄战争中,电报机房和线路遭到严重破坏。光绪三十二年(1906),沈阳设立电报总局,各地设立分局,以便逐渐恢复开通。第二年五月,先后开通盛京、铁岭、营口等六个分局;义州、开原、法库等六个报房,其余线路仍然没有修通。后来,"收回南满洲铁道界外日本电线",辽阳报房才得到恢复,时间已是宣统元年(1909)正月了。根据奉天电报总局的指令,在城内西小什字街口改设辽阳电报分局,内设局长一名,工匠、夫役各二名,可以对商民开放营业。

光绪三十二年(1906)七月,省在电报局院内(德胜门内)成立沈阳电话局,专门为城内官署使用。这时,沈阳"城厢内外日本电话已先我而设,纵横布置,商民租用颇多。而民间之希冀我局扩充旁及商用者颇不乏人"。于是,东三省总督徐世昌"为谋抵制,便商民起见,爰于三十四年五月间奏请推广。饬该局仿照京津电话章程,酌量拟定,呈请批准,俾资开办"。这时,日本在沈阳、营口、辽阳、铁岭、长春、新民、安东等地都已开办电话,得利颇丰。因此,他们以所谓条约为借口,极力阻挠我在各地开办电话业务。经过多次交涉,始收回利权。首先沈阳电话局改为通用,准许商、民一律租用。宣统元年(1909),沈阳电话局的做法开始推广到沈阳、营口、辽阳、海城、新民五处,并开通长途电话。有报道说:辽阳"电报局近今逐渐扩充,由奉天至辽阳及营口均经添置

---

① 《盛京时报》,宣统二年五月二十四日。
② 《盛京时报》,宣统二年十月二十三日。

电话,定章通电一次,小洋三毛。一时阖郡人民咸称便利云"①。辛亥革命推翻了清朝,建立了中华民国,"大清邮政"已改称"中华邮政"。不过,辽阳的电话业务仍由电报局兼办,直至1924年才成立官设的辽阳电话局,两者始分开,各自独立。

二、文报局与禁烟所

奉天全省各州县虽先后有了电报、电话等设施,但数量很少,远未普遍,有些信息还需要以人传递。在驿站、递铺相继裁撤的情况下,省城又设立了文报总局及新民、锦州、营口、辽阳、安东等二十个分局。辽阳分局的主要任务是"经理接递辽阳州境内衙署局所与各处往来公文"②。人员,包括薪水都是固定的,决不可多出。辽阳州只设四人,委员一人,月支薪水二十四两,除减平(不同银两的差价)外实领二十三两零四分;津贴银十两;饭食银七两,全年共需四百八十两零四钱八分。司事一人,月支薪水十六两,除减平外实领十五两三钱六分;饭食银七两,全年共需沈平实银二百六十八两三钱二分。夫役二人,每人月支工食银七两,两人全年共需沈平实银一百六十八两③。可见是一笔不小的消耗,每年也接近千两白银。

成立禁烟所:自从推行"新政"以来,鉴于鸦片泛滥,吸食者愈来愈多(吸鸦片者为富户,贫穷者扎吗啡等毒品),为了"兴学尚武",光绪三十二年(1906)清廷就颁布了禁烟令,限期十年解决,可见过于宽容,说明决心不大。宣统元年辽阳设立戒烟会与戒烟所,由警局进行调查,将"烟民"登记造册,勒令入所"戒断"。公推留日法政毕业生卞勇主其事。他带领巡警到处搜查,将近一年缴获烟具等两千余件,由警局公开销毁,影响很大。"一时雷厉风行,几于廓清"④。但是,从全国来看,主要是禁止吸食,查禁烟馆等,收效甚微。后来有人提出应该严禁罂粟种植,杜绝鸦片来源,不能治标不治本。于是,清政府在光绪三十四年(1908)底再颁禁令:"所有奉天、吉林等十一省自光绪三十五年下半年起全行禁种等因,查鸦片流毒已久,非切实禁种不能拔本塞源,且奉省系根本重地,尤其不能不及早办理,自明年正月起,各府厅州县所辖一概不准栽种罂粟,视其土性所宜改种他项,一俟春融之际,该地方官务当亲身勘查等因,奉此除分行外,转饬各巡警传知各花户一律遵行,倘敢故违定行按法惩办云。"⑤辽阳知州史纪常认真执行,严饬巡警局:凡有开设烟馆,开灯私售者;违章故种者一律查拿,有获必办,绝不宽贷。同时,转饬各乡必须竭力

① 《盛京时报》,宣统二年六月十一日。
② 《东三省政略·实业篇》,第6765。
③ 《东三省政略·实业篇》,第6773页。
④ 《辽阳县志·警甲志》。
⑤ 《盛京时报》,光绪三十四年十一月二十六日。

查办,不能视为具文,尤应访查偷种者,不得隐瞒。在怀王寺白衣庵内重设戒烟所,亲自审定规则,拟定办法。入所戒烟者,分为三等,甲等每月收饭费三元,乙等收两元,丙等贫困者不收饭费,以补经费之不足。由于言出法随,措施得当,成效显著。宣统二年(1910)春,公开卖烟者几乎绝迹,无人再敢公开种植罂粟者。到了锡良主政东三省时期,在禁烟方面更加严厉,提出五种办法,尤其是不能治民不治官,必须官民一律治。一曰采取急进主义实行特别禁令;一曰禁种之办法及禁令;一曰禁吸之办法及禁令;一曰烟具与药品及烟馆与外土之取缔;一曰官厅、军营、店铺之稽查。而以各属公益团体公同设立戒烟会为枢纽,以官民两方面切实并行为要著,以缩短期限实行特别禁令为方法。并规定:"宣统二年(1910)十二月为全省禁净之期",所谓"禁净"之标准是"内无一吸烟之人;无一私藏之土,方为禁绝成绩"[1]。他认为,"禁烟为自强要政,禁吸与禁种并重"。据此,他从两方面着手。首先狠抓禁种,应该是治本之法。他说:"奉省种烟地亩,经前任督臣徐世昌切实查禁,复于今春遴派委员分赴各属,会同地方官,按乡履勘,办理尚属认真,民间颇知畏法,均次第改种粮食、木棉、蓝靛等项;间有僻壤穷乡违禁偷种者,亦经勒令拔毁,斩绝萌芽。"在吸烟上他狠抓官员,他说:"官吏为人民之表率,官不自治则上行下效,烟毒未易肃清。"奉省早设有官吏禁烟查验所,"所有旗、汉实缺、候补人员,现已验过三百数十员,其嗜好未净规避不到各员,业经分别参撤,官场尚觉整肃"[2]。除此之外,锡良还"明察暗访,如有情形可疑,藉词规避者,即饬该所随时调验,所冀酖毒从此涤除,即嫉恶不嫌其已甚。数月以来官吏尚多被濯自新,力图振奋;其沉溺烟癖始终不知改悔者,自未便稍事宽假",于是提出名单说:"以上十四员,均系曾经吸食鸦片延不赴所查验,实属玩章藐法,相应请旨一并革职,永不叙用,以儆官邪。除嗣后官吏中有巧为掩饰或已戒复吸者,仍随时查明纠参外,所有据实参劾戒烟不力各员缘由,理合恭折具陈,伏乞皇上圣鉴训示。"得到的答复是:"著照所请。"[3]在十四人中,八旗官员有十二人。作为八旗官员,以为总会网开一面,可万万没有想到受如此重罚,而且是皇帝的御旨,悔之晚矣。

由于徐世昌、锡良等坚持严厉禁烟,官民一律对待,毫不留情,清末几乎禁绝。可是到了民国初年,停止一切查办事宜,种植、吸食毒品等恶习很快便死灰复燃了。

三、公共事业的举办

辽阳城池的演化:清代的辽阳城,是明洪武五年(1372)辽东都指挥使叶旺、

---

① (清)锡良:《锡良遗稿》(第二册),中华书局1959年版,第1068页。

② (清)锡良:《锡良遗稿》(第二册),中华书局1959年版,第966页。

③ (清)锡良:《锡良遗稿》(第二册),中华书局1959年版,第972页。

马云在元代辽阳城的基础上重修的。经过三四年的时间,一座雄伟的古城旧貌换新颜。城高三丈三尺,城周长二十二里二百九十五步。设六门:南面二门,西曰泰和(大南),东曰安定(小南);东面二门,南曰平夷(东门),北曰广顺(高丽门);西面一门曰肃清;北面一门曰镇远,每门皆有雄伟的门楼。四角皆设角楼:东南曰筹边,东北曰镇远,西南曰望京,西北曰平胡。城的周围还有护城河环绕,池深一丈五尺,河上有桥四座,小南门外曰安定桥,东门外曰升仙桥,西门外曰升平桥,北门外曰镇远桥。后来为了安排内附的女真人等,洪武十九年(1386)设立东宁卫于辽阳北城。北城紧依南城往北一里,东西与南城相同,以土堆成,是南城的三分之一。设有三门,北门名无敌,西门名武靖,东门名永智。辽阳州城为东北最早、最大、最美的城池,明清两朝,经过多次维修,尤其应该提到在乾隆二十六年(1761)维修时,在东南角增建了魁星楼,很具观赏性,成为辽阳八景之一。但最为遗憾的是城内的道路,历朝历代皆为土路,对人们的生产、生活十分不便。向有"无风三尺土,下雨一街泥"的民谣,尽管有些夸张,然而反映了广大民众企盼改善道路的心声。为了适应广大民众的愿望,知州史纪常在宣统元年(1909)三月决定修筑道路。但遇到的问题很多,根本问题在于经费,他与商务会经过多次协商,最终该会答应出资二千一百元帮助修路。其次是日俄战争时期,俄军与城内修有轻便铁路,战后被日本控制,妨碍修路,必须拆去。经与日本领事协商,虽未拒绝,但不见行动,无法开工。他们说:"现以日领事入省未归,俟旋辽后,即行告知,催将轻便铁道赶速拆去,即可开工修筑云"①,直至四月上旬才得到确信。有报道说:"因轻便铁路未能及时拆去,是以迟至今日并未开工修理。兹闻铁道已经议定于阳历六月初一日撤去,故近日商会与警局正核议开修之办法,日内当可动工云。"②施工在即,知州史纪常提出修建方案:从东门到西门,从南门到北门,两者在大十字街交叉,成为全城的中心。具体做法是先在路的两侧挖沟,以便排水,俗称阳沟;然后是平地,把高处的土撒到低处添垫,"以期全城一律平坦",最后是路面以沙子垫底,上面全部铺上鹅卵石。"现每日工作者计百余人",在修路过程中,警局派员督工,进度较快,"大约月余始能蒇事云"③。"本城街道前往经动工修理两月后始行蒇事,商务会原拟之费需二千一百元始克敷用,嗣经巡警总局派警督工,用款处处核实,且督催綦严,故得速行竣工讫,共用款仅一千八百元。商会因该警士督工格外劳苦,特赠茶资若干以资慰劳云"④。今天看来这样的路并不平坦,但比原来的土路不知好过多少倍,深受广大群众的欢迎,有口皆碑。这样的路,一直延续到中华人民共和国成立的

① 《盛京时报》,宣统三年三月二十日。
② 《盛京时报》,宣统元年四月十一日。
③ 《盛京时报》,宣统元年五月初一日。
④ 《盛京时报》,宣统元年六月二十日。

二十世纪五十年代。

　　图书馆的建立:在"新政"开始前,曾派五大臣出国考察,归来后,提出各省应该建立图书馆与博物馆,于是各省纷纷建立图书馆,奉天是东三省中建立最早的一个。光绪三十三年(1907),奉天提学使张鹤龄呈报东三省总督徐世昌批准,选择大南门提学司署前建筑馆舍,翌年四月落成,九月开馆,定名为奉天图书馆,设总理、庶务、会计、管理各一员,书记二员。藏书楼司书二员,阅览室司事二员,发售室经理、司事各一员,陈列室司事一员。开馆后,国内外的书籍、杂志陆续添置,很快达到上千种,粗具规模。由于是新事物,阅览者很多,主要是知识分子,大开眼界。据统计,到 1929 年"该馆所藏图书计一万九千一百五十二种,凡八万七千二百二十一册。杂志三百九十五种,凡二千六百九十四册。两项合计共一万九千五百四十七种,凡八万九百十五册"①。

　　各州县根据当地条件也在准备建立图书馆,辽阳就是其中之一,关键是缺乏经费,更不能建立新馆。只能根据现有条件,勉为其难。宣统元年(1909),在东二道街路北租用随街民房,开设图书馆,不久停办,可能过于窄小,容纳不下多少读者。宣统三年(1911),"州牧史(纪常)直刺前奉省宪扎饬,筹设图书馆。当经史公筹措款项,公推劝学总董为经理,购办书籍以应民识。现在该馆已组织就绪,定期 25 日举行开馆典礼,函邀各界人员届期莅场演说,以匡不逮云"②。地址可能在四大庙附近,情况稍有好转,直至一年之后"在四大庙运动场南建筑新式房屋七间"③。

　　新闻报刊的出现:清代东北地区信息不畅,没有新闻出版事业。有之,则是外国人主办的,特别是日本和俄国出版的报纸,控制东北的舆论。俄国的报纸主要在"北满"可以不提,日本的报纸很多,有日文版、中文版。中文版影响最大的是中岛真雄于光绪三十二年(1906)十月在奉天创办的《盛京时报》,发行量很大,时间很长,直至 1944 年九月停刊,经营达 38 年。各地日文报纸主要有《安东新闻》《大连日日新闻》《辽阳每日新闻》等。这些报纸都是为日本军国主义服务的,有些所谓"记者"以采访为由可以无孔不入地探听、收集情报,迅速传回国内。日俄战争之后,许多有识之士感到报纸有唤起民众抵抗外侮的作用,所以报纸应时而出现。首先是官报有《东三省官报》《奉天官报》等,这些官报是为当权者服务的,一般老百姓是很难看到的,社会影响有限。更多的是私报,影响较大者有《东三省日报》《东三省民报》《大中公报》《奉天国民报》《醒时白话报》《醒世报》等,辽阳人爱看的有《醒时白话报》《醒世报》

① 《奉天通志》,卷一五三。
② 《盛京时报》,宣统三年四月二十八日。
③ 《辽阳县志·城池公廨》。

《大中公报》。宣统二年(1910)七月创刊的《大中公报》,主笔为同盟会会员沈肝若,辟有《三千毛瑟》专栏,评论时政,切中要害,"辞多扼要,颇为一般读者所欢迎"①。

随着时代的进步,中西文化的碰撞与交汇,人们的日常生活也发生了很大变化,移风易俗的新事物不断出现。在三纲五常礼教的束缚下,我国自古就形成一套体现贵贱尊卑的日常礼仪。清代礼仪根据身份与场合,分三跪九叩、长拜作揖等,陈腐而刻板,很难适应社会的进步。光绪十二年(1886)规定,清政府官员可以和外国人握手寒暄。随后,握手、鞠躬、免冠等西式礼仪开始流行于各种交际场合。民国之初,为了体现民主共和精神,中华民国临时大总统宣布:废除跪拜、作揖等礼节,代之以鞠躬、握手。不仅如此,旧的称呼如"大人""老爷"等,则被"先生""君"等所取代。在服装方面变化很大,西式服饰传入我国,民间仿效之风悄然兴起,长袍马褂与西服革履并行不悖,成为近代社会特有的景观。民间服饰变革之风对官定服饰制度不能不产生影响。新军和新式学堂学生率先采用了西式军装及操衣、操帽。从光绪三十一年(1905)起,清政府对传统的军服进行改革,陆续拟定了陆军、海军、巡警的新式服制。到了民国时期,人们根据自己的情况,可以随心所欲地选择服饰,但中西合璧的中山装和旗袍成为主流。

另外,青年男女的婚姻也从父母之命,媒妁之言,走向自由恋爱;结婚之礼从内容到形式都发生了变化。特别是辛亥革命后,"男女交际自由,结婚自由,男女平权的呼声很高",家长也无法阻止。有记载说:在结婚礼仪方面,逐步趋向革新:"光(绪)、宣(统)之季,以迄民国,欧风东渐,新礼制迄未颁定,于是搢绅之族,损益繁缛,酌剂中西仪节,谓之文明结婚。两家婚约既成,先以指环及饰物为聘。婚期多在上午,男女两家家长为主婚人,并合亲族戚友,萃于一堂,延年高望重者一人为证婚人,通两姓之好者二人,曰介绍人,即媒妁也。届行礼时,先由证婚人宣读婚书,自主婚、证婚、介绍诸人及新夫妇俱钤章讫,新夫妇交换指环,后相向行三鞠躬礼,依次向证婚人、介绍人、主婚人行礼毕由证婚人、主婚人各致训辞,来宾致祝辞,主人致谢辞,礼成。摄影,新夫妇偕归男家。此近时婚礼,通都大邑无论汉、满、蒙族绅宦之家,大率通行,惟民间则尚多沿旧制"②。实际农村也在变化,只是比较缓慢而已。"自守维新以来……惟男女均剪发,女少缠足,实事教育,浸见发展,汉、满、蒙三族互婚,畛化而文明启,亦足取焉"③。

---

① 《奉天通志》,卷一四四。
② 《奉天通志》,卷九十八。
③ 《辽阳县志·礼俗志》。

在丧葬方面,光绪年间西方文明、卫生、简洁的礼仪传到了我国,有人加以效仿,引起很大的轰动。光绪三十一年(1905),李叔同为母亲办丧事,在《大公报》上发布"哀启",声明概不收受呢缎、轴幛、银钱、洋圆等礼物,可以送挽联、纪念诗文、花圈等;参加追悼会的人,不行旧礼,愿意者改行鞠躬礼。李叔同特意为母亲写了哀歌,整个仪式简朴感人。李叔同敢为天下先的精神,得到许多人的赞叹与效仿。李叔同何许人也?可作一简要介绍。他是浙江平湖人,名文涛,字叔同。光绪三十一年起在日本东京学习西洋绘画及音乐,曾与曾孝谷等创立最早的艺术团体"春柳社",从事话剧活动,曾扮演《茶花女》中主角,又参加《黑奴吁天录》的演出。归国后,任浙江两级师范、南京高等师范学校教员,教授绘画、音乐。工诗词和书画篆刻,作有歌曲《春游》《早秋》等。1918年,出家杭州虎跑寺,法名演音,号弘一。

上边提到的各种变化,主要都发生在开放的口岸和城市里,从接受者来看,主要是官绅、富家大户与知识分子,辽阳也不乏人。如在结婚方面,辽阳仿效者可能不在少数。有记载说:"近年士绅多仿西式行文明结婚礼,但旧仪相沿已久,仍难尽除,不过略事变通焉耳。"在丧葬方面,旧的礼仪非常烦琐,时间很长,随着时代的进步,辽阳也不乏效仿者,有记载说:"其尤简者,接三(过了三天)后即葬别"①,时间大大缩短,许多繁文缛节都一律取消,要比李叔同的改革更简捷。

第三节　一场席卷东三省的鼠疫

宣统二年(1910)底,在杨林子突然发生的一场鼠疫,夺去了很多人的生命,好在没有扩大,很快被扑灭。之所以如此,是王永江率领医护人员和大量的警察,不惧生死忘我奋战的结果。他们组织严密、方法得当、团结合作、防治到位,得到了省、州的奖赏,得到了人民的称颂。

一、鼠疫的发生

宣统二年(1910),知州史纪常邀请辽阳绅商各界人士,研讨成立防疫事务所,目的在于加强医疗卫生建设,淘汰陋习,树立新风尚。

大家非常赞同,一致推选王永江为委员长,并选举副委员长一人,委员三十人,医务人员十人,担负调查、防病、督导卫生等,改善民众的健康状况。为了提高医学水平,王永江感到有成立医学研究会之必要,防止"庸医误人"。正在此时,一场夺去多人生命的鼠疫爆发了,王永江立即带领有关人员投入消灭鼠疫的斗争。

---

① 《辽阳县志·礼俗志》。

宣统二年(1910)十二月二十八日(1911 年 1 月 28 日),春节将至,位于城西四里路的杨林子村,五百余口人,都在兴高采烈地准备春节,谁也不会料到一场意外之灾即将降临。这天傍晚时分,村西宋家大车店来了一辆满载烟草的大车,共有三个人来投宿。店主宋长增帮助卸车喂马,热情招待,安排食宿。但在写店簿时,发现他们是从北满鼠疫流行区来的,问他们车上除了烟草还有什么东西,他们支支吾吾,神色可疑。宋长增遂去村里报告,要求派人检查。可当他从村里回来时,三个人不见了,早已弃车逃遁。人们动手打开烟草包,竟然发现里面裹着两具尸体。这时,人们方知不妙,马上报告州里,得到的答复是立即将车马烟尸一律焚烧。事情处理完毕,已经是庚戌年的除夕了。人们以为万事大吉了,家家户户都在贴春联、放鞭炮,喜迎新的一年,即辛亥年的到来。可到了正月初三,店主的女人说身子不舒服,发高烧,痰中带血,不待医治,第二天就撒手人寰,接着三个孩子也相继死去。当天还有邻居宋长满的儿媳妇王氏,也因同样病症离开人世。第二天一早,宋长满赶车去水泉村(今小祁家)买棺材连给王氏娘家报丧。大车进村,遭到严密监视,不许随便走动,因为鼠疫消息已经传开。买完棺材遂即返回,王氏母亲也随车而来。这时,辽阳州城已被警务长王永江带人封死,不准外人进入。想女心切,王氏母亲藏在棺材里混了进来,四天后她也追随女儿去了。五天内,宋长满家八口,加上亲家母九口,店主宋长增家四口,共十三口被夺去了生命。根据《盛京时报》,正月十三日,"辽阳电云:初十日晚间有华人一名在立山车站附近突然倒毙,病状最属可疑,当由医员检验确系罹疫而死云",以后没有报道,可能属于个案。

杨林子村的疫情,让王永江感到十分严重,遂调集医生二十多人,警察工作人员一百八十多人,他亲自带队,全部白衣、白帽、白口罩,携带免疫药进驻杨林子村。进村后,他立即下了第一道命令:凡当天工作的人都要集中体检观察,消毒服药;成立隔离所,轻、重病人分两院隔离治疗;染疫而死的人完全火化。医生、警察吃住在杨林子,不准回家。尽管如此,疫情并未缓解,于是王永江又下第二道命令:全村戒严,不准人、畜出村、进村,一经发现违令者作为重病人隔离;东、西院不准往来;保护粮食、水源;凡是参加火化的人,每天体检两次,服药消毒;各户炊餐具严格消毒。为了落实上述命令,街道五步一岗,十步一哨,监督实施。王永江经过观察发现,嗜烟酒者染病很少,他当即调来大量烟酒,二百多名工作人员不论会不会,每天都要吸烟喝酒,全村除小孩外,一律都要喝酒。从辛亥正月初六到十八日,十二天里杨林子相继死去四十八人,从十八到二十一日,连续三天无死者,但王永江不敢松懈,仍倾注全力,检查消毒,各守岗位。直到正月二十六日,经多方检查,一致认为鼠疫已经彻底消除。最后,王永江把拉尸的车、马以及停尸的房屋全部烧毁。又挨户进行大消毒,发放预防药物,直到二月初一日才宣布解除戒严。

　　辽阳疫情被控制在杨林子,之所以没有扩大,原因是王永江在城内也采取了许多防控措施,切断传播之源。当时有报道说:辽阳"西关地方,向为五方杂处之地,就中以下流社会为最多,居屋衣食素不讲求,殊于卫生上大有妨碍。现在当防疫吃紧之时,自应预先处置,方免疫疠发生。昨闻警务局已与州牧史刺史商定,拟将该地所有破屋悉数收买,一律焚去,以杜疫疠之发生云"①。还报道说:"本邑(辽阳)当道为慎防时疫,将所有小店伙房一律关闭,不准容留住客,以致一般穷黎栖身无地,际此天寒地冷之时,无食无衣,又无住处。此故仁者所不忍,昨闻当道已将一般穷黎均各予以洋元,以为糊口之资,各穷黎均感激不置云。"②

　　在这场消灭鼠疫的斗争中,作为警务长的王永江发挥了重要作用。所以如此,首先,他早年读书期间,兼习医理,成年后曾悬壶济世,小有名气,非一般人可比,十分专业;其次,他所采取的一切措施都很到位,有效地控制了疫情传播;再次,他统领的全部人员都能听从安排,认真落实,发挥了整体的作用。有报道说:"自办理防疫以来,在事诸员颇能勤奋从事,措施周密,以故不致蔓延,闻州牧史直刺以该防疫员处置有力,特将该员等记大功一次,以示鼓励云"③。更应提到是杨林子士绅"日昨特购肥猪两口,粉条数百斤送交防疫事务所,以慰劳出力各巡警云"④。这是出于内心的真实感情,表达了他们对防疫人员的救命之恩!

　　这次鼠疫不仅波及东北三省,也波及北京、山东,甚至湖北等地,夺去数万人的生命。那么,这场鼠疫之源头发生在哪呢?"在距满洲里以西65公里的俄国境内的大乌拉站,有一个中国把头叫张万寿,向来靠招工为业。1910年10月初的一天,他所管理的工棚内突然有人暴死。俄国人知道后,经过检验确定为鼠疫,他们立即驱逐中国工人、焚烧工棚包括工人的衣物。10月19日,有两个被驱逐的木工来到满洲里站,寓居于铁路境内二道街张姓木铺内,10月25日疫发亡命,同院的田家伙房住客金老耀、郭连印也遭传染于同日身死,瘟疫自此开始在满洲里一发不可收拾"⑤。这场鼠疫自满洲里蔓延开来,很快传遍了东三省,许多人相继死去。黑龙江省最重,据统计仅哈尔滨一个城市,自疫发至正月十二日,共死亡"四千余人之多,现在死尸所在枕藉形状尤极惨然"。同一时间,呼兰一府前后共"死亡五千多人"⑥。吉林省"自发生之

　　①　《盛京时报》,宣统三年正月二十一日。

　　②　《盛京时报》,宣统三年正月二十五日。

　　③　《盛京时报》,宣统三年二月十日。

　　④　《盛京时报》,宣统三年二月初九日。

　　⑤　管书合:《1910—1911年东三省鼠疫之疫源问题》,载《历史档案》2009年第3期。

　　⑥　《盛京时报》,宣统三年正月二十三日。

日起,迄正月十一日疫死者计达一百二十一名之多"①。这是疫发初期很不完全的统计,后来不见报道。疫发后,奉天成立了"防疫事务所",每天报告当地疫情与死亡人数,从疫发起至正月十四日:"九百八十八名已亡;八百三十九名未亡;一百四十九名备考(即未确定)"②。比较起来辽阳死亡人数在奉天省也是最少的,除了杨林子死亡四十八人外,尾明山煤矿染疫死亡二十余人,可能有所漏报,但不会太多。根据报道:"研究瘟疫代办祁他萨托博士刻已查明瘟疫历史如下:西历二月二十号,调查疫证传染中国各处有十三城一百五十六个村,死华人四万一千六百十名;俄人四十七名;法人二名;日人九名;西欧三名。日医一名;华医五名;俄医学生一名;华医学生二名。俄国卫生队十五名;华人卫生队二十二名;日本一名。共用防疫费,日本一百四十二万七千元;中国五十二万三千元;俄国二十四万鲁布。"③鼠疫是死亡率极高的传染病,出于人道主义,邻近国家都要伸出援手,派人参加,否则疫情扩大到其境内也是一场灾难。所以,俄国、日本不能袖手旁观。

二、鼠疫的消灭

鼠疫在辽阳是如何消灭的呢?从辽阳州来说,是知州史纪常用人得当,由王永江负责主持其事。"该员心知其意而游刃余虚,事不辞难而程功以渐……似此心细才长,办事精实,求之侪辈,殆鲜伦比"④。从王永江来说,确实"游刃有余",能够抓住关键处下手。一是全面隔离。首先是把全村封锁起来,五步一岗,十步一哨,里不出(包括人、畜)外不入,村内各户之间不可往来,切断相互传染。还成立隔离所,轻、重患者分开,不在一个院子里,治疗方法也有不同。为了防止向外扩散,周围还要断绝行人,任何人不能靠近。有报道说:"辽阳杨林子村目前有一患疫毙命者,昨闻巡警已将该村之交通遮断,严行看守,不许行人往来矣。"⑤不仅如此,"自杨林子村鼠疫发见以后,本州防疫行政自应格外严厉,以杜隐患。近闻州牧史直刺已有封禁城门隔绝交通之议,特未悉果实行否?"⑥我想,城门应该是"封禁"的,也就是关闭城门。本来平时城门每天晚间是关闭的,特殊时期白天也能关闭,但有一定的灵活性,有急事可以开启,没有急事则闭,否则如何能断绝交通。二是死者火化。死者都是传染源,所以一律就地火化,应该是最彻底的办法。负责火化的工作人员,要吃预防药,每天还要体检两次,保证万无一失。实际所有的医护人员和工作

---

① 《盛京时报》,宣统三年正月十八日。

② 《盛京时报》,宣统三年正月十六日。

③ 《盛京时报》,宣统三年二月初三日。

④ (清)锡良:《锡良遗稿》(第二册),中华书局1959年版,第1318页。

⑤ 《盛京时报》,宣统三年正月二十五日。

⑥ 《盛京时报》,宣统三年正月三十日。

人员每天都要吃预防药,所以没有一个人染疾而死亡,所以得到所有医护人员和工作人员家属的称颂和万分感谢。其他地方的防治人员,确有染疾而亡者,如派往哈尔滨的医生与工作人员死者很多,"本月十二、十三日法医生梅聂与奉天派往之刘医生,均在哈埠染疫病故,其余夫役人等亦多疫死"。结果造成许多医生打退堂鼓,"各医缘此寒心,伍医生连德上禀辞别,英国医生吉陛坚欲回京,军医学生全体乞退;经臣等往返电商,多方劝慰,现暂照旧办事;惟要求抚恤之款,按照俄国定例,每名外国医生至一万卢布"①。三是保护水源、粮源。病从口入,如果水和粮食被感染了,喝下去、吃下去,不是同样可以被传染吗?因此保护水源和粮源极端重要。村里所有水井都要加盖撒药,由工作人员挑水,送给每户,天天如此。粮食经过严格消毒的大户宋长庚家,抽调四十八石粮食供给杨林子村民专用。每户的灶具、餐具都要消毒,也就是锅碗瓢盆都要洗得干干净净。总之,一切都要经过消毒才能食用,把住了入口关。四是土洋结合。在大量使用洋药预防、消毒的同时,王永江经过观察与琢磨发现嗜酒、吸烟的人染疾者很少,于是他调来大批的烟酒到杨林子,二百多名医护人员和工作人员不论会不会吸烟、喝酒,每天也要吸烟、喝酒,作为命令必须执行。全村各户除小孩外,其他成年人不论男女都要吸烟、喝酒,而且全部免费。五是堵塞疫源。为了防止疫情在城内扩散,对城内五方杂处之场所,藏垢纳污之处,一律焚毁,绝不手软。前已提到西关的许多房屋被烧毁,还关闭了许多小店伙房,许多人来人往之处,都加禁止。做到先期预防,是疫情没有扩大到市内的重要原因。

在防疫过程中,也有许多困难,首先碰到的是人们的思想观念,有重重阻碍,必须做思想工作,否则很难进行。鼠疫"外人谓百斯笃为国际病,持人道主义者本无分畛域者,均有防卫之责,办理稍一不善,即予人口实。兼以东省创见斯疫晓以严防之法,总觉怀疑,造作种种谣言,几致酿成事端。隔离、消毒既于民情不便,焚尸、烧屋尤类残刻所为,然非实力执行,则疫无遏止之期,不特三省千数百万人民生命财产不能自保,交通久断则商务失败,人心扰乱则交涉横生,贻祸何堪设想。臣等苦无经验,只有坚持定见,博采群言,数月以来,仰赖圣主洪福,克收成效"②。这里是说鼠疫在东三省是第一次发生,人们不了解其严重危害,也不懂得消灭之法,有许多谣言,对隔离、消毒表示怀疑,尤其是对焚尸、烧屋更加抵制,所以开始时是采取强制手段,并非想象那样顺利。尤为重要的是经费问题,民政费有限,捉襟见肘,十分困难。有报道说:"辽阳办理防疫已及月余,一切用款均无着落,办事者颇形棘手。近闻州牧史直刺禀

①　(清)锡良:《锡良遗稿》(第二册),中华书局1959年版,第1266页。
②　(清)锡良:《锡良遗稿》(第二册),中华书局1959年版,第1311页。

请督宪拨助款项,现已允准,拨发银两千两",作为"防疫经费云"①。两千两,仍是杯水车薪,只能解决燃眉之急,还需要多方筹措,地方官员自然是苦不堪言。

三、庆功受赏

宣统三年(1911)三月,东三省鼠疫已经消灭,恢复正常。锡良在奏折中说:"兹查自三月后,奉天全省及吉、黑两省所属地方疫气,亦已一律消除。并由臣等通饬各属,将病院、隔离、留验、收容各所及检证、消毒等队,大加裁并,所余药料,妥善保存,预为防范;其善后卫生事宜,责成警务局认真办理,不准以疫气已清,稍形松懈。现在京奉等处火车照常开驶,商务流通,人情均极安谧。各国医官连日开会研究,互有发明,足为后来医学进步之券。"②这里所说"各国医官连日开会研究",是指鼠疫消灭后,"十一国医士来奉考察,开万国鼠疫研究会于省署(在沈阳的省政府),锡良主议,咸起颂之"③。用今天的话说,即锡良主持会议,并进行主旨演讲,得到与会者的一致好评,锡良感到很风光。

锡良极力主张奖赏有功人员,他说:所有"在事人员,甘任劳怨,不顾利害,出死入生,如临大敌,若不酌予奖励,何以昭励来兹。谨择其尤为出力者,开单随折请奖,其余各员或肩任义务,枵腹从公,或救死扶伤,奔驰疫地,均不无微劳足录,容再查明,另折续请,不敢稍涉冗滥"④。在第一次请奖单中有"辽阳知州史纪常,拟请免补直隶州知州,以知府在任候补"。在第二次请奖单中有王永江,"留奉补用府经历王永江,请免补本班,以知县分省补用"⑤。

消灭鼠疫后,王永江带领全体防疫人员返回城里,每个人都得到表彰,并"发给奖章"。经过这次疫情之后,更感到成立医学研究会刻不容缓。遂于登福楼胡同成立了医学研究会,公推王永江为会长。宣统三年(1911)六月,研究会设立西医讲习所,由日本医生西川等人为教习,共毕业两个班,培养西医五十余名。到了民国时期研究会依然存在,并有很大的发展,会员达到七百多人。西医讲习所改为"辽阳县医学校",由于日本教习回国等原因而停办。随着时代的进展,人们观念的转变,不仅重视中医,也更重视西医,原来的官医院已不能满足人们的需要,所以民国初期,在四大庙东院(即今中心医院处)官地新建医院二十八间,男女分科,科目增多,设有妇婴科、专门产科等,逐步向近代化迈进。

王永江发迹于辽阳,对辽阳及全省作出过重要贡献,因此有必要给予简要

---

① 《盛京时报》,宣统三年正月二十三日。
② (清)锡良:《锡良遗稿》(第二册),中华书局 1959 年版,第 1311 页。
③ 《清史稿·锡良传》。
④ (清)锡良:《锡良遗稿》(第二册),中华书局 1959 年版,第 1312 页。
⑤ (清)锡良:《锡良遗稿》(第二册),中华书局 1959 年版,第 1322 页。

介绍。王永江(1872—1927),字泯源,又字铁龛。先世自山东蓬莱渡海迁金州定居。父克谦,母邱氏,王永江与弟永潮"俱能文有声",同为优贡,时称"金州二王"。王永潮早逝,王永江初以授徒赡家,兼习医理,曾悬壶济世,在旅顺口开"采真堂"中药铺,日俄战争后停业。光绪三十三年(1907),辽阳创设警务学堂,应辽阳地方团总袁金铠之请,来辽任教员兼监学。学生毕业后,"转主辽阳警校,为奉省办警政之第一人"。宣统二年(1910),任辽阳警务所长,他参照日本警政制度,结合辽阳社会情况编出警政法规、章程、制度等讲议十数种,成绩斐然。由于防治鼠疫成效显著,经知州史纪常举荐为候补知县。武昌起义后,清廷调赵尔巽再督东三省,任命王永江为奉天南路巡防营管带,驻防辽阳。不久被赵尔巽调其为省督府参事,参与镇压了铁岭革命起义,曾得到袁世凯的召见,特令为内政部记名道尹。归来后,历任辽阳、康平、牛庄、海城税捐局局长。张作霖主政后,出任奉天省城税捐局长兼官地清丈局及屯垦局局长。1916 年任督军署高等顾问,深得张作霖的信任,旋任奉天警务处处长兼省会警察厅厅长。当时由于财政危机,金融混乱,又出任财政厅长兼东三省官银号督办,经其大力整顿,东北财政日趋稳定。张作霖十分高兴,任命王永江为代理省长兼财政厅厅长。1922 年,去掉代字为省长,"永江不敢受,仍称兼代,讫去职日犹然。永江之任省长也,博访周谘,不守故常,胥有精义。如立东北大学、建沈海铁路、设奉天纺纱厂、行区村制,并辟修公路,皆匠心独运,开东省未有之局。其办大学,自兼校长,于少年新进之士,接纳恐后"。由于他精心筹划,"各道尹、各县知事惴惴奉令,不敢违其尺寸。虽远在千里,如在目前。曾不一载,而奉省大治"。张作霖倚王永江为左右手,"遇有大谟议,尝得其一言而决"。1924,"奉天将领郭松龄,响应国民革命军,破关而出,自率前锋进逼新民,依白旗堡而陈。作霖大惧,欲弃沈阳,火其邸,南窜大连。永江谏曰:'松龄不足畏,且彼辈利在速战,屯兵于野,久则自溃,将军曷为少留'。未几,其子学良微服自关内归,又起宿将韩麟春为之副,陈于辽河右岸,一战而胜,松龄就擒,奉局大定"。1926 年春,"作霖率兵入关,永江不谓然,力谏不听,遂返金县故居",并留书劝诫。张作霖深有悔意,仍希王永江再任奉天省长,王永江也有再出之意,杨宇霆极反对,终坏其事。请看下面一段对话:杨宇霆侦知永江将再起,一日与张作霖语及此,他说:"永江素骄蹇,屡以辞职挟公,公以卑辞相要,而浸不一应,无礼甚矣。今固不乏堪任省长者,何必永江。"曰:"然则以何人为宜?"对曰:"有尚清在,其才亦不下于永江",张作霖以为"然"。未等王永江答复,张作霖已明发刘尚清为省长。刘尚清,字海泉,海城人,附生,奉天法政学堂毕业,曾任黑龙江省财政厅长兼奉天官银号总办、东三省官银号总办等职。"永江闻讯大愤,陋血症复发,遂不起"。1927 年十月八日,病逝于金州,享年 56 岁。后来,张学良枪毙杨宇霆,阻挠起用王永江也是原因之一。金毓黻认为："曩论近三十年东北政治人才,应以王永江为巨擘。以其手眼明敏,长于裁断,具有近代政治家之风度也。"曾任奉天省教育厅厅长的谢荫昌说:"永江性情执行拗,似王安石,综核名实,似张居正。"王永江逝去十年后,蒋介石在武昌治军,思及王永江之政绩。一日问张学良"当日佐永江治奉者,尚有谁在? 张学良以王镜寰对。公命招镜寰来,询永江往事甚悉,称叹久之方拟向用镜寰,镜寰遽遘疾(突然生病之意),一夕遂卒(一个晚间死去)。永江以才具卓越见重于当路者,又如此"。金毓黻说:"余与永江事绩,向曾留意,缀载多得之目稽口询。余弟毓纶,从永江学于警校,后又随其从政,亦谂知其遗闻轶事,一夕追话及此。又以他氏记永江事,往往失之简略,且乏廉悍精卓之笔,不足以传其生平。自忘谫陋,笔为作别传,以备贡之史馆。"①

王永江不仅是清末民初的政治家、思想家、教育家、医学家,也是饱学之士的学者,可谓全才。著有《读易偶得》《易源窥余》《阴符经注》《医学辑要》《痼疾蒙谈》《方书选粹》《铁龛诗草》等。

---

① 卞考萱、唐文权:《辛亥人物碑传集》,团结出版社 1991 年版。

第十一章　清代后期辽阳社会经济的近代化

　　清代后期辽阳的经济,随着营口的开港,资本帝国主义的侵入,封建的自然经济开始瓦解,在"新政"改革的推动下,加速了近代化的进程,民族资本逐步发展起来。在农业方面,旗地彻底瓦解,地主经济成为主流。农产品商品化,大量出口,辽阳是东北南部农产品集散中心。在工业方面,工矿业在前期的基础上有较大的发展,甚至出现了官僚资本,一般手工业发展很快,有的使用了机器生产。由于农业、手工业的发展,商业出现了繁荣的局面。甲午战争,特别是日俄战争之后,由于外国资本的大量侵入,特别是日本的许多企业进入辽阳,竞争十分激烈,伴随着强权非法的掠夺,严重阻碍了民族经济的正常发展。

第一节　农业的变化与发展

　　随着旗地的瓦解,农奴制不复存在,生产力得到解放,尤其"新政"的推行,农业试验的开展,品种增多,产量提高,自用有余,促进了农业的商品化。农业试验起步较晚,收效甚微,但在启发民智、改变传统的生产方法上还是有积极意义的。

一、辽阳旗地的瓦解

　　清代后期,辽阳的旗地发生了重大的变化,由封建农奴制逐渐过渡到封建租佃制,已无旗地、民地之分了。这种生产关系的转变,是满汉人民长期斗争的结果。旗地本属国有,旗人只有使用权,不准买卖,更不能卖于民人,所谓"旗民不交产"。但旗人虽拥有大量土地,实际自耕者很少。有多方面的原因:其一,八旗官兵常年征戍在外,又无奴仆者,所得份地无暇耕种。其二,有些官员土地过多,无力耕种;其三,许多旗人已是养尊处优成习,不愿耕种,或不会耕种等,再加社会上存在着大量的流民,可以提供劳动力。如盛京旗地自耕者十不及半,多让流民耕种,采取的方式也各不相同,不外是雇、租、典、卖之类。在这种情况下,清政府一方面强调土地不得私行买卖;一方面又鉴于实际情况允许雇佣民人代耕,或出租。如雍正、乾隆时期就有规定:"八旗官兵人等,各有当差执事,不得不资佃耕种,收取租息。""现在当差者,雇觅民人耕种,仍听其便"。可有些旗人"怠于耕作,将地亩租给民人,坐获租息"①的现象愈来愈多,如何制止,毫无办法。这是旗地变化的第一步。不劳而获,更滋长了他们追求声色犬马之欲,坐食山空,无以为继,最后只好典卖土地了。从北京来看,乾隆二年(1737)监察御史兼军机处行走舒赫德在《敬筹八旗生计疏》中就指出:顺治年间于"近京五百里"内圈占的大量土地"已半属民人"②。为什么会出现如此现象呢? 乾隆十年(1745),协理山西道监察御史赫泰在《筹八旗恒产疏》中回答了这个问题,十分精辟,不妨照录如下:"考从前至京师之始,以及今日百有余年,祖孙相继或六七辈,试取各家谱牒征之。当顺治初年到京之一人,此时几成一族,则生齿之繁衍可知。当日所给之房地养现今之人口,是一分之产而养数倍之人矣。国家恩养八旗至优至沃,而旗人生计犹未见充足者,非尽旗人奢侈与不善自谋之过,是官无长养之理,人渐滋生,恒产不足故也。以数十万之众,生齿日繁,聚集京师,不农不贾,皆束手待养,岂长策耶?旗地亩向例不许卖与民间,俱有明禁,因旗人时有急需,称贷无门,不敢明将所有地亩一时契卖,乃变名曰老典,其实与卖无二也。此等民典旗地之事,自康熙二三十年之间即有此风也。约略计之,旗地之在民者今则十之五六矣。"③在这种情况下,乾隆时期曾经四次由政府出资赎回典地返给原主,防止旗地落入民人之手。尽管这样,旗地仍大量典卖给民人。应该指出,不仅北京如此,各地皆然。据嘉庆十年(1805)七月,仅奉天旗人主动首报出卖于民的旗地就达一万五千多垧。道光十九年(1839)兴京、岫岩、新民、复州、广宁等地民典旗地五万一千零二十四垧。实际都远不止此数。所以有禁不止,是乾隆时期八旗的生计愈来愈成为突出的社会问题。前面已经提到,多数旗人都是"束手待养",好逸恶劳,饱食终日,无所事事,只能依靠典卖土地为生。至于八旗兵丁分得的份地,也就是一般旗地的情形如何呢? 顺治十一年(1654),吏科给事中林起龙在《更定八旗兵制疏》中有详尽的分析,可以抄录如下,以供参考。他说:在盛京时期八旗兵丁"无饷而富",现在有饷反而愈穷,什么原因呢? 他陈述说:"征调更番迭出,往返动辄万里,马匹十损八九。且南方卑湿,军装器械无不潲烂,满洲不作生理,专靠地土,而地薄路远,叠遭水旱,兼之新投庄头不能养主,反来索粮,少加督责,携家而逃。日用非钱不行,物价腾贵数倍,所得月饷有限,而军器什物棚仗马匹无一不系自备,兵安得不穷乎? 臣思明兵止出一身,而马匹器械取之于官,今满兵一人出征,部落有带六七人者,有带三四人者。马匹多者四五匹,少二三匹,而马匹器械事事备之于己。"④康熙

---

① 《清仁宗实录》,卷一一一。
② 《皇清奏议》,卷三十四。
③ 《皇清奏议》,卷四十二。
④ 《皇清奏议》,卷八。

也说:"兴师日久","或器械朽坏,或有马匹倒毙,借贷置办",负担沉重,贫困已极,只能典卖份地,别无出路。乾隆六年(1741),户部左侍郎梁正诗在《敬筹八旗变通之法疏》中指出:"旗人无农、工、商贾之业可执,类皆仰食于官"①,纯属寄生。

辽阳情况如何呢? 根据乾隆三十六年(1771)《盛京将军衙门等为呈报所属出典地亩事致宗人府咨文》可知,"王公门下庄头、壮丁、旗下家奴偷典主地"之事大量存在(多为原庄头后代典出)。该咨文并"附粘单",包括地亩坐落何处,何人典出,典出亩数等等,非常详细。兹将地亩坐落辽阳者列举如下:

坐落辽阳界:厢白旗显亲王门下壮丁胡朝佐原地八十九日,内胡宣等出典地六日三亩。胡嘉庆原地一百八十八日四亩,内胡世宽等出典地十二日。陈六原地一百七十日零一亩,内陈应登等出典地十四日。尚神保原地八十五日四亩,陈鉴出典地六日。薛有能原地四十一日三亩,薛文开出典地三日。陈自富原地四十日零一亩,陈赞出典地二日。张文玉原地一百一十三日,张起云等出典地二日。杨二原地九十八日五亩,杨自发等出典地十一日三亩。小四爷门下壮丁何国用原地三十二日二亩,本身出典地二日。李廷勋佐领老王爷门下壮丁李国栋原地四十八日五亩,李发芝等出典地十一日三亩。贝勒管下壮丁樊玉原地二百四十六日一亩,樊君用等出典地二十五日。

坐落辽阳界:厢红旗瓦尔大佐领下诺亲王门下壮丁宋进孝原地二百七十二日,内宋登云等出典地十九日三亩。那钦佐领下九如公门下壮丁尹义虎原地五十三日一亩,王求成等出典地二十三日。诺亲王壮丁张可孝原地三十日,张得龙出典地一日。董成原地四十二日,董住出典地一日。吴成贵原地一百四十五日二亩,内吴可云等出典地十五日。冯滔原地五十四日,内王恩广出典地四日。简亲王壮丁徐九十三日,出典地二日。

坐落辽阳界:正红旗康亲王门下壮丁田九成名下册地八十六日一亩,内田国宣等出典地五日。崔方玉名下册地一百一十六日,内崔奇信出典地二日。田可立名下册地七十一日二亩,内田文出典地三日。田可奉名下册地五十二日三亩,内田云开出典地四日三亩。

坐落辽阳界:正蓝旗老十王爷门下壮丁刘进学原地四十日,刘进全出典一日。铁匠佐领下十王爷门下壮丁王登弟原地二百一十五日,王国安出典地二日。

坐落辽阳界:正黄旗噶尔赛佐领代管清公属下壮丁王四原地八十六日五亩,王连臣出典地九日。

坐落辽阳界:厢蓝旗满丕佐领下十王门下壮丁杨文学名下册地一百七十

---

① 《皇清奏议》,卷三十七。

七日一亩,内杨士荣出典地十三日①。实际远不止此数,没有呈报上来的可能更多。

至于皇庄、王庄等官庄,不堪忍受农奴制剥削的满汉壮丁大量逃跑,也是促成旗地变化、农奴制改变的一个重要原因。对逃跑的壮丁过去有"逃人法",处以重刑,包括窝藏逃丁者,甚至处死。早在努尔哈赤时期曾规定,凡逃人已经离开主人之家,一经被抓到即处死。逃未成至四次被发现者亦处死。顺治元年(1644)九月,重申"逃人法",凡窝藏逃丁隐匿不报者"置之重刑",但有禁不止。顺治三年(1646)五月谕兵部,其中说:"数月之间逃人已几数万,斯皆该管地方官员不加严察之咎也。似此逃窜不已,玩法殊甚,其如何更定新律,严防饬行",著"尔部详议具奏"②。经过"详议",写在《皇朝文献通考》中的"新律"规定:被捕"逃人鞭一百,归还本主。隐匿之人正法,家产籍没。邻佑九甲长乡约各鞭一百,流徙边远"。虽有严法,逃跑者多,捕获者少,顺治把责任都推到汉官的头上。痛斥他们"蓄有二心","欲使满洲家人尽皆逃亡,使满洲失其所业",要求他们必须"改心易虑,为国为君尽忠劾力以图报"。复定:"隐匿逃人者正法,家产入官"。奖励举报者,"将窝主家产分为三份,一份给与出首之人"。设立"督捕衙门",专理缉捕逃人事务。对地方官有详细的奖惩规定,层层负责,直至总督③。可事与愿违,法愈严,逃愈多。不仅一个人逃,有的结伙而逃,更有的举家而逃。如"镶黄旗牛录章京儿格兔和达儿虎家在河间府北梁屯的二十六个奴仆,带走老婆孩子二十四名,驱马牛驴二十六头,载田器而逃"④,弃地不耕。这种现象不是个别的,而且愈演愈烈。逃丁都逃奔何处呢?主要是逃往更远的地区,自己开垦土地,成为自耕农;或租佃土地耕种,或为人佣工,或出卖技艺等等,总之摆脱了封建农奴制的剥削。壮丁的不断逃跑,许多官庄土地荒芜的现象十分严重。更有甚者,随着矛盾的深化,许多壮丁联合起来采取更激烈的手段霸占官地自种,如盛京吴逢春、吴锦春兄弟二人承领庄头张伯林土地八日,从道光七年(1827)至道光二十四年(1844),一直霸种,从不交租。有的把承领的庄地典于民人,甚至立有契约。如辽阳惠郡王府的壮丁丁国俊承领土地四日,自种二日,另二日典于民人苏荣显耕种。丁发承领惠郡王府庄地十一日,自种一日半,余者典于民人赵成二日半、李功二日半、丁文起一日半。还有三日典于商家义顺当(铺)。不仅如此,还是惠郡王府的壮丁丁国荣、丁国有、丁国先、丁德玉等百余人将承种王府土

---

① 均见中国第一历史档案馆:《清代档案史料丛编》(第五辑)。
② 《清世祖实录》,卷二十六。
③ 《清世祖实录》,卷八十六。
④ 转引自杨学琛:《清代旗地的性质及其变化》,载《历史研究》1963 年第 3 期。

地大半典卖于民人。这样的事例很多,根据就是辽宁图书馆藏《京都惠郡王府五城骑缝底簿》,也就是王府在五个城市的土地账簿,真实可信,毋庸置疑。虽然记在账上,如何解决呢? 毫无办法,只能表明承认现实而已。早在康熙四十四年(1705),辽阳皇庄中的园庄就有园丁偷卖土地者,根据领催邵孔伦等呈述:"从前我等三旗园丁住辽阳城内,每丁给五垧园田支差。今园丁于胜四,将二垧田偷卖其舅父家之鲁之孝了。园丁常大,将一垧田偷卖与孔王(孔有德)之守墓人黄永寿……园丁高三,将一垧田偷卖与辽阳州民人王柱,又把一垧田偷卖与城守所管蒙古人家之朱德福。此等人将其份内官田皆偷卖了。"

还有许多庄头也利用种种手段隐瞒土地,攫为己有。最初,庄头本是主人最信任者,也出于奴仆,代替主人管理壮丁生产,时间长了就作威作福,成为二地主。随着形势的变化,至后期与主人离心离德,欺上瞒下,谋取个人利益,有的成为真正的地主,甚至是大地主。乾隆元年(1736),辽阳诚亲王府一个粮庄头"李六十一,私自将庄地一千一百零十二垧田中,典出八百零四垧四亩"①与民人。光绪十四年(1888),庄头李海山趁着太子河涨水的机会,赴内务府以土地变为泽国为由,销除庄田一千余亩,以后照样耕种,"庄头并不呈报,隐种归己"②。在这种情况下,无论皇庄,还是王庄,像原来那样驱使奴仆(壮丁)耕作已经不可能了,只好招民佃种。皇庄先开始,后来波及王庄,慢慢大部分官庄都陆续放弃了原来的剥削方式,逐渐以封建租佃制代替了封建农奴制。这种生产关系的转变,是满、汉人民长期斗争的结果,解放了生产力,推动了社会经济的发展。

面对上述种种形势,清廷在日俄战争前后,不得不放弃了坚持一百五十余年的封禁政策。光绪三十二年(1906),盛京地区颁布了《整顿奉省旗民各地及三园试办章程》,承认民人早已买到的旗地的所有权,发给执照。其中明确规定:今后"旗民买卖册地(指在册合法的土地),向应完纳税银,粘给执照营业。现经本军督堂奏定章程,凡有持契投税者,均换给户管收执"。只要交纳了土地交易税,就颁发执照,承认土地所有权。吉林在光绪二十八年(1902)就颁布了《旗地升科章程》,其中明确规定:"此次旗地一律升科,所有售与民户之地自应一并查明给照。……今拟将民间典买旗地逐处查清,其已立买契者作为民地,仅立典契者须分定年限,凡典出已满三十年,典价已足,即作绝卖论。已满三十年,典价不足者,令民户照现时卖价扣除典价,找给旗户,换立买契,不准再赎"。由此看出,旗民不交产的限令不复存在了,旗、民之间的土

---

① 《辽阳市土地志》,大连出版社1999年版,第207页。

② 《辽阳县公署档》,第16831号。

地、房屋买卖完全自由了。与此同时，东北三省各地还大量出卖官属荒地，所谓"官荒放垦"，其目的在于增加官府的收入。吉林、黑龙江尤甚，盛京地区荒地不多主要是出卖一些牧场、围场等等。结果，这些荒地大都落入满、汉官员、富商大贾以及放荒员（掌握放荒的官员）的手里，他们或者倒手从中渔利，或者出租不劳而获，由此清末东北又涌现许多大地主，反映了地主经济的发展。

随着旗民交产的普遍，旗地与民地的差别趋于消除，所谓"旗地一律清丈升科"，旗地与民地同样照章纳税，旗人在土地上的特权没有了，而且民地越来越多，所谓"旗地"之称逐渐淡化而退出历史舞台。特别是生产关系的改变，租佃制的普遍实行，大大推动了农业经济的发展与商品化。

二、农业试验的开展

辽阳的农业一直是传统的原始方法，靠天吃饭，广种薄收，不思改进。不仅是辽阳，全省皆然。有人说：奉天省的农业"向称薄弱，未垦之地十居二三，即已治之地亦或灌粪无术，择种未良，货弃于地而不收，力放于人而不举，收获丰欠悉委诸天运之自然而绝无考究。持此不变势必物产日疲，财力日绌，故经营奉天实业必先以整理农业为第一关键可断言也。"农业的状况既然如此，那么应该如何去改进呢？方法是"必以开通知识，改良种植为始然。农事之知识非研究物质分合之理"，必须了解"土壤成分之偏全、植物养料之盈歉，生造肥料之性质，远近艺获之方法，植物种性之正变，虫病诸害之有无不足以为开通之具也，则试验与教育尚焉"。这里是说，要想改进农业必须开通思想，了解上述各方面的知识，而获得上述知识的最好方法莫过于"试验与教育"。还说："要而言之，国家无农政，庠序无农学，地方无农会，则其国为不农之国，其人为不农之人。以不农之国、不农之人而立于农战之世则不足以图存，此事势所必至者也。"为了改进与发展农业，国家必须有农政（管理农业的机构）、学校必须有农学、地方必须有农会，否则处于"农战之世"，国家就无法存在下去。这里把改进与发展农业，提高到关系国家存亡的高度。根据上述种种理由，开展农业试验已是刻不容缓，必须尽速提到日程上来。

光绪三十一年（1905），日俄战争之后，赵尔巽接任盛京将军，第二年就设立了试验场，开始了农业试验。他在给清廷的奏疏中说："奉谕旨，令各省振兴农工商业。伏思，商以通有无，工以精制造，皆赖土地之生产以为原料，故期整顿工商必先考求农业。奉省地大物博，旷土尤多，人民习于故常，不知讲求地利。到任以后，确知奉省宜农，首于招垦、放荒两事，实力举行。惟是农智未开，亟宜示以新法。各省劝业办法，大率设农业学堂，立试验场所。窃以为考究他种实业，自宜以学堂为先，试验为辅。至农业似宜以试验为主，学堂为辅。盖农学深邃，若迂回于理化格致，毕业不知何时，且农多校少，普遍为难。对乡愚而谈学理解者几人，诚不如示以浅近之实效，自能争相效仿。"赵尔巽的这些看法虽有歧视农民之嫌,但还是很有道理的,简言之就是先搞试验,做出样子,取得"实效",广大农民自然就会"争相效仿"。他不赞同先学理论,学好了再去做,认为是迂回之道,主张先干后学,或边干边学,取得"实效"的速度更快。

赵尔巽的建议得到朝廷与农工商部的同意后,即于光绪三十二年(1906)三月在奉天大东门外选出盛京内务府官地一百余亩及户部官地二百余亩作为试验基地,大刀阔斧地开始了农业试验。"初约分六科,延聘日本技师、雇用本地农工就地试种。是年十月改隶于农工商局,修改章程,添设学堂,分设教务、斋务、农事、文书、会计、庶务六科以为治事之职掌。光绪三十三年六月始设劝业道,仍以此场隶之。是年秋,奉省留学美国卡剌宽尼大学农科毕业生陈振先由美回国,即委充该场主任。他首先扩大基地,达到一千三百余亩,加多试验项目,分为试验区、普通耕作区、蔬菜区、果树区、苗圃区、桑园区、牧草区、树林区八区,开展试验。主要是采取对比的方法,其目的有三:一曰种子试验,以外省及外国输入之种子与本地习用之种子,两两比较而验其生育状况与收获之结果是也。二曰肥料试验,以奉省用惯之肥料与加用磷酸酯肥料比较其收获量是也。三曰播种试验,以奉省习惯之耕作法与外洋新式耕作法,比较其收获量是也。通过这些比较,自然可以区别优劣,尤其是看收获量。在取得较好效果之后,加以推广,成立新民、锦州、昌图三府分场,试验范围进一步扩大。宣统元年(1909)复推广于辽阳、海城、盖平、复州等地,使长期封闭的农业有了一定的进步与发展"①。尤其是人们的观念有了很大的转变,感到过去的一些做法确实需要改一改了,应该学习新的耕作的方法,"一时讲求农业,几于风行全省矣"。

在农业试验逐渐推广的同时,"省城立农务总会,各县立农务分会,由劝业道颁发钤记。各设总理、董事、评议、调查、书记、会计、讲演各员,以当地士绅充之,以及各乡亦设分所。旋又在省城设立农事演说会,劝业道黄开文为会长,演说有关农事各种新理,提倡改良,凡农林、畜牧、蚕桑、园蔬、肥料、害虫,以及农产制造、农业经济等类,以薪广开农民普通知识。并附设实业阅报室,置备关于农事新报、新书,按期编辑白话报,俾使农人检阅,以资研究"②。所以从上至下设立农会,目的在于实行全面管理,许多事务必须有人去做,从设置的人员即可得到说明。落实到地方,如选择何地为试验场,需要调查;经费如何筹措拨给;如何普及农业知识都要有人担当,否则如何开展试验,如讲演就是宣传,当时的方式只能通过讲演员去进行。宣传非常重要,"且动植专门

① 《东三省政略·农业篇》,第6193—6195页。
② 《奉天通志》,卷一一三。

学理精细，又难猝喻，非用浅近易明之说以相譬晓，无以使之解，非就切实可仿之事以相诱导，难以冀其从兹"。没有宣传，就很难希望农民能够参加试验。为此，在省城南门外地藏寺隙地设立农事演说会。"分派农学、林学毕业生为演说员，轮班宣讲蚕桑、牧养、耕植诸新法，并将演说各端刊成白话官报，分布劝导。又于西门外铁道之东开辟一区，开办植物研究所，试种棉麻、蔬果、花木等类，考其长养培护之方，资民游览仿效"①。不难看出，为了农业试验获得成功，赵尔巽是千方百计地采取措施，可谓不遗余力。

那么，辽阳的农业试验情况如何呢？当时辽阳知州洪汝冲、史纪常都是关心民瘼的良吏，他们能够本着省里的精神，认真落实各项措施，大力开展试验，取得较好成绩。首先是设立农会。宣统二年（1910）二月，根据农工商部的要求，由州议、参两会公举，选出辽阳州农务分会总理、副总理各一员，由劝业道颁发钤记。总理为冯树勋，辽阳人，经商为业，曾任西关商会会董，民国后曾任城厢第五区区长等职。副总理为刘桐，字江叟，城南金银沟人，曾任辽阳州儒学学攒，后捐府经历衔，宣统初辽阳州自治研究所最优等毕业，曾任辽阳州第十乡乡董，继任州参事会参事员。除了总理、副总理外，另置董事兼评议十五员，调查八员，书记、会计、讲演各二员。农务分会组成后，会址暂设在州署院内。当时辽阳州有二十一乡，每乡设有农务分所，由乡董佐兼任其事。设立农会的根本目的，在于推进农业试验，劝说农民积极接受新的耕作方法，提高农作物产量，达到"民力日富"②。其次是展开调查。实行农业试验，"必自调查始"。没有调查，不了解情况，如何试验。所谓调查有四：一曰普通调查，就是调查当时农业状况，如土壤、气候、土地面积等。一曰特别调查，就是自己不明白，聘请外国专家进行调查。一曰森林调查，就是调查森林的面积、品种、砍伐、管理等情况。一曰杂项调查，就是调查蚕业、棉业、麻业等的状况。调查由省派人，地方配合进行调查，然后上报，作为开展试验的实际根据。经过调查认为，沈阳、辽阳、海城之间为"最肥美之地，其土属松浮粘壤，地势微有起伏"，适宜种植高粱、大豆、玉米等。森林遭到严重破坏，品种混杂，只伐不种，必须加强管理。对棉花的调查认为，"辽阳棉绒长而柔韧，胜于他处"。对麻业的调查认为，小北河等地出产的是青麻，"青麻又称苘麻，以色白线长为上，色黑线短次之，纤维长不过四五尺"，不如线麻，只能结粗绳，价值不高，每百斤最多八元。线麻头等百斤二十九元，用途较广，可见线麻、青麻差别之大。通过调查，了解了许多农业信息，包括如何销售，甚至许多产品可以出口到外洋。调查是为了试验，辽阳有哪些试验呢？值得提出的是桑蚕、水稻、植树等，

---

① 《东三省政略·农业篇》，第6307—6308页。
② 《东三省政略·农业篇》，第6197页。

使农民获利颇多。桑蚕的试验场确知的是在马神庙一带(今天的啤酒厂),应该有两处。水稻试验场在达连河、蓝河两岸的东南山区。植树试验场在太子河两岸及一些山区。获利最多的是桑蚕、水稻,效仿者越来越多。

辽阳农会成立后,确实"经办"许多事,主要有"地方赈灾三次,设粥厂、放赈粮、以工代赈,接济春耕款项颇著。会长又兼种树主任,在普安门(即高丽门)外购地七十七亩,植柳树十余万株,现有径六七寸树二万余株,其余三二寸不等。又植桑若干株,复经督修马路、河堤及地方机关工程亦有成绩。军兴(指辛亥革命)以来,征用人夫车马谷草数次,多由农会办理,惟于农业进化各事宜尚未及讲求耳"①。

清末奉天的农业试验,客观地说是有积极意义的,不应轻易否定。主要在开启民智方面发挥了重大作用,扩大了农民的眼界,看到了自己与内地的差距,获得了许多信息,许多农产品出口,走向世界市场,这是此前不可想象的。在试验方面有些是起到了推动作用,如桑蚕、棉花、水稻等从此逐渐开发起来,虽然不可能达到"民力日富"的目的,一些从事桑蚕、棉花、水稻之农户总有些微的提高也是不容否定的。在省城开办的农业学堂、林业学堂还是给各地培养了一些急需的人才,也是有目共睹的。问题在于试验很不平衡,各地之间相差悬殊,有的甚至没有进行,我行我素,依然如故。总的说来投入很大,比较起来收效甚微。关键在于这个试验起步太晚,社会矛盾日深,民族民主革命已经兴起,地方官可能无力顾及,试验再好然非其时也。

三、农业的发展与进一步商品化

清代后期,辽阳的农业随着旗地的瓦解与放荒、招垦政策的推行,耕地面积扩大,种植品种繁多,主要作物产量逐年提高,自用有余,大量出口,日趋商品化。主要作物以高粱、大豆、棉花等为主。分别叙述如下:

高粱:高粱米是辽阳百姓的主食,一般人家每日三餐,顿顿不离,日需量很大,所以辽阳耕地面积百分之三十五种植高粱,清末年产量可达二百七十万石(一石约三百斤),不仅食用有余,而且可以加工酿造烧酒,远销省内外,大量出口,是农民与商家收入之大宗。

大豆:是辽阳百姓日常生活的必需食品,属于油料作物,日需量也很大。与高粱同样,也是百分之三十五的耕地面积种植大豆,年产量一百一十五万石。不仅大豆可以直接输出,其加工品豆油、豆饼更是输出的大宗,称为豆三品,收入高于高粱。两者所以能够大量输出,在于产量。《辽阳乡土志》云:"农产物出额之最多量者惟大豆、高粱,逢一有年,敷土人二年之用有余,故高粱酒、豆饼为出口大宗。"如遇更大的丰年,销售甚至发生困难。有报道说:

---

① 《辽阳县志》,卷二十七。

"辽阳向属产豆之区,去岁又为丰稔之年,故所产各种豆石除去冬运输出境外,现在调查之豆尚存六万石,青豆一万五千石,小豆三千石,统计堆集七万八千石。"①可见辽阳盛产是高粱与大豆,此外,产量较高的还有粳与小麦。

粳又写作糠,糠米是辽阳的特产,米色微青,俗呼辽阳青。城西南陶官屯(今属鞍山)盛产,每年约产糠子六万石,糠米向系贡品,号称桃花米。有人说:"桃花米为清代贡品,产于奉天者独辽阳有名。"糠古代又称稻,有人误认为是水稻,显然是不对的。诗周颂《丰年》:"丰年多黍多稌",黍者即黍子,也就是黄米;稌者专指粳稻,即陆稻,北方亦称旱稻,黏者称糯米,不黏者称粳米。辽阳种粳者不多,食者都属富贵之家,一般人家只能在节日才能食到。

清代辽阳有没有水稻呢?有人认为康熙年间辽阳就已经有水稻了。理由是清修《辽阳州志》卷十九"谷之属"中列有"稻"②。实际在明修《辽东志》《全辽志》中也都列有"稻",岂不是说明代辽东就已经有水稻了?事实并非如此。李时珍说:"粳有水旱两种,南方土下泥涂,多宜水稻。北方地方平,惟泽土宜旱稻。"③应该说,辽东之有水稻始于光绪后期,尚属试验阶段,《奉天通志》有较详细的记载。"自光绪季年,劝业道派员调查地方水利,后委苏显亨创办水利局。始至省城西北塔湾一带开渠引浑河水灌田,雇用韩人工作,颇有成绩。各处人民知稻田之利益胜于旱田,于是互相效仿"④。宣统三年(1911)时,奉天省"创立商办种稻公司二,民间既知效法,稻田自当日增,荒地亦自然日少矣"⑤。两家种稻公司专以开水田为业,说明奉天之推行水稻,已经是处于清亡的前夕了。辽阳之有水稻也是在清季,还属于试验阶段,当时辽阳有稻田7860亩,引达连河、蓝河之水灌溉,可见试验区是在辽阳中南部和东部地区⑥,普遍推广更是新中国成立之后的事了。

小麦的年产量每年约三万石。此外,还有苞米、谷子、稗子、大麦、小豆、糜子等杂粮,每年也共产三万多石。《满洲要览》记载说:"辽阳是清末东北南部杂粮集散中心,每年从这里输出的杂粮达三十万石"⑦,可见农业商品化已经达到较高的程度。随着粮食的大量出口,商品税也大幅度提高,根据光绪三十二年(1906)《奉天省裁并税捐新章及布告》的规定:"出产之粮,值百抽一,一税之后,虽落地销售亦不重征。"出口外运的粮食,"值百抽一五,一税之

① 《盛京时报》,宣统元年正月初十日。
② 佟冬:《中国东北史》(第四卷),吉林文史出版社1998年版,第1631页。
③ 《本草纲目·谷部·粳》。
④ 《奉天通志》,卷一〇九。
⑤ (清)锡良:《锡良遗稿》,中华书局1959年版,第1276页。
⑥ 《奉天通志》,卷一一三。
⑦ 转引自薛虹、李澍田:《中国东北通史》,吉林文史出版社1993年版,第504页。

后,无论运至何处,非落地销售概不重征",如果落地销售,当地还要重征。可见,外运粮食销售,税是很重的。正因如此,为了逃避过重的税收,农民或农商便采取水、陆偷运的办法以获利。据《盛京典制备考》(卷四)的记载:"沈城浑河、辽阳太子河、巨流河每有私船偷运粮石之事",从道光年间就开始了。"道光二十三年,经将军公禧奏准,查明三尺以上有铺板大牛船,每只征税银一两五钱。三尺以下无铺板小牛船,每只征税银一两。如装一石扣收东钱二百文;如装杂货按其斤重值仿照粮石核酌扣收。船规每收钱十千,作银一两"。各渡口、关隘稽查甚严,被罚者甚多。

辽阳的农产品除高粱、大豆、粳、小麦以及各种杂粮外,还应该提到经济作物棉花、柞蚕、苘麻等以及自然资源丰富的中草药与水产品等。分别陈述如下:

棉花:辽东地区种植棉花应该在康熙年间,有记载说:"海盖诸邑多产木棉。"《辽阳州志》已有关于棉花的记载,但还很不普遍。嘉庆二十二年(1817),富俊任盛京将军时见到的情况是"种棉花者尚未甚盛",所以兴盛起来应该在道光以后了。辽阳耕种棉花应该较早,努尔哈赤时期就有所记载,可能没有发展起来。到了光绪年间,奉天各地棉花种植才普遍开来,"而以辽阳、锦县为最,辽阳绵绒长而柔韧,胜于他处"。辽阳产棉主要分布在东、南及中部地区,据《辽阳乡土志·蚕桑》载:棉花产量,平均"每亩可收棉花十六斤,每岁额产约在十万斤以上",不谓不多。而且棉花的质量很好,即"绒长而柔韧",并经过奉天纺纱厂的试验,可称上品。然"旗、民不识纺织之利,率皆售于商贾",辽阳就是如此,既不纺纱,也不织布,只知出卖原料。另外,辽阳既无纺纱厂,也无织布厂,只能将棉花卖给沈阳,所以有"收之于本境,售之于省城"之叹。好在路途较近,"贩运便捷"。由于种植棉花利润较高,种植户也逐渐增多起来,成为辽阳"最优营业"之一。有报道说:"辽郡素产棉花为东路诸城之冠。现届收获之期,各城商贩纷至沓来,争先购买,上等每十斤一元七八角;中等一元五六角;下等亦在一元三四角之谱。现据商人云:今岁收成颇旺,收取时秋雨水过多,以致色不甚佳,稍为缺憾矣。"①

柞蚕:柞蚕俗称山茧、野蚕,是与桑蚕、家蚕相对而言。辽南的柞蚕养殖源于山东,是由流民渡海谋生带过来的。最早应该在乾隆年间,有记载说:"奉省所属锦、复、熊、盖等,沿山滨海,山多柞树,可以养蚕,织造茧绸。现在山东流寓民人,搭盖窝棚,俱以养蚕为业。春夏二季,放蚕食叶,分界把持。蚕事毕,则捻线度日。"②这样,自然带动当地民人效仿,上述城市的山区柞蚕养殖

---

① 《盛京时报》,宣统三十四年九月十九日。
② 《清高宗实录》,卷六六五。

便发展起来。辽阳的柞蚕养殖比较晚,应该在光绪初期才开始,主要在东南山区。如兴隆沟、宋家岭、算盘峪等地纵横三四十里,都是山多地少,土质贫瘠,"不宜稼穑"。但"山多柞树,农户以养蚕为业"。《辽阳乡土志·蚕桑》有更详细的记载:"蚕丝亦本境殖产一大宗,除粱豆外余皆不及,特野蚕多,家蚕少。野蚕饲以柞叶,山村僻地如城南兴隆购、吉洞峪、浪子山以南,城东牛棚沟、茨沟一带,土人设场养蚕,资为农家之副业,输出额近日渐增,约岁出茧七十万两。"光绪末年,因茧丝畅销,价格日涨,人争趋之。故种柞者日多。根据光绪三十四年(1908)的统计,辽阳柞蚕户已有六十五户。据1917年的统计,辽阳已有蚕场一百七十处"①,可见到了民国初年发展之快令人始料不及。自光绪三十二年(1906)建立农业实验场以来,同时家养桑蚕试验也开始了。辽阳在东门外设立试验所,在该所院内及东门外等处,"分划桑畦,逐年增植、四乡农户有愿养者,桑种、蚕种则由所分布之,并编辑《蚕桑浅识》一书",让养蚕户了解养蚕的方法、过程及其商业价值。另在城中马神庙亦立有蚕桑试验所,当时,辽阳有养桑蚕者二十户,试验所培植的蚕种主要有火桑、湖桑、鸡冠鲁桑、实生鲁桑、荆桑等,养植者渐多,也是出口之大宗。但问题在于出口者多为生丝,加工业很不普遍,辽阳几乎没有。有人说:"丝茧者纺织之原料也。纩丝之户多,则茧无外销之苦,织绸之家多,则丝无外销之苦。"结果山茧多被日本买去,经过加工再反销回来,此正为旧时我国之弊病也。

青麻:青麻即苘麻,小北河、东山堡等地为盛产区,质量可称上品。有记载说:"产上等青麻之地在辽阳州小北河,距州城六十里……辽阳一带出产青麻约计一百五十余万斤。"这些青麻不仅在省内销售,而且远销国外。"辽阳州小北河一带之青麻拣选上等运出口外,下余一万担计一百万斤又转售于本地之油房六家、麻店二十家。"辽阳青麻转销国外者,一般通过天津出口。在天津要进行一定的加工,主要是"用机器压力压成小包,再运往英美发售云"②。从上可以看出,辽阳所产青麻在本省销售三分之二,即一百万斤;在国外销售三分之一,即五十万斤。在国内销售的价格是每百斤七元;在国外销售的价格是每百斤八元,应该是农民种植业每年收入之大宗。

中草药:辽阳地区野生药材资源十分丰富,是与本地区的环境和气候密切相关的。西医传入我国之前,历代都非常重视中草药,因为它是组成各种验方的主要材料,也就是中医治病救人的主要药物。《辽阳州志》在"物产志"中对属于药类植物有专门的记载,有一百二十三种之多。人参被列为首位,虽偶有得之,但纯属凤毛麟角,可置而不论。根据辽阳地形可分为三个自然区域,即

① 《奉天通志》,卷一二一。
② 《东三省政略·农业篇》,第6432—6435页。

山区、低丘陵区、平原区。由于地形、气候等的不同,植物分布的种类也不同。东南部山区的甜水、水泉、河栏、麻屯、吉洞峪等地,主要有黄柏、五味子、马兜铃、细辛、苍术、胡桃等。低丘陵区的下达河、兰家、小屯、铧子、沙浒、东京陵等地,主要有麻黄、柴胡、白鲜皮、五加皮、百合、防风等。平原区的张台子、王家、邵二台、西马峰、沈旦、刘二堡等地,主要有马蔺、地肤子、天仙子、白茅根等,其他如蒲公英、铁苋菜、马齿苋等,更是随处可见。其中五味子(可敛肺滋肾、治神经衰弱)、细辛(破痰利水,益肝胆)、荆芥(可治血劳中风)、地骨皮(降血糖)、木贼(可治目赤肿痛、角膜炎)、防风(可治风病)、苍术(可健脾利湿,治消化不良)等为最常用者,大量输往江南各省。根据现在可知,可入药的植物还很多,尚有待于发现。

畜牧业:清代前期,辽阳的畜牧业可谓盛极一时,有官牧场,更有大量的私人饲养,尤其是旗人之家,可见与八旗制度密切相关。但到了后期随着形势的变化,畜牧成为农村的副业,除了少许的官家牧场外,私人牧场几乎没有。有记载说:"农民以稼事为本务,未有以牧畜为专业者,举凡马牛骡驴羊猪鸡犬鹅鸭等类,有田之农家,率皆畜之,或用其力,或用其肉,或资以粪田,或利其产卵育子,要皆视为副业,罕有大群。就中分而言之,大率山地农多养牛,平原泽地农多养骡马,下农户则养驴。牛皆资其力,以耕田及驾车引重……若夫猪鸡鹅鸭等类,比户皆有,但为数无多,羊群惟山中间有之。"[1]这个描述性的记载,非常符合当时辽阳农村的实际情形,农民确实"以稼事为本务",很少专门饲养,多是随手为之,不求改进,向来是传统的管理方法,直至解放后。正因如此,发展十分缓慢,根据1905年《满洲要览》的调查,辽阳有马五千匹、骡一万头、驴三千头、牛一万头、山羊十万只、猪五万头、鸡十万只、鸭一万只[2]。这个调查是否全面,又都取其整数,不一定准确,只作参考。

木材业与水运码头:木材是建筑与人们生活必不可少的重要资源,需要量很大。辽阳东南部山区的林业虽早有开发,但遭到严重破坏,只伐不种,或毁林造田,范围越来越小,难以满足需求,且运输不便。所以更多是依靠太子河上游下运,辽阳为一站,码头即建在太子河左岸(西岸)的鹅房。这个码头建立于何时,缺乏记载,但兴盛起来可能在近代。水运的方法主要是靠木排。所谓木排就是把数十根或上百根原木连成平面的木排,然后推进河中,利用水流的力量顺流而下,有船工掌舵,控制方向,摆渡前进。从本溪到辽阳,水多时流速较快,多半天即可到达,由工人拆排,分别运到岸上。当时,鹅房有许多木局,专门接收上游运下的木材,价格合适时,转手倒卖,从中取利。从碑记中可

---

① 《奉天通志》,卷一二〇。

② 转引自孔经纬:《清代东北地区经济史》(第一卷),黑龙江人民出版社1990年版,第325页。

知,同治七年(1868)有茂林木局,实际木局很多,不止一家。鹅房的水运码头十分兴隆,每天都有木排靠岸,人群熙熙攘攘,来往不绝。根据《盛京典制备考》(卷四)的记载,木材交易给地方政府带来相当的收益,"辽阳太子河每年应征木税银一千零六百四十两"。鹅房是辽阳木材交易的主要商业区,实际不仅是木材交易,还有其他交易,大宗的是水产品,包括鱼鳖虾蟹之类,多半产自太子河。渔民有些夜里捕鱼,清晨即到市场出售,没有倒手,价钱便宜,鲜活的鲤鱼等很受人们的青睐,十分抢手。此外,尚有上游运来的山货等等。光绪二十九年(1903)中东路支线建成后,木材可以通过火车运输,太子河水运逐渐减少,尤其是日俄战争之后,北满的木材大批南运,再加上太子河水势日浅,流速趋缓,木排少而又少,往日繁荣的景象消失了。尤其是辽阳至本溪的铁路建成后,水运完全被铁路代替,鹅房水运码头完成了自己的历史使命,失去了存在的意义,慢慢地成为野浴的场所。不过,鹅房仍然是辽阳木材交易的主要商业区,直至新中国成立后。

根据档案材料可知,在日俄战争前在鹅房有十九家木局。他们的局号与经理人见下表:

局　号	经理人	局　号	经理人	局　号	经理人
广兴裕	徐维垣	天增顺	陈璧亭	盛记栈	孟守廉
三合兴	胡寿山	义发合	马荫廷	长春德	王守田
乾益恒	祁生昌	荣春懋	王义廷	富春达	钟振声
丰泰兴	刘镜汉	福升合	李玉山	协和兴	陈化远
永合顺	邱冠亭	复顺永	李九丰	德增元	孙崇山
福盛隆	李庆一	义顺德	陈金南	富春德	马应轩
广生栈	李星五①				

木局需要大量的资金,许多元木不能马上出手,有的还需加工,更有季节性,库存时间长,资金周转慢,独资者必须资金雄厚,所以合资者不在少数。如三合兴、永合顺、义发合、福升合、协和兴等可能就是合资。有足够的资金,才能有足够的储备,否则就无法应付市场的急需。

清代后期,辽阳的木材加工业仍然十分兴盛。根据碑记可知:同治二年(1862)有集成木铺、永发木铺,还有增发车铺、增发东铺;同治七年(1867)有福合车铺、福隆车铺、万盛车铺等;光绪十五年(1889)有集成木铺仍在营业。当然不止这些家,尤其广大农村,木铺、车铺应该很多。

---

① 《辽阳县公署档》,第3138号。

渔业:清朝后期,辽阳的私人捕鱼还很兴盛,但仍属于家庭副业,专业户很少。有记载说:"各河附近渔人多半以农业为主,兼事捕鱼。故河滨农家,多有船有网,春秋两季皆为捕鱼时期。结冰时,则下溺,俗称为下薄,曰压密,年后启之,获鱼巨数。又十数人一组,穿冰下网,所获冷水鱼经时不腐,行销省内远地。"①太子河仍以出产鲤鱼有名,还应提到鲇鱼,古名称鳠,身圆无鳞有黏液,太子河产,最大者至数十斤,味美肉细。喜深水,多居泥水中,湖沼中亦产,只是比较小,没有太大者。此外还应该提到,虾、蟹、蛤蜊之类产量也很可观。虾有海虾、河虾之分,两者同类,后者形小味亦稍逊,产于池沼者曰草虾。辽阳"太子河出青虾、白虾,肉嫩味鲜"②。蟹亦有海蟹、河蟹之分,俗称螃蟹,有大小肥厚之别,前者味更鲜。河蟹与海蟹不同,"春初冰解,溯流而上,脱壳洞居,至秋大而肥"。每年秋季粮豆灌浆时节,夜间沿河捕蟹者有如潮涌,十分热闹。捕者蹲上几个小时就可收获十几斤,乃至几十斤。"捕法以火照之则自出,或以绳缀黍穗引之,或用网取",此番情景直到辽阳解放后尚且如此。蛤蜊,与蚌同类而形异,长者曰蚌,圆者曰蛤。辽阳"河泡中多有之,壳椭圆色黑有纹,肉膄不甚堪食,故俗名膄蛤子"③。食蚌蛤者多属下层百姓,有去膄之法,亦被视为美味。

清朝后期,据《盛京典制备考》(卷八)载:官泡贡鱼生产日趋衰落。盛京内务府所属三旗鱼丁四十八名,按照规定每名每年应交鱼五百斤,共应交各种鱼二万四千斤。道光二十三年(1843),奉谕旨,减去九千斤,每斤折银三分代替。咸丰二年(1852),最后决定三旗鱼泡全部折银,每年送京银七百二十两。

从总体上看,辽阳的农业丰收年较多,但有时也难免水旱之灾,特别是太子河、浑河有时连雨天河水上涨、决堤,淹没所有农田,造成灾荒,广大农民叫苦连天,清政府尽管开仓赈济,也很难周全。列举较大的几次水灾如下:

道光二十一年(1841)夏,太子河大水,殃及辽阳等六州县。

同治九年(1870)夏,太子河大水,"平地深丈余"。

光绪十四年(1888)夏,太子河大水,"平地深丈余",高丽门外城砖没十三层。

第二节　矿业与手工业的发展

随着外国资本主义的入侵,尤其营口开港以后农业商品化加速,推动了手

---

① 《奉天通志》,卷一一九。

② 《奉天通志》,卷一一一。

③ 《辽阳县志》,卷二十九。

工业和商业的发展。清代后期辽阳的手工业虽仍以传统为主,但也缓慢地向近代化转型,个别的已开始使用机器,民族资本主义已经发展起来。由于"辽阳出产丰饶,交通便利",所以矿业与一般"工业之盛甲于各县"①。

一、采矿业

辽阳矿藏丰富,有些开采较早,前已述及。清代后期清政府已经认识到矿产是"兴利之源",逐渐放宽"封禁",直到全部解禁。但随着帝国主义的入侵,许多矿场已被外国资本控制、掠夺,辽宁的矿业日趋衰落,辽阳更是如此。

煤矿:嘉庆以来,辽阳煤矿开采越来越多,至光绪年间辽阳的煤窑在全省为最多。有记载说:"辽阳属界煤窑二十九座;复州属界煤窑十五座;锦州属界煤窑十八座。"还说:"锦州、义州、复州、辽阳等四处,开采煤窑六十二座,每座每年应交税银七十两六分八厘,共应交银二千零九十一两六钱九分六厘,按年解交盛京户部收库。"②煤矿的开采增加了清政府的税收,在财政十分困难的情况下,也是全部解除"封禁"的重要原因。上述煤窑的数字是光绪初年的数字,实际到光绪后期乃至清亡,辽阳究竟有多少煤窑很难说清。下面按照年代顺序将官私开采的主要煤窑列出,以供参考。

过去都是私人开采,到了光绪后期出现了政府开采的官矿,最早者就是辽阳的尾明山煤矿(在今灯塔市境内)。该矿初由商人李顺清(卿)领票开办,光绪二十八年(1902)俄国铁路公司以距铁路甚近为由,屡次要求开办,其意甚坚。盛京将军增祺深恐该矿落入外人之手,遂将李顺清的商票收回,由政府接管,投资一万两,立公济堂名号,并准许俄员纪道夫入股一万两,共计资本银两万两,改称天利公司,其事务归中方管理。当时立有合同:"立合同人李席珍、连中、纪道夫、周兰亭为公立画押骑缝合同事情,因华员李席珍、连中出沈平实银一万两,俄员纪道夫、代办周兰亭出沈平银一万两,共集股本实银二万两开设天利公司,接办商人李顺清等所遗辽阳属尾明山煤矿一处,东至五顶山,西至打渔沟,南至车道,北至张家沟公司。议明矿场一切事宜华人经理,洋人稽查,总期有益无弊。所有应纳税则提成报效均遵外务部奏定矿务章程完交。每年所得花利除支销外,按照两股均分,倘有亏赔亦照两股分摊。此系两相情愿,各无反悔",还有具体规定九条,可谓详细备至。天利公司于光绪二十八年九月开办,"至光绪二十九年六月三日,纪道夫将伊原本如数抽出外,使去利银五千元,交出原立合同字据"③,退出了天利公司。增祺又由粮饷处拨银一万两立公裕堂名号,资本仍为两万两,此后该矿全归官办。日俄战争时期,

① 《奉天通志》,卷一一四。
② 《盛京典制备考》,卷四。
③ 《辽阳县公署档》,第780号。

天利公司被日军占据,至光绪三十一年(1905)冬始交还。盛京将军赵尔巽以知府熊寿篯为总办,县丞尹福海为副办,兼管辽阳阖属矿税事务,但一直亏欠。光绪三十四(1908)年春,"道员徐廷爵接任矿政局,查出账目有弊,黜退熊寿篯,实行整顿",另立章程,矿务与税局分开,每年提出利润,分年拨还原本,明定账款,分类报销,售煤立三联单,"公司坐抽其成",很快扭亏为盈,"逐年获利云"①。天利公司刚成立时,只有尾明山矿区 1332 亩,主要出产炉煤,每年的销售量由 30 万斗(每斗 30 公斤)递增到 170 万斗,获利颇丰。附近许多私人煤矿,如大榆沟煤矿、茨沟煤矿、丰顺公司、裕兴公司等煤矿先后都被天利公司兼并,到了 1920 年,天利公司各矿的面积已达到 2348.4 亩,成为奉天省较大的煤矿。所以如此,是因为天利公司有各种特权,资金充足,可以从政府财政挪借,免纳矿区税,全省炉煤产区仅此一家,在有些州县"分设售煤处",可以任意自定价格,销售极易,可谓一家独大,实际就是一种官僚资本。当时,也是东北地区较大的官僚资本主义煤矿之一。应该指出,大榆沟矿位于尾明山矿区之北,不能连成一片,由公司拨款独立开作,"每月报销,亦拟令按月呈报尾明山公司归入大账,汇总呈报总局"②。虽名为两家官矿,实为一家。天利公司还经常在《盛京时报》上刊登广告,所谓"特别减价",买最多者,每百斤煤为三角九分,依次为四角一分、四角三分,极力进行推销。天利公司由清末,经过奉系军阀统治时期,一直到九一八事变后被日本接管为止。

至于私人煤窑辽阳很多,有记载说,光绪二十四年(1898)至二十六年(1900)间"辽阳州境内有 29 名领票窑户"③。可知者分别是:本溪湖黄旗沟窑户张旺、刘继先、王芝英;西柳塘窑户张进相、李得果、韩鹏翼、刘丕继;东柳塘窑户王芝英;四眼沟窑户牛文宝;茨儿沟窑户张凤来、丁成明;明山沟窑户郭金、李生禄;蚂蚁村沟窑户高绍立。以上十四名窑户,各领窑票一张,各开采煤窑一座,共十四座,窑址均在本溪境内,具体开采情况不详,但这些煤窑有一个共同点,就是都没有按时交纳光绪二十四年度的税银,上述情况也是见到"催征税银窑户花名文册稿"④才知道的。

光绪二十七年(1901)九月,根据奉天矿政调查局的报告可知,"田师付沟煤矿一处,虽有矿丁采煤,均系野民,不服输税",实际就是偷采。另有"牛心台煤矿一处,距城一百六十里,委员一名、司事一名,挖煤矿丁并水工二百余人"⑤,从事开采,规模较大,后均属本溪县。

① 《奉天通志》,卷一一六。
② 《东三省政略·矿政篇》,第 6564 页。
③ 《辽阳州工房档》,第 3155 号。
④ 《辽阳州工房档》,第 3629 号。
⑤ 《辽阳州工房档》,第 3629 号。

光绪二十八年(1902),有"商人王本锡、曹明荣禀称:踩得辽界张家沟煤矿,苗质甚佳,于民间庐墓风水毫无关碍,又兼无人开办,现已招足资本,拟请试办,所有应征税课情愿遵章缴纳"。得到批准后,即于当年冬天兴工开办。具体位置是东至山岗路界,西至崇宁寺,南至南台子,北至山岗松树岭界,周围约一里多,名曰协成公司厚记煤窑。兴盛一时,获利不菲。

光绪三十年(1904)三月,有"商人明维新,踩得辽城东北六十里北大甸子地方,出有煤质。东至转山子根,西至张家沟协成公司票界,南至大小窑堡,北至松树岭岗大道。东西约一里余,南北约二里,周围约三方里,现已商妥与协成公司合办"①。协成公司采煤范围扩至四方里多,股份越来越多,生意兴隆,极盛一时。但到日俄战争时期,日军将协成公司各矿均指为俄人之产,加以霸占。战后经外务部与日本公使多次交涉,方得交出。经此波折,王本锡等放弃经营。光绪三十三年(1907),矿商曹明荣之子曹佩文换领农工商部颁发的开矿执照,成立福顺公司实施开采。后来日人又来插标侵占,不容工作。曹佩文拟在日人标桩之南的矿地开工,又与邻近的天利公司发生矿地纠纷,只好停工。

光绪二十九年(1903),刘天民等在张家沟领得矿照开始采煤,位于大窑堡村东边,东自王家地,西至小大窑堡,南自黑石砬子,北至金家洼。所谓"未计弓数",即未计数田亩面积(《辽阳县志》,卷三十),但规模亦属可观。

光绪三十一年(1905)十二月,监生忠勤等禀称:"辽阳东南八十里华岩寺村,村南村北两山东西长八里,东宽四里,西宽三里。东至达连河,南至新开岭,西至石湖沟,北至老君堂,均有煤苗,实堪采作"。忠勤等"已用洋元二百八十元买妥"该地,包括草房两间,呈请开采。奉天矿政调查局派员经过考核,乡约、会首出证,认为"伊等所报作煤四至,实系毫无关碍居民田园庐墓,亦无争竞阻挠情事"②,可以批准开采。开采后情况如何,不见记载,不得而知。

光绪三十二(1906)年八月,有辛茂弟者领照在距城正东一百二十里的八合洞开采煤矿,具体情况不详③。

光绪三十四年(1908),"辽邑士绅李秉中、胡培荣前以礼亲王府围场窑子峪等处产煤颇旺,自愿集资开采,呈请农工商部允准,嗣由奉省矿务局派员调查,与定章当属相符,已经禀由督宪谘部准开在案。近闻李、胡二君与赵德涵、任祥等协议,由赵、任二君助资创立致和煤矿公司,一切遵照商律办理,于日内开始采掘云"④。

---

① 《辽阳县公署档》,第3382号。

② 《辽阳县公署档》,第3288号。

③ 《东三省政略·矿政篇》,第6529页。

④ 《盛京时报》,光绪三十四年十月八日。

还有记载说:"辽邑东乡有名刁家大窑者,距城六十里,素以产煤著称,其中尾明山、蛤蟆坑两处相距里余,产煤尤夥,煤质较好,烧用耐久。闻现在该两处之作工者多至三千余人,各矿主均获厚利。该煤以六十斤为一斗,每斗出售价不过两角有余云。"[1]

宣统元年(1909),"奉天商人刘文绪禀请试采辽阳缸窑煤矿,经劝业道批准发给部颁勘矿执照进行试采"[2],情况如何,不得而知。

宣统元年(1909)十一月,曹佩文再次呈请开采张家沟煤矿,东至东山冈,西至崇宁寺,南至南台子,北至松树岭,周围约五百平方米,即协成公司原矿。曹佩文说:光绪三十三年即领照开采,但"被天利公司杨国栋垄断肥己,把持捏赖,在伊界内仗官压商,支搪阻挠,三年有余,未得遵章开办"[3]。这段话很有意义,表明官僚资本与民族资本之间的竞争,官僚资本"仗官压商",阻碍了民族资本的发展,或说阻碍了民族工业的发展。宣统二年(1910)九月,曹佩文呈请得到批准,遂即进行开采,改称福顺公司。本想子承父业,扩大经营,但周围煤矿很多,竞争激烈,陆续为天利公司吞并。最后于1918年,天利公司出价七千八百元兼并了福顺公司。

应该指出,前面提到的本溪界内煤矿,当时还都属于辽阳州,直到光绪三十三年(1907)本溪从辽阳析出为止,再与辽阳无关了。上述所有煤矿,基本上都是商人开办的,说明商业资本的雄厚,所以这些煤矿显然属于资本主义性质,也就是民族资本主义。实际辽阳煤矿很多,已发现而未开采的煤矿要比已开采的为多,根据记载主要有缸窑村(距城东北六十里)、茨儿山(距城东北六十里)、北大甸子(距城东北六十里)、华岩寺(距城东南八十里)、黄堡(距城东北六十里)、寒坡岭(距城正东七十五里)、台子沟(距城正东十五里)、矾盛堡(距城东五十里)。有些民国初年已经陆续得到开采[4]。还应该指出,煤矿开办越多,清政府也就收税越多。清代后期,煤税如何征收呢?根据当时档案可以确知,"煤矿向照卖煤价值多寡核算,以百抽五纳税。窑户招夫多寡,亦不与税局相干"[5],以卖出的煤斤为准,即百值五,与矿工多寡无关。

铁矿:辽阳州内铁矿很多(包括当时的鞍山、本溪),但由于清初的封禁政策,开采的很少,产量有限,很难满足生产、生活的需要,直至清朝后期才逐渐解禁。本溪的水簸箕沟、桦皮峪等地早在康熙时期就发现有铁矿,至咸丰、同治年间才有人开采。其后,桦皮峪于光绪五年(1879)、水簸箕沟于光绪十六

---

① 《盛京时报》,光绪三十四年十一月二十三日。
② 《辽阳州工房档》,第2971号页。
③ 《辽阳州工房档》,第3088号。
④ 《东三省政略·矿政篇》,第6530页。
⑤ 《辽阳县公署档》,第3629号。

年(1890)、光绪三十年(1904)都先后开采。还有闵家沟、兆台沟早年也有开采,但因资金不足而不得不停歇。还有兄弟山盛产磁铁矿,光绪初年采掘者达数百人之多,盛极一时。由于铁矿的开采,制铁业也随着发展起来,以适应生产与生活的需要。光绪初年,属于辽阳州的本溪湖附近的赛马集,是制铁的重要基地,有手工制铁场30余家,其中辽阳人王冶九投资六千元开办的永隆号,雇用工匠数百人,用土法坩埚炼铁,制作农具,一度颇为兴隆。这里制作的铁铧,年产四五万件,在辽阳、奉天等地销售①。光绪年间,辽阳城乡的铁炉很多,主要生产农具、生活用品(锅、刀、勺、钩之类),有的是制造马掌,给马骡挂掌等。根据王鸣玮、庄志学主编的《辽阳风物集萃》(吉林文史出版社2013年版,第578、579页)可知城内铁炉有:

名称	地址	店主	资金	店员数	开设时间
永顺炉	北大街路东	宋振元	250元	4人	光绪元年(1875)
永兴炉	东大街路北	王有吉	400元	7人	光绪二八年(1902)
陈铁炉	西四道街路北	陈荣福	30元	1人	光绪三十年(1904)
永发炉	北大街路东	宋桂元	300元	5人	宣统二年(1910)

金矿:辽阳金矿多在辽阳的南部和东南部,即今天的下达河、下八会、隆昌、吉洞峪、河栏、上麻屯、塔子岭、孤家子、甜水、水泉等地,清末辽阳已经有官府开采的记载。"前将军依克唐阿遵旨开办奉天矿务,近年惟金矿一项微有起色。计自光绪二十二年三月试办之日起,至二十四年十二月止,所设凤、辽、安东、海城、铁岭、通化、海龙、锦县各矿局,共解到课金镕成九九递至五四各色金条三十二条半。计重市平三百二十四两零五分,又解到课金金沙及金条重市平三十五两七钱八分三厘二毫……又副都统荣和开办凤、辽、安东矿局遵照奏案由盐厘项下筹垫经费市平银二千零二两五钱五分三厘,以该局所交课金照市价抵算,虽无赢余,尚未亏折"②。由于金州、岫岩、盖平、海城等处金矿"赔银数千两",清政府下令停办,而"凤凰、安东、辽阳三处暨通化、宽甸、怀仁、铁岭、开原、海龙城六处产金之区,仍著督饬承办各员,招集股商多筹经费,另定妥善办法,务期成效克臻,将金银煤铁各矿逐渐推广,不得畏难苟安,一奏塞责"。清廷所以急于开采金银等矿,在于"目下帑项支绌,非讲求矿产无以广兴利源"③,以克时艰。但官矿一般多无成效,甚至亏累。光绪三十二年(1906),据补用守备李桂禀称:"辽属上万两河并辽界所属齐寡妇沟等处产金

① 杨余练:《清代东北史》,辽宁教育出版社1991年版,第476页。
② 《光绪朝东华录》(四),第4379页。
③ 《光绪朝东华录》(四),第4249页。

甚旺,堪以开采等情",奉天矿政调查局批准李桂领照开办辽阳州上万两河、齐寡妇沟等九处金矿,设局开采,未及一年,因无成效,再加当地居民多次控告(实为诬告),不得不撤局封禁①。

除官府而外,私人开采的金矿很多。光绪二十七年(1901)在辽阳境内的阿金沟、上万两河等地,共有5处金厂,各有委员和司事一人,巡勇2至4人,矿丁20至60人,全由把头"招夫开采,按人纳税,出金多寡不与矿局相涉"。纯属私人开采,而且十分灵活,"金苗畅旺,多加矿夫,少则裁减,如无全行遣散,并无准定章程"。私人开采,皆为赢利,有利即开,无利即停,正是与官矿不同之处。同年,还有样子岭新开金厂一处,距城一百里,委员一名,巡勇四名,洒金矿丁六十余人;黑山新开金厂一处,距城一百二十里,与六道河系一委员,司事一名,巡勇二名,洒金矿丁二十余人。早期开采的金矿还有阿金沟原开金厂一处,距城一百六十里,委员一名,司事一名,巡勇二名,洒金矿丁二十余人;六道河原开金厂一处,距城八十里,与黑山系一委员,司事一名,巡勇二名,洒金矿丁六十余人;万两河原开金厂一处,距城一百八十里,委员一名,司事一名,巡勇二名,洒金矿丁四十余人②。正如前面提到的,有些金厂时开时停,就不一一罗列了。

光绪三十三年(1907)四月初,有商人尚久荣报开吉洞峪等处金矿。奉天矿政调查局派尾明山矿政分局前往勘查,认为"该矿苗线畅旺,堪以开采,与民间田卢坟墓均无妨碍"。于是,奉天矿政局批准尚久荣开采位于城东南九十里的康家东沟金矿,四月十二日发给探矿执照。五月初一正式成立金矿丽生公司,但"它在河川没有采出正线",赔折资本三千余元。正在此时,辽阳南部山区发生抗捐风潮,南路局董徐珍呈请暂缓开采,理由是"值此奸民阻税风潮大起,卑局难以稽查,倘盗贼乘隙滋入为害无穷,是以呈请宪台查核恩准暂缓开办,以靖地方,实为公便"。同时,尚久荣被控侵占民地,又与当地居民发生纠纷,开矿屡屡受阻,尚久荣负债而去,矿照被撤销③。

宣统三年(1911),有商人报领辽阳妈妈街金矿,获准后领照前往试办,具体开采情况不详④。

根据调查,已发现而未开采的金矿有齐寡妇沟(距城东南一百二十里)、上下万河(距城正南一百四十里)、鸡爪山(距城正南一百四十里)、六道河(距城正南一百二十里)、黑山(距城正南一百四十里)、桑家台(距城东南一百四十里)、沙金沟(距城东南一百四十里)、阿金沟(距城东南一百里),有些民

---

① 《辽阳州工房档》,第3266号。
② 《辽阳州工房档》,第3629号。
③ 《辽阳州工房档》,第14522号。
④ 《辽阳州工房档》,第8723号。

国初年已经陆续开采（见《东三省政略·矿政篇》，第 6531 页）。

金矿如何收税，据档案记载云："自开金矿向归商作，径由把头招夫，按人纳税，每月一人纳税金三分，出产多寡不与税局相涉"①。

铜矿：奉天铜矿不多，开采的更少。光绪三十二年（1906）二月初，奉天矿政调查局调查员孟维山禀称："查得辽阳属界小北河（并非辽阳小北河，主要在本溪等地）迤南之郑家大沟产有铜矿，验系紫铜，堪以安炉收砂化炼，计每炉每日可得净铜百斤有零，约需经费每日银洋三十元。并据职员张显义齐呈各项矿质前来，当经本总办、会办面加询诘，往复研究，安炉开窑可得实际，而收买净铜尤较简捷，可以并行不悖，堪以先行试办"。于是，"札委候选县丞沈委员培安会同张职员驰往辽界小北河迤南郑家大沟安炉收砂化炼试行举办"。一面"收砂化炼"，一面"收买净铜"，双管齐下，效果可观。因此便于四月开始在"马鹿沟（今名马路沟，在新宾下夹河乡）、蜂蜜砬子、尹氏王沟、小湾沟、化皮峪、干沟子（在今凤城赛马镇）、五里坡、九洞沟、大荒顶子、连州沟、瓢家堡子、三官阁下、牛心台（今属本溪市牛心台街）、郑家大沟（本溪）、楼子沟、卧龙村（今属本溪市卧龙街）、小河口（本溪）分设十七处"，全面推广"开做"。为了保证这些官矿能够安全生产，奉天矿政调查局要求辽阳州积极配合，发布告示，迅速张贴，"恐有无知乡民从中狡扰，致误矿务"，必要时还应派出军警"弹压"②。当时辽阳知州何厚琦，不敢耽误，完全照办。应该指出，马鹿沟、郑家大沟等地，当时属于辽阳州，今天均不在辽阳境内，而分布在今天的本溪市、抚顺市、丹东市境内，除已标出者外，其他尚须考察。

光绪三十二年（1906）四月，有"商人李明山报称：辽阳州属柳家峪产有铜矿，苗质畅旺，备具资本，呈验开采"。奉天矿政调查局于四月十四日派员"前赴该处逐细调查，务将四至方里确切查明，绘图贴说详细具覆"，并要求辽阳州认真配合，"札到该州，即便遵照，特札"③。开采的具体情况如何，不见记载，不得而知。那么柳家峪在什么地方，可能在今辽阳隆昌镇境内，位于该镇西南，包括柳家堡、董家堡、兰凤（原李家堡）等村。这些山村都有沙金矿藏，有可能开采，是否如此尚须进一步考察。

铅矿：前期提到下麻屯黄冈子、塔子岭六道河等处开采过铅矿外，后来陆续发现隆昌盘道沟；吉洞峪大茨沟（现属隆昌）；兰家岭；商家台坟东沟、北岔；牛棚沟；打石沟等地均有铅矿。公元 1911 年，私人相继呈请开采，效果如何没有记载。

---

① 《辽阳县公署档》，第 3629 号。
② 《辽阳州工房档》，第 3214 号。
③ 《辽阳州工房档》，第 3214 号。

　　磺矿：光绪二十四年（1898）正月，盛京将军依克唐阿奏请设立奉天官磺总局，以便开采辽阳、锦州各处的磺矿。磺是制造火药的主要元素，早在努尔哈赤时期就制造过火药，就在辽阳北城的硝堡（今仍存硝堡之名）。辽阳的磺矿分布比较广泛，质量亦好。据镶黄旗汉军副都统荣和禀称："辽阳界内青山背一带，为产磺之区，现已派知县用山西候补经历韩炳文，招集官商资本银四千两，采炼磺沙，成色极佳。拟请每提归官中若干外，即在奉天、营口等处设局售磺抽税。"青山背一带的磺矿是采取官商合办的形式，或曰官督商办，应该是普遍的一种形式。荣和又称："辽阳各处磺矿甚佳，亟应及时开采，以济军需而收利权。惟奉天向设官矿窑，商人资薄采少，照章抽厘，为数甚微。自宜稍予变通，奴才拟于奉天省城设立官磺总局，锦州、营口并天津、吉林、齐齐哈尔各设分局，将各处所出之磺，择其最精美者，按成提留备造火药，余磺悉归局中销售。"①所以急于设立总局与分局开采磺矿，就是要把官商合办的形式推广开来，一是为了"备造军火"，"以济军需"；但更主要的是"照章抽厘"，"余磺悉归局中销售"，借以获利，可谓一举两得，从而改变入不敷出的局面。不过，经过十年时间并未达到"一举两得"的目的，尤其是财政亏损日趋严重。到头来完全收回官办，见诸当时的报道说："本邑（辽阳）硝磺矿向由商办，昨州牧奉宪发告示以硝磺关系军火至关重要，前由商办迄无成效，仍应改归官办，派员将从前商办一切事宜及所存硝磺一律收回，由公家自行收买，缉私以杜偷漏云"②。

　　金星石矿：辽阳城东罗祖洞、二郎洞山脚下，沿太子河右岸几十里河边、石洞内外，出产试金石，可以制作文房四宝之一的砚台，一直没有开发。道光二年（1822）二月间，河北滦州有石工刘清伦者，世代以制砚石为业，听同乡人说辽阳太子河石洞内外有试金石可采制砚。刘清伦知道后，立即派其子侄四人前来考察，"报曰可"，遂于山主寺僧签约开采，刘清伦亦来辽阳，自同年四月到秋季，制成各种样式、大小不一的砚台五百余方，辽阳宗室裕端买去百余方，"细玩摩挲"，爱不释手，十分欢喜。又有"南船购去少半"，很是抢手。石质细润，坚重如新，有金星闪烁，类似歙石（安徽歙县制歙砚，全国有名），故称金星石。此后，又发现一种绌（浅黄）色石，"绿晕斑斑"，石质较软，亦可制砚，很有观赏价值。裕端又买了"数方，今尚存之"，感叹不已。为此，作《试金石砚歌》，其中有"人到求艰愈珍耳，及乎名驰倾五都"之句，表达了对工匠艰难采石，精心制作的敬意。《辽阳县志》（卷三十二）有详细的记载。刘氏走后，至今近二百年，再无人采石制砚，美丽的金星石一直埋没在水中，无人问津。惜

---

① 《光绪朝东华录》（四），第4036页。
② 《盛京时报》，宣统元年九月初三日。

哉！悲哉！

梁玉石铺：开办于光绪十五年（1889），位于怀王寺里路西，并列两个门点，一为梁福堂，投资一百五十元，自任经理，店员三人；一为梁德润，投资一百二十元，自任经理，店员一人。两者可能是父子关系，或亲属关系。玉石铺主要是自己加工装饰品及古玩出卖，或为人加工，收取加工费。

窑业：清代前期，在"碑记"中可以查到许多窑业的名号，但很难确定其生产什么品种。后期"碑记"中记载窑业的名号仅有一家，即永兴窑，同样不知是为建筑生产砖瓦还是生产器皿为生活服务的。按理清代后期窑业应该是很发达的，辽阳城内的许多建筑都修于清代的中后期，没有窑业是不可想象的。光绪三十二年（1906），日本在辽阳就开办三个砖瓦窑，我们自己的砖瓦窑还能少吗？只是没有记载而已。根据陈德荣的《商工汇编》可以知道有两家窑号的生产情况，简述如下，以供参考。

顺和窑，位于小南门外，光绪二十九年（1903）由王恩麟开办，主要生产砖瓦。资本一百元，雇用工人四名，规模不大，可谓小本经营。

宝发窑，位于西关下头路北，光绪三十二年（1906）由曹宝田开办，主要生产油盆。资本四百元，雇用工人六名，亦是小本经营。

二、一般手工业

所谓一般手工业，是指与百姓生活密切相关的轻工业，包括的行业种类繁多。根据记载分别叙述如下：

油房：食油与人们的日常生活密切相关，不可或缺。所以油房自古就有，历史悠久，但都是旧法生产，以牲畜为动力，到了近代，有的开始采用石油发动机为动力。辽阳的油房规模很大，资本额达到四五万乃至八九万元。外地一般油房资本额都不多，如复州仅在两千元左右，海城在三四千元左右，貔子窝稍高为一万两千元，规模较小，员工也不多。光绪三十四年（1908）之前，据《辽阳乡土志·物产》的统计：辽阳有油房"二十三处，每处需用十余人至二十人不等"。还有记载说：这些油房"半系旧式，半用机器。城关而外，如刘二堡、鞍山站、千山站、烟台等地皆有之。惟机器油房压榨机纯用手摇机，未有用新式水力机者，将来恐受抵制也"[1]，说明普遍尚未解决动力问题。可喜的是，宣统元年（1909）辽阳就出现了电力轧油的油房。有报道说："西关日商向三井洋行由大连购得轧油机器一具，与城内东街永聚源商妥试行试验，以火力运动，每日夜三百余石，敏速异常云。"[2]既然有了第一家，看到其优越性，很快就会推广开来。这里所说的油房是指制造豆油的油房，每年的生产量较高，除了

① 《奉天通志》，卷一一四。
② 《盛京时报》，宣统元年三月二十六日。

民需而外还要出口,其副产品豆饼也是出口之大宗。除有豆油房之外,还有苏油房、香油房、酱油房等,仅"香油坊十三家"①,实际可能还多。既能生产香油,也就能生产芝麻酱,俗称香油坯,同样是一种非常好的调味品。豆油房见诸记载的有:

东顺成:位于南大街路西,开办于光绪十四年(1888),是由大顺成粮栈与吕慎德、吕有德、吕积德兄弟三人合资。资本一万四千元,员工 34 人,经理为李星三。

玉升全:位于南大街西胡同路南,开办于光绪二十五年(1899),是由刘景泉、刘景巘、刘景山兄弟三人合资。资本三万六千元,员工 34 人,经理为董秀升。

大有庆:位于西门外路北,开办于光绪二十七年(1901),是由洪厚阁独资开办的。资本一万零伍百元,员工 43 人,不用经理,完全由自己一人经营。

公盛源:位于东大街路北,由王殿臣、武雍琅、郝兴隆三人于宣统三年(1911)合资开办的。资本一万二千六百元,员工 31 人,经理赵元利。在同治二年(1863)的"碑记"中有镇兴油房。同治七年(1868)有福海油房。光绪十五年(1889)有三合油房、福兴油房。

据调查,辛亥革命前奉天各地有油房 570 家,辽阳有 26 家,是各州县中较多的一个。不过,这个统计是日本人做的,偏重于城市,许多农村的油坊很难统计进去,只是一个约数。

烧锅:清代前期,辽阳的烧锅很多,后期也不会少。不过,有些统计很不准确。如,光绪二十九年(1903),说奉天 14 个州县共有 119 家烧锅,辽阳有 33 家;宣统二年(1910)说,奉天省 18 个州县共有 81 家烧锅,沈阳有 12 家,辽阳有 9 家②。还要指出,光绪三十四年编成的《辽阳乡土志》的统计也是很不准确的。实际,酒业的发展受到许多条件的限制,如粮食歉收、官府限酒、税率过高、时局变化等等,常有很大的波动,起起伏伏,很难统计准确,尤其农村的烧锅有很多被漏掉了。最近,查到有关档案发现辽阳城乡烧锅很多。下面按照年代顺序列出一些,以供参考。

唐志轩,在城里东街路北正白旗界开设泳记烧锅,于光绪二十七年(1901)四月二十二日开火蒸造酒斤,五月三日得到批准。是唐志轩与贾宣三、王品一、王海隆、王鸿宾合股经营的。

曲执中,在城东北镶黄旗界边牛录堡子开设丰之恒烧锅,于光绪二十七年(1901)九月二十二日开火蒸造酒斤,九月二十九日得到批准。

---

① 《奉天通志》,卷一一四。
② 孔经纬:《清代东北地区经济史》(第一卷),黑龙江人民出版社 1990 年版,第 406、407 页。

刘心甫,在西关路北镶白旗界开设源记烧锅,于光绪二十八年(1902)正月二十一日开火蒸造酒斤,正月二十七日得到批准。是刘心甫与贾宣三、王品一、王海隆、王鸿宾合股经营的。

祝子明,在城东北镶红旗界苑家堡子设同盛涌烧锅,于光绪二十八年(1902)三月初十日开火蒸造酒斤,三月二十四日得到批准。是祝子明与贾宣三、王品一、王海隆、王鸿宾合股经营的。

郝廷宽,在城东正蓝旗界陈家堡子开设东兴泉烧锅,于光绪二十八年(1902)三月十三日开火蒸造酒斤,三月二十四日得到批准。是郝廷宽与贾宣三、王品一、王海隆、王鸿宾合股经营的。

唐尚贤,在城西镶白旗界黄泥洼开设泉记烧锅,于光绪二十八年(1902)六月初二日开火蒸造酒斤,六月初五日得到批准。是唐尚贤与吴雅斋、张勋阁、王柏伶、陈永纯合股经营的。

李恩奎,在城西南镶白旗界穆家堡开设义兴海烧锅,于光绪二十九年(1903)四月二十五日报请,四月二十七日得到批准。批准后,始于五月初六日开火蒸造酒斤。

王润斋,在城西南镶红旗界新台子开设聚隆川烧锅,于光绪三十年(1904)二月初一日开火蒸造酒斤,三月初五日得到批准。是王润斋与吴聚五、赵升福、杨宝泉、郭洁泉合股经营的。

胡衍,在城西北正黄旗界肖寨门开设永成源烧锅,于光绪三十一年(1905)八月初十开火蒸造酒斤,八月二十三日得到批准。是胡衍与张绩堂、杨新如、赵钧衡合股经营的。

杨凤藻,在城里东街路南开设福兴泉烧锅,于光绪三十一年(1905)八月十三日开火蒸造酒斤,八月二十九日得到批准。

宗室锡仁山,在城东北镶黄旗界三家子开设玉成汇烧锅,于光绪三十二年(1906)正月二十二日开火蒸造酒斤,何时得到批准不详,也可能无须批准①。

见于其他记载可知者,还有福泰烧锅:光绪初年由刘二堡人于接官堡开设的,经营有年。老板刘治安,字策臣,"生性孝友纯诚",乐善好施,事迹很多,可参看《辽阳县志·义举志》。

还有今天灯塔的铧子酒厂也有百年以上的历史,始建于光绪年间,原名涌兴源烧锅,创办人为孟照仁。他是沈阳人,坚持诚信为本,认真经营,不使奸取巧,远离欺诈,以产品质量占有市场,其酒十里飘香,远近闻名。几十年间,信守初衷,名利双收。直至1931年九一八事变之后,涌兴源烧锅转让给李光远经营,改称永兴源烧锅。中华人民共和国成立后,经过公私合营,至1998年酒

---

① 《辽阳县公署档》,第12390号。

厂转制,成为民营企业,生产"磨脐山"牌白酒,仍然享有一定的声誉。

当时有报道说:"辽阳开设烧酒制造营业者,均系富商豪绅,资本甚大,土人称烧锅,其卖酒之屋名为酒局。其用大马车拉运烧酒,该车多系六马,马皆一色,一行二十余辆或三十余辆。马骡肥壮,仆夫雄伟,诚特色之马车也。近日道上南北往来该烧锅车,已日多一日焉。"①可见当时辽阳酒业之繁盛。还有报道说:"辽邑烧行素盛,年中所制造之酒以营口一带为销场,每年出境甚多,确系大宗商业,据调查者说该烧行均获厚利,而尤以永盛泉获利二十万为最云。"②正因为烧锅"均获厚利",所以辽阳的烧锅越来越多,不可胜数,从"碑记"中也可得到证明。咸丰十年(1860)就有永增烧锅等八家;同治二年(1863)就有义和烧锅等十二家,后者更多,不必再加赘述了。不仅烧锅多,而且产品质量也越来越好。有记载说:辽阳"酿造之高粱酒在东三省可首屈一指……出品年达五百余万斤,行销营口、大连等处为多,酒糟悉销于本境"③。辽阳白酒不仅产量高,而且酒味醇正,主要是水质好,适于造酒,甘美香冽。此外,"东京城有一家麦酒酿造所,主要供当地消费"④。麦酒就是啤酒。

面粉业:清代后期,辽阳面粉加工仍然是传统的小磨坊,多由粮店、烧锅、油房、杂货商或农户兼营,很少专营者,不仅辽阳如此,是一种普遍现象。辽阳之有机械面粉厂应该是辛亥革命前几年的事。根据宣统时期的统计,奉天省的奉天府有旧式磨坊140余家;海龙府100余家;铁岭、新民、昌图各有80家;开原、法库门各有六七十家;辽阳、奉化、东平、熊岳城、西安各有50余家;西丰、营口各有40余家;复县、海城、腾鳌堡各有30余家;永陵10余家,其他地方散在多有⑤。一般磨坊有一二盘磨,用驴拉磨,所制面粉多在本地销售,因其价廉,外国面粉输入后亦未见衰落。《奉天通志》虽然说辽阳有"机器面磨二家",但未指出名号。

造纸业:随着经济、文化事业的发展,纸的需求量大增,但造纸业仍然是传统式小作坊生产,技术稍有改进,品种增多,供不应求。当时的纸张多以线麻、旧麻绳、谷草为原料,生产各种呈文纸、毛头纸、改连纸、洗青纸、粉连纸等,辽阳以生产毛头纸为大宗。根据满铁调查部宣统三年(1911)的统计,"营口有4家纸局,共有工人百余名;辽阳有6家纸坊,每家日产纸32匹左右;盖平有纸坊8家,每家有工人四五名至10数名,日产纸十五六匹,全年共产纸3万余匹"。可见,辽阳的纸产量高于营口、盖平,每年应该在五六万匹之间。实际

①　《盛京时报》,光绪三十二年十月初九日。
②　《盛京时报》,宣统元年正月十三日。
③　《奉天通志》,卷一一四。
④　孔经纬:《清代东北地区经济史》(第一卷),黑龙江人民出版社1990年版,第409页。
⑤　孔经纬:《清代东北地区经济史》(第一卷),黑龙江人民出版社1990年版,第410页。

辽阳的纸坊可能不止6家，辽阳城乡可能很多，城内东街就有赵纸房胡同，城北还有大纸房、小纸房等村落，这些历史名称记忆着辽阳造纸业的发达。正因如此，光绪三十四年（1908），省内有人呈请在辽阳开办造纸厂，可惜由于"库款支绌"，劝业道提出暂缓开办，结果落空①。各地生产出来的纸张，多半输往营口或邻近城市。辽阳除了外销，内销也不少，光绪十五年（1889）城内就有许多纸局，足以说明需要量是很大的。它们是源兴纸局、玉兴纸局、四合纸局、同增纸局、德源纸局、天顺纸局、德兴纸局、同春纸局。

纺织业：宣统元年（1909）九月，辽阳城内开办大业昌纺布工厂，资本金两万元，有16马力蒸汽机一部，织布机二十台，有职工五十名。每年生产花旗布和大布各六七千匹，均在本城销售，每年可盈利两千余元②。

还有"本邑（指辽阳）李某前在南街德隆海烧锅旧址创设织布工厂一所，资本六万余元，自设立以来颇称得利，所织之布花旗、达连皆为人民常用之物。所可惜者惟所用绵均须买诸他人耳"③。辽阳的纺织业多为传统的男耕女织，而纺织工厂的出现较晚，但一经出现就属于近代新式的工厂了，当然是民族资本主义性质的私人工厂了，并与奉天的新式纺织厂惠工公司、福增祥厂、义兴工厂、永合工厂齐名。实际上，清代后期辽阳的一些工矿业以及一些轻工业部门都带有民族资本的性质，甚至还出现了官僚资本。

鞋帽业：清末辽阳的鞋帽业是很发达的，厂家很多，多半是前屋设店，后屋生产，是一种手工作坊，资本额三五百元，规模不大，员工不多，但足够本城需要，也有外销。

知名的鞋店有永丰源鞋店：创办者为张星武，原籍城北小往屯人。家庭贫困，十三岁入私塾，稍有文化，十六岁入本城东街同顺明鞋厂学徒，三年满徒后为技术工人。光绪十八年（1892），他与本市泰丰镇钱庄刘维三合资开设永丰源鞋店，坐落在大什街东北角，各出资一千五百吊，专门生产各种布鞋。前屋卖货，后屋生产，冬季兼卖毡帽头等。正常生产时工人十五名，到冬季旺月依靠外件工人生产（雇用厂外工人，计件生产），解决急需。年产棉布鞋两千二百余双，毡鞋两千余双，毡帽头一千余顶。一年卖钱额一万两千多吊，除去一切开支，盈利一千多吊。市内有鞋厂十一家，都是手工业生产。经理也站柜台，无顾客时做活计，有顾客时应酬顾客，没有闲人。旺季加班加点，早七点，晚十点，中间有夜餐。工人的工资一般每月三十到四十吊。一年一月住家，不扣工资。日俄战争时期，城内商店全部停业，工人逃难。战后鞋店重新开业，

① 孔经纬：《清代东北地区经济史》（第一卷），黑龙江人民出版社1990年版，第414、415页。

② 《辽阳县总务科档案》，第17996号。

③ 《盛京时报》，宣统二年三月初四日。

勉强经营,两年后才得到恢复。这时,城内鞋业有十一家,竞争激烈,互不相让。后来,张星武的次子张陵阁担任经理,开始生产皮鞋,布鞋退居次要地位,并开设支店,两处营业,一处生产,人员增加,企业有很大的发展。再后来,由于发生火灾,企业财产几乎全部烧光。不久,张陵阁重新筹备,在支店恢复生产,在原址建起两层楼房,生意逐渐恢复起来①。

富有天鞋店,朱玉财开办于光绪十九年(1893),位于怀王寺东马道,资本金三百元,店员 7 人,经理为尤多三。

长云福鞋店,陈吉三开办于光绪二十四年(1898),位于北大街路西,资本金五百元,店员 24 人,经理为王秀清。

咸益号帽店,聂献忠开办于光绪三十二年(1906),位于东大街路北,资本金三千六百元,店员 9 人,聂献忠自任经理。实际,鞋帽店还应该有很多,特别是农村。

香铺:香铺应该说自古就有,与宗教和我国的传统礼仪有关,即祭神、祭祖需要燃香,以示敬意。香是用木屑加上香料制成的条状,点燃时发出香味,烟雾缭绕。香铺多在城东南蓝河流域,制香需要用磨将木屑磨成细面,然后才能制香。动力是借用蓝河高屋建瓴的自然水势,使香磨转动起来,省时省力,节省资本,获利丰厚。据载:"香磨共计二十六盘,每盘建置费值奉票万元,每年碾香末约七八万斤。近二年缴水利局税费由二十元至三十元不等,除人工木料纳税外,可得纯利万元。"②关于香铺的记载很少,在"碑记"中有同治二年(1863)的惠兰香铺、宝森香局;同治七年(1868)的芝兰香铺、广来香铺,具体情况不详。芝兰香铺经营的时间较长,在 1934 年《重修文庙碑记》中还可以看到其名号。

来卤水铺:根据碑记的记载,光绪十五年(1889)有来卤水铺,具体情况不详,可能是来姓所开。一般人都认为卤水只能点豆腐,它对蛋白质起凝固作用,所以豆汁可以成为豆腐。事实上,它的用途很广,可以制作美食,如卤菜、卤鸡、卤鸭、卤肉等。现在看来还可用药,能治大骨节病、克山病、甲状腺病。当时,应该只能为食品业提高原来的品位。

三、食品业

食品业与人民群众生活密切相关,范围相当广泛,但有些缺乏记载。只能就见诸记载者叙述如下:

糕点业:最知名的是老世泰,开办于光绪初年,有河北人曹姓(人称老埋)来辽阳,租赁孙步瀛的房子开办"世泰德"果店,经营糕点业,由于人地两生,

---

① 参看张陵阁:《永丰源鞋店》,载《辽阳文史资料》第四辑。
② 《辽阳县志》,卷二十七。

经营不善,很快倒闭,老埋只好把所有铺垫作为房租抵偿。孙家接过后,由孙步瀛的妻室利用原有铺垫,更名为"世泰果局",仍雇用原来的手艺人,聘请郭久和为经理,继续做果品糕点营业。光绪二十一年(1895),孙步瀛之子孙锡侯接手经营,更名"老世泰"果局,即老世泰。此后,买卖逐渐发展起来。当时辽阳果品制造行业很多,竞争十分激烈,老世泰之所以能一枝独秀,主要靠真材实料、管理严密、热情待客,得到城乡顾客的信赖,以至于南北驰名。老世泰的糕点花样多,品种全,迎节应季,四季常销,精选特制,大路货色不下四五十种,其中以四色糕、京八件和各种月饼、杂拌为主。四色糕有槽子糕、长元糕、芙蓉糕、沙其糕。京八件是葱元缸炉、大卷酥、椒盐饼、大玫瑰饼、葡萄酥、桂花酥、枣泥方酥、白糖饼八个品种。月饼则有提浆、赖皮、立酥麻盐、自来红、自来白等。玻璃脆、光头饼等均属杂拌之类①。正因如此,老世泰才能长期经营下来,直至中华人民共和国成立后到现在。

世义泉,位于东大街路南,经营茶点业,为曹子铎于光绪二十年(1894)八月开设,资本金400元。经理为曹子元,有店员5人,生意比较兴隆。

世泰德,位于书院街路北,经营茶点业,为孙锡侯于光绪三十二年(1906)二月开设,资本金4000元。经理为张沐棠,有店员21人,规模较大,生意十分兴隆②。

梨干塔糖:辽阳向有"辽阳城三宗宝,梨干塔糖乌拉草"之谣。乌拉草前已提及,与食品业无关。这里只说梨干和塔糖。

先说梨干。清代的辽阳州可以说三面环山,山高林密,其中果树不少,自然盛产水果,种类繁多,以接梨、香水梨、平顶香最为人们所称道。《奉天通志》记载说:"医巫闾山出香梨,今千山及广宁者为上。"这些水果"或鲜或冻或蜜饯",都要"以时入贡",供给皇家酒后茶余去消受,也是人们喜爱的珍品。这里要提到的香水梨干更是辽阳的特产,"香水梨干,久为远近所珍,而平顶香削皮制干,或用蜜渍。香水梨、小白梨渍以井华水,封藏经冬。色香味尤美。山家清供,惜未能致远"③。

香水梨干的制作有严格的要求,程序也比较复杂,全凭高超的手工技艺。首先选料精良,必须实熟、色黄、味香;然后削皮去核,除净杂质,剩下梨肉,煮熟,然后像和面一样制成碗坨,放在帘子上晾晒,待其水分蒸发后,已糖化成梨干时,用擀面杖在石板上擀成大的均匀薄片,再用同一规格的小碗(约直径二寸左右)用力逐个扣成圆片,最后进行包装。由于梨干含糖量高,避免粘连,

---

① 参看顾晓泉:《老世泰糕点厂》,载《辽阳文史资料》第四辑。
② 均见王鸣玮、庄志学:《辽阳风物集萃》,吉林文史出版社2013年版,第576、577页。
③ 《奉天通志》,卷一〇九。

也为了防止风干,每片都要用玻璃纸封贴,摞成摞,以相同的重量装入精美的方盒中,供应市场,多为殷实之家所购买,既可自家品尝,也是馈赠的上品。新中国成立后,已经不见了,让食过的人留恋。

再说塔糖。塔糖就是灶糖,与传统民俗有关。每年农历十二月二十三日,俗称小年。有记载说:"是夕以糖果祀灶(王爷)毕,捧神牌跪焚行礼,谓之送灶。"焚前,在灶王爷嘴上,黏一块糖,求他上天在玉皇大帝面前多说好话,不说坏话,此糖便称灶糖。灶糖在辽阳称塔糖,自然有其来历。之所以叫塔糖,与辽阳白塔下的广祐寺有关。有记载说:"寺内井水造饴糖,经暑不粘,名曰塔糖"。这里是说,用广祐寺院内的井水制作灶糖,其特点是"经暑不粘",也就是不溶化,容易保存。那么,有谁能在广祐寺内制作塔糖呢? 自然是寺内的僧人。外人不可能在广祐寺院内,利用其井水制作灶糖,道理是很明显的。问题在于寺内制作灶糖的技术是如何传播出来的,其中有一段美丽而可信的传说。

同治年间,有大打白武震者,于城内二道街路口东北隅,开设一家面食铺,以养家糊口。一天,有一个文弱书生饿倒在地,心地善良的武震将其扶起,搀进铺内并端来饭菜让他吃。饭后,书生说:我名李登科,字仲学,因参加科考路费用尽,落难至此。他千恩万谢表示不忘大德,准备离去。但天色已晚,武震留住一宿。第二天早饭后,书生说:我看了一下,你这店铺缺少"一木一水",我想给你写一块匾,保你生意兴隆,请你准备木料。经过半天的时间,匾已制成,上书"兴福源饭铺"五个大字,并挂了起来。书生临走,武震又给拿了路费,再次表示不忘大德离去。说也奇怪,从此生意确实兴隆起来,十几年不衰。光绪十四年(1888)七月,太子河突发大水成灾,武家的生意不振。第二年,武震归家养老,令儿子武绍馨接管面铺,生意一直没有起色。一天,有一个和尚来化缘,与武绍馨聊了一阵,说了一些令人不懂的话,唉声叹气走了。过了几天,这个和尚腋下夹着一块匾又来了。他对武绍馨说:少掌柜,我们有缘,你们的匾应该换上我这块,保你店铺兴旺发达,财源滚滚。武绍馨同意后,挂上了新匾,一看是"纯武号糖铺"金光闪闪的五个大字。从此,前面开店,和尚在后面传授制作塔糖的技术,很快"纯武号糖铺"的塔糖名满全城,生意确实兴旺发达起来。后来才知道,这个和尚就是科考落难的李登科,由于没有取得功名无颜回家,就在广祐寺落发为僧,不忘武家恩德,才出手援助。不久,和尚收武绍馨的儿子武维周(字化邦)为徒,又收了任、白、韩等姓的子弟为徒,辽阳的制糖业发展起来,塔糖尤其著名。除纯武号糖铺之外,又有了任家糖铺、白家糖铺、韩家糖铺(位于西大街路北),几家制品,各有特色。以上就是辽阳"秀才挂匾,和尚传艺"之民谣,也是关于塔糖的来历。十多年后,年事已高的和尚拒绝大家的挽留,毅然离开了辽阳,再无音讯。和尚走后,武绍馨的心情一直不好,索性让武维周接管糖铺,自己回家养老去了。又过了十多年,糖铺难以维持,再加上不能偿还债息,1934年终于倒闭了。在解放战争时期,武维周曾有为地下党转送情报,为解放军运送枪支的事迹。辽阳解放后,武维周带着几个徒弟参加了食品厂的工作。1956年,公私合营,武维周积极献出自家制糖设备及各种模具,如糖球板、糖锅、糖案板,最有代表性的是四块青石凉糖板,旁边刻有"纯武号糖铺光绪十年"的字样,为恢复辽阳生产塔糖作出了积极贡献①。

在光绪十五年(1889)的"碑记"中,有马糖坊,具体情况不详。见诸记载的还有三发糖坊,位于双井胡同,为阎玉荣于宣统三年(1911)九月开设,自任经理,资本金200元,雇用店员2人,规模不大,主要生产糖汁。

辽阳还应该有许多罐头厂,如有"醇良罐头公司一家"②,规模可能不小,否则不能称公司,能生产罐头,必然要有机器,情况究竟如何,不得而知,缺乏具体的记载。

第三节　商业的繁荣

辽阳虽遭两次兵燹,商业一度凋零,但辽阳占地势之优,尤其"南满铁路"开通与大连开港,交通便捷,人们的观念亦随之改变。"殷实商号由保守主义渐变为进取,由境内贸易渐推及各埠,由土法制造渐采用机器。从此积极进行业务,益当发达"③。百货业、金融业走向繁荣,商品大量出口,是过去无法比拟的。

一、百货业

天增福百货商店:为咸同年间,山西太谷有逃荒者杨廷相,字雨辰者所开。他早年家贫,仅读两年私塾,十几岁便走街串巷贩卖蔬菜水果之类,以补家庭之需。经人介绍,他去一家杂货铺学做靰鞡,由于聪明能干,很快便被调到柜台售货。同治三年(1864),他仅以十分之一的股份与城北房身村王亮合资,在东大街路南租三间门市房开一处下杂货铺,号天增福。凭借物美价廉、讲究诚信,生意逐渐兴隆。后在东大街路北买下十几间市房开办上杂货铺,出卖丝绸等高档的日用品,成为辽阳首家百货商店。不到十几年的时间,经营多家联号,如合资经营天增当(资金占五分之四,外资只有五分之一),还兼营粮谷加工,还有福兴腊铺,在烟台(今灯塔)设天增全杂货铺,在铧子设天兴福百货店,可谓形成了商业集团。历经清末、奉系军阀统治时期,直至1940年停业。

① 姚伟香:《纯武号糖铺的始末》,载《辽阳文史资料》第十六辑。
② 《奉天通志》,卷一一四。
③ 《辽阳县志》,卷二十七。

可贵的是他富而不骄,忧贫愈甚,杨廷相有许多善举,如扶贫济困,捐资建立正蒙小学,义务消防,修蓄水池等,时人尊称其为"杨老相"。今天东四道街路北的古玩商店大院,就是杨廷相的故居①。

玉升德与"玉"字号:玉升德位于辽阳城西大干沟子村,武进士刘殿甲所开。刘殿甲,原名刘万吉,幼年时就读书习武,尤爱舞枪弄棒。光绪元年(1875)已中武举,从此更加刻苦,早练三更,晚练月下,暑往寒来,武艺大有长进。光绪六年(1880),京师举行武科大考,刘万吉报名赴试,技压群芳,名列榜首。因此光绪赐名殿甲,字冠廷,特授蓝翎侍卫。后因得罪宫内太监,借故辞职回乡,投身商行。光绪十六年(1890),在城内东大街路南开办了第一个商号,就是玉升德。是一个下杂货铺,经理为王禄卿,柜伙最多时达到38人。同年,又在南门里开办了玉升全,从事粮油业,经理为曹万洪,柜伙达35人。光绪十八年(1892),在东马道开办了一处下杂货铺,号东玉升全,经理是徐策臣,柜伙25人。光绪二十一年(1895),在税课司胡同又开了一处下杂货铺,号玉升合,经理有赵子良、钱占五,柜伙20人。刘殿甲开办了四处商号,都以"玉"字为首,故称"玉"字号。但多是下杂货铺,惟玉升全稍具规模。光绪二十五年(1899),刘殿甲因心脏病突发辞逝,终年44岁。他死后,其子刘佐唐继承父业,并有更大的发展。先后开办了玉升涌、玉升海、玉升金三处烧锅,一处丝房玉升源,一处油粮业玉升振,一处代卖纸张的玉升纸局。其中,除玉升振建于光绪末年而外,位于南大街路西,其他则都建于民国之后了。总之"玉"字号的买卖愈做愈大,有利于民生,直至新中国成立后。

庆盛功:是一家杂货铺,位于东大街路北。由李维麟、李郁馥、李桃友、李伟民四人出资一千二百元,开办于光绪二十二年(1896),经理为高纯圃,店员14人,属于中等杂货铺。

华记号:是一家中杂货铺兼营海味店,开办于光绪三十二年(1906),资本为六千元,老板董荣昌亲自经营,不用经理,员工19人,规模较大。许多大小杂货铺由于经营得法,逐步发展为百货商店,有的还发展为专营商店,如布匹业、粮米业等等。下面分门别类作些简要介绍,以见一斑(没有注明出处者均见王鸣玮、庄志学主编辑:《辽阳风物集萃》第七章第四节"老字号")。

辽阳纺织业发展较晚,不产绸缎布匹,多半从营口贩运过来,尤其入冬封港前,商家必须储备当年冬季与明年春季的布料以应顾客之需。有报道说:"辽阳各商家均赴营口买办货物,近因营埠将近封河,商船不能进口,故布货日见增价。前顶上花旗布每匹不过五两二钱四五,今增至五两七八;顶上达连布从前每匹六两余,而今涨至六两三四,皆因各商家争先购买以为明年开河以

---

① 王荫勋、陈焕标:《信义商人——杨廷相》,载《辽阳文史资料》第12辑。

前之用,致价值日见腾贵云。"①辽阳的绸缎布匹商店主要有哪些呢?

除了前期的永庆天继续营业外,还有大顺成,位于东大街路南,于光绪四年(1878)由吕献臣、吕徽轩二人合资开办。资本一万六千元,店员八十六人,经理为陈惠普,规模较大。从经营棉布、呢绒绸缎开始,逐渐扩大范围,并能迎合时尚,形成很有信誉的百货商店,是所谓"顺"字号中最大的商号。大顺成前后经营六十多年,至1944年由于伪满的经济统治,货源枯竭,发展无望,终于倒闭。

元泰福,位于北大街路西,于光绪二十四年(1898)由张春和、李长善二人合资开办。资本九千元,店员四十九人,经理为王会三,是经营布匹、呢绒绸缎的专营店。

元泰永,位于东大街路北,于宣统二年(1910)由元泰福缎庄与吴正平个人合资开办。资本一万四千元,店员五十一人,经理为曲寅东,是经营布疋、呢绒绸缎的专营店。

粮栈:粮栈不同于一般粮店,它主要是从农村买进原粮,不经加工倒手出卖,从中渔利。这样的粮栈应该很多,但需要较多资本,所以多为合股经营。

可知比较大的粮栈有:三义公,开办于光绪十四年(1888),地址在城内东街路东,财东为吕锡九、义墅堂(商号名称),投资两万两千三百元。经理为史圣符,雇用伙计二十三名,是规模比较大的一个粮栈,车来车往,极盛一时。

春发永,开办于光绪二十三年(1897),地址在城内南街路西,财东为王蒲三、王鼎臣、王兰坡、王魁一,投资一万九千五百元。经理为王凤池,雇用伙计三十二名,也是规模比较大的一个粮栈,每年有大量的粮食进出,十分兴盛。

金银店:所谓金银店不是出卖原产的金银,而是出卖经过艺术加工的金银装饰品。清代后期比较有名的金银店是万盛合金店,位于大什街北路东,为光绪初年由山西人贾某开设,主要是加工金银首饰,由于经营不佳,以致废业。不久有陈德荣,字锦堂者接办。他在十六岁时曾经在万盛合金店学徒,由于精明强干,后提升为副经理,感到金店停办甚为可惜,于是他重新集资合股开办,资本金达到一万九千五百元,改称万盛增,有店员三十五人,自任经理。应该说是辽阳最大的金店。由于经营较好,辛亥革命后逐渐兴盛起来,直至伪满时期歇业。

阜聚德金店:开办于光绪十三年(1887),位于北大街路东,店主是沈毓丰、沈国福、沈殿昌、沈殿鳌四人。资本七千五百元,经理为冀程九,有店员十三人,生意尚兴隆。

广玉合金店:开办于光绪十六年(1890),位于书院街路南,店主是张俊

---

① 《盛京时报》,光绪三十四年十一月十五日。

臣。资本三千元,有店员 10 人,张俊臣自己经营,规模较小,生意一般。

永盛育金店:开办于光绪三十一年(1905),位于西二道街路北,合资经营,投资八千五百元。经理是李赞臣,有店员 32 人,规模不小,生意兴隆,仅次于万盛增。

五金业:所谓五金指金银铜铁锡,泛指金属或金属制品,如有五金商店、小五金之称。这里所说的五金就是指五金商店,出卖与人们生活密切相关的各种五金制品,如锅、勺、刀、壶之类。可知的商号有:

茂盛号:开办于宣统元年(1909),地址在东大街路北,店主是段守德,投入资本九百元。段守德自己经营,雇用店员 5 人,属于中等规模。

天利号:开办于宣统三年(1911),地址在北大街路西,店主是刘余久,投入资本两千元。刘余久自己经营,雇用店员 4 人,属于中等规模。

当然五金店铺绝不会就有两家,只是不见记载而已。

服务业:随着时代的进步,服务业的范围越来越广,出现了许多新的行业,很值得提及。

药铺:主要是中医药铺,自古有之,清代如何,具体记载没有见到。清代前期从碑记中可以查到的,乾隆三十九年(1774)有太和堂、保和堂;嘉庆十九年(1814)有乾元堂、乾生堂、赞元堂、大中堂;道光十九年(1839)有人和堂、保元堂;咸丰三年(1853)有天一堂、保发堂、德顺堂。具体情况不详,不便分期,因与后期一并加以叙述。清代后期,医药业有了很大的发展,表现在药铺增多,经营范围广泛,打破了地域界线,有来有往,互相沟通,还出现了私人医院、官立医院。

崇盛东:始于同治元年(1862),地址在西二道街路北,是由河南尹彝堂、山西罗毓藻、辽阳李建卿等八家合资开办的,投资一万元。经理为孔家麟,雇用店员 36 人,主要经营药材。门市除了零售丸散膏丹之外,派人到农村大量收购各种药材,然后进行加工,制出成品后不仅在本地销售,而且遍及东北各地,名声远播。先后在小北河、辽中、抚顺等地设立分号,经营时间很长,直至中华人民共和国成立后公私合营。

德顺玉:始于咸丰十年(1860),地址在西门里路南,创办人为河北武安县尹姓。咸丰七八年,跑关东来到辽阳,先是在药店赊购一些丸散膏丹,摆摊售卖。经过二三年的街头生涯,渐渐有了积累,在咸丰十年(1860)租房雇人,建立门面,正式组成药铺。当时,以柜台零售中药饮片为主,代售、批发中小成药,收购山货,切药加工,越做越大,很快在辽中、达牛堡子设立了三处分店,经营范围更加广泛。后来,由其孙子尹文德掌管,历经四十多年,直至新中国成立后以公私合营①。

咸春堂：始于光绪十一年(1885)，地址在城内东大街路南，是由盖平咸春堂、营口咸春堂、上海孔品廉、卢蓉舟、宁波刘子钧、陈德权、盖平赵庆修、辽阳沈兰圃、山东蓬莱陈老王 9 家合资开办的，投资共九千吊(辽钱)。经理为任俊山，雇用店员 27 人。经营范围，以柜台零售饮片、丸散膏丹、阿胶为主；以收购本地药材为副，加工后运往上海、祁州(河北安国一带)等地销售。当时，辽阳盛产药材、驴皮，药材可以加工，驴皮可以熬胶，营业盛极一时，利润倍增。至 1911 年，在西大街路南，开设咸春堂分号，俗称西咸春堂，从此有了东西咸春堂之分。与崇盛东相同，直至解放后公私合营。

天福顺：始于光绪十九年(1893)，地址在北大街路西，为天福堂所开(天福堂前已提及)，投资为五千六百元。经理是尹杏村，雇用店员 26 人。主要经营药材，尤其是天福堂、天福顺与咸春堂熬制的阿胶，名曰"鹿胶"，远销省内外，十分抢手。崇盛东、天福顺、咸春堂三家情况可参考②。

义和堂：开办于光绪三十一年(1905)，地址在西大街路北，为赵荷轩、于雅南、刘抡三合作经营，投资七千五百元。经理为孙禹忱，雇用店伙 25 人，经营时间也较长。此外，尚有泉一堂、天心堂等。

天元堂：为回族刘世俊所开，地址在今白塔区普化小学附近。刘世俊祖籍山东，道光初年迁居辽阳，即开设伤科诊所，专治跌打损伤，技艺独到，医德高尚，享誉辽东，深受辽阳民众爱戴。光绪年间传至刘崇，他为了发扬光大祖业，创建了辽阳崇记"天元堂"。刘崇接骨医术高超，手到病除，人称"刘高手"，他是刘家世世代代行医发扬光大之人，又是崇记"天元堂"奠基人。刘崇之子刘文魁(字星垣)，德医双馨，人送"世传仁术"匾额。刘文魁之子刘献琮(字琇忱)，已是辛亥革命之后，曾在辽阳县三块石等地行医。1951 年，他应邀参加辽阳市中医院创办工作，组建骨科、外科，为中医院的建设、发展作出较大的贡献。刘献琮之子刘铭新，亦随父在中医院工作，任骨科、外科医生。刘铭新之子刘懿才，为了继承发扬祖传骨外科技术，进修于鞍钢总院骨科，补充了刘氏骨外科手术的空白。刘懿才之子刘鼎权，毕业于辽宁中医学院骨科系，亦在辽阳中医院任骨科医生。应该指出，回族刘氏堪称中医世家，世系清楚，至今已接近二百年的历史了，在辽阳还找不出第二家。

在许多药铺都说有坐堂先生(即中医师)，但都是何人，均无记载，令人遗憾。清代辽阳有没有名医呢？应该是有的，可举一例为证。

有董启文(1853—1923)者，字焕章，居辽阳东汤庙子(今属弓长岭区高城

① 张捷山:《辽阳市德顺玉药店经营简史》，载《辽阳文史资料》第 14 辑。
② 《辽阳文史资料》第 15 辑。

子),家庭贫困,少时弃学,从师习医,未满三年医师病故,不得已去姑母家司账,不到一年,父亲病故,接着姑母又病故,被迫去妹夫家做佣工,浇灌园田。可见,他前半生十分艰难坎坷。但他没有屈服于命运的压力,"昼作夜读",白天工作,夜晚读书,如是者十年,"颇通医理",工作之余,常为人"疗病""辄效"(总是取得很好的效果),但"不受酬金"。根据《辽阳县志·义举志》的记载:"至三十四岁求医者日众,乃悬壶,药价较他医减半,贫人服药概不收价(可能只是记账),年终悉焚其券(年底将账簿也付之一炬)。题其额曰'重善堂',重善者注重慈善也。"因他的医术精人,被称为"董神仙"。1923年卒,年七十有一。

此外,还有日本人开设的医院。日俄战争期间,日军占领辽阳(1904年9月4日)不久,为了救治伤病员便在西二道街设立一个卫生医院,战后非法未撤,成为一般医院,给中国人治病。但"凡检病、诊疗皆收费",要钱太多,中国人去就医者很少。后来,日本"满铁"大连医院在辽阳建立分院,专门为铁路员工提供医疗服务。这些都是外国人在辽阳开设的西医院,直到光绪三十四年(1908),王永江收回了日本的卫生医院,成立了官医院,是辽阳自办西医之始。王永江改定章程,辞却日医,改为官医院,用人行政由警局主持,委袁庆澜司其事。这是说,1908年辽阳就开办了官医院,主要是中医,也聘有日医,各有分工,有管药、助手、看护诸名,可谓中西合璧。后迁至四大庙新建,即今天中心医院的前身。

辽阳官医院成立后,王永江感到许多中医"不能参会中西学理,庸医误人为害匪浅",于是对全境医生进行考试,"录取合格者五百余名,发给证书,准其自由业医"。随着医药事业的发展,为了提高医生的水平,互相切磋技艺,王永江于宣统二年(1910)初决定成立医学研究会。地址选在登福楼胡同,租房十余间,选出正副会长,正副干事,文牍、会计各一名,调查员二名。"每月朔(初一)、望(十五)开研究会,准有证书之医士来会研究"。城乡共设董事十人,三年一改选。接着,又"设立西医讲习所,日医西川等为教习,两班毕业者五十余名"。这个研究会培养了许多男女(并设有妇产科)中西医生,王永江可谓功不可没。

光绪十四年(1908),辽阳出现了一家私人医院,即济航医院,为丁济航所开,地址在北大街路西,投资五十元,自己经营,雇有一人,可能是助手,丁济航可能是西医。

辽阳红十字会的建立。日俄战争期间,特别是辽阳会战期间,辽阳人民遭受的苦难真是一言难尽(前已提到)。战争之初,为了"医治战地受伤军士,并拯救受难人民",经红十字会国际委员会与清政府的同意,在营口成立了万国红十字会营口分会。由美国驻营口领事密勒、传教士魏伯斯德为董事,借阿爱尔兰教会医院为分会总医院。辽阳会战开始后,辽阳施医院大夫吴阿礼致书给营口的密勒、魏伯斯德,提出辽阳须治的军士很多,等待救济的人更多,应该成立辽阳红十字会。很快于1904年8月得到批准,以吴阿礼主持分会工作,以施医院为救护医院。辽阳红十字会成立后,救死扶伤做了许多工作,播下了"人道主义"的种子,今天已经得到了发扬光大。2004年是辽阳红十字会成立一百周年,在辽阳博爱园为其树碑立传,时任全国红十字会会长彭珮云题词,让我们与后代永远铭记不忘。

兽医:兽医自古就有,尤其与畜牧业的发展密切相关,特别是清代满族家家有马,怎么能没有兽医呢?只是缺乏记载而已。根据陈德荣的《商工汇编》可知:有郭荣五者,于同治三年(1864)开办了"一本堂",地址在东大街路南(卧狮子胡同),投资三十元,雇1人,专治马疾。

旅店:清代后期,旅馆的档次有所提高,虽然有些旅馆也称店,但与大车店区别开来,不能混住。

德升店:地址在鱼市口路东,开办于光绪十年(1884),财东为刘孟迁,投资五百元,雇用伙计4人,自任经理。

义和店:地址在车市街路西,开办于光绪二十三年(1897),财东为李宝亭,投资二百元。经理为袁佩林,雇用伙计5人。

西生客栈:地址在县署街路南,开办于宣统三年(1911),财东为高乐亭,投资一百五十元,雇用伙计2人,自任经理。

德泰店:地址在北大街路东,开办于光绪六年(1880),财东为陈镇之,投资四百元,自任经理,雇用伙计8人,规模一般。

福合店:地址在北大街路西,开办于光绪二十六年(1900),财东为李鉴唐,投资八百元,自任经理,雇用伙计30人。从雇用伙计人数来看,是当时比较大的车店。大车店不同于旅店,住店者都是运输业者,服务项目多,如搬运货物、装车、卸车以及喂牲口等,所以需要的伙计必须多,否则服务很难到位。

天增店:地址在西关路南,开办于宣统三年(1911),财东为赵子斌,投资三百元,自任经理,雇用伙计3人,规模较小。

饭店:清代后期,辽阳较大的饭店应该很多,总不应该比前期为少,但不见记载,根据同治二年(1862)碑记可以确知的饭店仅有"仁和园"一家而已。实际绝非一家,小的饭店或专业饭店很多。根据《辽阳风物集萃》的记载,列举一二供作参考。如:李饺子馆,位于白衣庵胡同里,光绪二十七年(1901)为李国富开设,资本金为五十元,自任经理,有店员3人,规模不大;祁家饼铺,位于北大街路东,光绪三十年(1904)二月为祁玉清开设,资本金五十元,自任经理,有店员7人,规模较大,主要在于外卖,销售量很大,成为许多家庭的主食;程煎饼铺,位于柴草市路西,民国前为程永安开设,资本金五十元,自任经理,有店员 2 人,规模虽然较小,但销量很大,尤其山东人买者很多,赢利不菲。

烟麻业:最大的烟店是谦泰祯烟麻店,是清末由山西人郑之谦独资开设的,地址在怀王寺路南,主要经营包烟,兼售麻类,后来用辽阳人宋弼臣来掌管整个烟麻店。宋弼臣十六岁时就在该店学徒,精明强干,很有头脑,财东拨给他身份股,令其放手经营。他把独资经营,改为合资经营,吸收宋寿辰、陈禄阁参加,资金达到一万五千元,扩大厂房和人员,门市房四间,库房、加工厂房共二十多间,雇用人员多达五十多人,生意兴隆,关内外驰名。有谚语云:"走南京,到北京,没有辽阳谦泰祯包烟精。"生意很是兴隆,一直到东北沦陷,由于经不起日本帝国主义的打压政策,终于倒闭了①。

义泰长:开办于光绪三十二年(1906),位于税课司胡同,店主是赵栖云、王耀山、索雅亭三人。资本五千二百元。索雅亭兼任经理,有店员 18 人,主要经营烟叶、烟末等,也是一个较大的烟店。

画铺:所谓画铺并非今天书画院之类的文艺场所,而是为丧葬服务的店铺。在封建社会里,人们出于迷信,死后要为其扎纸活送葬,多为人、牛、马、房、车之类,富有者则扎楼堂殿阁、车马、男女用人之类,以为阴曹之用。画铺直至新中国成立后,甚至现在也没有完全断绝。清代后期,辽阳画铺很多。见诸记载者有:

曹画铺,开办于同治元年(1862),地址在北门外路北,开办人为曹乙臣,投资二十元,雇用伙计二人。

戴画铺,开办于同治元年(1862),地址在柴草市街路东,开办人为戴锡九,投资二十元,雇用伙计二人。

手利画铺,开办于光绪十年(1884),地址在东二道街路北,开办人为李长荣,投资十五元,雇用伙计二人。

张画铺,开办于光绪二十年(1894),地址在西关路北,开办人为张咸吉,投资十元,雇用伙计二人。

杠房:所谓杠房也是为丧葬服务的店铺,指出租丧葬用具,或为丧家安排仪仗鼓乐,或派出杠夫抬运灵柩等,多以抬运灵柩为主。铺主雇用一些杠夫在其左右(有事就是杠夫,无事干别的),实际就是出卖劳动力的结合体。杠房应该很多,尤其城市里,但失于记载。在同治二年(1863)的"碑记"中仅见一家,即东来杠房,只知其名号,具体情况不详。

棚铺:所谓棚铺,相当于今天的装修业,不过没有今天那样复杂、那样奢华,只是给人糊棚而已。过去一般人家,居室多为纸棚,即先以秫秸(高粱秆)为架,然后再糊上有彩色的纸就算完工了,非常简单。从事棚铺者主要是靠一

---

① 王守江,等:《谦泰祯烟麻店》,载《辽阳文史资料》第四辑。

点手艺为人服务,都是小本经营,获利无多,糊口而已。在"碑记"中很少看到他们的名号,在同治二年(1863)有隆棚铺,同治七年(1868)有永隆棚铺,具体情况不得而知。

镶牙:所谓镶牙就是安装假牙。镶牙应该是西医传过来之后出现的一种新事物,已经接近现代了。见诸记载者仅有一家,即"福顺斋",开办于宣统三年(1911),地址在西大街路北,开办人为王辅臣,投资一百元,雇用伙计一人,可能就是助手。王辅臣可能是西医牙科出身,否则不可能给人镶牙。第二年(民国元年),在东大街路南又有一家"福顺斋",开办人为王御清,投资一百元,雇用伙计1人。王御清可能是王辅臣的近人,经过其调教也掌握了镶牙的技术,所以这个"福顺斋"就是分号,实际就是一家子开设的牙医诊所。

照相馆:照相馆可谓新事物,人们感到出奇,都想试一试,盛极一时。光绪二十八年(1902),有张一臣者在兴隆胡同开办日升相馆,投资四百元,雇有店员2人,照相、洗相等一切操作都是张一臣亲自动手。当时就是黑白照片,还没有彩色照片。

还有"怡珍孚"照相馆,地址在书院街路南。怡珍孚是贾树田于光绪三十三年(1907)开办的,投资八百元,自己经营,有店员八人,规模较大,生意兴隆,与日升相馆比较起来,可谓后来居上,很有声誉。

钟表店:钟字古已有之,但非计时之器,而是乐器、酒器、钟鼎之器。钟表是近代由西方传来的新事物。我国一直以日晷计时,以打更报时,较大城市设有钟鼓二楼,以敲钟打鼓报时。有了钟表大大方便了人们的生活起居,但制造钟表是更晚的事。所以钟表店就是修理钟表,属于服务行业。光绪年间钟表店也不多,见于记载者只有一家,即翟记表店。开办于光绪十六年(1890),地址在兴隆胡同路西,店主、经理、技师都是翟银峰,一人三任。他投资一百五十元,雇用伙计3人,生意比较兴隆。

浴池:浴池就是洗澡之处,古已有之。古代洗澡称沐浴,许多书上都有记载。如《论语·宪问》云:"陈成子弑简公。孔子沐浴而朝,告于哀公曰:'陈恒弑其君,请讨之。'"我们不说陈恒夺取齐国政权之事,而只说孔子"沐浴而朝"之事。"沐浴而朝"就是上朝之前,孔子先净身,也就是洗澡,表示对君主的敬意。孔子在哪里洗澡?应该是在家里。但在佛寺及宫廷皆有浴池,称为浴堂,后来宋朝时城市民间亦有浴堂,但不叫浴堂而称香水行。所以历代都应该有浴池,清代也不例外,只是记载很少。光绪二十四年(1898),辽阳有寇福亭者在城内兴隆胡同开办了荣泉澡塘,既是财东也是经理,完全是自己经营。他投资四百五十元,雇用伙计20人,可见规模很大,顾客较多,而且多为富有者,一般人花不起钱,都在家里洗澡。当时,荣泉澡塘可能是辽阳最大的浴池。

理发:理发就是梳理头发,包括洗发、剪发、整型等,关系人们的仪表,古来十分重视,历代如此,清代亦不例外,只是发型不同而已。清代辽阳有哪些理发店铺呢？前期没有记载,后期也只见一家,即李文阁开办的永生堂,始于光绪九年(1883)。地址在西大街路北,投资一百元,雇用帮工3人,李文阁本人与帮工都应该会理发。

在清代后期,辽阳城内外还有许多摆摊售卖者,但由于缺乏记载,所以容易被忽略。根据媒体的报道,我们知道清末的西关就是一个最大的摊点。"西关一带向为五方杂处之地,而尤以下等社会中人为最多,经巡警设立后,一般下等人物自至从前之妄为。经营商业者仍多小贩而无巨商,不意近来该处顿形发达,大有蒸蒸日上之势,如某商改换门面、某商提倡筑修护城河,较之曩昔竟不啻有霄壤之别矣"[1]。

二、金融业

金融业是以货币为中心的一种交易活动,包括的范围较广,清代后期辽阳主要有钱庄、银行、银楼、当号等,这些又都随着货币的变化而决定其兴衰。

钱庄:也称钱铺,多以局为号,又称钱局。钱庄是由私人经营的以存款、贷款、汇兑为主要业务的局铺。清代辽阳的钱庄很多,有开办于道光六年(1826)的天顺钱局、兴记钱局、福记钱局;有开办于光绪元年的广兴永、广兴义、广兴仁、东升明、东升泰、玉成盛、豫丰泰、同义泰等钱局;有光绪三十一年(1905)开办的广兴海、广兴毓、东升广、东升合、永庆长、永发祥、永发春、开升合、天力信、同益泰、福兴泉、海升东、震记栈、宝恒金、玉成信、义源盛等钱局。尤其应该提到,在甲午辽阳保卫战中,清廷的军资经常接济不上,徐庆璋就以自己的信誉担保,求助他们给予垫资,这些钱铺都能从大局出发,慷慨支援,甚至达到几十万。徐庆璋在《辽阳防守日记》中有许多记载。如"电营口东征粮台周臬宪馥:省垣钱铺闭歇,各军所需现钱近掯(取、拿之意)辽城,而各钱铺自夏至今,已付出四十余万,实难支持。恳电致北洋,速运致制钱五六万串,以济急需"。又如"电裕军宪:大兵云集,需用现钱甚多。辽阳铺商实难支撑,如钱铺闭歇,各军势不安靖。辽城有危,沈垣何堪设想。当此危迫之秋,惟有从权办理,期固民心。闻户部库存制钱甚多,请速奏明饬发辽商,以资周转。日后由各商解缴银两,庶库款无亏,而大局有益"。可见,这些钱铺无偿支援,为辽阳保卫战的胜利作出了很大的贡献。

银行:光绪三十一年(1905)七月,辽阳创立了官商合办的辽阳公立银行,又称辽阳公立公司。是由辽阳十一种行业二百五十家商号集资一百二十万吊组成的股份公司。为了融资,开业后发行了二百五十万吊钱票,是以制钱为本位的兑换券,面额有一吊、十吊、二十吊、三十吊、五十吊、一百吊,共二十余种,

---

① 《盛京时报》,宣统三年四月二十二日。

便利了市场流通。但因管理不善,权商占款过多,资金周转不畅,逐渐金库已被掏空,终于倒闭。

银炉:随着商业的繁荣,货币需求量越来越大,更由于官帖、私帖信用降低,许多金店都开炉铸造金锭、银锭等,既可流通也可储藏,比一切凭帖都有保障。光绪三十一年(1905),辽阳永盛育金店开炉铸造银锭,有各种各样的形状。大锭重50两,形似马蹄,习称马蹄银。中锭重十两,形似秤砣,习称银锞子。小锭重3—5两,形似馒头,习称小银锞子。当时辽阳金店很多,但永盛育与万源和两家堪称龙头,生意兴旺。特别是铸造银锭,多为元宝形、方槽形两种,在市场上很有信誉,重量以辽阳平(以辽阳衡器为准)52.2两为一锭。是否还有铸造金元宝、金条者,缺乏记载,也未见实物,兹不赘述。

当铺:清代后期辽阳的当铺越来越多,说明人民群众的生活每况愈下。光绪三十四年(1908)出版的《辽阳乡土志·实业》说:辽阳城内有"质店三",质店就是当铺,又称当号。那么,指哪三家呢?一是城中的永隆当号,为王世芳,字正儒所开。他祖籍山东,嘉庆年间迁至辽阳城南三里庄,以商为业,在城内开设多处商铺,皆以永隆为号,故人称"永隆王家"。后因有家人在河南为官,归而仿河南形式在城内西二道街建筑宅院,占地两万多平方米,时人称之为"河南院",又称"王半城"。道咸年间,辽阳当号都是三分利,永隆号首倡减三分利为二分利,得到同行的响应,"遂为例",州牧锡以"利我生民"匾额。善举尚多,《辽阳县志》云:"城南三里庄碑记甚详",惜未见。二是城西刘二堡福泰当号。为刘德寿,字介堂于咸丰年间所开,其人性情耿直,虽读书而不喜帖括,科试不售,遂弃而经商,在镇中设福泰当号,正值王世芳提倡减利,刘德寿极力赞同,遂以二分为定例,"市民称便焉"。刘德寿也有许多善举,《辽阳县志》亦云:"平居乐善好施,戚里中有孤寡窭贫必量为饮助,其事凡百数起,及遇岁歉则出谷先行急赈,然后轻价平粜,数十里中咸利赖之。咸丰年间岁屡歉,辄施急赈,事闻议叙五品封典,乡镇间签称为善士焉"。三是城内西二道街路南的公济当号,开办于光绪二十七年(1901),是奉天官银号在辽阳设立的第一家官立当号,经理人为赵唤甫,规模较大,资本金三万元,雇用人员近三十人,后来还设立许多分号。实际,辽阳的当号不止三家,我们在同治二年(1863)的"碑记"中就可查到有德兴当、福聚当、福发当、东盛当、裕生当、源深当、怀远当等42家,以后则越来越多,无需再述。此外,还有邮传部的交通银行在"辽阳西街租赁房屋开设当铺一座,名曰普济",于宣统二年六月十五日开市,"生意颇称茂盛,闻每日持物往当者纷纷不绝",但从另一角度看,"足见我郡居民之困苦矣"①。还有报道说:"本邑官银号设立之公济当及日商所营当铺,近来

---

① 《盛京时报》,宣统二年六月二十八日。

生意十分兴旺,闻商会诸董亦欲经营此业,专为接济民困起见,利息从轻,现正招集股东云"①。过去对当号是完全否定的,今天看来有些偏激,至少可解困难者一时之需,有如今天的抵押贷款,当然不应与今天完全等同起来。当号的老板也并非全是为富不仁者,不能一概而论,应该有所区别。

清代货币,清代继承明制,银钱并行。大宗交易使用银两,人们日常生活使用制钱,俗称铜大钱。钱由官铸,白银可以自由铸造。银钱比价各地随行就市,两者之间并无稳定的比价关系。从顺治到嘉庆年间,是银钱比价相对稳定的时期,基本上稳定在制钱一千文兑换白银一两。从嘉庆到咸丰年间,由于白银大量外流(如各种赔款),出现"银贵钱贱"的局面,从一千二三百文涨到两千文,甚至到两千二三百文不等。从咸丰初期直到清亡,由于制钱铸造成本太高,出现"钱贵"局面,最后制钱走向崩溃②。所以如此,由于外国资本主义侵略的加剧,国内太平天国、捻军起义已占据江南、江北的半壁河山,内忧外患,危机四伏,大量的军费开支,使财政陷于枯竭。为了挽救这种局面,采取了饮鸩止渴的办法,开始制造咸丰虚值大钱。这种钱分为两种:一是当百文以下者名之曰咸丰重宝;一是当百文以上者名之曰咸丰元宝。全国有 28 局先后开炉鼓铸,出现了中国货币史上最严重的恶性通货膨胀。咸丰大钱币制极度混乱,"大小错出,轻重倒置",比比皆是。如当五十钱的咸丰重宝,大者直径 60 毫米,重量 80 克;小者直径 46 毫米,重量 30 克;而同时有当百钱者直径只有 50 毫米,重量 63 克,比五十钱还小、还轻。所谓咸丰元宝,有的面值一百文比五十文大不了多少,就等于白银五两,不一而足。大小轻重失去了统一的等级标准,出现了私人改小钱融铸大钱,从中取利。过去都是用红铜铸造制钱,这时则是五花八门,除红铜、黄铜及铅、锡外,还有大小铁钱,制作精粗不一、版式纷繁,仅仅大小重宝就多达五百种左右,在世界制币史上亦属罕见③,如此做法,无疑是对人民群众的一次巨大掠夺。

由于币制的混乱,适应商品流通的需要,奉天的盖平最早出现了私帖。所谓私帖就是私人钱庄、商号等发行的钱票,以此可以兑换银、钱,可以替代现银、现钱流通,简易方便,颇受商民欢迎,时称"虚票",就是以制钱为本位的兑换券。当时,盖平有天兴、天德、东来、永记、恒记五大钱庄,资本雄厚,广出"虚票",互相辗转磨兑,影响甚广,号称"五大磨"。不仅在盖平使用,在辽南各县都有流通。在其影响之下,各地都纷纷效仿,辽阳也出现了私帖。清政府虽然严加禁止,但终难禁绝。甲午战后,商品经济进一步发展,由于银钱均感

---

① 《盛京时报》,宣统二年五月初三日。

② 参见陈新余:《晚清机铸制钱的问世与消亡》,载《中国钱币》2013 年第 6 期。

③ 参看高汉铭:《简明古钱辞典》(增订本),中州古籍出版社 2008 年版,第 383—384 页。

缺乏,"铺商交困",使商贸活动受到极大影响。甲午冬,经盛京将军裕禄奏请,设"华丰官帖局",从此奉天有了官帖。所谓官帖,就是由各级政府通过其所设立的金融机构,即官银钱号发行的钱票。光绪二十二年(1896)五月,依克唐阿继任盛京将军,为了整顿钱法,取消了官帖局,从德国购买机器铸造银元,但数量有限,仅流通于省城,因此私帖泛滥。依克唐阿不得不于光绪二十四年(1898)再设"华盛官帖局",恢复印发官帖,市场局面渐有转机。可好景不长,义和团运动爆发,俄国乘机占领东北,接着又爆发了日俄战争,许多钱铺、商家被抢掠,不能归还所借官帖,官帖局无法营业,面临倒闭。日俄战争后,外币大量进入,主要是日本的军票、俄国的羌贴等,甚至超过省内中国货币的流通量,出现了"主客异位,轻重失权"的怪现象。时任盛京将军的赵尔巽,为抵制外币侵夺,谋求币制的统一,光绪三十一年(1905)冬,筹集官银三十万两,在奉天创办官银号,仍以东钱为本位,发行官帖,有银两票、小银元票,也发行了多种吊数的制钱帖票,统称奉票。严禁各地再出私帖,"省垣悉数断绝",但各地依然如故,甚至私帖越发越多,直至民国去吊改元,废除制钱,实行了统一的奉票。

在上述币制的混乱变化中,真正受害者是广大的人民群众。由于银元、制钱越来越少,官帖、私帖等纸币越来越多,"纸币愈多,银元愈少。愈多愈贱,愈少愈贵"。因此"纸币之价格日低,积至今日十仅值一,百物腾贵,民穷财竭,甚可忧也"①。辽阳私帖也很多,最后许多钱庄纷纷倒闭(有的是假倒闭),时称荒闭,他们发行的私帖不能兑换,时称荒帖。州署虽令自治会、商务会核查实情,尽量给予兑换。根据当时的报道,仅举两例以供参考。

"宗室锡寿前开玉成盛,荒闭之帖尚有九十余万未及收回,饬经商务会、自治会核议,荒帖按二成,荒条按一成开付,共需款十二万余吊,现已措齐,定于正月二十日开换,至二月十五日为止,毋得延误,致成废纸云云"②。"本邑东升广、广兴义荒闭后,荒帖甚未经开付,昨州出示谓:准商会牒称东升广等号东,实系财产净尽,无可再追,按照交案之产核议,减成开付。东升广荒帖每一吊付钱二百五十文,银元条每元付洋一角。广兴义荒帖每一吊付钱一百六十文。由五月初十日开付,至二十五日截止,其各遵照前往领换,勿行迟延自误云"③。不难看出,无论握有荒帖或荒条能够兑换回来者最多为二成(百分之二十),最少为一成(百分之十)。尽管如此,绝大多数得不到兑换,许多"号东"早已逃之夭夭,荒帖、荒条皆成废纸。

---

① 《辽阳县志》,卷二十七。
② 《盛京时报》,宣统元年正月初九日。
③ 《盛京时报》,宣统元年四月初五。

　　为了推动商业的进一步发展,清政府要求各省建立商会组织,以便为商家解决一些难于处理的问题。光绪三十二年(1906)三月,盛京将军赵尔巽"亦鉴于商战之胜负,关系国势之强弱,乃遵照部章奏请设立商务局"。成立后,即派人分赴各地劝办商会。不久,各地商会纷纷建立起来,奉天、营口、安东设立商务总会,辽阳等三十八处设立分会,还有青堆子等十六处设分所①。辽阳州商务分会设在画棚胡同,规模较大,有"议场五间、办公室三间、夫役室三间、厨室一间、储藏室二间"。经过磋商,"公举拔贡赵祖昌为商会总理,置司事、会计各一员"。成立商会的目的,按照商部规定主要有四点:一、调查商务,反映商情。即调查商业的现状,如情况都不了解,谈何改进、发展辽阳的商业,这应该是前提条件。二、研究商学,开办学堂。商业是一门学问,用今天的话说就是必须了解市场的供求关系状况,据此决定开办什么商行、商店,防止盲目性,开办商学堂,培养真正懂得商学的人才。三、协和商情,调解商讼。商行、商店之间,难免有分歧、诉讼之事,商会可以出面调解,妥善解决,不必诉诸官府。四、改良商品,扩大销路。诚如有人所说:"农工商亦皆固陋守旧,无进化思想,故一受外潮之激刺愈觉形见势拙云。"②商会的设立就是把涣散的商人组织起来,既便于官府管理,也有利于共同抵御外商势力的压迫,破除旧的行帮组织(如山西帮等),有利于商业经济的近代化。辽阳商会成立后,都做了哪些工作,不见记载,不可妄断。民国时期商会还一直存在,改称辽阳县商会,1916年赵祖昌辞去总理职务,公举李荣玺、帅文秀为正、副会长。会务繁忙,人员增多,解决许多实际问题,似乎做了清末商会应该做的事,推动了辽阳商业的发展③。

　　三、商品的输出与输入

　　营口开港后,东三省货物之输出与输入主要是通过营口港,后来大连、安东相继开港,皆可输出、输入货物,但辽阳主要还是通过营口、大连出入口货物,很少从安东出入口货物。

　　根据光绪三十四年(1908)出版的《辽阳乡土志》提供的材料,辽阳每年输出、输入商品的情况,制成下表以供参考。

---

　　①　《奉天通志》,卷一一五。
　　②　《辽阳乡土志·实业》。
　　③　参见《辽阳县志》,卷二十七。

输出类	销场	额数	单价	总计	运路
高粱酒	营口	三十万提	一角五	四万五千元	水陆
豆饼	营口、大连	三十六万斤	一元	三十六万元	水陆
豆油	营口	五十四万斤	一角	五千四百元	水陆
生丝	盖州	七十万两	一角五	十万五千元	陆运
茧绸	吉黑二省	一千八百匹	五元	九千元	陆运
洋线口袋	吉江二省	三万五千条	四角	一万四千元	陆运
车瓦	长春府	十六万斤	七元	一万一千二百元	陆运
梨干	各直省	五千斤	四角	二千元	陆运
石灰	盛京铁岭	三百万斤	四角	一千二百元	陆运

以上为辽阳加工品,输出共值五十六万一千八百元。此外,尚有非加工之土产,见下表:

输出类	销场	额数	单价	总计	运路
高粱	营口、大连	二十五万石	四元	一百万元	水陆
黄豆	营口、大连	二十三万石	七元	一百六十一万元	水陆
小米杂粮	营口	十万石	四元	四十万元	陆运
粳米	盖州	一万石	一元五	十五万元	陆运
苘麻	营口	八万斤	四元	三十二万元	陆运
蜂蜜	南省	三千斤	一元五	四千五百元	陆运
黄蜡	营口	七千斤	四角	二千八百元	陆运
五味子	南省	一万八千斤	二角	三千六百元	陆运
细辛	南省	八千斤	一角五	一千二百元	陆运
荆芥	南省	五千斤	一角五	七百五十元	陆运
地骨皮	南省	四千斤	五分	二百元	陆运
木贼	南省	四千斤	六分	二百四十元	陆运
防风	南省	三千五百斤	六分	二百一十元	陆运
苍术	南省	一千斤	七分	七十元	陆运

以上为辽阳土产,输出共值三百一十七万六千八百九十元,两项共输出三百七十三万八千六百九十元。

输入类	来源	额数	单价	总计
大尺布	山东	一万五千件	七十二元	一百零八万元
清水布	山东	四千五百件	四十八元	二十一万六千元
套布	山东、直隶	一千五百件	四十五元	六万七千五百元
海纸	福建	三万五千块	一元八	六万三千元
甲纸	福建	四千五百篓	二元八	一万二千六百元
红糖	台湾	一万五千包	九元	十二万五千元
清皮糖	台湾	五千包	八元	四万元
冰糖	福建、台湾	二千五百包	六元	一万五千元
白糖	台湾、福建	五千包	十二元	六万元
川连纸	广东	一千篓	七元五	七万五千元
白观纸	广东	三百扛	十元	三千元
锭子烟	两湖	一千箱	十三元	一万三千元
青丝烟	广东	四万五千斤	三元五	一万五千七百五十元
老叶烟	广东	三百箱	三十六元	一万零八百元
茶叶	安徽	五万斤	七角	三万五千元
官粉	广东	二百具	十五元	三千元
洋白面	上海、香港	十二万袋	二元二	二十六万四千元
江北棉花	湖南、上海	二万四千斤	二角	四万八千元
叶烟	吉林	二十万斤	一角五	三万元

以上商品除叶烟由陆运而外,其他都是由营口水陆转运而来,大部分是国产,少量出自租界输入,共值二百一十一万九千一百五十元。此外,尚有从国外输入之商品,见下表:

输入类	来源	额数	单价	总计
打连布	外洋	一千六百件	九十元	十四万四千元
花旗布	美、英、日	二千六百件	一百一十元	二十八万六千元
苎布	外洋	二万匹	八元	十六万元
漂市布	外洋	五千匹	七元	三万五千元
羽绸	外洋	八千板	七元	五万六千元
洋线	外洋	七千件	一百二十元	八十四万元
粉连纸	外洋	一千扛	八元	八千元
白糖	外洋	一万二千包	十二元	十四万四千元
冰糖	外洋	五千包	七元	三万五千元

续表

输入类	来源	额数	单价	总计
洋火	日	一万箱	五元	五万元
火油	美	二万五千箱	三元	七万五千元
靛油	外洋	一千五百桶	八十元	十二万元
洋连纸	外洋	一千篓	七元五	七千五百元
洋蜡	外洋	五千箱	四元	二万元
烟草	日、英、美	二万匣	一元	二万元

以上外国进口商品皆通过营口、大连水陆转运而来,共价二百万零五百元。国内外两项输入共价四百十一万九千六百五十元。应该指出,外国输入商品仅举其大宗,如钟表、仪器、文具、玩具、酒类等尚未包括在内,亦很难统计,但这些商品的输入呈现有增无减的趋势,每年消费亦非小数。"近年来本邑商业最称发达,当首推油房、各烧锅、粮栈。惟去年商业最得利者为杂货铺,油房等咸不如往年远甚,推原其故,因近来洋商制造油饼均各自用机器故。各油房之销售不广,而获利遂甚微矣"①。

清代后期,东北的民族工业,包括传统手工业和近代新式工业确实有较大发展,但新式工业则刚刚起步,很多尚未解决动力问题,竞争力很差。尤其在外资的压榨下步履艰难。辽阳有人早见及此,呼吁及时改进工艺,以求自救。曰:"工艺既安于窳败,则输入货值必赢于输出,商务且日形其困。辽阳铁路交通由大连、营口输入洋货税则既轻,价格自廉,故人竞趋之。若不急求抵御,华商凋敝何堪设想。现计城乡各行铺户不下三十行,一千余家,多半仰给于外货及各省货,而输出值仅抵输入货值十分之四五。盖缘工无良法,商人专赖土产生货与外人交易,土产不增而销用渐广是漏卮也。言商战者可弗急思挽救欤!"②

第四节　外国资本的进入

甲午战争之后,沙俄与日本的侵略势力先后进入辽阳。沙俄在修筑中东路支线过程中,不仅强占土地,还攫取铁路两旁的所有煤矿。出兵镇压义和团之后,拒不撤兵,实行残暴的殖民统治。在日俄战争中,日军既霸占了本溪煤矿、烟台煤矿,并觊觎弓长岭、鞍山等地铁矿。战后,日本在辽阳的企业最多,

---

① 《盛京时报》,宣统三年正月十二日。
② 《辽阳乡土志·商务》。

应有尽有,严重地阻碍了民族资本主义的发展。

一、沙俄的经济入侵

由于地缘上的关系,沙皇俄国是最早侵略我国的国家。自十七世纪中期,波雅科夫的"远征队"就翻越了外兴安岭侵入了我国的精奇里江、黑龙江流域,标志着侵略中国的开始。从此,沙俄的侵略势力进入黑龙江地区,杀人掠地,罪恶滔天。甲午战争之后,特别是在修筑中东路支线哈大路的过程中,沙俄的侵略势力逐渐进入吉林、盛京地区。他们在勘定路线时,"不论田地、荒垠、沟洼、壕甸、居房、坟茔,分路钉立木桩",甚或街道、豪宅大院一律圈占。在义和团运动之前,沙俄在怀德(今公主岭市)、奉化(今吉林梨树县)、昌图、开原、铁岭、承德(沈阳)、辽阳、海城、盖平、复县和金州等地,先后占去土地十万零四千余亩[①]。盛京将军增祺奏称:"惟自兴工以来,强占民房,刻待土工,无不痛心疾首。"[②]在辽阳勘定路线时,竟然紧邻城的北门、西门通过,占去了所有的田园、庐舍、茔地,引起农民群众的不满。有李成者联名五百多人,上书官府为之交涉,要求将路线西移,否则以死进行抗争。他们在呈文中说:"西北关共计千百余家,所持以生活者惟此茅屋数间、田地数亩,界外别无生产。不意上月已被铁路占据十分之一,挖壕为限。迄今未给分文,乃于十七日忽又将身等屯房、园田、坟墓展占无遗,并于八九月间一律迁移。"致使人们走投无路,有的"哭不成声,甚有因忧成疾,恶生欲死者",无奈之下要求官府为其做主。因此,辽阳州也要求照会沙俄将铁路"转移道西"[③]。迫于广大群众的压力,沙俄不得不将铁路西移(即今天的线路),答应了中方的要求。这一胜利,也鼓舞了群众的斗志。

除了哈大路之外,沙俄可能还想修筑辽阳至凤城的铁路。光绪二十九年(1903)十一月十二日,增祺接到袁世凯的电询:"传闻俄造路,由辽达凤,已派人勘量,确否祈示"。于是,增祺要求奉天交涉总局进行调查:"究竟是何情形,有无钉立木桩,亟应按照由辽达凤一路沿途详细勘查明白"。奉天交涉总局"除密饬辽阳州勘查外",另派委员房象庚沿途进行查看。据房象庚禀称:"查得俄人于九月间,由辽西关车站起,沿城外北面太资河岸钉立木桩,直赴城东赴凤大道之鹅眉庄东、小屯子西一带截止,约距城二十余里。该处现有堆积石头十有余方,此东路所立之木桩也。又查由西关车站起,从城外南面绕至城东南三里庄、打白狐、巴家冈子、戴二屯一带截止,约该各屯距城计二三十里不等,此东南路所立之木桩也。查此二路均系赴凤大道,惟由正东路赴凤城,

<hr>

① 辽宁省档案馆藏:《奉天交涉总局》,第 289 号。

② 故宫博物院明清档案部:《义和团档案史料》(上册),中华书局 1959 年版,第 307 页。

③ 辽宁省档案馆藏:《辽阳州详为西北两关民房地亩现被铁路划占,可否照会转移道西绘图请核由》,光绪二十八年七月。

山多而大势,非由摩天岭经过不可;而由东南路赴凤城,山小而微平,且视东路可近八十里。闻立木桩之时,相传由此两路中踩择,为赴凤造修铁路起见。"① 沙俄拟造"由辽达凤"的铁路,绝非传闻而已,应该是确有的计划,既已立桩,又"堆积石头",可看作筑路的前期准备。俄国的统治者应该知道,俄日之间必有一战,他们能够想到日军只有重走甲午战争的老路,从朝鲜渡江进攻对面俄军的防线,然后展开向纵深发展,夺取凤城、本溪,决战辽沈或哈尔滨。为了打赢这场战争,修筑一条"由辽达凤"的铁路是十分必要的。实际早在光绪二十四年(1898)闰三月十七日中俄签订的《续订旅大租地条约》第八款中就规定:中国政府允准,俄国从东省铁路"干线至辽东半岛营口、鸭绿江中间沿海较便地方,筑一支路"②。这就是说,在确定以大连、旅顺为支路终点之前,"鸭绿江中间沿海"之地也是考虑选择之一。在日俄之间战争迫近的时候,俄国想修"由辽达凤"的铁路是完全可以理解的。但究竟什么原因,放弃了这一计划不得而知,这可能成为俄国在战争中失败的原因之一。相反,日军渡江之后就从安东向北修筑一条轻便的铁路,经凤城、本溪最后到达沈阳,即所谓安奉路。在运兵、输送战争物资方面起了巨大的作用,成为日本战胜俄国的重要原因之一。

在修筑哈大路的过程中,沙俄还在沿路及车站两侧强占大量的土地,作为"铁路附属地",实际就是他们的殖民地。辽阳的"铁路附属地",南起南大营,北至北哨,西起徐往子,东至护城河,面积达到 183534 平方米,使成千上万的居民倾家荡产,无以为生。不仅如此,他们在"铁路附属地"内设置"奉天省交涉总局",总揽当地居民行政、司法权,审理中国人与俄国人之间的刑事与民事案件,建立行政警察和铁路警察,又在徐往子和北哨建立兵营,实行驻军,即西大营和北大营。在"铁路附属地"内,他们可以移民、开办工厂、经营商业,设立学校等,有种种特权,简直就是"国中之国"。至于在辽阳有多少俄国移民,开办过多少工厂,经营过哪些商业,设立过什么学校等,不见记载,不可妄断,只好暂付阙如了。

除了"铁路附属地",沙俄还以"租"为名,强占大量的土地作为"俄兵春秋操演之用"。这种情形所在多有,仅以辽阳为例加以说明。请看辽阳铁路交涉总局的一篇呈文:"光绪二十九年四月初六日,准铁路总管纪道夫面称,在辽阳铁道西租得民地七千余亩,计长十里,宽五丈,以备俄兵春秋操演之用。当经邀同该处保长议明,每亩每年租价俄帖一元五角,仍准耕种禾稼,惟不得栽种高粱,致碍操演枪炮标准,请出示晓谕,并称须五日内即办,等情。除分呈

① 辽宁省档案馆藏:《奉天交涉总局给增祺呈》,光绪二十九年十二月初四日。
② 转引自刘培华:《近代中外关系史》(下册),北京大学出版社 1986 年版,第 67 页。

外,理合呈请宪台察核示遵。"①所谓租,就是强占,如果是租,既可以租,也可以不租,什么时间租,由地的主人说了算,为什么必须在"五日内即办"呢?实际,辽阳铁路交涉总局当天就批"准"了,第二天就呈报给增祺,可见办事速度之快,深恐五日内办不完。没有一点商量的余地,怎么叫租呢?再说"租价",给的是"俄帖"(时人都称羌帖),俄国人等于没有花钱,因为所谓俄帖他们可以随便印,即使给了也是一堆废纸。还有"仍准耕种禾稼"之说也是谎言,不论种什么,如果在里边操演枪炮还能有收获吗?大量的农田被荒废,农民何以为生。日俄战争前夕,俄军为了修筑防御工事,竟然扒毁城墙,铺设铁路,在城外周围几十里以内挖壕沟,修堡垒,占地不计其数,许多禾稼被破坏,许多房屋被拆掉,许多耕牛被抢杀,骡马猪羊、鸡鸭鹅狗被掠去,甚至奸淫妇女、开枪杀人,不一而足。总之,受害最深的是农民,农业遭到严重的破坏。

在修筑哈大路的过程中,沙俄就对沿途的煤矿怀有觊觎之心,前已提到辽阳天利煤矿就曾与俄员纪道夫合股开采。除此之外,他们还在烟台矿区廉价收买龙票,攫为己有。光绪二十五年(1899),有矿商赫松林、李润、刘禄秀、祝恩隆、韩潮等"所开煤窑,因赔累甚苦",先后将祖传煤矿的龙票出卖给俄人。即所谓"租与俄人烟台炭坑支坑",每人得银一万两②。赫松林的先人为希拉布,李润的先人为李申,刘禄秀的先人为刘恩明,祝恩隆的先人为祝天福,韩潮的先人为韩穆(实为兄长),他们都是在嘉庆十七年(1812)领得龙票,开采煤矿已近八十年,他们各自的矿界前已述及,即花家洼、大窑堡、茨儿山、矾盛堡、磨脐山等地,规模都不是很大。俄人买到龙票后,陆续进行开采,他们"开凿斜井和竖井各两个,矿工达数百人,年产煤炭两万吨。同时,为了运煤方便,他们还修建了从炭坑(铧子)到烟台(灯塔站)的铁路,全长15.5公里③。这样就使铧子矿与哈大支线连接起来,大量的煤炭能够快速运出,有的可以运回本国,有的可以运到大连港转口外销。正在他们积极筹划扩大开采铧子煤矿的时候,义和团运动发生了,许多矿坑被烧毁或遭到严重破坏,整个煤矿陷于停顿状态。

为了镇压义和团运动,沙俄不仅参加了八国联军,还乘机出兵占领了整个东北。光绪二十六年(1900)闰八月初五日,俄军占领了辽阳,实行殖民统治,直至日俄战争结束。

① 辽宁省档案馆藏:《辽阳铁路交涉总局为俄员在辽阳租地以备俄兵春秋操演事给增祺呈》,光绪二十九年四月初七日。
② 《辽阳县公署档》,第264号。
③ 《灯塔县志》,辽宁人民出版社1990年版,第237页。

二、日本的经济入侵

日俄战争之后，日本对东北的经济侵略逐步加深，尤其是"满铁"发挥了重大作用。所谓"满铁"，即设立于1906年的南满洲铁道株式会社，是日本在东北设立的特殊殖民统治机构，对日本政府来说它"负有开发满蒙"的特殊使命。它不仅直接经营铁路，还经营港湾、煤矿、炼铁厂等，后来更以股份投资的形式渗透到农、工、商各业，实行"综合经营"，形成一个庞大的垄断集团。日本学者井上清说："如果把都督府比作日本统治南满的大脑，那么南满洲铁路株式会社（满铁）就是它的大动脉。"①应该指出，辛亥革命前"满铁"集中力量经营铁路、港湾、煤矿，尚无余力经营更多的事业。随着"满铁附属地"（比沙俄时有所增加，以车站为中心，东起西关外沿西城垣直至赵家林子以西，西至徐往子、小庄、北园以东，南起南大营以北，北至三道壕以南。呈南宽北狭的局面，占地36805亩）的扩大与日本领事馆在各地的设立，如营口、辽阳、奉天、铁岭、安东、长春等地，交通便利，资源丰富，人口众多，市场广阔，成为日本大小财阀投资的首选目标。然而不应忘记，有许多企业，特别是与煤铁资源有关的企业，是通过战争掠夺的手段攫取的。

工矿业：日俄战争时期，日军渡过鸭绿江之后，相继占领了九连城、安东、凤凰城等地，进入辽阳境内，拿下摩天岭，到达弓长岭一线。在这期间，日本为了军事上的需要，从安东奔向沈阳修建一条轻便铁路，随着军事的进展陆续向北延伸，以便运输军事物资。这时，日本大仓财阀即派人沿着铁路线进行煤铁资源调查，在军方的支持下强占了当时属于辽阳的本溪湖煤矿，定名为"大仓组采炭所"，借口战争需要立即进行非法采掘，虽经多次交涉，拒不交还。战后实行所谓中日合办，但完全受日本控制，不久本溪设县，已与辽阳无关，不再论述。1904年9月4日，日本占领了辽阳，同时也占有了觊觎已久的烟台煤矿。还有许多矿商经营的煤矿，也被他们相继掠去。日军强占烟台煤矿后，就借口该矿"已全归俄国人经营，而且专为东省铁路的利益而开采"。意思是说，该矿都是俄国人的资产，与中国无关，所以不能归还。他们成立了"烟台采炭所"，霸占了整个矿区。1905年3月10日，日军攻下抚顺，随即占领了全部抚顺煤矿。不仅强占煤矿，任意开采，而且拒绝交税，理由是火车所运之煤属于战利品，又在战时不能纳税。虽屡经交涉，终未解决。战后，抚顺、烟台煤矿问题成为中日之间五大交涉案件（还有新法铁路、大营支路、京奉铁路展至奉天城根、安奉铁路问题）之一。这所谓"五案交涉"，经过将近四年的谈判，终于在1909年9月4日双方签订了《东三省交涉五案条款》。其他四案与辽阳无关。只将抚顺、烟台煤矿条款介绍如下：

---

① ［日］井上清：《日本帝国主义的形成》，宿久高等译，人民出版社1984年版，第258页。

第三款,抚顺、烟台两处煤矿,现将中日两国政府和平商定如下:

甲,中国政府认日本国政府开采上开两处煤矿之权;乙,日本政府尊重中国一切主权,并承允上开两处煤矿开采煤斤向中国政府应纳各项,惟该税率,应按中国他处煤税最惠之例,另行协定;丙,中国政府承允上开两处煤矿开采煤斤出口外运时,其税率应按他处煤斤最惠之例征收;丁,所有矿界及一切详细章程,另行派员商定①。

根据这些条款,日本承认中国对抚顺、烟台两处煤矿拥有主权,日本只有开采权;日本开采煤矿必须照章纳税,但应给予"最惠之例",至于详细章程还要另行商定。再经过一年半之久的谈判,最后于1911年5月12日签订了《抚顺、烟台煤矿细则》,共十四条,主要是按煤价的百分之五交纳出井税;由海口运出之煤,每吨交纳海关税十分之一两;所有内地之赋税如厘金、杂派等一概豁免;每天"满铁"会社自用煤七百吨,可以免税;两处煤矿界内不能再允许任何人采掘;以六十年为限,如至期煤尚未采尽,还可延期②。不难看出,这个《细则》完全满足了日本的要求:一是税率低到世界最低的程度,每天再有七百吨免税,可见纳税就很少了。二是完全独霸了烟台煤矿,今后不能再允许任何人开采,已经允许他人开采的要立即取消。三是开采六十年,没有采尽还可延期,直到采尽为止。之所以定为六十年,说明他们已经对烟台煤矿进行了全面准确的勘测,如果不是战败投降,再继续开采二十年不就"采尽"了吗?

1907年三月,"满铁"正式营业之前,就在"满铁"大连总部设立了满铁"调查部",是为日本推行侵华政策服务的情报机构。调查内容包括军事、经济和民事等诸多方面,也就是全方位地提供情报。从经济方面说,地上的产业,地下的资源,都要调查清楚,为其经济掠夺提供可靠的情报。如光绪末年,奉天矿政局发现一份"满铁"调查部的《矿产调查报告》,并转发各地参考,其中说:"奉天矿产素称繁富,外人视线毕集于兹,近来调查报告之书,实以满铁会社之本最为精确。兹从秘密觅得原著,特为译出刷印多本,送请分布……因本披阅此项报告书于奉天各种矿产调查极为详备,且地层地质一一载列图中,了如指掌,实为我国官书所不及,亟应分发各属,以备参考"③。事实上,调查部成立后就派人到鞍山、海城、弓长岭一带进行非法勘查,先后发现东、西鞍山、樱桃园、王家堡子、弓长岭等地矿产资源十分丰富,尤其是铁矿储藏量惊人。他们垂涎欲滴,急于攫取开采权。1909年,日本先后提出开采鞍山、弓长岭铁矿的要求,遭到清政府的拒绝。当时,大汉奸于冲汉担任设在辽阳的奉天

① 王芸生:《六十年来中国与日本》(第五卷),生活·读书·新知三联书店2005年版,第214页。
② 《宣统外交史料》,卷二十一,第4—6页。
③ 《辽阳县公署档》,第8703号,宣统三年七月初八日。

交涉局局长,极力效劳,仍然没有成功,直至清朝灭亡。日本当然不会死心,仍然利用于冲汉为其出谋划策,不达目的决不罢休。他们通过收买、行贿、欺骗等卑鄙手段,以中国商人于冲汉与日本商人镰田弥助(实际是满铁所的所长)的名义合资开办"鞍山振兴铁矿无限公司",终于取得东鞍山、西鞍山、樱桃园、王家堡子等八处铁矿的开采权。1916年4月17日,于冲汉拿到了北洋政府农商部发给的八张矿照,他"圆满"地完成了日本主子交给的任务,自然得到了不菲的奖赏,从此成为死心塌地的日本走狗。这时,已经是1916年的10月了。继而又以同样的手段于1919年成立中日官商合办弓长岭铁矿无限公司,同时即拿到了矿照。这时,已经是1920年了。名义上是合办,只是为了掩人耳目,大权完全操纵在日本人手里。

"满铁"正式营业之后,在辽阳建立了"辽阳铁路修理工厂",主要是承担铁路车辆机械及器具的修造业务,厂址位于今辽阳火车站北部路东不远处。不久改为车辆段,有中国工人411名。据宣统二年(1910)统计,当年的产值为210258日元。后来,"辽阳铁路修理工厂"撤销,与光绪三十四年(1908)新建的大连"沙河口车辆厂"合并。由于大量货物运输的需要,还在大连码头和辽阳、奉天、铁岭、开原、长春等十六个火车站实行仓库保管业务,除露天保管免费外,一律收费,并特邀明治火灾保险公司等十个公司,对寄存货物实行火灾保险。

与铁路运输有关的还有山口运输公司,在辽阳设有支店,专办包装铁路货物,并代办大阪商船株式会社的货物运输及搭客等,用现在的话说就是物流业,当时很是兴盛①。

据载:"亚细亚煤油公司囊日拟在奉省各埠筑成油池,以资扩充销路。兹闻该公司在辽阳车站南兴筑油池及所属房屋工程刻以告竣,并于天津招工到辽,以油箱、油罐等件在辽制造,并闻该公司建油车数辆,容量四十吨者,与南满铁路火车连接,在营、辽两埠间行驶,以便煤油之运输。刻已由该公司与南满公司商议云。"②

金融业:甲午战争后,随着中日贸易的增加,日本的金融业也逐渐渗透到东北,最早有朝鲜银行。甲午战争后,日本占有了朝鲜,夺取了台湾,分别设立了朝鲜银行、台湾银行,成为从经济上进行统治的金融机构。朝鲜银行总行设在朝鲜京都汉城(今名首尔),资本金四千万日元,是日本在东北进行统治的主要金融机构。发行纸币,吸收存款,并通过外汇和信用业务,大力扶植日本在东北的殖民企业。廉价收买原料,高价出售工业品,并为日本金融寡头扩大资本输出。朝鲜银行在东北三省设立支行,有大连、旅顺、营口、辽阳、沈阳、铁

---

① 《盛京时报》,宣统二年二月二十八日。

② 《盛京时报》,光绪三十四年十二月初一日。

岭、开原、安东、四平街、长春、哈尔滨、傅家甸等十二处。

正金银行:设立较早,总行设在日本对外港口城市横滨,所以又称横滨银行或横滨正金银行。资本金一亿日元,是从经济上侵略我国的急先锋。凭借日本在军事、政治上的势力发行正金钞票,榨取我国人民的膏血。光绪二十五年(1899),首先在营口开设支行,主要办理日本和东北之间的贸易汇兑,从光绪二十八年(1902)起发行银钞(以银为本位的纸币)。从光绪三十年(1904)起在东北各地增设支行,主要有奉天、旅顺、大连、营口、辽阳、铁岭、安东等地,大量发行所谓银钞。每年秋冬季节用银钞大量收购粮食、豆类运回日本或欧洲;春夏季节从日本输入各种商品,投放东北市场,可以收回放出的银钞。甚至还向东北当局提供贷款,利息很重,多半以五年为期还清本息。就是通过这些手段掠夺我国的资源,吸吮我国人民的血汗。"自日俄战后,该行赖本国政治之作用,势力日见扩张。在东三省所发金票为数颇巨,东北之金融几为该行所垄断"①。

据传:"侨寓辽阳日绅准备设立银行",《盛京时报》于光绪三十四年(1908)八月二十八日有报道,不知是否设立,没有见到下文。

此外,日本还在东北地区开设保险公司,光绪三十二年(1906)二月,明治生命保险会社在大连开设代理店,接着帝国生命保险会社也在大连开设代理店。在旅顺则有帝国生命、大同生命、东京海上、日本火灾四家保险会社开设代理店。此后,在营口、奉天、安东、辽阳、抚顺、长春等地都有日本商行代理保险业务。

建筑业:日俄战后,日本竭力经营满洲,大量向东北移民,开发铁路附属地以及投资设厂等,带动了建筑业的迅速发展。日本人在各地成立许多工程局和洋行,承包官署、企业、住宅、铁路等各种工程。日本在辽阳、张台子就开设有饭塚工程局,为了招揽生意,经常在《盛京时报》上刊登广告云:"包办一切建筑工程,并发卖所用材料等件"。不仅可以施工,还"发卖"各种建筑材料②。

光绪三十二年(1906)七月,日本还在辽阳开设有三个砖瓦窑,生产砖、瓦等建筑材料。规模较大者有"辽阳林洋行砖瓦工厂",资本金54 878日元,有中国工人220名,每年产量为3848千个,总价格是41 561日元,可见获利不菲③。

中日合办电灯公司:知州史纪常在宣统三年(1911)八月,与日本驻辽阳领事铃木要太郎经过多次协商,最后双方达成协议:决定成立辽阳电灯公司,经营辽阳城内及"附属地"内的电灯及电力供给业,装机容量为200千瓦,供

① 萧一山:《清代通史》,华东师范大学出版社2006年版,第1597页。
② 《盛京时报》,宣统元年正月初八日。
③ 孔经伟:《清代东北地区经济史》(第一卷),黑龙江人民出版社1990年版,第679页。

应 5400 个电灯。资本金 12 万元,其中"满铁"出资 10 万元,中方出资 2 万元。九月初七(10·28),电灯公司在佟家街开建发电厂,于 1912 年 3 月竣工,共架设电线 285667 米,安装照明电灯 8333 盏,超过了原来的预定,供电方式为三相三线式,单相电压 110 伏,由抚顺供给电力。5 月 1 日,开始对外营业,夜间送电,沉闷的夜空为之一扫。

商贸业:日俄战争之后,日商逐渐增多,商品贸易有了很大的发展,在整个奉天地区除了营口、大连、沈阳、安东之外,辽阳的日商企业最多,根据宣统元年(1909)的统计,辽阳有特产及贸易业 5 家、食品杂货业 13 家、旅馆饭店 2 家、医药 1 家、服装布匹 4 家、煤炭 2 家、其他 4 家,总计 31 家。抚顺总计 30 家、铁岭 25 家、本溪 15 家,其余都不超过 10 家①。

光绪三十二年(1906),日本在东京成立东亚烟草株式会社,资本金三百万元,在朝鲜和中国制造贩卖各种卷烟,并在大连、奉天、辽阳、铁岭、安东等地设立办事处。后来在营口成立东亚烟草株式会社清国制造所,资本金一百万元,设备有烟丝机和自动卷烟机,生产能力日产可达一百万支,雇用四五百中国工人,其中多为十到十六岁的童工,可见剥削之残酷。生产原料最初用日本和美国的烟草,后来都用东北产的黄烟,日产三十万支。所谓办事处就是产品宣传,招揽代销商等。逐渐吸烟的人多起来,辽阳更是如此。据光绪三十四年(1908)的统计,输入辽阳的卷烟就达两万匣,每匣一元,每年消费就是两万元。

冈田酱园:它是日本在辽阳开设的私人企业,业主冈田藤太郎,他是日俄战争后的第二年随侵华日军来东北地区的移民,即落户于辽阳城外附属地内。其父冈田松助是酿造酱油的技术工人,所以来到辽阳城内别的行业干不了,只好重操旧业,当时是小本经营,属于家眷作坊,只能命名冈田酱园,不能取什么株式会社之类的名称。因为资本不多,只能自己生产,自己销售,雇不起工人。当时生产出来的酱油仅供给日本人购买,一般中国人不习惯用外国人生产的酱油,有的多以大酱当酱油。首先食用冈田酱油的是"南满铁路"工人及常与日人来往的日本商店里的中国职工,渐渐人们也就吃开了。另外,在"南满铁路"沿线的城市均有冈田酱园的代理店和分销处,甚至波及更远的农村。冈田酱园本属小本经营,凭借"南满铁路"的优越条件,无论是销售或是购进原料都得到日本官方的照顾,所以很快发展起来,开始雇用中国工人,添置机器榨油,后来还在城内西二道街设立分厂酿醋,做味噌(日本大酱)以及日本人食用的咸菜等,生意越做越大,已经从家眷作坊发展成为具有一定规模的食品加工厂了。每年产量可达二百石(每石为三百斤),年产值为两千日元。冈田藤太郎在四十年时间之所以能成为日本人在辽阳的首富,除了个人条件之外,

---

① 孔经伟:《清代东北地区经济史》(第一卷),黑龙江人民出版社 1990 年版,第 667 页。

日本的殖民政策应该是主要因素。

除冈田酱园之外,还有日本人于1909年3月开设的合资会社大矢组酿造所,资本较多,规模要比冈田酱园大五六倍,每年产量为一千三百五十石,达四十多万斤,年产值为两万日元,是冈田酱园的十倍①。此外,旅顺有酱油酿造株式会社,在各地有代理商,辽阳的代理商是天增庆商店②。

还有日本小寺洋行在辽阳设有分行,其洋行分两部分,一是机械油房,一是小寺农场(具体地址不详)。有些产品的原料可能就出于农场,如出卖的豆油、豆粕,都是经过机械油房加工的,当然也出卖大豆。另外,也代售洋糖、煤油、洋火(火柴)等,《盛京时报》在宣统元年(1909)正月初八日、宣统二年(1910)二月初三日(实际是经常)都登有广告。

医药业:日本还在辽阳开设药房,如"西门街矢野药房",专治各种淋病与妇科病。同时,在各地设有代理商,辽阳西门街的诚昌药房就是其中之一。还有日本卖药株式会社,为小西矢兵卫调治的仁丹,诚昌药房也是其代理商③。《盛京时报》几乎天天有广告,大街小巷的墙壁上都有用白粉刷写的仁丹大字,不知是为了宣传,还是有其他用意,有人说是一种不可告人的标志。

光绪三十一年(1905)前后,有日本向井氏在辽阳开设向井洋行,收买牛骨,制造骨粉。牛骨粉中含有多种矿物质,特别是钙,可以制成钙片,作为药用,能够防止骨质疏松等。后因骨粉工厂发生火灾烧毁,无力经营,移往大连,日本政府给予补助重建新厂,又逐渐发展起来。实际,牛骨粉不仅可以药用,还可用于工业,不过那是后来的事情了。

除了正当的贸易而外,日本还搞了许多非法的活动,最为明显的就是向东北大量走私鸦片、吗啡等毒品,毒害中国人民。日本人大内丑之助在其所著《中国鸦片问题解决意见》一书中说:"我国居住在中国的人约有十万(关东州除外),然而其品质劣于欧美人颇多。凡干坏事的多是日本人……所谓不务正业者的多数人,几乎没有一个不装卖药行商而卖吗啡和可卡因的。这种禁制品获利甚大,经常从事这种零售活动的人,在满洲等地,经常出没,时隐时现,很难取缔。"④此外,还有赌场、妓院等,都是公开的。

光绪三十三年(1907),有十七名原在辽阳开设赌球(何时开设不详)的日本人到吉林开业,以后又增加了一百名,从中国人手中骗取钱财约二十万元。后来,日本领事因其有害风化民俗,影响"帝国威信",下令禁止,这些人有的

---

①　孔经伟:《清代东北地区经济史》(第一卷),黑龙江人民出版社1990年版,第676页。

②　《盛京时报》,宣统三年五月初五日。

③　《盛京时报》,宣统元年正月初十日。

④　东北地区中日关系史研究会:《中日关系史论集》,吉林人民出版社1984年版,第218页。

改从正业,有的离开吉林①。至于妓院更多,"日本以娼为侦探之用",辽南尚少,黑龙江比较多,"各处皆有日妓营业,连音一地至数十名之多"②。

日本在附属地内开办的企业都不交税,有的在非附属地开办企业也不交税。请看一条报道:"辽阳州洪味丹直牧以近有日人某某在铁路界地开设烧锅情事,特于日前照会驻辽阳日领事(名为速水一孔),请照例抽捐以免偷漏而重税税务等语。现闻日领事覆内称:按照中日条约内载如日人在华开设商铺者,不论如何一律免税之语,开设烧锅同一营业亦须按照此款办理,所云抽捐之处不能承认云云。日下正在交涉之际,不知如何了解云。"③结果如何是可以想象得到的。但是,所谓"日人在华开设商铺者,不论如何一律免税之语",不知出于何约何款,纯属强词夺理。

日本还有人准备在辽阳开设动物园。有报道说:"闻有日商某拟在辽阳开设动物园一处,现已运到獐、虎、狼等物,投禀警务局,大约不日即当开办云。"④

随着企业的增多,日本人也在增加,特别是日俄战后,移民大量进入辽东。据1907年9月20日关东州都督府调查的日本移民数可知:辽阳有男844人、女525人,加上鞍山男5人、女2人,共计1376人。同时,大连的男女人数共6583人,安东共5865人,营口共5210人,旅顺共3220人,奉天共1685人,铁岭共1445人。东三省总共有27627人,吉林、黑龙江两省很少,不足两千人⑤。由于移民陆续增多,日本还在附属地建立小学,目的自然是为将来统治中国培养接班人。为了扩大影响,还经常开展一些活动邀请中国官绅观看。有报道说:"昨为星期天,辽阳日本小学堂生徒在白塔公园开运动大会。时简请中外官绅参观,颇称热闹云。"⑥后来,在辽阳先后设立了商业学校、鞍山公学堂、日语学校等,都为"满铁"资助兴办起来的,毕业后自然都为其服务。

应该指出,有些日本人因有其政府为靠山可以胡作非为,如贩卖毒品,开设赌场、妓院等,随意殴打中国人屡见不鲜。仅举一例加以说明:有中根者打伤多个行人,理由是酒醉所致。知州史纪常向日本领事馆提出抗议,要求必须严惩凶手,并给予赔偿。日本领事馆经过所谓调查,不得不给出答复,据报道:"日本居留民有中根者,前因酗酒殴打行人,致该行人受伤颇重,经州牧史直刺照会该国领事,按律惩办,现闻准该国领事回覆谓:本领事反复提讯,该犯夙

① 孔经纬:《清代东北地区经济史》(第一卷),黑龙江人民出版社1990年版,第692页。
② 孔经纬:《清代东北地区经济史》(第一卷),黑龙江人民出版社1990年版,第694页。
③ 《盛京时报》,光绪三十四年六月初九日。
④ 《盛京时报》,宣统三年五月二十一日。
⑤ 《盛京时报》,光绪三十二年十月二十二日。
⑥ 《盛京时报》,宣统三年四月十四日。

有酒疯,已经劝谕送回本国。所有受伤行人自应交药费,合行移知照办可也云云。"①过去有些州官怕惹事,被殴打者多是不了了之。这次是知州史纪常不同于过去知州坚持必须严惩,才有如此结果,可见小鬼子也是欺软怕硬。

最后还要提到一件事,当时辽阳没有消防队,有日本人组织了一个义务消防队,具体情况有所报道:"辽阳州地面有日本居留民五十名组织水会,于昨初八日开会,今日到巡警局作开会式,于局长(指于冲汉)深加奖慰,当表谢词,其一切会费概不由地方筹划,于居留民内若有急公好义者慨然寄附则受之。今已于城炉灰山(原福民市场即圈楼处)设瞭望梯一架,上系以钟,遇有火警则击钟为号,每夜派四人轮班巡视,防止灾害,诚有益于公众之义举也。"②这可能是日本人在辽阳自办的第一件善举,也不应该完全否定。

三、英、美等国在辽阳的企业

除了俄、日之外,英、美等国在辽阳也有企业,限于记载缺乏,仅将现在所知者略述于后,更多的还需要有志者多方面收集材料,以便得到补充。

光绪二十年(1894),有英国人庞氏者投资开办辽阳烟台煤矿,"未详究竟"③,也就是具体情况不见记载。还有营口英商班㧑荄在烟台设立福昌公司,经营较好。光绪二十四年(1898),班㧑荄又租得矿产五处,次第开办,生意兴隆,获利颇丰。第二年,俄国商人看着眼红,并在其西开设矿井,欲出巨资购买英矿,理由是可以合并划一。班㧑荄当然不会放弃利益,坚决不肯出售④。光绪二十五年(1899),营口英商同福公司收买了本溪煤矿西山区域24张龙票,后与华人刘富卿等合办开采,至光绪二十九年(1903)约产煤一千二百万斤。次年四月,日俄战起,被迫休业。战后,该矿被日本大仓财阀占有。宣统二年(1910),成立了本溪湖商办煤矿有限公司,中日合办,期限为三十年⑤。光绪三十二年(1906),本溪已析出设县,与辽阳州无关了。

光绪二十八年(1902),英国与美国两家烟草公司为了避免激烈的竞争,在奉天成立英美烟草总支店,总店设在伦敦与纽约。吉林、哈尔滨都有代理商和支店。日俄战争期间,辽南一代的贸易受阻。战后为了改变局面,该公司在辽阳、新民、铁岭等地找到许多代理商,采取多种方法进行推销。"1905年,其在辽阳的代理人为了推销纸烟不遗余力,雇用小儿沿街叫卖",遍及城市乡村。另外,在乡村把烟卷囤积在小贩家里代卖,如此"销路逐渐畅旺"⑥。

① 《盛京时报》,宣统三年四月初二日。
② 《盛京时报》,光绪三十二年十二月十三日。
③ 《奉天通志》,卷一一六。
④ 汪敬虞:《中国近代工业史资料》,第二辑上册,科学出版社1957年版,第154页。
⑤ 孔经伟:《清代东北地区经济史》(第一卷),黑龙江人民出版社1990年版,第728页。
⑥ 孔经伟:《清代东北地区经济史》(第一卷),黑龙江人民出版社1990年版,第722页。

光绪三十一年(1905),英商在白塔公园后,护城河西侧设立启东烟草公司,新建一座砖石结构的三层红楼。公司经理为英国人巴尔,董事为中国人郑岳先(为郑孝胥之侄),经营较好,赢利不菲,开办时间很久,一直办下去,新中国成立后与营口卷烟厂合并。此三层红楼现在仍然存在,已成居民住宅。

光绪三十四年(1908),英国亚细亚石油公司在辽阳设立贩卖所,销售其石油产品。

19世纪末,英国在营口设立有太古洋行的支店,为了销售各种产品,在东北各地都聘有代理商,为其经营以获利。太古洋行为了销售其产品,在《盛京时报》上大登广告,其中就有所谓"顶上白糖",辽阳的代理商为"利顺德",也可能不止此一家①。

在英商于辽阳开设亚细亚石油公司的前后,美商也在辽阳开设了美孚油股份有限公司,营业所在徐往子,并于附近建有铁制储油库,经营情况不详,似乎开的时间很长。1947年还拿到了当时中国政府经济部的营业执照。美国在辽阳还应该有些代理商店,只是很少记载,如美国在辽阳就有胜家缝衣机器公司,在大连有总代办处,在"各埠设分公司",辽阳的分公司在"辽阳城里西街路北"②。所谓"缝衣机器"就是缝纫机,在当时应该是很先进的家具了,不知生意如何。

日俄战争前后,创办于嘉庆七年(1802)的美国杜邦公司在辽阳设有代理商行,名曰:美商恒信洋行。杜邦总公司设在美国特拉华州的威尔明顿,创始人为法国移民杜邦·德尼莫尔,主要依靠生产火药起家,成为美国几大财团之一。恒信洋行在辽阳主要生产化工产品,"自制靛油、硫化元、颜料"等。我们之所以知道这些,是因为在辽阳市发现一块"美商恒信洋行"的方形搪瓷牌,

高40厘米,宽60厘米,上部有铜挂环,蓝色釉地,商标为椭圆形在正中,字为白色,用中、英、法三国文字。中文是"美商恒信洋行";英文是"特拉华州威尔明顿(1802)建立的代理商";法文是"杜邦公司及化学工业联合体"。这个搪瓷牌收藏在市博物馆③。恒信洋行应该开设于"门户开放"政策提出之后,在此之前美国的势力不可能进入东北地区。把上述信息综合起来知道了恒信洋行在辽阳的存在,但生意情况不详。

美商恒信洋行搪瓷牌

---

① 《盛京时报》,宣统元年七月初三。
② 《盛京时报》,宣统元年正月初八日。
③ 参见邹宝库:《辽阳考古纪略》,辽宁民族出版社2012年版,第176页。

第十二章　辛亥革命与辽阳三次武装起义

辛亥革命是一次伟大的民主主义革命,它有成功与失败的两方面。成功的方面是它推翻了腐朽的清王朝与两千年来封建君主专制制度,建立了共和国,但社会性质没有改变。辛亥革命的失败与太平天国等不同,是在胜利的形势下被袁世凯窃取了政权,革命流产了。在这次革命高潮中,辽阳与辽宁,乃至全国各地一样,许多革命志士抛头颅、洒热血,前赴后继,演出一幕幕威武雄壮的"活剧",至今仍深刻留在人们的记忆里。

第一节　辛亥革命前的辽阳

辛亥革命前,辽阳处于俄国与日本的殖民统治之下,苦不堪言。随着革命思想的传播与革命党人陈干、商震的东来,撒下了革命的种子。许多人参加了同盟会,在他们的影响和推动下,反帝反封建的群众斗争迅速高涨起来,尤其东南山区反捐税斗争与抵制日货的斗争,沉重打击了封建势力与日本帝国主义。

一、日俄的殖民统治

辛亥革命不是偶然的,是经过长期酝酿而发生的。从全国来看,尤其是义和团运动之后,清政府已经是"洋人的朝廷"了。曾经对帝国主义宣战的西太后没有受到任何惩罚,她还可以照样进行统治,怎能不感恩图报呢? 所以回京后,她的第一件事就是公开地接待外国使者。有记载说:"召见从头到尾是格外多礼,格外庄严和给予外国代表以前所未有的更大敬意的情形下进行的。"接着,她又接待"外交团中的各位夫人","在问候这些夫人的时候,表示出极大的同情,并且一边和她们说话,一边流泪"①,可以说丑态毕露。实际上,早在 1901 年 2 月,慈禧就以光绪的名义下达了批准《议和大纲》的电令。其中说:"量中华之物力,结与国之欢心。既有悔祸之机,宜颁自责之诏。"还说:"今兹议约,不侵我主权,不割我土地。念列邦之见谅,疾愚暴之无知,事后追思,惭愤交集"②,表示"深切"的悔罪。这种"真实的心态"可能得到了谅解,帝国主义在侵略方式上发生了改变。从前甚嚣尘上的瓜分中国之说不见了,

---

① 转引自李新:《中华民国史》第一编(上),中华书局 1981 年版,第 38 页。
② 故宫博物院明清档案部:《义和团档案史料》(下册),中华书局 1959 年版,第 945、946 页。

出现了所谓"保全主义",似乎各国之间达成了共识。什么原因呢？"帝国主义在瓜分中国的过程中既受到义和团坚决抵抗的教训，又得到清政府对其矢忠矢信的保证，因此他们的侵华政策由大规模的直接武装干涉，改变为通过清政府进行间接的统治。"对此，长期掌握中国总税务司的英国人赫德说得最清楚、最露骨。他说："各国于支那问题，大率不外三策，一曰瓜分其土地，二曰变更其皇统，三曰扶植满洲政府。然变更皇统之策，无人足以当之，骤难施行。今日之计，惟有以瓜分为一定之目的，而其达此目的之妙计，则莫如扶植满洲政府，使其代我行令，压制其民。民有起而抗者，则不能得义兵排外之名，而可以叛上之名诛之。我因得安坐以收其利，此即无形瓜分之手段也。"①这个主张被称为"保全主义"，也就是保全清政府名义上的独立，帝国主义通过清政府对中国进行政治、经济、文化等方面的侵略，而无须进行"瓜分其土地"。这个"无形瓜分"比有形瓜分更恶毒、更深入，可以鞭笞天下，也就是说中国所有的人都处于他们的统治之下。此后，帝国主义在经济方面的掠夺主要表现在三个方面：一是获取铁路修筑权。修筑铁路谋取什么利益前已有述及，不必再说。二是获取采矿权。利益明显，也无须再说。三是进行商品输出与资本输出。要求大量开放口岸，增加商品输入的渠道，到处都是洋货，中国输出的越来越少，自然是大量入超。各个口岸都有外国开设的工厂，就地取材、就地生产、就地销售，利益无穷。中国的经济命脉，完全掌握在帝国主义手里。

从东北来看，先后遭到三次侵略战争的血洗，苦难至极。有记载说："溯自甲午、庚子以还，丧权累累，已足寒心。而甲辰以后，关外赤子倍遭蹂躏，惨不忍言。"②

日俄战争之前，俄国在东北可以说为所欲为，辽阳人民遭受的苦难，可以说任何一个城市都无法与其相比。上述提到的帝国主义在经济上掠夺中国的三个方面，辽阳人民都尝到了。如修铁路、开矿山、输出商品（这个缺乏记载）、输出资本，应有尽有，至于奸淫抢掠、杀人放火比比皆是，给辽阳人民带来的苦难可谓罄竹难书。日俄战后，帝国主义的侵略更加疯狂，有如"以群虎而搏一羊"，"中国数千年来，外侮之辱未有甚于此时者也"③。仅从辽阳来看，日俄战前，是沙俄在这里统治，战后是日本在这里统治，虎去狼来，日尤甚于俄。他们在这里开商埠，设领事馆，驻扎军队，划分铁路附属地，形成"国中之国"，日军可以更换不听话的知州，甚至加以拘捕，前有鲜俊英，后有陈良杰。地方官只要不听他们的话，即指为俄国间谍，必须撤换，甚至加以杀害。不难

① 李新：《中华民国史》第一编（上），中华书局 1981 年版，第 38—39 页。
② 辽宁省档案馆：《辛亥革命在辽宁档案史料》，1981 年版，第 9 页。
③ 梁启超：《清议报》，第一百期。

看出，日本已经在辽阳建立了残暴的殖民统治，战争期间日本建立的民政署久久不撤，颐指气使，地方官员成为日本民政署的傀儡，不敢不听。应该指出，辽阳的情形是辽宁，乃至全国的缩影，都是辛亥革命爆发的具体原因。这时，清政府已经成为帝国主义在中国进行统治的工具，所谓"量中华之物力，结与国之欢心""宁赠友邦，勿与家奴"是他们的对外原则，一切唯帝国主义之命是听，仰外人之鼻息，出现了教案由外人裁决，利权任外人索取，赔款代外人搜刮等怪现象，反映了清政府是真正的、彻头彻尾的无可救药的"洋人的朝廷"。反之，对内则加强反动统治，加重经济压榨，赋税日增，再加上不断的自然灾害，已是民不聊生，有人说："赋重年饥，欲逃难飞"①。内忧外患，民族矛盾和阶级矛盾日趋加剧，很多人都感到"亡国之祸，已在眼前"②。中国应该向何处去？这是 20 世纪初年摆在中国人民面前的生死攸关的重大课题，任何人都无法回避。

二、革命思想的传播与革命党人的东来

　　20 世纪初年，思想界非常活跃，各种刊物如雨后春笋，为关心国家命运的有识之士提供了广泛的舆论阵地，各种各样的救国方案纷纷出台，使人目不暇接。不过，概括起来就是两种：一种是主张君主立宪，劝说清王朝实行维新变法，迅速召开国会，制定宪法，争取国会多数席位，从而操纵国会，控制政府，甚至由他们组织政府。如果能这样，那就可以扭转乾坤，万事大吉了。他们极力反对革命，认为革命必然"血流成河，死人如麻"，造成分裂，并说："凡物合则大，分则小；合则强，分则弱"，很快就会被外国逐个"全灭"，岂不成为"印度、安南、缅甸之续乎"③！我们可以把持这种主张者称为立宪派，他们以康有为、梁启超为代表，主要通过《清议报》《新民丛报》(都在日本出版)、《外交报》《东方杂志》《扬子江》(都在上海出版)等刊物重谈戊戌变法时期的老调。另一种是主张推翻清朝统治，建立民主共和国。他们认为，戊戌变法的失败证明清王朝不愿意，也没有力量进行真正的改革，等待清王朝的所谓"立宪"是痴心妄想，即使能搞一些立宪之类的变法，也仍然摆脱不了奴隶的命运，唯一的出路就是革命。有的说："支那欲立国乎，则必自亡旧始。"④应该"外拒白种，内覆满洲"⑤，要想"扫除数千年种种之专制政体，脱去数千年种种之奴隶性质"，只有革命。"革命者，天演之公例也。革命者，世界之公理也。革命者，争存争亡过渡时代之要义也。革命者，顺乎天而应乎人者也。革命者，除奴隶

---

①　赵恭寅：《沈阳县志》(卷十五)，第 44 页。
②　君衍：《法古》，载《童子世界》第 31 期。
③　康有为：《辨革命书》，载《新民丛报》第 16 期。
④　《亡国篇》，载《国民报》第 4 期。
⑤　《为外人之奴隶与为满洲政府之奴隶无别》，载《童子世界》第 24 期。

而为主人者也"。革命后的国家应该定名为"中华共和国",应该是独立、民主、自由的国家,不许侵略者沾染中国丝毫的权利,永远根绝封建主义君主专制制度。在这个国家里的人民应该一律平等,人人应该享有言论、思想、出版等等自由①。我们可以把持这种主张者称为革命派,他们以章炳麟、邹容、陈天华等为主将,主要通过《国民报》《游学译编》《大陆》《新湖南》《湖北学生界》《浙江潮》《童子世界》《江苏》(除《大陆》《童子世界》外,都在日本出版)等刊物宣传革命道理。

应该指出,无论是立宪派的刊物,还是革命派的刊物,都在清政府封禁之列。辽宁,包括辽阳在内是很难看到的,尤其是革命派的刊物更难看到。当然也不是绝对的,辽阳知识界首先看到的是立宪派的刊物——《新民丛报》。该报由梁启超主编,在日本横滨出版,订阅者从日本邮局可以邮寄,清政府亦无可奈何,地方官吏也是睁一只眼闭一只眼,甚至将顺其美,读者多是青年学生。何东林先生在其回忆录中说:"梁启超的《新民丛报》原是官方禁书,但日本邮局能为寄递,因而有阅读机会,学生对这一刊物极为欢迎。当时城内已有男女师范、八旗、启化等十余个学堂,学生两千多人,受到《新民丛报》的启发很大。"②如康有为的《公民自治篇》一文,可能在辽阳就产生很大影响。光绪三十二年(1906),辽阳就有了自治机构,先后成立了自治期成会、自治研究所、地方自治事务所、城乡自治会,等等,不一而足,不过这些都是官方允许的,所谓为立宪做准备。对此,《辽阳县志》有详细的记载。何东林先生也说:"一九〇六年,辽阳地方有自治期成会的创立,是由知县(按:应为知州)何厚琦(字子章)网罗有财势有声望的所谓地方士绅一类人物组成的。以袁金铠、徐珍为正副会长,高钧阁、吴恩培、张成箕、张东璧、赵乃弼等十数人为会员。当时科举制度已废,仕进途径有所改变,他们很自然地乐为官方效力,主张君主立宪,是可以理解的。与此同时,又有自治研究所的设立,以吴恩培为所长,姜文宪、高玉衡、侯乃封等任讲员,招收学员三十余人。这个所亦是官方设立的,属于君主立宪派,后来逐渐转变,有些人也主张民主革命,如张成箕、张东璧就是这类人物。"③除此之外,省内也有许多报刊,有的还是革命派人士担当主笔(即主编),很容易看到,对传播革命思想起了相当大的作用。如《大中公报》是沈阳天主教创办的,但主笔是革命党人沈肝若。该报有《三千毛瑟》一栏,专为自由投稿而设,许多革命党人利用此栏发表文章,抨击和谴责清政府的卖国、腐败与无能,发行量较大。还有《东三省民报》是沈阳赵中鹄创办的,

---

① 均见邹容:《革命军》。
② 何东林:《辛亥革命在辽阳》,载《辛亥革命回忆录》(五),第568页。
③ 何东林:《辛亥革命在辽阳》,载《辛亥革命回忆录》(五),第566页。

宣传革命主义,后因经费不继,被迫停刊。还有沈阳教育界人士寿世公创办的《微言报》,宣传教育强国。影响较大的还有回族人士张兆麟创办的《醒时白话报》,倾向于反日,提倡抵制日货尤烈,多次遭到日本领事馆的抗议。奉天民政使迫于日本的压力,不止一次地明令禁止。其中说:"买卖虽属个人自由,抵制必为友邦所借口。自示之后,倘再有开会演说,布散传单,宣传抵制日货者,一经查出,即以抗违论罪。"①。实际上是禁而不止,愈演愈烈,最后形成了普遍的运动,给日本贸易带来的直接损失相当巨大。"当时,凡革命党人主办或参加的报纸,一般都比较活跃,销路广,深受读者欢迎"②。还有日本在沈阳创办的《盛京时报》,但主笔是革命党人徐镜心,"鼓吹革命尤力",发行全省,订阅者很多。它经常报道各地一些革命者的反清斗争,批评清政府的种种弊政,尤其在经济上对人民的残酷压榨,时有揭露,不仅通过文字,甚至利用漫画的形式加以反映。这就是利用日本人创办的报纸潜移默化地宣传革命思想,地方官员虽有所觉察,但也无可奈何。不过,革命思想的更广泛传播是在革命党人东来以后。

19世纪末年,"先进的中国人纷起从古今中外各种思想中去探寻挽救民族危亡的良法。随着民族资本主义的产生和发展而传播日广的西方资产阶级思想(新学),很快成为他们主要的思想武器。在英才辈出的志士仁人当中,孙中山最早选择了革命救国的道路"③。他早在香港西医书院读书时期,就与杨鹤龄、陈少白、尤列经常聚会,谈论如何推翻清朝,被人们称为"四大寇"。孙中山非常称赞洪秀全,认为他是反清朝英雄第一人,后来朋友们就称他为洪秀全第二④。光绪三十一年(1905),孙中山经过海内外多次奔走、考察,联合一些革命团体,于8月20日,在日本东京成立了中国革命同盟会,简称中国同盟会,或同盟会,以"驱除鞑虏,恢复中华,建立民国,平均地权"为宗旨,将宋教仁、田桐创办的《二十世纪之支那》杂志改名为《民报》,作为同盟会总部的机关报。后来,孙中山在《民报》发刊词中对十六字的革命宗旨加以具体的解释,提出"驱除鞑虏,恢复中华"就是民族主义;"建立民国"就是民权主义;"平均地权"就是民生主义。从此,三民主义成为同盟会的革命纲领。同盟会总部设在东京,大家一致推选孙中山为总理,按照"三权分立"原则,设立执行、评议、司法三部,选举黄兴为执行部庶务(该部管事最多,包括内外事务),完善了领导机构。同盟会成立后,积极发展组织,决定在国内外先建立9个支部,直接接受东京本部统辖。国内分东(上海)、西(重庆)、南(香港)、北(山

---

① 辽宁省档案馆:《辛亥革命在辽宁档案史料》,1981年版,第4页。
② 宁武:《东北辛亥革命简史》,载《辛亥革命回忆录》(五),第538页。
③ 李新:《中华民国史》第一编(上),中华书局1981年版,第88页。
④ 李新:《中华民国史》第一编(上),中华书局1981年版,第91页。

东烟台)、中(武汉)5个支部;国外分南洋、欧洲、美洲、檀香山4个支部①;没有支部的省份,争取尽快建立,派遣大量的革命志士回国进行革命活动,东北三省更派重量级的人物前来。光绪三十三年,即1907年春,东京同盟会总部司法部检事长宋教仁、评议部评议员吴昆、白逾桓偕同负责印刷同盟会机关刊物《民报》的日本人末永节(同盟会会员)等人抵达安东(今丹东)。积极奔走,四方联络,发动群众,劝说"马贼起事"(指绿林英雄,习称马贼)。4月3日,宋教仁以孙中山、黄兴的名义致书东北"马贼"首领李逢春、金寿山、朱三角等,劝说共图大事。其中云:"仆等向在南方经营大业,号召党徒已不下数十万众,欲扶义兴师久矣。而山川隔绝,去京绝远,欲为割据之事则易,欲制清廷之死命则难;视公等所处之地,形势不及远矣。欲与公等通好,南北交攻,共图大举。"②李逢春表示赞成,并邀请宋教仁在大孤山面谈,愿意一致行动。于是,宋教仁在大连组建了同盟会辽东支部,主要负责人有吴禄贞(新军第六镇统制)、蓝天蔚(新军第二混成协统领)、张绍曾(新军二十镇统制)、张榕等。此后,宋教仁还去"北满"联络著名绿林首领刘单子(名刘景和,辽阳人)及长白山地区武装首领韩登举等,积极策划起事。同年6月2日,同盟会在广东惠州发动了七女湖起义。宋教仁闻讯后,拟发兵响应,"欲袭辽宁,逼榆关,窥燕京"③,还派白逾桓去本溪碱厂招兵。不久,事情泄露,白逾桓在奉天被徐世昌捕获。在这种情况下,宋教仁、吴昆等人返回日本。但是,同盟会辽东支部的建立,标志着资产阶级革命派在辽宁乃至东三省的革命斗争进入了一个新阶段。由分散的自发的斗争阶段转向有组织、有领导的斗争阶段,更具自觉性。从此,辽宁的革命派及广大群众齐聚于同盟会的旗帜之下,为推翻帝制,创立民国展开了波澜壮阔、前赴后继的艰苦斗争。

辽阳之有革命党人,应该始于光绪三十一年,即1905年。这年冬天,同盟会会员陈干最早来到辽阳。陈干(1881—1927),字明侯,山东禹城人,湖北陆军学堂毕业,1905年在东京参加同盟会。曾在锦州中学堂任体操教习(即教员),与辽阳州劝学总董张尔文(字质卿)有一面之识,经其介绍来到辽阳,去城东沙浒屯创办学堂,当教习。由于鼓吹革命,不受当地士绅的欢迎,只好回到辽阳城中。正在这时,辽阳城守尉德裕(字仲科)由北京返回辽阳,据说带来《京华日报》数张,陈干得知,很想看到这些报纸。几次求见都遭到拒绝,陈干非常诚恳地说:"《京华日报》的主笔彭翼仲是我的老师,我若看一下《京华日报》就等于看到了我的老师。"德裕深为感动,以为很有义气,始得准见。交

---

① 徐凤晨、赵矢元:《中国近代史》,辽宁人民出版社1984年版,第535页。
② 《宋渔父日记》,1907年4月9日。
③ 邹鲁:《中国国民党史稿》(第六册),东方出版中心2012年版,第1654页。

谈中知道陈干主张新学,于是委托他创办新式学堂。首先在东大街永发祥油房院内,办起了讲报社(主要讲解报纸)和半日学堂(半日学习,半日工作),学员越来越多。第二年初,即迁至城北马神庙(今啤酒厂处),扩展为"八旗陆军学堂",简称"八旗学堂"。陈干任校长,聘请同盟会会员商震为教员。商震(1881—1978),字启予,河北保定望都县人。在北洋陆军学堂与陈干是同学,思想活跃,两人配合默契,志同道合,都主张推翻清朝,实行民主革命。八旗学堂有学生 200 人,不分班,按照陆军组织,分为三队,教育方法是随时随地讲课,分队教练。课程内容,在文学方面则选讲《孟子》《诗经》及古今中外英雄传记等;在科学方面则取材于《启蒙画报》(一种宣传科学道理的画报杂志),用简易图解说明,如讲东、西两半球,就切西瓜加以比拟,便于儿童理解接受。重点课程乃是体育课,采用军事训练方式,师生均着黄色操衣,学习纵横队形变化,野外分队攻守,高唱军歌行进。陈干编写的军歌是:

> 中外大通,恢复五大洲,
>
> 天地风云,铁血变春秋。
>
> 轩辕黄帝,开辟我中华,
>
> 四亿同胞,俱是我一家。

这首军歌虽然很简练,却蕴含着强烈的革命思想。意思是说,中外风云不断变幻,只有以"铁血"才能改"变春秋",推翻清朝的专制统治,恢复"我中华",建立共和国,"四亿同胞"是"一家",实现天下大同。陈干、商震都剪去了辫子,学生中也有很多人效仿。他们主要是通过教学宣传民主革命思想,并利用家庭访问的机会在家长中扩大影响,教唱军歌,宣扬革命必胜。他们还组织学生列队游行,张贴标语,其中一条写有:"陈干不死,中国不亡,况有商启予乎!"每逢星期天,陈干便去街头演讲,主要是揭露清廷腐败无能与丧权辱国的行径,号召大家团结起来,关心国家命运,言外之意就是起来革命。他们还举办运动会,可称开风气之先。第一次运动会是于 1907 年春夏之际,在城内炉灰山旧址(即福民商场,习称圈楼)举行,消息传出,万人空巷,人山人海,深为学生的精彩比赛、表演所吸引,不时发出阵阵的喝彩。结束时,陈干登台演讲,慷慨激昂,痛陈中国积贫积弱,虎视鹰瞵,强敌入侵,皆清廷卖国,官吏贪腐所致,必须打倒他们,建立强大的国家。他还说:你们青年学生是救国救民的第二代,是改造世界的先锋队,一定要有所作为。最后他号召群众关心国家、民族命运,不能听任他人的摆布,反抗内外的压迫,奋发图强,不做东亚睡狮![1] 陈干的演讲引起轰动,多数人表示赞同,但却使官府感到震惊,必欲去之而后快。徐廉奎就是八旗学堂的学生,当年 13 岁,"身历目击",应该是可

---

① 参见徐廉奎:《辛亥革命前夕的八旗学堂》,载《辽阳文史资料》第一辑。

信的。

当年暑假,八旗学堂的学生 20 多人在太子河游泳,拾得日俄战争时期遗留下来的一枚炸弹,有的学生出于好奇,用石头敲击引发爆炸,将学生廖伯华炸死。这件事给官府提供了借口,知州鲜俊英唆使廖伯华的父亲控告陈干、商震,遭到廖父的拒绝,明明是被炸死,怎能血口喷人。此计不成,索性将陈、商拘捕,锁在厕所旁边以示羞辱。数日后,由地方商号出头保释,但必须离开辽阳,以免再次滋事。陈、商虽然走了,但经过他们辛勤努力播下的革命火种,迟早是会燃烧起来的。首先,他们在传播民主革命思想方面,有开创之功。革命思想是无法扑灭的,继之有张成箕者效仿陈、商的做法,在辽阳城内创办了宣讲所,以方维汉、焦墨林任讲员;接着,刘二堡也创办了宣讲所,以李翰臣任讲员,起初都是宣讲报纸,继而也发表革命言论,启迪民智。1908 年,张成箕又创办贞静女学一所;第二年,又在西二道街(原四中处)创办了第一民立学校。1909 年,张东璧在文昌阁院内(今文庙公园处)建立了第二民立学校。此后,民立学校在城乡纷纷建立起来。这些学校与官办学校不同,教师可以畅言无忌,为民主革命思想的传播搭建了平台。其次,他们联络各方面人士,积极发展同盟会组织,培养了许多革命人才。究竟有多少人参加了同盟会,由于是秘密参加,不见记载,很难说清具体人数。但我们可以确指的有石磊、郭复吉、关永春、关洪阁、杨景文、邹大有等。石磊是陈、商八旗学堂的学生,在学校里接受了革命思想的熏陶,认识到清朝专制统治必须推翻,否则就难免继续遭受外国的侵略,中国就很难强大起来,人民永远沦于水深火热之中。因此,他常与陈干、商震等在一起商讨挽救时局大计,表达了"不做东亚睡狮",争取自由,报效国家的意愿。经过认真考察,石磊被发展为中国同盟会会员,成为陈干、商震的得力助手,从此走上了革命道路。此外,巡警中的徐景清、尹锡五、武扬等也有可能参加了同盟会,有待于进一步考证。再次,在他们的影响和推动下,反帝反封建的群众斗争迅速高涨起来。此后,辽阳发生了反对增加捐税、反对徐世昌卖国以及抵制日货等斗争就是明显的例证。

三、辽阳人民的反帝反清斗争

由于民主革命思想的广泛传播,广大人民群众开始认识到必须起来斗争,推翻清朝的腐朽统治,才可能有生活出路。这时在各地流传的《辽东义军檄文》里也说:"厌乱思治,生人所同。伐暴诛残,天职有在。昔桀纣暴虐,汤武伐罪吊民,天下称其圣德。胡亥不道,陈胜吴广起兵发难,亦号义师。诚以独夫民贼,不可不仇,酷法虐政,不可不去,应天顺人,自应尔尔。"在"民生日艰,民命日蹙"的情况下,辽阳人民反帝反封建斗争迅猛开展起来。

(一)反对增加捐税的斗争

日俄战争之后,清政府在东北不断增加捐税,名目繁多,几乎无物不税,使民众喘不过气来。当时,《盛京时报》刊登了一幅"时画",即漫画,题目是《中国新服制》,很值得玩味。这幅画是以一个人为载体,表达了其时捐税的惊人繁重。这个人头上戴着一顶"洋烟赔款"的帽子,上衣的左臂是房捐、地捐、人口捐、六畜捐,手上写着动手捐。右臂上是死捐、活捐、生产捐,手上还写有动手捐。胸前是车捐、吃饭捐、喝水捐、炕捐。下半身是穿衣捐、印花税、行立捐,两只脚上都是鞋捐①。这只不过是象征捐税对一个人的沉重负担,实际上捐税的名目不知要比这多出多少倍。前文提到的《辽东义军檄文》里,列举了清政府十三条大罪,其中第八条说:"三省人民,既经战祸,闾里邱墟,田畴荒芜。当是之时,宜如何抚绥招徕,使民复业,方称为治。清廷既不能保民于战时,复不能安民于战后,且益肆为淫虐,横征暴敛,重累吾民;地租之额,既课余地,复科山荒。商货之率,既税出产,复加销场。酒户之税,征及烟突,船运之捐,算准帆樯。此外,如粮食税、牲畜税、山海税、斗秤税、土药税、灯膏税、店铺税、渔税、盐税、木税、矿税、猪税、参税、车税、煤税、窑税、硝税、烟税、屠税,或新创名目,或增高旧率,涓滴不漏,聚敛称能。又主税之官,相望于道,司巡横暴,胥吏勒索,公私烦扰,民益重困"②。不难看出,清朝统治者对人民残酷的经济压榨,已经达到了无以复加的地步,走投无路的广大民众只有起来反抗了。

过去,辽阳的农户只交田赋,称为国税,没有其他的税。光绪三十一年,即1905年开始,国税增加了牛马税,农民习称圈税,同时又增加了地方税。所谓牛马税是按照买价征收百分之五,外收局费一吊。对无税票的牲畜,则要估价纳税。地方税按照土地多少征税,名义是为巡警维持治安、举办学校开支之用,称为地饷。突然增税,引起农民的不满,再加上捐局员(收税人员)的乘机勒索,更是火上浇油。《盛京时报》报道说:"因捐局员到各民户,视牛马之大小,任意断捐钱之多寡,其间或有轻重不均之弊,故民间不平起事。"尤其是官方又"分派绅董代司其事,辽阳地面弯远,分董不止一人"③,也就是把收捐之事承包给当地许多绅董,他们更是乘机搜刮,激起民变。如有刘庆文、陈桂元者包揽辽阳南部牲畜各税,按户查验,有的已经出卖或已经死亡之牲畜,也逼迫照章交税,甚至以少估多,任意苛派。特别是在收税过程中,收税人员态度粗暴蛮横,经常与农户发生争执,久而久之,终于挑起事端。

光绪三十三年,即1907年6月上旬,抗捐斗争已经开始。主要是南部山区的农民,范围很广,"东至张家沟,南至下麻屯,妈妈街,西至西庄子,北至小岭子,七十八屯"④。主要领导人是西庄子魏华峰、东新堡韩富,还有王九阳、

---

①　《盛京时报》,宣统三年七月二十七日。

②　《近代史资料》,1983年第4期。

③　《盛京时报》,光绪三十三年五月初五日。

④　张祖业:《清末辽阳山区人民抗牛马税纪实》,载《辽阳文史资料》第五辑。

刘振家等。他们首先率领农民进城，要求减免牛马税，与捐局官员理论，得不到明确答复，形成对峙，愤怒的农民焚毁了衙署。《盛京时报》报道说："五月初三日（6月13日）有自辽阳来哄者言，该地方人民因税捐事抗违捐局，聚众至二万余人，到在城中捐局大肆闹阄。该地方巡警阻之，遂缚去巡官一名，生死未卜，现州官正设法调停中……又闻是日城内各商铺被其扰累，一律罢市。"①当时《时报》《东方杂志》等也有报道，《时报》说："农民两千多人入城（一说二三万）拆毁衙署，商店罢市。"《东方杂志》说："五月初三日，奉天辽阳州农民，焚毁州署。"②但是，农民的要求并没有得到解决，所以更大的斗争还在后头。

魏华峰、韩富等人在亮甲山集会，大家认为辽阳州既然解决不了问题，只好拉大队去省城请愿。知州欧阳熹得到刘庆文、陈桂元的紧急报告，立即率领官员赶来，劝说农民解散队伍，不可造次，并威胁说："何人首领，其意何居？"韩富不听，与之顶撞。这时，刘庆文、陈桂元也出来帮腔，韩富大怒，喝令王九阳、陈国柏等人将刘庆文、陈桂元绑缚起来，"脚上加以木狗"，决定带着刘、陈二人晋省。大队人马从亮甲山北行，经过汤河、小岭子、八里庄、三里庄到迎水寺，"走一村，招呼一村"，人数越来越多，达到几千人（有说万余人）。欧阳熹等州署官员始终尾随其后，不断地进行劝阻，不见效果，大队继续前进。东三省总督徐世昌，"恐扰及省城秩序，特派朱统领带兵一营前往阻止弹压，初六日（6月16日）晨已起程"③。当日下午，抗税队伍在十里河与官军相遇，统领朱庆澜、知州欧阳熹等再次劝阻不听，朱统领凶相毕露，遂以武力相加。他们先后抓捕了许多骨干分子，施以毒打，韩富又先期晋省，不在其中，一时群龙无首，终于被迫解散，返回辽阳。第二天，朱统领将被捕者移交给辽阳州，进行审判。王九阳、陈国柏被收监，刘振家等取保释放，同时发票捉拿韩富、魏华峰。不久，韩富也被捕获。五月初六日，即6月22日，徐世昌特派奉天知府邓嘉缜到辽阳"查办此事"。

"查办"的结果是可以想见的，自然要维护统治者的利益。首先，邓嘉缜认为："此案实由魏华峰嫉妒徐珍，先时煽惑，韩富纠合乡愚，传言魏愿地方以抗税，徐（珍）竟祸害乡邻以媚官，必须赴省控告，因之聚而不散"④。这显然是有意回避抗捐斗争的真实原因，即使魏华峰与徐珍之间存在个人恩怨也不是主要的。应该说，抗捐斗争是清末的普遍现象，并非辽阳一地。仅从辽宁来看，先有庄河的抗捐斗争，后有辽阳的抗捐斗争，接着辽南许多地区都发生了

---

① 《盛京时报》，光绪三十三年五月初五日。
② 《近代史资料》，1982年第3期。
③ 《盛京时报》，光绪三十三年五月初八日。
④ 张祖业：《清末辽阳山区人民抗牛马税纪实》，载《辽阳文史资料》第五辑。

抗捐斗争,总不能说都是由于个人恩怨引起的吧? 当时,许多媒体都称这种抗捐斗争为"民变",是全国性的,关内尤烈,甚或是武装斗争。用个人恩怨来解释这些"民变"的原因,是说不通的。《盛京时报》在报道辽阳抗捐斗争时指出:"中国税捐,其不平者抑何多哉? 去年东边民变矣,田庄台民变矣。问其故? 皆因税捐所致也。今辽阳又聚有万人,而势甚汹汹矣。夫岂皆民之无良也,抑国政之不善也? 有识者自知之,吾不敢断也。"①上海《申报》在报道辽阳抗捐斗争时也说:"辽阳地方课税过重,人马愤激,聚众三万余人,起而反抗。"②总之,辽阳的抗捐斗争是由于"课税过重"引起的。其次,邓嘉缜还认为:牛马税、地方税要照常征收,分文不可少。他说:"该州各乡各税均于上年缴清,仅南乡一隅观望宕延以至今日,若竟于以宽减,实长刁民要挟之风,且使良民踊跃完纳者,致憾偏枯。要添派正绅会同刘绅亥年(指刘庆文)照章往收。其现在牛马如有倒毙者,准由该绅查明,照数核减,以昭公允。"不难看出,收税依旧,分文不减,虽也强调"公允",只能是空头支票而已。再次,严厉地处理了所谓"案犯",重判韩富。邓嘉缜认为:韩富"聚众抗捐,则敢起意敛钱,唆使上控,并将巡丁陈桂元、学董刘庆文一并拿获,擅加木杻,实属生事妄为。自应按照棍徒扰害,拟军例上量减一等,拟杖一百,徒三年。照章收习艺所(指劳动服刑之所)工作三年,限满释放"。王九阳、陈国柏属于从犯,拟杖八十。"该犯等无力罚金,折工四十日,限满释放"③。魏华峰已逃跑在外,饬令辽阳州迅速捉拿归案。

　　辽阳抗捐斗争的失败,主要是由于清军的武力镇压,加上主要领导人都先行晋省,脱离了大队,不能临阵指挥,许多骨干被捕,群众在欧阳燾等的欺骗下,一时没有了主张,自然就被瓦解了。但是,辽阳抗捐斗争的意义是巨大而深远的。有的学者指出:"这次规模巨大的'辽阳民变',震撼了奉天全省"④,推动了辽宁各地的抗捐斗争及反封建斗争。不仅如此,"辽阳民变"对全国也都产生了极大的影响。当时,全国许多媒体都纷纷报道了"辽阳民变"的消息,并详加评论,揭露了清廷捐税之沉重。如《申报》《时报》《汇报》《东方杂志》《盛京时报》等,可见影响之广泛。所谓"辽阳民变",早已记载于全国史册,彪炳千秋!

　　最后,还要指出辽阳抗捐斗争的性质是和平请愿,并非武装起义。有学者认为"辽阳民变"与"东边民变"有一个显著特点,就是"起义者一方面进行武

---

① 《盛京时报》,光绪三十三年五月五日。
② 《申报》,光绪三十三年五月八日。
③ 均见张祖业:《清末辽阳山区人民抗牛马税纪实》,载《辽阳文史资料》第五辑。
④ 李时岳:《辛亥革命时期东三省革命与反革命的斗争》,载《历史研究》1959 年第 6 期。

装斗争,一方面又派代表到盛京请愿"①。所谓"武装起义"是没有根据的,也不是事实。当时《盛京时报》报道说:辽阳抗捐队伍由城南"八里庄起,至省城五里台子,沿途迤逦,皆乱民居住,带米作炊,架棚为宿,流离失业,颠苦万状,亦无为乱情形"②。很明显,广大农民就是要求免税,不想"为乱",从思想觉悟上来看,还没有达到武装起义的地步,所以自始至终都是一种和平请愿性质,武昌起义前辽阳没有武装斗争。

(二)反对徐世昌卖国的斗争

光绪三十三年,即 1907 年 4 月,清廷在东北正式建省,将盛京将军改为东三省总督,兼管三省将军事务,每省各设一名巡抚,奉天巡抚为唐绍仪、吉林巡抚为朱家宝、黑龙江巡抚为程德全。5 月,赵尔巽调任四川总督,由徐世昌接任东三省总督。徐世昌、唐绍仪到任后,以推行"新政"为名,在"抵制日俄"的幌子下,极力主张多"开商埠""聘用洋员""借国债",引进英美势力与日俄抗衡。最初,他们企图依赖英美准备修建"新法铁路",以打破日俄对东北铁路的垄断。"依徐世昌等的计划,新法路仅为大计划之第一步。原计划拟自新民屯经法库门由洮南以达齐齐哈尔。此路若成,可由京奉路直达西伯利亚,以营口、秦皇岛为吞吐港。则打通满蒙,以抵制南满、中东两路的垄断。故新法路者实即新齐路"。日本闻讯后,先后三次提出强烈抗议,理由是"不能在南满铁路附近另设与其并行之干线及侵害该路利益之支线",认为清政府对此早有承诺,为什么违约呢?表示"帝国政府断难承认"③。于是清政府与徐世昌等立即软化下来,所谓"新法路"只能成为昙花一现的历史名词而已。接着,徐世昌又来一个一百八十度大转弯,把大量的东北主权出让给日本,如修建安奉、新奉、吉长铁路,等等。所谓安奉铁路原是日俄战争期间,日本为了对俄战争的需要,也是为了侵略中国的需要,不经清政府的同意,擅自从东北边疆城市安东(今丹东)至辽宁省会奉天(今沈阳)修建一条 303 公里的窄轨轻便铁路,作为军事运输专用线,以保证战争军需供给。由于有了这条铁路,各种军需品,主要是粮食弹药,得到源源不断的接济,对日本在战争中获得胜利起了重要作用。战后本应拆除,但日本又强迫中国接受他们的条件。在《中日东三省事宜条约》附约第六款中规定:"中国政府允将由安东县至奉天省城所筑造之行军铁路仍由日本国政府接续经管,改为转运各国工商货物,自此路改良竣工之日起,以十五年为限,即至光绪四十九年止,届期彼此公请一他国公估人,按该路建置各物件估价,售与中国……至该路改良办法,应由日本承

① 陈贵宗:《辛亥时期东三省的革命运动》,载《史学集刊》1956 年第 2 期。
② 《盛京时报》,光绪三十三年五月十五日。
③ 王芸生:《六十年来中国与日本》(第五卷),生活·读书·新知三联书店 2005 年版,第 75 页。

办人员与中国特派人员妥实商议,所有办理该道路事务,中国政府援照东省铁路合同派员查察经理"①。然而,日本并不按条约规定进行"改良"(所谓改良即窄轨改为宽轨,与中国铁路一致),而是"改轨移线",根本不与中国特派人员"商议",为所欲为。他们大量侵占土地,强行修建,引起各地人民的反抗。后来日本又提出修建鸭绿江大桥,使安奉铁路与朝鲜的新义州连接起来,这就为日本以后侵略东北创造了条件。甚至还要求铁路沿线两侧的各种矿产以及辽东一带的森林开采,都应该中日合股经营,抚顺、本溪、鞍山等地煤铁矿都包括在内。这些无理要求,徐世昌统统给以满足。所谓新奉、吉长铁路,就是向日本借款出让筑路权与管理权。在《新奉吉长铁路协约及借款合同》中规定:"在借款期内,总工程师应用日本人;至铁路办事人员,倘华人不敷用,亦可参用日本人","添派铁路日账房一员""各路所有一切进款,应存日本银行"②,等等。很明显,根据这些规定,新奉、吉长铁路完全处于日本的控制之下了。这不能不被认为是卖国,很快引起东三省人民的反对,吉林各界代表成立保路会,赴奉天请愿,要求废除有关吉长铁路条约。徐世昌答复说"约章炳如指日,万难取消"③,公然允许日本动工修建。时任总督府军事参赞的同盟会领导人张榕得到这些消息,传达给同盟会的同志,然后分头深入各界进行发动,号召群众起来反对徐世昌的卖国罪行。在辽宁各地掀起了保路运动,参加者非常广泛,有绅商各界,但"运动的骨干主要是各学校的青年学生。当时有辽阳、铁岭县的爱国青年金某、刘某断指给徐世昌上血书,反对徐和日本所签定的一切合办条约"。辽阳八旗学堂的"石磊等三十余人,均相继地参加了革命活动"④。他们通过各种方式,如贴标语、街头讲演等进行宣传鼓动工作,激发了群众的爱国热情,使反对徐世昌的斗争出现了高潮。在反徐斗争日益高涨的情况下,清廷为了缓和矛盾,调走了徐世昌、唐绍仪,派锡良接任东三省总督,兼任奉天巡抚。这使反徐斗争暂时告一段落,但反帝反封建斗争却日益高涨起来。

(三)抵制日货的斗争

光绪三十四年,即1908年2月5日,日本轮船"二辰丸"走私军火,在澳门附近之九洲洋海面,为中国海军巡船捕获,按章将船扣留,卸下日本国旗,连同船货一并带回广州黄埔,"以凭照章充公按办"。根据条约规定:"洋商私载军火及一切违禁货物,既经拿获,按约应将船货入官,系照通商条约第三款并统

① 王芸生:《六十年来中国与日本》(第四卷),生活・读书・新知三联书店2005年版,第222页。
② 王芸生:《六十年来中国与日本》(第五卷),生活・读书・新知三联书店2005年版,第27页。
③ 李新、孙思白:《民国人物传》(第一卷),中华书局1978年版,第157页。
④ 宁武:《东北辛亥革命简史》,载《辛亥革命回忆录》(五),第539页。

共章程办理。"①"二辰丸"事件发生后,日本即发出强烈抗议,几经交涉,日本态度强硬,竟提出五项要求,强迫中国接受。一、中国政府对撤换国旗一事,应派兵舰升炮,以表歉忱。二、中国政府应即时将二辰丸放行,不得立有条件。三、惟中国政府应备价收买此项军火,订价日本金二万一千四百元。四、中国政府应声明,俟查核扣留二辰丸实情,将应担其责之官员自行处理。五、中国政府应将此案为扣留二辰丸所生之损害,赔偿帝国政府,俟查明后即行告知,其数应核实算定。并威胁说:"此事即宜速了,不然日本当行相当之手段。"②面对日本的强横无理,清政府终于妥协,接受了日本的条件。消息传开,全国哗然。首先是广州,绅商士民"群情鼓噪,有罢市暴动之酝酿,并作抵制日货之运动"③。特别是抵制日货运动,很快波及上海、广西,以至遍及全国。在辽宁,辽阳是比较活跃的一个城市。

在辽阳,革命党人利用抵制日货的机会,广泛进行宣传。首先是在街头聚众讲演,指出二辰丸走私军火是违反国际公法的,理在我方,清政府屈服于日本的压力,接受五项条件,是丧权辱国的卖国行为,号召大家起来抵制日货。其次是散发传单,主要内容与在街头讲演基本相同,不过文字更为简练而已。再次是串联各商号、店铺不进日货、不卖日货,如果仍旧进、卖日货就要把商号、店铺名单在报纸上公布,以示警告。据此,不卖日货的商号、店铺越来越多,不买日货的人也越来越多,给日商造成巨大的损失。因此,日本奉天总领事不止一次地向奉天民政使司发出照会,要求停止抵制日货活动。其中说:"近来因有倡言抵制日货、煽惑商民之人,屡由本官请贵司留意,并请设法管束在案。不料,此等煽惑之人,至今不改态度。现在奉天、铁岭、辽阳及其他各处公然散布传单,措危激之词,煽动人心,强迫贵国正经商民不准向日商买卖货物,且极口诋骂邻邦,毫不受官宪之禁止。此等人,所在多有,甚为遗憾也。"又说:"本地(指奉天)发行之《醒时白话报》,日前将向我国商人购买货物之华商等商号刊登报上,决非无意,实不外逞其狡谋,恐吓贵国商人,欲阻害正当之买卖也。"要求今后再有"此等人"和事,"亟应严行禁止","严密查禁","照例惩办"。由于奉天总领事的照会,奉天民政使不得不发布告示,禁止抵制日货。其中说:"近闻因此次外务部与大日本国交涉案议成,一二无知之徒倡有抵制日货之说。夫国际交涉,政府自有权衡,岂容妄生谣诼?推其究竟,不过一二人煽惑其间,遂致此倡彼和,传播几遍。尔等须知,保邦善邻,古之明训;造谣生事,法有常经;买卖虽属个人之自由,抵制必为友邦所借口。自

---

① 王芸生:《六十年来中国与日本》(第五卷),生活·读书·新知三联书店2005年版,第146页。
② 王芸生:《六十年来中国与日本》(第五卷),生活·读书·新知三联书店2005年版,第152页。
③ 王芸生:《六十年来中国与日本》(第五卷),生活·读书·新知三联书店2005年版,第156页。

示之后,倘再有开会演说,布散传单,宣言抵制日货者,一经查觉,即以抗违论罪,决不稍宽。"①无论是奉天总领事的照会,还是奉天民政使的告示,都说明一个问题:那就是这次抵制日货运动,范围相当广泛,正如日本总领事所说"所在多有";奉天民政使也说"传播几遍",无疑给日本的打击是相当沉重的。从全国范围来看,根据日本政府公布的材料,"这次排斥日货给日本贸易带来的直接损失约达三百万元"②。这次抵制日货运动,前后坚持一年多,由于清政府的极力镇压而逐渐低落下来。

第二节　辽宁革命与反革命的斗争

武昌起义后,在辽宁的革命派,积极发动武装起义,以赵尔巽为首的保皇派进行疯狂的镇压。革命派由于不能形成合力,各自为战,先后失败,辽阳的三次武装起义是辽南地区重要起义之一。赵尔巽在镇压了各地起义之后,又在省城下手,杀害了张榕等人,并组织保皇军,叫嚣"兴师勤王",整个辽宁处于"白色恐怖"之中。

一、赵尔巽"剿抚并施"的政策

宣统三年,即1911年10月10日,武昌起义的消息,经由《大中公报》通过号外最早披露出来。这个消息在辽宁一经传开,立即在社会上产生了巨大的影响。首先,在经济上出现了挤兑风潮。广大人民群众对手中持有的纸币感到可能成为废纸,纷纷去大清银行、交通银行及官银号挤兑现洋(银元),营口、新民、辽阳三地情势尤为严重。《盛京时报》报道辽阳的情形时说:"州官史直刺昨将交通银行及官银号执事袁、孙两君招入署内,探闻因南省变乱该银号等先出之借贷一律收回,以致市面钱法吃紧。交通银行官银号均系官家所立,原当维持市面,今竟如此,以致人民慌恐。经史公百般告谕令其照常办事,各有为难之处,本州禀明上宪办理。"③不论"州官"如何"告谕",他们是不会听的。挤兑风潮,表明广大人民群众对清朝的反动统治早已失去了信心。其次,在政治上出现了截然相反的两种情形:革命党人和革命群众欣喜若狂,奔走相告,尤其是同盟会的主要领导人积极酝酿奉天独立;清朝官员则胆战心惊,惶惶不可终日,赵尔巽则考虑如何把革命势力镇压下去。为了控制辽宁形势,他采取许多反革命措施:首先是封锁消息,企图蒙蔽广大群众,使他们不了解武昌起义的真相,封闭了《大中公报》,逮捕了其主笔沈肝若。要求各报不

---

① 辽宁省档案馆:《辛亥革命在辽宁档案史料》,第4—5页。
② [日]井上清:《日本帝国主义的形成》,宿久高等译,人民出版社1984年版,第269页。
③ 《盛京时报》,宣统三年九月十七日。

许刊登武昌起义的消息，他在给交涉司的札文中说："鄂省近有匪徒倡乱，现已派兵剿办。诚恐无知愚民散布谣言，希图煽惑，应即严加防范，以镇人心。希即传知各报馆，关于此次匪徒倡乱情事暂缓登载，等因在案。奉省自应一体办理，应即由民政司、巡警局转饬各报馆遵照部示办理。至日商所设各报馆，既在本省发行，亦于本省有密切关系，并由交涉司照会日本总领事，转饬在奉各日本报馆一体缓登。事关两国公安，谅日本总领事必表同情也。"①其次是紧急部署，要求军人"忠君"、"鞠躬尽瘁，以死相报"。10月15日晚，召集各司、道头领在公署开会，"磋商维持治安一切事宜"。第二天，又召集各司、道头领"剀切训谕"，并说："此次革乱关系重大，殊深轸念，若办事稍涉疏虞，恐贻误大局，督励各属，断勿稍事懈怠"②。又传见协统蓝天蔚、伍祥祯，标统聂汝清等，"面加勉励"。10月17日，他又把驻省各协、标、营军官传至公署，大谈"军人宜知忠君爱国之大义，切勿轻听浮言，擅行无理之暴动"③。讲完后，就在公署举行宴会，企图笼络收买这些人对付革命党人的起义。再次是组织保安会，反对共和，剿杀革命。随着革命形势的发展，各省纷纷宣告独立。活动在奉天和奉天省其他各地的革命党人张榕、蓝天蔚、徐镜心、陈干、商震、张根仁、左雨农、宁武等集合在省城"分头秘密集会，共谋起义，促动关外三省独立"④。为了做好应急的准备，他们推举第六镇统制吴禄贞为关外革命军讨虏大都督、蓝天蔚为副都督，因吴禄贞驻防吉林不能到任，由蓝天蔚暂代，还推举张榕为奉天都督兼总司令、吴景濂为奉天省民政长。11月6日，张榕、徐镜心、赵中鹄、商震等在蓝天蔚驻军营地北大营密商计议，准备发动奉天独立，驱逐赵尔巽。不料，"和平举义"的计划被营长李鹤祥密告给赵尔巽。赵闻讯后，为了欺骗群众，缓和革命党人的激昂情绪，维护旧的封建统治，便与立宪派勾结起来，接受了时任省咨议局副议长、辽阳劣绅袁金铠"整军保境，镇慑革命""遥作勤王，静观事变"的策略，大耍反革命两面派。11月12日下午，在省咨议局召开"奉天国民保安公会"（简称保安会），"公推"赵尔巽为会长，伍祥祯、吴景濂为副会长，袁金铠为参议总长，蒋方震、张榕为副参议长，下设外交、军事、财政、内政、执法、教育、劝业、交通八部。张榕只是一种点缀，实权则操于军事部长聂汝清手中。同时，要求各地如法炮制，成立保安分会，如辽阳、海城、新民、安东、铁岭等地，都相继成立了分会。张榕等革命党人尚被蒙在鼓里，以为可以宣布独立了。过了三天，"张要求宣布独立，赵佯示赞许，阴设毒计，并以对日外交关系作为推迟宣布独立的借口，又保荐张为副参议长，以安

① 辽宁省档案馆：《辛亥革命在辽宁档案史料》，第41页。
② 《盛京时报》，宣统三年八月二十六日。
③ 《盛京时报》，宣统三年八月二十八日。
④ 李培基：《辛亥关外革命始末纪》，载《近代史资料》1957年第4期。

定张榕之心。张年轻心实,便入了赵的圈套"①。

保安会成立后,加紧了反革命步伐。为了防止革命党人在省城举事,秘密调集军队入卫。根据袁金铠的建议,急调正在辽源一带驻防的张作霖进省。张闻令后,星夜兼程率部如期到达,不久被"推举"为保安会军事部副部长,成为赵尔巽的得力打手。赵还依靠张作霖的力量剥夺了蓝天蔚的军权,赶走了蒋方震。他为了掩人耳目,假惺惺地委派蓝天蔚去东南各省考察战事,还专门发了"札文稿",其中说:"照得武汉事起,各省崩分,战祸之来,恐无宁日。奉省筹设保安公会,以尊重人道,保全中外民命财产,静待大局之定为宗旨。惟对各省意见,必须考察明确,以供保安会之参考;而本省保安会之宗旨,但能广布远近,多等一处之赞成,即可保全人民一分之幸福。查有第二混成协蓝统领天蔚,志趣正大,识见明敏,堪以派赴东南各省考察此次战事之实情、公众意见,并传布奉省保安会宗旨,以谋国民之幸福。为此,扎委扎到该协统,即便遵照,刻日前往妥办,随时报告。"②在此之前,吴禄贞也奉调入关,结果在石家庄火车站被袁世凯派人暗杀,可能是得到了赵尔巽的密报。同时,他们还"暗输饷械入关以援南下之清军",对抗革命军。据说,他们为清政府购办的枪支有一万杆,子弹有一千万发③,实际是援助了袁世凯。接着,赵尔巽便大开杀戒,镇压各地革命群众的斗争。他先诬称革命群众为匪,说他们杀人放火,扰乱治安,必须"痛剿"。他在给交涉司的札文中说:许多地方"假借革命之名,行其抢杀之实,愈变愈奇,愈做愈惨。……然省城虽暂得少安,而省外仍多方煽惑,以致辽阳、辽中、庄、复、凤凰各处迭来警报,究其起衅之由,大抵相同。辽中匪徒竟至抢掠民财,惨杀正绅,毫无人理,全是胡匪行为,何有政治思想。须知,现在立宪实行,党首乞降,已无革命之可言。惟仅一般胡匪,伪托革命,倡言独立,以图劫略财物,逞忿肆杀。此等乱民,国法俱在,岂可姑宽?各该文武,身任地方,具有责任,既已宽容,若辈仍不知敛迹,自不可再事游移,致酿巨祸。况各处并无租界中立隙地之困难,尤不当瞻顾彷徨,自沮其气。为此,通饬各该文武,务须确定主见,乱未起,预防之;乱初生,力制之;乱既起,痛剿之,勿再优柔误事。"④甚至公开给军队下令说:"倘发见暴动之事,即以敌人对待。而造谣生事者,对商民则捕送警务局,对于军人则照军队法令准该带队指挥官处置。"⑤此令一下,各地许多革命党人和革命群众遭到血腥的屠杀,整个辽宁处于白色恐怖之中。

———————————

①　秦诚至:《辛亥革命与张榕》,载《辛亥革命回忆录》(五),第598页。

②　辽宁省档案馆:《辛亥革命在辽宁档案史料》,1981年版,第51页。

③　《盛京时报》,1912年正月二十七日。

④　辽宁省档案馆:《辛亥革命在辽宁档案史料》,1981年版,第66页。

⑤　《盛京时报》,宣统三年九月二十四日。

赵尔巽的反革命罪行,教育了以张榕等为首的革命党人。当时,张榕、蓝天蔚、吴禄贞等都主张"和平改革",幻想通过"不流血革命",驱逐赵尔巽,"在省城宣告独立"。至此,他们的善良愿望破灭了,开始认识到必须采取更坚决的手段进行斗争。为了把东北地区的革命力量联合起来,对抗保安会,于11月17日在奉天省城成立了"联合急进会",他们"公推张榕为会长,柳大年、李德瑚、张根仁为副会长。吴景濂、袁金铠、左成之、钱拯等为参议。杨大实为总务部长,汪谦为秘书长,赵中鹄为执法部长,辜天保为军务部长,蔡雨清为副部长,洪东毅为交通部长,刘德为副部长,赵元寿为侦察部长。办公地点设在小北关容光胡同张榕的住宅内"①。这个"联合急进会"虽然以革命党人为主,但也容纳了立宪派如吴景濂;也有投机政客如袁金铠,他是钻进革命队伍,从内部进行破坏的冷面杀手,后来成为赵尔巽的主要帮凶。联合急进会成立后,他们感到武装占领省城的计划是不可能了,主要是由于蓝天蔚的出走,力量大为削弱,而反革命的力量却大大加强了。在敌强我弱的形势下,除张榕等少数领导人留在省城外,多数领导人则化整为零,分配到各地去发动群众,运动军警,组织民军,策划武装起义,以此牵制奉天,最后实现奉天全省独立。赵尔巽也看明白了这一点,他在给度支司的札文中说:"其初意原在摇动省城,再蔓延于各府、厅、州、县。嗣因省城防范严密,无隙可乘,遂改变狡谋,拟由辽阳、凤凰、安东、辽中、庄河、复州、昌图各处先后窃发,以分兵力,为牵制省城之计;而辽阳又为该匪党全力之所注"②。辽阳三次武装起义就是在这种情况下爆发的。

二、辽阳三次武装起义

辽阳三次武装起义是在庄河起义之后发生的。在联合急进会的组织帮助下,庄河革命党人顾人宜等,以庄河顾家岭为根据地,于11月20日率部袭击清军,打响了辛亥革命在东北的第一枪。清军溃败逃进复州城。11月27日,庄河革命军正式成立中华民国军政分府,顾人宜由中华民国总司令部任命为关东第一军司令,司令部设在李家卧龙(在今普兰店市境内),并发表了革命宣言书,明确了起义宗旨。其中说:"此番起义专推翻现在恶劣政府,实行共和最良政体。"庄河革命军纪律严明,备受人民欢迎,得到各地广大群众的支持和援助,在与清军战斗中屡次获胜。庄、复起义推动了辽阳、凤凰城、安东、宁远、铁岭及其他各地的起义。

(一)刘二堡起义

联合急进会成立不久,即派商震、程起陆、祁耿寰、石磊等来辽阳,与地方

---

① 秦诚至:《辛亥革命与张榕》,载《辛亥革命回忆录》(五),第599页。
② 辽宁省档案馆:《辛亥革命在辽宁档案史料》,1981年版,第89页。

革命党人徐景清、尹锡武、武扬、傅子佳等取得联系,积极扩充队伍,准备起义。经过发动,报名参加起义者达200多人,有店员、工友、教师、农民、手工业者、巡警,更多的是学生。为了便于活动,设立了"辽阳革命机关部",地点在高丽门外生发大车店,习称郭家店,店主郭复吉是同盟会的老会员,十分坚定可靠。所以,郭家店成为革命党人活动的据点,也是武装起义的指挥中心。

辽阳起义的主要领导人是徐景清和武扬。徐景清,字道五,辽阳城西刘二堡附近小河沿人,"广交游,任侠好义",当地群众"无论贫富老幼,咸敬其为人"。他"曾在辽阳警察教练所肄业,为第一期高材生,因而留所任教官,与陈干、商震志同道合,结为好友。1907年陈、商被逐出辽阳,他大为不平,痛恨官府更甚。但以势力不敌,只有暂时隐忍而已"①。他平时教学极为认真,尤其以革命思想引导学员,许多人成为坚强的革命者。武扬,字耀宗,辽阳城南大打白狐村人。早年丧父,"奉母至孝",曾在鹅房、北园、高丽门警察所任见习警官。他"具有革命精神,富于爱国思想,每显露于言行笑谈之间",与陈干、商震早有联系,受其影响较深②。武扬与徐景清是同学,先后毕业于辽阳警察教练所,又都是巡警,彼此非常熟悉,也应该常有来往。

武昌起义后,徐景清和武扬认为时机已到,积极准备武装起义。如何起义?两人意见不尽相同。武扬在回忆录中说:"他(指徐景清)在革命机关部表示:先拉出一部分人,占据辽阳西南刘二堡;再以刘二堡为根据地,迅速扩展队伍,等到城内起事遇到阻碍,可以从外面增援,以收内外夹击之效。我当时对他说:先开出一部分武装,一定会引起官方注意,这对革命来说是不利的。他也同意我的意见。不料大家正在调集武装,准备起义的时候,徐春新(徐景清的化名)竟于十一月二十五日(十月初五日)拂晓,领着巡警教练所学生四十名,携带全副武装,开到刘二堡",打响了辽阳武装起义第一枪。武扬的回忆在时间上有误,不是拂晓,应该是当天晚间七时,这可以从辽阳保安分会给赵尔巽的呈文中得到证实。"本月初五日晚七时,辽阳城内有已革巡官三人,潜诱教练所学生二十余人,首倡革命,各持操械,突出南门"。当时《盛京时报》也报道说:"初五日晚七钟时,辽阳巡警教练所学生计四十人,均将白布系诸左腕,声称自今投入革党,咄嗟间整齐武装,旋即由该所后门脱走,沿途威胁守岗巡警将快枪五十支及弹药勒令交付,并诱拐岗兵三名,道经南门向龙(应该是刘的音误)二堡方面远飏。"事实是,徐景清于11月25日晚7时率领警察教练所学生四十余人(《盛京时报》与武扬的说法相同,不是二十人,也不是三十人,应该是四十人)起事。他们出了南门,"将中区第三所枪械胁掠十余

---

① 何东林:《辛亥革命在辽阳》,载《辛亥革命回忆录》(五),第568页。
② 《辛亥革命义士武扬遗事》,载《辽阳文史资料》第13辑。

杆"。途中还有中路巡防七营中哨哨长张树华首先率全哨士兵"叛变",即投入革命队伍。第二天,到达西区刘二堡,"将区内及所辖各所枪械搜掠大半,逼令巡警从则收纳,否则驱逐"。所谓"各所"应该包括城昂堡、黄泥洼、唐马寨、大阳气堡等,并占领了边墙子(今属柳壕镇),即十五乡自治公所所在地。武扬回忆说:"徐是刘二堡人,各方面熟人很多,就和当地巡警联络,挨户宣传。农民纷纷响应,家家挂上了白旗,徐春新贴出募兵布告。由于这年夏天,刘二堡发生水灾,饥民甚多,应募者大有人在,很快地聚集了二百多人。"《盛京时报》也报道说:"初六日晨,……挨户演说谓我党主持一定宗旨,对于人民并不加以危害,愿各户速挂白旗,已表归顺。于是所有民户均悬白旗。革党即假巡警局及议事会为事务所。旋即出示募兵,缘该地一带夏间遭水灾,穷民充斥,应募为兵者甚不乏人,而该革党对此等新募兵丁则一律下令剪发。"①这个报道与武扬的回忆完全相同。

徐景清占领刘二堡的当天下午,商震从立山发去贺信,并布置该做事项及应注意之点。他说:"闻刘堡已安然占领,不胜遥贺。辽东发难第一功非吾兄而谁耶?但事既成,安民保商为第一要义。先出告示,然后即请绅耆、富户、参议、会长及读书人等,开一会议,宣布我军宗旨,并请当地绅士有声望者,推为民政长;商人有智识者为商会长;巡警中有才干者,举为巡警长。并要求绅士等代借枪枝若干、子母若干。若巡警不诚心归服,即将枪强行留下。所推各项职务,从亦须从,不从亦须从。一切计划均祈努力,并望珍重防备,勿忽是荷!"②这封信很值得玩味,可以看出商震只注意争取上层的工作,却忽视对广大人民群众的广泛发动,这是革命党人的通病。徐景清在刘二堡建立根据地,在辽阳震动很大,广大群众欢欣鼓舞,奔走相告,许多地方挂起了白旗,甚至首山顶上也插上了白旗,迎风飘扬,敌人见到心惊胆战,很有威慑作用。徐景清为了相机进攻州城,积极加强防御,通过各种办法,取得枪支弹药,扩大武装力量。他们有时截夺清军的军火,不断充实自己。《盛京时报》有一条报道说:"驻扎于海城的巡防营帮统徐珍,三十日由省城运军火数十车,路经沙河镇时,被刘二堡革命军戮劫枪械百余杆,子弹三万粒"③,这可能不是仅有的一次。

刘二堡起义之后,辽阳知州史纪常十分惊慌,"计无所出"。《盛京时报》报道说:"史州牧及各官吏等闻耗色变,惊骇不知所措。驻辽巡防营及巡警局派全体兵警严行警戒,彻宵梭巡,以备万一之变。"史纪常在给赵尔巽的呈文

---

① 《盛京时报》,宣统三年十月十日。
② 辽宁省档案馆:《辛亥革命在辽宁档案史料》,1981年版,第83页。
③ 《盛京时报》,宣统三年十月十日。

中也说："城厢巡警多被匪党鼓惑,群怀反侧之心。其著名巨匪,又各结聚党伙,蠢然思逞。州城罪犯习艺所及看守所、拘留所共计人犯百余名,仅恃二十余名之差遣警,以资防卫。此外,几无一警一兵之可用。匪党议先劫所纵囚,所内各犯,亦隐有形迹可疑之状。"又说:"南北两区及其他各乡接壤之处,影响所及,扰乱将不堪设想。"因此,要求"指派王令永江到辽安抚,系慑服警界之急算"①。赵尔巽不得不满足其要求,立即派王永江从铁岭返回辽阳,以便对革命党进行剿抚。同时,辽阳也成立了保安分会,《盛京时报》有所报道。其中说:"辽阳史州牧因形势不稳,甚属可虑,电请督宪,即初六日于午前十一钟时假州议事会大开会议,决计组织保安分会,选举分会长以下官员",结果推选史纪常为辽阳保安分会会长;徐珍、恩培为副会长;周锡恩为参议长;赵玉田、于祥轩为副参议长。史纪常公然说:"保安会的设立,其重要主旨,原为保卫地方公安,凡有破坏公安之举动,自应认为保安会之公敌。"既然是公敌,进行镇压就是理所当然的了。但是,他们为了争取时间,采取了两面手法:一方面积极准备武装镇压;一方面又想以最小的代价实现"和平瓦解",也就是先进行所谓"招抚"。但是,这个所谓"招抚"是在镇压了高丽门起义之后进行的。

(二)高丽门起义

在徐景清占领刘二堡之后,生发店里的革命党人也在加速武装起义的准备,约定在 12 月 1 日起事。徐景清在 11 月 30 日下午 5 时,率领刘二堡革命军 600 人奔赴辽阳,准备内外夹击,夜间行至南沙河宿营。为了支援辽阳的武装起义,从吉林调来敢死队三十名,经奉天总机关部到达辽阳。还有事先"联络好的距城七十里的巡防队一个哨也开到机关部准备参加起义",傍晚又移营城里,以便牵制敌人。同时,赵尔巽也加紧向辽阳派兵,协助地方巡防队镇压起义。30 日晚间,第 20 镇第二混成协三标三营管带黄业复奉命带领全营官兵开赴辽阳,从机关部门前经过进入城内,表明他们可能要对革命军下手了。形势顿时紧张起来。武扬回忆说:"我们当即召开紧急会议。参加会议的有祁星宸、李义亭、尹锡武、田丰年、武扬和从吉林调来的敢死队队长(忘记姓名)。会议研究了情况,大家认为应该立刻转移以防不测,奈因人数较多,时间已晚,诸多不便,只好暂观动静,再作打算。"又说:"现在几十个人,手枪不到十支,大枪一支也没有,倘有事故发生,必至束手无策。我立即写了两个条子:一去赵家林子借来大枪一支;一去鹅房派出所调来九个人,携带大枪九支。鹅房巡警由傅子佳率领到机关部,不觉十二点过了。同志们都说今夜和明早是紧要关头,应该严加戒备。"12 月 1 日"拂晓时,忽来一个约十七八岁

---

① 辽宁省档案馆:《辛亥革命在辽宁档案史料》,1981 年版,第 87 页。

的青年,声称要投入革命军。李义亭对他说:我已经来几天了,没听说有革命党招兵的事。这时大家精神有些紧张,那个青年走后不到几分钟,那些镇压革命的官军持着雪亮的刺枪,喊着杀声,一眨眼从高丽门冲到生发店门前。"该店西距高丽门只有几十米远,东边是太子河,后边是城墙,北边是东西的通行道路,他们已被四面包围,城墙上也布有清军,可以居高临下。武扬说:"在地势上我们处于兵法上所说的死地,这是最不利的。敌人是由省城开来的七百余人,武器也很充足,出高丽门和北门,把我们包围起来。当时,我们只有田丰年等十几个人,徒手敢死队三十人,还有调来的巡警约共五十人。所配的武器只大枪十支弹药还不充足;手枪不足十支,仅我有大号匣枪一支,带子弹三百粒,力量对比相差悬殊。"双方接触后,经过一个多小时的激烈战斗,伤亡很大,最后乃决定突围。武扬、尹锡武等出了生发店,拼命冲出了包围网,过了太子河桥,进入东部山区。武扬回忆说:"当突围之际,只剩下十三人。其他四十多人,连同城内被捉去的全部壮烈牺牲。敌人当场被击毙的不到三十人,打伤的不详。迨突破北面包围线,冲到太子河沿渡桥,我们只剩下傅子佳、祁耿寰、尹锡武、宁鹤林、董某某和武扬,还有金万朴、王有明、闻国兴合共九人。途中,金万朴由旱路北去,王有明、闻国兴各自回家去了。"①武扬等6人,后经首山堡麻义屯车站,搭火车回奉天总机关部。

武扬等突围之后,清军冲入生发店内,面对手无寸铁的革命党人大肆杀戮。"店中人全无枪械,冒着弹雨冲出,陈德全年仅十七岁,手执店中铁炉条与清兵搏斗,城东某村农民杨某破口大骂,多数不幸中弹,有的牺牲在窗下、在门旁、在院中,有的遗尸在路边、河沿,当场牺牲十数人,生者也多受重伤"。《盛京时报》也报道说:"十一日午前七钟时,辽阳革军八十人在高丽门外与第三标第三营陆军(初十日由奉来辽者)冲突,相互开枪攻击约一小时之久,革军不利而退。计有革军三十三名被官军擒获,就中六名认为胡匪,当即就地正法,其余则拘至官军本营(城内永泰天客栈),严加审讯。"又说:"辽阳此次官、革两军之战争,受官军捕虏者二十六名,释放二名,处禁铜(应该是锢之误,即禁锢之刑)刑者十一名以外,十三名于十三日夜间,乘天色惨黑,裸体绑赴西关之刑场,以极钝之刀,将头颅前后部及膊部,用力乱砍至数次不下者,残酷之情莫堪言谕。昨在高丽门悬挂之人头颅亦于是日搬在一处,共成十七颗之人头,十三具之尸体。至十四日尚弃置于路旁,被野犬吞食,肝胆狼藉,膏血淋淋,古战场亦难比其阴惨之状。见者无不切齿官军之残暴,不胜悼慨之情。其年龄多在三十岁上下,其中多系下级劳动者,而良民亦复不少。"②日本驻辽阳

---

① 武扬:《辛亥高丽门起义及其前后》,载《辽宁文史资料选集》第一辑。
② 《盛京时报》,宣统三年十月十六日。

领事铃木要太郎在给内田外务大臣的电报中也说："本地完全恢复平静。清国军队陆续从奉天开到，编成优势部队，将向龙字堡（按：应是刘二堡）剿讨革命党。革命党人先前被捕者已达二十六名，其中十三名已于昨日处斩，曝尸路旁，残酷已极。"①高丽门起义就这样被血腥地镇压下去了。这时，夜宿沙河镇的徐景清闻讯后知事已不可为，立即返回刘二堡准备迎击清军。

在镇压了高丽门起义之后，清军立即把矛头指向刘二堡。一方面，积极调兵遣将，各路官兵相继到达辽阳，准备围剿。《盛京时报》报道说："官军援兵陆续晋城，驻扎海城巡防队三百人亦已抵辽。查现在驻辽官兵一千人之多。"又说："官军之应援队炮兵一队，带炮六七门，来辽阳张台子间暂时驻扎……又有步队四百人向辽阳进发，于十三日经过抚安车站（按：当时是安奉线上的一个小站，在奉天南二十里）直向刘二堡"。"该协四标步兵营一营、炮队一队于昨日午后六点钟到境"。"驻辽巡防队二百四十人，于十五日晚间道经南门前赴刘二堡攻击革军，其余步队亦当于日内由辽进发，协攻刘二堡"。赵尔巽又派"巡防队中路第四营并陆军第七十八标三营前往，相机剿办"②。前后调来陆军及巡防队应该有五六个营，至少在两千人以上，大兵压境，蓄势待发。另一方面，以"黎民"免遭"涂炭"为由，玩弄"招抚"花招，两次派代表去刘二堡与革命军谈判。对此，《盛京时报》有详细报道。12月3日，州自治参议会选派劝学总董张尔文等前往刘二堡，"与革军相会，革军以礼相待，代表人陈说利害，革军执一不允"。代表云："现在实行立宪，即开国会，南省均皆允服，不日当奉明文。想诸君具英雄之资格，抱济世之才，当识时务，作一件利国利民之事。倘能允从，必以相当位置博取功名，留名永世，胜此等所为万千矣。"革党答云："吾等以政治革命为主义，非种族革命，亦不敢乘隙为匪。当此之时，今上冲龄，监国懦弱，内政归权臣把握，只知贪酷，不以生民为计。外交听强邻压制，但求苟安，不以国土为重。各省官吏，贪恋实难枚举，盐税课赋，加增更难计算，使四万兆同胞受三百年压力，故英雄割据，遍起中原。吾等具一片热诚，欲舒同胞苦困，倘能改革政治，不论君主民主，削除积蔽，以清寰宇，吾等甘退为民，不以名利计。此时虽有立宪之举，开国会之说，均为纸上浮文，未能实行，吾等各尽天职，以表热心，服从二字请毋庸议。"代表云："东关革党已被陆军剿平，君等知之乎？倘一旦兵连祸结，黎民定遭涂炭，其罪岂不归君等乎？请熟思之。"革军历声答云："吾等均属汉人，为汉人吐气，以文明用事，无强暴行为，即官军亦多汉人，当明此大义，必不以非礼来侵，倘不明此义，不念同胞，甘受他人之辱，吾等恭候，请以兵戈相待，君退勿言。"代表唯唯而去。

---

①　邹念之：《日本外交文书选译：关于辛亥革命》，中国社会科学出版社1980年版，第25页。

②　《盛京时报》，宣统三年十月十五—十八日。

他们采取欺骗、利诱、威胁的手段,劝说革命党人放下武器,遭到严词拒绝。他们仍不死心,于12月5日州参议会再派代表至刘二堡,"会同该堡绅士徐孝廉子青、李孝廉复初、周孝廉化南、王富绅成显见革军,以国势危险、时局变幻说之,诸君虽属公愤,难无涂炭之虞,既念同胞,当思生命之重也"。革命党人当然不会放下武器,所谓"毫无降附之意",他们积极准备迎战。《盛京时报》报道说:"闻刘二堡革军现在计一千人,声势大振,徐司令官亦已预备一切,拟邀击官军,一战以决胜负。"①在谈判破裂之后,清军立即准备进攻刘二堡,"因闻有日本人四名在内,经兵官告知日领,劝令离去,免致受伤,此四人随即退出"②。

12月6日,清军开始向刘二堡发起猛烈的进攻,先用大炮轰击,然后枪声四起。革命军经过一阵抵抗之后,为了避免过大伤亡,"黎民涂炭",徐景清决定退出刘二堡,然而清军紧追不放。有"挟私忿之管带官德谦暗领亲兵随后而追及,追至小川城子村外(今属柳壕镇),值革军休息不备时,当即饬众开枪,遂将日前该管左右两哨投诚之防军击毙十余人"。革命军立即起而反击,但清军"大队已至,致革军大队愤愤南下"。待退到泥鳅沟时,徐景清感到力量相差悬殊,实无胜算把握,决定解散队伍,保存革命实力。他仅带少数"亲军"洒泪而别,最后去了大连。余众除了返家的而外,多数人"投诚庄(河)复(州),合力举事"③;还有二百人去了海城;少数人奔赴边墙子村继续斗争。

(三)边墙子起义

徐景清走后,有鲍四缶者又集合遣散队伍,由刘二堡转移到边墙子村,据守艾家6个大院,并召集地方绿林和有志之士,准备再次起义。"当时富家窝棚的小学教员富玉鑫、绿林出身的骆驼背苏小迓、常家窝棚的太子河船夫赵白脸、高丽城子的太子河船夫姜二铁等,均率领一些人参加,未出旬日即达三百,准备再占刘二堡,进攻辽阳城。一切粮秣均由边墙子富户艾绍廉资助,声势颇为浩大"④。在这些起义者中,学生占有相当大的比重,他们不顾家长的阻挠,自动剪掉辫子,十分活跃。

赵尔巽接到报告后,急派驻浑河西岸大湾镇的巡防营步兵两个营,星夜前去围剿。该部于12月7日到达指定地点,"摆开阵势,四面围攻"。革命军奋力抵抗,连续4个昼夜,战斗异常激烈,终因寡不敌众,鲍四缶壮烈牺牲;苏小迓身负重伤,次日身亡,临死前还高呼:"打!打!打!"在这次战斗中,打死官兵十多名,包括一名管带;革命军死伤五十余人。《盛京时报》事后报道说:

---

① 《盛京时报》,宣统三年十月十八—二十日。
② 辽宁省档案馆:《辛亥革命在辽宁档案史料》,1981年版,第364页。
③ 《盛京时报》,宣统三年十月二十四日。
④ 何东林:《辛亥革命在辽阳》,载《辛亥革命回忆录》(五),第571页。

"边墙子艾姓系辽西之巨户,墙高院大,革军持以对敌,故官军一时实难攻破,以致官军流弹误将艾姓学生及后邻少妇击伤。革军因此触目伤情,奋力猛击,遂将官军击退,故革军乘隙潜逃。"①边墙子起义也失败了。

辽阳三次武装起义,前后历时 16 天(从 11 月 25 日至 12 月 10 日),终于先后失败了。

赵尔巽在镇压了辽阳的三次武装起义之后,还要"斩草除根",追捕起义的领导人。他在给"驻辽陆防各军官长"的札文中说:"随经跟踪击散,若不斩草除根,恐将复萌,现特拟定赏格,仰各军极力捕获首领徐景清、吴景卿、黄咀三名,如有能捕获者,每名赏给纹银四百两。"他甚至不止一次地通过日本总领事馆抓捕起义领导人。1911 年 12 月 13 日,交涉司发出照会稿给日本驻奉天总领事落合,请求协助查拿徐景清等人。其中说:"照得此次辽阳州倡乱之匪首徐春新即徐景清,现据报告,实系逃往大连潜匿等情。本司查该匪首徐春新,谋为不法,以致荼毒生灵,实属罪不容逭,亟应缉获惩办,以昭炯戒。兹据前情,相应照会贵总领事查照,希转行关东都督府,迅饬将该匪首徐春新即徐景清严密查拿。送司惩办,以祛要害而靖地方。"十天后,即 12 月 23 日,又发出照会稿给日本总领事落合。其中又说:"案照辽阳乱事,本系徐春新即徐景清,又商震、左玉泉(号雨农)、王福奇等四人煽动胡匪致起骚扰。前据探得该匪等信件,均称潜匿租界。历经本司函照贵总领事,请为从严查办在案。昨接贵馆二八〇号文,以徐春新即徐景清一名,已蒙关东都督府驱往上海。当经禀明督宪同深感谢,并请转向关东都督府代达谢意。惟兹又探明商震尚在租界留住。其左雨农、王福奇二名前往烟台,现又回奉,拟再施其破坏之法,扰害治安,亟应设法剪除。特再照会贵总领事,希速转饬租界兵警严加取缔,务将商震及左雨农、王福奇三名一并拿送过司,以期早为消弭,而保治安。望速见复施行为盼。"由此可见,赵尔巽不惜与日本勾结起来抓捕、屠杀革命党人。

辽阳三次武装起义的失败,从主观方面说,主要是由于没有坚强的领导核心,也没有严密的组织,计划不周,行动不统一,尤其存在"和平"幻想,缺乏革命的坚定性。商震作为同盟会辽东支部派到辽阳组织武装起义的主要领导人,除在发动起义方面做了一定工作之外,但在起义最紧要关头犯了严重的错误。第一,在决定起义地点上,没有支持武扬的正确主张,在刘二堡首先发难,分散了革命的力量,过早地暴露了自己的意图,的确"引起官方注意",为赵尔巽、史纪常等提供了充分的镇压起义的准备时间,"这对革命来说是不利的"。第二,始终存在"和平独立"的幻想,自然影响了武装起义的积极准备。他后来在给徐景清的信中说:"昨天回辽,本拟和平了解,乃陆军用奸险手段,于今

---

① 《盛京时报》,宣统三年十月二十五日。

晨四点钟,陆军突然袭击生发店。"①他把希望寄托于史纪常的"同情革命",等待其"举义旗反正"。诚如他所说,等来的是"陆军突然袭击生发店"。第三,武扬在他的回忆录中说:"这次起义失败,牺牲五十几个人的宝贵生命,商震应负一定的责任。十一月二十九日晚机关部开会时,商震说:他和辽阳知州史纪常同乡。史同情革命,先去摸摸底。谁知他竟一去不复返。被州衙扣留了吗? 不是的。事后知道,商震见了史知州,史把紧张情况告诉了他,叫他立即逃走。他于是乘史知州的马车,由史的亲信护送到麻义屯车站(按:即首山站),径直溜回省城总机关部去了。"②这种不顾他人安危,自己悄然溜走的逃兵行为,简直就是背叛,断送了许多革命志士的生命,也断送了革命事业。除了商震而外,徐景清也犯有严重的错误,一是不顾大局,贸然举事,过早地暴露了起义意图,使自己陷于被动;二是缺乏"兵贵神速"的观念,没有按照约定及时赶到辽阳,竟然夜宿沙河镇,失去了战机,造成巨大伤亡;三是在清军进攻时,面对十分不利的形势,退出刘二堡是对的,但在"革命军人人愤激,誓不解散,惟愿以决胜负"的情况下,解散队伍是错误的(如可率队去庄复、海城继续参加战斗),放弃了领导,不相信群众,成了取消派。

从客观方面说,敌人的力量过于强大,两者相差悬殊,又认不清赵尔巽、史纪常等"剿抚兼施"的手法,放过了有利时机,终遭惨败。如高丽门起义,革命军仅有 50 多人,枪支很少,敢死队来时都是赤手空拳,根本没有枪支,等待史纪常给他们发枪(原来史纪常与革命党人表示愿意在适当时机反正,然后打开武器库,给敢死队发放枪支),实际是一场骗局。反之,敌军的兵力超过革命军十多倍,"武器也很充足"。在镇压刘二堡、边墙子起义时,敌军有两千多人,不仅"武器也很充足",甚至配备有多支炮队,枪炮齐施,革命军自然难以抵抗。再有起义领导人始终幻想能够和平解决,多次进行谈判,延误了有利时机,给了敌人充分的准备时间。从刘二堡起义到高丽门起义整整拖了 7 天,结果让清军抢先下了手。正如《盛京时报》所说:"无奈官军之抵辽早于预订,虽仅一日,而官军已抢先一切,方略全归画饼。"③起义领导人也始终认为史纪常是同情革命的,没有认清其反动本质。史纪常是在玩弄两面手法,两不得罪,为自己准备后路。他一方面密报赵尔巽,要求迅速"派兵到境剿抚",否则"影响所及,扰乱将不堪设想";另一方面与革命党周旋,表示要"待机反正",等到赵尔巽派来的巡防队到达辽阳的时候,在即将进行镇压的前夕,他又示好商震,护送其逃离险地,达到将来"多一个朋友,多一条路"的目的。这种随风转

---

① 辽宁省档案馆:《辛亥革命在辽宁档案史料》,1981 年版,第 357、358、83 页。

② 武扬:《辛亥高丽门起义及其前后》,载《辽宁文史资料选集》第一辑。

③ 《盛京时报》,宣统三年十月十五日。

舵、左右逢源的伎俩煞是奏效，民国成立后，他摇身一变，居然当上了奉天交涉使，甚至被任命为黑龙江省省长(后来由于他的婉拒而作罢)。资产阶级革命的不彻底性，在辽阳三次武装起义中也得到了具体的反映。

辽阳三次武装起义虽然失败了，但它的意义巨大、深远，不可低估。

首先，辽阳三次武装起义沉重地打击了清王朝在辽宁的反动统治，推动了辽南的革命斗争。《盛京时报》报道说：“刘二堡革军现已风靡四邻，若辽中县登鱼堡等处均已归入革军手中”，“匪首祁兴臣率胡匪二百余人，亦由辽中并入该党，均皆麇集刘二堡，逼胁巡警，招聚匪徒，约集八九百人，占据警区税卡”。在“海城先有革命党人曹都玉、钱杰臣等于城内积极活动，后有联合急进会赵中鹄以大石桥药王山为根据地，密遣学生数十人潜入城里，准备攻城时起为内应”。地方官员束手无策，请求赵尔巽派兵助剿。分巡锦新营口兵备道袁祚廙在电文中说：“不早扑灭，附合日众，……务期早派队往，以免燎原”；在盖平，革命党人朴三虎、郭敬臣等占据万福庄起事，群众纷纷响应，声势浩大，赵尔巽急派“中路帮统官”徐珍所部围剿，形势已是十分危急，可见革命烽火燃遍了辽南大地。

其次，在辽阳三次武装起义中，有许多满族巡警和士兵参加，说明“非种族革命”，体现了联合急进会“建设满汉联合共和政体为目的”之宗旨，有力地批驳了所谓“反满”革命的说法。这方面的记载虽然很少，但也非绝无仅有。我们于被捕关押在奉天模范监狱“革党”名单中，发现有 7 名辽阳人，他们是关永春、关洪阁、刘永珍、孙太福、高桐、连仲山、李占山。名单中分别记载了他们的年龄、籍贯、亲属、出身、职业、入监月日等。通过这个名单，我们可以确知关永春、关洪阁就是满族。其中记载：关永春，35 岁，辽阳西南大红旗堡人，父亲巴行阿，母亲项氏，妻子魏氏，警务毕业，是巡防营什长；关洪阁，19 岁，辽阳刘二堡南大白旗堡人，父亲关国玺，母亲赵氏，妻子白氏，读过书，是巡防营士兵[1]。我们之所以说他们是满族主要根据有三点：一是大红旗堡、大白旗堡都是满族聚居区；一是关永春的父亲名巴行阿，显然是满名；一是辽阳关姓、穆姓、鲍姓、白姓多满族。鲍四缶也可能是满族，还有待于进一步考证。不过，在凤凰城起义的革命党人鲍化南就是满族。

再次，经过三次武装起义的洗礼，使民主思想和爱国思想得到了广泛的传播，特别是革命党人以“铁血变春秋”“宁为革命死，一心救中华”的前仆后继、英勇牺牲的精神，给辽阳人民留下了不可磨灭的印象，猛烈地冲击了两千多年的封建专制思想，也成为永远鼓舞辽阳人民前进的精神力量。在赵尔巽、张作霖等反革命派疯狂挥舞屠刀的时候，许多革命党人毁家赴难，“不以名利计”，

---

① 辽宁省档案馆：《辛亥革命在辽宁档案史料》，1981 年版，第 253 页。

置个人安危于度外，毅然投入革命斗争，一心推翻腐朽卖国的清政府，摆脱被压迫的奴隶地位，向往自由、民主的新生活。正如列宁在《落后的欧洲和先进的亚洲》一文中所说："数万万人民正在觉醒起来，追求生活，追求光明和自由。"①从此，民主共和国的观念日益深入人心，剪辫易服，那些"大人""老爷"的称呼听不到了，往日人们那种猥琐自卑的心理为之一扫，一个令人渴望的新时代开始了。林伯渠在孙中山诞辰九十周年纪念大会上的讲话中说："过去专制主义是正统，神圣不可侵犯，侵犯了就要杀头。现在民主主义成了正统，同样取得了神圣不可侵犯的地位，侵犯了这个神圣固然未必就要杀头，但为人民所抛弃是没有疑问的。在中华民国成立以后，国家政权虽然被袁世凯和其他大小军阀所篡夺，但是没有人支持他们，所以一个一个都垮台了。可见当时天下尽管乱，在人民的心里，自有一个公道。一到人民有了进一步的觉醒，在坚强的领导下组织起来的时候，就会把那些污秽恶浊的东西彻底消灭的。"②

最后，我们还要指出，辽阳三次武装起义是辽宁辛亥革命的重要组成部分，功不可没，早已载入全国史册。辛亥革命期间，辽宁有三个地方先后举行起义，即庄（河）复（县）起义、辽（阳）海（城）起义和凤（城）安（东）起义。他们共同切断了清王朝准备东归"龙兴之地"的退路，也粉碎了清朝余孽阴谋建立满洲小朝廷的图谋。当时，"恭王（载伟）、肃王（善耆）、泽公（载泽）、铁良等来东，潜谋独立，俟共和发表，即奉恭王即皇帝位，以赵尔巽为总理"，实现东三省"特别办法"（所谓特别办法就是在东三省建立清朝小朝廷）。他们的阴谋计划符合日本的利益，因此得到日本的支持。但是，由于各地的武装起义，他们的如意算盘彻底破灭了。这就有力地推动了辽宁乃至整个东三省的独立，也为实现全国共和体制作出了不朽的贡献。

三、辛亥革命辽阳烈士名录

在辽阳三次武装起义中，许多革命志士壮烈牺牲，应该不下几十人，还有在外地牺牲者。但是，由于州署档案已毁，我们很少知道他们的名字，使先烈们的革命壮举美而不彰，实为憾事。今乘撰写《清代辽阳史纲》之机，仅将知名者及其事迹录之于后，使之厥功不朽，千古不磨，垂之永远！

郭维藩，字文斗，城内袁家胡同人，警察教练所学员，其先曾在玉成盛商号为柜伙，因多次听到陈干的讲演，深受启发，认识到必须推翻清王朝的专制统治，建立民主共和国，追求进步，倾向革命。武昌起义后，与革命党人取得联系，首先报名参加革命军。清军围攻生发店时，他拼死抵抗，不幸被俘。临刑时面不改色，威武不屈，慷慨赴难。

---

① 《列宁文选》第二卷，人民出版社1972年版，第450页。
② 《人民日报》，1956年11月11日。

张镇南,山东人,刘二堡小学教师,时年24岁。思想进步,在课堂上经常向学生宣传只有革命才能救中国的道理。他与徐景清早有交往,志同道合。徐到刘二堡组织革命军,他首先报名参加,成为革命军的骨干之一,深为徐所信赖。为了确定进攻辽阳时间,徐景清派他去城内与机关部联系。事发时,他正在生发店内,不幸被俘。适值刘二堡学董也在城内,托请城内士绅出首保释,得到知州的首肯。过堂时,史纪常有意开脱,问道:"像你这样年轻人,懂得什么革命,一定是为人引诱盲从的吧?"张镇南却厉声抗辩说:"自己是有主义的,志愿革命,不是盲从。今既被捕,有死而已,为主义而死是光荣的,不必再问!"当时有黄管带陪审,只得判处死刑。临刑时,毫无惧色,高呼革命口号,英勇就义。

石补天,警察教练所学员,是被俘者中年龄最小的。黄管带要杀他,是为被打死的哨兵祭灵。他大义凛然,舍身成仁。有绝命诗一首,留给妻子:"柴米夫妻酒肉宾,人情厌故喜迎新,残花尚有三分艳,欲寻风流趁早春。"

谷正刚,辽阳城南魏家屯人,在城内警察一区任巡长,其他事迹不详。在生发店内被俘,判处死刑,付出了生命。

陈德全,年仅17岁,在生发店内手拿铁炉条与清军拼死搏斗,英勇牺牲,其他事迹不详。以上五位烈士,是参照陈焕标先生《辛亥革命时期商震、陈干与辽阳》一文写成的。见《辽阳文史资料》第一期,应该加以说明。

郭复吉,生发店店主,同盟会会员,积极赞助革命,毁家纾难,在交战中牺牲。

还有鲍四缶、苏小逛等在边墙子牺牲,其他事迹不详。

在外地参加革命斗争而牺牲者可能也很多,由于缺乏记载,知道得更少,根据档案及回忆文章可以查出三人,即石磊(另文介绍)、杨景文、邹大有,后两人同时在凤凰城牺牲。

杨景文,字品桢(珍),辽阳城西北小闾屯人。辽阳简易师范第一期毕业生,后在大闾屯村小学任教。在课堂上,他不仅认真教学,并能结合课文进行爱国教育,进而宣传革命道理。他曾说:从鸦片战争以来,中国屡次战败,"列强侵略,弱肉强食,中国外交失败,割地赔款,国耻重重,睡狮不醒,有被瓜分之祸,如不奋起图强,有五千年文化的黄帝子孙,将做东、西洋人的奴隶。"又说:"日俄都是为了想独吞东三省,才打起仗来,结果瓜分了东三省,我们如不及早救亡图存,就有亡国灭种之祸。"他勉励同学努力读书,不做"睡狮",应该做"醒狮",起来救国。他的学生回忆说:"先生革命的、进步的、爱国的思想教育,使全体同学深受感染,在许多同学的脑海中一直起着推动作用,达到了潜移默化的效果。"①

　　杨景文在简易师范毕业后，就与同学邹大有参加了同盟会。邹大有，字宾国，辽阳北门外人，与杨景文关系密切，有着共同的理想，积极从事革命活动。他们秘密印刷、递送革命传单，与辽阳、沈阳革命机关部有直接联系，经常奔走于辽阳、辽中、沈阳之间，策动军警，"联络同志，为起义之预备"。武昌起义后，他们离开了学校，全身心地投入到革命中去，多次完成沈阳总机关部交给他们的任务。后来，他们又奉命去凤凰城策划巡防队统领马龙潭反正，响应革命。除杨景文、邹大有之外，还有两名南方同志丁香阁、刘耀臣。他们一行四人乘火车在 12 月 10 日午后到达凤凰城，投宿于南门外万隆客栈。恰好该店住有巡防队，见四人形迹可疑，盘问多时，随后便带他们去见马统领。他们说明来意，晓以大义，希望他能认清形势，及时反正，宣布独立。马龙潭开始颇受感动，但有清廷消灭革命党的严令在前，不敢贸然从事，也无意加害他们，劝其速行，派人送他们去车站候车。正在这时，赵尔巽得到密报，电令马龙潭立即逮捕四人，就地正法。此时的马龙潭，利禄熏心，为了保住官位，什么民族大义早已抛诸脑后，遂派兵去车站把四人捕回。当日晚间，马龙潭令人在万隆客栈后面不远的黄土坡上将四人杀害，并将四人埋在一处。据店家说，四人被害时，曾经高呼革命口号，慷慨陈词："现在全国响应革命，清朝就要完蛋了，你们还行什么凶？等到革命军来那一天杀你们吧！"关于杨景文、邹大有牺牲的具体情况，有些回忆文章，由于年代久远，或不准确，或有失忆，都被误认为信史，实为憾事。现在我们查到一则档案材料，揭示了先烈牺牲的详细经过，可以补证回忆文章之不足。我们不妨全文抄录如下，如果两位烈士的后人能够看到，一定会感到十分欣慰。这则档案是"安奉铁路巡警总局为急进会成员邹宾国等四人被刺杀事给交涉司的禀文"，现存辽宁省档案馆。全文是：

　　为禀报事：据第二分局禀，据凤凰城分所禀称："十月二十日午后四钟许，查有北来汽车（按：当时称火车为汽车）到站，有四人下车，均着便衣，投宿南门外龙凤寺前万隆客栈。该栈住有巡防队，见其形迹可疑，详加盘诘约一时许，又带经凤凰厅并巡防右路马统领会审多时。审明该四人系邹宾国、丁香阁、杨品珍、刘耀臣，闻均带有急进会委任状，即时经凤凰厅饬交警务局，派警送至车站，令其出境。该时间适无客车，又带回警局看管。是夜八钟，未识因何事故，经马统领派兵又将该四人提回刺毙等情。由该局转禀前来，职局复查无异，理合禀报宪台察核施行。须至禀者"②。

① 施泽鸿：《辛亥革命烈士杨景文传略》，载《辽阳文史资料》第 15 辑。
② 辽宁省档案馆：《辛亥革命在辽宁档案史料》，1981 年版，第 122 页。

四、赵尔巽的"白色恐怖"与"兴师勤王"

赵尔巽先后镇压了各地起义之后,集中力量对付省城的革命党人,仍然采取"剿抚兼施"的手段,屡屡得手。最骇人听闻的就是制造了"奉天三大案",杀害了联合急进会会长张榕等。1912 年 1 月 23 日晚,在赵尔巽的授意之下,辽阳劣绅、保安会参谋部总长袁金铠在沈阳平康里德义楼宴请张榕与张作霖。宴毕,袁金铠借故"先兴辞而出",随后二张也出了德义楼,边走边谈,突然间张作霖的两个便衣特务于文甲、高金山用手枪向张榕射击,倒在血泊中的张榕大骂赵尔巽背信弃义,也许知道自己是被骗了,可惜为时已晚。之后,于文甲带队闯入北关张宅,抄没其家产,杀害了时在张家的《国民报》编辑田亚赟,又误杀了张榕之业师张振声(以为是张榕之兄张焕柏),其余家眷、亲朋,包括仆人、雇工,一律带走关押。同时,另一伙士兵在金寿山的率领下,闯入了大东关张榕好友、满族革命者宝琨的住宅,杀害了宝琨,抢光了其全部家产①。这三大杀案,尤其张榕的被杀,与袁金铠有直接的关系。有的学者正确指出:"直接杀害张榕的凶手,不只是张作霖部下于文甲,袁金铠也是预谋者和参加杀害者。这正说明,立宪派在武昌起义后的革命风暴中,乘机混入革命团体的危害,袁金铠即以急进会参议的身份出现在革命党人之中,他不仅腐蚀革命,破坏革命,乃至直接参与杀害革命党的首领,袁金铠可以说是东三省立宪派中最反动的代表。"②此后,反革命势力极为嚣张,"白色恐怖"笼罩奉天省城。"昔巨盗今统领之张作霖,率带党羽三百余贼,每夜分头烧抢惨杀,凡剪发易服之人,无一幸免,陈死累累,惨不忍睹。住户被其持枪勒捐者,指不胜屈,皆凿凿有据。以故人民犬不敢令吠,儿不敢夜啼,寝不安枕,一夜数惊"③。接连数日,他们先后捕杀了新军骨干与革命青年一百余人,革命处于危机之中。

赵尔巽在稳住了辽宁的局势之后,以他和张作霖、冯德麟为首的 33 名旧军将领发出愿效忠朝廷的反革命通电,表示要组织"勤王之师","分兵南下,誓灭彼党"。其中说:"此次革命党煽动之叛乱,逞争权夺利之心,灭君臣父子之义,其与匪贼,有何择焉。朝廷体念亿万人民之心,寻求和平解决之道。但此等背信弃义之徒,岂足语此。臣等之心只有一途,即是率家乡健儿,渡海而南征,传檄各省,共诛膺惩之丑类。一俟圣旨降下,臣等立时兴师"④。不仅如此,在他的指令下,以二十镇统制潘矩楹领衔给吉林、黑龙江省统制、统领发出拟编"勤王之师"南下"助剿"的电稿。其中说:"窃念数月以来,南北纷争,生

---

① 《盛京时报》,宣统三年十二月七日。
② 陈贵宗:《辛亥革命时期东三省的革命运动》,载《史学集刊》1956 年第 2 期。
③ 中国史学会:《辛亥革命》(七),上海人民出版社 1972 年版,第 398 页。
④ 秦诚至:《辛亥革命与张榕》,载《辛亥革命回忆录》(五),第 606 页。

灵涂炭,谁使之? 皆自称革军之徒使之也。政府主张和平,原为维持人道起见,叠颁信条,在在退让。在彼党,晓事之人皆深知,共和必召大乱,亟愿和平解决。奈彼少年党众,坚持私见,非理要胁,不问人民程度,不顾国势阽危,妄执共和美名,直欲糜烂全局。无知无识,乌足议政。似此知法不知恩,非加痛剿谅难奏效。敝省各军,久以和局之万无可望,早编就勤王之师,以铁血解决政体。除将本省防务布置外,即将陆防各军编成劲旅,准备进行。贵省军队忠诚夙著,谅表同情,事机紧迫,未及先商。会齐我三省军队统制、统领衔名,电禀内阁,迳复统镇军,及通电各省军队,一体联络,组织各支大军,实力出发,分路南下,誓灭此朝食,以尽吾军人保全大局责任,非达君主立宪目的不止。用特电闻,即祁查照筹备一切,并望随时电商,共同动作是幸。"署名者主要有潘矩楹、聂汝清、伍祥桢、张作霖、冯德麟、马龙潭、吴俊升等。同一天,潘矩楹等未经与吉、黑两省统制、统领"电商",就以东三省统制、统领的名义给直隶、河南、山东、徐州、石家庄等都抚发出同样的电稿,希望"共任勤王","力救国危","无使彼党北上一步"。潘矩楹等还给北京各亲王、贝勒、贝子等发出电稿,希望他们出资捐饷,只要"军食不亏",他们便可率师南下。其中说:"兴军必先筹饷,饷项无出,则军心涣散,国家之存亡系之。比来朝廷屡发内帑,已将告罄,而度支仰屋,军饷无济。懿亲翼辅皇室,与国共其休戚。应请上以国家为心,下以军士为念。宜思报国者,即所以保家;全国者,所以全身。请慷慨助饷,并将存放外国银行之三千余万,悉数助军,则财散民聚,朝廷收辅助之效;而军兴饷足,大局有挽回之机。"[①]这无疑是与虎谋皮,正如有人所说即使"铁刃加头"也不肯解囊,再加上革命形势瞬息万变,所谓"勤王之师"终未成行。我们注意到,在上述所有"勤王"电稿中都有徐珍的署名,说明徐珍完全站到革命对立面的一方,大节有亏,毋庸讳言。

第三节　辛亥革命的胜利与失败

　　蓝天蔚的北伐,由于"南北议和"而中断,封建势力没有被摧毁,"共和"虽然实现了,但仅是一块招牌,许多革命党人继续进行反复辟帝制的斗争。辛亥革命后,张作霖在日本的支持下,"统一"了东北,实际就是一个傀儡政权。辛亥革命没有完成反帝反封建的任务,但却为新民主主义革命准备了条件。

一、蓝天蔚的北伐与辽阳的收复

　　孙中山先生非常关心东三省的局势,南京临时政府成立后,他即以临时大总统的名义任命时居上海的蓝天蔚为关东大都督,令其率领北伐舰队去山东

---

　　① 辽宁省档案馆:《辛亥革命在辽宁档案史料》,1981年版,第70、73、75页。

烟台待命。张榕被杀后，蓝天蔚接到南京临时政府陆军总长黄兴"进军北伐"的命令。为了顺利在辽东口岸登陆，先遣队十余人先期到达庄河的盖子头、尖山口一带，做好一切登陆准备工作。武扬回忆说："我当时任关外都督府参谋，也是北伐军登陆引航人之一……在一个深夜里（即1912年2月1日），明亮的月光照耀在海面上，北伐军由雇用的日本商船'第十六永田丸'拖带去的大型木船，和早已备好先期开去的渔船，经过紧张的工作，胜利地完成了登陆任务。当引航人发现南方海上船只时，立即用灯语联络对话，这是使人最感兴趣的事情。这次北伐军登陆地点是在毕利河口盖子头，岸上有一堆烽火处。"①登陆后，北伐军即分路向前推进。东路由邵兆中、尹锡武等率领向庄河、安东挺进；西路由顾人邦、武扬等率领向复县、盖平挺进。在各地革命群众的配合、支持下各路都取得了巨大胜利，清军"兵心瓦解"，有的"望风迎降"、有的"脱营逃亡"回家，官绅也"均悬白旗欢迎"。2月3日，在花园口北发生激战，清军伤亡5人，40多人投降，其余逃往庄河。2月4日，顾人宜率领民军在水门子包围了巡防队两个营，迫使帮统李子锐和管带陈宝珊投诚。2月6日，西路军占领了瓦房店。2月10日，东路军攻克了庄河。在北伐胜利进军的大好形势下，蓝天蔚以关东大都督的名义连发各种布告，其中震动最大的就是"免税令"。宣布民军境内"一切恶税先行豁免"，并取消了统捐局。在"安民告示"中说："民军革命，非同割据称王"，乃是"改良政治"，"除暴安民"，"改建共和政体，救民于水火之中"，希望士农工商学兵各界，"无论汉满蒙回"，都要共襄义举。这些都大大鼓舞了革命群众的激情，一度消沉的革命形势再次高涨起来。不久，铁岭、开原等辽北地区也纷纷落入民军之手，各路大军都向省城推进，已经形成了合围之势。

正在北伐军准备大举进攻省城的时候，南北实现了议和，清朝皇帝于2月12日正式宣布退位。15日，孙中山辞职，推举袁世凯为临时大总统，接着各省宣告承认共和，所谓"从此南北一家"了。2月14日，赵尔巽也不得不向全省军政商民各界通告溥仪退位，他甚至无奈地说："共和政体为潮流所趋"，"奉天一隅力难独争"②。只好承认共和了。各地皆从壬子元旦开始，也就是从1912年2月18日开始悬挂共和国旗，飘扬268年的黄龙旗落地了，代之升起的是象征五族（汉满蒙回藏）共和的红黄蓝白黑五色旗。应该说，从全省来看除了被北伐军先期占领的城市外，包括辽阳在内也都在这一天收复了，同时，民国纪元，改用公历也从这一天开始了。

由于"南北统一"，蓝天蔚于2月15日接到南京陆军部停止进攻的电令，

---

① 武扬：《辛亥高丽门起义及其前后》，载《辽宁文史资料》第一辑。
② 陈贵宗：《辛亥革命时期的东三省革命运动》，载《史学集刊》1956年第2期。

北伐军返回烟台,等待改编。2月17日,邵兆中率领北伐军撤到烟台,其他领导人也陆续回到烟台。关东都督府撤销,蓝天蔚被解职,不久他在袁世凯的资助下到海外"游历"去了。北伐军驻于芝罘岛,被改编为一个师,师长是张璧;下设两个旅,旅长是邵兆中、顾人邦;四个团,团长是尹锡武、鲍化南、宋奎章、阎汉臣。后来,袁世凯派曲同丰来烟台,改编北伐军为一个旅,商震为旅长。"商震和曲拉上师生关系,曲遂带商往北京见陆军总长段祺瑞。不久,袁世凯也召见商。商对袁、段极为恭顺,商震从此即投入北洋军阀怀抱"①。至此,北伐军烟消云散了,辽宁的辛亥革命也就结束了。

这里附带一笔,商震与陈干不同。陈干一直坚持革命斗争,离开辽阳后,回到沈阳,不久去了山东,在各地发动革命,被孙中山、黄兴任命为山东民军统领。革命后,参加了北伐战争,并在一次战役中,流尽了最后一滴血。商震就是一个投机分子,在革命危急时刻不顾同志的死活竟然自己逃命,与叛变有何不同,最后投入袁世凯的怀抱,他就是一个钻营名利的墙头草。

二、反对宗社党与袁世凯复辟帝制的斗争

在蓝天蔚举兵北伐期间,石磊去本溪湖组织、发动武装起义,并被任命为总司令官,委任状尚在,保存于辽宁省档案馆。其中说:"中华民国军政府关东大都督蓝为委任事:照得本都督奉命裁定关东,需材孔亟,查有石巨符,心志坚定,军事娴习,堪以委任本溪湖一带总司令官之职,为此委任。仰该员勤慎从公,勿负委任。"时间标为黄帝纪元四千六百零九年十二月初三日,应为公历1912年1月21日②。为了配合北伐军顺利进军,石磊积极奔走联络,准备武装起义。结果,事泄被捕,移送奉天监狱,南北议和后,始被赵尔巽释放。出狱后,石磊不改初衷,坚持革命斗争。由于清帝退位,清王朝已经垮台,斗争目标也随之发生了变化。这时,要在两条战线上进行斗争:一方面要与清朝余孽宗社党进行斗争;另一方面要与袁世凯阴谋复辟帝制作斗争。两者虽有不同,但斗争实质是一个,即反对复辟封建帝制,保卫共和制度。所谓宗社党是辛亥革命期间一些满族皇族纠合起来的反动组织,1912年1月由恭亲王溥伟、肃亲王善耆、禁卫军总统良弼、江宁将军铁良、署陕甘总督升允等人组成。其目的是挽救清朝的灭亡,反对清帝退位,阻止袁世凯与革命政府议和。后来,南北议和,他们公开宣布其宗旨为:"提倡勤王之师,公行天讨,一为恢复君权,实行立宪;一为保护外侨,维持和平;一为救民水火,复庆安全。"③他们的活动得到了日本的支持,各地日本铁路附属地是其"逋逃薮"。宗社党的成员胸前

---

① 宁武:《东北辛亥革命简述》,载《辛亥革命回忆录》(五),第557页。
② 辽宁省档案馆:《辛亥革命在辽宁档案史料》,1981年版,第182页。
③ 辽宁省档案馆:《辛亥革命在辽宁档案史料》,1981年版,第302页。

均刺有二龙图形,以满文刺写姓名为标志,最初在天津、北京进行活动。清帝退位后他们以东北作为复辟清王朝的基地,在海城、辽阳、镇安(今黑山)、铁岭、法库、开原、公主岭、长春等地活动十分猖獗。他们组织武装,名曰"大清帝国勤王师"。"在辽阳,有林振山、斌乃臣两人充宗社党总司令,租居日本十六番地中兴园box院,为日人和田保护。在镇安,宗社党头目王锡九聚集二百余人,势甚猖獗。在公主岭,聚有四百余人"①,不时在许多地方发动武装叛乱。他们甚至"赴欧购大批军火",由铁路运回,不惜重金招兵买马,伪造"军政府军用手票四万元",这些都见于档案记载。辽阳、铁岭成为他们准备发动叛乱的重要之点,所谓"南辽北铁"。因此,赵尔巽多次给辽阳、铁岭地方官发出电稿,要求"密为查察",并提出"举发有赏"。他在电稿中说:"顷闻破坏党(指宗社党)有定于今夜用柴草船装军械赴高丽门起事,并有先辽阳,后铁岭之说。务即密商军队,认真防查为要。"②几年来,哪里有宗社党的活动,石磊就奔赴哪里与之斗争。1914 年 3 月,石磊又接到报告,宗社党在日本的支持下,由大连老虎滩往营口偷运武器,准备发动叛乱。他们出于革命的热情,没有进行认真的考虑,也没有想如何争取友军配合,便立即孤军出击。石磊率领 23 名同志,乘坐风船跟踪追赶,很快发现了这艘船,经过喊话,船仍不停,只好实行武装拦截,开枪齐射,击毙多人,余者只好投降,大获全胜。在交战中有一名同志负伤,石磊护送伤员去大连疗伤,令刘耀臣率队把截获的敌船和武器运到葫芦岛,交给革命军。可是,船到金州湾时竟被日本水上警察发现,双方经过激战,终因寡不敌众,船被撞坏,动转不灵,22 人都成了俘虏。不久,石磊和疗伤的同志在大连也一起被捕。复县知事苏鼎铭知悉后,为了讨好袁世凯,主动与日本人联系,将石磊等 24 人引渡到复县来。由于一时不慎,身陷囹圄,等待他们的只能是悲惨的命运了。

这时,袁世凯早已就任中华民国大总统,但他杀害了宋教仁,又镇压了"二次革命",与日本勾结,密谋称帝,已是"司马昭之心,路人皆知"了。袁世凯与宗社党不同,后者是要恢复大清王朝,前者是要自己称帝,建立袁氏王朝。所以袁世凯一直把宗社党称为破坏党,也就是破坏了他称帝,所以必须与革命党一样一律进行镇压。石磊等 24 人被引渡到复县以后,23 人被收入大牢,唯独石磊没有入监,而是住在衙门的二堂,并由衙门里的帮审员范、蔡二人陪伴,态度十分"友好"。原来是苏鼎铭看中了石磊气度不凡,在身陷困境的时候,他毫无畏惧,精神豪爽,谈吐自若,才华外露。所以,苏鼎铭想收买石磊,为袁世凯网罗人才以邀功。于是,他们不分昼夜地展开劝降活动,轮番谈话,但石

---

①　李时岳:《辛亥革命时期东三省革命与反革命的斗争》,载《历史研究》1959 年第 6 期。
②　辽宁省档案馆:《辛亥革命在辽宁档案史料》,1981 年版,第 298 页。

磊不为所动。他在软禁期间,写下了许多诗作,总结了失败的教训,也表达了决不屈服、誓死斗争的决心。

> 自由花开日,英雄报国期。
>
> 一着不得当,输却满盘棋。
>
> 外贼内奸险,愤膺志更坚。
>
> 政见不统一,归顺实是难。

苏鼎铭感到软的不行,就以死相威胁,逼其就范。他对石磊说:"如果你能归顺袁大总统,凭你的才华定会得到重用,荣宗耀祖,前途无量。我可以把你单独提出来不杀,等待袁大总统封赏。"石磊听罢厉声说:"革命兄弟,同来同往,视死如归,不必多言。"他还怒斥苏鼎铭说,"袁世凯与革命为敌,破坏共和,企图自己当皇帝,绝无好下场。你为虎作伥,人们是不会饶恕你的!"石磊还吟诗一首:

> 一夕半北未分开,
>
> 只落魂飞上九台。
>
> 今生未能雪袁恨,
>
> 但等投胎转世来。

刘耀臣等23名志士的情况与石磊迥然不同,他们被关在大牢里,整天刑讯逼供,被打得死去活来,但他们坚不吐实,不牵连别人,不蔓延案情,使敌人毫无所得,他们忠诚革命的精神真是感人至深!苏鼎铭已是黔驴技穷,只好向袁世凯报告,得到的批复是"全部处死,就地执行"。石磊等24名"护国"志士的命运就这样注定了,他们为了保护共和制度献出了自己年轻的生命。

1914年10月16日,是一个天昏地暗的日子。苏鼎铭要杀害石磊等"护国"志士的消息早已传开了,县衙门口人山人海,围得水泄不通,大家都是怀着沉痛的心情来为石磊等"护国"志士送行的。许多人都知道石磊是反对袁世凯卖国、复辟帝制才被抓起来,他拒绝收买,视死如归,真是少年英雄。所以都暗中大骂苏鼎铭,说他是袁世凯的狗腿子,希望革命党来杀他的头,为石磊报仇。在当时,这只能是一些善良人们抱有的一种美好的愿望而已!苏鼎铭十分心虚,他见到群情激愤的场面,命令全城军警倾巢出动,如有闹事者要竭力弹压,甚至格杀勿论。先是衙门里响起了号声,接着走出穿着灰色军装的巡防营的士兵,他们列队端着大枪走在大街两边,驱散人群,随后就是全(名字已记不清了)队长率领的行刑队,最后是穿着黑色军装的巡警队,凶神恶煞,如临大敌。中间路上走着几辆大车,石磊和刘耀臣坐在第一辆车上,其他人分坐在后面几辆车上,奔向城西永丰塔下。车上的志士们个个怒火中烧,大骂苏鼎铭跟随袁世凯勾结日本人,出卖国家利益,是一群卑鄙无耻的丑类。到了刑场,苏鼎铭不敢怠慢,马上让军警散开,形成警戒圈,手持长枪面朝外,阻止监视群众靠前。石磊走下车来,昂首挺胸,毫无惧色,面对群众,侃侃而谈。他大声说:"同胞们!我们是革命党人,是反对袁世凯卖国的,他破坏共和,复辟帝制,不久他就要当皇帝了,我们不应该起来反对吗?"他利用刑场宣传革命道理,揭露敌人的罪行,唤起人民的觉醒,高呼革命万岁!共和国万岁!苏鼎铭吓得魂不附体,赶紧命令行刑队开枪,23名志士应声倒下。最后轮到石磊了,他从容地吟诗一首:

> 十年仗剑海上游,
>
> 毅力不达死不休。
>
> 国破家亡身何在,
>
> 誓将热血染神州。

诗成之后,全队长走到石磊面前说:"巨符,把身子转过去吧!"石磊坦然地说:"就这样来吧!"随着一声枪响,他晃了晃,有两名士兵急忙扶住他,慢慢将他放在草地上[①]。石磊等24名"护国"志士就这样牺牲了,但人民是不会忘记他们的,他们光辉的名字、不朽的业绩、威武不屈的英雄形象将永远留在辽宁人民,特别是辽阳人民的心里!

三、辛亥革命后的辽宁政局

1912年2月15日,袁世凯就任中华民国临时大总统,赵尔巽领衔率东三省将领致电祝贺。这时的赵尔巽所谓"勤王之师"、所谓"君主立宪"、所谓"效忠朝廷"都不见了,摇身一变也赞成"共和"了。为了保住自己的官位,只好向袁大总统表示"效忠"了。袁世凯为了稳住东北形势,不得不利用赵尔巽,任命其为奉天都督,又任命张作霖与冯德麟分别为二十七师与二十八师师长以为牵制。尽管赵尔巽并不满意这个任命,但仍然不忘继续屠杀革命党人和镇压革命群众。他在给奉天府的扎文中,要求所属对"匪徒入境"要"痛加剿捕",不能"踌躇顾虑",充分暴露了他的反革命的狼子野心。为了说明问题,不妨将原文抄录如下:"案查共和宣布,国体既定,已无革命之可言。前经本督部堂迭次出示晓谕在案。乃各该地方官,于三令五申之后,犹有遇匪徒入境,冒称民军,竟迟回观望,若有所顾忌,而不敢遽行剿捕者,请示办法,不一而足,每至因此贻误。岂知奉省向多胡匪,其乘间扰乱者常也,而军警悉力剿办,无所用其游移者亦常也,在共和未宣布以前,既有假藉名义,势不能不分别办理,今既全国一致,胥成为中华民国,则凡我之军队,即民国之军队,岂容有民军之称?况查近日铁岭、开原等处,匪党相继扰乱,绑捐焚杀,无所不至,既系

---

① 石光符:《石磊烈士事迹》,载《辽阳文史资料》第17辑。

胡匪行为,即以向来对待胡匪之法对待之,此亦何所用其踌躇顾虑耶? 此后亟应查照本总督前后示谕,暨此次通饬,务即督饬军警,严加防御;遇有匪徒入境扰害地方,无论假何名称,应即痛加剿捕,以保治安,倘有疏虞误事,定行重惩不贷"①。不难看出,赵尔巽以前称革命党人为"革匪",现在称革命党人为"土匪",这就为他继续镇压和屠杀革命党人提供了借口。于是,他先后镇压了铁岭、开原、兴京(今新宾县)、锦州、义州等地革命党人的活动,也先后镇压了奉天北大营、柳河、安东等地的"兵变",辽宁的革命势力被一扫而光。他还迟迟不释放在押的革命党人,如辽阳的关永春、关洪阁等人由于上海都督陈其美的多次电催始交地方官释放。尤其是对死难烈士不予抚恤,相互推诿,连张榕财产被查抄抢掠一案长期得不到解决,最后也不了了之。

相反,镇压革命的将领及所有官佐都成了"功臣",纷纷晋级授赏。如第二混成协的大小头目有280多人在请奖清单中有名。如镇压和屠杀辽阳革命志士的"管带官分省试用知县黄业复请补授陆军副参领,并加正参领衔"。还有杀害杨景文烈士及大批革命者的庄河统领"马龙潭以总兵记名简放"。这个请奖清单虽然是上报清廷的,但民国成立后依然有效。随后,赵尔巽又将四十协的请奖清单上报给临时政府,其中"计保官佐文职九十四员,武职一百六十一员",并说"呈请临时政府鉴核,俯饬归入前案,一并给奖(即前上报清廷的二协请赏清单有效,都要给奖),以免向隅,而酬劳勋"②。这些要求都得到袁世凯的"照准",也就是说双手沾满革命者鲜血的大小"官佐",不仅得到奖赏,而且摇身一变都成了"功臣"了。

赵尔巽虽然被任命为奉天都督,但他很不满意,感到权力小了,要求改称奉天都督为大都督,仍照前清律例,节制吉林、黑龙江两省"一切政事",坚决反对三省都督平权③。在袁世凯看来,赵尔巽心怀叵测,有意与自己争夺权力,必先去之而后快。事实上,张作霖早已卖身投靠袁世凯,赵尔巽还被蒙在鼓里。日本驻奉天总领事落合谦太郎在致内田外务大臣的电函中就说:"日前袁总理大臣特派密使来奉时,曾以军刀一柄及其他贵重物品价值一万余元赠与张作霖,以示对张精勤军务之犒劳。"又说:"张亦从奉天城内四平街某药店买得人参价值一千二百元、纯银餐具价值八千八百五十元等物品回赠袁世凯,已于本月(即1912年2月)十四日送出。按张作霖已先后两次致电袁世凯表示赞同共和制,而近来两人又如此亲昵,故昨今以来张已完全软化,乃至

---

① 辽宁省档案馆:《辛亥革命在辽宁档案史料》,1981年版,第168页。
② 辽宁省档案馆:《辛亥革命在辽宁档案史料》,1981年版,第167页。
③ 李新:《中华民国史》(第二篇)第一卷,中华书局1987年版,第98页。

于歌颂共和制,似属事实。"①蓝天蔚也说:"目前奉天实权已完全落入张作霖之手,若赵总督之生命亦在张氏掌握之中,当亦不为过言。张系胡匪出身,为人残忍刻薄,草菅人命,嗜杀成性。迄今为止,我党人遭其毒手者已不下四百余人。"②在袁世凯与张作霖联手的威逼之下,赵尔巽感到大势已去,不得不向大总统提出辞职,于1912年11月3日得到批准,之后便赴青岛"闲居"去了。不久,袁世凯的心腹、张作霖的义父张锡銮被任命为奉天都督,并加陆军上将衔,接着又以镇安上将军节制东三省军务。这样,袁世凯就实现了对东三省的直接控制。

辛亥革命后,"共和"虽然实现了,但仅是一块招牌,实质仍然是处于没有皇帝的封建专制统治之下。从上到下,几乎都是清廷旧官僚在掌握大权,老百姓依然陷于水深火热之中。从辽阳来看,史纪常虽然跑了,接替他的是霍型武。光绪三十二年(1906)霍型武就是辽阳知州,这已经是"二进宫"了。他忠实执行赵尔巽敌视革命党人的政策,监狱里继续关押大量的党人,以其为匪。如有一王德盛者,经过赵尔巽的点名才得以取保释放。他在给省提法司的复电中说:"遵查押犯内现有拘禁王得胜即王东章一名,系因持有伪委任状,带匪抢掠,由巡警获送,尚未认供之犯。"王德盛当然不是什么"匪",而是有委任状的革命党人。1913年底,辽阳州改为辽阳县;知州改为知事,第一任知事就是有名的大汉奸于冲汉。他是辽阳人,甲午战争后曾去日本,在东京外语学校讲授汉语。日俄战争时期归国,充当日本的间谍,并获得日本当局授予的二等宝瑞勋章一枚。有此奥援,战后被任命为辽阳警务局总办,接着又被任命为全省巡警提调(负责处理内部事务的官员)。民国后就任辽阳县知事,不到一年就被北京政府外交部任命为奉天交涉使司交涉使。所谓交涉,就是与日本勾结,出卖鞍山、樱桃园、大孤山等地矿产,毫无顾忌,比清朝的封建官僚更坏,因为他带有买办性。后来者,如金朝枢、田芗谷者流都是旧官僚,尤其后者更是贪腐之辈,与于冲汉合伙盗卖辽阳东部龙凤顶山给日本,引起东京陵14村农民的强烈反抗,虽然没有卖成,但汉奸的嘴脸却暴露无遗③。

除此之外,还有三点必须提到,可以看出是什么决定或影响辽宁的政局。

首先,封建的大土地所有制没有受到任何触动,依然如故。整个有清一代辽阳的土地通过官庄、粮庄、田庄等形式,几乎都集中在满族贵族手中,残酷地剥削广大的满、汉族农民。清末虽然有些衰落,但仍比其他城市为甚。根据光绪三十二年(1906)辽阳州的统计,辽阳拥有千亩以上土地的就有14户,其中赞

①　邹念之:《日本外交文书选译:关于辛亥革命》,中国社会科学出版社1980年版,第82页。

②　邹念之:《日本外交文书选译:关于辛亥革命》,中国社会科学出版社1980年版,第231页。

③　徐廉奎:《辽阳东乡农民反对盗卖国土》,载《辽阳文史资料》第一辑。

助过徐景清起义的刘二堡富户王成显就占有耕地超过五千亩①。最近,我们看到一份材料,很能说明问题,不妨加以介绍。前文提到,张作霖在杀害张榕的同时还杀害了他的满族朋友宝琨,并抢光了其全部家产,其中包括宝琨的姨母、辽阳孟陈氏的财物在内。宝琨的母亲恒陈氏在民国成立后给赵尔巽的禀文中提到:"独有氏之胞妹孟陈氏,辽阳人,缘因日俄战争蹂躏难堪,携带财物避居氏家,遂将衣服、珠环、黄、白等事,价值数千金并兼新陈契、管领名地账,收藏密室,依为可靠。孰意物之积者散之由,时数冤凑,同日遭踏百无一存。氏妹闻之,甘愿报国恩于万一,毫不计较,但求契纸找回就是幸福,恐怕落入匪手,藉端诈财,终为祸胎。"禀文后面列有清单,包括领名人、土地亩数与土地坐落。兹抄录如下,可见一斑。

一、海德领名内仓地七十亩,辽阳正红旗,坐落小往户屯;

一、海德领名内仓地一百七十亩,辽正红旗,坐落小往户屯;

一、海德领名内仓地一十二亩,辽正红旗,坐落小往户屯;

一、海德领名内仓地一百二十六亩,辽正红旗,坐落小往户屯;

一、海德领名内仓地七十四亩,辽正红旗,坐落小往户屯;

一、海德领名内仓地七十八亩,辽正红旗,坐落小往户屯;

一、海德领名内仓地三十六亩,辽正红旗,坐落小往户屯;

一、成福领名内仓地八十四亩,辽正红旗,坐落小往户屯;

一、成福领名内仓地一十八亩,辽正红旗,坐落小往户屯;

一、承福领名辽仓地三十亩,厢蓝旗,坐落各拉河;

一、海德领名辽仓地一百零八亩,厢蓝旗,坐落各拉河;

一、海德领名辽仓地五十四亩,厢蓝旗,坐落各拉河;

一、海德领名辽仓地三十亩,厢蓝旗,坐落各拉河②。

这个清单列出土地 13 块,土地总数为 890 亩,是不是就这么多呢？可能还有,也许超过千亩,可谓大地主。赵尔巽别的事可以不办,这个事"马上办",他接到禀文三天后,即 1912 年 5 月 15 日批转给度支司,要求立即"查明办理",重新发给契纸。也就是说,封建的大土地所有制仍然是这个社会的经济基础,所以上层建筑也不会有本质的改变,官僚机构只能是换汤不换药,大小官员自然要为大小地主阶级服务。

其次,政党林立,争相成立,各有所图。在清朝封建专制统治之下,除了同盟会等秘密革命团体外,没有公开的政党存在。武昌起义后,尤其是南京临时政府成立后,由于实行所谓政党政治和议会政治,许多头面人物纷纷组织政

---

① 吴非:《辽阳官庄》,载《辽阳史志》1991 年第一期。

② 辽宁省档案馆:《辛亥革命在辽宁档案史料》,1981 年版,第 136—138 页。

党,诚如有人形容的那样"集会结社,犹如疯狂,而政党之名,如春草怒生,为数几至近百"①。这些新冒出来的政党主要集中在南方的上海、武汉、南京等城市,后来北京临时政府成立,又逐渐转移到北方,北京自然成了中心。辽宁晚了一步,一些有野心的政客当然不甘寂寞,也相继成立政党,于是出现了共和俱进会、中国同盟会、共和党、国民党等等。最早在辽宁组织政党的就是辽阳劣绅袁金铠,他在给赵尔巽"共和俱进会为成立备案事的呈文"中说得十分清楚,可以照录如下,供为参考:"窃为共和之精神,非有伟大之团体共同研究,作一致之进行,必不能现于实际,此政治结社,所以急不容缓之图也。南中各省,当兹民国初步,莫不组织政团,以促共和立宪之进步。惟我奉省独付缺如,殊为遗憾。爰由袁金铠等发起组织共和俱进会,以发挥共和之精神,共同进行谋国利民福为宗旨,于阳历三月二十四日开成立会,公推现任河南都督齐耀琳为正会长,本省咨议局议长孙百斛为副会长,并举袁金铠为评议部长,曾有冀为干事部长,以及评议干事各股职员,均以次举定。"②"呈文"之后,有两件附录,一是"共和俱进会简章",一是"会员名册"。不难看出,参加共和俱进会的都是原来的清朝官员,都属于立宪派,现在又热衷于共和了。说是"谋国利民福",实际是各有所图,谋取新的更大的官职。由于袁金铠的招徕,辽阳有很多人参加。共和俱进会似乎是一种研究机关,不太时髦,索性又改名为民主党。除此之外,其他党派在辽阳都有分部,如辽阳共和党分部负责人是董振林,国民党奉天支部干事有杨显青等。这些所谓政党,没有一个能够"谋国利民福",只不过是政客们争权夺利的工具而已。

再次,日本帝国主义支持张作霖,加速侵略东北。清帝退位前后,以肃亲王为首的清朝余孽梦想在东北建立小朝廷,复辟帝制。他们的活动得到日本的大力支持,并与蒙匪巴布札布勾结起来,掀起两次"满蒙独立运动",企图把东北从中国分裂出去,建立一个"满蒙帝国",作为日本的傀儡政权。他们在东北各地招兵买马,不断制造叛乱。由于这一露骨的肢解中国的阴谋计划,遭到东北地方当局,尤其是东北人民的坚决反抗,终于未能得逞。在这种情况下,日本又转而支持张作霖。实际上,自辛亥革命后,"张作霖一面讨好袁世凯,一面向日本帝国主义靠拢,他深知欲夺取奉天大权就必须取得日本的支持"③。当时,日本正在支持宗社党,同时也不信任张作霖,尽管张多次表示"愿按日本的指示行动",但都未得到理睬。这时,虽然想利用张作霖还有些不放心,又经过多次考察直到寺内内阁时期才最后确定下来。起关键作用的

---

① 李新、李宗一:《中华民国史》(第二编)第一卷上,中华书局1987年版,第31页。
② 辽宁省档案馆:《辛亥革命在辽宁档案史料》,1981年版,第311页。
③ 李新,等:《民国人物志》第一卷,中华书局1979年版,第181页。

有两个人,一个是日本驻奉天总领事落合谦太郎,一个是满铁原总裁后藤新平。张作霖对落合说,"日本国在满洲拥有重大利权,与满洲具有特殊关系,向为本人所熟知,亦为民众所知晓。日本国如能以德相召,则东三省民众,必将人心趋向,有所依归。本人认为与其将东三省委于南方人之手,勿宁让予外人更为了当。当此时刻,日本国如对本人有何指令,本人自必奋力效命。"还说:"倘若日本国对于本人以及东三省人民尚有关切之情,则本人率民依归,并非难事。吾人既已失去应为之效忠之皇帝,则依附同种之日本,乃属理所当然。"①可见张作霖卖身投靠日本心情之迫切,致使落合也深为感动,不得不为其说些好话。他在给内田外务大臣的电稿中就说:"十分明显,张等基于其以往之一贯立场,且对革命党人曾采取残酷手段,由于此等原因,已同共和势同冰炭。张作霖如果不能得到日本庇护,或则重操旧业,沦为流寇,或则转而投靠俄国,实难逆料。若使其今后为我所用,将来利益如何,一时固难预言,但在目前,我方如不前进一步,对其处境表示关切,则将来再想操纵,未免难为其情"②,可见落合是主张支持张作霖的。后藤新平曾经两次考察东北的政治,最后得出结论说:"张作霖并无官途履历,中央政府并无密切因缘,而在满则有特殊之势力与地位。张离满洲则无地位,盖以满洲为唯一之势力范围也。张氏心中惟有权势利欲,别无他种知识。彼认为日本在满洲有绝大势力,反对日本于彼不利,倾向日本于彼有益。如果利用此特殊地位,照其心中所认识者而行,则张氏为满洲专制之王,而日本亦得利用张氏,在满洲为所欲为。"③这些话对日本内阁来说,自然是重要的参考。当然,采纳不采纳的决定权在内阁首相寺内正毅。实际上,寺内正毅早在任朝鲜总督的时候,就对张作霖有好感。1915年10月,日本在朝鲜汉城举行侵朝五周年纪念会,张作霖奉命参加。他乘机结识了许多日本要人,并主动要求会见寺内正毅,他对寺内"说明中日亲善大义,论述满洲和日本关系,表白自己的亲日意见,和寺内肝胆相照"④。张作霖在这次活动中,给寺内留下了极好的印象。因此寺内上台组阁后,决定停止支持"宗社党",在北京支持段祺瑞政府的"武力统一"政策;在东北集中力量支持张作霖"统一东北",以推行日本的"大满鲜主义",也就是把朝鲜和东北都变成他们的殖民地。

那么,日本怎样集中力量支持张作霖呢?概括起来主要是供应军火,贷款,派遣特务充当顾问,帮助张作霖夺取吉林、黑龙江两省的权力,实现所谓

① 邹念之编译:《日本外交文书选译:关于辛亥革命》,中国社会科学出版社1980年版,第72、77页。
② 邹念之编译:《日本外交文书选译:关于辛亥革命》,中国社会科学出版社1980年版,第77、78页。
③ 王芸生:《六十年来中国与日本》(第七册),生活·读书·新知三联出版社2005年版,第55页。
④ [日]园田一龟:《怪杰张作霖》,胡毓峰译,1981年版,第86页。

"统一东北"。那么,张作霖又以什么回报呢? 概括起来主要有以下几个方面。第一,通过租借地、租界地、铁路附属地等手段,出卖东北领土。辽阳就有铁路附属地,以辽阳车站为中心,南起南大营以北,北至三道壕以南;东起护城河以西,西至徐往子、小庄、北园以东,呈南宽北窄型地区,总面积达 6 481 109平方米,烟台还有 3 283 173 平方米①。这些铁路附属地就是国中之国,他们于其中可以"为所欲为",地方当局无权过问。第二,在政治上攫取各种特权,分别设立总领事馆、领事馆,各级领事被奉为"太上皇"。日本在沈阳、吉林、哈尔滨、间岛(日本称延边一带的延吉、汪清、和龙、珲春四县地方,意在占据这些地方)四处设立总领事馆;在满洲里、齐齐哈尔、长春、安东、铁岭、郑家屯、辽阳、牛庄、赤峰九处设立领事馆;在珲春、通化、新民、海龙(今吉林省梅河口市海龙镇)等十处设立分领事馆。各地大小领事,都是日本派出的公开坐探。第三,通过所谓合作等各种形式,控制东北的经济命脉。他们控制了东北的铁路、航海、邮电等事业,掠夺东北的森林、渔业、矿产,投资设厂,建立银行,甚至发行纸币。从辽阳来看,主要是掠夺鞍山、弓长岭、烟台(灯塔)等地的煤铁资源。据《辽阳县志·物产志》记载:中日合办的鞍山铁矿无限公司占地 11423 亩,包括樱桃园、王家堡子、大孤山、对面山、鞍山、关门山六个地区。同时,还占用上述六个地区周围的民田近四万亩。占用民田虽也给一定的日金,诚如县志最后所说:"惟当时即将日金变作奉票,现在奉票毛荒,而钱粮改收现银元,则此款岁亏太巨矣!"弓长岭铁矿原为私人开采,1918 年以后中日合办,中方以铁矿为股本,日方出日金三百万元为股本,用人中日参半,红利四成归中国,六成归日本,可见掠夺之巨。日俄战争之后,日本强占了烟台煤矿,非法"开掘磨脐山、茨山、铧子沟数处",致使"华商之煤票皆废纸"②。经过多年交涉,最后决定由日本开采,只收百分之五的输出费,纯属掠夺性质。日本对辽阳煤铁资源的掠夺,直至日本战败为止,长达 40 年之久。

综上所述,辛亥革命以后,在日本的支持下,张作霖日益强大起来,从1916 年到 1919 年奉系军阀逐渐形成,辽宁乃至东三省都在其统治之下。此后,他不断地进行扩张,穷兵黩武,军阀混战连年,直到 1928 年被炸死为止,辽宁乃至东三省没有一天消停,广大人民处于水深火热之中,过着牛马不如的生活。人们的希望没有实现,也就是说辛亥革命没有完成反帝反封建的任务。1956 年 11 月 12 日,人民日报发表了毛泽东《纪念孙中山先生》一文。他说:现代中国人都是孙中山先生革命事业的继承者。"我们完成了孙先生没有完成的民主革命,并且把这个革命发展为社会主义革命。我们正在完成这个革

---

① 王秉忠等译:《满洲开发四十年史》(下卷),内部资料 1988 年版,第 419 页。
② 《辽阳乡土志·矿产》。

命"。他还说:"事物总是发展的。一九一一年的革命,即辛亥革命,到今年,不过四十五年,中国的面目完全变了。再过四十五年,就是二千零一年,也就是进到二十一世纪的时候,中国的面目更要大变。"诚如斯言,今天我们的国家经济总量已经排名世界第二,全国人民在以习近平为核心的党中央领导下,万众一心,开拓进取,正在为全面建成小康社会、谱写人民美好生活的新篇章而努力奋斗!

第十三章　清代辽阳文化

由于资料等各方面原因,清代辽阳文化部分不便分期,只好另辟一章,包括哲学、教育、诗人、散文与小说、艺术(书法、绘画)、史志与碑石、科学与建筑、宗教、民族习俗、民间文艺共十节。为了增加知识性,让读者看到其他书上看不到的东西,篇幅略长一些,请慢慢细读。

第一节　努尔哈赤的哲学思想

在清代辽阳人里,可以称为哲学家的,应该说没有。努尔哈赤于辽阳时期却有许多关于哲学方面的论述,而且很成体系,说他是哲学家当之无愧。于是我决定在哲学方面就以努尔哈赤为代表,将其哲学思想详述如下:

努尔哈赤是杰出的政治家、军事家,也是杰出的思想家。他戎马一生,南征北战,最后占有辽东,定都辽阳。努尔哈赤在辽阳整整统治了四年(1621—1625),无论从哪方面说,都是他最成熟的时期,在思想上更是如此。迁都沈阳后,只有十八个月含恨而逝。因此,我们研究努尔哈赤后期的哲学思想,自然必须以辽阳时期为主,应该是毫无疑问的。努尔哈赤的哲学思想不是与生俱来的,而是伴随着他的军事与政治实践的发展逐渐形成的。

从总体上看,努尔哈赤的哲学思想是唯心主义的,应该与女真族的宗教信仰有关。女真族信奉萨满教,起源于原始社会,为多神教,包括自然崇拜、图腾崇拜和祖先崇拜等(将在后面提到)。其巫师称"萨满",多为女巫师,被认为是沟通人与神鬼之间的使者,沟通方式就是"跳神",祭祀的主要场所就是"堂子"。堂子祭祀起初是民间的、自发的,后来慢慢演变成为官方的、定制的,从努尔哈赤起兵那一天起就开始了。在佛阿拉时期就在其东南近处设有堂子,在赫图阿拉时期也建有堂子,在萨尔浒之战中被俘的朝鲜官员李民寏在其所著的《建州闻见录》中记载说:"奴酋之所居五里许,立一堂子,缭以垣墙,为礼天之所。凡于战斗往来,奴酋及诸将胡必往礼之。奴酋常坐,手持念珠而数。"这里的"奴酋",当然是指努尔哈赤,他不仅率众礼堂子,还手不离"念珠而数",说明他是信仰萨满教的。占领辽阳后,在东京城抚治门外亦立有堂子,例行的祭堂子更多,并形成定制。天命七年(1622)三月初三日,努尔哈赤与诸王子议论政事时说:"新年早晨去堂子叩头,在神祇叩头,随后国的主亲自先向诸叔诸兄叩头,以后汗要坐在御座上,汗本人、接受汗叩头的诸叔诸兄全都在一处齐坐,接受国人的叩头"。除了元旦、每月朔日祭堂子之外,还有大军出征、凯旋都要祭堂子,此外还有些非定例的。祭堂子究竟是祭天还是祭祖先,还没有人能说清楚,而且是很神秘的。最初汉官也可以参加,但只能在堂子之外叩拜,后来在堂子之外叩拜也不许汉官参加了。里边究竟供奉什么,无人知晓。但多数记载还是认为祭天,也就是努尔哈赤把一切胜利归之于天,并无详细的论述,还属于原始的初级阶段。此后,他的军事与政治实践活动越来越丰富,体验越来越深刻,他的思想逐渐升华为比较系统的哲学体系,虽然是唯心主义的,但也不乏朴素的唯物主义与辩证思维。

首先,努尔哈赤的唯心主义哲学思想表现在天命观上,甚至可以说是他的主体思想。不言而喻,他的年号为"天命",应该是经过深思熟虑定下来的,集中体现了他的天命观,一直没有改变,绝不是偶然的。万历四十四年(1616)正月初一,努尔哈赤在赫图阿拉称汗建国,我们可以回忆一下当时的情景。诸贝勒、诸大臣会议决定:"因为我们的国没有汗,生活非常困苦,所以天为使国人安居乐业而生汗。应给抚育全国贫苦人民、恩养贤良才智之士、应天而生的汗上尊号。"上什么尊号呢?诸贝勒、诸大臣上的尊号是"天任命的抚育诸国的英明汗"。努尔哈赤接受了这个封号,并定年号为"天命",即为天命元年的开始。寓意非常明确,努尔哈赤是"应天而生"的,就应该成为"抚育诸国"的汗,即天命的、天赐的,非人为所能及。他说:"君(汗),天所立也;臣,君所任也。"还说:"我爱新觉罗氏,由上天降生,事事顺天命,循天理,数世以来,远近钦服。"(《清太祖高皇帝实录》,卷四)

努尔哈赤认为,汗即为天命,汗所作所为之事,都要顺从天意,不然就必定要遭到失败。他说:"汗即天之子,汗以父事天,敬念不忘,天必佑之。"反之,不承认汗位为天所赐,以为"此我才力所致也"(意为凭我自己有本领才得到汗位),再"不修治道,措注失宜,天若谴之,移其国祚,能自守天位乎?"(《清太祖高皇帝实录》,卷五)。也就是说,不顺从天意行事,汗位必然移给他人,你能保住吗?汗位既是天给的,当然也能够剥去你的汗位。还说:"天的子是汗,汗的子是诸贝勒、诸大臣。诸贝勒、诸大臣的子是民(百姓)。额真(主子、主人,是阿哈的对称)的子是阿哈(奴仆)。如果汗敬天如父,不忘其恩惠,清明治理天赐的大业,那么汗道怎么能亡呢?如果诸贝勒、诸大臣敬汗如父,不忘其恩惠,不想为自己攫取任何东西,不做贼盗、奸宄、邪恶的事,公正为本,那么诸贝勒、诸大臣的臣道怎么能亡呢?如果民敬诸贝勒、诸大臣如父,不忘其恩惠,不做贼盗、奸宄、邪恶的事,不违背法度,尽力谋生,那么怎能遇到忧患呢?如果阿哈敬额真如父,不忘其恩惠,不做贼盗、奸宄、邪恶的事,小心翼翼地尽力做阿哈的工作为生,那么怎么能受惩罚呢?汗依天恩为生,若不顾天意,只靠自己的才、自己的力为生,不勤修道,行邪恶,那么天以为非,革去汗职,那样汗还能保住汗的地位吗?"①

　　天命六年十月,努尔哈赤在下达的文书中说:"尼堪(指明朝)的万历帝,政治黑暗,皇帝自己任用太监,索取国人的财物,所以官员全都仿效皇帝,索取财物,国人困苦……天以为非。我政治清明,天予嘉佑,将尼堪皇帝的河东的辽东地方给我"②。又说:"尼堪皇帝是以财论断的糊涂人,天以为非。我是不以财论断的聪明人,天以我为是。"③还说:"天给我的地方,我如果不以天意治理,那么天将以我非。所谓治理正是这个,汗任用的官员们,要公开收取汗赏给的应得的东西,不从下面的人那里暗地索取。"④也就是不许勒索平民百姓。又说:"各种政治清明,天才佑我。诸国的皇帝的忧患,不是从外来的,而是从本身产生的。从前的桀王、纣王、秦二世皇帝、隋炀帝、金完颜亮皇帝等,全都沉溺于烧酒、黄酒、女色、财帛之中,不为国忧虑,不治政事,因为他们本人的罪恶亡国的。"⑤客观地说,努尔哈赤的看法是很正确的,上述这些帝王的失败,其内因确实是自己的"罪恶"引起的,遭到人民的反抗是必然的,也就是外因通过内因起作用。当然努尔哈赤不可能认识这个道理,但他认为这些人是"因为他们本人的罪恶亡国的",这个认识已经远远超出了一般人。他最后总结说:"罪恶过错,天以为非,国必衰亡。正直公道,天加爱护,国必兴旺,而为汗。总之这是天意。"⑥努尔哈赤还指出:"尼堪万历皇帝暴虐无道,干涉境外的异国的事,以是为非,以非为是,背理裁断,天以为非。我们的汗公正,天以为是,而加眷佑。"⑦这是指"尼堪"支持朝鲜与其为敌而言,类似的话很多。如:"尼堪和我们两国的战争,不是由于疏忽发生的战争,是尼堪干涉境外他国的事,天以为非而进行的战争。你朝鲜为什么承担天以为非的尼堪的罪行呢? 援助天以为非的尼堪,逆天行事,你就是凌驾在天之上。"⑧"在人之上的主是天。不怕天吗?"(《满文老档·太祖朝》,卷五十三)这就是以天命的思想,瓦解明与朝鲜的臣属关系。

　　努尔哈赤还认为,所有人的官职与工作都是天定的。天命七年(1622)正月十五日,他在都司衙门说:"汗以正心修身为生,天任为汗,继承汗的是贝勒,贝勒以下是都堂、总兵官,再次副将、参将、游击、备御、千总、守备,直到那

①　《满文老档·太祖朝》,卷四十四。
②　《满文老档·太祖朝》,卷二十七。
③　《满文老档·太祖朝》,卷二十。
④　《满文老档·太祖朝》,卷二十八。
⑤　《满文老档·太祖朝》,卷二十八。
⑥　《满文老档·太祖朝》,卷七十二。
⑦　《满文老档·太祖朝》,卷四十一。
⑧　《满文老档·太祖朝》,卷二十四。

以下的持釜、小锅的人,那些都是天定的各各与己相称的事"①。这里是说,所有人的职责都是天定的,都是与自己的命运相称的。这种宿命论,也是天命观的表现之一。由上可见,努尔哈赤坚持天命观,是始终如一的。

其次,努尔哈赤的唯心主义哲学思想还表现在相信因果报应与生死轮回上,具体表现在许多方面。如相信对天立誓,遵守誓言就会得到好报,不遵守守誓言就会遭到恶报。

立誓的形式各有不同,早期曾与明朝立有界约,彼此不能越界,越界者被抓可以处死。即"为禁止这样的乱行(指互相越界),曾立界碑,杀白马,立誓了。尼堪人违背誓约,不论什么时候偷越边境,我们便杀死那个人,也没有罪"。意思是说,越界者被抓,即可处死,是正当的没有罪。可尼堪人违约越界被处死,明朝官员却要求偿命,否则就要大加挞伐,并抓了十一人,如不答应就杀掉这十一人。努尔哈赤被迫也抓了十一人带到边界,在明朝官员的监督下将其全部杀死,明朝官员放还了被抓的十一人。后来努尔哈赤气愤地质问说:"曾经立界碑,如果发现越境的人而不杀,不杀的人将遭殃祸,这是立过誓的,你为何不顾誓言?"②他相信不遵守誓约的人,必将遭到祸殃。

天命四年(1619)七月,努尔哈赤要求所有的大小官员都要立誓,并把"誓书呈送给汗"。立誓者分为三等,领兵的一等大臣以下,五牛录额真以上为一等;章京、村的领催为二等;众人(主要指八旗兵)为三等。每等的誓书内容不同,仅举"众人"为例加以说明。"天嘉佑汗公正,我们都效仿汗的公正为生。在战斗中,如果进攻,将一心一意地进攻。知道的地方将要正确地报告。获得的俘虏都全送给众人。获得(参加战斗的人)要一样,不得(没有参加战斗的人)也一样,都公平地分取。如果违背这话,在别处隐藏任何小东西,天将以为非,就是处以死罪,也甘心情愿。"③努尔哈赤以为大小官员以及八旗兵都立誓,就能各尽其职,努力工作,否则天以为非,不得好报。

由于政治、军事上的需要,与蒙古各部结盟立誓最多。天命四年(1619)十二月,努尔哈赤与蒙古喀尔喀五部立誓讨伐共同的敌人尼堪国。"对天杀白马,对地杀黑牛,放上一碗烧酒、一碗肉、一碗土、一碗血、一碗白骨,以忠诚之言对天地立誓。我们两国共议讨伐原来仇敌尼堪国。无论何时,与尼堪国和好,要通知共同议和。如果违背对天地立的誓言,昆都仑庚寅(英明之意)汗先与尼堪国议和,不和五部的喀尔喀共议,尼堪国想要破坏我们两国的协议,暗地里派人到我们执政的十贝勒那里来离间时,又不如实地通知五部的喀

① 《满文老档·太祖朝》,卷三十三。
② 《满文老档·太祖朝》,卷五。
③ 《满文老档·太祖朝》,卷十一。

尔喀,天地谴之。我们十部的执政的诸贝勒一定损寿短命。像这血一样出血,像这土一样被埋葬,像这骨一样暴骨而亡。若尼堪国想与五部的喀尔喀和好,暗地派人离间去时,若不如实通知我们……五部喀尔喀执政诸贝勒,将损寿短命,像这血一样出血,像这土一样被埋葬,像这骨一样暴骨而亡。若我们两国信守对天地立的誓言共处,天在眷顾,喝了这烧酒,吃了肉,我们两国执政诸贝勒,将增寿长命。愿子孙百世万年,两国像一国一样,过着太平生活。"①可是过了四年,喀尔喀五部竟然背盟与"尼堪"和好。努尔哈赤知道后,非常气愤地说:"你们的喀尔喀诸贝勒违背对天杀白马,对地杀黑牛,讨伐为敌的尼堪的誓言。与尼堪结成一伙,愚蠢地与我为敌……这是诸贝勒自毁其身,不要妄想天不临,祸不临"②。意思是违背誓约必然遭到天谴,是躲不过的,早晚要大祸临头,到顺治、康熙时期喀尔喀诸部还是先后被绥服。后来,努尔哈赤与蒙古各部结盟立誓的事例很多,而且都是成功的。如与科尔沁奥巴台吉缔结友好之道,对天杀白马,对地杀黑牛,在誓辞中说:"我们两国蒙受痛苦(指受林丹汗的攻击),这可能是天使之合作的。念天命而合作,相互不欺,友好相处,天必嘉佑。若不念天命而合作的事,欺蒙相处,天以为非,将遭苦难。如果后世子孙破坏我们两人结成的友好之道,天将以破坏的人为非,使受到苦难。如果仍旧尽心和睦相处,那么天佑后代子孙。"接着,又与科尔沁鄂巴皇台吉结盟立誓,其中说"若遵对天立的誓言行事,不忘满洲的汗的爱护友好往来,天将爱上加爱,恩上加恩。如果后世子孙破坏这誓言,天将以破坏的人为非,恨上加恨,苦上加苦。如果不破坏这誓言仍旧友好往来,将恩上加恩,爱上加爱"。立誓时,也是"杀白马黑牛,烧香,供献所有的肉,汗率鄂巴皇台吉三跪九叩。叩头完毕,宣读誓辞,使众人听了,然后烧掉"③。立誓时,努尔哈赤一丝不苟,相信天地必加保佑。与科尔沁的结盟确实有了好的结果,后来在打击林丹汗上发挥了一定的作用。

努尔哈赤非常相信善有善报,恶有恶报,还表现在生死轮回上,善者可以生在宗室官员之家,恶者不会生在好人之家,甚至转化为猪马。有雅巴海者,是宗室的一位将领,在沈阳战役中阵亡,努尔哈赤在悲伤中为其来世向天乞求。他说:"雅巴海,我也为你向天祈祷。你也向去了地方的阎罗王诉说,投生在汗伯父那里。如果不那样,就投生你的诸兄中任何一人那里,投生在和硕贝勒以下,旗主以上任何一人那里。雅巴海、布哈、荪嘉泰、巴颜、雅母布立、实尔泰、朗格、图木布、达哈木布鲁、王格你们十人的名字写在纸上,向天祈祷。

---

①　《满文老档·太祖朝》,卷十三。
②　《满文老档·太祖朝》,卷四十三。
③　《满文老档·太祖朝》,卷七十一。

天爱养我们,在战争之道中难免有一二错误。天一度以为是而钟爱,你们投在好的地方,向天祈祷了。"①这是一个非常典型的事例,以为如此雅巴海等人就能够投生在好人家,也就是必有好报。可见努尔哈赤相信生死轮回之说,实际还是天命观的表现之一。

再次,努尔哈赤的哲学思想中还有许多儒家的主张,因此其中包含一些朴素的唯物主义因素及辩证思维。努尔哈赤常说:"修身与齐家治国,其道一也。一其心以修身,则君德清明。一其心以齐家,则九族亲睦。一其心以治国,则黎庶乂安。由是协和万邦,亦不外此,为治之道,惟在君心之一而已。"②这很能说明儒家学说也是努尔哈赤哲学思想的来源之一

努尔哈赤说:"天地法象,虽高远难穷,而理则贞而一也,故能使日月运行,风雨调顺,四时不违其序;化育万物,生生不已。尝思前人得失之故,不甚相远,如在目前。行善而得,行不善而失,往迹固昭然也。诚勤于观览,广加咨询,恶者戒之,善者从之。则贞一之理,备于厥躬,卜年卜世,建无疆之休不难矣。"③努尔哈赤认为,天地万象虽然高远难于理解,但却遵循一个道理,"四时不违其序,化育万物,生生不息",是有规律的。想到前人的得失,"行善而得,行不善而失",可谓昭然若揭。因此,作为一国之主,必须"诚勤于观览,广加咨询,恶者戒之,善者从之",还要亲身去做,坚持下去,建立长久休明(美善、喜庆)之国就不难了。不难看出,努尔哈赤的这些论述,完全体现了儒家修身、齐家、治国平天下的思想,其中包含着合理的唯物主义因素。

努尔哈赤在长期的争战中,亲身体验到敌我双方力量的变化,小可变大,大可变小,弱可变强,强可变弱。推广开来,其他事物也应该如此。因此,在他的哲学思想中包含着一些辩证的因素。他曾说:"大可以小,小可以大……以大为小,以小为大,自古以然,循环之理大矣哉。"④主要是根据军事方面说的,敌我双方力量的大小、强弱都处于不断变化之中,不是固定不变的。关键在于战略战术的灵活运用,不能墨守成规。如萨尔浒之战,明军十万人,八旗兵六万人,从数上量看,明军占优势,但分四路进攻,互无配合,力量就分散了。努尔哈赤则采取"凭你几路来,我只一路去",就是利用时间差,集中优势兵力攻其一路,这样少数就变成了多数,弱势转化为强势,结果各个击破,三天之内就结束了战斗。这样的战例很多,不必一一列举。

天命七年(1622)三月,努尔哈赤在给汉族官员下达的文书中说:"以大变

---

①　《满文老档·太祖朝》,卷十九。

②　《清太祖高皇帝实录》,卷五。

③　《清太祖实录》,卷十。

④　金梁:《满文老档秘录》。

小,以小变大的事,从古到今兴亡的事例,你们全知道"①。这是就国家说的,历朝历代的兴亡都是"以大变小,以小变大"不断转化造成的。但是,转化是逐渐的,要有一个过程,不是突然的。早期在伐乌拉部的战斗中,努尔哈赤教导儿子莽古尔泰和皇太极说:"伐大木岂能骤折?必以斧斤伐之,渐至微细,然后能折"②。又说:"大树用斧和刀一点一点地砍,就可以折断,直立的大树能弯曲折断吗?进攻一二次就想立刻灭掉大国的敌人,能全部歼灭吗?"③战争不可能一下子就取胜,要有一个过程,如伐树一样,要"用斧和刀一点一点地砍",渐渐就可以砍断,这样的比喻是很恰当的。尤其是要想推翻明朝,不是一次两次战役就能完成的,需要更长的时间,不会一蹴而就。辩证唯物主义认为,事物的发展变化都是从量变到质变,从渐变到突变。努尔哈赤不可能认识这些,但他已经体验到事物的发展变化,如砍树一样,时间长了总会被砍倒。同样,伐明也是如此,时间到了,明朝就会被推翻,这不就是质变吗?因此,我们说努尔哈赤已经有了朴素的辩证思维。

综上所述,努尔哈赤的哲学思想源于满族的原始宗教信仰,又吸收了传统的儒家思想,天命观是其哲学的主体思想。通过长期的政治、军事、管理的实践活动,努尔哈赤积累了许多经验,其中不无朴素的唯物辩证的思维,难能可贵,可谓实践出真知。

第二节　清代辽阳教育

清代之前,辽阳一直是东北政治、经济、文化的中心,教育颇为兴盛。明代时,曾设都司学、卫学、社学、义学、书院和众多的私学。可是到了清代,由于战争的破坏,官立学校停办;顺治时期所谓"从龙入关",人口锐减;再加上满洲贵族排斥汉族文化,教育的发展受到抑制,辽阳的教育也一度出现了衰落的局面。

辽学:努尔哈赤时期,"值兵革倥偬之际,不忘文事,太祖造字,用代结绳,教育之制,未及暇也"。真正由政府倡导教育始于皇太极时期,天聪三年(1629)修葺文庙,建立学宫,并于当年九月开科取士,参加者三百余人,录取二百人。天聪五年(1631),又"诏诸贝勒、大臣子弟读书,使之习于学问,讲明义理,实为国初教育之权舆"。崇德年间,"于盛京建立学校,考取儒生,凡八

① 《清太祖实录》,卷四十。
② 《清太祖武皇帝实录》,卷二。
③ 《满文老档·太祖朝》,卷二。

旗满洲、蒙古、汉军子弟皆入学"①。顺治元年(1644)十月,福临定鼎北京。早在八月顺天督学御使曹学溶就上疏,请将辽东沈阳、铁岭、开原、自在(辽阳)、前屯、锦州、义州、右屯、永宁、海城、盖平、定辽右卫(辽阳)、复州、金州等十五学改附永平府。也就是将这些地方学校的生员迁移到永平府(治所在今河北卢龙)继续学习,"设教官三人,分司教导"②。共有生员廪膳生(由政府发给伙食生活费用的生员)120名。顺治五年(1648)闰四月,由于吴三桂镇压抗清势力进入陕西,许多辽东子弟随行。清廷根据吴三桂的请求,在西安设立一所学校,"设辽阳教官"③一人管理,称为"辽学",于是附寄永平府的学校也称辽学。无论是永平或西安的辽学中,辽阳籍的生员都多于其他地方。这可以从清初中举者得到说明:如顺治二年(1645)乙酉科乡试,辽学录取举人11名,其中辽阳籍就有3人,他们是杨必登、吴三元、董以威;顺治五年(1648)戊子科乡试,辽学录取举人7名,辽阳籍1人,即李如桂;顺治八年(1651)辛卯科乡试,辽学录取举人38名,其中辽阳籍5人,他们是陈永命、夏世安(两人都是顺治九年壬辰科进士)、佟彭年、于睿明、郭奇勋;顺治十一年(1654)甲午科乡试,辽学录取举人28名,其中辽阳籍6人,他们是范章祖、胡国柱(吴三桂之婿)、柯弼、杨应鹗、鄢翼明、张人瑞。一直到顺治十四年(1657),由于辽宁地方学校先后建立,永平、西安的辽学相继撤销。

儒学:顺治十年(1653),清政府正式颁布《辽东招垦授官条例》,从此人口逐渐增多,社会也逐步走向稳定,教育也随之出现转机。顺治十一年(1654)四月,辽阳知府张尚贤请求在辽阳设立辽阳府儒学得到批准,于是在永平的40名生员返回本籍继续学习至肄业。辽阳府儒学位于城东门内,即今文庙公园之地。康熙三年(1664),废县改州,又称辽阳州儒学。在历任州官捐资主持下,陆续修建了圣殿五楹、东西庑十楹、崇圣祠三楹、文昌祠三楹、东西斋房各二楹、东西耳房各三楹、戟门三楹、棂星门一座,后又增建明伦堂三楹、大门一座、大门班房三楹,至乾隆三十八年方得完善。辽阳州儒学是全省建立最早、规模最大、生员较多的一所儒学,每年准招儒童40名。儒学由学正一人主持,并"设训导佐之"。顺治十三年(1656),辽阳州儒学定位为中学(视生员多少定为大、中、小三等,一般大州、大县为中学),每年准许考取生员5名。康熙四十年(1701),再增加2名,共7名,成为永制。以后历朝虽有加额,但都属临时性质。辽阳州儒学建立之后,历经250余年,多有修葺,最后一次是在光绪二十八年(1902)由学正赵东昇主持,缮后还题联留念:

① 《奉天通志·教育二》。
② 杨同桂:《沈故》,卷四。
③ 《奉天通志·教育二》。

有古人名,无古人实,殊非君子真修,须坚立足跟践履纲常,以求符语孟六经中道理。

先天下忧,后天下乐,自是秀才本色,须劲撑肩骨担当宇宙,毋徒做唐虞三代后书生。

这副长联道出了具体的办学宗旨,也向诸生提出了非常高的希望,要求他们做到"践履纲常""担当宇宙",必须体现"秀才本色"。

义学:辽阳州还设有义学,雍正元年(1723)知州王翰建于州治东(在今义学街),有讲堂五楹,主要招收 12 岁以上的"孤寒生童"(《清史稿·选举一》)入学。前后共拨有学田一千亩,每年征银 60 两,以便修葺校舍之用。辽阳农村的"大乡巨镇"也应该设有义学,但不见记载,只好付之阙如。

书院:为了"辅学校所不及",又设立襄平书院于今义学街(也可能是将义学改为襄平书院)。襄平书院究竟建立在哪一年?有人认为是乾隆年间,所谓"创设有年"。后来,襄平书院逐渐衰落,由于"经费缺如,未能延师课士,旷废几五十年"(《奉天通志·教育二》)。经过历任知州的努力和诸多邑绅的捐助,直到光绪十五年(1889)在二道街刚家胡同重新修建了襄平书院(在今市四高中院内)。第二年即聘请教师开馆授课,到光绪二十六年(1900)义和团运动兴起,社会秩序混乱,书院只好停办,前后只存在了十个春秋。据《辽阳县志》记载,当时在襄平书院担任主讲的有二人,知识、品德都很高,很受学生拥戴。一位是朱集成,字韶九,城北八家子人。同治癸酉(1873)举人,"五试礼部不第,遂淡于荣名,主讲复州书院"。襄平书院开馆后,他返回故里,受聘为主讲,直至于停办。他"训士有方,取法于鹅湖、鹿洞(宋时江西两处著名书院),其与诸生以知行并进相勖,每日讲授娓娓忘倦"。说明他很注意知行结合,"其学渊源关洛(北宋张载为代表的学派称关学;北宋程颢、程颐为代表的学派称洛学),以居穷理为体,以躬行实践为用,居恒终日,危坐无倦容,至老不衰"。很受知州的尊崇,"徐州牧庆璋甚尊礼之"。另一位是赵祖昌,字式韩,同治癸酉科拔贡,一直在外为官,晚年回籍,热心地方公益,"迭次兵荒水患无不悉力维持,商农皆感戴之"。特别是在"主讲襄平书院时,奖掖士子,以敦品为先,生平敦笃好善,恶恶极其诚然,不念旧恶,故人皆敬而畏之,一切言动、衣服,惟先民是程"。由于他有较高的职业道德,深受学生的敬仰,但过于守旧。除此之外,应该还有其他人,但不见记载。襄平书院采用了中国传统的递进式的四合院形式,院内建筑都有次序、有节奏地布置在一条南北向的中轴线上,形成三进院落,十分和谐匀称。解放前曾有碑刻 4 通,今碑皆毁,内容已不可知。唯《辽阳县志·序记志》收有辽阳知州高乃听所撰《新建襄平书院记》一文,记载了建院经过之曲折与官绅之鼎力支持等情,为我们提供了有相当价值的信息。1983 年,襄平书院旧址定为市级文物保护单位,已经进行了一定的修葺,基本恢复了原貌。最后还要指出一点,襄平书院并非什么大学,也非内地自由讲学的书院,整个辽东地区甚至整个东北都没有那样的书院。

私学:比较普遍的还是私学。私学就是私塾,也称学馆,层次高低不一,遍布城乡各地。但是,很少有专门记载,具体情况不得而知。不过,民国《辽阳县志》却给我们提供许多名人"坐馆授徒"的一些零星材料,很能说明一斑。

张玉纶(1789—1865),字君掌,号绣江,辽阳城西绣江堡村人。道光十二年(1832)壬辰科举人,翌年,可能参加了癸巳会试不第。后弃"帖括",乃以育人为己任,"喜奖掖后进,及门多隽士",也就是开设学馆,收徒授业,多隽智之士。他的学馆是农村中层次较高的,因为他"好学穷理","专力经史",并有许多著作存世。儿子宝珩是举人,孙子平格是进士,都是他"家教"的结果。

马瑶林,号西池,辽阳城北西冈人。少年时"补博士弟子员,寻补明经",有"异才"。后"居家教授,一时名俊多从之游,御史爱兴阿、孝廉寿伯清、贡生袁朗峰皆其高弟子也"。其弟马琈林,字仲玉,号西冈。他博览群书,好吟咏,工篆刻,精书法,放弃科举,好交游,可称道光年间辽阳名士。晚年"以育才敦化为己任,学者多从之"。

刘青藜,字乙莲,城西方家屯人。"道光间岁贡生,候选训导,家居不仕。教授生徒,每岁科试获隽者恒出其门",说明教学效果较高。

刘沛霖,字雨村,"居邑城东门里,少负文名,试则不售。爰弃举子业,家居课读",以为谋生的手段。

袁金铠,字洁珊,今灯塔山药堡人。十九岁考取秀才,后选拔岁贡,先后在本村及邻村设立私塾,以授徒为业。

回长廉(1837—1898),字心泉,号介甫,回族,居城西三岔子。家贫,年十五"始立志读书,入塾三载,能涉笔成文。二十五补博士弟子员,公车数上不第"。后来,便"居里课徒",近二十多年,不乏高足。他在五十岁(1886)时考中进士,外放湖北,不得不辞去教职。

金树垣,字品三,聘珊,回族,岁贡生,居城内西南隅(位于清真寺东北),开馆授徒,称为金氏"学房"。招收回、汉学子入学,生员很多,从光绪初年一直办到清朝被推翻为止。民国年间,他又办清真学堂,那已经是新式学校了。

根据这些记载,已经可以看出辽阳城乡都有私学,不见记载的当然就更多了。这些私学层次不同,以科举为主的是少数,以启蒙为主的是多数,主要是学习《三字经》《千字文》之类,以适应生活、生产的需要。

鸦片战争以后,尤其是洋务运动以后,清代的教育发生了很大的变化,一统天下的封建教育被打破了,出现了新式学堂近代化教育,也出现了殖民地奴化教育。在这样的大背景下,东北的教育也在缓慢发生变化。尤其是日俄战争之后,徐世昌主政东北期间进行了较大的教育改革,辽阳的教育随着发展起来,新式学堂纷纷建立,有如雨后春笋。

教育机构:光绪三十一年(1905),清廷设立学部,废除科举制度,推行学校教育,要求府、州、县都要设立劝学所。劝学所是教育行政机关,其职责有五:"曰劝学、曰兴学、曰筹款、曰开风气、曰去阻力"(《奉天通志·教育三》)。辽阳州劝学所成立于光绪三十三年,设在启化学堂院内,翌年搬到中心庙北公立公司旧址,白永贞为总董,"视学员一人,劝学四人,周历四乡",积极开展劝学活动。白氏以为立学堂首在选师,于是成立教员养成所、师范传习班。师资既备,全境小学次第举办,又创各路模范学堂,以为小学升学之所。当时辽阳教育之盛,全省为最。不久,又设立教育会于劝学所西院,目的在于"补助教育行政机关,图教育之发达,以与劝学所联络一气为宗旨"①。教育会以全境在职教育人员为会员,设正、副会长各一人,由全体会员直接投票产生,任期三年,连选得连任。第一任会长为赵诚格,副会长为白永贞,当时有会员152人。每年利用寒暑假各开会一次,也可临时召开会议,但必须由全体会员议决才行。

师范学堂:停办多年的襄平书院改为师范学堂,目的在于为建立新式学堂做好师资准备。光绪三十一年(1905)秋天,辽阳知州沈金鉴与地方士绅赵文荃等人呈请奉天将军批准,假襄平书院旧址创办"辽阳官立师范学堂"。招师范生一班,入学资格限秀才、监生,学习期限二年;招传习生三班,入学资格限私塾教师,三个月毕业;另招高等小学一班,入学资格限私塾学生。学、膳、服装、文书各项费用均由官方负担,从州署支付。沈金鉴自兼学堂监督,赵文荃为事务官,聘日本人犬饲大助为教务长,聘请日本人富尾章、关田盛次等为教员。翌年,新到知州陶鹤章认为犬饲等管理不善,呈报奉天将军批准辞退了犬饲等日本人。聘请徐鼎铭(字国勋,湖南长沙人)为学堂监督,赵文荃仍为事务官,加聘史焕章为学监,董泽洪、冯荫松、黎承善及张耀增等为教员。随着人事的变动,积极整顿校务,厘订章程,扩大校舍,生员增多,学校开始步入正轨。光绪三十三年(1907)春,再招师范生一班,并招高小班,作为师范生实习之用。宣统二年(1910)春,知州史纪常感到简易师范水平不高,经奉天省批准招收五年制完全师范一班,学生由各路模范学堂择优选送,教育质量自然有了大幅度的提高。这时,学堂监督已改称校长。不久,辛亥革命爆发,各地学生运动风起云涌。校长徐鼎铭深恐发生意外,于是让师生提前放假,他也返回故里,走上了不归之路。民国后,又招收中学生(包括初中和高中),校名改称"辽阳襄平公学校"。后来,采取一个学校两个牌子,即"辽阳县立师范学校"和"辽阳县立中学校"。这个学校可以说是辽阳最高学府,培养了大量人才,校誉蜚声全省。

---

① 《辽阳市教育志》(1840—1985),1990年版,第242页。

知州史纪常思想比较开放,认为女子也应该学习,但首先也要准备好师资。因此,他倡议成立女子师范学堂。光绪三十三年四月,张成箕在东二道街开办贞静女子学堂(原址在今二道街小学),同时在翰林府胡同还有贞淑女子学堂,但都是初等小学,毕业后不具备教师资格。宣统三年(1911)二月,经奉天教育司批准,在小南门里建立了县立女子师范学堂,后移东二道街(位于路北),委派张德伦为校长。学制是五年,宗旨是"养成女子小学教习及蒙养学院保姆,裨补家庭教育"。然而该校办学时间很短,民国后不仅招收师范生,也招收初中生,不过一直是女子学校。

小学:小学发展最快,到辛亥革命前辽阳城乡官立、公立、民立初等和两级小学堂已有 241 所,有学生 11966 人。

最早建立的小学是城内启化学堂。光绪三十二年(1906)二月,知州何厚琦在税课司胡同建立启化学堂(即今税课司小学),当时招收初小、高小各一个班,由白永贞任学董(校长),"王化春、侯乃封襄助其事",即辽阳第一高等小学,又称中央模范学堂。聘请马香皋、高毓衡、孙祖昌等为教员,教学质量很高,培养了许多优秀人才,金毓黻先生就毕业于这所学校。从此,城乡各地都纷纷建立起小学。为了办好小学,先后建立了 5 所模范学堂,目的在于示范,树立"楷模"。光绪三十四年,在城西刘二堡(河北)建立小学,即西路模范学堂。同年,还在城北小烟台建立小学,即北路模范学堂。宣统元年(1909),先后在吕方士建立小学,即东路模范学堂;在城南兴隆沟建立小学,即南路模范学堂;在城南沙河建立小学,即中路模范学堂。这些模范学堂规模都较大,学生人数较多,教学质量相对较高,带动了各路小学的发展和提高。

民立小学城乡皆有,但主要集中在城内,主要有三家。它们是:

第一民立学校,是光绪三十四年(1908)二月,张成箕在西二道街(即后来的辽阳四中)所办,聘孙鹤仙(字召亭)任校长,为两级小学。开办时间较长,后来还招收初中班。奉系军阀主政时,张学良曾捐资修建礼堂(二层),称为汉卿楼,"文革"期间因火灾烧毁,殊为可惜。

第二民立学校,是宣统元年(1909)二月,张东璧在文昌阁院内(即后来的文庙小学)所办,聘陈贵宜任校长,为两级小学。开办时间也较长,后来也招收初中班,但那已经是民国时期的事情了。

李氏学校,为邑绅李毓芬创办,时间较早,初为襄平义塾,主要为李氏家族子女读书而办,地址在城内四大庙广场东面(现科普公园东)。后因废科举、立学堂,遂于光绪三十三年改名李氏学校。李氏以高薪聘请教师,教学质量较好。每次考试,每班前 5 名学生可以得到奖励,颁发证书,免收学费,鼓励学生勤奋学习。每次考试,该校成绩都名列前茅。

中学:宣统三年三月,启化学堂有两个高小班毕业,无处深造,于是该校成立中学班,让两个毕业班学生全部升入中学,秋季又增招中学一个班,学制初定五年,旋改四年,分文、实两科,这是辽阳有中学之始。辛亥革命后,该校与东师范合并,改称"辽阳襄平公学校",也就是后来的"辽阳县立中学校"。确切地说,有清一代辽阳还没有近代意义的中学,直至民国期间才逐渐发展起来。

教会学校:19世纪末20世纪初,西方势力进入辽阳,特别是天主教、基督教进入辽阳更早。一些教会较早地在辽阳建立了学校,目的自然在于传教,实质是传播西方的价值观,属于殖民地奴化教育的范畴。

光绪二十三年(1897),辽阳基督教会英国牧师韩弥尔在东三道街教会院内设立初级小学一所,招收男生近20名,实行三三制(初小三年,高小三年)。课程设置除汉语学习《四书》外,还有算术、体育,修身则选读《圣经》,音乐则唱教会诗歌。同时,还在东四道街租用曹姓民房建立女子小学一所,招收学生20多名,多为信徒子女。这些学生都免费入学,所用文具都由学校供应,为了保护学生安全多数住宿。课程设置有汉语,由汉儒教授,科学由英国人明教士(女)负责教授。义和团运动时,三道街教堂被烧毁,英国教士全部逃走,学校解散,女校也同时解散。光绪三十年(1904),明教士在东六道街仁母医院西院建立教学楼,将女子小学搬迁至新校址继续学习。光绪三十四年(1908),招收初中班,称为辽阳育才女子中学。该校经过民国时期直到1940年被伪满接管,与女中合并,改名为辽阳女子国民高等学校。

光绪二十四年(1898),苏格兰基督教长老会牧师德教治在东五道街天齐庙后院设立文会馆,招收学生十多名,德教治亲自讲授算术和英文。算术使用上海广学会编辑的算术课本,英文则是自编教材,没有毕业年限,学完课本即算毕业,带有私塾性质,但却为后来的小学培养了许多算术教师。义和团运动期间停办,后来陆续恢复。光绪三十四(1908),德教治又在天齐庙路南开办文德中学,四年毕业,一直开办到民国时期。该校与育才女中一样,同时被伪满接管,改称辽阳第四国民高等学校。

此外,耶稣教会还在沙河、刘二堡、黄堡、安平、大东山堡、达子堡六个村各建立一所小学,自筹款项,"以教友充教员"。大沙岭法天主教堂设立小学一所,同时还建立育婴堂,义和团运动后移到城内西四道街教堂院内,有婴儿150名,又设女学一个班,又设织袜工厂一处,"专备婴儿学习"。

除了外国教会所办学校外,还有佛教创办的普化小学。光绪二十七年(1901),佛教寺院联合创立"僧立普化学校",曾因经费拮据一度停办。千山大安寺住持僧德缘感到僧人也需要教育,乃集资恢复开学。后归教育会接办,去掉"僧立"二字,改称"普化小学",即今普化小学。道教还办有育才小学,在西关关帝庙内,即后来的西关小学旧址。

刘二堡清真小学,始建于宣统三年(1911),位于刘二堡清真寺南跨院,占地约 1000 平方米,正房 3 间,厢房 5 间,建筑面积 400 平方米,设两个年级,首任校董胡朝相,继任校董胡乃志。辽阳城内回回营学房金氏金镜赫为首任校长,思想活跃,善于管理,颇有治绩。该校办学时间较长,直至 1946 年与公办学校合并。

辽阳清真小学,建校时间较长,正式开学已是 1912 年,创办人是回族学者金树垣先生,这是有明确记载的。校址位于清真寺西墙外跨院,占地 4500 平方米,有教室两间,学生四五十人。后来,在各方资助下校舍不断改建和扩建,生员大量增加(也招收汉族学生),颇具规模。中间虽有些曲折,但一直坚持到 1948 年因战事停办。这所学校在近四十年的时间里,有 1200 多名学生毕业,提高了回汉子弟的文化素质,为社会输送了许多有用的人才。

这些学校虽为宗教界所办,目的在于启蒙,为社会培育人才。

专业学校:随着社会的进步,政治、经济、文化的发展,需要的人才日益增多,尤其需要专业人才。因此,清末出现了一些专业学校,只是一个开端,1912年始兴盛起来。

光绪二十七年(1901),霍隆武鉴于俄人势力日张,极需初通俄语者,遂创立俄文学社,招收学员学习俄语。霍隆武,字振远,满洲镶白旗,辽阳城防御(五品武官)。光绪三十年(1904),他在城守尉德裕的支持下,以马神庙为校舍创办八旗学堂,拨伍田、随缺地通过出租作为经费。还以出租北城根地皮所得,创办八旗女学(民国《辽阳县志》,卷十八)。

光绪三十二年(1906),辽阳建立警务学堂,王永江任教员、监督(即校长)。王永江,字岷源,号铁盦,金州人,光绪十年(1884)考取优贡。经袁金铠的举荐来辽阳,主持校务。由于办学成绩突出,转而出任辽阳警务长,成为奉天办警政的第一人。王永江在辽阳有许多事迹可圈可点。民国后,他曾出任奉天省警察厅厅长、财务厅厅长,直至代理奉天省省长。

宣统二年(1910)二月,知州史纪常设立中日语言学堂一所,招收中日儿童入学,适应辽阳日人逐渐增多的情况,培养初通日语人才。

宣统二年(1910)四月,在北门里又成立了辽阳官立初等商业学堂,学生由各乡高等小学中考取,经过考试正取八十名,备取四十名,于六月十五日开学,校长为张儆。开设的课程是修身、国文、英文、算术、商业要项、商业簿记、地理、手工、体操等科。实际入学者仅五十余人,说明职业教育还没有被人们所完全接受①。

宣统二年(1910)六月,日本南满铁路招生,招募学习站务学生,十个月毕业,然后在本线车站服务。年龄在十八至二十二岁,容姿端正,身体健康,口音

① 《盛京时报》,宣统二年六月初一日。

446

清晰,读书七年以上者为合格,经过考试录取。"所有学生在学之日,每天给日金二十七钱,以充需费"①。这已经是南满铁路第三期招生了,招的学员很多,说明他们急需中国人为其服务,以加强殖民统治。

清代辽阳教育的特点:清代辽阳教育有如上述,从中可以看到如下几个特点:第一,民族有别,满、汉分途教育。清初采取重旗抑汉、重武轻文的政策,满族以"国语骑射"为根本,轻视汉文化的学习。他们学习国语,即满文,尤其提倡习武,认为"武乃治天下之极要",绝不能偏废。所以八旗子弟入宗学、旗学,不与汉族学生混同,中、后期逐步发生了改变。第二,清代前、中期,辽阳儒学成效比较显著,为许多学子求取功名提供了条件。但是,到了后期逐渐走向衰落,如襄平书院"旷废几五十年",必然被新式教育所代替。第三,私学应该是辽阳教育的主流,遍布城乡,为科举、启蒙发挥了重大作用,尤其是为启蒙作出了重大贡献。培养了许多初通文墨者,适应了社会、经济、文化发展的需要。第四,从日俄战争后到辛亥革命前,是辽阳新式教育,也就是学校教育发展最快的时期,主要是小学,不仅城市,广大的农村也纷纷建立起来,根据《奉天通志》的有关统计,全市儿童入学率已超过10%强。正式的中学教育是在民国后才发展起来。第五,19世纪末20世纪初,教会势力进入辽阳,虽然目的在于"传播西方的价值观",但从文化角度看还是有积极意义的。日俄战争前后,俄国、日本也在辽阳建立学校,目的是明显的,主要在于培养他们所需要的人,借以加强其殖民统治。这属于殖民地奴化教育,与教会学校还是有区别的。

有清一代辽阳的教育是很有成效的,从科举考试来看中式者较其他州县为多。据《奉天通志》不完全的统计,辽阳中进士者40名、举人115名;武进士6名、武举人12名。至于贡生、恩贡生、拔贡生、副贡生、岁贡生、优贡生等就更多了,还有国立北京大学毕业生26名。尤其是清末许多学子纷纷走出国门,留日毕业生就有43名,留欧美各国毕业生就有11名。"学而优则仕"。这些人学成后,自然挤入统治阶级的行列,成为大大小小的官员。因此,清代辽阳人在外居官者几乎可以说遍天下。

第三节　清代辽阳诗人

有清一代,辽阳诗人很多,有诗作存世者也很多,至少不下百人。民国《辽阳县志》仅《诗志》就有三卷,收集了历代的一些诗作,以明、清时期为多,清时尤多。我们不可能都介绍,可分为三个时期,各举出代表人物作些简要的

---

① 《盛京时报》,宣统二年六月初一日。

介绍,力求能够反映时代的特点。

一、清朝初年到乾隆年间,可谓第一个时期,也可称为前期。由于战争的原因,特别是所谓"从龙入关",人口锐减,辽阳的文化也必然要受到影响。直到康熙后期才有所转变,到了乾隆年间才出现了兴盛的局面。这一时期辽阳诗人主要有吴雯、佟世思、刘廷玑、曹寅、长海、朱伦瀚、朱孝纯、王尔烈、王志翰、王志鳌等,其中成就最大者当推吴雯、刘廷玑。不过,这些诗人除了王氏父子而外大部寓居他乡,其诗作很少反映桑梓之情,实因远离故土所致。

吴雯(1644—1704),字天章,辽阳人,六岁时随父去蒲州。据载,"顺治六年(1649)其父允升任蒲州学政,卒于官。雯兄弟孤弱不能归,遂寄籍蒲州"。"康熙己未(1679),荐举博学宏词,不中选其卒也"。既与仕进无缘,只好以诗排遣心中的忧愤。后来,为当代第一流诗人王士禛所发现,从此名噪京师。王士禛说他堪与曹植、李白、苏轼相比,是难得的"仙才"。赵执信说他"拙于时艺",然其"诗才特超妙",其诗"激昂沈(读沉)著"、"疏畅和隽",颇为当时名流所激赏。遗诗千余首,后经王士禛整理成集,刊行于世,名曰《莲洋集》。其中《明妃》一诗最受推崇:

不把黄金买画工,进身羞与自媒同。

始知绝代佳人意,即有千秋国士风。

环珮几曾归夜月,琵琶惟许托宾鸿。

天心特为留青冢,春草年年似汉宫。

明妃即王嫱,字昭君,汉元帝时被选入宫。竟宁元年(公元前33年),匈奴呼韩邪单于入朝要求和亲,昭君自请嫁于匈奴。去匈奴后,被称为宁胡阏氏,对汉朝与匈奴的和好关系起了一定的作用。历史上很多人认为这是一种耻辱,是可以理解的,但诗人却认为昭君这位"绝代佳人"有"千秋国士风",非比寻常。她性格倔强,据《西京杂记》载:"元帝后宫既多,使画工图形,按图招幸之。诸宫人皆赂画工,昭君自恃其貌,独不肯与,工人乃丑之,遂不得见",后画工毛延寿被杀。远离故土,身居异地,常有思乡之念,"环珮几曾归夜月",但明知不能实现,"琵琶惟许托宾鸿",化身为琵琶的昭君,只有寄情于南飞的鸿雁。昭君墓在今内蒙古呼和浩特市南,相传塞上草白,独昭君墓地上草色常青,与"汉宫"相似,所谓"天心特为留青冢,春草年年似汉宫"。这首诗既赞扬了昭君的品格,又同情她的遭遇,"情见乎辞",别具一格。吴雯是清初辽阳诗人中能够跻身全国一流诗人行列者之一,可与尤侗、彭孙遹、梁佩兰、宋荦、洪昇等名家并列。史学家萧一山也认为吴雯"天才雄骏",唯说他是蒲州人是不对的。

佟世思(1649—1691),字俨若,辽阳人,隶汉军正黄旗。其父佟国正历任安徽按察使、江西布政使,三藩进入江西时,率部苦战,终于平定,"叙功,累进兵部尚书衔"。

　　佟世思在"康熙壬子停八旗制科,以任子得官",后任广西贺县、思恩知县,卒于任。他一生爱好诗文,死后由其弟思畿将他的遗作整理刊行于世,名曰《与梅堂遗集》,十二卷;末附笔记作品《耳书》《鲊话》各一卷。《耳书》与《鲊话》被收入《辽海丛书》中。金毓黻先生在《总目提要》中介绍说:"《耳书》记其闻见荒怪之事,分人、物、神、异四部。《鲊话》则官思恩时记其风土之书也。"

　　佟世思的诗很有特点,不是颂扬功德,也不是讴歌升平,其反映了世间的另一面,实为环境使然。他看到的是连年战争带来的破坏、困苦、灾难,尤其他为官之地,更是破败不堪,直至死于任上。他还没有见到所谓"盛世",所以他的诗文只能是暴露,表达了凄苦、哀怨之情。他的组诗《侍家大人入赣杂感八首》很有特色,最能反映他的诗歌风格。

　　　　南去增悲叹,纵横群盗生。
　　　　蚕丛张万弩,鸟道走孤城。
　　　　半壁无完土,三年未罢兵。
　　　　空蒙何所见,只听鹧鸪声。

　　这是诗人随其父进入江西平叛时见到的情形。是说越往南心情越悲伤,到处"群盗生",社会极端混乱。"蚕丛"中张满了弩弓,鸟都不敢飞过,只能"走孤城"。半壁江山残破,"三年未罢兵"。空旷黑暗什么也见不到,只能听到"鹧鸪声",真是一派荒凉。他所看到的全是战争带来的破坏,在他的诗中多是"通城无炊火,冷署集饥乌""赤地蚕桑尽,苍山烽燧多""树黑钟传寺,山荒虎在林"等这样的句子,见不到一点盛世的影子。佟世思的诗之所以悲凉、冷峻,除了个人因素之外,主要是时代、环境使然,也使他过早地离开了人世。

　　刘廷玑(1654—1715),字玉衡,号在园,隶汉军镶红旗,辽阳人。出身官宦之家,祖父曾任江南布政使、福建巡抚,其父曾任广平、宁国知府。康熙年间,由于旗人停止科举,廷玑凭借先人功绩,循例入官,走上仕途。历任内阁中书、括州(浙江丽水)知府、浙江观察副使、江西九江观察副使等职。后因事降为江南淮徐道,晚年参与治理黄河、淮河、运河等工程。他自幼刻苦读书,酷爱诗文,少有文名,广交海内名士,与著名诗人、刑部尚书王士桢,著名大剧作家、《桃花扇》作者孔尚任,著名诗人陈维崧、施闰章,著名指画家高其佩等过往甚密。工作之余,他写了大量诗文,后结集付梓。《葛庄分类诗钞》十四卷收其诗,《在园杂志》四卷收其文。王士桢为其《葛庄分类诗钞》作序云:"玉衡以名家子妙文誉,出其平日所著以问世,或得之板桥小步,或得之旅店孤檠,或得之绿野青林,或得之山椒水涘",取材十分广泛。或谓其诗"出于香山、剑南之间",效法白居易、陆游,但又"不受羁绁",有自己的特点,非"寻声唱答字句短长所可比拟也"。孔尚任为其《在园杂志》作序云:"今游淮南又读《在园杂志》,或纪官制,或载人物,或训雅释疑,或考古博物,即夷坚诺皋幻诞诙谐之事,莫不游衍笔端,核而典,畅而韵,有似宋人苏黄小品,盖晋唐之后又一机轴也。曾南丰曰:'所谓良史者有四长焉。其明足以周万世之理,其道足以适天下之用,其智足以通难知之意,其义足以发难显之情。'今观《杂志》四长已备,孰谓小品不足以胪列金匮石室,为操觚班马所取材也。"应该说,刘廷玑的诗、文俱佳,与当世文坛的佼佼者毫无逊色,并得到许多名家的首肯。其诗《劝农行》一首可以在诸家《清诗选》中看到:

> 劝农劝农使君行,从者如云拥出城。
> 未闻一语及民生,但言桥圮路不平。
> 未知何以惠编氓,却怪壶浆不远迎。
> 东村淡泊胥吏争,西村更贫难支撑。
> 使君已博劝农名,惟愿及早回双旌。
> 不来劝农农亦耕,勿劳再劝鸡犬惊。

唐宋时期都有"劝农使",明清时期府县长官在春日巡行乡间,也叫"劝农"。这首诗揭露地方官所谓"劝农",实际是骚扰农民,弄得鸡犬不宁。诗人采取写实的手法,没有任何修饰,让人看到的是"使君"(知府)出城,前呼后拥,未听到一句有关"民生"的话,也不知道如何惠及"编氓",反而埋怨"桥圮路不平"、没有"壶浆""远迎",尽管农民"淡泊"(酒食简陋)相待,已经是很"难支撑"了。"使君"得到了"劝农"的美名,骚扰之后又以"双旌"(是古代太守出门的仪仗)的排场返回府衙。最后诗人嘲笑说:这样的"劝农"戏,以后就"勿劳""使君"再重演了。这首诗思想性很强,反映了现实的一个重要方面,有较高的社会价值。

曹寅(1659—1712),字幼清,又字子清,号荔轩,又号楝亭,隶汉军正白旗(也有说汉军镶蓝旗),辽阳人,常自署千山曹寅。父亲曹玺,康熙元年以郎中出任江宁织造。母亲孙氏,曾为康熙皇帝乳母,因此曹寅深得康熙信任,十三岁即为御前侍卫,"累官通政使"。康熙二十九年(1690),出任苏州织造,二年后改任江宁织造,直至病殁。曹寅善诗词,他的诗词、文章都收入自编的《楝亭诗文词钞》中。曹寅很喜欢收罗书籍,家中聚书甚多,堪称清初著名的藏书家,著有《楝亭书目》四卷,"乃其家藏书目也,无卷数,以类分隶,凡三千二百八十七种",还主持刊刻了《全唐诗》。曹寅交往甚广,上自皇帝,下至官宦,也有许多的诗友,在他的诗作中自然有所反映。请看《读洪昉思〈稗畦行卷〉感赠一首兼寄赵秋谷赞善》一诗:

> 惆怅江关白发生,断云零雁各凄清。
> 称心岁月荒唐过,垂老文章恐惧成。
> 礼法谁尝轻阮籍,穷愁天欲厚虞卿。

纵横捭阖人间世,只此能消万古情。

洪昉思,即洪昇,号稗畦,清初著名戏剧家,著有《长生殿》。赵秋谷,即赵执信,清初著名诗人,著有《饴山堂集》。赵执信是康熙十八年(1679)己未科进士,授编修,官至右赞善。佟皇后丧服期内,他在洪昇处看演《长生殿》被革职。曹寅与洪、赵都有深交,他在读了洪昇的《稗畦行卷》后有感而作此诗。是说一直在南京任职,已生"白发",犹如"断云零雁",彼此音信少通,心情"惆怅""凄清"。想起"称心岁月",没有专心向学,现已"垂老",恐怕写不出好文章。蔑视"礼法"的阮籍,"穷愁"的虞卿(战国时赵国的上卿)都是因祸得福,一心著作,未尝不是好事,意在安慰洪、赵。"人间"世事变化无常,只有著述"能消万古情"。曹寅这首诗表达了对朋友的真挚情意,得意中不忘故旧,"穷愁"潦倒的洪昇看到这首诗一定是感慨不已。曹寅殁后,他的门人又搜集其遗诗、词、文章合编为《楝亭集》,刊刻行世,流传甚广。

长海(1678—1744),满洲镶白旗,那兰氏,字汇川,号清痴,又号雷溪居士,辽阳人。"先世为乌拉部长,其高祖苏伯海率部归我太祖高皇帝,授都堂。父马期累官都统,以平滇功晋镇安将军"。长海随父姓,名马长海,"少不乐习举子业,以先世功予荫补民部后库使,皆不就。博古多识,辨金石器,酷嗜画,当意则倾策购之。尝解裘助所亲之丧,归途见未见书,复解衣买之"。深爱金石书画,家有玉衡阁,收藏甚富。著有《雷溪草堂诗》存世。"晚入长安居委巷,又颜其阁曰玉衡,悬画四壁,对之吟讽,其诗矩矱古人,而不胶于固,断句尤冠绝一时,声称藉甚,王公贵族争欲识之,而山人(自称山人)落落任放如故云。乾隆九年(1744)三月卒,年六十有七"(李铁君:《马山人传》,见《辽海丛书·李铁君文钞》)。他与陈景元、戴亨被称为"辽东三老"。陈景元,字石闾,奉天海城人,"诗拟孟郊、贾岛",著有《石闾集》。戴亨,字通乾,号遂堂,奉天沈阳人,"其诗宗杜少陵,上溯汉、魏,卓然名家",有《庆芝堂诗集》十八卷存世。长海的诗集未见,民国《辽阳县志》仅收《怀作友》,《奉天通志》收有《关西师振旅寄宁远大将军》《高且园中条云瀑图》二首,高且园即高其佩,后面将要提到。在《高且园中条云瀑图》一诗中写道:

明星瀑水半天寒,影落秋云泻石湍。
欲向中条买茅屋,玉溪古宅在王官。

这是一首题画诗,可谓画中有诗,诗中有画。是说在一个深秋的夜晚,有"明星",有"瀑水",已半个"天寒"。夜空的光辉洒落在飞流急湍的山石上,景色十分迷人。诗人很想买下"中条"的"茅屋",置身其中,一定非常惬意。可是自己在易水雷溪筑有"大钵庵"(别墅)怎么能分身至此呢?这首诗前两句是写画中之景,后两句是诗人的联想,在于说明画者技艺之高超、逼真,很能引人入胜,可以看出诗人手法之灵活,颇有创意。

朱伦瀚(1680—1760),字涵斋,号亦轩,又号一三,汉军正红旗,辽阳人。康熙五十一年(1712)武进士,技勇娴熟,善左右射,选三等侍卫,以书画兼直武英殿、养心殿,后改刑部郎中,官至正黄旗汉军副都统。曾任浙江宁波府、衢州府知府,浙江粮储道、御使、侍郎等。能诗善画,有《闲青堂诗集》十卷存世。《早发新昌》一首,很能反映其诗的特点:

> 古邑寒烟外,轻装向晚征。
>
> 山围四面郭,水绕半边城。
>
> 村静啼鸡晏,秋深落月明。
>
> 穿林缘石磴,岚雾拂衣清。

在一个尚有寒意的早上,诗人就离开了"古邑"新昌,"轻装"赶往新的任所。晚上看到了一座"山围四面""水绕半边"的城池。村落寂静,鸡叫得也迟,深秋时节,圆月也分外明亮。穿过树林,沿着"石磴"上行,山间的雾气吹拂着衣服,感到十分清爽、惬意。这首诗主要是写景,景中透情,反映了诗人愉悦畅快的心境,地方宁靖安谧,使人看到了盛世的影子。

朱孝纯(1735—1801),字子颖,号思堂,又号海愚,朱伦瀚之子。乾隆二十七年(1762)壬午举人,官四川简州知州、重庆知府、山东泰安知府,又任两淮盐运使,后因病解职。亦能诗善画,不在其父之下。晚年官扬州,创梅花书院。死后,友人桐城姚鼐、丹徒王文治编其遗诗十二卷,名曰《海愚诗钞》。杨钟羲《雪桥诗话》评论云:"子颖有用世之才,而未竟其施。尝师事刘海峰(即桐城派主要代表人物刘大櫆)。海峰序其诗称为奇男子,有儋何(即肩担)一世之心。"说明他有济世的宏伟抱负,但未得施展,实在可惜。他的诗多写行旅中的感受,很有特色。在《上元夜与松期观察话别》一诗中写道:

> 今夕为何夕,他乡望故乡。
>
> 只愁头上月,并作鬓边霜。
>
> 征路忘南北,离亭惯短长。
>
> 恼人春色草,赚尽马蹄忙。

在匆匆的征途中,忘记了"今夕为何夕",但没有忘记"故乡",时刻"望"着"故乡"。"只愁头上"的月光,化作"鬓边霜",感到有些衰老。不尽的征途难辨"南北",一站接一站,已经习惯了,不在乎道路的好坏。令人烦恼的"春色草",驱使"马蹄"不停地奔跑。这首诗是先写人,后写马,在即将开始新的征途前与友人话别。但是,没有一句说到友人,都是讲自己的辛劳,这也是一种耐人寻味的话别方式。他还有《对酒》二首,在第一首中写道:

> 昔登太行山,落日望大河。
>
> 滔滔东流水,千里扬洪波。
>
> 洪波去不返,人生能几何。

逝者不可追,来者倏已过。

对此金樽酒,慷慨当悲歌。

这首诗还是写行旅中所见,回忆了"昔登太行山"的情形,平白如话。写出了黄河"千里扬洪波""滔滔东流"去,奔腾不息的气势。"逝者不可追,来者倏已过","人生能几何",要把握住现在,有所作为,虽有些消极,但歌颂了祖国的大好河山。

王尔烈(1727—1801),字君武,号瑶峰,祖籍河南,明末移居辽阳城南风水沟。王尔烈生于世代官宦之家,自幼受到严格的家庭教育,勤奋读书。乾隆三十年(1765),中乡试第 181 名举人,这年 39 岁。乾隆三十六年(1771),中殿试二甲头名进士,这年 45 岁。入翰林院为庶吉士,散馆后授编修,任四库全书馆纂修官、三通馆纂修官,达十年之久,先后曾任鸿胪寺卿、光禄寺少卿。嘉庆元年(1796),任内阁侍读学士,授中宪大夫。嘉庆四年(1799),以大理寺少卿致仕,为正四品官员。归乡后执教沈阳萃升书院,两年后病逝。王尔烈作为文职官员,不见有什么奏疏;作为文人,没有鸿篇巨制,说他能诗,又没有留下诗集。是否都佚失了呢?似乎也不大可能,正处于盛世,社会安定,不存在佚失的条件,尤其他丁父母忧前后六年,本可编出文集或诗集,但他都没有这样做,实在令人不解。现在保存下来的诗、文都收集在金毓黻编辑的《瑶峰集》中,其诗都是与友人游览千山之作。乾隆四十二年(1777),王尔烈丁父忧归里守制。同年三月,他发出邀请,倡游千山,次月成行,参加者十二人。"春深游屐,与花鸟而偕来;暇日诗情,为林泉以勾引。"近十日之旅,"凡得诗若干首,同游者亦各有作,并录之,以志一时之兴"。王尔烈的开篇之作是《自隆阜岭至七岭》,诗云:

轻云疏雨洒郊坰,野旷天高眼乍醒。

草色初分深浅碧,峰头遥露短长青。

轮蹄已洗千山水,烟霭犹藏五寺形。

二十余载成阔别,漫将尘事述山灵。

王尔烈早年曾在千山读书,此次重游已是"阔别""二十余载"之后了。在"轻云疏雨"的郊外,放眼望去"野旷天高",心情舒展。草渐绿,山渐青,"(车)轮(马)蹄"已被千山的雨水洗过,五大禅寺在"烟霭"里时隐时现。面对此景此情,诗人感慨不已,愿将人间"尘事"说给"山灵"听。我们可以见到的王尔烈的诗全是写景,除了游千山诗之外,还有《赞辽阳》一首:

雉堞圮荒已半凋,背城衍水涨春潮。

青山驻跸垂千古,白塔冲霄镇数朝。

烈女旌贞遗巨冢,良工传巧建双桥。

高瞻华表怀令威,驾鹤何时再返辽。

这首诗是写辽阳城墙"已半凋",太子河水"涨春潮"。首山"驻跸"(指唐太宗曾在此停留暂住)可"垂千古";"白塔冲霄",威"镇数朝"(白塔建于辽代,又历经金、元、明、清四朝)。西门外不仅有"烈女"的"巨冢",护城河上还架起了"双桥"。指西门外昇平桥与镇远桥,所谓八步两座桥,王尔烈有《双桥卧虹》一诗。"高瞻华表"怀念"令威",不知他"何时""驾鹤""再返辽"。王尔烈的诗很少联系时政,也很少联系"尘事"(或尘世),如有联系则是大量地颂扬皇权、颂扬清廷,思想性受到了局限,大大降低了其诗的价值。最近有人搜集到他写的"辽阳八景",都是七律,载辽阳《乡土》第16期,读者可以欣赏。

王志翰,是王尔烈的儿子。王尔烈有八子,三子志翰,四子志鳌亦能诗,在《瑶峰集》中收有他们的诗作各七首,各有千秋。王志翰写有《五佛顶》一诗,很有创意:

> 奇峰峭立欲摩天,一径崎岖入渺然。
>
> 僧榻暂眠身似蝶,飘飘还欲上高巅。

这首诗很有意境,富于想象,手法灵活,颇具技巧。尤其后两句利用比喻化身为蝶,"飘飘还欲上高巅",表达了积极进取的向上精神。王志翰还写有《普安观》一诗,也很有意境:

> 盘回鸟道碧罗牵,历尽层峦到洞天。
>
> 忽见群峰来脚下,始知身已在云边。

这首诗写出了诗人敢于攀登险峰的壮志,经过"盘回鸟道"到达了"洞天",把"群峰"踩在"脚下",登高远眺,心旷神怡,"始知身已在云边",十分惬意。王志翰,号西园,又称文西园,不仅能诗,还很会编故事,王尔烈的许多传说可能出于他的手笔。后来,王志翰成为东北子弟书的重要作家,与韩小窗往来密切,并在辽阳建立诗社,以文会友,从事子弟书创作。王志翰成就颇丰,据说在《清蒙古车王府藏子弟书》中就存其作品13篇。

王志鳌,也写有《五佛顶》诗一首:

> 森然五佛白云居,倒挂孤松路转奇。
>
> 有意振衣凌绝顶,心知走险不如夷。

这首诗前两句是写景,后两句是写自己的心态,与志翰相比显然不同,虽然"有意"攀登"绝顶",但"心知走险不如夷",有些求稳,缺乏王志翰那种积极进取的向上精神,可以看出两人的性格各异,志趣不同。王氏父子都没有诗集存世,可谓一大憾事。

在这一时期里,辽阳还有一些获罪流放之人,其中也不乏擅诗文者,影响较大的有僧人函可、陈之遴、徐灿等,他们都留下了一些吟咏辽阳的诗篇,尤其是函可。

函可(1611—1659),原名韩宗騋,字祖心,号剩人,广东博罗人。出身岭南望族,父亲为明万历崇祯年间礼部尚书。韩宗騋自幼聪颖过人,后举秀才,但他无意功名,为人正直豪爽,广交名士。崇祯十三年(1640),父亲病逝,他感到国事日非,无所寄托,遂于次年去江西庐山皈依佛门,法号函可。清军攻占北京,他悲愤不已,萌发了复兴故国的念头。后去南京观察时势,不久南京也被清军攻占,他目睹了清军的屠城暴行和军民抗敌赴难的悲惨情景,写成《再变记》,用以存史。不料,在离开南京城时为清军发现,押送京师,遣戍沈阳。因文字获罪被远戍辽东,函可应该是第一人。在沈阳期间,他联络一些被流放来的官员和文士结成"冰天诗社",以便相互唱和,排遣胸中块垒。函可在辽东十一二年,经常来往于沈阳、辽阳、千山之间,写下了许多诗篇,可谓半个辽阳人。死后,经友人及弟子搜集整理,将其遗诗一千六百多首编成《千山诗集》二十卷存世。他往来辽阳期间,写下了许多赞颂县令陈达德的诗篇。他在《浴佛日寿陈令君》一首中写道:

萧萧匹马度龙荒,翘首真同白象王。

冰雪尚酬文佛债,旃檀新浴令公香。

尽销兵器为农具,好借僧瓢进鹤觞。

却笑河阳空满县,昙花一朵现辽阳。

陈达德,字大乎,浙江义乌人,善诗,曾与同好结成八咏楼社,时相唱和。据《雪桥诗话》载:"国朝定鼎,辽阳置县,下令能召百人往者官之。大乎应命率百人者,出关而东,授辽阳令。勤垦辟,招商贾,兴文学。卒于官,诏其子瞻远承袭,亦异数也。"这首诗是说陈达德骑马率众来到"龙荒"之地,"翘首"如同普度众生的一尊佛。在浴佛日里我们既纪念佛祖的诞辰,也用"旃檀"这种名贵的香料祝贺陈令的寿日。"尽销兵器为农具",荒地日辟,"众生"得活,功德无量,我要献上美酒表达敬仰之情。想到晋代潘岳在河阳(今河南孟县)任县令时之所为(令逃债者每人植一株桃树以抵偿,离任时全县种满了桃树,一时传为美谈),实在无法与陈令相比,你的功德有同"如来出世""昙花一朵现辽阳",堪称奇迹,丰功伟烈,震赫于当世。陈达德年老体弱,千里跋涉,在寒冷的冬季从南方来到北方,经常下乡上山安置移民,劳心劳力,竟然积劳成疾,一病不起,于顺治十一年(1654)五月病逝。函可得知后,无胜悲痛,立即写了一首单题《唁》字的挽诗:

灯前雪底亦空言,寒泪无端湿五原。

大道翻嫌诸圣浅,奇情难与老僧论。

平生最苦肝肠热,今日方知裘马尊。

不是唁君惟自唁,悠悠终恐孤骨存。

诗人出于对陈令的尊敬,时相过从,想起了"灯前雪底"的谈话都成了"空言",不禁在"五原"(边陲)之地流下了"寒泪"。你躬行"大道"使"诸圣"都显得浅薄，有些"奇情"还没有来得及说。我平生苦于"肝肠热"，"今日方知"你身为官员(裘马，指官员，穿着官服，骑着马)舍己为民的精神太令人尊敬了。这首诗"不是唁君惟自唁"，陈令的离去使诗人联想到自己。"悠悠终恐孤骨存"，将更加孤独、无奈，苟存于人世。由于境遇使然，函可的诗充满了悲壮、哀怨、凄凉，伤感至极。如《读杜诗》一首，满腔悲愤，论述了诗与血的关系：

> 所遇不如公，安能读公诗。
>
> 所遇既如公，安用读公诗。
>
> 古人非今人，今时甚古时。
>
> 一读一哽绝，双眼血横披。
>
> 公诗化作血，予血化作诗。
>
> 不知诗与血，万古湿淋漓。

这首诗既浅显又深刻，是说没有杜甫的经历，读不懂杜甫的诗；有杜甫的经历，就不必再读杜甫的诗。"古人非今人，今时甚古时"。今天我们读杜诗，结合自己的遭遇，不能不哽咽气绝，双眼充满了血丝。杜诗都是字字血泪，我要用血去写诗。岂不知诗与血是分不开的，自古以来感动人的诗都是用血泪写成的。这种看法虽有些偏激，出于多难的遭遇是可以理解的。他还在单题《泪》字的诗中写道：

> 我有两行泪，十年不得干。
>
> 洒天天闭户，洒地地骨寒。

诗人极度悲愤，怒不可遏，最后发出了"不如洒东海，随潮到虎门"的呼喊，实际也表达了思念家乡之情，明知不可为，只有借助潮水了。在《从驻跸移向阳》一诗中有"日午一瓢夜一宿。一生如此更何求"的句子，苟延残喘无所求，似乎有些绝望了。在《同雪公游千顶纪事》一诗中，有了死后葬于首山的意念。他写道：

> 过桥即是辽阳郭，郭外行过泪已潜。
>
> 一群嗷嗷鸿乍集，千年杳杳鹤无还。
>
> 才看老女孤坟草，又上前王驻跸山。
>
> 我倦欲眠依旧土，嶙峋石壁任孤攀。

雪公即郝浴，号雪海，故称雪公。他是顺治六年(1649)己丑科进士，后任刑部主事、湖广道御史，巡按四川，因参劾吴三桂反被诬陷，谪戍奉天。函可与其有交往，陪其游览辽阳、千山。这首诗是说过了太子河上的桥就是辽阳城，还没有进城已经是满眼含泪了。由于战争的破坏，一片荒凉，成群的大雁无处觅食，千年化鹤的丁令威杳无音信，也没有回来。看过了西门外的刘烈女坟，又登临驻跸山。后两句是表意，我愿长眠此山，依恋这块"旧土"(意为都是旧朝之地)，以便"嶙峋"的山石任凭我孤魂攀登。顺治十六年(1659)十一月二十七日,函可圆寂于首山清风寺,后葬于千山缨络峰下,走完了悲惨的一生。

　　陈之遴(1605—1666),字彦升,浙江海宁人,《清史稿》有传。明崇祯十年(1637)丁丑科一甲第二名进士,即榜眼。顺治二年(1645)投清,授秘书院侍读学士,后迁礼部尚书,直至弘文院大学士。由于陷入朋党之争,遭到查劾,于顺治十三年(1656)"命以原官发盛京居住。是冬,复命回京入旗"。也就是被流放到辽阳,但时间很短,仅八个月就应召回京。然而好景不长,"十五年(1658),复坐贿结内监吴良辅,鞫实,论斩,命夺官,籍其家,流徙尚阳堡(今辽宁开原县东),死徙所"。在他死前一年,即康熙四年(1665),自己把写过的诗作收拢成书,定名为《浮云集》。其中在辽阳写的有《杪冬感兴》一首:

　　　　连宵猎火独云黄,羽骑初回木叶旁。
　　　　四座割鲜争鹿尾,八珍陈馈益狍肠。
　　　　茅斋故让穹庐暖,椽笔难争舞剑长。
　　　　听曲每怜征客苦,不知垂老到沙场。

　　这首诗是写夜里狩猎归来,大家聚集在帐篷里争食猎物的情景,诗人忽然感到"茅斋"没有"穹庐暖","椽笔"不能与"舞剑"争短长。过去"听曲",同情那些远征战士的悲苦;未承想在"垂老"之年自己也来到"沙场"。通过叙事抒发自己的情怀,何时能被召回?希望渺茫。他还有《悼剩公》一诗,是怀念函可之作:

　　　　朔雪萧萧抵树林,紫衣长掩石龛深。
　　　　公真圣果身如寄,我自凡情涕不禁。
　　　　电火难留方外友,风霜偏集客中心。
　　　　千山尚有莲花座,夜夜松涛想法音。

　　陈之遴与函可也曾有过往来,对其深为推崇,从这首诗中也可以看出来。前两句是写景,后面都是表意。是说函可已经获得"圣果",身有寄托;可自己还是"凡情""不禁"(去不掉凡情)。热情留不住你这看破尘世的"方外友",可"风霜"却"偏集"在我的心中。你去了,"千山尚有莲花座","夜夜"听到"松涛"可以想到佛法的声音,而我什么也没有。怀念函可,想到自己,全是"风霜",一片悲凉,心痛至极。陈之遴终于没能回去,还算皇恩浩荡,死后五年才得以返归故里,

　　徐灿,字明深,又字湘苹(似有襄平之意)、明霞,苏州人。大约生活于明万历到清康熙年间,是陈之遴的继室,能诗善画,尤工于词。顺治十三年(1656)、十五年(1658),陈之遴两次获罪,全家"流徙盛京",徐灿随行。康熙五年(1666),之遴死于戍所,后经康熙允准,徐灿扶櫬归里,一心学佛,革号紫言(似止言,防止以言获罪之意)。著有《拙政园集》,其中《太子河》一首很有喻世的价值。

易水荆卿去,辽河太子来。

当时风色异,千载水声哀。

夕照斜荒度,寒烟断古台。

燕秦俱寂寞,缅想重徘徊。

这首五言诗,清新简练,寓意深远,表达了诗人对"千载"往事的缅怀,在褒贬之中抒发了思亲之情,抨击了强权,虽可得势于一时,但不能永存,最终都要归于"寂寞",我只能在河水边"徘徊"。喻世的意义是很明显的,这正是这首诗的价值所在。

二、乾隆以后到道光前后,是第二个时期,也可称为中期。这时,清王朝已经走过了极盛时期,社会矛盾逐渐显露,开始走向衰落。但是,东北与内地不同,盛世似乎还没有完全落幕。这时辽阳的诗人很多,主要有张玉纶、韩天垣、王巽谦、韩觐、刘文麟、马瑶林、马琛林等,其中成就最大的当推张玉纶与刘文麟。

张玉纶(1789—1865),字君掌,号绣江,辽阳城西绣江堡村人。道光十二年(1832),考中壬辰科举人,但终未能进士及第。《辽阳县志·文学志》说他"不屑于帖括",不确,从他的许多诗作中可以得到说明。在《刘余台》一诗中云:余台"名玉书,与予居最近,每省试、乡试则偕行",所谓"几回连辔据征鞍,敢拟同心比蕙兰"。这里所说的"省试"就是会试。因此,说他考中举人之后便"不屑于帖括"的说法没有根据。张玉纶常与多隆阿、陈克让等"诸名士以道义切磋",并以育才为己任,"奖掖后进,及门多隽士"。他"好学穷理,至老不倦","专力经史,锐意著述",尤其是对小学颇有研究,写有《毛诗古乐音》一书,此外还著有《梦月轩诗钞》《毛诗启蒙》《谈文存参》《梦月轩注庄子》、《唐七律格平》等,其中《毛诗古乐音》《梦月轩诗钞》已收入《辽海丛书》,广为流传。张玉纶是一位学者,其诗题材虽也较为广泛,但以写家乡为多,所以有人称其为乡土诗人。如两首《高粱》诗中有"盛夏千杆绿,当秋万穗红""高棵大穗有光华,万垄参差斗晚霞"之句,写得有声有色,十分逼真,充满了家乡的泥土气息。有的诗书写自己亲身的经历或遭遇,也最能表露内心的真实感情。他在《秋闱报罢出都门作》一诗中云:

泪湿青衫出帝城,西风寒透此时情。

不堪路遇东来客,苦问今科解首名。

他"泪湿青衫"走出"帝城",更遇"西风",心已"寒透";"不堪路遇"家乡的"东来客",最怕"苦问今科解首名",也就是谁考第一。所谓"解首名",就是乡试第一名,即解元。这首诗反映了诗人落榜后极度悲伤的思绪,道出了苦追功名不遇的心情。但是,诗人一生苦读,嗜书如命,不惜重金求购,甚至遭到讥笑。他在《廿一史》一诗中解释说:"廿一史,沈阳夏凤栖先生旧物也。予以三十金得之，尽典衣裳方足其数。有相笑者，作此解嘲。"其诗云：

　　夏葛冬裘典质频，案头青史快横陈。

　　此生肯使有长物，到眼从兹多古人。

　　学只通经终是陋，衣犹遮体未为贫。

　　含章定比章身好，讥笑何劳竟破唇。

　　诗人不断地"典质"衣裳，换来的是"案头青史""横陈"，"此生肯使有长物"，就是看到了更多的"古人"。他认为皓首穷经不读史籍"终是陋"，是不完全的知识，这也是他不惜重金求购的原因所在。内心的美，比穿华丽的衣服更美；他反讽那些"竟破唇"的"讥笑"者是属于无知，可笑的应该是他们。从此，他有史可读，每有心得，必见之于诗，发表他对历史往事的看法。他在《文姬归汉》中写道：

　　双雏远弃恨难消，史笔何须浪作嘲。

　　不见啮毡苏属国，胡中生子得承祧。

　　文姬，即蔡琰，蔡邕之女。东汉末年在战乱中为南匈奴所掳，后嫁左贤王，生一男一女。十二年后，曹操派使者往接蔡文姬，希望她继承父业，参与编撰《续汉书》。文姬为曹操思慕贤才的精神所感动，毅然离别丈夫、子女，回到中原。但是，由于传统的封建观念作祟，责其失节者不断加以嘲讽。张玉纶十分同情蔡文姬的不幸遭遇，对封建的贞节观进行了大胆的批驳。"不见啮毡苏属国"，是说苏武出使匈奴被扣十九年，拒不投降，一直在北海（今贝加尔湖）牧羊，匈奴与汉和好后被遣回朝，官"典属国"（掌管少数民族事务）。"胡中生子得承祧"是说苏武在匈奴已娶妻生子，不失传宗接代。两相比较，苏武史称忠贞之士，文姬则被"史笔"贬斥"浪作嘲"，是非常不公平的。在二百多年前能有这样的认识是超前的，是难能可贵的，也需要勇气。他对汉朝的和亲政策也有自己的看法。他在《题画》（第二首）一诗中写道：

　　红颜薄命岂前因，一曲琵琶恨尚新。

　　边塞安能凭女子，当年将相是何人？

　　所谓"红颜薄命"都是人为的，没有什么"前因"，"一曲琵琶"奏出了尚未远去的怨恨。他问道："当年将相是何人？""边塞"安靖怎么可以"凭女子"呢？他同情王昭君，嘲讽了和亲政策，表达了对汉朝国势日衰的不满。他的很多诗都是平白如话，寓意深长，警世作用很强。如在《栽树》一诗中写道：

　　乞得蟾宫种，栽来灌溉勤。

　　莫言枝干小，气象已干云。

　　这首诗是说什么事情都像栽树一样，有好的种子也要勤于灌溉，什么事情都是从小到大，不能一步登天。"莫言枝干小"，总有一天就会气势凌云，也就是踏踏实实去做，终可获得成功。他还在《蛛网》一诗中写道：

垂处当檐角,团团带露凉。

青蝇休肆恶,天网本高张。

这首诗的后两句可谓隽语箴言,告诫那些"青蝇"们不要"肆恶",岂不知早有"天网"在等待着你,不要贪图侥幸,天网恢恢,疏而不漏。诗人还有许多怀念友人之作,如《刘余台》《多雯溪》《德翼文》《刘敬亭》等,感情真挚,令人赞叹。到了晚年,诗人淡泊名利,安于田园生活,享受天伦之乐,《漫兴》一诗最能反映当时诗人的心境。

南亩归来饭罢时,一灯儿女坐谈诗。

天机不滞思皆活,世味全忘句自奇。

瓦鼎茶声琴断续,瓷瓶花影画迷离。

湛然清福惭独享,任是神仙未许知。

白天南园耕耘不无辛劳,晚上"一灯儿女坐谈诗",很有情趣。作诗能够掌握要领,思(诗)路"皆活",忘却世间杂念就会悟出奇句。室内琴声断断续续,陈设"花影""迷离",好一个书香门第。这种"独享"人间"清福"的乐趣,"任是神仙未许知",即使是神仙也是品味不到的,诗人感到十分满足。除了"独享"天伦之乐而外,张玉纶可能把主要精力集中在着意培养子孙上,以求通过他们实现自己未能进士及第的夙愿。功夫不负有心人,后来他的次子张宝珩考中了举人,尤其是孙子张平格光绪九年(1883)癸未科考中了三甲第三十五名进士,可惜他已不在人世了。

韩天垣,字紫庭,号星阶,世居城内南街。道光元年(1821)辛巳恩科举人,道光九年(1829)己丑科三甲一百零九名进士。曾任江苏徐州府睢宁、淮安府阜宁知县,颇有治绩。道光二十六年(1846),充任江南同考官。致仕后,回归故里,安度晚年。他利用自家园地数亩,遍植花草树木,构建房舍七八间,以为诗社,名曰"晚香斋"。他经常约会诗友来园中聚首,一面品茗饮酒;一面赋诗唱和,寻求人间乐趣。经常参与唱和者有马瑶林、马珲林兄弟,进士刘文麟,举人张玉纶,昌黎崔树宝等。"传及子觐时,诗社犹盛"。韩觐,字叔侯,"少习声律学,有家传,又与昌黎举人崔树宝游,诗益精进"。这时参与唱和者又添许多新人,如辽阳著名诗人王巽谦、贡生杜森、岫岩著名诗人徐材以及韩涛、韩潮等。后来,韩觐将韩天垣、韩觐、崔树宝、王巽谦、杜森、徐材以及韩涛、韩潮等的诗作,结集刊行于世,名曰《晚香斋诗稿》。其诗虽"多描绘自然景观,歌咏风花雪月",但也多有寓意,非一般"歌咏风花雪月"者可比。或追求高尚人格,或提倡廉洁自律,或关心民瘼、批评时政,鸣人间之不平。如韩天垣酷爱菊花,写有许多咏菊的诗,如《和乞菊》《和谢菊》《和酬菊》等,实际是借花咏怀。他在第一首《和乞菊》中写道:

茅篱怪底又增新,昨日篱边太守巡。

　　名宦名花相对处,应从花里悟前身。

　　韩天垣是善种菊花的老手,不时有新的品种绽放,引来"太守"(这里指知州章朝勅,善诗,有乞菊四首,天垣以此诗和之)前来观赏。名宦看名花,"应从花里悟前身",诗人尊崇章朝勅是陶渊明转世。他在第二中还写道:

　　篱下秋光日日添,虚堂应自卷珠帘。

　　贪名贪利谁贪此,贪得名花便是廉。

　　时人都是"贪名贪利",没有贪花者。章朝勅在《乞菊》第二首中有"珍重寄言陶令尹,为花低首不伤廉"句,诗人和之以"贪得名花便是廉",不仅"不伤廉",简直就是"廉",说得更加到位。晚香斋诗社可能是辽阳有明确记载的唯一的诗社,而且很活跃,长期坚持,达韩氏四代之久,可谓辽阳诗界的盛举。

　　王巽谦,字和圃,辽阳人,世居城内河南院。"少读书,躭吟咏,不专习帖括,以故试则不第"。后以"军功选用知县",出任河南商城,历经十年,颇"有惠政",百姓"为之立生祠"。致士后,回归故里,与韩觐、杜森、徐材等时相唱和,惟所著诗稿不存,仅散见于《晚香斋诗稿》。王巽谦在《雪夜抒怀》中云:

　　饮酒破万愁,清冽润苦口。

　　不见市井儿,蝇营复狗苟。

　　薪米比桂珠,藉天为利薮。

　　我年已不惑,坚持清操久。

　　这首诗借酒"抒怀",痛斥了"蝇营复狗苟"的"市井儿","藉(着)天(灾)"谋求暴利,造成"薪米比桂珠",即薪如桂、米如珠的高价,百姓何以得活。有鉴于此,诗人更加自律,表示虽已列"不惑"之年,还要"坚持"清寒的节操到永远。他还有几首游千山的诗,多半是写景,景中见情。如《重游千山龙泉寺》:

　　山色相迎万态新,龙泉来做再游人。

　　俗还未脱心先静,景不多求趣自真。

　　松盖擎天苍满径,梨花落雪白成茵。

　　闲过禅院逢僧话,且觅仙缘寄此身。

　　由于是"再游",感到"山色相迎万态新"。虽未超凡脱俗,但须静下心来;看景不在多,应该求"趣"、求"真"。苍劲的古树"松盖擎天",梨花落地雪白如茵。在"禅院"曾与僧人闲聊,姑且寻觅有"仙缘"的地方,寄托"此身",脱离尘世。其诗愤世嫉俗,比较犀利尖刻,往往也流露失意感伤的心态,"自笑生平少成就,为浇磊块倒银瓶",时常以酒排遣心中的不平。

　　韩觐(?—1881),字叔侯,国子监生,天垣之子。少习声律,学有家传,在其父和昌黎举人崔树宝以及众多诗友的支持下,学有所成。他与王巽谦、贡生杜森、岫岩诗人徐材以及诸昆弟韩涛、韩潮等,追随于晚香斋诗社,时相唱和,诗社益加兴旺。他也有《咏菊》诗一首：

> 秋花位置满书堂，灿烂俨同百宝光。
> 把盏酒思倾蚁绿，披霜衣记染鹅黄。
> 论交许订忘年友，傲俗还留晚节香。
> 高卧东篱甘隐逸，不随桃李斗芬芳。

这首诗前四句是写花、写酒，后四句是表意，"论交"可交"忘年友"，"傲俗"应保"晚节香"。"东篱"（指种有菊花的地方）"高卧"甘心避世隐居，"不随桃李斗芬芳"，不做争名夺利的"俗子"。他终生不求仕进，以经营诗社为务。他与王和圃时有唱和，其中一首为《和王和圃〈雨中忆晚香斋〉原韵》：

> 仆仆风尘已十春，惊人白发鬓边新。
> 无涯宦海须抽脚，代觅桃园好避秦。
> 松菊尚存仍有伴，诗书犹在不为贫。
> 随时有了能安遇，莫羡渔郎获锦麟。

王和圃在外为官十年，归来时已是"惊人白发鬓边新"，韩觐深有感触。他希望，王和圃在"无涯宦海"中"抽脚"，应该寻觅"桃园"隐居避祸。可以"松菊"（指诗友）为伴，以"诗书"为侣，有此伴侣则"不为贫"。有了安然自适的环境，"莫羡渔郎获锦麟"，不必留恋过去的官位。可以看出，韩觐对王和圃既崇敬，又推心置腹，感情十分真挚。此外，韩涛、韩潮以及韩伯文、韩玉书等祖孙四代都有大量的诗作，韩氏一族可谓诗歌世家。

刘文麟（1815—1867），字仁甫，号仙樵，辽阳城东沙浒屯人。父亲刘震，官至四川龙安知府。刘文麟11岁时随父入蜀，弱冠时始返回故里。道光十七年（1837），参加顺天府丁酉科乡试，考中举人。第二年参加戊戌科会试，考中三甲47名进士，即二十三四岁连捷巍科，可谓少年得志。不久分配至广州，以知县补用，开始了宦海生涯。道光十九年（1839），刘文麟来到广州，正逢林则徐在广州查禁鸦片，他满腔热情地投入了轰轰烈烈的禁烟运动。他深受林公的器重，后赴广东平远兼署福建长乐知县、海南岛文昌知县。他坚决支持林则徐抵抗英国的侵略，号召当地居民有钱出钱，有力出力，组织起来，保乡卫土，保证了地方的安宁。道光二十二年（1842），父亲病逝，丁忧回籍守制。直至道光三十年（1850）始补河南沈丘知县，"时患匪，设方略擒其渠，盗贼息迹"，颇有治绩。后因揭发官署"积年库亏""忤上官劾降，遂归，主沈阳书院。"他善吟咏，9岁即能诗。《清史稿》说他："论诗以婉至为宗，语必有寄托。英光伟气，一发之于诗。论者谓足继辽东三老。"回归故里后，读书著述，以诗酒自娱。同治六年（1867）二月，患肺病不起，英年早逝。死后，其诗友马珅林搜其遗诗近千首，编成十二卷、补遗一卷，刊刻行世，名曰《刘仙樵诗钞》。由于鸦片战争时期，他正在广州，作为见证人，写下了许多反映时代的篇章，很有价

值,尤其是组诗《感事》八首堪称"史诗"。他在开头一首诗里写道:

> 毒播蛮烟遍海圻,刑章深意在防微。
>
> 贪功诳料开边衅,决策谁能振国威。
>
> 险要屯兵仍不守,凶顽附寇竟如归。
>
> 包容自是从前误,革弊除奸计岂非。

"蛮烟"(鸦片)流毒沿海,"刑章"(禁烟法令)"防微"意义深远,怎奈竟成为英国殖民主义者挑起战争的借口,"决策"者又不能坚持"革弊除奸"的正确政策,起用投降派,放弃城守,"凶顽附寇",汉奸与强敌勾结,逼近广州,奕山竟与英军签订了屈辱的《广州和约》。这首诗揭露了英国为了维护罪恶的鸦片贸易,发动了可耻的鸦片战争,犯下了滔天罪行;同时,指出当国者反复无常,听任肖小,出卖国家民族利益,有不可推卸的责任。他在第二首诗里写道:

> 烽火连年照海红,貔貅万队拥元戎。
>
> 杀人最痛师无律,夺地徒闻贼有功。
>
> 民屋颓残千炬火,夷船来往一帆风。
>
> 珠江多少繁华梦,回首同归浩劫中。

这首诗鞭挞了英国侵略者挑起战端,攻城略地,横行肆虐,繁华的广州陷于浩劫之中,"民屋"多被焚毁,断壁残垣,给中国人民带来了无尽的灾难;同时,痛斥了奕山率领的清军纪律败坏,滥杀无辜,毫无战斗力,致使英军屡屡得手,所谓"夷船来往一帆风"。诗人表达了悲愤、无奈之情,也感到往事不堪回首。但是,诗人还是看到了希望,他热情地讴歌了三元里人民的抗英斗争。他在第七首诗中写道:

> 幸得闾阎起壮夫,为王敌忾效前驱。
>
> 呼声动地重围合,众志成城逆势孤。
>
> 小队自能联臂指,巨酋旋见授头颅。
>
> 问他壁上闻观者,手握军符自愧无。

这首诗具体描述了起自"闾阎"的"壮夫",众志成城,"为王敌忾",愿"效前驱",奋勇杀贼,互相配合,重重包围了敌军,使"巨酋"毕霞(英军少校)授首,取得了反侵略斗争的巨大胜利。然而这场斗争却没有得到清军的支持,奕山亦作"壁上观",最后竟被他们出卖了。诗人愤怒地问道:你们这些"手握军符"的大员们,不感到"自愧"吗? 诗人有喜有忧,已经预见战争可能出现的结局。他在最后一首诗中写道:

> 扶危救困见良谋,城下为盟自古羞。
>
> 鸿雁于飞思集定,豺狼无厌肆贪求。
>
> 论功谁入名臣传,怀远难休旅客愁。
>
> 终仗圣明天子福,干戈从此遂能休。

颟顸的清朝统治者能有什么"良谋"呢？只有"城下为盟"，接受耻辱。诗人发出疑问，"豺狼无厌"，能满足他们的"贪求"吗？凭借"圣明天子福"就能如愿结束战争吗？人心思定，也引发了诗人的思乡之情，同时他更加关注战后谁将列入"名臣传"？从其诗的倾向来看，他心中早有定论。

除了《感事》组诗之外，刘文麟还有许多关注时局的诗篇，从不同方面反映了国家命运多舛，发出无限的感慨。请看《春望》一诗：

> 布袜青鞋一野民，侧闻京口正烟尘。
>
> 半生忧患心多感，三月韶华物自春。
>
> 莫幸干戈非此地，尚营筐箧是何人。
>
> 迂腐岂有匡时策，极目南云泪满襟。

1853 年二月十日(3 月 19)，太平军攻陷了南京。这首诗反映了诗人闻讯后当时的心情。虽然已是闲云野鹤之身，但仍然是"忧患""多感"。不要庆幸"干戈非此地"，有人还在经营自己的私利。深感自己的"迂腐"，提不出"匡时"的良策，放眼望着南去的白云而怆然泪下。当然，诗人是为清王朝而"泪满襟"，他显然不会同情太平天国。这是时代、阶级使然，我们不应苛求于前人。他还写有许多反映民间疾苦的诗作，感人至深。他在《哀流民》中写道："丰年有饥人，中国无虚土。老稚相扶携，流离出边围。"在丰年里，到处是流民，所谓"中国无虚土"。但更可悲的是"亦是天子民，委弃若无睹"。这些"天子民"被抛弃了，无人关心他们。《哀流民》的价值在于提出了"丰年有饥人"这样一个社会问题，这是为什么？给读者留下了思考的空间。刘文麟也写过一些比较轻松明快的诗篇，感情真挚，很有意境，耐人寻味。如《过南山访青门弟》一诗就是如此：

> 出门风雪忽交加，路转寒山一径斜。
>
> 不是不嫌驴背冷，访君原当访梅花。

青门乃文麟表弟，在山南蒋家湾读书，在风雪交加的时节，诗人骑着毛驴转过山梁去看望表弟，情真意切，"不是不嫌驴背冷，访君原当访梅花"，漫天飞舞的雪花变成了梅花，煞是好看。这是一首诗，也是一幅画，可谓诗中有画，让我们看到了"千里冰封，万里雪飘"的北国风光。还有《小园》也很清新、感人：

> 地僻净无尘，茅庐结构新。
>
> 雪消山露骨，风动水生鳞。
>
> 野菊精神永，家蔬气味真。
>
> 炉边一壶酒，可有共谈人？

在僻静的山村小院里，有着新修的"茅庐"。冰雪已经融化，山峰峥嵘，春风吹动池水，清波粼粼。遍地金花，菜蔬发香，"炉边一壶酒"，自斟自酌，也算清闲自在,但诗人也有感慨,如果再有"共谈人",那更会快乐不已。还有《田家竹枝辞》四首,也都很有情趣,都是一幅幅精雕细刻的田园画面,令人感动。在第一首中写道:

> 春泥滑滑插新禾,布谷声中雨一蓑。
>
> 笑指杏花红欲遍,今年开比去年多。

这是一首描写雨中插秧的诗,在细雨蒙蒙的季节里,红色的杏花几将开遍田野,并且"今年开比去年多",预示着有好的兆头。在第三首中写道:

> 饲蚕才罢缫丝忙,手织新缣一丈长。
>
> 莫又输将官里去,女儿还少嫁衣裳。

这首诗写了养蚕人的辛苦,经过"饲蚕""缫丝"、织帛,忙到头,去了给官府输捐,最后"女儿还少嫁衣裳"。这首诗似乎写得很轻快,但很深刻,替养蚕人鸣不平,揭露了社会的不公。刘文麟一生失意,时常借酒浇愁,也只有这时才能诗兴大发,写出好诗来。马玶林说他"诗句多从愁里得,名心渐向酒中消",也属实情。

马瑶林(1802—1853),号西池,辽阳城西北上岗子(今灯塔西马峰乡)人。道光年间曾在千山祖越寺读书,虽博学多闻,仅为秀才,后去北京国子监学习,但屡试不售,遂弃科举,"居家教授,一时名俊多从之游。"平生"吟诗耽读",与韩天垣、张玉纶、刘文麟、崔子玉及其弟玶林,"诗酒酬和,殆无虚日"。有《锄月山房诗文集》《西池胜稿》存世,其诗多写家乡及自身的经历与感悟。他在《小园幽居》一诗中写道:

> 大梁河北小辽西,旧赁房园草草栖。
>
> 柳絮池塘春戏鸭,桃花篱落画鸣鸡。
>
> 儿携小铲培瓜垄,妻抱长瓢灌菜畦。
>
> 读罢离骚无个事,闲翻书架觅诗题。

这是一首田园诗,别有情趣。马瑶林家住城西太子河北岸,浑河的西岸,有租赁的"房园""草草"居住。"柳絮"落在"池塘"里,戏弄着春天的鸭子,桃花落在篱笆上画鸣鸡。"儿携小铲培瓜垄,妻抱长瓢灌菜畦",妻儿侍弄菜地,寻找乐趣。诗人"读罢离骚"则没有一点事,毫无负担,只能"闲翻书架觅诗题",酝酿可以吟咏的题目。一家三口,各有所乐,真是一派田园风光。瑶林读书不辍,提出"读书用三余",所谓"冬者岁之余,夜者日之余,阴雨者时之余",把所有的空闲时间都要利用上,可见其终生勤奋。他在《半椽楼读书自遣》中说:

> 尚有读书楼半椽,小窗风雨耐寒毡。
>
> 心如骥伏犹千里,身似鹤栖已十年。
>
> 自古功名憎薄命,就中文字结深缘。

圣朝无赚英雄处,权看南华第二篇。

他的书斋半椽楼,虽然不大,还可"耐寒",遮避风雨。心如骏马,志在千里;身似"鹪"鸟,已栖息十年,可谓命运不济。"自古功名憎薄命",仅能与"文字结深缘"。"圣朝"不给"英雄"提供用武之地,姑且悔读"南华第二篇"(指庄子〈南华经〉,意为虽有才华不为人所容)以解忧,深有怀才不遇之憾。他还有《旧衣》一首表达同样的感情:

风风雨雨几相侵,春去秋来成古今。

针秃穿残慈母线,杵枯敲碎老妻砧。

十年辽海尘双袖,千里幽燕泪半襟。

最好夜来沉醉后,和烟和月卧花阴。

这首诗是说一件旧衣服"风风雨雨""春去秋来"还在穿,因为是"慈母"所做,"老妻"所洗。在家乡十年苦读,"双袖"沾满了灰尘;去京师科考落地,泪水湿透了衣襟。诗人非常伤感,但愿"夜来沉醉后",与烟云明月同卧"花阴",以解惆怅的心绪。西池的诗也不乏惊人之作,如《荷笔》就很有新意:

水面文章写最宜,新荷似笔恰临池。

倒分红影挥双管,直引青茎架一枝。

飞白画波看玉折,研朱点露认珠垂。

青莲才觉生花梦,应识如来卍字奇。

这首诗把含苞待放的新荷比喻成一支笔,正在水面上"临池"书写。由于倒影,恰似一上一下两支笔在挥动,实际是"直引青茎架一枝"。一潭池水,在阳光的照耀下,波光粼粼,出现了飞白(书);粉色的花包,又似一支朱笔,点校着文章。李太白梦笔生花,只有他才能认识"荷笔"在水面上书写的文字。马瑶林这首诗想象力丰富,很有创意,堪称上品。他还写有《幼安木榻赋》一首,收在《辽阳县志·赋志》中。

马瑈林(1813—1881),字仲玉,号西冈,辽阳城西北上岗子人,马瑶林之弟。少年时补博士弟子员,后放弃科举,"家贫课生徒,以供甘旨"。嗜吟咏,工篆刻,精书法,可称道光年间辽阳的名士。著有《西冈诗钞》,他在自叙中说:"鸟语虫吟,自鸣其适,焚弃未能,徒供指摘。"韩觐在跋中则说:"教人作诗,以李杜韩白为宗,而上溯汉魏,下逮国初诸大家,故其所作,自出机杼,专写性灵。"他在十分困窘的情况下,还将本邑诗人赵雨樵、王雪樵、刘青门三人的诗作,编辑起来刊行于世,名为《三友賸稿》,可见其为人。尤其是在刘文麟病逝后,他又把刘文麟的遗诗编辑起来,名为《刘仙樵诗钞》刊刻行世。他在《夜读〈仙樵诗草〉即题寄怀》一诗中写道:

挑灯重对一编新,为敢离群倍怆神。

略迹论交偏爱我,买书赠别解邻贫。

灵心曲折搜奇句,豪气淋漓笼古人。

如此才华今外吏,循良知不负斯民。

一遍一遍地校对,《刘仙樵诗钞》才得以付梓;他为刘文麟辞官归里隐居,贫病交加十分怆伤。回忆两人的交往,既"偏爱我",又"买书赠别",可谓情谊甚笃。他对刘文麟的诗作给以高度的评价,不仅"灵心曲折搜奇句",又能掌握古人的技巧,可谓"豪气淋漓"。他对刘文麟为官的遭遇鸣不平,认为他"才华"横溢不应放为"外吏",竟让其屈身县令,但没有辜负当地的百姓,治绩斐然。诗人对刘文麟的怀念,感情真挚,令人赞叹!他关心家乡百姓的疾苦,其诗多有反映,如《观涨》:

谁抉银河天上水,横冲直突苦无垠。

桑田指顾疑成海,鱼鳖喷跳若有神。

助虐更经三日雨,其咨孰刘此州民。

狂澜欲挽终难挽,我是临流怯渡人。

前四句主要是写太子河的水势,横冲直突,"桑田""成海""鱼鳖喷跳若有神"。第五、六句是说连日大雨更是助纣为虐,似乎有人要伤害这里的"州民"。最后两句是表意,"狂澜欲挽终难挽",无职无权的人只能"临流怯渡",怎么能挽回既倒之狂澜呢?表现十分无奈。还有《逃荒行》《团练谣》等诗都写得很深沉,令人感动。"冻瘃面枯焦,肘露衣悬结。饥疲不能前,十步一休歇。""团练团练,使我民心战。非盗之不畏,更畏团练。"百姓不仅要受天灾,还要受团练的骚扰,民何以堪。其诗有的也很含蓄,耐人寻味,如《田家竹枝词》:

陌上香车流水过,车中妇美著纨罗。

桑女偷看心羡煞,他家定是养蚕家。

在田间的小路上,有"香车流水过",车中坐着美丽的少妇,身上穿着绫罗绸缎,光华耀眼。"桑女偷看",羡慕至极,心想"他家定是养蚕家"。是否如此呢?读者可以想象,定会找到答案。这正是本诗的价值所在。他还写有《孔王墓》六首,很能反映他的历史观。第一首是写孔王墓的冷落:

路绕藤梧归斾长,灵旗风卷瘴云黄。

花园秋草年年绿,寂寞无人吊孔王。

孔王墓,即清定南王孔有德的衣冠冢,在辽阳城东南松树花园。这首诗前两句是说孔有德在广西兵败自杀,其遗骨也被焚尸扬灰,清廷在北京也为其建有衣冠冢,很是隆重风光。后两句是说辽阳的孔王墓虽然"秋草年年绿",但是"寂寞无人吊孔王",从来无人祭扫。为什么如此冷落呢?他在第二首里似乎回答了这个问题:

此日教谁叹可人,当年苦战际风尘。

拼将一具英雄骨,博得姓名冠贰臣。

这首诗是说孔有德确实为清廷"苦战"连年,并"拼将一具英雄骨",断送了性命。最后得到了什么呢?"博得姓名冠贰臣"。乾隆认为这些明朝降将都是"大节有亏",被列入"贰臣传"。这样的人,能够博得人们的赞叹吗?所以,墓前冷落不是很自然吗。

三、道光以后到辛亥革命前,是第三个时期,也可称为晚期。这时,社会危机日益加深,清王朝在内忧外患的打击下,逐步走向衰落,直至灭亡。在这个时期里,日俄两个帝国主义逐步加深了对东北的侵略,给东北人民带来了深重的灾难,腐败不堪的清王朝不思振作,扼杀了戊戌变法,资产阶级革命兴起,终于推翻了清王朝的统治。这一时期的诗人主要有房毓琛、朱集成、刘沛麟、韩玉书、赵光普、宋玉奎等,其中成就最大的当推房毓琛与宋玉奎。他们的诗主要是声讨日俄帝国主义的侵略,抨击清政府的卖国投降,反映了思想上的徘徊、思索、探求,呼唤着新时期的到来。

房毓琛(1845—1900),字仲南,别号心若,又号隅梦道人,辽阳城南吴家台人(今属鞍山)。恩贡生,候选直隶州州判,曾应左宝贵之聘,主讲三贤祠义学,甲午战起,多有建言于宝贵,颇嘉纳之。后入黑龙江将军依克唐阿幕,参赞戎务。战后,又入吉林将军延茂幕,任厘捐局帮办,管理财政。光绪二十五年(1899),南旋故里,翌年卒于千山石桥子。房毓琛自幼"诗礼侍庭",博通典籍,喜读兵书,尤精岐黄之术(中医学)。他与怀德荣文达、广宁刘春烺有"辽东三才子"之誉。著述甚丰,有《论语疏蠹》《训蒙语录》《诗经讲议》《书经正伪》《隅梦草堂外集》等,还有诗集《隅梦草堂诗草》六卷。由于他亲身经历了甲午战乱,把所见所闻写成系列之作,如《仁川行》《牙山曲》《平壤谣》《九连歌》《凤凰引》《海城叹》等,深刻揭露了日本帝国主义的侵略本性及给中国人民带来的沉重灾难;抨击了以慈禧、李鸿章为代表的投降派的妥协退让以及某些将领"望风逃溃"的丑行;也歌颂了一些爱国将领血战沙场的英雄气概及人民大众同仇敌忾的民族精神。其诗虽不能与黄遵宪、郑观应、丘逢甲等名家相比,但忧国忧民之情却跃然纸上,感人至深。他还写有《杂感》二十一首,也是吟咏甲午战争之事。他在第一首中写道:

> 干戈忽满地,奇事自天来。
>
> 战垒沿山弃,城门流水开。
>
> 征兵空乞饭,选将拔舆台。
>
> 圣祖焦劳甚,丹书罪己哀。

诗人对战事感到突然,蕞尔小国胆敢侵略我泱泱大国,认为是天外奇事。但战事一开,清军竟丢掉战垒和城池,望风而逃,一败涂地。究其原因是一些草包将领率领一群讨饭吃的士兵,怎能不打败仗?光绪帝无奈下诏罪己,求全国臣民共谅,决心"痛除积弊",终有"变法"之举,可惜也没有成功。诗人很赞

赏辽阳知州徐庆璋能够招募营伍,安定商民,积极组织战守,尽到了守土之责。他在第十四首中写道:

> 娇娇襄平守,劳劳报国身。
>
> 雄心募营伍,苦口靖商民。
>
> 敌术侵辽误,弹章入告频。
>
> 休将功过准,微尔省垣沦。

当时,也有人攻击徐庆璋不顾大局,只顾一城之得失,诗人非常愤慨地指出,不论怎么说,如果没有他保住辽阳,"微尔省垣沦",沈阳早就沦陷了。诗人对徐珍领导的吉洞峪民团大加赞扬和歌颂,给以很高的评价。他在第十六首中说:

> 山民多义勇,天险障全辽。
>
> 兔脱非侵魏,鱼饥遂灭萧。
>
> 香岩神道远,吉洞鬼谋骄。
>
> 误国谁尸咎,天恩莫幸邀。

"山民""义勇"保卫了辽阳,乃至保障了整个辽宁,功不可没。然而清军将帅不识鬼谋,"兔脱(指日军长途奔袭)非侵魏(不是侵略魏国,乃是围魏救赵之计)",日军虽然占领了鞍山逼近辽阳,却是声东击西,很快攻占了牛庄、营口和田庄台,造成战争全盘皆输,终于签订了《马关条约》。"误国谁尸咎",究竟谁应该承担辽河下游战役失败的主要责任? 这里是指清军统帅吴大澂。吴大澂不谙军旅,而心怀侥幸,"徒托空言",在日军进犯时竟率军"惊逸奔骇,几无驻足之所",致使各城相继失陷。他在第十八首中还写道:

> 韩白满营伍,败军如水流。
>
> 未闻御敌策,犹作富家谋。
>
> 官愧挈瓶智,民虞解瓦忧。
>
> 丰京根本地,慎莫划鸿沟。

"满营"都是韩信、白起一样的"名将",但都被打得落花流水。"未闻"有什么"御敌策",却有贪婪发家的谋略(如通过各种手段敛财,许多将领"家赀各拥巨万")。盛京将军裕禄曾上疏反对割让辽东半岛,其中有"愧无挈瓶之智"句(挈瓶之智,比喻小瓶汲水,没有多少智谋,知识浅薄),裕禄为此感到羞愧;老百姓忧虑的是疆土割裂、亲人离散,成为化外之民。诗人呼吁盛京是龙兴之地,千万不能割与他人。战争的结果是签订了《马关条约》,虽然保住了盛京,但旅顺、大连、台湾却沦入敌手,诗人为此悲愤不已。

房毓琛还写了一些关心民间疾苦的诗作,如《田家曲》等,其诗无不寄托作者忧国忧民的情怀,他善于用典,叙议结合,自然流畅,很有可回味之处。有人说他"诗以五律感评时事,一诗一事(一人),驱典事于笔端,熔叙议于一炉,美刺交并而笔法灵活"。这个评价,应该说是公允的。房毓琛不仅能写诗,而且还能写赋,《辽阳县志·赋志》收有《西子赋》一篇,可以欣赏。

朱集成(1837—1909),字韶九,辽阳城北八家子(今属灯塔佟二堡镇)人。同治十二年(1873)中癸酉科举人,"五试礼部不第,遂淡于荣名,主讲复州书院。"襄平书院开馆后,他返回故里,受聘为主讲,直至于停办。他"训士有方,取法于鹅湖、鹿洞(宋时江西两处著名书院),其与诸生以知行并进相勖,每日讲授娓娓忘倦"。说明他很注意知行结合,"其学渊源关洛(属程朱学派),以居穷理为体,以躬行实践为用,居恒终日,危坐无倦容,至老不衰。"他还十分关注乡里保安、筹赈救灾、筑堤防洪等事务,很受地方官的尊崇,"徐州牧庆璋甚尊礼之"。义和团运动以后,知州杨昌瀚委任其为辽阳州北路保甲长,后又接办北路巡警。先后在辽阳教书十余年,办警政近十年,各有所成。他为人正直敢言,不趋炎附势,坚持自己的原则,在其所作《甲子秋闱后作》一诗中就可以体现出来:

> 槐花开罢桂花香,两度来观上国光。
>
> 蕊榜姓名方待报,棘闱辛苦已深尝。
>
> 连朝客思添相思,尽日诗狂杂酒狂。
>
> 敢向朱衣禅问讯,科名曾否在文章?

同治三年(1864),朱集成再次去北京参加乡试,仍然落第,有感而作此诗。是说"槐花开罢桂花香"的季节,第二次来都城观赏风光。尽管"蕊榜""方待报",然而考试的"辛苦"与落榜的嗞味"已深尝"。连日增添了许多游子的思绪,整日狂饮赋诗,排遣心中的不平。"敢问"主考官,"科名"(录取名次)是否凭文章? 这首诗反映了求取功名的艰难,但还要苦苦追求,不达目的决不罢休。朱集成可能在同治六年、同治九年又参加了乡试,依旧没有考取,直到同治十二年(1873)才考中了癸酉科举人,但一直没有考中进士。

刘沛麟,字雨村,辽阳人。少负文名,同治、光绪年间屡试不第,遂弃科举。后家居课读,以诗词自娱,著有《雨村诗钞》三百首、《红楼竹枝词》百四十首行世。其诗新奇明快,平白如话,也很有寓意。如《咏蟹嘲世》:

> 尔亦能文者,居然八股成。
>
> 凭将二甲第,天下任横行。

此诗是以蟹喻人,生动形象地讽刺了那些"天下任横行"的形形色色的为害地方的霸道者,应该说富于想象,很有创造意,不落俗套。还有漫游千山之作《八步紧》一诗,也有惊人之笔:

> 绝顶苔青路未封,过来人已早留踪。
>
> 要知吃紧为人处,一步何曾放得松。

这首诗虽属游山玩水之作,但却能与人生联系起来,"要知吃紧为人处,一步何曾放得松"，要想取得骄人的成就，人生之旅也与登山一样，一步也不能"放得松"，其意不是很能发人深省吗！他还有一首《登魁星楼》诗，写得也很贴切：

> 行人到此豁双眸，任许闲凭百尺楼。
> 新雨窗间山远村，夕阳城下水长流。
> 一年春色容巢燕，万丈文光接斗牛。
> 自有云梯能接引，终须次第占鳌头。

魁星楼建于清乾隆年间，民国《辽阳县志》有详细的记载可以参考。歌咏魁星楼的诗很多，刘沛麟写得比较朴实，又有气势。是说每天游览、登临"百尺楼"的"行人"较多。透过"新雨"的窗棂，南边有群山相对；东面城下有太子河水日夜流过。春天来了，燕子绕楼纷飞；"文光""万丈"与"斗牛"星相接，气势宏伟。要上二层，"自有云梯""接引"；要"占鳌头""终须"应该有"次第"，"鳌头"只能"独占"（意为考取状元的只有一个）。魁星楼堪称辽阳少有的文化景观，解放战争时期毁于战火，遗迹无存，实在可惜。

吕坤德，字静斋，生卒年不详，可能较晚，是辽阳唯一的一位女诗人，在这里一并加以介绍。吕坤德著有《襄平女子诗稿》，其中《杂诗》一首：

> 茫茫弱水隔丹丘，罗袜缁尘感去留。
> 识字更添今日障，散花恐惹后人愁。
> 静观冰雪心源澈，得卧烟霞世味休。
> 一任山光来比并，撩人眉黛拂城头。

这首诗很含蓄，用典较多，再加上不明生平身世，不易理解，并非写景、写物，而是反映了诗人的内心世界。她很想脱离尘世，向往仙境，似又有些迷惘。茫茫河水隔开了尘世与仙境，可诗人还是要去。但又感到读书增添了麻烦（指儒家的书都主张入世），也怕给许多人（家人、友人、恋人）带来愁怀。但我的心清澈如水，坚贞不渝，已脱离尘世，体味到仙境的美好。任凭世间山水多么"撩人"，也动摇不了我出世的心愿。所谓仙境自然是不存在的，这里只是表达了对尘世的不满，也就是对现实的不满，一意追求理想、自由的心境，很能反映时代的特点，有很高的社会价值。

韩玉书，字仲麟，辽阳人，生卒年不详，是韩天垣的四世孙。承继家学，喜读诗、词，自幼与其弟韩玉绶追随于晚香斋诗社，后任山东蓬莱典吏。晚年辞归乡里，常与张翰书（友渔）、佟有为（达三）等诗酒唱和，又善书画，仿清著名书画家恽南田没骨画法，追求形似，但又有所创新。其诗形象、逼真，感情充沛，《早行七言》一诗就可以反映这个特点：

> 短梦残余旅店灯，闻鸡起舞路先登。
> 马头霜冷毛生雪，人面风寒泪滴冰。

烟树白浮山欲活,火云红捧日将升。

驰驱壮志无时息,万里乾坤骥足腾。

这是一首描写旅途见闻的诗,是说自己在"旅店""短梦"尚未做完,听到鸡叫就登程赶路。由于天冷,"马头"(主要是眼睛和嘴)挂满了霜雪,行人迎风的"寒泪"结成了冰。云烟缭绕的树木,缀满了雪白的树挂,东边"火云红捧",太阳将要升起。面对此景此情,诗人表达了自己的远大理想,"驰驱壮志无时息,万里乾坤骥足腾"。"壮志"一时不敢止息,"万里乾坤"可以施展宏图。这首诗写出了北国"千里冰封"的严冬场面,非常逼真,可谓淋漓尽致。他还写有《早行为五言》一首,其中多这样的句子:"刮面朔风迎,登车客早行。邮亭数十里,寒雁两三声""人冷猬形缩,月明鸦影惊""马嘶残梦醒,千里路长征""人影微茫辨,疏星照旅程",实际与前一首相同,突出了早、冷、远三个字。他一直在冰冷的寒季里不停地奔跑,可能与其当时的工作有关。

赵光普,字治臣,辽阳县人,居大赵家台(今称大赵台,位于首山站北三公里)。岁贡生,候选训导。"家贫嗜学,至老不倦"。擅诗,但无诗集传世。一生为小学教师,曾在小烟台公立模范二等小学任经学国文教师,授课严谨,循循善诱,很受学生欢迎,学校给他的考语是"学识源深"。民国《辽阳县志·诗志》收其《答日本军官某少将》一诗,很有意义,不妨介绍如下:

自古唇亡齿亦寒,天邦安即日邦安。

愿为兄弟敦和好,莫逞机谋启衅端。

异服异言虽有别,同文同种忍相残。

亚洲牛耳终须执,姑作临时壁上观。

这首诗可能写于日俄战争期间,或日俄战争之后,由于日本想要独占我国东北,受到俄国的挑战,日本认为他的"安全"受到了严重威胁。所以,才有"天邦安即日邦安"和"自古唇亡齿亦寒"的句子,是说中日应该联合起来共同对抗俄国。因为中日"同文同种",是兄弟,"莫逞机谋启衅端",彼此"相残",使第三者得利。诗人的看法代表了当时多数人的看法,但这只是一种善良的愿望,是不可能实现的。诗人可能已经意识到了,只能采取"临时壁上观"的策略,等待中国强大起来,我们也要"执""亚洲牛耳",不受他人的欺凌。诗人的看法基本上是正确的,是有远见的。没有强大的国防,国家的安全是没有保障的。

宋玉奎(1872—1919),字星五,辽阳城北河工堡(今属灯塔)人。少有文名,曾入国子监学习。由于清末停止科举,"居家读书,治古文,词笔简劲"。辛亥革命后,参与"编辑共和实录"(即《奉天共和辑略》二册,有排印本),又"充清史馆名誉协修"。不久,"应吉林成澹堪(多禄)之聘,教授古文课"。1916 年 4 月,奉天省教育会在沈阳萃生书院旧址创设奉天文学专修科学校,受聘为主讲,不久又入省政府公署办理公牍,直至病故。"有遗著二卷(上卷诗,下卷文),金毓黻为之印行"。金先生在叙中评其诗曰："苍莽沉郁,胎息少陵,绝无艰涩之态,以为境遇使然。"所谓"境遇",是指清末列强侵略的加深,他亲身经历了甲午、甲辰战争,亲眼看到了日、俄两个强盗横行无忌地烧杀抢掠,不能没有感触,因此写下了一些"苍莽沉郁"的诗篇。他在《甲午秋闻报罢闻东警作》中说:

> 几道旌麾古戍楼,九连城上紧防秋。
>
> 鲸鲵远落青溟外,士马新来黑水头。
>
> 初日扶摇三小岛,将星熠耀五诸侯。
>
> 何时渤海降书到,王会依然遍九州。

这首诗告诉我们,日本为了侵略朝鲜和我国东北,发动了甲午战争,日军渡过鸭绿江,占领九连城,并在黑水洋大东沟击溃北洋舰队。东方的泱泱大国,竟被"初日扶摇三小岛"之国战败,诗人的心情怎能不低沉抑郁。但是,诗人相信终归有一天会有"降书到","王师"定能战胜日本,赶走所有的豺狼,收复失地,实现"九州"一统。他在《辽城出走·甲辰日俄之战》中说:

> 断听荒鸡欲五更,围城一去梦魂惊。
>
> 三山风送鱼龙气,九塞秋高虎豹声。
>
> 自古关河原有主,剧怜蛮触苦寻盟。
>
> 苍茫四顾辽东路,更向何人诉不平。

日俄战争给辽阳人民带来了巨大的痛苦,生命财产遭受了严重损失,虎去狼来,四散逃亡,"苍茫四顾",无所依归。这都是"剧怜蛮触"两个强盗造成的,诗人无奈地喊出"更向何人诉不平"?表达了抑郁不平的愤懑之情。诗人还在《白塔寺》两首诗中揭露了俄、日两个强盗对广佑寺的极大破坏,实际广佑寺就是被俄军烧毁的。

> 古井何时锁碧苔,半城残雨寺门开。
>
> 三千法像诸天散,五百童男跨海来。
>
> 行脚已无干净土,登临空忆妙高台。
>
> 凭烂不觉奇怀减,一舞铜琶首重回。

在义和团运动期间,广佑寺曾是义和团活动的据点。沙俄出兵镇压义和团时,放火烧毁了广佑寺。"古井"枯涸,长满了"碧苔","半城"遭到洗劫,寺门大开。众多"法像"散落破坏,日本强盗又接踵而来。行僧已无落脚的"干净土","登临"也见不到广佑寺的影子,只能"空忆妙高台"(妙高台是浙江宁波雪窦山上的雪窦寺,为全国名寺,这里借指广佑寺)。但是,诗人对广佑寺的感情依旧,"首重回",不忘其兴盛时期的往事。诗人还写过《辽东怀古》四首,回忆了清初努尔哈赤、皇太极时期也有过辉煌,反映了清朝一代的兴衰,值得玩味。他在第四首中写道:

> 五色云车出建章,九年大统集文皇。

雄师两驾中原地,开国三封异姓王。

鞑靼知亡归玉玺,朝鲜拜命固金汤。

请看午夜郊天外,十丈高楼矗凤凰。

这首诗是写开国之君皇太极有声有色的作为,说他继承汗位后,南征北战,九年始建清称帝(谥号文皇帝)。清人关前曾五次进关掳掠,皇太极有过两次"亲征";他大量利用明朝降将,封了三个"异姓王"(指恭顺王孔有德、怀顺王耿仲明、智顺王尚可喜)。蒙古林丹汗败亡后,妻子献出前代玉玺;朝鲜也与之订下"君臣之盟",后金的统治固若金汤。清朝的祭天仪式十分隆重,从午夜到天明;三层高大的凤凰楼矗立在崇政殿与寝宫之间,可以俯视盛京全城。这首诗给人们提出一个问题:清朝也曾有过叱咤风云的强大时期,为什么后来竟然任人宰割,衰败至此呢?不是很值得深思吗!

宋玉奎可称清代辽阳最后一位诗人,其诗都是有所为而作,他关心时局、关心民瘼,有所寄托,很少风花雪月,无病呻吟。其诗不仅反映了诗人本身的苦难,更重要的是反映了国家命运的多舛,任人欺凌,山河破碎,前途堪忧。"家贫不敢忘忧国",他在徘徊、探索、追求,寻找解脱之妙药灵方,呼唤新时期的到来。当然,这个任务是他无法完成的,时代、阶级使然。就在他病逝之前,五四运动爆发了,新时期终于到来了,中国出现了新的曙光。从此,旧体诗也失去了文学体裁中的主流地位,逐渐让位于新诗。

第四节　清代辽阳散文与小说

清代辽阳文人很多,他们留下许多诗集,有的很有价值,可与当时全国顶尖级诗人媲美。同时,他们留下的文集也不少,但结集付梓者较少,而且流传不广,许多有价值的作品很难找到,如胡魁福的《间岛说略》《诺雷行笔记》《习静山房日记》等,其中可能有牵涉边界问题的资料。本节在《奉天通志》《辽海丛书》《辽阳乡土志》、民国《辽阳县志》中选出几种思想性较强、艺术性较好、具有代表性的著作与短文作些简要的介绍,挂一漏万,在所难免,希望得到读者的指正。由于篇幅所限,不能全都照录原文,有志趣者可自行查阅,好在都比较容易找到。

佟世思的散文《鲊话》与小说《耳书》。佟世思不仅是一位诗人,也是一位散文作家,更是一位小说家,《鲊话》与《耳书》是他的代表作,已被收入《辽海丛书》第四册之中。何谓鲊话?这要先看他所写的序言,才能得到准确的理解。他说:"家弟伟夫筮仕(古人为官先占吉凶,然后赴任,谓之筮仕,也有初为官之意)恩平,去家七千里,音书间阻,至终岁不得一达。长枕大被(枕长被大,兄弟共眠,意为兄弟欢聚之情),宁复容易乎。乙丑春(康熙二十四年),表叔眉山学士出抚粤西，招予同行，归过恩平，聚首意外。恩平以弹丸黑子，奇凋异敝，不可名状。世传有非山、非水、非人、非鬼之地。殆将近之相对惆怅，不觉两旬人面则共惊苍老。官方实无可砥砺，海天岁暮，雨雪载途，予与伟夫徒增一番痛哭作别，但悔此行之多事也。兹抵皖寓，竹深键户（竹林围绕着的豪宅或别墅），岂不尔思，情何能已。因念人世所不应有者随笔记之，得若干事，诚可悲可笑矣。时同韩子第七、李子文海、昝子仲遂（名昝茹颖，安徽怀宁人，康熙五十一年进士，内阁中书舍人，工诗善画，韩七、李文海为其友人）饮白酒啖鲟鲊（鲟鱼制的鲊）。昔陶母却鲊（东晋陶侃管理渔业，拿官府的鱼鲊孝敬母亲，陶母得知后竟将其退回，认为不能公私不分），而恩平无鲊可以奉亲，伟夫一官冰冷，仅足供兄弟友生一席鲊话耳！"鲊是腌制的鱼，即把切碎的鱼添加面粉、盐与有关调料拌成，可以贮存。江南人有此习惯，菜也可如此炮制，如茄子鲊、扁豆鲊之类。佟世思用鲊话为自己的短文为题，说明其弟"无鲊可以奉亲"，只能"供兄弟友生一席鲊话耳"。可见鲊话就是不成条理的闲言碎语之类，既是一种自谦，也是一种无奈。那么，《鲊话》究竟写了一些什么呢？不妨抄录几则如下：

恩平城周围才六百四十步，计步弓（每弓五尺长）三百二十步，门凡四，以乱石败草塞其西北二门。

县署无头门、二门，勉强向败墙下设门一，合以蔽道路往来者。无大堂，有墙三面，横以竹，覆以草，无栋梁门柱，前令设木屏，高五尺，阔二尺有五，以别内外。伟夫孟浪撤而易以门，再八步，计步弓四步，即令君妻下榻处也。

学宫在县署西，久为瓦砾场。南门城下有三忠祠，以草覆竹，与县堂圬。先师木主寄焉。伟夫减缩衣食，就旧基建圣殿三间及两庑二门棂星门，又凿地以存泮池之意。别来两月当奉先师归庙矣。

通城无三尺许平净地，处处皆瓦砾，生野慈菇于上，予兴槃十步城上小立，谓此地恐多蛇，言未已，一蛇丈许窜胯下过。

通城中止有树二株，一柚子树，在城隍庙；一佛桑树，在县署中。树虽少，喜较他处所有不大雷同耳。

近城百里无人迹，围城皆草。伟夫立城上，惧其藏虎豹，取火掷城下，遂至燎原，四五日不熄，绝无民间庐舍之虞，夜起望石神山野烧一大观也。

百姓纳粮从不到县，虽以便民之术，百计诱之，终不来。开征则遣一吏、一垆夫，垆夫银匠也。就欠之家求之，或与虚上（废墟上）相值（遇到），必卑词厚礼哀恳之。喜则与以什一，否则群起争挞或潜投虫药饮食中，待药发身死，捕之急则逃往他邑，无家室顾瞻也。

虚中枭枭多用古钱，皆唐宋以还法物。

土人无论男女，不著裩（裤子），以络麻布数尺围下体。

看过以上几则，人们可能要问：堂堂一个县城怎么会如此冷落、凋敝、衰败，真是这样吗？我们应该指出《鲊话》不是小说，而是一篇反映现实的散文。我们再往下看，作者已经给出了答案：

石神山去城北三里许，遗础屋基直接石神山下，相传昔日人烟丛集，商贾辐辏。今仅存破石楼一间，盖王兴余烬也。

绣花针王兴者，定国余党也。

本朝定鼎，兴仍负固据恩平，从来催科之法，止于扑责，兴则杀掠横加。恩平近日赋税除荒（去掉荒地）才四千金，人丁除缺（去掉缺额）才七千余丁，焦头烂额，悉断送于梃兮刃兮之下也。大兵剿兴，兴阖室焚死凤凰山。

绰号绣花针王兴者，乃"定国余党也"。定国就是明末抗清将领李定国，原为张献忠大西军，后来联合南明小朝廷进行抗清斗争，失败后继续坚持斗争，王兴者就是其中的一支。看来王兴也遭到清军的攻剿，最后"阖室焚死凤凰山"，这种坚贞不屈的精神很值得我们敬佩，与那些望风迎降的明军将领比较起来不是有根本的区别吗！从顺治入关到康熙二十四年，长达四十多年的时间，江南战乱不止，尤其是抗清斗争此起彼伏，尚有"三藩之乱"，清廷不得不调动绝大部分兵力进行攻剿。清军所到之处，烧杀抢掠无所不为，恩平都是重灾区，城市的毁坏、人民的穷苦是必然的。康熙二十年（1681），长达八年的"三藩之乱"才被平定，接着又收复台湾，直至康熙二十二年（1683）结束。长时期的战事缠身，清廷既无时间，也无精力去医治边远地区的战争创伤，更谈不上恢复经济、文化。不仅恩平如此，两广、云南、贵州的许多城市可能都是如此。

《鲊话》是一篇暴露性的散文，语言尖刻、形象，很有立体感，给读者描绘了一幅详细具体的城市画面，反映了清初一些城市"奇凋异敝"、衰草寒烟的残破情景，读后使人永记不忘。《鲊话》不仅是一篇很有特点的优秀散文，也是一篇写实的报告文学，更是一篇不可多得的清初经典史料。

再说《耳书》，初读起来，认为是一篇杂乱无章的俚俗怪异之文，不可卒读。但仔细读来绝非如此，尤其读到《白蛇》《河南少女》《宁波某》等文，感到是"有所为"而写，再反复推敲其序言感到是有目的而作。他说："耳书近于诞，余不欲成之，谓吾儒读书明道，未可以无据之说惑乱心志也。而卒成之者，以得于家大人宦迹之所经到也。盖天地之大，何所不有，人特于见闻所未到则不知信耳。余从家大人宦迹半天下，其间岁月之迁流，山川之修阻与物情之变幻，世故之艰危，未易以一二言尽止。此随笔所记已有告之知于人，人不尽信者，而其他又可知也。是则耳书之所为成也，或无其理有其事，或其事虽不恒见，而其说则可以为劝惩。余固尝于身所经到处确有所闻于其地，否则座上诸宾僚偶述其所见所闻以告于余者，而究非同于臆说之罔据也。然书以耳名亦第以耳之者存之而已。如谓君子读书明道而外,不妨更捃摭奇异之事而一一笔之于书,以自比于谭天志怪也。"这篇 260 余字的序言告诉我们:他本不欲出这"近于诞"的书,"而卒成之者",是因"得于家大人宦迹之所经到"之处的见闻,"非同于臆说之罔据也"。他说:"天地之大,何所不有",不能由于你的"见闻所未到"而不信,此其一。"耳书之所为成也,或无其理有其事,或其事虽不恒见,而其说则可以为劝惩"。天理良心,报应轮回之说,不论有无,总可以起到"劝惩"世人的作用。让人多做善事,不做恶事,恶人也可以悔改向善。这便是"耳书之所为成"的目的,此其二。他还指出:"君子读书明道而外,不妨更捃摭(选择)奇异之事而一一笔之于书,以自比于谭天志怪也。"不难看出,佟世思可能认为不仅读儒家之书可以"明道",似乎读"志怪"之书也可以"明道",非如此,何必让他们"捃摭奇异之事而一一笔之于书"呢?此其三。根据上述三点,《耳书》不是为"诞"而"诞",而是以"诞"劝惩,警戒世人。由此使我感到,《耳书》的性质不是与《聊斋志异》有相同之处吗?应该属于志怪小说呀!但由于笔者认识水平不高,一直狐疑不决。最近读到徐光荣的《辽宁文学史》,深受启发,自愧弗如。他说:"对于辽宁文学史贡献最大者,当属《耳书》,这是辽宁历史上第一部短篇小说集。"(徐光荣:《辽宁文学史》,辽宁人民出版社 2013 年版,第 312 页)当然,就是一部志怪小说。

　　《耳书》分为三部分,即"人部"9 篇,"物部"17 篇,"异部"37 篇,全书共 63 篇,每篇长短不一,各有特点,略作简要介绍。"人部"主要写奇人奇事,如《宁波某》《徽州贾》《河南少女》等。宁波商人某者在姑苏经商,亏掉血本,欲投水死。"有寺僧见而悯之,出藏金数百两云:暂以相假(借),数年后拟鸠工建寺新祠宇,幸如数见归,子钱弗计也(不要利息)。某得金往来江湖间大获利,因起家钜万。"建寺时期已到,僧去其家索要,"某不偿,继以詈(骂)辱僧,以是遂郁结遘疾死"。这时某还没有儿子,不久"举(生)一男,且读书成进士"。结果因科考作弊案发,全家远避荒野后,"潜逃入关"。姑苏收税官与某有交,去僧寺怀念旧情,竟然"夜得暴疾死寺"。某听说,始醒悟到所谓儿子便是寺僧转世前来索债,很快也得"暴疾死"。

　　《宁波某》反映了现实生活中那些见利忘义、恩将仇报的卑鄙之徒,大加挞伐,大快人心。情节引人入胜,构思奇特,想象丰富。

　　"物部"主要写动植物与各种神灵逸闻,如《襄城牛》《陆生犬》《关帝部下神官》等。襄城东乡某,为了"完粮"纳税,卖掉小牛给王某,留下老牛。会王某要杀小牛,这时留下的老牛"哀号不决",突然奔出院子,某在后面尾随,老牛沿着小牛被领走的"踪迹"狂奔,其间数十里。老牛"于王某宅一若素悉其处者,比至,则母子相对哀鸣。一时见者皆下泪"。某赎回小牛,王某受到很大刺激,"自是终身不杀牛"。全篇 86 个字,十分简练,很有情节,感情充沛,难怪见者落泪,今天的读者也会动容。武陵有陆生者,"以文字受祸,有司籍其家"。家有老犬哀嗥匝月(满一个月),路人听到无不落泪。邻居给其肉,不吃,终于饿死。后来陆生得到昭雪回来,"唯老犬髑髅(犬的骨头)在,收葬如人礼"。犬忠于主人至死,主人葬犬如人礼,两者情之深令人感叹。犬与人之间如此,那么人与人之间如何呢? 说来说去,都是文字狱造成的,很有寓意,值得深思!

《关帝部下神官》是写新安某"一生忠直无欺",曾与商某约去京都贩茶,但"不果其事而死"。第二年商某将返乡,因去办事,"忽见道左一人拱立甚恭,谛视之,即某也,商诧然曰:汝死矣,何在此? 曰某以前约未践,抱恨地下,愿君弗以生死二其心,某仍欲侍君北门行也"。后来确将商某带入京都,事终成准备返乡。一天,某"身衣贵人服"来见商曰:"关圣大帝以我忠诚授我部下神官,其地与君归途近,君南回时当过我勿忘也"。不久商过此处,"见父老遮道云:去此数里有关帝庙,两月来灵感倍往昔,昨夜梦帝部下神官云:今日有其好友至,所示面目绝类公,故相迎也。商知其故,遂随往。父老辈为设榻殿左,待以大宾礼。将行,复以百金进云:夜中复奉神官命,以修造所余为公寿,不敢有违",商再四推却不收。"至夜,商果梦某谓商曰:我已奏知大帝赐我酬故人,君何却也。明日商拜受之去,自是遂不复再见云"。某之"忠直无欺"被描写得淋漓尽致,情节离奇,前后呼应,歌颂了劳动者的诚实守信,"前约未践",于地下也要助其实现,甚至感动了关圣大帝也解囊赞助。这种诚实守信的精神,不正是我们今天所特别需要的吗!

"异部"主要写狐、蛇、鬼、怪之事,如《旅中少妇》《狐妾》《狱鬼》《白蛇》等。《旅中少妇》写"某于旅舍见室中少妇视己笑,因挑之,语甚亵(极为下流),其妇恬如(满不在乎)也。某遂欲就室中寝"。店主加以阻止不听,竟进入少妇室中。当时天气炎热,店客都在外边乘凉,惟某"独处室内"。少妇对某说:等到"众人散,当荐寝(草席上睡觉)也"。店主知道其中缘故,则大喊某被鬼迷住了。某始悟,开门欲出,"妇逐之,执衣而脱者,再且火光满室",某跑了出来,幸免于难。据说,有少妇在此屋缢死,已经迷人多次了。女鬼所以能够迷人,都因被迷者品行不端所致。佟世思说得很对:"遇有端人(品行端正者)正士,则胜之。"

《白蛇》是写人蛇之恋,情节细腻,感人至深。"皖城某者是某弁司(武官衙门)阍仆(门卫)也"。一天夜里,仆见一身缟素(全身穿着白绢衣服)的少妇向其走来,并进入门卫室内,两者似乎一见如故,"仆遂与合"。过了几天,弁司忽然发现丢了东西,责问仆,仆无以对,乃"祷之五猖神,祈其阴摄窃物人"。是夜少妇至,并说:"尔家失物是我窃去,今日五猖神摄我铁锁,银铛殆不堪也,亟苏我(快解救我)。仆如其言,随祷五猖神释之"。是夜少妇来谢,已被释放。仆问妇家住何处？妇曰："妾住枞阳郭门外，君不弃可至家一视，当即于今夜行。"仆曰："夜何以出郭？"妇曰："无难也。"仆遂与妇同行，见有很多仆从执灯前导，很快出了城，至其家，"堂室檐楹间自内达外偏，张羊角灯，辉煌宏敞，俨然阀阅（指有功勋的世家）。妇因止仆宿，仆已心异之，鸡鸣，妇促仆起，送入郭门，即谢去"。夜间妇又来，天快亮了，妇含悲对仆说："妾本非人，盖白蛇也。与君有四十年缘，今渐闻之于人，不复能如此久矣"。语毕忽不见。仆很害怕，遂去枞阳郭门外，果于桥下见一白蛇盘在桥柱上，见仆来，"乃释柱，以其首数向仆回顾，作告别状"，而后倏然离去。《白蛇》与《白蛇传》相比，情节虽非那样曲折，但构思奇特，情缘深切，引人入胜。尤其是结尾，颇有创意，更符合蛇的本色，也更令人叹为观止。

《耳书》虽有 63 篇，但不能说篇篇都是志怪小说，有的没有人物，也无情节，更无寓意。如物部的龙山凤、虎子、粤鼠之类，很难定为小说。还有物部与异部之分很是笼统，如关帝部下神官，应该归入物部合适，还是归入异部合适？很难说。不过，从总体上说是志怪小说应该是可以接受的。从创作目的来说，表面是"谭天志怪"，实际是"惩恶扬善"，鞭挞黑暗、腐朽，追求正义、善良，体现了中华民族的传统美德。

刘廷玑的《在园杂志》。刘廷玑不仅是著名诗人，更是优秀的散文作家。他给我们留下了《在园杂志》四卷，已收入《辽海丛书》第二册，可供参考。

关于《在园杂志》，刘廷玑在序中说：壮年"以门荫通籍服官，终日满眼风尘，劳形案牍，更无暇也。乃年逾周甲而足迹未能半天下，故耳所闻，目所见，身所亲历之事无多。今值河工九庆安澜，得于退食余闲，焚香静坐，或与二三宾友煮茗清谈，偶有记忆则书一纸，投箧中，积渐成帙"。这里是说，他壮年为官，见识不广，更无暇顾及著述。晚年掌管河工，尤其是河水安澜，有了时间，茶余饭后，或静坐沉思，或与宾友清谈，得到许多知识，日有所记，积久成帙。"皆耳所亲闻，目所亲见，身所亲历者，绝非铺张假借之词"。诚如友人所说"非有成见作文字观"，不是开始就立意写书付梓。

刘廷玑所言非虚也，总览全书即可发现非刻意为之，从内容到文字都很随意，毫无修饰润色之笔。孔尚任对《在园杂志》有高度的评价，他在序中说："在园杂志或纪官制，或载人物，或训雅释疑，或考古博物，即夷坚（神怪故事）诺皋（召呼鬼神之词），幻诞诙谐之事，莫不游衍笔端。核而典（核实典故），畅而韵（叙事很有风度韵味），有似宋人苏黄（苏东坡、黄廷坚）小品，盖晋唐之后又一机轴（比喻枢要的地位）也"。不仅指出内容涉及之广，而且"核而典，畅而韵"，很有情趣，认为是晋唐之后的压轴大作。陈履端读过《在园杂志》之后，在跋中说："是书也，同核事物之原流，贯天人之同异，称名迩寄意远，可以发人忠孝之思，动人劝惩之志，令人随事谨饬，不敢放佚，取其绪余亦足以资多识,助谈柄,岂如虞初诸皋仅同丛言脞史(细碎烦琐)一二津逮及之也哉。"感到《在园杂志》意义深远,非虞世南的《北堂书钞》可比。虞世南是唐代大书法家,他辑有《北堂书钞》一书,收录群书中的词句,供当时文人写诗作文选择词藻之用。陈履端认为,该书有些呼唤鬼神之词,细碎烦琐,不是让人了解"事物之原流",获得更多的知识,经史百家之书,怎可与《在园杂志》相比。

刘廷玑的《在园杂志》确实有许多精彩之笔,限于篇幅只能列举几则,以见一般。

刘廷玑擅诗,所以谈诗之处较多,涉及五言、七言诗,还有很少人知道的九言诗。他说:"九言诗起于高贵乡公,不独作者甚少,知者、见者亦少。杨升庵梅花一律云:元冬小春十月微阳回,绿萼梅芯早傍南枝开。折赠未寄陆凯陇头去,相思忽到庐同窗下来。歌残水调沈珠明月浦,舞破山香碎玉凌风台。错恨高楼三弄叫云笛,无奈二十四番花信催。"九言诗可能难作,也不易为人们所接受,所以没有发展起来。刘廷玑也说:"存此一格恐难得佳也。"(卷二)实际我国的古体诗不仅有五言、七言、九言,还有四言。如辽东三老之一的戴亨的《庆芝堂诗集》卷一中,就收录四言古体二十五首,有长有短,选几首短者供欣赏①。

> 苔光莹莹,云影皒皒,高窗雨过,落花飞来。
> 暗暗孤丛,落落禅宇,载阴载晴,唯我与汝。
> 浓露雾兮,林枯山老,时兮奈何,青苍独保。
> 高节嶙峋,葆汝天兮,霜风凛冽,吹汝寒兮。

这些四言诗,可能由于容量太小,很多情意难于表达,所以不可能发展起来,早已销声匿迹了。刘廷玑认为,写诗最难的在于对偶。他说:朱彝尊"诗综内所载者佳句甚多",并引录了上百句,可能是为了学习与切磋。不妨抄上几句,大家欣赏。

> 去日渐多来日少,别时容易见时难。
> 眼前好恶那能定,梦里输赢总不真。
> 朝云暮雨连天暗,野草闲花满地愁。
> 好梦肯随蝴蝶去,离魂暗逐杜鹃飞。
> 啼鸟歌时山寂寂,寒鸦飞尽水悠悠。
> 劝君更尽一杯酒,与尔同销万古愁。
> 滕王高阁临江渚,汉主离宫接露台。
> 壶觞须就陶彭泽,勋业终归马伏波(卷二)。

这些诗句确实对偶工切,语意连贯。去日对别时,眼前对梦里,啼鸟对寒

---

① 载《辽海丛书》,第二册。

鸦,滕王高阁对汉主离宫,陶彭泽(指晋陶潜,曾为彭泽令故称)对马伏波(指东汉马援,称伏波将军)等;那能定对总不真,连天暗对满地愁,山寂寂对水悠悠,一杯酒对万古愁等。真都是佳句,说是千古绝唱不为过分。

刘廷玑对我国的小说有很深刻、系统的论述,值得一读。他说:"壬辰冬大雪,友人数辈围炉小酌,客有惠以'说铃丛书'者。予说此即古之所谓小说也,小说至今日滥觞极矣,几与六经史函相埒。"这里是说康熙五十一年(1712)冬季一个大雪天,朋辈围炉小酌,有人送给他一部清初吴震方编辑的《说铃丛书》,其中汇刻了清初诸人所作的见闻录、日记、笔记、游记、杂录等,分前后续集,共六十二种。刘廷玑说:这就是古代所说的小说。小说起源于何时呢?与六经(诗、书、礼、乐、易、春秋)相等,应该是春秋时期。他批评说:今天的小说"鄙秽不堪寓目者居多。盖小说之名虽同,而古今之别则相去天渊。自汉魏晋唐宋元明以来,不下数百家,皆文辞典雅,有纪其各代之帝略官制、朝政宫帏,上而天文,下而舆土人物,岁时禽鱼花卉、边塞外国、释道神鬼、仙妖怪异,或合、或分、或详、或略、或列传、或行纪、或举大纲、或陈琐细、或短章数语、或连篇成帙。用佐正史之未备,曰历朝小说读之可以索幽隐考正误,助词藻之丽华,资谈锋之锐利,更可以畅行文之奇正而得叙事之法焉。"[①]这里是说,今天的小说与古代相比有天渊之别,不堪寓目者居多,自汉魏晋唐宋元明以来的小说,"皆文辞典雅",记叙的范围非常广泛,读之受益良多。可以佐正史之未备;可以索幽隐、考正误;助词藻之丽华;资谈锋之锐利;更可以使你写文章奇妙正宗而通畅,并能学到有条理的叙事方法。

刘廷玑对"四大奇书"的评价,很有理论性,超过一般。他说:"水浒本施耐安所著,一百八人,人各一传,性情、面貌、装束、举止,俨有一人跳跃纸上。天下最难写者英雄,而各传则各色英雄也;天下更难写者英雄美人,而其中二三传则别样英雄、别样美人也。穿插连贯,各具机杼,真是写生妙手。"这里是说应该如何写人物,要从性情、面貌、装束、举止着手,只有如此才可写出性格鲜明的人物来,方能收到"跳跃纸上"的效果。刘廷玑认为小说"最难写者英雄,更难写者英雄美人",而《水浒传》却为我们创造了各色各样的英雄美人,所以说施耐庵是"写生妙手",确实恰如其分。

对《三国演义》,刘廷玑说:"演义者本有其事而添设敷演,非无中生有者比也。蜀吴魏三分鼎足,依年次序,虽不能体春秋正统之义,亦不肯效陈寿之徇私偏侧中间,叙述曲折不乖正史。但桃园结义,战阵回合,不脱稗官窠臼。"这里是说演义并非无中生有,而是"本有其事",经过"添设敷演"形成的,但不能影响正史,造成不应有的混淆。他认为,罗贯中"虽不能体春秋正统之义,

---

① 《在园杂志》(卷一)。

亦不肯效陈寿之绚私偏侧中间,叙述曲折不乖正史"。总之,《三国演义》没有影响"正史",还是应该肯定的,然而"桃园结义、战阵回合,不脱稗官窠臼",没有摆脱老套子是其不足之处。在我看来,刘廷玑更注意小说的思想性,他强调必须坚持"春秋正统之义",反对"中间"立场,使读者受到应有的思想熏陶。不论"正统"思想对、错与否,强调思想性是完全正确的。

刘廷玑认为《三国演义》与《西游记》比较起来,"实处多于虚处",言外之意《西游记》都是"虚处"。所以如此,"盖西游为证道之书,丘长春借说金丹奥旨,以心猿意马为根本。而五众以配五行,平空结构是一蜃楼海市耳,此中妙理可意会不可言传。"所谓"证道之书",所证之道是指道教,他们主张人可以长生不老,要旨在于以金石炼丹,久食金丹即可长生。他们以心猿意马、变化无常为根本,《西游记》就是把"五众"(佛教语,即出家的五众:比丘、比丘尼、式叉摩那、沙弥、沙弥尼)与"五行"(仁、义、礼、智、信)结合起来,平空组成一座海市蜃楼,其中奥妙只能意会不可言传。尤其是"通书之太极、无极何能一语道破耶"。所谓"太极、无极"是道教对宇宙形成的看法,不是一句话能够说清楚的。所以,《西游记》只是一部神话小说。

刘廷玑对《金瓶梅》可谓情有独钟。他说:"若深切人情事务无如金瓶梅真称奇书,欲要止淫,以淫说法;欲要破迷,引迷入悟。其中家常应酬事务,奸诈贪巧诸恶,皆作果报昭然,而文心细如牛毛茧丝。凡写一人,始终口吻酷肖到底。掩卷读之,但道数语便能默会为何人。结构铺张,针线缜密,一字不漏,又岂寻常笔墨可到者哉?"[①]他认为,《金瓶梅》是一部写"人情事务"的奇书,目的在于"止淫破迷",宣扬"果报"。但不能空洞说教,而是"欲要止淫,以淫说法;欲要破迷,引迷入悟",有惩有劝。他对《金瓶梅》的"结构铺张"与人物描写的"酷肖到底",赞不绝口,认为非"寻常笔墨"所能做到的。他说:书再好,在于人是否善读与不善读。"不善读水浒者,狠戾悖逆之心生矣。不善读三国者,权谋狙诈之心生矣。不善读西游者,诡怪幻妄之心生矣。欲读金瓶梅先须体认前序内云:读此书而生怜悯心者菩萨也,读此书而生效法心者禽兽也"。所谓"善读与不善读",是说读书必须有正确的指导思想,否则也会误入歧途。

刘廷玑对有些现象持批评态度。他说:"近来词客稗官家每见前人有书盛行于世,即袭其名著为后书副之,取其易行竟成习套。有后以续前者,有后以证前者,甚有后与前绝不相类者,亦有狗尾续貂者。四大奇书如三国演义名三国志,窃取陈寿史书之名,东西晋演义亦名续三国志,更有后三国志,与前绝不相侔。如西游记乃有后西游记,续西游记。后西游虽不能媲美与前,然嬉笑

---

① 《在园杂志》(卷一)。

怒骂皆成文章。若续西游则诚狗尾矣,更有东游记、南游记、北游记真堪令人喷饭耳。如前水浒一书,后水浒则二书。一为李俊立国海岛,花荣、徐宁之子共佐成业,应高宗却上金鳌背上行之谶,犹不失忠君爱国之旨。一为宋江转世杨么,卢俊义转世王魔,一片邪污之谈,文词乖谬,尚狗尾之不若也。金瓶梅也有续书,每回首载太上感应篇,道学不成道学,稗官不成稗官,且多背谬妄语,颠倒失伦,大伤风化。况有前本奇书压卷,而妄思续之,亦不自揣之甚矣!"①

《在园杂志》中还有许多诙谐的事例,令人捧腹,有的寓意深刻。其中一则说:"东坡云:养猫以捕鼠,不可以无鼠而养不捕之猫。蓄犬以防奸,不可以无奸而蓄不吠之犬。庐陵罗景纶谓:不捕犹也可,不捕鼠而捕鸡则甚矣。不吠犹也可,不吠盗而吠主则甚矣。疾视正人,必欲尽击去之,非捕鸡乎?委心权要使天子孤立,非吠主乎?予按徐州产鼠一种,较鼠形差小,遇猫则以嘴扭其鼻,猫伏不能动,是以下犯上矣。大逆不道,可与枭獍同科。"②这是痛骂那些"疾视正人"和"以下犯上"的人,与"不捕鼠而捕鸡"的猫及"不吠盗而吠主"的狗相同,不是比喻得很辛辣吗!

还有一则说:"先君(廷玑父)与刘公斗(刘斗)、曹公邦(曹邦),同为部属。一日并马而行,曹向刘曰:君马何其肥也?两股真如柳斗。刘笑曰:可恨他近来不食草料,只啃槽邦。相与大笑,可为雅谑。"③借两人的名字谐音相互取笑,不是很有趣味吗!刘廷玑还善于提出问题,并试图解答问题。他说:"辽东人自署多称三韩,非也。晋书韩有三种,一曰马韩,二曰辰韩,三曰弁韩。马韩为高丽国,辰韩为扶余,弁韩为新罗,皆为东方外国。汉传亦谓三韩各在山海间地方,合四千余里,东西以海为限,即古之辰国也。又唐太常张卿求仙得幸,少陵以诗讽之首云:方丈三韩外,昆仑外国西。考蓬莱、方丈、瀛洲,海中三神仙也。方丈在东海中央,四面相去正等。方丈许五千里,盖方丈、昆仑秦皇汉武求仙处也。诗意以为秦皇之求方丈,汉武之穷昆仑,皆阔绝不可致之事,岂如张卿奉使求符往而遂获乎。可见三韩外云者指极远边地而言,而辽东乃汉晋时内地,乌得以三韩称之。"④

刘廷玑对西方的科技文化十分赞赏,他说:"自西洋人入中华,其制造之奇,心思之巧,不独见所未见,亦并闻所未闻。如风琴、日规水轮、自鸣钟、千里眼、顺风耳、显微镜、雀笼之音乐、聚散之画像等类不一而足。其最妙通行适用者莫如眼镜,古未闻眼昏而能治者。杜陵老年花似雾中看,唯听之而已。自有眼镜令昏者视之明,小者视之大,远者视之近。虽老年之人尚可灯下蝇头,且

①　《在园杂志》(卷三)。
②　《在园杂志》(卷三)。
③　《在园杂志》(卷三)。
④　《在园杂志》(卷一)。

制时能按其年岁以十二时相配合则更奇矣。"①上述这些器具在当时的西方已经很普遍了,在清朝统治下的中国还是稀少之物,正是闭关锁国的结果。

《在园杂志》也记了一些荒诞不经之类,不妨列出两则,奇文共欣赏。"有羊产羔,人首羊身者,众以为异,达之朝。朝臣曰:此无足为怪,不过牧童春兴耳。"②不论有无此种情形,朝臣的解释实在令人作呕。

又说:"阴曹所差遣曰疾脚,犹阳官所役之快手也。凡阳世生人应役阴司者曰走无常。第不解阴司何以多用生人,岂阴司事务浩繁,偶不足用欤,抑借生人以显其灵异欤。若以理考尽属幻渺而又言之确有可据,关系生死之大,使人不得不信,不敢有疑忒于其间者。如濬县李某,其岳曾为司,李相离四百余里,李之邻有为疾脚者,忽向李曰:令岳如夫人于今日午前暴亡矣。李曰何以知之,曰吾奉差往勾也。李不之信曰:彼素无病,何至暴死?疾脚曰:彼在楼上,梳头刚毕,被吾脑后一击,即吐血搭地气绝耳。吾勾至冥司,候王升殿,曾私问判司,彼年少艾,何至暴死,父母夫妻皆未一诀,是犯何罪?判曰:其夫主司(科举考试的主试官)李莅任后,接取家眷,彼以卑妾冒为正妻,公然摆列执事受属官之跪拜,以微贱而僭上越分,是以损寿暴亡耳。李曰:此事诚有之。四日后讣至,讯死状,与疾脚之言吻合。"③

通过上述可以看出,《在园杂志》的特点应该有四:第一,内容丰富,涉及面广。从康熙甲午六旬有一"圣寿"开篇,到论述十二生肖足趾有单双之分结束,洋洋洒洒近十万言,其中记述清代官制、兵制、官员服饰,包括裘服、腰带、孔雀翎、朝帽;秋闱省试、博学鸿儒、各色人物;诗词、戏剧、元人杂剧、古舞、奇书、画像;测字、酒令、灯谜、扶乩、怪诞;医药偏方、西洋科技等,甚至溺器的来历也介绍一番。可谓应有尽有,堪称清初一部文史百科。

第二,原封不动,不加修饰。诚如作者所说,都是几十年来"所闻""所见""所历";又是"随笔记之,积久成帙",付梓时似乎也没有重新归纳整理,仍然保留"原生态"。正因如此,必然存在漫无结构、没有中心等一系列问题。虽分四卷,很难说清每卷的中心是什么;写法也是感情用事,长短不一,长者上千字、几百字;短者百余字、几十字;最短者四五字。如孟母仉氏,田文字孟,庄周字子休,嫪毒姓刘,名伯庄,妲己姓钟,名妲字己(卷二)等,很不均衡,缺乏整齐感。

第三,最值得称道的是他对"四大奇书"的评论,颇具理论性。马清福在《东北文学史》中说:"刘廷玑的小说理论是中国小说现实主义传统的理论,是中国小说理论中比较早的、较为完备的理论。"这个评价是正确的、公允的,也

---

① 《在园杂志》(卷四)。
② 《在园杂志》(卷四)。
③ 《在园杂志》(卷四)。

就是说刘廷玑是我国较早的小说理论家。他提到了我国小说的起源、结构、典型人物的描写、语言文字的运用、强调思想性等都是正确的。所以说他有"较为完备的理论",是很确切的。

第四,迷信鬼神,在所难免。时代使然,不必苛求,不能因此而否定全书。我们应该采取批判的态度,"剃除糟粕,吸取精华",不能因噎废食。《在园杂志》的可贵之处,在于给我们提供了大量的知识,并能"核事物之原流",有根有据,令人信服。尤其是作者疾恶如仇,对那些嫉贤妒能之辈敢于大张挞伐,认为猫狗不如。其高尚品德,令人赞佩。

王尔烈的骈体文《游千山约》。王尔烈能诗,亦能文。他的文章应该很多,有十篇已收入《辽海丛书》第三册。其中《游千山约》写于乾隆丁酉年(1777)三月。由于王尔烈的父亲病逝于乾隆四十年(1775),回里守制三年,至乾隆四十二年(即丁酉年)。也就是在这一年的三月,他邀请"夙好"重游千山,于是写了一封很有特色的邀请函,即《游千山约》。文字不多,照录如下,供大家欣赏。

文章跌宕(起伏变化),昔人采五岳之奇。秀色(美丽的景色)嶒崚(高山峻岭),吾地有千山之胜。春深游屐(游屐为游山穿的木鞋,这里代指游踪),与花鸟而皆闲;暇日诗情,为林泉而勾引。爰谋(于是打算)夙好(老友),共协衷怀;幸藉名区,一新耳目。敬启诸公,约于孟夏(夏天第一个月,即四月)之初,乘此清凉之候,同循绣陌(绮丽如绣的路)。先觅龙泉,旧日所曾游,当更识匡庐真目。良辰不可负,何独让灵运(灵感)幽襟(封闭、束缚),行乐贵于及时。游山亦且有道,是行也,择老成为领袖,以免分歧;依率真(直爽而诚恳)为规条,不分宾主。盘飧(饭菜)惟资果腹,何事珍羞壶觞(山珍海味与美酒),尤可畅怀。宁拘斗石(石洞),屏管弦之嘈杂,静听禽韵泉声,息杖履(放下手杖,脱下鞋,指休息)于朝昏(从早到晚),不废诗牌棋局,次第而历诸寺,乐则不疲。后容以尽所长,奇则不厌,期自申(应为甲)而至癸(由甲至癸表明游期十天),观亦可以止矣! 人由少以及多,乐不若与众焉。若仆者久居皋座(常指学师的座席),亦思石上谈经。暂别鸳联(夫妻,暂别鸳联就是不带妻子),且免松间喝道(指官员出行,前面有人叫喊为之开道),讵无心以出岫(山洞),窃有志于学山(勤奋学习,不能止步)。九百九十九峰,本不满千峰之数(黄裳读冯律天千山游记书后,千山者奇峭插天,青嶂壁立,共九百九十九峰,以其近千故名千山云)。三百六旬六日,何妨偷旬日之闲,下著常惜万钱,且作买山之费(每人游费十千),探怀犹有尺锦(应是指短小精悍的文章,这里代指钱币)足为揽胜之资。愿附骥尾以相从(骥尾指马尾,这里是谦辞,愿随大家之后),聊假霜毫以共白(凭借毛笔通知大家)。

丁酉三月,瑶峰尔烈启。

这篇邀请函的大意是，内地人做文章，可以吸取五岳之奇，有助于文章的起伏变化；我们这里有千山之胜，高山峻岭的美丽景致，也可以为文章增艳。春末夏初如若出游，花已绽放鸟已飞来，闲散日子里的诗情，定为松涛泉声所激起。打算同老友，倾诉衷肠；幸借名胜之区，以一新耳目。敬告各位老友，邀请诸公于四月初夏，趁着清心气和的季节，大家沿着绮丽如绣的山路同游千山；先从龙泉寺开始。从前曾经游过，这次更能看清它的真面目；不要辜负美好的时光，何必把自己的灵感封闭起来。玩乐不能错过最好的时机；游山也应讲究道义。这次活动应该推举老成持重者为领头人，避免分歧；依照真诚的规矩不分主次。饭菜只要填饱肚子，不用山珍海味与美酒，也可以畅舒情怀。宁肯拘禁在不大的石洞里，除去嘈杂的管弦之音；静下心来听听很有韵味的鸟唱与泉水之声。在一天的时间里，既要休息好，也要玩好；既可吟诗作赋，也可打牌下棋。按照次序游历各个寺院，如若感到快乐就不觉得疲乏；镇静、沉着地发挥所长，如有出奇制胜之处，就不感厌倦。游期是十天，应该是观赏完全了；人由少到多，与大伙儿在一起是很快乐的。拿我来说，经常坐在椅子上，也想坐在山石上谈经论道；暂别妻子，不要前呼后拥，去掉排场。岂不想走出山洞，可我更想学习，像登山一样，不到山顶永不止步。九百九十九峰，本不满千峰之数，因近千而名千山；三百六十六天，不妨偷闲十天以游山。吃饭常常舍不得花去万钱，姑且拿出十千作为游山之资；怀里不是还有"尺锦"吗？足够观赏胜景之用。我愿随大家一起出游，并借助笔墨通知大家。丁酉三月，瑶峰尔烈启。

王尔烈的《游千山约》是一篇优美的骈体文，短小精悍，堪称佳作。骈文始于秦汉，成熟于东汉，魏晋达于极盛，历经唐宋，逐渐走向衰落，元明几于绝响。有人说清代骈文有复兴之势，其实不然，大凡一种文体不论兴衰，总有人愿意模仿，但多为模拟之作，并无创新，谈何复兴。清初确有几位骈文作家，如陈维崧、毛奇龄、朱彝尊、尤侗等，他们都是诗词名家，其中陈维崧著有《湖海楼词》二十卷，收词一千六百二十九阕，是少有的多产词家。我们知道，词与骈文有相同和相近之处，陈维崧写些骈文是很自然的。关键在于是否有独到之处，是否超越前人，否则何谓复兴。乾隆以后，继起的骈文作家又有胡天游、袁枚、汪中等，晚期还有王闿运等，虽也不失佳作，往往堆砌典故，炫耀词藻，多无深意。骈文的特点有三：一是以四六句为主，成排并列，字数并非绝对。二是讲求对偶，四四相对，六六相对，字面工整。三是音韵协调，尤其追求章句内的音韵，平仄相衔，抑扬顿挫，咏叹声情。

王尔烈的《游千山约》，有四个特点：第一，作为一封邀请函，采取了骈体文的形式，对偶工切，语意连贯，十分老到。开头就说："文章跌宕，昔人采五岳之奇；秀色嶙峋，吾地有千山之胜。"不难看出，文章跌宕对秀色嶙峋，五岳对千山。这样对比，确实可以激发友人的兴致。又说："春深游屐，与花鸟而皆闲;暇日诗情,为林泉而勾引。"春深对暇日,花鸟对诗情,对得轻松自如。对一句两句容易,一对到底则很难。试看最后一句:"愿附骥尾以相从,聊假霜毫以共白。"愿附对聊假,骥尾对霜毫,相从对共白,看来都很自然贴切。邀请函写成骈体文,并不多见,是其最突出的特点。

第二,文字精练,计划周全。既然是邀请函,又是游山,必须说明时间(十天)、游程(龙泉寺、诸寺)、活动(诗牌、棋局、谈经、学山)、费用(每人游费十千)、组织领导(择老成为领袖,以免分歧;依率真为规条,不分宾主)等。只有说得清清楚楚,受邀者才能决定是否参加。除了这些而外,还有一些精彩的说明,全文仅用了382个字,还包括夹注中的52个字,可见文字洗练至极。

第三,热情洋溢,感情纯真。将千山与五岳相比,引起友人的向往,接着指出一年之中,"何妨偷旬日之闲",游山玩水,很有诗情画意,何必把自己的灵感"幽襟"起来呢!"行乐贵于及时","良辰不可负"。王尔烈为什么如此热衷于重游千山呢?实际,他更热衷于聚会。他在考中举人之后,一直工作在北京,难得回来与老友相聚,今丁父忧在家,怎么能放过这次机会呢!所以要借千山"名区"相聚,共诉别离之情,此乃本意也。所以行文中多动情之笔,聚会不在"珍羞壶觞",只求开心写意,以达"畅怀"。

第四,巧不可阶,独具匠心。这篇短文决非一气呵成,应该是经过认真的斟酌、思忖而成。前面提到遣词造句容易,全都对偶则难,没有深厚的功底和相当的时间是不易完成的。说明:为了实现老友聚会的目的,王尔烈是下了功夫的。结果除有二人因家事、职守未到外,其他十一人都如期赴约,可能是邀请函起了相当的作用。客观地说,王尔烈的《游千山约》体现了鸿胪翰林的真实才华,可谓诗文俱佳,与前贤并无逊色。

当然,骈体文的不足之处在于堆砌词藻,追求文字华丽,多无深意,此为通病。不过,王尔烈的《游千山约》客观地说并无堆砌词藻之嫌。作为邀请函,从内容来看应该说的都说到了,没有额外的东西,尤其将学习比作登山,不到山顶永不止步的精神是很有深意的。所以一切事物都不能轻易地肯定,也不能轻易地否定,还是具体问题具体分析为好,实事求是才是科学态度。

斌椿的西方游记《乘槎笔记》。此书已被收入20世纪80年代出版的《走向世界丛书》第一辑之中。斌椿何许人也?钟叔河在书前写的评论中介绍说:"作者斌椿,是一位年老的读书人。他出身汉军旗,当过知县,能文能诗,关心时事,跟地理学家徐继畬、大数学家李善兰等是朋友。同治三年,他被'总理各国事务衙门'所属'总税务司'英国人赫德请去'办理文案',开始接触洋务、洋人。同治五年,总理衙门派同文馆(又称'京师同文馆',是最早的洋务学堂,培养翻译人员)学生出洋游历,需要一位'老成可靠之人率同前去'。六十三岁的斌椿担任了这个差使,'身之所至,目之所见,排日记之',后来整理刻印,以《乘槎笔记》书名传世。"这个介绍过于简略,应该加以补充。斌椿(1804—1870),姚姓,字友松,隶汉军正白旗,辽阳人,出身书香世家。斌椿兄弟三人,其兄姚斌桐,字秋士,道光十六年(1836)丙申恩科三甲七十六名进士,官兵部主事,著有《还初堂词》存世。其弟姚斌敏,字子廉,咸丰己未(1859)举人,同治四年(1865)乙丑科三甲一百零三名进士,旋即出任福建某地知县。善诗词,著有《姚子廉古今体诗合编五卷》(附词一卷)。斌椿有无功名尚未见记载,早年曾任山西襄陵知县,后为内务府庆丰司郎中。他确实"能文能诗",书法亦佳。思路敏捷,虽非七步成诗,也可挥翰成风。

同治五年(1866),受时任中国海关总税务司赫德(英国人)的邀请,参加了中国官方第一个旅欧游历团,"以三品冠带使海外"。同治五年(1866)正月初八,斌椿接到总理衙门的通知,令其率团前往"泰西游历",必须将"所过之山川形势、风土人情,详细记载,绘图贴说,带回中国,以资印证"。经过准备,二十一日从北京出发,乘车去大沽口,然后在此上船出港。这个游历团由十一人组成,同文馆八品官凤仪、张德彝、内务府笔贴士斌椿之子广英(均赏加六品衔)、同文馆学生彦慧(赏加八品衔),还有仆从六人。此外,总税务司赫德又派来税务帮办员法国人德善和英国人色腊陪同随行。正月二十九黎明始出港。全部行程,斌椿概括地说:"计自津沽登舟,遵海而南,凡逾六省至香港,始易巨舶放南洋。过越南、暹逻两国境,折而西,至锡兰(南印度大岛)。又西北,至亚丁(阿喇伯境),添储薪水糗粮。至麦西国都,登陆,由地中海易舟,至佛郎西、英吉利、荷兰、丹麻尔、瑞典、俄罗斯、普鲁士、比利时各国。都凡乘船十有九,火轮车四十有二,形式各异。所经各国山川险塞,与夫建国疆域,治乱兴衰,详加采访,逐日登记。其国人之官爵姓字,以及鸟兽虫鱼草木之奇异者,其名多非汉文所能译,姑从其阙。至宫室街衢之壮丽,士卒之整肃,器用之精巧,风俗之异同,亦皆据实书,无敢傅会。舟车所至,九万余里,驰驱道路不暇分类记载。"①将其所见所闻(当时认为的新事物),摘要介绍如下:

【初视火车】三月初十,在埃及第一次坐上了火车。记载说:"申刻,登火轮车。前车为火轮器具,烧石炭,贮水激轮。后车以巨钩衔其尾,蝉联三四十辆,中坐男妇多寡不等,每辆如住屋一所,分为三间,间各有门。启门入,两面小炕各一,可坐八九人。炕上下贮行囊数十件。每间大窗六扇,有玻璃木槅,以障风日,启闭随人。油饰鲜明茵褥厚软,坐卧、饮食、起立、左右望,皆可随意。次者装货物箱只,再次装驼马。摇铃三次,始开行。初犹缓缓,数武后即如奔马不可遏。车外屋舍、树木、山冈、阡陌,皆疾驰而过,不可逼视。炊许,停车道旁村舍中。有屋一所,车内男妇皆下沽饮食。屋内回教人,壁画佛像,遍

---

① (清)斌椿:《乘槎笔记》,湖南人民出版社1981年版,第55—56页。

悬鼋龙、大鱼、豹、鹿于两梁柱间。画镜五六面,皆中华戏出也。食毕开车,明月几皎然矣。又一时许,戌刻,始见树木阴翳中屋宇渐多,盖埃及国(即麦西国)都城改罗也。计两时行陆路二百七十八里。入客舍,灯烛灿然,饮馔具备,屋舍精美。"①改罗即今译开罗。

【马赛之夜】十八日未初,到达法国马赛。"海关见伯使臣照据,免验行礼。买车至客寓。街市繁盛,楼宇皆六七层,雕栏画槛,高列云霄。至夜以煤气燃灯,光明如昼,夜游无须秉烛。闻居民五十万人,街巷相连,市肆灯火,密如繁星,他处元夕,无此盛且多也。客寓七层,梯形如旋螺。登降苦劳,则另有小屋可容六七人,用火轮转法,可升至顶楼。屋有暗消息,手一按,则柜房即知某屋唤人。传语亦然。各法奇巧,匪夷所思"②。

【里昂繁盛胜于马赛】二十日"申初,乘火轮车,行八百四十七里至里昂。时甫戌刻,灯火满街,照耀如昼,繁盛倍于马赛矣"(第18页)。二十二日"夜戌刻乘火轮车,寅刻已至巴黎斯,即法国京都,计四时行千里矣(街衢游人,有只用两轮,贯以短轴,人坐轴上,足踏机关,轮自转以当车。又有只轮贯轴,两足夸轴端,踏动其机,驰行疾于奔马。又西俗相见,以握手为礼,间有接吻者,无分男女也)"。巴黎斯即巴黎。

【巴黎舞剧】二十四日,"美税司(名里登,告假回国者)偕往公所,系各国在巴黎修造屋宇绘图议事处。又至玻璃巨屋,高约十丈,宽广倍之。内贮名画无数,真绘水绘声之笔。……夜戌刻,观剧,至子正始散,扮演皆古时事。台之大,可容二三百人。山水楼阁,顷刻变幻。衣著鲜明,光可夺目。女优登台,多者五六十人,美丽居其半,率裸半身跳舞。剧中能作山水瀑布,日月光辉,倏而见佛像,或神女数十人自中降,祥光射人,奇妙不可思议"③。

【观机器造洋钱】二十八日,"命广英等往看造钱及电机寄信法"。"造钱"是"用火轮法,以水气冲激推动,令进退铁管中。机之一端,连大轮之枢,以运动长轴。轴置屋梁下,分系韦条,运千百小轮。大轮转则轴转,轴转则众轮俱转。轮有横直,各适其用,工匠分司之。钱质成圆,无孔。一一平其轻重,无纤芥差。然后置印板轮中,一击则二面文成,其一面为国主像。乃易一所凿边花。钱有轻重大小不同,质分金银铜三品,而形式如出一辙,是以行之街市及邻邦,无诈伪之弊。金钱一枚重一钱八分,名曰'拿破仑',即国主名,可易大银钱四枚。枚重六钱二分半,名'三佛浪',可易小银钱五枚。枚重一钱二分半,名'佛浪'。一佛浪易铜钱大者十二枚,名'特苏';易小者四十八枚,名'苏'"④。

① (清)斌椿:《乘槎笔记》,湖南人民出版社1981年版,第14—15页。
② (清)斌椿:《乘槎笔记》,湖南人民出版社1981年版,第17—18页。
③ (清)斌椿:《乘槎笔记》,湖南人民出版社1981年版,第19页。
④ (清)斌椿:《乘槎笔记》,湖南人民出版社1981年版,第20页。

【最早记述有线电报】"电机寄信法"就是有线电报。"外洋各处皆有。用铁线连缀不绝,陆路则架木杪,遇海则沉水中。通都大邑以及乡村镇市,线到处,皆可通信。司事者,如中华信局式。代人寄信,以铁线之一端画字,其一端在千万里外,即照此字写出,不逾晷刻也"①,即很快便可收到。

【照相人人争购之】"初十日,午刻往照相,西洋照相法,摄人影入镜,以药汁印出纸上,千百本无不毕肖也……酉刻,往画院一览。所绘人物山水,绝非凡笔。各国新闻纸,称中国使臣将至,两月前已宣传矣。比到时,多有请见,并绘像以留者。日前巴黎照相后,市侩留底本出售,人争购之,闻一像值银钱十五枚"②。

【公议厅(议会)】十八日"申刻,至公议厅。高竣宏敞,各乡公举六百人,共议地方公事。意见不合者,听其辩论,必俟众论佥然后施行,君若相不能强也"③。

【游水晶宫】二十一日,"往都南二十五里'各里思答尔巴累恩'(译水晶宫也)。山上地势很高,建大厦,高二里,广大三里。南北各一塔,高四十丈。皆玻璃为之,远望一片晶莹。其中造各国屋宇人物鸟兽,皆肖其国之象。司宫者启关,导予遍观,且备小车以代步。表里洞明,凭栏远眺,能见六十里之外。旋邀至客座,小楼三层,精彩可人,穿廊咸罩玻璃。绕廊紫藤盛开。芍药、杜鹃,皆大于中土。间以杂色花草,绿茵铺地,璀灿可观"④。

【进英王宫】二十三日,"早起,掌宫官以名帖称奉君主命,请赴宴舞宫会宴。亥初二刻,委员暨翻译官,皆赶备礼服佩刀,至晚始备。届时,同赴宫门外。下车,将士百余人执戈排队,皆衣赤。门内将弁持戟按队,鹄立不动,每门皆四人。入门左转,过长巷,四五折,间段炽氈炉火。阶用文石,咸铺氈毹,两旁遍植鲜花,芳菲满砌。灯火照耀,无纤毫幽暗处也。上阶百余级,命妇入朝者,踵相接。闻每月两次,朝君主礼也。予随导者数转,始至宴舞宫。殿宇之大,纵五六丈,广十余丈,高亦过五丈。屋角及四面悬灯,罩以玻璃,计八千五六百盏。近数年,君主多不见客。遇他国往来典礼,命太子及妃代。是日入宫者,公侯大臣四百余人,命妇八百余人。太子与妃南面坐。两旁设堂三层,各官坐立皆听。坐予与随来员弁于对面,乐人于楼上奏乐,音节铿锵。男妇跳舞十余次。武职衣红,文职衣黑,皆饰金绣。妇人衣红绿杂色,袒肩臂及胸。珠宝钻石,项下累累成为串,五色璀璨,光彩耀目。迨子刻,太子及妃起赴别所,众皆两旁立。旋有宫官称太子请见。随之往,太子及妃皆立,问:'伦敦景象

---

① (清)斌椿:《乘槎笔记》,湖南人民出版社1981年版,第21页。
② (清)斌椿:《乘槎笔记》,湖南人民出版社1981年版,第23页。
③ (清)斌椿:《乘槎笔记》,湖南人民出版社1981年版,第25页。
④ (清)斌椿:《乘槎笔记》,湖南人民出版社1981年版,第25—26页。

较中华如何？惜距中华太远，往来不易，此行尚安妥否？昨游行馆，所见景物佳否？'予一一应答，且云：'中华使臣，从未有至外国者，此次奉命游历，始知海外有些胜境。'皆含笑让。旋赴宴，酒肴多品，膳宰皆衣金绣，持盏授餐。俄顷，传君主令，于次日申刻进宫见"①。氍毹即地毯。

【见维多利亚女王】二十四日，"申刻，入宫门。内外仪仗将弁与昨夜同，惟多乐器朱衣四十人、宫官衣金绣者，导予至一所，坐候宣召。申正，内宫数人来导。入门数重，至内宫。君主向门立。予入门侧立称谢。君主问：'来此几日矣？'予答曰：'来已兼旬'。又问：'敝国土俗民风，与中国不同，所见究属如何？'予对曰：'来已兼旬，得见伦敦屋宇器具制造精巧，甚于中国。至一切政事，好处颇多。且蒙君主优待，得以游览胜景，实为感幸。'君主云：'此次游历，惟愿回至中华，两国愈加和好。'予称谢，始出"②。

【曼彻斯特纺织工厂】二十五日至二十八日，先后乘火轮车到了阿思佛（牛津）、北名罕（伯明翰）、瞒者里。瞒者里即曼彻斯特。"此地人民五十万。街市繁盛，为英国第二埠头。中华及印度、美国棉花皆集于此。所织之布，发于各路售卖"（第29页）。二十九日，"往织布大行遍览。楼五重，上下数百间。工匠三千人，女多于男。棉花包至此始开。由弹而纺，而织，而染，皆用火轮法。总轮有四百匹马力（置长轴于楼屋最高处，分布小轮于各屋，均以韦条系于总轴。轴终日转，则万轮随转，不少停。轮下各设几案机器，工匠司之。纺纱织布，无虑千人。机器震耳，觌面语不能闻也）。棉花分三路，原来泥沙掺杂，弹六七过，则白如雪，柔于绵矣。又以轮纺，由粗卷而为细丝。凡七八过，皆用小轮数百纺之。顷刻成轴，细于发矣。染处则在下层，各色俱备。入浸少时，即鲜明成色。织机万张，刻不停梭。每机二三张以一人司之。计自木棉出包时，至纺织染成，不逾晷刻，亦神速哉"③。

【伦敦旅馆】五月初一日，"卯刻，再至伦敦。街市渐熟，仍起义耳思思忒力忒寓舍。女主人及僮仆皆殷殷有熟悉意。瓶花笑客，笼鸟唤人。杜诗云：'犬迎曾宿客'不虚也。居屋在三层楼上，颇高敞。饭厅精丽，与初住相埒。寓属中等，然上下五层，每层数十间。夜则灯火晶莹，回梯曲槛，无不洞明，彻夜不息。饭厅大者十数处，住屋一百三十余间。壁上均有消息，唤人以指按之，柜房即知某某屋呼唤也。浴室有铜管二，水由管中出，一热一凉，随意增减。厕屋亦用水法，时时洗涤，极精洁。凡此，则各处皆同也"（第31页）。

初二日，"议定往荷兰各国行期。贾相国约申刻晤谈，并称君主奖许，知

①　（清）斌椿：《乘槎笔记》，湖南人民出版社1981年版，第27—28页。

②　（清）斌椿：《乘槎笔记》，湖南人民出版社1981年版，第28页。

③　（清）斌椿：《乘槎笔记》，湖南人民出版社1981年版，第30页。

予将军往他国,先寄照会,俾到时有东道主,情意殷谆……初八日,议定往荷
兰、丹、瑞、俄国行期"①。

【经比利时到荷兰】十二日,"已刻,坐轮船出海口,赴荷兰国。十三日,辰
刻抵比利时国……未正午餐毕,又乘火轮车至拉里,为荷兰南都。十四日,拜
该国总理包公,并各国公使,兼往花园行宫游览。街道洁净,楼宇高者四五层,
颇修整。河道甚多,皆直而长,桥林繁密,民居质朴,志载非虚。十五日,包公
答拜,派员徐君,同时往各处游览情谊甚挚(街市多以两犬架小车售物)"②。
应该指出,荷兰首都为阿姆斯特丹,在该国北部,但政府所在地却在南部的海
牙。所以有南都、北都之分,所谓拉里就是海牙,安特坦就是阿姆斯特丹。

【荷兰北部多水多桥】十六日,"至北都安特坦。地势抵下,居民修治河
道,于水中立桩砌石,架木其上,筑楼阁六七层。沿河积土种树,留路二三余
丈,以便车马往来。两岸雕栏彩户,倒影江中。周三十里,有河百余道,无不皆
然。每河宽狭不等,各设桥梁数座,以便车行。大小舟船,处处皆通。通都计
桥七百六十座。河之宽处,舸舰迷津,商货辐辏。贸易之盛,为欧土大都
会"③。

【水利之法中国可学】十七日,"午初,乘船至泄水公所。亚零海潴水,低
于外海数十丈。司事者导看各工,系临河筑堤,引潴水至堤根。用火轮法转动
辘轳,以巨桶汲起,由外河达海。提高数仞,日汲数千石,非火轮之力不能(江
浙山居者,用竹枧引涧水灌注高田,又于山溪蓄水以春碓,皆顺水之性为之。
至沿河以水车戽水,江右有牛车戽井水灌者,乃能使之逆行以救旱,惟人劳而
灌溉不广。中国现用火轮装船炮,若广其法于民田,则宇内可以无旱涝之忧
矣)。归游水晶宫,各国器用皆具"④。

【题诗登报】十八日,"午刻,游行宫。未刻,游生灵苑,狮象虎豹等兽甚
多,珍禽异鸟,充斥其中。蟒之大者,粗如升斗,多少蟠于土石草木之间,外以
玻璃间隔。司事者拨动使观,有遍身黑斑,粗如巨盘者,怒冲玻璃作声,令人肃
然恐。园官邀至家,夫人与女曾至印度,见中华人甚习。十五女郎,秀俊可人,
见客无缩瑟态,亲导各屋遍视,且索照相。昨观火轮泄水,题七律一章,已印入
新闻纸数万张,遍传海国矣。今日园官备中华笔墨请题诗,为吟绝句一首,欣
然持去。是夜亥正,乘轮船将北行"⑤。

【在丹麦京城参观】二十二日,已正,"至丹麻尔都城,地名阿奔黑根。未

① (清)斌椿:《乘槎笔记》,湖南人民出版社1981年版,第32页。
② (清)斌椿:《乘槎笔记》,湖南人民出版社1981年版,第33页。
③ (清)斌椿:《乘槎笔记》,湖南人民出版社1981年版,第33—34页。
④ (清)斌椿:《乘槎笔记》,湖南人民出版社1981年版,第20页。
⑤ (清)斌椿:《乘槎笔记》,湖南人民出版社1981年版,第34页。

刻往拜总理衙门及各国公使。街衢宽直,楼榭高敞。戌正,赴花园,听奏乐,观女剧。驰马跳舞,不逊于他处。有美人缟衣长裙,乘马疾驰,尤为冠群。"二十三日,"总理某约午正会晤。旋往行馆,观所陈历代君主画像、器用,殿宇极宏敞。晚往公所,观所陈北海各处牛皮帐房,及人物形象。男女皆阔面丰颐,肉色红紫,身被鸟兽羽皮,大有蒙古状。余皆各国器用什物。复至花园,各处台榭均鲜明,山水清幽,树林阴翳。绿阴深处,各设坐具。歌舞、驰马、秋千,诸戏具备,洵足观也"①。丹麻尔即丹麦,阿奔黑根即哥本哈根。

【已近半年为昼之地】二十四日,"巳正二刻起程,登轮船出海口。时正晴霁,水天一色,茫无津岸。一时许,行百里,至瑞典海口。未正乘轮车东北行九百余里,亥正一刻至云居平湖滨大楼住宿。湖长三百余里。至子刻,途人历历可数。旋见东北旭日透露,天色微明。盖距北极止二十余度,已至半年为昼之地矣。"二十五日,"卯正三刻启行。早寒,衣用重绵。妇女来观,有衣貂皮者,面容娟好。闻此国秀钟女子,诚然。酉初三刻,至斯大克阿刺扪,即瑞国都城"(第36页)。云居平今译荣彻平、斯大克阿刺扪即斯德哥尔摩。

二十六日,"瑞典国王遣官至寓照料。并约二十九日入宫燕见"。二十七日,"见该国总理官某姓,旋拜各国使臣,俄使夫妇子女偕见。申刻,往瞻行宫,栋宇高敞,极为壮丽"②。

【瑞典京城看显微镜】二十八日,"瑞国主之弟约往水晶宫晤谈,甚谦蔼。赠印像银钱一枚,请换予所照像并名片。法国使臣来答拜,告知有以显微镜照壁,见各异物者。往观,乃巨屋一大间,中颇暗,穴西面壁,嵌玻璃其上,如盏大,始有光。人面壁坐观。术者以水一滴弹玻璃上如黍大,映两丈壁上,皆水纹。中有虫如大蝎千百只,往来如梭织。又滴醋照壁上,作虾蟹形。其金铁矿中水,变化各种形状,奇异不能尽述。据云,皆水中本有之物,极纤细,非此镜不能见而。然则蛮触之斗,殆非庄生寓言"③。"蛮触"出自《庄子·则阳》,喻因小事而争斗者,这里指显微镜中的情景。

【芬兰京城二万余人】初二日,"丑正开船,出海口东北行……初三日,酉初至芬兰都城,名亨沁佛耳思。旧系一国,后为瑞国属邑,今归俄五十九年矣。楼屋稍多,人民二万五千,园亭颇幽胜,时值奏乐,游人甚众。银商富姓者居园侧,邀至家,楼宇整洁,可望海,天光帆影,远景极佳。告予迤北即冰海也。丑正开船,出海口东北行。初四日,寅刻开船,行波罗的海。北面傍山岛。东南望则水天一色,见远船一二露樯帆,继而止见桅尖,计远去百里外矣。足证地

---

① (清)斌椿:《乘槎笔记》,湖南人民出版社1981年版,第35—36页。
② (清)斌椿:《乘槎笔记》,湖南人民出版社1981年版,第37页。
③ (清)斌椿:《乘槎笔记》,湖南人民出版社1981年版,第37页。

球之圆,非臆说也。三日皆东行稍北,昼日愈长而气候愈冷。现已入伏,当午正晴,尚衣重棉,早晚须披裘也"①。亨沁佛耳思,今译赫尔辛基。

【到达俄国】初五日,"申初,过克龙斯达的,大炮台三座鼎峙海中,有虎踞龙蟠之势。……又六十里,至彼得尔堡,乃俄国都城也,人烟辏集,街衢宽阔,周五十余里,楼阁高峻,宫殿辉煌,人民五十三万六千,洵足称各国都城之冠。酉初,登岸进寓"②。克龙斯达的即克琅施塔德港;彼得尔堡即彼得堡。

【王冠两顶 希世之宝】初八日,"晤总理官国姓,辞气和蔼,约在各处游览。是日,至王宫。殿宇宏大,陈设宝石器皿极富丽。画图满壁,皆能象生,锦绣金碧,璀璨夺目。楼上贮礼冠二,非大典弗服也。一冠,正中大金刚钻石一粒,大如龙眼,云值千百万,百年来未能定价,议每岁予银三万金,至今未止。亚此者数十粒,至如黄绿豆者,攒满冠无数。冠前红宝石一,大如鸽卵,蓝宝石一,如雀卵,皆透明无纤滓。又女冠一,珍珠大者如龙眼,次者数百。外珠宝花朵,盛盘,用木架布楼上几满。宫宇大者六百余间,长巷复室不记。又有金孔雀立树上,金鸡、鸥鹍绕其下,按时飞鸣。各国宫殿,皆曾游览,而规模阔大,琼瑶碧玉,布置几遍,无出其右……虽未及见国主,而备舆游览,晚复设宴公所,遣官款待,礼意优渥"。初十日,"午刻,孔公来送,承照料行礼,并代雇车,临歧有惜别意"③。

【到普鲁士国都柏林】十二日,卯刻,"至布国都,名伯尔灵。午刻,拜客。楼宇高峻,街市整齐,周三十六里,人民二十余万"④。布国即普鲁士,今德国;伯尔灵即柏林。

【王妃愿两国永好】十四日,"总理哈公来拜,告以王在军中。妃闻使君来,请见。戌正二刻入宫,灯火辉煌。妃云:寡君在军中,闻中国天使到此,愿两国永好无间。因行期匆促,故请见,俟王归向述也"⑤。

【炮能穿数寸铁甲】十六日,"申刻至可伦,产煤铁与钢。有娄姓开局铸钢炮,极大者重二万斤,价五万两。次者价五六千两。各国多在局定铸。各炉均用火轮法大锤,重万斤,一击,其声震地。炮子重百斤,形长首尖,内实火药。敌船包铁厚七八寸者,子能洞之"⑥。可伦,今译科隆,是德国重要的工业城市之一。

【比利时王曾到中国】十七日寅刻,"至比利时都。未刻,拜各国使臣。街

① (清)斌椿:《乘槎笔记》,湖南人民出版社1981年版,第39页。
② (清)斌椿:《乘槎笔记》,湖南人民出版社1981年版,第40页。
③ (清)斌椿:《乘槎笔记》,湖南人民出版社1981年版,第41—42页。
④ (清)斌椿:《乘槎笔记》,湖南人民出版社1981年版,第42页。
⑤ (清)斌椿:《乘槎笔记》,湖南人民出版社1981年版,第43页。
⑥ (清)斌椿:《乘槎笔记》,湖南人民出版社1981年版,第43—44页。

市整齐,楼阁峻丽,周三十余里,户口三十万有奇。……十八日,晤总理欧大臣(伯爵)。……十九日,欧公答拜。早间,往公所看各国军器,嗣阅本国双筒枪及刀剑各器。比律悉(都城名)铜铁,为西洋著名利器,非虚也"①。比律悉,今译布鲁塞尔。

二十日,"午刻,国王及妃约入宫。王英武过人,三年前曾至中国粤东,中国大臣相待甚挚。问予海舶颠簸能惯否,予答以风涛颇惯,王、妃均喜。知予不克久留,嘱就近游览"②。

二十二日,"巳刻登程,西南行六百三十里,申末至巴黎斯(法国都)。旧游重到,街市依然,都城壮丽,甲于西土矣"③。

【回归之路】初八日,"酉刻启程,戌刻乘火轮车自巴黎开行,迳往马赛。……初九日,晴。子刻过里昂。巳刻至马赛,住。计程自巴黎至此,一千九百余里。旧寓重来,人情喜悦。晚,至美里登之兄寓中。楼临海滨,月台宽阔,望月观海,极清淡之乐。初十日,晴。午刻登舟,申刻始开。美君楼上,男女五六人,摇巾相送"④。很快进入地中海,经过意大利,穿越红海至亚丁,通过阿拉伯海、印度洋,经过锡兰、苏门答腊、新加坡、安南至香港,再经广州、上海、烟台、大沽,回到北京。

斌椿遍游欧洲各国,具有开创性,意义十分重大。首先,是近代中国走向世界的开始。为了"师夷之长技以制夷",必须走出去,了解"夷"之"长技",否则如何"制夷"。斌椿的欧洲之旅,冲破了两千多年的局限和偏见,开始与神话般的西方世界有了直接的接触,了解了许多不知道的"夷情",第一次看见了火车、电报、纺织机、抽水机、兵工厂、议会等,大开眼界,感到闭关锁国已不可为,必须走向开放、走向世界。诚如钟叔河所说:"经过了两千年岁月,才终于从东头走到西头,走完这五万余里行程;这真是一个漫长的时间,一条漫长的路。"

其次,斌椿是国家派出的走向世界的第一人,历经十五国,往返行程九万里。有人说林则徐是清代"开眼看世界的第一人",那么,斌椿就是走向世界的第一人。林则徐曾编有《四洲志》,魏源编有《海国图志》,都是根据史籍汇集而成,虽有价值,但存诸多错误。斌椿的《乘槎笔记》是经过实地考察得来的,是亲见亲闻的记录,其价值非《四洲志》《海国图志》可比,所谓"百闻不如一见"。斌椿还写有《海国胜游草》《天外归帆草》,以诗的形式介绍所见所闻,自己也增长了许多知识,如相信了地球是圆的、地球可以自转、各国有时差,有

---

① (清)斌椿:《乘槎笔记》,湖南人民出版社1981年版,第44页。
② (清)斌椿:《乘槎笔记》,湖南人民出版社1981年版,第44页。
③ (清)斌椿:《乘槎笔记》,湖南人民出版社1981年版,第45页。
④ (清)斌椿:《乘槎笔记》,湖南人民出版社1981年版,第47—48页。

的半年为昼,半年为夜等。

再次,推动了清政府开始与欧美各国建立外交关系。近代以来,中国被迫与欧美签订了许多不平等条约,但与这些国家没有建立外交关系,只能被动地承受义务,不懂得应有的权利,始终处于被动地位,实为没有外交关系所致。从光绪元年(1875)开始,清政府与英国、美国、西班牙、秘鲁建立了外交关系,互派使臣。此后,与日本、德国、俄国、意大利、荷兰、奥国、法国、比利时、韩国等先后建立了外交关系。这些外交关系的建立,表明一个国家开始融入了世界。

《徐公德政碑》。为陈景蕃所撰。陈景蕃,字季芳,号葛溪散人,辽阳城北葛针泡人,是马珲林的外甥。光绪二年(1876)优贡,补直隶平山县训导。"在任数年,以端士习、崇正学为己任。精通古文、古近体诗。至书画金石亦昕夕钩研。书脱何蝯叟(绍基),画出陈道复,金石亲炙于舅西冈老人。"光绪三十三年(1907)归里,他博学多才,热心于女子教育,有《女儿古鉴》行世,还有《葛溪诗抄》《葛溪记文》《话百家姓》等著作存世未刊。《徐公德政碑》并未刻石成碑,仅有此文稿存世。《辽阳县志》编者云:"按此碑文可以为徐州之实录,惟查今城中并无此碑,盖当时已有成议而未果行耳!"因之徐州之绩未得彰显,实为遗憾。今将碑文转录如下,以供参考。

军有范韩[1]威名,破强虏之胆。界分辽海孤城,障半壁之天。如我辽阳州知州,新授庆阳府知府徐公印。庆璋字屿斋,其人固有昭昭在人耳目间者。公山阴望族,辽左蜚声,才只膺百里之区,发系千钧之重,召父、杜母[2],口碑久著于里间。武库、曹仓,擘画独精于帷幄。时则倭人犹未渡江而西折也。而公固已惠周鹤野,价重鸡林[3],声溢三韩[4],威加百济[5]。无何,警飞电报,疑误风声,丹凤城南鼓鼙[6]动地,白狼河[7]北草木皆兵,而公以辽阳为灵气所钟[8]。海氛近逼,沙沉铁锁[9],万人翻鸭绿之波[10],城固金瓯[11],一线延长白之脉[12]。麾十三营练勇,令出如山,有数百贼生擒,阵思背水。说者谓险如孤注,万民恃若长城者,固藉依、长二帅为之先声,亦赖徐公一人为之后劲[13]也。以攻心为上策,共帕首[14]于军中。五月出师,上表而痛陈诸葛[15];单骑见虏,伏地而罗拜汾阳[16]。古有其事,今见其人矣!既而,和议已成,善后有法。公与叶公梨轩[17]设义赈以活民生,恩膏迭沛[18];修堤防以疏水道,福润均蒙。循吏如黄[19],借寇[20]之情难达。彼军皆墨[21],微管之力[22]谁归?岘首[23]壶头[24],不无遗憾。管龙丁鹤[25]克绍前踪[26]。华表撑天,大碑刊擘窠[27]之字,棠阴[28]满地,遗爱留去后之思。德感三生[29],功垂千古!

这个碑文,应该说文字精练,言简意赅,寓意深远,用典颇多是其特点。很多不易理解,因之加注,然后试译如下:

注解:

(1)军有范韩:指宋范仲淹、韩琦大败西夏事。宋仁宗宝元三年(1040),

西夏进攻延庆,时范仲淹、韩琦同任陕西经略副使,范兼延州同知,范韩御敌获胜,威震敌胆。

（2）召父、杜母:西汉召信臣(安徽寿春人,字翁卿)、东汉杜诗(河南汲县人,字君公),先后为南阳太守,他们皆能为民兴利,疏通河渠、整治坡地、广拓土田、发展农业,百姓受益。故当时就流传着"前有召父,后有杜母"之语,实为点赞循吏之词。

（3）鹤野,价重鸡林:鹤野、鸡林均指辽阳。

（4）鼓鼙:军鼓。

（5）白狼河:指大凌河。

（6）灵气所钟:灵气是神话传说中超自然的力量,一种神奇的能力。所钟:钟爱、保佑。

（7）沙沉铁锁:指黄海海战,北洋舰艇被击沉。

（8）一线延长白之脉:一线应该指千山,是说千山属于长白山脉。清朝发祥于长白山,认为辽阳必有神灵护佑。

（9）后劲:在后面运筹谋划。

（10）帕首:是头巾。这里是说徐庆璋与士兵一样以巾包头,意为同甘共苦。

（11）五月出师,上表而痛陈诸葛:蜀汉建兴十二年(234)五月,诸葛亮率军北伐曹魏,出师前上表刘禅(即前出师表)。表中先指出蜀汉形势严峻,"此诚危急存亡之秋也";再反复劝勉刘禅继承先主遗志,"亲贤臣,远小人",特别强调顾全大局,"不宜偏私"左右亲信;最后陈述自己对蜀汉的忠诚和北取中原的决心,"今当远离,临表涕泣,不知所云"。同年八月,与司马懿对峙于五丈原,终因积劳成疾,病死军中,葬定军山。

（12）单骑见虏,伏地而罗拜汾阳:唐代宗永泰元年(765)八月,吐蕃、回纥等来犯,时任河南道节度使的郭子仪,以数十骑免胄(不戴头盔,指没有武器)徐出,见回纥之酋,回纥将兵很受感动,皆舍兵下马齐拜,遂与回纥会兵,大破吐蕃。累官至太尉,中书令,封汾阳郡王,号"尚父",世称郭汾阳,亦称郭令公。

（13）叶公梨轩:叶即叶溶光,字梨轩,曾为县令,甲午战争时期为东征转运委员,主要是向战区运送粮食。战后协助徐庆璋设义赈救济灾民等。

（14）恩膏迭沛:恩膏比喻恩惠。迭为屡次,沛为充足、充沛,意为多次施以丰厚的恩惠。

（15）循吏如黄:指西汉大臣黄霸颇有治绩,可谓循吏的代表。

（16）借寇:寇指东汉寇恂,曾为颍川太守,治绩颇著,后晋升离任。在光武帝南征隗嚣时,寇恂随征,路经颍川,百姓遮道,百姓语光武曰:"愿从陛下复借寇君一年"，后成为百姓挽留地方官的典故。

（17）彼军皆墨：应该指敌军，墨为沉默，不再进攻了。

（18）微管之力谁归？指齐国的公子纠、小白争夺王位事，管仲辅佐小白杀死公子纠取得了政权，即齐桓公，管仲成为宰相，辅佐齐桓公进行政治、经济、军事上的改革，国力强大起来，号令诸侯，成为春秋五霸之首。子贡等认为管仲不仁德，但孔子肯定管仲的作为，不守小节，更注意大节，这就是他的仁德。"微管之力"，意为没有管仲之力，其事能成功吗？

（19）岘首壶头：在湖北襄阳南。壶头：在今湖南沅陵县东，相传山头同东海方壶山相似，因名壶头山。后汉建武二十四年，伏波将军马援征武陵五溪蛮，结果在壶头染疫病死。此处表示失败。

（20）管龙丁鹤：管为管宁、丁鹤为丁令威，代表辽阳人。

（21）克绍前踪：克为能够，绍为继续、继承，前踪为前辈的足迹、事业。意为能够继承前辈的事业。

（22）擘窠：即擘窠书，指按照规定的格式写的大字。

（23）棠阴满地：传说周召公巡行南国，在棠树下听讼断案，后人思之，不忍砍伐其树。后喻指惠政，普遍受到恩惠。

（24）德感三生：佛家语，指前生、今生、来生或前世、今世、来世，意为永远不忘恩德。

试译：

徐庆璋有如范仲淹、韩琦一样的威名，惊破敌胆，支撑着辽海半边天。我辽阳知州，新接庆阳知府印的徐公庆璋，字玙斋，他的业绩昭著，尽人皆知。公绍兴望族，扬名辽东，才虽仅承担百里之区，但责任却如发系千钧之重。有如召父杜母，誉满城乡。他在军事上，无论兵器还是粮饷，都善于筹划决策。在日寇尚未渡江之前，徐公的惠政已遍及辽阳并传满辽东，甚至可威加百济（朝鲜）。

不久，警报飞传，疑云四起，凤凰城之南战鼓咚咚，惊天动地；大凌河以北风声鹤唳，草木皆兵。这时黄海海战已经失败，北洋舰艇有的被击沉海底，上万倭寇已渡过鸭绿江，妖氛逼近。徐公以为辽阳延长白之脉，为灵气所钟，城必永固。他统领镇东十三营，令出如山，孤城背水，破釜沉舟，生擒数百，斩获颇多。虽险如孤注，而百姓却恃其为长城，固然凭借依（克唐阿）、长（顺）二帅迎敌于前，但也要依赖徐公运筹谋划于后。他与士卒共甘苦，主张"攻心为上策"，瓦解敌军。古有诸葛亮、郭子仪，"今见其人矣"，他就是徐庆璋！此后，"和议已成"，他"善后有法"。他与叶令设义赈，救济灾民，多次施恩；修筑堤防，疏通水道，大家受益。公如黄霸、寇恂，吾等虽欲挽留，已不可能。日军被击退，是谁的功劳，当然应该归徐州牧庆璋。但甲午战争还是失败了，不能不说是一种遗憾。辽阳人能够继承前辈的精神，在徐公的带领下守住了古城。撑天的华表上，刊刻大字，书徐公诸多惠政，留下我们思念之情。永远不能忘记他的恩德，功垂千古！

这个碑文从战前、战中和战后三个部分记叙了徐庆璋在辽阳的主要功绩，结构完整，文情并茂，尤其是感恩之情溢于言表，不忘恩、不忘情，体现了中国人民的传统美德。

杨钟羲的《雪桥诗话》。杨钟羲（1865—1940），祖籍辽阳，世居北京，满洲正黄旗，乾隆年间改隶汉军正黄旗。他原名钟广，二十四岁时改名钟羲，冠杨姓，字子勤、梓琴、芷晴等，号雪桥、雪樵、圣遗居士、南湖鲜民等。光绪十一年（1885）中举，光绪十五年（1889）中二甲一百名进士。散馆后授编修、国史馆协修、会典馆绘画处协修。光绪二十五年（1899），被时任湖北巡抚、两江总督端方聘为幕宾，经其推荐曾署理安陆、襄阳知府，继任江宁、淮安知府等。辛亥革命后，他以清朝遗老隐居上海不仕，闭门著述。1914年，一度受聘为清史馆纂修之一。1923年春，他应溥仪小朝廷之召，去北京任清室"南书房行走"，专司文词书画等事，食三品俸，紫禁城骑马。东北沦陷后，他虽"奉召"，并未赴任，只充挂名的"奉天国立博物馆"馆长，并参与纂修《奉天通志》。金毓黻编辑《辽海丛书》时，曾为入选的《全辽备考》《使辽语录》《辽纪》《雪屐寻碑录》《毛诗古乐音》五部文集题写书名，其字亦自成一家。民国二十九年（1940）秋，病逝于北京，谥"文敬"。一生著述颇丰，有《八旗文经作者考》《留坨杂著》《骈体文略》《圣遗诗集》《铁史余习》《白山词介》等，并与表兄盛昱合编《八旗文经》等，但最能体现其学术品位的力作当推《雪桥诗话》。

《雪桥诗话》是杨钟羲用十多年时间写成的巨著，分四集，包括初集十二卷、续集八卷、三集十二卷、余集八卷，共四十卷，约一百三十万字。二十世纪八九十年代已经由北京古籍出版社先后出版。杨钟羲在初集跋中说："不足括一代诗之全"，但"因人及诗""略于名大家，详于山林隐逸，尤详于满洲"。事实是囊括了"名大家""山林隐逸"及所有"满洲"诗人。有人说："所涉人物累以万余计"，堪称清代诗人之大全。《雪桥诗话》应该是一部清代诗歌发展史，对了解清代诗歌的源流、发展、变化有极高的参考价值。杨钟羲属于跨时代人物，但其《雪桥诗话》却涉及有清一代，研究清代诗歌者不可不读。应该特别指出，《雪桥诗话》每集每卷都署名"辽阳杨钟羲撰集"，说明其家乡观念还是很深的。

一是《雪桥诗话》几乎收录了清代全部诗人及其诗作，更多的是介绍了那些鲜为人知的诗人及其作品，给清诗研究者与清诗欣赏者提供了丰盛的脍炙人口的精神大餐。许多不知名的诗人，不乏上乘之作，很值得品味。吴蘅皋的《早梅》，其中有"几点雪非雪，一枝春未春"之句，既是写实又有寓意。几点开放的白色梅花似雪非雪,说明冬天渐渐逝去;一枝梅花的开放还不能表明春天的到来。十分清新秀丽,表现手法高超,从此句中读者已经可以嗅到春天的气息。女诗人史蕴辉的《咏落叶》,其中有"堕地便成无用物,因风时作不平鸣"之句,也是既有写实又有寓意。深秋时节落叶是很自然的,诗人却感悟到落叶已经没有用了,也就是没有存在的价值了。对此,连风都为之"时作不平鸣"。这里有多方面的寓意,读者自可体会。实际也有自警之意,不能成为"无用物",应该自尊、自强,有所作为。她还有《落花》一诗,其中有"身前慧业惊心梦,悟后繁华过眼尘"。《落花》与《落叶》两者寓意相同,"身前"虽有"惊心"的"慧业",最后也都成了过眼烟云,颇有些伤感。杨钟羲在介绍诗人与诗作的同时也时有自己的评论,或借他人之口加以评论,这更是《雪桥诗话》的一大亮点。他对史蕴辉诗的评价是"绵苕温丽,咏物中时见寄托"。意思是说,很有特色,鲜明深刻,温润秀丽,咏物多所寄托。他在诗评上强调"感托"二字,即感情与寄托。阎潜邱挽刘超忠诗:"老泪不能多,声声唤奈何。平生知己尽,万事任蹉跎。"认为这首诗感情至深,他引用邱尔求的话说:"诗以道性情,归于体要。强笑不欢,强哭不哀,无情之言,虽工不贵。"杜于皇诗有"南辕北辙无穷路,只为千秋不为贫""诗易学成真翼圣,春秋编定可书王"之句,他赞同钱饮光的看法,认为"超出尘外,令人有振衣千仞之思",肯定其有高不可攀的寄托。总之,诗以感情、寄托为重,有所为而作,不是无病呻吟、风花雪月。以此作为评价的标准,确实可以评出诗作的高下。

二是《雪桥诗话》录入了许多赞美、歌颂鸦片战争以来广大人民群众(包括爱国官兵)反抗外国侵略的光辉诗篇。如鸦片战争期间,广东水师提督关天培在虎门炮台多次击退英国军舰的进攻,投降派以为不实,特派时任兵部尚书的祁寯藻前往察勘,具陈战胜属实。杨钟羲写道:"虎门创造木排铁链,及增改诸炮台,皆所部署。六十生日,太夫人在堂",已逾八十岁。道光二十一年(1841)"二月,督战靖远台,铍交于胸,以创陨于阵",完全是琦善不发援兵所致。"先是尚书(指邓廷桢,曾任两广总督,时任闽浙总督)与林文忠(即林则徐),以筹海驻虎门。中秋之夕,偕滋圃登沙角炮台望月,遂极山巅。滋圃战殁,尚书亦成伊犁。其壬寅(1842)伊江中秋诗:今年绝域看冰轮(指圆月),往事追思一怆神(悲伤)。天半悲风波万里,杯中明月影三人。英雄竟污游魂血,枯朽空余后死身(指自己)。独念高阳旧徒侣(有高阳酒徒成语,这里指旧部),单车正逐玉关尘(指林则徐正在奔玉门关赴流放地)。时文忠亦将出关也。"

咸丰十年(1860)七月,英法联军进攻大沽口,有直隶古北口提督威毅公乐善"时守石缝炮台,击败之。相持一日,而我兵无后继者,炮台及火药局火起,兵多受伤死,知不可守,遂自刎,投于河。副将扎某从之。僧邸节节退守,夷人遂入犯淀园,内务府大臣文丰殉节福海,郎中清泰全家自焚,穆竹村为作"四君咏"。乐善、扎某、文丰、清泰都是旗人,如此以身殉国者似乎不多,很值得赞佩。但《四君咏》内容如何? 杨钟羲却省略了。甲午战争期间有永山者,在凤凰城英勇战死,十分壮烈,杨钟羲告诉我们永山是袁崇焕的七世孙。他写道:"富治庵将军明阿,汉军袁氏,籍黑龙江,为明督师崇焕六世孙……以江宁将军乞休。同治丙寅(1866)起家,授吉林将军,在官五年,剿马贼、招流人,辟地至数万顷。庚午(1870)归田,年届八十,犹作小楷。常援长文襄公旧事思自效。长文襄公即长龄(1758—1838),姓萨尔图克,字修圃,号懋亭,蒙古正白旗,历任总兵、提督、巡抚、总督等职,善谋略颇有战功。晚年晋封太傅、大学士、一等威勇公,卒谥文襄。长龄曾出任吉林、黑龙江领兵大臣,与富明阿很有交往。明阿子寿山、永山,皆娴骑射,通文义。永山三等侍卫,甲午领兵拒日本,战死凤凰城,谥壮敏。先是有富尔丹、富僧格为黑龙江将军,咸有名,称富将军。故土人兼公汉姓,称袁富将军以别之。"这些都是鲜为人知的事例,也是进行爱国主义教育难得的教材。

三是《雪桥诗话》容纳了大量的历史掌故、趣事逸闻等方面的知识,可以开阔读者的视野,堪称一部优秀的文史"百科"。所谓诗话,就是有诗有话,海阔天空,无所不谈,属于随笔性质。其中许多事例不仅鲜为人知,也可以解开一些人们想要知道的谜团。我常想王尔烈作为关东才子,民间很有名声,为什么不能列入《清史稿》呢? 读了《雪桥诗话》找到了答案,颇有豁然开朗之感。除了其他原因之外,最主要的是官职级别不够。杨钟羲告诉我们:"史馆照例进书皆大臣传,无三品以下官。"这就是说按照史馆的规定,必须是三品以上的官员才能入传,否则不能入传。乾隆都认为这样的规定是不合理的,他说:"前以国史原撰列传,止有褒善。恶者惟贬而不录,其所以为恶,人究不知,非以传信"。还说:"列传以人不以官。大臣中如有足纪及过迹罪状,自当直书。若循分供职,历任未久,无所表见者,其人本无足轻重,何必滥登? 使仅以爵秩崇卑为断,则科道中有封章建白,实裨国计民生者,转置而不录,岂非缺典?"这些话有两层意思:一是列传应该贬恶扬善,不能仅是"褒善","恶者"应该指出"所以为恶",让人知道。善恶都应该入传,否则就不是信史。二是"列传以人不以官",列传是给人列传,不是给官列传,大臣中有遵守纲纪值得表彰者及犯有大罪应该惩办者都要秉笔直书。若"以爵秩崇卑为断",必然造成那些"无足轻重"的人入传,岂不是"滥登"? 而那些科道中的建言确实有利于"国计民生者",却"转置而不录",岂不是令重要的文献缺失了吗? 据此,乾隆三十年(1765)降旨:"开馆重修,详议条例。"应该说乾隆的话是很对的,可是详议的结果仍然坚持原来的规定。"今据奏称:满汉大臣定以官阶分立表传,旗员自副都统以上,文员自副都御史以上,外官督抚提镇等,果有功绩学行及获罪废弃原委,惧(俱)为分别立传。"乾隆很不满意,虽"屡次申谕馆臣,卒因循未能奉行",他亦无可奈何。我们知道,王尔烈嘉庆四年(1799)以大理寺少卿致仕,只是正四品,不能入传是必然的。

汤茗孙有咏新疆诗八首,实际是介绍了八个城池的历史,特别是对城池得名语意的解释,读后深有所感,增加了不少地理历史知识。如:喀什噶尔,说"回语喀什为各色,噶尔为砖房,其地庶富,多各色,砖房,故名";叶尔羌,"叶尔谓地,羌谓宽广,其地宽广,故名"。和阗,汉朝时为于阗国,"和阗即古于阗之转音也";阿克苏,"以水得名,阿克谓白,苏谓水也"。在夹注中进一步解释云:阿克苏北有郭勒河,其南又有雪山,终年不化,因以得名;乌什,"乌什即乌赤山城,居山上故以名焉";库车,"库谓此地,车谓智井也,其地多智井,故名"。所谓智井,是指井枯竭无水之意。新疆连年战乱,许多坎儿井遭到破坏,无法通水造成枯竭;喀喇沙尔,"喀喇谓黑,沙尔谓城,年久黑色也";英吉沙尔,"英吉谓新,沙尔谓城,其城新建,故曰英吉沙尔"。

历代历朝的皇帝都要求自己的臣下忠于自己,乾隆更懂得这一点。正因如此,他对顺治、康熙以及雍正时期过于表彰明末降将的做法不以为然,认为那是对"忠君"思想的极大冲击,应该改变。毫无例外,洪承畴等都被列入"贰臣传",洪承畴更被列入甲编。"庚戌以详校文溯阁四库书,于役沈阳"。是说宣统二年(1910)杨钟羲到沈阳文溯阁校核《四库全书》,他看到了《大凌河咏事诗》(可能为乾隆所作),其中云:"末路纵缘心力尽,甲编难恕姓名收。一厄重酹张总兵,千古凌河水自流",这里是说洪承畴救援锦州,即使用尽了心力,也终于失败而投降,虽为清朝统治者立下汗马功劳,也难免列入贰臣传。与洪承畴同援锦州的总兵张春却至死不降,值得纪念,与大凌河水一样长流。"伏读高宗御制全韵诗注谓:经略洪承畴虽为明贰臣,而我朝平江南等处,实资其力。"

杨钟羲认为辽、金、元史中有许多错误,究其原因是不懂民族语言造成的,产生许多误解。如"古北口元史名留干岭,于义无取。元语色青为纽干里。留者纽之讹,岭者里之讹也,当作纽干里,见高宗御制诗注。辽史人名迭剌,又作迭剌哥,又作迭烈哥。金史地名曷苏馆,又作合速馆,又作合厮罕。元史皇后表载光献后名孛儿台旭真。后妃传但作旭真,特薛禅传又但书孛儿台,此类不可枚举。皆由作史者不谙音译,以意为之,遂致割踳(同舛)驳。元史速不台、雪不台二传,文有详略,而事实则一(两者是一个人)。忽剌出已附直脱儿传,复为立专传。皆由作史者莫辨谁何,考订疏谬之故。"杨钟羲所列举的这些错误都是存在的,实际远不止如此。读中华书局出版的《辽史》《金史》《元史》,每卷后都有校勘记,其中人名、地名、官名译错者是大量存在的。如《元太祖本纪》有"居数月,有民数十家自统急里忽鲁之野逐水草来迁"句,统急里忽鲁后缺一罕字。忽鲁罕、火鲁罕、豁罗罕是蒙古语小河之意,应译为统急里河。诚如钟羲所言:"不谙音译"所致。还有错写一字,就可能出现天大的笑话。翁方纲在其所著《两汉金石记》中,附记苏佛儿一条:"方纲乾隆三十五年(1770)莅琼南(海南岛),试竣,谒苏文忠(即苏东坡)祠。有青衿(指秀才,有知识者)迎者,称文忠后人,持家谱一帙云:公(指苏东坡)在儋耳(今海南省儋县)娶符三婆,生一子,名佛儿,留海南,今其后也。然无由直断其伪。今年(即乾隆三十五年)秋学官来省曰:此人所恃谱内一语,与王氏年谱合。曰苏公渡海归至廉州,于合浦青乐轩有寄苏佛儿语耳。方纲因检王氏年谱,非寄字,乃记字。检公集(指苏东坡文集),此文是八十老人苏佛儿来与公论契(可有二解,一是甲骨文称契;二是投合融洽),而公记其语,岂公之儿哉?"关键在寄、记二字,前者被理解为苏东坡给儿子寄信;后者是说两人讨论问题之后苏东坡记述了当时苏佛儿说的话。这虽是一桩笑话,却反映了人们攀高结贵的思想意识;同时,说明"名人效应"自古就有。

四是《雪桥诗话》对刚正廉洁、为民多有善举的清官良吏倍加称赞。应该说,清初官场中多数都是唯唯诺诺,皇上就是金口玉言,明知不对也是大声说:"咋"!甚至再恭维几句。但刚正不阿的骨鲠之臣不是没有,而是太少了,徐沛潢就是其中的一个。"先是由兖宁道擢山东按察使,改调广西。时巡抚都御史入觐,世宗(雍正)谕之曰:徐某汉军中第一人物,朕故特擢以佐汝。巡抚言其精力已衰,坐是被调(因此没有被升调)。及秩满入觐,上见之惊曰:徐某矍铄乃尔,谁言老者!擢河东河道副总督,谕令:与总督田文镜和衷办事。又令:有事密奏以闻。公不敢奉命,上问故,对曰:臣与总督共事,苟有所见,竭诚商榷,虑无不听,如果刚愎自专,臣亦可露章弹劾。动辄密奏,恐各怀猜忌,有负陛下和衷之训。上以为然。至河南,文镜接见,首述上谕及奏对语。文镜大服,诸事委心焉。语人曰:徐公乃直桶子人。直桶人,谚语,言其无回曲也。"徐沛潢可谓直来直去,不会婉转,敢于说出自己的想法,但说得很有道理,雍正也只能"以为然"。

贪官污吏任何朝代都有,但大半都在一个朝代的后期,越来越严重,直到改朝换代为止。这是一个怪圈,谁也避免不了,清朝也不例外(当然这是指阶级社会)。所以清初清官廉吏还是有的,史容庄就是一个。"江都(今扬州)史容庄司寇(掌管刑狱、纠察等事,相当于尚书),家本贫寒,室恒不举火(不点灯)。蒋太夫人以针黹易油(以做针线活换取灯油),父子一席读。甲辰(康熙三年,可能有误)南巡,荐赴(意为多次去过)召试(召集考试)。囊十余钱,薄暮无所投宿,露坐田家石磨上。自谓彼时心无所慕,卧观星斗,颇觉自适。丁卯(康熙二十六年)视学四川,捐廉(自己出钱)修成都考棚,以清严得士心。前后主试三,为学政三,累迁五部。戊戌(康熙五十七年)请开缺。折有册年

(读系,四十年)京宦,豢养恩深。侨寓京师,家无半亩语。其送人之(往)粤东作令(县令)云:为政先宜除害马,好官不但饮廉泉。非为诡服以钓虚誉者比也。"史容庄一生为官,坚持"除害马、饮廉泉"的原则,做"好官",严于自律,告老还乡时"家无半亩"之田,可谓循吏。

人浊我清。做清官、好官也是不容易的,可能遭到打击、迫害,蒙受不白之冤,金景翁就是一个典型的例子。扬州别驾(官名,清代为州判,习称别驾,掌粮运及农田水利等事务)金景翁抗灾救灾,全活无算,深受百姓爱戴,结果却遭到贬抑。康熙三十五年(1698),扬州"自夏徂秋,淫雨弥日夜,飓风震雷交作。河水暴溢,直簿城下。西南隅接大湖,地势卑簿,岌岌乎不可终日。公捐俸购木,选健卒,悬重赏,率吏民坚筑两关。上下闉(瓮城的门,还有堵塞之意)阇(城门上的台阶),履行泥淖中,凡三昼夜,城卒以全。又设厂煮米,全活无算。卒以河事见累(牵连,终因河事受到牵连),摧抑顿挫(立刻遭到摧挫贬抑)者数年而不复"。许多人为此鸣不平,"廷议纷纭未息争"。甚至有人发出"廉吏果然为不得"的长叹!

五是杨钟羲不仅称赞清官廉吏,同时他也不断地讴歌康熙,认为他识人、宽容大度,了解官场存在的弊端,不听信密奏弹劾,深感"圣祖"之英明。他提到:"陈沧州先后论罪,皆荷圣祖特宥,旋被旨起用,初守江宁,为总督阿山劾罢。命入京纂修四朝诗选。康熙戊子以总督邵穆布请,特授苏州知府。次年诏署布政使事。先是噶礼劾其为张伯行私人,潜通海盗,题虎丘诗怨望大不敬。至是续劾其清查亏空,核报不实。部议遣戍。得旨入武英殿修书。尝谕云:陈鹏年稍有声誉,学问亦优。张伯行听信其言,是以噶礼欲害之。阅其诗并无干碍。即末句鸥盟(与鸥鸟为友)二字不过托意渔樵(意为与鸥鸟为友者,乃指渔樵),云云。"康熙确实识才、爱才,甚至护才。他允许官员有错误,要作具体分析,不能无限上纲,更不轻动杀机。康熙认为,陈鹏年"稍有声誉,学问亦优",是"噶礼欲害之",所以仍然信任陈鹏年,给予更好的工作。

毋庸讳言,杨钟羲不能不受时代与阶级的局限,在《雪桥诗话》中不能没有反映。如称清朝为"国朝"、称辛亥革命为"国变"、称企图复辟活动为"以谋匡复"等,又如称太平军、义和团为贼等,始终坚持原来的立场,"盖去国二十五年,都人士衣服不贰,出言有章之风,邈乎不可复见矣"。其号圣遗居士、南湖鲜民等,足可证明他一直怀念胜朝。他有《中秋对月和身云》:"何事新阳改故阴,延秋赏月旧时心。桂香四出霏黄雪,竹影横陈踏碎金。中夜清辉当户正,隔年酒病怯杯深。西风吹换人世间,怨曲嫦娥不自今。"在学术观点上,赞扬程朱理学,贬抑陆九渊、王阳明、戴东原等,以清廷所倡官学为是非,未免偏颇。对风水、求雨、祥瑞、凶兆等一类迷信不断宣扬,美化封建礼教等,不一而足。但从总体上看,还是不可多得之作,其参考价值是主要的。

王永江的《辽阳乡土志·序》。这是王永江为《辽阳乡土志》写的序文,指出及时编写乡土志之重要,是进行爱国教育的基本教材,论述了爱乡与爱国的关系,强调不爱乡就不能爱国。从这些论述里,可以看出王永江的辩证思想,是值得充分肯定的。在一百多年前,能够提出这样非常正确的观点,在今天对我们也很有教育意义。

王永江(1871—1927),字岷源,一字铁龛,金县人。县学生员,补廪贡(可以得到生活补贴),与其弟永潮并称"金州二王",能文有声。他还精通岐黄之术,曾悬壶济世以赡家。光绪三十二年(1906),辽阳州创设警务学堂,经袁金铠的推荐来辽阳任教员兼监学。学员毕业后,转主辽阳警政,任警务长。在职数载,颇有治绩,闻名于辽东。张作霖统治时期,历任奉天省警察厅长、财政厅长等职,直至省长。匠心独运,颇多举措,如立大学、修铁路、建工厂,"开东省未有之局"。后来,反对张氏挥霍民财,穷兵黩武而去职,金毓黻先生撰有《王永江别传》可供参考。永江治《易》有年,造诣深厚,著有《易原窥余》;诗学太白,有《铁龛诗草》存世。

光绪三十三年(1907),根据学部(教育部)的要求,各州县都要编写乡土志,作为对学生进行爱国教育的教材。于是,全省掀起了修志之潮。先后出版了近30部乡土志,《辽阳州乡土志》就是其中较好的一部。编辑《辽阳州乡土志》,由白永贞主其事,阅半载而告成,请知州洪汝冲、警务长王永江作序,列于卷首,1908年由奉天习艺所出版铅印本,通称《辽阳乡土志》,市档案馆有收藏。

王永江的《辽阳乡土志·序》是一篇精美的散文,文字洗练,没有一句可有可无的话,全文不到五百字。照录如下:

人有爱乡心而后有爱国心,不能爱乡而谓能爱国者,是谰语也。夫先人堂构(富丽堂皇的房舍)虽艰,窖藏(窖里储藏的贵重物品)虽富,而后人不知之,则举而弃之,也必不甚爱惜,人之于乡亦犹是。数百年来,文人学士敝精帖括(八股文),举天地之大,万物之多,而惟应试之知。虽生斯、长斯之乡,出门跬步(半步),任举一名一物,有茫然莫辨者。故一旦受外人激刺之危,觉此乡与吾直若渺不相关而放弃于不顾,则以爱乡心早销灭于隐微之中而不觉也。乡且不爱何有于国,然欲人知爱乡,必先使人知此乡之历史沿革及往事、现势之经营缔造,人事天产皆足宝爱,有不容漠然置之者,则爱之心自油油然相生相依而不能恝然(冷漠、不关心的状态)。则乡土志一编胡可少哉。矧(况且)当百度维新之际,变法更章日异而月不同,而巡警、教育、自治诸新政以次迭举,倘无以研究乡土之情形参定适宜之法,俾(使之)与此乡之历史、地势、民情相称流毙且不可胜言,则乡土志一编更胡可缓哉。余友邑绅永君佩珩,承提学宪命与辽阳诸绅分类调查编辑,辽阳乡土志将付梓。知州事洪味丹刺史(知州的别称)既为之序,余亦深喜是编之成,其关系有非浅鲜者,自愧谫陋(知识浅薄、孤陋寡闻),草草书此,惟冀读是编者,毋徒作文墨观(不要将其视为一般文章看)焉。是为言。

光绪三十四年(1908)十月朔日辽阳警务长王永江书。

这篇序言可分为三段:

第一段:作者提出"人有爱乡心而后有爱国心,不能爱乡而谓能爱国者,是谰语也"。说明爱乡是爱国的基础,批判了那种不爱乡也能爱国的错误论调,认为是"谰语也"(诬赖的话、没有根据的话)。这是这篇序文的中心论点,与所序之乡土志紧密结合,没有不着边际之感,十分贴切。

第二段:作者通过比喻提出问题:"夫先人堂构虽艰,窖藏虽富,而后人不知之,则举而弃之,也必不甚爱惜。"是说先人创业维艰,家藏万贯,后人不知道,随手弃之,也不知道爱惜。接着提出"人之于乡亦犹是",是说人对自己的故乡或家乡何尝不是如此呢! 人为什么不了解自己的家乡呢? 作者认为"数百年来,文人学士敝精帖括,举天地之大,万物之多,而惟应试之知。虽生斯、长斯之乡,出门跬步,任举一名一物,有茫然莫辨者。"作者在这里痛切批判了那些文人学士只知道学习已经凋敝的八股文,"天地之大,万物之多",知识应该包罗万象,而他们惟有"应试之知"。对"生斯、长斯"的家乡也是一样,如果走出家门半步,有人随便问到家乡的人和事,有的就会茫然不知所以。这种切中时弊的认识很有现实意义,我们今天存在的应试教育不是与此很有相似之处吗? 正因如此,一旦受到外来侵害,就觉得家乡与自己"渺不相关",也会弃之于不顾,他的爱乡心早已消失在"隐微之中而不觉也"。家乡尚切不爱,焉能爱国呢! 紧扣序文的中心论点。那么怎样才能使人热爱自己的家乡呢? 首先便是让他知道家乡的历史,了解往事沿革及"现势之经营缔造",了解家乡的人事、物产,都值得"宝爱",有许多不容漠视之处,久之爱乡之心油然而生,感到自己与家乡有不可分的情结,再不会淡然置之了。既然是这样,怎么可以没有乡土志呢? 何况当今"百度维新之际"、"变法更章"之候,更是"日异而月不同",巡警、教育、自治等正在次第举行,在这种情况下,如果我们不能采取正确的方法对家乡进行研究,使之与家乡的历史、地理、民情相适合,前面提到的诸多弊端仍然无法避免。因此,编写乡土志必须及时,绝不可延缓。

第三段:作者简要指出,《辽阳乡土志》是奉教育行政机构"提学"之命,由我的朋友"邑绅"白永贞(字佩珩)带领"诸绅",经过调查、编辑而成。在即将刊印的时候,知州洪汝冲(字味丹)已为之作序,我也非常高兴《辽阳乡土志》的编成出版,认为很有意义,自愧学识浅陋,草率写了上面的文字,唯独希望读《辽阳乡土志》的人,不要把它当成一般笔墨文章去看。这就是我要说的话。最后要标明时间和作序者的名字。时间是光绪三十四年(1908)十月朔(初一)日(10月25日),作者是辽阳警务长王永江。

这是一篇议论文,有观点、有例证,做到有理有据;论述问题层次清楚,详略得当;语言朴实,通俗易懂,很值得一读。特别应该指出,百多年前王永江的观点与今天完全一致,真是难能可贵啊!

第五节　清代辽阳艺术

清代辽阳的艺术内容是十分丰富的,应该包括书法、绘画、篆刻、雕塑、建筑与工艺美术以及民间艺术等,但限于资料我们只能着重介绍书法与绘画。近年庄志学、张百生等先生在《乡土》总第 24、25 期上发表了《辽阳古代书画名人录》一文,很有参考价值。其文开头说:辽阳历史悠久,是东北第一城,"山川秀丽,地灵人杰,在政治、军事、经济、文化等方面人才辈出,尤其书画艺术方面更是成就卓然,如镶嵌在蔚蓝夜空的繁星,发出闪烁耀眼的光芒"。据他们的不完全统计,自北魏至清代道光二十年(1840),有录可查的辽阳籍书画家达二百余名。其中,明代最多,有七十多人;清代次之,有四十多人,如果延至清末可能超过明代。稍后,我们又看到了王鸣玮、戴有东、庄志学等先生编辑出版的《辽阳近现代墨迹》,其中"收集了 141 位人士遗存的 220 幅书画",都是我们渴望见到的精品。诚如李维智先生在序言中所说:"它不仅为广大书画爱好者、读者提供了一部饶有价值的辽阳近现代书画专著,也为辽阳文史研究提供了宝贵资料,将会对后世书画产生深远的影响。"可谓造福今人、惠及后人,功德无量! 本节在编写过程中较多地参考了《辽阳近现代墨迹》,在此加以说明,以示不掠人美。

一、书法

书法是一门古老的汉字的书写艺术,是中华民族文化的重要组成部分。从甲骨文、金文演变而来的大篆、小篆、隶书,直至东汉、魏、晋逐渐形成草书、楷书、行书等书体,一直都在散发着独特的魅力,吸引无数的文人学士孜孜以求,涌现许多卓有成就的书法家。尤其是王羲之的出现,使书法艺术大放异彩,为历代书法家、爱好者尊崇至极。由于唐太宗李世民的提倡,虞世南、欧阳询、褚遂良、颜真卿、柳公权等大家蜂拥而起,对后世影响深远。再经宋、元、明、清的不断发展,已经成为一个民族符号,代表了中华文化的博大精深与长久不衰!

清代堪称中国书法艺术史上的中兴时期,既有继承,也有创新。有人认为,清代的书法超过了明代,主要表现是早期的帖学一统到中、晚期,碑学的兴起并逐步走向昌盛。清代的书法家很多,早期有王铎、傅山、朱耷、沈荃、高士奇、笪重光等;中期有张照、刘墉、翁方纲、永瑆、铁保、孙星衍、钱大昕、郑燮、汪士慎等;晚期有何绍基、赵之谦、俞樾、翁同龢、吴昌硕、康有为等。清代辽阳的

507

书法家很多,列入全国史册者不乏其人。如吴雯、徐元梦、马雄镇、马国桢、金铁等,诸书虽多有记载,但见不到作品,无法品评,可置而不论。见到作品者,第一位应该是马长海,其次有王尔烈、马琤林、刘文麟、蒋维垣、杨能格、赵祖昌、陈景蕃、马乐溥、侯乃封等,依次加以介绍,稍作评论。

马长海是诗人,前已有介绍,他亦善书画,可谓诗书画俱佳。画没有见到,但他的墨迹辽宁省博物馆有收藏。有一条幅,写于"癸亥阳九",即乾隆八年(1743)重阳节,是他和陈景元(字石间)的一首五言诗,诗书皆为上乘。内容是"八翁五百岁,遇合本来难,具有闲丘壑,都无俗肺肝。菊开重九会,簪尽古人欢。桑落一樽酒,霜风郭外寒。伊谁嘲落帽,亦自笑披衣,雁下寒云响,枫明古木稀,衣冠犹俭朴,物理入精微,晚照生城郭,浩歌何处归。"诗后有小字注解:"余老病思理归山,不能得计,悲夫。"题款小字"癸亥阳九。石间长先生召集诸老大姿堂谦集赋五言律诗次和求教。卢溪弟长海草"。

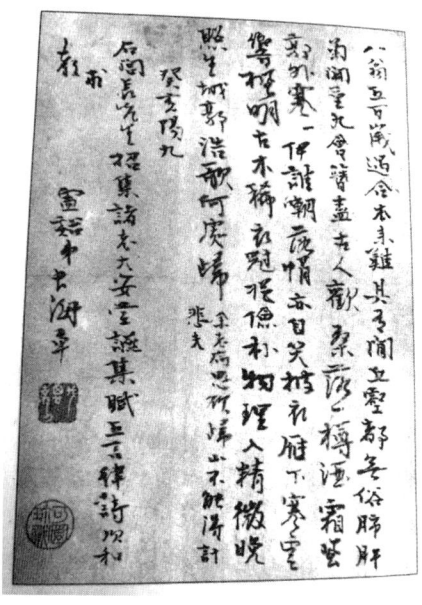

马长海墨迹

这首诗的意思是:八位老人加起来已经五百岁了,遇到一起本来很难,接着写重阳节老人们在山上聚会,饮酒言欢,甚至相互嘲讽取乐,观赏秋天的景致。最后,长海很有感慨地提出"浩歌何处归"。今后去哪里?很有思乡之念。

这里整幅是用行书,但行中带草,容易辨认。笔法有轻有重,字体有大有小,大小错落,节奏和谐,锋棱鲜明,骨力感较强。行宽字密,个别处欲断还连,温润恬和。布局紧凑,放笔直书,一气呵成,自然流畅,颇有二王笔意。袁枚在《随园诗话》中谈到"辽东三老"时说:"戴亨字遂堂、陈景元字石间、马大钵字雷溪,三人皆布衣之士,诗宗汉魏,字学二王",此言不虚也。这时他已有疾在身,十分伤感,于次年三月辞世。爱易水雷溪之胜,筑室居之。晚年入京居委巷,悬画四壁,日吟哦其间。诗作遵古人法度而不泥古,断句尤佳。

王尔烈(1727—1801),不仅善诗文,更善书法,其存世书法作品被收藏在省市博物馆。辽阳乡土研究会搜集其二十七件作品辑录成《王尔烈墨迹选》出版,对书法爱好与研究者提供了极大的方便。

王尔烈的楷书,小楷有乾隆五十八年(1793)为其姨父姨母所写的《待封薛太翁暨德配刘太夫人六帙开六双寿序》,其书一丝不苟,平正工整,端庄凝重,法度谨严,做到了"平、直、均、密",用墨浓黑,沉着稳健,似有颜鲁公笔意。但馆阁体习气较重,乌、方、光的弱点明显,毫无变化,更缺个性。由于字数较多,布局过密,稍欠舒朗大方。

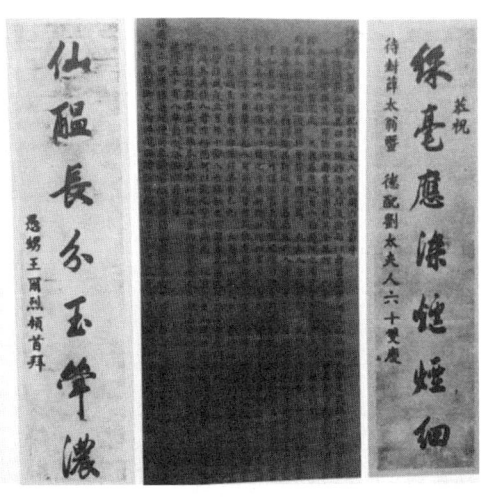

王尔烈楷书

遗憾的是此书有一个很大的疏忽,两边配置的寿联却题写为恭祝"待封薛太翁暨德配刘太夫人六十双庆"。究竟是"六帙开六双寿"还是"六十双庆",不知孰是。但序文说得很清楚:"今岁为太翁太夫人周甲开六双庆",显然应该以"六帙开六双寿"为是。关键是在这样问题上怎么能搞错呢? 真是不可思议。

王尔烈的草书有《论学道》,市博物馆有展出,内容为:"学道者譬如游山,必上绝顶,坐使天下高峰,远岫、卷阿、大泽悉新其状,岂不伟与。静观万物之理,得吾心之说也;易动处万物之分,得吾心之乐也。难是故智仁合一,然后君子之学成。学问之道但默坐澄心,体认天理,则私欲还释矣。"不难看出,他的草书确出于颜、鲁,真、草并行。从《论学道》看,字字独立,点法运用频繁,用笔古朴含蓄,从全幅布局看,行距宽松,字距有的略嫌紧凑,字有大小、

王尔烈草书

509

有轻有重、富于变化、用笔精熟、气势苍劲古朴。

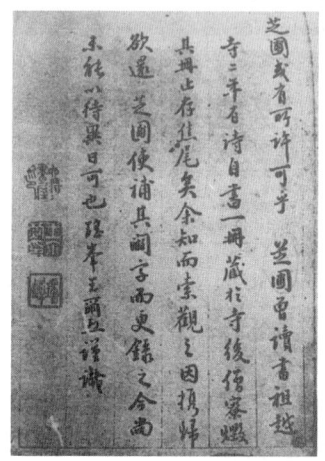

王尔烈行书

王尔烈的行书,颇有特点,值得推崇。行书介于楷隶与草书之间,没有楷隶与草的功力,难于写好行书。王羲之的《兰亭序》,被称为"天下第一行书"。王尔烈"书宗二王",用功极勤,对"二王"的行书领悟较深。留下的墨迹较多,从总体上看,确实体现了行书的口诀:"行笔而不停,著纸而不刻,若水流云行,无少间断,永存乎生意也。"具体地说:游千山题书、致孙一樵、致孙世台复信(见《王尔烈史料集注》)等,都是行书,很有特点,值得学习。所有的题书、题跋、复信都是一气呵成,有些补漏字可以说明,体现了水流云行,确无间断,秋纤间出,行中带草,风神洒落,姿态俊美。字有大小,变化无常,有的深厚端庄,有的含蓄凝重,有的遒劲酣畅。

总之,王尔烈的书法,客观地说可谓长短互见,以行书为最佳。虽"宗二王",又习颜鲁,但欠神似,更乏独立创新,未能形成自家的风格,平淡而少神采。这才是他不能跻身全国一流书法家之列的根本所在。

马玶林,善诗亦善书,不宗一家,追求古朴。其作品应该很多,惜无法见到,《辽阳近现代墨迹》只收对联一件,上联是:"果于古人书无不读";下联是:"自能天下事大有为"。① 在下联中部落款西冈马玶林,并有钤印两方。一为白文,一为红文,字迹已不清。该联为行草八字联,意思是倘能多读古人有益之书,学以致用;自然能承担天下大任,大有作为。提倡读书,培养能力,勇于肩起责任,为社会服务。这是对后人的谆谆教导,今天读起来,仍有现实意义。其书一气呵成,随意挥洒,自然流畅,古朴秀美。字有大小,搭配和谐舒展,平静俊逸,别具一格,给人以愉悦之感。

刘文麟:前有介绍,他是杰出的诗人,亦善书。《辽阳近现代墨迹》选其自吟《千山出云作》诗稿一幅,可谓诗书俱佳。整幅布局竖写七列,第一列诗题,六个字。二至七列为全诗正文一百五十字,无款识年月,应该是弃官归里后重游千山之作。诗中描写了千山的景致,突出其风云变幻,难于琢磨,反映了诗人心态,有所寄托。但是,诗人还是十分关心人民的疾苦,"是时苦久旱,兆民活无赖。风从西北来,甘澍忽滂沛。云犹在山中,雨已在山外。雨歇云亦还,太虚月无碍"。一场及时雨,诗人感到安慰。通篇行书,偶间草书,随意挥毫,

---

① 《辽宁近现代墨迹》,第3页。

一气呵成,字紧行宽,字形开张舒展,线条连贯,平顺流畅,潇洒飘逸,富于变化。相同的字,如山、云、一、万、雨等,有的大小不同,有的字体各异,有的轻重有别,俊丽多姿,清秀利落,丰润圆熟,似乎笔端毫间处处流露雅人深致的才情。从正文第四列"物"字起开始偏左,是其不足,但也反映了所书并非刻意所为,表明"随意挥毫"之说不虚也。

蒋维垣(1824—1876),字掖臣,"由山东移居海城,入辽阳籍"。《辽阳县志》说他:自幼聪敏好学,"受业于宋尔公兄弟"。因家贫,夜间"常以香火代烛照读",学业益进。咸丰五年(1855)中乙卯科举人;同治二年(1863)中癸亥恩科二甲三十四名进士,庶吉士散馆后,授编修,经过大考,奉旨改为内阁中书,在阁行走。"历充实录馆校对、国史馆协修、仓厂监督"等。光绪二年(1876)分发福建同知,寻升台湾抚民清军府知府,赴任途中,猝然病逝,上封奉政大夫。著作有《蒋氏文集》《蒋氏诗集》《朱批四书注解》等,然"均毁于兵燹",实为可惜。他能文、能诗,亦善书法,见到的作品不多,《辽阳近现代墨迹》收有对联与横幅各一件。

蒋维垣墨迹

对联的内容是:"读书期于物有济,作事求其心所安。"①下联中部小字款识为掖臣蒋维垣,并有钤印两方,均为红文,一为掖臣;一为蒋维垣印。联意是读书的目的在于致用济世;办事要做到问心无愧。提倡读书、做事认真,不苟且,清正廉洁,有益于社会。实际是针砭时弊,很有实际意义。整个布局严谨有序,字体方正秀美,运笔厚重,用墨较浓,遒劲有力。字间宽绰,虽"字字独立",但又彼此照应,"气脉相通,浑然一体"。给人以清新朴实之感,诗书俱佳,堪称上乘之作。

横幅②的内容是:"仙馆明辉丽绛宵,铜驼四角缀琼翘。夜长华烛添寒焰,春晓终南雪未消。十年持节驻秦关,梦断蓬瀛供奉班。记得披香频侍宴,红云万朵驾鳌山。"款识:"禹山四兄正,弟维垣"。这是清毕沅(秋帆)在督陕西时所作《上元灯词》十首七言绝句中的两首,载清袁枚《随园诗话》。第一首是说元宵佳节,府第之中灯火辉煌,昂首铜驼点缀四角,诗人彻夜不眠,虽然火树银花,但总有清凉悲寒之感。第二首是说自

---

① 《辽宁近现代墨迹》,第44页。
② 《辽宁近现代墨迹》,第152页。

已抚陕已有十年,想到当年元宵之夜,常常在披香殿里饮宴,伴随天子观赏灯火,似临仙境,"红云万朵驾鳌山",十分快慰。抚今追昔,今昔不同。此横幅是写给"禹山四兄"的,共十四列,每列四字,款识两列,布局严整,字距疏朗,十分利落和谐,很有美感。运笔飘逸流畅,挥洒自如,行草兼备,古趣盎然,似有董其昌笔意,堪称佳作。

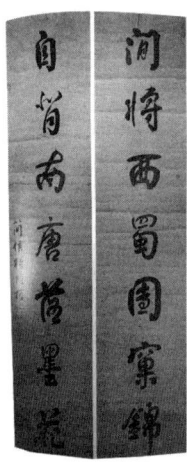

杨能格·墨迹

杨能格,字季良、仲良,号简侯,别号玉堂种竹生,辽阳人,隶汉军正红旗。道光十六年(1836)丙申恩科二甲二十三名进士,曾任苏松太道、宁夏分巡道,颇有"颂声",官至甘肃按察使、江宁布政使。工书法,初法王羲之,晚习颜真卿,著有《归砚斋诗赋草》《海天集》等。《辽阳近现代墨迹》辑录其对联(第26页)一副,为七言行书,是摘录南宋陆游《剑南诗稿》中的两句,内容是:"闲将西蜀团窠锦,自背南唐落墨花",署简侯杨能格,下有钤印红文两方,字迹不清,没有书写时间。诗句的大意是:休闲时可以欣赏四川人工织成的非常精美的锦绣图;同时,自己还可以背诵南唐后主李煜的诗词,并将其抄录下来。选择这样的诗句反映了书者安闲自得的舒畅心情。辑录者评论说:"其书含'二王'笔意,深得颜鲁公书法精髓。用笔易方为圆,变化为转,参以草书,显得清秀流畅。内含篆书的意味,益加质朴遒劲。结构端正,舒展自由,布局雍和,给人一种中和蕴厚之美",实为精辟之论,无可复加。

赵祖昌,前已有介绍,《辽阳近现代墨迹》辑录其作品五件(有的书于民国初年),不谓不多。有扇面、对联、中堂、横幅各一件,还有一件四幅条屏。

扇面内容为录自明代董其昌《画禅室随笔》中的两段文字,是评论唐代王维、宋代郭恕先画作的。整个布局精准合理,占满了所有空间。正文楷书,共二十八列,长短相间,长八字,短二字,别具一格。款识一列半,在正文最后两字下边,用小字写出时间为癸未清和月上浣,即光绪九年(1883)五月上旬。另一列写出书给宣三二兄,落款是识韩赵祖昌,还有钤记两方都是白文,一为识;一为韩。全篇结字平正,笔画瘦劲,粗细无大差别,笔画的安排都能恰到好处,干净利落。行笔自然,气均力匀,轻盈飘洒,书写极其娴熟自如。每列下方的两三个字稍小,适应了扇面上宽下窄的特点。正文总共一百四十字,行虽多而宽松,字虽多而不密,舒朗大方,清逸流畅,给人以和谐俊美之感①。

对联为自撰,内容是:水心鱼戏莲叶;屋角鸠鸣杏花。时间书于上联右方,行书壬子(1912)春三月;名字写在下联左方中间,其下印章两方:一为赵祖

---

① 《辽宁近现代墨迹》,第263页。

昌;一为式韩,前者为白文,后者为朱文。这副对联的意思是说在春意盎然的季节里,水中荷花初绽,鱼儿在莲叶下游荡;院里杏花正开,惹来斑鸠在房角绕飞鸣唱,短短十二个字画出一幅有声有色、有鸟有鱼、有水有花、有院有屋生机勃勃的春天景致,可谓"无声之音,无形之相"。整个布局匀称和谐,字体秀美、运笔平顺流畅,粗细有别,筋劲骨健,字形稳定。墨色浓重,泼洒自如,极见功力。此联诗、书合璧,感情丰富,堪称上品①。

赵祖昌墨迹

中堂②:书于1914年,选录董其昌《画禅室随笔》中论笔法的一段文字:"书法虽贵藏锋,然不得以模糊为藏锋,须有用笔如太阿剸截之意,方为得法。"正文三列,款识一列,上部为"乔璘一兄属";下部为"甲寅冬日祖昌书"。钤记两方:一为白文赵祖昌;一为朱文似有式韩等字。太阿:古代宝剑名,也作泰阿。相传春秋时楚王命干将铸龙渊、太阿、工布三剑。楚王持太阿率众击破敌军。剸截为割断之意。书法笔锋隐而不露,谓之藏锋。唐浩《论书》曰:"用笔之势,特须藏锋,锋若不藏,字则有病。"

全篇行草二体并用,行书秀丽,草书古朴。用笔丰腴,墨色浓厚,笔力沉着,畅朗劲健,严谨庄重。字距紧密,行距宽疏,字体富于变化,如法、藏、锋、得、为,字虽同而写法各异,灵活精彩,不离法度。小字落款,十分得体,笔势流畅、洒脱,与正文大字搭配得非常和谐,使整幅作品增添了无尽的美感。

横幅③内容是录自怀仁的《圣教序》。怀仁是唐代书法家,长安弘福寺僧人。唐太宗李世民应玄藏之请,令怀仁书写赞颂三藏西去取经的艰难与译经的辛劳,表彰其善举。怀仁受命后,经过二十五年的时间,收集王羲之的行书,仿写成《圣教序》,全称为《大唐三藏圣教序》并刻字立碑,因碑首刻有七佛像,又称《七佛圣教序》。全文三十行,每行为八十三至八十八字,父林郎诸葛神力勒石、武骑尉朱静藏镌字,成于唐高宗咸亨三年(672)十二月八日,现藏在西安碑林。赵祖昌所录为其中三十个字;"松风水月,未足比其精华;仙露明珠,讵能方斯(原字为其)朗润。以故,智通无累,神测未形。"这几句话的意思是:"松风水月""仙露明珠"都无法与三藏的高尚品德相比,他的佛学修养已经达到融会贯通、高深莫测的境界。全文大字行书,共八列,每列四字,最后一列二字,下面小字乙卯冬,说明写于1915年冬天,另两列小字,前写乔璘世台

---

① 《辽宁近现代墨迹》,第34页。
② 《辽宁近现代墨迹》,第66页。
③ 《辽宁近现代墨迹》,第146页。

属,指出受书人为斋璘;后一列稍下落款实涵、祖昌,并有钤记两方,均为白文,字迹不清,已难辨认。通篇笔力凝重雄健,笔画饱满丰腴,字有大有小,结体有宽有窄,参差错落,行中带草,直抒胸臆。不足之处是误将"其"字写成"斯"字,是一个疏忽。还有一件四幅条屏,录自董其昌《画禅室随笔》评论怀素草书的一段文字,笔法与前书中堂论"藏锋",基本相似,但更老练,更完美①。

陈景蕃,前已有介绍,他善书,"昕夕钩研"。《辽阳县志》说他"书脱何蝯叟(即何绍基,湖南道州人,道光十六年进士,官至四川学政),其书法五体均工"。陈景蕃的书法作品《辽阳近现代墨迹》收录有对联和横幅各一件。

对联②的内容是:"种树类求佳子弟,拥书权拜小诸侯。"上款题有"泽亭仁兄大人正",下款题有"季芳陈景蕃",钤记两方,均为朱文,字迹不清,没有书写时间。表示要注意培养下一代,强调掌握知识和能力的重要性。这是一副七言联,布局匀整有序,字体匀净,宽而扁,"字势右肩微微上耸",清新秀气,虽有诸大家笔意,但不拘众长,颇有自己的出新之处,别具一格,很有特点。尤其是强调培养后人成才,寓意深长,很有现实价值,可谓诗书俱佳。

横幅行书③,内容是录自宋黄庭坚的《书论》一则:"观江南李主手改表草,笔力不减柳诚悬,乃知今世石刻曾不得其仿佛。余尝见李主与徐铉书数纸,自论其文章,笔法政如此,但步骤太露,精神不及此数字笔意深稳。盖刻意与率而工拙露相悬也。"款识为"季芳陈景蕃"。这是评论南唐后主李煜的书法得失,说他笔力"不减"柳公权,但有时刻意求工,反失去了"精神"与"深稳",可知"刻意与率而"之间"工拙相悬",差别太大了。整幅秀丽清新,笔势基本与对联相同,仍多右肩微耸,但个别处反而左肩微耸,错落有致,挥洒流畅,行中带草,字体富于变化,布局宽松匀称,颇有动感,确似蝯叟笔意,更有独到之处。共十一列,有七列七字,三列八字,最后一列四字。款识独占一列,位于中间处,草书"季芳陈景蕃"五字,下有钤记两方,一为白文;一文朱文,字迹模糊。

马乐溥(1853—1923),马珽林次子,字铭侯,号少痴,亦善书法,不亚其父,他"淡视功名,布衣终老"。《辽阳县志》说他:"嗜金石图书、工篆隶,其隶书迥不犹人,盖于汉分中间钟鼎也。凡五十寒暑,寝馈于此。本邑之从事隶书者,金以为先河。"又说:他"居家教子,诗酒之余,日惟以笔墨作应酬,年七十一卒于家"。可见,马乐溥终生工书,善各种书体,尤精隶书。《辽阳近现代墨迹》收其作品四件,各有特点。仅介绍两件:

第一件是五字联④,内容为:"诗思竹间得;道心尘外逢。"款识草书,"铭侯

---

① 《辽宁近现代墨迹》,第110页。
② 《辽宁近现代墨迹》,第28页。
③ 《辽宁近现代墨迹》,第140页。
④ 《辽宁近现代墨迹》,第1页。

第十三章 清代辽阳文化

马乐溥",并有钤印两方,上方为白文"铭侯",下方为朱文"乐溥"。他的所有作品,都有同样的钤印。联意为置身于竹林之间,可以得到吟诗的思路与灵感;只有超脱尘世才能认识事物的规律。这里富有哲理,寓意深邃,很值得玩味。此联为隶书,布局宽绰匀称,字体方正,横平竖直,"蚕头燕尾",刚健质朴,刚中有柔,刚柔相济,似乎反映了书者正直坚毅的性格。

马乐溥墨迹

第二件四幅条屏①,内容是:"汉石刻世间搨本完整者虽不多见,而世家大族宝藏者定复不少,若金吉石父子(不知何代人)宝汉斋三百余种,奇情逸态莫可名壮(状),后世焉能落笔"。每条两列,每列七字,最后一列四字,其下草字落款"铭侯书"。其意是说汉代石刻搨本存世者甚少,而金吉石父子藏有汉石刻搨本三百余种,给后人留下了奇情逸态的墨宝,很有价值。其书四条,每条二列,每列七字,最后一列四字,余三空以草书小字落款。此篇为隶书,布局宽松,字体方正,古雅秀丽,富于变化,字虽同,而写法不一,末笔以点断开,也非全为末笔,实断似连,别有情趣。有些字,颇有篆书

马乐溥墨迹

意味,充满金石之气,更显得雄劲古朴。"状"误为"壮",亦属疏忽。

侯乃封(1871—1910),字汝康,辽阳州安乐社六甲,民籍。光绪二十二年

---

① 《辽宁近现代墨迹》,第84页。

(1896)秀才,宣统元年(1909)己酉科优贡生。他深研程朱理学,诗文敏捷,尤擅书法,与宋玉奎、胡魁福、朱集成等相交,往来密切。光绪三十一年(1905),辽阳知州何厚琦(字子璋,山西灵石人)创立启化两级小学堂,命拔贡生白永贞董其事,地址在今税课司胡同。他聘请侯乃封为监学(校长)兼国文教员,其间对在学的金毓黻多有鼓励与赞赏。卒年不足四十岁,有一子正度,生活艰难,后投奔金毓黻(时任吉林省财政厅总务科长),被安排为财政厅雇员。

侯乃封的作品,《辽阳近现代墨迹》收有两件。一是光绪三十四年(1908)所书的横幅①,内容是临摹唐孙过庭《书谱》中的一段(属于今草),即"考其专擅,虽未果于前规,摭以兼通,故无惭于即事。评者:'彼之四贤,古今特绝,而今不迷古,古质而今妍',夫质以代兴,妍因俗易,虽书契之作,适以记意"。《书谱》全文三千五百多字,这里是评论二王(羲之、献之)在隶、草两方面还没有超过钟繇、张芝,但两者兼通还是无愧于前人的。他们"四贤"可谓古今独一无二,无人能比。今虽不及古,然古者质朴,今者美丽。"质以代兴"(因时代而兴盛),"妍因俗易"(美丽因时俗而变化),古今是不能完全相同的。书者临池的功夫深厚,笔锋运用灵活,挥洒自然,字迹大小参差,同一个字,写法各异,极尽变化,秀媚多姿。墨法清润,轻重有别,颇具美感,达到了形神兼备的境地。

另一件是四条屏②,在款识中写有:"乙巳秋仲,临兰亭数行于凌川试寓,即应庚臣仁兄大人法家正谬,鹤野侯乃封。"说明是应庚臣所请临摹的兰亭序数行,时间是光绪三十一年(1905)中秋,地点是在"凌川试寓",即锦州考试的寓所。下有钤记两方:一为白文;一为朱文。节临的内容是"此地有崇山峻岭,茂林修竹,又有清流激湍,映带左右引以为流觞曲水,列坐其次。虽无丝竹管弦之盛,一觞一咏,亦足以畅叙幽情。是日也,天朗气清,惠风和畅,仰观宇宙之大,俯察品类之盛,所以游目骋怀,足以极视听之娱,信可乐也。夫人之相与,俯仰一世,或取诸怀抱悟言一室之内;或因寄所托,放浪形骸之外。虽取舍万殊,静躁不同,当其欣于所遇,暂得于己"(似应写到"快然自足,曾不知老之将至",否则语意不完全,实为缺憾),前三屏,每屏三列;第四屏两列,并有款识

侯乃封墨迹

---

① 《辽宁近现代墨迹》,第147页。
② 《辽宁近现代墨迹》,第114页。

小字两列。这里临摹的内容主要是写景,并感叹人生之短,联系到每个人处世态度不同,但遇到快乐的事,都会感到满足,甚至不知"老之将至"。文书俱绝的《兰亭序》,被誉为"天下第一行书",历来临摹者众多。侯乃封这幅临作不仅形似,而且表达了自己的领悟与感情,心手相应,字体结构极尽变化,有的如楷书,有的似草体,无一相同。笔势有轻有重,墨有浓淡,跌宕起伏,变化较大,线条丰腴,给人以厚重秀劲之感。

　　除了上述介绍的书法家之外,还应该有许多书法家,但失于记载,更见不到他们的作品,只能从略了。有些清末民初的书法家,但他们或主要生活在民国时期,或其作品都书于民国以后,所以没有列入,如高树、钱绍彭、赵乃普、赵东升、马宗融、张宗一、杨钟羲、白永贞、许春融等,尽管他们不乏上乘之作,但也只能归入现代书法家之列了。

　　二、绘画

　　中国美术史表明,清代的绘画超过明代,达到了最高峰,出现了许多画家,画法也有所创新,留下的作品也是我国历史上最多的时期。清代前期绘画的中心在江南,代表人物有所谓"四王",即王时敏、王鉴、王原祁、王翚,再加上当时的恽寿平、吴历二人,又称为"清六家"。还有"四僧",即髡残、弘仁、八大山人、石涛,后两者实为朱姓,是明皇室的后裔。这些画家都是江南人,以山水、花鸟画见长。到了清代中期绘画中心变为两个,即北京与扬州。北京是皇家画苑的所在地,开始关注中外艺术的交流,引进西方的绘画艺术,在宫廷中任用欧洲画家,如意大利的郎世宁等。扬州是东南商业重镇,吸引了许多职业画家和文人画家。著名者有"扬州八怪",即罗聘、李方膺、李鱓、金农、黄慎、郑燮、高翔、汪士慎,也有指其他人的。其中以郑燮(板桥)的成就最大,他"自探灵苗",不泥古人,在诗书画上自成一家,赢得了极大的声誉,对后世影响深远。

　　进入近代,中国社会性质发生了巨大的变化,作为上层建筑的文化,包括美术不能不受到影响,特别是西方的文化逐渐被引进并传播开来,在绘画方面表现为既"有旧的延续,也有新的萌芽"。印刷术的更新、新闻报刊的流行,给绘画作品的传播开辟了新的途径,书籍中的插图、报刊上的讽刺画等都成为绘画中新的奇葩。尤其应该提到近代的一些革命斗争对绘画的发展也起了相当大的作用。特别是太平天国的壁画很有特色,至今在浙江绍兴、金华,安徽绩溪,江苏苏州、江宁、宜兴和南京都保有遗存。

　　清代辽阳的画家很多,在全国有影响者亦不少。有些人尊崇内地名家,吸取所长,模仿创新,取得成就,成为某名门的弟子或私淑弟子。我们这里介绍的画家确为清代的辽阳人,客居者、作品年代无法确定者不录;有些清末民初的画家,主要成就处于民国时期者亦不录。由于有的作品不存或无法见到作品者,只能根据各种记载加以简要的介绍与评论。

朱伦瀚,前有介绍,他善诗、善书、善画,可谓全面手。尤其是画更具天赋,《八旗画录》就说:"画法得之天授"。据《辽阳县志》载:"四岁时,以煤涂壁,肖诸鬼神、鸟兽像,见者惊诧。"入宫后,康熙"尝书所画扇,赐高丽国王,王复请于朝,具厚币乞画,一时朝野传为美谈。"他还善指画,"得其舅氏高且园法"。且园,即高其佩(1660—1734),字韦之,号且园,又号南村,铁岭人。《清史稿》说他是"奉天辽阳人",实误。后因长兄有军功,官至礼部尚书、文渊阁大学士,不但能用笔画山水、人物、鱼龙、兽畜;更能用指头画,尤其可以画肖像,惟妙惟肖。"钟馗是高其佩最喜爱的题材之一,每年端午节他都要画,一生所画不下数十幅:有文、有武、有喜、有怒,有龙钟老态,也有醉意惺忪。各传

清代傅雯指画

其神,各尽其妙。"[1]指画是高其佩首创的,清代画家李在亭就曾经说:"以指为画,始于高铁岭使君韦之。"又说:"其运指宛如写字,运画无痕。"高其佩自称:"画从梦授,梦自心成。"(王朝闻总主编:《中国美术史》(十一分册),北京师范大学出版社2011年版,第56页)朱伦瀚早年伴随舅父左右,耳濡目染,洞悉奥窔(奥为室内西南角,窔为室内东南角,意为登堂入室,洞悉奥秘),并能时常揣摩,已掌握了高氏的大部技法,但也有自己的创意。所以《清史稿》本传说他:"一丘一壑虽奇自正,设色冲淡而气厚,喜作巨障。近日指画甚众,要以伦瀚为最优。卒年八十有一。"有《熙朝雅颂集》《画征续录》存世,兴叔清辑《清代画史》(博雅斋1978年版,卷五,第六集)《清画传辑佚三种》(洪业辑校,上海古籍出版社1990年版,第40页)等有介绍。由于见不到他的作品,无法做到具体分析,实属遗憾。

朱孝纯,是朱伦瀚长子(也有称第六子),已有介绍。工诗文、善画,均得家教,不在其父之下。《清史稿》说他:"工诗古文,有异才。"官泰安时,尝作泰岱全图。《清代画史》评论说:"蟠郁苍浑,不愧家风"。他的"孤松怪石,犹有逸气,花木巨帧,亦可与钱瓠尊颉颃",不相上下。钱瓠尊者,即钱载也,字坤一,号瓠尊,又号匏尊,浙江秀水人,进士,官至礼部侍郎。工诗善画,喜好写生,其设色花卉,简淡超脱,大有明后期徐渭(浙江山阴人,善花鸟,作品很多,"走笔如飞,激情奔逸")、陈淳(见韩启文内)遗意。洪业也说:他"善山水、松竹、梅兰、禽鸟,亦能指画,皆极雅秀"

---

① 杨永青:《历代写意人物画欣赏》,上海人民美术出版社1985年版,第125页。

(洪业：《清画传辑佚三种》,第 19 页)。著有《海愚诗钞》十二卷。《绘较轩读画记》《读画辑略》《墨林今画》《墨香居画识》《扬州画舫录》等都有介绍,说明朱孝纯在绘画艺术上影响之广。

朱孝纯之子朱尔赓额(1736—1795),原名朱友桂,字述堂,又字丹崖,号白泉,汉军正红旗,官至两淮盐巡道。他善诗文,工书画,其画皆取法甚高,博通古今,得古人之意。朱氏祖孙三代皆善诗画,可谓诗画世家。

冯英廉(1707—1783),即英廉,字计六,号梦堂,一号竹井老人,辽阳人,隶汉军镶黄旗,马佳氏,取冯姓。雍正十年(1732)壬子科举人,授笔政、主事、知府,官至"经筵讲官、步军统领、迁刑部尚书、议政大臣"。乾隆四十二年(1777),擢协办大学士,调户部尚书。不久,又授汉大学士,兼署直隶总督,对汉人来说可谓破格使用,位极人臣。据《清代画史》说他工诗文,又善画山水及墨竹,有《梦堂诗稿》行世,卒年七十有七。《熙朝雅颂集》《瓯钵罗室书画过目考》《汪琭旅谭》、《中华画人室随笔》《八旗画录》等书都有记载,惜不见其画。其孙冯秀琨,字子璞,"咸丰初以郡丞需次粤东"。工诗词,精篆刻,善书画,长于山水,苍润浑厚,介于黄、王之间;兼擅花卉,"名重一时",著有《听秋堂集》。《谈艺琐录》《清代画史》《友声画人录》等都有记载。

佟世晋,字康侯,襄平人,善画。《辽阳县志》说他:"善山水,多黄大痴、高尚书法,布置郑重,墨晕淋漓,饶有风概,惜秀逸之致未能发于腕底也,虾蟹亦佳。"《国朝画征录》也说:"擅画山水,精于经营,布置郑重,讲究墨法,墨晕淋漓,饶有气概。有元代大家黄公望(号大痴)、高克恭笔意,间作虾蟹亦佳。"黄大痴为元代画家黄公望,其号为大痴,专工山水,取法诸家,加以融化,以水墨或浅绛设色作画,苍润浑厚,为明清文人画家所师法。他的传世作品甚多,《富春山居图》长卷就是其中之一。高尚书为高克恭,字彦敬,号房山,回族人,官至刑部尚书。平生苦嗜书画,又爱江南山川,与当时文人画家交游甚广,是一位学识深厚的少数民族画家。佟世晋的作品见到的很少,实属遗憾。

佟毓秀(1665—?),字钟山,佟佳氏,隶满洲正蓝旗,襄平人。康熙三十六年(1697)任安徽庐凰道道员;康熙四十三年(1704)任云南巡抚、甘肃巡抚等职,《清代画史》等书有记载。有人评论说:"佟毓秀,字钟山,襄平人,安徽巡抚吉臣之子也。尝随父任游于钱崖之门,得其画法,名噪一时。山水法元人率笔,山水纵横排奡,十分矫健,与篮田叔相似,颇有逸致。惟嫌气格过于粗豪,笔墨过于苍老。前人宁稚毋霸之论,所由来也。"所谓游于钱崖之门,指钱封,字轶秦,号松崖。钱塘人,庠生。其父士璋,书画俱佳。钱封隐于西湖。他的"山水得烟云出没峰峦隐见之态,落笔高古,品格绝尘,一时名人从之游。篮田叔指篮英,田叔为其字,号蜓叟,晚号石头陀,明末清初钱塘人。初从黄公望,中年自立门庭,眼光宏远,深得古人精蕴。浙江画派始于戴进,至篮英为极"。还有人评论说:"佟毓秀,字钟山,襄平人,安徽巡抚吉臣之子也。尝随父任游于钱崖之门,得其画法,名噪一时。官维扬别驾,多得吴下名人旧画。山水、竹石,少作,颇简贵。及其老也,目眦、腕弱,力有未逮,又以枯涩见长。官至巡抚,后落职,家居。没时年八十余矣。"在《国朝画征续录》《清画传辑佚三种》《清代画史》等书中有记载。佟毓秀的作品应该很多,可知者"今有乾隆八年癸亥(1743)作《山居图》立轴水墨纸本传世,及台湾故宫博物院尚有《佟毓秀山水册》多幅传世"①。

韩启文(1842—?),字进之,辽阳人,居城内西街。清末贡生,不求仕进,布衣终生。他主要生活在同治、光绪时期,工画。擅山水、人物、花鸟、草虫,其作品有条屏、扇面等,辽阳博物馆有收藏。《辽阳县志》说他"笔法新罗山人,力脱俗习"。新罗山人为华岩,康、乾时期属扬州画派。但他自己更多的是说"法白阳山人笔意"。白阳山人是明代中叶的花鸟画家陈淳,苏州人,出于文徵明门下,是吴派著名画家。他的作品有《秋葵图》《山茶水仙图》等,被誉为"一花半叶,淡墨欹毫,疏斜历乱之致,咄咄逼真"②。

从韩启文的作品中,确实可以看到白阳山人的影子。他的花鸟画,造型生动活泼,运笔自如,画风含蓄朴素,给人以清新秀丽之感。见到的作品有《四喜图》(见王鸣玮等主编:《辽阳近现代墨迹》,第286页,下同,只记页数),是四联条屏,通过对花鸟的描绘反映四季变迁的景致。春天鲜艳的牡丹开放,花枝上有两只白头翁在窃窃私语;夏季芙蓉出水,蓓蕾绽放,绿叶下畅游的双鸭互相在爱慕地对视;初秋菊花盛开,灿烂夺目,劳燕并飞,更添恋情;温暖的冬天,水仙与梅花向阳竞开,一只喜鹊跃上梅梢,传递吉祥的信息。四联条屏巧思搭配,淡雅清新,着墨匀称。所绘花卉枝叶真切,所绘鸟鹊含情脉脉;山石、水塘、木栅刻画既细致又粗放,妙趣横生,别具一格。最后题款为"癸酉小阳月中浣,法白阳山人笔,作于迎香画室,韩启文"。此画作于同治十二年(1873)十月,明确指出仿效白阳山人笔意,说明他除了"笔法新罗山人"之外,还尊崇白阳山人。见到的还有六联条屏,取材于园林中的景色,有花(梅、牡丹、芙蓉),有鸟(俊鸟、双燕),用墨不重,清新淡雅,意境安适宁静,是花鸟画中的佳作。

除了条屏之外,见到的还有十三幅扇面,主要是花鸟,也有人物,有十幅是画给雨峰的,三幅无受画人名,可能是自用自存的。其中,给雨峰的俊鸟牡丹图③是较好的一幅。画中两朵牡丹左右分次盛开,几片绿叶上下烘托,舒放自

---

① 王成科:《辽阳近现代人物录》,辽宁民族出版社2010年版,第114页。
② 中央美院美术史系:《中国美术简史》,高等教育出版社1990年版,第180页。
③ 《辽宁近现代墨迹》,第266页。

然。两花间的横枝之上有一只美丽的小鸟在叫唱,没有干扰,悠闲自乐。整个画面搭配合理,突出俊鸟,色泽淡雅,意境清新。右上角行书题款"辛卯小阳月中浣,应雨峰仁弟大人属,进之韩启文"。六行二至五字不等,与花鸟相映成趣,和谐统一。此画绘于光绪十七年(1891)十月中旬,受画人为雨峰。应该指出这幅扇面是模仿华岩的红叶眉扇面,无大变化。所以,"笔法新罗山人,力脱俗习"的说法并非空穴来风。

韩启文扇面

贾廷秀,字雨峰,生卒年不详,清末辽阳知名画家,师从韩启文,亦擅长花鸟画,见到的作品有两件:一是四联条屏《四季吉祥图》,绘于光绪二十七年(1901);一幅是牡丹扇面,绘于光绪二十九年(1903),均收入《辽阳近现代墨迹》。

《四季吉祥图》①,从整体布局来看,创意新颖别致。通过花鸟、池塘、篱笆、巨石,有静有动,反映四季的变换,着墨淡雅清新,给人以吉祥之感。其一,老干新枝,柳条低垂,紫燕穿飞,春色满园。右上角题有"作于古襄平,雨峰,贾廷秀"。指出了地点、作者。其二,荷叶如伞,芙蓉绽放,水草之中双鸭栖息,别有情趣。左上角题有"法白阳山人笔意,雨峰,贾廷秀"。指出此画是效仿白阳山人笔意而作。其三,巨石之上,俊鸟鸣秋;巨石之下,竹篱内外,菊花盛开,一片向阳。右上角题有"抚南田老人笔意,雨峰廷秀"。指出此画是效仿南田老人笔意而作。南田老人为恽寿平,初名格,字正叙,号南田,明末清初武进人。属写生派,间写山水。其四,梅花朵朵,竞相开放;八哥栖枝,上下叫唱,清幽料峭,无不惟妙惟肖。左上角题有"辛丑小阳上浣以为彝珊先生大雅之属,雨峰贾廷秀"。指出此画绘于光绪二十七年(1901)十月上旬,受画人为

① 《辽宁近现代墨迹》,第282页。

彝珊先生。题字行草兼用,笔法精巧利落,有右有左,与整个画面搭配灵活,浑然一体。

牡丹扇面①,没有受画人。一株牡丹由右至左,傲然开放,枝叶相连,中心偏左,花大叶密,花淡叶浓,浓淡相间,相互辉映。左上角题有"癸卯夏午月作于南窗下,雨峰"。说明:此扇面画于光绪二十九年(1903)五月,于作者居室的南窗下。可能由于自用,比较随意,整个布局偏右居下,右上方多空,左边亦是,稍欠匀称。

贾廷秀扇面

房毓琛,《辽阳县志》中说:他"幼时梦入一寺,西北隅有空座,一僧指示云:此君位也"。从此,自号隅梦道人。著述颇丰,不仅善诗,还善画,见有《万福来朝图》一件,已收入《辽阳近现代墨迹》。《万福来朝图》②,立轴、设色国画。整个画面层次分明,结构繁复而不密塞。近景,两岸山峰连绵,奇石峭立,青松遍布,树枝随风摇曳,江水顺流而下,颇有动感。中景,山峦起伏,苍松挺立,草木葱绿,水势浩荡,江中有仙人以葫为舟,飘飘摇摇,游兴正浓,乐而忘归。右峰云雾萦绕,左峰下有屋数间,可为仙人之居,很有创意。远景,重峦叠嶂,山峰陡峭,水势浩渺,一望无际,船帆竞渡,逆江而上,幽深险阻,留下许多想象的空间。全图取景宏阔,瑰丽多姿,刻画细致,生动而有神采,古朴而又典雅,确是一幅工力深厚的佳作。右上角题字为"万福来朝,仲南,作"。分三列,呈斜三角形,与整个画面非常协调。

韩谅(1847—1907),字友三,灯塔大河南二台子村人,清季辽东著名画师,新《灯塔县志》有传。自幼苦读帖括,追求功名,屡试不售。于是远离仕途,潜心钻研绘画等艺术。其作品多散落民间,见到的很少。《辽阳近现代墨

---

① 《辽宁近现代墨迹》,第264页。
② 《辽宁近现代墨迹》,第277页。

房毓琛山水画

迹》选录他的一幅立轴《封侯图》①,作于光绪十五年(1889)春三月。整幅画面浓淡相间,和谐自然。下面用粗笔重墨勾勒百年古树的老干,淡墨点缀枝叶。枝干之间稳坐一个健壮的老猴,两足放平,前左肢抬起,头左转,平视前方一只马蜂,神情集中,若有所思。全身淡墨,毛发细腻,线条匀称,眉、目、耳、口、鼻稍重,造型逼真,颇有立体感,表现了高超的传统的中国写真技艺。题字与款识也很有特点,位于左上角,三个行书大字占两列,前列为"封侯"二字,后列为"图"字,在封侯二字左侧的中间,似乎形成一个三角形。款识用小字草书占四列,为"岁次己丑春三月,画于,墨香书,屋友三氏笔"。前后有两方钤印,均为白文。前在封字的右侧,后在笔字的下边,字迹已难看清。图、字搭配恰到好处,充实了整幅画面。惟马蜂着墨太轻,体态模糊是其不足。据新《灯塔县志》记载,保存个人手中见到的还有《白头翁与芍药》《丹凤朝阳》等。

韩谅尤其擅长泥塑、壁画、花活等。清朝时期宗教造像艺术有所发展,寺庙中的雕塑作品数量很多,以泥胎彩塑为大宗,也有少量的木雕。当时寺庙中盛行雕塑罗汉像、建立罗汉堂,有十八罗汉、五百罗汉之分。韩谅参加了辽东许多寺庙与宫殿的造像活动。明清以来,宗教造像更加世俗化,摆脱了一些束缚,在观察现实的基础上驰骋想象。韩谅塑造了一些形象各异、个性鲜明、栩栩如生的罗汉像和侍女像,深受广大民众的喜爱。他也画出许多反映宗教故事的壁画,彩色轻重适宜,规模宏伟壮观,许多是工匠互相配合,集体完成的。这些精美的作品由于年代久远和社会的变迁惜已不存,仅知当年该县西大堡大庙有其所画壁画。韩谅书画兼工,留下不少作品,内容以山水、人物为主,许多为扇面作品,颇受张学良的赏识,为其印刷出版大量的扇面,人们竞相争购。他的弟子很多,不乏有成就者。

韩谅的一生,率直真诚,敬业乐群,弟子盈门,视如己出,严格要求,一丝不苟,获有成就者甚多。1930年,有弟子刘克让、徐振海、李永银者为其立碑于墓前。其中说:"即古之吴道子、顾虎头等,亦不敢居吾师之右也。辽东之士莫不以此为青笔之冠。盖不宁惟是,其天性率直,传艺视如己子,必教之精妙

---

① 《辽宁近现代墨迹》,第285页。

韩谅的封侯图

绝伦而后已。弟子等心性愚顽,尚且小有所成,其非吾师之心血为哉!弟子等感念不已,谨勒真珉,略陈吾师绝伦超群之笔,以示不朽云尔。"虽不无溢美,但师生之情跃然金石。

白钟麟(?—1910),字梦星,巴雅拉氏,隶蒙古巴尔虎正白旗,辽阳城东南达子营人。因家贫无力读书,遂投充本旗制兵,后退役,以课读为生。光绪二十三年(1897)丁酉科举人;光绪二十九年(1903)中癸卯科三甲一二十六名进士。光绪三十一年(1905)署湖南桑植县知县,历任永顺、浏阳、嘉禾、蓝田(湖南)等县知县。宣统二年(1910)在蓝田任上被土匪所杀,除其三个孙子幸免外,全部罹难(有说:"子妇及二孙三人"得免),后经湖南督军谭延闿资助始得安葬。白钟麟嗜书,刻苦攻读,终于取得功名外放,说明可能超过五十岁,已经是子孙成群了。他还善画,见到的作品很少,《辽阳近现代墨迹》收有一件《山水图》(第278页)。

白钟麟山水画

据编者说,《山水图》摘自白钟麟所绘一幅册页。属于水墨国画,画面没有文字,亦无落款,左上角只有上下两方钤印图章,上方为"白钟麟印",下方为"梦星"二字。此图远山近水,山势跌宕起伏,连绵致远,林木苍莽,近处树木繁茂,郁郁葱葱。依山傍水,在丛林之中显现几处村居,十分寂静,给观赏者留下无尽的想象空间。运笔轻重有别,随意勾勒,点染自如,景致幽深,给人以世外桃源之感,不失佳作。

　　除了上述文人画家之外,还应该有许多民间画家,然失于记载,已难知其名,实在可惜。值得注意的是过去有些尚存的建庙、修庙的碑记,有的有所记载,提到"画工""塑工"的名字,但多数只记修建者的名字或碑文撰书者的名字,不屑记载各种工匠的名字。值得称道的是,邹宝库先生辑录的《辽阳碑志选编》①为我们提供了方便,节省了许多时间。

　　天聪四年(1630),皇太极命重修玉皇庙,根据《重修玉皇庙碑记》可知,张得义、杨守德、郭彦举等为"画匠",宽洪为"镌匠",他们都是辽阳人,也可以说他们是民间艺术家②。这次重修,规模宏大,"碑记"说:"试观大殿五楹,圣像与塑神庄严巍峨,庙貌聿新,何其壮丽也。"这些民间画师主要是工于彩绘、彩塑以及圣像及诸神妆銮,有的还善于各种古代建筑的彩绘、妆銮等。由于他们的精湛技艺,竣工后的玉皇庙已是"煜煜烨烨,烺烺辉煌",旧貌换新颜了。由于玉皇庙多次被毁,这些人的佳作早已不存,究竟如何已无人知道了。

　　根据《大金喇嘛法师宝记》可知,天聪四年(1630)在小南门外"喇嘛园"内修建喇嘛塔,参与修建的"画匠"有胡净、何不利等。他们都是明末清初辽阳人,民间画师,擅长于古建彩绘等项。修建喇嘛塔,胡净、何不利等参与塔内外彩绘③,为之增色。由于庙毁塔亡,彩绘如何,早已不可知矣!

　　根据《东京新建弥陀寺碑记》可知,清崇德六年(1641)由三降将孔有德、耿仲明、尚可喜领衔在东京城内新建弥陀寺,参与的"塑工"有李应时、□道秀二人(他们实际就是雕塑家),"画匠"有林信柏、李信福、□信□、□信奇、□□真五人④。此庙规模宏伟,"中起雄殿,设供如来圣像。竹苞松茂,鸟革翚飞,极一时之工力焉。前有天王殿,后有华严堂。其中菩萨、地藏、罗汉、□□、伽蓝祖师各有殿宇"。这些佛像与彩绘以及壁画等,都是这些工匠所为,惜已不存。

　　又根据《朝阳洞观音庙碑记》可知,嘉庆十五年(1810)增修安平朝阳洞观音庙,有"画工人王兴、泥工人谷德桂"⑤等参与,他们主要是"塑其观音之圣像"及各种彩绘等,"以彰先人之美举,而垂后世之不朽"。

　　过去许多庙宇都有壁画,取材于宗教神话,如佛教多绘释迦牟尼得道以及因果轮回、宿命报应等,道教多绘八仙过海等。关帝庙则根据《三国演义》,多

①　邹宗库:《辽阳碑志选编》,辽宁民族出版社2011年版。
②　邹宗库:《辽阳碑志选编》,辽宁民族出版社2011年版,第197页。
③　邹宗库:《辽阳碑志选编》,辽宁民族出版社2011年版,第184页。
④　邹宗库:《辽阳碑志选编》,辽宁民族出版社2011年版,第206页。
⑤　邹宗库:《辽阳碑志选编》,辽宁民族出版社2011年版,第213页。

绘保皇嫂、过五关斩六将等,情节复杂、设彩绚烂、描写精细、形象生动。这都是民间画家的杰作,有些鬼神的画像还是很费心思的。他们有许多歌谣说:"梦里说话三分真,画鬼还是先画人";"一支毛笔千斤重,四分形象七分神";"四分想,三分画,还有三分还是想"。看来画鬼神主要是靠想象,但这种画从清代以后就逐渐衰落了。

第六节　史志与碑石

辽阳历史悠久,一直为辽东乃至东北重镇,历代志书、史籍多有记载,给我们提供了大量的古城信息,对我们了解和研究家乡的历史具有重要的参考价值。还有大量的碑石,补充和丰富了辽阳地方史料。下面分别加以简要介绍。先说史志:

一、《辽阳州志》,杨镶、施鸿纂修。康熙二十年(1681)编纂,全一册。杨镶,字莲峰,河南洛阳人,举人,康熙十八年(1679)任辽阳州知州。施鸿,字则威,福建邵武(明清时期为府)人,岁贡生,康熙十八年(1679)任奉天府经历司经历。这时,施鸿已经致仕正待返回家乡,经杨镶的请求来辽阳帮助修志。他不负期望,删繁就简,"甫月"而成,可能又经过杨镶的润色,立即抄清,报部审核。可惜未能付梓,直至金毓黻先生编辑《辽海丛书》时才被收入,始得方见天日。《辽阳州志》是辽阳有地方志之始,不同于明修之《辽东志》《全辽志》,是辽阳一州之志。全志分为京城、宫殿、苑囿、建置沿革、星野、疆域、山川、城池、关梁、驿站、公署、职官、学校、选举、户口、田赋、风俗、祠祀、物产、古迹、名宦、人物、孝义、烈女、隐逸、流寓、仙释、艺文二十八个专志,每志为一卷,共二十八卷。该志叙事概括而简要,层次单一,便于查看,基本上反映了清初辽阳之概貌。其中京城、宫殿、公署、职官、户口、田赋诸志,很有史料价值,可纠诸书之误。前有杨镶、施鸿分别所写的序;后有杨镶所写的"志后跋",首尾完整。《辽阳州志》是一部十分简明的志书,反映了时代的特点,传递了许多鲜为人知的历史信息,为我们研究清初的社会状况提供了极有价值的经典史料。

第一,《辽阳州志》注意突出辽阳地方特点,实质是突出辽阳在后金的重要地位。"凡例"规定:首卷不设"建置沿革"而列"京城志",与其他州县有所区别。开头说:"京师为建极之本,陪京尤龙祥之基。我太祖皇帝龙飞兴京,及取辽阳遂城东京,而大业聿成焉。"东京是清初关外三座都城之一,具有承前启后的意义,为后来清朝的建立奠定了基础。接着,写了宫殿志、苑囿志。其中最有价值的是关于东京城八门的名称,订正了《盛京通志》(卷六)的错误。

第二,《辽阳州志》为我们提供了大量的清初史事,有些不见于正史,确实体现了志书的存史作用。如"疆域""户口""社甲""田赋""艺文"等志,其中有价值的史料很多。如顺治十年(1653)《辽东招民开垦条例》的颁布,浙江人陈达德招徕民户一百四十家,"以功署辽阳县的事",说明确实兑现了规定,陈达德成为辽阳第一任知县,也是东北地区第一位县令。从此,辽阳州的人口慢慢增多起来。陈达德的事例很有意义,使辽东地区的"招民开垦"出现了新局面。尤其是陈达德故去后,由其子陈瞻远接任,这在清代历史上是绝无仅有的事例,所以传为"美谈佳话"。如"社甲"制作为清代的基层社会组织贯穿了辽阳整个有清一代,似乎辽阳没有实行过保甲制(即使实行也是为期很短),许多"社"的名称还可以在现实生活中得到反映。如白塔、首山、南庄、峨眉、纸房、河工、河南、河北(即刘二堡之河南、河北)、里仁等社名,就留下了历史的印记。

第三,在我看来,最有价值也最值得称道的是杨镳的"叙"和"跋",堪称经典史料。他在"志后跋"中说:"甫任伊始,有应为而尚未能为者,如城池倾颓,学宫茂草,官舍倒坏,辽民稀少,田土荒芜,新募之殊情,风化之难一,此其大者。"这里说明,辽阳百废待兴,尤其是"学宫茂草,官舍倒坏,辽民稀少,田土荒芜",真实地反映了当时辽阳的现状。在同时修成的其他几部县志中看不到这样的文字,多半是避而不谈。正是由于杨镳敢于秉笔直书,才使我们得到许多鲜为人知的信息,在所谓正史中是根本看不到的。细心的读者也许会问,从努尔哈赤占领辽沈之后,到顺治入关之前,辽东无战事,那么城池、官署、学宫是如何毁坏的呢?答案是:多尔衮在入关前"强募"大量的"军队",为了断绝士兵再"回到家乡的一切希望",只好"把这些村镇完全破坏了事"。也就是,采取破釜沉舟的策略,置之死地而后生,只能前进,别想后退。由此可知,许多城池的毁坏属于"自残",不仅暴露了多尔衮(非个人行为,实质代表了整个满洲统治集团)的残暴,也表明了他们夺取全国统治权的决心。

总之,上述提到的诸多方面,尤其是社会状况为我们提供了真实无误的信息,是我们研究清初辽阳历史的唯一官方典籍。《辽阳州志》应该肯定的方面很多,但存在的问题也不少,原因是很清楚的。主要是时间太短,"甫月而纂修成帙",显然属于急就章。更由于"文献无存,疑难莫稽",加上"府檄频催",许多问题没有来得及认真考核,只能应差了事。所以内容十分简略,文字多有雷同,有些引用"旧志"的有关部分,以充篇幅。主要问题是:

第一,错误时出,影响可信度。"州志"有图三幅,即"东京城图""辽阳州城图""辽阳州图"。以图代文,一目了然,对我们了解当时的城池及疆域是有帮助的。但都过于简略,且前两图有明显的错误。

"东京城图"只记八门名称,城内都有什么设施,只有所谓宫殿一处,其他全是空白。宫殿合为一处就是一个很大的错误,东京城与赫图阿拉不同,有一个突出的特点就是殿与宫分开,两者并不在一起。所谓"殿"就是努尔哈赤办公的"大衙门",位于城内的东北部,为八角形,称"八角殿"。所谓"宫"就是努尔哈赤与福晋们居住的地方,位于城内的西北部。两者不可合而为一。除了殿与宫之外,是否还有其他建筑?据我们所知,至少在城东南部还建有弥陀寺,修志时此寺尚存,不知为何没有画上?如社甲制还是社里制,含混不清。流寓志都是摘自《辽东志》和《全辽志》,文字更简要一些。《辽东志》列有三十四人;《全辽志》多一人,其他都大同小异。"州志"则摘录其中九人,由汉晋到元明,本朝则没有。元朝一人,为月合乃,其实月合乃根本没有到过辽东。

第二,一事多见,不仅重复,甚至相互矛盾。关于辽阳府、县、州的建立时间,就是如此。再有物产,共列有十三项,不可谓少。然而有的项就重复,甚至区别不清,或者说是错误的。如"瓜之属"有王瓜、冬瓜、瓠子、葫芦、西瓜、甜瓜、香瓜、菜瓜、苦瓜。这里除西瓜、香瓜之外,另七种,谁也不会认为是瓜,而是菜。瓜和果是联系在一起的,所以西瓜、香瓜应该归入"果之属",而其余应归入"菜之属"。所以,"瓜之属"与"果之属"应该合二而一,避免不必要的重复。

第三,漏载之处甚多,有些当朝的事都没有入志。最大的漏载就是努尔哈赤、皇太极时期,除东京城而外,其他则只字未提。比如东京陵就应该提到,它是清代第一陵,修志时东京陵依然完好。特别是康熙十年(1671),玄烨第一次东巡,虽未亲临东京陵致祭,还是"遣官祭诸王暨功臣墓",又"召披甲被伤老病退甲闲散四百余人至御前,各赐银两",奖赏有差。同时还宣布:"奉天府宁古塔等处,除十恶死罪不赦外,凡已结未结死罪,俱著减等,其军流徙杖等,俱著宽释。自山海关至奉天府所属地方,康熙十年、十一年分,正项钱粮,俱著豁免,以示朕加恩之意。"这些举措可谓震动朝野,修志者怎么能不知道呢?不能不说是一个很大的疏忽!至于选举志中的举人、进士漏载者尤多。不仅有漏载,而且还有错载、误载。

第四,照抄旧志,甚至对错不分,远离了辽阳实际。抄录的部分主要来自《辽东志》与《全辽志》。如名宦、人物、孝义、列女、隐逸、流寓和仙释等分志,基本上都是抄录自上述二志的相关部分,并简而化之。最明显的就是"物产志",有些是辽阳没有的,也照抄不误。如海豹、水獭、鲍鱼、天鹅等,这些辽阳怎么会有呢?

应该说,匆匆纂成的《辽阳州志》所以存在上述一些问题,原因是多方面的,客观原因是主要的。杨镳、施鸿在极短的时间内为我们编就第一部辽阳"一方之全史",可谓难乎其难,不可苛求,其史学价值必须加以肯定。

二、《辽阳乡土志》,白永贞编辑。光绪三十四年(1908)刊本,一册。候选直隶州州判、拔贡白永贞编辑,有辽阳知州洪汝冲、辽阳警务长王永江分别所写的序言。本志共分两大部分:一是乡土历史志,下分设置沿革、政绩录、兵事录、耆旧录、人类、户口、氏族、宗教、实业、工政、商政、学务、警务。一是乡土地理志，下分州境、区界、公所、城池、桥梁渡船、祠祀庙宇、古迹、坟墓、市镇学堂、山、水、道路、田赋、厘税、物产、商务。原为奉"学部编辑乡土志之令"而撰辑的，目的在于对小学生进行爱乡里、爱国家教育，纲目、文字又不能太多，按照课时加以讲授。

辽阳知州洪汝冲在序中说："丁未（1907）冬，余奉檄权州事，下车伊始访求州志，则二百余年以来尚未衰有成书（没有编辑成册，也就是没有志书）。即旧时案牍亦毁于兵燹，掌故无征，文物凋丧，为怅望者久之。适学部有编辑乡土志之令，余以催科抚字卒卒未遑，商之乡绅永君贞广为甄采，每一篇成，必函示余为之审定。其事大抵据正史、一统志、盛京通志及耆旧传闻，间有事属辽东而不能确指为何地者姑并著焉，宁备无阙。……阅半载告成，即以达部。邑绅袁君金铠等请以付梓，属弁序言。"还有辽阳警务长王永江写的序，说理性非常强，其观点与我们今天基本相同，百年前能有如此认识，真可谓难能可贵。他说："人有爱乡心而后有爱国心，不能爱乡而谓能爱国者，是谰语也。"已有专文论述，不再重复了。

金毓黻先生说："按学部定乡土志目凡十五，为各县所遵用。惟辽阳志目次稍变，而纪述较详，故备取之，其他无大出入者从略"（《奉天通志》卷二二七）。当时在奉天省编辑的三十五部《乡土志》中，《辽阳乡土志》是其中较好的一部。简明扼要，详略得当，有些又很具体，如兵事录的"日俄之役"，从史实的角度看，超过今天大学的历史教科书。尤其是"厘税""物产""商务"诸目反映了当时辽阳的经济状况（包括日本霸占铧子煤矿等），提供了难得的珍贵史料，很有价值。特别是为后来编修《辽阳县志》，提供了重要的可靠资料。《辽阳县志》在"例言"中说："辽阳乡土志原备学校采集乡土史地之资料，文简事略，是编采其所有，补其所无，其有因时变迁者，则删润之，以期适合。"确切地说，可以把《辽阳乡土志》看成《辽阳县志》的简本。

当然，《辽阳乡土志》也非完美无缺，如"田赋"，其中说境内田赋"分为旗、民两项：旗地分旗仓、升科、余租、伍田、随缺、牛仓、内仓七项；民地分银地、米地、余地、加赋、减赋余地、额增（征）新增地、额征民典旗余地及学田八项。旗地归城守尉经收，民地归州署征收"。这些"地"如果不加注释，一般读者恐怕很难理解，即使有一定的专业知识也要费些考量。这一点对我们今天修志者来说很值得研究，有些事情当世人可能都明白，但后世人就不一定明白，应该多用些笔墨，否则就会造成费解、难解、不解，历史上这样的事还少吗？又如把义和团运动称为"拳匪之乱"等，这虽属时代、阶级使然，但我们应该以历史唯物主义的态度看待，不必苛求。

　　据说宋玉奎于宣统二年(1910)曾增修《辽阳乡土志》,不过此志未得见①。

　　三、《旗军志》,金德纯撰。除了上述两部志书之外,我们还要提《旗军志》,虽非辽阳专志,但为辽阳人所写,有必要加以介绍。金德纯《清史稿》有传,只说:"金德纯,字素公,汉军正红旗人,著旗军志。"寥寥数语,其他不详。所著《旗军志》前有题辞,后有跋文,为新安张潮(心斋)所作,《旗军志》可能即由其刊刻行世。其题辞曰:"三韩金君素公作旗军志,叙八旗之所由始与其阀阅之等、爵秩之序(指对有功勋者赐予官爵、土地等)及春秋讲武之政、赏罚之法,咸备载而详志之。俾览者一读,而知我朝久安长治之道。"这段题辞概括了《旗军志》的主要内容,起了导读的作用。

　　《旗军志》写道:"太宗文皇帝抚有全辽,臣服朝鲜,百度渐举,爰立八旗",接着叙述了满、蒙、汉八旗"之所由始与其阀阅之等、爵秩之序"。指出都统为正一品、副都统为正二品、参领为正三品等,以及护军营、先锋营的特殊作用。还提到对立功者仅赏官职"不足以充赏,爰置世职"。意思是说,仅赏官职还不够,应该可以世袭,子孙都可受益。因此,不同等级的哈番(为满语,即将军、大臣、官员之意)都可以得到封赏。八旗制是一种全民皆兵的体制,以民为基础,所以"平时赏赐优饫"。如"一壮丁予田三十亩,以其所入为马刍菽之费。一兵有三壮丁,将不下十壮丁,大将则壮丁数十,连田数顷,不仅是官员,就是兵也连田数顷",乃至数十顷。久而久之,特别是和平年月,"故八旗将佐居家皆弹筝击筑,衣文绣策肥(穿锦绣衣服,坐壮马拉的车,意为过着豪华的生活),日从宾客子弟饮,虽一卒之享,皆兼人之奉"。一人当兵,全家受益,"将佐"更可以养尊处优了。最后作者评论说:"从古军政大部善于始,堕于末。"列举了周、春秋、战国及历代兵制之弊,实际八旗制何尝不是如此。

　　《旗军志》文字不多,语言简练,但多语焉不详或存在明显的错误。首先所谓"八旗之所由始"过于简略,读者很难知其来龙去脉,似说八旗制是皇太极所立,令人费解。实际八旗制是努尔哈赤建立起来的,有许多记载可以为据。简言之,万历二十九年(1601)在牛录制的基础上初建黄、白、红、蓝四旗。万历四十三年(1615),增建镶黄、镶白、镶红、镶蓝四旗,共成为八旗。皇太极时期又将降附的蒙古人和汉人编成"八旗蒙古"和"八旗汉军",与"八旗满洲",三者构成清代八旗的整体。确切地说,八旗制是努尔哈赤、皇太极父子两代完成的。又说:"今上即位承世祖之法八年,逆藩吴三桂据云南反,后耿精忠叛于福建,尚之信叛于广州,与三桂联衡。上命将四出,次第削平。"吴三桂起兵云南,发动叛乱不是康熙八年(1669),而是康熙十二年(1673)十一月,直至康熙二十年(1681)十月,用了八年时间才得以平息。由此可见,作者是

---

　　① 薛虹:《中国方志学概论》,黑龙江人民出版社1984年版,第209页。

误把八年平息的时间说成"三藩之乱"起于康熙八年（1669）。所以会出现这些差错，诚如作者所说多得于"故老闻其始末"，而可能很少查阅必要的史籍所致。尽管如此，诚如心斋所言："今读其所著旗军志叙事详明，笔致古健，诚可备一朝典故者也。"

志书的形成来源于前人的调查所得及相关记载，即各种文字资料，广而言之也就是各种史书。没有这些，志书也就难以写成，即使写成也不会有相当价值。因此，在这里还要介绍辽阳人和非辽阳人所写的有关辽阳的历史著述。

四、《辽阳防守日记》，徐庆璋著。主要记录了甲午战争时期辽东的战事，特别是辽阳保卫战的经过及其取得胜利的原因，是一部极有价值的信史。将有专书出版，这里不再重复。

五、《吉洞峪乡团纪略》，"光绪三十三年海城乾元徐万善"著，由"辽阳云和山房"印刷出版。记述了中日甲午战争到义和团运动乃至日俄战争期间，吉洞峪乡创办乡团的经过及抵抗日军进攻、保卫家乡的史事，叙述过于简略，语焉不详。没有见到原著，十分遗憾，很难进一步评论。

六、《辽阳闻见录》，顾云著。顾云（1845—1906），字石公，江苏上元（今南京）人。诸生，官至训导。能文善诗，亦能画。光绪十八年（1892）"游吉林"，被吉林将军长顺聘为《吉林通志》总纂，"甲午志粗葳（完成），秋将谢归，鹤汀（长顺字）将军苦不令行。九月，将军赴奉助战，要与同行，不忍辞，暂以客礼主军中奏章。明年三月，既停战议和，遂谢将军"，于"四月既望，乃别诸故人买舟自潞河南返"。在辽阳期间，他"寓于襄平书院，时与知州事徐公玙斋庆璋命酒痛饮，抵掌言天下事"，对宋庆等抗敌将领多有评论，对徐庆璋、徐珍等誓死守土卫乡的精神颇为赞赏。后来，顾云根据军中所见所闻，写成《辽阳闻见录》稿本，分上下两卷，存放在清史馆，一直未刊。袁金铠在清史馆见到时加以抄录，提供给金毓黻先生收进《辽海丛书》。

卷上，从朝鲜"东学道"起事写起，袁世凯请求李鸿章派兵镇压，日本乘虚而入，引起中日交涉。日本拒不退兵，李鸿章寄望于外国调停，战争终于爆发。接着，写了平壤失守、鸭绿江防溃败，东边道大部被占，清军多数望风而逃，日军轻易进入大连、旅顺，旅顺军港、船坞全部落入敌手。同时，写了山东的战事即北洋舰队的覆灭。卷下，则更多着墨于辽阳。

首先，《辽阳闻见录》给我们提供了一些鲜为人知的重要史料，在一般史籍中是很难见到的。如统领盛军的卫汝贵很受李鸿章器重，但纪律最坏。在赴朝路上，"沿途骚扰，以致声名狼藉，其在韩境滋扰尤甚"。驻军平壤时，强占民房、抢掠财物、毁坏器皿，"韩民怨谤实深"。日军渡江后，卫汝贵望风而逃，但不忘抢掠。顾云说："汝贵以所部越九连城，抵凤凰厅，纵大肆掠并宋庆军储亦尽。"不仅抢百姓，也抢了宋庆。看来，宋庆所以放弃凤凰城，退守摩天岭,可能与"军储"被抢光有关。徐庆璋多次批评宋庆不该放弃凤凰城,实际他哪里知道宋庆的苦衷呢!旅顺军港、船坞所以轻易落入敌手,与水陆营务处总办、船坞道员龚照玙闻风而逃有直接关系。十月九日,日本第二军攻陷金州,接着进逼旅顺。龚照玙闻信,"遽走燕台,又走天津。鸿章严饬使返,返则军心已涣,有掠而走者,日乘之……七统领先后皆走,是月丁卯(十月二十四日)也。说者以旅顺炮台及船坞与一切军资可银二千万两"。一般近代史书只写龚照玙逃跑,不写返回事,也很少说造成多大损失,顾云补充了其他史籍的不足。还有都司马振芳强娶民女为妾而丢掉了吉洞峪,女父为了救女"走海城导日军,卒至军溃"。徐庆璋虽斩马振芳但地已失,还须出兵收复。女父敌我不分,引狼入室,应该遭到谴责;但他救女心切,采取如此下策,也是被逼无奈。

　　长顺与依克唐阿之间的不和,是尽人皆知的,徐庆璋在《辽阳防守日记》中就多次提到。但有一件事很少有人知道,既两人曾歃血盟誓,以示和好。在辽阳最危急的时刻,"两将军回援得无恙",接着"鹤汀(长顺字)将军即与尧山(依克唐阿字)将军定议分守城外(依军守沙河、首山一线;长军守刘二堡、小北河一线),然后大会城中书院(即襄平书院),诸统领、营官皆与,以巨器贮酒,置刀其中,两将军以次取刀刺臂血入酒。刺毕又以次持刀搅酒饮之,相矢以死"。顾云的这段记述,不见任何史籍。但真正和好了吗?并非如此。

　　其次,《辽阳闻见录》也存在明显的错误,使用时必须加以判断,以防传讹。如说:日军"八月(十六日)乃进平壤,宝贵在奉天以捕马贼名,颇轻敌。日军初至,矗(许多)炮散设山巅且沟之。侦者以告,若弗闻。日军既逼北山,军溃。宝贵登城发炮,殪于日军。其营官藉护尸开城走,遇日军,又弃之,于是诸军皆溃"。这些说法纯属无稽之谈,顾云并没有去过朝鲜,显然都是得之传言。什么人会这样说呢?"诸军皆溃"是营官开城逃跑造成的吗?这些话显然出自那些逃跑将领之口,为自己的逃跑编造理由。营官敬重自己的长官,"护尸"出于至诚,怎么可以看成是逃跑呢?又说"遇日军,又弃之",试问这样的细节谁看到了?营官如果想逃跑还会背着左宝贵的尸体吗?营官真的逃跑了吗?营官为杨建春,已经死于乱军之中。把"诸军皆溃"的责任都推到死者头上公平吗?难道叶志超等人的逃跑都是杨建春造成的吗?实在荒唐。再说左宝贵真的轻敌吗?左宝贵虽出身行伍,但他善于学习,"列于武而不忘乎文",非闭目塞听、刚愎自用之辈。在对日作战上,他虽非洞悉敌情,但也非一无所知,绝不会把日军等同于"马贼"。左宝贵在赴朝前曾到苏格兰朋友杜格·克里斯蒂家告别时说:"这次战争与剿胡匪不同,我怕是不会回来的了。"他为什么这样说呢?因为"他知道他最用心最费力所训练的军队,无论如何也不能与日本新式组织的军队相比"①。这段话表明,左宝贵已经认识到日军是"新式组织的军队",怎么能与"马贼"同日而语呢？为了祖国的尊严,左宝贵是抱着以身殉国的决心走上战场的,他率军英勇杀敌,与城共存亡,实现了自己的诺言,怎么能说是"轻敌"呢？如果说不"轻敌"就是与那些"四脚将军"一起逃跑吗？

再次,《辽阳闻见录》有明显的倾向性,那就是处处为长顺"表功",未免有些夸张。如说长顺"与日军相持半载,寸地未失,亦未大挫衄,固视诸将为优,此天下共见共闻,而非口舌饰者"。真是这样吗？长顺于九月二十九日诏其"赴奉助战",但他进军迟缓,到达辽、沈时,安东、九连城、凤凰城、宽甸、岫岩、海城皆失;金州、大连、旅顺已入敌手。这些城池失于长顺未来之前,说他"寸地未失"是对的,不过有些滑稽。那么,在守卫辽阳与五复海城之战中也"寸地未失"吗？鞍山是如何落入敌手的呢？也与长顺无关吗？在第一次与第三次反攻海城时都是长顺率部先退,以致失去夺回海城的机会。此后日军大量增兵,第四、五次虽有宋庆、吴大澂、魏光涛等参加,日军拼死固守,结果也是无功而返。五攻海城的失败,难道长顺一点责任没有吗？顾云还提到:"溃军至辽阳者,署知州事徐庆璋方城守闭门不使入,军哄,将攻之。会长顺以百骑驰至,斩哄一,余令回屯沙河。……辽阳既定乱军,日谍不知仅百骑也。归但言吉林将军军至,遂止弗前。不然庆璋虽统镇东军数营,皆新集未必能遏内哄,且外拒敌。辽阳不守,去沈阳仅百二十里……留都危而陵寝且震。说者以长顺是役功不仅在辽阳焉。"这里是说,长顺到辽阳制止了溃兵入城,使日军放弃进攻辽阳,既保卫了辽阳,也保卫了留都陵寝,其功大焉。真是如此吗？徐庆璋的《辽阳防守记》里有这样的记载:"奉军败兵约三千人,蜂拥西来,各手一枪,汹汹争入城,长帅止之不可。璋麾左右,擒兵官一人下马,责之,叱缴枪械,兵众环跪请罪,谕令安排城外。旋奉裕帅令,遣四营隶长帅,余遣回省。"这两种不同的说法哪个可信呢？长顺初来,仅率百骑,可能都是亲兵,不会有顾云。他非亲见,得之于长顺周围的人,其中难免有美化之处,或有意为之。因此,我感到后者更可信一点。前面提到长、依两人之不和,咎多在长顺。在对日作战上总是选择避开强敌,这在徐庆璋的《辽阳防守日记》中有多处记载。辽阳的战事都在东线及南部山区;西线刘二堡、小北河等地根本无战事,长顺所部就驻守在这里。战后,义和团运动时期沙俄乘机入侵东北,"奉天、黑龙江皆主战,长顺独持不可。……日俄之战,守中立,独无所犯"。这就是长顺对外敌的一贯态度。

---

① 　[苏格兰]克里斯蒂:《甲午战时辽居忆录》,转引自白寿彝主编:《回族人物志》(近代),宁夏人民出版社1985年版,第122页。

最后,应该指出顾云的许多看法,或者说长顺的看法已经被《清史稿》采用,如"宝贵狃于捕马贼之功,颇轻敌"等就历历在目。左宝贵真是轻敌吗?他抱着必死之心与日军一战是轻敌,难道跟随叶志超一道逃跑就是不轻敌吗?这简直就是污蔑。至今尚无人指出,也无人为其辩诬。

再说碑石:辽阳地上遗存和地下出土的碑石较多,明清时期的尤多,是重要的历史资料,但缺乏系统的整理,虽有些研究,仅集中在对后金三碑的考证,又是从《红楼梦》的角度,着重解决曹氏祖籍问题。应该说从历史角度的研究还远远没有展开,有待于时日,有待于来者,深望有志者能够参与,披沙拣金,定有所获。今只能描述大体轮廓,重点介绍一些碑石的内容(包括庙碑、墓碑、记事碑等)。为了节省篇幅,碑文略去不载,好在有碑石在,可以参考。

一、《大金喇嘛法师宝记》,此碑刻于天聪四年(1630)四月,原立于小南门外喇嘛塔前,"文革"时期喇嘛塔被毁,碑现移于辽阳博物馆。碑首半圆,额题汉字"敕建"二字。碑阳为满汉合璧,左半为老满文 12 行,由大海(达海)撰;右半为汉字 12 行,由杨于渭撰。此碑是为纪念西藏法师囊素而立。

后金攻占辽阳不久,西藏法师囊素于天命六年(1621)四月,受努尔哈赤之邀来到辽阳,"阐扬圣教,广敷佛惠",普度众生,但为时很短,竟于八月二十一日"示寂归西"。努尔哈赤为什么邀请囊素来辽阳呢?目的很明显,是利用佛教为其政治服务。因为广大汉族群众都信仰佛教,为了笼络、讨好、拉近关系,修庙、建庙、保护庙宇都出于同样的目的。所以囊素到辽阳后,受到"太祖皇帝敬礼尊师,倍常供给",荣崇有加。死后,"太祖有敕修建宝塔,敛藏舍利"。但由于"累年征伐,未建寿域",直至天聪四年(1630)孟夏(农历四月)始立塔建园,这就是辽阳市小南门外有喇嘛园名称的由来。

碑文很简略,只提到"法师斡禄打儿罕囊素,乌斯藏人也。诞生佛境,道演真传,既已融通乎大法,复意普度乎群生。于是不惮跋涉,东历蒙古诸郡",最后到达辽阳,得到努尔哈赤的尊崇及立塔建园的经过。这里应该补充一句,囊素"东历蒙古诸郡",可能时间较长,蒙古人就信奉喇嘛教,这也是努尔哈赤笼络蒙古的一种手段。

碑阴题名有喇嘛门徒瓮卜、班第等二三十人,是一个庞大的喇嘛团队,可见努尔哈赤用心良苦。职官题名更多,文臣武将著名者有佟养性、石廷柱、宁完我、鲍承先、金励、张大猷、高鸿中、祝世昌、吴守进等,可见对立塔建园的重视。尤其是在教官二十人中就有曹雪芹高祖曹振彦的题名,是曹雪芹祖籍辽阳的有力证据,是立塔建园者想象不到的,可见是意外的收获。

二、《重建玉皇庙碑记》,此碑刻于天聪四年(1630)九月,原立于小南门外东南处玉皇庙(今属宏伟区曙光村),"文革"时期庙被毁,碑也遭到破损,现藏于辽阳博物馆。碑首半圆,额篆"题名碑记"四字。碑阳 23 行,满行为 37 字。

碑阴刻职官、信士、工匠题名。此碑为玉皇庙两次被毁重建的记事,以示后金统治者对宗教的重视与对庙宇的保护,目的相同,碑文为儒学生员杨起鹏撰。儒学生员可以写碑文,说明皇太极已经开始重用儒生,这在努尔哈赤时期是不可想象的。

碑文的内容是说,辽阳西门外原有玉皇庙,"自罹兵燹时任其拆毁,止存金身暴露",努尔哈赤见到,"甚恫乎不自安,遂移演武厅焉,更立一殿宇,为神所栖也。"也就是移至当时的演武厅(即今曙光村)重建玉皇庙。过了二年,"又值无状者,复为之毁。新皇历此,见而不胜内疚,乃曰:'人所乞灵,惟神是藉,岂以一废而至再也,又岂以再废而遂止也。'于是命下,委游击李灿董治其事,重建其祠,仍旧址也"。这里的"新皇"就是皇太极,自天聪三年(1629)四月肇建至天聪四年(1630)九月告竣,十分雄伟辉煌。新的玉皇庙有"大殿五楹,圣像与塑神庄严巍峨,庙貌肃新,何其壮丽也。大门一间,庙祝住房六间,犁然具备,规模宏远,何其壮观也。若门若殿,有额有联,悬而张之,煜煜烨烨,朗朗辉辉,又何其掩映也"。此外,"又有伏魔大帝,一时同建三楹,大门一间,侧室三间,咸为之增彩,匾对亦为之辉煌"。

碑阴职官题名很多,主要人物几乎与《大金喇嘛法师宝记》题名相同,不同者"教官"不见了,出现了19名"致政",其中有曹振彦的题名,其他题名与"教官"题名完全不同,说明曹振彦已不是"教官"而是"致政"了。这一改变说明什么呢? 还很值得研究。

应该指出,"先是太祖时,建玉皇庙于辽阳城南教场,香火不绝"。二年后,"又值无状者,复为之毁"。"无状者"是谁呢? 经查乃"为贝勒阿济格、多尔衮、多铎属下庄屯人拆毁,造棺椁市卖(作小棺材出卖)。上闻之,怒。追讯毁者,偿值重建,至是落成"[1]。由此可知,玉皇庙第二次重建为拆毁者所为,似乎与阿济格、多尔衮、多铎也脱离不了干系。

努尔哈赤、皇太极修建喇嘛园、玉皇庙目的相同,都是给汉人看的,更是给汉官的文臣武将看的,是政治上的一种策略手段,还是有效的,拉近了宗教信仰上的距离。可是阿济格、多尔衮、多铎等并没有真正理解父兄的意图,还在破坏庙宇,然而经过这次"偿值重建",接受了教训,此后建庙者多了,破坏者少了,可以说实现了原来的目的。

三、《东京新建弥陀禅寺碑记》,此碑刻于崇德六年(1641)八月,原立于东京城内弥陀寺,寺早已毁去,碑现藏于辽阳博物馆。碑为螭首方座,额题"法轮常转"四字。碑阳22行,满行70字。碑阴刻职官、信士、工匠题名。弥陀禅寺为恭顺王孔有德领衔倡议,还有怀顺王耿仲明、智顺王尚可喜、大学士范文

---

① 《清太宗实录》,卷八。

程参加共同修建的,碑文应该是范文程撰写的。

碑的内容是记述了恭顺王孔有德新建弥陀禅寺的经过,以"叙王之时势,叙王之遇,叙王建寺之由"。所谓"叙王之时势",是说孔有德等归顺后金的经历与处境,有"苦海无边,回头是岸""一归正果,万孽全消"之感。所谓"叙王之遇",是说归顺后受到无上的礼遇,"叨宠荣于北阙(北阙指沈阳的宫殿,在这里孔有德被封为恭顺王),作藩翰于东京(藩翰指保卫王室的重臣,才能有幸驻防于东京)。东京乃太祖定鼎之区,人臣何幸,获守兹土"。所谓"叙王建寺之由",是说孔有德等新建弥陀禅寺的理由。为什么呢?就是报答知遇之恩,表达心迹,愿清朝"大业早就,于万斯年",如此方能"永享茅土,永守藩职"。实现上述希望,只有求助于如来佛的保佑。

弥陀禅寺规模宏伟,"中起雄殿,设如来圣像,竹苞松茂,鸟革翚飞,极一时之工力焉。前有天王殿,后有华严堂,其中菩萨、地藏、罗汉、□□、伽蓝祖师各有殿宇,又设禅室僧舍,以集中云堂"。禅寺建成后,感到"出迷入悟在此举,昨非今是在此举",虽然"佛力君恩"自知"难酬",但还是"怀抱悠悠"。弥陀禅寺的香火是很盛的,每天可以"听经偈之朗朗,闻钟鼓之锵锵",成为东京城内之一景。

碑阴题名有信官、副将、参游、备御、府吏等,还出现了 12 名生员,说明儒学生员完全可以抛头露面,地位大大提高了。在题名中有三位曹姓,他们是曹得先、曹得选和曹世爵,经学者考证认为,是曹雪芹上世辽东曹氏第三房人物,进一步证明曹雪芹祖籍辽阳是确定无疑了。

东京城内的弥陀禅寺存在时间较长,道光二十年(1840)还经过重修,有《重修弥陀寺碑》为证,现藏辽阳博物馆。

此外还有:《新建龙王庙碑记》,刻于崇德五年(1640),碑已无存,碑文见《辽阳县志·碑记志》。《修建观音洞碑记》,刻于康熙四十一年(1702),现立于弓长岭安平镇朝阳洞观音寺内。《莲花寺盂兰会碑记》,刻于雍正十年(1732),碑已无存,碑文见《辽阳县志·碑记志》。《罗祖洞碑文》,刻于同治七年(1868),碑已无存,碑文见《辽阳县志·碑记志》。《佟二堡安澜寺碑记》,刻于光绪八年(1882),碑已无存,碑文见《辽阳县志·碑记志》。《辽阳清真寺穆公纪念碑》,刻于宣统元年(1909),存于清真寺抱厦右侧,保存完好。

清代辽阳墓碑也很多,多有墓志记事,或称墓志铭。墓志始于东汉,初无确切名称。魏晋以来,随着经济的发展与门阀的兴起,逐渐兴盛起来,始称墓志。更因多有以韵语结尾的铭文,又称墓志铭。墓志的内容主要是记述死者的生平事迹,如姓名、生卒年月、乡里、官职等,比较简单。后来,许多阀阅之家为了显示门第,光宗耀祖,歌功颂德,内容越来越复杂,多有溢美之词。清代的墓碑主要在东京陵,如庄亲王舒尔哈齐墓碑、穆尔哈齐墓碑、大尔差墓碑等。

此外还有石汉、马鸣佩、马雄镇、徐国相等墓碑,有的同时还是封碑,如石汉被追封为一等伯、穆尔哈齐被追封为贝勒、大尔差被追封为辅国公等。除了墓碑、封碑,还有记事碑,范围更广,如修庙、兴学、建桥、筑路、善举、烈女等,不必一一列举,可参看《辽阳县志》以及邹宝库:《辽阳碑志选编》、李大伟:《辽阳碑志续编》等书。

第七节　科技与建筑

有清一代由于闭关锁国,人们在传统思想的禁锢下,不思进取,不可能有什么科技发明,辽阳更是如此。但又不能空白,只好罗列一些别人早已有之,自己没有的能够制造出来,权作发明而已。在建筑方面却有值得提及之处,甚至出现了杰出的建筑家。

一、科学技术

佟养性督造红衣大炮:努尔哈赤时期,八旗兵善于野战,主要是靠骑兵,驰骋疆场,攻城略地是其短板,因为没有任何火器,吃亏很大,因此有人提出应该制造火炮。佟养性曾说:"夫火器,南朝仗之以固守。"守城需要火器,攻城尤需火器,否则损兵折将,十分不利。于是佟养性就组织汉军中使用过大炮之人(明军归降者)研制大炮,主要人物是祝世荫,辽阳人,天命六年(1621)与其兄原镇江城(丹东九连城)游击祝世昌归顺后金。天聪四年(1630),祝世荫"进造红衣炮法",据此开始铸造大炮,他"司监造"负责技术监督。翌年正月造成,皇太极非常高兴,并为大炮命名为"天祐助威大将军",还在炮上铸字:"天祐助威大将军。天聪五年孟春吉日造。督造官总兵官额驸佟养性、监造官游击丁启明、备御祝世荫、铸匠王天相、窦守位、铁匠刘计平。"从此,后金有了大炮,主要是汉军使用,归佟养性掌管。皇太极高兴之余,"出阅新编汉兵,命守战各兵,分别两翼,使验放火炮鸟枪。以器械精良,操演娴熟,出帑金大赉军士"[①]。可见,大炮的制造成功对后金与明朝争夺政权的重要作用。

制造火药:有了大炮更需要火药,努尔哈赤在辽阳时期就制造了火药,天命八年(1623)六月就有"烧八旗公用的煤炭的阎蛮子、谢蛮子,炼制放炮用的黄色火药送来了"的记载。皇太极时期更是大量制造火药,主要地点就是辽阳北门外的硝堡。祝世昌在《请及时大举奏》中说:"第辽阳旧城,淋硝硝丁有数,一年所淋硝斤有数,势不能多得,我国用这许多大炮,则火药当设方多多予办。查得船上硝有三四千斤,磺有四五千斤,当速行兵部,计处运来,发局合造。新得旅顺,量硝磺火药亦多,再写笔贴与贝勒查其硝磺、火药多少量,留一

---

① 《清太宗实录》,卷八。

半本处备用,其余尽数装运前来制造"①。由此可见,火药制造大多在辽阳的硝堡。今天仍留下历史的记忆,硝堡街隶属于辽阳市白塔区星火街道办事处。

造船:为了军事上的需要,努尔哈赤时期就已经能够造船,李民寏在《建州闻见录》中就说:"臣过婆猪江,目睹贼船可容七八人,极轻捷,而健马善浮深水。"说明:这时已经能够制造轻捷较大的快船。到了皇太极时期已经有了造船专家佟克申,他所造之船称为"佟克申式",在辽阳就造有六艘,前已述及,但具体样式不详。根据《辽阳州志》的记载,辽阳城西六十里有船城,应该在小北河一带,可能是清代官府造船之遗址。《辽阳县志》也说:"城西南六十里八区界有大小船城二村,即古船城也,迹已无存。"

水利专家靳辅:清初,河患经常发生,康、雍、乾三朝比较重视治河,尤其康熙年间治理黄河很有成效,其中辽阳人靳辅"曾有过重大的贡献",堪称清代治理黄河功勋卓著的第一人。靳辅(1633—1692),字紫垣,隶汉军镶黄旗。顺治九年(1652),以官学生考授国史馆编修。顺治十五年(1658),改内阁中书,迁兵部员外郎。康熙元年(1662),迁兵部郎中,再迁通政使司右通政。康熙八年(1669),升国史院学士,任纂修世祖实录副总裁,翌年擢内阁学士。康熙十年(1671),授安徽巡抚,由于"实心任事,加兵部尚书衔"。康熙十六年(1677),接朱之锡缺,实授河道总督,专任治水之事。从此,开始了治理黄河的艰巨工程,直至卒于任上。靳辅虽未治过河,但凭多年从政经验,敢于创新,终于获得成功。一是调查研究,对黄、淮水患灾情进行实地考察,作为提出治河方案的依据。二是依靠群众,重视民间舆情,"凡有一言可取,一事可行者,莫不虚心采择,以期得当"。三是信赖专家,重用一个不出名又无官职的文人陈潢,协助治河。陈潢,字天一,号省斋,浙江钱塘(今杭州)人,一说嘉兴人,是一位优秀的水利专家,对黄河的水性特点与治理方法有深入的研究,靳辅"倾心相委,尽用其策",在给皇帝的奏疏中也说:"凡臣所经营,皆潢之计议。"到任后,经过两个月的精思筹划,提出了宏伟的治河方案,一天之内上了八道奏议,所谓"治河八疏"。他认为,"治河之道,必当审其全局,将河道运道为一体,彻首尾而合治之而后无弊也。"也就是说,黄、淮、运河综合治理,上下游一齐治理,以便根绝水患。他最后说:"今不为一劳永逸之计,屡筑屡泛,安有底止?"靳辅的计划得到批准,康熙拨款二百五十余万两,令其指挥全部工程。于是以千军万马之势,正式开工。全部工程分为两个阶段:第一阶段从康熙十六年(1677)至康熙二十二年(1683),主要是扶堤堵口,使黄淮回归故道。第二个阶段从康熙二十二年(1683)至康熙二十七年(1688),主要是改善运河航道,确保漕运畅通。靳辅在陈潢的襄助下,治河十余年,成效显著。第一,

---

① 《天聪朝臣工奏议》,第67页。

"水归故道,漕运无阻",江南的资源可以源源北运,保证了京畿的需要。第二,是大片水毁之地变成良田,仅苏北一带就涸出土地三百万亩。第三,经过治理,河水"安者五十年"。第四,留下了宝贵的经验,康熙也说:"其一切经理之法具在,虽嗣后河臣互有损益,而规模措置,不能易也。"靳辅留给后人的治河经验都包括在《靳文襄公奏疏》与《治河方略》中,后者还附录有陈潢的著述《河防择要》与《河防述言》。靳辅的一生,为官廉洁,颇多治绩,利国利民,而功尤在治河,在我国古代治河史上写下了光辉的一页。实际,辽阳人任河道总督者不只是靳辅,前有杨茂勋,后有高斌,但靳辅成就最大,全国知名,而杨茂勋、高斌治绩如何,缺乏记载。

赵世锡与《蚕桑必读》:赵世锡,字永公,辽阳人。康熙年间,由部曹(部之下的司官,如郎中、员外郎、主事等)外放江西瑞州府(今江西高安县)知府。据《高安县志》记载:该地除了"谷粟而外,物产无几",经济很不发达,百姓生活穷苦。他到任后,即深入民间进行调查研究,感到必须发展副业以富民。发展什么副业呢?他说:"阜财百计凭何术?惟有蚕桑事事宜。"他认为,蚕桑生产周期短,见效快,"计其成功,一月劳碌"即可。他说,有了丝即能换得银两,有了银两,"粮也可完,典也可赎",只要努力去做,"必富且康"。由于桑树对土壤的适应性强,枝繁叶茂,放蚕容易得活。养蚕的活劳动强度不大,老弱妇幼皆可参加。

为了发展蚕桑生产,赵世锡采取了许多有效措施,他派人去湖南采买桑苗;到江浙引进蚕种,为百姓解决桑秧蚕种问题。不仅如此,他还十分重视栽桑养蚕技术的传授和普及,主要表现在他写了一本实用价值较高的《蚕桑必读》手册,很有特点。一是高度概括,精练易懂。关于栽桑养蚕许多农书都有介绍,如元代官修的《农桑辑要》,篇幅很长,不便农民阅读。赵世锡仅用了九百多字,就把栽桑养蚕的技术说得十分明白、透彻、易懂。二是图文并茂,便于记忆。他采用民间喜闻乐见的歌诀形式,介绍了栽桑养蚕的全部过程,包括每个细节,再配上插图,加上朗朗上口的韵文,对农民来说真是易学易记,容易掌握。应该说,赵世锡的《蚕桑必读》是一本古代科普读物的杰作。

由于赵世锡推行栽桑养蚕,使瑞州的蚕桑生产很快发展起来,家家户户都在竭力经营,十分兴旺。有诗云:"万家煮茧云连屋,五夜缫丝月满天",这就是当时生产的热络场面。经过数年的努力,"产丝甚多",农民的生活必然有一定的改善,所以"合郡感戴"。关于赵世锡的事迹,《高安县志》《江西通志》都有记载,《奉天通志》也有简要介绍,可供参考。

宣传养蚕植桑:清末,辽阳东南山区也开始了养蚕植桑,逐渐扩展到城厢,并设立实验所。为了宣传、提倡养蚕,写了一本小册子名《蚕桑浅识》,用今天的话说就是科普读物。

二、建筑艺术

有清一代,辽阳的建筑很多,但保存下来的却很少,有些属于人为破坏,"文革"尤甚;有些被高楼大厦所代替,许多有价值的建筑皆化为乌有,实在可惜。清代辽阳最早的建筑就是东京城,很有特色,城郭仍在,内部全非。开发河东之后,虽修复了天祐门,但与当时的丰采相去甚远。东京城前已提及,不再重复。下面仅将一些重要建筑,简要加以介绍。

魁星楼:是清代辽阳八景之一,《辽阳县志》有详细的记载。"在城东南隅城墙角上,因城为基,复起石台三层,周以石栏,上建八角层楼。由南面上升,有石阶十六级……东北角设木梯,联步而升出口乃入上层。口门置木盖,登临者入则启,出则闭之。上层中设魁星木像,单足立鳌顶上,名为独占鳌头,像可旋转,左手执印,右手高撑握笔,名为点状元。楼窗用玻璃装成,外罩铁丝细网,周围皆设几凳。"魁星楼高约十米,两层,八角盔顶重檐,每条垂脊上都有兽类泥塑,形态各异。整个建筑宏伟壮观,体现了时代的文化气息。一层有四门,正中树立方形石碑一座。二层魁星木像为檀香木雕,红脸蓝额,煞是可观。凭栏眺望,远有山,近有水,楼下外侧护城河缭绕,水明如镜,缓缓流过,实为一幅天然景色。难怪有人联句云:"东接名山千顶秀,北环活水一湾清。"

楼中有许多名人题联,增辉添彩,颇有情趣。徐桐(吏部尚书、体仁阁大学士)的题联是:"能府焕文章,愿诸君囊笔扬芬,共奋蓬山云路;故乡多俊杰,看几辈联裾夺锦,好增粉社奎光。"倭仁(工部尚书、文华殿大学士)的题联是:"北斗挂岩城,仰层楼直上凌空,好教步月梯云,手扪星宿;南山当户牖,凭画槛高瞻远瞩,且喜钟灵毓秀,地近邰岐。"崇绮(盛京将军、户部尚书、翰林院掌院学士)的题联是:"奎壁焕天章,东海人文应星宿;川原培秀干,南山佳气入楼台。"帅文秀(辽阳人,经营粮油业,曾任辽阳县商会会长,善诗)题联是:"谈笑有鸿儒,应吐文章高北斗;春秋多佳日,常留诗思在南山。"上述题联都很有文采,文化氛围强烈,也是吸引游人的一大亮点。

辽阳魁星楼

魁星楼的建筑年代,有人认为是明洪武五年(1372),或说明代,不确。因为明时辽阳城四角有角楼,并都有命名,东南曰筹边楼、东北曰镇远楼、西南曰望京楼、西北曰平胡楼。努尔哈赤进攻辽阳时,四角楼尚存,袁应泰就在镇远楼上督战,不可能有魁星楼。所以,魁星楼应该建于清代无疑。那么应该建于清代什么时间呢? 我认为,应该在乾隆四十三年(1778),不会早于这个时间。乾隆之前,辽东社会经济还没有完全恢复过来,清廷尚无实力修建较大的工程。从辽阳来看,在康熙二十年(1681)还是"有土无人"的局面,康熙三十二年(1693)依然是"败闉荒台,颓垣废井,一望怆然"的景象。辽东社会经济的恢复和发展应该在乾隆四十年(1775)以后,有许多记载可以得到说明。主要是人口增加,乾隆四十六年(1781)奉天府人口已接近二十万人,最多的辽阳已达到五万五千多人。人是生产力,有了人,荒芜的土地得到开发,经济逐步走向恢复和发展。这时,内地已经出现了所谓"康乾盛世",东北虽然来得较迟,但清廷已经具备了修建较大工程的条件。正因如此,"乾隆四十三年奉旨估勘旧址重修"(《盛京通志》,卷二十九)。所谓"旧址",即指"明辽东都司城也"。这个"都司城"是洪武五年都指挥使"马云、叶旺因元遗址修筑,周围十六里有奇,门六"。从洪武五年(1372)到乾隆四十三年(1778),相距四百多年,再加上清军入关前的破坏,实在应该重修了。这次重修取消了四个角楼,在东南角增建魁星楼,作为很有文化气质的乾隆皇帝来说,也是很自然的事情。

魁星楼建立起来之后,许多饱学之士在楼下周围开馆授徒。当时人以为在魁星楼下读书,时常去叩拜,一定会得到魁星的保佑,早日取得功名,所以有许多人将子弟送去读书。据说王尔烈曾经在此读过书,更增加了这里私学的知名度。事实并非如此,只是一种传说而已。道理很简单,王尔烈于乾隆三十六年(1771)已经考中进士,此时还没有魁星楼,怎么可能在这里读书呢?道光、同治年间曾经进行过重修,并立有碑记,惜已不存。"洎光绪庚子甲午间,所有木像楹联尽被外兵残毁。"1924年,进行过重修,重新立碑,重刻楹联,恢复了原貌。魁星楼宏大高伟,于其上"推窗四望,清风爽气尽入襟怀,南面千山罗列如屏;东来衍水环绕如带;孤塔峙乎西;首山映乎西南,俯瞰全城,街市纵横,鳞次栉比,有飘然凌霄之概,诚辽城眺望之佳境也"。

1948年,魁星楼毁于战火,荡然无存,实为可惜。如今有人建议重修,政府如能采纳,为桑梓造福,可谓千秋功德!

河南院:乾隆年间有王世芳者,自山东蓬莱落户辽阳,嘉庆年间开始经商,以永隆为号,堪称巨贾。王世芳之孙王巽谦曾任河南商城知县,"有惠政,商城为之立生祠"。归来时仿河南式修建宅院,故称河南院,实际就是四合院。所谓四合院分为三种,即单层院、双层院和三层院。河南院地址位于西二道街路北,占地面积两万多平方米,是一座三层的大四合院,也称王半城。河南院分有外院、里院、家庙(三槐宗祠)、戏楼和花园。整个布局十分严谨,呈长方形,南北长,东西窄,可谓深宅大院,气势宏伟。所有各种建筑都是雕梁画栋、金碧辉煌,十分悦目壮观。是一座古色古香,极具艺术价值的经典建筑群。二十世纪九十年代,由于房地产开发而被拆毁,十分可惜,都是有关领导缺乏文物保护意识所致。清代三层四合院均已荡然无存,保留下来的只有民国时期的彭家大院了，即彭公馆。清末双层四合院还有西小什字街的吴(吴恩培，字贯一，灌依，民国时期为省议员)公馆(今为辽阳曹雪芹纪念馆)；单层院的四合院还有东四道街路北并列的杨庭相与王大中的住宅，今天都变成了古玩店。根据我小时的记忆，三义庙胡同(今文圣路西)路北有一个大四合院，门上方有一匾额，题字已记不清，但现在想起来可能是大学士、湖广总督官文的府第。

辽阳城内清真寺：始建于顺治八年(1651)，是一座庙宇式建筑，东西向，东西深 51 米，南北宽 35 米，呈长方形，整个建筑匀称地分布在一条中心线上，占地面积近 2000 平方米(原来要比现在大四五倍)。正门设在东厢五间对厅中间的穿堂，属庙门式的拱形。正门北侧两间是料理教务的地方，即宗教和财务管理负责人的办公室。南侧两间是会议室，迎宾室，也是"乡老"休息的地方。正门西面对着清真寺的主体建筑大殿，前后成两进院落布局，实际就是双层四合院。

一进院落内的两侧各有五间配房。北五间为教长室和海里凡(阿訇的继承人)住宿室，也是经堂教育(培养宗教学员)的教室。南五间为沐浴室，也称"水屋子"，是穆斯林上殿礼拜前净身之处。净身有"大净""小净"之分。但是，无论"大净"或"小净"，洗涤的方法都必须是淋浴式的，决不在任何容器中洗浴，因为身体的任何部位一进盛水的容器，里边的水就被视为污水，不能再用，必须是流水。所以，过去采取分室(伊斯兰教规定赤身之人彼此不可相见，必须隔开分洗)吊罐滴漏式的方法，现均改为淋浴喷头(也要分室隔开)。过去，殿前两侧布有各种花卉，春夏之际芳香扑鼻，沁人心脾。院中央有大鱼缸，大小金鱼游弋，常引人驻足观赏。

二进院落南北以短墙相隔，中间各有月亮门可以出入。清真寺的主体建筑就介于一进与二进院落中间。它是由抱厦、大殿和望月楼三部分组成的，由于采取我国古代营造法式中的勾连搭结构，三者浑然一体。明三间的抱厦，与正门相对，是进入大殿的必经之地，由于没有邦克楼，它也就成了宣礼员唤拜的地方。抱厦的上方悬挂有清代历朝达官显宦赠送的匾额，现存者尚有咸丰壬子年(1852)辽阳知州龚文灏所题"处守清规"(南)、光绪丁酉年(1897)江南道监察御使，回族王廷相所题"还朴归真"(北)和光绪丙午年(1906)礼亲王世铎所题"纲维理数"(中)三方匾文。还有奉天总理营务翼长左宝贵所题"天方正教"与辽阳知州鲜俊英所题"尊大清高"两方匾额，在"文革"中被毁，实在可惜。明柱上更刻有许多楹联，多为文章宿老所题，早已不存。

经过抱厦才能进入大殿。大殿是穆斯林礼拜的地方，是清真寺最神圣、最至要的部位。大殿由两进组成，外称腰殿，内称正殿。大殿南北宽 17.25 米，东西纵深 11.65 米，构成一个面积 200 多平方米的非常宽敞的室内空间，同时可以容纳数百人礼拜。此外，如有些穆斯林举意(表达心愿)、知感(感谢真主)、走坟(纪念亡人)等也在这里进行。大殿是礼拜真主的地方,不供奉任何偶像与神灵,其中只有三种设施:一是米合拉布(壁窑、窑龛),正面墙壁中央穴墙如门,有一人高,不作任何点缀,是代表礼拜方向和阿訇领拜的地方,没有他意。二是闵拜尔(讲台、宣礼台),设在窑龛右侧的木制七级阶梯式讲台,是阿訇讲"卧尔兹"(一种宣教的方式)的地方。三是尔撒(木杖),阿訇在讲台上宣讲教义时必须手持尔撒,为圣人留下的行为。大殿以清洁为最重要条件,地板上置有拜毯,还要经常打扫,所以礼拜时必须脱履户外方可进入。正殿高起穹窿,结顶若亭,为大木起脊式建筑,十分雄伟。殿顶原有各种颜色鲜艳的图案,多为蓝、绿、红相间,现尚留有遗迹,须仰视方可看得清楚。正殿之上起建望月楼,又称遥殿,它的功能就是为了便于看月。伊斯兰教规定,每年教历九月即赖麦丹月,穆斯林必须"封斋"一个月。所谓"封斋"就是白天不饮不食,其他工作照常。每天从日出前到日落后可以自由饮食。目的在于培养忍耐、坚毅等良好品质,让人尝试饥饿之苦,动其恻隐之心,以便慷慨好施,扶持贫困者。但"封斋"或"开斋"都要登高望月,以见新月为准。所以,望月楼成了清真寺的主要建筑。为了承托望月楼的重量,大殿由六根立柱支撑,殿顶还有十二根挂柱和六根悬梁。这些立柱、挂柱和悬梁互相交连,使望月楼固若金城。下有两折木制梯道,沿此可以上达。望月楼为六角形盔顶飞檐式,盔顶铁刹杆上置有一弯银白色新月,飞檐斗拱上挂有铃铛,现已不存。望月楼通高18.775米。站在望月楼上凭栏眺望,近可俯视寺内全貌,远可鸟瞰全城。现在周围楼群林立,已经不可能登高望远了。

辽阳市清真寺

城内清真寺虽属中国传统庙宇式建筑,但它与佛、道的庙观不同,体现了伊斯兰教的特点。第一,突出新月标志。新月是伊斯兰教的教徽,有如佛教的法轮,道教的太极八卦,基督教、天主教的十字架。因此,在所有清真寺的望月楼或大殿屋脊上等显著处突出新月标志,一眼望去便知是清真寺。第二,禁绘人鱼鸟兽。建筑离不开装饰,清真寺也不例外。由于伊斯兰教反对个人崇拜和以物配主,严禁使用鱼虫鸟兽,尤其不能使用人物。所以,许多艺术家采用阿拉伯字母或几何图案进行创作,制成许多精美的绘画和雕刻,使清真寺建筑别具一格。第三,中国的清真寺与庙宇不同,都是背西朝东,没有朝南背北的。因为礼拜时必须向西方遥拜,伊斯兰教诞生于沙特的麦加,位于中国的西方,要向西遥拜。第四,崇尚清静肃穆。清真寺是谈经、礼拜、赞颂真主的地方,以清静为尚,不事华丽。清真寺建筑时,都在城市的西南隅,远离喧嚣的闹市。清真寺的建筑都呈长方形,院深墙高,教外人感到私密。礼拜时,必须保持肃静,才能"一心朝主,俗虑尽释",不影响默诵经文与礼拜。第五,寺门不同于庙门。寺门有两种:一为阿拉伯式,多为洞门,北方很少;一为中国式,多为三五开间穿堂式的寺门,辽阳清真寺就是如此。不过有一点是共同的,门旁绝不像佛道寺观那样以石狮雄踞两侧,一般也不立旗杆、上下马石等物。门就是门,不作无谓的点缀。

此外,还有西四道街的天主教堂,为法国哥特式建筑;东三道街的基督教堂,为罗马古圣堂建筑(今都为省级文物保护单位),将在清代宗教一节中加以介绍,这里省去不叙。

宫观庙宇:清代应该很多,但有特点的庙宇保存下来的很少,前面在庙碑中已经提到,余下的多在农村,有价值者更少,从建筑角度看,都属一般。千山宫观庙宇很多,但清代建筑只有无量观(建于康熙年间),以西阁为中心,周围有二十四景,多人题咏命名,"洵奇景也",今已非属辽阳,尽人皆知,无须介绍了。

桥梁建筑:清代辽阳的桥梁建筑,应该很多,但都缺乏明确的年代记载,不便采用,可以确指者有万宝桥、通济桥。万宝桥:努尔哈赤占领沈阳、辽阳之后,为了加强两地之间的联系,尤其是与赫图阿拉的联系,自然关注道路的畅通。因此,在今灯塔市境内修有万宝桥,并经过三次维修,即嘉庆二十年(1815)、道光二年(1822)、宣统元年(1909),于桥北侧立有石碑。早在明朝时期,辽沈之间就有一条南北纵向的土道,称为"上大道",经过灯塔大三界坝村时有一条东西向的戈西河,原筑有木桥,原名万板桥,年久失修,有鉴于此,努尔哈赤乃拆去重修石桥,定名为万宝桥。该桥总体造形为两墩三孔,桥长二丈五尺五寸,宽一丈五尺,高一丈零五寸,桥墩间距为九尺三寸。桥面为平面型,两侧附有石柱栏杆,石质为黑白花小豆石,合拢起来,工艺精湛,形制完美大方。该桥在当时条件下,能够建成是非常难能可贵的。仅就桥石而言,大者六七千斤,小者也不下千余斤,运石、码墩、铺垒全靠人力,十分艰辛,经历三百多年的风雨剥蚀,一直保存下来。遗憾的是,"大跃进"与"文革"时期遭到破坏。令人欣喜的是,在灯塔改县为市后,得到重新恢复,更加精美靓丽,成为灯塔市内一道引人入胜的风景线(参见白朗天:《万宝桥与万宁桥》,载《辽阳文史资料》第 16 辑)。通济桥:清朝中期,州城西南刘二堡马家屯南有一条运粮沟,也称运粮河,原有一座木桥,经常需要维修。咸丰元年(1851)初,当地官绅联合起来,发动募捐活动,集资建桥,得到村民的响应,很快积足资金。于是破土动工,并在当年六月竣工。桥东北侧立有石碑,还修有碑楼相护,碑文为董琪树撰写,主要叙述了建桥的经过及通济命名之含意,大加点赞。这是一座石桥,长约 10 米,宽约 4 米,桥高出水面 1 米,所用石料均为小豆石,桥的造型如何不详,但很坚固。直至中华人民共和国成立运粮河改道,该桥被废弃,久之桥体下沉河底。1968 年前后,马家大队为了修马圈需要条石,将其拆毁,石碑已不知去向。[①]

最后,还想提到皇太极时期的一位建筑家,他就是辽阳的雷弘化。据载:雷弘化,"镶白旗包衣人,世居辽阳,来归年份无考。原任銮仪卫銮仪使"。后来在兼任牛录章京时,"奉命肇造宫殿。卜度营建,必躬必亲,栋宇巩固,榱题焕烨,不啻汉之西都也"(《大清銮仪卫左堂仍管牛录章京雷公碑阴记》)。那么,雷弘化修建的是什么宫殿呢? 据李大伟先生的考证,就是今天沈阳的故宫,而且是故宫的中路建筑,包括大清门、崇政殿、凤凰楼等,院落三进,独成一体,是真正的大内宫阙,也是故宫的最核心部分。沈阳故宫分为东、中、西三部分,东为大政殿与十王亭,是努尔哈赤时期所建;西为文溯阁,为乾隆时期续建。李大伟先生,认为雷弘化是"盛京皇宫大内宫阙的建造参与者或工程建设的具体负责人"(《沈阳故宫博物院院刊》,2009 年第 8 辑)。我认为,还可进一步加以探索、考察,是否是设计者,至少现在就应该称为建筑工程家。

第八节　清代辽阳宗教

宗教是人们的一种信仰,也是一种社会意识形态,但具体表现形式不同。由于民族和地区的等等不同,宗教也必然不同。《辽阳县志·宗教志》云:我国"以儒立教,万世宗之,然不以宗教名也。汉唐以降,佛老争鸣,金元及清,起自北方,崇佛尤盛,故辽阳一邑,祠庙遍于城乡。洎清中叶,基督、天主之徒,远涉重洋来兹传教者,亦复不鲜"。清代以前,辽阳已有道教、佛教、伊斯兰教、萨满教。鸦片战争以后,基督教、天主教也相继传入辽阳。现将各教情形分别介绍如下:

一、道教

道教是中国固有的宗教,产生于东汉后期,以"道"为最高信仰,认为道是

---

① 马清涵:《古道与通济桥》,见《乡土》总第 6 期。

化生天地万物的本源,故称道教。东汉顺帝年间(125—144),陕西丰邑人张道陵在四川鹤鸣山创立五斗米道,是道教创立之始,灵帝熹平年间(172—178),河北巨鹿人张角又创立太平道,与五斗米道同为早期道教的两大主要派别,东汉末年又同为农民起义的旗帜。农民起义失败后,太平道已经销声匿迹,唯有五斗米道单独流传,到唐宋金元时期道教十分盛行,有正一、全真两大教派。明清时期,道教已无前代之盛,逐渐走向衰微。但是,从辽宁来看,道教却始盛于明清时期,特别是有清一代的辽沈地区尤其兴盛。道教奉老子为教主,崇拜的天神以三清四御为最高。三清即玉清元始天尊、上清灵宝天尊和太清道德天尊(即老子,也称太上老君)。四御为昊天金阙至尊玉皇大帝、中天紫微北极大帝、勾陈上宫天皇大帝和承天效法土皇地祇。地祇就是地神,掌管阴阳生育及大地山河,而老百姓普遍信奉的地神就是城隍和土地。道教是多神教,除了三清四御之外还有许多神仙,一时很难说清。南朝陶弘景撰有《真灵位业图》,给神仙排列座次,分为七阶,即七个等级,共排定430多位神仙。道教以信仰神仙为核心,并认为人可以修炼成仙。修炼就应该有方法,即所谓"术",所以修仙之术有吐纳导引、外丹内丹、养气服气等。道教特别强调"我命在我不在天,还丹成金亿万年",也就是说人的寿命长短不在于天,而在于自己的修炼,修炼好了即可成仙,与天地共长久。这是道教所追求的最终目标,也是道教与其他宗教明显不同的地方。傅勤家在《中国道教史》的"结论"中说:"儒畏天命,修身以俟;佛亦谓此身根尘幻化,业不可逃,寿终有尽;道教独欲长生不死,变化飞升,其不信天命,不信业果,力抗自然,勇猛何如也!"道教分乾坤,乾道称道士,坤道称道姑。皆蓄长发,高绾成髻,戴浑圆帽或南华巾,上衣蓝色,下衣不限(但不可用青灰色),白长筒袜,鞋为双脸或圆口云履。全真派教士出家,不结婚,素食。正一派不出家,俗称火居道,可以结婚,不素食。道教的经典总名曰《道藏》,有各种版本,今天通行的是明刻本,有5485卷,此外还有《藏外道书》、民间遗书,可称浩如烟海,一般道士很难得窥全豹。

道教传入辽阳应该很早,丁令威"化鹤归辽"的传说可以为之佐证。《搜神后记》卷一载曰:"丁令威,辽东人,学道于灵虚山,后化鹤归辽,集城门华表柱时,有少年举弓欲射之,鹤乃飞,徘徊空中而言曰:'有鸟有鸟丁令威,去家千年今始归,城郭如故人民非,何不学仙冢累累!'遂高上冲天。"这则神话传说虽不可信,但可说明东汉末年辽阳已经有了道教,至少可以说明辽阳已有人去外地学道。清代时,全真派的郭守真带领许多弟子到辽宁传教,最初的落脚点就是铁刹山。铁刹山今属于本溪,当时属于辽阳。从铁刹山又先后传到沈阳、千山、锦州医巫闾山等地。千山也属于辽阳,直到中华人民共和国成立才划归鞍山,我们从历史的角度在谈到有关问题时不得不提到千山。康熙五年(1666),刘太琳、王太祥奉师命前往千山传教,经过十多年的努力创建了无量观。从此，一些道观、宫、庵纷纷建立起来，直至清末民初，千山的主要道教庙宇即发展到九宫八观十二庵，另外还有七十二茅庵，使道教庙宇遍布整个千山。千山的总面积约有 44 平方千米，分为北、中、南三沟，所有的道教庙宇都巧妙地分布在这三沟之中。其中，保存完好的有无量观、五龙宫、南泉庵等十多座观、宫、庵。可以说，千山道教庙宇建筑的技术十分高超，布局合理，造形壮美，尤其是无量观、五龙宫等很有特色，与关内许多宫观比较起来毫不逊色。

除了千山之外，辽阳城乡也布满了道教的庙宇，有的为前代所建，清代加以重建或重修，都立有碑记。如关帝庙、天齐庙、玉皇庙、四大庙等。关帝庙位于大西门外左侧，为元代至元十八年（1281）所建，修于土山之上，坐北朝南，由低到高，有三进院落，围以青色砖墙，规模宏伟，是辽阳最大的道观。乾隆四十年（1775），关帝庙进行修建，王尔烈为之撰写碑记，他十分推崇关、张"忠义是守"之高尚品德，"生则相依，殁则相从"，"志虽未就，而无惭于汉室，无亏于气节。天下后世，虽妇人、小子，皆震其名"。他还为武成殿题写了"光昭日月"和"浩然气"两方匾文，深望关、张的浩气英风，将"垂于万世"，与日月同辉。除了这座关帝庙之外，当时广大农村许多地方都有关帝庙，据《辽阳县志》的不完全统计至少不下 30 座，大多为清代所修，可见辽阳崇拜"关帝"之风十分兴盛。后来，这些关帝庙多改为小学，解放后因之。西关关帝庙也曾改为西关小学，"文革"时遭到彻底破坏。

天齐庙也是一座比较大的道观，位于东五道街，"自金时创建，旧名乘兴寺"，因为供奉"东岳泰山天齐仁圣大帝"，所以也称东岳庙，后又改称天齐庙。据说天齐仁圣大帝掌管人间生死与幽冥地府之事，可谓人多事繁，所以庙宇一般规模较大。据《辽阳县志》记载：天齐庙"有正殿五楹，奉天齐，两廊十王殿十楹，山门三间，东西便门，钟鼓楼具备。殿东土地祠，西胡仙堂，碑楼一间。殿后护法神殿一楹，又后地藏殿三楹，东西各房为道士禅所。"香火较盛，降香许愿者很多，每年农历三月二十八为天齐庙会。此庙一直延续到中华人民共和国成立，"文革"期间被工厂占用，后改为天齐小学。

玉皇庙始建于明，原在大西门外，毁于战火，"止存金身暴露"，努尔哈赤见到"甚恫乎不自安，遂命移演武厅（即今小南门外曙光乡玉皇庙村）焉，更立一殿宇，为神所栖也"。但是，"仅阅二祀，又值无状者复为之毁"。皇太极见之，"不胜痛疾，乃曰：'人所乞灵，惟神是藉，岂以一废而至再也，又岂以再废而遂止也。'于是命下，委游击李灿董治其事，重建其祠，仍旧址也"。从天聪三年（1629）四月肇建，于天聪四年（1630）九月告竣，历时一年半。规模宏伟，颇为壮观。有"大殿五楹，圣像与塑神庄严巍峨，庙貌肃新，何其壮丽也。大门一间，庙祝住房六间，犁然具备，规模宏远，何其壮观也"。据《辽阳县志》记载，大殿内"有铜坐佛高九尺二寸，站像六尺五寸，有碑八座"。修建玉皇庙的同时,"又有伏魔大帝,一时同建三楹,大门一间,侧室三间,咸为之增彩,匾对亦为之辉煌"。后金所以两次重修玉皇庙,表明努尔哈赤与皇太极对汉族宗教信仰的高度尊重,以换取人们的好感和信任。日俄战争时期,玉皇庙毁于战火。

四大庙包括城隍庙、祖师庙、火神庙和娘娘庙,都始建于明代,清代在顺治十四年(1657)曾经重修过城隍庙,今皆不存。祖师庙在城内西五道街,居四庙之中,有大殿三楹,主要供奉各个行业的祖师,如铁匠行祖师太上老君,居正中位,其余分列两边,实际上都是有过贡献的历代名人。祖师庙的东边是城隍庙,有山门和大殿,左右有配房,大殿供奉城隍神像,"此庙香火颇盛"。祖师庙西边是火神庙,也是有山门和大殿,左右有配房,大殿供奉火神,香火也很盛。此外,在农村至少还有7座火神庙。火神庙西边还有泰山娘娘行宫,俗称娘娘庙。有山门三楹,中为过厅,后为大殿,左右有配房,主奉天仙玉女碧霞元君。人们普遍认为她能使妇女多生子,能保佑婴儿顺利降生、健康成长,信众十分广泛,尤其是妇女,香火极盛。每年农历四月十八有庙会,"妇女无子者,多于是日祷之"。届时,人山人海,热闹非常,除了拜仙求神之外,也是一次摆摊叫卖的集市贸易。在庚子事变时,四大庙被俄军全部"残毁",后来都改为他用。

道教的节日繁多,主要有三清、三元、五腊、玉皇圣诞等。所谓三清,即冬至日为元始天尊圣诞日;夏至日为灵宝天尊圣诞日;二月十五为道德天尊圣诞日。所谓三元,即正月十五为上元天官节;七月十五为中元地官节;十月十五为下元水官节。五腊之节是正月初一为天腊;五月初五为地腊;七月初七为道德腊;十月初一为民岁腊;十二月初八为王侯腊。所有这些节日都要举行道场,有的是一天,有的是昼夜举行。正月初九为玉皇大帝圣诞日,十二月二十五为接驾日。据说这天玉皇大帝下界巡天,所有的教士都要在半夜子时接驾,然后在大殿前举行盛大的祭祀活动。

道教有许多清规戒律,由于派别不同,清规戒律自然也有所不同。所谓戒律是道士的行为准则,必须遵守,有三戒、五戒、八戒、十戒之分,多者有1200条,少者也有300条。如三戒,即皈依戒、皈心戒、皈命戒,也就是把整个身、心、命都皈依于道,也叫皈依三宝(道宝、经宝、师宝)。五戒是不杀生、不偷盗、不邪淫、不妄语、不得茹荤酒。所谓八戒、十戒也就是规定的"不"更多,实际上也就是要求道士更讲文明、更讲道德。所谓清规是对道士违反戒律进行惩罚的规定。有跪香、杖责、逐出等项,最重者如违犯国法、奸盗邪淫、坏教败宗等,要火化示众,应该说十分严厉。民国后,辽阳道教日渐衰落,宫观多被办学占用,道士越来越少,生活无以为继,处于停顿状态。现在辽阳已无道教宫观,也无在籍的乾、坤道士,信徒也已不多。

最近,读到王常处《光复观音阁,弘道利生》①一文,得知首山观音阁已经重修,经辽阳市宗教局批准成为道教活动场所,说明辽阳市道教又将延续下来,有了新的活动场所,是道教信众的福音。

二、佛教

佛教是世界性宗教,发源于古代印度,发展于中国。在三大语系佛教中,除巴利语系佛教(我国云南傣族信仰此教)外,汉语系佛教和藏语系佛教都发源于中国,成为世界上唯一三大语系佛教并存的国家,所以中国有佛教第二故乡之称。西汉末年,佛教从印度经西域传入我国,到两晋南北朝时期,无论是在南方与北方,佛教都得到了迅速的发展。佛教的创始者是释迦牟尼,原名为乔达摩·悉达多(约前566—前486),大约与孔子同时。他生于释迦部落,相传是迦毗罗卫城(今尼泊尔境内),净饭王之子,属于刹帝利瓦尔那(即第二种姓)。他29岁出家,7年后自称得道,后来在恒河中游摩揭陀等国传道40多年,80岁去世。后被称为释迦牟尼(意即释迦族的隐修者)或"佛陀"(意即大彻大悟),简称为"佛"。

早期佛教学说很多,但基本教义为"四谛""八正道""十二因缘"等。所谓"四谛"(可以说是四条真理):一是"苦谛",说明人生多苦,有所谓八苦,生、老、病、死、求不得、爱离别、怨憎会、五受阴(身心一切皆苦)。二是"集谛",说明产生苦的原因在于"欲爱"(即欲望),包括对快乐之欲爱、对生存之欲爱、对权力之欲爱等,有了欲爱就会有言行,结果造了"业"(业是行为的后果),造了业就必然有因果报应,因而也就不断产生轮回转世之苦。三是"灭谛",说明佛教的目的,也就是消灭苦。要消灭苦,就要消灭欲爱,欲爱消灭了,就不造业,不造业就没有轮回果报,从而进入寂灭无为的庄严灵境,叫作"涅槃"。所谓"涅槃"就是永远超脱轮回之苦,亦即"极乐世界"。四是"道谛",说明修道的方法或达到"涅槃"的途径。佛教认为要达到"涅槃"的境界,就必须修"八正道",即正确的信仰(正见)、正确的思索(正思维)、正确的言论(正语)、正确的行动(正业)、正确的生活(正命)、正确的努力(正精进)、正确的思想(正念)、正确的自我专心(正定)。"八正道"就是要求人们不要反抗,要安分守己地生活,在专心致志的生活中最后求得解脱,求得幸福。佛教的经典有广义与狭义之分。广义的佛经总称"三藏",包括经藏(释迦牟尼的言行录)、律藏(佛教的清规戒律)、论藏(对佛教教义的解说)。狭义则指经藏。汉文经典总称《大藏经》,内容分经、律、论三藏,也包括印度和中国佛教的主要著作在内。

佛教传入中国,一般说法是在西汉哀帝元寿元年(公元前2年),但非定

---

① 《光复观音阁,弘道利生》,载《乡土》总第23期。

说,可能还早。至于传入辽阳可能在东汉初年,广佑寺、铁瓦寺都说始建于汉代,实际可能是东汉。城东栖云寺有明确记载"始于汉之永平年间(58—75)",碑石尚存,应该是可信的。经过魏晋、南北朝时期的传播,唐代有了较大的发展,辽、金时期臻于极盛。《辽阳县志·宗教志》说,辽阳佛教盛行于金世宗时期,"世宗母贞懿李后,母家辽阳,祝法为比丘尼。曾以内府金钱三十万建清安寺。寺址在今城外西北隅,寺僧善英徒仆数百人,有资钜百万,厥为教中九代祖。世宗即位又扩其旧制,庙貌极一时之盛,则当时之崇尚可知也。自是佛教风行,由城市以及山林,几于莫不有佛寺,而千山五寺尤特著名"。到了元明时期,政府都设置专门机构进行管理,清代仿照明时旧制,设立了僧录司。有清一代,对于佛教还是采取利用、笼络的政策,以适应广大汉族群众的精神需要,也就是"因其俗而治其众"的办法。佛教宗派为数不少,门徒最终落定八大宗派:天台宗、三论宗、慈恩宗、律宗、华严宗、密宗、净土宗、禅宗。这八大宗派兴起于隋唐,并在汉传佛教一千多年的历史上对中国的政治、经济、文化都产生过重要影响。应该说,汉传佛教的主要思想都包括在八大宗派之中,尤其是净土宗和禅宗经久不衰,保持着强大的生命力,一直是汉传佛教的主流。

辽阳历代所建佛教庙宇很多,清代复有修建,据史可考者有观音寺、安澜寺、朝阳寺、祥云寺、白衣寺、莲花寺、弥陀寺、疙瘩寺、鸢凤寺、应真寺等,保存至今完好者已经不多。观音寺原为辽代东丹国王宫,明时改建为御库,俗称金银库。康熙三十三年(1694),始改建成佛教寺院,名为观音寺。《辽阳县志》载:"庙踞土山之巅,北向,又名金银库,其上大殿三楹,东西廊各三间,殿旁耳房各二间,西南隅大仙堂,东南隅娘娘宫,山门、钟鼓楼俱备。南面山半麓有仙人洞,洞口建房二间。"主奉观音菩萨,开山祖师为普月,首任方丈为满传。清末民初,逐渐衰落,一度改建为经商会馆。1915年,释济生和尚出资购回,不断进行修建,规模逐渐扩大,成为很有特色的一座佛教寺院。"文革"时被砸毁,和尚也被赶出寺院,一片狼藉。"文革"后,又重新修复,规模更加扩大,是辽阳最大的寺院,成为佛教活动中心,1983年被确定为市级文物保护单位。

朝阳洞,又称观音洞,现称朝阳寺,坐落于弓长岭区汤河乡柳河村北白云山南麓,依山建寺,规模不大。始建于康熙四十一年(1702),为乡民谷元印居士"首捐己囊,纠众协助,建立殿宇三间,庄严大士一座",名曰观音洞,为比丘尼庵。住持比丘尼为崇慧,是外地云游至此,选中"兹土",感到"石壁陡峭,河涌清涟","中有石室,予不胜欣幸,而托处焉"。崇慧撰有碑文,"自述其事""铭之于石",使我们得知建寺缘由。此后,几次修建,规模有所扩大。嘉庆十五年(1810),修建观音洞碑记云:"今又宇殿倾颓,圣像衣残,钟楼滩(坍)塌,洞门不周,甚不可观也。于(是)许德海与谷洪桂以及众会首等,不忍坐

朝阳洞

视,共同会议,增修旧制,以彰先人之美举,而垂后世之不朽"。该寺"文革"时被毁,比丘尼被撵出寺院,正殿、尼舍被扒掉,观音洞成为储藏火药的仓库。"文革"后重修,扩大规模,建筑古朴有序,已成为旅游观光的胜地。

祥云寺坐落于灯塔铧子乡大达连村,始建于康熙六十一年(1722),经过嘉庆十七年(1812)、道光三十年(1850)、光绪二十四年(1898)三次重修,都有碑记可考。据载,道光年间,该寺"雨蚀风剥,其倾圮较为更甚"。"乃于道光庚戌夏择吉鸠工,寺之旧观可仍则仍之,寺之新图意辟者辟之,数月而工竣焉。则见宝珞庄严者,地藏殿也。轩楹灿烂者,七圣祠也。望之而巍然焕然,金碧辉映者,碧霞真君之堂厦也。"后来还修有鼓楼,可见规模尚属宏伟,是一座较大的比丘尼庵。"文革"期间遭到严重的破坏,现已恢复,并有扩大,周边信徒很多。还有莲花寺、弥陀寺等都建于天命、天聪年间,早已毁坏不存,这里就不加介绍了。

佛教的活动与节日很多。主要法事有朝暮课,是经常性的活动。每天早晚和尚要集体诵经。诵经的过程还要穿插跪拜、绕佛行走等礼仪,并伴以鼓、木鱼、铜磬、手锣等音响,使诵经更有节奏感。朝课即早课,全寺僧众每天寅卯时之间齐集大殿诵经,做功课,念两种经,称两堂功课。暮课即晚课,在酉戌时之间举行,要做三堂功课。还有传戒,是指寺院里为新出家的人受戒,使成为正式的和尚和尼姑,有一套复杂的形式,所谓三坛受戒。初坛传十戒,要落发,男性还要剃掉胡须。二坛传具足戒,要迎请三师(导师、羯磨师、教授师)、七证(证即证明人)等。三坛传菩萨戒,于大殿或大殿前集体举行,以拜师、忏悔等仪式,发给受戒者戒牒和同戒录。此外,还有水陆道场等。

节日主要有浴佛节、涅槃节、释迦成道节、盂兰盆节等。每年农历四月初八为释迦牟尼诞生日,即佛诞日。这一天,住持上堂领香、领经、说法,用香水给佛像洗浴,复用净水沐洗。参与浴佛者,最后各取少许水倒在自己头上,也算洗浴。在这一天,禅宗的寺院众僧也都全身洗浴。每年农历二月十五,是释迦牟尼逝世的日子,称涅槃节。是日,所有寺院僧尼都要上殿诵经,以示纪念。每年农历十二月初八,是释迦牟尼修炼成道的日子,称为释迦成道节。这一天,除了诵经而外,僧尼和信徒还要用黏料和果物煮粥供于佛像前表示纪念。这就是吃"腊八粥"习俗的起源。每年农历七月十五是盂兰盆节,亦称盂兰盆会、盂兰盆斋,俗称鬼节。其含义是把饿鬼从罪恶境界中解救出来,源于目连救母的故事。由于目连法力不足以救母,乃求佛救度。释迦牟尼让他每年农历七月十五用盂兰盆盛满百味食品,供养十万僧人。以集众僧的福德和法力使其母解脱地狱之苦,于是兴起盂兰盆会。兴办法会时,前几天就要建立佛坛、普施坛、孤魂坛等。一切齐备后,在佛教的音乐中净坛开坛,然后崇拜忏,晚间开始普施,放焰口、放河灯、烧法船、烧灵房等,十分热闹。据《花莲寺盂兰会碑记》所载,可知花莲寺就每年举行盂兰盆会,坚持善行。

三、伊斯兰教

在中国有十个民族全民信仰伊斯兰教,回族是其中之一。伊斯兰教何时传入辽阳与回族何时移入辽阳两者是一致的。辽阳之有回族始于元代。元世祖至元二十四年(1287),正式设立辽阳行省,治所就在辽阳。在辽阳行省中有许多任职的回族官员,他们都是来自阿拉伯、波斯及中亚各国信奉伊斯兰教者,也可以说是回族的先民。根据《元史》记载,在辽阳行省中任职的回族官员按照年代先后有如下诸人:参知政事阿老瓦丁、平章政事阿(哈)散、平章政事沙蓝、参知政事迭里威失、平章政事买闾、参知政事赛甫丁(赛福鼎)、朝散大夫辽阳省理问事咬住、承务郎左右司员外郎马合某沙等,没有查到的或没有记载的回族官员可能很多。至于在路、府、州、县任职的回族官员可能就更多了,缺乏记载,不能臆说。"因官寓家",在辽阳做官,必然住在辽阳,他们是最早进入辽阳的伊斯兰教徒。明代时,回族民族已经完全形成。伊斯兰教在中国,除新疆局部地区外,基本上不对异教徒传教,主要是靠自身世代繁衍而缓慢发展。所以,回族人走到哪里,伊斯兰教也就传到哪里。明清时期,尤其清朝是回族人大量进入辽阳的时期。顺治十年(1653),清政府正式颁布了《辽东招民开垦则例》,从此山东、河北等地回族不断涌入辽阳城乡,如南沙河、刘二堡、沈旦堡、佟二堡、大纸房、小烟台、白旗沟、玉皇庙等地都出现了回族聚居区,老城西南隅是回族最集中的地区,所以称为"回回营"。随着聚居局面的出现,由于宗教活动和生活习俗的需要,建立清真寺已是势所必然。清朝时期,南沙河、刘二堡、沈旦堡、佟二堡、大纸房、小烟台等地都先后建立起清真寺,绕寺而居是伊斯兰教信众或说回族的一大特点。清真寺,系阿拉伯语"麦斯吉德"的意译,即"叩拜之处",因此又称礼拜寺。明清以来,由于伊斯兰教被称为"清真教",所以又普遍称为清真寺。清真寺对穆斯林与回族同胞来说几乎须臾不可离。清真寺是穆斯林每天礼拜的场所,由于礼拜前必须净身,所以又是沐浴的场所。此外,为回族同胞举办婚丧嫁娶、祭祀亡故先人以及屠宰食用畜禽等也都离不开清真寺。辽阳城内清真寺建立于清顺治八年(1651),它是东北地区规模较大、建立时间较久的一座清真寺,1991年被确定为市级文物保护单位。伊斯兰教的一切活动都在清真寺内进行,执掌教务者称为阿訇或掌教。此外,人数较多的是住学阿訇,阿拉伯语称海里凡,即学员,学成后可以取得阿訇资格。还有寺师傅(管宰牲)等,各司其职。

　　伊斯兰教是世界性的宗教,主要是信仰真主(安拉)。伊斯兰教认为,真主是独一无二的,造化天地万物、日月星辰及主宰宇宙的一切。一个虔诚的穆斯林必须坚定地信仰真主,不能有丝毫的动摇,一切服从真主。此外,还有信天仙、信经典(《古兰经》)、信圣人(即穆罕默德)、信后世、信前定等所谓六大信仰,但信仰真主是伊斯兰教的核心。一切宗教都有与其信仰相适应的宗教仪式,也是其信仰的外部表现。伊斯兰教对此有明确的规定,即五项基本功修,汉语简称念、礼、斋、课、朝。"五功"是伊斯兰教的基础,被视为"五大主命",穆斯林必须严格履行。所谓念,即念作证词。内容是:"万物非主,惟有真主;穆罕默德,真主使者。"这16个字,中国穆斯林称之为清真言,是穆斯林念诵频率最高的诵词。虔诚的穆斯林每天必须口诵心念"清真言",赞美真主,表达自己的信仰。会念"清真言",承认清真言才是真正的穆斯林。礼,即礼拜真主。崇拜真主不仅表现在思想观念上,还要通过一定的礼仪在形体上崇拜真主。礼拜主要有每日五时之礼(晨礼、晌礼、晡礼、昏礼和宵礼)、星期五的聚礼,以及每年开斋节、古尔邦节的会礼。现在,除了阿訇等宗教职业者外,每日能够礼"五时之礼"的应该说很少,有些人只参加晌礼、晡礼,有些老年人多参加星期五的聚礼,特别是老年妇女更多一些。不过,每年开斋节上殿参加会礼的人数还是比较多的。斋,即斋戒。伊斯兰教历的每年9月为斋戒之月。按照伊斯兰教的规定,斋月里成年男女穆斯林,每天东方发白前进食,日落后开斋,白天不饮不食,禁绝房事,不许有任何非礼行为,一般称为"把斋"或"封斋"。但患病者以及孕妇、产妇等可不"把斋"或"封斋",但条件改变了要补斋。斋戒的目的就是要人清心寡欲,专事真主。它可以培养忍耐、坚毅等良好品质,让人尝试饥饿之苦,动其恻隐之心,以便慷慨好施,扶持贫困者。课,即缴纳天课。穆罕默德说:"正教是解决社会问题。"贫富分化是社会的最大问题,伊斯兰教通过"天课"加以调节,令富有者将其财产中的指定部分作义务性转让,即施舍。在中国没有缴纳天课的规定,但提倡施舍,一般称为散乜帖。朝,即朝觐天房。全世界的穆斯林,凡有条件者,一生中至少于古尔邦节期间,到沙特阿拉伯的麦加克尔白朝觐一次。克尔白相传是仿照真主在天上的住所而建的,故又称天房。改革开放以前,去天房朝觐是很困难的,要受到许多条件的限制,不是谁都去得了的。现在朝觐已经开放,各地组团去麦加的很多,但到目前为止,辽阳还没有一个穆斯林(包括阿訇等宗教职业者)朝觐过天房。

　　伊斯兰教每年主要有三大节日,即开斋节、宰牲节和圣纪节。此外,还有阿舒拉节、法图麦节、登霄节、拜拉特日、盖德尔夜等。应该指出,这些节日和纪念日都是以伊斯兰教历来计算的。

　　开斋节,辽阳穆斯林称为大尔德节或大尔代节。这是全世界穆斯林的共同节日,也是回族的节日,有如汉族的过春节一样隆重。在每年的伊斯兰教历十月初一,即在教历九月封斋一个月满期之后,即为开斋,要举行庆祝活动,所以叫开斋节。回族不过年,而过节。过去,头一天晚上,大家要看新月,看到新月了,第二天即开斋。现在不看月了,伊斯兰教历十月初一即开斋。当天,人们要沐浴净身,穿上节日的盛装,还要炸"油香",到清真寺参加会礼,并要写"钱粮",也是赞助清真寺的"乜贴"。

宰牲节,也叫小尔德节或小尔代节,是在教历十二月十日,即开斋节后七十天。过去,这一天清真寺要宰牛羊(都是富有者举意捐献的)庆祝,所有穆斯林共餐,也要炸"油香"。除了宰牲献祭外,像开斋节一样,也要举行会礼。

圣纪节与圣忌日,教历三月十二日是穆罕默德的诞生日(571),同时又是他归真的日子(632),即"圣忌日"。所以,在这一天把"圣纪"和"圣忌"两者合起来进行纪念,俗称办"圣会"。当日,回族群众聚集在清真寺诵经、赞圣、礼拜,并由阿訇讲述穆罕默德的生平事迹,号召穆斯林学习穆圣的高尚品德等。

伊斯兰教的禁忌很多,主要在饮食、信仰、社会行为三个方面。在饮食方面:《古兰经》说:"他只禁戒你们吃自死物、血液、猪肉,以及诵非真主之名而宰的动物。"认为,自死物"必有毒";血液"其毒尤甚"。即使是能吃的动物,也要请阿訇来宰,否则即属于"诵非真主之名而宰的动物",也不能吃。此外,还不能吸烟、喝酒,更不能吸毒。《古兰经》认为这些都"包含着大罪,故当远离,以便你们成功"。在信仰方面:不能崇拜偶像,不能求签(算卦),认为都是秽行。在社会行为方面不能赌博、不能侵蚀公物、不能铺张浪费,主张公平交易,反对弄虚作假的欺骗行为,主张互惠互利,反对放高利贷,反对文身等。

由于长期受伊斯兰教义和教规的影响,回族穆斯林养成了许多特有的风俗习惯,也可以说是优良的民族传统。如讲究卫生是《古兰经》的规定:"信道的人们啊!当你们起身去礼拜的时候,你们当洗脸和手,洗至于两肘,当摩头,当洗脚,洗至两踝。如果你们是不洁的,你们就当洗全身。"每天礼拜5次,就要洗5次,至少要洗全身一次。《古兰经》还规定:"你应当洗涤你的衣服,你应当远离污秽。"伊斯兰教法规定:男孩长到七八岁时,须进行割礼,即割去生殖器官上一小块包皮,防止包茎,以免存储赃物,有利于儿童健康成长。鼓励学习,男女穆斯林都必须学习,这是主命。穆罕默德说:"你们要从摇篮学到坟墓",也就是持之以恒,活到老学到老。提倡团结互助,穆斯林都是兄弟,一人有事,众人相助;一方有难,八方支援,有力出力,有钱出钱,绝不吝惜。尤其是穆斯林的丧葬仪式更有自己的特点,主要是土葬、速葬、薄葬和平等葬。土葬就是不用棺材,把尸体直接放在墓坑的地面上,其优点是尸体腐烂后容易被土吸收,既经济又卫生。速葬就是人死后不超过三天,一般就是两天就要埋葬,体现了"亡人入土为安"之意。薄葬就是不许以任何物品"赔葬",送葬时不用鼓号,不许吹吹打打,尸体装在"经匣"里,由亲友们轮流抬至墓地(绝对没有雇人抬的),更不许大吃大喝,既节省了丧家的费用,又体现了穆斯林的团结。平等葬就是不论其地位高低,都是用一块白布裹尸,埋在同一的墓地,占用一般大小的地面,没有任何特殊。这些优良的民族传统至今不衰,多数穆斯林或回族同胞都在遵行,甚或发扬光大。

四、萨满教

辽阳满族最早信仰萨满教。萨满教是一种原始宗教,形成于原始公社后期,除了满族而外,北方许多民族如蒙古(13世纪以前)、维吾尔、哈萨克、柯尔克孜(7世纪以前)等族都曾普遍信仰过萨满教。新中国成立前,东北地区的赫哲、鄂伦春、鄂温克、达斡尔等族中也很盛行。它产生于渔猎阶段,崇拜大自然,是一种多神教。满族的先民包括肃慎、渤海、女真时期,长期生活在白山黑水之间,大自然给他们带来一些生存的有利条件,也带来一些不利条件。在无法解释的情况下,产生了"万物有灵"观念,认为大自然都是神创造出来的,也有灵魂,甚至灵魂不灭。因此,崇拜范围十分广泛,大体上可以分为三类,即对自然神、动植物神、祖先神的崇拜。自然神包括天神、日神、月神、星神、风神、雷神、雨神、云神、海神、河神、水神等;动植物神包括虎、马、鹿、狗、蛇、鱼、柳、桦、榆与石、鹰、乌鸦等;祖先神指死者生前是氏族、部落的首领、酋长,或生前有功于氏族、部落的人等,有些萨满也被后世萨满尊崇为萨满神。

萨满,满语叫"乌达亢",汉译为"女萨满",也就是女巫,她是人与神灵之间交往与沟通的使者。最初,萨满都是女性,可能是产生于母系氏族时期,后来也有了男性,可能是产生于父系氏族时期,但女性萨满依然存在,甚至在清朝的宫廷中也有女萨满。各族信仰者对萨满的称呼也各不相同,蒙古族称男萨满为勃额,称女萨满为奥德根;塔塔尔、哈萨克族称萨满为喀木,也称奥云、巴克西等。萨满教认为,世界可分为"三界""九层"或"九天":天堂为上界,是诸神所居;地上为中界,是人类所居;地狱为下界,是鬼魔所居。萨满的活动是与精灵"通神",经过通神可使精灵附体,或使萨满的灵魂升入神灵世界。萨满在"精灵附体"时,萨满状如神魂颠倒,口念咒语,手舞足蹈,敲击铃鼓,以之为人驱邪治病,祈求渔猎丰收。萨满在与精灵"通神"时,要戴法冠,穿法裙,拿法器,包括法杖、神鞭、神鼓、铜镜等,披挂起来足有百斤,再跳再舞,通身是汗,实是辛苦。《清史稿》说:"满洲俗尚跳神,其仪,内室供神牌,用木龛,室正中、西北龛各一。凡室南向北向,以西方为上;东向西向,以南方为上;颇与礼经合。南龛下悬帘幕,黄云缎为之。北龛上置扺,扺下陈香盘三,木为之。春秋择日致祭,谓为跳神。"跳神时,女萨满、男萨满自然是主角,有一套很复杂的仪式,如"女巫舞刀祝曰:'敬献羔饵,以祈康年。'"祭祀不同的神,都有不同的祝文。祭祀的方式各地大同小异,《清史稿》说:"长白满洲旧族近兴京城者,祀典礼仪皆同"。

萨满教与一般宗教不同,有着自己明显的特点,也表现了它的原始性。第一,萨满教没有统一的教义和经典。萨满教的一切活动都由萨满掌握,凭借着言传身教传授给新萨满,一般人不易听到或看到。尤其是因为家庭、宗族、地区等的不同,很难形成统一的教义和经典。第二,没有统一的宗教组织,也没有统一的宗教活动。萨满教的所有仪式和一切活动都始终以血缘关系为基础,也就是以家族宗姓为单位进行。萨满教中的跳神最具需求性,如治病驱邪、添丁换锁(祭祀佛立佛多鄂谟锡玛玛,可以保护婴儿,名曰换锁)等,由于地区不同,家境贫富不同,也决定着互相间的差别。作为宗教活动的主角萨满也有家萨满与职业萨满之分。家萨满只为一个姓氏或一个家族服务,不服务于社会。职业萨满主要限于跳神治病,也是根据某些个体的需要而定,所以不需要有统一的宗教组织,当然也就没有统一的宗教活动。第三,没有固定的宗教活动场所。萨满教与其他宗教不同,道教、佛教有庙宇,伊斯兰教有清真寺,基督教、天主教有教堂,可以进行集体的、大规模的宗教活动,萨满教则没有集体的、大规模的宗教活动,所以也不需要有固定的宗教活动场所。萨满教的一切祭祀、求福驱灾、祈祝丰收等宗教活动或仪式都是分散的、个体的,即一个家庭、一个宗族,或某一个地方都可以进行。如祈求庄稼兴旺可以在田间;祈求获得猎物可以在山林。正是存在这些不同,也是萨满教在环境改变时必然走向衰亡的内在原因。

满族统治阶级在进入辽沈地区之后,尤其建立全国政权之后,萨满教就开始逐渐走向衰落。满族本来就是少数民族,人数较少,在进入辽沈地区之后,尤其夺取全国政权之后,由于加强统治的需要,满族成员以及八旗兵,开始分散全国各地,必然处于汉族汪洋大海的包围之中,不能不受到汉族高度封建文化的熏陶,不能不逐渐接受汉族文化,包括萨满教在内,不能不受到儒、道、佛教的影响而发生变化,许多原始的东西被抛弃,信仰也随之发生动摇。事实上,努尔哈赤在赫图阿拉、辽阳时期就开始崇奉佛教、喇嘛教(即藏传佛教)或道教,以适应广大汉族和蒙古族的需要。努尔哈赤在赫图阿拉时,就曾修建许多庙宇,也就是后金建国前一年的四月,"于城东阜上建佛寺、玉皇庙等,十王殿共七大庙,三年成"(《满洲实录》,卷4)。七大庙都是什么庙,不得而知,但显然都是佛教与道教的庙宇。在进入辽阳之后不久,努尔哈赤就曾经下达保护庙宇的汗谕:"不准任何人毁坏庙宇,不要在庙里拴马牛,不要在庙里出恭。发现违背指示,或毁庙,或拴马牛的人时,将逮捕治罪"(《满文老档·太祖朝》,卷29)。所以要保护庙宇,并非真正尊重人民群众的宗教信仰,而是一种笼络的手段,借以缓和满汉的民族矛盾,巩固自己的统治基础。为了拉拢、利用蒙古贵族为其统一女真各部,占有东北,乃至夺取全国政权效力,努尔哈赤、皇太极又十分崇奉喇嘛教。天命六年(1621)五月二十一日,蒙古大喇嘛斡禄打儿罕囊素法师"不惮跋涉,东历蒙古诸郡",来到辽阳,"阐扬圣教,广敷佛惠"。根据"大喇嘛塔碑记"可知,囊素并非不请自来,"当太祖创业之初,闻北边蒙古有大喇嘛,三聘交加,腆仪优待,遣往之情,既挚来归之志益敦",并"率一百家撒哈拉儿,辞蒙古贝子,幡然越数千里而至此也"。囊素,"乌斯藏人"(西藏),与后金早有来往,"从前曾来过两次","获取辽东后","听说英明汗善养的事",所以又来。努尔哈赤非常高兴,隆重接待。对此,《满文老档·太祖朝》(卷22)有详细的记载:"那天,科尔沁的老囊苏喇嘛到了。进入汗的衙门时,汗从坐着的地方站起来,握喇嘛的手会见,陪坐设大宴"。不仅如此,努尔哈赤还"勅建寺,赐之庄田",所谓"勅建寺",就是位于小南门外的莲花寺,即现在的喇嘛园。不难看出,努尔哈赤给了囊素法师相当高的礼遇。后来,囊素对人说:"我从我处来时,常常是身体不好,或有病时来,心中合计这是要在英明汗那里离开人世"。没过多久,病情趋重,他对努尔哈赤说:"如果怜爱我,等我死后,把我的尸体,委托给在辽东巴噶巴喇嘛祭祀"。同年十月,囊素喇嘛圆寂,于是在"辽东城的南门外汗参将的园庄里修庙,安放尸体。英明汗委托巴喇嘛祭祀。并派遣名叫图鲁什的人,去率领在科尔沁的囊苏喇嘛属下的诸申六十三户,还给予尼堪的一堡,住在喇嘛的尸体那里"。又让这些护墓的人"习射,赏弓五十张、甲五十副、马五十头、驴二十头,使役的阿哈男五十人,女五十人"(《满文老档·太祖朝》,卷40)。天聪四年(1630),皇太极根据努尔哈赤的敕命,为囊素"修建宝塔,敛藏舍利",还由正黄旗、镶黄旗派人长期保护,顺治、雍正、乾隆年间多次重修,可见重视之程度。清初,还在城西水泉村建有喇嘛庙,"有正殿三楹,东西廊共十间",主要供奉"地藏王菩萨、如来佛、观世音菩萨",规模不是很大。这是辽阳仅有的两座喇嘛庙,说明藏传佛教并没有在辽阳发展起来。

辽阳还有锡伯族,他们居住在刘二堡、首山、小祁家、单庄子、张台子、灯塔、邵二台、西马峰等地,其中主要以张台子乡三界坝村、苍三家子村,西马峰乡水泉村为最多。他们原居于黑龙江大兴安岭,也信仰萨满教,后为努尔哈赤所征服,编入八旗之中。后金占领辽沈以后,有一部分驻防辽阳,这是辽阳有锡伯族之始,此后有陆续迁来者,人口逐渐增加。根据《辽阳县志·兵事志》记载:康熙三十三年(1694)曾经向辽阳"增锡伯兵三百四十七名,又裁原兵四十名,增锡伯兵四十五名",加上家眷(以五口之家计算),前后应该有二三千人是可能的。锡伯族与满族一样,后来也转信喇嘛教,但生活中仍保留一些萨满教遗留下来的习俗。

五、天主教

天主教,是罗马公教的中国名称,亦称加特力教,意为"普世性的教会",又因以罗马为中心,故称"罗马公教",与新教(在中国称为基督教或耶稣教)、东正教构成基督教三大派别,天主教是基督教历史最久、人数最多的派别。元朝时传入中国,后中断,明万历年间再度传入。传入东北应该是鸦片战争前后,但在元朝时辽西就有天主教信徒,清康熙年间,辽东亦有少数天主教信徒,大多是山东、河北的移民,不过当时都没有教会组织。鸦片战争以后,法国巴黎外方传教会派遣天主教满洲教区第一任主教、法国籍传教士方若望带领一些传教士到达营口,并设主教府。咸丰三年(1853),方若望派法籍传教士鲍神甫到辽阳城西大沙岭传教,这是辽阳有天主教之始。实际上在这之前,辽阳就已经有了天主教信徒。在城内有陈、戴、皮、黄四姓;在大沙岭有阎、孙、高、王四姓,都是从外地移来的"老教友"。这正是鲍神甫所以首先去大沙岭传教的原因,可以借助这些"老教友"的力量开展传教活动。经过不断发展信徒和努力筹备,终于在咸丰五年(1855)成立了天主教会,但还没有相当的教堂。直至同治元年(1862),才建成了沙岭天主教堂,规模仍然不大。光绪二年(1876),扩建教堂,除了礼拜堂之外,还设有育婴堂、养老院和小学。光绪五年(1879),法籍传教士杜公斯当接替方若望,为满洲教区主教,在大沙岭天主教堂领祝圣礼(即授予主教之职的一种仪式)。光绪六年(1880),他在大沙岭教堂创办了拉丁学院,宗旨在于培养传教士。光绪十八年(1892),满洲教区第四任主教、法籍传教士纪隆派法籍传教士谷神甫在城内马神庙前买沈姓园地建立天主教堂,后由法籍传教士叶神甫出任本堂神甫。光绪二十三年(1897),纪隆又派人去城北单庄子传教,并建立了教堂。光绪二十四年(1898),满洲教区分为南满教区与北满教区,辽阳天主教隶属南满教区,纪隆改任南满教区第一任主教。

光绪二十六年(1900),义和团运动爆发,斗争矛头直指外国教会,辽阳天主教自然是在劫难逃。大沙岭、城内、单庄子三座教堂先后被义和团烧毁,有的传教士和教民被打死,所以传教士纷纷逃走,有的教民也远走他乡,暂避锋芒。义和团运动被镇压后,逃走的传教士在本国政府的支持下又都先后"胜利"返回,并对被烧毁的教堂提出了天价的索赔要求。清政府不得不作出让步,只好拿出巨款满足他们的要求。光绪二十七年(1901),法籍传教士苏菲理斯任南满教区第二任主教。他利用清政府的赔款先后重建和扩建被烧毁的天主教堂,以扩大天主教的影响。光绪二十九年(1903),重新修建了大沙岭教堂,还为被打死的传教士吕为道在院内立碑。碑文写道:"大法国钦差全权大臣吕为道、天主教司铎,于光绪庚子年因拳匪之乱,为道殉难。奉天将军、府尹增王奏请立碑,以示优异。奏旨允准,为此立碑,用光圣教。"这则碑文告诉我们,法国传教士到中国传教,并非单纯的宗教行为,不能不代表本国政府的利益,传教不能不为政治服务,所以传教是手段,不是目的。大沙岭教堂重建后,积极开展传教活动,并建立了刘二堡、黄泥洼、前牌房村等公所,信徒有所增加。同年,苏菲理斯派辽中三台子教堂郭神甫到辽阳城内传教,"买西四道街杜姓市房一所,翌年迁入,又逾年重修新建,层楼高耸,颇壮观瞻。院内设有育婴堂、养老院,贫老无告与无依之婴孩,时或收养焉"。1913 年,苏菲理斯又派法籍传教士雒化民神甫去辽阳城内传教。他买了张姓园地,扩建天主教堂。以耶稣圣心堂为主体建筑,附设有神甫住宅、修女住宅、男教友休息室、女教友休息室、养老院、育婴堂(当时有婴儿 150 名,又设女学一个班,又设织袜工厂一处,专备女学学习),还有医院、学房、库房、碾房、花房、厨房、饭厅、地下储藏室等,占地面积达到两万多平方米。这所教堂前后用了十多年时间,不断地扩建才有了今天的基本规模,青砖青瓦。前有钟楼,高 33 米,外分三层,一、二层为四方形,三层为八角椎体,由下往上逐渐收拢,塔尖占 3 米,上竖银白色的十字架,在阳光下熠熠生辉。在二层的最上方写有"天主教"三个大字。钟楼的北面接着礼拜堂,即耶稣圣心堂,高大宽广,长 40 米,宽 12 米,高 10 米,砖木结构,为法国哥特式建筑。南面正门对开,东西有侧门,中间两排立柱,直径 0.3 米,高 9 米,每侧 11 根,把礼拜堂分成三通廊式,上面悬挂三盏吊灯,照亮三条通道。北面是祭台,中间正祭台置耶稣圣心像,东侧副祭台置约瑟像,西侧副祭台置圣母像。对面二楼有平台,为唱赞美歌之处,西侧有楼梯,可以上去,整个布置庄重肃穆。辽阳天主教堂是辽阳市最大的天主教堂,也是南满教区较大的教堂之一。单庄子教堂修复较晚,先立公所,直到 1917 年之后才逐渐完善起来。

　　天主教以耶稣为救世主,他们认为耶稣是上帝的儿子,降生为人,是为了拯救世人。他们的经典就是《圣经》,包括《旧约全书》和《新约全书》。《旧约全书》原为犹太教的经典,有《律法书》《先知书》《圣录》三部分,主要内容是关于世界和人类起源的传说,古代犹太民族的历史和宗教,以及宗教法典、宗教政治论著、宗教文学作品等,有希伯来和希腊两种文本。基督教各派都承认《旧约全书》也是先知降下的启示,承认《圣经》是从犹太教传承下来的。《新约全书》是基督教本身的经典,包括四卷"福音书",即《马太福音》《马可福音》《路加福音》《约翰福音》,内容为耶稣生平言行的故事;一卷《使徒行传》,内容为耶稣升天后他的使徒们在各地传教和建立教会的故事;二十一卷《使徒书信》,是使徒写给各地教会或个人的信,实际为教义性论著;最后还有一卷《启示录》,它以象征性的语言描绘世界末日的情况,届时所有人都要接受天主(上帝)的最后审判,得救赎者升入天堂,不得救赎者永下地狱。全书共二十七卷,为基督教各派所一致承认,原文为希腊文,后来译成拉丁文,十六世

天主堂

纪欧洲宗教改革前后始译成各国文字。天主教的礼仪活动主要有"七件圣事"(圣洗、坚振、告解、圣体、终傅、神品、婚配)、"四大瞻礼"(耶稣圣诞瞻礼、耶稣复活瞻礼、圣母升天瞻礼、圣神降临瞻礼)和"主日"(耶稣在安息日前一天,即星期五被钉死在十字架上,死后第三日复活,即安息日后一天,也就是星期日复活,天主教把这一天称为主日)等。这些礼仪活动都要在教堂里举行,特别是"主日",也就是每个礼拜天上午九时,信徒都要参加由神甫主持的弥撒(神甫用一种无酵面饼和葡萄酒"祝圣"后,称它们已变成耶稣的"圣体"和"圣血",并进行分食,信徒仅食面饼,以此作为对天主的祭献),神甫主持这种仪式称为"做弥撒",信徒参与这种仪式称为"望弥撒"。

天主教是一个等级森严的宗教,上有"教皇之尊严",下有"神甫之束缚",信徒见神甫要"行跪见礼"。在中国不许信徒祭祀祖先,也不许祭祀孔子,认为违反"十戒"的首戒,即"崇拜唯一上帝而不可拜别的神",所以中国人祭祖、祭孔被认为是偶像崇拜,应当坚决拒绝。尤其在"同光之间,教士袒庇教徒,遇教徒讼事,往往代为请托,致教外人有不得直者,遂引起人民仇教之思想",义和团运动之发端,"亦半由此种因"。天主教一直都为外国势力控制,乃至压制中国神职人员,中国人当不了主教,神甫也很少。有人统计,从万历十一年(1583)利玛窦在广东肇庆建立教堂始,到1926年止,340余年间,除罗文藻(福建福安人,1674年被教宗克雷芒十世任命为主教)外,所有"中国主教"都是外国人。新中国成立前,辽阳所有教会没有一位中国神甫,全是法国神甫。

六、基督教

基督教也称新教,是16世纪欧洲宗教改革的产物。1517年10月,德国的马丁·路德提出95条论纲,名为《关于赎罪券的功效》,向天主教罗马教廷的神权发起了猛烈抨击,并与教廷公开决裂,使基督新教冲破了天主教的桎梏而诞生。马丁·路德主要是反对教皇出卖赎罪券,指出教皇没有免除任何人罪恶的权力,进而否定教皇的权威。他强调"因信称义"的教义,意即人在上帝面前得称为"义"(不被定罪),全凭信靠耶稣,而不在于遵行教会条规。他支持德国诸侯没收教会财产;提倡在宗教仪式中用民族语言代替拉丁语;并将《圣经》译成德文。路德的改革主张,反映了市民阶级的要求,也符合当时德国世俗诸侯企图扩大独立地位的利益。所以,恩格斯认为德国的宗教改革是欧洲资产阶级反对封建制度的"第一次决战",德国的宗教改革与后来德国农民战争是一次没有成功的资产阶级性革命。从宗教本身说,基督教与天主教并没有根本的差别,只能说是在仪式上有繁简的不同而已。基督教自嘉庆十二年(1807)英国传教士马礼逊来华,开始了基督新教在中国传播的历史。鸦片战争以后,基督教始由营口进入辽宁,随后陆续传播到各地,属于英国长老会派,进入辽阳的具体时间是光绪八年(1882)。在这一年,有王静明者受奉天苏格兰传教士罗约翰牧师的派遣,来辽阳传教。没有教堂,先住在旅店里,后租市房开设讲道堂,奉天再派刘全岳来辽阳主持堂务。不久,有刘守先者要求入教,由罗约翰牧师亲自为其洗礼,从此入教者渐多,大半是商人。光绪十四年(1888)冬天,苏格兰牧师李雅格奉基督教长老会的派遣,由沈阳来辽阳传教。他在城内东三道街路北,购买民房改立教堂,并建有钟楼,悬挂一口由苏格兰谢费尔德城运来的铸钢大钟,每当礼拜天定时敲响,其声可以传遍东半城。他还在三道街与新华路交叉口偏北路东处,建有福音堂,门窗都镶上玻璃,十分亮眼。随着李雅格同来的还有吴阿礼医生,他还把在海城开设的施医院迁到辽阳来,翌年买下了六道街大明寺(寄骨寺)旧址,建起施医院(现市中医院处)和医生、牧师的住宅。光绪十八年(1892),在施医院西侧,用一位英国老夫人的捐款,修建了女施医院,为了纪念这位老夫人的善举,取名"仁母院"。这些医院都是免费治病,所谓"施医舍药",故称施医院。基督教为什么要办医院,后来也办学校,实际是一种传教手段,其宗旨是辅助教会,宣传基督教,争取中国人的好感,以便吸收信徒。所以,每天有一名中国传道员在病房和候诊室宣讲耶稣救世福音,劝人弃假神,信真神耶稣、上帝,只有这样才能生前得救,死后升天。据说,教会医院吸收的新信徒人数,大大超过教堂的传教,推进了教会的工作。光绪十九年(1893),关荣贵、马云亭在刘二堡建立基督教会,史称辽阳县刘二堡基督教会。光绪二十年(1894),甲午中日战争爆发后,清政府调吉林靖边军赴朝鲜增援,路经辽阳时,有7名士兵砸了三道街路口福音堂的玻璃门窗。李雅格牧师闻讯后,拟去州署交涉,要求保护。途经福音堂时,遇上7个肇事的士兵,他们误认为李雅格牧师是日本人,立即拳打脚踢,李雅格受伤严重,当晚死亡。经过交涉,清政府将 7 名肇事士兵全部正法,并拿出 7000 两白银给遇难者家属作为补偿,才算了结。

李雅格死后,奉天基督教会派遣英国牧师德教治来辽阳主持教务,他积极建立教堂,吸收教徒,使辽阳基督教有了很大的发展。德教治虽然住在辽阳,但他的传教范围很广,南至海城,西至辽中,北至十里河,东至本溪,称为辽海教区。德教治称为区会(或主会)牧师,负责管理教区内宣教、学校、医院事业。光绪二十二年(1896)三月,德教治派王正翱、李元典在小北河建堂传教,史称辽阳教区辽西堂会,或称"西会堂"。同年,还派刘盛富设立安平基督教会,请刘允修传道,后经德教治等捐资始建教堂。在柳条寨西大堡有基督教聚会点,也是在这一年被德教治纳入辽海教区管理范围,史称辽阳县大东山堡教会。光绪二十三年(1897),德教治在烟台(今铧子镇)设立基督教会,史称辽阳碳坑教会。发起人是张常青,传道人是朱恒章长老,实际地址在黄堡。光绪二十四年(1898),德教治在茨榆坨(今属辽中县)创设基督教会。光绪二十五年(1899),德教治又在红土岭(今属本溪市)创设基督教会。此外,还建立许多福音堂,计有小北河、月牙泡、茨榆坨、辽中县城、刘二堡、沙河、鞍山、海城、析木城、牛庄、耿庄子、腾鳌堡、接官厅、腰乐屯、赵家沟、暖阳屯、炮手沟、大安平、达子堡、本溪、桥头、小市、碱厂、铧子沟、黄堡、大东山堡、西上岗子等处。应该特别提到,其中小北河、刘二堡、鞍山、海城、牛庄、本溪、铧子及辽阳 8 处,由信徒捐款自请牧师,不靠外国教会资助,成立自主教会。据说,这时信徒已有 2800 多人。

光绪二十六年(1900),义和团运动爆发,辽阳基督教也受到了严重的冲击。城内东三道街教堂、施医院、仁母院被烧毁,小北河"西会堂"也被烧毁。德教治等逃往日本避难,有的逃往朝鲜,义和团运动被镇压后又都纷纷返回。德教治回到辽阳后,重整教堂和医院,恢复宗教活动。光绪三十一年(1905),重修了施医院、仁母院,继续"施医舍药",坚持"善举"。当李雅格的父亲得知东三道街教堂被毁后,立即将儿子的 7000 两抚恤金捐给教会。德教治就是利用这笔钱在被毁的东三道街教堂原址新建大礼拜堂,由英国工程师卢佐治设计,大堂坐北朝南,总体呈十字形,为古罗马式教堂。大堂后部顶端为钟楼,高 12 米,里面悬挂有铸钢大钟,由英国运来,重 217 公斤,击之声音远播悦耳,上面立有红十字架,高 1.5 米。整个大堂分三部分,由北往南依次为祭坛,竖有红十字架;接着是牧师传经布道之讲台;最南面是教众祈祷听道之处。整个大厅高 7 米,宽 11 米,长 18 米,有三道横梁支撑,两边各有三个拱形门,东西侧各有便门。祭坛正面东西各有两个窗户,两侧各有一门,讲台下面东侧有一架钢琴,为唱赞美歌之用。所有的门窗都是圆拱结构,上部为半圆花岗岩石凿成弧形拱窗,下部为油漆木门,都很精致。新建教堂,比原来更加宏伟壮观,容纳信徒礼拜人数达到了 400 人,是辽海教区的中心教堂,史称辽海教区辽阳中堂会。原在东侧墙壁上有纪念李雅格的文字,现已不存。

辽阳市基督教堂

此后,德教治还在接官堡、将军房、桥头(今属本溪)等地创立了教会。光绪三十四年(1908),德教治邀请古约翰牧师到辽阳布教,召开所谓奋兴大会,进行鼓动。但是,入教者还是寥寥无几,直至清末,仅有信徒 1900 多人,比庚子事变前少了近千人。德教治于 1926 年回国,接替他的是英国苏格兰人方德立牧师。德教治在辽阳工作 30 多年,除了传教之外,确实有许多“善举”,也不能完全抹杀。《辽阳县志·宗教志》评论说:“其人颇讲道德,待人和蔼,绝口不言人过,教友有负之者,亦不与校,且不念旧恶。立有文德中学,高初小学,育才女学,四乡立有初小学校数处。其内子(指德教治的妻子)在文德中学教授英文,其乐育人才之心,求之于近,今诚不多见,未可以异国人而歧视之。”这个评论还算公允,个人作为与个人品德有关,不可与整个教会乃至国家的意图同日而语。

除了上述六大宗教之外,还应该有一些民间秘密宗教,如“白莲教”。根据《辽阳县志·轶闻志》记载:同治六年(1867),城北幡杆仆有“赵锡百者,乘物可以腾空,剪纸幻为兵马,小试其术,煽动乡愚,谓某姓子当为皇帝,聚合多人,遂率之攻辽城北门。知州张鼎镛令人以狗血洒之,其术立败”,赵锡百被捕,信众星散。然余众“仍伏各处,居民或白昼丢失儿童,或夜眠发辫被剪,或鸡鸭毛羽亦被剪落,直至光绪十四年后,此教始绝迹焉”。很明显,这是利用秘密宗教组织发动的一次武装斗争,最后失败了。还有“在理教”,俗称“在家礼”,是民间秘密宗教组织,产生于清初,以“反清复明”为宗旨。光绪年间盛行于东北,据说信徒多的地方设立公所,民国年间辽阳有 4 个公所:一个在西关外普善堂内;一个在城内莲花寺内;一个在北门外硝堡庙内;另一个在刘二堡庙内。参加者说入教者有五字真言,上不传父母,下不传妻子。五字真言的内容说法不一,有的说是“一心保大明”;有的说是“一心灭大清”,两者符合“反清复明”为宗旨;但有的又说是“观世音菩萨”,不知孰是,也许是不同时期有不同的内容。参加的人员很杂,都是社会下层,究竟入教的目的是什么,似乎也说不清楚。还有"无为道教",然缺乏文字记载,很难加以介绍,只好付诸阙如。根据《辽阳县志·宗教志》记载:还有美国人建立的"基督复临安息会"(简称安息会),虽也以《圣经》为基本教义,但与天主教、基督教不同者,以星期六为礼拜日,宣讲、祈祷都在这一天。有一处教堂,设在"车市街路东,教堂三间,按月发行《时兆月报》,另设初等女学一级"。由于"入教人尚在少数,大约不能盛行耳"。

日俄战争以后,日本居留民越来越多,自然也把他们信仰的宗教带入辽阳地区。他们都居住在辽阳车站、鞍山车站附近及铁路附属地内,与外人很少来往,所以他们的宗教活动鲜为人知。他们在辽阳车站附近建有神社,主要是供奉天照大神。

1905 年,日本人在辽阳车站附近建立一个日本基督教堂,占地面积有 200 平方米,藤原开运为首任布教牧师,多为日本人在这里从事宗教活动,没有中国人入教,存在了整整 40 年,一直到日本战败为止。除了基督教,日本人还建立了几个佛教寺庙,有兴国寺、金光寺等,但都很难知其详情。它们随着 1945 年日本人被遣返回国而云消雾散了。

第九节 民族习俗

辽宁省是一个多民族杂居的省份,有满、蒙古、回、朝鲜、锡伯等 39 个民族,根据 1990 年的统计,人口达到 450 多万,占全省人口的 12%,是全国民族工作重点省区之一。辽阳也是一个多民族和睦共居的城市,根据 2000 年第五次人口普查,有 36 个少数民族,人口达到 134860 人,占全市人口的 7.5%。辽阳位于东北地区腹地,自古以来就是诸多民族活动的历史舞台,尤其后金时期,辽阳曾为其都城,努尔哈赤在这里统治了四年,迁都沈阳后,辽阳成为陪都,是满族的第二故乡。这里留下了许多民族的遗迹,特别是许多民族的风俗习惯令我们难以忘怀。本节准备以清代为主谈谈满、蒙、回、朝鲜、锡伯五个民族的习俗,满族多谈一些,其他民族仅介绍婚嫁、丧葬习俗。

一、满族习俗

居住习俗:自古以来满族生活在长白山以北的松花江、黑龙江中下游地区,过着渔猎、畜牧、采集、农耕生活。地处亚寒带,山林密集,冬季气候严寒。因此有夏则巢居、冬则穴处的习俗。有记载说:"筑城穴居,屋形似冢,开口于上,以梯出入。"又说:"以深为贵,大家至接九梯。"到了金代时期,始出现了地上房屋。《满洲源流考》载:"其居多依山谷,联木为栅,或覆以板与桦皮,如墙壁,亦以木为之。冬极寒,屋才高数尺,独开东南一扉。扉既掩,复以草绸缪之。穿土为床,火其下,而浸食起居其上。"意思是依靠山谷盖房,先围起栅栏,上面铺上木板,再覆以桦树皮,只是在东南开一个门,冬天还要用草把门塞起来以防风。屋内有炕,进食起居均在其上。明末时期,有了很大进步,出现了以土木为墙、以草苫房顶的特草房。随着满族的发展,到了后金时期形成了很有特色的"口袋房,万(卍)字炕,烟囱出在地面上"的格局。满族房屋一般是五间或三间,坐北朝南,多东边开门,形如口袋,故名口袋房。有外屋(多为厨房)、里屋之分。里屋即卧室,筑有南、北、西三面相连的火炕,称万(卍)字炕。烟囱都建在屋侧,高过房檐数尺,通过孔道与炕相通。烟囱多用中空的圆木为之,里外抹上厚厚的黄泥,以防熏烧。满族的习俗,以西为大,北为小,炕有尊卑之别。南炕向阳、温暖,长辈睡南炕,晚辈睡北炕。西墙供有祖宗匣、佛陀妈妈等,不准放置东西杂物,更不能在西炕上睡觉。同一铺炕上也有尊卑之别,长辈睡炕头,晚辈睡炕梢。"大姑娘叼烟袋,窗户纸糊在外,养活孩子吊起来",这是满族的一大特点。

"花摇车,轻轻摇。红布条,悠悠飘。左边挂弓箭,右边挎腰刀。宝宝撒了婆婆娇(觉)。悠啊悠,悠宝宝,摇啊摇,长大了,赶上龙虎年,进京去赶考,一举中个车骑校。"(车骑校是清朝五品武官)

服饰习俗:满族的服饰是随着生产的发展,由简到繁逐步形成的,很有特色。据载:东汉时期,女真人"好养豕,食其肉,衣其皮。冬以豕膏涂身,厚数分,以御风寒,夏则裸袒,以尺布蔽其前后"。五代时期,因季节而异,男女有别,多用猪犬之皮制裘,"妇女则布裙"。到了金代时期,随着生产的发展以及受到其他民族的影响,服饰有了很大变化,初步定型。冬季,无论贫富贵贱皆衣皮服,衣、裤、帽、袜皆用兽皮制成,以御风寒。夏季则用粗布制成,富人之家也有用细布(丝绸)制成,显示贫富的差别。短衣,窄身袖,左衽的服型,体现了北方射猎民族的特点,"金俗好衣白",喜欢白色。男子好戴毡笠,或白或黑不一;足穿靴子,"金俗无贵贱,皆着尖头靴"。年轻妇女多穿团衫,直领,左衽,"前长拂地,后裾(襟)则拖地余尺,腰用黄色巾带扎系,带端双垂至足"。到了后金时期,与有清一代可说完全定型。旗袍:无论男女老少,贫富贵贱,所有旗人都穿袍,故称旗袍。圆领口,窄袖,左衽,衣摆四面开衩,男袍下摆肥大,长至脚面,便于骑射,又称箭衣。袖口处还有马蹄袖,冬季可以御寒。女袍基本相同,更重视装饰。此后演变为妇女专用的旗袍,很是流行,至今不衰。此外,还有马褂,长至脐,多罩在袍外。另有马甲(坎肩)等,也是罩在袍外。

饮食习俗:也很有特点,只就火锅一项加以说明。所谓火锅应该始于满族,适于天寒地冻的北方人食用,亦有饱腹取暖之意。因此,说火锅始于满族是可以理解的。《奉天通志·礼俗志》载:火锅"以锡为之,分上下层,高不及尺,中以红铜为火筒,著炭,汤沸时,煮一切肉脯鸡鱼,其味无不鲜美。冬月居家,宴客常餐,多喜用之"。不仅宴客,一家团聚或节日也喜用之,已传承至今,遍及全国,成为美味佳肴。

婚嫁习俗:在清入关前,还保留氏族末期的残余,突出者有两点:一是不限制辈分,如皇太极的后妃中就有三个人是亲姑姑和侄女的关系;二是寡妇再嫁是普遍现象,很正常,不受歧视,可以嫁给小叔子,甚至可以嫁给不是自己亲生的儿子。满族占领辽沈地区与入关后,受到汉族的影响,许多与儒家伦理道德不相适应的旧俗都取消了。满族的婚俗可分订婚与结婚两个阶段。订婚包括说亲、换盅、过礼。"天上无云不下雨,地下无媒不成婚",是说婚姻必须有媒人介绍,男女双方父母同意即可订婚,实际就是包办婚姻。当时有"旗民不交产,满汉不通婚"的禁令,后来也都陆续取消了。经过媒人介绍,双方都有意,接着女方父母与媒人去男方家,在宴席上,媒人向女方传达结婚日期,算定了是良辰吉日,女方同意后不再更改,这就是换盅。结婚之前还要过大礼。男方给女方的大礼是商量好的,主要是金银首饰、衣服被褥的面料等。女方在使用时,先摆在西墙祖宗神位之前,由姑娘母亲(或伯母、婶母)象征性地在布料上剪第一剪,称之为开剪,意为禀告祖先姑娘要出嫁了。从这一天起,开始"上头",姑娘头改为妇女头,准备结婚了。结婚:旧俗要经过三天。第一天,男方主要是做迎亲准备,把新房等准备好;女方主要是把嫁妆送过去,布置好新房。第二天是正日子,最早都是夜间举行婚礼,即夜婚制,清末始改为白天。这天清晨,新郎骑着马率领迎亲队伍(伴郎四人或六人、八人,必须是双数,也都骑着马)走在前面,后面是喜轿或喜车,奔向女方的"下处"。女方在头一天就从家出来,找一个"下处"(离男方近处)住一个晚上,第二天清晨坐轿走向男方家,两者必然相遇,在背静地方换轿,女方的哥哥把新娘抱到男方的轿上,继续前行。新娘在男方门口下轿,由双方压轿的小男孩和小女孩扶着走过红地毯进入院中的天地桌,桌上供着神位和供品,新郎、新娘面对北方叩头,所以满族的拜天地称"拜北斗",意为满族来自长白山,也就是叩拜祖神。拜完天地,新娘进入洞房,头上盖着红盖头,坐在炕上,面向吉方(事先算好的方位),几乎要坐一天,称为"坐帐",也称"坐福",到了晚上由新郎揭开盖头,同时喝交杯酒。结婚三天认亲,即新娘拜见婆家的长辈人,要逐个行礼、装烟,长辈要给新娘装烟钱。新郎的弟弟、妹妹和晚辈要给新娘行礼,实际就是"分大小"。七天回门,新娘要在娘家住上一个月,叫"住对月",返回时,在娘家做好的鞋袜等送给婆婆,表示没有白住。

丧葬习俗:满族的丧葬可分前后期。前期,有火葬、土葬、天葬、水葬。天葬就是把尸体放在树上,即让乌鸦、雀、鸟将尸体吃掉。水葬就是将死者的尸体推入江中,顺水漂流。到了努尔哈赤时期,以火葬为主,送到野外,举火而焚之。特别是八旗兵,在外作战,有的死于战场,只能火化,将骨灰装到陶瓷罐子里,由同乡带回或就地埋葬。后期,清初又改为土葬,其过程有小殓、大殓、出殡、祭祀等几个环节。老人临终之际,儿女们给他洗净手脸,换上装老衣服与鞋帽。装老衣服从里到外一般是七层(可多可少,不是绝对的,但必须是单数),如果有官职爵位的,也可以穿官服。停放尸体的灵床在屋内顺炕沿搭设,头东脚西或头西脚东。一般老人咽气后,在口内放一枚铜钱,称"含殓",手里也要握着铜钱,铜钱最好是乾隆年间的,清朝鼎盛时期,年号也吉利;忌用道光(盗光)的,不吉利。有钱人家,可放金、银、珠、玉等,死者的脚要用丝线绑上,主要怕走尸。老人死后,亲友们开始吊唁、守夜、陪宿,至近亲友晚上不睡,陪着家属守灵。这些过程就是小殓,然后就是大殓,把尸体安放在棺木里,也就是入殓。一般在死后三天举行,大殓时,尸体不走门,死者是男性就从左窗户抬出去,女性则从右窗户抬出去。一般死者在家停放七天或九天,富者之家有的停放七七四十九天。出殡时,儿子走在最前面,打着红幡;然后是灵柩;再后是家属、家族、亲友,如果遇有道口,则必须烧纸。到了墓地,人们把灵柩埋在坟圹里,堆成圆形,与汉族无区别。祭祀有"烧七""满月""百日""周年"。在这些日子里都要到坟前烧纸钱、金箔、银箔、元宝锞子、纸扎楼库等,还有每年的清明节、七月十五等都要到坟前祭祀。

二、蒙古族习俗

蒙古族是我国从事畜牧业的民族之一,在历史上被称为"有毡帐的百姓",并以"不鞍而骑,大弓长箭尤善射"著称。1271 年,忽必烈建立元朝,实现中国的大统一,疆域版图空前辽阔,为中华民族作出了巨大的贡献,后为明朝推翻。17 世纪中后期,蒙古族各部被清朝先后征服或归顺,编成蒙古八旗,为清朝统治在全国的确立立下了汗马功劳。蒙古族在我国境内据 1990 年的统计,有 480 万人,主要分布在内蒙古自治区,约占总数的 75%。在辽宁有喀喇沁左翼蒙古族自治县、阜新蒙古族自治县。在吉林、黑龙江也有自治县。

婚嫁习俗:蒙古族的婚姻既保留着蒙古草原上的古老习俗,又有定居后的新习俗。从男女双方订婚到结婚有许多繁杂的环节,有严格的婚配原则。一是讲门当户对;二是讲道德根基,唾弃门风、家风不良者;三是讲同宗同姓者不得成婚;四是讲五行相对、属相相合者可以成婚;五是聘礼财物符合要求者。男女到了十六七岁,就有媒人上门提亲,穿梭于男女双方之间,不论哪一方看好谁,媒人即去传达,对方也有意,一般都是男方与媒人带着礼物赴女方家,为其火神庙奠酒,献哈达,如果初次见面都满意,就可约定时日"换盅",亦称"会亲家"。男方邀请亲朋好友赴会,双方议定聘礼财物,酒肉数目,取得一致,即完成了订婚仪式。下一步便确定结婚日期,到时男方要请一名能说会道、懂得礼仪知识的人,作为婚礼祝颂人与新郎一起赴女方家送聘礼,并举行迎亲仪式。在女方家门口,有把门的,一般是新娘的长辈或嫂子等,不让进,这时祝颂人就过来说一套夸奖新娘的赞美词,把门人高兴了才能进去,这就是"门前对辞"。然后还要"祭祀火神祠",为新郎"着以新衣"(事先送去衣料,由女方给制成),还给新郎一根羊腿骨。新郎、新娘拜天地时,各执羊腿骨一端,表示联婚必长,白头偕老之意。之后,女方家则出阁送亲。送亲队伍于第二天凌晨来到男方家村前,男方则点起篝火迎亲,要拜天地,祭拜火神祠,装饰新娘,还要款待新亲。然后男方家引新娘拜见翁姑、长辈,翁姑、长辈还要馈赠礼品。三天后,娘家来亲人省亲,然后新婚夫妇回拜。回拜后,新郎可以住一宿,新娘可以多住几天。到此,整个婚嫁结束。

丧葬习俗:蒙古族对死者有土葬和火葬之分。凡死于肝炎(时称黄病)、肺痨病、月子病者,一律火化葬埋。正常病逝于炕上,不准停尸在床上,烧过七炷香后,按季节穿"装老衣服",一般是七件,并在尸体上盖一个黄色的单子,上面都有蒙文,称"陀罗经被"。在"陀罗经被"里边还盖有一个单子,叫"寝单",是蓝色的。然后从窗户抬出去,在院内入殓。根据家庭状况和季节,可以停灵两天或三天、五天、一周。蒙古族有守灵之礼,无戴孝之规。在院中停殓期间,若逝者年长,亲朋好友送来祭奠果品,外人可一抢而光,给家里人吃,意为可以增寿。相反,中年人死了,祭奠果品则无一人去抢。出殡时,要请喇嘛念"番经",也就是喇嘛经,也有念"和尚经"的。出殡前要准备"玛尼"树,即一刀砍下来的柳树枝,上挂一方白布,写有经文,将此树枝插于坟头,如能扎根发芽,乃为吉兆。出殡时,由其长子担承灵柩驾辕,其他儿子拿灵头幡在前边领路。到了坟地,棺木入土,也是埋成圆形。最后,儿女与亲属们跪在坟前,烧纸大哭,子孙们摆上供品祭祀。三天后,填土圆坟。老者死后,请喇嘛念经,每七天一次,到七七四十九天为止,以示超度亡灵。丧葬中,烧纸钱、布块、食品、酒等,以备亡灵在阴间受用。清明节填坟,以示后继有人。

三、回族习俗

回回民族,简称回族。回族不是土著,是唐、宋以来东来的,信仰伊斯兰教的阿拉伯人、波斯人、土耳其人与部分汉人、蒙古人、畏兀儿人结合而形成的民族共同体。回族正式形成的时间说法不一,有元代说,明代说,更有元明说。回族史学大师白寿彝先生坚持元代说,笔者也同意这一说法,元朝时期在东北建立辽阳行省,治所就在辽阳,许多省级官员就是伊斯兰教信徒。从全国来看,回族是大集中,小分散。大集中是宁夏、甘肃、青海、云南;小分散可以说全国各省区皆有回族人,辽宁就有 24 万人(1982 年人口普查)。在杂居地区,在习俗方面受汉族影响很深。

婚嫁习俗:回族婚姻是有条件的,首先是信仰相同,坚持回族内部通婚;其次是男女双方必须自愿,征得父母同意,强调婚姻自主,任何人不得干涉;再次是要有中间人,互相沟通,明媒正娶,并有证婚人。回族男女婚姻一般要经过提亲、定亲、娶亲、回门、拜新年等主要过程。提亲，多半是男方看准了某家女孩之后，请媒人去女方家进行沟通，说明男方各方面情况，希望考虑。如果有意，就要答复男方。接着就要安排见面，一般是男孩由媒人带领去女孩家相看，不一定只看一次，最后双方没有意见即可定亲。定亲也叫过礼，即男方给女方的一定彩礼。一般是四样：一是馒头(比一般的大)，四十、六十、八十或一百个(都是双数)；二是茶叶，二斤、四斤(女方要把前两样分成若干小份送给家族、亲友品尝，也表示女儿要出嫁了)；三是衣料；四是金银首饰(后两样根据男方的经济状况来决定)。下一步就是娶亲，一般都是在主麻日(星期五)早晨进行，新郎与娶亲者(都是新郎的嫂子、姐姐等)乘车偕轿前往新娘家迎娶，女执事在门口将新郎、娶亲者让至屋内，新郎拜见岳父母，说明来意。这时新娘梳妆完毕，经过父母的叮嘱洒泪而别，舅舅把她抱上轿，新郎和娶亲者登车返回，接着就是举行婚礼，其中重要内容就是阿訇在一方红纸上写"伊扎布"(阿拉伯语，确认、誓言，即结婚文书)，然后阿訇用阿语问新郎："某某许你为妻，你愿意吗?"新郎用阿语回答："我愿意。"接着再问新娘："某某，你愿配他为妻吗?"新娘回答："我愿意。"然后，阿訇向新郎、新娘三掷枣、栗子、花生，新婚夫妇向阿訇、父母、介绍人等行礼答谢。这时双方父母拿手(握手)，互道"赛俩目"(真主赐你平安!)，表示儿女完婚，父母也完成了任务。然后是招待亲友入席，主要是汤菜，有四碗、六碗、八碗，管吃管添。席后，至亲都要集中在一起，新娘由婆婆领着逐个拜见，即"认大小"，长辈要给纪念品，表明新娘从此融入这个家庭或家族行列。"认大小"后，全家在一起吃饭，称之为"团圆饭"，婚礼过程结束。四天后，新郎要陪同新娘回家看望父母，称之为回门。头一个新年，新郎陪同新娘回家给岳父、岳母拜年，谓之拜新年，每次去都要带着礼物。回族的婚礼过去不放鞭炮、不贴喜字、不吹唢呐、不用烟酒待客，解放后有很大变化。

丧葬习俗：回族的丧葬习俗从弥留之际开始，有留口唤、作讨白、搭整人、站"则那在"、下葬五个环节。当老人病危时，亲人都守在他的身边，但不能哭叫，以免影响其心智。有的病危者感到即将离开人世，便向家属及亲属交代后事，即留口唤，也就是遗嘱。有的迟迟不留口唤，家属就要主动去问，是否有债务，是否有不放心的事，遗产如何处理，有何嘱托，交完口唤之后，承嘱人应该答应照办，让老人一身轻净地离开人世。在离开前，一定要作讨白(阿拉伯语，忏悔之意)。伊斯兰教认为人生在世必然有罪，离开前必须请阿訇念经作讨白，向真主悔罪，求得宽恕。老人咽气后，家人要整理亡人遗容，合其眼目口齿，理顺其肢体，然后脱去其衣服，放在"水溜子"(公用停尸床)上，盖上白布单，头北脚南，停在屋内，点上卫生香，净化空气。葬礼前，要在"水溜子"上为亡人洗大净(按照规矩从头到脚洗干净)，洗后用白布裹起来，这些做法谓之搭整人。站"则那在"是阿语的葬礼之意,也就是在院内举行追悼会。亡人遗体装入经匣里,仍然头北脚南放在院内,家属、亲族、好友参加,由阿訇主持。阿訇靠近经匣面西诵读《古兰经》,其他人站在后面随礼。诵经后即把经匣放在大架子里(如轿),首先由亲人抬起(8、16、32人)走出家门,参加者都要轮流抬,直至坟地。回族是土葬,坟坑也是头北脚南,棺木只有四框,无底无盖,北部土稍垫高一点,形成枕头状。下葬时,打开经匣,下面有人接着,放平后,把脸上的布散开,头微朝西,里面撒放卫生球、花椒、冰片、樟脑等,以防腐驱虫。然后盖上盖板,放上一排原木,接着便可填土,形成坟头,所不同者,回族的坟不是圆的而是长方形。阿訇念完经,下葬完毕,丧家要给送葬者糕点,一般是火勺,表达谢意。回族丧葬的特点有三:一是土葬,与其他民族不同,背下就是黄土;二是速葬,不超过三天;三是节葬,不许有任何陪葬,所谓"光着来,光着走"。人死后,七天、四十天、一百天、一周年、三周年都要举行祭祀,请阿訇念经,都要设宴答谢亲友。

四、朝鲜族习俗

我国的朝鲜族,大部分是在19世纪20年代以后,陆续由邻国朝鲜迁入的。以后他们定居下来,繁衍生息,成为现在的朝鲜族,也是一个能歌善舞的民族。主要分布在东北三省,以吉林省为多,有延边朝鲜族自治区。

婚嫁习俗:朝鲜族男女青年结婚都是父母说了算,也就是包办婚姻,强调门当户对,严格禁止近亲、远亲结婚,更不能与外族结亲。男女结亲同样通过媒人牵线联系,双方都有意后,男方父母可去女方家相亲,这时姑娘出来拜见男方父母。相亲后,由男方家请人推算男女双方"八字",是否合乎"四柱"(指生辰的年、月、日、时),婚后能否和睦。若是各方面都符合要求,即可定下婚事,准备结婚了。结婚有六个步骤:一是纳彩,即给女方送礼;二是问名,问女方出生年月日仪式;三是纳吉,通知女方结婚日期;四是纳证,给女方送婚书;五是请期,再一次认定婚期;六是迎亲,新郎亲去迎娶。事先男方要把需要做的被褥布料、棉花和姑娘穿的衣服料、化妆品等各种用品送到女方家做好。结婚这一天,新郎骑马或坐轿前往女方家,中间换上结婚用的"官服"(蟒袍、玉带、乌纱帽),按预定时间进入女方家,在礼仪人的主持下举行婚礼,这是与其他民族不同之处。新郎面南站好,新娘面北站好,叩拜天地、叩拜父母、夫妻对拜,然后互换礼物,互相敬酒,婚礼结束。新娘进屋休息,新郎入席。女方摆一大桌子,美酒佳肴十分丰盛,让新郎品尝,同时来宾也都入席。婚礼之后,新郎要在新娘家住三天,之后夫妻一同回家,新娘要给婆母等准备好礼物。到家后,也要举行迎亲礼,规模与女方相似,婆婆还要给媳妇金戒指等贵重礼品。三天后,新娘要回家看望父母兄嫂,俗称"回门"。回门时,要把新郎家酿造的米酒和各种糕点、麦芽糖等带给女方父母兄嫂。结婚过了一个月,男方家请女方家父母、伯父、叔亲、哥哥等来家吃一顿饭,整个婚礼仪式到此结束。

　　丧葬习俗:朝鲜族人死后,一般都实行土葬。长辈死了,他的亲人们三天内不洗漱打扮,摘掉头上、手上的装饰物,以长子为首的子女都要彻夜守灵,吊唁人进屋哭灵,长子及守灵人都要陪哭,哭声不断。儿女们在老人咽气后,给其穿上装老衣服,一般都是用柞蚕丝布做的夹衣、裤,外边穿的是用柞蚕丝布做的大袍子,还有鞋袜。尸体停放在屋内山墙下,用布帘或屏风遮挡,并把写有死者姓名、职业的纸条贴在布帘上,在布帘下放上小桌,燃香、摆放供品。一般停放三天,也有的多至五天、七天、九天的,都是单数,不能是双数。出殡形式比较隆重,用木架抬着灵枢,并点缀得五彩缤纷,由16或28人抬着,走走退退,行进很慢,意为死者留恋人间不愿离开,多看子孙后代几眼。灵前,有人摇着金铃领唱哀曲引路,抬灵人随和。走到半道,杠夫不走了,向丧家索钱,给钱后继续走,直至坟墓。灵枢入穴后,由长子先添三锹土,接着众人填土,垒起椭圆形的坟头。在丧时期,亲属们穿孝衣戴孝帽,出殡后第二、三、四连续三天,丧主们带着供品到坟前祭奠,称为"初虞""再虞""三虞"。长辈死后,子女要制作"牌位"放在长子家,每年祭奠一次,连续三年。

　　五、锡伯族习俗

　　锡伯族是居住我国北方的少数民族之一,明清时期称西北、席北、席百、锡伯。万历二十一年(1593),有九部联军之战,其中就有锡伯,结果被努尔哈赤击败、征服,锡伯族被编入满洲八旗、蒙古八旗,主要分布在新疆与辽宁。

　　婚嫁习俗:锡伯族的婚姻,最早是抢婚制,有真抢、半抢、假抢之分。真抢一般是男子年龄大了,娶妻不易,事先物色好哪家姑娘,找几个年轻伙伴约定时间去抢,抢回来如果女方也同意,便可结婚。有的青年男女双方都同意,唯有双方父母不知道,也采取抢婚的形式,让父母同意,这个所谓"抢"就是半抢。还有男女双方同意,双方父母也同意,也要走抢婚的形式,这就是假抢。待到清朝中后期,发生了变化,一般的婚姻要经过说亲、订亲、迎亲三个阶段。儿女到了结婚年龄,许多媒人主动上门说媒,男女双方父母通过各种方式了解对方的情况,特别注重伦理道德,是否懂得礼仪,人情如何,邻里关系怎样等,然后再看对方的孩子如何,包括长相,是否知道上进等。如果各方面都比较满意,下一步就是通过媒人去说亲了。如果双方都有意,就可以订亲了。订亲一般是询问女方要什么彩礼,多半是要马、牛、羊等牲畜,还有酒猪等物。到了清朝后期,只要双猪双酒,大馒头礼品,然后就准备结婚了。结婚仪式还是很隆重的,头一天女方用喜车把姑娘送到"打下处"(多为男方亲戚家)住一宿,第二天为正日子,婚礼多在早晨三四点钟举行。当日新郎骑马到下处接新娘,到了男方家,已在院中摆好天地桌、天地牌位、神像等,铺好红地毯,新娘从喜车上走下来与新郎拜天地,然后进入洞房,最后是喜宴,热闹一番。由于生活方式从渔猎业逐渐转变为农牧业,生活稳定下来,所谓"抢婚制"就被淘汰了。开始时不与外族通婚,后来可与蒙古族通婚,最后这一禁例也被突破了。

丧葬习俗:锡伯族的丧葬一般都是用棺木入土安葬。但因恶病(传染病)致死,或其他原因而死亡的产妇,及不正常死亡的人都要进行火化。不满月的婴儿,死亡后要进行天葬。一般老人死亡,在咽气时,其长子站在烟囱桥上高喊父亲的名字:"某某某,走西方大路啊。"然后,长子率领一个弟弟去村中庙上报庙,敲钟,表示死人了,带回公共用的长凳,准备停放尸体。尸体停放西屋,西方为大,老人一般都住在西屋。这时,长子要给老人剪指甲、洗脸、洗脚,穿上寿衣、寿鞋,还要给老人剃头,口中含铜钱、手握铜钱,同时把门打开,让老人的灵魂奔往西天。一般停放七天,最短停放三天。停放期间要请喇嘛念诵经文,家中子女要日夜守灵,并按时辰举行全家性哭祭。出殡前,要举行"辞灵"仪式。在长者死后第七天的凌晨,举行哭祭仪式,名曰"上望"。出灵时,一路走,一边撒纸钱,直到坟地埋上为止。对老人的祭祀有烧头七,以后每隔七天祭祀一次,直到七七四十九天,再次有百天、周年还要祭祀。锡伯族穿孝服时间较长,父母死亡穿孝服要到百日,伯父、叔父等死亡要穿孝服四十九天。这期间男子不许理发、刮胡须;女人不准戴头饰、耳环、手镯、戒指等装饰品。男女都不能出门探亲访友,过年也不能外出拜年。

第十节　民间文艺

清代后期,关内的许多文艺形式陆续传入东北,受到欢迎,除沈阳而外,很快传遍各地,辽阳就是其中之一。先说戏剧,有京剧、评剧之分。但清廷多次下令禁演,认为有伤风化,可屡禁不止,道光十年(1830)盛京将军瑚松额因在家演戏、宴会遭到撤职,并下旨:"陪都地方断不容戏班聚集""饬令地方官严行查禁"。尽管如此,还是有禁不止,逐渐有所松动。如咸丰九年(1859),允许求雨祭祀可以演戏三五日,实际就等于开放了,因为打着求雨的招牌就可演戏了。辽阳已经出现了戏楼、茶园等娱乐场所,甚至有负面的窑娼业等。作一些简要的介绍如下:

戏楼:有所谓怀王寺第一楼戏楼,位于怀王寺南,始建于宣统元年(1909),为辽阳第一座戏楼,创办人是周鸿飞。他先建的是一座茶园,后又想扩大改建成戏楼,警方不准,周谎称不是建戏楼,而是建烟草公司,实际仍然建成戏楼。木已成舟,花钱买通,警方只好默认,开业后,取名为"怀王寺第一楼戏楼"。为了招揽顾客,周鸿飞不惜重金聘请南北京戏、评戏名角来辽阳演出,极盛一时。名角不断,座无虚席,票价上涨,获利不菲。第二年正当生意蒸蒸日上之时,万没想到由于管理上的疏忽,竟然发生了火灾,木结构的戏楼完全化为灰烬,营业只好告停。

宣统二年(1910)五月,有杨子纲、李芳之二人,与周鸿飞商议决定,采取集资投股的方式再建戏楼,重新开业,改称"第一戏楼",争当辽阳戏楼之首。开业后生意一直不振,不久改营"天利茶园",生意虽有起色,但终未恢复旧貌。辛亥革命后,土匪四起,人心惶惶。1914年,警方勒令停业。

怡情楼:位于老平康里,始建于宣统二年(1910),创办人为丁阿三。他是江苏人,久居辽阳,经营戏剧、窑娼等业。怡情楼开业后,专门接待各界专业演出团体及大城市来辽阳演出的名角。生意十分红火,一直经营到伪满时期。1938年,生意实在萧条,已不可为,丁阿三将怡情楼兑给李晓峰。李让其女李淑艳经营,为了打开局面,聘请粉莲花、秦艳舫等当时名角来辽阳演出。由于粉莲花等嗓音甜润明亮、吐字清晰,博得群众好评。顾客大增,座无虚席,观众甚至在房梁上看戏,情况大有好转。可是好景不长,李淑艳遭到日本大特务韩子晶(时为辽阳日本附属地警察署司法刑事)的迫害,李晓峰以一千元的价格将怡情楼出卖给刘子昆。刘经营一年,又转让给边继言继续经营。1942年,改称复兴大舞台,上座率仍然不高。日本投降后,又改称"群众大戏院",中华人民共和国成立后改称群众剧团,归剧团集体领导,直至"辽阳剧场"建成,平康里的怡情楼始废。

茶园:茶园,也称茶馆、茶社,有两种:一是清茶园,就是品茶,或与朋友聊天,寻求乐趣,也是一种休闲的方式。一是艺茶园,是一种娱乐场所,就是顾客一边品茶、嗑着瓜子或吃着糕点,一边欣赏文艺节目,有京剧、评剧、莲花落、大鼓书、二人转、皮影、戏法等杂耍,很受各种层次的人欢迎。茶园、茶馆至少唐宋时期就有,清代更加盛行。辽阳有多少茶园、茶馆,文字记载很少。可知者简要记述如下:

全盛茶园:位于城内西大街画铺胡同(即圈楼西),光绪三十四年(1908)开业,为房主(不知其姓名)雇人创办的。由于地处城乡中心,生意兴隆,顾客满座。许多江湖艺人到辽阳都首先来此演唱,不乏名角,所谓"打炮三天",深受大众欢迎。如当时名角小菊花、小满堂等都来过全盛茶园,使其名声大噪。但当时同行业竞争十分激烈,经营了三年,在辛亥革命前终于倒闭。不过有一事不应忘记,那就是全盛茶园开业的第二年,有天津人刘瑞祥携带一部电影机,在该园放映,为无声电影,轰动一时。这是辽阳人知道有电影的开始,此后经常有外来人携带电影机到辽阳各茶园、茶社放映,都是无声电影。辽阳建立专业性的电影院已经是伪满时期的事了,最先建立的是"辽塔"电影院,后改称"天星"电影院(位于西二道街天星胡同内),而且无声电影早被有声电影取代了。

同顺茶园:位于西小十字街,为李双文、张乃庚所建,宣统元年(1909)开业。为了竞争,以高薪聘请名角来园演出,全盛茶园倒闭后,更加兴旺,尤其节假日,场场客满,可谓一票难求。尽管票价分为三等并相继上涨,顾客不减,大发其财。可是好景不长,由于辛亥革命前的社会动荡,如强剪辫子之风很盛,人们不敢出门,茶园冷落,经营三年也倒闭了。

此外,还有天乐茶园、福寿茶园等,经营时间都不长,辛亥革命后都纷纷停业。

还有一种曲艺形式,名之曰"子弟书"。子弟书又称"弦子书""清音子弟书",是乾隆年间兴起的一种流传于市井的满族民间鼓曲艺术。曾盛行于满族人聚居的地区。如北京、沈阳、辽阳及东北各地。到光绪末年逐渐走向衰落,实际是转化为各种流派的大鼓书。子弟书的得名,是由于创作者和表演者多为八旗子弟,因此也称为"八旗子弟书"。子弟书是一种说唱文学,隔句协韵,多为七言一句,内容大半是以历史、小说、戏曲以及神话、传说为题材,铺陈演绎而成篇,也有些反映现实社会风土人情的作品。子弟书作者多为破落的八旗子弟以及失意文人,著名者有罗松窗、韩小窗、喜晓峰、鹤侣等,王尔烈三子王志翰就是子弟书的重要成员,而且是元老级人物。王志翰,号西园,又文西园,前有过介绍。根据王肯的《东北俗文化史》的记述:王志翰不仅是子弟书的作者,还是子弟书创作活动的组织者。最著名的子弟书作家韩小窗就曾在"辽阳才子王西园家中成立诗社,以文会友,从事子弟书创作"。王志翰属于诙谐派作家,他的作品多用轻松幽默的笔调描写世态人情,传世作品有十三种,代表作有《阔大奶奶听善会戏》《阔大奶奶逛二闸》《先生汉》等。王志翰是创作者,是否是表演者没有记载,不得而知。但是,王尔烈的四世孙王龙生、其子王海生都是在吉林怀德(今公主岭市)唱二人转的。

再说一说八角鼓(是口头传唱的一种民歌)。起源于满族,有鼓伴唱。鼓呈八角形,代表八旗,下垂的长穗都是紫色,意为紫气东来,表示吉祥。清入关后,八角鼓也被传入内地,并吸收了汉族戏曲的宫调、散曲、时令小调等表现手法,形成了"牌子曲"(指民歌小调与曲艺曲牌连起来演唱一段故事之类的曲子)。演唱方式多种多样,一人演唱为单弦,还有两人演唱、多人演唱以取乐。乾隆时期,八角鼓与子弟书在八旗子弟中颇为盛行。

最后想集中说一说能歌善舞的满族舞蹈与歌曲。实际上歌与舞是分不开的,歌中有舞,舞中有歌,如非专业很难分开。

先说舞蹈:所谓舞蹈应该说是人们生产与生活的反映,满族的生产方式属于渔猎,原始荒蛮的生活反映出来的舞蹈难以避免粗悍的形式,如火把舞、鹰舞、熊舞、渔舞、玛虎舞、蝴蝶舞、太平鼓舞、高跷舞,还有祭祀的萨满舞等,应该指出凡是满族不论男女,人人都会跳,只有多少之分。仅举一例加以说明,万历二十四年(1596)正月初一,努尔哈赤设宴招待朝鲜使者申忠一,酒过数巡,先是布占泰起来跳舞,努尔哈赤非常高兴,"便下椅子自弹琵琶,耸动其身,舞罢,优人八名,各呈其才"(《建州纪程图记》,辽宁大学历史系本,第18页)。努尔哈赤都会跳舞,其他人还能不会吗!满族的舞蹈,有的还戴脸谱,如玛虎舞,所以称玛虎舞是头戴脸谱玛虎而得名。玛虎是有角的羊和无角的虎画成脸谱,跳时戴上,舞姿自然是模仿羊与虎,一是薄弱,一是凶猛。

现在流传下来的最有名的就是太平鼓舞,凡有喜庆之日,满族同胞必然跳太平鼓舞。太平鼓:也称单鼓、羊皮鼓,各地跳法不一,但大同小异。一般左手持鼓(鼓为蒲扇形,铁框,蒙革,鼓柄上套铁环),右手持鼓鞭,边打、边唱、边舞,表现十分欢快的情调。有人说:"铁环接响鼓蓬蓬,跳舞成群岁将终",鼓声蓬蓬,一跳起来可以跳到年底,参加人数多少不限,是一种群体活动。还有高跷、扭秧歌(今已同汉族的秧歌融合起来)等,已成为广大人民群众喜闻乐见的一种歌舞形式。

再说歌曲:满族的歌曲长篇巨制很少,多是短小精悍,语言不多,表达的感情深厚,以民歌为主,多为情歌。仅举几例如下:

《盼哥》:"天上星星千万颗,地上阿哥多又多。土地老暗地牵红线,他把线头抛小哥。爱小哥,恨小哥,骑马穿林像穿梭,为啥不当小妹把话儿说。爱小哥,恨小哥,格格大了不知哪天坐喜车,你咋还不把媒托?"

《接阿哥》:"锣鼓敲,鞭炮响,阿哥得胜回家乡。西屋笑,东屋唱,屯里出迎一大帮。我害羞,躲在烟筒旁,只觉心里跳得慌。探头瞅,笑脸扬,忽见阿哥朝我望。没处躲,没处藏,我又躲到烟筒旁,一肚子话儿不知啥时讲。"

《送情郎》:"小妹妹送情郎啊,送到了大门外,泪珠儿噼啪落呀么落下来,天南地北你可要捎封信儿,别忘了小妹妹常把你挂心怀呀。小妹妹送情郎啊,送到了村外边,秋风吹来阵阵寒,情郎哥你在外边要知冷暖,每晚睡觉被子么要盖严哪。"

"小妹妹送情郎啊,送到了大路西呀,从那边儿过来一个卖呀卖梨的。我有心给他啊带上几个梨,情郎他不爱吃酸呀么酸东西呀。小妹妹送情郎啊,送到了大桥上,难舍难分情意长,送上我亲手做的鞋一双,情郎哥呀我的心伴随你走四方啊!"

上述几首情歌,反映了热恋中青年男女的挚爱情感,有爱也有恨,爱是真诚的;恨是不能早日欢聚,更是爱的表达。

还有《八角鼓》是这样唱的:"八角鼓,响叮当,八面红旗插四方。大旗下,兵成行,我的丈夫在当央。"这是一首别样的情歌,是送爱人出征,很有自豪之感。所谓八角鼓,形八角,是用八块硬木镶银边构成,蟒皮蒙面,寓意八旗军事组织,无论出征、还是凯旋,都要手击八角鼓,唱着歌,表达欢快的心情。

《寡妇思夫》:"正月里,是新春,家家户户迎亲人。奴家我一人守家门,残灯泪烛思忠魂。盼念你早日回古塔,谁想你命短先丧身,抛下小奴靠何人?"

"三月里,燕子飞,杨柳吐絮随风吹。燕子南飞又回返,夫君你为啥不能回?尸骨化作南国灰,此地空留贞节碑。小奴越哭越心碎,清明思魂不能归。"

"七月里,七月七,天上牛郎会织女。神仙都有团圆日,可叹小奴守孤凄。孩子小来不知事,不是缺烧就少吃。"

"九月里,秋风凉,各样庄稼都上场,人家夫妇有说笑,小奴家我一人累得慌。想求界壁子他老叔,问了几次都说没工夫。可叹小奴我命苦,熬到多咱才能有出路。"《寡妇思夫》也是一种爱,是一种悲痛的爱,是令人心碎的追思、想念,对无依无靠的渺茫,更令人感动不已。

还有一首尽人皆知的民歌,许多老年人都会唱的《小白菜》,其内容是:"小白菜呀,地里黄呀,七岁八岁没有娘,跟着爹爹还好过,就怕爹爹娶后娘。娶了后娘三年整,生个弟弟比我强。他吃肉,我喝汤,端起碗来泪汪汪。爹爹问我哭什么,碗底热了把我烫。"孩子陈述了自己的悲惨遭遇,七八岁就失去了娘,爹又娶了后娘,并生了一个弟弟,受到了不平的对待,孩子回答父亲的问话,虽然撒了谎,但很机灵,很是感人。这是封建社会里一种比较普遍的现象,应该加以鞭挞,类似的民歌很多。

还有到了年终时节,人们都盼望新年的到来,也各有所求,这方面的民歌也很多。仅举两首如下:

一是《盼年》:"小孩小孩你别哭,过了腊八就杀猪。小孩小孩你别馋,过了腊八就过年。糖果祭灶,新年来到,丫头要花,小子要炮,老头要顶新毡帽。"

《小拜年》:"一到腊月二十三,纸糊的灯笼遮满了天。家家户户贴门对,门神各贴在两边,财神爷在上边。嗯哎哎咳哟,一年四季保平安哪能呼咳。"

辽阳民间鼓乐:民间鼓乐古已有之,可能始于金、元时期,一直延续至今。所谓鼓乐,最早以唢呐与鼓为主,后来乐器逐渐增多,笙、管、笛、箫,应有尽有。开始时,主要是为婚丧嫁娶服务,祝庆或致哀。有时各种节日(如春节、元宵节、端午节、八月节)或各种庙会,配合大秧歌等在街上或庙前联合演出,是广大群众喜闻乐见的一种形式,解放后还可见到,演唱的节目有了新变化,如《解放区的天》《四季抗战歌》《绣金匾》《月儿渐渐高》等也纳入其中。辽阳的鼓乐世家最早的有刘二堡王家鼓乐班、城内刘家鼓乐班(位于北门里路东)。刘家鼓乐班已经传承六代,长达一百六十多年。最近的一代有刘永庆、刘宝善叔侄二人(已是新中国成立后的一代),曲目繁多,演奏技巧十分高超。二十世纪五十年代初,刘永庆、刘宝善叔侄二人曾为苏联代表团用唢呐吹奏苏联国歌,受到代表团的好评。第六届"华夏之声"在北京举行,刘宝善获优秀表演奖。可是到了"文化大革命"时期,民间鼓乐被打成"四旧""封建迷信",必须一律铲除,许多鼓乐艺人蒙受了不白之冤。"文革"后逐渐得到恢复,尤其是节庆之日,十分活跃。值得庆幸的是 2006 年辽阳民间鼓乐被国家定为第一批 518 个非物质文化遗产保护项目之一,使始于金元时期的民间鼓乐继续传承下去,发扬光大。

魔术表演:光绪二十九年(1903)初夏的一天,辽阳市基督教会的英国牧师德教治接待一名客籍教友韩秉谦先生,河北昌黎县人,是一位魔术师,同来的还有侄儿韩景文(二十多岁)、徒弟佟儿(十几岁),三人实际就是一个魔术团。经常在各地以卖艺为生,来到辽阳后,蒙德教治热情招待,并请其亮出绝技给大家观赏,于是开始了一场精彩的魔术表演。第一个出场的是佟儿,先打了一套拳脚,身手灵活,姿势美好。接着表演硬功夫,站在木凳上弯腰,头面及地。用嘴叼起一个有水的茶杯,起来时水不洒。再后双手各拿一根木棍,上面有盘子旋转起来,头上还顶着五六个盘子在旋转,还变换各种方式,盘子并不掉落,功夫纯熟。第二场是韩景文,先打了一套太极拳,也很有功夫。接着用扇子扇一蝴蝶,渐有成群的蝴蝶飞舞,令人眼迷,很是精彩。最后,披着毯子往地下一滚,起来时连连取出五个大花碗,里面都有汤菜,一点不洒,手法巧妙。压轴的是韩秉谦,他表演很多节目,都很精彩。如他在地上画一盆形,说其中还有水和鱼,接着把毯子往地上一盖,身子向后一撤,毯子凸起,揭开一看,盆中确有清水和金鱼。接着又取高大的花瓶,再取堆满红枣的大瓷盘(不是粘在一起的),枣并不散,身手灵活,甚为奇妙,得到阵阵掌声。后经德教治等介绍先后去了英国、法国和德国演出,很受欢迎,当地许多媒体多有报道(董德嘉:《中国魔术首次亮相欧洲》,载《辽阳文史资料》,第 14 辑)。当时,辽阳也应该有魔术师,即俗称变戏法者,但不见记载,只好付之阙如。人们都知道辽阳有杨麻子(名福成,回族)变戏法,但那已是民国时期的事了。

附录一:清朝年号公元干支对照表

清代年号纪元对照表

公元	清代年号		公元	清代年号		公元	清代年号	
	年代	干支		年代	干支		年代	干支
1644	顺治1	甲申	1674	康熙13	甲寅	1704	康熙43	甲申
1645	顺治2	乙酉	1675	康熙14	乙卯	1705	康熙44	乙酉
1646	顺治3	丙戌	1676	康熙15	丙辰	1706	康熙45	丙戌
1647	顺治4	丁亥	1677	康熙16	丁巳	1707	康熙46	丁亥
1648	顺治5	戊子	1678	康熙17	戊午	1708	康熙47	戊子
1649	顺治6	乙丑	1679	康熙18	己未	1709	康熙48	己丑
1650	顺治7	庚寅	1680	康熙19	庚申	1710	康熙49	庚寅
1651	顺治8	辛卯	1681	康熙20	辛酉	1711	康熙50	辛卯
1652	顺治9	壬辰	1682	康熙21	壬戌	1712	康熙51	壬辰
1653	顺治10	癸巳	1683	康熙22	癸亥	1713	康熙52	癸巳
1654	顺治11	甲午	1684	康熙23	甲子	1714	康熙53	甲午
1655	顺治12	乙未	1685	康熙24	乙丑	1715	康熙54	乙未
1656	顺治13	丙申	1686	康熙25	丙寅	1716	康熙55	丙申
1657	顺治14	丁酉	1687	康熙26	丁卯	1717	康熙56	丁酉
1658	顺治15	戊戌	1688	康熙27	戊辰	1718	康熙57	戊戌
1659	顺治16	己亥	1689	康熙28	己巳	1719	康熙58	己亥
1660	顺治17	庚子	1690	康熙29	庚午	1720	康熙59	庚子
1661	顺治18	辛丑	1691	康熙30	辛未	1721	康熙60	辛丑
1662	康熙1	壬寅	1692	康熙31	壬申	1722	康熙61	壬寅
1663	康熙2	癸卯	1693	康熙32	癸酉	1723	雍正1	癸卯
1664	康熙3	甲辰	1694	康熙33	甲戌	1724	雍正2	甲辰
1665	康熙4	乙巳	1695	康熙34	乙亥	1725	雍正3	乙巳
1666	康熙5	丙午	1696	康熙35	丙子	1726	雍正4	丙午
1667	康熙6	丁未	1697	康熙36	丁丑	1727	雍正5	丁未
1668	康熙7	戊申	1698	康熙37	戊寅	1728	雍正6	戊申
1669	康熙8	己酉	1699	康熙38	己卯	1729	雍正7	乙酉
1670	康熙9	庚戌	1700	康熙39	庚辰	1730	雍正8	庚戌
1671	康熙10	辛亥	1701	康熙40	辛巳	1731	雍正9	辛亥
1672	康熙11	壬子	1702	康熙41	壬午	1732	雍正10	壬子
1673	康熙12	癸丑	1703	康熙42	癸未	1733	雍正11	癸丑
1734	雍正12	甲寅	1764	乾隆29	甲申	1794	乾隆59	甲寅
1735	雍正13	乙卯	1765	乾隆30	乙酉	1795	乾隆60	乙卯
1736	乾隆1	丙辰	1766	乾隆31	丙戌	1796	嘉庆1	丙辰
1737	乾隆2	丁巳	1767	乾隆32	丁亥	1797	嘉庆2	丁巳
1738	乾隆3	戊午	1768	乾隆33	戊子	1798	嘉庆3	戊午
1739	乾隆4	己未	1769	乾隆34	己丑	1799	嘉庆4	己未
1740	乾隆5	庚申	1770	乾隆35	庚寅	1800	嘉庆5	庚申

公元	清代年号		公元	清代年号		公元	清代年号	
	年代	干支		年代	干支		年代	干支
1741	乾隆 6	辛酉	1771	乾隆 36	辛卯	1801	嘉庆 6	辛酉
1742	乾隆 7	壬戌	1772	乾隆 37	壬辰	1802	嘉庆 7	壬戌
1743	乾隆 8	癸亥	1773	乾隆 38	癸巳	1803	嘉庆 8	癸亥
1744	乾隆 9	甲子	1774	乾隆 39	甲午	1804	嘉庆 9	甲子
1745	乾隆 10	乙丑	1775	乾隆 40	乙未	1805	嘉庆 10	乙丑
1746	乾隆 11	丙寅	1776	乾隆 41	丙申	1806	嘉庆 11	丙寅
1747	乾隆 12	丁卯	1777	乾隆 42	丁酉	1807	嘉庆 12	丁卯
1748	乾隆 13	戊辰	1778	乾隆 43	戊戌	1808	嘉庆 13	戊辰
1749	乾隆 14	己巳	1779	乾隆 44	己亥	1809	嘉庆 14	己巳
1750	乾隆 15	庚午	1780	乾隆 45	庚子	1810	嘉庆 15	庚午
1751	乾隆 16	辛未	1781	乾隆 46	辛丑	1811	嘉庆 16	辛未
1752	乾隆 17	壬申	1782	乾隆 47	壬寅	1812	嘉庆 17	壬申
1753	乾隆 18	癸酉	1783	乾隆 48	癸卯	1813	嘉庆 18	癸酉
1754	乾隆 19	甲戌	1784	乾隆 49	甲辰	1814	嘉庆 19	甲戌
1755	乾隆 20	乙亥	1785	乾隆 50	乙巳	1815	嘉庆 20	乙亥
1756	乾隆 21	丙子	1786	乾隆 51	丙午	1816	嘉庆 21	丙子
1757	乾隆 22	丁丑	1787	乾隆 52	丁未	1817	嘉庆 22	丁丑
1758	乾隆 23	戊寅	1788	乾隆 53	戊申	1818	嘉庆 23	戊寅
1759	乾隆 24	己卯	1789	乾隆 54	己酉	1819	嘉庆 24	己卯
1760	乾隆 25	庚辰	1790	乾隆 55	庚戌	1820	嘉庆 25	庚辰
1761	乾隆 26	辛巳	1791	乾隆 56	辛亥	1821	道光 1	辛巳
1762	乾隆 27	壬午	1792	乾隆 57	壬子	1822	道光 2	壬午
1763	乾隆 28	癸未	1793	乾隆 58	癸丑	1823	道光 3	癸未
1824	道光 4	甲申	1854	咸丰 4	甲寅	1884	光绪 10	甲申
1825	道光 5	乙酉	1855	咸丰 5	乙卯	1885	光绪 11	乙酉
1826	道光 6	丙戌	1856	咸丰 6	丙辰	1886	光绪 12	丙戌
1827	道光 7	丁亥	1857	咸丰 7	丁巳	1887	光绪 13	丁亥
1828	道光 8	戊子	1858	咸丰 8	戊午	1888	光绪 14	戊子
1829	道光 9	己丑	1859	咸丰 9	己未	1889	光绪 15	己丑
1830	道光 10	庚寅	1860	咸丰 10	庚申	1890	光绪 16	庚寅
1831	道光 11	辛卯	1861	咸丰 11	辛酉	1891	光绪 17	辛卯
1832	道光 12	壬辰	1862	同治 1	壬戌	1892	光绪 18	壬辰
1833	道光 13	癸巳	1863	同治 2	癸亥	1893	光绪 19	癸巳
1834	道光 14	甲午	1864	同治 3	甲子	1894	光绪 20	甲午
1835	道光 15	乙未	1865	同治 4	乙丑	1895	光绪 21	乙未
1836	道光 16	丙申	1866	同治 5	丙寅	1896	光绪 22	丙申
1837	道光 17	丁酉	1867	同治 6	丁卯	1897	光绪 23	丁酉
1838	道光 18	戊戌	1868	同治 7	戊辰	1898	光绪 24	戊戌
1839	道光 19	己亥	1869	同治 8	己巳	1899	光绪 25	己亥

公元	清代年号		公元	清代年号		公元	清代年号	
	年代	干支		年代	干支		年代	干支
1840	道光20	庚子	1870	同治9	庚午	1900	光绪26	庚子
1841	道光21	辛丑	1871	同治10	辛未	1901	光绪27	辛丑
1842	道光22	壬寅	1872	同治11	壬申	1902	光绪28	壬寅
1843	道光23	癸卯	1873	同治12	癸酉	1903	光绪29	癸卯
1844	道光24	甲辰	1874	同治13	甲戌	1904	光绪30	甲辰
1845	道光25	乙巳	1875	光绪1	乙亥	1905	光绪31	乙巳
1846	道光26	丙午	1876	光绪2	丙子	1906	光绪32	丙午
1847	道光27	丁未	1877	光绪3	丁丑	1907	光绪33	丁未
1848	道光28	戊申	1878	光绪4	戊寅	1908	光绪34	戊申
1849	道光29	乙酉	1879	光绪5	己卯	1909	宣统1	己酉
1850	道光30	庚戌	1880	光绪6	庚辰	1910	宣统2	庚戌
1851	咸丰1	辛亥	1881	光绪7	辛巳	1911	宣统3	辛亥
1852	咸丰2	壬子	1882	光绪8	壬午			
1853	咸丰3	癸丑	1883	光绪9	癸未			

附录二:辽阳大学士、总督、巡抚表、进士名录

大学士年表

姓名	年代
宁完我	顺治元年至顺治十五年
高 斌	乾隆十二年至十二年
黄廷桂	乾隆二十年至二十四年
杨应琚	乾隆二十九年至三十二年
高 晋	乾隆三十六年至四十四年
英 廉	乾隆四十五年至四十八年
蒋攸铦	道光五年至道光十年
官 文	咸丰十年至同治十年

协办大学士年表

姓名	年代
高 斌	乾隆十年至十二年
英 廉	乾隆四十一年至四十五年
蒋攸铦	道光四年至五年
官 文	道光九年至十年

辽阳总督名录

张存仁	浙闽、直隶、山东、河南总督
罗绣锦	湖广、四川总督
马国柱	宣大、山西、江南、江西、河南总督
耿焞	宣大、山西总督
刘清泰	浙闽、河南总督
马鸣佩	江南、江西总督
张长庚	湖广总督
杨茂勋	贵州、四川总督
徐国相	湖广总督
石 琳	两广总督
石文晟	湖广总督
杨宗仁	湖广总督
黄廷桂	四川、川陕总督
高 斌	直隶、两江总督
杨应琚	两广、闽浙、陕甘、云贵总督
高 晋	两江总督
英 廉	直隶总督
宜兆熊	闽浙、湖广总督
蒋攸铦	两广、四川、直隶、两江总督
官 文	湖广、直隶总督

河道总督名录

杨茂勋

靳 辅

高 斌

辽阳巡抚名录

雷 兴	天津、陕西巡抚
马国柱	山西、
罗绘锦	河南、贵州巡抚

耿 焞	顺天、山东巡抚
祝世昌	山西巡抚
李日芃	操江巡抚
宜永贵	南赣、福建巡抚
佟国器	福建、南赣巡抚
刘汉祚	福建巡抚
苏宏祖	南赣巡抚
佟国正	江西巡抚
佟凤彩	四川、贵州、河南巡抚
马雄镇	广西巡抚
靳 辅	安徽巡抚
徐国相	安徽巡抚
石 琳	湖广、云南巡抚
柯永昇	湖广巡抚
马世济	贵州巡抚
石文晟	云南巡抚
李基和	江西巡抚
佟毓秀	云南巡抚
刘光美	安徽巡抚
黄秉中	浙江、福建巡抚
张佐圣	河南巡抚
杨宗仁	广东巡抚
石文焯	河南、陕西、甘肃巡抚
杨文乾	广东巡抚
杨 馝	四川巡抚
石礼哈	广东巡抚
黄廷桂	甘肃巡抚
杨应琚	甘肃、山东巡抚

高 晋	安徽巡抚
李 瀚	云南巡抚
蒋攸铦	浙江巡抚
蒋霨远	贵州巡抚

辽阳进士年表

姓名	年代	名次
夏世安	顺治九年（1652）	二甲五十五名
陈永命	顺治九年（1652）	三甲二百零一名
张登举	顺治十二年（1655）	二甲七十六名
裴绍宗	顺治十二年（1655）	三甲十一名
吴允升	顺治十二年（1655）	三甲二百六十四名
齐洪勋	顺治十二年（1655）	三甲三百十三名
高 璜	康熙九年（1670）	二甲四十九名
沈独立	康熙九年（1670）	三甲二百三十二名
李基和	康熙十二年（1673）	三甲十一名
徐元梦	康熙十二年（1673）	三甲四十三名
高 珀	康熙十五年（1676）	三甲九十二名
宋 绎	康熙十五年（1676）	三甲一百二十八名
宋征烈	康熙三十年（1691）	三甲五十六名
刘之介	康熙四十五年（1706）	三甲八十五名
聂师尧	康熙四十五年（1706）	三甲一百九十二名
董 禧	雍正八年（1730）	三甲二百八十名
王 组	雍正十一年（1733）	三甲八十六名
王尔烈	乾隆三十六年（1771）	二甲一名
蒋攸铦	乾隆四十九年（1784）	二甲三十六名
陈克让	道光三年（1828）	二甲七十八名
韩天垣	道光九年（1829）	三甲一百零九名

姓名	年代	名次
蒋霭远	道光十五年(1835)	三甲四十名
杨能格	道光十六年(1836)	二甲二十三名
斌 桐	道光十六年(1836)	三甲七十六名
刘文麟	道光十八年(1838)	三甲四十七名
赵文瀛	道光二十一年(1841)	三甲四十八名
文 颖	道光二十五年(1845)	三甲四十一名
蒋维垣	同治二年(1863)	二甲三十四名
董 执	同治四年(1865)	二甲五十名
斌 敏	同治四年(1865)	三甲一百零三名
曾培祺	同治十年(1871)	二甲七十五名
春 溥	光绪二年(1876)	二甲七名
袁镇南	光绪二年(1876)	二甲五十六名
蛃 麟	光绪六年(1880)	三甲五十四名
张平格	光绪九年(1883)	三甲三十五名
回长廉	光绪十二年(1886)	三甲六十名
杨钟羲	光绪十五年(1889)	二甲一百名
葛龙三	光绪二十一年(1895)	三甲一百八十四名
文 杰	光绪二十四年(1898)	三甲四十四名
冯绍唐	光绪二十四年(1898)	三甲一百十三名
钟 麟	光绪二十九年(1903)	三甲一百二十六名

附录三:清代九品(十八级)官制

品级	月薪
正一品(大学士)	180 两白银
从一品(总督)	180 两下同
正二品(河道总督)	155 两
从二品(巡抚、布政使)	155 两

续表

品级	月薪
正三品（按察使）	130 两
从三品（盐运使）	130 两
正四品（督粮道、盐法道、道员）	105 两
从四品（知府、内阁侍读学士）	105 两
正五品（同知、直隶州知州）	80 两
从五品（各部员外郎）	80 两
正六品（内阁侍读）	60 两
从六品（知州、州同）	60 两
正七品（经历、按察司衙门）	45 两
从七品（知县）	45 两
正八品（县丞、县学教谕）	40 两
从八品（县学训导）	40 两
正九品（县文簿）	33 两
从九品（知事）	31 两

注：清代官员的薪俸除白银外，还按照品级分给粮食。这里省去不录。

附录四：碑文

一、徐公祠碑记

碑石民国十二年（1923）立于辽阳县吉洞峪兴隆沟徐公祠。碑高 210 厘米，宽 100 厘米，碑文两面，碑阳 7 行，满行 57 字，行书体，额题"千古不朽"。袁金铠撰文并书。现藏于辽阳博物馆。

壬戌二月，徐公卒于家。乡人以公功在地方，谥曰"刚靖"，并议建祠以祀。次年六月，祠成，祀公并附办团死事暨出力者。刘君江叟代表众意，以祠碑之文属诸金铠，其曷敢辞。

谨按：公讳珍，世居辽阳东南兴隆沟，粗读书，晓大义，幼业农。吉洞峪者，距沟念余里，为乡人办会所。公年十九，即襄会务，出言惊，长老咸称异之。光绪甲午中东之役，州尊徐公庆璋稔知公，饬带团堵要隘，听公驱策者三万人，没伏伺敌，无敢越雷池一步。会将兵者忌公名高，假农事为名，散团归里，防务遂不可询。而吉洞峪乡团名，乃著于中外。庚子拳匪之祸，长吏弃城，土匪蜂起，奉省靡宁土,独辽、海、凤、岫四城,犬牙相错,数百里地,赖公坐镇。锄奸弭暴,鸡犬不惊。遇有盗寇窃发,捕获置之死,报官备案。甲辰日俄之战,两国遣员结合,虑虑为左右袒。我国之强有力者,亦派员往侦勘静,并拟引以自重。公严守中立,不稍假藉。后东三省总督赵公尔巽,以公办团成绩入奏德宗,略称:"上不动支官款,下不搜取民财,徒以忠义激励之故,护卫乡闾,保全无算"等语,足拾公之生年矣。公由候选主簿,以知县即补荐保知府,仕至巡防帮统,两被选省议会议员。其言行卓荦,可传者甚多,熟在人口,无关于建祠之大者,故不赘。

民国十二年癸亥六月　辽阳袁金铠　撰文并书

发起人袁金铠　王树翰　刘庆文　刘恩格　高乃涛　徐万善　刘述古 王永江　孙祖昌　齐国镇　陈克正　高毓衡　张建钧　郭洪逵　于冲汉　孙 其昌　张成箕　吴恩培　刘桐　景泉浚　杨口寅　白永贞　朱斌奎　春融 关定保　张东壁　王凤新　李明善　关海清　朱荆璞　赵乃弼　王瑞之　孙 宗泗　刘盛澍　徐宝贤　刘尚清　于福镇　王大中　高德昆　苗维新　王九 二　田起洪

中华民国十贰年旧历七月吉日立

碑阴

吉林督军孙烈臣　陆佰元

奉天省长王泯源　贰佰元

少帅张汉卿　壹佰廿元

吉林财政厅长孙钟舞　壹佰元

辽沈道尹佟德一　捌拾元

财政厅科长高钧阁　伍拾元

教育厅长谢荫昌　贰拾元

清丈局总办林液尘　贰拾元

间口口口局局长高奉五　四拾元

东三省官银号会办彭相亭　贰拾元

实业厅会办姜雨田　伍拾元

江省督军吴兴权　陆佰元

三省银行总办于云章　伍佰元

奉军司令许兰洲　伍佰元

东边道尹王理堂　壹佰元

哈埠东三省银行总办刘海泉　壹佰元

实业厅长谈铁隍　贰拾元

吉林秘电处长丰惠　拾元

被服厂长王恩溥　壹佰元

木石税总局局长齐蓬阁　贰拾元

东三省官银号会长张惠霖　贰拾元

日本贵志少将　叁拾陆元

二、清·舒尔哈齐

舒尔哈齐为努尔哈赤同母弟。碑质汉白玉,螭首,龟跌座,通高513厘米,宽120厘米,厚40厘米,碑首额题"敕建"二字,碑阳阴刻汉满文合璧碑文,汉文5行,满行40字。碑刻于清顺治十一年(1654),立于辽阳东京陵。

达尔汉把兔鲁亲王碑

惟国家褒显宗英,推崇皇族,生颁荣秩,殁予追封,所以笃本支昭亲爱也。尔达尔汉把兔鲁舒尔哈齐,乃太祖高皇帝胞弟,朕之叔祖。系序既尊,天潢孔切,更生贤胤,克奏肤功,宜用追崇,以彰祗德。兹特加封尔为庄亲王。列在藩屏,聿展贻孙之微;光施泉壤,允敷敦族之仁。勒诸贞珉,永垂不朽!

口口顺治十一年三月初十日

三、大金喇嘛法师宝记

碑刻于后金天聪四年(1630)。原立于辽阳老城小南门外喇嘛塔前,1966年塔毁,现藏于辽阳博物馆。半圆碑首,高96厘米,宽65厘米,厚11.5厘米。碑阳右半刻汉字12行,左半老满文12行,额题"敕建"汉文;碑阴汉文20行分组排列喇嘛门徒、僧众、官员和匠人名单,因其中刻有曹雪芹高祖曹振彦的题名,故此碑是研究曹雪芹祖籍在辽阳的重要碑刻之一。

法师斡禄打儿罕囊素,乌斯藏人也。诞生佛境,道演真传。既已融通乎大法,复意普度乎群生。于是,不惮跋涉,东历蒙古诸邦,阐扬圣教,广敷佛惠。蠢动含灵之类,咸沾佛性。及到我国,蒙太祖皇帝敬礼尊师,倍常供给。至天命辛酉年八月廿一日,法师示寂归西。

太祖有敕,修建宝塔,敛藏舍利。缘累年征伐,未建寿域。今天聪四年,法弟白喇嘛奏请,钦奉皇上敕旨,都元帅孔有德　总兵耿仲明　总兵尚可喜八王府令旨,乃建宝塔。事竣,镌石以志其胜。谨识。

时大金天聪四年岁次庚午孟夏吉旦同门法弟白喇嘛建

钦差督理工程　驸马总镇佟养性　委官备御蔡永年

游击　大海　杨于渭　撰

碑阴

喇嘛门徒　瓮卜　班第　扒必知　闪把　索代　咱世甲　罗布藏端州

齐榜识　率尼榜识　战麻　毛胡赖　布什孩　阿牛　索治　摆晒　麻害　来福　路子　小保子　二小厮　贾友登　　贾友明　重阳　夏永时　王善友　把大口　口口友　徐计忠　范和尚　朱朝功　王厨子　洪文魁　洪口口　王孝中　王尽中　贾计祖　徐德　王二　小倪子　明口口　祖喜　玄方口

侍奉香火看莲僧　大成　大塔　金刚保　常会　大士　大召　妙意　宽德　宽伏　口童　祖俊

西会广佑大宁慈航寺僧　信海　信椿　洪果　信稻　性惠　果正　常口洪德　口正　性宗　信清　镇龙　洪湛　大常　大京　大玲　大清　妙本宽然　玄龙　玄乐　妙感　玄维　召贞　信福　惠静　性朝　游备　郎位郎熙载　臧国祚

总镇副参游备等官　马登云　黑云龙　石国柱　石廷柱　高鸿中　金励佟延　鲍承先　祝世昌　祝印昌

皇上侍臣　李思中　殷廷辂　杨万朋　佟整　纪世爵　李灿　张士彦李世新　范登仕　库口　张大猷　高仲选　吴守进　刘士璋　阎印　杨可大　崔应太　朱计文　吴裕　金玉和　宁完我　崔名信　杨兴国　李光国　金孝容　俞子伟　赵梦豸　段成梁　龙十　殷廷枢　李延庚　秃占　秃赖　才官　率太　尤天庆　黄云龙　偏姑

教官　高应科　朱口口　郑文炳　冉启倧　王之哲　冯志祥　曹振彦蔡一品　张口口　温台十　李方浦　高大功　严仲魁　韩士奇　薛三　樊守德　陈玉治　林友成　王友明　木青

千总房　可成　李三科　崔进中　周尚贵　木匠　赵将　石匠　信口宽口　乞力干　金世递

副口　佟一明　韩尚武　铁匠潘铁　画匠　胡净　何不利　柯参将　杨旗鼓　马应龙　陈五

砲塔泥水匠　崔果宝

四、重建玉皇庙碑记（天聪）

碑记刻于后金天聪四年（1630）九月，原立于辽阳老城小南门外玉皇庙，今属宏伟区曙光村。1966 年庙毁，碑被砸碎砌墙，1978 年被发现，现藏于辽阳博物馆碑林。半圆碑首，碑高 165 厘米，宽 69 厘米。碑阳 23 行，满行 37 字，额篆"题名碑记"，碑阴刻职官题名，因其中刻有曹雪芹高祖曹振彦的题名，故此碑是研究曹雪芹祖籍在辽阳的重要碑刻之一。

昔襄平西关西门外，不越数趾，有玉皇庙焉。其来云旧，未审昉于何代。自罹兵燹时任其拆毁，止存金身暴露。先皇见之，甚恫乎不自安，遂命移演武厅焉，更立一殿宇，为神所栖也。

仅阅二祀,又值无状者,复为之毁。新皇历此,见而不胜痛疚,乃曰:"人所乞灵,惟神是藉,岂以一废而至再也? 又岂以再废而遂止也?"于是命下,委游击李灿董治其事,重建其祠,仍旧址也。俱各贝勒议出第银两粮石、木植砖瓦,暨丹垩之类,匠作之等,系阿吉葛、摩伦葛胎吉贝勒同发虔心,协赞大事。自己巳年四月内肇建,至庚午年九月告竣。

试观大殿五楹,圣像与塑神庄严巍峨,庙貌聿新,何其壮丽也。大门一间,庙祝住房六间,犁然具备,规模宏远,何其改观也。若门若殿,有额有联,悬而张之,煜煜烨烨,烺烺辉辉,又何其掩映也。矧玉帝至尊无对,位都诸天之表,所谓上极无上者矣;至公无私,总受诸神之奉,所谓玄之又玄者矣。世间之修悖顿异,冥冥之祸福随至,感应之机若桴鼓,然未有报应既不爽,而敬崇翻不佑哉? 是不然,盖上清操启衷夺鉴之权,握福国庇民之德,今我皇上、贝勒、驸马总镇佟养性,匪且敬神立祠,倦倦在抱,至于旭曛匪懈,励精图治,若将兵,若士民,靡不恩爱殷流,堪与古人媲媺。如此众善骈集,视如尊神,按其所奏者,必大俾戬榖,则不思德业,宁有涯哉? 繇是国无不福,民无不庇,炎炎大宝可计日臻矣。畴谓蒙安袭庆,有不自善源种种而来耶?

又有伏魔大帝,一时同建殿三楹、大门一间、侧室三间,咸为之增彩,匾对亦为之辉煌。祠庙俱立矣,而贞珉可无竖乎? 又勒之碑,以垂不朽焉。是为记。

天聪四年岁次庚午秋九月上浣之吉立

鸠工游击李灿　儒学生员杨起鹏撰

碑阴

口口龙口　麻口　黑云龙　王口　石廷柱　石国柱　佟延　孙得功　佟整　金玉和　金励　李国翰　高鸿中　殷廷辂　殷廷枢　鲍承先　祝世印　祝世昌　李思中　马云龙　张世爵　张世彦　李世新　张大猷　刘士璋　朱计文　金孝容　李延庚　秃赖　秃占　尤天庆　杨万鹏　柯来凤　范登仕　高仲选　吴守进　阎印　杨可大　崔应太　吴裕　宁完我　崔名信　杨兴国　李光国　俞子伟　赵梦豸　段成良　才官　率太　黄云隆　郎位　张良必

口口侍奉香火道士夏天明　口必科　孙蓬蒿　祁永口

致政　李廷隆　李应隆　王守舜　曹振彦汪道光　王友功　王国栋　口尚礼　拜才口　口奉口　口口口　口口口　口口口　口口口　薛应富　冯志祥　孙计武　李显才　韩塔剌洪

助工信士石应科　李应文　韩思教　芦应魁　金善口　王麻子

画匠张得义　杨守德　郭彦举　镌匠　宽洪

泥水匠口口　李木匠

五、东京新建弥陀寺碑记

东京弥陀寺为崇德六年（1641）由恭顺王孔有德领衔创建。此碑螭首方座，碑高270厘米，宽94厘米，碑文两面，碑阳22行，满行70字，额题"法轮常转"。碑阴刻职官题名，其中曹得先、曹得选、曹世爵等曹姓官员，经考证为曹雪芹上世辽东曹氏第三房人物。故此碑是研究曹雪芹祖籍在辽阳的重要碑刻之一。现藏辽阳博物馆。

粤自佛教流入东土，不知阅几帝几王，经几圣几贤，尊崇则有之，绝灭则未也。人有善念对，如来则翻然动，所谓有种之良一触即惺；有恶念对，如来则赧然愧，所谓未泯之真一剥即复。盖含灵者，孰无佛性？况今上仁恩惠政，乃大慈大悲之主，而孔王又菩提其身，明境其心哉！

按：孔王，讳有德，恭顺，其封号也。昔王为知苦海无边，回头是岸，叨宠荣于北阙，作藩翰于东京。东京乃太祖定鼎之区，人臣何幸，获守兹土。伊谁之恩？九重之赐也。伊谁之佑？三宝之力也。

是以孔王同信官人等，奋然发心，先捐己资，次募十方。贵官檀越、士庶英贤、善信男女百工，暨此共建弥陀禅寺。中起雄殿，设供如来圣像。竹苞松茂，鸟革翚飞，极一时之工力焉。前有天王殿，后有华严堂。其中菩萨、地藏、罗汉、口口、伽蓝祖师各有殿宇。又设禅室僧舍，以集云堂。

听经偈之朗朗，闻钟鼓之镪镪。蒲团能生贝叶，木鱼可坠天花。喜太平之有象，乐圣德之无私。孔王之善根，亦夙具矣哉！出迷入悟在此举，昨非今是在此举。如菩提之树，昔摇动而今栽培；如明镜之台，昔尘埃而今拂拭。一归正果，万孽全消。总之，心口口口口口口远也。叙王之时势，叙王之知遇，叙王建寺之由，碑记以示不朽。铭曰：

神祖创基，于辽之阳。千峰岩岩，岱水汤汤。
岩岩之峰，堪对灵山。卷之一掬，放之弥天。
汤汤之水，可比法海。逝者如斯，慈航未改。
佛法无疆，忻动孔王。莲台灿烂，金碧辉煌。
口口口口，共建梵宫。禅关不锁，自有云封。
助我哲后，大业早就。于万斯年，而臧而寿。
庇我蒸民，游象饮醇。太和在宇，皇度维新。
佛力君恩，并自难酬。天高地厚，怀抱悠悠。
永享茅土，永守藩职。奉扬王休，请观斯石。
时大清崇德陆年岁在辛巳仲秋吉旦
功德主信口恭顺王孔有德
怀顺王耿仲明

智顺王尚可喜
秘书院大学士乐郊范文程

六、清·石汉

石汉为石廷柱之父。碑刻于顺治八年(1651),立于辽阳老城东门外太子河边石家祖茔,后人称之为石家坟。碑身高大,螭首龟趺座,汉白玉质,碑文满汉合刊,20世纪60年代,墓被掘毁,碑及石像生被毁。民国《辽阳县志·碑记志》收录了碑文。

一等伯石汉诰命碑

奉天承运,皇帝制曰:父有令德,子职务在显扬;臣著贤劳,国典必先推锡,用申新命,以表前休。尔石汉,乃一等伯加一拖沙喇哈番、固山额真石廷柱之父,持身有道,迪子成名,嘉予懋绩之臣,实尔克家之嗣,用褒义训,爰贲恩荣。兹以覃恩,赠尔为光禄大夫、一等伯、加一拖沙喇哈番、固山额真。锡之诰命。於戏!率行式谷,泽流青史之光;教孝作忠,荣耀紫纶之色。永培祚胤,益庇昌隆。制曰:国之所最重者,惟是忠荩之臣;家之所由兴者,以有劬劳之母。特颁恩命,用慰子情,一等伯加一拖沙喇哈番固山额真石廷柱母玉甲氏,慈以育子,教可传家。念兹靖共之猷,实本恩勤之训。母德既著,渥典宜加。兹以覃恩赠尔为一品夫人。於戏!颁爵用以荣亲,褒忠因以教孝。锡隆恩于不匮,表嘉誉于来兹。钦服宠纶,用光泉壤。

顺治八年八月二十一日

清赠光禄大夫一等伯加一拖沙喇哈番固山额真石汉墓碑记

碑刻于康熙三十七年(1698),立于辽阳老城东门外太子河边石家祖茔。毁于上世纪60年代。民国《辽阳县志·碑记志》收录了碑文。

余先世酸尼籍也,氏属瓜尔嘉。曾祖石汉公,进徙辽东,为故明指挥,遂以襄平家焉。及殁,葬辽阳大东门外,距城里许太子河之左。地近长江,虑冲口口恒行,予先人安南将军、先兄镇南将军,共以为患,于康熙元年,迁葬于茔之西北约二百余武,造碑二通,事剧,仅镌其一,载予两伯祖及余祖当时攻战弘绩,覃恩诰封吾曾祖伯爵之荣。余一石未获镂竟。予心诺有年,至丙子春,予确拟亲谒长眠,勒碑以终先志。时阿鲁特侵我西疆,予以汉军都统督满军前锋从圣驾中路亲征,迫鲸乱扫清,大捷凯旋,自谓可东归而遂宿愿。欣逢圣天子以四海永清,亲幸奉天,以武功祭告三陵。予幸叨从扈跸,得于祖墓致祭,勒原碑以为记云。

时康熙三十七年岁次戊寅十月吉旦
正白旗汉军都统加二级曾孙石文英立

七、清·徐国相

碑石发现于辽阳市灯塔山药堡村,刻于康熙四十年(1701),汉白玉质,残高210厘米,宽96厘米。民国《辽阳县志·碑记志》收录了碑文。

兵部尚书兼都察院右副都御史湖广总督徐公国相神道碑

大司马制府徐公,以康熙己卯岁寿终京师里第,葬于某地之阡。堂斧巑崏,松楸郁葱。逾年,嗣君以隧道之碣来请。余向颂遗爱,思之至深,而知之亦悉,其碣敢辞。谨案:

公讳国相,号行清,襄平世胄,门第清华。生而奇伟负性,高爽明通,有经济才,际国家昌明休隆之运。早年筮仕登朝,起家司农,擢刑部郎中,度支明允,克著贤声。升山东右布政使,寻迁安徽布政使。江南财富甲天下,地广民殷,政繁役重,持筹者率多陨越。公稔知其弊,锐意涤除,省徭役,禁苛索,厘然一归于正。虽值旱蝗迭见,军储浩繁,而闾阎乐输,供亿无缺,独称最焉。特简大中丞巡抚安徽,察吏诚民,风清泽溥。为政以安静和平、休养民生为重,由藩台而开府,其措施灿然,未易以更仆数,为举其康济时艰、功在民生之大者言之。

当公之经理江左也,在甲寅、乙卯之交,时滇闽变乱,江楚戒严,皖郡踞长江咽喉,为舟车络绎之冲。王师驻江右、三楚者以数十万计,米谷草豆之属,大抵取办江南。征发绎骚,军需旁午,公画理储蓄,不事征派,近馈运输,乌腾粟翔,士有宿饱之乐,而无庚癸之呼。卒之东南半壁,金汤晏然,皆公之运筹转饷有以给足之也。庐、凤、滁所属州县,康熙戊午、己未间,荐遭旱涝,民不聊生,挈妻子逃窜四方者接踵。公时节钺安徽,目睹灾黎,曰:"此皆吾之赤子也,安忍其流离失所乎?"自捐清俸,并劝谕寮采绅士输助,购买米菽赈救之。复拜疏请赈,殚心区划,所活饥民不下数十万,咸安故业,至今民犹颂之。江左右属扬州之域,汝阴、钟离一带,地广而荒芜不治,又痹下濒河近淮,常受水患。民间罔知蓄泄,以致无岁不灾。公时因勘荒,按行其地,蒿目焦思,审度形势,特疏请行沟田之法,得报可。遂劝谕百姓筑堰开渠,招徕开垦,多方鼓舞,民皆晓然知水利之所在,无不争趋乐赴。期年,五种俱熟,既富且丰,向来斥卤污莱之地,尽变而为桑麻粳稻之区,至今百姓食水田之利,而思公之德泽不衰焉。

及其移镇三楚也,仍以治皖者治楚。下车察徭俗,问民所疾苦而渐滁之。正己率属,首在激扬吏治,大法小廉,百僚肃然。举动惟持大体,不事苛细,而又能洞悉情伪,豪猾皆屏迹莫能肆。时楚中新离兵革,事在休养。公调剂兵民,整饬纲纪,而宜民之政次第举行。如修建学宫,设立义馆,所以崇教化也;革除乡保、里役、差役、行头,所以杜烦扰也;禁止火耗,振肃官方,所以澄吏道也;厘正名分,严惩刁讼,所以安良善也。楚人被其德,镌诸贞石,以垂不朽。

犹忆公将之楚,予时以葬亲请假在里,与公握手言别,为楚人贺。公曰:"湖南、北,襟带江、汉,包络溪、峒,蛮摇杂处其间,兵悍地广,最称难治,惟当以镇静宽恤为政,然心窃窃鳃鳃虑之。"余谓:"公鸿才厚德,固无虑此。"公去位后,楚地果屡年多故,此皆公之明智所预料也。投簪北上,所至攀辕。皖与楚击柝相闻,两境之人感颂爱思者如一。

归京师,萧然简素,余犹得见公神观清明,步履壮健,未几而捐馆舍。惜哉!公之子,食清白之贻,有象贤之美。公生平以公正报国,以宽厚与人,以明敏决事,以慈惠及物,节钺江、楚,遗泽至今禾泯,可谓一代伟人矣。其家世、官爵、年寿、子孙,详家乘中。余惟举其所素知者,略述梗概,窃比古人昭德之义,使镌石以表之,而其余亦可以类求矣。

时康熙四十年五月

赐进士出身光禄大夫经筵讲官文华殿大学士兼礼部尚书治弟张英顿首拜撰文

八、清·王尔烈

墓碑刻于道光二十三年(1843),碑质青石。碑高 100 厘米,宽 48 厘米。碑首方形、抹角,刻云龙纹,额题楷书"千古不朽";碑身刻楷书 3 行,满行 32 字,四框线刻花草纹。此碑原立于辽阳县兰家乡风水沟王尔烈墓地,现藏于王尔烈纪念馆。

道光二十三年二月谷旦

皇清诰授中议大夫二甲一名进士特授顺天府府丞提督学政瑶峰公府君之墓

孝男志崇敬立

九、清·贾努

乌苏氏茔园坐落于弓长岭汤河东岸红穆村(原穆家坟)山上,茔园分东西两处,共有清代墓葬 161 座,现仍有遗迹可循。贾(渣)努为辽阳乌苏氏族八世祖,以自己及儿子穆清格等战功,被追封为通议大夫。康熙十六年(1677)在乌苏氏西茔园立碑,为西茔园之祖。碑质青石,螭首,通高 315 厘米、宽 85 厘米、厚 30 厘米。额题篆书"敕封诰命",碑阳刻楷书汉文 11 行,满行 38 字,碑阴刻满文 12 行。现藏于辽阳博物馆。

通议大夫贾努敕封碑

奉天承运,皇帝制曰:扬名显亲为子者,愿以令德归之父;考绩褒贤教孝者,宜以高爵作之忠。是用推恩,特申休命。尔贾努,乃东京拜喇布勒哈番品级加一级穆清格之父。义方有训,式谷无渐。念尔嗣之勤劳,既克家而报国,俾尔泽之昌大,爰锡兹以覃恩,赐尔为通议大夫、拜他喇布勒哈番,品级加一级。锡之诰命。於戏!教诲尔子,永勿忝于家声;聿修厥德,尚无负于国恩。钦承宠命,慰尔幽灵。

制曰:国体劳臣,必溯源而沛泽;家崇哲胤,爰归善于厥生。盛典维新,壸仪愈著。尔东京拜他喇布勒哈番品级加一级穆清格母佟佳氏,帏范克端,胎教居身教之先;慈训惟勤,能爱在能劳之后。宜沛赐封,用昭母德。兹以覃恩,赠尔为淑人。於戏!子情罔极,感顾复而敦孝;国纶普被,念劬劳以毓荣。嘉乃恩勤,褒其遗范。

大清康熙十六年岁次丁巳孟冬吉旦立

十、清·达都

碑质汉白玉,螭首,龟趺座,高 290 厘米,宽 90 厘米。碑文汉满两文合刊,右汉文 10 行,满行 60 字,左满文 11 行,额题“敕建”,碑阴刻“皇清诰赠光禄大夫镇守奉天等处将军加一级达都之碑”,额题“诰命”刻于清康熙十年(1671),立于灯塔市鸡冠山乡胡巴什村。

敕建皇清诰赠光禄大夫镇守奉天等处将军加一级达都之碑

奉天承运,皇帝制曰:国家思创业之隆,当崇报功之典;人臣建辅运之绩,宜施锡爵之恩。此激劝之弘规,诚古今之通义。尔镇守奉天等处将军加一级达都,性资端谨,才识宏通。俾掌将军,恪慎无惭于职守;宣劳政务,夙夜克矢乎寅恭。任用有年,小心益励,崇阶荐陟,历试能勤。欣兹庆典之逢,宜沛恩纶之宠,爰颁新命,以示褒嘉。兹以覃恩,特授尔阶光禄大夫,锡之诰命。於戏!推恩申命,爰弘奖于忠贞;树德懋勋,尚益勤于笃棐。祗服朕命,勉尽乃心。初任口口,二任工部郎中,三任授拖沙喇哈番照旧郎中,四任授口喇布勒哈番照旧郎中,五任加一级,六任奉天副都统,七任奉天将军,八任今职。

制曰:作朕股肱良臣,所以矢夙夜,厘尔女士,内则亦以效勖勤,休命用申,壸仪维懋。尔镇守奉天等处将军加一级达都妻觉罗氏,相夫克谐,宜家著范。尔夫恪勤尽职,藉尔黾勉同心。内则既娴,褒纶宜锡。兹以覃恩,赠尔为一品夫人。於戏!眷此勤劳之佐,久藉同心;嘉尔贞顺之贤,载颁异数。幽灵不昧,佩此明纶。

制曰:人臣宣劳于外,宁恤其家;朝廷代体其心,均从乎贵。爰申宠命,以奖令仪。尔镇守奉天等处将军加一级达都继妻佟佳氏,嗣相尔夫,克著令仪,踵彼前微,彰兹令德。内则无口,并锡褒纶。兹以覃恩,封尔为一品夫人。於戏!显命特颁,用表宜家之范;小心是式,益勤内助之贤。永相尔夫,用谐予治。

康熙六年十一月二十六日撰康熙十年六月吉日

十一、清·荆山

碑一式两通并列,汉白玉质,均螭首、龟趺,通高290厘米,宽90厘米。碑一,首题阴刻楷书"议政大臣礼部尚书兼太常寺卿署仓场事务总公库大臣佐领加六级谥端简荆山碑文",其左阴刻楷书碑文7行,满行60字。碑二,阴刻楷书皇帝谕祭文11行,满行30字。刻于清康熙五十七年(1718),立于灯塔市鸡冠山乡胡巴什村。

议政大臣礼部尚书兼太常寺卿
署仓场事务总公库大臣佐领加六级谥端简荆山碑文

宣猷奉职,臣子之常经;褒德酬庸,国家之彝宪。果其才优肆应,操履无私,历著靖共,堪承委寄,饰终之典,可勿隆口。尔荆山,赋质端方,宅心简素,仪曹早试,太祝旋迁。继分判于奉常,恪恭表誉;嗣含香于礼部,干济腾声。卿月升华,夙夜益虔禋祀;廷平执法,重轻式协科条。贰客台而口宗伯,秩叙口敦;综公库而摄仓储,忠勤弥励。参国是克赞讦谟,值众务之殷繁,井然就理;何倚任之方切,忽尔云亡。深轸朕怀,遣大臣而致奠,详稽谥法,锡端简而休称。於戏!嘉绩永存,悼老成之遽谢;恩纶特沛,垂口祀以增荣。用勒贞珉,式彰令典

康熙五十七年前资政大夫总督山西兵部左侍郎伊都立书

碑二

皇帝谕祭,议政大臣礼部尚书兼太常寺卿署仓场事务总公库大臣佐领加六级谥端简荆山之灵曰:国家酬庸褒德,聿隆恤下之文,臣子宣力奉公,爰荷饰终之礼。故生则优之爵禄,倚任方殷;殁则示以哀荣,轸怀培切,尔荆山持躬清简,禀质端凝。初试仪曹,旋司太祝,分判奉常之事职,殚精勤异,襄农部之烦,口优干济,爰膺礼寺,口陟卿行。凛将享而正虔,历初终而一致。用迁廷尉,克慎科条,载贰客口口敦秩叙,特晋阶乎宗伯,俾入赞夫讦谟,仍摄仓储兼综公库。鉴尔靖共之笃挚,频加赉予之便蕃,忽告奄殂,良深嗟悼。谕大臣而致奠,异数丕昭;锡端简之嘉名,遗徽永著。更稽彝典,式荐苾芬。於戏!宠泽常新,贲重泉而焕色;谋猷未泯,垂青史而流光。灵如有知,尚其永格。

康熙五十七年庚戌科进士翰林院庶吉士改刑部山西司主事额尔立书

十二、清·东阿氏

东阿氏指清代何和礼、何芍图、彭春家族。东阿氏墓园位于辽阳城东北西大窑公安堡村后,俗称皇姑坟。碑高200厘米,宽70厘米,碑文两面全满文,碑阳39行、碑阴31行,经辽宁省社会科学院关嘉禄教授译文1578字。碑文镌刻于清康熙五十五年(1716)。墓园于20世纪60年代被毁,碑石现藏辽阳

博物馆。

建园迁墓志

康熙丙午年,彭春、劳满色、齐锡奏称:彭春等辈之曾祖父何和礼、祖父何苟图皆殁于盛京,并葬于盛京,曾祖母公主、祖母郡主葬于京城,祈请迁二祖骨骸与公主、郡主合葬。奉旨:尔祖何和礼、何苟图皆太祖、太宗创业之重臣,太祖,太宗陵在盛京,宜送公主、郡主至盛京。尔议不合。钦此。钦遵,即于盛京周围觅得红宝石山,按三家派银,彭春三分,齐锡两分,劳满色一分,遣三家家长瓦罕茂三萨口口口等,将墓园门、衙门建造完毕。康熙戊申年,奏准迁公主、郡主二祖至盛京。旨意四牛录文武官员人等俱往送,派四牛录四十马甲护送公主。钦此。此迁,彭春、劳满色、齐锡等父母兄弟诸墓,皆移至红宝石山现所,建园长十五丈,宽十丈。园中建造衙门,其内甚窄,十四个墓两边安葬至衙门房山墙之北角。园隐山脚而建,傍墙皆遇沟边,因难开扩,虽窄而罢,思欲另觅别处而归盛京矣。数载未口口值吴三桂叛乱,因彭春、齐锡皆从军,耽搁将及十年矣。康熙戊辰年,齐锡退职闲居之际,专至墓地拜谒,见此地山平地阔,水土美好,草木茂盛,正可为祖辈长久之地。康熙庚午年,复来躬修园门、种植树木,土砖堆垒,建造土山外园,以土砖砌之,并设栅栏。康熙癸酉年、齐锡与兄彭春议道:此地安葬祖辈,为三家公祀之地。我等父母之墓,各自另觅别处安葬。我等老时,葬于父地。若如是,则墓园不至于窄,而看守人之田产亦略宽矣。议定。齐锡率妻孥,于三月将曾祖父、公主,祖父、郡主,小叔祖定葬。墓周阴建玉台,门前建玉台,放二石狮,迁三祖碑石而立墓口口立石碑界。康熙辛卯年,齐锡又率朱栋、宏茂,于园内建造衙门,从大门至玉台用砖铺甬路。康熙癸巳年,率朱栋整理大门,内园南面矮土墙用砖石砌之,设下大栅栏至大门,玉台用砖铺甬路;在西边造三间班房。事毕,将内外巡视,见墓园宽阔,命立三祖之碑石可观,齐锡尽些微之敬意,喜归京城矣。康熙癸巳年,齐锡奏准整理祖辈墓园一事,又欲与公主之墓彰立碑石。去京城取册,见公主无号,因此,康熙乙未年请奏:齐锡欲与公主之墓彰立碑石,公主无号,请赐号等语。奉旨追赐公主端庄号,又赐碑文,荷蒙圣主无穷之恩。即备齐建造碑石诸物,康熙丙申年,遣福永、朱栋督视,立碑建亭。是年,齐锡奏准告祭已立赐号公主之碑,即躬率三家子孙,于四月初二告祭公主,并一一祭扫祖辈父母兄弟之墓。事毕,会同众子孙议定而归。

碑阴

康熙丙申年,墓园工程俱竣,谓众子孙曰:原三祖、公主、郡主墓园皆三家合建。此地创建时,二兄在任,齐锡退职,闲暇之际,躬身督造,唯用自家之人。此后,二兄皆殁,仅剩自身,一身之事,尽力而为之,今年方竣工矣。余身亦老,今若不托付尔等,日后子孙必相推诿,以至墓园残颓。兹规定如下:一项,墓地添土整修,乃各自奉祀之人事;一项,曾祖父、祖父碑石皆曾寿之事,叔祖碑石福永之事;一项,公主碑石碑亭,三家众子孙合修;一项,大衙门曾寿之事;一项,土山玉台、自玉台至大门之甬路、大门门前玉台至栅栏之甬路、石狮外园之栅栏、班房等八处之整修事,编为六分:曾寿出三分,寿山出两分,李柱出一分;一项,内园墙长一百丈,从大门东房山墙起十六丈,李柱之事,从大门西房山墙起三十四丈,寿山之事,北底墙五十丈,曾寿之事;一项,外园南砖墙长五十

一丈,从栅栏东柱子起口九丈,李柱之事,继而十九丈,寿山之事,从栅栏西柱子起,直至班房南房山墙,曾寿之事;一项,外园土墙亦编分,从西南墙角往后,寿山两分,从东南墙角往后,李柱一分,其后,曾寿三分;一项,园内外松树,无论补种添种,皆按三分出之;一项,除南口之外,园内外诸地之土破颓等处添补之事,皆按六分出力。

齐锡,栋鄂部人,原姓觉罗,后随地改姓栋鄂。齐锡乃固伦额驸、五大臣、三等精奇呢哈番、追封头等公、都统何和礼之重孙,郡主仪宾、头等公口口口口口口口之孙,追封头等侍卫、正一品光禄大夫、议政大臣、都统胡锡布之子。齐锡,初任胞兄二等伯之荫生,二任叔祖效力世袭二等阿斯罕呢哈番,三任阿斯罕呢哈番佐领,四任阿斯罕呢哈番佐领护军参领,五任口口口口口口口口口口口口王府长史,从此患病,奏准退职,十年有矣。病逾,重被录用,初任王府长史,二任正红旗满洲副都统,三任正红旗蒙古都统,四任都统、议政大臣,五任都统、议政大臣、佐领,六任正红旗满洲都统口口口口口口口满洲都统。自此获罪革职,戴罪八载。六十四岁又蒙皇上宏恩,官复原都统等职,为休致大夫。这年六十七岁,特奏准立公主碑石、定墓园长久之事,勒石以垂示子孙后代。

李柱　曾寿　福罕　福海　福永　朱栋　福明　福林　尊柱　宏茂　福友　福奇　赫德　寿山

十三、清·端庄固伦公主

端庄固伦公主是努尔哈赤的长女、何和礼的妻子,名东果格格。褚英与代善是其同母弟。顺治九年(1652)七月卒,年75岁。碑刻于清康熙五十五年(1716)。碑质汉白玉,螭首,龟趺座。通高430厘米,宽121厘米,厚39厘米。碑文汉满合刊,右刻汉文7行,满行37字,左刻满文7行,额题"敕建"。原立辽阳城东北西大窑公安堡东阿氏墓园,现存辽阳博物馆。

端庄固伦公主碑口口

国家笃念懿亲,推口口口靡已。追维令德,渥典礼于方新。尔固伦公主,太祖高皇帝之女,朕之祖姑也。口金枝凝秀,银汉分祥,贞静秉于口成,柔嘉孚乎内则。肃雍著范,曰归勋旧之宗;贤慎宜家,口口口闺之化。奄辞戚里,屡易口霜。淑仪久著于生前,令誉犹存于今日。齐锡属在裔孙,不忘祖口,冀长新

其兆域,虔吁表扬口。特沛夫恩荣俯俞,奏请端庄赐谥,异数丕昭,呜呼! 芳型宛在,名增瑜琰之光;彤管常垂,宠焕丝纶之色。用兹昭示,不亦休欤!

康熙五十五年口月初二日立

十四、清·何和礼

何和礼(1561-1624),姓栋鄂氏,或称东阿氏,后金五大臣之一,尚努尔哈赤长女东果格格,称为栋鄂额驸或东果额驸,授一等大臣,隶满洲正红旗。后金天命九年(1624)卒,碑刻于清顺治十三年(1656),碑质汉白玉,螭首,龟趺座,通高 300 厘米,宽 90 厘米,厚 31 厘米。碑文满汉合书,汉文 8 行,满行 59 字,满文 11 行,额题阴刻篆书"诰封"二字,碑阴刻楷书汉文"东阿氏"。碑原立于辽阳城东北西大窑公安堡东阿氏墓园,现存辽阳博物馆。

固山额真三等精奇尼哈番谥温顺何和礼碑文

朕惟国家开创大业,必有英贤佐命,建立鸿勋。生固显秩崇阶,振威德于天下;殁亦荣名美谥,传盛烈于后昆。此录故旧之深恩,劝忠臣之巨典也。缅惟我太祖、太宗时,旧臣推诚宣力,矢志服勤,贞心亮节,屹然不磨,朕岂能已于追念也哉!

尔何和礼,原系东窝地方大臣。太祖往哈达地方择妃时,从驾效力,复率领部属来归,故以公主妻之,擢为大臣。征嘉库达时,尔同把图鲁姑夫等,克其城,降其部属;取兀喇时,率本固山兵击战,移居界樊后,升为精奇尼哈番。尔乃能益励忠诚,封疆攸赖,是真始终尽瘁,克襄王室者矣。今追述往事,轸念前勋,德性宽和,知比于理,谥曰"温顺",以垂不朽。特命勒诸贞珉,光及泉壤,用昭朕故旧不遗之至意。云尔。

顺治拾叁年捌月贰拾捌日立

十五、清·何芍图

何芍图为后金五大臣之一何和礼长子,彭春祖父。碑刻于清顺治十三年(1656)。碑质汉白玉,螭首,龟趺座,通高 300 厘米,宽 90 厘米,厚 31 厘米。碑文汉满合书,右刻汉字 7 行,满行 59 字,左刻满文 9 行,额题阴刻篆书"诰封"二字,碑阴刻楷书汉文"东阿氏"。原立辽阳城东北西大窑公安堡东阿氏墓园,俗称皇姑坟,现存辽阳博物馆。

固山额真三等公谥端恪何芍图碑文

朕惟国家开创大业,必有英贤佐命,建立鸿勋。生固显秩崇阶,振威德于天下;殁亦荣名美谥,传盛烈于后昆。此录故旧之深恩,劝忠臣之巨典也。缅惟我太祖、太宗时,旧臣推诚宣力,矢志服勤,贞心亮节,屹然不磨。朕岂能已于追念也哉!

尔何芍图,原承袭尔父三等精奇尼哈番。初征明都城时,马兰峪敌兵两处驻立,率本固山兵败之;又敌兵于芦沟桥列阵,率本固山兵败之;击四总镇兵时,率本固山兵败之,升为三等公。尔乃能益励忠诚,封疆攸赖,是真始终尽瘁,克襄王室者矣。今追述往事,轸念前勋,守礼执义,敬其官次,谥曰"端恪",以垂不朽。特命勒诸贞珉,光及泉壤,用昭朕故旧不遗之至意。云尔。

顺治拾叁年捌月贰拾捌日立

十六、大喇嘛坟塔碑文

碑石通高 272 厘米,宽 108 厘米,厚 31 厘米。汉蒙两文两面刊刻,碑阳汉文 9 行,满行 56 字,蒙文 10 行;碑阴蒙文 11 行,额题"敕建"。镌刻于清顺治十五年(1658)。原立于辽阳老城南门外喇嘛塔园,现移存于辽阳博物馆。

盖闻帝王之兴,有教化以鼓动远人。其远人之识命投诚者,亦与之并垂不朽焉。当太祖创业之初,闻北边蒙古有大喇嘛,二聘交加,腆仪优待,遣往之情既挚,来归之志益敦。率一百家撒哈拉儿,摇辞蒙古贝子,幡然越数千里而至止也,可谓得气数之先几者矣。是用褒嘉,赐之庄田,给之使命,恩养未几,竟入涅槃。

太宗即位,谓是经先帝所宠荣者,命瘗骸骨,建塔其上。设僧监守,供陈香果,历有岁年。今雨水涨泛,塔根剥落,是应及时修整。爰命司空庀材鸠工,俾尔坚固,竖立石碑,永永不磨。庶昭朕仰,体先皇笃厚远人至意。云尔。

顺治十五年七月十七日立

附录五:主要参考书目

[1]《马克思恩格斯选集》,人民出版社 1972 年版。

[2]《列宁选集》,人民出版社 1972 年版。

[3]《毛泽东选集》(合订本),人民出版社 1967 年本。

[4]中国共产党第十九次全国代表大会文件汇编。

[5]《清实录》,中华书局影印本。

[6]《清史稿》,中华书局。

[7]《满文老档·太祖朝》,辽宁大学历史系本。

[8]《天聪朝臣工奏议》,辽宁大学历史系本。

[9]《盛京通志》,四库本。

[10]《皇清奏议》,四库本。

[11]中国第一历史档案馆编:《清代档案史料丛编》,中华书局。

[12]熊廷弼:《熊襄愍公集》,中华书局影印本。

[13]《奉天通志》,东北文史丛书编辑委员会本。

[14]《辽海丛书》,辽沈书社本。

[15]白永贞编辑:《辽阳乡土志》,1908年本。

[16]白永贞总纂修:《辽阳县志》,1928年本。

[17]计六奇:《明季北略》,中华书局本。

[18]昭梿:《啸亭杂录》,中华书局本。

[19]王先谦:《东华录》,中华书局本。

[20]朱寿编:《光绪朝东华录》,中华书局本。

[21]徐世昌编:《东三省政略》,影印本。

[22]徐世昌:《退耕堂政书》。

[23]中国社会科学院清史研究室编:《清史资料》,中华书局。

[24]《锡良遗稿》上下册。

[25]杜文凯编:《清代西人见闻录》,中国人民大学出版社。

[26]斌椿:《乘槎笔记》,走向世界丛书本,湖南人民出版社。

[27]中国史学会编:《中日战争》,新知识出版社。

[28][日]藤村道生:《日清战争》,米庆余译,上海译文出版社。

[29][日]森松俊夫:《日军大本营》,黄金鹏译,军事科学出版社。

[30]阿英编:《甲午中日战争文学集》,中华书局。

[31][日]井上清:《日本帝国主义的形成》,宿久高等译,人民出版社。

[32]中国史学会编:《义和团》,新知识出版社。

[33]金家瑞:《义和团运动》,上海人民出版社。

[34]故宫博物院明清档案部编:《义和团档案史料》(上、下册)。

[35]辽宁省档案馆编:《日俄战争档案史料》,辽宁古籍出版社。

[36]辽宁省档案馆编:《辛亥革命在辽宁档案史料》,辽宁古籍出版社。

[37]邹念之编译:《日本外交文书选译》(关于辛亥革命),中国社会科学出版社。

[38]《辛亥革命回忆录》(五),文史资料出版社。

[39]王芸生:《六十年来中国与日本》,生活·读书·新知三联书店。

[40]萧一山:《清代通史》,中华书局影印本。

[41]薛虹、李澍田主编:《中国东北通史》,吉林文史出版社。

[42]戴逸主编:《简明清史》(第一、二册),人民出版社。

[43]陈振江:《简明中国近代史》,天津人民出版社。

[44]郑天挺:《探微集》,中华书局。

[45]孔经纬主编:《清代东北地区经济史》(第一册),黑龙江人民出版社。

[46][苏联]鲍·亚·罗曼诺夫:《日俄战争外交史纲》(上、下册),上海人民出版社。

[47][俄]B.B.戈利岑:《中东铁路护路队参加一九○○年满洲事件纪略》,商

务印书馆。

[48]［美］乔治·亚历山大·伦森：《俄中战争》，商务印书馆。

[49]［苏联］契尔缅斯基：《日俄战争》，商务印书馆。

[50]［苏联］鲍·亚·罗斯图诺夫：《俄日战争史》，上海人民出版社。

[51]（日文）《大日本战史》（第五卷），井一次、辻善之助监修。

[52]（日文）《明治天皇纪》（明治三十七年），东京吉川弘文馆昭和四十九年
　　版。

[53]［日］伊藤正德：《军阀兴亡史》，文艺春秋新社昭和三十八年版。

[54]日本东亚同文会编：《对华回忆录》，胡锡年译，商务印书馆。

[55]王振坤、张颖：《日本祸华史》（第一卷），群众出版社。

[56]孙文良主编：《满族大辞典》，辽宁大学出版社。

[57]北京大学、南开大学、辽宁大学等学报，吉林大学史学集刊等。

[58]辽阳《乡土》杂志。

[59]《新民丛报》。

[60]《东方杂志》。

[61]《盛京时报》。

后 记

本书创作于 2011 年 5 月至 2018 年 5 月间,前后历时七载,终于草成,其中的艰苦酸辛是不言而喻的。

创作之初,资料的匮乏让我始料不及。在收集资料的过程中,我得到了诸多领导、友人和单位的鼎力支持。辽阳市政协原主席、乡土文化研究会会长张成良同志从始至终帮我整理思路,热情相助,辽阳市政协原副主席、乡土文化研究会副会长王云同志为我翻译了诸多日文资料,我的好友、辽阳市博物馆原副馆长邹宝库同志无私地提供了辽阳州图等诸多图片,辽阳市档案馆、辽阳市图书馆为我查找资料提供了热情服务。

书稿初成后,未能付印出版成为我心中之憾。2019 年,在辽阳市委宣传部的推动下,将本书纳入"文明辽阳"建设项目之中,并委托市档案馆帮助协调出版事宜。辽阳市档案馆邀请叶红钢、李大葆、刘南方、张曙光、吴虹等专家对书稿进行论证,提出许多有益的建议,避免不少错讹。修改完善后,终与辽宁人民出版社达成出版协议。在书籍出版过程中,出版社站在新时代的高度,为保证出版质量,一丝不苟,为书中的观点、史实及文字严加把关。

本书今日得以付梓,离不开辽阳市委、市政府领导的关心支持,离不开辽阳市委宣传部、市档案馆的策划协调,离不开出版社的辛勤工作,离不开专家、友人和相关单位的热情相助。我深为感动,在此一并表示诚挚的感谢!

本书坚持实事求是,言必有据,取材广泛,内容详实,全面论述二百九十年间清代在辽阳的统治情况,力求做到史论结合、完善无阙。对于我来说,本书可谓拓荒之作,没有任何类似的著作可以参考,自认是一次大胆的尝试,好似一棵刚刚出土的幼苗,需要滋润、需要扶植、需要经过风雨的考验。不过鉴于本人才疏学浅,已是耄耋之年,水平有限,加之资料缺乏,尽管努力探索,书中仍难免疏漏,存在许多缺点或错误,敬请专家学者及广大读者批评指正。

作者:马振文

2020 年 9 月 10 日